资本主义

CAPITALISM

Competition, Conflict, Crises

竞争、冲突与危机

[美] 安瓦尔·谢克◎著　赵 准　李连波　孙小雨◎译

上册

中信出版集团 | 北京

图书在版编目（CIP）数据

资本主义：竞争、冲突与危机 /（美）安瓦尔·谢克著；赵准，李连波，孙小雨译. -- 北京：中信出版社，2021.1

书名原文：Capitalism: Competition, Conflict, Crises

ISBN 978-7-5217-2306-9

Ⅰ. ①资… Ⅱ. ①安… ②赵… ③李… ④孙… Ⅲ. ①资本主义经济－研究 Ⅳ. ①F03

中国版本图书馆 CIP 数据核字（2020）第 201308 号

资本主义——竞争、冲突与危机

著　　者：［美］安瓦尔·谢克
译　　者：赵准　李连波　孙小雨
出版发行：中信出版集团股份有限公司
（北京市朝阳区惠新东街甲 4 号富盛大厦 2 座　邮编　100029）
承 印 者：北京诚信伟业印刷有限公司

开　　本：787mm × 1092mm　1/16　　印　　张：93　　字　　数：1660 千字
版　　次：2021 年 1 月第 1 版　　印　　次：2021 年 1 月第 1 次印刷
京权图字：01–2019–4595
书　　号：ISBN 978–7–5217–2306–9
定　　价：256.00 元（全两册）

服务热线：400–600–8099
投稿邮箱：author@citicpub.com

目　录（上册）

中文版序言

我谨在此对中信出版集团和承担本书中译本出版工作的人员表示感谢！感谢我的好朋友——清华大学赵准副教授的支持和指导！感谢她和她的翻译团队为翻译本书尽心尽力的付出！

本书旨在提供一个连贯一致的理论，以替代新古典经济学和后凯恩斯主义经济学。前者从完全竞争视角出发，后者从不完全竞争视角出发，而本书聚焦于真实竞争。真实竞争与完全竞争之间的差异就像战争与芭蕾之间的差异一样巨大。真实竞争理论为卡莱茨基在定价和单位产出利润率方面的发现提供了解释，同时也为凯恩斯的有效需求理论提供了一个自然基础，而对有效需求理论而言，众所周知，凯恩斯坚持认为必须从竞争中加以探寻。本书第 1 章阐释了研究这一课题的动机及其方法论与理论基础，同时列出了每章内容的详细提纲。在这篇序言中，我大概介绍一下本书的内在逻辑框架。

真实竞争而非完全竞争或不完全竞争

被后凯恩斯主义经济学视为不完全竞争的大部分现象，都可以表示为真实竞争的一系列必然结果。在真实竞争中，制定价格的企业试图通过提供更低的价格排挤其竞争者。削价的生存优势属于生产成本更低的企业，因而企业拥有不懈的动力降低成本，追求更低的工资，开发新的成本更低的技术。劳资之间关于工作时长、工作强度和报酬的冲突，资本向更廉价领域的流动和永不停息的技术变革都基于此。相应地，实际工资、生产率和生产的资本密集度的水平与路径，决定了平均利润率的水平与路径。

相对价格、利率、利润率、汇率和自由贸易

真实竞争为相对价格、股票与债券价格、利率和汇率提供了一个理论上与经验上的解释。在微观经济学层面，只有当预期投资收益超过由利率提供的安全收益，即投资的预期净收益率为正时，企业才继续投资。同样地，预期净收益率也驱动了资本在不同行业间的流动。当某个特定行业的价格高到足以产生高于平均水平的利润率时，这个行业的新投资就会加速流入，直到其供给相对于需求增加，从而驱使价格和利润率下降。当一个行业的利润率低于平均水平时，就会发生相反的情况。最后的结果是，投资在不同行业中的利润率围绕着总体经济平均利润率动荡地均等化，与之相伴的是，实际市场价格受到反映总体经济平均水平的理论价格（生产价格）的相应调节。同样的过程也发生在银行业，因为银行也是追逐利润的经济实体。银行供给贷款，其价格便是利率。当银行业的利润率高于投资的正常收益率时，新资本会更迅速地流入银行业，直到贷款供给相对于其需求增加，并驱使利率下降；当银行业的利润较低时，则发生相反的情况。因此，利率，以及更具体水平上利率的期限结构，都受到竞争的调节。类似地，实际汇率（即相对国际价格）受到出口和进口的相对实际成本的调节。因此，成本更高的国家将趋向于拥有持续的贸易

赤字，并通过国际债务加以抵销——就像我们在实践中发现的那样。自由贸易导致贸易均衡（即每个国家都具有同等竞争力）的观点，是传统经济学的一大谬论。

真实竞争：有效需求的基础

真实竞争理论为有效需求理论提供了一个自然基础。与单个投资一样，总投资的驱动力是总体预期收益率（凯恩斯的边际资本效率）和利率之间的差异。只有这样，利率才受到利润率的调节，对利润率的预期才以索罗斯提出的自反性方式和实际利润率相联系。然后，微观和宏观之环才在真实竞争的基础上实现了闭合。应当注意到的是，凯恩斯坚持其理论根植于“原子般的竞争”，而不是非完全竞争。而卡莱茨基对自己的有效需求理论最初的公式化表达则是基于“自由竞争”的观念。本书试图让有效需求理论回归其本来的基础。

由利润率调节的总供给与总需求

当我们提到总供给和总需求的时候，我们指的是总体层面集合的供给和需求，是受到利润率调节的个体行为人做出的上百万个决策所产生的结果的集合。单个企业基于近期的预期经营利润率参与生产（供给），在这个过程中，它们支付原料、劳动力成本、分红、租金和利息费用。对原料的支付产生了对中间投入品的需求，其他支付成为个人收入的基础，个人收入又为消费需求提供资金。同时，企业基于其长期预期净利润率，产生对新厂房和设备的投资需求。因此，短期利润率调节所有由逐利的资本主义企业驱动的供给和消费需求，而长期净利润率调节私人投资需求。真实的宏观经济学既不是供给侧的，也不是需求侧的——它是利润侧的。当然，集合的供给和集合的需求从来不会直接匹配，而是围绕着彼此无休止地波动。于是，动荡的均等化再一次出现，这次是在总体集合的水平上，通过商业周期和持续时间各不相同的波动表现出来。

不依赖理性选择和最优结果

上述任何结论都不需要基于所谓的理性选择，也不需要完美的行为和最优结果作为陪侍，因此，我们不需要将实际结果归因于从各种类型的“不完全”中产生的对“伊甸园”般理想状态的偏离。完全竞争和不完全竞争是同一轭上的双驾马车，要被同时抛弃。当然，实际行为存在真实动机。在这里，重要的是区分逐利行为和最优化行为：消费者向着提供更低价商品的卖家的方向流动，工人向着工资更高的方向流动，雇主向着更便宜的工人和/或更高利润机会的方向流动。在所有这些情形中，异质消费者、工人和企业的个体行为将会因更具体的因素而各不相同。它们有些会成功，有些会失败，有些会突然停止，有些则漫无目的地流动。就像在生物学和物理学中一样，在经济学中，流动和扩散也是密切相关、齐头并进的。

消费者理论：从社会塑造的习惯和收入推导而得

在这个框架中，多样化的消费者基于社会塑造的习惯、收入和财富水平做出个人决策。阶级、人种、性别、种族、家庭和个人历史都发挥着各自的作用。市场适应着消费者决策，但是也用多种方式创造偏好。仅仅依靠这一基础，我们就有可能构建出消费者行为理论，推导出向下倾斜的需求曲线、必需品和奢侈品的价格弹性与收入弹性差异（恩格尔定律），以及凯恩斯主义的消费函数。应该提到的是，消费者面临的社会和文化压力，在性质上不同于企业面临的竞争压力。对企业而言，（因竞争而）灭亡的可能性是永远存在的。新古典理论对消费者和企业的对称性处理完全是错误的。

除非受到严格管控，否则失业是自我复制的

非自愿失业是资本主义的一个具有自我复制功能的特征。新古典理论认为充分就业是正常状态。凯恩斯理论和后凯恩斯理论承认存在持续失业的可能性，但认为恰当的政策可以消除持续失业。本书则论证了，在资本主义经济中存在着一些内在的正反馈回路，它们将倾向于恢复一个持续失业水平，除非这些回路被明确地阻碍。利润率在这里也起到了关键作用。无论出于什么原因，当劳动力市场收紧时，实际工资相对于生产率会倾向于增长（即实际单位劳动力成本增加），因而利润率相对于其可能具有的增长趋势会下降。利润率的降低会使增长放缓，从而减少劳动力需求。同时，它会加速机器对劳动的替代，也会减少劳动力需求。最后，不断提高的单位劳动力成本会增强雇主在以下方面的激励，如吸引更多工人加入劳动力大军，或从其他地方引入移民，从而增加劳动力供给。这些反应的净结果便是使某个失业水平得以恢复。

由此可见，尽管刺激性政策在短期内能对产出和就业产生积极影响，但是一旦触碰到净利润率的限制，这些积极影响便会被抵消。20 世纪 30 年代，德国在直接管控物价、工资与利率的同

时，通过巨大的预算赤字消除了大量的失业。结果是，该国实际工资下降而生产率充分提高，1931—1939 年，其利润率上升了 4 倍。在二战期间，美国的财政支出提高了 6 倍，公共债务占 GDP（国内生产总值）的比重从 50%上升到 120%，国民产出迅速增加，1 700 万个新工作岗位被创造出来。在这里，利率同样保持在低水平，工资和物价受到调节，因此实际工资比生产率的增长慢很多，法人企业的税后利润翻了一番。但在战后时期，在市场决定物价、工资和利率的背景下，稳健得多的刺激政策引起了工资份额的提高和利润率的降低。随着失业率攀升，每一次连续的刺激都产生了更高的通货膨胀率。里根和撒切尔夫人的反应扭转了这些趋势。1982—2007 年，美国的工资份额下降，利润率保持稳定，利率降低了一半多，因此净利润率显著上升，失业率也从大约 10% 下降到 4.6%。史无前例的政策驱动型全球利率下降与缺乏管制的金融活动的全球扩散携手并进，由此产生的金融和投机泡沫最终在 2008 年破裂。更近地，2003—2010 年，巴西的卢拉政府连续两届致力于一项有益的工作，即扩大消费和减少贫困。这使得巴西的失业率下降，增长强劲，增速达到年均 4%，工资份额上升而利润率下降。到 2011 年，巴西增长开始回落，在 2015 年，其增长率急剧地由正转负。所有这些情况的教训就是：成功的刺激政策必须管控好对价格、工资和利润率产生的影响。

通货膨胀

最后，注意到以下这一点是重要的，即真实竞争理论处理的是相对价格问题，而价格水平则是单独的议题。在这里，引人注意的事实是：长期通货膨胀是一种现代现象。在从 1774 年美国独立战争前夕到 1939 年二战前夕的 165 年里，美国的消费者价格指数从 8 上升到 14。而在 1940—2011 年的 71 年里，价格指数从 14 上升到 225。在前一时期，年通货膨胀率仅为 0.6%；在后一时期，年通货膨胀率为 3.8%，是前一时期的 6.5 倍。这种差异反映了法定货币的权力和风险。在现代，公共和私人信贷能够通过向经济体注入任何意愿数量的新购买力来增加总需求。问题是：总供给会如何反应？新古典理论认为，资本主义总是全部利用了实际可得的劳动力，因此，超出充分就业增长的货币供给增长将会引起通货膨胀。凯恩斯主义者则认为，资本主义经常出现持续性失业，所以总需求的充分扩张会先增加就业，直到劳动力储备变得足够少，只有在那时才会引起通货膨胀。在这两种理论中，通货膨胀都被视为接近充分就业的现象。但是，如果这个体系能在就业率变得过高时自动降低它，劳动力供给就不会成为内在的限制。李嘉图和冯 · 诺伊曼在很久以前表明，平衡增长率的（理论）上限出现在所有剩余都用于再投资的时候，即当资本增长率等于利润率的时候。于是，实际增长率与最高增长率之比就是这个体系的增长潜力利用率的指标，是新古典理论和凯恩斯理论所依赖的基础［劳动力利用率（就业率）］的古典等价形式。从这样一种增长的视角看，总需求的增长创造了一个名义产出增长的拉动力，而增长利用率的收紧则创造了一个实际产出增长的抵抗力。通货膨胀率是名义产出增长率和实际产出增长率的差异。这一观点能够解释出现在不同地点、不同时间的各种现代通货膨胀现象，也能够解释 20 世纪 70 年代席卷整个发达世界的通货膨胀率和失业率同时上升之“谜”。

制度与国家

这引出了社会和制度结构的普遍性作用问题。首先，一个其制度、规则和政治结构都在历史进程中发生了巨大而显著变化的体系，是怎样做到仍然遵循同样的基本原理的呢？答案在于这样一个事实，即利润驱动力始终保持着核心地位，其支配性创造了一个力场，塑造和连接着微观经济与宏观经济结果。这才是“看不见的手”的恰当含义。

其次，国家当然可以影响事件的进程，但它总是在一个动荡的逐利的舞台上发挥作用。竞争和冲突是资本主义的内在特征，并且随着时间的推移，国家通过社会化福利和税后购买力再分配，对有关工作条件、失业福利和最低生活水平的斗争做出回应。然而，政府干预仍然没有消灭复现的萧条。在发达国家中，仅仅在过去 85 年里就发生了三次这样的事件：20 世纪 30 年代的大萧条、20 世纪 70 年代的滞胀危机和 2007—2008 年如期而至的国际金融危机。尽管如此，它们的影响显然变缓和了：近两次事件中的政府干预遏制了它们对金融领域的影响，并使失业率保持在远低于大萧条时期的水平。这些并不是纯粹的、真正的好处，因为抑制症状也可能同时抑制了恢复，就像 20 世纪后 30 年的日本一样。尽管如此，鉴于制度和国家政策具有的缓冲作用，对广大人群而言，较长时期的滞胀也许还是比剧烈的崩溃略胜一筹。持续的技术变革带来的生产率提高是发达资本主义的另一独有特点，在这里，制度性机制也加强了工人提高实际工资的能力。正如前文所述，当实际工资的上升快于生产率时，单位劳动力成本将提高，从而使企业的抵抗更加强硬。然后，制度性平衡可能会剧烈转变，就像历史上曾经发生的那样：1947—1980 年所谓的“劳动者的黄金时期”让位于 1980—2008 年“资本的黄金时期”，与前者相伴的是工资份额的上涨、利率的上升和不平等的减少，与后者相伴的则是利润份额的上涨、利率的下降和不平等的急剧增加。在这两个时期，国家都参与其中，先是以福利国家的身份，然后以新自由主义国家的身份。制度是重要的，但它们总是服从于相互竞争的力量。

最后，盈利行为“既不考虑受到的限制，也不考虑道德因素”(Piketty, 2014, 6)。资本主义的效率由创造利润机会并将其兑现这二者组成。从长期来看，它创造了巨大的财富，但也导致了严重的不平等。它驱动着这些相互矛盾的过程：它吸纳了一些工人，同时也替代了另一些工人；它倾倒有毒物质，也清洁有毒物质；它创造抗癌药物，也生产致癌商品。海洛因的生产与销售、色情文学和性交易，都是有组织且利润丰厚的全球性活动。在这种情况下，正统经济学的巧妙把戏之一，在于把由此带来的社会互动归结为各种各样的外部性。这是理论花招。

全球资本主义

本书主要讨论的是中心国家的经济模式。在具体层面，我们必须说明运输成本、税收和关税对商品与资本流动的影响，以及历史、文化和国家制约对劳动力流动的影响。在全球层面，这些都显得更加重要。全球资本主义与下列事项紧密相关：殖民、暴力、奴役、对原住民的屠杀、对潜在竞争者的有目的摧毁、财富向中心国家的大规模转移。正是在这种背景下，后殖民时代的发展策略试图面向世界市场，并且现代国家成功发展的路径与早前的模式十分相似——当时，现在的发达国家正是通过贸易保护主义和国家干预手段支持自身崛起的。但是，这些策略必须满足下列条件才能在世界市场上取得成功：它们隔绝了某些全球竞争压力，并且提供了一个空间，在其中创造出有成本竞争力的、能在国际竞争中繁荣发展的生产者。自由贸易并不能使每个国家都具有同等竞争力：与国内竞争一样，国际竞争青睐的是遵循真实竞争法则的低成本生产者。

致　谢

本书已写了15年之久。[①]1998年，我放弃了之前10年的努力，因为它不能满足与之相抵触的以下目标：做一个系谱学的寻根溯源，对这些教义进行修复、重新定义并将它们运用于现代资本主义。本书的研究目标是资本主义本身。

在这个长期而艰巨的工作过程中，许多人一直在帮助和支持我。我的妻子 Maria José 和继女 Paula 在我开始这项事业的时候遇到了我，一直用她们的爱和耐心支撑着我。我的姐姐 Farida 和弟弟 Asif 从一开始就信任我，并一直鼓励我坚持做下去。

Dimitri Papadimitriou 和 Rob Johnson 给了我极大的支持。本书最主要的部分是我在巴德学院利维经济研究所访学期间成形的，然后由“创意新经济思想”（Initiative for New Economic Thinking）的两项基金确保了它的最终完稿。如果没有这些关键性支持，我将不能完成这项工作。

Ahmet Tonak、Howard Botwinick、Mary Malloy、Katherine Kazanas、Charles Post、Bettina Cetto、Rania Antonopoulos、Pablo Ruiz Nápoles、Olga Alexakos、Lefteris Tsoulfidis、Persefoni Tsaliki、

① 本书英文版出版于2016年。——编者注

Thanassis Maniatis、Andriana Vachlou、Jamee Moudud、Manuel Roman、Ascension Mejorado 和 Malcolm Dunn 都与我合作多年，我们在这一过程中成为朋友，他们的支持是无价的。

Jamee Moudud、Ascension Mejorado、Gennaro Zezza、Amr Ragab、Jon Cogliano、Jan Keil 和 Francisco Martinez Hernandez 也在研究和数据处理过程中给我提供了很大的帮助。在即将成书的最后阶段，Ilker Aslantepe 一直用他的慷慨奉献和孜孜不倦的努力令这项工作开花结果。

我已故的挚友 José Ricardo Tauile 和 Jonas Zoninsein 早年陪伴在我身边，我们在理论探讨中共度许多时光，也共享许多欢笑。1998 年，当我在伦敦与 John Weeks 和 Liz Dore 住在一起的时候，他们不光接纳了我，也接纳了我的这项事业。当我踌躇不前的时候，Vivek Chibber 一次又一次地鼓励我。Paul Altesman 总在为我加油。Juan Santarcangelo 和 Andres Guzman 不但为我的初稿提供了详细的反馈意见，而且给予我精神上的支持。在最近几年，Vela Velupillai 成了我的支持者、指导者和挚友。就在最近，Andrew Mazzone 用他那激励性的话语和个人支持帮助我冲过了终点线。

第1部分

分析的基础

1

引言

那旋转的时代潮流把我们周围的一切都吸入，在战场上和军事指挥部里，在工厂里和街道上，在董事会会议室里和内阁办公室里，那潮流最初阴暗模糊，却始终朝向一个变形的时刻，在那一刻，模式从混沌中诞生。

(Coetzee [1983] 1985, 158)

1.1 本书的方法

1.1.1 有序与无序

发达资本主义世界的经济史呈现出一种几乎持续不断的进步：不可动摇的增长、不断提高的生活水平、持续发展的生产力以及日益改善的健康状况和社会福利。从远处看，正是这一制度的有序及其内在一致性构成了其显著特征。但若走近了看，走得越近，所看到的就越像是随意而偶然的。在这一制度中，个体在错综复杂的道路上徘徊，由模糊不清的动机驱使着，朝向那些想象出来的模糊的目的地。作为买方与卖方、雇主与雇员、生产者与投机者、从业者与失业者，人们扮演着不同的经济角色，既相互交错又相互冲突。信息、误传与谣言同样占据支配地位，无知与知道一样具有目的性，私人领域和公共领域交织在一起，就如同富有与贫穷、发达与落后、控制与合作交织在一起一样。资本主义处处都表现出其特有的不平衡。这种不平衡贯穿着多个地区、地域与国家，也贯穿着整个时间——以繁荣、衰退与崩溃交替进行的形式表现出来。从近处看，正是这一制度的无序构成其最突出的特征。

我们该如何看待这两个同样真实的方面呢?

1.1.2 新古典主义对真实二元性的回应

当下的正统学派新古典经济学对这种真实存在的二元性提出了一种解释方法。新古典主义抓住有序的一面，而撇清无序的一面，或至少将其放逐为理论死水。在这一制度中所感知到的有序，被重塑成市场这只始终完美的“看不见的手”的至高无上的最优。反过来，这种最优又被投射回微观个体，即所谓的“代表性行为人”（representative agents），是他们最为理性的选择造就了这种最优。这样，我们就抵至一个特定的愿景。在其完美有序的形式中，这一制度会使所有同类商品的价格、所有同类劳动的工资率和所有同类风险程度的利润率都相等。此外，它还能充分利用所有可利用的资源，包括可获得的工厂、设备和劳动力。这一切的实现都不存在任何错误、不稳定或危机。只有当这种完美有序已被稳固地树立为统治性观念时，潜在的无序才被允许悄声进入，这是面对令人遗憾的不完美现实的顽固与冷漠所做出的不情愿的让步。

1.1.3 凯恩斯主义与后凯恩斯主义对真实二元性的回应

总的来说，非主流经济学（最著名的是后凯恩斯主义经济学）采取相反的策略。它强调的是这一制度产生的低效率、不平等和不平衡。在完全竞争市场上，我们面临的是不完全竞争；在自动充分就业市场上，我们面临的是持续性失业。现在，市场的产出表现为有条件的，有赖于历史、文化、政治、机遇以及更重要的权力：垄断权力、阶级权力，当然还有国家权力。从这个角度看，被其他人认为是有序的经济模式的东西，实际上可能只是一些依情况而定的路径，来自历史上产生的某些特殊力量的组合。期望的社会产出并不是自动产生的，自动产生的结果也不总是期望得到的。失业比充分就业有更大的可能性，通货膨胀和经济危机总是有可能出现。因此，社会干预和经济干预的需求始终存在，用以填充实际情况与期望出现的结果之间的空白。新古典经济学通过市场这只“看不见的手”的运作兑现承诺，凯恩斯主义经济学和后凯恩斯主义经济学则通过政府这只“看得见的手”兑现承诺。

具有讽刺意味的是，双方终究都是透过“不完全竞争”的透镜看待现实。新古典经济学从完全竞争的基础开始，然后引入不完全竞争作为对基础理论的适度修正。非主流经济学则通常接受完全竞争适合资本主义早期阶段的观点，但认为不完全竞争支配着现代世界。在这两种情况下，这些方法实际上都服务于保护和维持以下理论基础：把完全竞争作为必要起点和基本参照，同时又在那个偏离真实世界的清单中不停地添加内容。说到底，如果在一种基础理论中，对每一个棘手的结果都对应着一种特殊的以太权当其解释，那么这样的基础理论怎么可能是错误的呢？本书将遵循一条不同的路径。

1.1.4 本书的不同目标

第一，本书的目标是不同的。新古典经济学在试图描述这一世界的特征时，从故意理想化了的资本主义视角来研究其运行。非主流经济学则抓住这个完全竞争图景与真实世界的差异。二者都企图通过在最初的理论中加入各种各样的“不完全”，以弥补所产生的理论与现实的差距。因而，二者都处于永远的失衡之中：一只脚踩着理想，一只脚踏着现实。本书的目标是建立一个从一开始就适用于现存发达资本主义国家实际运行状况的理论框架。它的考察对象既不是完全竞争市场，也不是不完全竞争市场，而是现实。为此，本书所发展的理论观点以及主要的替代理论，都需要不断经受经验证据的检验。

第二，虽然本书试图证明资本主义经济制度产生了超越历史和区域特殊性的、强大的、有序的模式，但塑造这些模式的力量既不是钢铁般的轨道，也不仅仅是机缘巧合，相反，它们是一些移动的界限，其梯度规定了在任何时点什么是容易的，什么是困难的。它们以这种方式形成了关键经济变量的时间路径。事实上，这些力量本身就是某些内在必然性的结果。例如，“逐利行为”是（占有剩余劳动的）所有历史表达中一种特定的社会形式（它刻画出资本主义这一社会形态的特殊性）[①]，这不是一个将非历史性的客观规律与历史性偶然结果两相对照的问题。行为人与规律共存于一个交互作用的多维结构中，但这个结构本身是深度层级化的，其中的一些力量（如利润动机）比其他力量强大得多。历史舞台本身是运动着的，它被更深层次的潮流趋势左右。

第三，作为结果的系统性秩序是在持续的无序中并通过持续的无序产生的，后者是其固有的机制。试图在理论上将有序和无序分开，甚或仅仅强调一方比另一方重要，都没有看到其内在统一性，因而也看不到赋予这一制度以深刻模式的那些力量。然而，有序不等同于最优化，无序也不等同于失序。在无序中并通过无序产生的有序是一个整体，它是一种无视预期及偏好的无意识的客观力量。而这恰恰是这一制度活力的根源。

第四，如果想要说明在特定条件下有序与无序是如何密切联系在一起的，就需要识别一些特定的机制。因此，本书的核心目标是论证大量纷繁复杂的现象都能通过少量的工作原理予以解释。这些原理就像引力中心一样，使现实结果始终出现在它们不断变动的引力中心的周围。这就是这一制度的“动荡调节”模式，其典型表现形式为“模式循环”。这两个观念的理论及经验性应用将始终贯穿全书。

① 剩余劳动是各个历史阶段都存在的经济现象，但“逐利行为”是市场经济条件下资本占有剩余劳动的特殊历史形态。——译者注

动荡调节与模式循环适用于这一制度的各种引力趋势。其中第一套引力趋势由形成商品价格、利润率、工资率、利率、资产价格和汇率的趋势构成。这些过程包括两个方面：一个是均等化趋势，它是由对货币利益无休止的追逐驱动，所带来的非预期结果是缩小了那个激励其追逐利益的差异；另一个是塑形趋势，它指出了均等化趋势围绕其运转的路径的方向。例如，均等化趋势使个体工资率和利润率围绕对应的平均值上下波动。劳动者和资本之间的竞争在这里起关键作用。同时，平均工资率本身取决于生产率、利润率和雇主与雇员之间的力量权衡，而平均利润率取决于工资、生产率和资本密集度。这种“均等”产生于个体（微观）层面的经济互动，而竞争在其中起到关键作用。因此，这两个过程都属于“真实竞争”的范围，而在真实竞争中，利润动机起着至关重要的作用。正如我们将会看到的，本书所发展的真实竞争观念与完全竞争观念及其二元对应物（不完全竞争观念）大不相同。在这两种理论标签之间的任何变化、调整都不符合真实竞争理论及其原则。

第二套引力趋势来自这一制度的动荡的宏观动力学：典型的扩张过程、增长与衰退的波动起伏、持续性失业以及周期性发作的萧条（包括始于 2007 年的那场如期而至的全球经济危机）。再一次地，正是利润动机成为调控投资、经济增长、就业、商业周期甚至通货膨胀的支配性因素。

利润动机的中心地位有以下几点含义。首先，利润理论（从而工资理论）具有特殊的重要性。其次，在真实竞争理论中，阐明利润率的确切作用变得很重要，因为它会影响到公司行为的所有方面。这种影响还延伸到竞争价格理论和（内生的）技术变革理论。再次，（预期）利润率同时调控投资和增长的观念暗含了总需求与总供给之间存在一种特殊的相互作用的模式。我们将会看到，由此产生的动力机制既不是新古典主义的，也不是凯恩斯主义、卡莱茨基主义或哈罗德主义的，它在本质上是古典主义的：利润同时调节供给和需求。通过内生的技术变革和相应的内生“自然”增长率的导引，利润率在持续性失业理论中也起到至关重要的作用。最后，我们将会看到，正如凯恩斯所指出的，新创造的购买力能够增加产出和就业，但也会导致增长率下降。因此，在有新创造购买力的情况下，虽然短期产出比在没有新创造购买力的情况下更高，但长期产出比在没有新创造购买力的情况下更低。

在本书中，经验证据起到非常重要的作用，因此有必要指出如下事实：数据从来都不仅仅是搜集已经存在的事实。理论的干预不仅体现在对事实的解释上，而且体现在对事实的表述上（偶尔也体现在对事实的压制中，这一点我们应该非常清楚）。比如，如果没有意识到如下事实，那么对失业所做的任何分析都不可能深入：在发达国家的所有官方报告中，只要一个人在一周内“做过任何获取报酬或利润的工作”，他 / 她就会被统计为“就业”。[①] 只是在最近 30 年，美国各机构才开始发布半失业者和丧志工人的统计指标。[②] 当然，这会展现出一个

① “How the Government Measures Unemployment”（Washington, DC：US Department of Labor, Bureau of Labor Statistics, 2001）.

② 关于“半失业者”和“丧志工人”这两项指标的统计方法，《理解资本主义》中有较好的解释和说明，转引如下：“每个月中旬，美国劳工部都会雇用专业的民意调查者走访精心设计挑选出来的 6 万个美国样本家庭。在每个家庭中，民意调查者会询问有几个家庭成员有工作，有几个没有工作。对那些说他们有工作的，调查者会问这个工作是全职的还是兼职的，如果是兼职的，会问从事兼职工作这个决定是劳动者自愿做出的还是他更倾向于做全职工作。调查者还会问那些没有工作的人是否在过去的 4 周中主动找过工作。如果他们说没有，就不会被计入劳动力之中，而如果他们说自己实际上是愿意被雇用的，他们就会被归入丧志工人的范畴（也就是说，他们是因为找工作的前景太令人灰心，所以不去找工作）。”见 Samuel Bowles, etc.，*Understanding Capitalism: Competition, Command, and Change*, third Edition, Oxford University Press, 2005, P409。——译者注

无望、暗淡得多的经济景象。我们将会看到，类似的问题也存在于对资本存量的官方测度中。在这一领域，随着新古典主义建构取代古典主义和凯恩斯主义，资本存量的测度方法已经发生了很大的变化。不仅仅是资本的水平和趋势，就连资本本身的概念都已经被改变。因为资本存量在利润率计算中起着关键作用，所以这个问题很重要。不像憨第德[①]，数据从来都不是天真而无知的。

本书的思想来源是多方面的。动荡调节原则根植于亚当·斯密、李嘉图，尤其是马克思的方法。对马克思而言，“运动定律”是调节经济运动过程的原则，它们贯穿于各种起相反作用的趋势中，并通过这些趋势的作用展示出经济运动的内在必然性。在经济学经典中，真实竞争理论有类似的根源，但也能在商业文献中发现其元素。更多的时候，这些模式是直接可见的，但有时候要对其实现公式化需要用到现代的非线性动态工具，经验检验则需要用到现代计量经济学工具。

对作为内生过程的增长的强调，既根植于古典主义和马克思主义传统，也根植于哈罗德和罗宾逊夫人等人的作品。如前所述，工商业储蓄率对投资需求的响应，为哈罗德与罗宾逊夫人的古典综合开辟了道路。在他们看来，增长由利润率驱动，而（实际）产能利用率围绕着某个正常比率波动。在宏观经济学层面，需求不可能独立于供给，因为生产决策带来原料与设备的购买、工资的支付以及对房东、债权人和股权所有者支付的租金、利息和股息。因此，供给既没有新古典经济学中的超级力量，也不像在凯恩斯主义和卡莱茨基主义经济学中那样只是幽灵般的存在。在这里，供给与需求是对等的，共同登场、交相辉映。但一如既往地，利润始终是幕后操纵者。

---

① 憨第德是伏尔泰小说《老实人》中的主人公。——译者注

持续性失业的概念可追溯到马克思的劳动后备军理论、哈罗德关于有保证的增长率与自然增长率之间的差别，以及古德温在一个捕食-被捕食循环中所做的绝妙的数学综合。在哈罗德模型、卡尔多-帕西内蒂模型和古德温模型中，利润率必须调整适应，以使有保证的增长率等于自然增长率。我的观点是，自然增长率作为生产率增长和劳动力增长的总和，其自身是对利润率的反应：技术变革的速度取决于劳动力的相对成本，而劳动力的增长通过劳动参与率的变化及劳动力的输入对利润激励做出反应。进而，由利润驱动的增长，就会像马克思和古德温分析的那样，能够带来持续的失业率。这对财政政策的效果与局限具有重大影响。

所有这些讨论都是为了构建一个内在逻辑自洽、外在与经验证据相符的理论表达。值得注意的是，尽管本书关注的重点在发达资本主义世界，但这并不意味着我对发展中国家缺乏兴趣。正好相反，本书的写作受以下信念的强烈鼓舞：对资本主义最发达形式的分析，对于充分理解世界舞台上发达地区、发展中地区及欠发达地区间的关系是至关重要的。正是出于这一目的，我才投身这一课题。

1.2 各章内容简介

本书分为三个部分：分析的基础、真实竞争理论和动荡的宏观动力学。除了介绍性的第 1 章和一个简短的结论性的第 17 章外，每一部分都由 5 章组成。所有的论点都与新古典主义、凯恩斯主义 / 后凯恩斯主义对应的观点进行了对比，也与经验证据进行了对比。在接下来对各章所做的简要介绍中，我略去了大部分引文和参考文献，因为它们会在相关内容中出现。

1.2.1 第一部分：分析的基础（第 1 ~ 6 章）

在这个引言章之后是第 2 章。通过展现发达资本主义国家所具有的典型的长期经济模式的经验证据，第 2 章为全书的研究拉开了序幕。这些长期经济模式包括以下内容：产出、生产率，利润与就业的持续增长，所有这些增长都贯穿于并在反复出现的经济周期与周期性的大萧条之中发生；受社会因素影响的实际工资与生产率之间的关系；政策和制度在改善失业方面的积极作用；令人惊讶的黄金长波的反复出现，这一现象甚至持续到了今天；利润率的长期变化路径对经济增长的影响；不同行业间资本回报率的动荡均等化；以及行业间相对价格结构的决定。当我们以这样的经验视角审视这一制度时，诸如“循环”和“动荡调节”这样的概念会自然而然地浮现。第 2 章以对全球范围内日益加深的不平等的长期观察作结，正是这种不平等造就了我们今时今日所处世界之状态：发达与欠发达并存，增长与衰退同在，巨富与赤贫相伴。这一章的目的在于明确我们探究的对象是资本主义本身。

第 3 章考察的是由持久的长期模式的存在所提出的方法论问题。这一章从方法论问题开始。将均衡视为一种静止状态的传统观念，被将之视为动荡调整的观念取代，后者认为均衡只有通过反复出现的上下浮动才能实现。这提出了相关过程的持续时间问题，也就是实现各种各样的均衡所需要“经历的”时间长度问题。我们也有必要处理客体和社会反应固有的“结块问题”，因为门槛意味着过程本身的内在非线性。

长期模式的持久存在产生了另一个方法论问题：鉴于资本主义社

会是由嵌入不断演进的社会结构并受制于持续变化的潮流的易变个体构成的，它如何可能在不同的时代产生反复出现的总体模式？新古典经济学当前赞同的一个答案是将反复出现的社会结果描述为某个不变的“代表性行为人”的超理性选择。但是，“代表性行为人”的概念遇到了棘手的问题。第一，为了从变化的历史条件中推导出稳定的总体模式，有必要假定不变的代表性行为人。第二，即使在给定的社会环境中，一个群体的总体行为也并不与潜在的个体行为相对应，除非这个群体中的所有行为人都是相同的。产生于个体相互作用的非线性能解释这个结果。新古典经济学家简单地忽略了这个问题并继续前行。第三，超理性假设是无用的，因为它系统性地扭曲了起基础作用的动机，而且它是非必要的，因为我们不需要它就能推导出所观察到的模式。

问题的关键是要认识到由于个体要素之间的相互作用，总体结果具有“涌现”特质：一个有机总体大于其部分之和。面对不断变化的历史条件，我们仍需解释这些涌现特质的持久特征。在这个问题上，秘密在于个体行为人的行为具有多样性。规律性的模式能够产生于异质单位（个体或企业）之间的相互作用，这些异质单位在变动性的策略和冲突性的预期下行动，这是因为总体结果对微观经济细节“高度不敏感”。多样性产生了结果的统计分布，这些分布的均值及其他特征由社会和文化结构塑造。这一方法能够用于证明我们不用参照任何特定的消费者行为模型，就能够推导出总体消费者行为的主要经验法则（斜向下的需求曲线、必需品和奢侈品的收入弹性特点、恩格尔曲线的非线性，以及总消费函数的近线性）。个体确实会做出选择，而且选择很重要，但是前面提到的一般模式并不取决于这些细节。这意味着人们不能简单地在总体层面比较相互竞争的微观模型。我们必须深入微观层面本身。那么很明显，我们并没有理由回避实际人类行为的复杂性、多变性和偶尔的疯狂性。多样性应当受到欢迎，而非受到压制。

第 4 章关注的是社会生产的结构。从表面上看，资本主义似乎是一个由普遍交换所构成的系统。确实，新古典经济学把等价交换表述为资本主义社会的核心组织原则，而只是将生产介绍为一种在现期与未来之间间接交换的手段。古典经济学的观点则大不相同。因为生产需要花费时间，所以它要先于产品的交换发生。而且，正是在生产中我们遇到了关于工资、工作时长和劳动强度的不断斗争。古典经济学强调生产时间的重要性以及劳动在生产中的积极作用，而其他绝大多数经济学流派采取的都是无时间意识且被动的“投入–产出”分析方法，该章第一节对此进行了对比。这部分还表明，对流动资本投资与固定资本投资进行区分，对于解释经济动态变化具有重要意义。根据古典经济学方法量度并建立起的生产账户和传统生产账户在量度总产出与价值增加值方面有所不同，但在量度总营业盈余上却惊人地一致。附录 4.1 利用数学式子给出了这两套量度方法之间的一一对应关系。该章第二节说明了对原料、固定资本和劳动力的利用如何与日工作时长和劳动强度相联系。这些联系可用于解构从固定系数到新古典生产函数的各种关于生产过程的标准表述。生产班次各种潜在的不同组合会沿着不同产能利用率下的生产可能性边界来回转换。这种新型的“再转换”摧毁了建构新古典微观经济学生产函数的任何可能性。另外，生产班次的长度与劳动强度的社会决定意味着，我们不能认为固定或可变系数生产模型代表的仅仅是“技术”条件。该章第三节表明，合理推导得来的成本曲线与标准微观经济学教科书中所假设的成本曲线截然不同。U 形成本曲线概念尤其受到严重打击，这是因为在从一个班次到下一个班次时，正常成本的变化会导致平均可变成本曲线产生“尖状凸起”，同时边际成本相应地向上剧烈跃迁。这种尖状凸起带来的一个直接影响是，一个给定的价格可以与边际成本曲线多次相交，因而“价格 = 边际成本”（p=mc）这一法则对于确定使利润最大化的产量点便毫无作用。固定系数方法在某种意义上可以更好地应对这种情况，但也仅仅是靠着将每一个潜在的在由社会决定的日工作时长和劳动强度下运行的班次组合视为独立的技术才能实现。本章的最后全面评述了关于日工作时长和劳动强度、生产率以及实际成本曲线形状的经验证据。我们发现，古典方法对生产的刻画与经验证据相当一致，由此推导得出的成本曲线与经验观察得来的曲线类似，并与工商业实践相符。而被广泛使用的U形成本曲线既无经验基础，也无多大实际用途。

第 5 章研究货币问题。个体企业出于对自身利益的考量进行生产活动，而不是直接考虑对社会需求的匹配。每家企业都预期从计划的产品销售中获利，并且购买其他的产品用于未来生产投入或个人消费。在相互冲突的个体预期和计划之间，存在着不可避免的差异，这种差异在市场中得到解决。新古典经济学通过假装个体生产计划完全符合社会需要，从而掩盖了真实市场的喧嚣，这种假象被称为一般均衡。事实上，从真实市场中产生的动荡有序只能在持续的无序中并通过持续的无序达到，而货币则是它的总经纪人。

即使赠礼本身是互惠的，我们也不应该混淆交换和赠礼。一份严格意义上的礼物并不要求回报，但一次严格意义上的交换则要求分厘不差。夸富宴（potlatch）便是一个例子——其参与者的社会等级取决于他们能赠予多少。在互赠礼物时，双方都尽力以令对方满意的东西进行回赠，而在交换时，双方都希望得到的东西比自己所付出的更好。同样地，支付义务也不应与严格意义上的债务混淆。例如，贡品和税收一般是迫于威胁的单方面付款义务。正因为这些行为一般是单方面的，所以我们用诸如贡品和税收之类的词语对其进行描述。债务是一种偿还的义务，因此它涉及利息和分期付款的回流。但这不同于时间上分离的交换：工具可以与粮食进行当场交换，或先收下工具再交付粮食。这些差异在货币信贷理论中扮演着重要的角色。

以物易物是最早的真正的交换形式。在以物易物的规则中，它在任何给定的商品和所有其他商品之间建立多种交换比率。随着交换范围的扩大，货币便自然而然地出现了。货币的出现是为了应对这样一种内在需求：将某给定商品的诸多交换比率转换成其与社会选定的某特定商品之间的单一交换比率。比如，将谷物与肉类、盐、皮革、工具等商品的多种交换比率转换成其与盐之间的单一交换比率。在这种情况下，盐是当地的货币商品，当地的所有商品都需要一个以盐计量的价格。价格是与货币紧密联系在一起的：它是商品价值量的货币表达。

单纯的商品和货币商品之间的区别在人类历史上再三出现。货币商品所采取的形式是多种多样的，如盐、牛、猪、谷物、贝壳、可可豆、珠子、姜黄、红赭石、斧、箭镞、矛、磨石、甲虫腿、蜂蜡、金属和其他各种充当过货币的物品，以及被不断发明出来的各种新形式。各种各样的货币一开始都只是区域性实体，然后和王权一样，大部分都在历史的长河中被废除。5.2 节追溯货币的演变进程，从最初的以物易物到私人和国家发行的铸币、私人和国家发行的可兑换与不可兑换代币、国家法定货币以及银行货币。本节的最后论述了货币的三项基本功能（定价工具、流通工具和安全工具），审视了一些显著的长期经验模式。5.3 节介绍了关于货币和价格水平的古典理论，以及马克思对这些理论的论述。在马克思的论述中，他将自己限定于这样一种情形：代币直接或间接地代表着一种货币商品（他承诺会继续分析纯粹的法定货币和银行信用，但在生前并未完成）。从这个角度来看，马克思对基于商品的货币的论述直到 1939—1940 年（这一时期标志着金本位制的终结）都是适用的。马克思的论述中的一个关键点在于，他将国家价格水平确定为以下两项的乘积：一是由竞争决定的商品的相对价格，它由历史选择的某种货币商品（在西方是黄金）来表达；二是由货币和宏观经济因素决定的货币商品的价格。从这一视角来审视英国和美国的价格水平，一些显著的经验模式便呈现出来。马克思所采用的这种方法的好处之一，是其确定了一种简单的长波指示器，这种长波指示器至今仍然有效（见第 16 章和第 17 章）。

5.4 节将商品货币本位制（比如金本位制）下对法定货币的古典处理与生产的相对价格的现代（斯拉法）处理联系起来，然后便转移到对关键问题的探讨：如何处理法定货币不再与任何货币商品挂钩的问题？我认为，在现代法定货币体系下，国家价格水平是由货币因素和宏观经济因素直接决定的，但是以一种不同于货币主义、凯恩斯主义和后凯恩斯主义的方式进行的。因此，这一问题被放到本书第三部分的第 12~14 章进行讨论，在那里构建了关于利润率、有效需求、增长和通货膨胀的古典方法，并将其应用到宏观经济学中。第 15 章讨论了现代通货膨胀理论和另一种可供选择的古典理论，同时还对国家货币理论者和新国家货币理论者关于国家的历史作用与现代权力的主张进行了批判性分析。

第 6 章开篇就对利润和资本进行了深入分析。有两个问题是至关重要的：资本的定义和总利润的决定。凯恩斯引用马克思资本循环 *M-C-M′* 的概念，认为这是一种特别有效的辨别资本的方法。在一个循环周期中，资本作为货币（*M*）开始，被转化为包含劳动力、原料、工厂和设备的商品（*C*），然后以更多货币（*M′*）的方式被收回。相比之下，为赚取收入而工作的行为属于 *C-M-C* 循环。这两个循环相互作用，因为雇员获得的工资是公司资本支出的一部分，而雇员购买的消费品和金融资产又是基于利润驱动的公司销售的一部分。因此，不是事物的性质，而是它在其中运作的过程使它成为资本。资本也不是由其耐久性定义的：像黏土模具这样的流动资本可能仅持续不到一年的时间，而像机器这样的固定资本可能持续数十年。另外，如家用汽车和住宅这样的耐用品是私人财富的一部分，而不是资本。实际上，一辆车对个人所有者来说可能是私人财富，而相同型号的汽车对等待其（以合适的价格）被售出的汽车经销商来说可能就是资本。新古典经济学总是将资本与耐久性财富混为一谈，这是因为它将“资本”简单地定义为耐久性超过一年的财富。现代国民账户体现了新古典经济学的方法，例如，私人房主被视为出租房屋给自己的企业（见附录 6.7）。

6.2 节表明，正如詹姆斯·斯图亚特爵士最初提出的那样，总利润有两种来源：第一种来自财富转移，第二种来自以剩余产品形式生产的新财富。这是区分商业资本和产业资本的基础，前者以“低买高卖”为基础，在漫长的历史中一直存在，而后者以剩余产品的生产为基础。马克思赞同斯图亚特关于基于“不平等交换”的利润和基于剩余产品生产的利润的区分。由于马克思最关心的是后者，所以在《资本论》第一卷中，他专注于证明，即使在“等价交换”的情况下，绝对的产业利润仍然存在。他谨慎地表示，他称为“让渡利润”的另一种利润形式在多个领域发挥着重要作用，并表示将在之后的某个时间（也许是在他生前未能完成的《资本论》第三卷中）再回头讨论这个问题。我论证了斯图亚特提出的第一种利润形式的秘密在于财富向资本循环的转移，并且表明，在各种“转形问题”与揭示金融资本的奥秘中，这一点都发挥了关键作用。

6.3 节集中讨论产业利润。第 4 章中关于日工作时长和劳动强度与总产量之间关系的讨论已表明，只有当日工作时长超过再生产出符合雇佣工人生活标准的商品量所需的工作时间时，即只有存在剩余劳动时，剩余产品才会出现。技术的发展及其运用都是由社会决定的，这告诉我们，剩余劳动的存在是一个社会结果，而不仅仅是一个“技术”结果。据此可以推导出一些进一步的结论。首先，不论各个行业采用何种价格，当剩余产品为零时，总利润为零。即使所有产品的销售价格翻一番也无济于事，因为这也使同样的原料投入与劳动力（假设实际工资保持不变）的再生产成本翻番：企业作为卖方集体获得的总收益会同时因作为买方而损失，因此总实际经济利润仍然为零。相反，只有在存在正的剩余劳动时间与相应的正的剩余产品时，绝对总利润才存在。同样地，绝对价格水平翻番并不会提高实际总利润，因为它也使所有成本翻番。

不过，在给定正的剩余产品的情况下，相对价格的变化会改变总利润。利润仍然是剩余劳动的反映，但现在流通的镜子似乎是弯曲的。货币利润对相对价格的部分依赖是非常普遍的现象。它适用于新古典主义、斯拉法主义与马克思主义的价格理论：换言之，在所有思想流派中都存在一个“转形问题”。在马克思主义理论中，从与劳动价值成比例的价格转向生产价格时，总利润也随之变化。如果把生产价格（归根结底它们是纯粹的理论建构）与市场价格或者垄断价格相比较，也可以得出相同的结论——这一点斯拉法主义者基本上没有注意到。

6.4 节建立在斯图亚特的洞见上，即财富和价值的转移也会影响总利润。研究表明，商品相对价格的变化通常会对资本循环与收入循环产生不同的影响，并且即使产品的总货币价值不变，相对价格的变化也会引起财富在两个循环之间的转移。转移的总和永远是零，但由于一个循环可能会获得另一个循环所损失的（反之亦然），总利润会发生变化。这是“转形问题”的一个十分一般性的解决方案。它可以被用来进一步解释为什么当产出比例符合最大平衡增长所要求的特定比例时，这一现象不会发生，即为什么在这种情况下总利润对相对价格来说是恒定的。6.5 节用一个一般性的框架解释金融利润的来源：它来源于实现了的资本收益与其他类型的财富转移（让我们永远不要忘记庞氏骗局与麦道夫骗局）。6.6 节表明，通过隐晦或明确地假设实际工资低于生产率，斯密、斯拉法、凯恩斯和后凯恩斯的总利润理论实际上都依赖正剩余产品的存在。新古典理论则与之不同，因为它既有基于转移的利润的概念（源于纯粹交换模型），也有生产利润的概念（源于总生产函数）。这是斯图亚特理论的回归，但现在的重点在于通过将利润视为对节制与企业家精神的奖励而证明其合理性。把对利润的解释与对其合理性的证明区分开来是重要的。斯密和李嘉图将利润与租金解释为对劳动净产品的扣除，但并不怀疑资本家或地主有权占有这些流量。马克思同样清楚地意识到，资本家和地主（像所有的统治阶级一样）拥有社会建构的“权利”去榨取剩余劳动——正如某些时候工人获得抵抗的权利一样。这三位著作者都对资本家持批判态度，而新古典学派与奥地利学派则倾向于赞扬资本家。6.7 节论述了关于相对价格对总利润影响的文献，包括马克思针对“转形”的著名讨论。对之后从波特凯维茨到萨缪尔森和斯拉法的文献的优缺点进行了评估，也对福利和迪梅尼的所谓“新解释”的优缺点进行了评估。本节最后指出，在任何情况下，相对价格对总利润和利润率的经验都非常小。6.8 节讨论了从理论上和经验上量度利润、资本和利润率的问题。大部分细节的介绍都出现在附录中。附录 6.1 提供了公式化地处理剩余劳动与总利润间关系的方法。附录 6.2 表明，如果利润率是以总产量的货币价值与原料、折旧和劳动的当前成本被量度的（如 6.3.3 小节所述），那么它便也是实际利润率：用任何共同的价格指数平减分子和分母都不会影响它们的比值。另外，分别用不同的价格指数去平减它们是不行的，因为那样利润率将不再是一个纯数字。附录 6.3 指出资本作为总存量的商业概念不同于资本作为净存量的新古典经济学概念。附录 6.4 表明将固定资本作为一种联合产品的处理方法具有两种不同的形式：一种被马克思采用，对应着总存量的概念；另一种被斯拉法采用，对应着净存量的概念。这两种处理方法具有不同的理论和经验意义。资本存量的经验量度提出一系列新的问题，因为永续盘存法（PIM）存在问题，它将投资流量累积加总为资本存量。附录 6.5 分析了对价格和数量指数进行“质量调整”的意义和影响，以及由链式加权指数的使用引起的明显棘手的总量问题，后者似乎导致在问题较少的假设之上产生资本存量指标成为不可能。附录 6.5.5 推导出一套新的广义的永续盘存法准则，这套准则甚至适用于链式加权总量，这样就有可能构建新的资本存量指标与利润率。产能利用率带来了另一项挑战，因为我们知道实际产能利用率通常会随各种因素而波动。因此，附录 6.6 分析了现有的量度指标，并提出了一种新的简单通用的方法来测量产能与产能利用率。这还有一个额外的好处，就是使我们能够判断技术变革对产能-资本比的影响。附录 6.7 详细介绍了所有经验性量度的来源和方法。经证明，这些新量度指标使与传统量度指标截然不同的模式产生：企业最高利润率从 1947 年开始稳步下降，这有力地证明了技术变革降低了新古典意义上的平均资本“生产率”。企业净营业盈余，相当于工商业指标中的息税前利润（EBIT）与价值增加值相比相当稳定，在 1947—1982 年劳动者的“黄金时代”小幅下降，之后因新自由主义政策侵蚀工资份额而小幅上升（见图 6.2 和图 6.5）。结果就是，企业的平均利润率在整个第一时期稳步下降，但在第二时期因工资份额下降而稳定下来。可以说，这是里根-撒切尔夫人新自由主义时代的全部意义。

1.2.2 第二部分：真实竞争理论（第 7 ~ 11 章）

第 7 章介绍了本书分析的理论基础——真实竞争理论。利润动机从本质而言具有扩张性：投资者试图收回多于投入的货币，如果成功的话，他们可以在更大的规模上反复投资获利，与其他和他们做着同样事情的投资者相互对抗。有些人获得了成功，有些人仅可以生存，而有些人则彻底失败了。这就是真实竞争，就其本质而言，它是对抗性的，在动荡起伏中运转。真实竞争是资本主义的核心调节机制，它与所谓的完全竞争之间的差异，就像战争和芭蕾之间的差异一样巨大。行业内竞争迫使个体生产者制定出使其不被淘汰出局的价格，正如行业内竞争迫使他们降低成本，以使其能够通过降价进行有效竞争。降低成本可以通过降低工资、延长工作时间或提高劳动强度实现，或至少使工资增长率低于生产率的增长率。这些措施都必须与劳动者的反对相抗衡，因此从长期来看，技术创新成为降低成本的主要方法。在这样的背景下，个体资本面临着就其本质而言不确定的未来，基于个体的判断做出自己的决策。竞争使卖家和卖家、卖家和买家、买家和买家相互竞争，使资本和资本、资本和劳动、劳动和劳动相互对抗。这是一场一切人反对一切人的战争。

真实竞争产生了特定的模式。同一行业内不同销售者制定的价格被大致地均等化，因为消费者总是流向更低的价格，不同行业新投资的利润率也被大致地均等化，因为资本总是流向更高的利润率。这两种均等化趋势都致使价格和利润率围绕着相应的共同中心分布。古典经济学的动荡均衡概念与将均衡视为静态的传统概念非常不同。供给和需求在这个过程中起作用，但并不影响最终结果，因为二者都受到降价与资本进出的影响。重点是价格和利润率的均等化是典型的涌现特质，是为了赚取更大利润而持续激烈竞争所导致的非预期结果。

将竞争视为战争的观念具有重要意义。竞争性企业必须关注战术、战略和增长前景。相关利润在中期必须能够防御各种攻击和掠夺，这使其非常不同于新古典理论强调的短期利润最大化。在真实竞争的战场上，资本流动是从一个地带向另一个地带的行军，科技的发展和运用是军备竞赛，追求利润增长和市场份额的斗争就是战争本身。战争中有胜利者，也有失败者，他们之间的地位可以发生转变。没有任何资本可以保证其利润，更不必说“正常”利润率。因此，像正统经济学通常所做的那样，将“正常利润”算作运行成本的一个组成部分的观点是完全不合理的。债务和权益资产的划分决定了净生产剩余在利息和利润之间的分配。利率也可以表明资金积极投资和消极投资的收益率差别（见第 10 章和第 16 章）。7.2 节探讨了价格竞争的现象，7.3 节介绍了利润率竞争的现象，7.4 节用调控资本的概念将这二者统一在一起，7.5 节总结了与真实竞争相关的总体模式。

7.6 节转向企业行为的证据，首先介绍了牛津经济学家研究团队（OERG）的发现：企业是价格设定者，竞争迫使其价格与价格领导者保持一致。安德鲁斯和布伦纳坚持认为牛津经济学家研究团队的发现描述了竞争性、利润驱动型、价格设定型和成本削减型企业的行为。杰罗斯基指出：行业内的超额利润会刺激已有企业（局内人）和外来企业（局外人）采用最好的生产方法；新进入企业可能制定低于现有企业的价格；光是新企业进入的威胁就足以带来竞争压力，使商品价格下降并且消除超额利润。达兰称，当成本差异很大时，降价行为是竞争的特征。布赖斯和戴尔的研究表明，进入利润更高行业的企业数量是一般行业的5倍，而挑战者处理竞争的方式就如同应对一场战争。索尔特的经典研究注意到：在新建厂房中使用的最优生产技术一般会带来更高的生产率；在任何给定的行业中，总是存在一个技术分布范围，因为新的生产方法总是被投入使用，而旧的方法总是不断被淘汰。通过比较1924—1950年英国的数据，索尔特发现行业相对价格的大部分变化（从纯粹数据角度）都可以由生产率的变化得到解释。生产率反过来被持续的技术变革驱动。第9章将会展示，索尔特所发现的这些关系是对相对价格做出的更有力且更通用的解释的一个方面。梅尼亚和米勒注意到，尽管利润率的持续差异是常态，但试图用市场力量、共谋、进入壁垒、效率差异等因素解释这种差异，甚至用其他方法来量度利润和资本（包括广告和研发中的“无形资本”）以解释这种差异，通常都是不成功的。沃尔顿和达万发现，大多数商业研究表明，利润率随着企业规模的扩大而下降，但风险水平和资本成本也随之下降。表7.8和表7.9表明，在拥有38 948个企业的样本中，资本–销售额比率随着企业规模的扩大而上升，而成本–销售额比率大体保持不变。后者与如下的观察相一致，即新进入企业具有更大的规模和更低的单位产出成本，故而可以设定更低的销售价格。相关数据也表明，资本–成本比率随着企业规模的扩大而确定无疑地上升。这个简单的事实对降价行为下的利润率路径具有重要影响（见7.7节）。

7.6节最后一部分考察了利润率均等化的经验证据。古典经济学理论认为，新增投资体现为运作最优的厂房和设备。即使在单个企业中，总资本也是多样化的，体现为不同的技术和不同使用年限的机器，因此我们不能用企业的平均利润率代表调控资本的利润率。同样的问题也存在于行业层面：恰当的衡量指标是新增投资的回报率。在我看来，它可以被很好地估算出来，方法是用实际利润（包含利息、税收和折旧）的变化除以实际总投资来计算出资本回报的实际增长率。这两个变量在行业和国家层面都是广泛可获得的数据。我研究了 1970—1989 年经合组织成员的行业数据、1960—1989 年美国 15 个制造业行业的数据和 1987—2005 年美国 30 个行业的数据，同时计算了它们的平均利润率和增量利润率，还利用经合组织成员最近的行业数据研究了其新增回报率。在每一种情况下，平均利润率总是表现各不相同，而增量利润率出现了强有力的均等化趋势。楚尔菲迪斯和察利基利用 1962—1991 年希腊 20 个制造业行业的数据得到了相同的结果。他们也运用米勒的计量经济学方法检验了长期利润率的均等化趋势：就平均利润率而言，在 20 个行业中有 14 个行业的长期利润率与总体平均值的偏差在统计学意义上等于零，但就增量利润率而言，这 20 个行业估算的长期偏差在统计学意义上都等于零。巴赫切和埃雷斯在一篇优秀的论文中展示了土耳其的相似结果。这样的结果为古典经济学假设提供了重要的支持。

7.7 节是第 7 章的结尾，它实际上处理的是最重要的问题——调控资本本身是如何在竞争环境下被选择出来的（“技术选择”问题）。实际决策总是依据现行市场价格和预期市场价格进行的。市场价格围绕生产价格上下波动的事实不意味着二者是接近的，因此我们不能用后者代替前者。其次，与真实竞争中的定价行为和成本削减行为相一致，企业被迫选择的是成本最低的可复制性生产条件——这里的成本被定义为通常商业意义的成本，包含单位折旧、原料和工资成本。一旦我们将固定成本考虑在内，单位成本最低的技术就不同于利润率最高的技术。此外，既然实际市场总是动荡的，那么所有的选择都必须是“稳健的”，即面对着成本、价格和利润率的正常波动，它依然保持合理有效。因此，技术选择的恰当的方法论是随机论，而非决定论。如果更低的单位生产成本一般是通过更高的单位资本成本实现的（偏向资本的技术进步，其中资本–成本比率上升），那么定价型和成本削减型企业选择降低成本的生产方法这一事实将意味着，平均利润率即使在实际工资给定的条件下也会下降。相反，传统的（置盐）选择标准是“给定”价格条件下利润率最高的方法，这是基于以下假设：企业是被动的价格接受者，正如完全竞争要求的那样，而这意味着平均利润率在实际工资给定的条件下会上升。

第 8 章包括两个主要部分。8.1 节介绍了从古典主义到后凯恩斯主义的多种不同的竞争理论。8.2 节考察了关于定价和利润率的经验证据。8.1 节始于古典经济学的杰出典范。斯密和李嘉图（见 8.1.1 小节）以及马克思（见 8.1.2 小节）都一致同意竞争趋于使工资率和利润率均等化，从而使市场价格趋于围绕着自然价格（生产价格）上下波动，但又与它保持不同。马克思尤其强调了这些引力波动的“动荡”特征。马克思将李嘉图的论断（即只有某种特定的生产条件才调节市场价格）从农业拓展至所有行业，从而使其具有了普遍性。他还认为，竞争性企业是主动的价格设定者和有攻击性的成本削减者（不同于完全竞争所假设的企业是被动的价格接受者），而创造生产成本更低的技术通常需要更高的单位固定资本投资。这对马克思关于技术选择和平均利润率时间路径的分析至关重要。

8.1.3 小节仔细回顾了后古典经济学抛弃对资本主义的分析，转而分析其理想化形式的历程。价格设定型和成本削减型企业为被动的价格接受者所取代，市场价格围绕生产价格的动荡运动被“作为一种状态的均衡”下所得到的这二者的完全相等取代。竞争被认为只有在存在众多价格接受型的小企业且每家企业都追求自身目光短浅的利益时才普遍存在。杰文斯和瓦尔拉斯利用这些预设建构了一个关于市场社会的“故事”，它不但是社会最优的，而且是经济有效的，这个故事继续支配着经济学专业。8.1.4 小节提出完全竞争理论是内在不一致的，因为它需要理性预期的假设。如果所有企业完全相同，那么其中一家企业采取的任何行动肯定会由其他所有企业采取。任何促使某家企业增加产出的信号也将促使其他所有企业做出相同的行动，因此市场供给将显著增加，价格将下跌。考虑到完全竞争企业是具有完全信息的，那么任何个体企业“预期”它能够以任何现行价格销售其所希望的数量便是非理性的。然而，这却恰恰是完全竞争理论所需要的预设，也是宏观经济学得以建立的基础。因此，理性预期理论不能以完全竞争理论为基础。反过来，如果假定企业的预期是理性的，那么完全竞争理论也会崩溃，因为即使是掌握适度信息的企业，也会意识到它们在竞争性条件下面临的是斜向下的需求曲线。这会对经济学家如下的理论诉求提供有趣的理解和阐明：斯拉法（1926）对标准经济学的批判，凯恩斯对企业的处理方式（见第 12 章），甚至是帕廷金在试图绕过这一难题时的短暂努力。

8.1.5 小节和 8.1.6 小节研究了熊彼特学派和奥地利学派的观点。熊彼特称赞瓦尔拉斯的价格接受型企业、利润最大化行为人模型，但他接着也指出，它的静态性质不能与新技术和新商品的持续创造相兼容。他建议引入创新带来的扰动以拓展完全竞争模型，但几乎没有分析由此产生的价格和利润模式。奥地利经济学反对完全竞争概念，因为它依赖完全信息，依赖作为一种状态而非一种过程的竞争，依赖作为被动的价格接受者的企业而非主动的创新型企业。奥地利学派强调，竞争作为一个过程会使超额利润迅速消失。除了明确假设利润率迅速均等化，以及缺乏对调节资本和非调节资本的区分，奥地利学派与古典真实竞争理论有许多相似之处。奥地利经济学也认同新古典经济学的观点：企业是消费者的有效服务者，工会活动和政府干预是对市场过程的无理干涉。

8.1.7 ~ 8.1.9 小节介绍了垄断资本、不完全竞争、卡莱茨基主义和后凯恩斯主义学派的价格理论。它们都或含蓄或明确地将竞争与完全竞争联系起来，将历史上资本主义生产规模的扩大和集中度的提高视为垄断程度上升的表面证据。希法亭第一个提出了这种观点，随后列宁的正式认可使其成为马克思主义的官方观点。他们认为垄断资本家被驱使着向国外输出资本，因为除此之外的替代方法（将利润再投资于他们自身所在的行业）会扩大供给，从而拉低价格和利润率。斯威齐、巴兰、曼德尔、贝拉米·福斯特和其他人都认为，垄断理论比竞争理论（他们通常将竞争与完全竞争混为一谈）更“基于现实”。卡莱茨基的垄断加成价格理论成为以巴兰和斯威齐为代表的马克思主义垄断资本学派和大多数后凯恩斯主义经济学的基础。在正统经济学中，不完全竞争理论的提出也是为了使标准理论更加符合现实。这一理论放松了完全竞争理论的一个或多个假设：放松完全知识假设以关注未来的不确定性和非决定性，假定规模效应不容忽视来证明进入壁垒观念的合理性，放松大量的消费者和企业数量的假设使价格接受（而非进攻性的价格设定）合理化，接受报酬递减以证明平坦的成本曲线是合理的，承认不同结果之间的相互作用来说明消费和生产的外部性。但利润最大化的假设通常被保留下来，只是将“价格 = 边际成本”的条件替换为“边际收益 = 边际成本”（mr=mc）。斯拉法（1926）、张伯伦和罗宾逊夫人是重要的代表人物。卡莱茨基的中心思想是价格由企业制定，即使是相对同质的商品，价格也可能会不同，成本较低的企业要价更低。然而，这些相同的现象也可以从真实竞争的古典概念中推导出来（见 7.5 节）。于是，卡莱茨基理论和之后的后凯恩斯主义文献的显著特征便改为了如下论断，即价格是通过在成本之上增加一个稳定的垄断加成得出的，在这种情况下，即使在价格领导者之间，取决于各自垄断权力程度的长期利润率也不相同。一如既往地，"竞争"通常被认为等同于完全竞争——这是一个在很久以前就根深蒂固的理念。

现代古典经济学（见 8.1.10 小节）强调竞争在资本主义经济中扮演着核心角色，认为市场价格围绕着生产价格上下波动，所以它们两者是不一样的。第一种观点认为它们二者足够接近，以至能够被视为相等的。第二种观点则坚持认为，市场价格在引力过程中波动的幅度很大，所以实际决策总是依据不断波动、不确定的市场价格做出的。第三种观点基于如下的错误印象，即竞争要求它们二者完全相等，因而主张不考虑价格和利润率均等化的问题，于是价格和利润率被视为随机变量，从统计力学的角度进行研究。我认为后一种方法更适用于研究价格和利润率与其调节中心的偏离。最后一个议题关心的是企业的行为。在处理竞争性企业的问题上，几乎所有的现代古典经济学家都采取了和新古典理论一样的方式，将其视为价格的接受者。在其中一端，有人认为市场价格接近生产价格，企业是价格接受者，因而竞争接近完全竞争，技术选择基于在某个给定价格条件下可获得的最高利润率标准，并且再转换是一个核心问题。在另一端，有人（包括我自己）则认为，竞争性企业设定价格并致力于降价，竞争是一个充满对抗性和破坏性的过程，技术选择基于最低成本标准，再转换不是一个特别重要的现象（见 9.10 节）。

8.2 节首先分别概述了由完全竞争、不完全竞争和真实竞争理论所预期的模式（见表 8.1）。完全竞争理论假定存在大量小企业，这些企业具有相同的规模和成本结构，面临着相同水平的需求曲线。企业被假定为被动地接受“给定”的价格和技术，并且这个统一的价格被假定为能对市场供需迅速做出反应。因为企业是完全相同的，所以它们必须有相同的利润量和利润率。因此，企业的利润率和规模之间不具有相关性。不完全竞争理论以上述这些模式为分析的基准。这样一来，对于那些企业数量不是很多、进入的规模门槛不太小的行业，价格就不那么灵活波动，价格和成本就不那么统一，面对着向下倾斜的需求曲线的企业便都被认为是非竞争性的。类似地，企业制定价格并领导价格的事实，也被认为是与企业规模、资本密集度和相对市场份额（集中率）相联系的垄断权力的标志。相比之下，在真实竞争中，竞争性斗争的强度不取决于企业的数量、规模或行业集中率。价格设定、成本削减和技术变革都是竞争所固有的。真实竞争认为给定产品的市场价格会在一定的限度内存在差异，也认为企业会通过周期性的价格调整对供求变化做出反应。新企业倾向于具有更大的规模和更低的成本，倾向于通过降价扩大自己的市场。老企业会尽其所能地对此做出反应，但并不总能与新价格完全一致。因此，在真实竞争中，我们可以预期到销售价格与单位成本正相关，销售价格和单位成本与企业规模和 / 或资本密集度呈负相关。一旦允许削价行为存在，大企业的利润量和利润率就可能与较小的企业相同或比其更低——这正是大多数研究所发现的结果（见 7.6 节）。考虑到更高效的企业倾向于具有更大的规模、更高的资本密集度，我们也可以预料到集中率与所谓的进入壁垒相关联。

完全竞争假设所有的企业都是一样的，因此给定行业中的每个企业都是调节资本，有着与行业平均水平相等的利润率。因为行业间竞争使利润率均等化，所以所有企业必然都具有相同的利润率。因此，在企业层面持续存在的企业利润率的差异，变成了不完全竞争的证据，在单位产出利润量与企业规模或资本密集度之间的任何相关性，亦被看作不完全竞争的证据。在真实竞争理论中，利润率均等化意味着具有更高资本产出比的调节企业必然具有更高的单位产出利润量。因为资本密集度与规模有关，所以我们可以预料到，具有更高进入规模门槛的行业将具有更高的单位产出利润量。真实竞争与其他竞争理论的显著区别在于，它认为不同行业的调节资本实现利润率均等化。这样一来，问题就变为：具有更高集中率和更高进入要求的行业是否具有高于正常水平的利润率？

8.2.3 小节考察了一些学者所假定的价格刚性与垄断权力之间的关系。米恩斯将一些企业价格相对较少的变化归因于它们的垄断权力。然而，塔克发现更大型企业的利润率更低（这是一个常见的研究结果，见 7.6.3 小节）。艾希纳展示的数据表明，集中性强的行业的平均价格比竞争性行业更平稳。但他没有注意到，更平稳的价格并没有随着时间而上涨得更快，他也没有提供集中性强的行业具有更高的利润率的证据。泽姆勒表明，在各种研究中，价格的灵活度与集中率都没有关联。8.2.4 小节注意到如果利润率是均等化的，那么它们必定与行业的资本密集度无关。因为利润率是单位产出利润量与资本密集度之间的比率，所以（在利润率均等化的情况下）前者将与后者呈正相关（因而与规模也呈正相关）。因此，只有超额利润量与资本密集度或企业规模之间的相关性才能被看作支持垄断权力假设的证据。8.2.5 小节处理的是“结构-表现”假设问题，即有关具有更高集中率的行业具有更高利润率和 / 或更高单位产出利润量的假设。它先介绍了贝恩的原创性研究，然后介绍了曼、施蒂格勒、布罗曾、德姆塞茨和许多其他学者的回应。最后，在不断累积的反面证据面前，这两个假设都不能成立。

第9章重点研究的是古典相对价格理论和丰富的支持性证据。生产价格是由三个至关重要的过程产生的竞争性相对价格：销售者之间的销售价格均等化、工人之间的劳动收入均等化和调节资本之间的利润率均等化。所有这些均等化过程都在动荡中进行。古典传统使用几个分析性步骤处理最终的结果，因为这有助于确认相对价格之下起基础作用的结构。9.2节首先分析了自雇生产者的例子，他们在竞争性市场上购买投入品，并销售其产品，在追求更高收入（这里的收入还不是工资，因为生产者为他们自己工作）的过程中，在不同的职业之间进行转移。生产者在不同职业间的流动将使其每小时收入均等化，相应的价格也会与生产商品所需的整合劳动时间成正比。这里的整合劳动时间指的是生产给定商品所需的一系列劳动的总和，即生产其投入品需要的劳动加上生产其投入品的投入品需要的劳动，以此类推。现在假定生产者必须以这种方式与资本家分享其收入，即每个阶级都获得增值的一部分，这些份额在所有行业之间是相同的（从而使工资率均等化）。于是，相对价格没有理由偏离相对整合劳动时间。因此，资本主义生产关系的存在和正利润的存在都不必然导致任何这样的偏离。此外，如果每个行业的资本–劳动比都恰好相等，那么在价格与整合劳动时间成正比的情况下，相等的利润份额也意味着相等的利润率。这表明生产价格与劳动时间之间的偏差本身并不起因于竞争、生产资料的私有制、劳动收入的均等化、资本主义生产关系、正利润的存在，甚至也不起因于利润率的均等化过程：它们仅仅来源于行业间资本–劳动比的差异。于是，我们就被导向了这样一个问题：资本–劳动比之间的差异如何映射为生产价格与劳动时间之间的离差？

9.3节紧接着上述问题，首先证明了资本–劳动比的相对离差不是指可以在每个行业直接观测到的比率的相对离差，而是指整合比率的相对离差，每个行业的整合比率都是给定行业的资本–劳动比和其投入品的资本–劳动比、其投入品的投入品的资本–劳动比等的加权平均值。我们可以表明每个行业的生产价格都是两个结构性因素共同作用的结果：一是整合单位劳动时间，它把该行业与其所处的生产网络联系起来；二是整合资本–劳动比。因为后者是该行业的直接资本–劳动比与直接或间接进入其生产资料的所有行业的直接资本–劳动比的加权平均值，所以整合资本–劳动比的离差必然远远小于直接资本–劳动比的离差。这提醒我们考虑这一可能性，即整合资本–劳动比对相对生产价格和相对整合劳动时间之间距离的贡献可能很小（正如 9.9 节所述）。9.4 节解决了对这种独立于计量单位、无标尺的（向量）距离的量度问题，表明除了诸如变异系数和欧几里得距离等传统的不加权的均方根类型的距离量度外，还有可能发展出基于偏差绝对值的加权距离量度。后者可以简单地代表任意两组变量之间偏差的平均绝对百分比。

9.5 节和 9.6 节展示了 1947—1998 年市场价格、直接价格（与整合劳动时间成正比的价格）和生产价格之间距离的大量证据。所有三种量度都基本上给出了相同的结果。就加权距离量度而言，市场价格和直接价格之间的距离约为 15%，在观测到利润率下的生产价格与整合劳动时间之间的距离约为 13%，市场价格和观测到利润率下的生产价格的距离也约为 15%（见表 9.14）。考虑到市场价格围绕着生产价格上下波动，而后者则系统性地偏离直接价格，市场价格和直接价格之间的距离与市场价格和生产价格之间的距离几乎一样这一事实看似是一个难题。然而，我表明即使当市场价格围绕生产价格随机波动，而后者同时随着利润率的变化而变化（生产价格因而系统地偏离于直接价格）时，市场价格与直接价格之间的距离在很多时间点上都等于甚至小于生产价格与直接价格之间的距离（见图 9.17）。标准市场价格、生产价格与直接价格在时间序列上的变化同样类似。如果我们处理的是不同价格集合之间偏差的百分比，那么因为单位和标尺都将互相抵消，在这种情况下我们可以使用统计回归。最高的相关性和最小的距离出现在可获得的最小时间间隔即 4~5 年内，尽管这些关系在（下一个可获得的最小时间间隔)9 年内依然稳健。例如，即使在 9 年间隔中，市场价格变动与直接价格变动之间的关系仍然得出 R^2=0.82~0.87，加权距离量度为 4%~6%(见表 9.10）。比较观测到利润率下的生产价格变动与直接价格变动之间的关系，我们也得到了类似的结果：即使在 9 年的间隔中，仍然有R^2=0.89~0.90，加权偏差为2%~5%(见表9.14）。最后，克劳迪奥·普提遵循美国杰出数学家雅各布·施瓦茨发展出来的方法，解决著名的李嘉图关于相对价格对分配变化的敏感度的估计。普提表明，在从连续的商业周期的波峰到波谷期间，市场价格的变化幅度平均为 7%~8%(见表 9.11~表 9.12）。这恰好是李嘉图的估计值!

9.7~9.10 节考察了个别斯拉法标准价格的经验性质，最终表明这些价格曲线在流动资本模型中是轻微弯曲的，而在固定资本模型中则完全是线性的。在这两种情况下，相应的工资–利润曲线都是近似线性的（见图 9.8 和图 9.12）。斯拉法将个别生产价格的潜在复杂性与行业产出–资本比可能的复杂运动联系起来，但基于美国的经验数据，这些比率仍然是近似线性的——这恰恰是标准价格和工资–利润曲线都表现为近似线性的原因。实际上，斯拉法的标准价格就是马克思已转形价值的整合版本。如果标准价格自始至终都是线性的，则生产价格与直接价格之间的距离对利润率变化的弹性值为 1。在经验水平上，弹性值约为 1.10，即在观测到利润率水平下与线性情况相差 10%(见图 9.14）。从本质而言，这正是李嘉图所假设的。不足为奇的是，经验上的工资–

利润曲线最终被证明是近似线性的（见图 9.19）。总体结果为古典相对价格理论提供了强有力的支持。标准生产价格的近似线性大大简化了对分配变化和技术变化所产生的影响的分析，其经验稳健性也使其具有很强的实践价值。它们与我们观察到的（轻微）弯曲的工资–利润曲线一致，因此它们并不能排除再转换或资本逆转的逻辑可能性（尽管它们确实意味着这两种情况非常罕见）。

9.11 节用对古典相对价格理论产生和发展历史的回顾结束了对第 9 章的分析：斯密、李嘉图、马克思、斯拉法和后来关于再转换和总生产函数可能性的争论。9.12 节对第 9 章进行了总结◎。[①] 本章证据阐明，不同价格形式之间的差异相对较小，以致它们在总体水平上相互抵消——不管我们使用市场价格、生产价格还是整合劳动时间（马克思的劳动价值），总体的比率都基本相同——正如斯拉法本人所说的。[②] 线性标准价格和工资–利润曲线意味着两个表面上相互矛盾的东西（实为一体）：如果用整合的"资本有机构成"改写马克思转形方法中直接的"资本有机构成"，那么马克思的方法就其本质而言则是正确的；萨缪尔森的总伪生产函数基本上是正确的，因为工资–利润曲线基本上是线性的。因此，从剩余价值再分配中产生的生产价格，可以得出一个总伪资本边际产量（货币形式）函数，这个函数在每一个转换点上都等于利润率。这不意味着资本的货币价值决定了利润率。事实上，古典的因果关系是从车间中个人的工资斗争推导出一般利润率（r）和资本 K(r) 及其产出 Y(r) 的相应货币价值。类似地，沿着萨缪尔森的工资–利润边界移动，并不能重建新古典的充分就业理论。新古典主义宣

① 全书标记◎处表示英文原文此处有误，经作者核定后已修正。——译者注

② 斯拉法在笔记中指出，"其总量之间的比例（剩余价值率、利润率）不论是以'价值'还是以与任何剩余价值率相对应的生产价格来衡量几乎都是一样的……这显然是正确的"（Bellofiore2001, 369）。

称灵活的实际工资可以自动导致充分就业，而马克思和古德温认为灵活的实际工资有助于创造并维持持续的产业后备军（见第 14 章）。这里还存在一个令人着迷的问题，即具有什么属性的投入-产出表可以解释观测到的标准价格的线性。舍福尔德已经表明，如果整合资本系数矩阵的次优特征值全部为零，那么就会获得完全线性的标准价格，对这一假设的一种可能的解释是，当矩阵大小趋于无穷大时，所有随机矩阵的次优特征值均趋于零（见附录 9.1）。当然，这构成了对所谓的“马克思的最后一个定理”的高等数学证明。

第 10 章将古典方法拓展应用至金融理论。利率是融资的价格，金融企业的存在是为了赚取利润，竞争使调节性金融资本的利润率围绕着一般利润率上下波动。从这个角度而言，竞争性利率是融资的“供给价格”，它以和其他竞争性价格一样的方式与一般利润率相联系。对金融和非金融企业而言，利率都行使着投资基准功能。正如马克思和凯恩斯所强调的，投资是由利润率和利率之间的差异驱动的。在这一章中，我将聚焦利率、债券和股票价格的竞争性决定问题，而将货币政策问题留待第 15 章和第 16 章讨论。10.2 节首先提出，如果商业贷款具有可行性，那么利率通常必须低于利润率。金融企业（银行）的利润率是其利润（来自贷款的利息收入与其运营成本之差）与其资本存量（其准备金与固定资本之和）之比。银行利润率与一般利润率的均等化意味着对任何给定的意愿准备金-存款比和存贷比而言，利率取决于两个因素：一般利润率和影响投入成本（如纸、电脑、办公空间和劳动时间）的一般价格水平。因此，长期竞争性利率不是“自然”利率，因为在每一个不同的价格水平上都存在着一个不同的长期利率。这为吉布森悖论提供了直接的解释，该悖论产生于这样的经验发现，即名义利率与价格水平呈正相关——与费雪的假设直接相矛盾，后者认为利率与通货膨胀率移动的方向相反。这也解决了马克思论点中的一对表面矛盾，他强烈反对自然利率的概念，然而却认为金融资本如同所有其他资本一样，必须参与利润率均等化。他的这两个观点都是正确的。这种方法接下来被拓展至推导希克斯型收益率曲线，先是银行或银行部门吸收活期（零期）存款以发放单期贷款，接着转向吸收单期贷款以发放两期贷款，以此类推。期限更长的贷款具有更高的风险，因而需要更高的准备金和存贷比，因此更长期限贷款的利率必须更高，以实现相同的利润率：利润率均等化的收益率曲线一般向上倾斜。因此，利润率均等化过程决定了基期（单期）利率的长期水平和长期的利率期限结构。短期而言，对不同类型贷款的需求和供给决定了利率，但从长期来看，结构性因素占据支配地位。

10.3 节将利润率均等化拓展至股票价格。在这里，竞争使股票实际收益率与实际增量利润率均等化，前者等于实际股票价格增长率与股息收益率（每股股息与每股价格之比）之和。这决定了实际股票价格在动态环境中的路径。诸如均衡股票价格的股息–贴现模型和 FED 模型（美联储估值模型）等多种标准假设，都被表明是一般古典理论中不可能发生的特例。10.4 节分析了债券价格。不同金融工具之间的套利使债券收益率和与之具有同等期限的银行利率均等化，因为这些银行利率通常低于一般利润率，所以债券收益率也将低于利润率。因为股票收益率等于利润率，所以债券收益率也将低于股票收益率。这正是正统金融理论中众所周知的被称为“股票溢价之谜”的经验事实，因为它与债券收益率和股票收益率应该相等的假设相矛盾。10.5 节对古典理论做了一个总结，表明在稳态情况下它可以简化为标准的股息–贴现模型，除了这里的“贴现因子”是利润率而非利率。

10.6 节考察了经验证据。正如银行利润率均等化的假设所预期的那样，证据表明，银行资本的现行成本（实际）增量收益率围绕着所有私人资本的一般增量收益率上下波动。证据还表明，债券收益与银行贷款的利息是均等化的，除了在诸如2007年全球危机爆发的非正常时期外，不同期限的利率也一起变动。另外，证据表明，除了在大滞胀的最后阶段，高通货膨胀与银行和工商业破产结合在一起推高了利率外，银行对工商业贷款的直接利率通常都是低于利润率的。这直接导致了1857—1982年明显可见的名义利率和价格水平之间的经验联系，在此之后，货币政策的干预推动名义利率不断下降（见第16章）。对比而言，与正统金融理论的预期相反，费雪的实际利率（名义利率减去通货膨胀率）肯定是不稳定的。与古典理论的预期相一致，股票收益率和企业增量收益率非常相似，乃至具有基本相同的均值和波动性。此外，与古典理论的预期相一致的还有债券收益率仅仅是上面两个收益率的一半（见表10.1和表10.2）。最后，古典观点并不预期平均利润率等于股票收益率，因为平均利润率是所有期限的资本收益率的混合平均值。恰当的量度是实际增量利润率，经证明它等于实际股票收益率。这便从一个有利的角度解决了席勒对效率市场假说（EMH）批判的问题。股票收益率和企业增量收益率的联动如此接近，以致席勒的论断没有了任何基础，他的论断是：由于投资者的"非理性繁荣"，股票市场收益率的特征是"过度波动"的。席勒之所以会得出"过度波动"的结论，是因为他将流行的效率市场假说当作了基准，而该假说基于的假设是：预期股票市场收益率随着时间的推移保持不变。但实际股票市场收益率是高度波动的，因此将其与某个不变的收益率所做的比较都势必会表现出"过度波动"的特征（见图10.12）。古典理论和效率市场假说之间的差异延续至对长期均衡（有保证的）股票价格定义的差别：在效率市场假说中，均衡股票价格是平稳的，并且与实际价格没什么联系；在古典理论中，实际价格和有保证的价格在长波中彼此围绕着对方周期性地上下波动，这与索罗斯的自反性理论相一致，而索罗斯的自反性理论本身正是对效率市场假说的一种批判。

10.7 节回溯了从亚当·斯密到现代观点的利率理论。斯密、李嘉图和穆勒都将长期利率视为与利润率成正比。如果我们不考虑银行的运营成本和固定成本，这样一种关系可以从 10.2 节的一般论点中推导出来。但接下来探讨的观点——在每一个利润率水平上，都将存在一个“自然”利率，自然是马克思所反对的，因为他了解图克关于利率也与价格水平相关的发现。同时，马克思认为金融资本也会进入利润率均等化。他甚至将金融利润与借款利率和贷款利率之间的差异联系起来。在马克思去世很久以后由恩格斯编纂的《资本论》第三卷中，没有进一步讨论银行利润率均等化和期限结构。就新古典主义和凯恩斯主义而言，令人震惊的事情在于，它们对金融的处理就好像它是一种既没有运行成本也没有预付资本的非资本主义活动。一旦将成本和资本从这幅图景中删除，就不可能存在融资的供给价格。于是，我们只能将利率的决定归因于偏好结构和预期。凯恩斯转而将流动性偏好作为其观点的驱动力，这很快发展成为希克斯的经济分析模型 IS–LM 模型，该模型很快经新古典主义者适当修改，以确保通过设定的实际均衡效应实现充分就业。新古典经济学对 IS–LM 框架的接收迫使凯恩斯的追随者走向其他多个方向。雷坚持将流动性偏好作为基础，而帕尼科认为流动性偏好不足以决定利率，因为这最终取决于市场上的“公共意见”。另外，罗杰斯颂扬这一结论，指出利率事实上完全由惯例决定。摩尔主张利率由央行通过适当调节货币供给设定（但这完全不能解释央行出现之前的利率）。拉瓦和雷则确认，这是目前后凯恩斯主义经济学的共识性观点。在另一端，帕尼科的开创性工作恢复了古典经济学对银行利率的分析，将其视为从利润率均等化过程中推导出来的基于成本的竞争性价格。他对此进行了详细的分析，为我的方法奠定了基础，尽管他的论述是沿着与我稍微不同的路线进行的。

10.8 节用讨论现代金融理论的方式对第 10 章进行了总结，其核心假设是资本流动使风险调整后的收益率均等化，其中包括马科维茨的收益–风险权衡，资产定价（CAPM）和套利定价理论（APT）模型中风险调整后的收益大致相等，以及有效市场理论中预期收益和实际收益之间的随机相等。后者基于这样的假设，即资产价格必须反映所有的可获得信息，因为如果不这样的话，经济中就存在吸引投机资本的利润机会。分析显示，如果我们假定未来收益率被预期是随着时间的推移保持不变的，并且每股股息以某种低于收益率的不变比率增长，那么普遍存在的股息–贴现模型就能从这相同的原则中推导出来。按股息–贴现模型的说法，一只股票的均衡价格被认为等于预期股息流的贴现值。学术领域之外的大多数从业者关注的是收益而非股息。例如，有数以百计的模型是以基准价格–收入比为基础的，包括在 10.5 节作为古典理论公式化表达的一个特例的 FED 模型。在经验层面，所有这些模型都表现得不好。

第 11 章是本书第二部分的最后一章。它应用古典理论探讨了国际竞争，即国际贸易差额和贸易条件（实际汇率）的问题。

国际贸易理论是关于生产和金融全球化成本收益的现代争论的关键部分。新自由主义将市场描绘为可以进行自我调节的社会结构，它能最优地适应所有经济需要，有效地利用所有经济资源，并自动为所有真正希望工作的人创造就业机会。新自由主义的支持者指出了一个不容置疑的事实，即富国作为市场经济国家，都是在世界市场上并借助世界市场实现发展的。新自由主义的批评者挑战所有这些说法。他们指出，富裕的国家，从西方传统的富裕国家到亚洲新兴的富裕国家，都严重依赖贸易保护主义和国家干预政策取得发展，而且直到现在它们还是这样。他们认为，在发展中国家实施贸易自由化实际上导致了经济增长放缓、不平等现象加剧、全球范围内的贫困加重、金融和经济危机卷土重来等一系列问题。最重要的是，批评者普遍认为主流自由贸易理论无关紧要，因为即使在富国自由竞争也并不普遍存在，更不用说穷国了。这一点是大多数非主流经济学家的标准看法，因为他们将竞争与完全竞争混为一谈（见第 7 章和第 8 章）。本章阐明了真实竞争理论对国际贸易具有一系列大不相同的含义。传统的（李嘉图）自由贸易理论并不是在竞争环境中展开的，而且被非主流经济学家视为反对（完全）竞争的证据的那些模式恰恰可以通过真实竞争得到解释。从真实竞争的角度来看，全球化一直都在像人们预想的那样展开——它普遍有利于低成本生产者而不利于高成本生产者。

11.2 节检验了主流贸易理论基础的两个关键前提假设：（1）自由贸易受比较成本原则的调控；（2）自由竞争在每一个国家都会带来充分就业。比较成本原则已为人们所熟知，其最常见的表述是，只要一个“国家”出口一些在国内生产相对便宜的商品，以换取在其他国家生产相对便宜的商品，那么它总是能够从贸易中获利。这一结论中隐含的假设是贸易能保持平衡（即进口的价值等于出口的价值）。但是，这一纯规范性主张并没有什么意义，除非我们能够证明市场经济体之间的自由贸易的确能够产生这样的结果。国际贸易实际上是通过逐利的进出口企业完成的。因此，当传统的贸易理论尝试更贴近现实时，它将转向实证主张：自由贸易受比较优势的调控，而且一个国家的贸易条件总会达到进出口价值相等的那一点。所有的国家都不需要恐惧贸易，担心自己会缺乏国际竞争力，因为最终自由贸易将使每个国家在世界市场上都具有同等的竞争力。上述结论要求任何一个国家的贸易条件都能够自动且成功改变，以消除贸易赤字或贸易盈余。富国和穷国都能实现充分就业的假设同样重要：毕竟，如果平衡的贸易是以持续失业为代价的，谁能断言它一定对应着“获利”呢？于是，比较优势理论试图解释比较成本的决定。比如，同时假设贸易受比较成本原则的调控而充分就业也总是能实现，赫克歇尔–俄林–萨缪尔森（HOS）比较优势模型表明，国家比较成本之间的差异将依赖各国在土地、劳动力和资本方面“禀赋”的差异。

正统贸易理论中的三个核心命题都曾受到广泛的批评。普遍充分就业的观点成了一个残酷的玩笑，因为事实上，即使在2007年全球危机发生前的全球繁荣时期，世界上也有10亿人口处于失业或非充分就业状态。贸易条件的降低最终将改善贸易平衡的说法长期受困于饱受非议的“弹性问题”。而且，贸易赤字会自动降低贸易条件直至赤字消失的说法也受到了显而易见的事实的考验：贸易平衡在任何地方都不存在，不适用于发展中国家，也不适用于发达国家，不适用于固定汇率的情况，也不适用于浮动汇率的情况。恰恰相反，持续的不平衡是国际贸易的常态。

11.3节追溯了对标准贸易理论经验问题的两种主要反对意见。第一种反对意见关注这一事实，即贸易平衡和/或购买力平价（PPP）被普遍认为只在长期成立，因此现存的战后数据（时间跨度为70年左右）也许时间跨度不够长。其他经济学家已经转移阵地，关注大量彼此矛盾且与自己声称要解释的现实相矛盾的短期模型。尽管许多主流经济学家“轻易承认了自己的失败”，但背后的比较成本优势这一基础概念继续主导着教科书、模型和经济政策本身。第二种反对意见是通过引入寡头、规模经济和各种具体因素修改一个或多个标准假设，这些具体因素诸如贸易构成、需求弹性差异、技术差异、累积性的和 / 或制度化的人类知识差异。所有这些都带来了标准（理论）结果之外的一些可能的特例，进而为国家在某些战略部门和某些战略活动（如研发活动）中施加干预提供了（有限）空间。但是，由此得出的模型结果都非常复杂，包含多种可能的结果，而且几乎没有得出“明确的结论”。我认为，真正的问题根植于其模型所依据的李嘉图的比较成本原则。

11.4 节用真实竞争理论的视角再次检验了李嘉图的比较成本原则。在一个国家内部的真实竞争过程中，企业会持续寻求降低成本以压低价格，进而把自己的竞争对手从市场中排挤出去。成本更低的企业更常成为竞争的胜利者，而成本更高的企业则会更常成为失败者。这就是资本主义竞争的核心筛选机制。亚当・斯密强调，在国内贸易和国际贸易的资本运作中，“追求个人利益是唯一动力”。李嘉图同样从这一点出发，试图解释国际贸易模式是如何从不同国家的单个逐利资本行为中产生的。为了引出其论证背后的朴素逻辑，李嘉图在论述的一开始假定葡萄牙的资本最初在所有的商品中都有着更低的基于成本的价格，所以它们支配了英国和葡萄牙的市场。但是接下来，随着资金从英国流向葡萄牙，葡萄牙的成本和价格上升，而英国的成本和价格下降。我们可以想象，随着葡萄牙的商品变得更加昂贵，英国的商品变得更加便宜，那些相对于英国商品有着最小优势的葡萄牙商品会最先退出胜利者的行列，成为失败者。从英国的角度来看，则是那些具有最小劣势的商品最先从失败者转变为胜利者。除非贸易已经达到均衡，否则这一过程将持续进行下去，葡萄牙具有第二小优势的商品（英国具有第二小劣势的商品）会交换地位，以此类推。所有这些过程都是通过两个国家中逐利的单个企业的行动和反应完成的。在上述李嘉图式贸易过程结束之后，葡萄牙看似最终选择了专注于生产那些具有“比较成本优势”的商品，并用它们去交换具有相同货币价值的英国的比较成本优势商品（因为贸易已经处于平衡状态）。这使得李嘉图可以从单个逐利企业的行为会引出比较成本原则的论点，转向宣布国家应该按照比较成本来决定其贸易模式的主张。新古典经济学家通常跳过所有的推导过程，转而求助于英国和葡萄牙这两个个体的虚拟代表，并且认为这两者参与贸易都是为了获利。这个论述过程具有思想灌输的意识形态意义，即自由贸易最主要的目的是惠及所有国家，而不是为各国自己的生意赚得利润。这一节还包括对比较成本理论公式化结构的扩展处理。

李嘉图所隐含的将收支差额简化为贸易差额的观点，对他整个理论体系的建立具有极其重要的意义。一个国家的国际收支差额是指净流入该国的资金总量，具体包括：出口减去进口（贸易差额），外国人在本国的直接投资减去本国人在外国的直接投资，由外国人购买的私人或者企业证券产生的短期资本流入（即外国人给本国人的贷款）减去本国人在外国进行的相同的金融交易金额，等等。李嘉图的论述似乎把商品贸易资金流完全独立于金融资金流，因此贸易差额就与收支差额成为同义词。在他的论述中，货币以流通工具的身份出现，但从来不被当成金融资本。从历史的角度来看这是极其古怪的，因为金融资本的进出口（即国际借贷）本质上与由商品进出口引起的资金流动相关。从理论的角度来看这也是相当古怪的，因为这种观点实际上意味着贸易和金融流动完全不相关。马克思和哈罗德都指出，这是李嘉图逻辑的一个关键弱点。

11.5 节发展了绝对成本优势的古典理论。李嘉图的理论实际上讨论的是国际调节资本的决定过程。当贸易开始时，葡萄牙和英国都同时生产酒和布，所以对于每一种商品都有两个不同的调节生产者，每个国家各有一个。尽管葡萄牙在最初对于两种商品都有更低的基于成本的价格，但是比较成本理论认为国际竞争最终会选择英国的企业成为生产布的调节资本，而葡萄牙的企业只作为生产酒的调节资本。在真实竞争理论中，任何一个行业中的价格领导者（调节资本）都是单位成本最低的企业，“成本”这一概念在恰当的商业意义下可以被定义为单位工资、原料价格和折旧的总和。李嘉图理论的第一个难点在于，商品国际相对价格的波动也会影响这种商品的相对成本。这是斯拉法的中心观点（即成本和价格无法避免地相互联系在一起）的逻辑延伸（见 9.11 节）。那么，比较成本对于实际汇率（名义汇率和 / 或相对于国内价格水平）的变化可能根本没有任何反应，因而葡萄牙资本将始终主导两个行业，英国资本则都处于劣势。即使比较成本确实对实际汇率的变化做出了反应，它们的反应也未必充分到足以把葡萄牙资本的领导地位抵消，因此英国资本又一次被宣判失败。换句话说，足够大的绝对成本优势不会被实际汇率效应逆转。最糟糕的是，比较成本的变化也许会沿着“错误”的方向进行（也就是说，这种改变可能会更加凸显葡萄牙的绝对成本优势）。这意味着即使像李嘉图所论述的那样，实际汇率确实随着贸易差额的变化而自动变化，只要实际成本（实际工资和生产力）是在国家水平上决定的，比较成本就不会依照李嘉图设定的路径前进。本章通过公式化方法证明了，当每个国家的实际工资和行业效率给定时，在两部门模型中，任意行业的比较成本就是国际相对价格的两个线性函数之比，并且取决于系数的不同，会随着相对价格一起上升或下降。而且，这种变化自身的范围受到生产的相对结构的限制。最后，国际市场的竞争力与效率、实际工资和技术构成的差异相关，而且自由贸易本身并不能消除绝对成本优势或绝对成本劣势。

李嘉图理论的第二个问题是，当存在贸易不平衡时，实际汇率完全不需要做出调整。马克思评论道，贸易盈余的国家会拥有更多的流动性，这将降低其利率水平；贸易赤字的国家则会经历流动性紧缩，因而利率水平会上升。这些变化都是通过资本市场正常的功能实现的。哈罗德也独立地得出了同样的结论。随着资本流入抵销了贸易差额，收支差额的净效应会取决于两种效应的相对大小：汇率可能根本不会发生变化；即使发生变化，它也可能朝着“错误”的方向变化（也就是说，贸易盈余国家的汇率可能会下降，而不是上升）。

在国际真实竞争中，调节资本是整合真实单位劳动力成本最低的资本。假设国家出口其（给定质量下）成本最低的货物，那么任何一个国家的贸易条件都将取决于其出口货物实际整合成本与进口货物生产者的实际整合成本之比。关键的问题在于贸易条件由国家的实际工资水平和生产结构决定，因此它们也不能像李嘉图理论认为的那样变动来内生地使贸易实现平衡。古典理论的表述可以被扩展到不可贸易商品。该商品进入生产时，它的价格会影响投入成本；该商品进入工资篮子时，它还会影响货币工资。那么，古典理论就意味着贸易条件（实际汇率）由两个因素决定：相对实际调节成本和可贸易商品 / 不可贸易商品的比率。对于用同种通货表示的任意两个国内价格指数的比率，也有类似的表述。这表明，只有两个国家的价格指数具有相同的总体组成，即有着相同的商品组成和相同的可贸易商品 / 不可贸易商品价格比率时，这个比率才是稳定的。古典理论因而表明购买力平价理论一般不会成立。

将真实竞争应用于国际贸易理论的分析引出了一些不同的命题。首先，行业的比较成本和贸易条件由相对实际工资、相对调节资本的生产力以及可贸易商品 / 不可贸易商品效应决定。其次，一个国家贸易平衡的方向由绝对成本优势或劣势决定（古典理论），而它的规模则取决于相对国家收入（凯恩斯主义理论）。后者的变化会影响贸易平衡，但除非该变化足以转变比较成本，否则不会使结果由盈余永久性变为赤字。最后，贸易不平衡会导致收支不平衡，而收支不平衡又会影响利率，进而引起短期的国际资本流动（古典理论），并且有可能也会通过影响投资改变国内收入（凯恩斯主义理论）。最终结果是，拥有绝对成本优势的国家将会通过国际放贷回收自己的贸易盈余，而拥有绝对成本劣势的国家则会借入国际资金来弥补自己的贸易赤字。这些过程都会通过自由贸易和自由金融流动实现，尽管政策也可能会产生类似的效应。

11.6 节在经验证据层面比较了标准贸易理论和古典自由贸易理论。比较优势假说认为实际汇率会变动以确保贸易在变化的环境中保持平衡，而国际真实竞争表明贸易不平衡才是常态。1960—2009 年的半个世纪中，15 个主要国家的贸易数据非常清楚地表明贸易通常是不平衡的。主流购买力平价理论要求实际汇率长期保持稳定，但是本节讨论的大量经验文献表明购买力平价理论并不成立。一张美国和日本基于生产者价格的实际有效汇率图表明，两国汇率明显呈现相反的变动趋势。我们也可以重构购买力平价理论，此时这个假说意味着名义汇率会和通货膨胀以相同比例下降（以此保持稳定的实际汇率）。美国和日本的数据也清楚地说明了为什么这个（相对变量）版本的购买力平价理论也不被普遍的经验证据支持。但是，在特定的高通货膨胀率情形下，（相对）购买力平价理论看上去的确是成立的。古典贸易理论预测到了美国和日本数据中实际汇率显著的趋势特性，而且也预测到了在高相对通货膨胀率情形下名义汇率和通货膨胀率之间的相关性。古典理论的假说是实际汇率 $er \equiv p \cdot e/p_f = (p/p_f)e$，其中 p 是国内价格水平，e 是名义汇率（国外货币价值 / 国内货币价值），p_f 是国外价格水平，实际汇率取决于相对实际单位劳动力成本和可贸易商品 / 不可贸易商品的价格比率。因为后两项在不同年份之间变化缓慢，实际汇率也应该变化缓慢（除非发生了冲击）。但实际汇率是国内相对价格水平（p/p_f）和名义汇率的乘积。因此，当面临迅速的国内通货膨胀，相对价格水平剧烈上升时，名义汇率一定会以大致相同的比率下降。

上述观点也表明实际汇率与相应的整合真实单位劳动力成本（根据可贸易商品 / 不可贸易商品价格比率进行了调整）有关。在缺少整合成本数据的情况下，我们使用直接单位劳动力成本来构建两个国家相对于其贸易伙伴的调整后的真实单位劳动力成本。相应的图形表明每个国家的实际汇率的确遵循了古典贸易理论。在计量经济学层面，实际变量和基本变量都被发现与调整速度协同变化，而这些调整速度都在统计上显著且具有正确的符号。最后，这表明实际汇率和调整后的相对真实单位劳动力成本的偏差是稳定的。考虑到存在前文讨论过的数据限制与资本流动、利率冲击的巨大影响，实际值与基准值比率在长期内非常稳定这一事实就变得更加引人注意。因此，古典贸易理论也为我们提供了一个关于竞争上可持续的实际汇率水平的稳健政策的规则，这一规则显然优于人们普遍采用的购买力平价假说。

1.2.3 第三部分：动荡的宏观动力学（第 12 ~ 17 章）

利润是微观经济学和宏观经济学的核心。本书第二部分阐释微观经济方面：企业是积极的逐利者、价格设定者和成本削减者，它们在自己的行动所创造出来的冲突和不确定条件下经营。竞争实际上就是以这种方式存在的，它是生产决策、技术变革、相对价格、利率、资产价格和汇率的驱动力。增长起源于细胞层面，而衡量企业成功与否的尺度是其利润率与利率的差额。本书的第二部分将揭示真实竞争和有效需求之间的联系。

第 12 章追溯现代宏观经济学的兴起，现代宏观经济学始于凯恩斯对正统学说的脱离，并随着新瓦尔拉斯经济学的回归达到顶峰。前面的第 3 章已经论证了涌现的宏观经济学特质不能被简化为全知代表性行为人的意愿结果。因此，微观特征并不必然会传递到宏观层面，而且任意给定的宏观模式可能与许多不同的（甚至是矛盾的）微观基础相一致。为了在相互冲突和竞争的假设之间辨明是非，我们必须考察它们的微观经济假设的有效性。将均衡视为一个动荡过程的古典观念意味着我们必须清楚引力的时间，而增长起源于细胞层面的事实意味着我们必须处理增长率或变量之间的比率。在真实竞争中，企业面临斜向下的需求曲线，它们制定价格，具有不同的成本，并被划分为价格领导者和价格接受者（调节性资本和非调节性资本）。最后，货币是内生和非中性的，而且总需求和总供给都根植于利润率，因此宏观经济学不能被简化为对供给侧或需求侧的分析法。

在总体层面上，我们可以将事前的超额需求表示为 $ED \equiv D-\mathbb{Y}=[(C+I)-(Y-T)]+[G-T]+[EX-IM]=[I-S]+[G-T]+[EX-IM]$，其中 D 为对国内可获得商品的总需求，它是消费（C）、固定资本和存货的意愿存量投资（I）、政府需求（G）与出口需求（EX）之和；T 为私人部门总税收（家庭和商业）；$\mathbb{Y}$ 为国内可获得总供给，它是国内供给（Y）与进口（IM）之和。这个会计关系确认了超额需求的部门来源。在没有政府或国外部门的最抽象的情形中，超额需求简化为我们所熟知的投资与储蓄余额的平衡 $ED=I-S$，这个公式在凯恩斯摆脱他那个时代的正统学说中发挥了关键作用。由于销售额超过供给会消耗存货，用计

划外的存货变动 $-\Delta INV_u$ 代替超额需求 ED 后，就能推导出相应的事后国民账户恒等式，即 $[(I+\Delta INV_u)-S]+[G-T]+[EX-IM]=0$。这两个恒等式中的任何一个都不是“预算约束”，因为超额需求 ED 可以为正值或负值。只有进一步假定总需求与总供给达成均衡，即 $ED=-\Delta INV_u\approx 0$，才能把这三个余额恒等式转化为 $[I-S]+[G-T]+[EX-IM]\approx 0$ 的预算约束。问题在于：实现均衡要花费多长时间？新古典理论通常假定均衡是即时的和连续的。凯恩斯通常关注的是比较静态，所以忽略了时间，但是他在某些地方确实承认生产需要花费时间，因而这种情形中的乘数一定是一个时间序列。现代凯恩斯主义和后凯恩斯主义宏观经济模型通常通过将观察到的（年度或季度）数据视为均衡结果的代表而避开了这个问题。鉴于超额需求会反映在计划外的存货变动上，我将论证更合理的做法是将 3~5 年（12~20 个季度）的存货周期（商业周期）视为总需求和总供给实现均衡的过程。这种做法无疑为考察宏观经济政策的政治和社会含义提供了不同的视角。最后，回顾第 4 章和第 7 章的讨论，正常产能下的产出 Y_n 被定义为与最低平均成本（从商业角度界定的成本）对应的正常（潜在）产出。这个产出水平通常低于最大（工程）产出，因此企业通常拥有大量期望储备产能，这也正是它们能在短期内快速增加产出的原因。真正的过剩产能只有当产出持续低于它的正常水平时才会存在。由于企业在引进新的厂房和设备时通常会考虑到某个正常产能，因此正常产能利用率只有当实际产出-资本比率等于期望产出-资本比率时才存在。这是一个特别重要的存量-流量一致的形式，因此凯恩斯主义传统通常忽视甚至否认这一点无疑具有讽刺性。

12.2 节概述了前凯恩斯主义宏观经济学的基本框架，前凯恩斯主义宏观经济学用对一个虚拟的理想化体系的后古典分析代替了对真实资本主义的古典分析（见第 7 章和第 8 章）。凯恩斯以某些被他归为那个时代正统学说的核心命题为攻击对象，尽管这些观念在他进行攻击的时候并未完全公式化：具有完全知识的理性最大化行为人在完全竞争下行动，他们对未来具有稳定的预期；包括劳动市场在内的市场总能快速和有效“出清”，因此充分就业是“事情的常态”；通过可贷资金市场上的实际利率的自动调整，总需求适应于充分就业总供给（萨伊定律）；一般价格水平由货币数量决定。实际变量（包括与实际利润率相关的实际利率）在商品和劳动力市场中确定（“古典两分法”），名义价值通过货币供给对一般价格水平的影响确定（货币数量论）。货币被看作中性的，原因是它不会影响实际变量的均衡值。毫不奇怪，政府干预“既不必要，也不可取”。劳动力供给增加会引起就业的同等增加，但这只能在更低的实际工资水平上进行。反过来，工会和政府将工资提高到其市场（假定为均衡）水平之上的尝试将只会导致失业。在抽象层面上，总超额需求为 ED=[I–S]，这一点对于我们理解基本的新古典模型的逻辑是有用的。新古典理论假定私人投资构成了对可贷资金的需求，私人储蓄提供了相应的可贷资金的供给，二者都单独对实际利率做出反应，那么，可贷资金市场的均衡就确保了 I=S，因此 ED=0（即总需求将适应于充分就业总供给）。最后，这个系统被假定为迅速有效地生产出了一个能够提供充分就业的产出总量，并同时产生了一个足以实现这一产出的总需求。按照这个推理，如果允许市场自由运行的话，20 世纪 20 年代的大范围失业和随后发生的 30 年代大萧条很快就能消除。有人认为，政府干预只会适得其反。

12.3 节考察了凯恩斯与他那个时代的学说的决裂。紧随一战而来的持续大范围失业使凯恩斯相信，现实中的市场并不以教科书上描绘的方式运行。在写《就业、利息和货币通论》之前，他就提议欧洲各国政府进行大规模赤字融资的公共支出。同时，他努力确认了正统观点的主要理论缺陷，最终集中于两个核心主张：实际工资能快速调整，以恢复充分就业；实际利率能自动调整，以创造必要数量的总需求。他的第一步是指出，由于生产需要花费时间，个体企业必须基于预期需求的预期利润雇用工人和购买投入品。另外，实际总需求产生于个体家庭消费支出，而该支出与当前生产所提供的收入相关；个体企业的投资支出受到长期利润预期的驱动，众所周知，这个长期利润预期是高度易变的，而且受到“非理性乐观与悲观潮流”的影响。凯恩斯以这种方式展开论证：他认为投资在短期内是给定的，但是在从一个短期过渡到另一个短期时能迅速变化。我们并没有理由相信，由无数消费者和企业的支出所产生的实际总需求会恰好等于激发个体企业的预期需求。因此，不平衡将是常态。为了集中研究均衡产出和就业水平的决定因素，凯恩斯暂时不考虑这一情况。在短期内投资被认为“给定”的情况下，储蓄必须完成所有的调整工作。但储蓄是收入中未被消费的部分，而消费取决于生产所创造的收入。因此，最终必须进行调整的是生产（就业也要随之调整），以使储蓄等于投资（也就是使总供给等于总需求）。这就是凯恩斯对萨伊定律的回答。一个关键的假设是储蓄占收入的一个稳定份额：如果投资增加 100，且储蓄占收入的 1/5，产出就必须增加 500，以使储蓄与投资恢复平衡——凯恩斯乘数。同样的逻辑意味着储蓄率提高（更加节约）将使总储蓄超过总投资，从而产出和就业必须下降，以使储蓄与投资保持一致——凯恩斯主义节约悖论。

所有这些预测都基于投资在短期内是给定的，所以这自然产生了投资如何做出反应的问题。和马克思一样，凯恩斯认为投资是由预期净利润率决定的，后者是预期利润率（投资的边际效率）与利率之差。看似合理的是，失业率的上升会抑制利润预期，并在风险增加的情况下提高借款成本，两者都会造成投资下降，并使情况进一步恶化。凯恩斯清楚地知道新古典主义的如下重要主张：失业会降低实际工资，从而提高正常产能利润率，因此投资、产出和就业最终会上升。但他提出了一系列的反对理由：工资谈判是以货币而非实际工资的形式进行的，因此总需求下降在造成失业的同时也会降低价格，价格下降在开始的时候会提高实际工资，从而使情况恶化；更低的工资会降低成本并倾向于降低价格，因此实际工资甚至有可能提高；即使货币工资下降了，它也可能通过降低消费减少总需求，从而使事情恶化；而且价格的任何下降都可能会侵蚀商业信心，并进一步抑制利润预期。在利率方面，凯恩斯用自己的流动性偏好理论代替新古典主义的可贷资金观点。他指出，利率是由货币余额的需求和供给决定的。货币供给由国家决定。货币需求则取决于收入和利率。利率被视为放弃持有货币的流动性收益的报酬，是由持有货币以备不时之需、便利交易和未来可能的投资需要激发的。所有这些动机都取决于对未来的信心状态，这也解释了为什么由危机触发的信心崩溃会刺激从金融资产到现金的出逃，并导致利率在最需要下降的时候反而上升。即使政府出手干预，降低利率，可能也无法逆转信心的下降。出于所有这些原因，危机发生时最好采取财政政策，由政府通过赤字开支直接拉动总需求，正如他早先在一战结束后所倡导的那样。

凯恩斯的论证迅速陷入希克斯 IS–LM 框架的静态限制之中。在凯恩斯本人的论证中，均衡产出是由投资通过乘数决定的（IS），而投资取决于一个不断变化的预期利润率与利率之差。希克斯清除了预期利润率，使投资简化为利率的一个简单的负函数。在预期惨淡的情况下（如当前的危机中），很难理解为什么降低利率不能刺激投资。希克斯对货币需求（LM）的处理同样忽视了货币持有者决策的变动性，使货币需求成为当前（而非预期）收入水平的一个稳定的正函数和利率的一个负函数（由于金融资产的高利率将诱使行为人持有更少的闲置货币余额）。那么，IS–LM 均衡就需要收入（产出）和利率之间实现一个特殊组合。希克斯的阐释被扩展为将政府和出口需求也纳入进来，其中扩张性财政政策会提高均衡产出水平，代价则是更高的（名义）利率。另外，扩张性货币政策将在一个给定的价格水平上增加货币供给，并将 LM 曲线向外移动，从而提高均衡产出，但是会降低利率。这意味着政府也可以采取一定的财政政策和货币政策组合，使产出达到充分就业水平，而不会影响利率乃至价格水平。IS–LM 框架也以弱化的形式保留了凯恩斯节约悖论，因为储蓄率在投资水平给定的时候下降会提高 IS 曲线，这会提高产出水平（节约悖论），但也会提高均衡利率，均衡利率的提高将缩小但无法抵消初始效果。

在这个抽象层次上，只有当总需求超过充分就业产出时，价格水平才会上升。罗宾逊夫人已经指出，价格在到达这一点之前就开始上升了。通过在基本的凯恩斯主义工具箱中添加一条通货膨胀–失业曲线，罗宾逊夫人的这个观点在 20 世纪 60 年代初具有了可操作性。菲利普斯首先发现，当失业率低于某个临界水平时，货币工资变化率会以一种非线性的方式上升。这被重新表述为一条稳定的通货膨胀–失业曲线，凯恩斯主义政策制定者可以沿着它选择用高通货膨胀率交换低失业率。开始的时候一切似乎都可控，但之后事情开始恶化。一条稳定的菲利普斯曲线意味着通货膨胀率在失业率上升时会下降，但在 20 世纪 70 年代，失业率和通货膨胀率同时上升。到 20 世纪 80 年代，主要国家的菲利普斯曲线都消失不见了，“综合”凯恩斯主义结束了。我们在第 14 章将看到，确实存在一条清晰且稳定的菲利普斯型曲线，但它并未采取货币工资甚至价格变化率的形式。知道这条曲线是存在的，也许就能为凯恩斯主义者针对货币主义者和新古典反革命者提供一个一致的辩护了。

12.4 节分析新瓦尔拉斯经济学的兴起，它在 20 世纪 50—60 年代由萨缪尔森对（马歇尔）经济学影响深远的数学重述创立。弗里德曼对货币数量论的复兴将凯恩斯的货币需求–供给关系转化为如下假设：货币流通速度在任何给定的制度安排下都是稳定的。他与安娜·施瓦茨的经验研究发现，人均货币供给的增加主要引起了人均名义收入的增加。考虑到二者之间“长期和变化”的时滞，我们最好使前者保持稳定增长，以使后者维持稳定增长。他随后补充了以下假设：在一个静态经济中，实际产出“可以被看作不变的”，如在“灵活物价充分就业”版本的 IS–LM 模型中，均衡实际产出是由劳动供给决定的，而且均衡实际利率不受货币因素的影响。那么，货币供给的增加就仅仅转化为价格水平的上升，而且货币供给增加快于产出增长会导致价格水平稳步上升（即通货膨胀）。问题在于，到 20 世纪 70 年代，所有发达国家中所设想的货币供给和价格水平之间稳定的经验联系“完全崩溃了”，尽管有人试图通过修改货币的定义挽救它。因此，货币数量论最终持续的时间，并不比它试图取代的凯恩斯主义理论更长。那时，所有的宏观经济理论都难以解释高失业与通货膨胀高涨（而非下降）何以同时发生。费尔普斯和弗里德曼都认为所观察到的失业实际上是现实的劳动力和商品市场的结构性特征的结果，包括市场不完全、需求和供给的随机变动性、流动成本等。他们的核心观点是，这些现实世界的特征产生了一个失业的“自然率”——它只取决于实际因素，而非货币因素。这两位作者都得出了以下结论：尽管未预期到的总需求增加会使实际产出和就业暂时性地增加，但是只要工人和企业起初并未认识到相对价格会上升，这个刺激最终就会因价格上升而消失，失业就会重新回到其自然水平。因此，试图将失业率维持在其自然水平之下的凯恩斯主义政策，将不得不通过未预期到的总需求增加不断推高这个系统，其累积效果将是一个不断高涨的通货膨胀率。这产生了非加速通货膨胀失业率（NAIRU）的观点，即自然失业率是唯一能使通货膨胀率保持稳定的失业率（见第 15 章）。

新古典主义者在上述框架内进行分析。他们坚持自然失业率的观点，认为只有预料之外的经济政策才会导致与自然失业率的暂时性偏离。但是，通过明确假定完全竞争、完全价格、工资和利率灵活变化、完全套利、连续市场出清和货币幻觉不存在（因此相对价格对行为人的决策才是重要的），新古典主义者由忠于马歇尔变为了忠于瓦尔拉斯。他们还带来了一个新的辩论武器——理性预期概念，这个概念认为模型内的理论行为人必须被假定为“知道”他们所在的模型结构，并能以有效的方式利用这个信息。卢卡斯将自然率假设与同样为超理性的“模型一致预期”观念结合起来。和早先的论点一样，只有预料之外的政策变化（意外）才会改变经济结果，但是现在这种政策并不会产生持续的效应，因为政策一旦实施，超理性行为人马上就能理解，所以经济会跳回到自然失业率，价格也会迅速上升。新古典主义论证的另一个突出特点是以下断言：宏观经济的“结构”本身是代表性行为人动态最优化的结果，因此当行为人调整自己的行为以适应新政策时，结构本身必定会发生变化。这个“卢卡斯批判”在理论层面非常流行，尽管它的经验证据非常薄弱。我已经论证了相反的假设：总体通常对个体行为的细节“高度不敏感”（见 3.3 节）。考虑到新古典主义的连续市场出清和工资、价格充分灵活的假设，面对未预期到的变化时的错觉，就成为理解商业周期中需求、通货膨胀、实际产出和就业之间的正向联系的关键。但是，到 20 世纪 80 年代初，出现了大量反对预料之外的货币政策和“信息混淆”假设的证据。实际经济周期理论发展起来，它保留了理性预期和连续市场出清假设，并加入了随机生产率冲击，这些冲击产生类似于商业周期的总体波动。行为人仍被假定为具有理性预期，总体经济仍被视为一个代表性厂商和一个代表性家庭之间的相互作用，商业周期仍被视为严格的均衡现象。技术冲击被假定通过家庭的消费平缓反应、企业的投资（“建造时间”）反应和劳动与闲暇的跨期替代得到扩散。充分就业总能保持，所以就业的任何下降都只是由于工人选择以闲暇替代劳动。货币政策被排除在这个框架之外，因为它无法影响实际变量，而且由于经济持续处于均衡状态，所以短期和长期没有区别（因此波动与趋势是分不开的）。实际经济周期理论家回避了对其假设进行计量经济学检验，而是支持对“玩具”模型进行模拟，这些模型的参数是挑选（校准）出来的，以使模型能够模拟（某些）观察到的模式，然后他们再修改参数以考察所设想的政策和结构变化的影响。不足为奇，实际经济周期模型的经验相关性招致了诸多批评。新凯恩斯主义经济学家也从标准的微观基础和它所包含的一般均衡框架出发，但是他们集中于引入大量的“不完全”，如高成本的价格调整和商品、劳动力、信用市场的不完全。考虑到基本理论存在严重的缺陷，他们有大量潜在的不完全可供选择。因此，新凯恩斯主义经济学“现在包含‘眼花缭乱’的理论……［它们］对微观基础‘宗教般’的坚持已经成为一种弊病”（Snowdon and Vane 2005, 343, 360–364, 429）。通过引入信息不对称、信贷配给、群体公平准则、不完全竞争、经验法则行为和特定文化的缺陷，新行为经济学本身建立在了标准的微观基础之上。问题在于以上每一点都是对标准的微观基础的单独修改，而非整体上从不同的点出发（见第 3 章）。

12.5 节和 12.6 节考察非正统“不完全竞争主义”传统的宏观经济学，前面的第 8 章已经分析了其微观基础。在短期焦点和对总需求中引致消费与自主消费的区分方面，卡莱茨基的宏观经济学与凯恩斯的类似。卡莱茨基关于有效需求的原始论证实际上是从“自由竞争”角度进行的，这使他与凯恩斯更加一致。投资在短期内是给定的，但长期来看它会对预期利润率与利率之间的差额做出积极反应。利率由货币因素决定，利润率由工资份额和产能利用率决定。与凯恩斯不同的是，卡莱茨基通过把总收入分为工人收入和资本家收入，并假定每个群体具有一个固定的（边际）储蓄倾向，将阶级纳入了自己的分析。因此，卡莱茨基的乘数关系与凯恩斯的一样，除了总储蓄倾向取决于利润与工资的比率外，后者反过来取决于企业在直接成本基础上的垄断加成。加成定价意味着对于给定的原料和劳动系数，货币价格与货币工资成正比。价格膨胀必定根植于货币工资的增加。卡莱茨基的论证进一步表明，对于一个给定的垄断程度，实际工资和工资份额不受失业率或工人斗争的影响。但是，卡莱茨基对工人阶级无法改变自己生活标准的结论感到不安，因此他在临去世之前修改了自己的框架，容许了劳动的斗争威胁诱使企业削减其加成的可能性。在这种情形中，导致更高货币工资的失业率的下降，也可能会带来更高的实际工资和工资份额。从这个角度看，卡莱茨基修改后的框架与三种类型的菲利普斯曲线（货币工资、实际工资和工资份额）一致，第 14 章考察了后者的理论和经验基础。和凯恩斯一样，卡莱茨基也反对以下正统主张：实际工资增加会降低利润率，从而提高失业率。他的主要反对理由可以表述为实际工资增加对实际利润率的两个相反效应：实际工资增加将降低正常利润率，但会通过增加工人的消费需求提高产能利用率。这突出了产能利用率作为一个自由变量的重要作用。最后，财政政策可以用于增加产出和就业，同时货币政策可以用于缓和利率的任何上行压力。尽管如此，卡莱茨基仍对维持充分就业的政治可能性持悲观态度，因为它会威胁到资产阶级的权力。

后凯恩斯主义传统包括凯恩斯主义分支和卡莱茨基主义分支。它们都有以下核心信念：总需求驱动总产出，货币由银行系统内生创造，产能持续过剩和失业是市场过程的正常结果，政府能够在可以忍受的通货膨胀水平下实现（有效）充分就业。12.6 节分析了保罗·戴维森的著作，他是凯恩斯主义分支的主要代表；戈德利和泰勒则代表了卡莱茨基-结构主义分支；拉沃代表了后凯恩斯主义分支。这部分确认了几个对随后的实际竞争和有效需求的古典综合（见第 14 章）很重要的观点。总需求驱动生产的观念要求投资独立于储蓄的供给，凯恩斯和卡莱茨基后来都承认了这一点，它要求投资在开始的时候完全由银行信用融资。工商业储蓄占净收入或利润的一个固定比例的假设，意味着工商业储蓄（留存收益）与投融资的需求无关，这与商业实践和经验证据相反。产能利用率即使在长期也是一个“自由变量”的观点，意味着企业永远不能清除实际的产能过剩，这在微观经济层面是说不通的。哈罗德关于产能利用率维持在某个正常水平的观点基本被后凯恩斯主义传统忽视了。这很奇怪，因为它代表了一种重要的存量-流量一致形式。考虑一下后凯恩斯主义的主张：工资引导的增长和利润引导的增长是相互替代的不同体制，而非一个调整过程中交替出现的不同阶段。在现有的就业水平下，实际工资提高会对工人消费产生积极影响，对正常产能利用率产生负面影响。即使前一个效应在短期内超过了后一个效应，正如大部分后凯恩斯主义学者所声称的，正常产能利用率的重新确立也会导致实际利润率下降——由于产能利用率回到新的更低的正常率，从而使增长率下降。那么，通过产出和就业水平的提高获得的收益就付出了增长速度放缓的代价（见第 13 章）。最后，持续存在的非自愿失业可以通过恰当的财政政策和货币政策清除的信条，与马克思和古德温所认为的资本主义会产生并维持一个“正常的”非自愿失业率的观点相悖，而这一“正常的”非自愿失业率与新古典“自然”失业率所假定的工人自愿放弃就业是相反的。第 14 章致力于对正常失业率及其内涵进行分析。我们将会看到，将失业维持到其正常水平之下的努力不一定会触发通货膨胀，更不必说加速的通货膨胀了（见第 15 章）。

第 13 章的任务是用以真实竞争为基础的古典方法构建宏观经济学。其中的核心观念是资本增长率由预期净利润率（即预期利润率与利率之差）驱动。凯恩斯和卡莱茨基的有效需求理论建立在完全相同的命题之上（见 12.3 节）。但在古典传统中，预期利润率本身是与实际利润率紧密相连的，其关联的方式与索罗斯的自反性理论相近。而在凯恩斯的理论中，预期利润率是“悬挂在空中”的，它永远在凯恩斯所关注的短期能触及的范围之外。13.2 节从微观基础出发，关注当前有效需求理论中的关键元素。在这个问题上，凯恩斯的说法出了名地不一致。相比不完全竞争，他明确地偏爱“原子化的竞争”，以至援引完全竞争的条件 p=mc。而在另一个地方，凯恩斯却说，由于生产需要时间，企业必须基于预期收益进行生产，而企业家必须通过尝试与犯错尽力预测需求。这两个观点是互相矛盾的，因为需求对完全竞争下的企业来说是无关紧要的（见第 8 章）。一些人认为凯恩斯可以通过变成一个后凯恩斯主义者解决这个难题。而我将会指出，凯恩斯会拒绝不完全竞争的观念，因为他所基于的竞争观念与古典观念相似。接下来考虑的是乘数过程。凯恩斯和卡莱茨基都在事后承认，他们关于投资与储蓄无关的论断基于一个暗含的假设：任何意愿投资与当前储蓄之间的资金缺口，完全是通过新的银行信贷（与之对应的则是新的工商业债务）填补的，因此当前的储蓄水平并不是一个限制。将乘数表达为一个时间序列带来了两件事：产出的永久性增长需要投资水平的永久性提高；标准的乘数故事并没有考虑债务的偿还，因此间接地假设新的投资是通过庞氏融资获得的。相反，正如俄林早就指出的，引入债务偿还意味着可变的储蓄率。这两个极端可以同时包含在一般化的乘数过程中，以使储蓄率响应资金缺口：当储蓄率完全不能响应资金缺口时，标准的乘数故事成立；当储蓄率完全响应资金缺口时，乘数为 0（因为此时储蓄完全适应了新的投资）。储蓄率对资金缺口的响应成了 13.3 节中构建替代性古典理论的关键。

在静态凯恩斯主义论述中，投资是预期利润率与利率之差的函数，因此给定水平的净利润率意味着某个特定的投资水平（见 12.3.2 小节）。在关于乘数的论述中，投资水平相应地意味着一个特定水平的均衡产出。但由于投资提高了资本存量，因此产能必定会提高，从而产能利用率（即产出与产能之比）必定会持续下降。因此，传统的乘数故事是存量–流量不一致的。一种解决方案是像古典传统中所做的那样，假设积累率（$g_K \equiv I/K$）响应净利润率。这样做的麻烦在于，其所推导出的产能利用率通常会不同于正常水平。仅仅在《就业、利息和货币通论》发表三年之后，哈罗德便指出只有一个“有保证的”积累率与正常产能利用率相一致。因此，我们似乎陷入了一个困境：如果像古典理论和凯恩斯所说的那样，预期利润率驱动积累，产能利用率通常会与正常水平不同；相反，如果像古典理论和哈罗德所说的那样，积累与正常产能利用率相一致，那么积累率必定是由储蓄率驱动的。13.3 节表明，真正的困难来源于工商业储蓄与工商业投资无关这个没有根据的假设。

另外一系列问题产生于对动态的考察。投资是由预期净利润率驱动的，而后者与实际净利润率通常是不同的。我会指出，这两者是通过索罗斯的自反性理论所展现的方式相联系的：在一场繁荣中，预期利润率上升到实际利润率之上；在一场萧条中，前者下降到后者之下。两者围绕着彼此上下波动。这很显然是马克思和凯恩斯理论的总前提。此外，我们必须将供给与需求之间的相互调整置于增长的背景之下。这便引向了实际产能对正常水平的调整是完全稳定的这一命题的证明：哈罗德有保证的路径下并不存在“刀锋”。附带地，我们也证明了在哈罗德的背景下没有“斯拉法超级乘数”。产出增长在这里永远不是由需求引导的，如果需求能改变产出增长，那么在哈罗德的框架下任意外生需求的增加都会导致整体增长率的下降。最后，增长率为常数意味着所考察变量水平的对数具有随机趋势，因为它符合单位根过程。在静态凯恩斯主义情形中，预期净利润率暂时性的增长对于投资水平具有暂时性的影响，从而对于产出和就业具有暂时性的影响。但是，在古典情形中，预期净利润率的增长会提高增长率，从而永久地提高产出水平和就业水平。13.3.4 小节将会详细说明这个戏剧性区别的古典含义。

另外，还有三点需要注意。首先，在《就业、利息和货币通论》中，凯恩斯假设货币供给是由货币当局提供的，而在《就业、利息和货币通论》发表之后，他承认他已经假定储蓄与投资之间的缺口完全由银行信用在任意给定的利率下填补。但是，货币供给必定会直接与贷款需求相关，这便使它具有内生性。这一点与他的 LM 建构基础相冲突，因为一旦货币供给是内生的，流动性偏好便不再足以决定利率。第 10 章已经讨论过后凯恩斯主义者对这个问题的不同回应，并提出了一个古典的替代性理论，其中竞争条件下的利润率均等化决定了所有的利率，甚至包括基准利率。我们可以把古典论述看作一个通往凯恩斯结论的替代性路径，这一结论就是：竞争性利率并不能自由调节总需求，以满足充分就业状态下的供给（见 12.3 节）。其次，新古典主义和凯恩斯主义都假定价格水平仅仅会在充分就业的背景下上涨。所有关于菲利普斯曲线的争论都在于我们能否将观测到的失业看作有效的充分就业（见 12.3.5 小节）。古典方法意味着增长率受到利润率的限制，而这为各种不同国家的通货膨胀提供了一个替代性的解释（见第 15 章）。最后，凯恩斯的所有分析都建立在这样一个假设上：适当的政策能从本质上消除失业。在第 15 章，我会指出在灵活实际工资下的竞争性资本主义会制造并保持一个特定的、“正常的”非自愿失业率。正如之前指出的那样，这与新古典理论的“自然”（自愿的）失业率不是同一回事。

13.3 节开始发展一种有关现代宏观经济学的古典方法。第一个要点在于需求和供给都是由利润率调节的：生产供给基于利润，消费需求来源于从利润中分割出的工资、利息和分红，投资需求由预期利润调节。古典宏观经济学既不是供给侧的，也不是需求侧的：它是“利润侧”的。第二个要点在于储蓄率并非与投资无关，因为工商业储蓄和工商业投资是由同一个主体来承担的。如果储蓄提高以满足任意幅度的投资增长，那么就不会有乘数了。但总体而言，我们可以说工商业储蓄率（以及总储蓄率）会在一定程度上响应任何投资与当前储蓄之间的缺口。储蓄率的内生性在古典传统中是隐含的，在戈德利和克里普斯、南希·拉格尔斯和理查德·拉格尔斯的论述中起了主导作用，并在最近被布勒克尔、波林和其他人在后凯恩斯主义传统中认识到。从经验水平来看，在美国，储蓄率和投资率密切相关（它们大致是相等的），但理论模型往往假设储蓄率与投资所需的资金无关。

在最简单的古典模型中，积累率（资本增长率）响应预期净利润率（预期利润率减去利率），储蓄率响应投资与储蓄之间的相对资金缺口。在短期内，利率在资金缺口为正时有上涨的趋势，但从长期来看，提供资金的企业将会受制于利润率的均等化，而正常利率最终会被正常利润率与价格水平（见 10.2 节）调节。引入利率对（比如）家庭储蓄率或债券、资产的敏感性并不对古典动力学造成本质性的影响，因为工商业储蓄率的内生性才是关键问题。但是，银行信用确实通过当期支出超过当期收入的方式，提供了如下内在机制：银行可以创造新购买力，从而使投资扩张快于储蓄，消费扩张快于收入。企业总是可以通过减少货币余额和扩张信用链的方式，使它们花的比赚的多，而银行信用则大大强化了这个过程。类似的考虑也适用于政府赤字和贸易顺差的情况。在当前情况下，我们考虑的是对总产出和就业产生的影响，所以，重要的是流向商品消费的信用，而非流向金融市场、投机行为、央行修补私人和公共部门的资产负债表的信用（见 15.5 节）。

基本的古典系统表现为一系列自反性关系，包括预期利润率与实际利润率之间、需求和供给之间、产出与产能之间、实际利率与正常利率之间的关系。利润率是整个系统的关键。在一个增长的系统中，名义产出的增长率将会在需求超过供给时提高，资本存量的增长率会在产出超过产能时提高，而资本会在实际利率超过正常水平时更快地流向金融部门。所有这一切会导致总需求与总供给在短期内动荡的均等化，导致产出与产能、实际利率和正常利率在长期内动荡均等化。请注意，这些论述综合了下述 4 个观念：凯恩斯关于需求由于新购买力的注入具有相对独立性的观念、古典理论和凯恩斯关于积累由预期净利润率驱动的观念、古典理论关于预期利润率受正常利润率调控的观念、哈罗德关于实际产能利用率受正常产能利用率调节的观念。需求与供给、产出与产能的均衡决定了正常利率下储蓄和投资与产出的特定比率。这意味着储蓄和投资水平取决于利率和产出水平（正如传统宏观经济学分析的那样），只是在这里，利率是由利润率决定的，而储蓄率是与投资率挂钩的。此外，由于实际增长率围绕着它的均衡增长率波动，产出水平（的对数）便同时具有决定性和随机的趋势，所以产出水平是路径依赖的。因此，即使净利润率暂时性地提高和/或净购买力暂时性地爆发，也会永久地提高产出和就业水平。这是凯恩斯主义乘数在古典理论中的对应。当然，增长趋势也会受到影响。如果产出路径提高到一个新的水平，失业率或许会降低，实际工资或许会提高，利润率或许会降低，从而产出或许会增长得更慢。所以，动物精神和超额需求既能够提高产出水平，也会降低增长率（见第14～16章）。

第14章推导了失业、工资、利润率和增长之间的关键联系。最重要的结论是：在浮动可变的实际工资下的竞争，创造出了持续存在的非自愿失业率。与之形成鲜明对比的是，新古典理论认为浮动工资竞争必然能实现充分就业，凯恩斯及后凯恩斯理论认为竞争可能会，也可能不会引起失业。古德温使马克思的以下观点得以公式化，即竞争创造了一个持续存在的失业劳动力储备池（即产业后备军），并为现代非正统方法开辟了舞台。正统方法和非正统方法一同给出的一点惊人启示是，工人对他们自己的生活水平没有发言权：在新古典理论中，实际工资由充分就业条件决定；在后凯恩斯主义理论中，实际工资由生产率和企业设置的垄断加成定价决定；在卡尔多和帕西内蒂对哈罗德理论所做的延伸中，实际工资由生产率和充分就业的要求决定。即使在古德温对马克思理论的公式化表达中，实际工资也是由生产率和正常失业率的要求决定的（见14.2节）。但是我们一旦认识到，通过

劳动参与率和 / 或移民率的提高以及技术变革的加速，劳动力和生产率的增长本身会对积累做出反应（见 14.3 节），那么劳动力在实际工资和工资份额方面的抗争就有很大的作用空间。

凯恩斯将其理论基于竞争性市场，尤其强调了工资谈判和劳动斗争在确定货币工资方面的作用。他承认长期失业会降低实际工资，但认为在高失业率阶段，国家进行干预会比让市场缓慢地侵蚀工人的生活标准要好，因为侵蚀工人的生活标准会对社会造成破坏性后果。凯恩斯的观点与古典真实竞争理论相一致。在卡莱茨基的理论中，净产出中的劳动份额完全由雇主的垄断加成定价决定。如前所述，卡莱茨基努力将某种程度的工人力量纳入他的理论之中。在后凯恩斯和后古德温传统中的这些观点和其他观点都在文中做了详尽分析。

14.3 节建构了一个框架，其中劳动斗争在确定实际工资水平方面起到重要作用，正常产能的积累使失业劳动力储备池持续存在。劳资冲突带来了每个企业内货币增值部分的特定分割。在总体层面上，这转换成实际工资，并通过一个反映劳动力平均议价能力的项与生产率相联系。当失业率降低到某个临界值以下时，劳工力量本身会增强，反之则减弱。这意味着实际工资相对于生产率的变化率（即工资份额的变化率）是失业率的负相关函数。我称之为古典曲线。这是古德温模型两个基本关系中的一个，而且能用来证明由布兰奇弗劳尔和奥斯瓦尔德等人经验预测的对数-线性总“工资曲线”。失业率进而取决于产出水平、生产率和劳工力量。在第 13 章我们曾表明，产出增长率取决于（驱动积累的）正常净利润率和一个驱动机制，该机制反映了包括私人、公共和国外新购买力注入在内的不同因素。生产率和劳动力增长被假定为对单位劳动力成本（工资份额）做出反应，因为后者的上涨会给企业一个强激励，促使其提高生产力，并通过引入移民和 / 或提高劳动参与率增加劳动力。产出增长和生产率增长的相互调整创造了一种相关关系，这一关系就是著名的凡登定律。

古典动态系统产生了一个具有正常失业率和稳定工资份额（β）的增长经济体，其中工资份额反映了劳工的社会–历史力量。当稳定的工资份额与国民收入恒等式（人均净产出 y 等于人均实际工资与人均实际利润之和）相结合时，我们能得到关系式 $y_t=\mathbb{A}_t \cdot k_t^{1-\beta}$，这看起来就像柯布–道格拉斯形式的总生产函数，尽管这显然是从实际工资的劳动斗争理论推导出的。因为增长在古典动态理论中是内生的，即使是由国家财政赤字、出口繁荣或者受动物精神的影响增加投资支出等因素带来的暂时的总需求增长，都会永久性地提高产出、就业、生产率和实际工资的增长路径水平，而不影响工资份额、利润率或增长率。另外，如果需求持续增长的速率比基于净利润率的增长的速率高，将会持续带来更高的工资份额（从而带来更低的正常利润率）。但是，直至某些限制条件开始起作用之前，因为更低的利润率的负面影响会被持续的刺激抵消，增长率还是会提高（见 14.4 节）。古典模型的一个显著特征是，长期工资份额与工资份额和失业率的初始值呈正相关，而与生产率和劳动力增长的初始值呈负相关。因此，提高当前工资份额或就业率的局部行动会提高长期工资份额，而提高生产率或劳动力增长的局部行动会降低长期工资份额。考虑到局部行动从长期来看的确发挥作用，因此工人和雇主的诉求都是合理的。然而，这些都不会影响均衡就业率。

14.4 节考察了正常的非自愿失业率的进一步含义。总需求的注入能增加就业，提高产出增长率，但不能永久性地消除失业，因为存在着内在机制使失业率恢复到某种正常水平。由此可见，要把失业率维持在低于正常失业率的水平，就需要不断增长的、规模日益扩大的刺激。即便如此，通货膨胀也不是自然而然的结果（见第 15 章）。另外，如果劳资力量的对比偏向于劳工的话，正常失业率本身可以被降低。14.5 节阐述了古典曲线与各种菲利普斯曲线之间的关系。菲利普斯的初始问题是失业对工资的影响。他本人的答案是从失业对货币工资变化率的影响出发的，这与凯恩斯的货币工资观点高度一致。弗里德曼和费尔普斯认为工人是为他们的生活标准（即为实际工资而非货币工资）而奋争，因此正确的“菲利普斯型”关系要从（预期）实际工资出发。古典理论认为，实际工资的斗争是在总发展水平（生产率）的背景下展开的。这意味着古典的“菲利普斯型”关系曲线应该从相对于通货膨胀和生产率增长的名义工资变化率出发。给定一条稳定的古典曲线，只有生产率增长大致恒定时才有稳定的实际工资，只有通货膨胀率也大致恒定时才有货币工资曲线。

14.6 节列出了经验证据。正如所预料的那样，1948—2011 年，美国工资份额的增长与减少大致与名义产出增长率（总需求的代理变量）一致。在此期间，失业率大约增至原来的 2 倍，失业持续时间增至原来的 4 倍。失业强度（它以上述二者的乘积表示，因而可以作为工资变化压力的极佳衡量标准）上升至其初始数值的 10 倍。正如古典理论系统所揭示的那样，实际工资份额和失业强度在这段时间内呈现出顺时针三维螺旋式的变化路径。最重要的是，工资份额变化率和失业强度的散点图清楚地显示出一条向下倾斜的线。原初的菲利普斯曲线是基于周期性调整的数据点得出的，其目的是确认背后的结构关系。我也出于同样的目的使用了 HP(霍德里克-普雷斯科特）滤波法。结果是令人惊讶的，我们得到了一条稳定的古典曲线（1949—1982 年），在后续的新自由主义对工会组织和劳动保障制度造成冲击后，这条曲线有所下移。这条新的更低的曲线进而降低了失业强度临界值，在这一临界值下，工资份额是稳定的。同样清晰可见的是，在越南战争和互联网繁荣的经济过热时期，这条曲线向上移动，而在刺激逐渐平息后，这条曲线又向下移动。所有的这些移动都是比较缓慢的，就像凯恩斯早先提出的那样。最后，我们可以很容易地解释为什么不存在稳定的实际工资或货币工资菲利普斯曲线，因为通货膨胀上升和生产率增长放缓非常剧烈，尤其是在凯恩斯经济学不得不从价格菲利普斯曲线撤退的时代。如果菲利普斯从古典理论而不是从凯恩斯理论出发（即通过工资份额的关系而非名义工资的关系）着手回答自己的问题，那么在 20 世纪 70—80 年代经济滞胀时期也许就不会出现关于价格“菲利普斯曲线”的理论危机。凯恩斯理论仍需要解释通货膨胀，即使其保留了基于名义工资的通货膨胀加成理论，基础的名义工资曲线的移动也可以很容易地得到解释。当然，旨在削弱劳工力量、提高利润份额的政治打压很有可能在任何情况下都能获得胜利。

第 15 章探讨现代法定货币下的通货膨胀理论。开篇是对读者的一个提醒，即从私人货币到国家货币的历史过程是漫长而曲折的。货币、铸币、支付义务或债务并非由国家发明。一旦货币的地位得以确立，国家便被驱使着扩展货币的基础，将对劳动的强制付出从实物支付扩展为用货币支付。通常情况下，政府征收人头税、财产税，对商品、进口、出口、通行和港口征税，近来还对收入征税。此外，政府还通过公共土地的出售、犯罪赎金和没收国外船只、商品与财产获取收入。在历史的某个晚期阶段，政府垄断了铸币和代币的创造。这只是对其之前私人功能的取代，而私人银行则持续创造出大量的流通工具和支付手段。国家试图对银行进行一定程度上的控制——其内在局限周期性地在重复出现的金融危机中暴露出来。21 世纪初这场广泛的全球性危机，对左派和右派教科书式的幻想（他们以为智慧、善意的政府出于公共利益应该在危机中控制货币和金融）是一个尖锐的反驳。法定货币（强制性的不可兑换代币）是现代经济的典型形式。货币史提醒我们，货币代币从私人流通中产生，一旦被认为可以行使特定职能，代币就被接受了。人们接受不可兑换纸币和他们接受可兑换纸币是出于同样的理由：人们相信可以一直将它们当作货币使用。虽然出台有关法定货币的法律可能对某种货币的确立有益，禁止持有外国货币和黄金的法律可能会阻止人们使用其他的替代性货币，但这些手段并不能阻止私人部门寻求更安全的货币形式（见第 5 章）。

15.2 节对国家货币理论和新国家货币理论关于货币的主张做了一个详尽的概述。这部分始于英尼斯和克纳普的观点。他们二人都主张把极大的货币权力归于国家，而认为私人部门处于极其被动的地位。凯恩斯明确称赞克纳普把“国家货币”定义为被国家接受的任何东西，其意思是当国家接受金币、可兑换代币、法定货币时，它们便会成为国家货币。这完全符合国家周期性地认可私人货币的创造与再创造。与克纳普不同，凯恩斯仅认为国家创造了法定货币。通常情况下，新古典经济学将货币看作市场的产物，国家是多余的。但在通常情况下，凯恩斯主义和后凯恩斯主义经济学家批评市场而肯定国家。新国家货币理论者如古德哈特、雷和贝尔属于后者，对他们的观点和他们的批评者如梅林、罗雄的观点，都或详或略地做了考察。没有人对现代法定货币能以任何数量被创造提出质疑。所以，如果揭去国家货币理论关于货币起源和货币持有者被动性的伪装，其核心论点便是在现代法定货币体制下，政府用于社会项目的赤字不一定导致通货膨胀率或利率上升。

15.3 节关注法定货币的作用和限制。法定货币将国家从直接的预算约束中解放出来，成功助力了美国、法国、中国和其他革命，也导致了不同历史时期的恶性通货膨胀（见 15.8.4 小节）。结果是最发达国家的财政部门被法律禁止用直接创造货币的方法为赤字融资。财政部只能使用账户中的可获得资金，这些资金来自税收收入，其中一部分是回流[①]、借款（通过向国内或国外公众出售债券获得）。但是，现代央行可以在关键时刻马上创造任何数额的货币并转交给财政部，这能通过购买财政部新发行的债券实现。因此，对上述过程的唯一限制似乎来自中央银行家的抵制，以及如下的愚昧观点：如果不对价格和利率施加可能的影响，那么政府向自身的借债就可能堆积如山。也正是在此处，新国家货币理论得以复现。凯恩斯主义者认为非自愿性失业可以通过赤字支出消除（与之相反，第 14 章中的古典主义者认为不能），后凯恩斯主义者认为国家能任意设定汇率，价格水平由加在货币工资上的垄断加成决定。在此基础上，他们提出了（最后雇主）政府项目，即由政府以某种固定的货币工资雇用任何数量的私人部门无法吸收的劳动力。那么，这个基础工资率将为所有其他的工资提供一个稳定的锚，从而通过稳定加成为所有的价格提供稳定的锚。国际利率对国内利率产生的非意愿影响，可以通过适当的汇率操纵消除。在控制私人支出，以及向国内外公众出售债券以减少货币供给问题上，可以通过国家提高税收，避免对国内收入和利率产生非意愿的影响。新国家货币理论的核心观点建立在几个关键的命题之上，而这些命题在古典论点中全都不存在：（1）失业确实可以被固定在任何想要的水平上（见第 14 章）；（2）私人部门货币工资由最后雇主的基础工资决定，而不是通过工人与资本家之间无休止的斗争决定（见第 4 章和第 14 章）；（3）因为用垄断加成定价法，所以价格水平由私人部门的货币工资决

① 政府支出的一部分最后成为受领者更高的收入和税收收入，即更高的税收流，故称为回流。——译者注

定（见 12.5~12.6 节）；（4）国家可以通过固定基础利率将所有的国债利率维持在想要的水平上（见第 10 章）；（5）国家可以将名义汇率固定在任何想要的水平上（见第 11 章）。以上每种情况涉及的议题都不在于国家能否采取规定的行动，而在于这些行动带来的可能后果，通货膨胀就是其中的一种后果。

15.4 节建构了一个古典的通货膨胀理论。通过利润率的均等化，竞争只能确立相对价格。在纯粹法定货币下，价格水平由总需求和总供给决定，而不是由某种商品货币的相对价格决定。总需求增长受到新增购买力的驱动（见 13.3.3 小节），基于法定货币的现代信贷体系事实上能够推动总需求无限增长（见 5.2.4 小节）。此后，对供给增长的限制便成为决定性的。已得以确定的是，劳动力的供给并不能执行这一职能，因为该体系会恢复到持久的失业率上（见 14.3~14.4 节）。相反，供给的极限产生于如下事实：没有一种经济能够维持比把经济剩余全部用于再投资更大的积累率（即超过利润率的积累率）。这一点在李嘉图的玉米模型和马克思的扩大再生产体系中是隐晦的，而在卡尔多和冯·诺伊曼那里已经是清晰而明确的。因而，实际积累率接近的那个极限值，就可以被看作衡量经济最大增长潜力被利用程度的指标——增长-利用率指数。因此，基本的模型在于需求拉动和供给阻力之间的关系，前者来自新增的购买力，后者来自不断收紧的增长-利用率指数。因为利润率是利润与资本的比率，积累率是投资与资本的比率，所以增长-利用率指数就只不过是投资占利润的份额。这部分结束于对实际平均利润率和增量利润率恰当测量方法的讨论，这一点在 15.8 节的经验讨论中也起到关键作用。

15.5 节分析了需求拉动一侧。在第 12 章中，商品市场中的总超额需求可以表达为三个部门的余额：ED=（I−S）+（G−T）+（EX−IM）。一旦我们合并部门间余额，留下的便是私人部门和央行净新增国内信贷的部分，这部分会被用于购买新的产品和服务（不用于购买金融资产、现有房产、贵重物品等），加上贸易部门的经常账户余额（CA）和用于推动国内商品购买的来自国外的净借款。在供给和需求大致平衡的间隔时期，商品购买力的上升会带来产量上升和 / 或价格上升，也就是名义产出总值上升（在列昂惕夫的意义上定义的）。然后，名义 GDP 的增长率就成为新增购买力相对于 GDP 的函数。这与货币主义和凯恩斯主义的方法一致。15.6 节分析了前文所述论点的供给阻力一侧。关键点在于实际产出增长的反应，随着实际增长率趋近于最大增长率（利润率），实际产出的增长会越来越慢。这和凯恩斯如下的观点相类似，即随着充分就业的渐趋接近，新增需求将更少地由新增产出吸收，更多地由价格上涨吸收。马克思在分析增长问题时有类似的观点，帕西内蒂则对下面的观点提供了一个公式化的分析，即当实际增长速度接近理论最大值时，瓶颈的出现会越来越频繁。增长–利用率指数是衡量增长潜力的应变仪。

15.6 节将需求拉动和供给侧的论点结合起来产生了古典的通货膨胀理论。古典理论认为实际产出增长与新增购买力和用净实际增量利润率衡量的净利润率正相关（见 13.3 节），与增长–利用率负相关，最起码是在后者上升到临界值以上时。这种相互作用似乎是非线性的。未被利用的增长–利用率在古典通货膨胀理论中与失业率在标准通货膨胀理论中发挥着同样的作用。因为通货膨胀率等于名义产出增长率和实际产出增长率之差，前者是相对新增购买力的函数，我们可以说通货膨胀率与相对新增购买力正相关，与净利润率负相关，与未被利用的增长–利用潜力负相关。当新增购买力充分增长到能够抵消下降的利润率的负效应时，我们可以得出一条用未利用增长潜力表达的菲利普斯型通货膨胀曲线。从这个角度，我们可以将净新增购买力和净利润率看作这条曲线的移动变量。尤其需要注意的是，因为增长取决于净利润率和新增购买力，所以前者的下降可能被后者的上升抵消一部分，增长率会比利润率下降得更少，从而增长-利用率会上升。增长率的下降会提高失业率，增长-利用率的上升会使经济更有通货膨胀倾向。这就是颠覆凯恩斯理论的可怕的“滞胀”的秘密（见 12.3~12.4 节）。净利润率和增长-利用率只能在确定的限度内变动，但是法定货币体系下的新增购买力并不受限。因此，当新增购买力的创造速度相对较慢时，它和通货膨胀之间并没有直接关系，因为在这种情况下，其他因素起到决定性作用。但是，随着新增购买力变得越来越大，新增购买力的创造速度和通货膨胀二者之间的正向关系便会出现。当前者非常大时，人们便可以预测通货膨胀率会大致等于新购买力的增长率。这类似于理论预测的在一国的相对通货膨胀率和之前的 11.6 节中推导出的名义汇率之间存在的非线性关系。最后，在净利润率和增长-利用率正相关的范围内，可以将后者看作前者的代理变量，从而得出一个更为严格的假设，即通货膨胀是增长-利用率的函数。在这里，后者的总体影响模棱两可，因为增长-利用率和净利润率对通货膨胀产生的作用是相反的。

15.8 节从美国开始考察经验证据。名义 GDP 增长和相对新增购买力之间明确有力的图形与统计关系，与古典理论关于前者是后者函数的假设相一致。第二个关键性假设是实际产出增长率会对购买力、净利润率和增长-利用率做出反应。对净利润率来说，合理的衡量指标是新增投资的净实际回报率，在 6.7 节中选取实际净增量利润率为它的代理变量。实际产出增长和净投资的实际净回报之间呈现强有力的正相关关系。上述两个假设意味着通货膨胀率是相对新增信贷、净利润率和未利用增长能力程度的函数，后者取代了传统理论中的失业率。本节比较了在整个战后时期的1951—2010年与1951—1981年、1982—2010年两个分阶段中两种不同表现的散点图：一种是通货膨胀率与未利用增长潜力之间的散点图，另一种是通货膨胀率与失业率的标准图。二者之间的差距是惊人的。每一种情形下，古典的通货膨胀“菲利普斯”曲线都呈现出清晰向下的斜率，但传统曲线并不是这样的（正如我们将从12.3.5小节中所获知的）。考虑到净利润率和相对新增购买力是古典通货膨胀曲线中的移动变量，在两个分阶段模式中所观察到的差别可以用上述两个变量的变化程度来解释。

汉德法斯在7个经合组织成员（加拿大、法国、德国、日本、韩国、英国和美国）和3个发展中国家（巴西、墨西哥和南非）中检验了我的通货膨胀假设，由于后者样本量小，结果仅是试验性的。在净利润率和增长-利用率正相关，后者只有在达到非常高的水平时才有可能产生抑制作用的假设之上，他断定在通货膨胀、净购买力和增长-利用率之间会存在非线性的长期关系。他使用自回归分布滞后误差修正模型进行检验，这个模型可以估计长期参数。在所有的经合组织成员中，长期关系是显著的，而且相对拟合得好，但是巴西和南非拟合得较差，对墨西哥也不适用。一个引人注目的结果是，在所有国家中，增长-利用率非线性函数的系数都有预测的正负符号，即对某些增长-利用率的值来说，U形函数可能会取到负值。美国的平均值在估计曲线的正半区域（通货膨胀区域），日本则落到曲线的负半区域（通货紧缩区域）。如之前的15.6节所总结的，古典理论也认为通货膨胀和新增购买力之间的直接关系只有在后者很高时才会显现出来。哈伯格于1988年所做的1972—1988年覆盖29个国家的研究精确地展现了这个特点，拉马穆尔蒂所做的1988—2011年覆盖46个国家的扩展样本结果亦然。

1982—1984 年，阿根廷以 255% 的年均通货膨胀率和 312% 的年均总信贷增长率落在哈伯格样本分布的高处。即便如此，二者相较于阿根廷 1989 年 5 380% 的通货膨胀率还是温和的。尽管缺少经常账户数据，人们还是可以看到总（公共和私人）信贷增长和名义 GDP 增长、通货膨胀、货币贬值之间具有极强的相关性。在峰值时，名义 GDP 和价格水平增长大大低于总信贷增长，这可以用两种众所周知的现象加以解释，即在这种情况下，购买力流向了资产价格的膨胀和货币外逃。此外，峰值时汇率贬值甚至比价格上涨还要更快，这正是古典理论所预测的通货膨胀对汇率（见 11.6 节和表 11.4）和对货币外逃产生的两种影响混合均衡在一起产生的效果。

15.9 节在主导了现代通货膨胀讨论的非加速通货膨胀失业率假设和古典假设之间的对比中结束了第 15 章。古典命题可以表述为如下的假设：通货膨胀水平是未利用增长能力低于某个临界值的程度的正函数，受制于源自净利润率和新增购买力的移动变量。而非加速通货膨胀失业率假设最简单的形式是：通货膨胀变化率（价格水平的加速上升）是失业率低于“自然失业率”的程度的增函数。两个假设都将通货膨胀与各自驱动变量对临界值的偏离联系在一起。而且，二者都预测系统会回归到某个正常的失业率上。在古典情形中，这个失业率是与通货膨胀率不直接相关的非自愿失业率（见第 14 章），而在非加速通货膨胀失业率假设中，它实际上是充分就业率。从古典观点来看，通过削减相对于生产率的工资降低正常失业率是可能的，这可以通过两种方法实现：要么是新自由主义式的政策，即对劳动者进行打压，通过削弱劳工力量降低实际工资增长率，要么是“瑞典式”的政策，即刺激生产率的增长，使其超过实际工资的增长（见 14.7 节）。更进一步，增长-利用率的临界值并不是一个均衡的比率，因为不能假定经济会固定在这一比率上，但在非加速通货膨胀失业率假设下，自然失业率就是在缺少持续干预手段时经济会恢复到的那个比率。在古典情形中，通货膨胀率可以为零，只要增长-利用率和新增购买力的创造率不过高即可。在特定情况下，通货膨胀率甚至可以为负（即通货紧缩）。在古典情形中，通货膨胀率是确定的，而对应的价格水平是路径依赖的；在非加速通货膨胀失业率情形中，在自然失业率下的通货膨胀率为零，但是通货膨胀的特定值会是路径依赖的——这正是失业的政策结论的基础，即失业率必须保持在自然通货膨胀率之上一段时间以“拧出”通货膨胀。非加速通货膨胀失业率假设认为，恶性通货膨胀源自国家力图使失业率维持在自然失业率之下的长期努力，因为这建立了一个不稳定预期螺旋。在古典情形下，通货膨胀最直接的原因是相对于利润率的增长率上升和/或相对于新增购买力的增长率上升，只有国家将后者推向极致时，恶性通货膨胀才会出现。最后，古典通货膨胀理论根植于真实竞争的运行，而非加速通货膨胀失业率假设，正如大部分新古典主义和后凯恩斯主义的现代宏观经济学的假设一样，通常是以不完全竞争为基础的。

第 16 章从古典经济学的视角对 2007 年席卷全球的经济危机进行了解读。这是 21 世纪的第一次大萧条，就像之前的萧条一样，它首先表现为金融崩溃——这一次是美国次级抵押贷款部门的崩溃。但那并不是它发生的原因。随着长期的繁荣让位于长期的衰退，经济的健康状况由好变坏，周期性的危机是资本主义历史中绝对正常的一部分。在后一阶段，一次冲击就可能引发一场危机，就像在 19 世纪 20 年代、70 年代和 20 世纪 30 年代、70 年代那样。那些选择将每一场经济危机都看作一个独立事件的人，会轻易忘记正是利润的逻辑驱使着资本主义经济制度重复这些模式。在本书中，我一直认为资本主义过程本质上是动荡的，并有着强有力的内在节奏，该节奏受到相互关联的总和因素的调节与特定历史事件的影响。资本主义积累也不例外。商业周期是其内在固有的动态过程中最明显的要素，包括短期库存周期（3~5年）、中期固定资本周期（7~10年），以及可能更长的结构性周期。在这之下，起更基础作用的是一个由长期交替进行的加速积累和减速积累构成的更缓慢的节奏。资本主义的历史总是在一个运动不止的舞台上上演。

20世纪30年代的大萧条见证了很高的失业率与持续下降的物价，20世纪70年代滞胀危机的失业率仅为前者的一半，但通货膨胀率很高。这种差异既是对凯恩斯主义政策的有效性的例证，又是对其局限性的警告（见第12章）。20世纪80年代，在所有主要资本主义国家，一场由利率的剧烈下降激发的新繁荣开始了。利率的剧烈下降，大大提高了资本的净回报率（即提高了利润率和利率之间的净差额）。下降的利率还加速了资本在全球的扩散，推动消费者债务大幅增长，刺激国际性金融和房地产泡沫滋长。在许多国家，金融机构渴求放松对金融活动的管制，除了加拿大等少数国家外，这种努力取得了极大的成功。与此同时，在美国和英国等国家，对劳动力的打击空前高涨，这导致了实际工资增长率相对于生产率增长率的下降。利率和相对实际工资的下降大大推高了净利润率。工资增长速度下降的副作用通常应是实际消费支出的停滞。但随着利率的下降和信贷的更易获得，消费和其他支出都在一个日益上升的债务浪潮的支撑下继续上升。随后，由美国次贷危机引发，整座大厦最终倾颓。危机还在继续。在所有主要发达国家，大量货币已被创造出来，并被输送到工商业部门以支撑起资产的价格，但失业强度仍然很高（见第14章）。与20世纪30年代政府通过公共工程和/或战备创造工作岗位以扩大就业相比，当前政府的无所作为令人震惊。根本问题在于：在资本主义制度演化的过程中，其机构、规制和政治结构方面发生了如此巨大的变化，为什么资本主义制度还展现出这种周期性的经济波动模式？答案蕴含在这样的事实之中：利润动机始终保有这个制度核心调控者的地位，而这是因为供求都最终根植于利润率之中（见第 13 章）。后文中我将主要关注作为资本主义世界霸权国家的美国。当然，实际因危机而付出的代价是全球性的，大部分灾难降临到了妇女、孩子和失业者身上。

图 16.1 展示了 1790—2010 年美国与英国的康德拉季耶夫长波，当用黄金等价物表示每个国家的价格水平时，该长波清晰可见（见图 5.5~ 图 5.6），我们可以看出普遍性的危机通常大致在价格长期下行的过程中开始。2007 年大萧条的到来十分准时。正统经济学通常宣称每一场危机都是独一无二的，并且因为问题已经被解决而不会重演。李嘉图、费雪、萨缪尔森和伯南克都是发出过这类宣言的人。并且，当然，正统经济学理论会继续褒扬市场的优点，淡化（甚至忽略）当前的危机。图 16.2 显示正常最大利润率在整个战后期间持续下降，也就是“技术变革始终是偏向于资本的”（见 7.7 节）。正常利润份额在 1947—1968 年美国劳动者的“黄金时代”基本稳定，在 1969—1982 年滞胀危机期间下降，在始于 20 世纪 80 年代的新自由主义时代显著上升，之后又在始于 2007 年的全球危机期间保持高水平。这与之前图 14.14 的发现相一致，即工资份额菲利普斯曲线向下移动，之后工资份额又沿着这条新曲线持续向下移动。即使在危机期间，持续下降的工资份额与财政赤字的结合也显著提高了利润份额。正常利润率是正常利润份额与正常最大利润率的乘积，它在滞胀危机期间下降得更加迅速，但之后在新自由主义时期稳定下来，直到当前的危机。事实上，技术变革在三个时期都持续削弱了正常利润率水平，但在新自由

主义时代，工资份额的诱导性下降成功抵消了正常最大利润率的持续下降。量度出的事实利润率显然极容易波动，如事实利润在20世纪60年代上升反映了赤字融资带来的越南战争升级的影响。但是，从长远来看，结构性因素占据主导地位。将利润的变化路径与利率的变化路径相结合可以得到净平均利润率与增量利润率的变化路径。我们可以看出，当两个净利润率均下降到历史性的低点时，20世纪60年代末的滞胀危机就出现了。制度的整个行为在此后发生变化：增长放缓，破产与企业倒闭大量发生，失业率大幅上升，实际工资相对于生产率下降，股市的实际价值下跌56%以上——与大萧条最糟糕时期的表现相同。在做出符合凯恩斯理论的应对后，联邦预算赤字增加了40倍，通货膨胀率上升，但失业率与失业强度也同样上升（见14.6节）。针对滞胀危机的历史性解决方案是工资份额的下降与利率的大幅下跌，二者都对净利润率产生了影响。这就是开始于20世纪80年代的大繁荣的真正秘密。问题在于这场被引发的繁荣就其本质而言具有内在矛盾。廉价金融带来无节制的借贷，各部门债务负担猛烈增长。家庭通过承担更多的债务来弥补增速不断放缓的工资收入，因此消费支出得以维持，直到随后2007年次级抵押贷款部门的崩溃引发了一场普遍性的危机，这场危机在业已脆弱的全球经济中迅速蔓延。

16.2节考察危机带来的普遍后果。鉴于正统经济学理论的倾向，这场危机震惊了大多数学院派经济学家与央行官员，这并不奇怪。美国联邦政府通过向市场注入大量货币维持了银行、大企业与金融市场的平稳运行，美国金融公司基本上已回到了它们的老路上。挪威和加拿大在对待金融市场方面更加谨慎，因此即使经受了世界出口萎缩的影响，它们也避免了许多困境。当三大银行与货币崩溃导致其整体经济下滑时，冰岛受到了国际金融危机的严重打击。但它使货币大幅贬值，以试图使自身更具竞争力（这使实际工资大幅降低），并让银行违约使外国债权人承受巨额损失，因此在危机中表现相对较好。与之相比，爱尔兰政府介入并保护银行，将银行债务转移给国家，并通过裁员与减薪向民众施加还款负担，失业与贫困急剧增加。与冰岛不同的是，爱尔兰已经在欧元区内，因此它被禁止进行货币贬值。希腊、西班牙和塞浦路斯经历了同样严重的经济问题，英国现在处于比 20 世纪 30 年代的大萧条时期更严重的低迷状态。印度和中国在 21 世纪第一个 10 年中以极高的增长率进入人们的视野，但现在正经历着通货膨胀、房地产泡沫与增长放缓。廉价的金融成为新自由主义时代扩大就业和拉动金融市场的一种方式，但危机严重破坏了这一策略。据估计，现在世界上有将近 2 亿人没有工作。青年失业率尤其高，2014 年约有 7 400 万年轻人失业，失业率为 12.6%，预计还会增加。这些都是官方的失业率，因为没有适当考虑到兼职和因持续失业而放弃寻找工作的人，它们大大低估了真实的情况。在全球范围内，近 9 亿工人生活在赤贫之中。

16.3 节讨论了紧缩政策与刺激政策之间的争辩。世界各国政府都一直忙于挽救即将破产的银行和企业，但对扩大就业的问题关注较少。这一部分的核心是，那些推行紧缩政策以使工人更加温顺、劳动力市场更具“竞争力”的人与那些奋力争取增加就业与维持工资政策的人之间的辩论。我们从历史与理论（见第 13 章）中了解到，增加政府支出可以在相当长的一段时间内刺激经济。这一点在 20 世纪 30 年代的大萧条中体现得淋漓尽致，在此期间，美国工程振兴管理局（WPA）雇用了数百万人；在德国，希特勒的大规模重整军备计划很快就实现了全面就业。战争时期，这些扩大就业活动往往伴随着巨额赤字融资。在二战中，1943—1945 年美国政府的预算赤字平均占 GDP

的25%，而这一数字在2014年还不到3%。战争只是社会动员的一种形式，没有实际的理由说明为什么在危机期间不能使用同样的模式。在任何一种情况下，都有必要使利润动机服从于可感知的社会利益，当然，以战争为掩护时，这在政治上会更加容易。正常情况下有所不同，因为此时刺激经济的操作要受到产能利用率恢复到正常水平的限制，以及工资份额与利润率之间反向关系的制约。16.5节回到了如下核心命题，即理论对于经济分析与政策是至关重要的。正统经济学以完全竞争、萨伊定律与充分就业为起点，随后通过向完全竞争机制中“倒入一桶沙”以模拟现实的某些方面。后凯恩斯主义直接从不完全竞争出发，以建立其宏观经济理论与政策。贯穿全书，我认为真实竞争理论是恰当的竞争理论，也是凯恩斯自己有效需求理论恰当的理论基础。在需求与供给方面，利润率都起着主导作用。

最后一章总结了本书的结构并阐述了其进一步的含义。本书的目的是证明即使不借用诸如超理性、最优化、完全竞争、完全信息、代表性行为人或所谓的理性预期等概念，也可以推导出经济分析中的许多关键性命题。它们包括需求和供给定律、工资和利润率的决定、技术变革、相对价格、利率、债券和股票价格、汇率、贸易条件和贸易差额、经济增长、失业、通货膨胀，以及以周期性复现的以普遍性危机收尾的长期繁荣。在讨论每一个问题时，本书都会把发展起来的理论应用于现代的经验性模式，并将其与新古典主义、凯恩斯主义和后凯恩斯主义分析相同问题时所使用的方法进行对比。本书的分析对象是资本主义经济学，与此相关的经济学思想也是用上述方式处理的。经济学思想要用研究对象（资本主义本身）的经济规律来评价。我认为，这正是古典主义、凯恩斯主义和卡莱茨基主义的方法的本质。

本书的一个重要发现是，尽管异质经济单位（个人或企业）采取不断改变的行动策略，具备相互矛盾的预期，规律性的模式仍会从它们的互动中浮现出来，这是因为总体结果对微观细节“高度不敏感”。在这个框架中，超理性概念不是必需的，因为没有它同样可以推导出所观察到的模式，或者也可以说它是没用的，因为它没有抓住表象之下的驱动力。古典方法以观察实际模式与结果为基础，而新古典传统则以它们的理想化为基础。抽象的方法在两种学术流派中起着不同的作用：对于前者，抽象化意味着典型化；对于后者，抽象化就是理想化。在古典学说中，最终目标是通过逐步引入具体影响因素使理论渐渐贴近现实。在牛顿的理论中，所有质量体在真空中以同样的速度下落，但在流体环境（比如空气）中，它们以不同的速度下落，这取决于其形状、质量及材料构成。引入这些影响因素是走向具体的必不可缺的科学步骤。“理想的真空环境”绝不是我们想要的状态，至少对生物来说不是。

本章继续考察了各种值得深入调查研究的重要模式。我们发现，包括 2007 年爆发的全球危机在内的普遍性危机，都是在相继发生的长期波动的下滑阶段出现的。我们进一步的任务是将利润驱动型积累和反复出现的长期波动模式联系在一起。面对持续的技术变革，价格和利润率的动荡均等化创造了每个变量的持续性分布。对工资率的分析遵循类似的逻辑，但还包含了其他因素：劳动力在价值附加值的分割中是有能动性的主体；即使在每种职业内部的工资是均等化的情况下，不同职业的工资仍然有所差异。这就促使我们去考察工资分布的形状和函数形式。经济物理学角度的收入分配“两阶级”理论（EPTC）表明，劳动收入趋向于服从指数概率分布（基尼系数为 0.50），而财产性收入服从幂律（帕累托）分布。我证明了在第 14 章发展起来的旨在分析工资和价值总体关系的框架，可以被扩展用以解释由于竞争和职业差异而引发的企业间差异。这可以用来说明劳动收入的指数或近似指数分布是如何得到以及为何得到的。同时，用基尼系数衡量的总体不平等程度，仅仅取决于财产性收入与劳动收入的比率和收入流的金融化程度。这意味着始于20世纪80年代的利润－工资比率的显著升高（见第14章和第16章），可以被视为相应时期观察到的总体收入不平等急剧恶化的物质基础。

国家给收入分配的分析增加了一个全新的维度：国家可以直接干预劳资力量对比，就像其在新自由主义时代所做的那样（见第14章），并通过财政政策和货币政策影响增长与就业。通过改变利润和工资的绝对水平与相对水平，这两种干预都可以改变收入的分配情况。它也可以通过征税和转移支付改变税后收入分配。但是这样的话，我们必须考虑在医疗、教育和一般福利方面的社会支出的影响。一个惊人的发现是，净社会工资，即社会支出和税收之间的差额，在主要国家占比很小，平均只占GDP的1.8%和员工薪资的2.2%。市场工资是劳动力总体生活标准的核心决定因素，即使在福利最好的国家，（社会支出和税收的）大部分作用也只是对工人生活标准做了再分配。

这就引出了我们对皮凯蒂颇具影响力的畅销书《21世纪资本论》的考察。这项研究代表了一种向传统的回归，即基于现实模式进行经济学分析。他的核心观点是资本主义社会存在加剧不平等的倾向，这一趋势仅在遭遇诸如世界大战、革命和萧条之类的重大冲击时才有所中断。因为利润率趋向于超过增长率（r>g），以财产性收入为生的那群人收入积累的速度快于以工资和薪金为生的人。他的理论解释依赖正统经济学理论，包括总生产函数及其一般属性等观念。在经验层面，我指出，前文讨论过的收入分配“两阶级”理论方法，可以仅仅通过财产性收入与劳动收入的比率解释总体不平等程度，而这一比率本身取决于价值附加值在工资和利润间的分割，以及相应的收入流的金融化程度。在理论层面，在古典经济学框架内，工资份额（故而利润份额）取决于失业程度和劳资力量对比（见第 14 章），资本产出比取决于单个企业间竞争引起的被迫降价所引致的技术选择（见 7.7 节），而利润率则由上述两者共同决定。如果有所谓总产出函数和“伪”边际产量，那么它们也不过是统计的产物（见 3.2.2 小节）。而且，正常利润率总比正常增长率高，因为前者是剩余与资本存量的比率，后者是剩余中再投资的部分（投资）与资本存量的比率（见 15.4 节和 15.6 节）。最后，我认为皮凯蒂对利润率的量度方式是完全不一致的：作为分母的资本存量不仅包括厂房和设备，而且包括土地、住宅不动产和净金融资产；作为分子的利润的量度不包括租金、利息、资本利得和其他构成二级资产收益的项目。这就是他的利润率在大萧条时上升，而在 20 世纪后半叶的大繁荣中反而下降的原因。这是与事实最背离的发现。

从国际上看，我们必须说明诸如运输成本、税收和关税等具体因素的影响都得到了强化的原因，以及历史、文化和国家的制约在劳动力流动方面发挥更重要作用的原因。正统经济学宣扬完全竞争的愿景和理想化的宏观经济学结论，以证明对市场产生更大依赖的合理性，通过限制工会、增强雇主权力提升劳动力市场“灵活性”的合理性，使国有企业更加私有化以使其资产和员工能为国内外资本而用的合理性，以及向外国资本和商品开放国内市场的合理性。非正统经济学则通常基于自由竞争早已不复存在的观点反驳这些措施。我认为，我们在全球范围内发现的模式来自真实竞争理论的预期：竞争优势属于那些有更低成本的国家，它们成本更低的原因要么是能够阻止或摧毁更低成本的竞争对手，要么得益于国家干预和自然优势等某些历史因素的结合。若没有全球竞争的引力场中所产生的竞争压力，所有这些便都无关紧要了。如果我们未能理解这些资本主义背后普遍准则的具体形式，就会对发展进程产生严重误解。

有关发展的文献的第二个主要分歧存在于正统和非正统的宏观经济理论之间。面对充分就业理性预期模型的荒谬，转向需求约束型失业的垄断加成模型便似乎有了其合理性。在后凯恩斯主义理论中，企业被免于竞争，并且通过适当的价格加成，单个企业的需求压力能产生它们期望获得的利润。总的结论便是：政府可以通过适当的财政政策和货币政策使就业接近充分水平。但我们已经看到，即使是在发达国家中，此类政策也不曾成功（见第 12 章）。古典主义的观点是，竞争创造并保持了一个“正常的”失业劳动力储备池，如果没有相关政策的配合，为了消除失业而刺激经济的任何努力都不会成功。这里的相关政策指的是：使生产力的提高快于实际工资的提高，并以此抵消对利润率产生的任何负面影响，换句话说，就是要阻止实际单位劳动力成本的上升（见第 14 章）。国际竞争的准则也是一样，只是在此处，单位劳动力成本整体上必须下降得足够快，以保持相对于国际竞争对手的领先——这恰恰是过去和现在成功发展的经济体的经验。最后，资本主义始终受到它所依存的真实竞争法则的束缚。

2

动荡中的趋势与被掩盖的结构

本章将阐释发达资本主义国家所具有的典型的长期经济模式。这里论及的问题并非详尽无遗，但对于理解资本主义制度的一般现象，并从中推测其本质来说是至关重要的。以这样的视角深入审视这一制度时，诸如“循环”和“动荡调节”这样的概念会自然而然地浮现。在下文中，我将以美国作为主要例证，因为它是最发达的国家，而且一般而言，美国有最好的可获得数据。尽管如此，我们探讨的这些模式是相当普遍的。所有的数据来源和使用方法详见附录 2.1。

2.1 动荡中的增长

我们首先来观察一幅长期图景。图 2.1~ 图 2.3 分别描绘了美国约 150 年来工业生产、实际投资以及实际人均 GDP 的变化路径。从图中可以明显看出，资本主义制度的增长趋势势不可当。像这样呈现很强的变化趋势的变量通常以其对数值作图，这意味着曲线的斜率代表了变量的增长率。从图中我们还可以清楚地看出，增长率从长期来看并不是恒定的。例如，工业产出与投资均在较早时期拥有更高的平均增长率（斜率）。可以从图中得出的最后一点结论是：增长显然总是动荡不定的，而且投资的变化路径远比产出的要动荡。任何合格的增长理

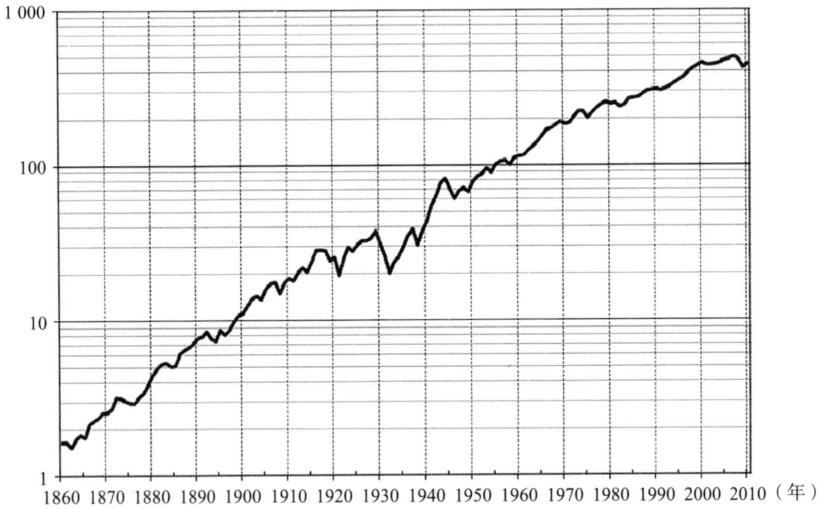

图 2.1 美国工业生产指数（1860—2010 年）

论都必须对诸如此类的模式做出解释。

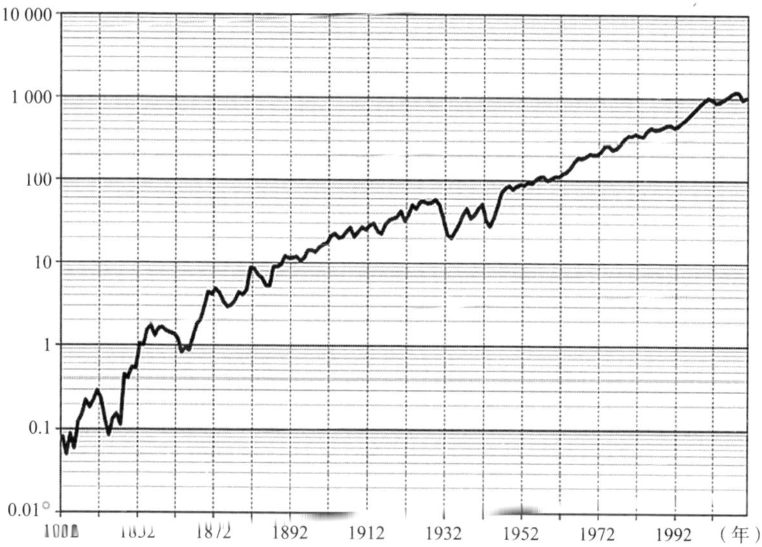

图 2.2 美国实际投资指数（1832—2010 年）

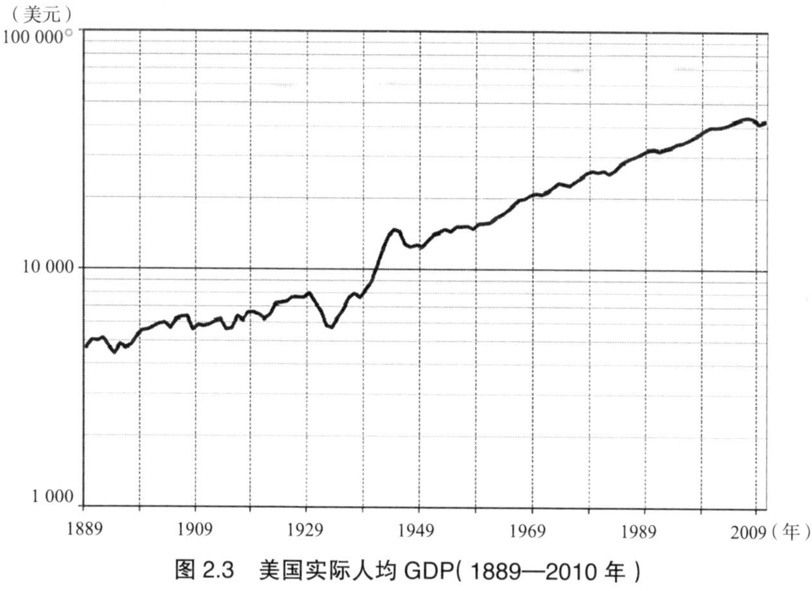

图 2.3 美国实际人均 GDP(1889—2010 年)

接下来的三幅图显示出增长的另一面：定期发生动荡，即其动荡性的一面。这些图描述了自 1831 年到现在产出围绕其增长趋势的波动状况。图 2.4A~ 图 2.4C 由克利夫兰信托公司编制（Ayres 1939, table 9, appendix A, col.1）①，它们显示了工商业活动中有周期性特点的构成要素的月度指标。第一个显著特征是波动的循环再现：繁荣与萧条、过度与不足反复出现且永不停止。这些波动是不规则的，但它们的不规则性是有界限的。第二个显著特征是战争开始与经济上行以及战争结束与经济下滑之间的关联，例如墨西哥战争、一战、二战、朝鲜战争和越南战争。但在这些图中，最为突出的要素恐怕是那些在当时被确认为是“大萧条”的经济创伤时期的反复出现：19 世纪 40 年代、19 世纪 70 年代和 20 世纪 30 年代。以上在经济史学家之中是众所周知的。我之前论证过 20 世纪 70 年代出现了另一场波及整个发达世界的萧条（大滞胀），我还将在第 16 章中说明，我们至今仍未走出始于 2007 年

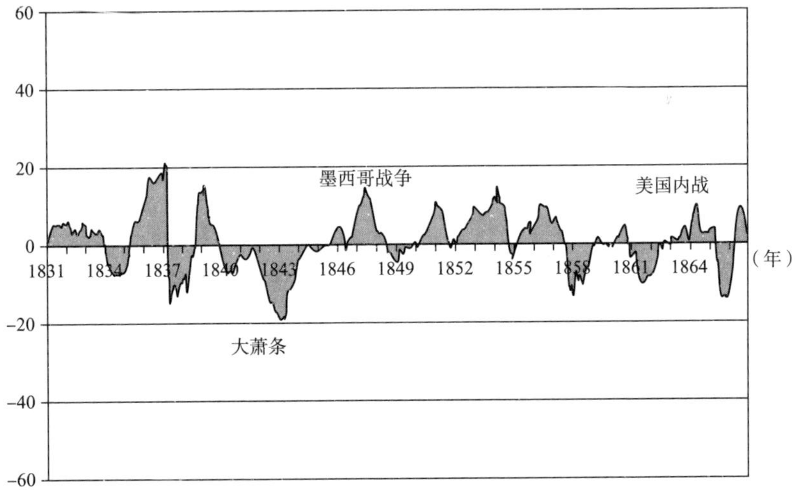

图 2.4A　商业周期（1831—1866 年）

---

① 感谢拉维 · 巴特拉教授告诉了我这一丰富的数据来源。

年底的又一场萧条的阴影。任何有关资本主义增长的合格理论都必须对这些事件做出解释，并将其作为自身的重要组成部分。

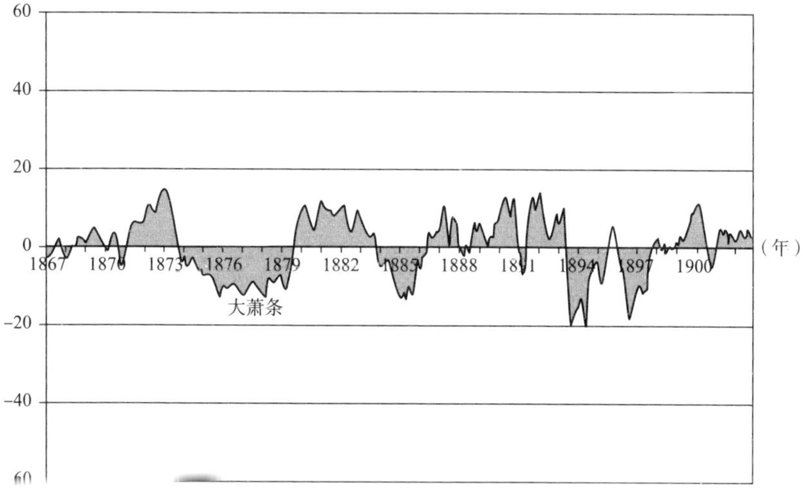

图 2.4B 商业周期（1867—1902 年）

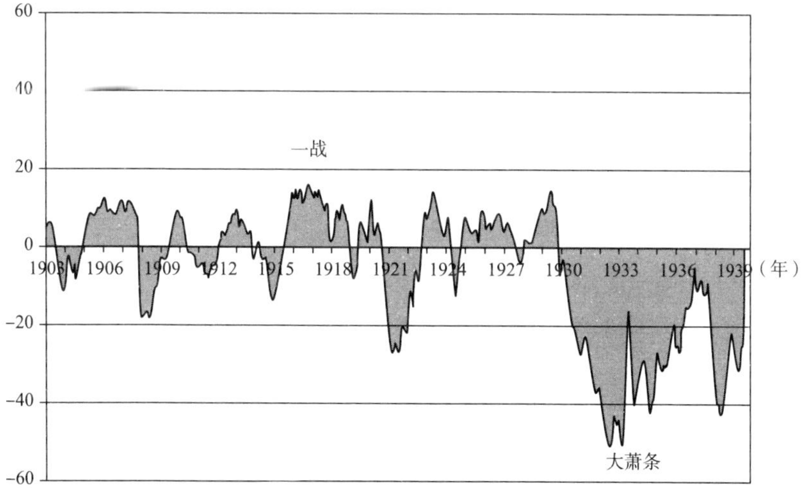

图 2.4C 商业周期（1903—1939 年）

2.2 生产率、实际工资和实际单位劳动力成本

图 2.5 所示的制造业生产率指数（单位劳动时间的产出）与雇员实际所得指数的变化路径引发了新的问题。生产率的增长，本质上是对技术变革的一种衡量，[①] 其长期的稳定增长表明了技术进步在资本主义发展中的基础性作用。我们将在本书第 7 章中看到，对资本主义企业而言，技术变革势在必行，这根植于竞争由利润驱动的本质特征。[②]

发达资本主义的一个优势在于实际工资从长期来看通常也会增长。的确，实际工资看上去经常与生产率同步变动。这造成一个错觉，让人以为这二者是不可避免地联系在一起的。这个错觉体现在许多经济模型赖以建立的“典型事实”。然而，资本主义的历史粉碎了这种自我安慰的想法。图 2.5 清楚地表明，在 20 世纪 80 年代初，因里根政府对劳动力实施打击政策，加之来自外国企业的竞争不断加剧，美国制造业工人遭受了引人注目、一直持续至今的实际工资增长停滞。[③] 生产

---

① 生产率在短期内可以通过加强工作日劳动强度（即提速）及延长日工作时长实现。但这两种方法都受到物质条件和社会条件的约束，有增长的极限。因此，从长期来看，是生产组织方式（即技术）的变革带来了大部分的生产率增长。

② 因为企业处于由利润驱动的竞争中，采用先进技术就可能生存下去，不采用先进技术就会被无情淘汰。因此，为了生存下去而不得不采用先进技术就成为一种外在的强制力量，使企业不得不遵从。——译者注

③ 实际情况是，自 1974 年以来，美国工人的实际工资一直在下降，至今都没有恢复到 1974 年的水平。具体数据可见历年的美国《总统经济报告》，http://www.presidency.ucsb.edu/economic_reports.php 或 https：//obamawhitehouse.archives.gov/blog/2016/02/22/2016-economic-report-president。——译者注

率的增长为实际工资的潜在增长、因而每个工人实际消费的潜在增长提供了物质基础。但是生产力水平的提高不会自动带来实际工资的增长。二者之间的联系需要通过某些社会机制和制度机制建立（这往往来之不易），而这些关联又总是存在被打破的可能。

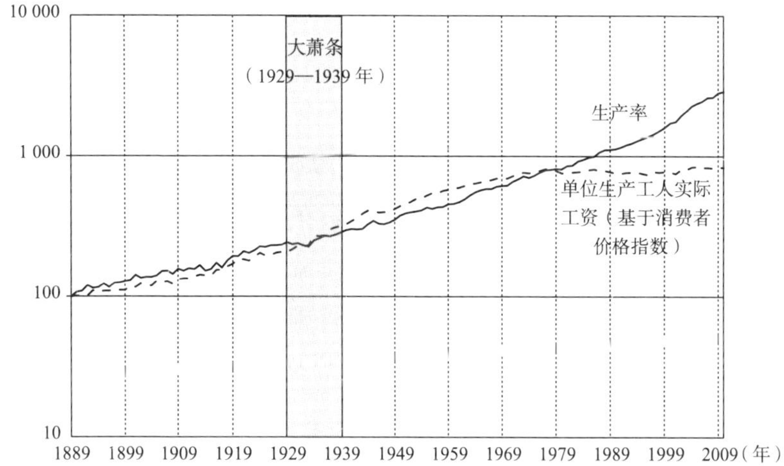

图 2.5 美国制造业生产率和生产工人实际工资指数（1889—2010 年，1889=100）

来源：美国经济分析局和 MeasuringWorth.com（1889=100）。

此外，这样的联系即便可以良好地维持下去，也会受到严格的限制。这是因为实际单位劳动力成本，即实际工资与生产率的比率，对企业而言极其重要。[①] 在个体层面，劳动力成本是总成本的重要组成部分，并且单个企业要想在竞争中生存下来，便一定不能允许其总成本相对于其竞争对手上升，因此竞争不断驱使企业降低其实际单位成本。在总体层面，实际单位劳动力成本的增加降低了实际利润率。考

① 实际工资可以用两种方式来定义。从工人的角度来看，重要的是货币工资与生活成本间的关系（即消费者价格指数）。这是图 2.5 中实际工资的量度方法。但从企业的角度来看，重要的是实际工资与产品价格间的关系。这是图 2.6 中量度实际单位劳动力成本的基础。值得注意的是，这样定义的实际单位劳动力成本也是名义工资支出在产出的总货币价值中所占的比重。

虑到后者，图 2.6 描绘了实际单位劳动力成本在不同时期的不同状况：1889—1909 年，由于生产率的增长快于实际工资的增长，因此实际单位劳动力成本在这 20 年间下降；1909—1929 年，由于实际工资的增长追赶上了生产率的增长，实际单位劳动力成本在这 20 年间相对稳定；在大萧条时期，由于生产和价格（因而名义价值增加值）的崩溃快于工资支出的崩溃，实际单位劳动力成本呈现异常增长；1947—1963 年，在所谓的美国劳动者的黄金时代，实际单位劳动力成本又一次保持相对稳定；1963—2010 年，实际单位劳动力成本又呈现出不同寻常的、持续半个世纪之久的长期下滑趋势。实际单位劳动力成本在黄金时代保持了稳定，这让人们觉得工资会自动随着生产力的增长而增长。随后半个世纪中实际单位劳动力成本的下降则终结了这一错觉。现实情况是，实际工资和生产率之间的关系总是冲突性的，同时劳资之间的力量平衡也总是不断变化的（见第 4 章和第 14 章）。

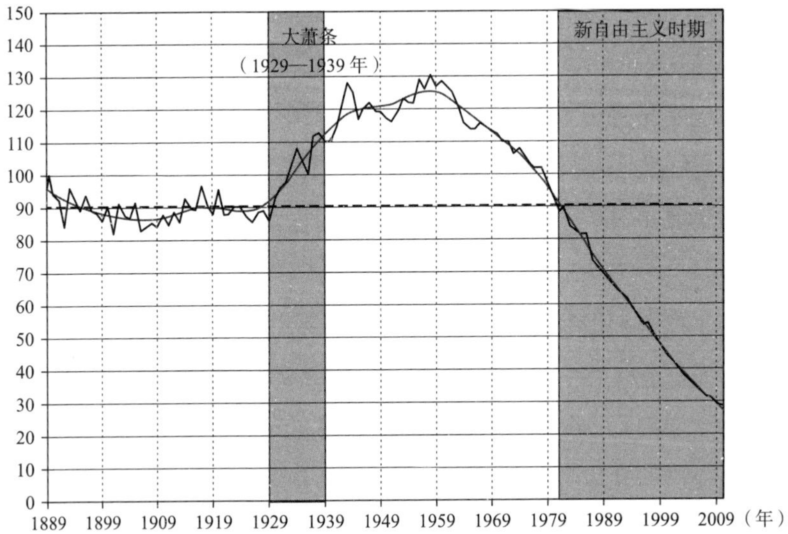

图 2.6 美国制造业实际单位生产劳动力成本指数（1889—2010 年）

2.3 失业率

图 2.7 展示了 1890—2010 年（官方）失业率的变化路径。它生动地展现出历史上历次出现的大萧条对经济生活产生的巨大影响。可以获取的数据涵盖了 19 世纪 70 年代的大萧条末期、20 世纪 30 年代的大萧条时期及 20 世纪 70 年代的滞胀时期。我们可以看到，尽管萧条可能是无法避免的，但是也有办法让它们看起来温和一些。从历史标准来看，20 世纪 70—80 年代的失业率是之前两次大萧条以来持续存在的最高失业率水平。然而，失业率的峰值相较前两次大萧条低得多，其平均水平也仅仅达到了此前两次大萧条的 2/3。这提醒我们，经济政策和社会结构可能会在改善失业方面发挥巨大的积极作用。问题在于，这需要付出多少成本或者会带来怎样意料之外的结果。我们将在第 16 章探讨大萧条时期发达国家所采取的各种措施时继续讨论这个话题。我将论证，抑制萧条的一个结果是延长了萧条的持续时间：抑制萧条也可能抑制经济复苏，日本在 20 世纪后 30 多年的经历便证明了这一点。尽管如此，这并不意味着严重的萧条比长期的经济停滞好。在这两种情况下，劳动者和资本家付出的代价是不同的，社会制度在决定这种代价如何在二者之间进行分摊时起到重要作用。

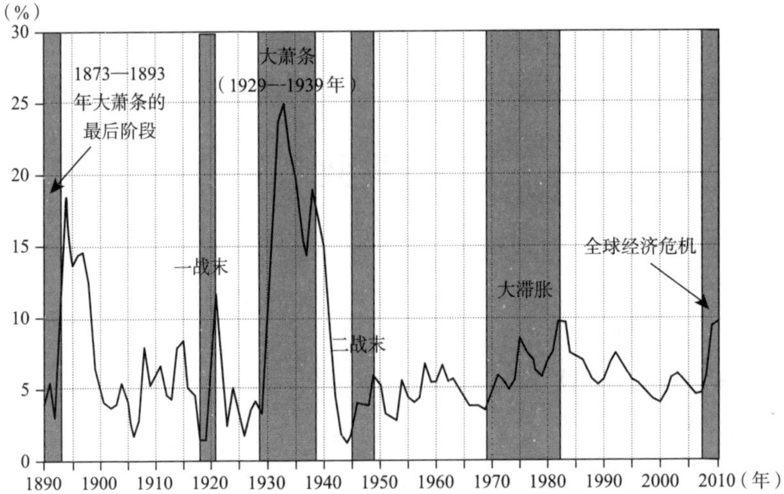

图 2.7　美国的失业率（1890—2010 年）

和实际工资类似，失业率也具有两方面的含义。从工人的角度来看，失业率衡量了对工人生产率的相对需求。因此，失业率在一国的经济生活中扮演着重要角色。然而，失业率也是调节生产率增长和实际工资增长之间联系强度的重要因素：失业率越高，劳动者相对于资本家的力量越弱，生产率增长与实际工资增长之间存在联系的可能性就越小。这不仅仅是因为持续的高失业削弱了劳动者的相对议价能力，也因为它同时侵蚀了支持劳动者的社会制度（见第 14 章）。

2.4　价格、通货膨胀和黄金价格长波

通货膨胀意味着价格的持续增长。通货膨胀在当代话语中是如此

普遍，以至人们甚至认为它是一种自然现象。因此，我们不妨从历史的视角来看一看这个问题。图 2.8 展示了英国和美国在超过 230 年中的批发价格指数，[◎]以及相应的黄金价格指数。从中可以立刻看出，我们现在所说的"通货膨胀"只是一个现代现象。在战后之前的几百年中，价格持续的涨跌波动构成了资本主义国家经济体的一个显著特征。只有战后时期，物价水平才开始呈现出新的变动模式，即永无止歇的增长。

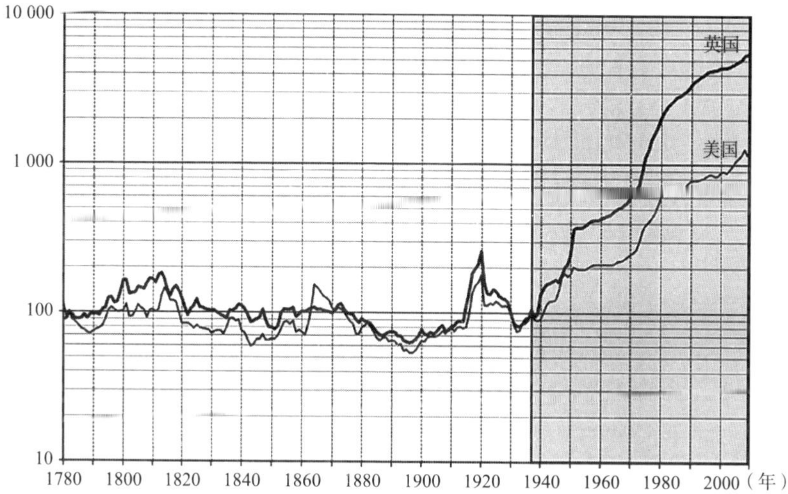

图 2.8 美国和英国的批发价格指数（1780—2010 年，1930=100，对数值）

如果像在图 2.8 中那样，把 20 世纪 40 年代之前价格的长期波动与随后价格的长期上涨置于相同的比例尺之下，前者就会在后者的衬托下显得波动幅度很小。因此，有必要如图 2.9 所示，将这两个时期分开来考察。此时，两件事情便由此凸显。在 1780—1940 年这超过一个半世纪的时间里，价格变化呈现出明显的长期摇摆，但没有一个总的趋势。正是这种波形特征奠定了"长期波动"的概念（见第 5 章）。但是，在 1940 年之后，价格不停上涨。显然，我们必须对价格走势的这一根本性改变做出解释（见第 15 章）。1940 年前后两种模式间的比较还引发了第三个问题。在 1940 年之前，我们不但有价格的长期波动，还有与价格下跌阶段相伴的大萧条。但是，在 1940 年之后，价格的长期波动似乎已经完全消失，而 20 世纪 70—80 年代的大滞胀与价格下跌绝对没有任何关系。

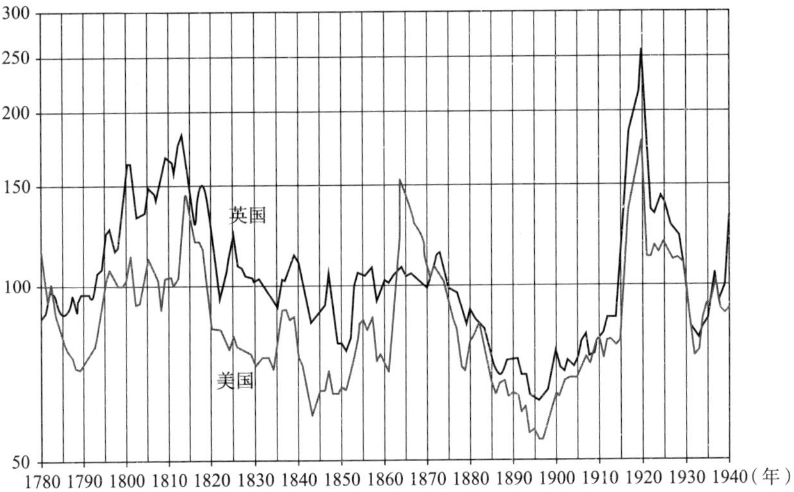

图 2.9　美国和英国的批发价格指数（1780—1940 年，1930=100，对数值）

所以，大萧条和长期价格波动之间的联系似乎在 1940 年左右的某个时间点被不可逆转地斩断了。真的是这样吗？有必要指出的是，一件商品的价格就是其市场价值在另一种东西上的表现，而这另一种东西便是社会公认的“货币”。但货币不是一个单一的物品，它具有一系列同时存在但处于不同层次的表现形式：依赖于特定银行健康状况的信用货币；依赖于特定国家政府健康状况的国家通货；以及像黄金这样可广泛交换的商品，其官方或非官方地位有赖于全球商品流通的健康状况。这些不同的货币形式产生于商品生产本身，并被国家采用和调整。货币的各种不同形式之间的竞争通过彼此之间的兑换比率表达出来。当发生银行挤兑时，信用货币相对于纸币和贵金属贬值。在最糟糕的情形中，银行账户不过是一些无法兑现的承诺，并且一部分信用货币会凭空蒸发。类似地，当人们开始严重怀疑一个国家的经济是否健康时，其通货会对其他国家的通货贬值，同时也相对于黄金这一国际金融体系中的（目前是非正式的）最终货币贬值。如果在这一特定通货和其他通货之间有“固定”的兑换比率，使这一比率保持稳定的压力就会不断加大，直到人们不得不放弃这些固定比率。同理，如果这一通货与黄金的兑换比率是固定的（即黄金官方价格固定），那么黄金的官方价格便会在同样的压力下被放弃。

因此，以共同的国际金本位而非各自的国家通货为标准来考察英国和美国的物价是具有启发意义的。为此，只需要把每个国家的物价除以用该国通货所表示的黄金价格。图 2.10 呈现了用这一方法得到的英美两国的批发价格指数。由此产生的“黄金价格长波”向我们展示了一些相当有意思的事情。不仅之前的长波动都清晰可见，且其周期性与康德拉季耶夫一开始所提出的长波的周期性相近，而且现在在战后时期也出现了两个清晰的长波。第一个长波在 1970 年达到峰值，然后在 20 世纪 70 年代和 80 年代初进入强势下行阶段。这一时期恰恰是人们认为的一场普遍性的经济危机爆发的时期（van Duijin 1983, chs.1–2; Shaikh 1987a）。第二个长波在 2000 年达到峰值，并且我们可以看到，始于 2007—2008 年的全球危机到来得十分准时（见第 16~17 章）。

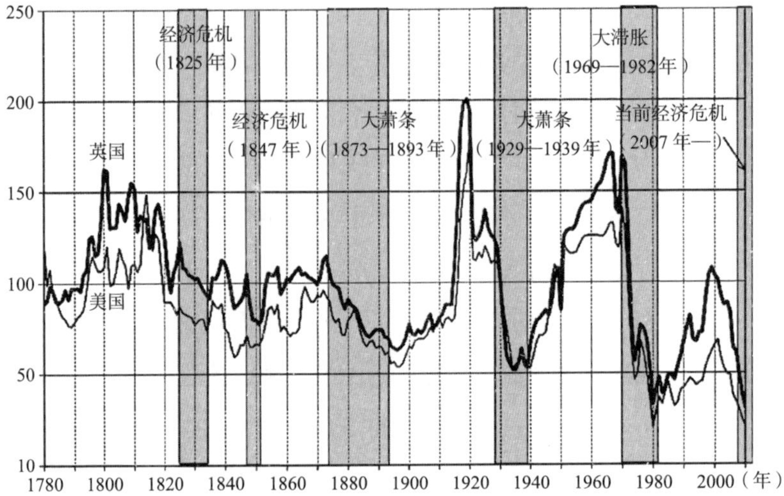

图 2.10 美国和英国用盎司黄金表示的批发价格指数（1780[①]—2010 年，1930=100，对数值）

2.5 一般利润率

长期波动的不仅仅是价格，我们将会看到经济的增长（即积累）也是长期波动的。就后者而言，我将论证，它主要是由利润率驱动的。图 2.11 展现的是美国的实际一般利润率的变化路径。此处用经合组织定义的一般利润率，指的是总净营业盈余除以净资本存量，二者均按不变美元计算（见附录 6.7）。从中可以看出，1947—1982 年，美国的利润率下降超过了 45%，并在此后逆转。这就立刻引出许多关键性的问题：是什么决定了整体利润率的变化路径？为什么利润率会下降，下降又是怎么被逆转的？这些问题又进一步地指向了另一个问题，即我们应该怎样区分以下两种不同的情形：一种是利润变化的结构性趋势，另一种是之前提到的周期性的、由一系列事件共同导致的经济波动对利润率变化的影响（见图 2.4A~ 图 2.4C）。对一般利润率的分析将为我们提供一个了解宏观经济增长及经济周期的切入点。

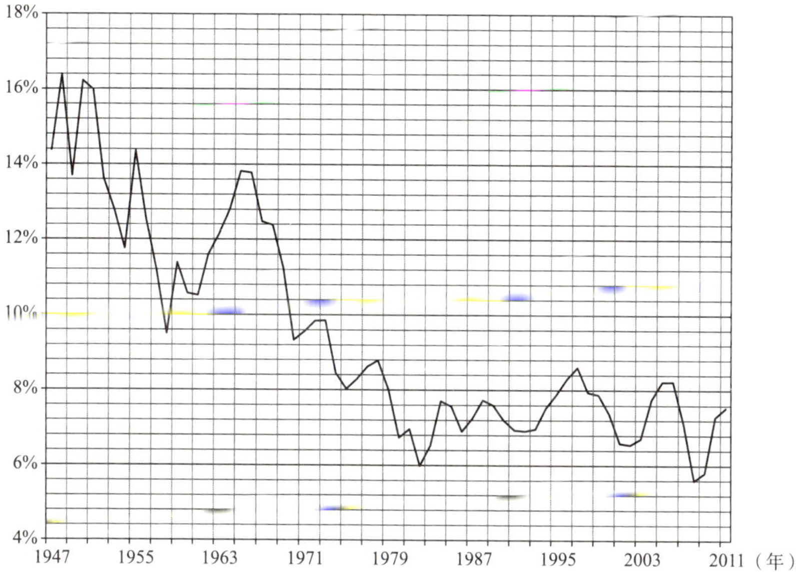

图 2.11 美国的企业利润率（1947—2011 年）

最后，大家可能会问，经济增长如何与利润率相联系。图 2.11 中的利润率指的是总净营业盈余与总净（固定）资本存量之比。但后者将所有过去投资的厂房和设备尚存的相对使用年限都计入在内。所以无论在任何时点，资本存量都包含从（比如）30 年前就投入使用的资本，到 1 年前才开始使用的资本。由于没有什么特殊的理由能够说明用了 30 年的厂房和新建厂房有同样的利润率，所以整体的利润率代表了正在运行且运行时间长短不一的所有设备的平均利润率。从这个意义上来说，它对于确定资本的总体健康程度是一个有用的参考。出于同样的原因，它对我们预测当前所考虑的任何投资的未来利润率并没有什么帮助。[①] 当前投资（即积累）是由预测中的它的未来绩效和利润率所调节。而这种估算又很可能受到近期投资回报率的影响。因此，我们需要的是对近期投资回报率的某种量度。这一问题的至关重要性将在下一节加以强调。

2.6 动荡的套利

利润率是积累过程的核心，因为利润是资本主义投资的目的所在，并且利润率是衡量投资成功与否的最终标准。因为增长是资本主义再生产的一个本质特征，所以新的资本总是源源不断地流入绝大多数部门。于是，当不同部门之间的利润率不相等时，新的资本常常更快地流向那些利润率高于平均值的部门，并且越来越慢地流入那些利润率低于平均值的部门。然而，问题不在于资本的流入和流出，而在于流入速度的加快和放缓。在资本加速流入的部门，更快的资本流入会使

① 理论家通常假设，在资本相对使用年限的每一年中，它的价值都是使其利润率等于一般利润率所对应的价值水平。在这种情况下，资本在所有的相对使用年限中都具有相同的利润率，且平均利润率也就是近期投资的回报率。实际上，企业必须确定厂房或设备在相对使用年限的每一年中实际带来的利润（相对于直接成本带来的利润），然后根据这些实际利润量为相应的资本品赋予一个价值，以使得资本在相对使用年限中的每一年都具有相同的回报率（见附录 6.4）。但是，任何厂房和设备在特定的时刻都有可能出现亏损，这样它们就必须被赋予一个负值。理论家通过把他们的讨论限于长期经济活动中，从而巧妙地避开了这一难题，因为从长期来看那些产生亏损的资本是无法留存下来的（也就是说，会产生亏损的资本从长期来看会消亡）。无论是企业还是国民账户核算都不遵循这样的程序。

供给相对于需求增加，压低价格和利润，在资本减速流入的部门则会发生相反的变动。因此，对更高利润的追求通常会使高的利润率降低，低的利润率提高。这使得利润率在各部门之间趋于相等。大致相等的利润率是一种涌现特质：它不是任何人所意愿的，但是它被强加在每个人身上。

这样一种套利过程中有一些重要特征值得我们注意。首先，这是一个永无止歇的运动，利润率始终围绕在它们不断变动的引力中心的周围忽高忽低。这一过程几乎从不会达到均衡状态，而是到达一种具有平均性质的平衡状态，这种平衡只能在误差不断地相互抵消中达到。这就是动荡套利，它的特征就是反反复复的波动。竞争实际上产生了一个围绕着平均值持续存在的利润率的分布范围，而不是产生一个同一的利润率（见第7章）。其次，因为这一过程是由新资本的流动驱动的，所以有意义的利润率是那些新增投资的利润率。正是在这些利润率上，而不是在所有仍在相对使用年限中的资本的利润率上，有望看到不同部门间利润率的均等化。

图2.12描绘了美国制造业各部门的平均利润率，粗线代表制造业整体的平均利润率水平（见第7章和附录7.1）。我们可以看到，动荡对利润率来说是一种常态。正是在这种动荡之中，公司决定是否对新的产能和新的生产技术投资。一个明显的启示是，所有这些决定必须是稳健的：鉴于利润率通常在不同年份之间大幅波动，因此所有的新增投资都必须考虑到新增投资所带来的利润率会在一个相当大的误差范围内波动。然而，这一启示却被理论文献忽视了。因此，分析技术变革（“对技术的选择”）的出发点必须是真实竞争，而非完全竞争。

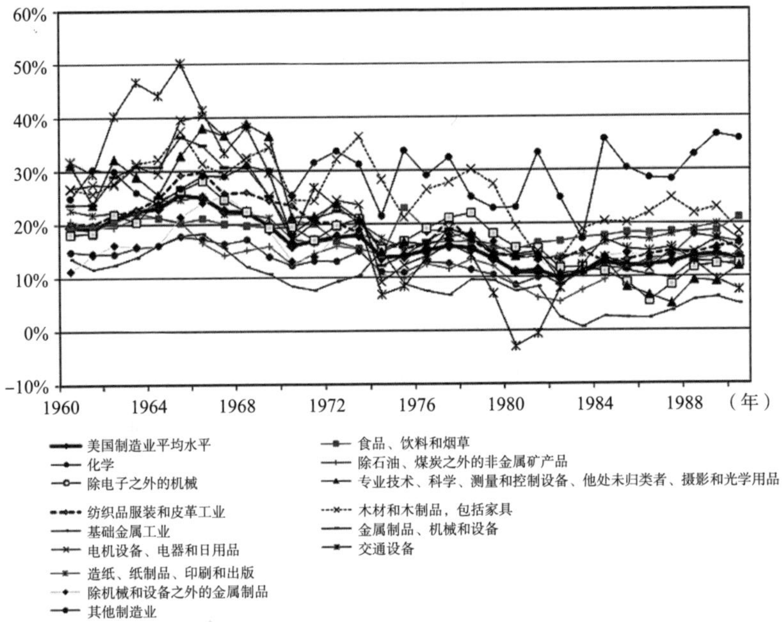

图 2.12　美国制造业平均利润率（1960—1989 年）

在图 2.12 中，尽管各部门的利润率都聚集在一起，但实际上它们一直都保持着不同。对这一现象的标准解释是：这些不同源于风险溢价[①]和寡头垄断力量的某种组合。但是，当我们考虑新增投资的利润率，即新增资本回报率时，图形发生了根本变化（见图 2.13）。这里的增量利润率是用总利润的变化值除以上年总投资量度得出

① 风险通常是用收益率的波动性来衡量的。正如我们看到的，收益率的波动性在不同部门之间差别很大。经济理论告诉我们，竞争会使内在风险更高的行业具有更高的利润率（见表 7.7）。

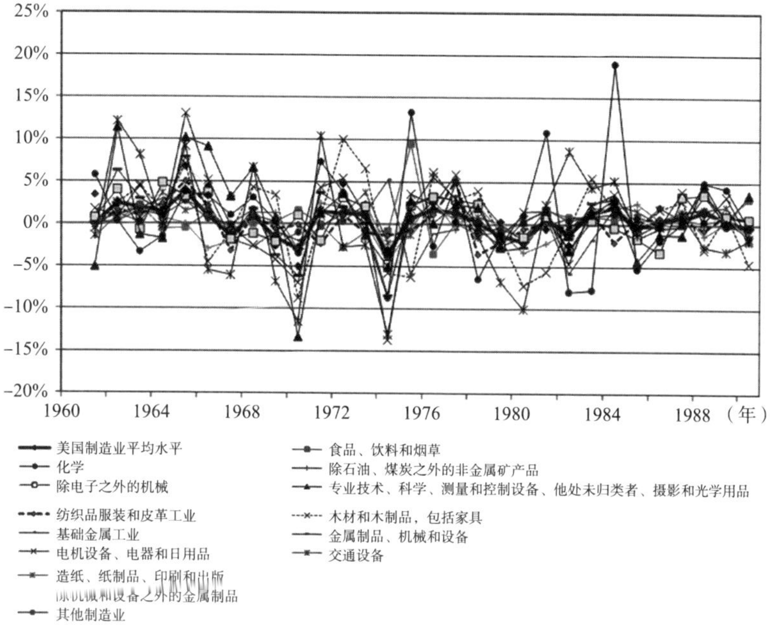

图 2.13　美国制造业增量利润率（1960—1989 年）

（Christodoulopoulos 1995，138–140；Shaikh 1998b，395）。[①] 此时很显然，与平均利润率不同，增量利润率确实是一次又一次大幅度地相互交叉。这便是利润率均等化的真实形式：增量利润率连续不断地从一个水平迅速冲向另一个水平，甚至从正值变为负值，这与在正统经济

① 给定平均利润率为 r=P/K，其中 P= 利润，K= 资本存量，我们可以将增量利润率定义为 r=ΔP/ΔK。但这种量度方法需要估算资本存量，而后者依赖一整套假设，这些假设通常鲜有事实基础，而仅是出于便捷之故（见第 6 章和附录 6.5）。因此，将增量利润率定义为 r=ΔPG/IG（−1）要稳健得多，其中 PG= 包含折旧的利润，IG= 总投资。在调整资本耗费的时候，需要区分账面折旧和“真实的”（即经济）折旧，在估算有效寿命或真实折旧率的时候，需要创建量度资本存量的指标，而 PG 和 IG 在资本耗费调整和有效寿命或真实折旧率估算时都是不变的（Christodoulopoulos 1995; Shaikh 1998b）。需要注意的是，欧盟委员会经济和金融事务总署（DGECFIN）编制的欧盟委员会年度宏观经济数据库（AMECO）最近提出了对资本边际效率（MEC）的量度方法。它将资本边际效率定义为总产出的变化值与过去投资的价值的滞后值之比。这一量度方法本质上与本书的方法步骤相同。

学中占据主导地位的变化平缓的“利润量”相去甚远；动荡的均等化过程则是在增量利润率围绕其引力中心反复忽高忽低中发生的，这完全不像理论模型中通常假定的那样，是“能够实现并能持续保持的”均等。我们将在 7.6.5 小节中详细讨论这些现象，并且在第 7~11 章中讨论这些现象的含义。我们将看到，增量利润率在解释股票和债券价格变动、进而利率变动方面起着关键性作用（见第 10 章）。但是现在，我们把目光转向利润率均等化在更为传统意义上的作用，即在解释不同行业间相对价格的长期结构中起到了什么作用。

2.7 相对价格

任何一件商品的价格均可以表示为两个不同要素的乘积。第一个要素是与生产该商品相关的垂直整合单位劳动力成本（Sraffa 1960, appendix A; Pasinetti 1965; Kurz and Salvadori 1995, 85, 168–169, 178）。它等于以下所有单位劳动力成本之和：生产该商品的行业的单位劳动力成本，加上为该行业生产投入品（原料等）的一系列其他行业的单位劳动力成本，再加上为生产投入品的行业生产投入品的其他一系列行业的单位劳动力成本……以此类推。这一（分析）意义上的垂直整合囊括了生产某一给定商品所需的全部行业的劳动力成本。第二个要素是与生产该商品的行业相关的垂直整合的利润–工资比。它等于下列所有利润–工资比的加权平均数：生产该商品的行业利润–工资比，为该行业生产投入品的一系列其他行业的利润–工资比，以及为生产投入品的行业生产投入品的一系列其他行业的利润–工资比……以此类推。[①]

亚当·斯密第一个用语言文字的方式表述了上述对商品价格的分解。一旦伟大的思想家已经向我们展示了方法，将它以分析方式再现出来就相当容易了。随后，大卫·李嘉图也采取了一种相似的推理模式，论证任意两件商品的相对价格都主要决定于它们的垂直整合单位劳动力成本之比。他认为其他因素的影响最多占 7%。因此，据其估计，就行业间相对价格的结构而言，其中至少有 93% 可以用相对垂直整合单位劳动力成本来解释。除了极少数值得注意的例外（Schwartz 1961, 42–44），在很长的时间里，“93% 价格理论”的理论依据一直受到现代经济学家的嘲笑。

观察实际的经验数据总是富于启发性的。图 2.14 展示了 1972 年美国投入–产出表上 71 个部门中每个部门可观测到的市场价格与直接价格（即与垂直整合单位劳动力成本成比例的价格）之间的关系。纵轴代表每个部门总产出的市场价值（即该部门单位产出的市场价格乘以其总产出），横轴代表同样的产出相应的直接货币价值。我们对这两组价格进行了比例调整，以使它们具有相等的总量。图中还展示出一条 45 度的直线，以便我们从视觉上加以比较。1947—1998 年，观测到的市场价格与直接价格的平均绝对偏差为 15.4%。但是，李嘉图所关心的是长期竞争价格而非市场价格，在考虑到每一年的实际利润率的情况下，竞争价格与直接价格的平均偏差为 13.2%（见表 9.9 和表 9.13）。用李嘉图的话来说就是，就长期竞争价格的行业间结构而言，大约 87% 可用直接和间接的单位劳动力成本来解释。事情往往就是这样：大多数的理论家都错得相当离谱。我们将在第 9 章利用美国和经合组

① 权重等于每一（分析性）阶段直接单位劳动力成本与垂直整合单位劳动力成本的比值（见9.3节）。

织成员的数据研究这一问题。一如既往地，我们首要的问题在于解释为什么会有这样的结果，以及弄清楚它们对于分析相对价格在现实中的长期运动有什么影响。

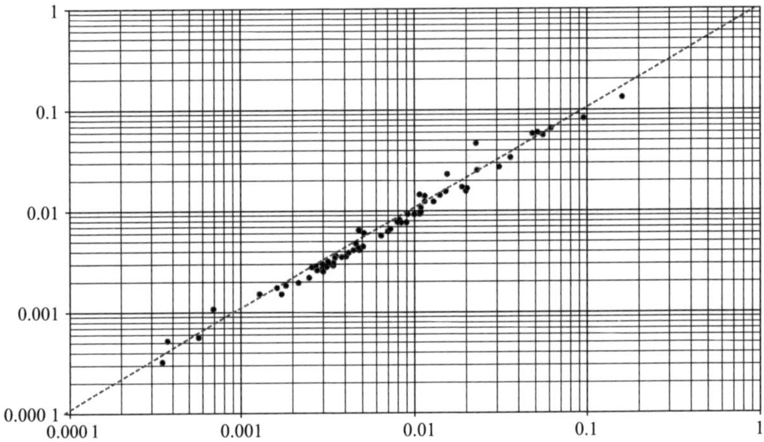

图 2.14　1972 年美国经标准化处理的生产利润的总价格和总单位劳动力成本（71 个行业）

2.8　世界范围内的收敛和离散趋势

在本章的最后，我们将以麦迪森（2003）不朽著作中的数据为基础，以全球性视角观察经济的长期发展。图 2.15 追踪了全球 5 个主要地区从 1600 年到现在的实际人均GDP的变化趋势，这 5 个地区分别是：西欧、西方旁支国家（美国、加拿大、澳大利亚和新西兰）、拉丁美洲（包括加勒比海地区）、亚洲（东亚与西亚）和非洲。由于所有的数据使用对数尺度，曲线的斜率即代表增长率。我们再一次看到，生活水平的提高是资本主义顺利发展的一个典型特征。但同时，在被卷入资本主义世界的地区，如亚洲和非洲，经济经历了将近三个世纪的停滞甚至下降。我们还发现，人均 GDP 的排名是不断变化的。例如，西欧旁支国家在 19 世纪中叶超越了它们的前辈区域；在此后的 1/4 个世纪，拉丁美洲摆脱了最贫困地区的身份；在 20 世纪中叶，亚洲则决定性地超越了非洲。

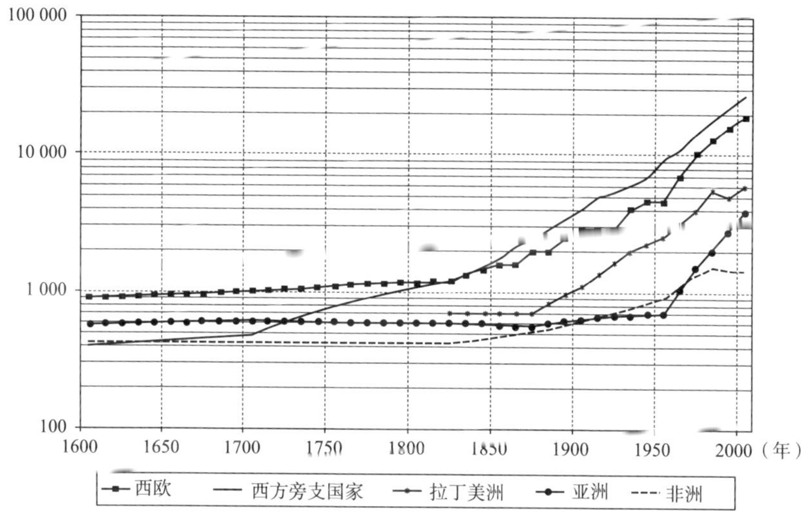

图 2.15 1990 年世界各地区人均 GDP(以国际元为单位，对数值)

世界范围内不平等程度上升的历史趋势也同样明显。我们已经注意到，资本主义的发展不仅仅在于收益的不平等，还在于在一些国家获取收益的同时，另一些国家长期遭受损失。对比一下最富裕地区和最贫穷地区的人均 GDP 便能发现，二者的比值在 1600 年为 2.2，在 1700 年为 2.4，在 1820 年是 2.8，在 1900 年是 6.7，在 2000 年为 18.5。在工业资本主义的鼎盛时期，即在过去的两个世纪内，这一比值跃升了 564%。

即便是这一数字还是低估了富裕国家和贫穷国家之间的真实差距，这是因为亚洲国家包括了日本、韩国以及一些石油资源丰富的国家，非洲包括了南非、埃及和其他国家。图 2.16 展示了世界上最富裕的 4 个国家和最贫穷的 4 个国家在 1600 年、1700 年、1820 年和之后每隔 10 年的人均 GDP（附录 2.1 给出了数据来源和计算方法）。一个显著的特征是，贫穷国家的人均 GDP 在战后阶段大幅下降，并在新自由主义时代（即 1980 年以后）再一次下降。图 2.17 追踪了富裕国家与贫穷国家在相应时期人均 GDP 的比值，这一比值在 1600 年为 2.8，在 1700 年为 3.4，在 1820 年为 3.8，在 1900 年为 7.1，在 2000 年为 64.2。不平等加剧是世界范围内资本主义的一个普遍特征，并且随着资本主义的发展，不平等加剧的速度往往会加快。在 19 世纪中叶和新自由主义时期都是如此（见附录表 2.1.1）。

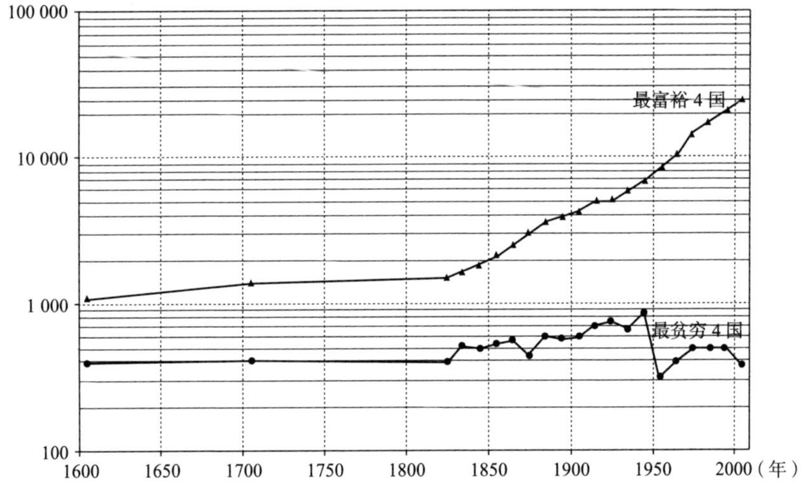

图 2.16 最富裕 4 国和最贫穷 4 国的人均 GDP（以国际元为单位，对数值）

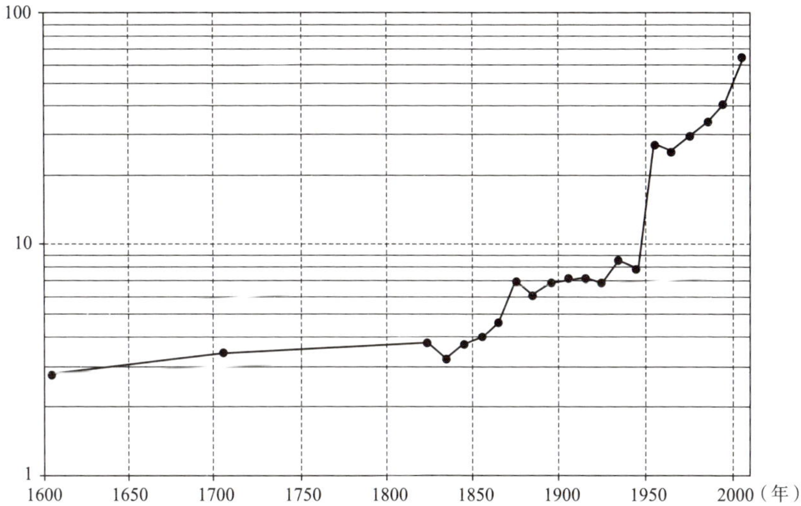

图 2.17　最富裕 4 国和最贫穷 4 国人均 GDP 的比值
（以国际元为单位，对数值）

2.9　概括与结论

本章试图说明，成功的资本主义经济体是以强有力的长期模式为特征的。实际产出、投资和生产率的变化路径证明，经济增长以及不断提升的社会效益是这一制度的根本特征。这是一种在远观视角下得出的结论，在这种观察中，这一制度的根本“秩序”主导着图景的全貌。然而，如果我们更为近距离地观察这些相同的模式，就会发现这一体系的增长总是贯穿在反复出现的波动中，通过反复出现的波动表现出来，并且总是被周期性的“大萧条”打断。这样，这时起主导作用的便是其“混乱”的一面，以及由此带来的社会成本。这两个方面当然是不可分割的，因为在这一制度中，秩序是通过混乱之间的相互冲突实现的。这才是“看不见的手”运作的方式。

持续性的技术变革是资本主义的另一大典型特征，它表现为不断增长的生产率。它为每个工人实际工资和实际消费的历史性增长提供了物质基础。但在这里，社会性决定因素的干预也更为公然。法律和制度机制为工人提供了手段，用以分享生产率增长带来的好处。然而，由于实际工资和生产率的比率决定了实际单位劳动力成本，企业有强烈的动机抗拒实际工资的增长超过生产率的增长。这两股力量之间的角力有时候会使力量平衡发生急剧转变：自 20 世纪 80 年代起，制造业工人的实际工资陷入长期停滞，然而生产率却持续增长，以至实际单位劳动力成本在 20 年中急剧下滑。20 世纪 80 年代的高失业率和对劳工组织的打击，削弱了工人争取高收入的能力。与此同时，美国制造业面临的不断加剧的国外竞争，也大大加强了企业降低成本的欲望。制度是重要的，然而它们却只能在竞争和积累划定的界限之内运行。

本章还探究了英国和美国不同寻常的物价水平历史。几个世纪以来，价格一直呈现长期摇摆，而没有长期趋势。比如在英国，1940 年的物价水平指数与 1720 年的物价水平指数是一样的。在这段时期间隔中，价格“长波”主导了我们所见的图景，但并没有一个总趋势。然而，在战后的整个资本世界里，这一模式发生了剧烈变化。物价开始不断上涨，通货膨胀开始表现为一种自然现象。于是，长期波动似乎已经完全消失。然而，它们真的消失了吗？如果不用一国自己的通货而是用共同的国际标准（黄金）来表示一个国家的物价水平，我们便能看到一幅惊人的黄金长期波动图，而且这一波动一直持续到今天。事实上，2007 年开始的经济危机——21 世纪的第一次大萧条，到来得十分准时。第 16 章将对其起源和全球经济的动态发展过程进行详细探讨。

对利润率的考察引出了另一组问题。美国的一般利润率在 1947—1982 年急剧下降，之后只是部分反弹。这引出了投资怎样与利润率相关联的问题，进而导致了我们对增量利润率和平均利润率的区分。我们论证了只有前者与新的资本（即投资）有关系。因此，只有前者才会因（新）资本在部门间的流动而实现均等化。对美国制造业各部门平均利润率和增量利润率的考察，所揭示的正是这样一种情况：平均利润率在大部分情况下各不相同，但增量利润率一次又一次地“交叉”。

相对收益率同样在长期竞争价格的决定中起着一定作用。在古典理论的传统中，这一作用是微不足道的，因为行业间相对价格结构中的大部分被预计由相对直接和间接（垂直整合的）单位劳动力成本决定。李嘉图估计，相对利润率最多可以解释 7% 的相对价格的差异，剩下的部分则由实际单位劳动力成本决定。这一相对价格的“93% 理论”长期以来一直受到几乎所有理论家的嘲笑。然而，经验证据却向我们发出了不同的声音：1947—1988 年，对于美国投入–产出表上的 71 个部门来说，长期竞争价格与垂直整合单位劳动力成本之间的平均绝对偏差为 13.2%，这与李嘉图的估计相差不大。

我们以跨越三个世纪的全球视角结束了本章。我们发现，西欧和西欧旁支国家（美国、英国、澳大利亚和新西兰）资本主义使这些地区内部的生活水平不断提高。同时，在这段时期的绝大部分时间里，它们在亚洲和非洲的殖民地却经历着经济停滞甚至下降。对最富裕国家和最贫穷国家相对实际人均 GDP 的考察，揭示出在这样一个深陷资本主义网络的世界中，不平等程度日益加深。

我们所继承的世界便是这段历史的产物。最富裕国家的人均 GDP 超过 3 万美元，而最贫穷国家的人均 GDP 不足 1 000 美元。但即使是后面这个数字也具有误导性，因为在贫穷国家，收入分配的不均令人震惊。据世界银行的估计，在 2008 年全球性危机开始时，全世界有 21 亿人（几乎占据世界人口的一半）每天的生存费用不足 2 美元，有 8.8 亿人每天的生存费用甚至不到 1 美元（Bank 2008）。当下重要的争论点在于，这些缺陷是能够通过对资本主义加以限制和补救，还是能够通过加速资本主义在全球范围内的传播得到解决。本书关注对发达国家的经济分析，并将其作为进一步分析全球范围内的发达与欠发达的基础。本章所示的模式以及其他有待阐明的模式，都深深根植于这一全球资本主义制度。在这些经济过程所规定的界限内，社会和经济干预均拥有发言权。理论的任务就在于解释它们是如何相互联系的。

3

微观基础和宏观模式

3.1 引言

上一章表明，成功的资本主义经济体以一些强大的长期模式为特征，有序和无序并存其中。这直接引发了两个基本的方法论问题。由于资本主义是一个动态的社会系统，其文化、制度和政策从长期来看会发生根本性的变化，那么一代又一代的无数个体持续进行的交互作用如何可能产生稳定的循环模式呢？而且，就算我们能回答第一个问题，第二个问题会接着出现：对于我们实际发现的那种动荡模式，均衡、调整过程和动力学的哪些理论概念是适用的？

第一个问题将我们引向微观过程和宏观模式的关系问题。微观经济学之所以重要，是因为个体行为人会做出选择，而这些选择将产生个体性结果与社会性结果。激励很重要，它们确实会影响个体选择，但这并不意味着个人决策以所谓的理性选择、理性预期原则或它们所体现的简单化的激励为特征（即超理性行为），这也不意味着可以通过代表性行为人来对总体进行分析。我们可以看到，反对超理性行为与代表性行为人的历史性、经验性和分析性证据都是无可反驳的。而且，对主要的经验性研究结果的解释是可以从大量的个体决策方式中得出的。这是因为塑形结构（诸如预算约束和社会影响）在产生总体模式中发挥了决定性作用。传统的理论构想既站不住脚，也非必要。

一旦认识到极为不同的微观基础可以产生相同的市场层面或整体经济的模式，我们就可以将微观经济学划分为两种不同的命题：

（1）可以从大量微观基础推导出来的基于经验的命题，包括斜向下的需求曲线、必需品收入弹性的差异、收入驱动的消费函数等；（2）基于个体行为特定特征的命题，这里所假定的基础是理性选择（后一命题包括那些关于市场过程有效率、和谐和一般最优的常见定理）。这样划分的优点在于为分析个体经济行为可能具有的特征拓展了空间，同时又保留了在经济分析中发挥重要作用的主要微观经济模式。

这绝不意味着微观过程并不重要。相反，微观过程在决定个人路径和评估宏观结果的社会影响中发挥了重要作用。而且，如果人们选择采取同样的行动，微观过程就能在总体层面发挥决定作用，如普遍罢工、消费者联合抵制购买和大规模抗议的情形。代理一直存在于个人决策中，有时也会出现于集体决策中。因此，我们需要理解个体行为人实际上是如何行动，如何对宏观环境变化做出反应，以及在何种程度上反过来影响宏观环境的。

在这一点上可以得出两点结论。第一，总体的经验事实并不需要任何特定的微观过程与之对应：条条大路通罗马。第二，如果我们考察个体实际如何行动，经济人假设模型是极为糟糕的。

值得注意的是，目前按微观、宏观划分经济理论的做法是相对较新的。古典理论通常从价格入手，价格理论则为分析增长、就业和对外贸易奠定了基础。凯恩斯首先提出了微观个体行为分析和经济总体分析的现代划分（Janssen 1993, 5）。在凯恩斯看来，总体的运行原则不同于个体结果。我们将看到，卡莱茨基和弗里德曼做了同样的划分（见 3.4 节）。

卢卡斯采取了完全相反的策略：宏观必须被分解为微观。由此产生的针对凯恩斯主义类型宏观经济学的卢卡斯批判包含 4 个命题。结构据说产生于行为人的个体决策原则。环境变化（如政策变化）将改变个体行为，从而改变结构。因此，基于过去模式的模型无法预测环境的潜在变化所产生的影响，因为结构本身已经发生了变化。因而，微观行为支配宏观结果（Salehnejad 2009, 22–25）。卢卡斯的重要结论是，如果宏观能被恰当地整合到微观中，“‘宏观经济学’一词将会消失，‘微观’这一修饰词也会成为多余。我们只会讨论……经济理论”（Lucas 1987, 107–108）。

通过再增加 5 个额外的假设，现代新古典经济学的微观基础就建立在这个一般基础之上。

- 个体行为人被假定为追求期望效用或利润的最大化。
- 他们的预期在均衡时基本正确。
- 假定均衡实际上存在。
- 特定类型行为人的集体行为，可以用具有理性行为、理性预期的单一代表性行为人来模型化。
- 只有以这种方式从微观经济学推导出来，宏观经济学才被视为严密的。

众所周知，这种特殊的经济学方法必须与微观经济学的总体经验法则保持一致，如需求的价格、收入效应，以及所观察到的产出、消费和投资的宏观经济模式。但有趣的是，这种方法并没有认识到它本身必然会模仿个体行为的经验模式。在这个层面上，个体超理性行为假设通常是分析的起点（见第 12 章）。

本章的第一部分主要讨论以下相关问题：理性选择、复杂性理论，以及加总的“涌现”特质（即总体大于局部之和这个古老观点的现代表述）。这部分证明，我们没有理由受超理性行为的标准模型束缚，它既未刻画实际行为，也不是有用的规范性准则。除了一些偶然的情形，用代表性行为人描述总体结果特征的方法并不起作用。超理性代表性行为人概念的真正作用是为新古典经济学的任务服务，即将资本主义描绘成有效和最优的制度。在这个意义上，它是完美的工具。最后，这部分论证稳定的总体模式产生于根本的塑形结构（预算约束和收入分配），而非个体行为的细节。通过例证，我将表明消费者理论的主要经验模式（斜向下的需求曲线，必需品、奢侈品的恩格尔曲线，以及总消费函数）和生产者理论的主要经验模式（总生产函数）都能从各种不同的微观基础推导出来。第 14 章对实际工资也采取了类似的处理方式。在正常情况下，宏观结果对微观过程的细节“高度不敏感”。这绝不意味着微观过程并不重要。微观因素在决定个人路径时显示出它们的重要作用，它们会在人们采取一致行动时发挥决定性作用，比如普遍罢工或消费者联合抵制购买的情况，它们还会在评估宏观结果的社会影响方面发挥尤其重要的作用。所有这些都表明，要与总体经验事实相对应，不必预先假定任何特殊微观过程的存在。如果有人想考察经济人假设对实际人类行为来说是不是一个良好的模型，他就必须考察它与实际人类行为是否相符。在这一方面，存在的全是否定性证据。

考察实际经验模式所提出的第二个问题将我们引向了一个重要的区分：传统观念将均衡视为一个达到的状态，古典观念则将均衡视为一种引力过程。时间和动荡在传统观念中消失不见，其焦点转移到了均衡状态和稳态路径上。在古典观念中，确定的平衡从来不曾存在，因为均衡过程本质上是周期性和动荡性的。各种稳定吸引子及其在重复冲击下的行为表明，动荡性引力过程是一般情形。接下来考察的是引力的中心和均衡路径。分析表明，以变量的比率或至少以其增长率表示的一个动态体系可以将基本变量的动荡增长纳入进来。最后，动荡性引力过程的时间维度被考虑进来，包括利润率的均等化，以及金融、商品和劳动力市场的总需求与总供给。我们建立起了这些过程与各种商业周期之间的关系，并提出了一种调整速度的总体分类方法。

3.2 微观过程与宏观模式

在社会科学中，我们正遭受一场奇怪的精神错乱……经济学、政治学和法学的正统学说建立在一个隐性的假设基础上，即人类行为是由理性计算支配的……［尽管］这个假设与事实相反。（Mitchell 1918, 161）。

3.2.1 描绘个体人类行为

研究人类实际如何行为与断定他们应当如何行为大有不同。如果我们想知道人类如何行为和为何做出这些行为，我们将诉诸行为经济学、人类学、心理学、社会学、政治科学、神经生物学、商业研究和进化理论。我们发现，进化根源、文化继承、等级结构和个人历史都会影响我们的行为：我们是自己的进化遗产界限内的社会创造物（Angier 2002; Zafirovski 2003, 1, 6–8; Ariely 2008, chs. 4–5, 9）。大量证据表明，我们并不能对偏好进行一致的排序，我们对概率的判断很差，我们并不以“理性”的方式对待风险，我们经常犯大量的推理错误，而且我们的行为通常基于习惯和经验法则（Simon 1956, 129; Conlisk

1996, 670–672; Anderson 2000, 173; Agarwal and Vercelli 2005, 2）。最后，我们的“理性并不高贵，力量并不伟大”。[①] 相反，我们的“理解力极为薄弱……［而且］受制于我们很大程度上无法理解的力量”（Ariely 2008, 232, 243）。任何广告商都深知，我们的偏好容易受到操纵，我们的反应完全能被预测到。

新古典经济学完全无视所有这些证据，顽固地将个体描绘成利己的计算机器，具有高贵的理性和伟大的力量，且几乎不受外部影响。风险、不确定性和信息成本的引入改变了约束条件，但并未改变基本的行为模型（Furnam and Lewis 1986, 10）。我将这个教条称为“超理性”，以区别于更一般的“理性”概念，后者指这样一个信念或原则：行动、观点应当基于推理。这里的关键是要避免新古典的错误习惯，即将超理性看作完美的，将实际行为看作不完美的。[②] 如果所有现实的东西都被视为非理性的，世界确实会一团糟。

问题不在于经济激励是否重要，而在于它们有多重要。经济激励当然会影响个人选择与社会结果，但经济机会和大量非经济刺激与限制也能发挥同样的作用。这里需要回答的问题是：对于个体人类行为，新古典经济学为什么采取了一个彻底的简化论者的表述？我们需要考察以下两个方面：（1）作为实际行为模型的超理性；（2）作为理想行为的超理性。

在第一点上，超理性对于将资本主义描绘为最优的社会制度发挥了作用，因为（除其他原因以外）这种描绘需要所有个体明确知道自

---

① 哈姆雷特：“人类是一件多么了不得的杰作！多么高贵的理性！多么伟大的力量！”（出自《哈姆雷特》，威廉 · 莎士比亚著，朱生豪译，吉林大学出版社，2015 年版）。——译者注

② 例如，在其对人类实际行为复杂性的出色阐释中，艾瑞里（2008, xix–xx）特别地将新古典的“理性”（即超理性）概念称为“我们出于追求完美的原因而对自己能力做的假设”，将实际行为称为“非理性的……［因为］我们与完美存在距离”。

己想要什么，并能确切得到他们所选择的东西。[①]在这种内在必要性的驱使下，出现了大量为依赖这些假设提供正当理由的尝试。有托勒密式断言[②]指出，我们必须坚持超理性假设，因为（真正的）经济学家就是这么做的。有基于经验的断言指出，这是对人类实际如何行为的一个良好近似，这个断言微小的缺陷是要求其捍卫者削减“大量的”相反证据（Conlisk 1996, 670）。[③]有出于便利性考虑的论点认为超理性提供了易于分析的结果，如科尔曼（1992, 134）指出的，它们“与在黑暗处丢失钥匙，却选择在路灯下寻找的人的行为相符，因为在路灯下更容易看到”。在另一个极端，弗里德曼（F 扭曲）认为，既然超理性能产生良好的经验结果，那么对其假设的任何批判都是不恰当的（Samuelson 1963, 232）。弗里德曼的假说存在的问题在于，一组给定的假设所包含的经验含义超出了其任何特定使用者所选择探究的范围，而至少在科学话语的规则内，其他使用者是可以自由探索其他路径的。确实，不同的假设经常能产生相同的经验预测，因而区分这些模型的唯一方法是扩展经验的范围，直到它们的预测不同。这样做的话，

---

① “迄今为止，已有众多杰出的经济学家……试图表明，一个由个人利益驱动的分散经济可以与经济资源的合理配置相容，这个配置……与众多可行的替代性配置相比可以被视为最优的”（Arrow and Hahn 1971, vi–vii, cited in Sen 1977, 321–322）。类似地，萨缪尔森（1963, 233）指出，弗里德曼捍卫超理性假设的动机是“帮助（1）完全竞争的自由放任经济学模型，它在一个世纪中持续遭受经济学界外部的攻击，并在垄断竞争革命爆发后，在过去 30 年持续受到同行的攻击；（2）作为某种自明之理、真理和谎言的混合物的‘利润最大化’假设——这种情况出现得相对较少”。

② 托勒密，生于埃及，“地心说”的集大成者。现代科学已经证明“地心说”是错误的，故托勒密式断言在这里借指对错误认识的坚持和信以为真。——译者注

③ “至少在经济交易领域，超理性是对实际行为的一个良好近似”这一断言，包含了人们“在实践中学到最优解”这一断言（Conlisk 1996, 683）。这要么假定人们渴望表现得超理性（这点恰处于争论中），要么假定人们如果不这么做就会得到某种惩罚（这是残存的论点）。后者几乎无法应用于消费者行为，因为“我们从没在讣告栏里读到消费者因选择次优而死亡的消息”（Conlisk 1996, 684）。就市场确实会淘汰不太成功的经理或企业主而言，这也很难表明超理性和完全竞争为幸存企业的行为提供了良好的模型。本书最后一章会进一步讨论这个问题。

假设恰恰是重要的。[①]我们将在下一节继续讨论这一点。

也有人声称，“我们有可能以这种方式定义一个人的利益，即无论他做什么，都能将之视为其对个人利益的追求”（Sen 1977, 322）。如果我们认真考察这个命题，立刻就会发现很多问题。例如，如果你能从他人的幸福中得到满足，那么就会有人说你与那些毫不关心他人的人一样自私自利。这同样适用于你从他人痛苦（后者毕竟“仅仅”是“负”幸福）中获得快乐的情形。在这种病理学的天平上，自我陶醉者、乐善好施者和精神病患者被视为本质上相似的人。尽管如此，主流经济学只有在自我陶醉者的情形中才能“运转”良好：其他两类人暗含的个体相互作用通常会产生“外部性”，而这必须被排除在标准的一般均衡模型之外，因其不利于将资本主义描绘为最优的社会制度（Sen 1977, 328）。

显示偏好理论是同一个“定义性利己主义”假设的一个可操作版本（Sen 1977, 323），[②]而且其将超理性动机强加于人类实际行为的企图导致了众所周知的难题。最起码，这个假设需要个体行为表现出特定的模式，以使之至少能为超理性遭受的诘难辩护。[③]如果某人在 x 与 y 之间选择 x，在 y 与 z 之间选择 y，但在 x 与 z 之间选择 z，那么这种行为就与超理性概念相矛盾，从而被视为非理性。在一种情形中选择 x，在另一种情形中选择 y 也是这种情况。如果随着时间的推移，这

① 萨缪尔森（1964, 736）说：“我对弗里德曼的假说进行抨击的所有力量集中于经验正确性构成了一个理论的价值，尽管不真实的漏洞构成了它的弱点……我认为一个理论由于其缺点反而变得更好的说法是对科学的巨大曲解；而且我注意到，在更加幸运的精密科学中，没有人会幻想这样的断言……并没有理由鼓励我们容忍对经验现实的曲解，更不用说为这种曲解唱赞歌了。”

② 崔胜基（2005, 8–11）将其称为理性选择方法的“解释性”维度，但至少在经济学中，它主要是一种辩护方法。

③ 更不必说，选择的一致性并不意味着其潜在动机确实是超理性的，因为一个“一致的选择者可以具有我们想要指定的任意程度的利己主义”（Sen 1977, 326）。

种排序变化只发生一两次，人们可以通过假定在此期间这个人的“品位”发生了变化，试图挽救这个理论。然而，这是一个危险的领域，因为偏好结构的稳定性是传统教条的根本属性，品位的变化不能过于频繁。[①] 反复无常是被绝对禁止的。一个更深层次的问题是，所有这些将特殊动机强加于人类行为的企图都没有考虑到一个重要的信息来源，即人们对自身动机的描述（Sen 1977, 322–323, 325, 335–336, 342–343）。如果抛开这些信息，就必须宣称人们完全知道自己想得到和能得到的东西，然而却不知道自己知道些什么。这就为整个论证施加了一种确定的逻辑张力。宾莫尔（2007, 2）告诉我们，“即使人们事前并未考虑到所有的事情，这也并不意味着他们必然会表现得非理性”。他继续指出，即使是“没有思想的动物们”，如“蜘蛛和鱼”，“最终也能表现得好像具有理性”，因为进化已经为它们的行为设定了程序。无论如何，这证实了主流经济学所谓的“理性行为”，无非是任何能用一个理性行为模型模拟出它的一些结果的行为。人们能很容易地想象鱼和蜘蛛的行为，而这些行为的结果可能并不是主流经济学家宣称属于它们的。

博弈论如出一辙！它公认的优势在于考虑到了超理性、自利行为人的策略互动。[②] 由于潜在的互动需要策略上的考虑，参与人的预期就发挥了决定性作用（Hargreaves Heap and Varoufakis 1995, 24–25）。不幸的是，所有这些都被以一种完全自私自利的方式模型化了：参

① 确实，施蒂格勒和贝克尔（1990, 192）特别指出，我们的出发点应当是将不同个体的品位视为不变和相同的，转而探寻“价格和收入在解释不同人之间与不同时期之间的差异时所采取的细微形式”。

② 克雷普斯（1990, 41）指出，“经济学中博弈论的巨大成功，很大程度上在于它为我们提供了一种分析特定动态竞争性互动的建模语言和分析技术”。当然，这种语言仅仅是超理性的一种表达方式。

与人要么被假定为持有一个无穷回归的完全正确的信念，其中“爱丽丝［正确地］认为鲍勃认为爱丽丝认为鲍勃这样想……”，[①]要么被合宜地假定为通过“一些调整过程”而达到相同的结果（Binmore 2007, 4–16）。毫不奇怪，博弈论一开始就与经验证据相矛盾（Hargreaves Heap and Varoufakis 1995, 240）。然而，它成功地对社会科学施加了巨大的影响，甚至将自己描述为“一种框架，人们可以在其中真实地讨论什么对社会是可能的或不可能的”（Binmore 2007, 65）。博弈论最显著的特征之一是依赖基数效用。博弈论以这个假设为中心——每个参与人以特定的报酬评价结果：这些报酬要么用“效用单位”来衡量（Hargreaves Heap and Varoufakis 1995, 5, 9, 66），要么用货币来衡量，后者暗指所有人以相同的方式进行评价。这两种假设都需要基数效用，而且第二种假设要求相同的基数效用（Hargreaves Heap and Varoufakis 5, 9, 66）。[②]在后一种情形中，甚至不同人之间的效用也是可比较的，这使它与基数效用论的一个版本等同。这个版本在 20 世纪初就被清除出了正统经济学的教条，因为它与支持收入平均分配的论点相关联（Strotz 1953, 384–385, 396; Hutchinson 1966, 283, 303; Black 1990, 778）。

---

① 共同理性知识（CKR）概念体现了这个假设，即每个参与人都是工具理性的（也就是超理性的），他们认为别人也是这样，而且认为别人也这样看待自己，等等。信念的一致联合（CAB）概念进一步假定所有这些信念都是一致的，这是在以下意义上说的：如果两个超理性个体具有相同的信息，他们必然做出相同的推论，得出相同的结论。奥曼认为超理性个体将会持有相同的信息（即由共同理性知识移动到信念的一致联合）（Hargreaves Heap and Varoufakis 1995, 24–28）。

② 斯特罗茨（1953）指出，冯·诺伊曼和摩根斯顿提出了一个专门的公式，产生出一个风险选择的加权平均，使我们能给选择集合排序。这个排序就是伯努利最早提出的“道德期望”。就像利用标准的序数效用函数一样，任何函数只要能与以上公式给出相同的排序，就都是适用的。这种函数的内容也可以表达为一组风险条件下理性选择的行为公理。斯特罗茨承认人们实际上可能并不是按这种方式行事，并指出实验证据表明实际行为可以用不同的方式更好地描述出来。但在任何情形下，这种新型的基数效用的可取之处在于，它通常在人和人之间是不可比较的，从而不会威胁到一个功利主义福利经济学的复兴。

贝克尔（1981）关于家庭经济学的著作是超理性一般应用中影响最大的。他的方法建立在新古典经济学的基本假设上：效用最大化行为、均衡分析（这里针对“婚姻市场”），以及至少是初始的稳定偏好（Pollak 2002, 1–8, 41）。和博弈论一样，焦点集中在少数个体的互动上，这里指的是家庭成员。家庭被视为“孩子和其他商品”的生产者，婚姻被视为“一个拥有效用最大化参与人的有效市场的最优分配，其特性是没有被分配给彼此的人无法通过结婚变得更好”（Becker 1987, 282, 284）。贝克尔的创新之处在于，他允许至少有一名效用最大化的家庭成员关心其他人的消费。[①] 他用这个框架解释多育、一夫一妻制和一夫多妻制、孩子的健康与教育（质量）、劳动的性别分工、婚姻和离婚。波拉克（2002, 28–35）指出，人们可以用博弈论来代替，因为后者与新古典的假设相一致。因此，人们也能从议价模型的占优角度分析家庭行为。接着出现了一个关键的问题：如果有许多可行的方法，我们如何从中选择？波拉克将“美学、数学易处理性……简约和经验证据”列为可能的标准。确实，他将经验证据作为自己论证的重要基础，反对贝克尔家庭模型的附属假设。但惊人的是，波拉克自己从未用经验证据反对这两种方法共同的根本假设。

也许分析马克思主义对超理性的应用最为惊人，其最主要的哲学家杰拉尔德·科恩（1978, xvii–xxiv）已经简洁明了地概括了它的学说。它是一种将马克思主义概念基于新古典方法论的反辩证和反整体的尝试。它“相信（新古典）经济学本质上是合理的”，因而依靠理性选择理论、博弈论和相关的新古典数学方法来推导它的结论。在坚

① 贝克尔将这种不完全自私行为称为“利他主义”，但人们可以认为利他主义意味着一些更普遍的东西。进一步而言，在贝克尔看来，只有家长是利他主义的，其他人都是标准的利己主义者（Becker 1987, 282–283; Pollak 2002, 11–12）。

持这个传统的过程中，它试图“用微观要素与微观机制解释摩尔现象，这些要素与机制分别由一些实体构成，同时也是一些能够在更清晰的层次上发生的过程的基础”。这对罗默和埃尔斯特的经济学与社会方法至关重要。因此，分析马克思主义者“拒绝这种观点……即将社会结构和阶级描述为这样的实体——其所遵从的行为规则并非其构成个体的函数”。换句话说，作为新古典经济学的一个分支，它们否认涌现特质的概念。正如科恩指出的，“在最终的分析中，个体行为总是最重要的”。

前面叙述的内容都与这个断言相关：超理性是分析实际行为的有效工具。然而，超理性也被辩护为一种行为规范。笛卡儿、斯宾诺莎、莱布尼茨、边沁和穆勒都将理性选择视为理想的行为基础，尽管他们都承认人们实际上并不如此行动。这个规范性的方面是福利经济学和社会选择理论的核心。在哲学层面，它被用于界定一种“个体应如何行动”（理论原因）的标准，理性的行动（“实际原因”）应当与其保持一致（Chai 2005, 2–4）。[①] 人们普遍承认，这样的概念需要一个实际并不存在的行为人（Chai 2005, 4）。人们进一步承认，它可能会对个体或组织产生有害影响，如囚徒困境的情形（Chai 2005, 6）。在经济学中，其谱系从瓦尔拉斯一直延续到阿罗–德布鲁和卢卡斯。瓦尔拉斯的兴趣在于描述一个“理想”经济或“完美”经济，这当然也是阿罗–德布鲁一般均衡模型的目标。格拉布纳（2002, 8）引用了卢卡斯（1980, 696–697）的话：“‘理论’并不是一套描述现实经济行为的主张，而是一套用以建立一个与现实经济行为类似或相似的系统的详尽指南——一个

① 在布坎南和塔洛克那里，理性选择是将恰当的集体选择模型化的方法。在罗尔斯那里，当与替代性正义制度相比时，理性选择是将在无知面纱下活动的个体决策模型化的方法（Chai 2005, 3）。

机械的仿制经济。"[①] 根据这种观点，理想化的描述与现实世界的差距都被归因于"后者的缺陷"（Grabner 2002, 6）。那么问题来了：是什么令这些方法一开始就是完美的？不难论证，人类的推理能力比超理性更为复杂，因为真正的推理总是发生在社会环境之中，遵循其价值标准（Hayek 1969, 87–95）。超理性模型是在赞美一个形如"社会白痴"的人（Sen 1977, 336）。这种描述很难被人接受，除了以下这点：它为市场是理想的经济制度和资本主义是理想的社会形式的断言奠定了基础。这是其内在的合理性的依据。

一个可供选择的规范性论点认为，教导人们以自私自利的方式行事是合意的，因为这会让市场更好地运转；市场是合意的，因为它优于其他社会劳动分工形式（Hayek 1969, 96–104）。这是发展经济学当前的主导观点，是世界贸易组织、世界银行和其他类似的国际机构加速创造市场的公开原因，也是遍布发展中国家的"亲市场"机构的公开原因（Shaikh 2007）。"休克疗法"仅仅是这一教条最极端的应用。然而，一旦承认超理性既不真实也不合意，资本主义制度的最优性就失去了理论基础的支撑。[②] 剩下的可供选择的论点是强调资本主义不可否认的历史力量，即它是经济增长和其有效边界内生活水平提高的源泉。但接下来，人们必须承认它同样无法否认的历史：暴力、不平等和持续的国家干预（Chang 2002a; Harvey 2005）。

对标准工作方法的最后一个辩护来自以下断言：没有超理性假设，"经济理论就会退化为一个特设性假设的大杂烩……缺乏整体的凝聚力和科学的可反驳性"（Conlisk 1996, 685）。这是一个有趣的推测，因为

① 即使超理性被接受为一个有效的出发点，这也无法保证任何给定的总体（如市场或国家）都能像代表性行为人一样行事（Grabner 2002, 6）。

② 例如，巴格瓦蒂（2002, 4n3）通常情况下依靠以下观点，即自由贸易优于管理贸易和闭关锁国，但毫不提及他引用的全部证据都有赖于国家内部及国家之间的完全竞争。

可以论证超理性教条本身就充斥着特设性假设，而且它早已被科学地驳斥了。[1]即便如此，这种强烈抗议背后的焦虑也是很明显的：如果我们从实际行为的基础着手，到底会发生什么？我将在本章最后一节回到这个问题上来。

3.2.2 描绘总体行为

总体行为是宏观经济学的基础。在这个领域，新古典宏观经济学依赖两个基本主张：（1）个体行为可以有效地用超理性建模分析；（2）总体结果可以被视为一个单一的"代表性"超理性行为人的行为。我们已经讨论了第一个主张。对于第二个主张，它不过是虚假的。总体行为不能用其任何构成要素来刻画，因为总体不只是部分的加总，用现在流行的说法就是总体具有涌现特质。更确切地说，涌现是这样一种现象——"充分阐述的总体行为从局部的个体行为中产生"，而且它通常对个体行为的变化不敏感（Miller and Page 2007, 46）。加总极具变革性，它是个体的稳健转形。

涌现的第一个含义是平均个体通常与代表性行为人极为不同，这个平均个体是总体的另一个名称。塑形结构（即正的和负的变化率加强）的存在是关键，它将异质的个体行为转变为稳定的总体模式。一个著名的例子是理想气体定律 $P \cdot V = R \cdot n \cdot T$，即理想气体的压强（P）和体积（V）的乘积，等于理想气体常数（R）、气体量（n）和气体温度（T）的乘积。这个定律的形式最初是由波义耳（1662）、查尔斯（1787）和盖–吕萨克（1802）从经验上有力的宏观假设中推导出来的。然而，在气体实际上是一团不断移动的粒子的观点被提出来后，重新调和新的微观观点与之前的宏观定律就显得尤为重要。理论家将气体描绘为无数不规则的粒子，它们在容器（塑形结构）内四处移动，相互碰撞，并与容器壁发生碰撞（负变化率加强）。[①] 随之产生的个体路径过于多样和复杂，以至无法对其进行分析刻画。然而，在统计层面上我们可以说，在给定的时间段内，数量大致相等的粒子与容器壁碰撞的宏观面积相等。这些与容器壁发生的碰撞，产生了气体所施加的压强。在任何给定的容器内，气体的量越大，气体的粒子就越多，从而与任何给定的容器壁面积所发生的碰撞次数就越多。类似地，温度越高，粒子运动速度就越快，从而它与容器壁碰撞的次数就越多。在这两种情形中，气体所产生的压强都更大。因此，在合适的统计技术的帮助下，我们能再次推导出宏观定律 $P \cdot V = R \cdot n \cdot T$。这次它是作为一种关系——产生于异质性个体粒子与容器壁塑形结构的相互作用。总体的气体定律现在表现为被塑形的（即受限制的）整体自身的“涌现”特质，不能简化为任一“代表性”粒子，或由其推导出来。

这个结论也适用于经济过程。首先考虑消费者理论。个体收入水平所决定的预算约束即为塑形结构。在最简单的情形中，所有个体都被假定为具有超理性，他们的偏好结构非常相似，从而存在一个明确界定的新古典代表性行为人。虽然如此，科尔曼和科克（1986）表明，收入分配的变化足以使总体产生涌现特质，因此即使在最简单的情形中，平均个体也不同于代表性行为人（Kirman 1992, 128）。希尔德布兰德和克奈普（2004, 2–3, 6–7, 20, 26）研究了一个具有异质跨期效用最大化者的总体人口的行为，里面的每个个体都最大化一些可能受制于不确定性的目标函数。最大化问题产生了一般变量、个体偏好参数和每个个体消费之间的一种关系。人均总消费取决于解释变量在人口

① 布拉什（1985）引用了以下时间表：伯努利（1738）、赫帕斯（1816）和沃特斯顿（1843）提出了气体动力学理论，克劳修斯（1850）、麦克斯韦（1859）和吉布斯（1876—1878）最终用它推导了气体定律。

中的联合分布，这一联合分布本身在总体层面成为一个解释变量。他们发现，即使这个联合分布是非时变的，总消费函数的形式通常也完全不同于个体函数。福尔尼和利皮（1997, iv–vii）也在理性预期假设下研究了基于异质行为人的跨期最大化新古典模型。为了得到线性随机方程解，他们在最优化阶段假定了二次函数。尽管如此，加总还是产生了新的性质：微观经济特征（如变量协整和格兰杰因果）不会传递到总体中；宏观模型与个体模型的参数之间不存在任何简单的关系；微观理论层面的过度识别约束并不适用于宏观参数。科尔曼（1992, 122–124）指出，即使异质性个体具有相似的效用函数，显示偏好弱公理（WARP）也不会延伸到总体，因此集体也许在一种情形中认为 x 优于 y，在另一种情形中却相反。科尔曼（1992, 124）得出结论："从代表性行为人的偏好推断社会偏好，并将之用于公共政策选择是完全不合理的。"

生产理论在从个体企业过渡到总生产函数的过程中也遇到了同样的难题。一旦我们面对的是一个具有异质商品的世界，我们就需要构造总产出和总资本的测量方法。罗宾逊夫人（1953—1954）指出，创造一个与总生产函数一致的总资本测量方法是不可能的。一个总生产函数（APF）代表了与任何给定的实际工资率–利润率（要素价格）组合相对应的最优生产系数集。斯拉法（1960, 38, 81–87）表明，在一个存在异质产品和各行业存在多种可行生产方法（设计蓝图）的世界中，在一个更低的利润率水平上，与最优技术对应的总资本–劳动比可能会更低。这一点与所有的新古典总生产函数相矛盾，因为后者将更高的资本–劳动比与更低的利润率联系在一起。在回应罗宾逊夫人的挑战时，萨缪尔森（1962）着手解释斯拉法式设计蓝图如何与一个表现良好的新古典生产函数相协调。不幸的是，结果却证明他的替代生产函数严重依赖一个假设，即所有行业都具有相同的资本–劳动比。帕西内蒂（1969）和加雷尼亚尼（1970）确定地证明，在更一般的条件下并不存在一个总生产函数。确实，加雷尼亚尼（1970, 421）证明替代生产函数行为只有在每个行业内资本–劳动比相等的情形中才成立。这是一个绝妙的历史讽刺，因为它意味着萨缪尔森的竞争性价格必须与简单的劳动价值论相一致（Shaikh 1973, 11–14, 66–83）。[①] 在新古典这边，富兰克林·费希尔全面研究了从微观经济中假定存在于企业层面的表现良好的生产函数过渡到一个总生产函数的问题。他的结论是，即使在企业层面规模报酬不变的简单情形中，“加总的条件也极其苛刻，这导致总生产函数……不可能存在”。正如他所指出的，这导致以下标准方法不再有效：“对劳动总需求曲线的详细说明与估计”，对“生产率的测算”——这实际上是“对索洛余值的曲解”，以及“用总生产函数证实新古典分配理论的有效性”（Fisher 2005, 490）。

总生产函数文献也反复碰到总体层面的涌现特质问题。霍撒克（1955—1956）表明，一个微观层面的简单固定系数技术的特殊分布，可以模拟一个柯布–道格拉斯总生产函数，即使微观层面的固定系数排除了任何边际产量及其相关分配规则的概念。费希尔（1971）模拟了具有 N 个企业的系统的总体行为，其中每个企业都被假定为拥有一个微观柯布–道格拉斯生产函数。他发现，产出、资本和劳动的总体关系通常并不能模拟一个柯布–道格拉斯生产函数，除非模拟被施加一个先验约束，使总劳动份额基本不随时间的推移而变化。谢克（1973, ch.3）表明，在假定总利润与总工资之和等于总价值增加值的情况下，

① 总生产函数的创始人保罗·道格拉斯（1976, 914; cited in McCombie and Dixon, 1991, 24）毫不掩饰其明显基于经验的优点的重要意义：“［柯布–道格拉斯总生产函数的］估计系数与获得的实际份额大致相等……强化了竞争性分配理论，且证明马克思主义是错误的。”

一个由社会关系决定的稳定的劳动份额，就足以解释柯布–道格拉斯总生产函数的明显适用性。谢克（1987b）证明了一个以单一主导线性技术（它意味着相等的资本–劳动比，从而使相对价格遵从简单的劳动价值论）、不变劳动份额和哈罗德中性技术变革为特征的严格的非新古典经济，看上去非常像一个在中性技术变革过程中表现良好的柯布–道格拉斯总生产函数。即使单一主导技术的存在意味着资本和劳动的边际产量无法界定——因为每个工人的产出和资本不随工资率–利润率组合的变化而变化，这也是正确的。正如在费希尔的尝试中一样，之所以得到一个虚假的总生产函数，是因为工资份额不变，还因为数据是由下面这个会计恒等式“塑造”出来的：Y ≡ w·L+r·K，其中 Y、L、K、w 和 r 分别代表总价值增加值、劳动、资本、工资率和利润率。谢克（2005）引入了一个“完全拟合”程序，能把任何表现不佳的拟合生产函数转化为一个几乎表现完美的函数，尽管这个程序完全曲解了潜在的生产关系和技术变革类型的真实形式。费利佩、麦康比和其他合作者反复表明，技术变革的多要素生产率估计值仅仅是实际工资变动率与利润率的加权平均估计值（McCombie and Dixon 1991; Felipe and Adams 2001; Felipe and Fisher 2003; Felipe and McCombie 2003）。

因此，代表性行为人假设只有在非常特殊的情形中才成立。在消费者理论中，只有所有个体具有完全相同的效用函数和收入才可以；在生产理论中，只有所有企业具有相同的资本–劳动比、工资率和利润率才可以。然而，这都只是些微不足道的情形，因为根据它的解释，每个领域实际上只有一个行为人。更普遍的情况是，为了得到合意的新古典结果，有必要确保“所有个体的有效偏好和所有企业的最优计划……边际相等”，使每个部门实际上只有一个行为人（Martel 1996, 128）。如果缺少这种极端的限制性（和自私自利的）假设，它们的假说通常都会崩溃（Kirman 1992, 117–128; Martel 1996, 128–136; Grabner 2002, 17–20）。毫不奇怪，代表性行为人的概念招致了一些著名评论家的鄙视。马特尔（1996, 128）指出，需要推导出一个代表性行为人的假设“是明显错误的……因此代表性行为人模型的预测结果与实际总体结果一致的情形都是偶然现象”。哈恩（203, 227）说：“宏观经济学中出现的代表性行为人是胡说八道。”科尔曼（1992, 125）指出，代表性行为人假设“远非头脑简单或天真无邪；它是宏观经济学家可以用之为均衡分析辩护和提供虚假的微观基础的一种虚构”，“它应该得到一场体面的葬礼……作为一种经济分析方法，它不仅是陈腐的，而且存在根本性的错误”(119)。费希尔（2005, 489）将总生产函数称为一个“幻想的”建构，“一个无处不在却没有说服力的童话”。

3.2.3 总体关系、微观基础和严密问题

正统经济学和非正统经济学的一个共同论断是，除非由一些微观基础推导而来，否则总体关系就是不严密的（Weintraub 1957; Phelps 1969, 147; Cohen 1978, xxiii–xxiv; Little 1998, 6–7）。作为一种方法论断言，它面临三个主要问题。

第一，考虑一下物理定律。17 世纪，气体定律最初是作为一个经验可靠的宏观原理提出来的，直到 19 世纪才在原子基础上推导出来。难道气体定律只有从统计热力学推导出来才是严密的吗？物理学家罗伯特·劳克林（诺贝尔物理学奖获得者）指出，许多其他物理定律，如与流体力学、结晶化和磁学相关的定律，已经广为人知且被广泛应用，尽管它们从未从微观基础推导出来（Laughlin 2005, 35–40）。我们要宣布它们都不严密吗？爱因斯坦的广义相对论呢？量子力学和广义相对论都是 20 世纪初提出来的，它们都“已经被实验很好地证实”。

然而，广义相对论“完全是古典式的或者非量子的”。由于这两种方法在不同的层面发挥作用，迄今没有实验能探索它们重叠的领域。有许多将二者结合起来的尝试：扭量理论、非交换几何、超引力以及最新的弦理论和M理论（Smolin 2004, 67–68）。然而，自它们创立一个世纪以来，并没有理论方法能将二者结合起来。难道我们要说广义相对论也是不严密的？或者似乎更合理的做法是，我们要拒绝以下断言：只有微观基础才能赋予一个定律严密性。

第二，由于我们现在面对的问题是缺乏微观模式与宏观模式的明确联系，马上会出现一个难度更高的问题。例如，如果量子力学和广义相对论迄今并未明确地调和起来，为什么不说量子力学是不严密的——考虑到一个世纪以来它并没有成功获得我们宇宙最基本的规律。爱因斯坦本人就认为量子力学比广义相对论差，因为它“没有令人信服的概念基础”，而且他试图从后者推导出前者。其他学者长期以来也认为“量子力学应该由古典基础推导出来，而不是反过来”。从这个角度看，量子力学所固有的随机性可以看作完全服从古典定律的粒子的混沌行为（见3.2.2小节对混沌的讨论）。这种方法已经为一些物理学家所接受，如杰拉德·特·胡夫特（诺贝尔物理学奖获得者）、马西莫·布拉索内等人（Musser 2004, 89–90）。这意味着我们真正需要的是微观经济学的一个充分的宏观基础，而不是反过来（Hahn 2003）。

新古典“严密”论点的第三个问题更加严重：从我们所知的错误的微观基础出发推导有经验支撑的宏观模式是完全可行的。再考虑一下气体定律。现在我们说气体定律是从分子运动论中推导出来的，是遵守牛顿定律的原子复杂互动的结果，这些原子像台球那样相互碰撞（Laughlin 2005, 30–31）。这种解释的问题在于“原子并不属于牛顿学说的研究领域……而量子力学研究的飘忽不定的实体缺乏物体最核心的性质——可识别的位置”（42）。因此，理想气体定律的传统推导始于“错误的方程而［仍］得到了正确答案”（97）。劳克林指出，这之所以能够发生，是因为气体定律是一种涌现特质，它“对细节极不敏感”（97）：气体中类似于波浪的实体之间的相互作用产生了新的稳定关系，这种关系并不依赖它们相互作用的细节。这并不是说微观层面的细节不重要，而是说它们在宏观层面不起决定作用。正如 3.2.2 小节一开始就提到的，涌现现象的一个普遍性质是对个体行为的变化不敏感。

探究将微观行为与总体模式连接起来的经济学家也开始认识到，加总具有变革性和转形特征。马特尔（1996, 134）引用了莱永胡武德（1968）的观点，大意是“这就是凯恩斯的《就业、利息和货币通论》所要阐述的大部分见解”。阿尔奇安（1950, 211, 221）指出，个体理性假设对于推导宏观层面的经济模式并不重要。他将宏观模式与获取正利润的要求联系起来，后者充当了衡量企业能否生存的过滤器的作用。在这个过程中，从个体企业的层面来看，机会、特殊环境、模仿行为和反复尝试过程在决定正利润方面可能比超理性行为更重要。艾奇逊和布朗（1957, xvii, 101–102, 116–140）讨论了一些变量的对数正态分布方式问题，这些对数正态分布方式是由非超理性行为产生的，而这些变量包括个人收入、商业集中度、劳动转换和家庭消费开支的大小分布等。在被其后来抛弃的一部早期著作中，贝克尔（1962）在阿尔奇安的基础上论证了斜向下的需求曲线不但能从超理性假设中推导出来，而且同样能从冲动行为与惯性行为中推导出来。在这几个情形中，关键因素是由个体平均收入水平决定的预算约束的塑形结构。超理性假设绝对不是必需的。希尔德布兰德（1994）提议我们应当将“偏好和选择……留给心理学家”，而只专注于确立统计条件，基本的经济模式（如斜向下的市场需求曲线）能从这些条件中推导出来（Dosi, Fagiolo, Aversi, Meacci, and Olivetti 1999, 141）。希尔德布兰德（1994）和特罗克尔（1984）在这方面做了开创性的工作。

在所有这些情形中，经济塑形结构创造了引导总体结果的界限和变化率：企业方面的正利润生存标准，收入分配方面的个体经济特征，以及个体消费选择方面的预算约束。它们每一个都产生了稳定的总体模式，并不依赖在其中起基础作用的过程的细节。而且，正因为许多道路都能通向任何特定结果，我们不能因为某个模型产生了一些观察到的经验模式，就满足于将之视为有效的。模型的其他方面也许会产生经验上可证伪的结论，这个模型也必须对其负责。这意味着，我们必须对某些政策结论保持警觉，这些政策一定程度上依赖于并未取得经验证据的结论。

3.3 塑形结构、经济变化率和总体涌现特质

个体行为的异质性产生了总体涌现特质，从而摧毁了代表性行为人的观念。为了了解在一个给定的情形中能得到哪种特殊的总体性质，我们需要理解塑形结构是如何发挥作用的，以及为什么它们能产生稳定的总体模式。下面我将证明，消费者行为的主要经验模式都能从以下两个关键的塑形结构中推导出来：一是给定的收入水平，它限定了可以做出的选择；二是最低的必需品消费水平，它引入了一个至关重要的非线性。这里考察的模式有斜向下的市场需求曲线，小于1的必需

品收入弹性和大于 1 的奢侈品收入弹性（恩格尔定律），以及短期内与实际收入存在线性关系，从长期来看包含财富效应的总消费函数（凯恩斯型消费函数）。对 4 种完全不同的个体行为模型的模拟补充了解析推导：（1）一个标准的新古典同质超理性消费者模型，能从中得到一个代表性行为人；（2）一个异质超理性消费者模型，无法从中得到代表性行为人；（3）一个具有各种各样消费者的模型，他们在自己收入能负担的选择范围内自由选择（这是贝克尔的非理性消费者）；（4）一个受多西等（1999）启发而得到的模型，消费者向周边的人（他们的社会邻里）学习并随着时间的推移产生新偏好（突变）。尽管存在差异，这 4 种模型却产生了完全相同的总体模式。这里的关键是相同的宏观模式能从多种多样的个体行为中得到。这种分析路径回溯到了贝克尔（1962）最早提出并被他后来抛弃了的方法。14.3 节对实际工资理论的分析也采取了类似的方法。

3.3.1 稳健的微观经济学分析方法

假设收入（y）被完全用于购买两种物品 x_1 和 x_2，与之对应的相对价格为 p_1 和 p_2。我们假设 x_1 为必需品，需要正的最低消费量 x_{1min}。那么，任何个体对 x_1 的预算约束范围介于 x_{1min} 和 $x_{1max}=\frac{y}{p_1}$ 之间，如图 3.1 所示。当可选择收入[①]（$y-p_1\cdot x_{1min}$）全部用于奢侈品消费时，就得到了相应的奢侈品最大消费极限。

$$y=p_1x_1+p_2x_2 \tag{3.1}$$

$$X_{1max}=\frac{y}{p_1} \tag{3.2}$$

① 可选择收入与人们通常所说的可支配收入不同，这里指的是扣除最低必需品消费之外的可自由支配的收入，下同。——译者注

$$X_{2max}=\left(\frac{y}{p_2}\right)-\left(\frac{P_1}{P_2}\right)X_{1min} \tag{3.3}$$

个体通常在很多方面都彼此不同，而不只是在收入方面。我们假设个体的意愿具有异质性，动机具有复杂性，有时选择反复无常，并容易受到大量的社会因素影响。一组具有平均收入 y 的个体将在可行的范围选择一个特定的组合（x_1, x_2），如图 3.1 中的 A 点所示。由于购买必需品的可行区间为（x_{1min}, x_{1max}），为了简便我们可以认为一般消费者的购买量占可行区间的比例为 c。这使我们的结果与各种各样的个体消费者行为模型相容（见 3.3.5 小节）。指出下面这点非常有用：c 也代表了一般可选择消费倾向，为必需品可选择消费（$p_1x_1-p_1x_{1min}$）与可选择收入（$y-p_1x_{1min}$）之比。在图 3.1 中，它是线段 a 与线段 b 之比。

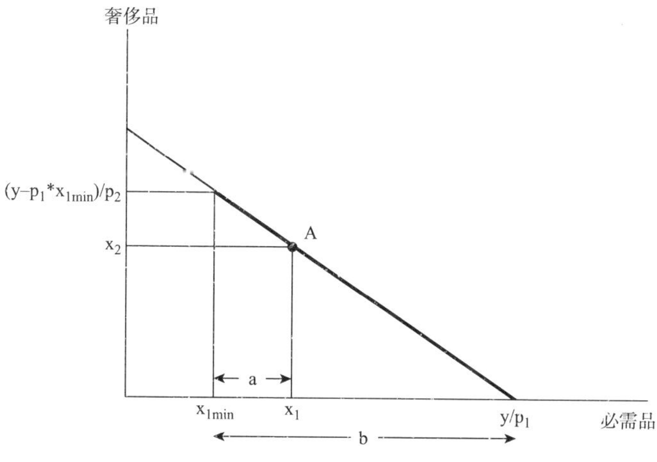

图 3.1 预算约束选择

$$c=\frac{(x_1-x_{1min})}{x_{1max}-x_{1min}}=\frac{(p_1x_1-p_1x_{1min})}{y-p_1x_{1min}}，故 0\leqslant c\leqslant 1。 \tag{3.4}$$

我假定 x_{1min} 和 c 都独立于价格，那么对于每个 c，我们都能推导出与之相应的对必需品与奢侈品的人均消费需求［必需品消费需求从方程（3.2）和（3.4）推导，奢侈品消费需求从方程（3.1）、（3.3）和（3.5）推导］。这些是我们消费者选择的基本方程。

$$x_1 = (1-c)x_{1\min} + c\left(\frac{y}{p_1}\right) \tag{3.5}$$

$$x_2 = -\left(\frac{p_1}{p_2}\right)(1-c)x_{1\min} + (1-c)\left(\frac{y}{p_2}\right) \tag{3.6}$$

3.3.2 斜向下的需求曲线

从方程（3.5）和（3.6）可以明显看出，在收入给定的条件下，对每种商品的需求量随着其价格的上升而减少。这种负向反应是微观经济学的基石（Becker 1962, 4）。但我们将会看到，这并不需要特定的消费者行为模型。当它们处于静止状态时，前一个方程所确定的人均消费（x_1, x_2）在一般预算线上确定了一个点，这个点与一个特定的人均收入（y）相对应，如图 3.1 所示。任何商品价格（比如 p_1）的上升都会改变相应的截距，使预算线向内旋转，如图 3.2 所示（Becker 1962, 4）。因此，x_1 的可行区间缩短了。但如果平均比例 c 已经给定，新的 x_1 必须按相同的比例重新分割这个更小的可行区间。因此，x_1 必须减少，需求曲线也向下倾斜。方程（3.6）告诉我们，对 x_2 的需求同样随着 p_2 的上升而减少。根据方程（3.6），还存在一个 x_2 对 p_1 的交叉弹性效应，而不是由方程（3.5）得出的 x_1 对 p_2 的交叉弹性效应，这种不对称性是因为对 x_1 作为生存资料有一个自然的最低需求量。

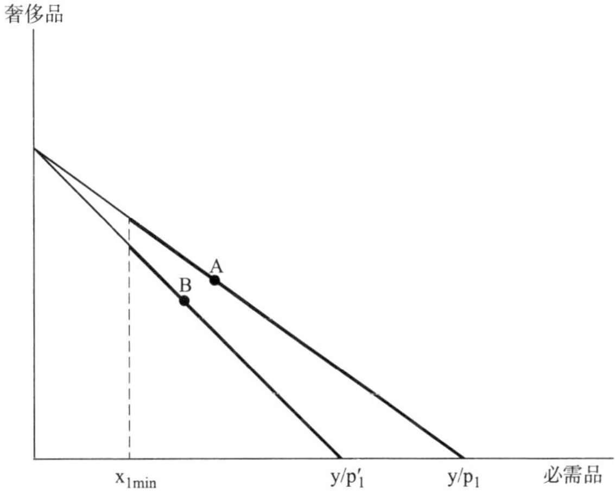

图 3.2　必需品价格的上升

从公式角度，我们还能从方程（3.5）和（3.6）推导出需求的直接价格弹性和交叉价格弹性的代数表达式。

$$e_{x_1,p_1}=-\left(\frac{cy}{cy+(1-c)p_1x_{1min}}\right)，\text{故}\left|e_{x_1,p_1}\right|<1\text{（价格弹性，必需品）}\tag{3.7}$$

$$e_{x_2,p_2}=-1\text{（价格弹性，奢侈品）}\tag{3.8}$$

$$e_{x_1,p_2}=0\text{（价格交叉弹性，必需品）。}\tag{3.9}$$

$$e_{x_2,p_1}=-\left(\frac{p_1x_{1min}}{y-p_1x_{1min}}\right)\text{（价格交叉弹性，奢侈品）}\tag{3.10}$$

3.3.3　收入弹性和恩格尔定律

微观经济学最著名的经验发现之一是，随着收入的提高，人们按比例减少对必需品的购买，从而按比例增加对其他商品的购买（Allen and Bowley 1935, 7; Houthakker 1987, 143–144）。也就是说，必需品的收入弹性小于 1，奢侈品的收入弹性则大于 1。这就是人们通常所说的消费者需求的恩格尔定律。霍撒克（1992, 224）评论称，这一定律似乎是个神秘的东西。然而，它可以由我们消费者选择的基本方程直接得出。

最简单的情形是平均比例 c 和 x_{1min} 在不同的收入水平上都保持不变。对于给定的 p_1 和 p_2，方程（3.5）和（3.6）表明需求量与收入正相关。进一步分析，由于前一个方程具有正的截距，后一个方程具有负的截距，所以必需品 x_1 的收入弹性小于 1，奢侈品 x_2 的收入弹性则大于 1。从公式角度，我们还能直接从方程（3.5）和（3.6）推导出支出份额与收入弹性。[①] 很明显，必需品的支出份额在收入增加后下降了，奢侈品的支出份额则提高了。同理，必需品的收入弹性小于 1，奢侈品的则大于 1。请注意，对于任何给定的实际收入（y/p_1），x_1 的收入弹性与需求弹性的绝对值相等，只是符号相反，通过比较方程（3.7）和（3.13）就能看到这点。

$$\left(\frac{p_1x_1}{y}\right)=(1-c)\left(\frac{p_1x_{1min}}{y}\right)+c \text{（支出份额，必需品）} \tag{3.11}$$

$$\left(\frac{p_2x_2}{y}\right)=-(1-c)\left(\frac{p_1x_{1min}}{y}\right)+(1-c) \text{（支出份额，奢侈品）} \tag{3.12}$$

$$e_{x_1,y}=\left(\frac{cy}{cy+(1-c)p_1x_{1min}}\right)\text{，故 } 0<e_{x_1,y}<1 \text{（收入弹性，必需品）} \tag{3.13}$$

① 在当前的简单假设下，必需品的收入弹性与价格弹性的绝对值相等［比较方程（3.13）和（3.7）］。

$$e_{x_2,y}=\left(\frac{y}{y-p_1x_{1min}}\right)，故 e_{x_2,y}>1（收入弹性，奢侈品） \quad (3.14)$$

上面考察的这个简单例子就足以推导出恩格尔定律，只要 c 和 x_{1min} 在不同的收入水平上都保持不变，由此产生的收入与任一商品的支出之间的关系（恩格尔曲线）就是线性的。例如，方程（3.11）转变为支出函数 $p_1x_1=(1-c)p_1x_{1min}+cy$，斜率为 $\frac{d(p_1x_1)}{dy}=c$，因此支出是收入的线性函数。这一点似乎非常可信：通常由社会决定的必需品的最低消费数量（Trigg 2004），随实际收入（y/p_1）的增加而增加，但不如收入增加得快，从而它占收入的份额是下降的。在这种情形中，恩格尔曲线的斜率变为了 $\frac{d(p_1x_1)}{dy}=(1-c)\frac{d(p_1x_{1min})}{dy}+c$，仍然为正值，但随收入的增加而下降。换句话说，必需品的恩格尔曲线显示对它的需求已经饱和。

如果 c 随可选择收入的增加而下降，会得到同样的结果。为了看清这一点，我们将方程（3.4）改写为 $(p_1x_1-p_1x_{1min})=c(y-p_1x_{1min})$，它是必需品的可选择支出与可选择收入的一个线性关系。由于 c 是这个曲线的斜率，c 下降会使曲线变得平坦。这种饱和性质保留了必需品的总支出与总收入之间的关系，它们二者与各自的可选择对应方的差别只在于有一个共同的必需品最小支出。图 3.3~ 图 3.5 展示了 x_{1min} 比收入增长缓慢情形中的结果，图 3.6 和图 3.7 展示了 c 随收入的增加而下降情形中的结果，图 3.8 和图 3.9 展示了实际数据的典型模式。

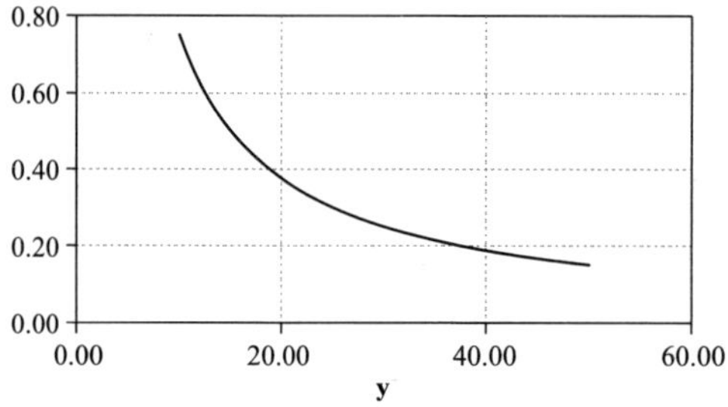

图 3.3　与收入变化相对的支出变化（情形Ⅰ）

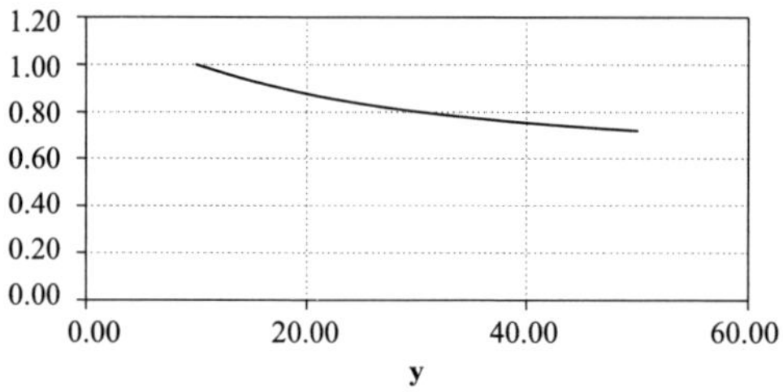

图 3.4　必需品的支出份额（情形Ⅰ）

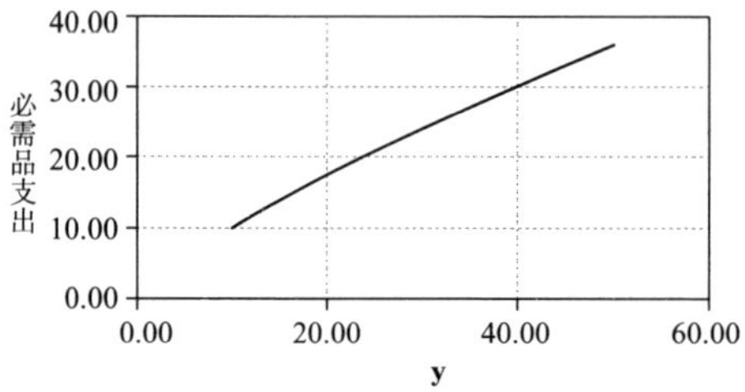

图 3.5　必需品的恩格尔曲线（情形Ⅰ）

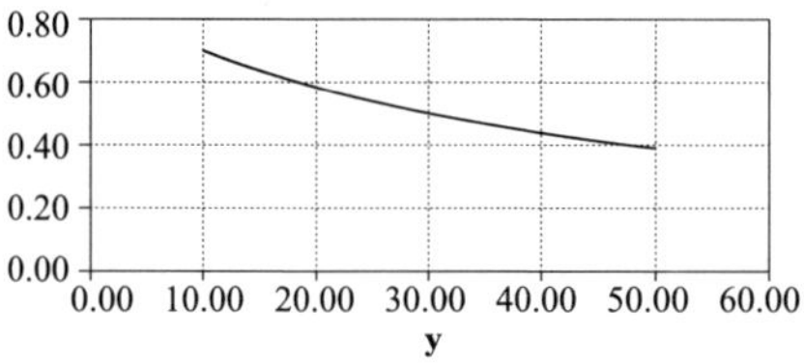

图 3.6　消费的可选择倾向（情形Ⅱ）

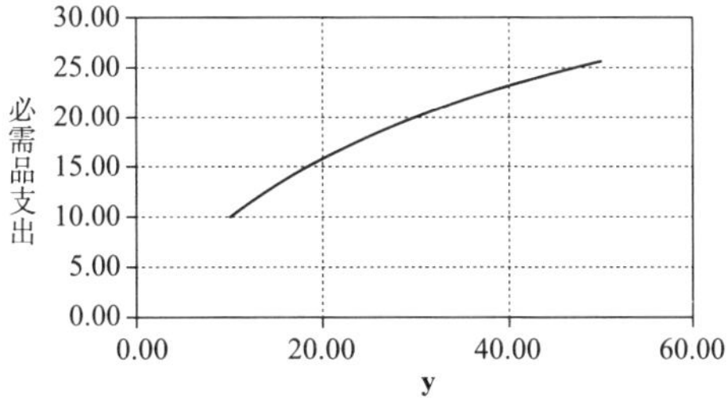

图 3.7　必需品的恩格尔曲线（情形Ⅱ）

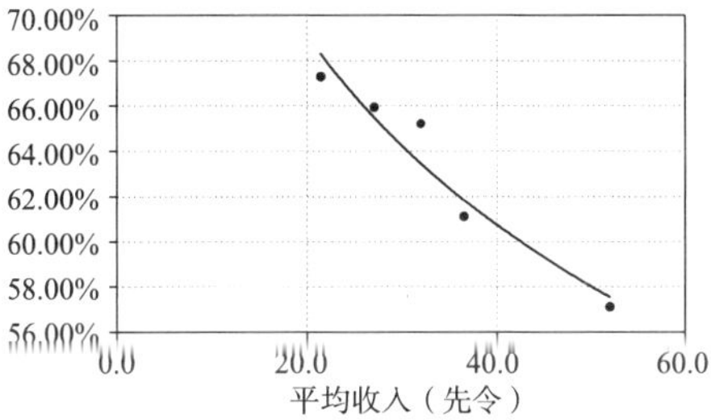

图 3.8　食品的支出份额（实际经验数据，工人阶级预算，英国，1904 年）

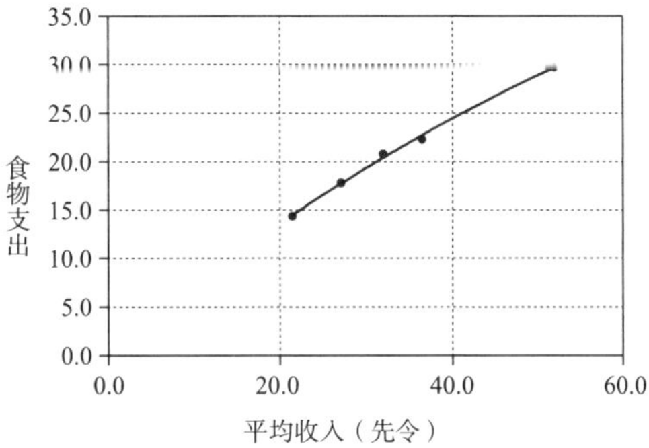

图 3.9　食品的恩格尔曲线（实际经验数据，工人阶级预算，英国，1904 年）

3.3.4　总消费和总储蓄函数

前面的讨论是就两种一般性商品而言的，购买它们花光了某一特定的人均收入。如果这里的收入为总人均收入，这两种商品就必须是总消费和总储蓄（金融资产的净增加）。很明显，消费就构成了上面讨论的必需品。那么，每种商品的人均需求数量就由整个经济范围内的平均比例 c 决定。如果这个平均比例 c 随着收入阶层的不同而变化，但在收入分配上是稳定的，那么它就随着时间的推移而保持稳定。

用 Y、C、S 分别表示总收入、总消费和总储蓄，ΔFA 为净增金融资产的货币价值。在两边乘上人口规模 N，我们就能直接将人均方程（3.5）和（3.6）转变为与之对应的总量方程。

$$Y = C + \Delta FA \tag{3.15}$$

$$C = (1-c)C_{min} + cY \tag{3.16}$$

$$S \equiv \Delta FA = -(1-c)C_{min} + (1-c)Y \tag{3.17}$$

非常惊人的是，方程（3.16）和（3.17）很像教科书中的线性凯恩斯主义消费与储蓄函数。只要 C_{min} 已知，它们就和短期函数相对应，c 和（1–c）分别为边际消费倾向和边际储蓄倾向。在更普遍的层面上，我们必须承认，由社会决定的最低总消费水平 C_{min} 可能会随时间变化。它可能与家庭财富水平联系在一起，后者会因为储蓄增加了财富存量而变化。很可能的情况是，c 会对社会环境变化做出反应，从而也随时间变化。在这里，重要的是所有这些结果都对特定的消费行为模式“高度不敏感”，相反，它们是由预算约束和最低消费水平等塑形结构驱动的。

通过将债务纳入进来而扩展前面的分析是可能的，尽管我并不打算在这里这样做。债务能使行为人避开收入的直接约束。因此，总支出能偏离收入，但这种偏离只能在一定程度上进行，因为在既定的制度条件下，给定的收入水平所能支撑的债务数量存在限制。债务实际上将预算约束转变为了预算限制。

3.3.5 模拟：总体关系对微观基础的不敏感性

前面对需求曲线、恩格尔曲线和总消费函数的推导只需要三个假设：（1）个体受制于一个预算约束；（2）对必需品有一个最低消费水平；（3）任一给定的人口形成了某种稳定的平均消费篮子（以可选择倾向 c 为特征）。本小节的目标是论证这些条件与多种多样的微观基础完美兼容。我在这里使用了 4 种完全不同的微观经济关系模型。尽管存在差异，但是所有模型都产生了完全相同的市场需求曲线和恩格尔曲线，这正是由于总体结果对微观基础的具体情况高度不敏感（Laughlin 2005, 97, 144–145）。

标准的新古典同质行为人模型是我们的基准模型。每个消费者都在其收入决定的预算约束下最大化一个柯布–道格拉斯效用函数（U），而且每个消费者在每个时期的行为方式完全相同。所有消费者都具有相同的偏好结构，因此一般消费者也就是代表性行为人。将预算约束下的效用函数求最大值产生了两条相似的需求曲线（Varian 1993, 63–64, 82–83, 93–94）。

$$U = x_1^{\alpha} x_2^{\beta} \tag{3.18}$$

$$y = p_1 x_1 + p_2 x_2 \tag{3.19}$$

$$x_1 = \left(\frac{\alpha}{\alpha+\beta}\right)\left(\frac{y}{p_1}\right) \tag{3.20}$$

$$x_2 = \left(\frac{\beta}{\alpha+\beta}\right)\left(\frac{y}{p_2}\right) \tag{3.21}$$

要使这种熟悉的模型与我们所关心的类型相适应，我们需要考虑到必需品的最低消费水平（x_{1min}）。“将一个最低消费水平纳入效用最大化问题的”方法之一，“是指定一个固定的消费量……使只有当消费水平超过这个固定量时，消费对效用的贡献才是正值。这类似于在生产函数中指定一个固定的投入成本。与缺乏最低消费量的效用函数相比，这种做法相当于向上移动无差异曲线”（Lio 1998, 108）。调整之后，新古典体系变为如下情况。

$$U = (x_1 - x_{1min})^{\alpha} x_2^{\beta} \qquad (3.22)$$

$$y = p_1 x_1 + p_2 x_2 \qquad (3.23)$$

$$x_1 = \left(\frac{\beta}{\alpha+\beta}\right) x_{1min} + \left(\frac{\alpha}{\alpha+\beta}\right)\left(\frac{y}{p_1}\right) \qquad (3.24)$$

$$x_2 = -\left(\frac{p_1}{p_2}\right)\left(\frac{\beta}{\alpha+\beta}\right) x_{1min} + \left(\frac{\beta}{\alpha+\beta}\right)\left(\frac{y}{p_2}\right) \qquad (3.25)$$

根据方程（3.4）中可选择消费倾向 c 的定义，我们得到：

$$c \equiv \left(\frac{(p_1 x_1 - p_1 x_{1min})}{(y - p_1 x_{1min})}\right) = \left(\frac{\alpha}{\alpha+\beta}\right) \qquad (3.26)$$

$$(1-c) = \left(\frac{\beta}{\alpha+\beta}\right) \qquad (3.27)$$

很明显，从柯布–道格拉斯效用函数中推导出来的需求曲线，如方程（3.24）和方程（3.25）所示，只是前面方程（3.5）和方程（3.6）所总结的消费者选择基本模型的特殊情形。为了便于模拟，我们令每个c都等于0.5，这等同于假定完全相同的消费者的效用函数中的$\alpha=\beta$。

接着是新古典异质行为人模型。消费者仍然是严格新古典的，但现在每个行为人有一个不同的柯布–道格拉斯效用函数，我们可以从中推导出一个截然不同的可选择消费倾向 c。为了与前面比较，c 的个体值由一个 0~1 的均匀概率分布选择出来，其理论均值为 0.5。这是一个新古典模型，所有行为人都被假定为在每个时期采取完全相同的行为方式。尽管所有行为人都是严格新古典的，但是他们偏好的异质性意味着并不存在代表性行为人。[①] 尽管如此，由于我们在一般性讨论中所列出的原因，每个个体都会有方程（3.5）和方程（3.6）形式的需求函数；对于任何给定的收入分配情况，也将存在平均需求曲线，其形式与基于平均倾向 c 的曲线相同。

善变行为人模型与贝克尔（1962, 4–6）的冲动型消费者模型相对应，其中每个消费者在每个时期从一个 0~1 的均匀分布中随机选择一个可选择倾向 c。任一给定的消费者在每个时期选择的商品组合都不同。尽管如此，不同时期 c 的平均值大致相同，从而使这个模型能够与前两个新古典模型进行比较。

模仿–创新行为人模型受到了多西等（1999, sec. 4, 366–373）[②] 著作的启发，将消费者分成两类：（1）那些使自己的偏好适应其社会邻里的消费者（模仿者）；（2）那些发展新偏好的消费者（创新者）。行为人最初被指定为随机选择收入和可选择倾向。在每个连续的回合中，大多数个体（80%）被假定为使自己的可选择倾向适应其近邻的平均值，个体的调整反应系数从一个 0~1 的均匀分布中选出。这个模

① 需要许多辅助性假设才能确保存在一个代表性行为人，这些假设使“所有个体的有效偏好和所有企业的最优计划……在边际上相等”（Martel 1996, 128）。

② 多西等（1999, 159–164）假定单一消费者的偏好结构为一个字符串，其中的“1”代表消费者对特定商品存在需求，“0”代表对其缺乏需求。总字符串受制于一个预算约束。偏好结构本身也受突变和过去结构组合的制约。这个模型产生了新商品扩散的 S 形路径，以及斜向下的商品需求曲线和恩格尔曲线——它们都是作为总体的涌现特质出现的。他们推测总需求法则基本上是由社会模仿和预算约束决定的。但我认为，由于许多模型产生了相似的总体结果，我们无法只在这个层面就判断潜在结构的有效性。相反，我们需要扩展可检验含义的范围，以评估各种各样竞争者的微观基础。

型试图模拟基于群体的社会标准形成的一般趋势。另外，在这个特定时期内，其余个体（20%）为创新者，他们被假定为随机改变可选择倾向。在每个回合中，不同的个体被选为模仿者和创新者。应当指出的是，在这个模拟中的行为人小团体的局部相互作用，可以看作对小团体相互作用进行博弈论理论分析的替代性选择。正如科尔曼（1992, 132）指出的，现实中，“个体在非常小的团体内活动，与交易对象相互作用。也许正是从这种局部但相互作用的活动中产生了某种自组织，为宏观经济层面带来了规律性”。无论哪种情形，尽管这个模型绝对是非古典的，它的总体结果都与前面三个模型完全一样。

所有的模拟都是在 NetLogo[①] 下进行的，读者可以向我们索要各种模型的程序。[②] 为了便于比较，所有的模型都具有相等的固定总收入（100 万美元）、人口（5 000）、必需品最低消费水平（10 美元）、人均收入（200 美元），以及初始价格 $p_1=1, p_2=2$。收入分配起初被设置为一个对数正态分布，具有给定的最低收入（50 美元）。这里的重点是证明 c 是产生总体关系的关键参数，因此所有模型都具有大致相同的平均可选择倾向（0.5）。x_1 的需求曲线是通过将价格以 0.01 的增量由 1 提高到 1.5 产生的，x_2 的需求曲线是以同样的方式将价格由 2 提高到 3 产生的。名义收入保持不变，每个价格最终增加了 50%，这意味着实际收入（y/p_1）最终减少了相应数量。为了便于比较，恩格尔曲线的模拟是通过降低名义人均收入进行的——降低的数量等于 p_1 提高时实际收入下降的数量。这使我们可以直接将各种模型中收入弹性的数值和它们各自的需求弹性进行比较，也可以和理论进行比较。请注意，从理论上说，在任何给定的实际收入水平上，x_1 的收入弹性都与其需

① NetLogo 是一个用来对自然和社会现象进行模拟的可编程建模环境。——编者注

② 如果没有阿姆鲁·拉杰卜的大力支持，这些模拟是不可能进行的。

求弹性相同［见方程（3.7）和方程（3.13）］。

图 3.10 和图 3.11 比较了必需品和奢侈品的理论预期需求曲线与 4 种模拟模型中的实际曲线。为了节省空间，交叉需求曲线和恩格尔曲线并没有显示。所有实际弹性都列在了表 3.1 中。很明显，各种模型所具有的完全不同的微观基础对总体结果基本没有影响。例如，在图 3.10 和图 3.11 中，从新古典同质行为人模型中得到的必需品的市场需求曲线，与基于方程（3.5）和方程（3.6）得到的理论曲线相同，因为这个模型中的所有行为人具有相同的不变倾向——0.5。在新古典异质行为人模型中，行为人具有不同的倾向——从一个具有未加权理论均值 c*=0.5 的随机分布中得到。在总体层面上计算的 c 的实际平均值与个体倾向的一个收入加权平均值相同。这取决于 c 的特殊抽样分布，以及模型运行第一步所产生的收入的特殊抽样分布。因此，c 的平均值可以略微不同于 c*。但由于个体倾向和收入的分布在这个模型每次运行的第一步中

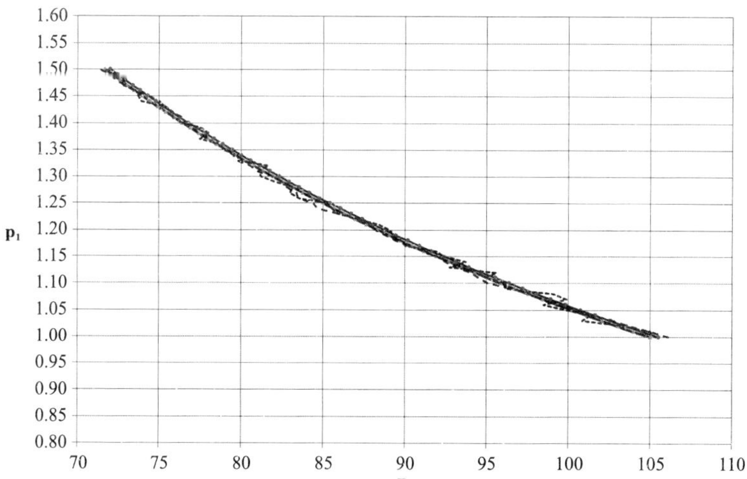

图 3.10　必需品（x_1）需求曲线（4 种不同的微观基础）

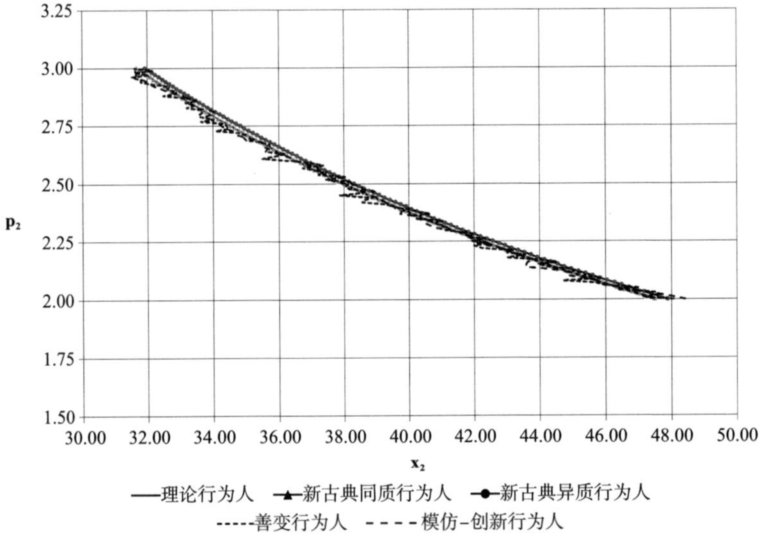

图 3.11 奢侈品（x_2）需求曲线（4 种不同的微观基础）

表3.1 平均弹性

	符号	理论	新古典同质行为人	新古典异质行为人	善变行为人	模仿-创新行为人
需求弹性	$e_{x_1p_1}$	-0.93	-0.93	-0.93	-0.94	-0.97
需求弹性	$e_{x_2p_2}$	-1.00	-1.00	-1.00	-1.01	-1.04
交叉需求弹性	$e_{x_1p_2}$	0.00	0.00	0.00	0.04	0.05
交叉需求弹性	$e_{x_2p_1}$	-0.07	-0.07	-0.07	-0.05	-0.03
收入弹性	e_{x_1y}	0.94	0.94	0.94	0.94	0.97
收入弹性	e_{x_2y}	1.07	1.07	1.07	1.05	1.03

注：初始设置和参数值为y=200；π=0.50, x_{1min}=10, p_1=1, p_2=2。

都是固定的，c 的平均值不随时间变化。在善变行为人模型中，平均倾向不是常量。这是因为模型的每次运行都产生了一个新的随机的个体倾向集合，所以即使收入分布一开始是固定的，平均倾向也在每一步都发生一些变化。这反过来使模型中的需求曲线产生了一定程度的变化。模仿－创新行为人模型中的变化性最明显，因为倾向不断变化：模仿者使自己的倾向适应当地的社会标准，创新者则获得了新倾向。尽管如此，所有的模型都产生了与基本理论方程预测基本相同的曲线和弹性。

3.4 经济分析方法论

个体行为是市场、产业、国家和区域宏观模式的基础。然而，总体集合具有许多个体行为人所不具备的性质，这意味着我们无法以总体“似乎”只是一个大的个体的方式对其建模分析（Martel 1996, 128）。代表性行为人是个善意的谎言。

学者们反复证明，代表性行为人假设失败的关键原因是个体行为人的异质性（Kirman 1992, 128）。弗尼和利皮（1997, x–xiii）发现，即使在简单的情形中，异质行为人的加总也意味着微观经济变量之间的关系无须传递到总体的层面。进一步，宏观层面的动力机制通常与微观层面极为不同（x–xii）。

这一发现使一些经济学家断定异质性也是宏观模式的关键。例如，马特尔（1996, 137）认为“异质性……与个体效用最大化的含义相比，也许是一个更加重要的市场行为决定因素”。马特尔（1996, 137–138）引用了希尔德布兰德（1994）和格朗蒙（1992）的著作，大意是如果效用最大化消费者具有足够的异质性，就有可能拥有一个“具备合意的希克斯稳定性质的市场需求函数”。

尽管异质性使一个代表性行为人不可能存在，但它并非稳定的宏观模式的来源。前一节的总体论点是，稳定的消费者和生产者模式可以由塑形结构产生，如预算约束和一些商品的最低消费水平。新古典同质行为人模型中的行为人完全同质，其他模型中的行为人则是完全异质的。然而，这 4 种模拟模型产生了相同的需求曲线、恩格尔曲线和相关弹性。同时，在缺乏预算约束的条件下，我们只能对总体模式保持沉默。异质性确实是一般规则，它的存在也的确使任何代表性行为人的概念失效，但塑形结构才是关键因素。

我们能从前一节的讨论中得到另一条教训。尽管 4 种模拟模型的行为人存在差异，但他们有一些共同性质：他们的消费取决于收入、价格和必需品的一定最低消费水平。因此，我们可以用 $C_i=f_i(y_i, x_{1min}, p_1, p_2)$ 来表示第 i 个行为人的消费。不同模型的个体消费函数形式存在差异：前两个模型为简单线性函数，后两个模型则较为复杂，因为它们的参数因个体不同而不同，随时间变化。尽管如此，我们已经看到，总消费函数在所有的情形中都是线性的，并且随时间变化而保持稳定，例如，$x_1=(1-c)x_{1min}+c\left(\frac{y}{p_1}\right)$。同样有趣的是，尽管函数的特殊形式在我们从微观过渡到宏观的时候会发生变化，但是相关变量并不改变。在所有的 4 个模型中，宏观消费函数与微观消费函数拥有相同的参数：$C=F(Y, X_{1min}, p_1, p_2)$。

当然，并非所有变量都能从微观到宏观的转变中幸存（Martel 1996, 128）。三个异质行为人模型中暗含了大量的“社会”因素，这些因素决定了个体收入、最低消费水平和消费倾向。尽管这些众多的变量产生了一个稳定的平均倾向，但是这些因素的存在在总体层面上并不重要。重要的是消费和影响它的特殊变量之间的理论联系，以及对于哪些变量在总体层面依然重要的理解。这就是微观基础引人瞩目的地方。

因此，我们可以列举严密的总体分析所具备的5个特征。它应当建立在探讨哪些要素在微观层面发挥作用的一些理论基础上。它应当容许以下事实：这些要素中只有少数几个在宏观层面有意义。它应当承认总体函数的形式与相应的微观函数形式极为不同，这意味着代表性行为人并不存在。最后一点的含义是，我们不能仅仅因为其与微观层面所假定甚至建立的函数形式不一致，就拒绝一些总体拟合良好的函数。当然，如果我们能够正式推导出预期的总体函数形式，如前一节中对总消费函数的推导，那么我们就能对其进行直接检验。否则的话，在理论上预期成立的函数关系限度内，我们必须用便于处理和经验有力来指导对严密函数形式的选择。严谨、缜密的宏观经济学家还需谨记，对于任何给定的宏观模式，有许多微观基础与其保持一致。因此，他们不应该将对总体假设的经验支持与对任何特定微观基础的经验支持混淆。例如，总收入提高引起总消费增加很难证明消费者会因此变得更加快乐。很明显，这一点在政策层面非常重要。要检验一些微观假说的有效性，只能在微观层面进行，除非在此层面它不可检验，或者它还具有独特的总体含义。最后，严密的经济理论必须始终谨记，均衡是一个假设，它的存在、稳定性、速度和运行方式必须得到明确阐释。例如，在经济政策中，总供给和总需求持续处于均衡状态的观点，完全不同于需要花费3~5年（存货周期）才能使这些持续变动的变量实现大致平衡的观点。

新古典经济学宣称自己是现代的和严密的，因为它声称自己建立在微观基础之上，但它对代表性行为人概念的依赖使所有这些宣言失效。这个皇帝并没有穿衣服（Kirman 1989）。另外，有趣的是“老式的”宏观经济学确实满足严密的总体分析所需的大部分要求。三个经典的例子是凯恩斯（1964）对总消费函数的处理、卡莱茨基（1968）对总价格水平的分析和弗里德曼对货币需求的推导。

凯恩斯将他对总消费的分析建立在一些起到基础作用的主客观因素之上，这些因素除了会影响个人收入外，还会影响个体的储蓄（非消费）行为。主观因素包括为未来消费和意外事件做准备的意愿、用于被动投资和投机投资以增加未来收入的意愿，以及对一些人来说甚至是为了满足贪婪欲望而积累财富的意愿。客观因素包括意外收益或损失、税收、价格管制、预期和利率变化。凯恩斯细心地指出，制度和组织因素塑造与引导了所有这些因素。在总体层面，实际收入幸存下来，成为实际消费的决定性因素，其他因素通过它们对总消费函数的形式和层次的影响表示出来。最后，无论个体消费模式多么纷繁多样，总消费函数都非常简单：$C=f(Y)$, $dC/dY < 1$（Hansen 1953, ch. 4）。

卡莱茨基的价格理论遵循了一条更加具体的从微观到宏观的路径。他一开始就详细说明了第 i 个企业的价格 $p_i = m_i \cdot avc_i + n_i \cdot p$, p_i 和 avc_i 分别代表企业的单位价格和直接成本，p 为行业平均价格，m_i 和 n_i 为决定企业定价政策的垄断力量系数。这些系数反过来反映了各种企业的规模、促销机构甚至雇员工会力量的相对大小。在总体层面，价格关系被转变为以下形式：$p=\mathbb{m} \cdot avc$, $\mathbb{m} \equiv \left(\frac{m}{1-n}\right) > 1$。因此，只有价格和单位成本这两个主要变量出现在了总体层面，所有其他变量都被压缩到了总体垄断程度之中。进一步而言，总体关系的形式不同于企业层面的形式。

弗里德曼基本遵循了相同的路径。微观层面的货币需求据说取决于异质的个体偏好、财富、整体经济的利率和预期通货膨胀率。然而，在总体层面，它们转化为货币总需求、实际余额和实际利率之间的稳定关系（Snowdon and Vane 2005, 166–169）。因此，这三位作者全都满足严密的宏观经济学的前三个要求：他们将分析基于个体行为；他们认识到只有少数几个关键变量继续存在于总体层面；与相应的微观经济函数形式相比，他们为宏观经济关系设想了更多不同的函数形式。对于第四个要求，尽管他们没有明确指出大量不同的微观基础能够产生他们所设想的同一个总体关系的可能性，但很难想象他们会认为政治经济学的这个方面是耸人听闻的。[①]

3.5 动荡的引力中心

很遗憾，我并没有多少关于经济均衡的直接经验。确实，就我目前所知，一点经验也没有。有时候我能看到一些建议，说我们明年或后年应当走向均衡，但不知为何均衡仍然迟迟未到。（IMF Essay on“The Pursuit of Equilibrium”, *Euromoney*, Dctober 1979, Sir Gordon Richardson, Governor of the Back of England, cited in Davis 2002, 659）

3.5.1 作为一个动荡过程的均衡与作为一个实现状态的均衡

区分均衡的传统概念与古典概念非常重要，前者将均衡视为一个实现状态，后者则将均衡视为一个引力过程。传统概念假定一个变量

① “普里斯姆小姐：……塞西莉，我不在的时候你可以读一读政治经济学。关于卢比贬值的那一章可以略过不读，因为它过于耸人听闻了。即使是这些金属问题也有其戏剧性的一面”（奥斯卡·王尔德《认真的重要性》）。

无论如何都会达到和停留在某个平衡位置。时间和动荡并未进入视野，人们将注意力集中到均衡状态和稳定路径上。这是正统经济学和非正统经济学迄今为止最为流行的均衡概念（Blanchard 2000, 46–51）。古典的均衡概念与之差别很大，认为只有通过反复出现和相互抵消的不平衡，才能实现平均来说的平衡。确切的平衡只是转瞬即逝的现象，因为任何给定的变量总是不断超过和低于它的引力中心。因此，均衡过程本质上具有周期性和动荡性，受到具有不同振幅和不同持续时间的“自重复波动”的限制（van Duijn 1983, 4–5）。[①] 图 3.12 和图 3.13 展示了这两种相互矛盾的观念。

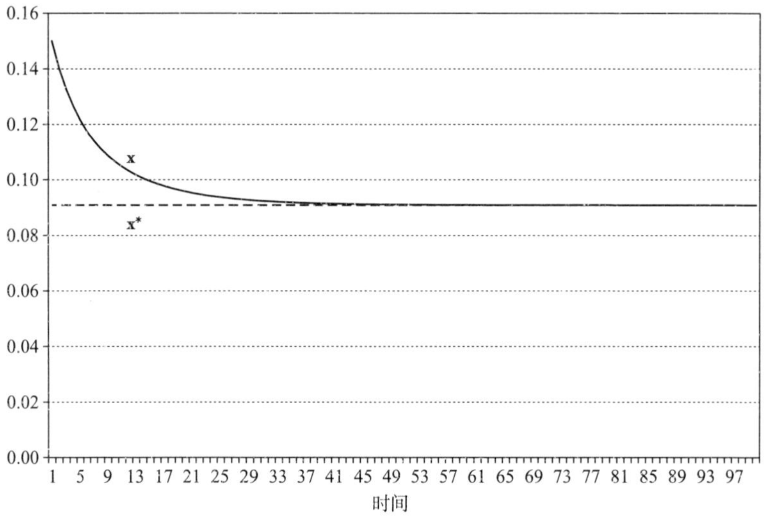

图 3.12 作为一个实现状态的均衡（稳定单调调整）

① 请注意，在古典情形中，我们所关心的是围绕均衡进行的波动，也就是非均衡路径。这不同于将商业周期视为一个波动性的均衡路径的标准观念（Kalecki 1968, ch. 13）。

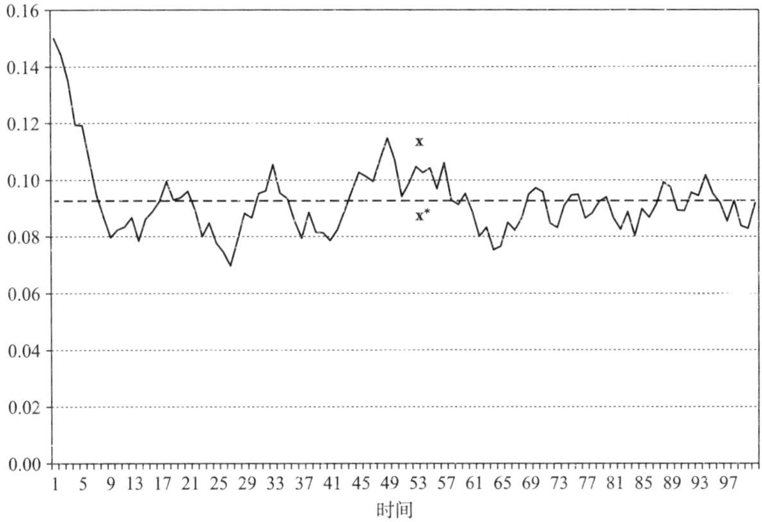

图 3.13 作为动荡的引力中心的均衡（存在噪声的稳定单调调整）

3.5.2 静态、动态和增长周期

从静态过渡到动态的一个简单办法是认识到图 3.12 和图 3.13 中描绘的变量（x）本身可能是两个其他变量的比率，或是一种增长率。例如，简单的凯恩斯主义乘数意味着短期均衡产出 $Y_t^* = I_t/s$，其中 I_t 为固定投资，s 为一个给定的外生储蓄率。如果我们将通用变量解释为投资占实际产出的份额（$x_t = I_t/Y$），将 x^* 解释为投资占均衡产出的份额（$x^* = I_t/Y^{*t}$），那么由于实际产出通常不同于均衡产出，图 3.12 和图 3.13 就分别表示了实际投资份额围绕凯恩斯主义短期均衡份额的一条可能的路径。因此，即使是一条投资份额的静态路径，也可以转化为实际产出和均衡产出的相应增长路径。也可以将 x^* 解释为（比如）产出的均衡增长率，将 x_t 解释为它的实际增长率。无论哪种情形，我们最后都得到了图 3.13 和图 3.14 描绘的动荡增长路径。这些问题将在第 13 章中得到更详细的阐述。

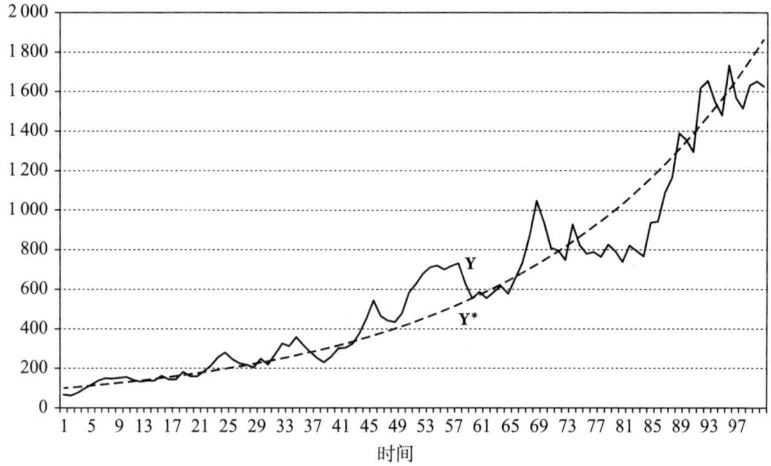

图 3.14 作为动荡增长的均衡（围绕一个增长路径的稳定单调调整，存在冲击）

3.5.3 主要经济变量时间维度的差异

一旦理解了均衡是一个动荡的引力过程，我们必然会问它可能要花费多长时间才能达到。无视这种考量会造成严重的实践错误。回想一下前面图 2.12 和图 2.13 描绘的利润率均等化的基础性竞争过程。表 3.2 大致估算了每个行业新增利润率围绕作为一个整体的美国制造业新增利润率循环所需要的平均时间。人们可能预计不同行业的循环时间差异会非常大。确实，个体行业循环时间的范围在 2~7 年。然而，每个行业的平均循环时间非常相似，基本上都在 4~5 年的狭小区间内——尽管不同行业之间存在差异。这是一项非常有趣的发现，考虑到利润率均等化通常被视为一种“长期”现象（Mueller 1986, 12–13）。第 7 章将考察这个问题和其他相关问题。

利润率的均等化是由行业投资对利润率的反应驱动的。利润率越高，企业加快产出和产能扩张的动机就越大。产出扩张需要流动资本投资（即额外的原料、在产品和劳动力），产能扩张则需要固定资本投资。利润高的行业会快速增长，直到产出的增长超过需求的增长，这时价格与利润率将开始下降。利润率低的行业会经历相反的过程。由此会发生两件事情。个别行业新增投资的利润率会围绕相应的总体平均利润率波动。这就是利润率的均等化。[①] 但是，由于新增投资的平均利润率本身会发生波动，经济整体的产出和投资的总体增长率也会波动。

表3.2 增量利润率均等化周期的持续时间(美国制造业，1960—1989年)

食品、饮料和烟草	纺织品服装和皮革工业	木材和木制品，包括家具	造纸、纸制品、印刷和出版	化学	除石油、煤炭之外的非金属矿产品	基础金属工业	金属制品、机械和设备	其他制造业
4.8	4.1	4.7	5.2	4.3	5.0	5.2	4.5	4.4

注：美国制造业总体增量利润率围绕行业周期循环的平均持续时间。

商业周期研究已经识别了两种主要的反复出现的总体波动类型，每种都与特定类型的固定资本投资联系在一起[②]：（1)3~5 年的存货周期；(2)7~11 年的设备周期。有趣的是，我们现在用“商业周期”来表示 3~5 年的存货周期，而在 19 世纪和 20 世纪初的时候商业周期是指 7~11 年（“10 年一次”）的设备周期（van Duijn 1983, 7–8）。[③] 最后，可能还有 45~60 年的长波思想（van Duijn 1983, ch. 1; Su 1996, ch. 7）。图 2.10 已经描述了这些内容，图 5.5~ 图 5.6 和图 16.1 会进一步论述。

---

① 如果技术条件不变，利润率的动荡均等化也会带来增长率的动荡均等化。然而，技术是不断变化的，所以甚至正常的增长率在不同产业之间也存在差异。

② 周期通常是通过总体活动水平的变动识别的。因此，根据美国国家经济研究局官方的方法，紧缩被定义为实际产出的持续下降。一个更好的方法是识别增长周期（即围绕增长趋势产生的波动）。这两种方法对商业周期的年代划分存在差异（van Duijn 1983, 9–11）。这些问题对宏观经济建模非常重要，因为经济预测涉及“对商业周期运动的推测”(Su 1996, 1)。扎诺维茨（1985）、哈维和耶格（1993）讨论了对周期趋势进行分解的各种方法。

③ 范–杜因（1983, 15）指出，库兹涅茨关于 15~25 年的建筑业周期的发现并没有从后来的研究中幸存下来。

存货周期和设备周期本质上与两种基础经济比率联系在一起：存货与需求和供给之间的差额联系在一起，资本设备与产能和实际产出之间的差额联系在一起。因为生产需要花费时间，企业必须在预期的销售发生之前就进行生产。为保持生产的连续性，它们必须持有原料和在产品的存货；为完成产成品到市场销售的惊险跳跃，它们必须持有产成品的存货。在一个增长的系统内，每种存货都有一个合意（正常）的存货-销售比率。如果销售量和生产时的预期数量吻合，实际存货-销售比率就等于相应的正常比率。但这只是例外情形，因为实际销售量通常都会偏离预期数量，实际和正常的存货-销售比率也会发生偏离。这在最终产品的存货上表现得最为明显，因为销售超过当前生产量会耗尽最终产品的存货，反之则会造成存货的增加（van Duijn 1983, 8–9）。因此，存货利用率是超额供给的一个代理变量。考虑到存货周期为 3~5 年，我们可以将之视为总需求和总供给实现平衡通常需要花费的时间，也就是将之视为"短期"的时间维度。

在一个瓦尔拉斯主义世界中，所有的市场都被假定为"持续出清"，因此这里的短期确实非常短。凯恩斯本人通常关注比较静态，因此他不关注时间。但他在其他地方确实承认生产需要花费时间，从而乘数作用的发挥也需要花费时间。在他的阐述中，凯恩斯倾向于在两个时间范围内来回切换：既足够短，使他能够考察乘数的运行；又足够长，使乘数的作用能够发挥出来，从而达到短期均衡（Asimakopulos 1991, 52, 67–68）。现代宏观经济学通过简单地假定供给和需求能足够快速地实现平衡而略过了这些问题，它允许我们将观察到的数据（在宏观经济学中通常为季度数据）当作均衡结果的代表（Pugno 1998, 155; Godley and Lavoie 2007, 65）。但如果"短期"是 12~15 个季度，宏观经济学的模型和经验验证程序就必须被彻底改变。①

与之类似，产能②与固定资本存量联系在一起，因此产出–资本比率是产出–产能比率③（即产能利用率）的一个代理变量。从这个角度看，7~11 年的设备周期也许代表了实际产能利用率围绕正常水平循环所需要的时间。这界定了“长期”的时间维度，据说它长到足够让人留有遗憾，但还不够让人死去。

这将我们引向了其他市场的调节速度问题。金融资产可以很容易地创造出来，而且它们的价格灵活，因此金融市场的变化快于商品市场似乎是可信的（Gandolfo 1997, 533）。同时，金融市场更倾向于产生泡沫，所以我们完全不清楚它们能否更快地实现均衡。劳动力市场特别复杂，这是由于劳动力作为一种商品的特殊性质。除了某种类型的奴隶制，人通常并不会因对劳动力有需求而被创造出来，因此全球潜在的劳动小时的供给并不是由需求决定的。即便如此，还是能够通过以下方式增加局部劳动小时的有效供给：引诱工人由不积极的劳动力转变为积极的劳动力，改变他们的地理位置（移民），以及（或者）改变日工作时长和工作强度（即延长工作时间或加快工作速度）。因此，

---

① 有人指出，从瓦尔拉斯定律的角度看，总供给和总需求之间的相互调整与货币供给和货币需求之间的相互调整相同。对后者的一项估计表明，2 个季度内能实现 50% 的调整，实现 99% 的调整大概需要 12 个季度（McCulloch 1982, 27）。

② 区分“工程产能”与“经济产能”非常重要，前者为一个给定的工厂和设备在一定时期内能够达到的最大可持续产量，后者为盈利最高（从而是合意）的产出水平（Foss 1963, 25; Kurz 1986, 37–38, 43–44; Shapiro 1989, 184）。例如，使一个工厂每天运行 20 个小时、每周运行 6 天在物理上也许是可行的，我们能得到一个每周总共 120 个小时的工程产能。但也许人们会发现，轮班中第二班和第三班可能产生的高昂成本使每天 8 个小时、每周 5 天（即每周 40 个小时）的轮班制度盈利最高。因此，作为企业产出水平基准的经济产能只代表 33.3% 的工程产能利用率。经济产能也不同于“充分就业产出”。尽管标准的经济理论通常假定产能完全利用和充分就业同时发生，但现实中并没有理由假定按经济产能生产能完全雇用现有的劳动力（Garegnani 1979）。

③ 技术变革能改变资本–产能比率，资本–产出比率是资本–产能比率和产能利用率（产出–产能比率）两者的比率。

劳动力的有效供给在一个较宽的范围内是灵活可变的。[①]劳动力特殊性质的另一个方面开始在这里发挥作用。尽管其他商品的相对价格本质上是由市场决定的，但实际工资也有社会和历史层面的决定因素：劳动力的相对价格会对劳动力市场的状况做出反应，但并非完全由它们决定（见第 14 章）。我们将会看到，劳动力既处于劳动力市场又超出劳动力市场的双重特性也是失业持续存在的原因。因此，劳动力市场可能是所有的总体市场中调整最慢的。

所有这些都表明，我们需要超越短期和长期的划分标准。表 3.3 提出了一个可能的扩展的集合。这种分类保留了以前的两点：短期为总需求和总供给实现均衡的时期（凯恩斯和哈罗德），长期为产能和劳动力市场调整的范围（哈罗德）。但这里提出的实际时间间隔与其他文献中暗含的极为不同。[②]例如，布兰查德（2000, 19, 30–31）将需求和供给实现均衡的时期称为短期，短期在他这里少于一年。他的中期为 10~20 年，是资本存量、技术和劳动力等供给要素决定产出的时期。他的长期为半个世纪或更久，是教育体系、储蓄率和政府素质决定一国增长率的时期。

---

① 古典经济学和凯恩斯主义的劳动市场观隐含了一个假设，即劳动小时的供给是由工人的供给支配的（也就是说几乎所有能利用的工人都想工作一个正常的工作日时间）。新古典理论的假设与之直接相反：劳动小时的供给完全是由对工作小时极其灵活的偏好决定的。在古典经济学和凯恩斯主义那里，如果劳动小时的过度供给造成了实际工资下降，通过劳动小时供给的自愿减少所能满足的供求差额只是一部分，剩下的被非自愿失业吸收。在新古典经济学中，相同的情况完全由劳动小时的自愿减少满足，这些劳动小时是由任意给定的劳动力存量提供的。

② 凯恩斯主义者也假定数量调整快于价格调整，货币主义者则与之相反。新古典主义者假定二者调整都非常迅速，这使他们假定市场持续处于均衡状态（Gandolfo 1997, 533）。

表 3.3 关于调整速度的建议性分类方法

短期(3~5年)	商品市场、存货周期、利润率均等化
长期(7~11年)	产能利用率、设备周期、劳动力市场

3.6 总结和主要启示

市场和国家层面存在的稳定的循环模式提出了三个主要的方法论问题和若干附属问题。三个主要问题为：我们如何模型化起基础作用的微观过程？宏观模式和微观过程之间存在什么联系？哪些工具适用于宏观分析？

对于第一个问题，新古典经济学的标准答案是：我们必须用利己选择、完全知识和所有其他我称之为超理性行为的工具来模型化微观经济行为。3.2.1 小节考察了围绕这一问题所进行的争论。有大量证据表明超理性是对实际行为糟糕的描述。尽管如此，存在各种各样为其辩护的理由，包括它能提供分析上易处理的结果，它产生了良好的经验预测结果等。如果分析上易处理的结果与经验不符的话就没有什么用处，因而人们必然将注意力集中到第二个辩护理由上。恰恰在这个时候，人们往往求助于弗里德曼著名的观点，即只有预测重要，假设并不重要。正如许多人指出的一样，这个观点的致命缺陷在于关于个体行为的假设本身就是微观经济预测。我们不能仅仅将视野局限于那些与经验证据一致的预测，而完全无视与其不符的预测。我从这个角度出发，对显示偏好理论、博弈论、贝克尔关于家庭的理论甚至分析马克思主义进行了检验。

一个替代性的策略是将超理性作为理想的行动基础。这种方法的支持者欣然承认个体实际上并不以这种方式行事，但主张个体应该以这种方式行事。从这个角度看，现实总是有缺陷的。然而，我们同样能够将这个次序恰当地反转过来，并得出这样的结论：由于社会选择的复杂程度远远超出了这个狭窄框架的想象，所以超理性行为模型是无效的。“经济人”（如果他或她存在的话）将是一个“社会白痴”（Sen 1977, 336）。但这种完全不充分的概念继续支配着标准的经济学论述。我认为一个基本原因是超理性教条对于将资本主义描绘为有效和最优的制度发挥了工具性作用。

3.2.2 小节考察了微观过程和宏观模式的关系。标准的方法分别将总消费者和总生产者的行为模型化为一个单一的超理性消费者和一个单一的完全竞争厂商的行为结果。不幸的是，众所周知，在这两个领域以这种方式来描述总体是完全不可能的。如果这种方法中所有的个体完全相同，微观与宏观的连接也就微不足道了。[◎]如果由于一些社会原因，所有的个体恰好自愿采取一致行动，如联合抵制购买或罢工，这种微观与宏观的联系也只是例外情况。相反，总体具有涌现特质。因此，平均行为人与代表性行为人极为不同，这个平均行为人是总体的另一个名称。进一步来说，平均行为对个体行为的细节不敏感。加总极具变革性，它是个体的稳健转形。

3.2.3 小节考察了新古典经济学的以下断言：总体规律如果不是由一些微观基础推导而来，就是不严密的。这里有三点引起了我们的兴趣，可以用物理学进行说明。第一，有许多基本的物理学规律，如爱因斯坦的广义相对论，从未与其量子力学中推定的微观基础相容。尽管这两种理论已经共存了一个世纪，这个问题仍然一直存在。第二，这两者缺乏整合产生了以下可能性，即量子力学而非相对论才是不严密的，因为量子力学缺乏宏观基础。这当然就是爱因斯坦本人的观点，也得到了一些物理学家的赞同。第三，从一个错误的微观基础达到一个现存的宏观模式是可能的。例如，气体定律通常是从分子运动论推导出来的，被看成气体中像台球一样的原子数百万次相互碰撞的结果。不幸的是，原子是飘忽不定的量子实体，和台球根本不同，甚至缺乏一个可识别的位置。很明显，这与经济学非常相似。由于宏观经济学拥有涌现特质，即使不是由微观经济学推导而来，它也可以是非常严密的。确实，如哈恩一样持这种观点是同样可行的：微观经济学如果不置身于从而依赖宏观经济，它就是不严密的。个体必须被看作置身于社会之中的，由国籍、性别、种族和阶级构成和塑造。最后，即使通过一些微观假设达到了一个既定的宏观经济模式，有可能从一个错误基础达到一个正确结果这一事实，要求我们评估每个彼此竞争的微观基础的经验有效性。

最后一点成为 3.3 节的中心，这部分表明各种各样的微观基础都产生了完全相同的市场模式。在贝克尔（1962）早期著作的基础上，3.3.1~3.3.4 小节论证了某些主要的经验消费模式可以由两种塑形结构单独推导出来：预算约束和必需品的最低消费水平。这两点就足以推导出斜向下的市场需求曲线——必需品需求的收入弹性小于 1、奢侈品需求的收入弹性大于 1（恩格尔定律），以及凯恩斯主义类型的总消费函数——就短期实际收入而言它是线性的，在长期则包含了财富效应。上述推论所需要的条件仅仅是任意给定的人口达到某个稳定的平均消费比例。我使用了 4 种不同的个体行为模型来说明这个一般观点：一个同质新古典消费者模型，可以得到一个代表性行为人；一个异质新古典消费者模型，无法得到代表性行为人；一个消费者在他或她的收入约束内随意选择某个消费篮子的模型（这是贝克尔的冲动型消费者）；一个某些消费者模仿其社会近邻，其他消费者发展新偏好的模型。这 4 种情形产生了完全相同的总体结果，因为社会建构的塑形结构（而非微观基础）发挥了关键作用。图 3.15 总结了这部分的主要观点。

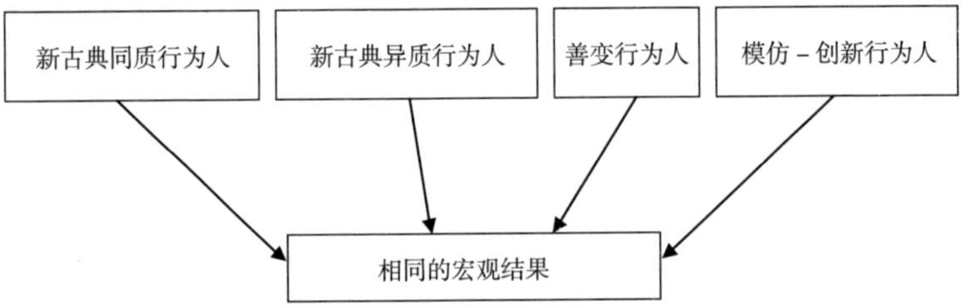

图 3.15 宏观涌现特质对微观的独立性

同样的方法可以用于发展一个平均实际工资理论（见 14.3 节）。在这种情况下，任意给定企业的“预算约束”来自以下恒等式：每个工人的实际增加值等于每个工人的实际工资与实际利润之和。在一个特殊的社会环境中，不同的个体资本-劳动斗争产生了二者之间的一个特殊比率。再一次，关于工人与其雇主之间关系的不同微观模型都与这个宏观结果相容，而且只要任意给定的模型产生了一个稳定分布的结果，工资-利润份额就对微观细节“高度不敏感”。

3.4 节提炼了宏观经济分析的 5 点教训。行为人的异质性意味着格兰杰因果、变量协整、过度识别约束等微观经济特征（甚至是一些特殊的动态特征）都不会传递到总体层面。因此，异质性意味着总体拟合的函数不必与微观经济层面假定的函数形式匹配。然而，异质性并不必然是稳定的总体模式的来源，因为后者可以直接从塑形结构产生。

尽管函数形式在我们从微观过渡到宏观的时候会发生变化，某些关键的变量确实会保留下来。例如，在基于 4 种不同行为人的消费模型中，收入、价格和必需品最低消费水平在总体层面仍然相关。但其他潜在地决定个体行为人差异的社会因素只通过它们对总体参数的影响显露出来。因此，宏观关系建立在微观基础上，但不是以新古典理论说明的方式。社会塑形结构在这里发挥了关键作用，因为它们在引导个人行动方面发挥作用，并规定这些作用的限度和变化速度。

因此，严密的宏观经济学必须将分析基于个体行为分析，认识到只有少数几个关键变量会继续存在于总体层面，而且通常在宏观层面假定不同的函数形式。凯恩斯和卡莱茨基是其中的杰出代表。凯恩斯将对总消费的分析基于个人收入和影响个人储蓄（非消费）行为的大量主客观因素之上。他还细心地指出制度和组织因素发挥了重要作用。尽管如此，他仅仅要求总实际消费是实际收入的函数，且边际消费倾向小于1。卡莱茨基的价格理论遵循了一条从微观到宏观的相似路径。他的出发点是个体企业的价格方程，这个方程取决于企业的相对规模、促销机构和雇员的工会力量。然而，行业的价格水平具有不同的方程形式，与一个缩减了的变量集合联系在一起，包括行业的平均单位成本和平均垄断程度（所有其他变量都通过它表示出来）。弗里德曼的做法与之相同，他从一组决定微观层面货币需求的变量出发，导向一个在宏观层面已经变化和缩减了的变量集合。相似的路径可以追溯到马克思、熊彼特和许多其他伟大的经济学家。在新古典分析将其转向超理性代表性行为人的理论死胡同之前，宏观经济分析已经是严密的了。

对于某个给定的总体模式，通常有许多微观基础与其保持一致，因此对一个总体假设的经验支持并不构成对任何特定微观基础的经验支持。总收入的增加可能恰恰与许多消费者更不快乐联系在一起，比如收入的增加在很大程度上是人们极其讨厌的某些群体的收入增加造成的。因此，微观基础的真正领域在于政策考虑。卢卡斯本人指出，即使没有选择理论基础，短期宏观经济预测模型也能运行良好，“但如果你想知道政策变化时人们的行为可能如何变化，就有必要将人们做出选择的方式模型化”（Snowdon and Vane 2005, interview with Robert Lucas, 287）。问题当然就是，人们到底为何要坚持从那些故意歪曲真实个体行为的基础出发推导政策含义。

3.5 节考察了总结部分一开始提出的第三个问题：哪些概念适合分析第 2 章中展现的那些动荡模式？第一步是明确区分两种均衡概念，一种是将均衡视为实现状态的传统概念，另一种是将均衡视为一个动荡引力过程的新古典概念。前者是正统经济学和非正统经济学流行的概念，它将注意力集中到均衡状态和均衡路径。这在一般均衡理论中表现得最为明显，它所有的运算都局限于保证至少存在一个一般均衡点。这个一般均衡点的唯一性和稳定性都没有得到普遍的确立（Kirman 1989, 127–129）。非正统经济学分析也普遍这样做，它经常比较两个不同的均衡，好像它们是处于静止状态的（见第 12 章）。另外，动荡引力过程意味着平衡只能通过反复出现和相互抵消的非平衡实现，因此均衡过程本质上具有周期性和动荡性，受到具有不同振幅和不同持续时间的“自重复波动”的限制。用现在的说法就是，一个稳定的平衡点是一个吸引子，但它通常并非一个静止状态。进一步的考察揭示，同一个潜在的引力中心本身可能就是一条增长路径。最后，由于动荡引力中心的存在是正常情形，所以如果忽视了这些波动（它们内含平均的引力中心波动）的大小或时间维度就犯了严重的分析错误。

3.5.3 小节考察了利润率均等化、存货周期、设备周期以及长波的时间维度。我认为 3~5 年的存货周期反映了总需求和总供给实现平衡通常所需要的时间，因此它们代表了恰当的凯恩斯主义“短期”时间维度。这对于宏观经济经验分析有重要意义，大多数分析将观察到的季度数据作为相关变量均衡值的代表。以同样的方式，我指出 7~11 年的设备周期反映了实际产能利用率围绕正常水平循环所需要的时间。就这点来说，它代表了哈罗德“长期”的时间维度。金融市场本质上受制于泡沫的事实使其变得较为复杂。劳动市场在两个方面非常特殊。尽管人口数量对经济刺激的反应迟钝，国内和国际劳动失业大军的存在意味着局部的劳动有效供给可以对劳动需求做出反应——通过引诱工人由不积极的劳动力转变为积极的劳动力，改变他们的地理位置，以及（或者）改变工作日的工作时长和工作强度。因此，劳动力的有效供给在一个较宽的范围内是灵活可变的。另外，尽管其他商品的相对价格本质上是由市场决定的，实际工资不仅反映了劳动力市场的状况，而且反映了不同的社会和历史决定因素。因此，劳动力的相对价格只对劳动力市场状况做出部分反应。这一节以提出各种宏观经济过程调整速度的类型划分为结尾，这种划分与其他文献暗含的分类方法极为不同。

有三个非常重要的深层次问题。首先，有人宣称如果我们抛弃超理性假设，“经济理论就会退化为一个特设性假设的大杂烩……缺乏整体的凝聚力和科学的可反驳性”（Conlisk 1996, 685）。我自始至终都在证明，超理性教条本身建立在科学上站不住脚的假设之上。因此，考虑这一点是有用的：如果我们确实抛弃这个教条，转而围绕实际行为建立微观基础，将会发生什么呢？

我们肯定理解个体行为真正的复杂性。我们并不必然会丧失预测能力，因为习惯和社会条件使个体行为具有可预测性。我们要记住这个事实，即个体确实在做出选择——经常在不是他们自己选择的条件下进行。我们承认理性在解释人类行为方面发挥了作用，但它经常受到感情、信仰和幻想的排挤。激励确实重要，但并非所有激励都会对人的前脑产生作用。只要承认这一点，我们就不会迷恋所谓的自由市场和自由贸易总会使我们变得更好的断言，以及资本主义具有自由自在的美德、政府活动具有固有缺陷等其他相关断言（Ariely 2008, xx, 47–48, 232）。

我们也获得了关于以下重要问题的洞见：通过市场相互作用的无数个体和企业是如何设法达到一致结果的。古典经济学的答案是，它是由“看不见的手”实现的——通过使变量围绕一个永远变动的引力中心而不断上下浮动。这是个体行为人“强制表达”为一种社会模式的反映和方式，这种社会模式本身可能由于其他原因而是合意或不合意的。凯恩斯在谈到市场上的讨价还价以及持久失业的可能性时承认了这一点（Dutt 1991—1992, 210n215）。正是瓦尔拉斯将与实际过程相关的动荡和骚乱悄悄偷走了，取而代之以一个理想化的观念，即存在一个可以直接达到并且最优的社会表达（即一般均衡）。自那以后，新古典经济学一直致力于将这种理想合理化。而大部分非正统经济学者也接受它为一个恰当的衡量标准，从而被迫把现实世界（而非理论本身）描绘为充满了“不完美”。这种两极化的安排也许对双方都合适，但它无法为分析资本主义制度提供一个充分的框架。

也许抛弃超理性教条的最大益处在于，我们能为消费者理论和生产者理论中的经验现象提供一个更一般的解释。由于这些现象通常是通过超理性行为假设进行分析的，这些模式的存在通常被看作对这个特殊出发点的验证。但我们已经看到，许多不同的个体行为形式可以产生完全相同的总体模式，因为起决定作用的因素是结构性的，而非个体性的。一个无法逃避的事实是总体结果（团体、市场和国家）具有涌现特质，它与个体结果完全不同。个体的动机和预期在微观层面与对结果的社会解释方面（因为对于任何特殊事件，人们可能感到高兴或不高兴）依然重要。但除了所有个体都完全相同的幻想情形或恰巧采取一致行动的情形，总体将具有自己的特点。因此，尽管我们总是能用“平均行为人”来刻画总体，但这个平均行为人通常并不具备一个“代表性行为人”的行为特征。确实，由于总体通常对个体行为“高度不敏感”，我们不能将任何特殊的经验一致性解释为对其他特征的一般支持，包括对一些特殊的个体行为模型假设的支持。模拟并不必然就是解释。一个更深层次的含义是，在缺乏额外信息的情况下，我们只能讨论那些依赖一个已被证实的经验一致性的政策含义，而不能讨论那些基于无效或未经证实的假设之上的政策含义，这里的无效或未经证实指的是就起基础作用的过程而言是无效或未经证实的。因此，即使两个理论在（比如）预测一个预算赤字的产出效应方面都是正确的，我们也不能不考察这两种方法的其他含义就得出进一步的社会结论。

对这些内容的担忧渗透到经济学专业已有一段时间。因此，注意到以下区分是有用的，即我们如何处理人类行为的一般性问题和经济学处理这个问题的具体方式。有 4 个领域在这里非常重要：（1）行为理论；（2）演化理论；（3）基于行为人的计算经济学（ACE）；（4）随机方法。

行为理论涉及各种各样的学科，比如心理学、社会学、人类学和神经生物学。生物学、文化、大脑架构和个人生活轨道都在人类行为的复杂运行中发挥了重要作用。另外，行为经济学在将行为理论得到的一些知识纳入标准的经济理论方面发挥了有限的作用。

行为经济学仍然是一门围绕标准经济学的失败组织起来的学科。它典型的贡献是从论证一些共同的经济假设（经常在一些实验

> 中）的失败出发，进而为那些失败提供一个心理学的解释。只要标准假设能做出小的改变，行为经济学与标准经济学的这种共生关系就能保持良好。在这种情况下，行为证据能推动标准模型做出小的改变，使理论的基本结构保持完整。（Pesendorfer 2006, 720）

行为博弈论是行为经济学的一个子集，它的特殊目标是“将心理因素和学习……纳入正式的博弈论”（Camerer 1997, abstract）。

通常情况下，演化经济学与演化理论的关系稍微好些。在一般层面上，它的关注点在于经济学如何从生物学的微观与宏观之争中学习。它强调总体可以具有与个体要素不同的特征，因此依赖一个代表性行为人可能存在的想法是徒劳的。它指出新古典经济学本质上依赖“赫伯特·斯宾塞对达尔文‘适者生存’的解读”这个粗糙隐喻，这经常被众多经济学家应用于企业理论来证明“市场结果的优越性”，包括阿尔钦、恩克·弗里德曼、赫舒拉发和塔洛克。另外，求助于演化隐喻至多不过发出了以下警告：经济学应该更加符合实际，允许各种各样行为人之间相互作用、人口和技术构成发生变化、“持续的学习和适应”、社会结构演变以及“性质、结构和不可逆的转变”（van den Bergh and Gowdy 2003, 66–68, 76–77）。但是，就演化博弈论而言，回报理性仍然占据主导地位，其目标是用“适当较弱的理性假设……其中有限理性行为人尽可能地最大化其个人利益”代替传统上“对理性的较高要求”，以保留“理性选择理论的……内核”。就行为博弈论而言，“通过适当地调整一个模型的动力学和初始条件，几乎能产生任何结果”（Alexander 2009, 7–8, 18）。在这里，尤其重要的是演化过程理论与回报的合理性两者的合并。达尔文主义关于个体生物体之间相互作用的逻辑，以及它们的环境（受到生物种群的部分影响）对其施加的各种适应性标准的逻辑，并不要求个体有机体像超理性个体一样计算，更不必说一样行动了。计算是进化阶梯的决定性要素，因此人类在进化阶梯的顶层。但和所有动物一样，我们也继承了许多其他反应机制，它们不但会影响我们的计算，而且有时会彻底推翻计算。进化反馈在科学上比理性选择的微积分学更加有趣，无论理性是否有限。

基于行为人的计算经济学提供了第三种日益流行的分析模式，使我们能够考察计算机生成的行为人之间各种各样的相互作用。行为人事实上可以被假定为遵守任何可能的行为规则集合。这里既不需要超理性，也不需要有限理性：只要设定一些规则和结构，然后运行程序并观察结果就可以了。问题当然在于，许多不同的行为规则集合可以产生相同的结果，而且规则的较小改变可以使结果发生很大的变化。就行为和演化博弈论而言，通过一组合适的假设和调整，几乎任何结果都可以被模拟出来。因此，即便是它的主要支持者也承认，至少在该学科目前的状态下，基于行为人的计算经济学模型倾向于具有“特设性”（Epstein 2007, 54, 64–65）。就这一点而言，应当注意本章使用的基于行为人的计算经济学模型只是用来说明许多不同的行为假设（从标准的新古典假设到完全非标准的假设）可以得到相同的总体结果。总体结果反过来是由预算约束等塑形结构和社会影响的相互作用分析得出的，具有随机稳定的分布。

这将最后一种分析模式带到了我们面前，即经济结果的随机分析。这种方法发端于经济学，经过长时间的间隔后现在又重新回归经济学。正是经济学家维尔弗雷多·帕累托在 1897 年发现，顶层 1% 人口的收入分布遵循一个简单的幂次定律（见第 17 章中关于皮凯蒂的内容）。帕累托后来被任命为经济学教授，接替莱昂·瓦尔拉斯的位置。经济学家罗伯特·吉布拉在 1931 年宣称，剩余 99% 人口的收入服从一个对数正态分布（Pennicott 2002）。尽管随机方法在物理学中产生了重要影响，但是它基本消失于经济学视野，直到 20 世纪 90 年代经济物理学（重新）出现。例如，雅科文科等（Dragulescu and Yakovenko 2001; 2002, 1–2; Silva and Yakovenko 2004, 6; Yakovenko 2007）指出总体收入分布是两种不同的概率分布函数的结合，97%~99% 的个体收入者服从指数收入分布，顶层的 1%~3% 服从帕累托定律或一些其他的幂次定律。这种“收入分布两阶级结构”的理论基础是一种动力学方法，其中来自工资和薪金的收入按加法增加，[①] 而来自投资和资本收益的收入按乘法增加。两种规律不同，因为收入的类别不同。可以依次表明，每种规律都由各种各样的个体行为产生（即对这些细节“高度不敏感”）。正如雅科文科（2007, 2）所强调的，这种方法“可能被看作概率理论的一个分支……被用于研究包含大量人口的复杂经济系统的统计性质”。对此我们必须始终补充以下这点，即只有当人们以惯常的方式行事时，才能得到总体的统计性质：如果人们选择罢工、反抗或造反，事情将极为不同。

前面谈到了个体行为与总体结果的关系。第二个问题与位于这两极之间的各种各样的塑形结构有关。我们看到预算约束在消费模式和生产模式中发挥了核心作用。但套利过程是一个更加重要的塑形结构。在新古典经济学中，所有消费者和厂商都被假定为接受同一商品的同一价格，他们在最大化计算中将这个价格看作已知的。但同一价格假设需要两个进一步的假设：作为买方，消费者和厂商都向商品更廉价的生产者靠拢；作为卖方，厂商会调整它们的价格以吸引买者。

① 主要发现是“大多数人口……拥有一个时间上非常稳定的指数收入分布（‘热’分布），这与统计物理学中的均衡能量分布类似，遵循玻尔兹曼-吉布斯能量守恒定律”（Dragulescu and Yakovenko 2002, 1–2）。雅科文科指出，吉布斯通过对社会模式的研究提出了他的颗粒分布观念。就这点而言，经济物理学只不过是在投桃报李。

因此，尽管消费者和厂商在一个领域内被假定为消极的最大化者，但他们潜在地被假定为另一个领域内积极的价格发现者和价格制定者——可以说是在他们自己的背后行动。这个矛盾在瓦尔拉斯主义寓言中通过设计出一个拍卖者得到掩盖——这个拍卖者对每种产品简单地宣布一个价格；完全竞争理论则通过断言完全知识意味着只存在一个同一价格，以掩盖这个矛盾。应当指出，对于任意给定的劳动类型的工资率也能得到类似的结果，这些劳动的价格（和其他产品价格一样）被假定为即使在短期中也被完全均等化了。过程在这些情形中并不存在。一价定律与完全竞争理论实质上被钉在一起（Mirowski 1989, 236），因为“普遍接受的完全竞争理论……并不包含对价格形成的清晰解释”（Roberts 1987, 838）。

完全竞争理论也假设同一行业中的所有厂商完全一样，所以每种产品的售价相同意味着所有厂商的利润率都相等，即使在短期内也是如此。但由于短期内不同行业的利润率可以不同，这个理论假定，从长期来看资本流动会压低高利润率、抬高低利润率，直到所有利润率都完全相等。短期结果和长期结果都将均衡视为一个实现状态。短期假设确保了一个给定的行业内所有厂商的利润率都相等，长期假设确保了所有行业的利润率都相等。因此，在完全竞争的长期均衡中，无论身处何处，任何厂商都与其他厂商具有完全相等的利润率（Mueller 1990, 4）。

由此可以断定，工资率、产品价格和个别厂商利润率的任何差异，都是真实世界“不完美”的推定证据。不完全竞争观念彻底绑定的“不完全”竞争理论就是从这一点出发的。3.4 节讨论的卡莱茨基的价格形成理论就是一个经典例证：根据每个厂商垄断力量的大小，同一行业中不同厂商相同产品的价格存在差异；根据行业垄断力量的大小，不同行业的利润量和利润率存在差异（Kalecki 1968, 11–20）。

本书提出的实际竞争理论有着与完全竞争理论极为不同的建构（见第7章）。厂商被假定为试行价格制定者，然后厂商之间的竞争将任意给定产品的所有报价绑在一起。在其他条件（如运输成本和搜寻成本）相同的情况下，高于平均价格的企业倾向于丧失市场份额，低于平均价格的企业则相反。厂商根据这些反馈过程调整它们的价格。我们得到的是一个围绕某个持续变动的平均价格的销售价格的强制分布。这是竞争性大致一价定律。

任意给定行业内销售价格大致的均等化，蕴含着一个相应的行业内利润率分布，它不仅取决于销售价格的分布，而且取决于行业内不同厂商生产条件的差异。对于后者，一些特殊的集合代表了通常说来最容易复制的（“调节性”）生产条件。任意给定行业内的新增投资主要关心这些调节性生产条件的利润率。资本会加速流入那些调节性利润率高于全国水平的行业，这将推动它们的供给超过需求，从而降低其价格和利润率。调节性利润率低于全国平均水平的行业则相反。由于需求、供给乃至生产方法都在不断变化，最终结果是调节性收益率围绕全国平均水平而强制性地震荡。这就是竞争性大致同一利润率定律。

完全竞争理论和实际竞争理论都假定套利是一个基本的塑形结构。然而，完全竞争理论设想的是某个已实现均衡状态中完全相等的情形，实际竞争理论设想的则是一个围绕变动的引力中心而波动的动荡过程中永远存在的差异。套利的共性，如同预算约束的共性，不应该理解为这两个理论中的套利过程的形式和内容相同。第8章将讨论奥地利经济学在这些问题上的价值所在。

最后一个问题关注在当前的瓦尔拉斯主义正统经济学与其挑战者之间的另一条断层线。瓦尔拉斯主义方法主张以完全对称的方式对待消费者和厂商。这两种情况的指导原则（最大化行为）和特有工具

（等值曲线和预算约束）在形式上完全相同。后凯恩斯主义传统通常将宏观经济学看作消费者和企业之间不对称的权力斗争，后者具有前者所不具备的寡头垄断权力要素。古典经济学家提出了一个更有力的论点：资本是支配性力量，利润是资本主义真正的底线。这将古典经济学家带到了生产领域，将剩余产品作为利润的客观基础，将竞争作为利润调节交换的手段（见第 7 章）。注意以下这点很重要，即利润是一个潜在的客观尺度，[①] 通常情况下受到企业管理人员、股票市场、银行和公众的不断审查。利润是企业的生存条件（Simon 1979, 502）。如果持续亏损，单个厂商将受到倒闭的惩罚；即使利润低于其竞争者，它也会受到威胁。因此，它们一直有降低成本的压力，以提高自己的生存率。反过来，这些个体面临的这种迫切需要产生了一系列的排序机制，例如使同一商品价格均等化和不同行业利润率均等化的趋势。竞争是企业之间的战争，而且这种被强加的战争的合理性，正是在于它们提供了客观的指导原则（Shaikh 1978, 7）。个体消费者并不面对这种客观的筛选过程。当然，他们受社会影响的制约，这些社会影响形成了他们微观经济行为的"宏观基础"（Colander 1996; Leijonhufvud 1996, 42; Hahn 2003, 227）。但在这些限制以内，他们可以按照习惯、传统甚至任意地行动。他们位于社会–主体性领域。因此，古典经济学的方法对企业和消费者的处理是极不对称的。

① 利润是一个潜在的客观尺度这一事实并不意味着它的真实水平是一目了然的。确实，所宣称的利润水平可以伪装很长一段时间。安然公司的迅速崛起和随后的崩溃是一个恰当的例子：它的崛起建立在过度夸大的基础上，它的崩溃也正是由于这些夸大之词被揭露。2008 年爆发的金融危机是对这一过程的另一个严重警告。当真实的利润率宣布与大量虚假的主张对立时，"一切等级的和固定的东西都烟消云散了，一切神圣的东西都被亵渎了"（Marx and Engels 2005, 10）。

4

生产和成本

4.1 引言

乍一看，资本主义似乎是一个由广泛交换构成的系统。实际上，新古典经济学正是把交换看作资本主义社会的核心组织原则，而把生产当作一种在现期与未来之间进行间接交换的手段（Alchian and Allen 1969, 197–199; Kirman 1989, 135）。但古典经济学的观点很不相同。在交换的光鲜外表下，生产中有关劳动时间与劳动强度的永恒斗争暗流汹涌。生产需要时间（Davidson 1991, 130），因此必然先于社会产品的分配。反过来，交换则仅仅是众多可能的分配方式中的一种。我们将在第 5 章继续讨论这一问题。

本章第一部分（4.2 节）详细讨论了各经济学流派对于生产的处理方式。古典经济学视角强调劳动的积极作用和生产过程中劳动时间的重要性，这与其余绝大多数经济学流派采用的被动而无时间意识的“投入–产出”分析方法形成鲜明对比。本节还将说明，将总投资分解为流动资本投资和固定资本投资对于解释经济的动态变化具有重要意义。按照古典经济学的方法和正统经济学的一贯方法对总产品进行量度，二者在总产品和价值增加值的量度上具有分歧，但在营业盈余上则是相同的。附录 4.1 利用数学式子给出了按古典经济学方法量度的国民账户和传统国民账户之间的相互对应关系。本节的最后介绍了生产活动与非生产活动之间的重要区别，并简要说明了这种区别的意义。

本章第二部分（4.3 节）进一步讨论了微观生产过程所具有的结构

性维度和时间性维度各自的内涵及影响。对原料、固定资本和劳动力的利用与日工作时长和劳动强度相关。这些联系一直在瓦解从固定系数到生产函数的各种各样关于生产的标准陈述。本节表明，轮班可能采取的各种不同的组合方式会沿着机器在技术上的最大产能所对应的生产可能性边界来回转换。这种新型的“再转换”摧毁了构建新古典微观生产函数的任何可能性。相反，如果在理论构建中引入由社会因素所决定的轮班长度，那么由此得到的产出模式就不仅仅由技术决定，并且它通常会与固定系数模型和新古典模型对生产的描述相矛盾。

第三部分（4.4 节）显示，上述研究成果推导出的成本曲线与标准微观经济学教科书中假设的模型非常不同。由于在从一个班次到下一个班次时，正常成本的变化会导致平均可变成本曲线产生“尖状凸起”，同时边际成本相应地向上跃迁，因此 U 形成本曲线的概念面临重大挑战。这种尖状凸起的直接影响是，一个给定的价格水平会和边际成本曲线有多个交点，这样一来，在实现利润最大化的生产决策中，价格等于边际成本（p=mc）法则便失效了。在某种程度上，固定系数方法能够更好地处理这些结果，不过这也只能通过在社会所决定的日工作时长和劳动强度下，将轮班可能采取的各种不同的组合方式视为各种不同的“技术”才能实现。

本章的最后（4.5 节）全面评述了关于日工作时长和劳动强度、生产率和实际成本曲线形状的经验证据。我们发现，本章对生产的理论刻画与经验事实相当吻合，由此得出的理论上的成本曲线不仅在经验层面上为人熟知，而且从工商业实践的角度看也是合乎情理的。另外，新古典对于生产的描述在经验上很少见到，而且在实践中不符合常理。

就此而言，注意到以下事实是尤其重要的，即新古典及其派生理论对“成本”的定义既不同于古典经济学，也不同于工商业实践。后者按惯例将成本定义为用于直接生产成本（原料成本与工资）和固定成本（固定资本折旧）的支出。本书也将始终使用这一定义。而新古典理论则在固定成本中加入了“企业家的正常利润”，理由是这反映了企业家“有权”获取的数额（Liebhafsky and Liebhafsky 1968, 266–267）。更晚期一些的教科书则给这个附加因素贴上了机会成本的标签，认为它代表了“[工商业]会计意义下整个经济中的正常利润率”（Varian 1987, 203）。◎其意图显然是证明资本所有者获取利润的权利是合理合法的。在实践中，这是通过把固定成本的定义扩展为包括折旧成本与正常利润（正常利润率乘以资本存量）实现的。换句话说，新古典经济学假定平均“成本”既包含直接生产成本，又包含一个正常的总利润量。这改变了新古典经济学对总成本和平均成本的量度，但并不影响对平均可变（直接）成本或边际成本的量度，因为后两者都不取决于任何类型的固定成本。

4.2 不同经济理论中的生产

从古典经济学的视角来看，劳动者是积极主动的行为人，他们在劳动工具的帮助下作用于劳动对象，并在一定时间之后生产出产品。因此，生产过程同时也是劳动过程，尽管（如同葡萄酒的酿造过程）生产时间往往会超出劳动者工作的时间（Marx 1967b, 238–247; Shaikh 1982, 68–72）。值得注意的是，这一命题反过来并不一定成立，因为古典经济学并不把所有的劳动都看成生产劳动（例如，从事购买、销售、货币交易的劳动就不是生产劳动）。本节的最后将简要说明生产劳动与非生产劳动之间的区别。

4.2.1 流动资本投资与固定资本投资

因为生产需要时间，所以投入品的获取和使用必然发生在最终产品形成之前（Gilibert 1987, 990）：生产必须在其能被实现之前就开始进行。因而，生产任何有计划的增加都要求预先支付追加的原料及劳动力。我们把这样的支出称为流动资本投资，其目的是增加产出。另外，我们把对厂房及生产设备的追加购买称为固定资本投资，其目的是扩大产能。因此，总投资由流动资本投资和固定资本投资组成，这两种投资都会催生新的需求，但前者还同时创造了新的供给，后者则同时创造了新的产能。流动资本投资的目的是调整供给以应对需求变化，因此在短期内不能被视为"外生变量"。类似地，固定资本投资的目的是调整产能以应对需求变化，因此从长期来看也不能被视为外生变量。典型的凯恩斯主义和卡莱茨基主义视角将总投资视为外生变量，这显然缺乏依据。这两种投资对宏观经济动态变化的影响将在第 13 章中讨论。

除了著名的奥地利学派（Kritzner 1987, 148）外，生产时间消失在其他大多数理论框架的视野中。在新古典理论中，劳动和资本在生产函数中表现为同等的"投入品"，从中形成即时和最优的产出（Beaulieu and Mattey 1998, 200）。投入–产出经济学关注异质性实物投入和异质性实物产出之间的关系，却往往让劳动和生产所需要的时间消失在视野中（Leontief 1987）。新李嘉图理论本质上采用的也是投入–产出框架，但经常关注的是价格而非数量。劳动的重新出现，在很大程度上是因为工资在价格和利润的决定中起着重要作用，但劳动时间本身通常仍然在理论框架之外（Sraffa 1960, chs.1–2; Kurz and Salvadori 1995, chs.2–4）。最后，卡莱茨基主义和凯恩斯主义通常将生产视为需求的附带现象，在这里，产出被假设为会对需求的变化即时做出反应（Pugno 1998, 155; Godley and Lavoie 2007, 65）。

这些理论框架不考虑生产时间的一个原因在于，它们经常暗含了一种静态的假设情形，在这种情形中，所有的平衡都会在给定的水平上重复。这导致时间本身似乎没有任何意义。但是，只要考虑到在再生产过程中可能存在的不平衡或中断，这种错觉就会被消除。[①] 于是，突然之间，生产时间以及诸如存货存量和货币存量那样的缓冲对实际路径的动态变化过程来说就变得至关重要。

4.2.2 古典经济学的和传统经济学的国民账户

标准的国民账户建立在这样一种并不现实的前提假设之上："效用的创造是所有经济活动的目的"（Kendrick 1972, 21）。[②] 从这个角度来说，净产品是分析与量度的恰当的焦点，因为它既包括消费品（效用的直接来源），又包括"可以在未来生产更多产品（或效用）"的投

① "在一个不断回转的循环中，每一点都同时是出发点和复归点。如果把这种回转中断，那就不是每一个出发点都是复归点了。我们已经知道，不仅每一个特殊的循环都把其他的循环作为前提（包含在内），而且一种形式的循环的反复，已经包含着其他形式的循环进行。因此，全部区别表现为单纯形式上的区别，或者说，表现为单纯主观上的、只对观察者才存在的区别"（Marx 1976b, ch.4.101）。（中文转引自《资本论》第二卷，人民出版社，2004 年版，第 117 页。——译者注）

② 从古典经济学视角看，我们可以区分三种不同的生产：为了直接使用的生产，为了销售的生产（简单商品生产），以及为了获取利润的销售的生产（资本主义商品生产）。即使是在第一种情形中，它涵盖了所有种类的社会生产关系，其中包括封建制生产和奴隶制生产，我们还是很难定义"那种"驱动鞭子的生产过程的效用（在封建地主和奴隶主的效用函数中，鞭子的"效用"是让他人感到疼痛，而不是消费鞭子本身。来自作者电子邮件对鞭子效用的解释。——译者注）。在第二种情形中，驱动力是金钱。而在第三种情况中，驱动力是以货币形式存在的利润。商品一经售出，概不退换。

资品（Hick 1997, 308）。在价值层面，总净产品的对应体是总价值的增加值。后者可以通过对各部门总产品的增加值部分进行加总估算得出。一旦确定了目标是量度价值增加值，那么将中间产品算作净产品的一部分就将会造成“重复计算”（Shapiro 1966, 20）。但是，如果如古典账户和投入–产出账户的目标那样，感兴趣的是总产品的量度，那么仅关注价值增加值就会导致“遗漏计算”。目标决定过程的适当性。

古典账户和投入–产出账户追踪全部产品。在价值层面，它是中间投入品和价值增加值的总和。在使用价值层面，它是中间投入品与最终产品之和。[①] 对跨行业部门、长期价格、技术变革以及生产与货币流的总体关系进行分析，获得全面的认识至关重要（Sraffa 1960; Kendrick 1972, 23, 28）。即便如此，古典经济学对全部产品的量度，与相应的基于标准国民收入和生产账户（NIPA）方法的标准投入–产出量度存在某种差别。其中的差别根植于生产需要时间这一事实。

在给定某年中使用的原料与劳动投入与该年开始的全部生产有关。由于生产需要时间，所以当年的投入只有一部分会形成当年的产品，其余的则带来在产品的增加（即未完成的产品存货的增加）。相反，当年获得的产成品的其他部分是前些年开始的生产的结果。因此，在给定年份，当年获得的产成品与当年开始生产的产品十分不同。年度产成品的生产成本与当年中间投入品和劳动力成本流也不相同。

马克思特别讨论了产成品和总产品（包括产成品和未完成的产品），但他主要关注前者（即年度产品总量），因为产成品才是实现利

① 净（最终）产品从价值角度应该被定义为扣除折旧后的价值额，从使用价值角度应该被定义为扣除重置投资后的剩余。但是，因为折旧和重置投资都出了名的难以估算，所以最终产品的起初的估算便是这些组成要素的总和，也便有了“总最终产品”和“总价值增加值”这两种说法（Kendrick 1972, 28–29）。

润的工具。[①] 正如他所指出的，资本主义生产的全部目标就是获取利润。在资本的一般性循环 $M–C\cdots P\cdots C'–M'$ 中，货币资本（M）被投资于购买中间品和劳动力（C），后者随后被当作生产资本（P）投入生产以最终得到产成品（C'），希望以某一货币价值（M'）出售获利。从这个角度来说，最终产品是那些准备出售的产品，实际销售最终产品得到的利润是完成资本循环的关键，因而也是整个再生产过程持续进行的关键。[②] 此外，实际货币的流通与最终产品的实际销售相关，原料以及在产品的存货只是实现这一目的的一种手段。标准经济账户也区分了产成品和总产品，但是其关注点是后者。因此，古典账户和传统国民账户在总产品与价值增加值的量度上都存在差异。尽管如此，我们可以看到，只要所有的劳动都被假定为生产劳动，传统国民账户中总生产利润的定义就与古典经济学国民账户中的完全相同，总生产利润在前者中为总营业剩余，在后者中为以货币形式存在的总剩余产品。

请考虑以下这个简单的例子。假设生产某一产品需要 6 个月的时间，那么，当年 2 月开始的生产就将在同年 7 月结束，而当年 8 月开始的生产则将在次年 1 月结束。2 月开始一批总成本为 30 单位（12 单位用于原料，18 单位用于工资）的产品，在 7 月之前都将首先作为额外

---

① 马克思区别了商品资本（即产成品）和总产品，后者也包括半成品。“在这里，我们假定一年为 51 周。在 51 周内，资本 I 通过了 6 个完整的劳动期间，生产商品 6×450=2 700 镑。资本 II 在 5 个完整的劳动期间内，生产商品 5×450=2 250 镑。此外，资本 II 又在一年最后 $1\frac{1}{2}$ 周（第 50 周中间到第 51 周末）生产商品 150 镑的。——51 周的总产品为 5 100 镑”（Marx 1967b, 268）。（中文转引自《资本论》第二卷，人民出版社，2004 年版，第 296 页。——译者注）请注意，在这个以及很多其他的例子中，总产品的价值包括了半成品的价值（例如，由 450 英镑的预付款组成的资本 II 在其正常为期 4.5 周的工作期间中的前 1.5 周内仅生产 150 英镑的价值）。这和商品资本（如产成品）是有区别的。

② 因此，“产成品”的定义是一个历史性问题。当一个之前被认为是未完成的产品有了实际市场时，其作为未完成的产品的地位就改变了。比如，在传统的烘焙行业，生面团通常被认为是半成品，但是随着制冷技术的出现，生面团也可以作为完成的商品被某些行业需要，然后作为被购买的投入品进入新的生产过程。

的 30 单位计入在产品存货（按成本记录价值）[①]，在 7 月则将按成本从这些存货中扣除并按市场价格（如 60 单位）计入产成品中。因此，任何在同一年开始生产并完成的产品，对于在产品存货都不产生任何净影响。另外，由于相应的产成品到下一年才会出现，因此于 8 月开始生产的成本为 25 单位（10 单位用于原料，15 单位用于工资）的产品，在当年将被一直记录为在产品存货。最后，当年可获得的最终产品也包括在过去开始，并在这一年恰巧完成的生产。如开始于去年 8 月，总成本为18单位的生产，今年1月可获得价值为40单位的最终产品。[②]此时，当年的在产品存货将减少 18 单位，而产成品账目将增加 40 单位。当年在产品存货的总变动将为 7 单位，其中，在这一年开始但没有完成的生产使在产品存货增加了 25 单位，而在这一年完成但开始于过去某一年的生产使在产品存货减少了 18 单位。同时，原料存货的变化（如 3 单位）将为当年企业新购置的原料（如 25 单位）与当年使用的原料22单位（12单位用于产成品的生产，10单位用于在产品的生产）之差。

用这些数据，我们可以建构出两种明显不同的方法来量度产出。古典账户用产成品定义产出。因此，古典方法对年度产成品的量度为 100 单位，其中 40 单位来自前一年开始、当年结束的生产，60 单位来自当年开始、当年结束的生产。传统的国民收入和生产账户方法将总

① 根据成本记录在产品的价值，是产业实业与国民收入和生产账户核算的标准做法，这意味着利润来自产品的销售（或者说来自商品流通）。在马克思的理论框架中，新在产品的劳动价值包括不变资本的劳动价值与消耗在其上的劳动时间之和（$c+l$），而不仅仅是这些投入的成本之和（$c+v$）。表现在国民生产账户的货币核算上，就是根据其完成程度记录在产品的价值。因此，完成进度为 90% 的产品的价值，将被计算为其产成品的市场价格的 90%。这清楚地表明，价值的增值在生产过程中发生，只是在流通过程中实现。

② 这一数值实例假设，过去的生产过程是在前一年开始的。但是，这一假设对我们的核算来说并非是必要的，因为对于所有在这一年完成但在过去任意时间开始的生产过程，我们的核算都是成立的。我们的核算方法没有隐含生产周期为一年这一假设。

产品定义为给定年份产成品和原料及在产品存货变化的总和。[①]这样一来，用传统方法量度的年总产品是 110 单位，其中 100 单位是当年完成的生产（包括在过去的几年已经开始的生产），3 单位是原料存货的变化，7 单位是在产品存货的变化。

尽管这两种国民账户方法之间存在着这些差异，但有点令人惊讶的是，这两种方法量度的总利润是相同的。为了阐明这一点，从国民收入和生产账户方法对总营业盈余（GOS）的量度开始是有益的，用总产品（X=110）减去发生在当年的年度总成本［58= 总原料购买 25+ 当年开始的生产的总工资支出（18+15=33）］：GOS=110−58=52。另外，古典方法量度的总剩余价值（GSV）的货币形式为总产成品价值（X_P=100）减去总成本（48= 当年开始生产的产成品的总成本 30+ 前一年开始生产当年完成的产成品的总成本 18）：GSV=100−48=52。思考上述过程，我们便能看出结果为什么一定会是这样。通过把原料存货及在产品存货的变化（$\Delta INV_A+\Delta INV_{WIP}$=3+7=10）计算在内，国民收入和生产账户方法对产出（X）的量度扩展了古典方法对产出（X_P）的量度，其中在产品存货的变化 ΔINV_{WIP} 被定义为当年开始生产但未完成的产品的成本（25）减去前一年开始生产当年完成的产品的成本（18）。另外，我们可以从上述定义中看到，当年的总生产成本（58）与产成品生产成本（48）之差同样是 10。因此，标准方法量度的总产品与其当年成本之差，就与当年的产成品和其成本之差相等：GOS=GSV。出

① 国民收入和生产账户的总产品被定义为总产出（X），它是购买的中间投入品（A）、最终产品的销售（X_S）与存货变化（ΔINV）之和。存货变化是产成品的存货变化（ΔINV_P）、原料的存货变化（ΔINV_A）与在产品的存货变化（ΔINV_{WIP}）之和。但是，中间投入品的销售额、最终产品的销售额与最终产品的存货变化之和仅是年度的总产成品（X_P）。因此，国民收入和生产账户的总产品等于产成品加上原料存货和在产品存货的变化（BEA 2008, 2−2, 2−9）。进一步的细节见附录 4.1。

于这个原因，我将用总利润（PG）这一术语同时代表这两种方法量度的利润。其中的逻辑关系总结于表 4.1 中，相应的更详细的数值推导参见附录 4.1 和附录 4.2。

表 4.1　国民收入和生产账户总营业盈余与古典总剩余价值相等[①]

国民收入和生产账户总产品(X) ≡ 产成品(X_P)+ Δ 原料存货 + Δ 在产品存货
Δ 原料存货 ≡ 原料采购-(当年开始生产并完成的产品的原料成本+当年开始生产但未完成的产品的原料成本) **Δ 在产品存货** ≡(未完成的产品的原料成本+未完成的产品的劳动力成本)-(前一年开始生产当年完成的产品的原料成本+前一年开始生产当年完成的产品的劳动力成本) **国民收入和生产账户当年成本** ≡ 原料采购+当年劳动力成本 = 原料采购+(当年开始生产并完成的产品的劳动力成本+当年开始生产但未完成的产品的劳动力成本) =(前一年开始生产当年完成的产品的原料成本+前一年开始生产当年完成的产品的劳动力成本)+(当年开始生产并完成的产品的原料成本+当年开始生产并完成的产品的劳动力成本)+Δ原料存货+Δ在产品存货 = 产成品成本+**Δ原料存货**+**Δ在产品存货**
所以：**总营业盈余**(GOS)=总产品-当年总成本 =(总产成品+Δ原料存货+Δ在产品存货)-(产成品总成本+Δ在产品存货) =总产成品-产成品总成本 ≡**总剩余价值(GSV)**

这两套账户总利润的相等，不能延伸到总价值增加值（GVA）的量度中。就目前这两套账户的抽象程度来看，对总价值增加值来源端的量度是总利润与工资之和。在古典账户中，与之相关的工资支出是产成品的劳动成本（W_P），它是当年开始生产的产成品的劳动力成本（W_P'），加上前一年开始生产当年完成的产成品的劳动力成本（W_P''）。在标准账户中，与之相关的劳动力成本是当年的工资支出

① 表中的 Δ 意为“变动值”。——译者注

（W），其中第一项与 W_P' 相同，而第二项是当年开始生产但并未完成的产品的劳动力成本（W_{WIP}）。因此，GVA_{NIPA}（标准账户对价值增加值的量度）$-GVA_{Classical}$（古典账户对价值增加值的量度）$= W - W_P = W_{WIP} - W_P''$ = 未完成的产品中当年受雇劳动力的成本减去前一年开始生产当年完成的产品的劳动力成本。

上述结果的成立并不依赖任何有关生产时间的假设。但在最简单的情况下，所有的生产都具有相同的周转时间，那么我们总是可以选择一个与生产时间相等的时间段，并称其为生产“年”。这样一来，$W_{P_t}' = 0$，因为这一年开始的生产都不会在这一年完成。出于同样的原因，当前雇用的所有劳动力生产的都是未完成的产品，因此当年开始生产但未完成的产品的劳动力成本与当年的工资支出相等（$W_{WIP_t} = W_t$），而当年完成的产成品的劳动力成本和前一年的工资支出相等（$W_{P_t}' = W_{t-1}$）。都留重人（1942）证明了，在这些条件下，标准账户对价值增加值的量度将超过古典账户对价值增加值的量度，超出值即为工资支出的增加值：$GVA_{NIPA} - GVA_{Classical} = \Delta W_t$①。都留重人的发现是两种量度方法之间更一般的差别的一种特殊形式。

在上述例子中，产出随时间的推移而增长，因此我们很容易将一定量的产出与一定量的成本联系起来。然而，在静态系统这样一种特殊情况中，产出在每一个生产循环中都是相等的，因此在给定年份，当年开始生产的产品成本和当年完成的产品成本在量上将会是相等的

① 在标准的马克思主义概念中，产成品的总价值 $W = C + V + S$，其中 C 为生产中耗费的不变资本，V 为生产过程中所用的可变资本，S 为剩余价值。后两者之和为马克思理论中的价值增加值。剩余价值转而用于资本家的个人消费（S_c）、不变资本的追加使用（$S_{ac} = \Delta C$）以及可变资本的追加使用（$S_{av} = \Delta V$）：$S = S_c + S_{ac} + S_{av} = S_c + \Delta C + \Delta V$。都留重人证明在每一次的生产周期都相同，且只有资本流动的情形下，对价值增加值的标准（凯恩斯主义）量度是 $VA_{NIPA} = V + S_c + S_{ac} + S_{av} = V + S_c + \Delta C + \Delta V$ = 马克思理论的价值增加值 $+ \Delta V$（Tsuru 1942, 371–373）。

（尽管在具体内容上并不相同）。因此，如果每半年都有 18 单位花费于原料和劳动力，那么每一年将有 40+40=80 单位的产成品，它们的生产成本是 18+18=36 单位，一部分是前一年开始生产的产成品，另一部分是当年开始生产的产成品。同时，一个总成本为 18+18=36 单位的当年开始的生产，其中仅有一半会在今年得到产成品。因此，在静态模型中，当年完成的产品在量上与当年开始生产的产品相等，即使它们发生在不同的时期。于是，这种时间意识的缺失便导致了生产可以被当成“瞬间发生的”这一错觉（Pugno 1998, 155; Godley and Lavoie 2007, 65）。

最后，把流动资本投资放入这两套账户中考虑是重要的，因为这一范畴在古典理论对经济的动态分析中发挥着重要作用（见第 14 章）。恰恰是因为生产需要时间，所以产出水平的任何改变都要求投入其中的原料和劳动力提前发生改变。在我们的例子中，在第一个生产周期，为了之后生产出价值为 40 单位的产成品，18 单位的货币资本被投资于购买原料和劳动力，而在第二个生产周期，为了之后生产出价值为 60 单位的产成品，30 单位的货币资本被投资于购买原料与劳动力。生产成本的变动（30−18=12）代表的是当年流动资本的投资，而这正是产成品价值发生相应变动（60−40=20）的必要前提。流动资本的投资导致了随后的产出变动。另外，更为人所熟知的固定资本投资范畴将会导致产能的变化。正如附录 4.1 中的数学式子所表达出来的，固定资本投资直接出现在传统的国民账户中，而流动资本投资则表现为中间产品和在产品存货变动之和。这两种形式的投资在古典经济学对生产的研究中起着完全不同的作用，然而，所有其他的经济理论却倾向于将二者混为一谈，这是因为生产时间本身是落在这些理论的视野之外的。[①]

4.2.3 生产性劳动和非生产性劳动

所有的劳动活动都会有某种结果，但并非所有的结果都是产出。因此，生产性劳动带来新产品，而非生产性劳动则产生社会授权的其他结果，例如商品、服务与货币的分配（要么是直接分配，要么是由交换间接地调节），公共部门和私人部门一般性的行政管理工作，以及其他多种多样的社会活动，比如公安、消防、军队和私人保镖。所有的劳动都是从现在或过去的生产中获取他们的消费所需，但是只有生产性劳动在获取消费的同时增加总产品。

请思考生产和个人消费之间的区别。生产消耗掉现有的财富以创造新的财富（即实现一种生产性的结果）。个人消费则通过消耗财富以维持与实现个体的再生产（一种非生产性的结果）。军队、公安、行政性和贸易性活动，也都在行使保护、分配和行政管理职能（同样是非生产性的结果）的过程中消耗财富。从这个角度看，非生产性劳动是一种社会性的消费而不是生产。这里的问题不在于有没有必要性，因为所有这些以这种或那种形式存在的活动，对社会再生产而言都是必要的（Beckerman 1968, 27–28）。相反，问题的关键在于结果的性质。

这里的区别是生产活动和非生产活动之间的区别，而不是商品与劳务之间的区别。亚当・斯密确实曾把生产劳动的定义限制为能带来

---

① 流动资本投资和固定资本投资之间的差别，出现于魁奈、斯密、李嘉图、马克思、凯恩斯、卡莱茨基、哈罗德、希克斯和罗宾逊夫人的理论之中（Shaikh 1991, 325）。它在古典经济学和马克思主义经济学传统中都发挥着重要作用。在投入-产出经济学中，当然也在斯拉法的经济学中，这一区别也同样重要。在一个静态模型中，流动资本投资为零，因为没有任何增长。在一个稳态增长模型中，两种投资都必须以相同的速率增长，以保持其比例恒定（Harrod 1939, 47–48; Hicks 1985, 108–112, 118–119）。在这两种情况下，流动资本投资倾向于消失在理论视野中。

实物商品的劳动，而马尔萨斯和李嘉图也基于“实践的理由”支持这一观点（Shaikh and Tonak 1994, 21）。但马克思坚持认为提供服务也可能是生产性劳动。请考虑一场音乐会。音乐家和舞台工作人员协同合作完成一场演出，这是观众所关注的使用价值。但是，一场音乐会可能同时需要一部分人（引导员）维持秩序并保证安全，并且如果是营利性演出，还需要一部分人（收银员和保安）来保证产品仅对那些付钱的人是可获得的。音乐家和舞台工作人员协作提供了生产性劳动，而引导员、收银员及保安提供了非生产性劳动，但所有人提供的都是服务。不同之处在于其劳动的结果而非形式。

古典方法来源于斯密、李嘉图、马尔萨斯、穆勒、马克思、西斯蒙第、博德里亚、查默斯以及其他先贤的著作（Studenski 1958, 20）。虽然其表达并不完整，且偶尔会自相矛盾，但它仍然在近一个世纪的时间中作为“经济思想的主流”而存在（Kendrick 1970, 288）。直到新古典经济学崛起之后，古典经济学对生产活动和非生产活动的区分才被以下观念取代：所有的社会必要的活动，除了个人消费，都会产生一种产品（Bach 1966, 45）。在新古典传统中，如果一项活动被认为是社会所必需的，它就会被认为是生产活动。而这反过来又依赖这样的结论，即至少要有某个人愿意为其直接买单（Bach 1966）。因此，在新古典经济学中，所有潜在可销售的活动都被视为生产性劳动。[①] 这一点也体现在传统的国民账户中。根据美国经济分析局（BEA 1970, 9）的说法，“区分一项活动是不是在经济上具有生产性的基本标准，在于

① 在标准理论中，如果有人愿意为一项活动支付一定的价钱，也就是说，如果它是潜在可销售的，这项活动就是“生产活动”（Bach 1966, 45）。由于所有的市场活动都通过了这一测试，因此只有那些被判定为无法通过可销售性测试的非市场化活动，诸如某些政府的活动，可能会被认为是非生产的。官方账户通过将所有的政府活动视为零利润下潜在可销售的并因此是“生产性”劳动的一种形式而避开了这一棘手的难题。

它能否在市场经济的销售与购买交易中得到反映”（cited in Eisner 1998, 1612）。凯恩斯主义经济学尽管在其他方面与新古典理论决裂，但在这一点上，几乎没做什么反对的事情。[①]

尽管非生产市场活动这一概念已经从正统经济学的理论词汇中被废除，但在实践话语中它依然兴盛。在 20 世纪 80 年代，人们引用日本首相的话，批评美国的资源都“浪费”在了金融和贸易活动之中（Sanger 1992）。可以想象在面对今天的经济崩溃时他会做出何种言论。《财富》杂志指出，“制造部门代表们控告法律部门和金融部门的高度非生产性”（Farnham 1989, 16, 65; Chernomas 2011, 68）。商业经济学家劳伦斯·萨默斯和维多利亚·萨默斯（1989, 270, cited in Chernomas 2011, 69）评论道，“对金融市场当前趋势最常见的抱怨是，太多天赋甚高的人力资本投身于这种票据资产的交易，而不是实实在在地创造财富”。同样地，瑟罗（1980, 88）提出，“尽管保安保护过去生产的产品，但是由于他们对产出毫无贡献，[他们] 没有生产出任何新的商品”，军事活动是“一种形式的公共消费”，它“消耗大量的人力和经济资源”（Thurow 1992, 20）。《纽约时报》表达了同样的观点，指出：“在一个试图保护自己免受暴力和犯罪侵害的国家，安保人员，或者如某些经济学家所称的警卫劳动，正在激增。”那篇文章接着引用了哈佛大学经济学家理查德·弗里德曼的观点，大意是如果“你去波士顿一个不太穷的社区的运动鞋折扣店看看，那儿将有三个私人保镖……我们正在雇用很多人，他们基本上什么也不生产”（Uchitelle 1989）。在

① 在斯图坚斯基关于国民账户历史的里程碑式的著作中，他将上述转变称为从古典经济学“有限制的生产”定义到新古典经济学“全面的生产”定义的转变（Studenski 1958, 12）。但是，从古典经济学的视角来看，这一转变实际上是从古典经济学“全面的消费”定义撤退至新古典经济学“有限制的消费”的定义，而“全面的消费”定义将很多活动定义为社会消费而非生产，“有限制的消费”定义则将社会消费的定义限制为仅指个人消费。

一个以军事、官僚、金融和贸易活动的普遍增长为特征的世界里，非生产劳动这一问题不容掩盖。

生产性劳动和非生产性劳动这一区别对国民账户有重要影响。在实践层面，仍有一大部分服务活动将继续被归为生产活动（交通、住宿、娱乐、维修等），而其余的则将被归为非生产活动（批发 / 零售、金融服务、法律服务、广告、军事、市政服务等）。这些都将反过来影响最终产品以及总利润的基本量度。

正如谢克和托纳克（1994, 100–106, table 105.104, figs.105.103–105.104）所展示的，按古典经济学方法量度的总最终产品（GFP*）的货币价值比传统的 GNP（国民生产总值）少大概 5%。GFP* 的增长速度也比 GNP 稍慢一点，因此 GFP*/GNP 这一比值从 1948 年的 95% 稍微下降到 1989 年的 84%，相当于每年下降 0.27%。按古典经济学方法量度的剩余产品（$SP^*=\Omega^*$）的货币价值额与传统的净营业盈余（NOS）之间的差别更大。由于非生产活动并不增加剩余产品，因此它们的成本必须由后者支付。这对利润税和间接商业税来说也是一样。因此，传统的对营业盈余的量度，是总剩余产品扣除工商业税收与非生产活动的运营成本（原料与工资）后的剩余值。这样一来，净营业盈余仅仅是古典剩余产品的一部分，NOS/*SP** 从 1948 年的 44% 下降到 1989 年的 35%（Shaikh and Tonak 1994, 217–219, table 217.211）。由此可以推出，传统的利润率也是按古典经济学方法量度的利润率的一个类似的部分。相较于按古典经济学方法量度的盈利能力，两种对盈利能力的传统量度（GFP*/GNP 和 NOS/*SP**）都以每年 0.2% 左右的速度下降。

对这一问题的进一步探讨超出了本书的范畴。对这些问题及其影响的详尽讨论有兴趣的读者可以参阅谢克、托纳克（1994）和莫恩（2005）的著作。本书的焦点在于实际利润率起到的调节作用，以及传统量度与它们按古典经济学方法量度的对应物之间比值的稳定性，这为后者所具有的因果顺序延续到前者提供了某种保证。

4.3 生产关系与生产函数

4.3.1 生产的结构性维度和时间性维度

生产过程有几个重要的结构性维度和时间性维度。工具在结构上不同于原料：劳动借助厂房、设备以及它们运行所需的辅助材料（燃料、电等）作用于原料。在这个过程中，原料和辅助材料在每个生产周期被耗尽，而厂房和设备通常在很多个生产周期中发挥作用。在时间领域中，生产时间指生产从开始到完成之间的时间间隔。资本的总循环还包括销售产品耗费的时间。3.5.3 小节提到过这部分时间，它是对各种经济过程的调整时间所进行的更广泛讨论的一部分。

当我们进一步考察生产时，我们将注意到另外两个维度。假设在一个给定的工厂里有 5 台机器，那么日总产量就取决于这些机器中有几台机器处于运转状态，这是厂房的外延性产能利用。但是，日产量同时也取决于在给定的一天内每台机器有多长时间在运转（机器的外延性利用），以及以什么速度运行（机器的内涵性利用）[①]。假设一台机

① 机器的外延性利用与内涵性利用之间的区别出现在库尔茨和萨尔瓦多里（1995, 204）的著作中。米勒（2000, 128n10）也提到过两种不同的利用：一种是对厂房内可获得资本的利用，被称为资本利用；另一种是对机器的利用，被称为产能利用。

器在某个最大运转速度下每天可以安全地运转 20 小时。如果一台机器的运行需要一个工作团队，那么每 1 小时的机器运转时间都要求工作团队中每名成员相应的 1 小时的劳动时间。从这个角度看，对内涵性产能的充分利用可以通过一个工作团队工作 20 小时或者两个工作团队进行连续两个 10 小时的轮班等方式实现。所以，我们必须认真考察生产班次的安排。最后，即便我们知道一台机器每天可以吸收 20 小时的劳动时间，我们也无法获知对应的产出数量。因此，我们还需要考察生产率与日工作时长、劳动强度之间的关系。劳动过程的这两个方面一直是雇主与工人之间争执的焦点（见 4.3.2 小节），也在对劳动过程的分析中占据重要的理论地位（Marx 1967a, chs.10; 15, sec.3; 17; Braverman 1974）。然而，它们往往从标准理论对生产的描述中消失，这种描述通常在微观经济学层面，不是假设可变系数的生产函数，就是假设一个固定系数的生产技术（Varian 1993, ch.17; Kurz and Salvadori 1995, 43; Miller 2000, 128n8）。本节的目的之一就是解构这些明显对立的对生产特征的描述。

4.3.2 日工作时长和劳动强度的社会与历史决定因素

从工商业的角度来看，机器生产的崛起是资本主义的伟大胜利之一。它大大提高了生产率，并且相应地大幅降低了成本。借此，机器生产改变了劳动过程的本质，把工人从工具的使用者转变为被机器使用的工具（Marx 1967a, ch.15, sec.4, 422）。“因此，一个马萨诸塞州的制造商同时也是立法机构的成员冈珀斯声称：‘我像对待机器一样对待我的员工，怎样使用他们对我有利我就怎样做，当他们老了，再无利用价值时，我就把他们抛向街头。’一家马萨诸塞州鞋店的工头非常直率地告诉工会领袖：‘……给我一个四肢健全、身体健康的 18 岁年轻人，让他在这两台机器中任何一台机器上干上 4 年，我就能让他满头灰发。’”（Foner 1955, 14–15）正是在这个意义上，说工作条件受到技术影响是正确的：体现在机器中并通过机器表现出来的资本力量构成了方程式的一边。

但是，方程式的另一边与工人的反应有关。就工人的反应而言，首先也是最重要的，是表现在“工厂车间里的抗争：……工人就做多少工作以及被付给多少薪酬而展开的抗争”，工人为工作速度加快而展开的抗争，以及通过叛乱与破坏进行的抵抗（Beynon 1978, 244–245）。劳动过程史将始终是一个警醒：劳动时长、劳动强度、平均或边际生产率不是由技术决定的。

在英国，随着工业资本主义逐渐建立并巩固对劳动过程的控制，日工作时长和劳动强度在 18 世纪到 19 世纪之间都上升了。“在［18 世纪］30 年代甚至 40 年代的很多工厂里，你能看到工作日的工作时长长达 14 小时、16 小时甚至 18 小时之久。”然而，在比那时早半个世纪的时候，“这样的日工作时长……被认为是超长的”。不仅如此，劳动强度随着日工作时长的延长而提高，工厂和矿井里发生事故的次数也随之增加（Kuczynski 1972, pt. 1, 46–48）。在澳大利亚，“［18 世纪］40 年代初，日工作时长最短也有 10 小时，还不包括 2 小时的休息时间。很多工人每天工作 16 小时甚至 17 小时”（Kuczynski 1972, pt.2, 83）。在美国，甚至直到 19 世纪末，日工作时长还在 10~15 小时，而且常常是一周 7 天工作制（Barger and Schurr 1944, 73–74; Foner 1955, 22）。相比之下，19 世纪初法属加勒比地区蔗糖殖民地的奴隶每日高效工作“9~10 小时（取决于日照时长）。这还不包括往返工作地点和搜集并搬运原料所花费的时间（很多种植园主认为，后一项工作徒增奴隶在工作了漫长的一天之后的疲劳感，因此应该分给专人去做）”（Tomich

2003, 144–145）。当然，雇用童工也非常普遍。在 18 世纪末、19 世纪初的英国，“某些种类的工作，特别是纺织业的工作，完全由童工完成……18 世纪与 19 世纪之交的英国首相小威廉·皮特甚至在他的《劳工法》中提议，儿童应该 5 岁就开始工作……在工厂和矿井里，儿童每天工作 12 小时甚至更长时间”（Kuczynski 1972, pt.1, 45）。在 19 世纪 80 年代的美国，即使是“将儿童的日工作时长减至 12 小时以下的尝试，都遭到了激烈的反抗”（Foner 1955, 24）。

在英国，直到 19 世纪，反抗这些工作条件的斗争才开始通过工厂立法的方式表达出来。1802 年，一项法律将棉纺织业学徒的日工作时长限制在 12 小时以内；1819 年，一项法案禁止雇用 9 岁以下的儿童，同时将“9~16 岁儿童的日工作时长限制在 12 小时以内；1825 年的一项法案将儿童周六的劳动时长限制在 9 小时以内；1831 年的一项法案禁止 9~21 岁的年轻人晚上工作。当然，这些法规经常为人夸耀，但直到 1844 年，有效的立法才将儿童的日工作时长限制在 6.5 小时以内，将妇女和年轻人的工作时长限制在每天 12 小时、每周 69 小时以内”（Kuczynski 1972, pt.1, 61–62）。

1850—1880 年，诸如工程师、木匠和木工、钢铁工人等重要的加入工会的工人，每周的工作时长为 50~63 小时。到 19 世纪 80 年代，工程师的周工作时长已经减至 54 小时，并且在接下来的 10 年间减至 50 小时。钢铁工人的周工作时长在 19 世纪末也减至 53~54 小时。排字工、砖瓦匠等工种的工作时长也有类似的减少趋势。因此，总体来看，每周“工作时长在整个 19 世纪下半叶有减少的趋势”。这一部分是因为日工作时长的减少，一部分是因为每周全天工作天数的减少（Kuczynski 1972, pt.1, 72–73, 91–92）。所以，在“［19］世纪中叶前后，在组织良好的工会里，每天工作 10 小时（当然不包括吃饭时间）

非常普遍，并且到了 19 世纪末，许多工会已经为其成员争取到每天工作 9 小时、通常在周六有更短工作时长的福利……但是，甚至到 19 世纪末，对大批工人而言，每天工作 11~12 小时（不包括吃饭时间）仍然非常普遍”（73）。在澳大利亚，截至 1856 年，至少在维多利亚州，砖瓦匠和其他技术工人已经争取到了每天工作 8 小时。这在新西兰甚至更早就得以实现：早在 18 世纪 40 年代，许多工会成员便做到了这一点（Kuczynski 1972, pt.2, 83, 91, 116）。日工作时长缩短对利润率的影响反过来在一定程度上通过劳动强度的提高得以抵消（Kuczynski 1972, pt.1, 61–62, 73）。请注意，在这段时期，劳动强度的提高被用来抵消日工作时长的缩短，而在 18 世纪和 19 世纪之交，劳动强度的提高被用来强化不断增加的日工作时长。

在一战之前的英国，正常的日工作时长是 9 小时。到二战前夕，“很多工人每天工作 8 小时，同时工厂法将 16 岁以下年轻工人的周工作时长限制在 44 小时以内”。在两次世界大战期间，日工作时长都延长了，随之而来的是工作事故的增加。工厂总督察在 1941 年的报告中写道，从两次世界大战的案例中学到的教训是，“过长的日工作时长意味着生产的下降，从生产的角度看，适当的工作间歇和休息日是极为重要的”（Kuczynski 1972, pt. 1, 164–165）。

现在，在某种由社会调控的劳动强度下，每天工作 8 小时已在大多数发达国家成为标准，尽管这些标准在移民和无合法身份文件的工人中仍被广泛忽视。例如，在美国，劳工部对尼曼、西尔斯和蒙哥马利·沃德等服装制造商和零售商提起诉讼，指控它们“从洛杉矶地区的一家涉嫌奴役泰国工人的血汗工厂购买产品……在加利福尼亚州埃尔蒙特一个公寓楼的车间里，大约 60 名工人每天艰辛工作长达 22 小时，如果在生产中放慢速度，他们便会面临被强奸或杀死的威胁……

根据指控，这些工人实际上是契约奴工，用长达 7 年、每小时报酬为 1.6 美元的工作来偿还他们从泰国来到美国的花费。一些工人告诉劳工部的调查人员，“即使他们还清了来美国的旅费，也不被允许离开”（Nomani, Rose and Ortega 1995, B6）。北美自由贸易协定（NAFTA）使“美国服装制造商和零售商可以更少地依赖亚洲，而是在西半球开发‘自己’的廉价劳动力”（Bonacich 1998, 460）。洛杉矶的服装生产迅速发展，几乎完全是由移民劳动力长时间从事计件劳动（即仅支付他们完成的每一件工作）推动的。关于日工作时长和最低工资的规定被“例行违反”（464），健康与安全违规很常见，工人遭受到来自雇主的个人虐待和性骚扰（460–465）。

当然，在发展中国家情况更糟。恶劣的工作条件以及每周工作 60~70 小时似乎是常态，亚洲的时薪是 0.13~0.44 美元，拉丁美洲的则是 0.76~2.38 美元（Powell and Skarbek 2006, 263–268, 265, table 261）。据报道，在一家生产销往美国市场的芭比娃娃的某亚洲国家工厂里，工人制作一个芭比娃娃的工资是 17 美分，这个芭比娃娃的成本是 3.01 美元，而在美国市场的售价是 15.89 美元。在这个工厂中，女工被迫在每一班次中工作超过 13 小时，每周工作 7 天，没有医疗保险和工伤保险，并且请一天病假就将被扣三天的工资。对于那些坚持认为即使这样的工作也可能比这些工人面临的其他选择更可取的人，我们必须指出，劳动过程的历史是工人的选择范围不断变化的历史。工人显然知道这一点：据报道，他们正在计划罢工（PR Newswire 2006）。

4.3.3 工作条件和生产率关系的经验研究

生产率一般随日工作时长的延长而增加，至少在达到某个劳动者疲惫点之前都会这样（Kuczynski 1972, pt. 1, 165–166）。提高劳动强度也有相同的效果，但它也可能在某一点后产生反作用——正如卓别林在《摩登时代》的经典流水线场景中滑稽地表现的那样。

在某个给定的劳动强度下，随工作时长的延长，生产率的增长率通常会递减："来自 1880 年制造业普查的微观数据［显示］……在劳动资本投入不变，以及每月的开工天数和每年的开工月数不变时……年度产出相对于日工作时长的弹性为正但小于一。"（Atack, Bateman, and Margo, 2003, abstract）在得出这些估计值的过程中，这些作者使用了一个标准的弹性不变的函数来拟合其数据，所以他们没能考虑到这一可能性，即弹性本身在日工作时长达到一定值后可能会下降。卡尔姆福什和赫尔（1989, 760–761）讨论了后面的这一问题，他们指出：尽管"一名员工的平均生产率……可能随着日劳动时长的延长而增加……但长时间的工作［也］伴随着更强的疲劳感"。因此，日工作时长可能会变得过长，以致疲劳可能导致生产率下降。一般来说，这一疲惫点也可能取决于劳动强度。因此，总体上看，我们可以说生产率随着日工作时长的延长及劳动强度的提高而提高，但是增速递减，并且在某个过度疲劳点后，它甚至可能下降。这正是本章所假定的生产率的变化模式。

产出系数具有相同的特征模式。短期内，企业拥有的厂房和设备的存量是给定的。因此，存量 / 流量系数，比如机器数量 / 产出数量（机器系数），机器数量 / 劳动数量和机器数 / 劳动时间数，全部随着产出的增加而持续下降（Beaulieu and Mattey 1988, 199）。另外，由于实际的制造业厂房是根据给定数量的机器配备给定数量的工人来设计的，机器运转的时长随着劳动时长的增加而增加，因此它们的比率（"机器运转的时间"与"劳动时间"之比）并不随产出的增加而改变（Miller 2000, 121–122; Hornstein 2002, 71–72）。原料系数（包括支持机器运转所需要的动力投入）的变化可以从单位原料成本的变化中推导得出。尽管它由于夜班带来的额外的照明和供暖成本等原因（随后讨论）而在班次之间发生变化，但是在给定生产班次中是一个定值。最后，与关于生产率的研究一致，劳动系数（生产率的倒数）随着日工作时长的延长和工作强度的提高而减小。对于任意给定的劳动强度，劳动系数随着日工作时长的延长（因而产出增加）而以递减的速度下降，从而产生一条在生产班次结束时趋平的曲线。

4.4 企业层面的生产

4.4.1 工作条件和沿微观生产可能性边界的“再转换”

为了说明日工作时长和劳动强度与微观生产之间的联系，我将首先考虑在不同劳动强度下，由机器的产能（比如每天 20 小时）决定工作时间的单班制的情况。这里的分析所关注的是对“生产可能性”的工程学估计，而没有考虑实际劳动过程的生理或社会的限制。维贝把这称为“工程方法”，即“通过利用直接的技术信息（阅读计划书、与工程师交谈、利用工程理论等）建构假设的生产数据。由此而来的问题便是：在任何一个这样的单班制工作日情况下，产出将怎么随着日工作时长的变动而变动？接下来，我将在这样一个简单的、得到经验性支持的命题（生产率随着日工作时长的延长而增加，在劳动者疲惫时达到峰值，然后开始下降）的基础上分析这个问题。关于技术、生产率和成本曲线的实际经验证据，将在 4.4.2 小节和 4.4.3 小节进行讨论。

在给定的生产班次下，每一台机器都要求一个特定规模的工作团队，所以每 1 小时的机器运转时间都要求工作团队中每名成员相应的 1 小时的劳动时间，即每个班次中机器 / 劳动和机器运转时间 / 劳动时间这两个比率是由技术设计固定下来的。然而，从每 1 小时的机器工作使用中所得的产出，取决于由日工作时长和劳动强度共同决定的生产率。平均每小时生产率（xr = XR/L）是累积产出（XR）和累积劳动时间（L）之比，其倒数就是劳动系数（L/XR）。在特定劳动强度下，工作团队的生产率通常随着日工作时长的延长先有增加，在劳动者疲惫点达到顶峰，并可能在此之后降低，因为疲劳会导致错误与产出的实际损失（引入最后一个阶段的目的是评估新古典经济学生产可能性边界这一概念）。劳动强度的增加提高了给定日工作时长对应的生产率，使得生产率曲线向上移动，劳动系数曲线向下移动。[①] 其他系数则有所不同。如果一单位产出包含一个固定数量的原料投入，那么直接原料系数在一个班次内会是一个常数。另外，只要产出随着日工作时长的延长和劳动强度的提高增加了，给定机器存量与产出的比率（mk ≡ MK/XR）就会下降，而如果在某个点之后产出下降，那么给定机器存量与产出的比率就将上升。辅助材料的投入系数处于某种中间状态，因为维持机器运转所需的动力一般来说随着投入加工的原料数量的变化而变化，额外照明和供暖的耗电量可能在日班和夜班有所不同，但是就日班来说，维持一个工厂运转所需的电量是固定的。因此，一个恰当的做法是，将维持机器运转所需的动力与额外照明和供暖的耗电量归入原料系数（在班次之间可能是不同的），而将日班时维持一个工厂运转所需的电量归入机器

① 这一诊断没有考虑劳动强度和劳动者疲惫点之间的相互作用，因为后者在更高的劳动强度下可能会更早出现。

系数（Miller 2000, 128n12）。

总的来说，对一个最长工作时间的单班次而言，劳动系数会随着产出的增加先减小到某一点，然后可能回升，形成一条U形曲线。如果劳动强度提高，该曲线会向下移动。原料系数就劳动小时数和劳动强度而言是稳定的，因为更多的产出自然要求成比例的更多的原料投入；机器系数随着产出的增加而稳定下降（劳动小时数与劳动强度的某种特定搭配的影响将反映在某一个特定的产出范围上）。

附录4.2提供了一个班次时长等于机器日运行时间上限（20小时）的单班制工作日的产出结果的数值实例。图4.1~图4.4描绘了4种劳动强度（i）下，20小时为一班，作为一班中劳动小时数的函数的生产率，总产出路径、作为生产率倒数的劳动系数和机器系数（机器存量/产出），其中4种不同的劳动强度分别是最大生理强度、社会正常强度、合法怠工和怠工。（这里没有展示在给定班次中被假定为恒定的原料系数。）每台机器都要求某一固定规模的工作团队进行操作和维护，

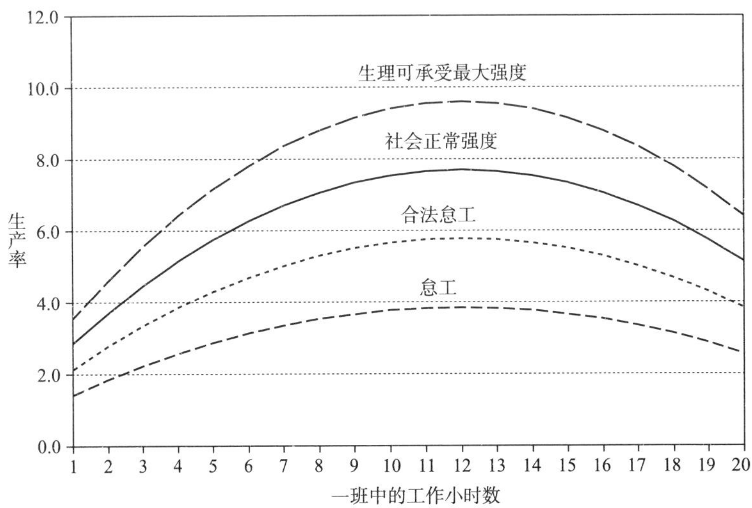

图4.1 不同劳动强度下每个工作小时的生产率（给定技术单班制）

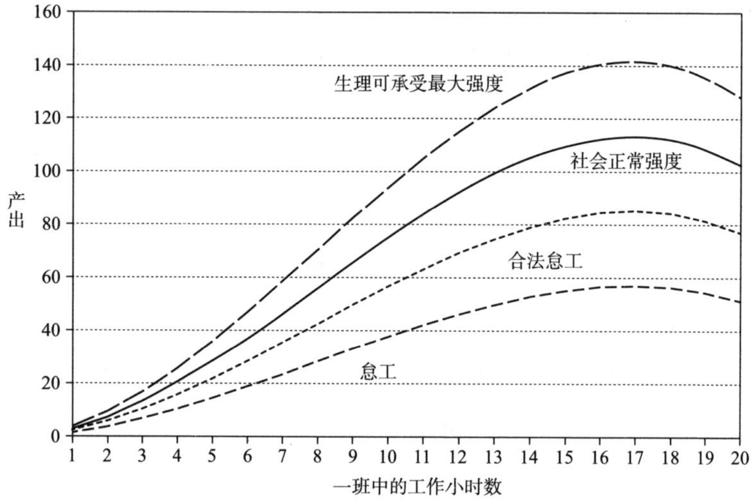

图 4.2 不同劳动强度下每个工作小时的产出（给定技术单班制）

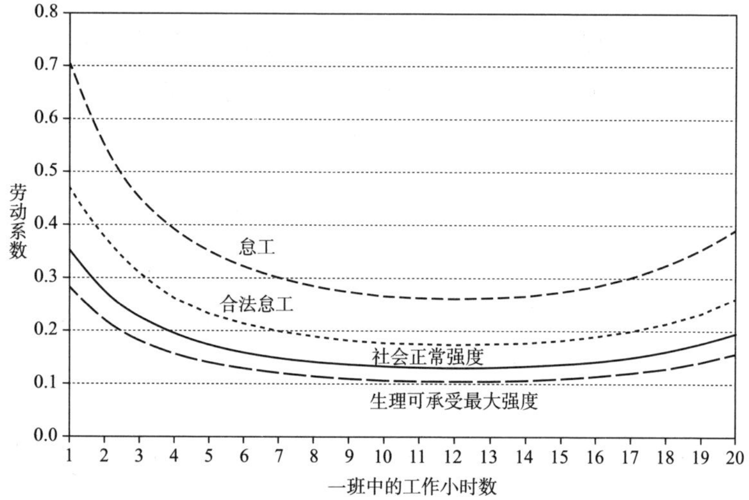

图 4.3 不同劳动强度下每个工作小时的劳动系数（给定技术单班制）

每台机器的工作小时数都要求其工作团队一系列相应的劳动小时数，每一单位产出也都要求一个固定的原料量。尽管做了这样的假设，由

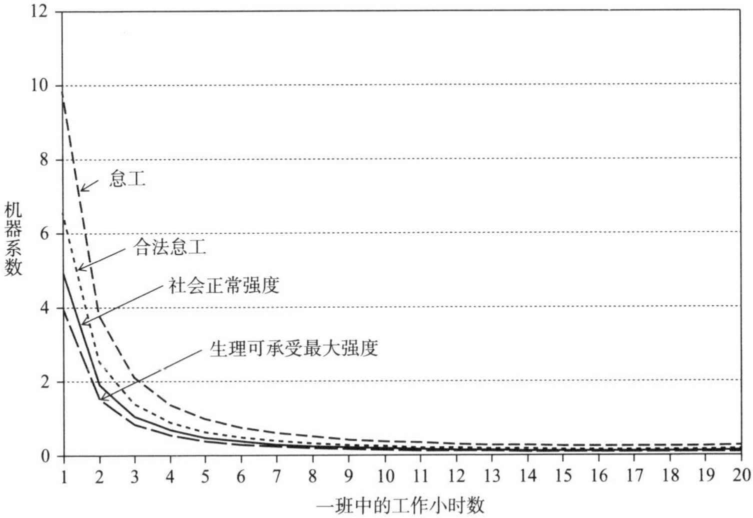

图 4.4 在给定技术的单一班次中，不同劳动强度下每个劳动小时的机器系数

此得到的劳动系数和机器系数仍然随着日工作时长和劳动强度的变化而发生巨大的变化。

新古典经济学将生产描述为“生产集和生产函数，生产集代表着所有技术上可能的投入、产出组合，生产函数则反映给定投入下的最大产出”（Varian 1993, 313）。用于定义生产函数的技术边界，被进一步假定为具有可变的投入系数且随着投入的增加而单调变化（Wibe 1984, 401–403; Varian 1993, 304–305; Wibe 2004, 203）。在“标准的［新古典］生产模型”中，产出是“资本存量……以及总劳动时间的函数”，为了实现资源的有效配置，所有的机器都必须投入生产，劳动雇用决策也必须实现产出最大化（Hornstein 2002, 70–72）。在单班制情况下，这意味着，随着劳动时间的增加，存在一条单调上升的产出边界曲线，即产出以递减趋零但始终为正的速度增加（Varian 1993, 304–314 and 312, fig.17.03; Hornstein 2002, 70–71）。

如图 4.2 所示，最大生理强度下的产出曲线似乎可以用来描述新古典经济学所假设的技术边界。[①] 但是尽管它所体现的生产率的变化路径非常合理，但相应的产出曲线在第 17 个小时之后向下逆转的事实意味着这一曲线并不是单调的。因此，新古典的生产函数对整条曲线来说并不成立。如图 4.5 所示，企业可以通过以下方法弥补这个缺陷，即在第 17 小时结束第一班，并增加一个时长为 3 小时的第二班，以产生一条新的产出边界，这条产出边界既是单调的，又有更高的总产出。[②] 但结果表明，即使 17 : 3 的两班制组合比 20 小时的单班制有优势，但它仍然不能形成“需要的这条”生产可能性边界，因为在工作日的某段时间范围内，还存在其他优于 17 : 3 这一两班制的组合。请考虑一个与 17 : 3 的两班制相反的两班制组合，即把 17 小时的班置于 3 小时班的后面。这个 3 : 17 两班制产出曲线的前 3 个小时（即它的第一班）将和之前的 20 : 0 单班制以及 17 : 3 两班制的前 3 个小时的产出曲线重合，而在第二班的开始，3 : 17 两班制的产出曲线将落到 20 : 0 和 17 : 3 这两条曲线的下方，这是因为至少在前 17 个小时内，这两种班次组合的产出都随着劳动时间的增加而增加，所以 3 : 17 两班制中的第二班第 1 个小时对总产出的贡献将小于 20 : 0 和 17 : 3 这两个班次组合中的第一班次的第 4 个小时。然而，一个 3 : 17 的两班制必然要和一个 17 : 3 的两班制有相同的总产出，因为每一个班次的产出并不取决于它在一天中开始的时刻。结果就是，为了达到相同的日总产出，3 : 17 班次组合的产出曲

---

① 正如所构建的那样，不同劳动强度下的产出曲线与生产率曲线并不相交，因此包络曲线是与最高劳动强度有关的曲线。但较低的劳动强度可能在某种程度上推迟生产率曲线向下逆转的时间点，至少在达到某一极限点之前是这样的。在这种情况下，生产力包络曲线可能包含一个有限的区域，在这个区域中较低的劳动强度可以换回更高的生产率。

② 一个企业可以选择在产出最大化的点停止任何班次，这被称为“自由处置”假设，这意味着“一个企业可以无成本地处置任何［不想要］的投入”，比如工人或者至少是劳动时间（Varian 1993, 307）。

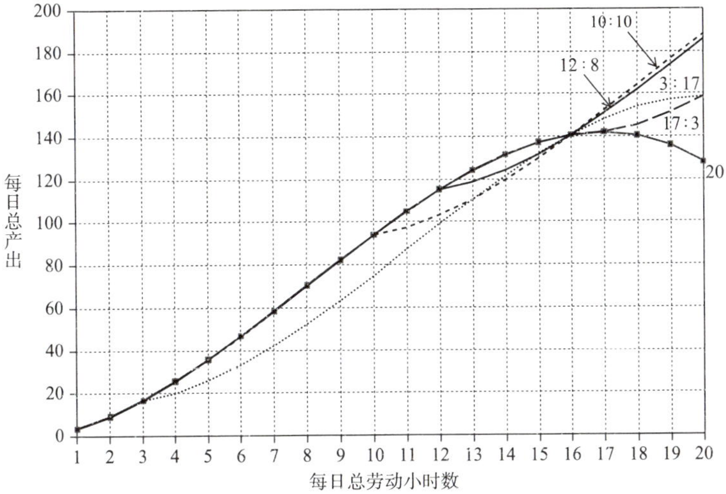

图 4.5 不同班次组合的日产出（每天 20 小时，最大劳动强度）

线必须赶上 17:3 班次组合。因此，这两条曲线必须如图 4.3 所示的那样上下转换它们的次序，因而使任何一条曲线都不能宣称自己是第一位的。除了在 17:3 和 3:17 两种两班制组合中没有一种能宣称自己是第一位的，类似的“再转换”在（比如）12:8 和 8:12 的两班制组合的曲线中也必然会出现。① 像 $6\frac{2}{3}:6\frac{2}{3}:6\frac{2}{3}$ 这样的三班制安排同样遵循这一规则。该规则唯一的例外是 10:10 这一两班制组合，它的正序和倒序是一样的，因而带来了全部班次组合中最高的日总产出。②

① 我们不能像新古典理论通常假设的那样，将不同班次组合对应的不同的产出曲线组合起来构造某一条包络线，因为每一种不同的班次组合都代表对任意一台给定机器的不同使用方法。

② 最优的班次长度，10 小时，也可以通过最大化拉格朗日函数方法（使用标准符号 L、λ 代表）推导得出：$L=\sum_{j=1}^{n} XR_s(h_j)+\lambda(20-\sum_{j=1}^{n} h_j)$，其中是 h_j 是第 j 班的小时数，$XR_s(h_j)$ 是该班次截止时相应的总产出，20 是任意机器日最大运转小时数。一阶条件是：$\frac{d\,XR_s(h_j)}{d\,h_j}=\lambda$，其中 $j=1, 2, \ldots J$，以及 $\sum_{j=1}^{n} h_j=20$。这些条件反过来意味着班次的长度必须相等（$h_j=h_k=h^*$），所以最优的班次长度为 $h^*=20/n$。一旦我们确定了班次的长度必须相等，那么我们就可以在数值上推导出最优长度，利用 n 为整数且 $1\leqslant n\leqslant 20$ 计算出 $h^*=20/n$，推导出每一班次的相应产出 XR_s，从而计算出日总产出 $XR=n\cdot XR_s$。

即使在简单可信条件下也存在的这种生产曲线再转换的事实，摧毁了用微观新古典生产函数刻画个体生产方法特征的任何可能性。这与“剑桥资本争论”的结果相呼应，即生产方法之间的再转换，使得新古典（伪）总生产函数所要求的关联性失去了任何存在的可能性（Sraffa 1960, 38, 81–87; Pasinetti 1969; Garegnani 1970; Pasinetti 1977, 173–174, 177–178）。剑桥资本争论的最终结果是历史上一个绝妙的讽刺，因为它意味着（伪）总生产函数要求价格必须服从简单的劳动价值论。[①]（Shaikh 1973, 11–14, 66–83）。

通过将生产函数重新定义为特定的、带来最大日总产出的两班制所对应的产出曲线，我们也许可以试图避免微观经济学中的这一难题（Hornstein 2002, 70–72）。在这里的例子中，它将是 10∶10 两班制对应的产出曲线。但是，这样一来，正如图 4.5 所清晰展示的，对应的曲线将不会始终处于边界上，它将不是单调的，而且它也将不具有一个表现良好的生产函数所要求的典型的凸性假设（Varian 1993, 307–308）。图 4.6 描绘了 10∶10 两班制下平均产品和边际产量的曲线，它们都与教科书中描绘的对应曲线大相径庭。教科书中通常假定，生产率随产出的增加稳定地降低，服从所谓的“边际生产率递减规律”，而这一规律也被认为是代表了“绝大多种生产过程的共同特征”（Varian 1993, 310）。但是，实际的生产过程并不具备任何此类特征。相反，生产率通常在某个相当长的时间间隔内随着劳动时间（从而也随着产出）的增加而增加，而仅仅在日工作时长超过某一临界值时才开始下降。这就是图 4.6 所反映的符合实际经验的模式。

---

① 正如麦康比和狄克逊（1991, 24）引述的那样，总生产函数的创始人保罗 · 道格拉斯（1976, 914）用他表面上经验有力的证据推销其政治意图：“[柯布–道格拉斯总生产函数] 估算出来的系数与实际份额的大体一致，巩固了 [新古典主义] 的竞争性分配理论，并证明了马克思主义者的错误。”

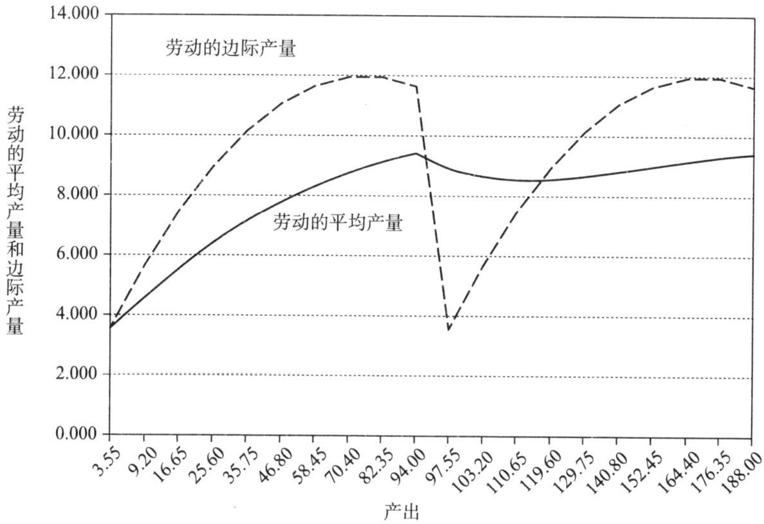

图 4.6 最大技术产出下（10 ∶ 10 两班制）劳动的平均产量和边际产量曲线

为了生产出最大的日产出，图 4.5 和图 4.6 所描绘的技术最优的 10∶10 两班制结构是必要的。这样一来，如果企业实际上以其他某个由社会决定的班次长度组合和劳动强度进行生产的话，那么它们的生产将总是少于最大产出，事实确实如此。于是，新古典生产（可能性边界）函数将会“表现差劲”的事实就变得无关紧要，因为由社会化条件决定的企业永远不会依此组织生产。用“实际工作条件”和“实际可持续最大产出”重新定义“生产函数中完全投入点”，以便试着将劳动的社会条件偷偷引入生产函数的定义，对新古典的故事也没有帮助（Corrado and Mattey 1997, 152）。因为这样一来，生产函数显然成为一种社会生产关系，而不再是由技术决定的了。那么，劳动和资本的边际产量，也将和实际工资、利润率一样，均完全由社会决定。同时，在实际工资和利润率二者之间所假定的任何平等性，也只是起基础作用的社会性决定因素的反映而已。

4.4.2 由社会决定的劳动条件下的产出系数和生产数

那么，当企业在由社会决定的工作条件下运行时，会发生什么呢？请考虑以下情况：正常劳动强度下，每天 2.5 班，每班 8 小时（8∶8∶4），总持续时间加起来是机器在一天内的产能：20 小时。全天机器存量（MK）给定。日总产出将在第一班内增长；由于班次内的生产率在开始时较低，因此在第二班开始时，日总产出的增长将稍微放慢；在第三班开始时增长将再次放慢。如果 N 为每一班中工人的数量，那么日总雇工数将沿阶梯式序列 N, 2N, 3N 变化，日总劳动小时数沿序列 H_1N, H_2N, H_3N 变化，其中：$H_1 = 1$，...，8; $H_2 = 9$，...，16; $H_3 = 17$，...，20。[①] 因此，机器 / 劳动比遵循的序列是 $\frac{MK}{N},\frac{MK}{2N},\frac{MK}{3N}$，而机器 / 劳动时间比的序列是 $\frac{MK}{H_1N},\frac{MK}{H_2N},\frac{MK}{H_3N}$。因为每天每 1 小时的劳动时间同时也对应着 1 小时的机器运转时间，所以机器的运转时间也遵循序列 H_1 MK, H_2 MK, H_3 MK，因此每天的机器运转时间 / 劳动时间比将会一直保持 $\frac{MK}{N}$ 不变。因为每班的总雇工数量沿阶梯函数 N, 2N, 3N 变化，所以每个工人的日产出将会不规律地提高。尽管前两个生产班次由于时长相等，从而在班次结束时它们的每小时平均生产率相同，每个劳动小时的日产出会首先沿着第一班的生产率路径移动，但随后便与之分道扬镳，自辟蹊径了。表 4.2 总结了所有的序列关系，具体数值参见附录 4.2。

---

① 如果 N= 2，那么第一班 8 小时中的每 1 小时都带来 2 个小时的工人劳动时间，因此第一班的日劳动小时数遵循 2, 4, 6，...，16 的序列。第二班的劳动小时数是将相同的班次序列加在第一班末的劳动小时数之上，因此第二班的日总劳动小时数为：（16+2），（16+4），...，（16+16）。第三班只持续了 4 个小时，所以日总劳动小时数为：（16+16+2），（16+16+4），（16+16+6），（16+16+8）。那么，总的日劳动小时数序列就可以表示为 H_jN，其中 j = 1, 2, 3。H_1 = 1, 2，...，8; H_2 = 9, 10，...，16; H_3 = 17，...，20。

表4.2　2.5班次、总计20小时下的实物存量、流量和生产函数

	班次 1 = 8 小时	班次 2 = 8 小时	班次 3 = 4 小时
h为每班劳动小时数 = 1, ..., 8; H为每日劳动小时数 = 1, ..., 20; $H_1 = 1, ..., 8$; $H_2 = 9, ..., 16$; $H_3 = 17, ..., 20$			
每日机器存量	MK	MK	MK
每日产出范围	$XR_1(H, i) = XR_s(h)i$	$XR_2(H, i) = XR_s(8)i + XR_s(h)i$	$XR_3(H, i) = 2XR_s(8)i + XR_s(1, ..., 4)i$
每日雇工数量	N	2N	3N
各日劳动小时数	H_1 N	H_2 N	H_3 N
每日机器小时数	H_1 MK	H_2 MK	H_3 MK
工人人均产出	$xr_1'(H,i) = \frac{XR_1(H,i)}{N}$	$xr_2'(H,i) = \frac{XR_2(H,i)}{2N}$	$xr_3'(H,i) = \frac{XR_3(H,i)}{3N}$
人均机器数量	$\frac{MK}{N}$	$\frac{MK}{2N}$	$\frac{MK}{3N}$
每劳动小时平均产出	$xr_1(H,i) = \frac{XR_1(H,i)}{H_1N}$	$xr_2(H,i) = \frac{XR_2(H,i)}{H_2N}$	$xr_3(H,i) = \frac{XR_3(H,i)}{H_3N}$
每劳动小时机器数	$\frac{MK}{H_1N}$	$\frac{MK}{H_2N}$	$\frac{MK}{H_3N}$
每劳动小时机器小时数	$\frac{MK}{N}$	$\frac{MK}{N}$	$\frac{MK}{N}$

关于生产函数的文献研究通常假定一种形如 YR = f(KR, L）的瞬时函数，其中 YR 代表一个在给定实际资本（KR）和劳动（L）投入下的（最大）实际净产出。根据假设的边际生产率递减规律，在一种投入品增加，而另一种投入品保持不变的情况下，那么最大产出被假定会以递减的速度增加。不仅如此，如果生产函数还具有规模报酬不变的性质（所有投入要素双倍增加时，最大产出也会双倍增加），那么单

位劳动产出（yr = YR/L）还会被假定为随着资本–产出比（kr = KR/L）的增加而以递减的速度增加（Varian 1993, 305, 312）。在这里，我们关心的是实际总产出 $XR \equiv YR/(1-a)$，但由于原料系数（a）给定不变，所以我们可以将生产函数等价地写为 XR = f(KR, L)。如果生产函数还具有规模报酬不变的性质，我们还可以将其进一步写为 xr = f(k)。请注意，在一个规模报酬不变的新古典生产函数中，由于存在各要素的边际生产率递减这一先验假设，单位劳动产出将随着劳动投入的增加而以递减的速度增加。图 4.7 和图 4.8 展示的是教科书中普遍存在的生产函数形状，它们是在附录 4.2 中基于柯布–道格拉斯生产函数推导得出的。

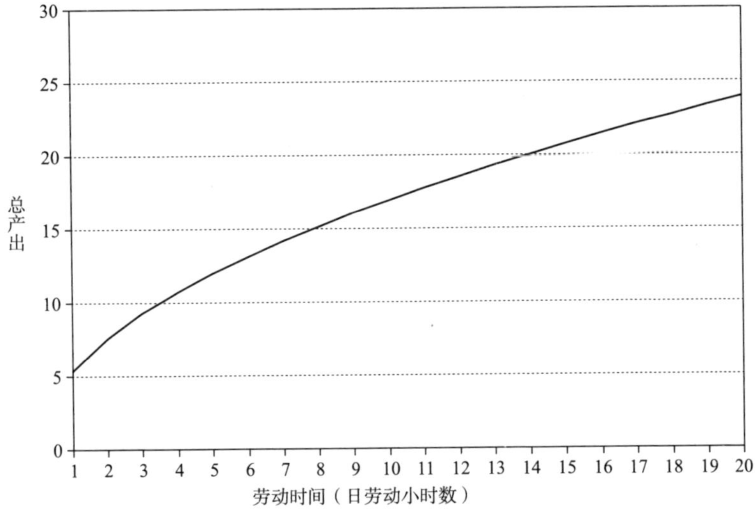

图 4.7 短期新古典生产函数

（总产出与劳动时间的关系，机器存量给定）

虽然拥有这个共同的基础，但是新古典经济学家对于“资本”和“劳动”这两个术语的解释最终不尽相同。教科书中的解释是：资本指

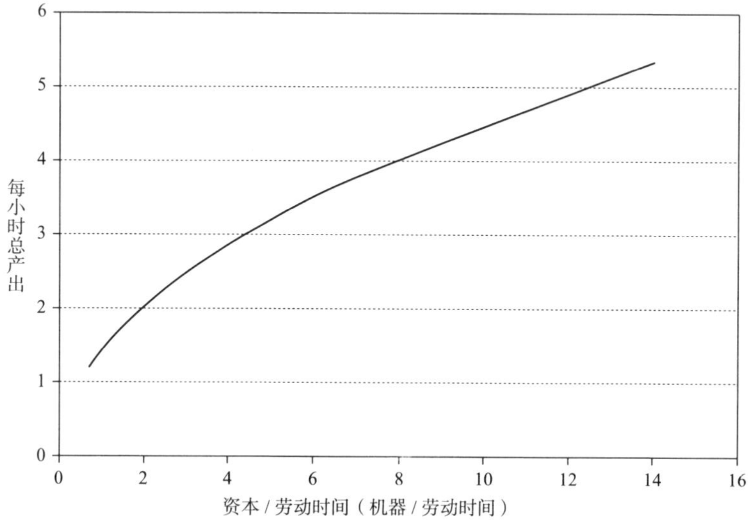

图 4.8 新古典生产函数中的每小时产出
（总产出 / 劳动小时数与资本 / 劳动时间之比，机器存量给定）

实物资本（机器）的存量，而劳动指工人的数量（Pasinetti 1977, 29–30; Miller 2000, 128n7）。图 4.9 描绘出了本节案例所对应的产出–雇工数曲线，图 4.10 描绘出了人均产出–机器 / 劳动比曲线。很明显，这些模式与新古典理论所假设的那些模式大不相同。第一班有N个工人（为了简化，假定 N=1），给定这一工人数量，产出随他们劳动时间的增加而增加。因此，整条产出–雇工数曲线向上垂直跃迁，直到第一班结束。当第二班开始时，每天总雇工数增至 N=2，产出又一次随着第二班工人在预定时间内的工作而向上跃迁，以此类推。因为机器存量给定，所以机器 / 雇工数之比在第一班时最高，第二班时有所降低，第三班时最低。再一次，在任意给定的一班内，每个工人的产出随着他们劳动小时数的增加而增加，这就产生了如图 4.10 所示的（倒序）特征模式。

就“资本”“劳动”的含义而言，已有文献的另一种解释是，劳动

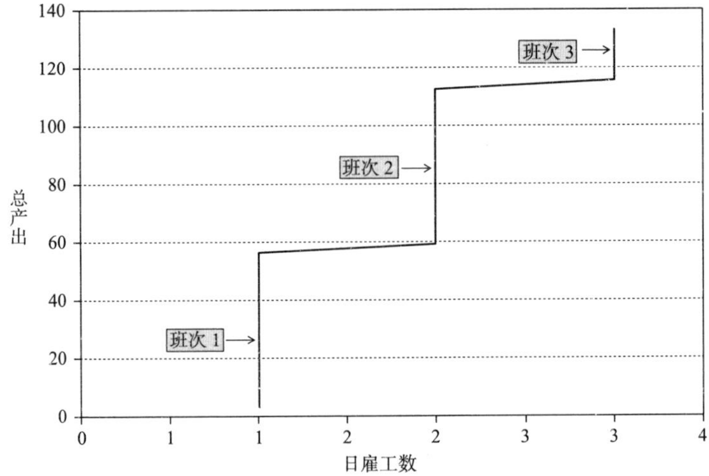

图 4.9 产出 – 雇工数曲线
（运行至工程产能，8 小时一班，共 2.5 班）

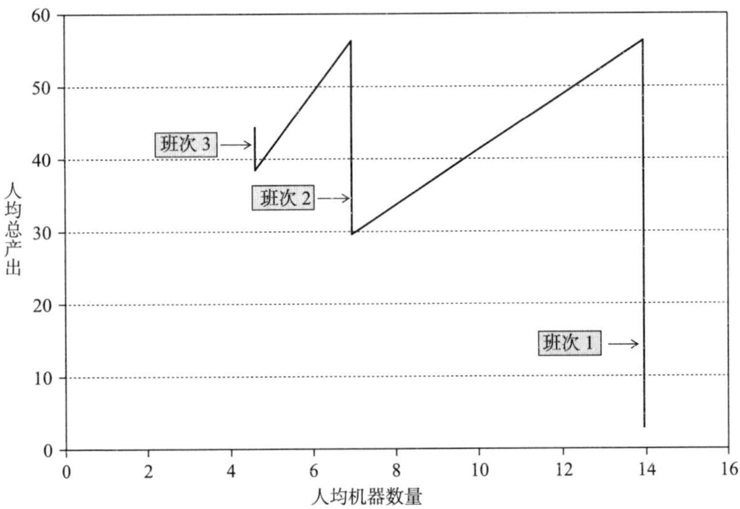

图 4.10 人均产出 – 人均机器数量曲线
（运行至工程产能，8 小时一班，共 2.5 班）

指劳动小时数，而非雇工数，同时假定新古典生产函数其他所有的标准性质仍然不变（Hornstein 2002, 70–72）。这要求我们将产出描述为劳动小时数的函数，将每劳动小时的平均产出描述为机器 / 劳动时间比的函数。从这一新古典的视角来看，图 4.11 所示的产出路径看起来似乎更具说服力，除了它并不满足边际生产率递减假设所要求的十分重要的凸性特征。然而，当我们考虑图 4.12 所示的每劳动小时平均产出与每劳动小时机器数量的对应关系时，希望又马上被打碎了：这条曲线看上去完全不像图 4.8 所假设的新古典的对应曲线。图 4.12 也是以倒序进行的，这是因为在第一班开始时每小时生产率最低，而机器 / 日劳动时间比最高。随着第一班内劳动小时数的增加，单位小时生产率递增，而机器 / 劳动时间比递减，所以曲线从其最远端向内移动。当第二班开始时，平均生产率由于其总是在班次开始时较低而暂时下降，机器 / 劳动时间比则随着日劳动小时数的增加而继续下降。

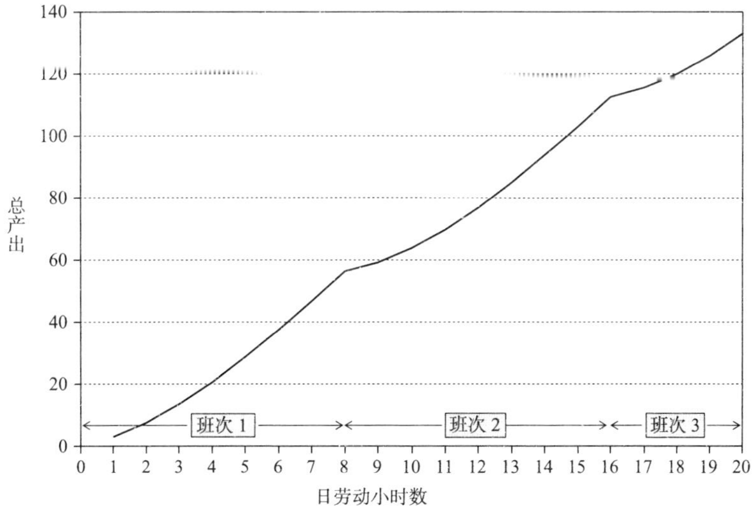

图 4.11 产出 – 劳动小时数曲线
（运行至工程产能，8 小时一班，2.5 班）

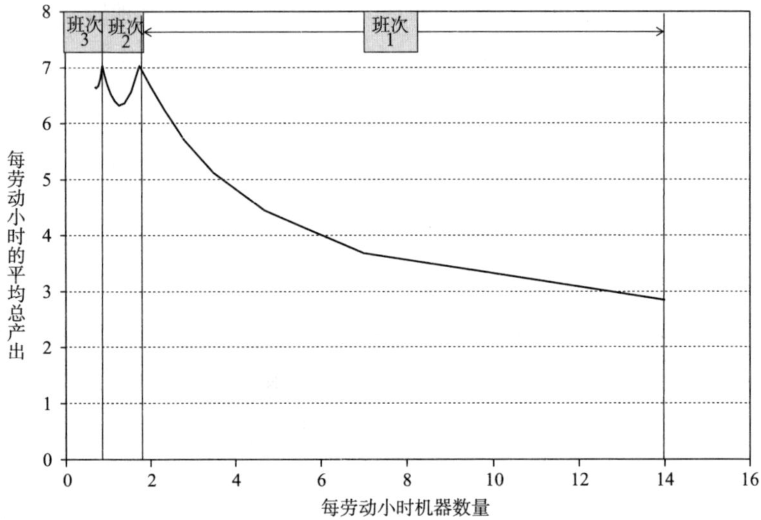

图 4.12 每劳动小时的平均产出 – 每劳动小时机器数量
（运行至工程产能，8 小时一班，2.5 班）

最后一类新古典主义作者则坚持认为，对生产函数投入品唯一合理的解释是资本和劳动的“服役时间”（即分别为机器运转时间和劳动时间）（Calmfors and Hoel 1989, 762; Varian 1993, 304; Beaulieu and Mattey 1998, 202; Hornstein 2002, 71）。撇开怎样才能在劳动时间变化的同时保持机器运转时间不变这一难题不谈，[①] 对投入品的这种说明要求我们如图 4.11 中所做过的那样，考察产出和劳动小时数之间的关系。从图 4.11 中可以看到，尽管这条曲线和短期生产函数形状大体一致，但它不满足凸性这一绝对必要的性质。另一个需要考察的是每劳动小时的平均产出与机器小时数 / 劳动小时数比的关系。但后者是恒定的，因为每 1 小时的机器运转都对应着工作团队 1 小时的劳动投入。

① 瓦里安（1993, 304, 312, fig.317.303）表示，机器运转时间和劳动时间是生产函数恰当的投入品，并描绘了一种一个投入品保持不变时的生产函数，这种一个投入品保持不变的生产函数意味着我们可以在保持机器运转时间恒定时有变化的劳动时间。他没有解释怎样才能实现这一点。

图 4.13 展现了这一结果，它与图 4.8 所示的新古典主义的对应曲线灾难性地不相像。

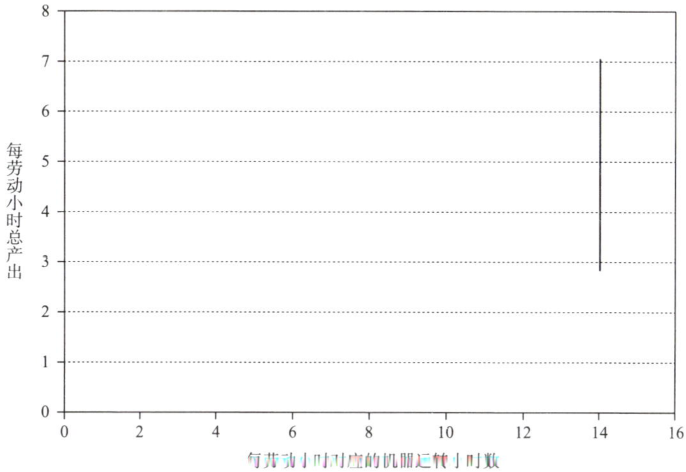

图 4.13 每劳动小时产出 – 每劳动小时对应的机器小时数
（运行至工程产能，8 小时一班，2.5 班）

由此我们发现，不管怎么定义要素投入 KR 和 L，都不可能推导出新古典微观生产函数 $YR = f(KR, L)$ 的假定模式。面对这样的结果，新古典经济学唯一的应对方法便是不顾逻辑和经验事实，简单地假设任意给定机器都能够以规定的方式吸收无限的工人和劳动时间。教科书历来就是这样做的，尽管其在自己声称要描述的劳动过程到底属于哪种类型这个问题上都一直（可以理解地）含混不清。这被保罗·萨缪尔森精辟、正确地描述为“新古典童话故事”。①

迄今为止，我们已经推导出 4 个结果。第一，在给定的一套机器上，产出–劳动时间边界曲线通常跨越多个班次。因为这条产出边界上

① 米勒（2000, 119）指出，罗伯逊（1931, 226）试图用如下轻率的评论避开这一难题：“如果 10 个人而非 9 个人被派去挖一个洞，他们就会被配备 10 把更便宜而非 9 把更贵的铁锹；或者如果没有足够的空间供第 10 个人舒服地挖洞，那么他将会被配备一只桶去为另外 9 个人拿啤酒。”

的不同班次都代表着同一套机器的不同的使用方式，因而我们不能依赖这条产出边界曲线刻画出某种总的微观生产函数。第二，如果我们把生产函数定义为有着最大最终产出的班次组合（10∶10），那么这一生产函数便不是一条边界曲线，它不是平滑的，也不满足凸性假设。第三，由社会条件决定的实际的班次组合与劳动强度（比如8∶8∶4）一般不同于（因此也劣于）所谓的最优组合，因此企业一直都在技术最优的产出曲线之下运行。第四，总体而言，无论我们选择怎样定义投入品的资本K和劳动L，所有的班次组合都会产生出与假设的新古典生产函数XR = f(KR, L）相矛盾的模式。所有这些棘手的结果都来源于一个简单的命题，即每小时生产率随班次的开始而上升，在班次进行至劳动者疲惫点时达到顶峰，随后下降。尽管这个生产率模式具有经验依据，但习惯于新古典生产描述的读者可能还是会怀疑它会产生出看上去形状怪异的成本曲线。但事实上，情况恰好相反：由此产生的成本曲线恰恰是我们在经验层面所发现的（见4.6节）。

常见于非正统经济学中的固定系数假设在某种程度上问题要少一些。一种技术被假设具有一系列固定的生产系数，这意味着原料–产出比、劳动投入–产出比与机器–产出比都固定不变（Pasinetti 1977, 51–52; Kurz and Salvadori 1995, 43–44）。由于并没有假设所讨论的产出是最大的，因此与生产边界相关的问题在这里不重要。此外，固定系数假设也没有禁止将劳动条件由社会决定这一命题引入理论中，比如本节例子中将班次长度定为8∶8∶4（Kurz and Salvadori 1995, 43, 74）。尽管如此，我们也注意到，如表4.1、图4.1~图4.5和图4.9~图4.13所示，日生产系数随着日工作时长和劳动强度的变化而变化。因此，我们需要更加详细地研究这一问题。

如果在某一社会可接受的劳动强度下，一个班次的正常时长是8

小时，那么为了充分利用一台给定的机器，一天应该安排 2.5 个生产班次（20 小时）。相应的生产系数可从之前的表 4.1 中推导出。企业的机器存量 MK 给定时，机器系数 $mk(H,i)\equiv\frac{MK}{XR(H,i)}$ 随产出水平的变化以相反的方向变化。另外，原料系数（a）被假定为始终不变，这反映了这样一个事实，即一个给定的产出水平需要一个特定的原料补充。当劳动投入被定义为劳动时间时，劳动系数被定义为单位产出所需要的劳动小时数，其中日工作总时长 H 为 1~20 小时。由于每一班都会为日总产出增加相同的量，因此劳动系数遵循中间路径。在第一个 8 小时生产班次的末尾，劳动系数为 $l(8,i)\equiv\frac{8}{XR_S(8,i)}$，因为 H = 8，日总产出为 $XR(8,i)=XR_S(8)i$，其中 $XR_S(8)i$ 为该班次第 8 个小时的产出。第二班开始后，第二班的产出会加在第一班末的总产出上，因此在第二班结束时，劳动系数为 $l(16,i)\equiv\frac{16}{XR_S(8,i)+XR_S(8,i)}=\frac{8}{XR_S(8,i)}$，这和第一班结束时的劳动系数相等。第三班（4 小时）的劳动系数也从这一点开始，但最终将达到更高的水平，因为它不是一个完整的 8 小时班。因此，在这个例子中，劳动小时系数曲线有两个相等的最小值。另外，当劳动投入被定义为雇工数量时，劳动系数被定义为单位产出所需要的工人数 $l'_j(N_j,i)\equiv\frac{N_j}{XR_j(H_j,i)}$，其中 j = 1, 2, 3 是班次数。因为在一个给定的班次中，工人的数量是固定的，所以在连续的轮班过程中累计雇工人数为 N = 1, 2, 3，因此，雇工人数系数将与平均固定成本曲线一样在每个生产班次内持续下降，而在每个新班次开始时向上跃升。在我们考虑成本曲线时——它取决于工资是按小时还是按人数支付，这两种劳动系数——劳动小时系数与雇工人数系数之间的差别将会变得非常重要。表 4.3 和图 4.14 总结了现有的各种模式。在所有这些模式中，注意到以下这一点是重要的，即每一个生产系数的分母，也就是日总产出 $XR(H,i)$，

表4.3 生产系数

	班次 1 = 8 小时	班次 2 = 8 小时	班次 3 = 4 小时
h = 为每班劳动小时数 = 1 , ..., 8; H = 为每日劳动小时数 = 1 , ..., 20; $H_1 = 1, \ldots, 8$; $H_2 = 9, \ldots, 16$; $H_3 = 17, \ldots, 20$			
物质存量流量以及系数			
每日机器存量	MK	MK	MK
每日产出范围	$XR_1(H_1, i) = XR_s(h)i$	$XR_2(H_2, i) = XR_s(8)i + XR_s(h)i$	$XR_3(H, i) = 2XR_s(8)i + XR_s(1, \ldots, 4)i$
物质系数			
每日机器系数	$mk_1(H_1,i) \equiv \frac{MK}{XR_1(H_1,i)}$	$mk_2(H_2,i) \equiv \frac{MK}{XR_2(H_2,i)}$	$mk_3(H_3,i) \equiv \frac{MK}{XR_3(H_3,i)}$
每日原料系数	$\bar{a}$	$\bar{a}$	$\bar{a}$
每日劳动系数(劳动小时数/产出)	$l_1(H_1,i) \equiv \frac{H_1}{XR_1(H_1,i)}$	$l_2(H_2,i) \equiv \frac{H_2}{XR_2(H_2,i)}$	$l_3(H_3,i) \equiv \frac{H_3}{XR_3(H_3,i)}$
每日劳动系数(雇工人数/产出)	$l_1'(N_1,i) \equiv \frac{N_1}{XR_1(H_1,i)}$	$l_2'(N_2,i) \equiv \frac{N_2}{XR_2(H_2,i)}$	$l_3'(N_3,i) \equiv \frac{N_3}{XR_3(H_3,i)}$

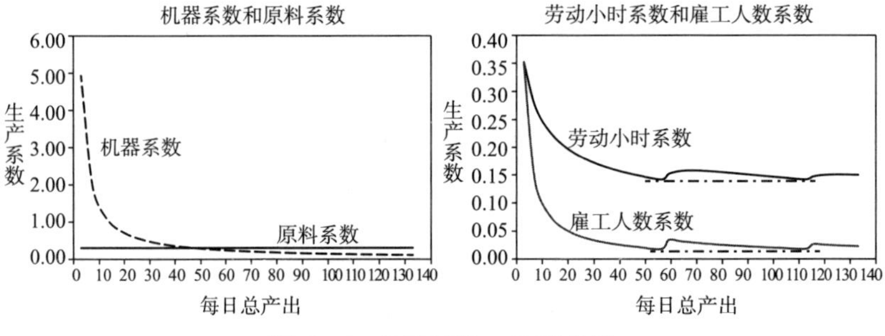

图 4.14 生产系数 – 产出曲线

（运行至工程产能，8 小时一班，正常强度，2.5 班）

本身取决于每一班的时长、劳动强度，以及每天的轮班数。压制这一基本的社会事实就会产生生产系数完全由技术决定的错觉。

根据假设，原料系数恒定，机器系数随着产出的增加而稳定下降，劳动小时系数曲线和雇工人数系数曲线具有多处凸起，并且有两个相等的最小值。由此断定，我们不能在没有确定总的班次结构、每班时长和劳动强度，以及企业工作日中那个特定的点（处于该点时，企业处于正常运行中，因而据此来定义其正常产能利用率）的情况下“固定”其生产系数。[①] 企业的这个特定的点取决于其持续的利润率，这意味着不能在脱离价格和成本的情况下泛泛地加以确定。唯一的例外是，不管价格和成本为例，正常的产能利用率总是恰好发生在工程产能。在不考虑这种情况的条件下——其存在条件将在稍后讨论，在企业面对价格和成本变化，从（比如）每天两班制改为一班制时，给定技术下可观察到的生产系数可能会突然发生改变。在任意一种情况下，生产系数都仍然取决于由社会决定的班次长度和劳动强度。后者可能在任意时间点上是给定的，但肯定会在不同的时间与空间中发生变化。因此，尽管在比较各种可供选择的生产方式时，保持劳动条件不变的做法可能是恰当的，但在比较不同历史时期和不同国家的技术时，这么做是不恰当的。

到此为止，我们学到的重要一课是：通常情况下，生产系数不是由“技术”决定的。技术本身显然是社会的人造品，其形态和特征在不同的时间与空间中有着巨大的差异。即使在某一给定的技术条件下，生产系数也通常取决于劳动行使职能时所处的特定的社会条件。所谓

---

① 博利厄和马泰（1998, 205）区分了资本利用率（一台机器的实际运转时间 / 这台机器的最大安全运转时间）和产能利用率（正常产出 / 工程产出），后者取决于机器最大安全运转时间和劳动强度。

的工商业运营的工程方面具有深刻的社会性。最后，即使把劳动条件纳入考虑范围，可观察到的生产系数通常还要取决于价格和成本。接下来，我们将讨论这一问题。

4.5 成本、价格和利润

4.5.1 新古典、新李嘉图主义和后凯恩斯主义理论假定的成本曲线的形状

成本曲线的形状很重要，因为利润等于价格与成本之差。所有的价格理论都认同绝对利润对于企业生存至关重要。在古典经济学和商业实践的框架下，总成本等于直接成本（原料成本和工资）与固定成本（在这个抽象层次上，固定成本表现为折旧 $\mathscr{D} \equiv \partial K$，其中 ∂ 是折旧率，K 是资本存量）之和。新古典主义理论扩展了固定成本的定义，将“正常利润”$P_n \equiv r_n K$（其中 r_n= 正常利润率）也计入其中（Varian 1993, 316, 382–383, 388）。[①] 这个步骤提高了总固定成本（tfc）、总成本（tc）、平均固定成本（afc）与平均成本（ac）的量度，但并不影响平均可变成本（avc）、边际成本（fc）的量度。因此，新古典主义的平均“成本”实际上是古典理论的生产价格的另一种表达，只是在古

① “在利润为零的长期均衡中，所有的生产要素都以其市场价格被支付……市场价格量度这些要素的机会成本——在用于其他用途时它们可获得什么。”因此，当（超额）利润为零时，“企业的所有者正在采获其因为投资于企业中的货币额而得到的回报”，此时，资本回报率与利率相等（Varian 1993, 387–388）。

典经济学中，生产价格只能在正常产能利用率下被定义，它甚至仅仅是一个动荡的动态过程的一般性结果，在这个动荡过程中，很多资本永远都到达不了应许之地。我用一个星号上标指代包括正常利润在内的成本量度，以区别于真实的成本量度，但包括正常利润在内的平均成本除外，因为它实际上量度的是生产价格 p*。[①]这一处理方法产生的进一步后果是生产价格 p* 的最低点所对应的产出要比真实平均成本的最低点所对应的产出更高。[②]

新古典理论假定边际成本、平均可变成本和平均总成本曲线本质上都呈 U 形变化，如图 4.15 中第一张图所示：它们都先随着产出的增加而递减，达到某个最小值后，再随着产出的增加而递增。正如前文所述，正常价格曲线的最低点比真实平均成本曲线的最低点对应着更高的产出，如图中两个“X”标记所示。在短期内，定价决策遵循利润最大化原则，此时，价格=边际成本（p=mc）。从长期来看，假定类似企业可以自由进出，这将迫使每一个企业在生产价格曲线的长期价格（LR）最低点处运行（mc_{LR} = p*），这使得相应的长期定价规则为 p= p*（Varian 1993, 346–359）。因此，任何 *p*> p* 的价格都意味着“超额”利润和不完全竞争。

---

① 传统的量度为总成本 tc = tvc + tfc，其中 tvc = 总可变成本（原料成本和工资），tfc = 折旧 =∂K，其中 ∂= 折旧率，K= 资本存量；ac = avc + afc，其中 avc = tvc/X = 平均可变成本，afc = tfc/X，mc = *d* tc/*d*X = *d* tvc/*d*X，因为 𝒟 是固定成本（不随产出变化而变化），所以 *d* tfc/*d*X=0。相应的包括正常利润在内的成本量度为总生产价格 tc*=tc+r_nK; afc*= 单位产出的平均总利润 = afc+（r_nK/X）; p*= 平均生产价格 =ac +（r_nK/X）。因为正常利润 r_nK 为固定成本，所以 *d* tc*/*d*X = *d* tc/*d*X = mc，边际成本不受影响。

② p* = ac+（r_n KR/XR），所以 *d*p*/*d*XR = *d*ac/*d*XR− $\left(\frac{rKR}{XR}\right)$（1/XR）=0 意味着 *d*ac/*d*XR=（r_nKR/XR）（1/XR）> 0，也就是说，真实平均成本在 p* 达到最低点时处于上升阶段。

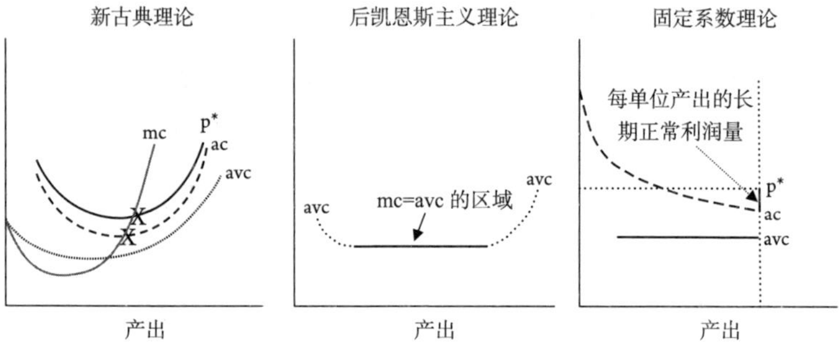

图 4.15　三种主要经济学传统中的典型成本曲线

如前所述，新古典经济学将平均“成本”重新定义，以使其代表竞争性价格（即直接成本加上一个由正常利润率决定的竞争性利润增量）。后凯恩斯主义理论声称，现代世界以寡头垄断企业为特征，这些企业的垄断势力使其能够将利润率保持在一般 / 平均利润率之上。它通常还假设，就起实质性作用的产出水平而言，直接成本是恒定的，而价格是在这些成本之上增加一个总利润形成的（Kenyon 1978, 34, 39, 42）。但这里又产生了一个新的问题。在本章开始的时候，我们已注意到，竞争性价格本身已经包含了一个加于直接成本之上的特定的利润。这样一来，我们就不能把全部的利润量都看作衡量垄断势力的指数。垄断企业据称因为具有市场势力而能获得额外利润（Sawyer 1985, ch.2），因此，只有可观察到的超过竞争性水平的总利润才有资格被视为衡量垄断势力的指数。哈罗德保留了新古典成本包含正常利润在内的定义，这样一来，大于这个成本的价格便意味着超额利润（Harrod 1952, 150）。李（1999, 120–121, 162）告诉我们，希泽、卡尔多、西洛斯–拉比尼和爱德华兹明确地将价格加成分为正常加成和垄断加成两部分，它们由不同因素决定（Kaldor 1950; Hieser 1952; Edwards 1962, 58–69; Sylos–Labini 1962, 33–34）。另外，卡莱茨基（1968, 12–20）却错误地将整个总利润都归因于垄断势力。

最后，如果我们认为总利润是稳定的，那么垄断价格就独立于需求，因而需求的变化将通过产出的变化而非价格的变化满足，这是整个后凯恩斯学派有效需求理论的基础。如图 4.15 中的第二张图所示，对直接成本的关注使得平均成本看似无关紧要。但是事实并非如此，因为在直接成本（avc）之上的价格仍可能在平均成本（ac）之下，而这将产生负利润。此外，平均固定成本（afc，即单位产出的折旧）随着生产规模的扩大而稳定下降的事实也开始变得重要起来，因为这一事实使得即使是在后凯恩斯主义的框架内，企业的净利润也会与它所面对的市场需求相联系。在第 8 章分析后凯恩斯主义的价格理论及相应的经验证据时，我们将再次讨论这一点。

古典传统则是不同的。它专注于长期竞争性价格，这一价格由正常平均成本加正常利润得到。“正常”一词在此有着两重含义：正常利润指的是带来竞争性平均资本回报率的利润，而正常平均成本指的是正常产能利用率下的成本（即平均成本曲线的最低点）。固定系数模型通常假定这一最低点正好对应着工程产能，但我们可以看到这一假设并不必要。图 4.15 中的第三张图描绘了（标准）固定系数生产假设下的典型成本曲线形状。与新古典的情形不同，这里的正常生产价格 p* 仅是单独一个价格点，它对应着特定产出水平下每单位产出的正常利润，而该产出水平对应着正常成本。

4.5.2 一般劳动过程条件下的成本曲线

一般条件，指的是对于任何给定的厂房，生产率首先随着产出增加而提高，但最终会达到最大值，然后开始下降。与之对应的成本曲线可以很容易地从表 4.1 和表 4.2 所列出的生产存量、流量和系数推导得到。在折旧率 ∂ 和机器的价格 p_{MK} 给定的情况下，平均固定成本 $\partial p_B mk(H, i)$ 与机器系数 $mk(H, i)$ 成比例，并且二者都随着产出的增加而不断递减。在原料价格 p_a 和一个恒定的原料系数（$\bar{a}$）给定的情况下，平均原料成本 $p_a\bar{a}$ 是恒定的。由于平均固定成本稳定下降，而平均原料成本保持恒定，所以它们的总和也稳定下降。因此，平均总成本曲线的形状取决于它的剩余部分的形状，即单位劳动力成本的形状。在这里，重要的是工资以什么形式来支付。

如果工资是按人头支付的[①]，那么日总工资为 $j\bar{W}_s$，其中 $j = 1, 2, 3$ 是班序号，$\bar{W}_s$ 是每班的固定工资（每个工人的工资率乘以班内的工人数）。日总固定成本为 $tfc = \partial \cdot p_{MK} \cdot MK + p_a \cdot \bar{a} \cdot XR_j(h,i) + j\bar{W}$。由于工资是在生产开始之前支付的，并在该班期间保持不变，因此第一班的边际成本将仅是原料成本 $p_a\bar{a}$。不过，当第二班开始时，总工资支出跃升到 $2\bar{W}_s$，这代表日总劳动力成本增加 $\bar{W}_s$。在第二班的第一个小时中，日总产出也增加了 $XR_s(1)$，同时日总原料成本增加了 $p_a \cdot \bar{a} \cdot XR_s(1)$。因此，在第二班的第一个小时中，边际成本[②]是 $\left(\frac{p_a \cdot \bar{a} \cdot XR_s(1) + \bar{W}_s}{XR_s(1)}\right) = p_a\bar{a} + \left(\frac{\bar{W}_s}{XR_s(1)}\right)$。但是，由于新的日总工资在第二班期间是恒定的，因此边际成本还会回落至原料成本 $p_a\bar{a}$。在第一班开始时，单位劳动力成本是 $\left(\frac{\bar{W}}{XR_s(1,i)}\right)$，随后递减，直到第一班结束时达到 $\left(\frac{\bar{W}}{XR_s(8,i)}\right)$；在第二班开始时，单位劳动力成本

---

① 按人头支付工资是一种准固定成本。固定成本即使在厂房空置时也必定存在，而准固定成本只在产出水平为正时才会存在（Varian 1993, 319）。

② 在当前讨论的问题中，边际成本是就总产出而言的，而不仅仅是净产出。这就是为什么单位原料成本是作为边际成本的一个组成部分出现。新古典经济学通常关注的是净产出，这样原料成本便落在了其视野之外。在标准的微观经济学生产函数中，利润是“产出”的价值与资本和劳动服务成本之间的差额，其中并不包括原料成本（Varian 1993, 315–316）。只有在被讨论的“产出”指的是价值增加值（即扣除原料成本后的产出价值）时，这种做法才能成立。

跃升至$\left(\frac{2\bar{W}}{XR_s(8,i)+XR_s(1,i)}\right)$，随后再次递减，直到第二班结束时达到$\left(\frac{2\bar{W}}{XR_s(8,i)+XR_s(8,i)}\right)=\left(\frac{\bar{W}}{XR_s(8,i)}\right)$；第三班开始时，单位劳动力成本跃升至$\left(\frac{3\bar{W}}{2XR_s(8,i)+XR_s(1,i)}\right)$，随后再次递减。这次结束时单位劳动力成本达到的水平较前两次结束时更高，因为第三班时间较短。因此，单位劳动力成本在第一班和第二班结束时有相等的最小值点。日平均总成本为$ac=\partial p_{MK}mk_j(H_j,i)+p_a\bar{a}+\left(\frac{jW}{XR_j(H_j,i)}\right)$。第一项随着产出的增加而稳定下降，第二项是一个常数，第三项在第一班和第二班结束时都达到相同的最小值。由此可知，整体的平均总成本曲线在第二班结束时将低于之前达到的任何一点；但在第三班结束时，单位劳动力成本比第二班结束时更高，而其他成本则因其持续下降而比第二班结束时更低。所以平均总成本曲线在整体上可能有两种形状：在第一班内持续递减，并在第一班结束时向上凸起，随后稍有回升；或者在每一班内都持续下降，在班次交接处向上凸起，并在工程产能处（即直到最后一班结束）达到最小值。

当工资按工时（$\bar{w}$）而不是按人头支付时，也可以得到类似的结果。在这种情况下，单位劳动力成本$\bar{w}l(H_j,i)\equiv\frac{\bar{w}H_j}{XR_j(H_j,i)}$和表 4.2 中的劳动系数成比例，而且在第一班、第二班、第三班结束时，分别为$\bar{w}l_1(8,i)=\frac{\bar{w}8}{XR_s(8,i)}$、$\bar{w}l_2(8,i)=\frac{\bar{w}16}{2XR_s(8,i)}=\frac{\bar{w}8}{XR_s(8,i)}$和$\bar{w}l_3(8,i)=\frac{\bar{w}20}{2XR_s(8,i)XR_s(4,i)}$。和劳动系数一样，单位劳动力成本在前两班结束时是相等的。由于平均总成本中的剩余部分都随着产出的增加而不断减少，因此平均总成本一定会在第二班结束时或第三班结束时达到最小值。最后，每天的总固定成本为$tfc=\partial\cdot p_{MK}\cdot MK+p_a\cdot\bar{a}\cdot XR_j(h,i)+\bar{w}H_j$，而边际成本$mc=p_a\bar{a}+\frac{\bar{w}}{\left(\frac{dXR_j(H_j,i)}{dH_j}\right)}=p_a\bar{a}+\frac{\bar{w}}{\left(\frac{dXR_s(H_s,i)}{dH_s}\right)}$在每一班内都遵循相同的路径，

这是因为劳动系数的变化在每一班内都重复进行。如前所述，原料成本作为边际成本的第一项出现是因为我们考察的是总产出而非净产出。我们可能更加熟悉边际成本的第二项，它是给定小时工资率与劳动的边际产品之比。表 4.4 总结了两种工资支付方式各自对应的成本曲线的推导，图 4.16 和图 4.17 描绘了其产出范围内相应的平均成本曲线、平均可变成本曲线和边际成本曲线，这两张图使我们能够看到上述曲线的形状特征。两类曲线上还都附有一条产出价格参考线（它以在两类曲线中都能与边际成本曲线相交的方式设置）。请注意，由于劳动系数随产出的增加而减缓的速度递减（见图 4.14），因此相应的平均可变

表4.4　成本曲线

	班次 1 = 8 小时	班次 2 = 8 小时	班次 3 = 4 小时
h = 为每班劳动小时数= 1, ..., 8; H = 为每日劳动小时数 = 1, ..., 20; $H_1 = 1, \ldots, 8$; $H_2 = 9, \ldots, 16$; $H_3 = 17, \ldots, 20$			
单位成本			
平均固定成本	$\partial p_{MK} mk_1(H,i)$	$\partial p_{MK} mk_2(H,i)$	$\partial p_{MK} mk_3(H,i)$
平均原料成本	$p_a\bar{a}$	$p_a\bar{a}$	$p_a\bar{a}$
工资按人头支付			
单位劳动力成本	$\frac{\bar{W}}{XR_1(H,i)}$	$\frac{2\bar{W}}{XR_2(H,i)}$	$\frac{3\bar{W}}{XR_3(H,i)}$
边际成本	$p_a\bar{a}$	$p_a\bar{a}$	$p_a\bar{a}$
工资按工时支付			
单位劳动力成本	$\frac{\bar{w}H_1}{XR_1(H,i)}$	$\frac{\bar{w}H_2}{XR_2(H,i)}$	$\frac{\bar{w}H_3}{XR_3(H,i)}$
边际成本	$p_a\bar{a}+\frac{\bar{w}}{\left(\frac{dXR_s(h,i)}{dh}\right)}$	$p_a\bar{a}+\frac{\bar{w}}{\left(\frac{dXR_s(h,i)}{dh}\right)}$	$p_a\bar{a}+\frac{\bar{w}}{\left(\frac{dXR_s(h,i)}{dh}\right)}$

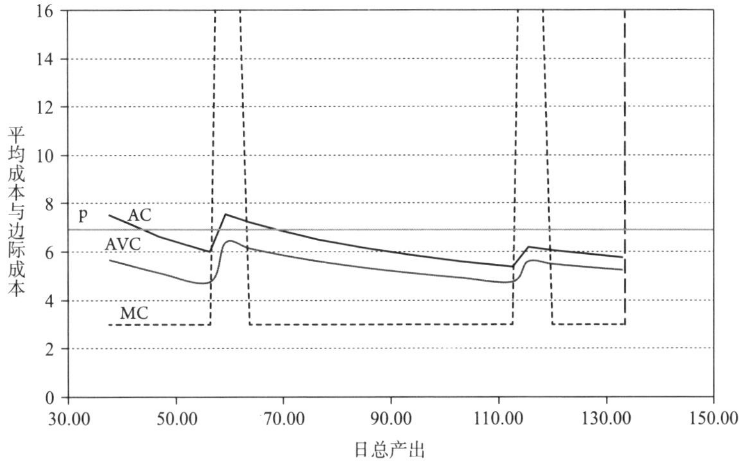

图 4.16 工资按人头支付的平均成本曲线和边际成本曲线
（正常劳动强度下，8 小时一班，运行至工程产能，2.5 班）

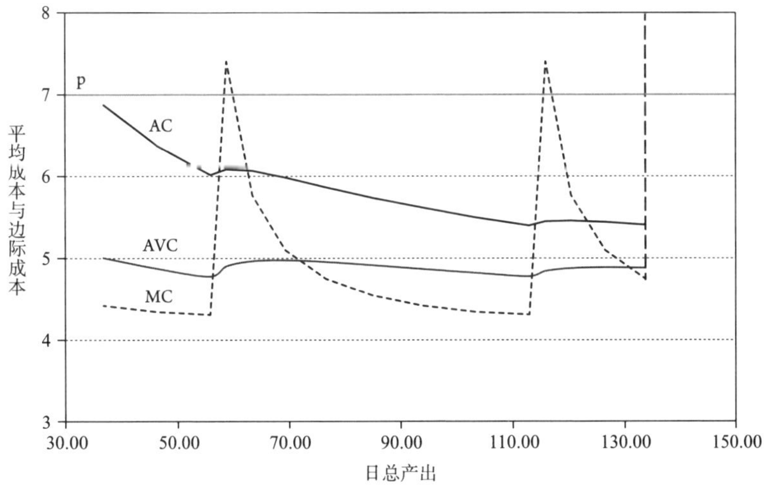

图 4.17 工资按工时支付的平均成本曲线和边际成本曲线
（正常劳动强度下，8 小时一班，运行至工程产能，2.5 班）

成本曲线在第二班和第三班末期有一段大致平缓的部分。在意愿产出水平内，平均可变成本曲线会相对平缓，这是以往文献中记录最为丰富的经验事实模式之一。这就是在后凯恩斯主义与古典传统中，大致平缓的平均可变成本曲线常常被假定为一个典型事实的原因。它和新古典主义理论通常假设的 U 形平均可变成本曲线（请回想图 4.15 中的后两个图）大相径庭。

考察这几张图，可以得出以下结论：平均成本曲线在每一班内向下倾斜，而在每一班开始时向上凸起。如果工资是按人头支付，那么边际成本会在每一班内保持恒定；如果工资是按工时支付，那么边际成本也会在每一班结束时趋向恒定。但是在这两种情况下，边际成本曲线在班与班的交替点处都有大的凸起。[①] 按照标准新古典的说法，企业会在价格等于边际成本（p = mc）这一点选择其短期最优产量，这便马上面临一个难题，即在每一张图中二者都存在多个交点。如果我们引入工程产能这一限制，在平均成本曲线和边际成本曲线上人为地设置一条垂直分割线（如图中长虚线所示），这会使每一条边际成本曲线在工程产能处都垂直向上，从而产生 p = mc 的又一个解（Miller 2000, 125–126, fig 122）。在每一张图中都展示了价格 p = 7 美元时的情形，它会产生出 5 个满足 p = mc 的点。显然，对于任意一个在边际成本曲线最低点之上与其相交的价格来说，这些点都可能被选择。由于这一法则的全部目的在于选择出最大化的利润量水平，又因为它产生了多个解，因此这一规则毫无作用。当然，我们也可以如图 4.18 所示，直接计算给定价格水平下的总利润，然后找出其中的最大值。然后，我们会看到：当工资按人头支付时，利润量最大化的点发生在第二班结束时；而当工资按工时支付时，利润量最大化的点则发生在工程产能处。

---

① 由于生产率随每一班次时间的不同而变化，因此边际成本曲线是一条尖状凸起而非阶梯形的曲线。因此，在每一班开始时，累计日生产率（因而成本）与前一班结束时是不同的。

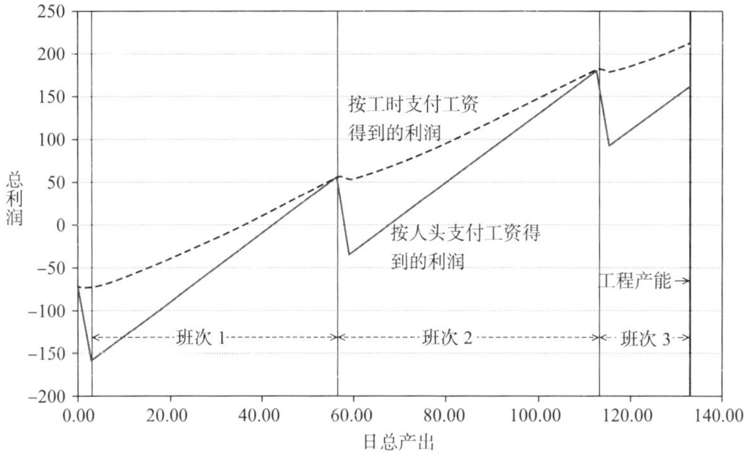

图 4.18　不同工资支付方式对应的总利润曲线
（正常劳动强度下，8 小时一班，运行至工程产能，2.5 班）

两相对比可以看到，平均成本曲线通常只有一个最低点，在图 4.16 和图 4.17 中，这一点恰巧发生在第二班结束时。在关于竞争理论的讨论中（见第 7 章和第 8 章），新古典理论的短期利润最大化产出和古典理论的成本最小化产出之间的区别将变得非常重要。总的来说，只要不存在换班导致成本上升的情况，那么无论工资是按人头支付还是按工时支付，平均成本曲线都会在第二班或第三班结束时达到其最低点。由第二班与第三班中更高的原料成本或劳动力成本带来的换班成本上升，将会导致第二班和第三班中的最低点相对于第一班的最低点提高，这可能会把第一班的最小值带回平均成本曲线最低点的竞争中。因此，平均总成本（ac）曲线的最低点到最后可能会是三个班次最低点中的任意一个，它取决于特定的生产和成本组合（Moudud 2010, 13–14）。更重要的是，即便在某一给定的技术条件下，成本状况的改变也将会使总的最低成本点从一个班次的结束点突然变到另一个班次的结束点。

4.5.3 不同经济学观点中一般成本曲线的含义

以上描述与标准的新古典U形微观成本曲线相去甚远。[①]它也削弱了“固定”生产系数这一观念。因此后一种观念的支持者尝试用以下两种方法中的任意一种来恢复这一思想。第一种方法是，在社会惯常的日工作时长和劳动强度下，认为第一班、第二班、第三班结束时所对应的生产系数分别代表着不同的“技术水平”。给定工资和价格，长期竞争性生产组合对应的是平均成本最低的班次组合（Kurz and Salvadori 1995, 204–205, 474）。但必须指出，这种方法延伸得太过头了，因为在这种情况下“技术水平”的定义不仅包含了社会决定的工作条件，而且包含了工资支付方式、班次长度、劳动强度和换班导致的成本上升的所有可能的组合。第二种方法与第一种方法恰恰相反，它假设换班时成本不会上升，劳动系数在所有班次之间都是恒定的，而且工资按工时支付。这些条件保证了单位劳动力成本，[②]从而平均可变成本在所有班次之间是恒定的（平均可变成本不变是因为平均原料成本也被假定为是恒定的）。因为平均固定成本总是随着产出的增加而下降，所以在产出达到工程产能之前，平均总成本会一直平稳下降。在如下的假设之下，即在长期中，竞争会迫使企业在成本最低处进行

① 正如我们所言，标准的新古典理论分析通过把每单位产出的正常利润加到平均成本曲线上，给出了一条实际上是生产价格的曲线。他们也通常关注净产出，于是排除了任何班次与班次之间原料成本发生变化的可能影响。同时，他们假设所有班次的工资是一样的，这就排除了班次与班次之间存在工资上升的可能性。

② 即使劳动系数在所有班次之间是恒定的，如果工资是按人头支付的，那么日工资支出（因而日单位劳动力成本）在每一班开始时都会上一个台阶，因为每一班开始时的生产率要比每一班工作之中的生产率更低（因而劳动系数更高）。那么，平均成本曲线的形状便取决于递减的平均固定成本和呈阶梯上升的单位劳动力成本各自的影响。因此，成本最低值点便不能被事先指定。

生产，我们也许可以利用工程产能所对应的生产系数来刻画一种“技术”的特征（Andrews 1949, 58–59, 61, 65, 80, diagram I）[①]。再一次，任何工作条件的改变都会改变生产系数的大小。而且，由于这两种方式都假定竞争迫使企业长期在平均总成本最低处生产，由此得出的生产系数将不能用于刻画短期内的生产特征。

如前所述，在第二种形式的固定系数假设下，原料系数、劳动系数与时薪在所有班次之间是恒定的。这一点在后凯恩斯主义理论传统中也发挥着核心作用：它保证了平均可变成本（直接成本）在所有班次之间恒定。接着，在寡头垄断而非完全竞争的情况下，价格被假定为由直接成本加上一个与企业特定的垄断势力相符的利润加成得到。此时，产能过剩被认为是正常的，而关注点通常也是短期生产（Sawyer 1985, 28; Lavoie 1996b, 122–123; Dutt 1997, 245–246; Lavoie 2003, 59; Shaikh 2009, sec.9）。

在第 8 章对于完全竞争和不完全竞争理论的讨论中，我们将重新研究这些差异。但与此同时，以下三点也非常重要。第一点，除非我们事先定义了正常产能，否则“过剩”产能这一概念就没有意义。新古典和古典传统在如何刻画生产特征上有巨大的分歧，但在下面的问题上，它们持有相同的观点，即在竞争性条件下，对厂房和设备经济上合意的利用率，是平均成本最低点所对应的利用率（Liebhafsky and Liebhafsky 1968, 277）。只要平均成本的最低点发生在第一班或第二班结束时，经济产能就会大大低于工程产能。这两者之间的差额就是经

① 安德鲁斯（1949, 89）假设生产的成本最低值出现在第一班结束时，那么单班制就是一种正常的生产条件。他假设平均可变成本在每一班内是恒定的，所以平均成本随产出的增加而递减，这源于平均固定成本随产出的增加而递减的事实。正如他所指出的，平均可变成本曲线是水平的这一事实意味着边际成本曲线也是水平的，这“使得任何认为完全竞争市场下……均衡价格将会和边际直接成本相等的想法都成为无稽之谈”。

济上合意的保留产能，它可以被用来满足需求的短期波动。从这个角度来说，真正的产能过剩只存在于以下两种情况中：企业在比合意班次长度更短的条件下生产，以及（或者）企业没有把它所有具有成本效益的机器都运行起来（Winston 1974, 1301）。因此，持续性的产能过剩是减少新增投资的信号，而持续性地利用储备产能则是增加新增投资的信号。由于混淆了储备产能和产能过剩的概念，后凯恩斯主义经济学往往轻视供给侧方面的考虑，而夸大需求侧的影响。

第二点和微观过程与宏观模式之间的关系有关。假设一个生产班次的时长为 8 小时，在任何时候，取决于不同的技术与成本条件，一些企业每天安排 1 班进行生产时平均总成本最低，其他一些企业每天要安排 2 班，还有一些企业每天则要安排 2.5 班。如果一台机器日运转时间的工程限制为 20 小时，并且如果我们把产能利用率定义为实际班次总时长与机器日运转时间的工程限制之比，那么前文提到的三种轮班模式对应的正常产能利用率就分别为 40%、80% 和 100%。这样一来，换班导致的成本上升所发生的足够大的变化，就可能导致个体厂房层面上的正常产能利用率发生剧烈的离散性变化，比如从 100% 到 40% 或者从 40% 到 80%。然而，在宏观层面，由于每个个体厂房轮班模式的变化不同，平均产能利用率的变化可能是相当平滑的。因此，换班导致的成本上升和产能利用率之间的函数关系，在宏观层面与在个体厂房层面可能大不相同。微观层面的分析对个体企业而言意义重大。而在宏观层面，这种微观联系的主要意义在于它确认了潜在的关键变量。但这些变量之间在微观层面上成立的函数形式通常不会延续至宏观层面。当然，这是已经在第 3 章中详细说明的问题：统计学意义上的平均行为人并不代表任何单个企业，这恰恰是因为宏观加总具有涌现特质。

第三点与我们观察到的多个产出水平都符合 p = mc 法则这一事实有关（见图 4.16 和图 4.17），因此，该规则在确定利润最大化产出上是失效的。如图 4.18 所示，确定利润最大化产出需要直接计算利润。在下一节中我们将会看到，基于成本曲线的经验证据，这个问题在近一个世纪的时间里被反复提出。新古典主义对此做出的反应是：（低声地）承认这种可能性，忽略它，排斥在此之上构建新理论的尝试，然后在必要的时候求助于如下的论断，即在任何情况下，p = mc 法则的失效都不会危及这个更一般的新古典主义论断——企业总是选择使短期利润最大化的产出（Machlup 1946; Bishop 1948; Lee 1984; Marcuzzo 1996, 7–15）。我们将会在第 7 章看到，哈罗德批判了新古典主义论证的逻辑，并构建了一条通向古典经济学观念的路径，这一古典经济学观念就是：即使是在短期内，企业的最优生产水平也发生在平均生产成本的最低点。

4.6 成本曲线的经验证据

劳动力每周的工作时长取决于日工作时长以及每周的工作日天数。这些因素决定了一套给定的机器装配在给定的一周内的利用程度。反过来，劳动强度又与这一套机器装配的运转速度密切相关（Kurz and Salvadori 1995, 204; Corrado and Mattey 1997, 152; Beaulieu and Mattey 1998, 200, 203; Miller 2000, 122–123, 125），所有这些汇集在一起，共同塑造着成本曲线。

正如在工商业实践的意义下所定义的那样，成本曲线大都具有某种普遍的形状。平均固定成本（afc）随着产出水平的增加而稳定下降，因为在短期内企业的固定成本是给定的。固定成本包括已投入资本、财产税、管理成本，以及在某些劳动合同中承诺的解雇补偿金（Varian 1993, 347–348; Inman 1995, 55, 59, 63）。另外，平均材料成本在某一给定班内通常是恒定的[①]，但在不同班次之间可能会因照明和供暖方面的要求不同而发生变化（Andrews 1949, 77; Inman 1995, 63; Miller 2000, 128n12）。单位劳动力成本一开始会随着产出的增加而下降的速度渐缓，所以在接近每一班结束时，单位劳动力成本曲线会变得相对平缓。平均可变成本是恒定的平均原料成本与单位劳动力成本之和，所以平均可变成本曲线通常随着产出的增加而递减，在接近每一班结束时变得平缓，而在下一个班次开始时跃升（Inman 1995, 60–65）。最后，平均（总）成本（ac）——平均固定成本和平均可变成本之和，被持续下降的前一项向下拉，而被离散式跃升的后一项向上拉。如果我们用一条垂直分割线表示工程产能这一限制，那么总体的平均成本曲线就会是一条尖状起伏的、变形的 U 形曲线（Inman 1995, 64–67, fig. 66）。边际成本曲线呈平滑的 U 形这一假设受到经验证据的沉重打击。在一班结束与另一班开始之间存在的生产率、原料要求以及工资上升的离散变化，导致边际成本曲线出现多处不连续的凸起，而实践中存在的工程产能限制则在曲线结束处形成了一条垂直的分界线。于是，p = mc 法则拥有多个解，这导致它在刻画真正的利润最大化解上毫无用处（Inman 1995, 64–67, fig.

① 安德鲁斯（1949, 77）提到了大额订单降低原料价格的可能性。

66）。所有这一切都和之前图 4.15 所描述的标准教科书曲线大相径庭。[①]

英曼（1995）给出了一条最引人注目的实际成本曲线的图形。他基于一项对一家汽车厂房运营的详尽调查对其生产成本进行了估算（53–55）。固定成本包括已投入资本、财产税和管理成本，还包括一项固定的劳动力成本，因为被解雇工人"有权享受他们几乎所有的福利以及每周 95% 的税后工资减去 17.50 美元"（55, 59）。可变成本包括估算得到的原料成本（假定与产出成比例）和劳动力成本中的可变部分，后者与加班、全工、半工以及第二班工、第三班工有关（57–60, 63）。因为平均固定成本（包括劳动力成本中的固定部分）总是随着生产规模的扩大而持续下降，所以正是劳动者所得中可变部分的变化决定了平均可变成本曲线和边际成本曲线的形状。所有的成本曲线都是运用的蒙特–卡罗法模拟方法对成本进行估算并取平均值得到的，每一次估计都考虑到了实际生产中存在随机因素（56–57）。

图 4.19~ 图 4.22 基于英曼的研究（Inman1995, 61–64, figs. 3–6）描绘出了估算出的汽车成本曲线。单位劳动力成本如图 4.19 所示，它同时包括了劳动力成本的固定部分和可变部分。劳动者所得中的固定部分形成了单位劳动力成本曲线中持续下降的那部分，但这一部分随着产出规模的增加逐渐变得没有那么重要，而加班则产生了单位劳动力成本曲线中不断上升的那部分，并且导致了不同班次交替时劳动力成本曲线的凸起。在图中，工程产能对应曲线最末的垂直分割线。总体

① 瓦里安（1993, 347–348）提出了这样一个标准的新古典主义主张：尽管平均可变成本开始可能会下降，但"最终我们将会预见到平均可变成本的上升……［因为当］固定因素存在时，它们终将限制整个生产过程"。如其所述，这恰恰和一条底部平缓的平均可变成本曲线相一致。在这样的一条平均可变成本曲线上，在达到工程产能之前，无论在班内还是在班与班之间，边际成本 = 平均可变成本，且二者都保持恒定。这意味着平均成本曲线将会稳定下降直至生产达到工程产能水平，在这种情况下，无论价格水平为何，p = mc 法则将总是选择工程产能所对应的产出。仅仅用一个 U 形曲线就跳出正在进行的争论，摆脱了这些不当的可能性。

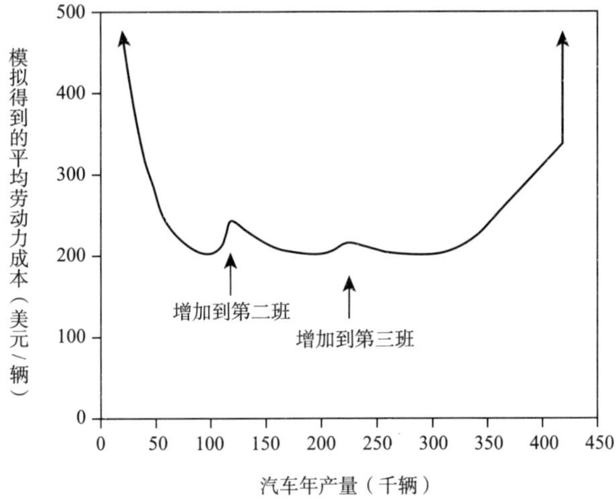

图 4.19　汽车的单位劳动力成本曲线

资料来源：Inman 1995, 61, fig. 3.

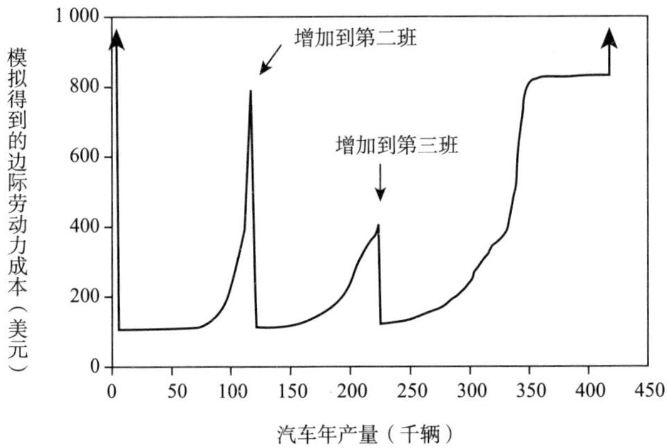

图 4.20　汽车的边际劳动力成本曲线

资料来源：Inman 1995, 62, fig. 4.

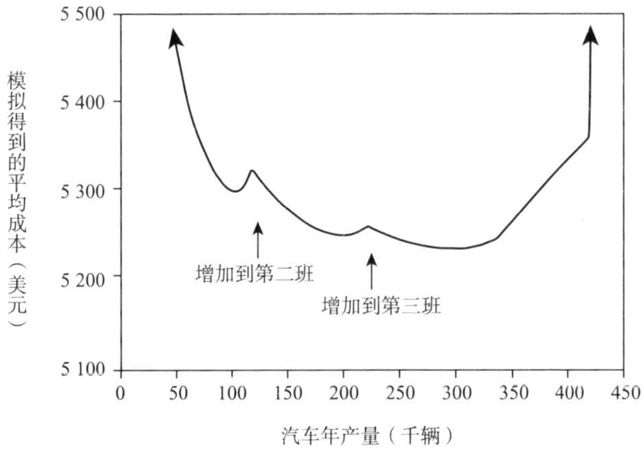

图 4.21　汽车的平均成本曲线

资料来源：Inman 1995, 64, fig. 5.

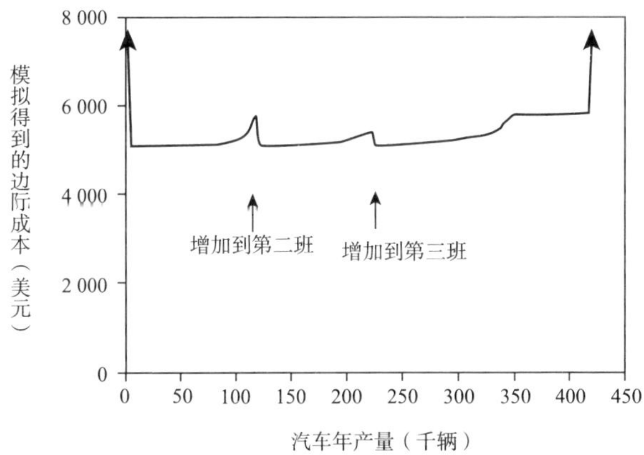

图 4.22　汽车的边际成本曲线

资料来源：Inman 1995, 64, fig. 6.

的成本曲线是一条变形的 U 形曲线：它在每一班开始时有尖状的凸起，而在每一班结束时达到大致相等的最低值。因此，如图 4.20 所示，边际劳动力成本曲线有着平缓的底部，但是在每一班开始时有着更大幅度的凸起：边际劳动力成本曲线最大凸起的峰值是其底部的 7.5 倍！这样一条曲线必然不是“表现良好的”（64）。如图 4.21 所示，平均（总）成本是以下三项之和：稳定递减的平均固定成本、恒定的平均原料成本与劳动力成本的可变部分。它的形状总体上是一个不太对称的 U 形：最低点出现在第三班某处。如图 4.22 所示，总体的边际成本是边际原料成本（因为平均原料成本被认为是恒定的，所以边际原料成本与平均原料成本相等）以及前文讨论过的边际劳动力成本二者之和。在汽车工业中，边际成本的前一项恰巧远大于后一项。因此，在可观察到的大部分产出范围内，总体的边际成本曲线基本上都有着平缓的底部，并在每一新班次开始时出现轻微凸起。因此，如果价格 p 恰好等于边际成本曲线的底部值，p = mc 法则将产生非常多的可选产出；如果价格 p 处于最低值和所有凸起的最高值之间，这也将带来多个可选产出，包括工程产能所对应的产出；如果 p 更高一些的话，p=mc 法则将只选择工程产能所对应的产出。英曼指出，在任何一种情况下，“一家工厂不可能在某一恒定的价格下卖出无限多的产品”（65）。因此，他假设汽车厂商面临一条向下倾斜的需求曲线，以及由此产生的向下倾斜的边际收益曲线。然而，边际成本曲线的凸起将导致 mc = mr 对应着三个不同的产出水平，因此即使是这条（更弱的）规则也失效了。最后，在这些最大利润的可能解中选择出最大化的利润，需要直接构建利润曲线（65–66, fig. 8）。

英曼的经验结果是 4.5 节的理论讨论所能预见到的，因为他在图 4.21 中再现的汽车生产的实际成本曲线和我们之前在图 4.16、图 4.17 中所描绘的理论上的成本曲线惊人地相似，这里的关键点在于成本曲线在每一个新班次开始时都有凸起。从理论上看，由于生产率会随着日工作时长的变化而变化（因此一个新班次的第一个小时的生产率将比前一个班次最后一小时的低，因而其单位劳动力成本也将比前一个班次最后一小时的高），即使换班没有导致工资上升，曲线也会出现凸起。各种类型的换班导致的成本上升只是放大了这种跃迁的幅度。这一区别在英曼的经验研究里没有表现出来，因为他隐含地假设了生产率在每一班内是恒定的，所以成本跃迁仅来自换班导致的工资上升。

第二种类型的研究采取了完全不同的方法。艾特曼和格思里（1952, 832–836）请实业界人士考虑描绘了三种[①]不同类型的平均成本曲线的 8 张图：递增的成本曲线（charts 1–2）；大体 U 形的成本曲线——成本先下降到某一最低值然后大幅提升直至最大产能（charts 3–5）；成本一直递减直至达到或者接近最大产能的成本曲线（charts 6–7）；平均成本先递减但是在之后的大部分产出范围内都保持水平的成本曲线（charts 8）。尽管每一条曲线末端的垂直虚线段都代表着最大产能，但在这里，最大产能没有被明确定义。[②]有时候，受访者会表示，不同的产品对应着不同的成本曲线。而当明确区分产品种类时，1 082 份回答中有 94% 倾向于选择图 4.23 中描绘的稳定递减的成本曲线，只有 5.7% 的人选择标准教科书中通常假设的 U 形成本曲线。如果将选择平缓成本曲线的两个回答也计算在内，那么受访的实业界人士中有 94.3% 不赞同新古典主义理论对于成本曲线的基本假设（836–838, table 3）。

艾特曼和格思里的调查没有考虑多班制的可能性，而这一点非常重要。因为在任意给定的班次内，平均固定成本始终稳定下降，而平均可变成本首先会下降，但在接近一班结束且仍在产出范围之内时可

① 应为四种，本书仅在图 4.23 展示了第 6 和第 7 两种形状。——译者注

② 一名管理人员评论道，产能是由成本曲线的最低值确定的，因为这是成本效率最高的生产点，"在任何情况下，他都不会将产出推至该点之外"（Eiteman and Guthrie 1952, 838）。

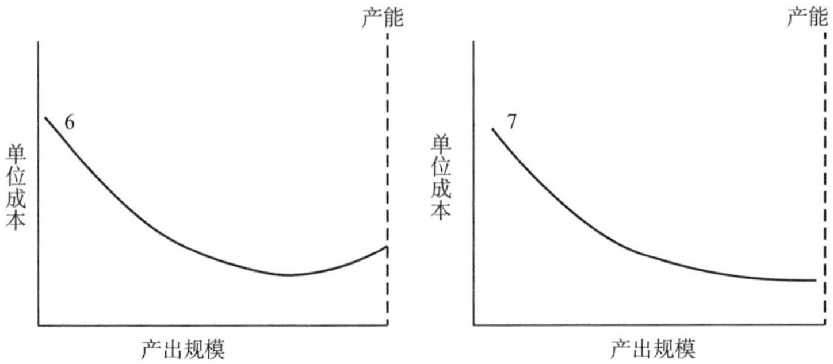

图 4.23 94% 的受访的实业界人士选择的成本曲线

资料来源：Eiteman and Guthrie, 1952, 835.

以是相当稳定的。因此，平均（总）成本曲线在每一班内的形状都类似于在调查中被绝大多数人选出的曲线（见图 4.23）。这在英曼对汽车厂房平均成本曲线的估算（见图 4.21）中也表现得非常明显，即使某一个企业选择一日多班，在可观察的产出范围内，成本曲线也将或多或少地和被选出的那条曲线类似。

经验事实也同样和图 4.20、图 4.22（取决于原料成本相对于劳动力成本的大小）所描绘的平底边际成本曲线相一致。再次强调，不管一天之中实际上有多少班，边际成本曲线在可观察到的产出范围内都可以有非常平缓的底部（Andrews 1949, 65; Inman 1995, 61, fig. 63; Marcuzzo 1996, 7; Miller 2000, 120–121）。[①]这些发现使很多经济学家主张放弃教科书中的 U 形平均可变成本曲线和边际成本曲线，改用一条单一的、平缓的平均可变成本等于边际成本曲线（avc = mc）（Andrews 1949, 58–59, 61, 79, diagram I, 80; Marcuzzo 1996, 7）。具有讽刺意味的

① 米勒（2000, 121–122, 125–126）进一步引证了贝恩（948）、约翰斯顿（1960）、瓦尔特斯（1963）、迪安（1976）、曼斯菲尔德（1988）、卡恩（1989）和拉沃（1992）的研究，以支持平均成本（因而边际成本）在可观察到的产出范围内都是恒定的这一发现。他指出，整个 U 形成本观念都“不被 60 年的经验研究支持”。

是，这种做法和 U 形曲线假设的效果一样：它消除了班次之间所有的差别。因为平均固定成本是稳定递减的，所以这还意味着平均成本的最小值将总是只出现在工程产能所对应的产出点——而这与微观经济学的经验证据正好相反。米勒指出，假设边际成本在班内恒定，但在每一个新班次开始时因换班导致的成本上升而出现“阶梯”跃升会更为恰当（Miller 2000, 125–126, fig. 122）。这就考虑到了平均成本最低值出现在第一班、第二班、第三班结束时的可能性，以及在班次交替时成本突然跃迁的可能性。但是，如果已经做了这样的假设，那么我们就没有什么理由再去忽视生产率本身随日工作时长的变化而变化这一事实了。如此一来，即使是在每一班之内，平均可变成本曲线和边际成本曲线通常也将不再是恒定的（见图 4.16 和图 4.17），而总体的平均成本曲线将会像图 4.16、图 4.17 和图 4.21 所描绘的那样。

5

交换、货币和价格

5.1 引言

生产需要时间，所以它必定先于产品的分配。分配有许多种形式，交换仅仅是其中一种。资本主义生产有三个典型特征：生产活动由许多个体单位独立进行，而他们不直接关心其生产是否与社会需求相一致[①]；分配通过交换完成；利润是影响所有这些活动的支配性动机。在一个以普遍交换为基础的社会中，个体的生产活动是基于对销售计划产出、购买用于未来投入和个人消费的其他产品的预测而进行的。无数的这种计划在实际的交换过程中彼此相遇，而这种交换活动则根据这些预期与实际结果之间关系的性质或是否存在关系而给予回报或惩罚。交换是一个竞技场，它迫使个体化的生产在这里与他们自己的预期相对峙（Max 1970, 86）。反馈回来的结果会改变个体的计划，从而为又一轮的较量设置舞台。预期与实际的交换结果不一致是正常的，统治这个过程的动荡性有序只能在无序中并通过无序实现。可以这样说，新古典经济学的最大任务就是将我们的视线从真实市场的嘈杂无序转移到某种天堂般的完美状态上，在这里个体的生产计划被假想为与社会需求完全契合，这个幻象被称为一般均衡。[②]

交换在现代社会中是如此为人熟知，以至我们易于忘记它是何

① 他们直接关心的是货币收入和利润。——译者注

② 区分出以下二者的不同是重要的，即研究某些平衡条件有哪些性质和假设这些条件本身已经存在。比如，在马克思著名的再生产图示中，他强调只有特定部门的比例和再生产是一致的。但他也始终强调，通过过度调整和调整不足时期的相互抵消，实际市场的平衡会发生。

等特殊。严格意义上的礼物并不要求回报，另外，只有在预兆着能够得到更想要的东西时，严格意义上的交换才会发生（Gordon 1991, 127）。有几种礼物馈赠行为因是互惠的而显得是交换（Quiggin 1949, 17）。印第安部族的夸富宴就是一个通过馈赠行为决定社会等级的著名例子：参与者的社会等级取决于他们能发放多少东西，或在极端的例子中，他们能在其他人面前摧毁多少东西。王室的公开聚会则是另一个例子，如同所罗门和示巴女王那样，他们都想通过礼物的奢华程度胜过对方（Davies 2002, 11–13）。在这里，双方都尽力回赠比他们所收到的更值得拥有的礼物，交换则是双方都企图拿回比他们给予的更值得拥有的物品。互惠的礼物馈赠有时被毫无助益地称为“礼物交换”，（实际上）却和真正的交换非常不同。

支付义务在交换出现前已经产生。比如，彩礼和偿付血仇就是古代人类习俗。在古印度，一个人的血价是 100 头牛，“不管他是被辱骂、打伤还是谋杀……同时 100 头牛也是平均‘彩礼价格’”。肯尼亚基图伊地区的姆坎巴人是一个“不使用货币的例子”，但他们会为娶妻和偿付血仇支付等价物。许多此类活动一直留存至现代，比如显性或隐性的嫁妆。即使到现在，也很难想象有人会空手去参加婚礼。权力关系产生了另一种不同类型的支付义务。比如，佃农将部分谷物上缴给地主、市民纳税，都是通过胁迫强制执行的支付。这类（支付义务）一般是单向的，因为接收者没有被要求回报某物。这便是我们在此类事例中使用进贡、税收这类词的原因。私人银行被迫贷给国家的款项，以及国家在通货贬值时偿还贷款或完全拒绝履行偿还义务的做法，都是广为人知的公共财政工具（Morgan 1965, 17, 59, 104–105）。另外，合法的和非法的放贷者都发展出了各种巧妙的方法，以使他们的资金能够得到足够的利息回报。

最后，交换也可以产生支付义务。因为交换行为同时包含着先给后拿或先拿后给的可能性。债务就是一种偿还义务。比如，一个人可能先借后还，就像佃农待谷物成熟后再还给地主一样。还债义务与支付义务不同的是，它包含着资金回到其起点的一个回流。还债义务不一定要支付被称为利息的额外报酬，因为用等量的新收获谷物偿还所借旧谷物在历史上和逻辑上都是可行的。利息更像是某种特定的和历史的添加物。[①] 交换、支付义务与债务之间的差别在货币和信用理论中扮演着重要角色。

交换的早期形式先于文字记录的历史，但是我们可以从考古学证据和原始部落留存至今的支持性证据中推断出一些东西（Morgan 1965, 9）。就等价物进行讨价还价是交换的一个特征（Quiggin 1949, 14），这也说明了为什么交换的过程通常都比互惠式礼物馈赠显得更小气。反过来，物物交换，即一系列商品与另一系列商品的直接交换，是最早的交换形式（Quiggin 1949, 1）。物物交换甚至在现代依然存在，比如在没有货币的德国战俘营（Davies 2002, 19）。即使在战后，国家间的双边贸易协定依然会采用物物交换的形式，包括农产品、石油，甚至用百事可乐浓缩液换俄罗斯伏特加。在 20 世纪 80 年代，现代的物物交换（易货贸易）是世界贸易中增长最快的贸易方式之一，比如用道格拉斯 DC-9 飞机换“南斯拉夫火腿、啤酒和机械工具”，以及用“新西兰羔羊换伊朗石油”（Malkin, Bolte, and Grieves 1984, 1）。当然，避税也一直是不用货币进行商品流通的原因（Davies 2002, 20, 222–223）。此外，互联网也使得物物交换复活并现代化。克雷格列表网是一

① 利息是贷出本金之上的一种附加价值。但在作者眼中，从逻辑而言借多少还多少，以及从历史事实而言存在着只收回本金、无须支付利息的事例，利息不过是人类历史某个特殊时期才存在的事物，既非自然的，也非必需的，因此借用和扩展利息是本金之上的附加值这一表达，作者戏称利息更像是某种特定历史的添加物。——译者注

家从事商品与商品、商品与服务、服务与服务直接交换业务的公司，其业务已经遍布全世界。美国 BarterBART 网站自豪地宣布："不用货币，只需以物换物，以及用竞拍的方式交易！"

货币是交换的语法。当交换的范围逐渐扩展并规律性地出现时，货币自然而然地产生了。像语法一样，当发展到一定阶段时，货币便由国家予以法律化并加以控制。但语法和货币都不是由国家发明的，恰恰相反，国家很晚才进入这两个领域。

价格和单纯的两种商品间的交换比率是有区别的。价格和货币密切相关：价格是商品价值量的货币表现。在物物交换中，一种商品可以直接与其他许多种商品相交换。假如在多种交易中，谷物可以与肉、盐、皮革、工具等直接交换，谷物的价值量就表现为不同物品的特定数量。在物物交换情况下，谷物有许多个交换比率，它与其他任意一种商品都会形成一个交换比率，反过来，这些商品也和其他交易对象形成很多的交换比率。当交换发展到某个点，某个特定商品，比如盐，在这些交换的特定循环过程中，恰好被社会选为参照物，于是，盐便成为当地的货币商品，而当地其他所有的商品都会得到一个以盐标注的价格，即其他的商品找到了盐作为表现它们价值的显赫高贵的物品。于是，盐作为严格意义上的货币，便可如同帝王般尊贵地从一种商品传递到另一种商品，并在每一次继续交换之前短暂地变换一次自己的存在方式。单纯的商品和货币商品之间的分野在人类历史中一次又一次地出现，而后者表现为诸如盐、牛、猪、谷物、贝壳、可可豆、珠子、姜黄、红赭石、斧头、箭头、矛、磨石、甲虫腿、蜂蜡、金属和代币（Quiggin 1949, 3–5）等多种形式，并且新的形式还在不断发明出来。[①] 与王权一样，货币始于区域性实体，它也与王权一样，其中的绝大部分都在历史的长河中被废除。

本章将详细阐述以下主题。5.2 节追溯了货币的演变历程：它起源于有规律、经常性的交换活动，从中发展出货币商品、私人和国家发行的铸币、私人和国家发行的可兑换代币和不可兑换代币、国家法定货币和银行货币。这一节特别关注了经常被混淆的礼物和交换之间、支付义务和债务之间的差别。本节的结尾是对货币的三个基本功能（定价工具、流通工具、安全工具）的论述，还探究了与之相关的长期经验模式，也审视了货币、市场和国家的关系。其中有趣的问题包括在货币发展特定阶段国家对铸币权的占有、为政府支出融资、征税权的重要性和局限性，以及代币为何会被私人经济接受。

5.3 节开始于货币与价格水平的古典理论，进而转入马克思对这些问题的论述。值得注意的是，马克思将自己的分析限制在这样一种情形中：代币直接或间接地代表了货币商品（他承诺之后会分析纯粹的法定货币和银行信用，但其生前并未完成）。从这个角度来看，马克思的以商品为基础的货币理论仅适用于标志着金本位制结束的 1939—1940 年之前。一个核心因素是，他将国家价格水平确定为以下两项的乘积：一项是由历史上选择的货币商品（在西方是黄金）衡量的，并由竞争决定的商品的相对价格；另一项是由货币因素和宏观经济因素决定的货币商品的价格。用这样的方法，我们检验了英国和美国的长期经验模式，这带

① 20 世纪 70 年代，在马萨诸塞州西部的伯克希尔山，一种被称为“SHARE”的当地货币是绑在木头上的绳子（Cohen-Mitchell 2000）。1991 年，纽约州的伊萨卡城发行了一种被称为“HOURS”的当地货币，它以劳动为基础，而不用金银或其他任何商品作后盾。就业人口和失业人口可以通过劳动或商品挣得这些有效凭证，并拿它们去交换等价的其他物品（Ju 2005）。正如一个支持者所说，“我们将伊萨卡的‘HOURS’视为真正的货币，它是靠真正的人、真实的时间、真实的技能和工具来支撑的。相反，美元是欺骗（性）货币，它不再靠金银支撑，而是依赖什么都没有的 5.6 万亿美元国债”（Glover 1997）。

来了一些显著的模式。这种方法所产生的有用结果之一，便是发现了一个简单的长波指示器，这个指示器直到现在仍然有效：主要经济危机通常都发生在长波衰退期的中间。在此研究基础上，2007—2008 年全球经济危机如期而至。在进入最重要的现代问题之前，5.4 节将商品货币本位制（比如金本位制）下对法定货币的处理与在生产价格均等化过程中形成的相对价格理论联系在一起。而这个最重要的现代问题就是：当法定货币不再与黄金挂钩时，该如何处理这种情况？[①]我的观点是：一国价格水平直接由货币因素和宏观经济因素决定，但又是以一种不同于货币主义、凯恩斯或后凯恩斯主义的方式决定的。我的主要结论是：一旦商品锚定被放弃，价格水平会有路径依赖。更深层的讨论被放在本书的第三部分（动荡的宏观动力学），在这一部分，古典方法的利润率、有效需求、增长和通货膨胀在第 12~14 章被发展起来，然后在第 15 章中被应用于考察现代通货膨胀。国家货币理论和新国家货币理论所宣称的国家在历史上和当下发挥的作用也将在第三部分被讨论。

5.2 现代货币的起源

每个人都知道“货币”意味着什么，除了经济学家。一位经济学家即使可以用一章左右的篇幅来描述它，也不可能用严格的要点来定

① 这里讨论的问题涉及商品的价格用什么样的货币形式来表达，以及在不同货币本位制下价格水平的比较及长期趋势研究的问题。具体说来，在金本位制下，商品的价格可以用黄金来表示。但是，当法定货币不再与黄金挂钩时，用法定货币表示的价格与用黄金表示的商品价格之间，就无法进行对比和研究，因而存在“该如何处理这种情况”的问题。——译者注

义它。在商品展示或交换的过程中，它隐约现身，不知不觉地，它逐渐转变为无明确边界但可识别的货币形式（Quiggin 1949, 1）。

我一直反对将礼物馈赠与交换混为一谈，以及将有时间间隔的礼物馈赠和交换与债务混为一谈。货币则和上述事物都不一样。货币是一件物品的价值在其他媒介上的表达。它是商品价值的具象化，或者说它用一种共同的形式使商品的价值得以具象化。这个由社会建构出来的用以表现各种各样商品的价值的工具，可以是某种特殊的商品、代币或者某个登记本上的一个条目。商品的价值被这种社会建构物表达出来的数值就是它的货币价格。债务不需要与货币相同。先借一些盐粒，再还回去一些盐粒，就不是一种货币交易。如果货币关系已经生根，即使交易是用使用价值来进行的，整个交易也可以用货币的形式来表达。另外，如果在当时当地，盐恰好是货币，那么借盐又还盐就是纯粹的货币交易。到更晚的阶段，在银行业发展起来后，一笔盐粒贷款的银行记录也许就可以在某个第三方愿意等到贷款到期的情况（一般情况下是为了得到一笔额外的费用）下向其支付。在这种情况下，债务本身执行了流通工具的职能，即便到最后它仍需证明自己值那么多盐。

在物物交换的情况下，一种商品直接与另一种商品相交换。假设谷物直接与肉、盐、皮革、工具等交换，谷物的价值就被表示为这许多不同实物的特定数量。于是，我们可以说，1 蒲式耳[①]谷物在正常情况下值 2 磅[②]肉、2 盎司[③]盐、3 平方英尺[④]皮革或 4 把好斧头。同等地，我们也可以说，1 磅肉值 0.5 蒲式耳谷物、1 盎司盐、1.5 平方英尺皮革或 2 把好斧头。在这条交换链上有多少种商品，就会有多少条这样的系列

① 蒲式耳是一种计量单位。在美国，1 蒲式耳相当于 35.238 升。——编者注

② 1 磅 =0.4536 千克。——编者注

③ 1 盎司 =28.3495 克。——编者注

④ 1 平方英尺 ≈0.0929 平方米。——编者注

表达方式。两件商品双向物物交换会产生一个交换比率，3 件商品会产生 3 个交换比率，5 件商品会产生 10 个交换比率，10 件商品产生 45 个交换比率，100 件商品产生近 5 000 个交换比率（4 950 个），1 000 件商品就产生将近 50 万个独立的交换比率（Davies, 2002, 15–16, 21–22）。这些过程并不需要货币介入。如前所述，确实存在着一些重要的无须使用任何形式的货币而建立起贸易中心的例子，比如在博尔努和在阿伊尔绿洲的阿加德兹的那些贸易中心（Quiggin 1949, 6n1, 33）。①

在物物交换中，所有的商品都是平等的。当社会性的实践活动使一些商品比其他商品“更平等”时，货币就产生了。尽管在货币商品的选择过程中，可运输性、可保存性和可分割性都很重要，但更重要的是货币所具有的独特的社会性，即“是社会使这些作为货币的物品更值得被拥有，于是它们被当成货币”（Quiggin 1949, 3）。假设上文所描述的循环往复的交换发展到某一点，在这一点上，盐恰好被社会性②地选为每条交换链上的参照点。于是，盐就变成了当地的货币商品，所有其他商品现在就都有了一个用盐表示的价格：1 蒲式耳的谷物值 2 盎司盐，1 磅肉值 1 盎司盐，1 平方英尺的皮革值 1/3 盎司盐，1 把好斧头值 1 盎司盐。现在，不再是对应于 1 000 件商品的 50 万个独立的商品交换比率，被选中的这件“受偏爱的商品”将这份（巨大的）比率清单缩减为 999 个用盐表示的商品价格。现在，所有其他的商品都用盐货币来表示它们的真实价值，而作为货币的盐获得了一种与它作为一种物质实体的用途大不相同的尊贵的存在方式。作为货币，盐现

① 比如，奎金（Quiggin）在《原始货币概述——通货的初级阶段》第 33 页中描写到，阿伊尔绿洲的阿加德兹是一个有着 7 000 人口的重要的盐商贸易中心，一年中有价值成千上万磅的盐来来往往。但它“典型的特征是市场上没有任何种类的货币，也没有金、银或贝壳”。译自 Quiggin 1949, 6nl, 33。——译者注

② 被社会大众经过反复实践不约而同地认可。——译者注

在可以从一个人手上转移到另一个人手上，以表示随后出现的商品的价值，或在预期悲观的时候储存起来，等情况变好时再发挥其社会魔力。交换是炼金术士的梦想，因为在适当的条件下，任何东西都能被转换成一种珍贵的物质。如果在罗得的时代盐是货币的话，他也许会以不同的态度看待自己的妻子变成盐柱一事。[①]

5.2.1 货币商品

货币商品在人类历史中不断被创造出来。我们发现新不列颠岛的狗牙（插图1）、圣马蒂亚斯的甲虫腿串（插图2）、廷巴克图的盐（插图3）都曾做过货币商品。马可·波罗在中国发现，中国人是用盐而不是像先前的意大利人一直将意大利面作为货币的（Quiggin 1949, 192–195, 203–204, 220, 224）。

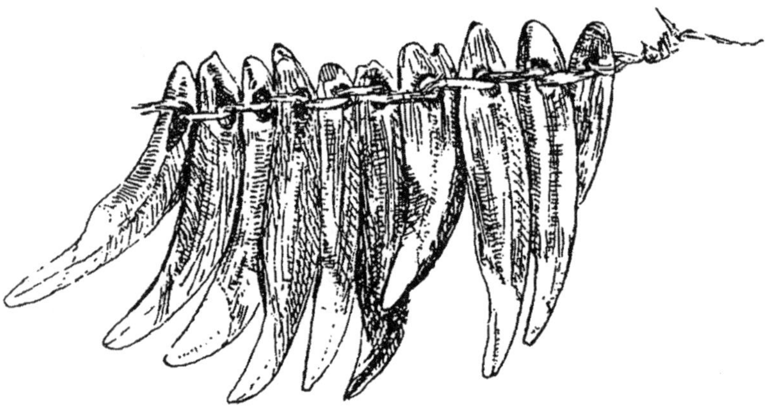

插图1 新不列颠岛的狗牙

“芬什描述新几内亚的狗牙为相当于‘大银币’……库特走得更远，把它们称为所罗门群岛的‘黄金铸币’。”（Quiggin 1949, 126, 127, fig. 48）

① 该典故出自《圣经·创世记》，神要毁灭索多玛和蛾摩拉两个罪恶之城的时候，天使引领罗得全家，催逼他们出城避灾，且警告他们不可回头看，不料罗得的妻子回头一看，就变成了一根盐柱。——编者注

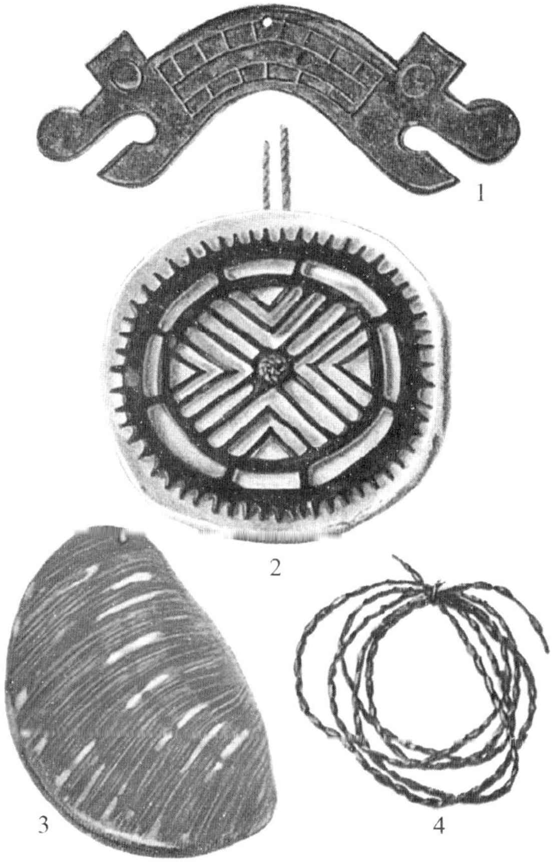

插图 2 古代货币

1. 中国秦代货币（232）

2. 用于礼物馈赠或日常贸易的玳瑁胸坠（179）

3. 达普市，罗塞尔岛最常见的货币之一（184）

4. 圣马蒂亚斯的甲虫腿串（130）

资料来源：Quiggin 1949, 169, fig. 48 and cited text pages.

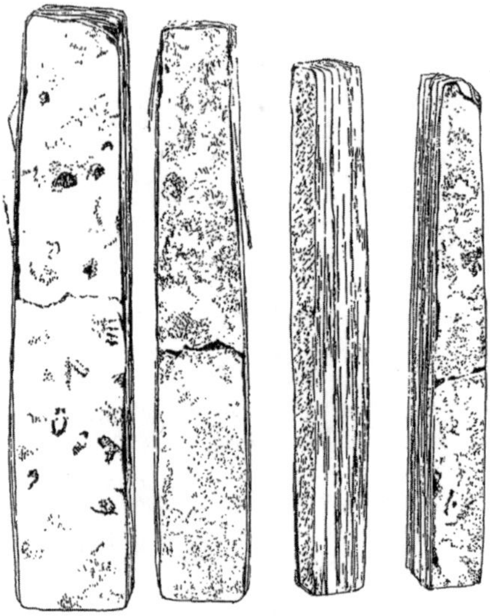

插图 3 阿比西尼亚的盐币

“伊本・白图泰在 14 世纪向南旅行至廷巴克图，描述了 Taghaza[①] 规模壮观的盐贸易，成百上千的骆驼商队驮满了盐。而且无论这些盐走到哪里，都被当作货币。”（Quiggin 1949, fig.8; 56 and text 53）

“在弗吉尼亚，烟草一度成为货币……它被宣布成为通货，殖民地财务主管被指示以每磅最优质烟草 3 先令的价格接受它。”的确，“在 1642 年，一项将烟草确定为唯一货币的法律被通过。用钱履行合同被官方禁止”。这带来了一个不曾预料到的结果，那就是每个人都转而去种烟草，而且，很快每个人都在“种钱”。由此导致的货币供给增加引发了价格下降和随之而来的衰退（316）。贝壳是在早期货币历史中最广为人知和传播最广的货币实体（插图 4）。古汉语中的“币”字就是贝壳的象形文字（Davies 1996, 37）。贝壳“在公元前数千年就在印度、中东和中国被当作支付工具来使用”（Morgan 1965, 11–12）。作为

① Taghaza，北马里沙漠地区一个被废弃的盐矿中心地带，来自 https://en.wikipedia.org/wiki/Taghaza。——译者注

通货，贝壳从“印度和中国向东流通到太平洋岛屿……穿过非洲沿线到达西海岸……渗透到新世界”，在黄金和白银被广泛使用之前甚至之后，它们仍在这些区域中的一些地方流通（Quiggin 1949, 25）。贝壳至今仍在从尼日利亚到泰国、从苏丹到新赫布里底群岛的亚洲、非洲和太平洋岛屿的大部分地区流通（Morgan 1965, 11–12）。

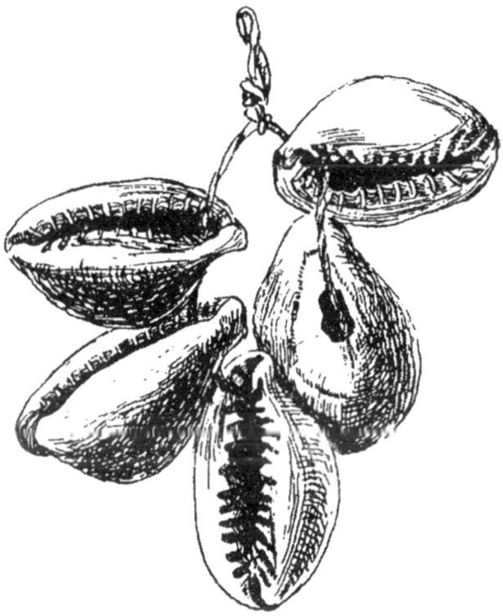

插图 4　乌干达的贝壳

“在（布干达王国的）苏纳时期，一头牛或一名男性奴隶值 2 500 个贝壳，一只羊值 500 个贝壳，一只鸟值 25 个贝壳。”（Quiggin 1949, 99, fig.35 and text）

贝壳满足货币的所有理想特点：它们可运输、可贮存、可识别、可计算，而且不可伪造。具有类似特点的可可豆在墨西哥和中美洲的发达文明里也是货币（Quiggin 1949, 27, 310–311）。贝壳不可伪造的事实在很多情况下是十分重要的。19 世纪，黄金海岸沿岸通常用金粉支付当地工人的工资，但这导致了如此多的造假机会，以致“当地人更偏爱不可造假的贝壳”。在尼日利亚，直到 20 世纪初，贝壳依然被用于小额交易（32）。在中国，“在铸币作为日常之用数个世纪后，一个绝望的皇帝废除了被造假搞得千疮百孔的整个货币系统，返回到用贝壳作为官方货币”（25–26）。

在非洲，贝壳在“从塞内加尔到安哥拉的整个［非洲］沿岸都成为可接受的货币”，不受管控的进口导致汉堡的商人将成千上万吨的贝壳带进非洲。贝壳的购买力“降得如此之低，以致在贸易中都被放弃使用”（31–32）。类似地，当“日本人于1942年入侵新几内亚时，他们随心所欲地分配贝壳，以致贝壳的价值急剧下降，威胁到这个地区的经济和金融稳定”（Morgan 1965, 12）。那些禁不住要将这些事例解释为贝壳（货币）数量论的人会牢牢记住：以增长的货币供给购买更多数量的货物，而不是简单地以更高的价格购买数量固定的货物。面对有效需求的增长，货物的产量很少保持不变（见5.4节）。

5.2.2 铸币

铸币的发明给我们带来了显著的便利，但它同时也为大规模公共欺诈和小规模私人骗局提供了方便（Galbraiths 1975, 8）。

尽管贝壳便携、耐用、易辨识、可计数，而且不易被掺假或仿冒，但它并不是铸币。铸币是一枚带有适当标记的货币，因为铸币容易被掺假或仿冒，所以其标记就要求必须精准。正是这种被烙进铸币中的正式认可标记的存在，才使得货币转化成为铸币。而为该铸币担保的铸造者到底是私人还是公共当局倒是一个次要问题。事实上，最早的铸币似乎是由商人发行的（Morgan 1965, 12–13）。

在16世纪末的阿姆斯特丹，“商人们……接受五花八门的铸币，其中绝大多数铸币的黄金和白银的含量被各种各样的花招降低”。作为回应，荷兰14家私人铸币厂开始大量炮制它们自己的被认可的铸币

（Galbraith 1975, 15）。[①]

正如在很多地方所发生的，对货币真伪成色确认问题的一个替代性解决方案是由国家接管铸币的职能。因此，在17世纪下半叶的吕底亚，私人铸造的被认可铸币转变为国家认可的铸币："圆形，两面都印有深凹下去的印记，其中的一面是狮子头像——它是吕底亚迈尔姆纳德王朝的统治标志。"（Morgan 1965, 13）当然，这并不能根除铸币的贬值。它只不过是把铸币集中到国家手中。就像私人企业家一样，各式统治者都很早就意识到，他们能够降低其铸币中的金属含量，并试着让它们按足值的铸币流通扩散。英国的铸币叫作便士（d.），其最初包含一磅银的1/240。但作为货币，一磅银的货币名称是英镑£，所以用货币的语言来讲，240便士等于1英镑，即240d.=£1。英国君主们很快便采取诡计，在维持铸币货币名称（即仍然称之为英镑）的情况下，逐渐减少它所代表的金属含量（Morgan 1965, 19）。这样做带来的极大的好处在于，他们所拥有的金或银能够被转化为更多的铸币英镑£，统治者能够在现行价格下买到更多的货物并且/或者偿还更多的债务（Galbraith 1975, 8）。即便物价会随后上升，但统治者已经在此之前从这诡计中获取了好处。可以想见，重复这个诡计的诱惑常常让人无法抵抗。

即便在国家发行的铸币在很多地域广泛流通之后，私人发行的货币仍在国际贸易中继续起到支配作用。在很多情况下，不同的货币作为等价物进行着自由流通。这些铸币来自大量的城市和国家，由不同的公共权威当局发行，由各式各样的金属制成，带有各种不同程度的

① 作者在引用的加尔布雷斯著作中，论及引号中谈到的事实时还说道："在当时的荷兰共和国境内，不下14家铸币厂忙于大量生产货币，一如既往地，那些在品质上弄虚作假的会获得显而易见的好处。"——译者注

磨损，以与官方汇率大不相同的市场比率相互兑换。尽管如此，铸币兑换这一重要职能在许多世纪中仍然是由私人保有的（Morgan, 1965, 154–155）。尽管国家发行铸币，但实际上正是一系列互相联系的商人给了这些铸币作为本地和国际通货的合法性，并设定了铸币间精确的兑换比率。①

国家占有铸币权会给人带来铸币是由国家发明创造的印象。比如，英尼斯（1913）一直将货币和铸币混为一谈，也将铸币权和国家混为一谈。他还继续指出，（国家发行的）铸币其实只不过是传统的货币代币而已，其购买力从来没有也从来不应该与其金属成分有任何关联。像他的这类观点为这一事实所支撑：在大多数情况下，当论及铸币发行权时，人们都会把注意力放在国家发行的铸币上。但货币史表明，铸币在这场游戏中出现得很晚，而国家是在铸币功能行使很久之后才予以接管的。同时，国家也接管了从制造货币中获取收益的权力（即铸币税）。更为重要的是，篡夺货币创造权赋予了国家更富创造力的手段以拓展其财源。

5.2.3 货币代币

货币代币可以取代货币的部分职能。就像铸币可以通过私人财富产生一样，代币也能通过私人财富产生。确实，普通的铸币流通自然而然地创造出货币代币（Newlyn and Bootle 1978, 5）。一枚合格、崭新而锃亮的铸币在商业循环中很快便会失去光泽。铸币本身的物质成分也会变得残缺不全，这不只是由于反复使用带来的缺口和凹痕，还在

① 比如，法兰克福曾经是一个主要的贸易中心，汇集了各式各样最初来源于很多很小的地区的单个货币体系的铸币，这些地区组成了德意志帝国和欧洲。1585 年，法兰克福的私人商人创立了交易所，用以确立各种不同铸币之间的兑换比率。见 http：//deutsche-boerse.com/dbg/dispatch/en/kir/dbg_nav/about_us/20_FWB_Frankfurt_Stock_Exchange/70_History_of_the_FWB。

于“不那么正直的”使用者对铸币的刀剪和锉削。即便是从商人手中传递时被刮掉一丁点儿铸币，也会随着时间的推移“愉快地增加（商人的）利润”（Galbraith 1975, 8）。伪造铸币就更令人愉快了。不足值铸币与足值铸币一起流通的一个结果就是，交易参与者往往更乐意给出劣币而不是良币。这种被称为格雷欣法则的趋势一直在所有存在货币的地方反复地为人所见：劣币驱逐良币。“这或许是唯一一个从未被挑战的经济学法则……因为从来没有例外。”（Galbraith 1975, 10）

只要不足值铸币能像足值铸币一样轻松地被用于购买商品或者偿还贷款，它便作为购买手段或支付手段充当了自发的（非强制的）货币代币的角色。就这些能力而言，在规定的范围内，不足值货币被接受的平等性超过了其本身存在的不平等性。但是，当需要将货币送到另一个地区或国家，或者是为了日后使用而持有货币时，就无法保证它们仍能获得这种受限形式下的民主。接受度的范围随着地区和时间的不同而不同，甚至还会在危机中完全消失。因此，一种货币形式在当地流通中获得的接受度越大，它获得的普遍有效性就变得越重要。这意味着，除了作为购买手段和支付手段行使职能，货币必须能够采取某种形式，使其在跨越边界和跨越时间时依然有效，甚至在超出其本身的流通范围时也仍然有效（也就是说，它必须偶尔能够作为一般等价物行使职能）。

并非所有的代币都是货币代币。因此，17 世纪初的伦敦金匠会开具收据以证明一定量的存款，并且这些存款只能由指定的专人兑取。这些存款（单）是被托管的资金的代币，但还不是货币的代币，因为它们没有作为购买手段或支付手段行使职能。尽管如此，存款者最终还是开始用金匠的收据进行支付活动，从而流转的是存款的所有权，而不是直接流转铸币。到 1670 年，一般在初始存款所有者名字的旁边会加注“或持票人”字样，以使无论是谁持有存款收据，它都能作为支付手段被使用。1704 年，这种做法的有效性被写入法规之中（Morgan 1965, 23–24）。最初的存款收据成了货币代币：“正如一个当代短语所说”，它们“是‘运转之流’，也就是说它们已经变成了交换工具”（Newlyn and Bootle 1978, 7）。

5.2.4 不可兑换代币、强制通货和法定货币

就像新教徒不可避免地分裂成若干教派，铸币也必然衍生出若干面额。9 世纪查理曼时期的货币体系，最初只有一种叫作便士的铸币。到 12 世纪末，各个国家开始制造更大面额的铸币以适应更大的交易需求，地中海欧洲地区的铸币等级体系便源于此。在之后的 6 个世纪中，出现了这样一种制度：国家将金属铸造成新的铸币，并收取铸币费用（铸币费和铸币铸造税的总和）。这样一来，当任意面额的铸币变得太轻时，私人使用者就能把它们从流通中提取出来，然后将其转换为更少量的新铸币。但是，因为小面额铸币的铸造成本相对更低，所以常常出现小面额铸币的短缺。很多国家采用的解决方法是，即便小面额铸币所含的与银等价的金属成分少于其面额，但仍然将国家发行的小面额铸币宣布为法定货币。这一步的迈出，建立了国家可兑换货币代币的强制流通：最初是 1816 年在英国，在接下来的 60 年中，法国、德国和美国等其他国家也纷纷建立。

可兑换代币是这样一种代币，其内在价值小于其面额，却仍然能够按照其面额价值行使功能。这是因为一些私人或公共的铸币发行当局时刻准备着按照某种固定兑换比率将代币兑换为（比如）白银。基本金属铸币就是一个典型的例子。假设一个面额为 1 便士的基础金属铸币代表 1/240 盎司的银（虽然铸币中的实际金属量并不值那么多），那么为了

让这枚铸币能够依其面额保持流通，发行当局便愿意接受以 240 便士换取 1 盎司的白银。如果白银的市场价格是 230 便士，大家就能够通过在银行窗口用 1 盎司白银换取 240 便士来获得更多的钱。结果就是银行一直购买白银，直至市场上白银供给下降，从而抬高白银的市场价格。反之，如果白银的市场价格是 250 便士，那么人们就能通过在银行窗口用 240 便士的铸币换取 1 盎司白银，然后再在市场上按照 250 便士的价格卖掉 1 盎司白银来赚钱。市场上增加的白银供给反过来会压低白银的市场价格。保持可兑换性意味着，通过预知在同一窗口能够自由交易获得损失的银块，代币和白银之间的市场交换比率（白银的市场代币价格）便由交易窗口固定的价格调控住了。与银行券一样，只要人们相信在需要的时候即可随时兑换，那么真实兑换便或许并不必要，因而真实的金银流动也非必要。当然，要想让这一切有效运转，相关货币当局必须有足够的金银储备，才经得住银价的市场波动，这不仅包括市场的日常波动，而且包括战争、不定期的危机和长期趋势。而这些恰恰都是资本主义发展的内在本质特征，因此，暂停兑换和周期性修改兑换价格便成了普遍发生的货币事件。不可兑换代币是指白银的市场价格不受被维持住的固定兑换比率的约束。"不可兑换"这一术语其实是一种用词不当，因为这些代币永远都能在市场上按照某个现行比率兑换为金银。兑换窗口的缺位只不过意味着，在金银市场上，金银的买卖实行了一种交换比率可以变动的制度（Morgan 1965, 25）。

银行券也呈现出相似的模式。英国金匠集中于伦敦，但是接受存款并签发收据的做法（这种收据在当时被称为"银行券"）很快便被乡村地区模仿。同时，英格兰银行（一家 1694 年在伦敦成立的私人营利性银行公司）也发行了它自己的银行券（Morgan 1965, 61）。所有这些银行券都是可兑换代币，但每种银行券都只能被具有更高通用性的货币赎回，而不能被特定发行银行的货币赎回。因此，乡村银行的准备金由伦敦私人银行的银行券、英格兰银行的银行券以及黄金组成；相应地，伦敦地区的私人银行则以英格兰银行的银行券和黄金作为准备金；英格兰银行则只以黄金作为准备金。

上述货币的等级制度体现了它们客观上存在的差异。个体银行发行的银行券之所以能在当地执行购买手段和支付手段的货币职能，是因为当地人相信这些银行券能够被发行银行兑换为具有更高权威性的某种（货币）。这一信念是有事实依据的，即在正常情况下，这些银行券中的一部分的确是经常能够按需兑换的，但这种地方性有效的信念并不能像银行券一样被轻易流通到其他地区。因此，当一个人携带乡村银行券去往伦敦金融区，他或许会发现，把当地银行券兑换成伦敦银行的银行券是便捷容易的。而一个出国旅行者可能就只能用伦敦私人银行与黄金挂钩的银行券或者英国的国家通货。只要一切正常，这三种类型的可兑换代币都或多或少地在其各自的轨道上自由流通（Newlyn and Bootle 1978, 7–8）。然而，即使银行将它们的职能限制在纯粹的金银保管者范围之内（即不拿它们代为保管的金银从事任何放贷活动），由意外或欺诈（后者更为常见）引发的准备金不足的情况也时有发生。一家被怀疑准备金不足的银行，不可避免地会面临特别的提款兑换需求；即便对于银行的怀疑并不合理，银行券也会贬值甚至崩溃。如果被怀疑有问题的银行是一家伦敦的银行，那么各种各样乡村银行准备金的一部分也会崩溃，以致乡村银行券的有效性也会受到威胁。即便受到质疑的只是一家乡村银行，其崩溃也会加重人们的所有怀疑，进而触发对其他地方银行甚至是对伦敦银行的挤兑行为。

周期性的金融危机引出另一个复杂问题，由于随后而来的对流动性的需求，所有的银行券都遭受怀疑。通过被承诺可以由更高级别的货币形式赎回，私人银行银行券的有效性得以确认。而就更高级别的货币形式而言，黄金或其他一些一般等价物是最高级别的。对银行券的信赖取决于对发行银行的信赖，而对一般等价物的信赖则取决于对商品流通本身更大程度的信赖。在这场关于信赖的竞赛中，我们能够理解，为什么每当商品流通的车轮面临停转的威胁时，一般等价物会胜出银行券。反复发生的危机会触发人们的信赖从一种货币形式逃离到另一种货币形式：从当地银行券到城市银行券，从英格兰银行的银行券到国家货币，再到黄金。即便所有的银行都发行完全被恰当的准备金给予保证的银行券，因为乡村银行的一部分银行券是由伦敦银行的银行券保证的，而伦敦银行的一部分银行券又是由英格兰银行的银行券保证的，所以所有的银行券中只有一小部分能够被黄金保证。因此，在这样一个系统中，即便所有的银行都只发行具有全额保证的代币，就其本质而言，它仍然只是在部分黄金准备下运行，并且会被赎回真实货币的强大需求击垮。①

一旦个体银行开始发行仅有部分（黄金）保证的代币，情况就会变得更为严重。起初，金匠只是通过收取服务费赚钱，这笔收费需覆盖他的开支和利润。如果金匠只是扮演保管型银行的角色，那么在任何给定月份中，他们的大量存款都会处于闲置状态，因为这些存款中只有一部分需要作为资金被支取或者转账给他人。不用太久，这些个体金匠便意识到，这些闲置存款的一部分能够通过收息放贷的方式拿作谋利之用。“金匠银行家很快便发现，在正常情况下，一些顾客对铸币的需求与其他一些人存入银行的铸币数量大致相当。虽然他们……

① 这正是 1922 年热那亚会议正式建立的金汇兑本位制的先驱。在金汇兑本位制中，单个国家被正式允许持有诸如英镑、美元等最重要货币作为它们准备金的一部分。金汇兑本位制确立了国际货币的部分黄金准备金制度。

需要保留一些铸币准备金来应对异常需求，但他们发现，即便是放贷金额数倍于其保险库中的铸币量，他们的放贷也是很安全的。”因为个体金匠贷出的每一笔款项都会产生一定量的货币外流，这些外流货币的一部分以现金形式被持有或者被存入其他地方，所以，随着被允许放贷的货币数量的增加，准备金不足的风险会逐渐攀升。尽管如此，如果金匠们能保持谨慎并且不太贪婪的话，原则上他们是可以贷出一部分由其保管的存款的，而且还能同时满足个人取回存款的需求，以避免发生挤兑（Morgan 1965, 60）。这样一来，私人保管型（100% 准备金）银行就摇身一变成为私人信贷创造型（部分准备金）银行。我们已经注意到，即便个体私人保管型银行中的每一个都能对其银行券提供完全的保证，只要个体银行所持有的准备金的一部分是通用性更高的银行券准备金，那么总的银行券就仍然仅仅是部分黄金保证的。而当私人银行在部分准备金基础上运作时，这个倒金字塔结构最底层的金块就更小了。

旧损的铸币和强制可兑换代币有某些相同的关键特性。在特定限度之内，旧铸币能够代替足值铸币执行商品购买职能和偿还债务职能。如果旧铸币变得太不足量了，那么它们要么贬值，要么从流通循环中退出，并被转换为更少量的足值铸币。如果旧铸币的数量太多，它们就会被熔化铸成金银块。转换的成本和流通的需要决定了可操作的限度。强制可兑换代币的优势在于它们允许国家节约贵金属的供给：国家可以发行比流通中的不足值铸币价值更低的代币，甚至在极端情况下，国家可以发行毫无价值的代币。然而，国家能够通过允诺将这些代币按照一个固定的兑换比率随时兑换为新铸币，以保持这些代币的公信力。一个面额为 1 便士（d.）而实际价值低于 1/240 磅白银的青铜代币能够在兑换窗口兑换 1/240 磅白银。因此，只要国家拥有必要的银块储备，那么白银市场上白银的代币价格就将保持在 240 便士。

如果由于国家不同意将它所发行的代币兑换为白银而导致了强制流通的代币“不可兑换”，那么社会上便会运行着不同的规则。在这种情况下，任何超出流通需求的供给都会通过格雷欣法则的作用，设法在市场上换取更足值的货币，这反过来将会影响白银市场上白银的代币价格。这并不是一个简单的命题，因为如果国家以满足其自身需求的方式花掉代币并使之进入流通，就影响了有效需求水平、商品总量，并因此影响流通需求。尽管如此，教科书上还是存在着这样的陈词滥调：对不可兑换代币供给的恰当管理，能够使国家在代币和白银之间保持固定的兑换比率（即在期望的 240 便士 =1 磅白银的水平上，保持一个固定的白银代币的市场价格）。以这样的方式，大家可以免除昂贵且耗时的兑换，因为原则上即便是不足值的代币也能够和真实铸币一样执行职能（Sargent and Velde, 1999, 137–140）。

不幸的是，历史证明，对国家而言总是存在着更具吸引力的第三种可能，尤其是在国家需要的时候（这种需要反复出现），也就是说，为了支持国家支出的增加，强制让代币进入流通。如果国家通过购买等额商品的方式将 2.4 亿便士（100 万英镑）的货币投入流通市场，便立刻可以获得扩大可用资源的好处。这也可能会在一定程度上刺激生产和就业。如果代币是不可兑换的，还有一个办法可以达到同样的目的，那就是发行带有同等货币名称（比如 1 便士）但含银量其实比以前更少的代币。这样做的直接后果是，在现行价格下购买商品需要比以前更多的铸币，但这并不是因为以白银盎司或者黄金盎司计价的商品价格上升，而是因为每一枚铸币包含的金属变少了。只要不足值铸币的确被视为比原来的铸币金属含量更少（即只要不足值便士的确被算作半个便士），这一点便并不神秘，因为通过这种方法，以便士和英镑计价的商品价格并没有改变。但如果这种调和是通过减少铸币含量达成的，即一枚包含更少量白银的铸币仍然被称为“便士”，那么一旦商人们知晓此事，所有用这种便士表达的价格当然就都会上升。这样看起来似乎是便士价格上升了，但事实上只是价格标准（便士）的金属含量被减少了。一旦混乱状态平息之后，所有的价格将仍然或多或少地保持和以前以白银盎司计价一样的水平。即便如此，这种行为的效果也并不是中性的，因为对那些以便士为单位获取固定收入的人而言，如果发给他们的是新的便士，那么他们将会发现自己的购买力降低了。而发行这些不足值金属便士的人，如果能够把这些不足值铸币冒充足值铸币发行出去，那么他们就增强了自己的购买力（Galbraith 1975, 8）。通货的贬值也使债务人获利，因为他们是用购买力降低了的通货偿还其最初贷款。同样地，国家也常常是通货贬值的受益方。

一种更吸引人的可能是国家通过发行法定货币为其支出提供支持。法定货币同时具有强制性和不可兑换性（即只能在市场上换到货币商品）。[①]虽然这似乎只是不可兑换小面额铸币的一种简单逻辑外延，但“完善法定货币的念头并将其付诸实施，注定需要若干世纪的时光”（Sargent and Velde 1999, 160）。随着法定货币的出现，代币与白银或者黄金之间的兑换比率变得能够在金银市场上各自得到灵活确立。国家支出的增加，一定会增加它获取社会资源的机会，甚至可能会增加国家产出。但是，如果不可兑换代币的供给最终恰好超出了扩大流通的需要，那么代币的结局便很可能是相对于白银的持续贬值（即白银的代币价格可能上升）。不可兑换代币的强制流通确保了它们继续作为购买手段和支付手段行使职能，但并不能阻止它们的持有者努力将它们

① 政府不制定兑换金银的规定价格，也不提供金银的供给。通过法定货币获取金银的手段，只能是在市场上按照市场价格买卖金银，故称只能在市场上换到货币商品。——译者注

转换为其他形式的货币。因此，如果代币的总数量是过度的，白银的代币价格（即代币和白银之间的市场兑换比率）便可能会上升。不过，货币理论通常关心的并不是代币和商品货币之间的兑换比率，而是代币和一般商品之间的兑换比率。也就是说，真正令人担心的是无限制的不可兑换代币的供给对一般代币价格水平的影响。在这种情况下，黄金或者白银仅仅是用作参考的商品。5.3 节和 5.4 节将会详细论述这一问题。现代教科书的作者告诉我们，一个法定货币体系能够像其他任何一种货币体系一样运行，即它能够保持一个固定的一般代币价格水平，包括固定的白银或者黄金的代币价格，所以国家必须做的就是以一种“恰当的”方式调节供给（Sargent and Velde 1999, 138）。但大多数教科书作者并没有告诉我们，法定货币体系也有可能比其他货币体系运行得更差（见 15.5 节）。

美国殖民者于 1690 年在马萨诸塞州发明了纸币代币。无论有没有代表，这些殖民者反对税收是广为人知的[①]，因此纸币发行便是一种很实用的税收替代方案。殖民者最初发行的纸币号称可供纳税的法定货币，并且纸币承诺最终用铸币赎回来支撑，但事实上几乎没有什么税被征收，所谓的用铸币赎回也从未被履行。

这个方案最初实行得非常好，纸币按照其黄金或者白银的面额流通了 20 年，但越来越多的纸币被发行出来，而承诺的赎回被一推再推。在之后的 50 年里，纸币能够兑换的白银数量已经降至其最初价值的约 1/10。但这丝毫不能阻止其他新英格兰殖民者满腔热情地采用同样的策略，甚至有的做得太极端，使得哪怕是挥霍无度的马萨诸塞州都对这种行为敲响警钟。特别是罗得岛州政府，能够通过这一方式大

① 在西方民主政治语汇中有“无代表不纳税”之说，但对马萨诸塞州的殖民者而言，无论有没有代表都拒绝纳税是出了名的。——译者注

大扩大其购买。如果不是因为其纸币变得一文不值，他们的胆大妄为无疑能够获得货币历史学家更为正面的态度。1751 年，英国议会禁止新英格兰地区纸币的继续发行，随后也禁止了其他殖民地的纸币发行，从而为这些不文明的货币实验画上了句号。

除了摆脱掉其他的很多束缚，美国独立战争也摆脱了货币的束缚。由于没有直接的征税权，1774 年的新国会依靠印钞机来为战争筹资。1775—1779 年，大陆会议发行了总面额 2.41 亿美元的纸币，各州则发行了 2.01 亿美元。相较之下，税收却只带来了数百万美元的收入。扩大的支出提振了贸易，但价格上涨得更多，并且是加速上涨的。最终，弗吉尼亚州的一双鞋需要花费 5 000 美元，一整套服装要花费超过 100 万美元。短语“一文不值”（not worth a Continental[①]）由此进入了美国的词典（Galbraith 1975, 46–59）。

法国大革命也是由纸币资助的。美国纸币的问题在于，在可兑换性缺失的情况下供给不受任何限制。法国大革命无法使用黄金或者白银，因为很多黄金和白银已经被藏起来或者流到国外去了。在法国，征税并不可行，而借款能力也早已耗尽。但大量的土地被教堂没收，而且不像黄金，土地并不能被隐藏或者转移到国外。所以，在 1789 年，法国人想到了一种具有独创性的计划——发行基于土地的纸币。起初，这些阿西涅币是由资金赎回承诺来支持的，这些资金则来源于计划出售的教堂或者王室的土地。如果数量合适，这些阿西涅币甚至能够直接交换土地。最初，阿西涅币流通良好，被国内和国际的债权人接受，且数量充足，收回了很大一部分国债。但土地的数量是固定的，而随着革命需要的迅速增长，纸币的发行也以相同的速度大幅增加。结果

① “Continental”指大陆会议发行的纸币，“not worth a Continental”的字面意思为“连一个大陆币都不值”。——译者注

就是，阿西涅币和黄金或者白银之间的兑换比率急速下降。在出现的几年时间内，阿西涅币就变得一文不值了。回头来看，法国货币机制的最终影响和之前美国的货币机制几乎相同：革命成功了，但是通货失败了（Galbraith 1975, 62–66）。

后来，各国对法定货币的滥用产生了更加可怕的通货膨胀。在1923年的德国，仅在10月的单月通货膨胀率就达到了29 586%。1988年尼加拉瓜的年通货膨胀率达到了33 602%，1989年阿根廷的通货膨胀率是3 039%，1990年巴西的是2 360%。

相比之下，在更加稳定的国家和时期，通货膨胀则显得相对温和。比如，美国在1940—2008年这68年间的年均通货膨胀率仅为3.96%。这看起来似乎是很让人安心的，直到我们停下来考虑到价格水平是其最初值的14倍（即在68年间上升了1 302%）。而英国的模式就更糟糕了：5.6%的年均通货膨胀率，价格水平是其最初值的39倍。战后英国的年均通货膨胀率尤其有趣，因为它和古代通货膨胀最糟糕的例子（150—301年罗马铸币的大贬值）几乎一模一样（Paarlberg 1993, 3, table 1; Davies 2002, 643–644）。这就是复合增长的奇迹。

5.2.5 银行、信用和货币

银行创造货币的过程是如此简单以至根本无须动脑，但这里涉及的其实是如此重要的事物，唯有一个更深的奥秘才可与之匹配（Galbraith 1975, 19）。

现代的部分准备金银行制度是从类似于英国私人金匠或阿姆斯特丹公共银行的运作方法中演化而来的。如前所述，这些保管银行最初只对为了安全之故存放在它们银行中的金银开具收据，而经过一段时间之后，这些收据本身开始用于支付。在开始执行流通工具的职能后，这些收据就变为银行券。但是显然，银行券并非一般等价物，它们仍然必须被兑现。

人们逐渐认识到，一部分人存入的黄金可以被有利可图地贷借给另一部分人，这促成了从完全准备金银行制度向部分准备金银行制度的转变。银行由此就有了凭空创造流通工具的能力，因为从某处得来的现金存款，现在可以通过一个贷款又创造出一个存款。与过去私人和公共的铸币过程不同，（现在）不再需要加热和汗水就能把金银转化成铸币：只需要一个签名、一次握手和双方的满意感。

假设一个国家现在有 1 000 000 英镑银币，其中 200 000 英镑以现金形式（$\mathscr{C}$）持有，剩下的 800 000 英镑以原始存款（$\mathscr{DP}_0$）的形式被银行持有。此时，该国货币总量（$\mathscr{M}$）就在这两种形式间分配。

$$\mathscr{M} = £1\,000\,000 = \mathscr{C}+\mathscr{DP}_0 = £200\,000+£800\,000 \tag{5.1}$$

对银行系统来说，存款是银行的负债，但相应的银币也以准备金（$\mathscr{RS}$）的形式存在于资产一侧。如果我们以现金和准备金的总量作为高能货币（$\mathbb{H}$），我们也可以将货币总量写为：

$$\mathscr{M} = £1\,000\,000 = \mathbb{H} = \mathscr{C}+\mathscr{RS} = £200\,000+£800\,000 \tag{5.2}$$

现在假设个体银行新增总额为 250 000 英镑的贷款，这将会以总贷款（$\mathscr{LN}$）的形式出现在整个银行系统资产负债表的资产一侧，并最初等额成为借款账户中的新增存款（$\mathscr{DP}_1$）："贷款创造存款"（Ritter, Silber, and Udell 2000, 357）。[①] 因此，新的银行存款总额为 $\mathscr{DP} = \mathscr{DP}_0+\mathscr{DP}_1 = £800\,000+£250\,000$。由于银行存款易于支付，因此流通工具相应增长了 250 000 英镑。再一次，我们可以借助与方程

① 虽然贷款创造了存款，但并非所有存款都是由贷款创造的。比如，现金存款增加了存款，但与贷款无关。并且，对一家个体银行来说，贷款增加会导致准备金减少，因为部分新增存款会被转移到其他银行或者提现。因此，贷款虽然能增加个体银行的盈利，但是也削弱了银行的生存能力，因为更大量的存款用了更少量的准备金来支撑（Morgan 1965, 60–61）。

（5.1）相类似的表达式（货币数量是现金和存款之和）表达这个影响：$\mathscr{M}=\mathscr{C}+\mathscr{DP}$（Ritter, Silber, and Udell 2000, 15）。

$$\mathscr{M} = £1\,250\,000 = \mathscr{C}+\mathscr{DP} = C+（\mathscr{DP}_0+\mathscr{DP}_1）$$
$$= £200\,000+（£800\,000+£250\,000） \quad (5.3)$$

由于原始存款（$\mathscr{DP}_0$）表现为准备金（$\mathscr{RS}$），新增存款（$\mathscr{DP}_1$）产生于新增贷款（$\mathscr{LN}$），以及高能货币被定义为现金和准备金之和（$\mathbb{H} = \mathscr{C}+\mathscr{RS}$=£250 000+£800 000=£1 050 000），所以，我们可以将货币量写作如下表达式：

$$\mathscr{M} = £1\,250\,000 = \mathbb{H}+\mathscr{LN} =（\mathscr{C}+\mathscr{RS}）+\mathscr{LN}$$
$$=（£200\,000+£800\,000）+£250\,000 \quad (5.4)$$

现在我们得到了两个等价的关于货币数量的一般表达式：货币是现金和存款之和，它也是高能货币和贷款之和。[①]第一个表达式关注的是经济行为人持有货币的方式，而第二个表达式关注的是货币产生的方式（Ahiakpor 1999, 439）。

$$\mathscr{M} = \mathscr{C}+\mathscr{DP} = \mathbb{H}+\mathscr{LN} \quad (5.5)$$

为说明这两个表达式的普遍性，我们仅需要考虑如果 50 000 英镑的新增贷款随后被提现而非作为存款会发生什么。在表达式 $\mathscr{M} = \mathscr{C}+\mathscr{DP}$ 里，现金增加了 50 000 英镑，存款相应减少了 50 000 英镑，因此货币总量不变。在表达式 $\mathscr{M} = \mathbb{H}+\mathscr{LN}$ 里，其中 $\mathbb{H} \equiv \mathscr{C}+\mathscr{RS}$，高能货币里的现金部分增加 50 000 英镑，但银行准备金会减少相同数量，所以 $\mathbb{H}$ 和 $\mathscr{M}$ 都没改变。

公式（5.5）中数量 $\mathscr{M}$ 是经济中的实际货币数量，$\mathscr{C}$、$\mathscr{DP}$、$\mathbb{H}$、

① “在现代的货币定义中，即把货币定义为 $\mathscr{M} = \mathscr{C}+\mathscr{DP}$ 或货币量等于公众持有的货币加银行存款的情况下，货币（现金）和信用之间的差别已被混淆。这种混淆之所以会发生，是因为银行存款以银行准备金和信用（贷款）作为支撑；于是 $\mathscr{D} = \mathscr{RS}+\mathscr{CR}_B$，因而 $\mathscr{M} =（\mathscr{C}+\mathscr{RS}）+\mathscr{CR}_B = \mathbb{H}+\mathscr{CR}_B$”（Ahiakpor1999, 439），也见哈罗德（1969, 25）。

$\mathscr{LN}$ 是现金、存款、高能货币和银行贷款的实际数量。它们都是经济事实发生之后的数量（以下简称“事后数量”），现代宏观经济学理论中使用的却是经济事实发生之前预期的数量（以下简称“事前数量”）。货币总需求一侧是个人或企业愿意持有的现金、存款、贷款的数量和银行愿意持有的准备金的数量。货币总供给一侧是银行计划提供的贷款量和国家计划提供的高能货币量。通过假设货币供求在被称为“短期”的时间内是均衡的，供求两侧的事前数量便被认为是相等的。这个均衡过程无疑是需要时间的，因此只有在经过一个相应的时段之后，我们才可以把观测值当作实现了的均衡值。在 3.5.3 小节，我证明了使总供求达到动荡均衡的适当时间间隔是 3~5 年（即 36~60 个月）。但是，在标准的宏观经济学和货币理论中，均衡期的长度问题很少被明确讨论。相反，它是由可获得数据的时间维度来定义的。当年度宏观经济数据是唯一的可获得数据时，便在这样一个隐含的假设之上（即观察到的年度数值就是均衡值的良好代表）用年度数据来校准宏观经济模型。这意味着宏观经济需要 12 个月或更短的时间就能达到均衡。如今的宏观经济数据在季度水平上也被广泛获得，于是完全相同的模型也在季度水平上被轻率应用。在这个过程中，理论上的均衡期就被默认从 12 个月缩减至 3 个月甚至更短时间。在 12.1.6 小节探讨事前和事后存量 / 流量账户时，我们还会再回到这个话题。

5.2.6 货币的基本职能

漫长而复杂的货币史表明，货币行使着多种不同的职能。首先，它必须是商品价值量的表达工具。这项职能包含了其价值需要被表达的商品和某一参照物之间的关系，该参照物即是被社会指派为货币的东西。作为货币，这一参照物必须能够表达出数量的大小，而且必须有一个特定的单位。以货币表达的一个商品的价值量，就是这个商品的价格。

相似的问题也存在于其他常见的社会实践中。比如，一个物体的重量是其物质属性的数量值，加上一个诸如盎司（oz.）这样的特定重量单位，其中的物质属性数量值是根据某一参照物（比如铁）的物质属性数量值来表达的。于是，1 立方英尺[①]水的重量，以同等重量铁的单位数值来换算：1 立方英尺水的重量为 1 000 盎司。在这个例子中，定义一个更大单位的铁是很方便的，1 磅 =16 盎司，与之对应的 1 立方英尺水的重量是 62.43 磅。需要指出的是，用盎司来表示铁的重量并不一定需要铁的实际存在。我们可以用之前以磅来标准化的规模刻度来测量 1 加仑[②]水的重量，或者我们也可以用之前设定的某单位水的重量来测量所有地球上水的重量是 3.09×10^{21} 磅。

5.2.6.1 作为定价工具的货币

除了由历史原因导致的特殊分歧外，对商品定价几乎是以同样的方式在运作。我们必须详细说明定价工具和单位。因此，我们可以说 1 蒲式耳小麦的价格是 240 盎司的白银。在这一表述中，我们用到了小麦和货币的重量单位（分别为蒲式耳和盎司）。久而久之，一枚包含 1 盎司白银的铸币便被指定为“便士”这样的货币名称，并且也被给予了它自己的货币名称符号（d.），12 便士等于 1 先令（s.），20 先令等于 1 英镑（£）。这样我们就可以说 1 蒲式耳小麦的价格是 240 便士，或者 20 先令，或者 1 英镑。再后来，有效的定价工具可能会不同于当时的定价工具。因此，当纸币可以真正与白银或者之后的英镑、美元挂钩的时候，价格便可以用卢比等纸币来加以表达和实现。最终，当

① 1 立方英尺 ≈ 0.028 3 立方米。——编者注

② 1 加仑 ≈ 3.785 4 升。——编者注

货币作为定价工具执行职能的时候，并不需要存在实际的货币便可形成商品流通。因此，我们能够在无须生产 1 美元的情况下，用 20 万亿美元来估计 1991 年日本土地的价格（Stone and Ziemba 1993, 149）。

5.2.6.2 作为流通工具的货币

但是，当货币执行流通工具职能时，货币必须真实存在。尽管如此，也并不存在货币数量和流通货物的货币价值之间的一一对应。当货币被用来购买商品的时候，它便在执行购买工具的职能。买方获得商品的同时，货币便从其手中流出。但是，当货币被用来偿还债务的时候，它则执行着支付工具的职能，并且被借出去的钱便实际上回到了最初债权人的手中（如果协议约定，则附加利息）。因此，对应于商品流通的货币数量取决于购买和偿债的综合需求。此外，在另一种情境中，与这些交易相关的货币量可能只是收支差额的量，用来结清一定程度上的贸易差额。存在相互买卖行为的商人们只需在月底对净差额进行结算即可。教科书中一般会假设流通中的货币量和与之对应的商品价值之间存在一个稳定的平均流通速度。虽然总是有可能定义一个被称为流通速度的东西，但要找到随着时间的推移而保持稳定的量度指标极其困难（Friedman 1988）。考虑到商业制度结构和金融交易技术是不断变化的，我们对此不必感到惊讶。最后，我们需要指出：作为定价工具的货币和作为流通工具的货币可能是不同的。每个旅行者都知道能够用土耳其里拉来对一张地毯讨价还价，然后用欧元进行支付。

5.2.6.3 作为安全工具的货币

随着人们［对全球危机］的焦虑不断加深，欧元在周五跌至金融危机以来的最低值。投资者通通放弃通货和股票而选择黄金以及其他被认为更具保值性的资产（Schwartz and Dash 2010）。

为了行使这第三种职能，货币必须能够脱离流通过程。这可以只是一个短暂的停顿，是在预测到未来有某种机会或者应对当下动荡时，向流动性的一种暂时性的转变。① 因此，相比商品和金融资产，阿根廷人可能更加倾向于持有比索。② 目前，比索只是一种法定货币代币，它依靠人民对阿根廷经济的信心支撑。如果阿根廷的经济保持健康稳定，那么持有比索就可能是足够安全的。但如果当地经济状况并不够乐观，那么对于比索的谨慎选择就可能会继续转移至美元。尽管如此，美元和比索一样也是一种法定货币，只不过人们对美元的信心是基于一个历史上更加强大的经济体。不断增长的美国外债和令人焦虑的美元贬值的可能性，或许也会促使人们从持有美元转向持有某种被认为更安全的货币。◎

只要这仍然事关从较弱的通货向更强的通货转移，终结点就只能是某种特殊的“避风港”通货。因此，法定货币似乎使经济行为人完全处于其本身的轨道中：它允许货币持有者离开任何特定的国家流通，但不能离开法定货币本身——这当然是一种幻觉。事实上，法定货币不存在一个官方的黄金兑换比率，这并不意味着法定货币是“不可兑换的”。正常流通的货币总是可以兑换为商品。这就是货币存在的重要目的，而一旦货币不能随时兑换为商品，那它便不再是货币。南方同盟元曾经是货币，但它现在只是收藏家的一个藏品、一种商品。我们仍然可以持有南方同盟元，但想要用它换取其他商品，我们必须通过

① 流动性是现代经济学语言中货币的同义语，转变为流动性就是指货币脱离流通以货币本身的方式存在。——译者注

② 阿根廷人持有货币比索，表明他们对安全性的需求，也表明作为货币的比索满足了他们的安全需求。——译者注

直接的物物交换或首先将其出售以换取正在被使用的货币。

在安全性排名互相独立的时候，从安全性低的国家通货向安全性高的国家通货的顺次转移是合情合理的。但世界战争和全球危机等事件可能会引起人们对所有法定通货的怀疑，就像在较早的时期，类似的事件也会导致对所有可兑换通货的怀疑。以前，对发行通货的央行的黄金或白银储备的信心支持着可兑换通货，而现代法定货币则是由对发行国家的信心支持的。到底是什么支持着这种信心？当然并不是政府的廉洁或者其领导人的声明，而是经济体的实际表现。因此，我们又回到了商品世界。但这是指哪些商品呢？法定货币是国家性的，而至少有一些商品是全球性的。所以，我们讨论的商品应该是全球性的、耐用的，并且拥有广泛的需求。在这些商品中，最好的当属已经在一些历史选择进程中成为一般等价物的商品。在过去的某一时刻是白银，在将来它可能是白金。在现代，在困难时期，黄金则恰巧成了最后的避难所（Galbraith 1975, 295）。对于这一历史事实的承认并不能构成对商品货币的背书，商品货币的不稳定向来是有史可循的。这也并不意味着黄金在当前能够行使安全工具的职能，它就仍然能够有效行使定价工具的职能。我们在 5.4 节将再回到定价工具的问题。

比如，1931 年，正值大萧条时期，英国宣布其通货不可兑换且英镑大幅贬值，但是“英国对金本位制的暂停并不意味着人们被禁止持有金条或者金币，而是说英格兰银行并不需要按照一个固定的、法定的价格来出售黄金。伦敦黄金市场仍然正常运转，银行和个人也仍然能够买卖、进出口黄金，只不过是按照当日价格进行交易”。随着大萧条的持续，欧洲的人们也“对纸币变得心存疑虑，所以他们开始囤积”黄金。据估计，1931—1936 年开采的黄金大约有 70% 被个人或者私人银行购买（Green 1999, 12–13）。据报道，在大约 40 年之后的南越战败以前，南越最后一位“总统”阮文绍“将南越所有的黄金储备塞进他的手提箱”逃离了南越。[①] 在这最后的行为中，从理论层面看，他展现出了相当程度的敏锐。

二战之后，个体国家能够用更高阶的通货如英镑和美元来支持其本国通货，而美元恐怕是唯一一个完全由金条支撑的通货[②]（关于这一时期的进一步讨论见 5.3.4 小节）。每盎司黄金对应 35 美元票面价值的价格之所以能维持下去，是因为它是通过 8 家最具实力的央行联盟用这个价格买卖黄金获得支撑的。但是，到 1966 年，这种安排的可持续性受到质疑，投机行为高涨。1966 年的最后 6 个月，与金条价格相比，巴黎的金币价格上涨了 11.4%。随着央行联盟坚决捍卫黄金价格，增长的黄金净私人购买持续消耗着央行联盟的黄金储备。1967 年年初，法国银行从联盟中退出，而在这一年中黄金的私人需求增长了不止一倍，银行联盟的黄金储备快速耗尽。到 1968 年年初，联盟便完全解体了。此后，黄金对私人买家是按照市场价交易的，而央行间通过国际货币基金组织进行的结算是按照每盎司黄金 35 美元的官方价进行的。仅在 1968 年一年中，“黄金价格的惊人增长就已经达到了拿破仑战争时期的总增长量”。直到 1971 年，固定汇率的布雷顿森林体系已经被遗弃。1968—1976 年，黄金价格的跳跃是“史无前例的”（Jastram 1977, 52–56）。然而，回顾历史，相比 1976—2008 年用美元表示的黄金价格 25 倍的增长，这些都只是小插曲而已。

---

① “A Better War, but Good Enough”, *The Economist*, Dctober 13, 2009. http: //www.economist.com/blogs/democracyinamerica/2009/10/a_better_war_but_not_good_enou.cfm?page=1.

② 这让人想起 19 世纪的制度安排：英国的乡村银行能够持有伦敦银行的银行券和黄金作为储备，伦敦的银行则持有英格兰银行的银行券和黄金作为储备，而英格兰银行自身只持有黄金作为储备。

这些事件的发生都离不开其所处的经济环境。1966—1982年间发生了一场被称为“大滞胀”的全球经济危机。在大滞胀的后期阶段，即1976—1980年，黄金价格从125美元增至615美元，随后在1982年降至375美元。然后，在1982—2000年的长期繁荣中，黄金价格相当稳定，只是在始于20世纪90年代末互联网泡沫崩溃的大瓦解中再次急速增长。在后来的房地产崩溃和金融市场泡沫中，黄金价格也继续增长。到2009年年底，黄金价格直击1 173美元高位，与之相伴的是，新闻头条直指“对不断疲软的美元的持续担忧”，导致人心惶惶。[①]罗伊斯全球价值信托基金联席经理戴维·A. 纳德尔“说在一个各国政府都为了润滑经济而不断印钞的世界中，他将黄金视作一种保险形式。‘你也可以理解为黄金是真实的货币，’他说，‘黄金作为通货已经存在了5 000年之久’”(Gray 2011b)。2010年，白银的价格“上升了84%……一定程度上是由美国和欧洲的经济乏力推动的。就像黄金一样，白银一直被视为困难时期的避风港”(Gray 2011a)。

货币的第三种功能在传统上被冠以“价值贮藏”的标签(Morgan 1965, 67–69; Rist 1966, 325)。尽管这个名称或许描述了持有各种形式法定货币的动机，但它似乎没有充分表达出周期性地从法定货币世界完全逃离的需求(Rist 1966, 328)。马克思在其讨论“货币作为货币”的职能时特别强调了这一点，但很遗憾，他对这个职能贴的标签引起了关于其含义的各种困惑(Arnon 1984, 561–566)。因此，我更喜欢将货币的第三种职能称为安全工具。在那些资本主义往往会出现的困难严峻时期，这一职能总是在某种程度上呈现出来并日益突出。

图5.1追溯了1931年金本位制结束以来美国和英国的黄金价格走

① “Gold Hits a New All–Time High price on Dollar Weakness”, BBC News online, November 23, 2009. http://news.bbc.co.uk/2/hi/business/8373769.stm.

势（在 5.3 节中会有更多讨论）。特别引人注目的是它在以下时期的表现：20 世纪 30 年代大萧条时期、20 世纪 60 年代大滞胀时期和从 20 世纪 90 年代开始的金融泡沫破灭时期。

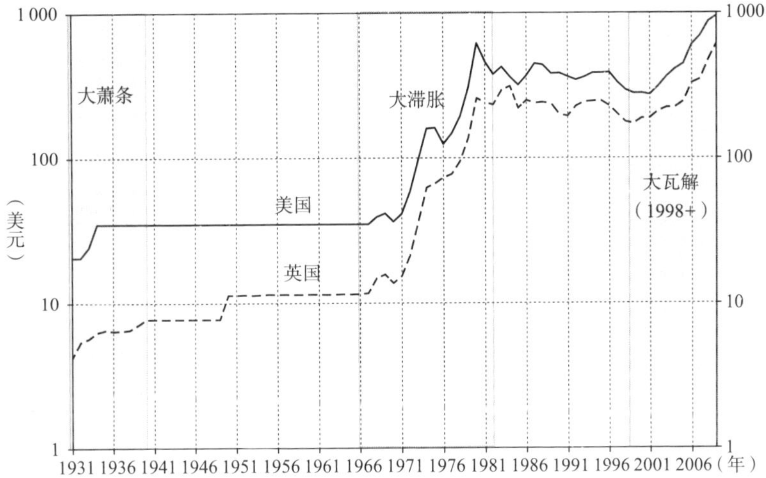

图 5.1　美国和英国的黄金价格（1930=100，对数值）

价格是用货币工具表达的商品的价值量。但由于货币有着太多的形式，所以这其实是一种迷惑性的简单陈述。货币能以英镑的形式执行定价工具的职能，也能以美元的形式执行流通工具的职能。因此，每一件商品都至少有两种货币价格：用本国通货（比如英镑）表达的国家价格和用美元表达的国际价格。我们对于货币作为安全工具的讨论带来了第三种可能：用黄金表达的价格。黄金本身一直具有一般等价物的功能。根据我们用以表达价格的工具的不同，其图形看上去差异巨大。图 5.2 呈现了 1790—2008 年用国内通货、黄金和美元表示的英国批发价格指数。出于 5.3 节中将会讨论的一些原因，分割线被设在 1939/1940 年，这被认为是全球法定货币有效到来的起始点。令人震惊的是，所有这三种指数在 1790—1940 年都相当接近，而且在 1940 年和 1790 年甚至几乎处于相同的水平。但在 1940 年之后，该模式便完全不同了。

图 5.2 提出了三个理论问题，即三种价格的决定问题：用国内通货表达的国家价格水平的决定问题；相对价格水平，比如用黄金表达的价格水平的决定问题；不同通货之间汇率的决定问题。5.3 节会着手前两个问题，因为它们出现在经济思想史中。本书的第二部分将会关注不同产业商品的相对价格、金融资产的相对价格，以及适用于当前资本主义的汇率。第三部分将会在通货膨胀传统理论和本书所提出的古典替代性理论背景下，回到当前对现代货币和国家价格水平的讨论（第 16 章）。

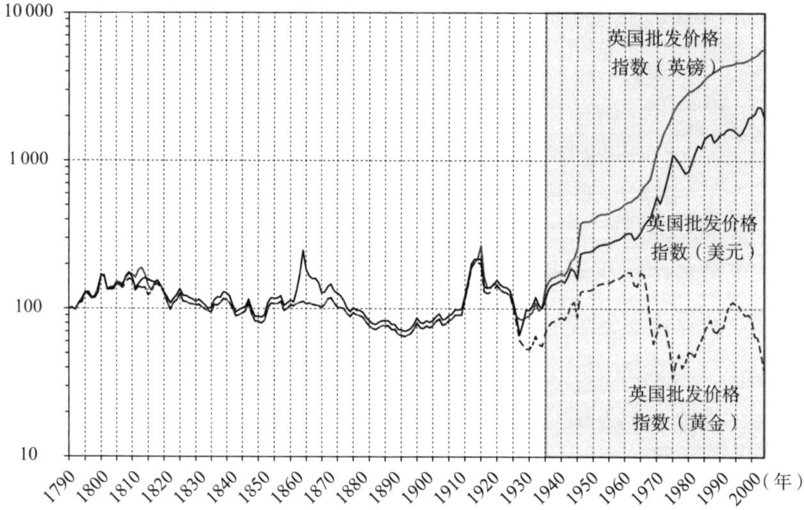

图 5.2 用英镑、美元和黄金盎司表示的英国批发价格指数（1930=100，对数值）

5.3 货币的古典理论和国内价格水平

图 5.3 展示了图 2.9 中已经展示过的资本主义世界中两个领先资本主义国家（美国和英国）1790—1940 年的批发价格指数。其中有三点值得注意：两国价格指数运动具有总体的相似性；在这些指数中呈现出了长期循环，长波理论正是由此得出的（van Duijn 1983, ch.5）；一个惊人的事实，即在整整 150 年的时间间隔中，这些价格指数没有呈现出长期变化趋势。的确，雅斯特拉姆（1977, 189）提出，在英国，黄金的购买力“在 20 世纪中叶与 17 世纪中叶显然是相同的”。

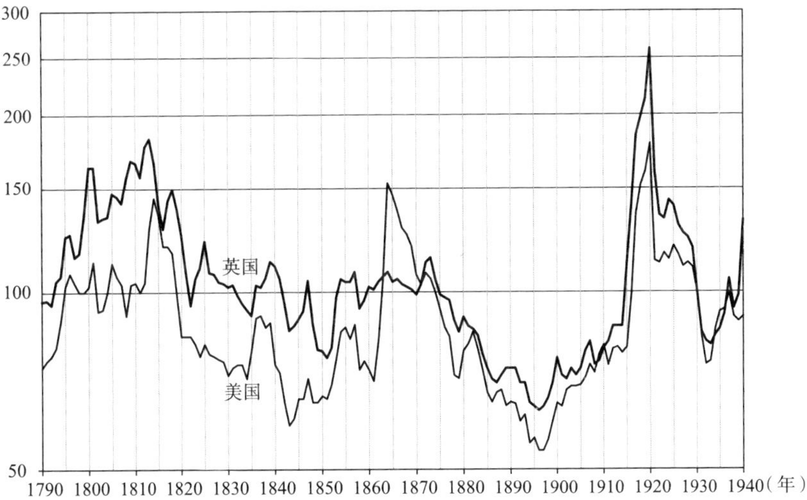

图 5.3 美国和英国的批发价格指数（1790—1940 年，1930=100，对数值）

将时间段扩展到2010年的图5.4则展现出1939/1940年之后上述模式发生了剧烈的变化。在这段新时期，价格几乎在持续上涨，之前国内价格水平的平稳波动被持续通货膨胀的累积性影响淹没。截至2010年，英国的价格水平相对于1939年的战前基年水平上升至58倍，美国的价格水平则相对于1940年的战前基年水平上升至14倍。

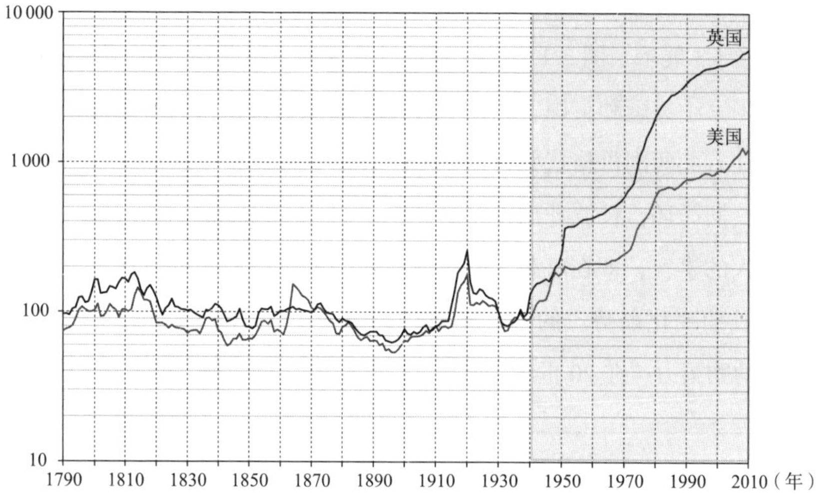

图5.4 美国和英国的批发价格指数（1790—2010年，1930=100，对数值）

5.3.1 古典货币理论

古典政治经济学是如何解释这一惊人变化的呢？它首先区分了相对价格理论（长期起支配和调节作用的价格，它反映了在竞争过程中决定的均等化利润率）和一般价格水平理论。就后一个问题而言，在古典传统理论中主要有两派竞争者。

休谟-李嘉图的货币数量论从经济中的货币量得出以本币表示的国内价格水平。现代货币数量论也表述了同样的内容。而图克和纽马奇（1928）以及马克思（与现代凯恩斯主义学派一样）则持反向的因果关系：他们从价格水平得出流通中的货币量（Somerville 1933, 334–335; Ahiakpor 1995, 447）。使 p 为本币表示的价格水平，XR 为商品数量。两大传统的第一步都是把流通速度（v）定义为流通中商品的总货币价值（p·XR）除以流通中的货币总量（$\mathscr{M}$）。

$$v \equiv \frac{\mathrm{p} \cdot \mathrm{XR}}{\mathscr{M}} \tag{5.6}$$

第二步是将流通速度视为结构上确定的。不难理解，流通速度反映了一个处于变化中的直接支付和余额清算支付二者间不同比例的混合[①]（Rist 1966, 329–341）。虽然如此，进行基本抽象后，两派都将流通速度视为给定的（Marx 1970, 105; Ahiakpor 1995, 447）。在此之后，他们才开始分道扬镳。

早先的和现代的货币数量论都认为，从长期来看，用本币表示的一般价格水平完全由货币量决定。

$$\mathrm{p} \equiv \left(\frac{\mathscr{M}}{\mathrm{XR}}\right) v \tag{5.7}$$

有两种方法可以解释这一观点中的因果联系。现代新古典理论认为，货币供给的增长只影响价格水平，因为从长期来看，“实际产出不会增加——在充分就业情况下，它是一个固定值”（Ritter and Silber 1986, 280–284; quote from 283）。在一个增长的经济中（当然这肯定是普遍情况），由于劳动力供给增加，充分就业下的产出（$\mathrm{XR}_{\mathrm{FE}}$）整体呈上升趋势。于是，新古典主义的观点被表述为如下命题：只有当货币供给增长快于充分就业下产出增长时，即只有当 $\frac{\mathscr{M}}{\mathrm{XR}_{\mathrm{FE}}}$ 上升时，价格才

① 这里的直接支付指货币直接作为流通工具行使功能，而余额清算支付指的是赊买赊卖、彼此间互相提供商品信用等方式中货币作为支付工具行使功能。当货币作为支付工具被使用时，在每一笔实际交易中并不需要使用与货物等值的真实货币，只需要在一段时间之后清算净余额即可。——译者注

会上涨（Brumm 2005, 661）。[①] 但此处真正的关键在于，相对货币供给量的上升之所以会转化为价格水平的上涨，是因为假定长期产出增长率是独立确定的。阿希亚克波（1995）认为，货币数量论的充分就业假说暗示了长期产出的增长是由劳动力供给增加带来的，古典经济学家则认为长期产出的增长是由利润率驱动的，而后者并不要求充分就业。[②] 因此，如果货币数量相对于商品数量上涨了，即如果 $\frac{\mathscr{M}}{XR^*}$ 上涨了，价格便会上涨，但长期均衡产出 XR^* 可以与充分就业的产出 XR_{FE} 不同。[③] 古典经济学家此处的观点是就长期而言的，因为短期内货币供给上升影响价格、工资、利率、利润和产出很容易理解（Ebeling 1999, 472）。

所有版本的货币数量论都有的突出特点是：认为正是货币总量驱动长期价格水平，但这一总量与金币、存款或法定货币如何混合没有关系（Rist 1966, 144; Ahiakpor 1995, 442）。货币数量论的优点在于简单明了：以米尔顿·弗里德曼的著名格言来说就是“通货膨胀在任何地方都是一种货币现象”（Snowdon and Vane 2005, 182）。但是，这一理论从诞生到现在都饱受经验上和理论上的诘难。该理论在战后的复

---

① 即使这一点也暗含了如下假设：新的货币供给会均匀地扩散到金融市场和实体市场中，因此会同等地刺激这两套价格。

② 古典经济学强调，资本增长率由利润率驱动（Ricardo 1951b, 120–122; Marx 1967c, 241–242）。某种给定的由技术决定的资本-产能比路径，决定了之前第 4 章中讨论的产能产出路径。假设资本长期处于正常利用率上，那么产出约等于产能。因此，对任何给定的产能-资本比路径而言，产出的长期路径都是由利润率驱动的。

③ 比如，阿希亚克波（1995, 438）引用休谟的观点，大意为“任何价格都依赖商品和货币二者之比”，他也引用李嘉图的观点，大意为“金银价格的增加或英格兰银行券价值的减少，都起因于银行券的过度发行，即相对于黄金的数量或对银行券的需求而言，银行券的发行量过度了，这与货币数量论的基础原理是一样的”（453）。阿希亚克波得出结论，认为关键之处在于，只有在支付工具（货币）相对于产出（真实收入）增加时，所有的价格才会上涨（450）。弗里施（1977, 1298）注意到，在经验水平上，正是单位产出货币供给的增长与通货膨胀直接相关，尽管其中的因果关系绝对是一个有争议的问题。

活并没有持续很长时间。本杰明·弗里德曼（1988, 51–53）提出，到1979年，人们所认为的货币供给和价格之间的联系“已经完全断裂”，各种想要以改变货币定义的方式去挽救货币数量论的努力都无济于事（见2.4.1小节）。

在早期，比如19世纪中叶，货币数量论的支持者被称为通货学派，反对者被称为银行学派。后者认为货币总供给是内生的，因为供给的关键部分来自企业对银行信贷的需求。给定由利润率决定的长期增长路径，价格便决定了对应于产出水平所需的货币流通量，而非相反（Ebeling 1999, 472）。于是，这个问题就变成了：价格水平是如何确定的？现代内生货币理论为我们提供了两种解释。凯恩斯主义理论假设在资本主义经济体里，失业是正常的。因此，总需求的增长可以被产出和就业的增长满足。只有达到充分就业后，增长的总需求才转化为价格的上升（Harrod 1969, 166–167）。在达到充分就业这一点之后，需求才会只拉动价格水平上升。另外，在卡莱茨基传统上的后凯恩斯主义理论表明，价格由成本加成决定。在达到充分就业后，货币工资增加带来的成本上涨拉动了价格上涨。因此，需求拉动了货币工资，并转换成卡莱茨基所说的成本推动价格（Sawyer 1985, 118）。在上述两种情况中，货币都被假设为信用驱动型的法定货币，如方程（5.8）所示，货币供给由流通中的需求量决定，产出（XR）是可变的。

$$\mathscr{M} \equiv \frac{p \cdot XR^*}{v} \tag{5.8}$$

5.3.2 马克思货币理论的基本框架

关于货币和通货膨胀的现代理论将会在本书15.1~15.3节呈现。为了解更多可供选择的古典理论，首先有必要发展马克思的货币理论。

马克思从通货学派和银行学派的争论中构建出自己的货币理论。他坚持认为货币供给是对货币需求做出的反应，这对信用货币和商品货币（如黄金和金币）都适用。这当然不是说货币的供给与需求在任何时刻都相等。的确，马克思曾明确提出，货币供给会改变产出水平，进一步影响货币需求，这和现代理论中的有效需求理论是一致的。针对各种基于商品的货币形式（铸币、可兑换代币和不可兑换代币），他提出一种价格水平理论，但推迟了对基于完全不同规律的信用货币和国家发行的特定形式的纸币的讨论。他很慎重地说，流通速度受到银行信用的影响，即货币在何种程度上由银行信用创造影响着流通速度①，这也是他计划随后进行详细探讨的另一项内容。马克思较粗略地讨论了信用和货币对产出的影响，而这经常出现在他论及黄金供给的历史波动、银行信用和法定货币的影响的情况下。他曾简略提到国家发行的纸币不遵守商品货币的规律，但其中的隐晦之处直到现在仍是个谜。②马克思独特的叙述风格，也在很大程度上将问题复杂化，因为他坚持在研究下一个问题之前要严格地挖掘出所研究问题在每一层面的全部含义。例如，在他关于货币的主要著作中，他抽象了作为决定相对价格核心机制的利润率均等化过程，因为此时还没有发展出利润率的概念。这是一个在他有生之年都没来得及解决的问题，遑论将其整合进他的货币理论了。利润率均等化存在于马克思去世后由恩格斯编辑整理的《资本论》第三卷中，是在《资本论》处理完货币问题的 1 249 页

① 流通速度中的变量影响到流通中需要的货币量，但这不改变马克思论证的因果顺序，即从价格水平理论开始，发展到货币供给、产出水平和流通速度间的相互作用（Marx 1970, 98–107）。

② 大部分作者的结论是：马克思关于法定货币的理论就其功能而言仍然与商品货币紧密相连（Foley 1983, 15–18; Arnon 1984, 574; Lavoie 1986, 166–168）。

之后才被首次探讨的。[①] 相似的困难还出现在信用理论和对其他形式的国家货币的探讨中。还有一个事实也应被注意到，马克思的理论本身也在随着时间的推移而演进，因此，不能把 19 世纪 40 年代的内容与 19 世纪 60 年代的内容简单地联系在一起（Arnon 1984）。在之后的讨论中，我将专门从马克思较晚期的《政治经济学批判》和《资本论》三卷作品中获取材料，集中研究其货币理论的核心机制。

如果我们能认识到如下两个核心特征，就能够免除大多数关于马克思货币理论的困惑。第一个特征涉及马克思对可兑换货币和不可兑换货币标准区别的解构。货币只有在可以兑换成商品时才会被接受，这是货币与生俱来的目的。当某种货币失去这种功能时，它就不再是货币了，并会被其他东西取代。在商品世界里，一些特殊的商品，比如黄金，经常会在经济压力过大时成为安全工具。因此，“可兑换”和“不可兑换”的标签是彻底存在误导性的，因为有效的货币总能兑换成黄金。所谓的可兑换货币是指该货币承诺能够在货币当局的黄金窗口以固定比率兑换为黄金。所谓的不可兑换货币是指该货币需要以黄金市场决定的浮动汇率兑换成黄金（Marx 1970, 83）。像所有的承诺一样，可兑换性只有在特定条件下才是可持续的，因此兑换比率总是被阶段性地重新修订（Rist 1966, 167）。从图 5.1 不同的黄金挂钩价格中，可以显而易见地看出这一点。时间跨度越长，这不变的事实就能越有力地得到证明（Jastram 1977, 2–29, table 21）。因此，用灵活和半灵活

① 这个 1 249 页是指《资本论》国际版。马克思计划一共写 6 本书，其主题分别为：资本、土地所有制、雇佣劳动、国家、国际贸易，以及世界市场与危机。当他在这份浩大的工作中奋斗时，第二本和第三本书的某些关键性理论部分被重新排进了第一本（即现在的《资本论》），但其他需处理的高深问题和具体研究仍被留到了后续部分。我们知道，他仅仅活到完成《资本论》第一卷，是恩格斯从马克思大量半成品的手稿、未完成的草稿、笔记、摘要和评论中编辑整理了第二卷、第三卷。

来形容代币与黄金之间的兑换承诺要准确得多。

第二个特征是，马克思已发表著作对货币的分析明显地局限在货币商品（如黄金）是有效定价工具的货币系统中。它的范围不仅包含金币和由黄金支撑的可兑换代币，而且包含特定情况下的不可兑换代币和法定货币。比如，在美洲殖民地，法定货币最初由金银支撑，和金银一起在全世界流通（Galbraith 1975, 46–52）。类似地，尽管法国大革命时期的阿西涅币表面上由土地支撑，但事实上它是作为白银的代币流通的，它的贬值最终也以银本位来衡量（Marx 1970, 81）。后来，德国在 20 世纪 20 年代经历恶性通货膨胀时，尽管货币以法定纸币流通，但价格是以黄金为基准的（Foley 1983, 16）。

那么，黄金是什么时候丧失其作为定价工具的职能的呢？我认为是在大萧条期间。英国于 1931 年放弃了金本位制，美国于 1933 年在事实上放弃了金本位制，那一年美国暂缓实行货币的黄金支撑，并要求公民上交自己持有的金币和黄金凭证（Harrod 1969, 101; Jastram 1977, 51）。但在整个大萧条时期，整个欧洲的个人和银行都在广泛储备黄金（Green 1999, 12–13），因而，直到大萧条结束的 1939/1940 年，才迎来了全球法定货币的新纪元。在这里，最关键的是，黄金要作为直接或间接的定价参照物，而不是与纸币之间有固定或浮动的兑换比率。在战后时期，美元是唯一一种与黄金挂钩的货币，但这种挂钩也仅存在于央行之间的交易。持续到 1971 年的美元的官方可兑换性和此后的官方不可兑换性，对大萧条期间结束金本位制的事实而言，都是次要的。

正是在这一背景下，马克思对于可兑换货币和不可兑换货币的处理变得重要起来。无论黄金是不是有效的定价工具，黄金的价格是半灵活的还是完全灵活的这二者之间的区分都是有效力的，因为在两种情况下，黄金都可以被拿来作为安全工具。当黄金是有效的定价工具时，可兑换货币和不可兑换货币都是黄金的代币，并遵循源自商品流通的货币的一般规律。

上述思考不可避免地指向更深层次的问题：当货币商品不再充当直接或间接的定价工具时会发生什么？哪些会变，哪些不变？换句话说就是，显而易见，我们必须首先探讨从长期来看定价工具本身就直接或间接是商品的情况下的货币规律。我将在本书 15.4~15.6 节说明这样一种方法将会构建出一个独具特色的、有其特有的通货膨胀理论的、关于现代法定货币和信用货币的古典分析框架。

5.3.3 马克思货币理论的要素

马克思的货币理论建立在黄金是有效的定价工具的假设之上，所以无论是可兑换货币还是不可兑换货币，都代表了黄金代币，而且这二者都服从源自商品流通的货币的一般规律。接下来，我们可以分两步来进行基本的论证。长期价格水平是两项的乘积：一项是用黄金表示的一般商品的相对价格，另一项是用代币表示的黄金的绝对价格[①]，后者是由实际运行的货币制度决定的（可兑换黄金或不可兑换黄金的代币）。在流通速度和长期产出水平给定的情况下，长期货币供给会适应这个价格水平。反过来，长期产出是由资本存量的正常产能利用水平决定的，而资本存量本身是由来自利润驱动的资本积累产生的。关于产能利用率的古典方法是在之前的第 4 章中发展起来的，利润理论将在下一章（第 6 章）中进行讨论，对有效需求、产出、增长的宏观经济学分析将在第 12 章和第 13 章中进行探讨。我们可以从中看出马

① “用黄金表示的一般商品的相对价格”是指用黄金单位（比如盎司）表示的商品的平均价格，比如大米的黄金相对价格可以表示为（a）盎司黄金 / 斤。而“用代币表示的黄金的绝对价格”是指，比如代币为美元时，黄金的绝对价格表示为（b）美元 / 盎司。故二者的乘积（a×b）就是大米的普通代币价格：（a×b）美元 / 斤。——译者注

克思为什么要把对产出问题的处理放在其打算分析的问题中较为靠后的位置。

第一步是马克思的价格水平理论，该理论本身包含两个要点。首先，行业之间的竞争意味着相对价格是由在其中起基础作用的引力中心调控的，这个引力中心被古典经济学家称为自然价格，被马克思称为生产价格。本书的第二部分便致力对于这个机制进行详细分析。其次，黄金的货币价格取决于货币制度。

接下来，我将会区分普通商品和黄金。记住这一点之后，让我们考虑这样一种情况：如果各个商品的价格都以不同程度上涨，那么普通商品的平均价格水平也就提升了。拥有高于平均利润率的行业会有加快的资本流入，这倾向于抬高与需求相比的供给，并由此压低它们的相对价格[◎]，而拥有低于平均利润率的行业则会经历与此相反的过程。这两种运动都有缩小利润率差异的趋势。但与此同时，新的因素也会继续妨碍这些利润率的均等化趋势。这样一来，客观存在的将会是一场发生在利润率均等化的向心牵引与新的因素带来的离心作用之间实时的持久战。最终的结果将是相对市场价格围绕变动着的引力中心永无休止地波动，而引力中心则代表了新投资趋于均等的利润率。但是，普通商品相对价格的调整并不必然会影响它们的平均价格，根据假设平均价格已经提高了。由于竞争的作用，普通商品的平均利润率和黄金生产的平均利润率趋于相等，这会导致普通商品绝对价格水平与黄金绝对价格水平之间比率的重新确立。如此一来，用黄金表示的价格水平本身是由竞争调控的。斯拉法（1960）用其优雅精化的表达对这一古典方法做了修正，本书第二部分将会致力于这一理论方法在产业、金融和国际价格理论中的应用。在目前情况下，因为商品生产和黄金生产的技术条件一直在以不同的速度发生改变，所以普通商品的平均价格相对于黄金价格的比率（以黄金表示的一般商品的价格）本身也将一直处于变化之中。

用黄金表示的一般商品的价格由竞争决定，与此同时，用货币定价的普通商品的绝对价格水平也由黄金的代币价格决定，后者反过来又依赖交易当中特定的货币规则。在某些特定的时间段，如果在代币和黄金之间存在着固定的兑换比率（可兑换代币），那么当局将会采取行动，将黄金的货币价格稳定在该固定比率上。那么，用货币（美元、英镑等）表示的商品价格水平本质上将会反映用黄金表示的商品相对价格的走势。当然，如果黄金挂钩被周期性地重估，那么商品的货币价格也会调整以适应新的兑换比率。另外，在代币与黄金之间具有灵活兑换比率（不可兑换代币）的货币制度下，固定兑换比率被弃用了，并且黄金价格本身可能会显示出一种很强的趋势（见前文图 5.1）。无论在哪种情况下，普通商品的长期价格水平都是相当独立的两项的乘积：（1）由结构性因素和竞争决定的，用黄金表示的商品的相对价格；（2）由货币及宏观经济因素决定的黄金的货币价格。需要注意的是，尽管在调节过程中货币数量的改变在不同时点上或许是必要的，但长期相对价格的根本结构并不取决于货币数量。对可兑换代币而言，货币数量也不决定黄金的货币价格。但由于代币是不可兑换的，当黄金的价格在市场上灵活波动的时候，通过影响总的购买力水平，货币数量确实可以影响黄金的价格，并因此影响普通商品的一般价格水平。①

---

① 从货币数量论的观点来看，价格是由所有种类货币的相对供给决定的。由于为了努力维持预设的某个黄金价格，纸币的发行必须据此进行调节，所以公认的金本位制的力量在于，它能够约束纸币的过度发行（Galbraith 1975, 63; Bordo 1992, 3）。但从马克思货币理论来看，一方面，对可兑换代币而言，长期价格水平是与货币数量无关的；另一方面，对不可兑换代币而言，在货币数量影响黄金价格的范围内，货币数量只影响长期价格水平，而这反过来取决于货币数量如何影响产出水平。

马克思用这种方式继续推进，将绝对价格水平表达为两个变量的乘积：（1）用黄金表示的普通商品的平均相对价格（p′），即用黄金盎司单位表示的每单位一般商品的价格；（2）用英镑表示的黄金的货币价格（p_G）。如上所述，第一个变量是用黄金表示的一般商品的相对竞争价格，根据古典经济学规则，从长期来看，它是由对应的相对成本和一般利润率决定的。第二个变量是黄金的价格。马克思论证中的重要之处在于：商品的长期黄金价格（p′）是由结构性条件调节的，[①]而黄金的货币价格（p_G）是由宏观经济因素决定的。反过来，长期价格水平的决定意味着，相应水平的产出和流通速度会需要一定数量的货币（$\mathscr{M}$）。这为我们提供了马克思关于内生货币一般理论的特殊表达形式，即在之前的方程（5.8）中用公式表达出来的内生货币理论。如前所述，流通所需要的货币数量（$\mathscr{M}$）代表着现代说法中的货币需求。这并不意味着在任何时候货币的需求和供给都是相等的。事实上，正是它们的不等使得货币供给的增加成为可能，就像发现了新的金矿，那么为了增加货币的花费，便会增加产出。

$$p = p' \cdot p_G \tag{5.9}$$

$$\mathscr{M} \equiv \frac{p' \cdot XR \cdot p_G}{v} \tag{5.10}$$

需要注意的是，对黄金代币的需求（$\mathscr{M}$），总是可以被理解为在流通中发挥作用的黄金数量（$\mathscr{M}_G$）（Marx 1970, 118–122）。我将很快回

① 在马克思已经发表的著作中，他抽象掉了个别生产价格和劳动价值之间的差别，因为这些内容他打算在后面的论述中讨论（然而，正如我们已经指出的，他未能活到著作出版）。因此在现阶段，马克思将一般商品的相对价格表达为与黄金的劳动价值相对比的劳动价值。马克思很清楚地知道李嘉图的经验假设，即个别相对价格与总（直接和间接）劳动时间的个别相对量非常接近。结果表明：李嘉图在本质上是正确的（见 9.5~9.8 节）。因此我们可以将马克思最初的假设视作他后来关于生产价格与劳动价值之间关系充分发展的强有力近似。

归对这一点的探讨。

$$\mathscr{M}_G \equiv \frac{\mathscr{M}}{p_G} = \frac{p' \cdot XR}{v} \tag{5.11}$$

马克思用方程（5.9）和方程（5.10）来解释各种各样的历史模式。比如，在可兑换代币制度下，价格水平（p）的长期运动在本质上反映的是用黄金表示的商品价格（p′）的变化模式，对半波动的黄金价格（p_G）[①]而言，至少在经历下一次周期性的重估之前，这是适用的。技术变革和实际工资的变化可能会给黄金价格带来某种缓慢的变化趋势，同时，其他因素也可能会在此之上产生一些波动。但19世纪40年代加利福尼亚发现黄金之后所带来的黄金供应量急剧上升，产生了极为不同的影响。这些新的储量丰厚的金矿实际上降低了黄金生产的单位成本，并因此提高了用黄金表示的商品的相对价格。与此同时，由此产生的新产黄金的泛滥增强了全球的购买力，随着它从新世界到旧世界发挥其应有的作用，[②]全球产出的总量大大提升了。马克思用这些影响的综合作用来解释图克的发现：在19世纪40年代末加利福尼亚发现黄金之后，全球价格水平的增长比全球货币数量的增长要少很多，而这恰恰有悖于货币数量论的预测。对此现象的一种解释是，商品的产出在本质上增加了（Rist 1966, 242–245, 288; Marx 1973,

① 当官方设定的黄金兑换价格需要周期性或不定时地进行重估和修订时，作者称之为半波动的黄金价格。——译者注

② 这里的黄金发挥其应有的作用，是指黄金作为货币行使其作为货币应该行使的功能——增加购买力、刺激产出、扩大就业等。——译者注

623）。[①] 马克思的解释是，由于更低的黄金生产成本提升了商品的黄金价格（p′），所以方程（5.9）中商品的长期价格水平（p）上升，与此同时，因为产出水平（XR）也上升了，所以方程（5.10）中流通所需的货币数量（$\mathscr{M}$）上升得甚至更多。

当货币主要由不可兑换代币组成的时候，马克思认为，代币与黄金之间的兑换比率是可变动的。和其他商品一样，黄金有了一个灵活可变的价格。由于长期相对价格结构（p′）一直是由结构性因素决定的，所以正是黄金价格的波动决定着普通商品价格水平的波动。按照这种方式的因果关系，货币商品（黄金）必须继续行使有效的定价参照物的功能（也就是说，黄金必须作为隐性的记账货币发挥作用），因此，黄金的代币价格的变化就被反映在其他商品的代币价格上。换言之，不可兑换代币必须代表黄金。

纸币的出现为马克思处理不可兑换代币提供了很有价值的例证。大英帝国最初的纸币是由北美殖民者在1690年发行的。这些纸券在发行时承诺可用铸币兑回，因此能够以行使记账单位职能的方式与黄金和白银一起流通。不久，这些纸券也成为支付税收的法定货币。众所周知，殖民地的开拓者一直是课税的抵抗者，纸币便为国家提供了一种"多用途的税收替代选择"（Galbraith 1975, 51）。越来越多的纸币被发行出来，而赎回却一次又一次地被推迟。"如今用纸币表示的价格已

---

① 马克思还认为，黄金流入会增加流动性并降低利率。李嘉图用货币数量理论来说明，一国的贸易顺差带来的黄金流入会提高该国的价格水平，并因此侵蚀其竞争优势，直到在某个点贸易自然而然地平衡了。这是李嘉图比较成本理论的基础，而比较成本理论至今仍然主导着国际贸易理论。与此相反，马克思的论证意味着，因为因贸易顺差带来的黄金流入会降低利率，所以这会自然而然地鼓励短期资本输出。另外，贸易逆差国家的利率会上升，而这又会自然而然地吸引资本以平衡短期资本流动。因此，贸易顺差国家最终将成为国际债权人，而贸易逆差国家最终将成为国际债务人（Shaikh 1980c, 224–227）。马克思在黄金内流的数量和利率影响方面沿袭了坎蒂隆的观点（Rist 1966, 286–290）。这些内容将在本书第 11 章对于国际竞争理论（即自由贸易理论）的讨论中重点探讨。

经上涨，因此黄金和白银的价格也随之上涨。”在 50 年之后，这些纸券的价值大约仅为最初所承诺的以黄金表示的价格的 1/10。同样地，相比黄金的货币价格，普通商品的货币价格上涨了 10 倍（51–52）。在评论相同事件的时候，马克思给这些类型的纸券（可兑换的、发行时带有兑现承诺的纸券）贴的标签是“简单的价值代币券”。这些纸券包括“从一开始直到 18 世纪中叶，英国殖民者在北美洲发行的地方银行券”，以及“法律强制纸币，在独立战争期间美国政府发行的大陆纸币”和“法国阿西涅币”（Marx 1970, 169）。北美的私人银行券又提供了另一个例子。1812 年美英战争期间，1814 年英军占领华盛顿之后，“除新英格兰银行之外的银行推迟了铸币支付”（Galbraith 1975, 75）。结果，相比黄金或白银，不同的纸券以不同的市场折扣流通。新英格兰银行的银行券是可兑换的，所以它以面值流通，纽约银行的银行券以 10% 的折扣流通，巴尔的摩银行和华盛顿银行的银行券以 20% 的折扣流通，阿巴拉契亚山脉以西地区的很多票据以 50% 的折扣流通。“说西方银行的银行券的折扣是 50% 时，当然也就是说以这些银行券定价的［商品］价格已经翻番了。”（51–52）

5.3.4 关于马克思货币理论的经验模式

一般认为经验证据或许具有启发性，那就让我们再来回顾一下之前图 5.3 和图 5.4 中展示的美国与英国价格水平长期变动的两个模式：首先，在 1790—1940 年的 150 年间，这两个价格指数并没有呈现出长期的趋势；其次，这两个价格指数在 1939/1940 年之后都或多或少地经历了持续性的增长，所以在之后的 70 年中，英国的价格水平相比其 1939 年的战前水平上升至 53 倍，美国的价格水平相比其 1940 年的战前水平上升至 13 倍。我们将会发现，从马克思价格水平理论的视角再来研究这些价格变动充满趣味。

图 5.5 用马克思的理论将英国 1790—2008 年的价格指数分解为两个基本的组成部分［方程（5.9）］：用黄金表示的商品的相对价格（p′，它们的黄金价格）和黄金自身的英镑价格（p_G）。尽管我们讨论的是市场价格，而不是理论上的竞争价格（生产价格），但我们很容易理解是后者在调控着前者。用黄金表示的商品的相对价格，期望会有某种反映相对工资和结构性参数变化的趋势，也会有一些反映各种短期事件影响的波动。如图 5.5 所示，在 1790—2009 年的整段时期中，p′的波动幅度很小，足以符合之前的假设，即用黄金表示的商品长期价格是由缓慢变化的结构性因素驱动的，尽管在这个过程中存在着以下事实：商品的黄金价格也反映了由以下因素带来的严重冲击，即 19 世纪 70 年代的长期萧条、一战、20 世纪 30 年代的大萧条、二战、20 世纪 70 年代的大滞胀，以及当前危机之前黄金价格的急剧上升。另外，在

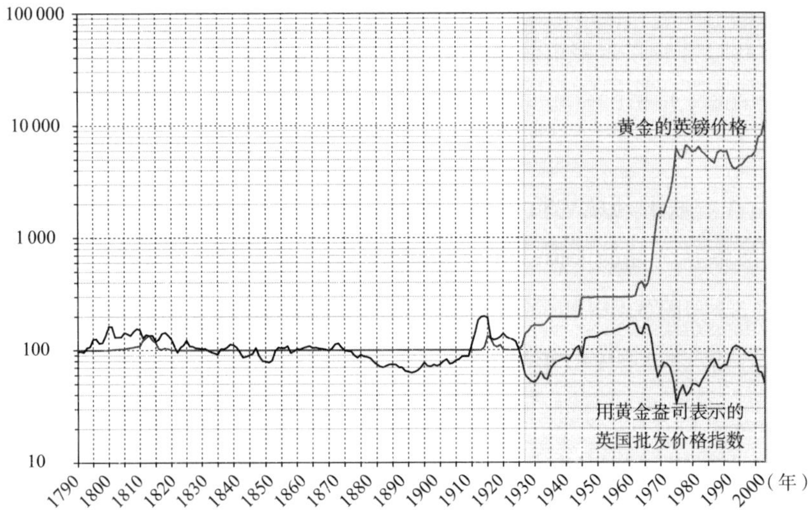

图 5.5 用黄金盎司表示的英国批发价格指数和黄金的英镑价格

（1790—2009 年，1930=100，对数值）

1931 年英国“推翻金本位制”之后，黄金的货币价格就其模式而言出现了一个急剧的变化（Harrod 1969, 101）。当然，我们知道，1944 年布雷顿森林体系开始确立，在此之后稳定性再次回归，而在此之前，英国和世界上其他国家都已经从金本位制转到了美元本位制。

图 5.6 研究了美国两个同样的变量在 1800—2009 年的表现。此处除了前文提及的全球性冲击外，我们还必须面对各种各样的美国战争：1812 年英美战争、始于 1861 年的内战、朝鲜战争、越南战争，以及两场海湾战争。尽管如此，p′ 在 1800—2008 年整段时期的波动仍然是相对平稳的。但黄金价格的走势有所不同。美国在一战中带着巨额的黄金储备逐渐崛起，这使得它能够保持一个新的黄金的美元价格长达近 40 年之久（Harrod 1969, 97–98; Galbraith 1975, 202）。美国在 1933 年有效建立起国家的金本位制（Jastram 1977, 51），导致了图 5.6 中 1934 年黄金价格的跃升。1944 年的《布雷顿森林协议》确立了一个固定汇率和固定黄金价格的国际货币体系，因此“通货以稳定的比率兑换为黄金”（Green 1999, 14）。较低等级的通货能够被较高等级的通货（比如英镑和美元）支撑，而金字塔的顶端是美元，美元仅仅能被黄金支撑（Bordo 1981, 7）。在接下来的 20 年中，美国大量的黄金储备有效地使其免于国际收支的限制。但是直到 20 世纪 60 年代，持续的美国贸易逆差和由越南战争引起的美元外流，系统性地侵蚀了美国黄金储备的保护作用。当美元的可兑换性和固定汇率体系被一起抛弃的时候，《布雷顿森林协议》也在 1971 年宣告结束（Galbraith 1975, 294–299; Green 1999, 12–14）。被抑制的黄金需求导致了图 5.6 中黄金价格的急剧上升。在 1933—2009 年的 76 年间，黄金的美元价格几乎上升至原来的 47 倍（上升了 4 568%）。

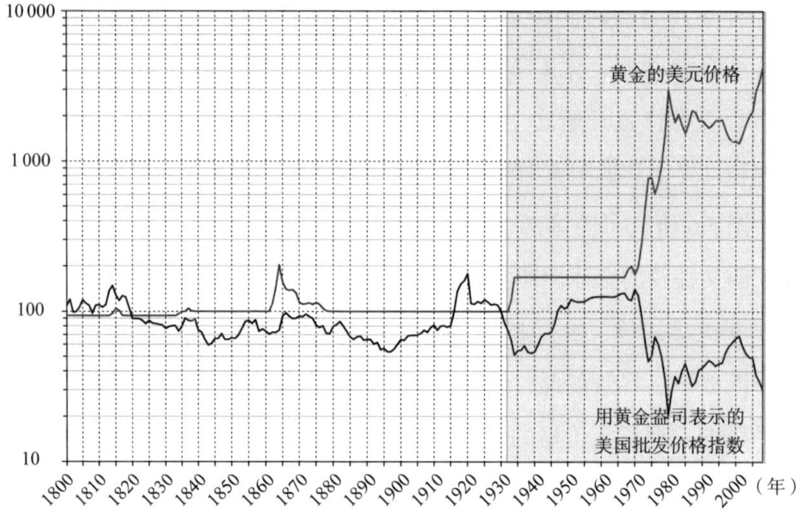

图 5.6 用黄金盎司表示的美国批发价格指数和黄金的美元价格
（1800—2009 年，1930=100，对数值）

以这种方式研究问题的惊人结果是，我们在最后得到了一个简单的长期波动的指标：用黄金表示的商品价格（p′）。图 5.3 显示，用英国和美国各自的本国货币表示它们的商品批发价格指数（p），展现出激发康德拉季耶夫灵感的长期波动模式。图 5.4 则显示出，在持续上升的商品价格指数面前，这种波动模式在 1940 年之后消失。而从图 5.5 和图 5.6 可以看出，尽管由于图的尺寸比例必须能表现 20 世纪战后时期黄金价格的急剧上升，所以在这些图中 p′ 的波动程度很难识别，但我们还是可以看出 p′ 在整张图中都呈现出波浪形的模式。在第 16 章，我还会再次回到这个话题来讨论长波和周期性危机之间的关系。

5.4 迈向现代货币下的古典价格水平理论

前文讨论的马克思的货币理论和他后来关于这一主题的著作是紧密相连的。他的分析限制在货币商品（比如黄金）担任有效定价工具的长期历史阶段内。价格水平是从以下二项的乘积中得出的：一项是由竞争决定的用黄金表示的商品价格（p′），另一项是黄金的货币价格（p_G），后者的固定性或灵活性则由货币制度（可兑换代币或不可兑换代币）决定。在这种历史和分析的范围内，法定货币是和早期的货币形式直接连在一起的。然而，即使这种解释在形式上是正确的，但它依然留下了两个值得讨论的问题，而这两个问题的解决对于进一步发展现代法定货币下关于一般价格水平的古典理论至关重要。

5.4.1 可兑换代币下相对价格的决定

第一个问题与商品价格的调节原理有关，这里的价格指的是用货币商品（比如黄金）表示的商品的长期价格。请考虑我们之前的出发点，即这样一种情形：如果个别商品的货币价格按不同程度上升，那么平均价格水平也会上升。随后，行业间竞争导致个别商品的相对价格围绕着生产价格（反映了均等利润率的价格）运动。就任何普通商品而言，比如铜，如果它的利润率高于平均利润率，那么投资会加速流入，直到供给的增长速度超过需求（的增长速度）。这会降低铜的相对价格，同时也会降低它的相对利润率。如果其最初的利润率低于平均利润率，则会呈现相反的运动趋势。同时，其他商品也会经历相同的过程，因此它们的价格也是不断调整的。斯拉法（1960, 12–15, sec. 13–20）强调，价格的变化会影响每个部门的成本，继而也会影响商品在任一给定价格时的利润率。因此，铜的利润率的整体调整是两种运动的共同结果，即铜本身的价格变动和在生产铜的过程中的成本变动，因为它们对进入其生产过程的那些商品的价格变动做出了反应。①

这就是货币商品（比如黄金）和其他普通商品不同的地方。每当黄金直接作为货币（金币）或每当黄金的代币价格被政府固定（可兑换代币）时，黄金的价格都受到内生的黄金供给变化的调节。假设黄金直接作为货币，且金币和金条之间的市场汇率如下：在黄金市场上，要获得 1 盎司金条所需要的英镑，比用英镑币表示 1 盎司黄金所需要的英镑多。②在这种情况下，如果溢价有足够的吸引力，③就会有人花钱熔化黄金首饰，私人贮藏的金条也会流入市场，从“一盎司金条可以换回多于一盎司的金币”这一事实中获取利润。于是，金条供给的增

① 在矿产品如铜和黄金的案例中，还存在第三种要素，和生产边界（最后开采或耕作的矿产或土地，简称耕作边界或生产边界。——译者注）与生产成本之间的相互关系有关。铜价上升提高了铜的利润率，但是其他商品利润率的上升会提高铜的生产成本，进而降低铜的利润率。因此，两个方向相反的运动何者更能影响产出，我们并不清楚（Bordo 1992, 3 text and n. 8）。此外，开采量的变化并不意味着生产效率一定会改变，因为效率不变时矿产开采量本身有一定的波动范围。马克思在分析地租理论时反复提到这一点，例如，在他总结自己的地租理论时，曾提到有着特定质量的土地，可生产“百万夸脱的小麦”（Marx 1967c, 653）。而恰恰是新古典的分析将（土地或矿藏不同品质的）每一“层”都压缩为一个无穷小的点，以至产出的提高不仅仅被等同于效率的改变，实际上还等同于效率的下降。这个问题在前面第 4 章分析成本曲线的时候讨论过，并将在第 7 章的开头部分再次提及。

② 这意味着在黄金市场上金条贵而英镑贱，这会吸引人们用英镑在官方窗口购买黄金，在市场上出售金条牟利，这一收益可称为“溢价”。——译者注

③ 套利总是有成本的。在此案例中，成本包括熔化和售卖首饰与金银器皿的成本，以及运输和售卖金条的成本。

加将会驱使英镑金币与金条的兑换比率回到套利的极限水平之下。[①] 显然，如果金币可以用折扣价换取到金条（即一盎司金币换取多于一盎司的金条），那么则会出现相反的过程。对于国家发行的可兑换黄金代币（即代币以事前承诺的黄金兑换率被回收），黄金的“法定价格”和对应的市场价格之间的差异会导致国家黄金储备的变化。因为黄金储备的规模规定了国家干预的限度，所以黄金市场价格的持续上涨带来的压力会促使政府提高黄金和货币挂钩的比例（“法定价格”）。于是，黄金的法定价格或许会从每盎司 20 英镑上升到每盎司 30 英镑（见前文图 5.1）。只要黄金是真正的定价工具，黄金的货币价格上升 50% 便会带来商品的货币价格上升 50%，但这并不会改变用黄金表示的商品价格。

问题在于，只要能够维持特定的兑换比率，黄金的价格就不会随着它的利润率和其他商品利润率之间的差值而改变。所以，要使黄金的利润率和一般商品的利润率相等，就必须通过调整生产黄金的各项成本，使之恰好发生。如果暂时抛开当下生产边界[②]的变化[③]，这便只能通过其他商品价格的改变实现。为理解其中的机理，我们先考虑一种简单的情况，即只有一种其他商品（铁）进入黄金生产过程的情况，

① 因为套利有成本，所以吸引套利行为的市场兑换比率与官方兑换比率的差额有一个极限值，在此范围之内，套利将无利可图。——译者注

② 比如最后开采的金矿。——译者注

③ 一般而言，任何特定的生产边界都是在总产出范围内有着不变效率的“一个矿层”（见 n. 35）。当黄金价格有弹性时，产量增加会使价格降低，于是需求会决定在这一层的边界上，储量在多大程度上被开采。当黄金价格固定时，这个限制就被移除了。这一层生产边界是由这一事实决定的，即在任何给定投入品价格下都会产生一个正常利润率，并且因为金价是固定的，所以这一层的生产边界会得到充分的利用。正如莫斯利所认为的，在黄金生产过程中出现的利润率均等化并不是仅仅通过效率的调整实现的。莫斯利否认其他商品的价格变化会影响黄金的生产成本，因此，黄金的利润率依然保持不变，这就使得改变生产边界加以调节成为唯一的可能（Moseley 2005, 198 text and n. 195）。在我看来，这些都属于次等重要的因素。

反之亦然。从铁和黄金的利润率相等的初始情况开始（我们正在探讨初始情况的基本原理），“一般”价格的上升意味着铁价的上升，同样黄金也会面临市场价格上升的压力。铁价上升提高了铁的利润率，并通过增加黄金的生产成本，降低了黄金的利润率。由于黄金的价格是被锚定的[①]，金价上升的压力只会增加黄金的供给。黄金供给的增加可能会导致对常规商品（此处用铁来代表）总需求的增加。这可能会进一步提高铁的价格和利润率。但是，只要生产铁的利润率比黄金高，投资仍会加速流入铁行业，减速流入黄金行业。铁的供给持续增加，直至超过需求，这会导致铁的价格和利润率下降。随着铁价的下降，生产黄金的成本下降，即使黄金的价格被锚定，它的利润率也会上升。这一过程会一直持续，直到作为诱因的铁价变化足以使两部门的利润率相等。值得注意的是，（以黄金为基础的）货币供给的变化可能影响到调整过程，但不会影响结果。最后，商品相对于黄金的长期相对价格被结构性地确定下来。

如果我们把生产黄金的成本看作一篮子商品而非单一投入品“铁”的话，情况和前文相比并不会有太大改变。一篮子商品之间利润率的均等化会建立一整套独特的相对价格，同时也会为所有和黄金部门保持相同利润率的投入品建立一套特定的绝对价格水平。对非黄金的商品价格来说，完全相同的结论依然适用，即对一般价格水平本身来说，竞争会建立一个相对价格体系，使部门间的利润率相等，同时会建立一个使之与黄金利润率相等的一般价格水平（Marcuzzo and Rosselli 1990, 53）。最后，在以商品为基础的货币体系中，竞争约束了一般价格水平。货币供给的变化可能会影响这一过程的实现路径，但不会改

① 在本段开始就设定了讨论的前提，即“维持特定的兑换比率”。——译者注

变最终结果。我相信这是马克思的货币理论和诸多版本的货币数量论之间的核心区别。[①] 这也正是利润率均等化的标准代数所暗示的含义，它简单地假设黄金部门参与了利润率均等化的过程。[②]

关于可兑换代币的分析是围绕着上面两个问题展开的：（1）通过众多商品个别利润率的均等化，构建一个商品的相对价格结构，而且这些商品的价格是能够灵活变化的；（2）就这些同样的商品构建一个特定的绝对价格水平，这个价格能够使它们共同的利润率和价格固定下黄金部门的利润率相等。那么，在不可兑换代币体系中，又会如何呢？

5.4.2 不可兑换代币下相对价格的决定

在不可兑换的黄金代币（即一种法定货币方式，在这种情况下，货币商品仍然是直接或间接的定价工具）情况下，黄金具有一个灵活的可变动价格。黄金市场价格的纯粹增长意味着每单位代币黄金含量的减少，这会增加商品的货币价格，但是不改变用黄金表示的商品价格。这无异于周期性地调整特定的黄金代币价格的锚定值。相反，在黄金价格保持不变的情况下，如果商品的价格都上升了相同的程度，

---

① 尽管价格是固定的，但是黄金部门的利润率均等化并不意味着垄断部门的利润率会与一般利润率相等。垄断力量存在的全部要义在于保持该部门利润率高于一般利润率。垄断行业能在成本价格下跌的情况下仍保持价格恒定，当成本价格上涨时又提高成品价格。因此，垄断部门的价格不会是固定的。这也是为什么垄断部门普遍有固定的成本加成，这也意味着价格随成本上下波动（Ebelling 1999, 472）。更为一般的对缺乏垄断力量或普遍存在垄断力量的研究将在本书第二部分的第 8 章和第 9 章展开。

② 代数文献中也倾向于将“计价单位”概念和货币商品混淆在一起。因为在没有货币的商品交换体系中，竞争决定的利润率均等化仅仅建立了一套特定的相对价格结构，而在代数学中，选择它们中的任何一种商品作为便捷的“计价单位”都是可能的。具体的代数技巧是，令计价单位的价格为一（Sweezy 1942, 117–118; Sraffa 1960, 5）。然而，这不能告诉我们被选中的计价商品的价格在利润均等化的过程中是如何变化的。另外，当一种商品作为直接货币（金币）时，或者和可兑换代币之间有固定的兑换比率时，人们必须了解货币商品的利润率和其他商品的利润率相比大小如何。这不是一个代数上便捷与否的问题。

那么所有商品用黄金表示的价格也都会上升。如果黄金不是生产其他商品的投入品，那么商品的利润率也不会随着商品价格的上升而同比改变。但只要黄金进入了生产过程，商品的平均利润率就会更高，这是因为商品的货币价格上涨了，而黄金的货币价格没有改变。同时，黄金的利润率会因黄金投入品的货币成本上升而下降。如前所述，只要黄金的价格不改变，竞争会调整普通商品的价格，直到它们的利润率与黄金的利润率相等。因此，与可兑换代币有着相同的因果关系，总的价格水平是由以下两项的乘积决定的：一是用黄金表示的普通商品的平均价格（p'），二是黄金代币价格的变化（p_G）。如方程（5.9）和方程（5.10）所体现的，这正是马克思论点中的要害之处。

5.4.3 进一步讨论的问题

对于上述问题的领会使我们得以提出第二个迫切问题：当货币商品不再能够有效执行定价工具的职能时会发生什么？答案是，价格水平会直接由宏观因素决定。相对价格由利润率均等化调节，这反过来为如图 5.5 和图 5.6 所示的用黄金表示的商品价格所呈现出来的持续存在的长波提供了基础（Marcuzzo and Rosselli 1990, 53）。我们也可以始终如方程（5.9）所示的，把总价格水平表达为用黄金表示的商品价格和黄金的货币价格的乘积。而且，我们依然可以把黄金的数量定义为如方程（5.11）所示的与流通中的纸币量相等的量。但现在，因果关系是不同的，而且最重要的是，价格水平变得有了路径依赖：不再存在一种起着基础作用的“正常”价格水平了。

对纯粹的法定货币而言，像在不可兑换代币情况下一样，黄金具有一个自由波动的价格。但当黄金不再能够执行定价工具职能时，黄金市场价格的上升就不再对普通商品的一般价格水平有特殊的影响了。[1]黄金的价格上升，当然会使自身的利润率上升，但是由于金价有弹性，由竞争决定的调整压力又落回金价本身。另外，在黄金价格不变的情况下，如果普通商品的价格经历了不同程度的上升，竞争压力将会在不改变它们平均价格水平的情况下对它们进行重新布局，并改变黄金的价格，使黄金的利润率和一般利润率相适应。就由竞争决定的价格而言，一旦黄金失去了它作为最终定价工具的地位，那么它就和其他商品没有任何区别。但这并不意味着黄金已经失去了它作为安全工具的职能——该职能基于黄金是世界商品之首。在每一次形成总体性经济危机的过程中，黄金价格相对于其他商品价格的上涨都是一个重要的原因。建议读者再看看图 5.1，它涵盖了最近的历史事件，例如 20 世纪 30 年代的大萧条，以及当前正在发生的 21 世纪的（第一次）大萧条。

如果纯粹的法定货币在不同规则下运行，我们应当从何处着手分析呢？我们已经注意到，如果想完全理解内生货币的概念，就需要解决货币供求和长期产出水平之间的相互关系问题。反过来，对不可兑换代币的分析则要求我们把这些因素和黄金本身的价格联系起来。在法定货币情况下，我们也需要探讨货币、信用、有效需求、增长、价格水平之间的联系。这些是宏观经济分析中常见的主题，也会在本书的第三部分提及。然而，因为我们的目标是建构一个对于这些问题的现代的古典回答，所以从现在开始讨论的某些主题会在后面继续。古

① 当黄金进入其他商品的生产过程中，成为那些商品的成本时，黄金价格的上升会在现有价格水平下降低这些商品的利润率。这会改变普通商品利润率的离散状况，引起资本流动，而资本流动将会重建一套新的相对价格，在这一套新的相对价格中，商品大体有相同的利润率。在古典传统里没有假定这种由竞争引起的相对价格结构的变化需要改变这些价格的平均水平。价格的成本加成理论，例如在后凯恩斯理论中的那些，则通常假定竞争是不充分的（即在每一个行业都存在一定程度的垄断）。我将在第 7 章和第 8 章批判性地阐释这一特征。

典理论的要点在于是利润率驱动了资本积累。作为结果的总资本的增长推动潜在供给的增长，同时，总投资的增长推动私人总需求的增长。这是哈罗德的观点（Shaikh 2009）。法定货币和现代信用制度的美妙之处在于，它们可以提供动力，使对商品总需求的增长远远超过潜在供给的任何可能的增长。于是问题变为：商品潜在供给增长的限制是什么？古典的答案（它由马克思发展而来，然后被冯·诺伊曼再次发现）是：在任何一个自我的再生产系统中，最大的增长率等于利润率（Kurz and Salvadori 1995, 383–384）。劳动力的供给不是限制，因为系统自身创造并保持着一个未雇用的工人的储备池（马克思的劳动后备军）。从这一观点来看，现代通货膨胀可以用两个基本变量来解释：（1）供给方面受到的阻力，它可以用实际增长率接近利润率的程度来衡量；（2）需求的拉动力，用总超额需求的多少来衡量。第15章表明，这个框架能够解释现代通货膨胀和恶性通货膨胀，也能够解决20世纪70年代著名的凯恩斯主义困境，即通货膨胀率和失业率同时上涨。该章还批判了货币和私人银行及央行问题中的国家货币理论与新国家货币理论研究方法。

读者可能已经注意到了，利润率在上述讨论的各个阶段均发挥了至关重要的作用。在微观水平上，它是相对价格确立的核心；在宏观水平上，它不仅仅是积累的动机，还是长期增长的极限。但是，总利润从何而来，又是什么决定了平均利润率的水平？这些是下一章要讨论的核心问题。

6

资本与利润

无利润的销售是毫无意义的。

（Braham 2001）

6.1 引言

利润驱动着资本主义运行。如果公司没有实现利润，那么它将陷入恐慌，其资本也会开始萎缩。经济理论和工商业界的情绪反应在这一点上完全达成了共识。那么，什么是资本呢？

资本是在赚取利润的过程中所用的一种东西。正如凯恩斯赞同地指出的那样，马克思关于资本循环 *M–C–M′* 的见解提供了一种特别有效的辨识资本的方法（Marx1977, ch.4; Ishikura 2004, 84–85）。为了收回更多的货币（*M′*），货币被投资于凝结了劳动力、原材料、工厂和设备的商品（*C*）上。这个过程的每一个阶段都代表了资本循环过程中资本的某一特定形态：最初的货币资本被转化为商品资本（*C*），然后，商品资本被卖出，以换取最终的货币资本。中间的商品（*C*）是作为资本行使功能的，因为它们是作为资本而被使用的：帮助生产出商品、卖出商品、以货币的形式进行交易，所有这一切的目的都是赚取更多的货币。在所有这些情形中，利润都是最重要的事：如果整个运营想要被认为是成功的，*M′* 就必须大于 *M*。而收入循环 *C–M–C* 则截然不同。例如，一个雇员从具有劳动力（*C*）开始，他出卖劳动力以获取相应的货币工资（*M*），然后他用这笔钱购买消费品和金融资产（*C*）。在资本循环（*M–C–M′*）中，最初用于投资的货币以更多的货币返回到投资者手中。在收入循环（*C–M–C*）中，货币被支出并离开消费者（Marx1967a, ch.4）。这两个循环过程是相互作用的，因为雇员获得的工资是公司资本支出的一部分，而雇员购买的消费品和金融资产又是基于利润驱动的公司销售的一部分（见附录 4.1）。[①]

因此，不是事物的性质，而是它在其中运作的过程使它成为资本。这种差异在其他领域中是很常见的。一把刀，在厨房中是做饭的工具；但是握在凶残的暴怒者手中，刀就成了致命的武器。这恰恰是目的决定了功能。类似地，用于个人消费的货币与投资为资本的货币是不同的，即使购买的物品相同：购买水果用于食用不同于购买水果用以出售盈利。前一情形下，货币和水果均是收入循环的一部分；后一情形下，货币和水果则均是资本循环的一部分。对用作消费的水果而言，口味是至关重要的，然而对于资本而言，水果的可盈利性才是核心，口味仅是达到这一目的的手段。从这个看似细微的差别中，迸发出一系列商品，它们一方面有着显而易见的好处，但也同时包裹着有毒的内核。[②] 尽管新古典经济学不遗余力地将二者混为一谈，但私人收入并不等同于社会利益。[③]

我们已经在第 4 章指出，劳动过程，即生产国民商品和服务的过程，具有显著的社会性。在第 5 章我们看到一个商品的价格是其价值

---

① 马克思（Marx 1967a, 151–152）论述了收入循环 $C–M–C$ 和资本循环 $M–C–M'$ 二者间差别的更深刻含义，即“储蓄”在这两种循环中具有不同的目的。在适用于家庭支出的收入循环中，储蓄是用于扩张金融资产储备的工具。这是新古典经济学和凯恩斯主义理论关注的方面，这一方面旨在强调家庭的储蓄决策独立于工商企业的投资决策。但在适用于工商企业运行的资本循环中，储蓄是用于扩张资本的工具。在这种情况下，工商业储蓄不能独立于工商业投资。我们将会在第 13 章看到，这个区别在古典增长理论中至关重要。

② 显而易见的好处是指资本生产商品满足社会需求的方面，即为了实现资本增殖，把商品顺利销售出去，资本循环生产出来的商品必须具备恰当的使用价值，满足特定的社会功能。而有毒的内核是指由资本循环的终极目的——价值增殖，所导致的背离社会需求及伤害消费者的各种潜在可能性，例如众所周知的假冒伪劣品、唯利是图、见利忘义等。——译者注

③ 新古典经济学一个独有的伎俩是在一开始假定私人收入与社会利益间的所有矛盾都不存在，然后，在整个理论体系已经在此基础上被艰辛地搭建完毕之后，又在“外部性”题目之下承认这二者之间存在某些差异。比如，在范里安“被高度称赞和广泛接受”的微观经济学教科书（Varian 1993, 引自该书书封）中，外部性的概念在该书非常靠后的第 31 和第 34 章才出现。

量的货币表示，而价格和货币都属于社会建构。资本主义关系为其增加了另一个维度，因为在资本的掌控下，劳动过程和商品价格都变成实现利润的手段。在这种劳动过程中，会产生出这样的驱动力，它会将日工作时长和工作强度增加到社会的极限，还会持续地沿着从资本的角度看越来越“理性”的方向重新塑造生产过程。这种强制性是资本主义通过把生产过程程序化，把人的活动简化为重复性的、自动化的操作，以及持续地用实际的机器代替现在这种机器般的人类劳动，从而发挥其历史性革命作用（把生产率提高到它的巅峰）的源泉。在早期的生产方式中，工具是劳动的附属，而在资本主义生产中，却是劳动者成了机器的附属。工业革命是资本主义生产关系的结果，而不是其前兆（Marx 1967a, pts. III–IV）。

并非所有的劳动活动或生产资料都作为资本行使功能。一个自我雇用的技工可以使用工具来谋生，用他的收入购买并装修一套房子，并通过上大学来提高自己的技能。他的工具和家具都是个人财富的一部分，而教育则是他的能力的一部分。以上这些都不是资本。但如果他在一个维修店作为雇员工作，他的劳动是为了让他的老板获得利润。那么他的工资（工资水平和他的技能水平部分相关）以及他所使用的工具、器械都是老板的资本的一部分。

资本不是由耐久性定义的。就资本本身的分类而言，流动资本与固定资本的差别取决于某一特定资本与它运行于其中的生产周期之间的关系，而不是其经济生命的长度与某个任意规定的时间段（比如说一年）之间的关系。因此一个粘土模具如果在一个生产周期内就被用尽，那么它就是流动资本；塑料模具和金属模具如果能使用超过一个生产周期，那么它们就是固定资本。尽管一个塑料模具也许不能使用长于（比如说）6 个月的时间，而金属模具也许能用好几年。如果我们以月为基准期，那么塑料模具和金属模具都可以被归为耐久品；如果我们以年为基准期，则只有后者可以被归为耐久品；若要以 10 为基准期，那么，这三个模具都将被归为损耗品。但这些都不会改变粘土模具是流动资本，而塑料模具和金属模具从始至终都是固定资本的事实。这种区分是依据功能而非时间长短而划分的（Shaikh and Tonak 1994, 13–17）。在资本主义经济中，非金融资本存量包括诸如存货、工厂和设备在内的工商业资产，而非金融财富存量则包括土地、国家资源和政府建筑、设备（公共财富）以及私人房屋和其他耐久性消费品（个人财富）。

古典经济学有时会混淆财富和资本的差别。[①] 然而，通过简单地把资本定义为耐久性超过一年的财富，新古典经济学总是将这两者混为一谈（Alchian and Allen 1969, 261）。这样定义的资本包括工商业资本、私人和公共财富以及“无形财富”，例如知识和技能（“人力资本”），它们的共性是耐久性。现代国民账户体现了新古典经济学的方法：任何耐久的东西都被算作资本，而工资、分红、利润被平等地当作收入（所以收入循环和资本循环被混在一起）。这里诞生了将所有流量计入“收入”账户，而将所有存量追加都计入“资本”账户的会计惯例（见附录 4.1）。凯恩斯主义经济学或多或少也采用了相同的模式。

① 例如，李嘉图（1951b, 23）说，被斯密早先粗糙地称为“资本”的生产资料，在他这里被确认为是“耐久性工具”。

6.2 总利润的两个来源

没有任何单个资本可以确保获得利润。事实上，在不间断的竞争战中总是有很多伤亡。美国普查数据显示，超过 70% 的新公司在 10 年后都不复存在，它们中的大多数只是失败破产了（Shane 2008）。甚至在像 2005 年这样总利润很高的不错年景，超过 41% 的美国公司税前利润为负（IRS 2008, 19, table 1）。而在像 1932—1933 年这样的坏年景，总利润本身就是负的（BEA 2009）。

古典经济学家很清楚这些模式。他们理解利润率较低的公司之间是存在差别的，有的公司是因为不能生产出足够多的产品（生产问题），有的公司则是因为不能将其生产的产品销售出去（实现问题）。然而，他们同样意识到，通常情况下公司能够将生产调整到意愿水平，进而使供给适应市场的需求。因此，古典经济学家通常从这样一个更基本的问题入手：在工商企业可以卖掉其集体生产出来的全部商品（即在总供给等于总需求）的条件下，什么决定了总利润的大小？

正是在这里，我们发现了詹姆斯·斯图亚特爵士的有趣论断：总利润实际上有两个来源。

> 绝对利润对谁都不意味着亏损；它是劳动、勤勉或技能的增进的结果，它能引起社会财富的扩大或增加……
>
> 相对利润对有的人意味着亏损；它表示财富的天平在有关双

> 方之间的摆动，但并不意味着总基金的任何增加……混合利润很容易理解：这种利润……一部分是相对的，一部分是绝对的……二者能够不可分割地存在于同一交易中。[①]

斯图亚特认为“绝对利润”是一个能增加“社会财富”的过程，而“相对利润”是一个导致已有财富存量“摆动”（转移）的过程。请注意，这里的讨论是相对诸如社会财富和总存量这样的总量而言的。斯图亚特还认为，实际总利润是这两种基本类型的利润的混合。他的这个观念，即绝对利润源自财富的增加，对后来古典经济学的以下观点具有极大的启示作用：基于生产的总利润的增加依托于总剩余产品的创造，前者对于工业资本主义的发展至关重要（Meek 1967, 19）。马克思在他自己的论述中，把对绝对利润的解释置于首要（中心）地位，而将被他称作“让渡利润”（相对利润）的分析留在了靠后的阶段。我们会很快讨论这一问题。然而，现在我们要思考相对利润这一非同寻常的观念所引起的问题：在总存量或流量都没有改变，并且每一笔收益都有对应的损失予以抵销的前提下，已有财富或者收入的转移是如何产生总利润的（Shaikh 1987d）？

考虑如下你可能非常熟悉的情节。你下班回到家，发现你贵重的大屏幕电视被偷了。在冰冷的会计视角下，你的家庭财富减少了 500 美元。与此同时，盗窃犯把你的电视转卖给一个店主，店主以 500 美元再卖给最终的购买者，并给盗窃犯支付 200 美元，从而将剩下的 300 美元当作自己的净利润。通过财富的“摆动”，总利润现在上升了 300 美元。请注意此时你的家庭总财富也恰好减少了 300 美元：你丢了一

① Sir James Steuart, quoted in Marx 1963, 41. 中文转引自《马克思恩格斯全集》第 26 卷（I），人民出版社，1972 年版，第 11 页。——译者注

台价值500美元的电视，盗窃犯得到200美元现金，最终的购买者以500美元现金换取了等价的商品。重点是，家庭财富的损失被记录在了收入循环中，而资本利得则被计入资本循环中。在总账户核算中，而非在利润所处的商业账户中，两者相互抵销。仅仅是收入循环和资本循环之间的一次“摆动”，便在总存量没有增加的同时，引起了总利润的增加（Shaikh and Tonak 1994, 35–37, 56, 220）。

如果盗窃犯决定自己保留你的电视，那么总利润将不会受到影响，因为这种转移属于家庭部门内部的转移。他个人财富的增加会和你的损失在同一个领域相抵销，而事情就会在此结束。换种方式，如果一台价值500美元的电视从一家公司的办公室被偷走，并且被另一家公司以同样的金额再次卖掉，那么总利润同样不会改变。第一家公司会把丢失的电视（它花500美元买来的）记作折旧和损耗费用的增加，从而引起它的净利润减少500美元。另外，第二家公司会把销售这台电视所获得的500美元记作其净利润。所以这种在资本循环内部的转移，即从一家公司转移到另一家，也不影响总利润。

资本循环内部的转移似乎遵循不同的逻辑。设想生产部门将其营业盈余中的80单位支付给银行作为利息。那么生产利润下降80单位，而银行利润则上升80单位（如果我们把银行成本抽象处理）：总利润不变，但利润分配发生了变化。如果我们考虑银行成本，那么银行的收入将分为50单位的成本和30单位的利润。总体上的原则是一样的：生产利润中损失的部分（80单位）转移后，重现为银行成本（50单位）和银行利润（30单位）。剩余的再分配改变了剩余存在的形式，将其从纯粹的生产利润转变为总利润和成本的混合，因此生产利润减少的数量恰好被银行成本所吸收。显然，如果生产剩余被划分为利润和租金，而后者被划分为成本和土地利润或建筑租赁公司的利润时，会得到相同的结果。税收和转移也会吸收掉一部分营业剩余。尽管这里没有任何神秘之处，我们会在 6.4 节看到，只要交易同时涉及现行成本账户与资本成本账户，那么资本循环内部的转移也可以增加或减少总利润。至于不同循环之间的转移，考察如下的简单例子：生产部门有 300 单位的工资和 400 单位的利润（剩余）。设想小镇中新开的一家银行借给了工人一些钱，随后他们需要偿还 18 单位的净利息（因贷款支付的 20 单位减去因存款收到的 2 单位）。后者是银行收入，如果将 12 单位分配为银行成本，那么剩下的 6 单位就是银行的新利润。生产利润仍然是 400 单位，但现在总利润提高为 406 单位。从工人收入循环到银行资本循环的转移使得总利润增加了 6 单位。如果以红利形式支付给资本家家庭的利润部分进一步以 18 单位的净利息的形式支付给银行，结果依然不变。由于划分为红利和留存收益的 400 单位生产利润位于总生产利润的下游，故而它仍保持为 400 单位，但总利润会升高到 406 单位，这是因为 6 单位的新的银行利润只是在剩余没改变的情况下，从收入的再循环中形成的。

对于斯图亚特所谓的绝对利润和相对利润，马克思分别改写为“让渡利润”和“基于剩余价值生产的利润”。让渡利润最重要的特征是它源于利润转移。生产利润是产业利润的一般形式，“以利润形式存在的利润”，才是工业资本主义的引擎，而非其被进一步划分为租金和利息的混合形式。根据马克思的说法，如果相对利润是资本主义利润唯一的源头，那么当“一切商品都按它的价值出卖，那就不会有任何利润了”[①]（Marx 1963, 42）。[②]马克思本人关注的焦点则是相反的情形：即使当所有商品都以它们的价值卖出（即当存在“等价交换”并且所有产品的价值都在交换中得到实现）时，绝对产业利润仍然存在。其目的在于表明，转移和不平等交换都不是产业利润产生的核心。显而易见的是，如果一些产品未被卖出，实现了的利润会低于正常利润，如果售价低于成本，实现利润甚至会为负值。问题在于：什么决定了正常利润？整个《资本论》第一卷第五章的内容都在致力于讨论这一重大问题（Marx 1967a, ch.5, 166 text and n. 161）。尽管如此，马克思仍然谨慎地说，相对利润在其他领域中确实具有重要的作用。首先，相对利润对于“考察剩余价值在不同阶级之间按利润、利息、地租这些不同项目进行的分配，有重要的意义”（Marx 1963, 42）[③]——这恰恰是我之前所论述的重点。其次，在资本的“洪水期前的形态”中它起到关键性作用，这些资本的“洪水期前的形态”包括：通过“为贵卖而买”获得利润的商业资本，以及通过收回的钱比借出的钱更多的方式谋利的高利贷资本（Marx 1967a, 163）[④]。像货币一样，商业资本和借

---

① 中文转引自《马克思恩格斯全集》第26卷（Ⅰ），人民出版社，1972年版，第13页。——译者注

② 马克思认为，即使在价格与价值相等时，也应该能够解释绝对总利润的来源。这么说是对的。（这里暗含的意思是，有的人用“价格与价值”的不相等，即低买高卖、不等价交换、垄断高价或垄断低价等因素解释利润的来源，但马克思认为，虽然这种情况确实存在，但若要认识作为经济发展规律的绝对总利润的来源，就应该假设价格与价值相等。——译者注）但是马克思所说的“价值”，指的是不变资本加活劳动时间（c+l），这与成本加与剩余劳动时间成比例的利润（c+v）+s 是一回事。另外，斯图亚特所说的商品的“实际价值”取决于已完成的劳动量、工人工资以及工具和原料的成本（Marx 1963, 42）。前两个要素的结果是劳动力成本，再加上第三个就可以得到生产成本。所以，斯图亚特所说的“实际价值”指的就是生产成本（c+v）（Akhtar 1979, 9–10）。因此，马克思认为斯图亚特的观点与自己的观点不一致这种看法是错误的：他认为，斯图亚特要求价格必须高于“实际价值”（p>c+v）利润才会存在，而他自己则宣称，即使在价格等于“价值”（p=c+v+s）时，绝对利润仍然存在，所以，他与斯图亚特是不一致的。另外，马克思认为斯图亚特没有一个关于绝对利润的理论这一观点是对的（Marx 1963, 41–42）。

③ 中文转引自《马克思恩格斯全集》第26卷（Ⅰ），人民出版社，1972年版，第13页。——译者注

④ 中文转引自《资本论》第一卷，人民出版社，2004年版，第191页。——译者注

贷资本都早于工业资本，并由让渡利润所驱动（Meek 1975, 24）。而且像货币一样，它们也都延续进入了工业资本主义。我们会看到利润转移在金融业的利润中也发挥着重要作用（见 6.5 节）。不幸的是，马克思没能在生前就这些主题进一步出版任何作品。特别是我们所看到的《资本论》第三卷中关于剩余价值分配的内容，本身就是恩格斯在马克思死后根据他的各种笔记和未完成的手稿整理而来的。在马克思已出版的著作中，他对于前工业化时代商业资本的利润理论，除了强调它们是基于本质上源自不平等交换的“让渡利润”之外，几乎没有更多的相关分析[①]。对马克思利润理论进行研究的大量文献，似乎都没有注意到让渡利润一定是解决“转形问题”的关键，因为“转形问题”涉及剩余价值的转移，而这种转移是由价格偏离劳动价值引发的——马克思意义上的不平等交换。类似地，以下事实也几乎不被注意，即当我们转而考察价格偏离生产价格，如市场价格或垄断价格这样的情况时，完全相同的问题会再次出现：[②]在剩余产品不变时，利润却一直可以变动（见 6.5 节）。这就是被波特凯维茨和斯拉法的追随者们所忽视的问题：在生产价格本身中，就内在地包含着“转形问题”（见 6.7 节）。从 6.3.4 小节开始，我们将会回到这一贯穿整章的问题。但是我们需要首先确认决定生产利润的因素是什么。

---

① “因为商人资本的运动是 M–C–M′，所以商人的利润，第一，是通过只在流通过程中发生的行为获得的，也就是说，是通过买和卖这两个行为获得的；第二，它是在后一种行为即卖中实现的。因此，这是让渡利润。乍一看来，只要产品按照它们的价值出售。纯粹的、独立的商业利润好像是不可能的。贱买贵卖，是商业的规律。也就是说，不是等价交换（Marx 1967c, ch.20, 329）。（中文转引自《资本论》第三卷，人民出版社，2004 年版，第 367 页。——译者注）

② 一个重要的持异议者是米克（1975, 286），他明确提出“让渡利润”可以是一种“保持和扩大利润”的手段，在这种情况下，“再假定被资本家雇用的工人的剩余劳动是利润的唯一来源”就不再合理。多布（1973, 84）是另一个持异议者，因为他指出，仅仅通过相对价格的变动就可能改变对总生产的量度。

6.3 生产、劳动时间和利润

本书 4.2 节强调了日工作时长和工作强度是生产过程的核心：在微观经济层面上，技术类型、每日轮班的数量以及每班的长度和强度，共同决定着任何给定工厂的盈利能力。技术的演进及其运作都是由社会决定的。这里将考察斯图亚特提出的问题的第二个部分：是什么决定了总绝对利润?

这部分的核心结论是，没有剩余劳动时间就没有绝对利润。然而，即使在剩余产品不变时，商品相对价格的变化仍然能引发总利润的变化。这似乎会使人们对经济利润和剩余劳动时间之间的关系感到困惑：利润依旧是剩余劳动的反映，但现在，流通之镜似乎发生了弯曲。货币利润对相对价格的这种部分依赖性完全是普遍存在的。这一结论适用于新古典经济学、斯拉法和马克思的价格理论：在每个学派的思想中，都存在一个“转形问题”。意识到这一点是十分重要的。但这还不够，因为我们仍然需要思考如何以及为何利润可以独立于任何现实产量的变化而变动。答案在于这一事实：商品相对价格的变化通常会对资本循环和收入循环产生不同的影响，所以即使流通中的总货币价值保持不变，商品相对价格的变化也会引起价值在这两种循环之间的转移。最后，正如斯图亚特所主张的那样，总利润包含绝对利润和相对利润两个部分。

有关相对价格对总利润影响之谜的讨论将会在下一章进行。现在我将重点讨论居于核心地位的总利润和剩余劳动时间的关系，并且用两部门的数值实例阐明这一点。附录 6.1 利用数学式子推导出了一般多部门情形下的全部结果。

令 cn 代表玉米，ir 代表铁，N 代表工人数量，方程（6.1）借用了斯拉法书中的一个数字例子。产品被分解为不同的组成部分，以便清楚地表明对劳动时间的依赖性，同时对铁部门的产出稍稍做了改变，符号“+”表示“和”的意思。[①] 所描述的初始流量是：日工作时长为 4 小时，实际工资由 4 单位玉米和 1 单位铁组成。如果在工人数量给定的情况下将日工作时长加倍至 8 小时，那么，这就会在不改变每个部门的雇工数量和实际工资的情况下，使该部门的投入和产出都翻一番。如 4.2.2 小节所述，将劳动强度提高一倍也会得到同样的效果。工人出卖的是他们的工作能力和劳动力，而工人的劳动力是否被尽可能地榨取，则取决于雇主。

$$250cn+12ir+4hr\cdot 10N_{cn}\rightarrow 400cn\ \text{玉米产品}$$

$$90cn+3ir+4hr\cdot 5N_{ir}\rightarrow 30ir\ \text{铁产品} \qquad (6.1)$$

$$wr=4cn+1ir \qquad (6.2)$$

接下来，我会把这些流量映射到投入–产出框架结构中，其中每一列代表一个行业，每一行代表某一特定产品的使用量。关于投入和产

① 斯拉法的例子说的是小麦和铁，这在这里变成了玉米和铁。为了便于说明，我还把铁部门的产出从 25 改为了 30。因为工人的消费资料被纳入一般“投入品”的范畴之中，所以他的第一个例子中没有剩余，也没有对劳动流量的准确描述。在给定相同的原料和劳动投入的组合条件下，他在第二个例子中通过简单地增加产出的方式，引入了仅在第一部门出现剩余的情况。这使得剩余产品看似纯粹是技术进步导致生产率上升的结果。他明确规定了日工作时长，于是，很显然，在第二个例子中（实际工资保持不变），生产率的提高就意味着工作日中必要劳动部分的下降，结果便是在日工作时长给定的情况下，剩余劳动时间出现（Sraffa 1960, 3–11）。于是，这将引出这样一个问题，即工人是怎样以及为什么会持续劳动，一直到超出必要的劳动时间，也即工人怎样以及为什么会在生产出他们自己共同的消费资料之后，还会继续劳动。这是一个社会问题，而不是一个技术问题。当工人们选择罢工或者消极怠工时，它的这种社会属性就会立刻变得明显起来。

出这两个集合之间在数学式子上的一一对应关系可参见附录 6.1。

6.3.1 没有剩余劳动就没有总利润

如果有效日工作时长为 4 小时，实际工资是由 4 单位玉米和 1 单位铁组成的一篮子商品，我们可以在表 6.1 中发现，此时不存在剩余产品：如阴影部分所示，作为原料投入品的玉米和铁的总用量为：（250cn+90cn）+（12ir+3ir）= 340cn+15ir，总产出是用黑体表示的 400 单位玉米和 30 单位铁（400cn+30ir）。因此，净产品，即总产出超出总投入的部分，是 60cn+15ir。但是，支付给每个工人的实际工资为 4cn+1ir，又因为一共有 15 个工人，所以总工资支出是 60cn+15ir，这恰好等于净产品。事实上，每个工人都需要 4 小时的劳动时间才能生产出劳动力自身共同所需要的生活资料。马克思将这一时间长度称作必要劳动时间，这是工人只是再生产出来他们共同的生活资料而必须工作的时间长度。只有在这个时间点之后，他们才开始从事绝对剩余

表 6.1　4 小时日工作时长下剩余产品为零（每日工资 wr=4cn+1ir）

	玉米部门	铁部门	总和
玉米用量	250	90	340
铁用量	12	3	15
雇工数量	10	5	15
工时	40	20	60
总产品	**400**	**30**	
总投入	340	15	
净产品	60	15	
实际工资	60	15	
剩余产品	0	0	

劳动，从而生产出绝对剩余产品。在实践中，无论何时，只要工人消极怠工或者罢工，这种联系就会展露无疑。如表 6.1 所示，在日工作时长为 4 小时的条件下，不存在剩余劳动或者剩余产品。请注意，作为投入品的玉米、铁和劳动力可以被加总，在最后一列中形成加总项，因为每一行都代表了同一类给定的事物。但是产出行是没有加总项的，因为我们无法把玉米和铁加在一起。

显然，如果将同样的一系列价格应用于投入、产出和一篮子工资，当前情形中不存在总利润。总成本是总的商品投入集和实际工资的货币价值（340cn+15ir）+（60cn+15ir），总销售额是商品产出集的货币价值（400cn+30ir），总利润是后者与前者的货币价值之差。在日工作时长为 4 小时的情况下，前后两个商品集相等，所以没有总利润。这和一些部门的正利润被其他部门的负利润抵销的情形完全一致。表格 6.2 描述了玉米价格 $p_{cn}=0.7$，铁价格 $p_{ir}=5.25$ 时的情形。

表 6.2　剩余产品为零时没有总利润，其中 $p_{cn}=0.7$, $p_{ir}=5.25$

	玉米部门	铁部门	总和
玉米用量	250	90	340
铁用量	12	3	15
雇工数量	10	5	15
总产品	400	30	
销售额	280 美元	157.50 美元	437.50 美元
投入成本	238.00 美元	78.75 美元	
货币价值增加值	42 美元	78.75 美元	
工资	80.50 美元	40.25 美元	
利润	–38.50 美元	38.50 美元	0 美元

尽管应用其他价格集会得出不同的部门利润，但只要没有剩余劳动，总利润将始终相同（为零）。斯拉法论证了在这种条件下，只存在唯一一个价格集使得各个部门的利润都为零（Sraffa 1960, 3–5）。在我们修改后的例子中，这要求（p_{cn}/p_{ir}）=1/5，可以写成 p_{cn}=0.795, p_{ir}=3.977。正如我们将在 6.3.4 小节中看到的，这些价格有着特别的含义。表 6.3 刻画了相关的货币流量。显然，价格翻番会对总投入和总产出的货币价值产生相同程度的影响，所以总利润依然为零。

表 6.3　剩余产品为零时没有总利润，其中 p_{cn}=0.795, p_{ir}=3.977

	玉米部门	铁部门	总和
玉米用量	250	90	340
铁用量	12	3	15
雇工数量	10	5	15
总产品	400	30	
销售额	318.18 美元	119.32 美元	437.50 美元
投入成本	246.59 美元	83.52 美元	
货币价值增加值	71.59 美元	35.80 美元	
工资	71.59 美元	35.80 美元	
利润	0 美元	0 美元	0 美元

在剩余产品为零的例子中，如果销售价格比购买价格高会发生什么呢？答案是：尽管此时名义总利润为正，但由于当前销售价格的提高导致了再生产成本的上升，因此实际总利润会仍然为零。这告诉我们，在量度有效的工商业利润，即运营中的企业利润时，扣除的一定要是维持业务所需的同期成本：经济利润应该通过对投入品和产出

品采用相同的价格来量度。在商业文献中，这被叫作现行会计成本（Lovell 1978, 772; Mohun and Veneziani 2007, 143），并且从波特凯维茨的时代起，它就被纳入竞争性价格的代数形式中（Sweezy 1942, ch.7, 109–130）。重要的是要意识到，用同样的价格对投入品和产出品进行整合，是量度经济利润的一个必要程序。这不需要实际价格保持不变，或者处在均衡之中[①]。表6.4描绘了销售价格翻一番时的情况，并用阴影将受到价格影响的行凸显出来。

表 6.4 剩余产品为零时的总利润，其中销售价格（pcn=1.591, pir=7.955）高于购买价格（pcn=0.795, pir=3.977）

	玉米部门	铁部门	总和
玉米用量	250	90	340
铁用量	12	3	15
雇工数量	40	20	60
总产品	400	30	
销售额(1)	636.36美元	238.64美元	875美元
初始投入成本(2)	246.59美元	83.52美元	
初始工资(3)	71.59美元	35.80美元	
初始生产成本(4)	318.18美元	119.31美元	
名义利润(5)=(4)–(1)	262.50美元	175美元	437.50美元
再生产投入成本(6)=(4)×2	636.36美元	238.64美元	875美元
经济利润(7)=(1)–(6)	0美元	0美元	0美元

6.3.2 绝对利润需要剩余劳动

现在考虑剩余劳动为正的情形。如果我们从每个产品的剩余劳动

① 均衡价格有相同的性质，但是在会计上，在两侧使用相同的价格矢量并不需要均衡假设。

都为零的工作日着手，延长日工作时长，那么正的剩余产品就会出现，首先出现在一个部门，继而在其他部门出现。在当前情形中，如表 6.5 所示，我们考虑在不改变雇工数量和实际工资水平的情况下将日工作时长增至到 8 小时。提升劳动强度会产生相同的结果。为了重点考虑日工作时长对剩余产品的影响，支付给每个工人的实际工资保持不变，但由于日工作时长的增加产生了更多的净产品，因此此时剩余产品为正。表 6.6 描述了在初始价格为 p_{cn}=0.7, p_{ir}=5.25 时相应的货币流量。如前所述，我们在这里关心的是在供需均衡时对总利润进行解释。

表 6.5 8 小时日工作时长下的总剩余产品（每日工资 wr=4cn+1ir）

	玉米用量	铁用量	雇工数量	工时	行业产品	总原料投入	总净产品	总实际工资篮子	总剩余产品
玉米部门	500	24	10	80	800	680	120	60	60
铁部门	180	6	5	40	60	30	30	15	15
	680	30	15	120					

表 6.6 剩余产品为正的总利润，其中 $p_{cn}=0.7$, $p_{ir}=5.25$

	玉米部门	铁部门	总和
玉米用量	500	180	680
铁用量	24	6	30
雇工数量	10	5	15
总产品	800	60	
销售额(1)	560 美元	315 美元	875 美元
投入成本(2)	476 美元	157.50 美元	
工资(3)	80.50 美元	40.25 美元	

（续表）

	玉米部门	铁部门	总和
生产成本(4)=(2)+(3)	556.50美元	197.75美元	
利润(5)=(1)-(4)	3.50美元	117.25美元	120.75美元

在之前的例子中，每个工人每天的工资被视为是给定的（在现实中通常也是如此），所以随着日工作时长的延长或者工作强度的增加，单位小时工资降低，当单位小时工资降低到单位小时净产出之下时，剩余产品就会出现。如果实际工资是按小时支付而不是按天支付，那么，为了使每一小时都有剩余产品产生，单位小时工资也必须低于单位小时净产出。请注意，这个必要条件与给定每日工资的情形是一样的，它可以通过在单位小时工资以及劳动强度上讨价还价达成，而不一定必须通过每日工资和日工作时长 / 工作强度的某种组合而达成。无论在哪种情形下，剩余劳动时间与必要劳动时间的比率都被马克思称为剥削率。

将价格翻番为 p_{cn}=1.4，p_{ie}=10.50，并将其应用于原料、劳动投入以及产出上，这使得所有的成本和销售额都会翻番，于是，与之前的200美元相比，货币利润会上升到400美元。但是，在所有的价格都翻番的情况下，较高名义利润水平下的购买力将和之前一样，所以实际利润仍然为200美元。推导出实际利润的标准步骤是将基期价格（p_{cn}=0.7，p_{ir}=5.25）应用于实物流量，这会给出和表6.6相同的流量。

最后，如果购买价格维持不变 p_{cn}=0.7，p_{ir}=5.25，而销售价格翻番为 p_{cn}=1.4，p_{ie}=10.5，那么名义利润会迅速升高，因为此时成本保持不变，而售价变为了原来的二倍（见表6.7）。如果工人因为无法提高货币工资来匹配更高的物价水平，从而无法维持实际工资不变，那么他们实际工资的下降会扩大下一轮生产过程中的剩余产品。当通货膨胀

表 6.7　剩余产品为正时的总利润，销售价格（p_{cn} = 1.4, p_{ir} = 10.5）高于购买价格（p_{cn} = 0.7, p_{ir} = 5.25）

	玉米部门	铁部门	总和
玉米用量	500	180	680
铁用量	24	6	30
工时	80	40	120
总产品	800	60	
销售额(1)	1 120美元	630美元	1 750美元
初始投入成本(2)	476美元	157.50美元	
初始工资(3)	80.50美元	40.25美元	
初始生产成本(4)	556.50美元	197.75美元	
名义利润(5)=(1)–(4)	563.50美元	432.25美元	995.75美元
再生产投入成本(6)=(4)×2	1 113美元	395美元	1508.50美元
经济利润(7)=(1)–(6)	7美元	234.50美元	241.50美元
实际经济利润(8)=(7)×$\frac{1}{2}$	3.50美元	117.25美元	120.75美元

被用于降低实际工资的时候，这一点在实际生活中会非常重要。但我们现在关心的是实际工资给定的情形，在这种情况下，原料投入和劳动力的新的成本也会翻番。经济利润将会是考虑到这些企业更高的再生产成本后所余留的部分。但即使是这样，相比旧的销售价格下的利润（120.75 美元），总经济利润仍然会翻番（241.5 美元）。但是，由于所有商品的价格都翻番，新利润的购买力与之前（120.75 美元）相同。这就是说，经通货膨胀调整后的实际利润不变。

6.3.3　量度实际经济利润的一般规则

之前的练习使我们可以得到一条量度经济利润的简单规则。首先，把相同的当期价格应用于原料、劳动投入以及产出，由此得到名义经济利润。其次，用一般价格指数对名义利润进行平减，得到实际经济利润，其中价格指数本身取决于所选的基期。在之前的例子中，如果初始价格是基期价格，那么过去利润的平减指数是 1，而当期利润的则是 2；反过来，如果当期价格是基期价格，那么之前的利润减半，而当期利润的平减指数为 1。在任何一种情形中，两个时期的实际利润总额都是相同的，尽管其具体水平要取决于所选的基期。在分析层面上看，通过对投入和产出使用相同的价格，以及保持产品的总货币价值（“价格总和”）不变，这两条规则可以被结合在一起。这些恰恰就是体现在标准价格理论模型中的那些会计原则，并且我们会在后文中加以遵守。如前所述，这些调整意在区分实际经济利润和名义经济利润。它们不需要价格在不同时期保持相同，或者处于均衡之中。这样一来，在给定技术条件下，以及在任何一套给定的相对价格水平下，实际利润将会是剩余劳动时间的正函数。这就是古典绝对利润理论的精髓（Dobb 1973, ch.4, sec.4; Morishima 1973; Shaikh 1984b, 59–62）。然而，正如我们在接下来将会看到的，这并不意味着总利润只能在剩余劳动时间变化的时候才发生变化。

6.3.4 相对价格对总利润影响之谜

在表 6.1~表 6.7 中，我们已经在剩余劳动时间为正的情况下，对绝对利润进行了一些分析，分析的基础条件包括：存在不同价格水平，但价格比保持不变，在我们的例子中是 $p_{cn}/p_{ir}=0.7/5.25=1/7.5$。我们发现，并且随后会用数学式子证明，对于任何一组给定的相对价格以及给定的生产条件而言，由于总利润永远等于剩余产品的货币价值，因此在实际经济利润和剩余劳动时间之间存在着一一对应关系。

如果我们将所有的产品都当成一个单一的商品进行处理，就像在李嘉图的谷物–谷物模型中（Sraffa 1962, xxxii–xxxiii），或者在标准的宏观经济学分析中所做的那样，那么就不会有相对价格变化的问题。然而，多部门情形却显示总利润可以纯粹只因相对价格的变化而发生改变。从代数的角度看，相对价格的变化会改变剩余产品中不同成分的货币价值，从而改变它们在给定价格水平下的货币价值总量。接下来，我们将考虑对现有两部门数值实例的拓展。考察三组不同的相对价格，将其同时应用于投入品和产出品，并用产生出相同的产品总货币价值（总价格水平）的方式进行缩放。这样一来，依据我们之前得出的规则，在所有的情况下，由此得到的利润都是实际利润。但是它们彼此完全不同。表 6.8 列出了三组相对价格，表 6.9~表 6.11 为相应的货币流量和总利润。

表 6.8 三组相对价格

	p_{cn}	p_{ir}	p_{ir}/p_{cn}
价格集 *D*	0.795 455	3.977 273	5.000
价格集 *C*	0.804 517	3.856 435	4.793
价格集 *M*	0.820 000	3.650 000	4.451

我们要如何理解实际利润和剩余劳动时间之间的关系依赖于相对价格这一事实？一个可能的答案是由于其对应的相对价格比其他的相对价格都更加基础，因此某一组利润要比其他利润都更加“真实”。比如，价格集 *D* 恰好代表着与马克思的劳动价值成正比的价格，我将其称作直接价格。这一点可以从部门利润和其所对应的部门工资成比例中看出。在表 6.9 中，相应的实际利润的量度（107.39 美元）是剩余价值的货币形式，它和剩余劳动时间成正比。这是马克思在《资本论》

表 6.9　使用价格集 D 时的总利润

	玉米部门	铁部门	总和
玉米用量	500	180	680
铁用量	24	6	30
雇工数量	10	5	15
工时	80	40	120
总产品	800	60	
总产品的货币价值	636.36 美元	238.64 美元	875 美元
原料的货币成本	493.18 美元	167.05 美元	667 美元
货币价值增加值	143.18 美元	71.59 美元	
货币工资	71.59 美元	35.80 美元	104 美元
货币利润	71.59 美元	35.80 美元	107.39 美元

表 6.10　使用价格集 C 时的总利润

	玉米部门	铁部门	总和
玉米用量	500	180	680
铁用量	24	6	30
雇工数量	10	5	15
工时	80	40	120
总产品	800	60	
总产品的货币价值	643.61 美元	231.39 美元	875 美元
原料的货币成本	494.81 美元	167.95 美元	663 美元
货币价值增加值	148.80 美元	63.43 美元	
货币工资	70.75 美元	35.37 美元	106 美元
货币利润	78.06 美元	28.06 美元	106.12 美元

表 6.11　使用价格集 M 时的总利润

	玉米部门	铁部门	总和
玉米用量	500	180	680
铁用量	24	6	30
雇工数量	10	5	15
工时	80	40	120
总产品	800	60	
总产品的货币价值	656.00美元	219.00美元	875美元
原料的货币成本	497.60美元	169.50美元	667美元
货币价值增加值	158.40美元	49.50美元	
货币工资	69.30美元	34.65美元	104美元
货币利润	89.10美元	14.85美元	103.95美元

第三卷中，在著名的能带来均等利润率的价格（生产价格）的推导过程中所采用的利润的量度。既然剩余价值是利润的一个必要条件，那么，有人就可能会说，对利润真正的量度就是如价格集 D 所展示的，与剩余价值成比例的那一个。但这样一来，人们会想当然地认为从其他价格中获得的利润，包括从真实存在的市场价格中获得的事实利润，都或多或少地不那么真实。对于古典经济学家、马克思或者任何对解释这个体系的真实特征有兴趣的人来说，这恐怕都难以成为一个可行的选项。

价格集 C 是一组竞争性价格，它使得每个部门的利润率都相同。这一点可以通过计算表 6.10 中每个部门的利润与生产成本（工资和投入成本的总和）的比值看出：

$$r_1 \equiv \frac{78.06\text{美元}}{494.81\text{美元}+70.75\text{美元}} = r_2 \equiv \frac{28.06\text{美元}}{167.95\text{美元}+35.37\text{美元}} = 13.8\%。$$

这是波特凯维茨 – 斯拉法价格（Sweezy 1942, 115–125; Sraffa 1960, 11）。如果有人假定这样的价格能够调节真实存在的市场价格的平均水平，那么，就可以认为这个实际总利润量（106.12 美元）是对利润的基础量度，因为这是事实利润的引力中心。从这个观点来看，从市场价格中获得的事实利润可以被忽略，因为它们太过短暂。同理，与剩余价值成比例的利润（价格集 *D*）也可以被认为是无关紧要的，因为它不符合竞争性利润，因而无法直接调节市场利润。[①]

但这是一种逃避。首先，即使市场利润并非永远与竞争利润不同，任何诸如此类的差异也都需要科学的解释。在利润来自特定价格（即系统性地不同于竞争性价格的价格）的情形中，这种解释的必要性甚至更加迫切，例如之前提到的价格集 M，相比于竞争性条件下的价格（价格集 C），其中玉米的价格更高，而铁的价格更低。这或许是因为玉米部门的垄断势力允许它提升相对价格和利润率：

$$\frac{89.10\text{美元}}{497.60\text{美元}+69.3\text{美元}}=15.7\%>\frac{14.85\text{美元}}{169.50\text{美元}+34.65\text{美元}}=7.3\%。$$

这也可能是不同水平的税率或关税的结果。当我们对比表 6.11 和表 6.10 时，我们会发现：在这一特定的例子中，非均等利润率的存在使得此时的总利润低于竞争时的水平（103.95 美元 <106.12 美元），并且也使平均利润率低于“同一的”竞争性利润率（$\frac{103.95\text{美元}}{667\text{美元}+104\text{美元}}=0.135<0.138$）。与之不同的数值例证会产生高于竞争性利润的总“垄断”利润。像这样的结果当然值得我们做更多分析，而不仅仅是逃避。

其次，一旦我们考虑到一个行业内部同时存在着多种不同的生产

① 在斯蒂德曼的《斯拉法之后的马克思》（*Marx after Sraffa*）一书中，他（Steedman 1977, 20）坚定地说：“市场价格从来都无须考虑。”然而，在讨论利润率的时候，他却这样说：“正是货币率……是趋于均等化的”（30）。这里提到的不相等利润率就暗含着引入了市场价格和总市场利润。但是，他很快又回到了“这个”事实利润率和理论上假设的同一利润率是同一物的假定。

方法，那么此时会有多个生产价格存在，但是其中仅有一个将调节市场价格。这个问题在地租理论中是众所周知的，因为不同的土地质量会产生不同的生产价格。但是它同样适用于行业内同时存在着不同的生产方法的情况。所以，我们可以说在任何一个给定的行业内，生产的调节价格一般都不同于该行业的平均价格。由于市场价格以调节资本的生产价格为中心，因此非调节资本的利润率会高于或低于正常利润率。这反过来意味着：一个行业的平均利润率以及整个经济体的平均利润率都将不同于正常水平。当然，我们可以将所有与正常利润的差异标记为或正或负的“租金”，这种“租金”源于生产成本的差异，但是这不会改变总利润与正常总利润不同的事实。也不可能用这种假设加以逃避，即所有的方法在“长期中”都是一样的，因为连续不断地引入新方法以及连续不断地退废旧方法，会导致一个行业中同时存在着一系列生产成本和生产价格都不相同的方法。正如我们将在第 7 章分析真实竞争时所看到的，这一问题是普遍的。

马克思主义经济学家认为基于直接价格的总利润（即表 6.9 中和剩余价值成比例的利润）是对利润的基础量度。斯拉法主义经济学家将这一头衔给了表 6.10 中反映同一利润率的总利润。但是不论是在哪种情况下，都存在着这样一个普遍的问题：无论我们采用哪一组价格作为基础，另一组与其不同的相对价格总会产生不同于基础利润的总利润。三组价格在给定的总货币价值水平上使给定的实物产品流通，使得流通作为一个总体既不创造也不毁灭总价值。但不同的相对价格似乎创造或者破灭了利润。为什么会这样呢？为了回答这个问题，我们需要更详细地考虑斯图亚特关于相对利润的概念。

6.4 总利润和价值转移：普遍存在的“转形问题”的一般性解决方案

让我们从之前在 6.2 节中提到的关于商品转手与总利润关系的例子出发。假设一个电脑商店销售了两台电脑显示器，每台价值 500 美元，一台卖给了一个家庭，另一台卖给了一家企业。每笔交易都为电脑商店赚得它通常会获得的利润。

如果卖给家庭的显示器后来被偷，并且以 500 美元的价格被重新卖出去。那么家庭财富减少 500 美元，而总利润上升 500 美元——尽管并没有生产额外的剩余产品。在这里我们可以看到，财富从收入循环（家庭）到资本循环（企业）的转移，可以独立于实物产品的任何变化而导致总利润增加（见表 6.12）。

表 6.12 收入循环和资本循环之间转移形成的新利润

	家庭财富	工商业销售额和利润
销售额/利得		500 美元
成本		0 美元
利润/损失	–500 美元	500 美元

假设是企业的价值 500 美元的显示器从办公室被偷，并且被另一家企业以相同的价格再次卖出。在这个例子中，第一家企业会把显示

器的损失（以 500 美元的支付价格）计入折旧和损耗账户，这会使其净利润减少 500 美元。而第二家企业会因销售显示器而簿记 500 美元的净利润。这样一来，财富在资本循环内部从一家企业到另一家的转移，没有影响总利润。

第三种可能是，显示器在等待出售的产成品库存中被偷了。假设显示器的生产成本为 350 美元。那么在没有被偷时，将它按照 500 美元的价格出售会获得 150 美元的生产利润。但现在，因为显示器已经从产成品库存中被偷走，并被另一家企业卖掉，所以承受被盗损失的企业只能不情愿地放弃这个物品的销售收入，并且仍然得考虑其生产成本。因此它的利润会减少 350 美元。另一方面，对于获得显示器的企业而言，如果没有获取成本，则销售这台显示器将会带来 500 美元的簿记净利润。这时的总利润与显示器没有被盗时的水平相同，但是利润的分配发生了变化。当然，如果在这起涉嫌脏物非法交易事件中，获得显示器的企业确实付出了获取和销售成本，那么此时总利润会低于之前的水平，少的数值就是企业所付出的成本。

如果故事中存在一个中间人，上述基本规则也丝毫不会改变。在家庭财富被盗的情况下，如果盗窃犯以 200 美元把显示器卖给了另一家企业，而这家企业以 500 美元的价格再次卖出，那么，这家企业利润的净收益是 300 美元。这恰好对应着家庭财富的净变化，即显示器被偷家庭的 –500 美元和盗窃犯家庭的 200 美元之和。再一次，净“利润的摆动”对应着净财富从收入循环到资本循环的转移。

在企业办公室的显示器被偷的情况下（即这一产品最初被卖给企业时就已经实现了其生产利润），第一家企业因为损耗费用的增加仍然要簿记负 500 美元的利润变化。但现在，第二家企业簿记了一笔 300 美元的净利润，这是显示器 500 美元的销售收入和 200 美元的获取成本之间的差值，而后者支付给了作为中间人的盗窃犯。这样一来，总利润的变化为负 200 美元，恰好被家庭财富净增加 200 美元（通过盗窃犯的财富变化）平衡。

最后，如果显示器在等待出售的产成品库存中被偷了，这家企业损失了销售收入，却仍需要考虑 350 美元的生产成本，所以会簿记负 350 美元的利润变化。另外，收到显示器的企业会获得 500 美元的销售收入，在减去支付给盗窃犯的 200 美元获取成本后，企业的净利润为 300 美元。因此总利润的变化量是负 50 美元（第一家企业为负 350 美元，第二家企业为 300 美元）。但是我们已经看到隐含在商品中的生产利润是 150 美元。所以，这些不当交易所导致的总利润净变化量实际上是负 200 美元。当然，这恰恰对应着盗窃犯家庭财富的增加，这 200 美元是他改变销售和利润方向所获得的劳务收入。最后这种情况提醒我们，正如在表 6.15 和之前的 6.2 节中所描述的利息流的例子那样，两种循环之间的转移也可以减少总利润。

能够获得一个商品却不用支付是真正的“低买高卖”。但是这种双方彼此需要的快乐巧合并不是必须的。实际上，所有的财富转移情形的关键都在于同一件商品购买和销售价格的不同（即进行不平等交换）。另外，如表 6.13 和表 6.14 所示，只要财富的转移仅仅发生在资本流动循环内部，就不会产生新利润，而且如果转移的一部分作为成本被吸收，利润还会下降。最后，在财富的转移同时涉及资本循环和收入循环的情况下，如表 6.15 所示，总利润便可能升高或降低至生产所产生的利润之上或之下。在所有的情形中，家庭财富的变动和企业的新增利润之和为零：没有新的价值被创造或者摧毁，只有如上所说的转移。我相信，这正是斯图亚特本人对于摆动利润和生产利润的区分——马克思赞同地引用了这种区分，并将其吸纳为自己的理论词汇。

表 6.13 情形 1：资本循环内部的转移不存在新增利润

	公司A	公司B	所有公司
销售额	0美元	500美元	500美元
成本	500美元	0美元	500美元
利润/损失	–500美元	500美元	0美元

表 6.14 情形 2：资本循环内部的转移不存在新增利润

	无盗窃			有盗窃		
	公司A	公司B	所有公司	公司A	公司B	所有公司
销售额	500美元	–	500美元	–	500美元	
成本	350美元	–	350美元	350美元	–	
生产利润	150美元	–	150美元	–	–	–
其他利润/损失	–	–	–	–350美元	500美元	150美元
总利润	150美元	–	**150美元**	–350美元	500美元	**150美元**

表 6.15 资本循环和收入循环间的转移存在总利润的净减少

	无盗窃				有盗窃			
	家庭财富变化	公司A	公司B	所有公司	家庭财富变化	公司A	公司B	所有公司
销售额		500美元	–	500美元		–	500美元	500美元
成本		350美元	–	350美元		350美元	200美元	550美元
生产利润		150美元	–	150美元		–	–	–
其他收入/损失	–	–	–	–	200美元	–350美元	300美元	–50美元
总收入/损失	–	150美元	–	**150美元**	**200美元**	–350美元	300美元	**–50美元**

6.4.1 因相对价格的变化产生的价值转移

在之前所有的例子中，价值转移要么通过实体层面的商品转手，要么通过利润和收入的转移实现。但是仅仅通过商品价格的差异也可以实现价值转移。这恰恰是解答在比较两组不同的相对价格时所产生的一般性“转形问题”的关键：马克思提出的直接价格和波特凯维茨－斯拉法价格的比较，斯拉法价格和各种垄断价格的比较，以及这些价格中的任一种和无限范围的市场价格之间的比较。

一旦我们开始比较这些不同的价格集，就会遇到一个问题：哪一个价格集代表最基本的价值？对马克思而言，是直接价格（即与劳动价值成比例的价格）；对斯拉法而言，是生产价格（即体现同一利润率的价格）。对于我们当前的目的而言，设立最基本的价值只是定义了基础价格集，用以和其他价格进行比较。因此，如果我们像马克思那样，从直接价格出发再转向生产价格，那么价值转移就是相对于直接价格量度的。另外，我们也可以同等地将生产价格视为基础价格集，用以和其他价格，如直接价格或垄断价格做比较。重点是，任何一对比较都会产生转形问题。如果我们比较表 6.9~表 6.11 中的任意一对，这一点就会非常明显。

要明白是什么问题涉及其中，注意到总生产利润等于剩余产品的价格是很有用的。利润是总产品价格和生产这些产品所需的原料与工资品价格的差值。而商品的总产出向量和商品的原料与工资品向量之间的差值恰好是剩余产品。由此断定，利润是剩余产品的总价格。在先前的三个表格中，剩余产品已在表 6.5 中的最后一列显示：60cn +15ir，并且总利润已经用这些剩余产品的总价格来表示。表 6.16 对这一重点做了总结，附录 6.1 用数学式子对其进行了推导。表 6.8 中的任一给定价格集下剩余产品的货币价值和表 6.9~表 6.11 中与之相应的同一给定价格集下的总利润之间的比较清楚地表明，这两者是一致的。

表 6.16 作为剩余产品的价格形式的总利润

	玉米	铁	总利润
实物剩余产品	60	15	
适用价格集*D*的价格	47.73美元	59.66美元	107.39美元
适用价格集*C*的价格	48.27美元	57.85美元	106.12美元
适用价格集*M*的价格	49.20美元	54.75美元	103.95美元

从附录 4.1 可知，在这种抽象水平上，剩余产品总是可以根据用途被写为两个组成部分之和：资本家的消费和投资（表现为固定资本、原料和在产品存货）。如表 6.17 所示，为了简化文字解释，我假设这两个组成部分中的每一种都分别是一种不同的商品。虽然现在并没有假设增长是平衡的，但只要投资是正值，就一定会有某种程度的增长。

表 6.17 剩余产品的使用

	资本家消费	投资	剩余产品
玉米	60		60
铁		15	15

在表 6.16 中，三组连续的价格集恰好呈现出了这样的变化趋势：资本家的消费品（玉米）的价格越来越高，投资品（铁）的价格越来越低。这些构成剩余产品组成部分的商品的价格之所以呈现方向相反的运动，是由于这样的事实：为了分离出相对价格的变化对总利润的影响（见表 6.9~表 6.11），这两种产出品价格的总和需要保持不变，结果就是，一种商品价格的任何变化一定会伴随着所有其他商品总体价

格的相反变化。在 6.5 节中我们将会看到，这一模式使我们能够有力地洞悉到相对价格变化对整体利润的影响。但就目前而言，这两种价格的相反运动对于我们进行解释分析已经十分有用了，因为它们使得我们能够区分资本家的消费品的价格变化（上升）和投资品的价格变化（下降）对总利润的相反的影响。就像上文提到过的波特凯维茨和斯拉法一样，我们只关心在一组实物流量给定的情况下，价格变化对总利润的影响。

资本家的消费品价格的上升会增加消费品部门的利润。另外，这也会提高资本家在给定的玉米消费量上所需的玉米支出，而这意味着资本家的家庭最终留有更低的货币余额。所以这种商业利润的增加对应着资本家个人财富的减少：资本家的消费品价格的上升引起了财富从收入循环到资本循环的转移，这就是总利润上升的原因。

另一种不同类型的转移会随着投资品（铁）价格的变化而发挥作用。铁价格的下降减少了铁部门的利润，同时也降低了给定投资量所需要的成本。但从本质上来说，投资是一种资本成本，而非现行成本，因此铁部门利润的减少并没有带来现行收益，所以总利润整体减少了。这一特殊的价值转移看起来直接否定了之前的定律，即资本循环内部的价值转移不影响总利润。但如果我们考虑到，当资本资产被用完时，资本成本会被转移到现行成本中，那么我们就可以看到这一定律并没有真正被违背——它仅仅在时间上被延长了。比如，如果对铁的投资是为了提供扩大生产所需要的额外原料，那么在接下来的一个生产周期中，铁价格的下降会表现为单位成本的下降，与之相伴的是单位总利润的上升[①]。从另一极端来说，如果对铁的投资代表着固定资

① 对原料与劳动力的投资将会导致下一生产周期中原料与工资品物质使用量的增加。这将改变生产规模，但不会改变单位成本，除非这些商品的价格上升。

本的增加，那么铁价格的降低意味着在产品的使用寿命内（如超过 10 个生产周期）折旧费用的减少。在任一情况下，投资品价格下降导致的当期利润下降都正好被未来将增加的利润流抵销。就像之前在从收入循环到资本循环的转移中，价值在空间上守恒一样，在这里，价值在时间上守恒。

如此一来，由相对价格的变化引起的总利润的变化完全可以用两种价值转移来解释：收入循环和资本循环之间的价值转移，以及那些在资本循环内部的价值转移，后者以未来利润为代价或好处而改变了当期利润。由于这两个基本原则适用于任何一对相对价格集，因此它们可以同时解释马克思主义和斯拉法主义的转形问题之谜。

令人震惊的是，这一解法的所有元素都隐含在马克思的著作中：对斯图亚特有关转移利润与生产利润的区分的采用（Marx 1963, ch.1）；他本人对收入循环与资本循环的区分，这一点为价值转移的一般原则提供了基础（Marx 1964a, ch.4）；他对再生产图式内不同循环间相互交换过程的详细论述，这在商品与货币的存量与流量之间建立起了联系（Marx 1967b, ch.20, sec.3–5, and ch.21）。马克思数量众多的笔记中的很多部分都有待翻译（Hecker 2010），所以我们不知道马克思自己是否曾设法将这些元素都整合起来作为对价格和利润的进一步分析的组成部分。然而我们可以说的是，必要的工具一直都在那里。

6.4.2 产出比例对价值转移与总利润的影响

在表 6.16 中我们可以注意到相对价格的变化对总利润有相互抵消的影响。由于我们为了分离出相对价格对总利润的影响（见表 6.9~表 6.11）而保持总产出的货币价值（价格总和）不变，因此玉米价格的任何变化都必定伴随着铁价格向相反方向的变化。在我们接下来的阐释中，剩余产品恰好由这两种商品组成，因此玉米（资本家的消费品）价格上升产生的对总利润的影响，会部分地被铁（投资品）价格下降所带来的影响抵消。这立刻提醒我们，如果剩余产品恰巧与总产品有相同的比例，那么相对价格对总利润就没有影响：于是总利润就会完全不受相对价格变化的影响。

马克思的作品也预示了这一结果。在他对扩大再生产（即资本的平衡积累）图式的分析中，他确立了增长率规律，即增长率等于利润率乘以被用作再投资的剩余价值的比例（Marx 1967c, ch.21, 489）。当全部剩余价值都用于再投资时，平衡积累达到上限，此时资本增长率等于利润率[①]。由此我们可以得出两点结论。第一，没有任何一部分剩余价值被用于消费，所以投资是剩余产品的唯一组成部分。第二，由于平衡增长要求每种商品的生产都以相同的速度增长，在这一情形下等于利润率（比如说是 20%）。这意味着，剩余产品中每一种商品的数量都必须是先前生产中被用作社会投入品（原料或工资品）的同一种商品数量的 20%。由于总产品是被用作社会投入品的产品和剩余产品的总和，因而总产出的每一部分都必须是总投入的 120%。这意味着，当系统处于最大扩大再生产状态时，剩余产品向量与总产出向量成比例。那么，当我们保持产出价格的总和恒定时，我们就必然使利润总和保持恒定了（Shaikh 1973, 142–147）。这是因为，由于玉米和铁在生产资料中所占的比重与它们在总产品中所占的比重相同，因此此时剩余产品（在最大扩大再生产状态下都被用作投资）由这两种商品构成。但是如果保持这一产品的货币价值恒定，那么总产品中任一给定部分的货币价值也会如此，比如最大扩大再生产状态下的剩余产品。

① 利润率是利润与资本的比率，而积累率是投资与资本的比率。因此当所有剩余价值都被用于再投资时，增长率等于利润率。这一关系在第 15 章古典通货膨胀理论中也发挥了重要作用。

在价格总和保持恒定时，以未来更高的玉米投入成本以及利润下降为代价，玉米价格的上升将会创造更高的当期利润；相反，铁价格的降低将导致当期利润下降，但预示着更低的铁投入成本会在未来带来更高的利润。因为剩余产品与总产品（总价格保持恒定）成比例，所以这两种立刻发生的效果将恰好在总量中相互抵消，这反过来意味着未来的总利润也是不变的：在最大扩大再生产状态下，资本循环与收入循环之间没有总价值转移，并且资本循环内部也没有流量与存量之间的总价值转移。只有直接源自剩余劳动时间的生产利润。

如果我们意识到可以将最大扩大再生产所对应的产出比例看作各个行业的产出被重新调整后达到的水平，那么我们就可以将前面的分析向前推进一步。这些重新调整因子可被视为赋予各个行业可观察到的生产水平的权重，这样一来，最大扩大再生产的产出向量也可以被认为代表了一个“合成行业”，它由各行业可观察到的产出水平加权后的值构成。这是与斯拉法的标准商品相等价的马克思的解决方案（Sraffa 1960, ch. 4）：它是转形问题的引力中心，正是在这个特殊的“平均”行业中，剩余价值和货币利润之间的关系变得完全透明（shaikh 1984b, 60–61）。尽管马克思从未正式推导这一点，但在讨论从价值到生产价格的转形时，他确实谈及“一部分生产部门所使用的资本具有中等构成或平均构成，也就是说，这部分生产部门的构成完全是或接近于社会平均资本的构成”，其利润率是其他行业调整的目标。（Marx 1967c, 273）。[①]

表 6.18 阐释了这一结果。玉米和铁的所需比例是 1.227 2 : 1，我们可以自由选择很多与这一比例相一致的乘数。但如果我们想要让合

① 中文转引自《资本论》第三卷，人民出版社，2004 年版，第 193 页。——译者注

成行业总产出的货币价值与之前所有例子中的数值保持一致，就必须选择能产生这一结果的特定乘数。因此，玉米部门的这一特定乘数是1.053 2，铁部门是0.858 2，这两个乘数可以产生与初始产出系统相同的直接价格总和。当我们采用之前表6.5所列出的初始生产结构时，就产生了表6.18所示的合成行业。

表6.18　马克思合成行业的生产结构

（玉米行业乘数 =1.053 2，铁行业乘数 = 0.858 2）

	玉米部门	铁部门	总和
玉米投入	526.584	154.479	681.06
铁投入	25.276	5.149	30.43
雇工数量	10.532	4.291	14.82
行业产品	842.535	51.493	
总原料投入	681.06	30.43	
总实际工资篮子	59.29	14.82	
总剩余产品	102.18	6.24	

为了使我们关于相对价格的比较是完备的，我们现在需要重新调整价格幅度（而不是价格比例）以保持价格总和恒定。通过采用表6.8中的直接价格水平，新的产出水平已经被标准化，从而使得最大扩大再生产的直接价格总和与实际的直接价格总和（875美元）相等。但是，当之前的生产价格水平和垄断价格水平被用于新的产出向量时，将会产生某种与875美元不同的价格总和。届时，相应的总利润将会是产出变化以及总体价格水平上涨或下降的结果。为了使三组相对价格集中的价格水平保持一致，我们将不得不调节生产价格集和垄断价格集，使得它们相应的价格的总和也等于875美元——当然是在不改

变定义这些价格集的价格比例的前提下。表 6.19 描绘了每一种价格集的新的价格水平：与劳动价值成正比的价格（价格集 *D*）、包含同一利润率的竞争性价格（价格集 *C*）和垄断或市场价格（价格集 *M*）。

表 6.19 三组相对价格

	p_{cn}	p_{ir}	p_{ir}/p_{cn}
价格集*D*	0.795 455	3.977 276 3	5.000
价格集*C*	0.803 220	3.850 216	4.793
价格集*M*	0.816 428	3.634 101	4.451

在表 6.18 所描述的合成行业中，玉米与铁的行业产出比为 16.362（842.535/51.493），这与剩余产品中玉米和铁的比例相同（102.18/6.24）。在这种情况下，任意一种保持产出的总货币价值恒定的价格集，都可以保持剩余产品的总货币价值（即总利润）恒定。表 6.20~ 表 6.22 描述了与马克思合成行业相关的货币流量。现在我们可以看出，在任意给定价格水平下，如作为例子给出的给定的价格总和，无论如何相对价格对总利润都没有任何影响（Shaikh 1984b, 60）。

表 6.20 马克思合成行业中使用价格集 *D* 的总利润

	玉米部门	铁部门	总和
行业产品的货币价值	670.20 美元	204.80 美元	875 美元
行业原料投入的货币成本	519.40 美元	143.36 美元	
行业货币价值增加值	150.79 美元	61.44 美元	
行业货币工资	75.40 美元	30.72 美元	
行业货币利润	75.40 美元	30.72 美元	106.12 美元

表 6.21　马克思合成行业中使用价格集 C 的总利润

	玉米部门	铁部门	总和
行业产品的货币价值	676.74 美元	198.26 美元	875 美元
行业原料投入的货币成本	520.28 美元	143.91 美元	
行业货币价值增加值	156.46 美元	54.35 美元	
行业货币工资	74.39 美元	30.31 美元	
行业货币利润	82.07 美元	24.04 美元	106.12 美元

表 6.22　马克思合成行业中使用价格集 M 的总利润

	玉米部门	铁部门	总和
行业产品的货币价值	687.87 美元	187.13 美元	875 美元
行业原料投入的货币成本	521.77 美元	144.83 美元	
行业货币价值增加值	166.10 美元	42.30 美元	
行业货币工资	72.67 美元	29.61 美元	
行业货币利润	93.43 美元	12.69 美元	106.12 美元

6.5　金融利润和利润转移

金融利润的存在产生了有关部门间（利润）转移的影响的问题，比如非金融部门向金融部门支付的净利息，以及独立于部门之间财富转移的资本收益问题。就前一个问题而言，在 6.2 节中已经证明，如果生产部门将自己剩余的一部分（80 单位）作为利息支付给金融部门，其利润的变化量（–80 单位）仅会部分地由金融部门利润的增加（30 单位）抵销，其余则被金融部门的成本（50 单位）吸收，所以总利润会减少 50 单位。另外，如果取而代之的是家庭收入的一部分（它由工资和来自生产部门或金融部门的分红构成）作为支付给银行的净利息（18 单位）进行再循环，那么总利润会增加 6 单位，剩下的（12 单位）则被银行成本吸收。所有变化的总和仍然为 0，不过此时家庭收入的减少发生在收入循环中，银行成本和利润的增加则发生在资本循环中。

资本收益为金融利润增加了一个新的维度。考虑一个价格上升的资产，例如建筑物、股票或者债券。资产所有者会簿记一笔资本收益。尽管没有货币易手，但经济中资产的名义价值总额增加了。如果这一被重新估值的资产由家庭持有，那么随着它的价格上升，家庭资产总额的名义价值增加。如果这个资产最初是以 10 万美元的价格购买的，但现在估值为 12 万美元，那么家庭的名义财富增加了 2 万美元，并且这笔收益将记入初始持有者的财富账户中。

如果这一家庭随后将这一资产卖给其他家庭，那么这一家庭将从这一以 10 万美元购买的资产中获得 12 万美元的货币，从而使其账面收益变成真实的收入。同时，买入的家庭以 12 万美元的货币换来了据称价值 12 万美元的资产。如果购买者最初在手头上就持有这一笔现金，那么购买者的家庭财富没有变化，但是其形式从货币变成了资产：当前的货币已经被交换为具有预期收益的资产。如果一部分货币是通过新的银行信贷获得的，那么这部分货币是以借款人承诺一定还本付息为前提（即在货币未来会净减少的条件下），由银行创造的。有关通过银行信贷与还款回流创造购买力这一问题的深入讨论，将推后到本书第三部分的第 13 章和第 14 章中。目前重要的是要认清，尽管资本收益对于第一个所有者来说已经实现，但对于第二个所有者来说，资本收益仍然以潜在的形式存在着——如果资产价格随后下降，那么这种潜在收益可能被证明是一个幻想。

如果被重新估值的资产的所有者是一家金融公司，也会得到相似的结果。资产价格的上升提高了原公司和整个工商业部门的资本存量，但随后的销售对双方都不会产生进一步的影响，因为在那之后的任何交易都仅仅涉及价值 12 万美元的资产和等量现金之间的交换。[①] 但是在这一情况下，资本收益的变现被记为公司的利润，因此也被记为整个经济的额外利润。尽管这看似是一个全新的结果，但事实并非如此。总利润的增长源自这样一个事实，即同一个商品以某一价格买入，并以更高的价格卖出。在表 6.14 中我们可以看出，销售价格高于买入价格可以增加名义利润，但不能增加实际利润。通常情况下，国民账户在量度国民产出及其组成部分（包括总利润）的时候，会将资本收益及损失排除在外。因为严格说来，“它们源于现存资产的重新估值与销售，而非当前的生产”（BEA 2006, 5n16）。另一方面，国家将它们作为个人或工商业收入并相应地对其征税（BEA 2006, 11–12）。

“创始人利润”是得到实现的资本收益的一个特别引人注目的例子。考虑一家刚起步的私有公司，它会设法使市场相信它会在未来盈利。如果这家公司的创建人决定上市，他们可以将公司的一部分以“股份”的形式卖给公众。在这一过程中，他们将所持有的资本的潜在收益变现。如果他们设法将公司卖给另一家公司，也会得到同样的结果。到目前为止，所说的一切都同样适用于资本损失，包括“创始人损失”。资产也可以贬值，事实上很多公司确实都完全倒闭了：即使是

① 如果被重新估值的资产被原公司卖给另一家公司，前者获得 12 万美元现金，后者获得价值 12 万美元的资产，这对整个工商业部门的总资本存量没有影响。如果这份资产被卖给一个家庭而不是一家公司，原公司售卖资产换得现金，因此原公司以及整个工商业部门的资本存量不变。另一边，家庭部门用现金交易等价的资产，所以家庭的总财富不变。因此，个人财富与工商业资本之和的唯一收益来自初始资产价格的上升。

在好的年景，新公司发展的典型模式也是第一年有 25% 的新公司倒闭，第四年有 50% 的公司闭，第十年有 70% 的公司倒闭（Shane 2008）。

这就涉及一个问题，但在这里我们只能顺便说一下。在资本主义经济中，大多数资产的价格来源于从它们身上可获得的潜在收益。因此，土地的价格基于它可能提供的租金，并且就像李嘉图很早之前表明的，租金本身就是以使用土地所可能获得的利润为基础的。类似地，股权的价格和发行公司未来的利润紧密相关。在这种意义上，这一类资产是实物资本的初级衍生品，是购买者对它的未来结果所做的赌注。从这一角度看，所谓的“金融衍生品”是资本的次级衍生品。它们是一种工具，其价值基于某一标的资产的预期未来价格（比如某一商品或者货币的未来价格）。这些资产可以表现为抵抗意外风险的保险，或是对未来收益或损失的赌注等形式。它们也可以通过以衍生品为基础创造衍生品的方式金字塔化（即资本的第三、第四级衍生品等）。金融演算有很多层次。最后的结果是倒金字塔型的，以真实利润为基石，其上堆积着大量急速扩张的金融资产。

期货、对冲和不同种类的赌注已经存在了数个世纪。但最近，它们还是激增到了令人惊异的程度，尽管它们已经成了对越来越不可能实现的结果的越来越复杂的赌注。据估计，2007 年开始的全球危机在两年之内就抹去了 3.4 亿美元的资产价值。然而，即使在这次危机的三年后，据估计，金融衍生品的存量仍然有 1 400 亿美元，是世界 GDP 总价值的 23 倍。这些名义价值建立在“未知的未知数”的基础上，这不仅仅是因为许多衍生品的细节是其特有的，还因为估值所基于的现在和将来的结果几乎是不可能发生的。未来的历史中还会发生更多这样的事情。

6.6 各种不同学派的总利润理论

斯图亚特于1767年提出的观点认为利润有两个来源——生产和转移。但仅仅9年之后，自从斯密的《国富论》面世，这一洞见实际上就不再出现于文献中。从那以后，人们的关注点几乎完全集中在源于生产的利润上。在斯密以后的40年中，李嘉图一直遵循着这一原则。李嘉图之后大约40年，马克思对斯图亚特利润转移（让渡利润）的观点表示赞赏，并且指出它在“剩余价值在利润、利息、地租这些不同项目中进行分配”发挥了重要作用（Marx 1963, 42）[①]。这正是生产部门向金融部门支付利息的例子所关注的（问题），并且对我而言十分明显的是马克思对这一问题的理解十分透彻。但是，在恩格斯为《资本论》第二卷和第三卷选取的材料中，没有出现相应的讨论，这个想法随后便从马克思主义的理论词汇中消失了。反而是坚持以交换为适当的出发点的新古典经济学重新发现了这一概念，并将其用作论证纯粹源于交易过程的利润的合理性的一种手段。但是这一短暂的发展埋没在了总生产函数的瞩目崛起中——就像斯密对生产利润的关注埋没了斯图亚特对利润摆动的洞见。我们可以看到，尽管他们与新古典经济学在生产水平的决定上有争议，但在总利润的解释问题上凯恩斯和卡莱茨

① 中文转引自《马克思恩格斯全集》第26卷（I），人民出版社，1972年版，第11页。这里的引文出自《剩余价值理论》（《资本论》第四卷），由于现已出版的《马克思恩格斯全集》第二版尚未收录《剩余价值理论》，因此相关译文均引自《马克思恩格斯全集》第一版。——译者注

基坚定地站在了生产阵营。后凯恩斯主义和其他后来的作者都没有偏离这一常见路径。

在更进一步讨论之前，有两件事情需要强调。第一，这里的关注点是总利润的来源（划分成租金和利息的总额），而不是其合理性。隐藏在这一背景中的是在6.3节中提出的观点，如果没有剩余劳动和随之而来的剩余产品，就没有生产利润——价格诡计在这里不会起作用。从这一角度看，追溯不同的学派在解释总利润时如何明确地或者隐晦地依赖剩余产品的存在是很有趣的。第二，当总产品被视为一篮子异质商品时，相对价格便会自行产生。在这种情况下，一旦相对价格不同于基础价格，总利润便会与它所对应的“基础”利润不同。已经证明这种差异来自价值在资本循环内部或是资本循环与收入循环之间的转移。只要全部产品被卖出，交换便没有创造或摧毁价值，这恰好就是利润不同于其基础水平的原因：经济利润等于生产利润加上或减去资本循环内部在不同的现行成本账户之间转移的价值。另外，显而易见的是如果部分产品没有卖出，那么总利润会低于基础水平，甚至为负值（就像在大萧条中那样）。最后，我们可以看出，如果总利润中的一部分被作为租金和利息转移出去，那么总利润会低于生产剩余的货币价值；如果租金和利息作为一部分收入形成总利润，那么总利润会高于生产剩余的货币价值。没有生产剩余，所有这些利润的次级形式都会崩溃，因为那时将既不存在工商业基础，也不存在家庭收入（它本身来源于工资和红利）来维持次一级的流量。所有能留下来的，将只会是利润的古老形式，即来自区域间转移的纯商业利润。

斯密区分了净产品的生产——“劳动的全部产品”，与它被划分成的不同组成部分。特别是，一旦资本出场，“劳动的全部产品便并不总是属于劳动者了。大多数情形下，他不得不与雇用他的资本所有者共享它们”，并且“地主，就像其他所有人一样，喜欢在他们从未播种的地方收割并且要求租金，而［劳动者］……最后不得不屈服于他们”（Smith 1937, ch. 6, 151–153）。就利润和租金源自不归劳动所有的那部分净产品而言，这当然与“剩余产品”理论相一致（Marx 1963, 82–86; Dobb 1973, 45–46）。李嘉图也主张，“可能用于支付工资的比例是利润问题中最为重要的部分；因为从中可以立刻看出，利润是高还是低，这恰好是与工资的高低成比例的”。将租金引入李嘉图的分析中，可以清楚地看出以上关于工资与利润关系的论断同样适用于分析利润和租金之和，而且现在有了更深的理解，即净产品中的租金份额可以以利润的减少为代价扩大（根据这一点，他建立了自己有关利润率随时间下降趋势的分析）（Ricardo 1951a, 27, 48–51; Sraffa 1962, xxxiii; Dobb 1973, 71–72）。马克思标志性的贡献之一是认为在决定剩余产品时，日工作时长和劳动强度与实际工资水平一样重要。他所关心的是证明在所有的生产方式中，剩余产品都是剩余劳动时间的物质反映，并且在资本主义生产方式中，剩余产品是剩余价值的物质反映。我们已经详细地分析过了这一联系。

新古典理论实际上有两种不同的利润理论。它的传统出发点是“纯”交换理论。其积极意义是，由于交换只能在不同商品间进行，这就必然将商品的异质性纳入了理论之中。其消极意义是，由于讨论中的商品必须先于交换存在，人们会希望有关的分析始于它们之前的生产环节。但这样一来，它们的生产成本就不得不进入分析视野中，这会摧毁“纯”交换理论的虚假简化性。通过假设每个参与交换过程的个体在最初都有一些正的商品“初始禀赋”，这个问题被避开了。阿尔奇安和艾伦在他们战后早期极具影响力的教材中提供了一种关于新古典对转移利润的推导的特别具有启示性的说明。他们的故事，最初写于1964年，始于“古巴和匈牙利避难者暂时居住的一个营地”。每周每位住客都会收到一个装着20根香烟和20份巧克力的礼物包裹。同时在这个营地中有“一位来自于不明国家且没有礼物包裹的新的避难者”。这个新的避难者“聪明并对人性很了解”，而且不像其他人，他极具企业家精神。他知道粗鲁的匈牙利人希望得到更多的香烟，而爱玩乐的古巴人希望得到更多的巧克力。因此这位熟悉情况的新来者提出为匈牙利人提供更多的香烟以换取他们手中的部分巧克力，为古巴人提供更多的巧克力以换取部分香烟。一旦双方一致同意的条款达成，他便忠实地履行交易。这样，每个国家的人都获得了比最初愚蠢的平等主义更为满意的分配结果。阿尔奇安和艾伦指出“令人惊讶的”事实是，有企业家精神的中间人在每一次的协商交易中都为自己保留了两根香烟（Alchain and Allen 1969, 39–41）。古巴人和匈牙利人因为都达到了更高的满意度而情况更好，同时这个中间人也因获得了利润而境况更好。此外，在每周到达营地的稳定的商品流量的保障下，只要古巴人和匈牙利人没有发现，中间人就可以继续每周获得利润。当然，这些商品需要每周都在某个地方生产出来，并且以通常的利润水平卖给营地暗中的经营商。因此，通过财富从营地住客的收入循环到具有企业家精神的秘密中间人的资本循环的纯粹转移，中间人的利润增加了总生产利润。

更为人熟知的新古典主义对总利润的推导植根于生产，并且抽象掉了个体商品的异质性。假定存在所谓的表现良好的总生产函数，将实际净产出（YR）和资本投入（KR）、劳动投入（L）联系起来：YR= f（KR, L）。对此必须加上以下这一会计恒等式，实际净产出等于实际工资总额（WR=wrL，其中wr=单位劳动的实际工资）和实际利润总额之和（PR=rKR，其中r=资本利润率）：YR ≡ wrL+rKR。为了使新古典主义的论述依据充足，还需要以下三个假设。首先，假定的生产函数是一阶齐次的，所以满足条件 $YR=\left(\frac{\partial YR}{\partial L}\right)L+\left(\frac{\partial YR}{\partial KR}\right)KR$。其次，劳动的边际总产品等于实际工资（$\frac{\partial YR}{\partial L}=wr$），或者资本的边际总产品等于利润率（$\frac{\partial YR}{\partial KR}=r$）。这些条件仅需满足其一，因为会计恒等式和一阶齐次假设的结合保证了一个条件能推出另一个。最后，两者的边际产品均为正。最后一个条件实际上非常关键，并且一般都是通过以下假设来实现的，即均衡条件下边际产品等于相应的"要素价格"，并且这些要素价格本身都是正值（Varian 1993, 331）。在会计恒等式中，总利润率没有必要为正：实际上，在 1932—1933 年的大萧条期间，会计恒等式同样适用，但总利润实际为负。但是，一旦要求两个边际产品都是正值，那么由于 KR 和 L 为正，边际产品等于对应的"要素价格"就意味着实际工资低于劳动的平均产品。定义 $yr=\frac{YR}{L}=$ 平均生产率，$kr=\frac{KR}{L}=$ 实际资本–劳动比，我们可以根据一阶齐次条件对两边同除以 L，得到 $yr=\left(\frac{\partial YR}{\partial L}\right)+\left(\frac{\partial Y}{\partial KR}\right)kr=wr+\left(\frac{\partial YR}{\partial KR}\right)kr$，在这种情况下，资本边际产品为正，确保了 wr<yr。这是剩余劳动时间存在的一般条件（见附录 6.1.1）。由于存在着大量可能的生产水平都符合这一条件，因此需要更进一步来确定任何特定的均衡水平。所以新古典进一步假设，灵活的实际工资确保了所有可用劳动力完全就业，这意味着产出的均衡水平是可以确保劳动力完全就业的水平，而利润的均衡水平就是完全就业下的利润水平。

凯恩斯敏锐地意识到了利润是"驱动企业的引擎"（Keynes 1976, 148）。所以凯恩斯在《就业、利息和货币通论》的正式内容中没有明确分析总利润水平是有些令人惊讶的。实际上，根据他的著名传记作者斯基德尔斯基勋爵所言，凯恩斯甚至没有"关于什么决定了……实物资本的回报率的理论”，尽管他自己的投资理论，其中投资通过乘数过程决定均衡产出水平，恰好依赖于这一回报率（Skidelsky 1992, 326）。所以最终，凯恩斯隐晦地假设了总利润存在的必要条件。

卡莱茨基在《就业、利息和货币通论》出版之前就建立了自身的有效需求理论，他在此方面似乎做得更好。他提出了一种寡头理论，其中每个公司通过在自身的直接成本（原材料和劳动力）上加价来设定销售价格，加价的大小取决于公司的垄断力量。那么行业价格也是在行业直接生产成本上加价得到的，它在总量水平上转化为一个特定的利润份额，进而转化为一个特定的工资份额（Sawyer 1985, 27）。隐含的假定是工资份额为正并且小于 1（即 wr<yr），这一情形下，剩余劳动时间和相应的剩余产品也被隐含地假定存在。卡莱茨基主张加价决定着工资份额，这一主张基于这样一个观念：工人获得并接受低于生产率的实际工资，而这是由公司的定价政策所决定的：假定工人为货币工资议价，公司实质上通过在单位劳动力成本（因为原料成本和折旧本身就是一揽子特定商品的价格）上进行垄断加价来产生价格，由此产生的价格水平决定实际工资（Sawyer 1985, 15, 108–113）。由此的结论是：“工会只有能够影响垄断程度，才能影响实际工资相对于生产率的高低”（110–111）。正如一位重要的后凯恩斯主义者所指出的，“尽管引入了阶级，但［卡莱茨基的方法］并没有提到表现为劳工斗争的阶级矛盾”（Palley 2003, 183）。在任何情况下，一旦假定了正的利润份额，利润水平就由产出水平所决定。在此，凯恩斯主义者和后凯恩斯主义者都类似地认为，正是自主的总需求水平决定了特定的产出和可能低于完全就业的就业水平。最后，和新古典经济学一样，后凯恩斯主义理论通过以下两步对自己的观点进行了论证：“行业产品中的利润份额由总利润加成水平决定，而每年的利润流量总额取决于［通

过乘数形成的总产出水平］资本家在投资和消费上的支出的总流量”（Robinson 1977, 13–14）。循环理论通过强调银行信贷是货币的纯粹形式而使自己区别于后凯恩斯主义，但就利润理论而言二者没有区别：假定工资谈判以货币形式进行，利润份额由通过在成本之上加价而形成的价格决定，总利润水平由总产出水平决定，而总产出水平由总需求中的自主部分决定（Realfonzo 2003, 63–64）。[①]

除非存在剩余产品，否则以上这些理论都不成立。正如在 6.2 节和 6.3 节中所指出的，当产出等于总投入时，所有的价格集产生的总利润都为零。因此，如果一些部门利润为正，其他部门的利润一定为负（见表 6.2~表 6.4）。这告诉我们，在没有剩余产品时，我们无法随意地规定所有的加价都为正。相对地，如果我们确实规定了这一点，那么我们就在隐晦地假设剩余产品为正。就此而言，布朗芬布伦纳很久以前就指出，当卡莱茨基垄断加价为 0 时，总利润也会变成 0（Sawyer 1985, 34–35）。这或者意味着竞争性资本主义不能产生利润（这肯定是一个新奇的观点），或者意味着直接生产成本已经包括了预付资本的竞争性利润率（其存在需要单独解释）。无论怎样，就像之前在相对价格对现存剩余产品影响的分析中所表明的，垄断加价主要是为了再分配现存的总利润，而非创造总利润（见表 6.11）。

有一个与卡莱茨基和卡尔多有关的总利润理论的版本，看起来摆脱了这些限制，因为它是直接针对总体水平提出的。根据这一理论，总需求是个人（工人和资本家）消费需求和企业投资需求的总和，而

① 循环理论还宣称已经发现公司不可能在筹集到他们所需要的全部支出（原料、工资和投资）后，还能够为这笔钱支付利息（Realfonzo 2003, 64）。这一结论源于这样一个基本错误：忽视了生产中时间的作用。公司为筹集总投资支出而借贷 M，在随后的一段时间里，总产品以 M' 的价格被卖出，如果后者包含了能够被分配为利润、租金和利息的剩余产品，那么 M 确实是可以被偿还的。

供给可以表示为工资和利润的总和。如果工人消费掉他们的全部收入（工资），而资本家家庭只消费他们的部分收入（作为分红支付的利润），那么均衡中，来自总利润的储蓄（S）一定等于投资（I）：$S \equiv s_p \cdot P = I$，这里 s_p 是利润收入的平均储蓄倾向。但是“由于 I 可以由谨慎的工商业企业决策决定（I……$\left[s_p\right]$由食利者决定）而 P 不行，所以因果关系的方向必然是从 I…… 和$\left[s_p\right]$指向 P”（Webster 2003, 299）。如果利润份额为正所需的条件已经确立，那么这不过就是标准后凯恩斯主义利润理论的论证过程中的第二步的一个实例，即需求水平决定产出水平，并且在利润份额给定的情况下，产出水平决定总利润水平。另外，如果没有利润，那么这个版本的卡莱茨基–卡尔多主义的故事就无法成立，因为没有总利润就没有总储蓄，所以均衡条件 $S \equiv s_p \cdot P = I$ 无法成立。由此可以得出结论，在这里只有一种均衡利润的故事，即利润份额为正的均衡故事。

但是，即使剩余产品为 0，也可能存在非均衡总利润。假设工人选择怠工，使得他们的生产率等于他们的实际工资 wr=yr。那么既没有剩余劳动时间，也没有剩余劳动产品。进一步，由于实际工资支出 WR=wr·L，实际产出水平 YR=yr·L，那么 YR=WR 时，实际总利润 PR=0。如果工人花费了他们的全部收入，总的净产品会被他们的消费需求吸收。但是资本家也需要进食，而公司需要投资，所以这两种额外的需求来源也可能出现在市场中（由于没有当期利润而依靠赤字融资）。在工人消费了所有净产品的情况下，这些额外需求只能通过以下两种方式满足：销售价格上升和/或销售库存。前一种情况已经在表 6.4 中分析了：价格将会上升到生产前购买投入品和劳动力的价格水平之上，从而产生名义利润。但是如果根据现行投入成本变动和一般价格水平的变化对这些名义利润进行调整，那么实际利润仍然恰好为 0。另一种可能是，超额需求是通过销售最终产品的库存来满足的，那么销售多于生产，这意味着销售利润高于生产利润。由于后者为 0，这意味着销售利润将为正值，这正是因为库存变化是负值，把两者相加得到生产利润，也就是 0。所有这些都是提醒我们不能混淆国民收入会计恒等式 $Y \equiv C + I$ 和均衡条件 $Y^* = C_D^* + I_D^*$，其中投资项（I）包括由供需差异所引起的非意愿的库存变化，Y^* 代表均衡产出，C_D^* 和 I_D^* 分别代表均衡消费需求、均衡投资需求与存货需求。

斯拉法的利润理论显然是古典经济学式的。他从证明如下观点出发：当一个社会“产出刚好足以维持自身需求”，即没有剩余产品时，不存在任何利润。他在这一过程中表明，只有这样的被市场所采纳的价格集才意味着每个部门的利润为零，从而总利润为零——这个价格集要能“恢复初始的产品分配，并使这一过程的重复进行成为可能”（Sraffa 1960, 3–5）。我们在对表 6.2 和表 6.3 的讨论中指出，这些价格与剩余劳动时间为零时的劳动价值成比例。但是，斯拉法的每一部门利润都为零的限制条件对于总利润为零来说并非必要，因为任一价格集都能使总利润为零：如果不存在剩余产品，那么总成本等于总价格，所以即使单个部门利润非零（或正或负），总利润仍为零。换言之，总利润是剩余产品的货币价值，当后者为零时前者就为零（见 6.3.1 小节）。

斯拉法还证明了剩余产品是正的同一利润率（因而是总利润）存在的必要条件。再一次，这个证明也仅限于生产价格体系。就此而言，有两点引人注目。首先，“社会剩余的出现”被有意变得看似是技术上的事情，因为它表现为产出变化但投入没有变化（Sraffa 1960, 7）。相比之下，在马克思的分析中，是社会决定的日工作时长在必要劳动时间之外的延长部分产生社会剩余[①]。其次，通过在整本书中将注意力只集中于生产价格，他回避了自己的分析中内在固有的转形问题：对应于任一给定价格集的平均利润率将和同一利润率不同，并且在任何给定的总价格水平下的利润总额也会和“正常”利润不同（见表 6.9~表 6.11）。

正是多布发现斯拉法证明了相对价格的轻微变化可能改变对总产品的量度这一事实：“我们再次感谢斯拉法先生揭露了李嘉图问题的真正性质。他已经证明困扰李嘉图的问题是，当阶级之间的产品分配发生变化时，国民产品的规模似乎也在变化。即使［实际产品］的总量规模什么都没改变，仅仅是量度的变化仍然可能引起明显的变化。这要被归结为以下事实：量度是基于［货币］价值进行的，并且相对价值［即相对价格］已经因工资和利润分配的变化而发生了改变（Dobb 1973, 84, quoting from Sraffa's Introduction to *Works and Correspondence of David Ricardo*）。多布深刻的评论似乎在新李嘉图学派的文献中被忽视了。

重要的是，不要将对总利润的解释与对其合理性的证明混为一谈。斯密将利润和租金解释为对劳动的净产品的扣除，但并不怀疑资本家和地主有权拥有这些流量（Smith 1937, 151–153; Dobb 1973, 46）。李嘉图显然持有相同观点。马克思认为利润建立在剩余劳动时间上，但是显然资本家和地主（正如所有统治阶级）在他们的生产方式下有“权利”榨取利润（Dobb 1973, 146）——就如工人有权利抵制一样。这些都未能阻止三位伟大的思想家对统治阶级的批判。斯密曾论及那

① 斯拉法举例说明了在其他任何数量都不变的情况下，小麦部门的产出会出现纯增长（Sraffa 1960, 7）。但是，即使在实际工资不变的情况下，日工作时长的延长也会改变需要加工处理的投入品的数量，而不仅仅是产出量。而且，如果这是一种普遍现象的话，这将会改变两个部门的产出。

些无处不在的压低工资和抬高价格的雇主，“喜欢在他们从未播种的地方收割并且要求租金，而［劳动者］……最后不得不屈服于他们”的地主，还有那些“通常对欺骗和压迫公众有兴趣”的交易者（Smith 1937, ch. 6, 151–153, 232, 358–359）。李嘉图尤其将资本主义发展中利润率下降的内在原因指向土地的私有性质，也将导致最后发展停滞的原因指向在这一过程中最大的受益人——“土地的拥有者和什一税及税收的接受者”（Dobb, 1973, 88–89）。马克思将资本家称作“人格化的资本，他的灵魂就是资本的灵魂……资本［因而］是死劳动，它像吸血鬼一样，只有吮吸活劳动才有生命，吮吸的活劳动越多，它的生命就越旺盛，就需要吸食更多的劳动”（Marx 1967a, ch. 10, 233）[①]。

在新古典理论中，对利润的解释通常被掩盖在将其合理化的企图下。不同于斯密把交易者描述为乐在“欺骗和压迫公众”的人，阿尔奇安和艾伦将他们描述为充分信息下极为诚实的隐秘行为人。同样地，斯密警告说，“依靠利润生存的人”的利益与整个社会的利益截然不同，相比之下，新古典理论则变为被动地不断调整自己的资本家的利润仅仅是对其对于社会生产（边际）贡献的奖励。在这一方面，奥地利学派做得更好，因为他们将资本主义描述为动态的，将竞争描述为一个过程，并将非均衡当作事情的正常状态。但是最后，他们也更关心把利润描述为对节俭、节欲和企业家精神的一种合理奖励（Machovec 1995, ch. 2, 14–49）。

① 中文转引自《资本论》第一卷，人民出版社，2004 年版，第 269 页。——译者注

6.7 对相对价格影响总利润相关文献的批判性综述

斯密创立了一个规则，即在“原始而早期的阶段”，价格和总劳动时间成比例，他还指出这个定价规则将不会因为货币价值增加值以工资、利润和租金的形式按比例分配而改变。他没有继续思考偏离这一规则的相对价格所产生的影响，虽然有关的思考也许一直隐于他后来回归的价格形成的“加总”理论之后（即价格是工资、利润和租金这三种主要成分的加总这一观点）（Dobb 1973, 46–47）。李嘉图也始于这样一种观点：即使价值增加值在这三个阶级之间分配，价格也仍然和劳动时间成比例。这使得他能够得出一个重要的结论，即并非资本的存在或者甚至是利润率的均等化，而是不相等的资本–劳动比的存在，导致价格偏离这一规则。因此，他的注意力集中于这种不相等对相对价格的影响。众所周知，李嘉图认为这种影响很小（Ricardo 1951b, 36）。诸如此类的问题将会在第 9 章中在理论上和经验上进行详细讨论，除此以外，我们将会发现李嘉图在这一点上是正确的。

马克思将注意力从利润率和其均等化对相对价格的影响转向了总利润率本身的决定上，而剩余劳动时间对此意义非凡。他也是首先从证明这一点出发，即当所有的货币价值增加值都以劳动收入的形式存在，销售价格因竞争而均等化，以及每单位劳动收入因劳动力具有流动性而均等化时，价格和劳动价值成比例。在他的理论中，这是分析的第一步，他将其称为“简单商品生产”，而不是指某一种理想化的过去（Dobb 1973, 147n142 and 149, n141）。这使得他能够在《资本论》第一卷中介绍货币、价格、竞争、劳动力的流动性，以及随后的剩余劳动、总利润以及失业；在第二卷中介绍周转时间、有效需求和增长；在第三卷中介绍均等的利润率以及它们对于相对价格的影响。如我们所知，这里的问题是，马克思在生前只完成了《资本论》第一卷，剩下两卷是由恩格斯根据大量笔记、部分完成和未完成的手稿整理而成的。所以，尽管我们对马克思关于生产价格的工作有一定的认识；但关于他本来会如何超越恩格斯整理的材料，我们仅仅有一些粗略的感知。

当价格和劳动价值（直接价格）成比例并且工资率相等时，利润与各个部门的劳动量成比例。但是由于利润率是利润和预付资本的比值，这意味着相比相应的社会平均资本–劳动比，那些资本–劳动比较高的部门利润率更低，而资本–劳动比较低的部门利润率更高。形成均等利润率的第一步是要求第一类部门价格上升以至高于其直接价格，第二类部门价格则下降以至低于其直接价格。[1]因此，就均等利润率下的正常利润而言，第一类部门的正常利润将高于该部门生产的剩余价值（直接利润），而第二类部门的正常利润则会低于该部门生产的剩余价值。这意味着，一般而言，一个部门的利润是该部门生产的剩余价值和那些转入或者转出的价值的总和。马克思指出，唯一的例外是具有平均资本–劳动比的部门，由于其利润率就是平均利润率，所以没有任何外力推动其生产价格发生变化（Marx 1967c, ch. 9, 154–159; ch. 10, 173–175）。在第 7 章和第 8 章，我们将回到关于“平均”部门在理论和经验上的重要性的讨论。

到目前为止，马克思的分析过程涉及改变作为产出的商品的销售价格，而不涉及改变作为投入或者工资品的同样商品的价格。他把后者称为“成本价格”，并把这一过程称为“剩余价值最初转化为利润”（Marx 1967c, ch. 9, 169）[①]。他指出，这一过程是不完备的，因为更完整的处理需要成本价格也做相似的调整[②]。接着是这些致命的话语：“对我们现在的研究来说，这一点没有进一步考察的必要”（Marx and Engels 1975, ch. 9, 165）[③]。不幸的是，在恩格斯仔细挑选的用于出版《资本论》第三卷的材料中，没有任何对这一点的后续考察。但是我们确实知道，马克思意识到接下来的任务是分析“过去阐述的而现在仍然有效的价值规律和剩余价值规律现在在价值转化为生产价格以后所采取的那种改变了的表现形式”（Marx and Engels 1975, letter to Engels, April 30, 1868）[④]。

为了将注意力集中到利润再分配的影响上，马克思使总产出的货币价值总额（价格总和）保持不变；并且由于成本不变，因此利润的再分配也不会改变利润的总和。但是，一旦成本反映了一系列新的相对价格，正如从表 6.9 中直接价格转向表 6.10 中生产价格的分析，利润的总和也将发生变动。这一现象正是与马克思“转形问题”相关的大量文献的出发点。

---

① 中文转引自《资本论》第三卷，人民出版社，2004 年版，第 190 页。——译者注

② “我们原先假定，一个商品的成本价格，等于该商品生产时所消费的各种商品的 [劳动] 价值。但一个商品的生产价格，对它的买者来说，就是成本价格，并且可以作为成本价格加入另一个商品的价格形成。因为生产价格可以偏离商品的价值，所以，一个商品的包含另一个商品的这个生产价格在内的成本价格，可以高于或低于它的总价值中由加到它里面的生产资料的价值构成的部分。必须记住成本价格这个修改了的意义，因此，必须记住，如果在一个特殊生产部门把商品的成本价格看作和生产该商品时所消费的生产资料的价值相等，那就总可能有误差”（Marx 1967c, ch. 9, 164–165）。（中文转引自《资本论》第三卷，人民出版社，2004 年版，第 184—185 页。——译者注）

③ 中文转引自《资本论》第三卷，人民出版社，2004 年版，第 185 页。——译者注

④ 中文转引自《马克思恩格斯全集》第 32 卷，人民出版社，1974 年版，第 74 页。——译者注

我已经在本章说明这一问题是普遍的，因为它包含在每一个明确处理总利润问题的思想流派中。真正的问题是总利润有两大来源——生产利润和转移利润，并且只有二者的结合才能解释这一特定现象（而其他的文献则几乎从未提及）。这是斯图亚特的重要洞见，而马克思明确地将其整合进他用来区分源于剩余价值的利润和让渡利润的理论中。这种二重性在（后来的）文献中消失了，仅仅留下了一个看似棘手的难题：总利润的货币价值，或者实际上是净产出的货币价值总额，会随相对价格的变化而变化。

有关马克思自己的转形问题，可以确定有三种不同的反应：完善、拒绝和修正。“完善”一派始于波特凯维茨，他是第一个参与思考转形问题的人。正是他首先证明，可以把这一问题当作同时解决适用于成本和产出的生产价格的办法。但是，如果为了维持价格水平不变而使后者保持不变，那么新的利润总和将不同于直接利润总和。波特凯维茨自己并不认为这和古典理论中将总利润视为“从劳动产品中减去的那部分”的观点相矛盾（Sweezy 1942, ch. 7, 109–125, quote on 124）。森岛和谢克证明了马克思的“第一步”可以被当作最终完全收敛于波特凯维茨解的迭代过程的第一步。两人也证明从完整的转形过程中推导得出的同一利润率可以被证明是剩余价值率的函数（即相对剩余劳动时间率的函数）（Morishima 1973; Shaikh 1973, 146–147; 1984b, 59–62）。当然，斯拉法的分析是建立在正常利润需要剩余产品的存在这一观点的基础上的（Sraffa 1960, chs. 1–2, 3–11）。最后，谢克（1984b, 52–56）发展出如下的思想，即价值转移是相对价格变化时总利润变动的来源，这成为本章 6.4 节内容的基础。

“拒绝”一派表现为两种形式。广为人知的是，来自右派的萨缪尔森给马克思贴上了“后李嘉图主义者的少数派”的标签（Samuelson

1957, 911）。鉴于萨缪尔森随后证明新古典总生产函数合理性的努力，反而证明了其需要一个简单到会被李嘉图断然拒绝的劳动价值论，更不用说马克思了，此处的标签极具讽刺意味（Garegnani 1970）。当这一点被指出时，萨缪尔森放弃了对此的建构，退回到一般均衡的丛林中。不难想象马克思对这件事鞭辟入里的评价。斯拉法的工作原本是为了对新古典理论进行“内部”批判。内部意味着接纳新古典中有关完全竞争、不需要劳动时间的生产、最优化标准、生产可以在不同技术之间轻松且无成本地进行转换，以及连续的均衡等观念（Shaikh 1973, 83–84）。从这一点看，斯拉法价格理论的显著特征是在代数上存在这样一种可能性，即相对生产价格的复杂变动使得资本-劳动比和利润率之间的反比关系被破坏。这种关系是总生产函数这一概念的核心，因为它似乎支持将利润率当作一种稀缺价格这一观念——一个在资本变得相对丰富的时候下降的量。虽然这没有打动新古典主义者，但它确实占据了斯拉法主义者的大量时间——尽管逐渐增加的经验证据表明所需的价格模式极为特殊。来自左派的斯蒂德曼使用斯拉法的理论框架来拒绝马克思的价值理论（Steedman 1977, 48–49）。由于我已经在别处详细讨论过这些问题（Shaikh 1981, 1982, 1984b），并且将在第7章讨论斯拉法的相对价格理论，因此这里我们集中于手边的主题——相对价格对总利润的影响。就此而言，斯蒂德曼强调完整的转形“并未削弱剥削是利润来源的想法”，反而证明了“当且仅当存在剩余价值，即存在资本主义剥削时，利润为正”，并且澄清了“决定利润率的因素恰恰是决定剩余价值率的因素……即每日工资、日工作时长以及生产工资商品的条件”。关于如何以及为何总利润会随着相对价格变化而变化的问题，他只说“均衡解仅仅是第一步，需要发展一套关于非均衡利润和价格的理论”（Steedman 1977, 33–35）。所以当斯蒂德曼责难

“愚昧的”马克思捍卫者没能充分解决剩余价值和完全转形后的利润之间的差异时，他自己却恰恰回避了斯拉法理论中的利润和市场或者垄断利润之间的差别所造成的完全相同的问题。

对转形问题的第三种反应是修正马克思的价值理论，从而确保总利润和剩余价值完全相等。由于总利润已被定义，这一方法需要重新定义剩余价值以使其等于某一已存利润。关于这一尝试的文献很多，并有着显著差异。这里我将重点考察迪梅尼和福利的所谓的“新解释”（NI），因为它被一些人称为“在过去20年中最引人注目的马克思主义者价值理论的发展”（Fine, Lapavitsas and Saad-Filho 2004, 3）。

在马克思那里，剩余劳动时间，即剩余价值（S），是总的工作日（L）超出必要劳动时间（劳动力的价值 V）的部分，后者被定义为构成社会和历史上已经实现的工人生活标准的一篮子物品的劳动价值：$L \equiv V + S$，皆以劳动时间为单位。另一方面，总利润（P）是净产出（Y）的货币价值超出工资支出（W）的部分：Y=W+P，皆以货币为单位。比较它们的第一步是使它们具有相同的单位。如果 μ 是某个用单位劳动时间的货币量单位来表达的未定义变量，那么，我们就可以用它将货币价值转化为劳动时间。于是，我们就得到两个以劳动时间为单位的会计恒等式。

$$L \equiv V + S \tag{6.3}$$

$$\frac{Y}{\mu} \equiv \frac{W}{\mu} + \frac{P}{\mu} \tag{6.4}$$

马克思定义 μ 为价格总和与劳动价值总和的比值，即总产品的货币价值（在投入–产出的意义上为总产出）与相应的劳动价值的比值。如果这被用来对总产品的货币价值进行平减从而得到换算后所需的劳动总和，那么如果全部产品都被卖出，后者就等于生产过程所创造出的劳动价值总和。这符合如下观念：成功的产品流通只转移价值。但是，之后表现为总利润的劳动（即货币利润转化为以劳动为单位）一般不等于总剩余价值——这是转形问题的核心问题。新解释采取的第一步是，通过将劳动时间的货币等价物（MELT）重新定义为净产品的货币价值和活劳动时间的总和（劳动价值增加值）的比值，将注意力从总产品转移到净产品，并用它来重写国民账户恒等式（6.4）。

$$\mu' \equiv \frac{\mathrm{Y}}{\mathrm{L}} \tag{6.5}$$

$$\mathrm{L} \equiv \frac{\mathrm{W}}{\mu'} + \frac{\mathrm{P}}{\mu'} \tag{6.6}$$

这给了我们对总劳动时间（L）的两种不同表达：等式（6.3）中，L 是必要劳动时间和剩余劳动时间的总和；等式（6.6）中，L 是换算为货币工资和实际利润的净劳动时间的总和。将两者结合将使我们得到一个关于两组变量的单一会计关系：$V + S = \frac{\mathrm{W}}{\mu'} + \frac{\mathrm{P}}{\mu'}$。注意到马克思将 V 定义为工人消费的劳动价值，$V \neq \frac{\mathrm{W}}{\mu'}$，所以 $S \neq \frac{\mathrm{P}}{\mu'}$。对劳动时间的货币等价物 μ' 的重新定义使得两边相等，但是并没有令一边的单个组成项等于另一边的相对应部分。但是如果还把劳动力价值重新定义为表现为货币工资的净劳动时间（$V' \equiv \frac{\mathrm{W}}{\mu'}$），那么就会同时把剩余劳动时间（剩余价值）重新定义为由事实利润所表现的劳动（Shaikh and Tonak 1994, 178–179）[①]。

$$\mathrm{L} \equiv V' + S' \tag{6.7}$$

其中 $V \equiv \frac{\mathrm{W}}{\mu'}, S \equiv \frac{\mathrm{P}}{\mu'}$。

---

① 正如谢克和托纳克（1994, 178–179）所说明的，所谓新解释的双重定义方法被马赫（1963）首次使用。随后是法恩以及其他人在他们论文的早期草稿中做出明确阐述（Fine, Lapavitsas, and Saad-Filho 2004, 5n3），之后由新解释学派的作者自己做出（Duménil and Lévy 2000; Foley 2000）。

这是对转形问题的纯会计“解法”，仅仅简单地将标准国民账户恒等式写为不同的单位，并给各组成部分重新贴上标签。这些所谓的价值范畴 V'、S' 仅仅是对其所对应的货币价值的反映。在马克思那里，剩余价值是利润的根基。在“新解释”那里，剩余价值仅仅是利润的一种形式（Shaikh and Tonak 1994, 179）。恒等式 $S' \equiv \frac{P}{\mu'}$ 适用于任何总利润理论，事实上，这一恒等式适用于任何总利润水平，包括在大萧条中所经历的负的总利润（此时这不得不被解读为一个负“剩余价值”的例子）。对于基于任一基础价格集（劳动价值或者生产价格）的利润和基于例如市场或者垄断价格等其他价格集的利润间关系的普遍问题，都是通过抛弃前者解决的[①]。例如，比较竞争价格和垄断价格时（分别见表 6.17 和表 6.18），可以将 μ 定义为两者对应的货币价值总和的比率，用它来重新调整第二个，然后将第二个价格集所对应的工资重新定义为正常工资的“市场价值”，从而将“正常”利润重新定义为等于垄断利润。

之前的讨论与相对价格对于总利润的影响的理论争论有关。在这方面，不妨指出相对价格在经验上对总利润的影响实际上非常小（Ochoa 1984, 215; Shaikh 1984b, 57）。确实，在斯拉法未出版的笔记中，他自己说道：“马克思的命题基于这一假设，即任何一个大的商品总量（工资、利润、不变资本）的组成都包含某种随机选择，因此不论是以‘价值’还是以对应于任何剩余价值率的生产价格量度，它们的总量之间的比值（剩余价值率、利润率）大体上都是一样的……这

① 事实上，新解释源于由谢克和托纳克（1994, 179）首先提出的定义和概念。法恩等人随后提及了包括他们自己在内的对同一结果的证明。他们指出“新解释并不涉及转形问题的解法”，它由于“在数学式子方面的内容是一种同义反复”，而“与任何价格方程都兼容”。他们引用迪梅尼和福利以便达到相同的效果。尽管事实上他们认为这是“在过去 20 年中最引人注目的马克思主义者价值理论的发展”，但他们仍继续以各种理由批判它（Fine, Lapavitsas, and Saad-Filho 2004, 3, 5, 16 –18）。

显然是正确的"[①]（Bellofiore 2001, 369）。我将会在本书第 9 章中回到这一问题。同时，附录 6.1 用数学式子对这里所描述的命题进行了推导；附录 6.2 论证了当利润率按照现期价格计算时，得到的是一个实际利润率（即经过通货膨胀调整），正如本章的表 6.7 所示；附录 6.3 区分了将资本作为总存量的工商业处理方式以及将资本作为净存量的新古典处理方式；附录 6.4 表明将固定资本当作联合商品的处理方式有两种不同的形式：一种由马克思采用，另一种则由斯拉法采用。研究表明这两种资本概念分别具有不同的理论和经验意义。

6.8 利润和资本的量度[②]

对利润和资本的经验量度和其所对应的理论一样复杂，不过出于不同的原因。这一章的讨论证明了通常所说的经济利润是总产出的货币价值和材料、折旧及劳动力的现期成本之间的差值（见 6.3.3 小节）。正如在第 4 章的附录 4.1 中所证明的，这一数值在国民账户中被记作净营业盈余（NOS）。这种会计定义的一个必然结果是，对相应的资本存量的量度是基于资本的现期成本，而不是历史成本进行的。那么，经济利润率就是现期经济利润与预付资本的现期成本的比值。以

① 在引用斯拉法时，我采用了一些缩写，例如"M."代表马克思，"aggr"代表总量，等等。感谢伯特伦·施弗尔德和富兰克林·塞拉诺指出这里的引用。

② measurement 在物理学中，测算表达相关指标的特征时，可以通过直接的测量得出，故称"测量"。但在经济学中，很多指标都不无法直接测量，而是需要某些替代、推测和计算，所以在本书中将 measurement 译为量度。——译者注

这种方式计算得出的经济利润率也是实际利润率，因为以现期价格计算的分子和分母自动调整了通胀因素。如果我们以同样的价格指数同时对分子分母进行平减，这一性质仍会保留，例如，如果我们利用资本品的价格指数平减现期资本成本来得出实际资本存量，那么为了得到用其对资本品的购买力来表示的实际利润，我们就必须用同样的价格指数同时平减现期利润。（见附录 6.2）。

构建工厂和设备的资本存量（我们很快就会讨论存货）的过程展示了源于永续盘存法（PIM）的困难和缺陷的全新挑战，按照这一方法，投资于设备和建筑中的投资流量被累计记为资本存量[①]（见附录 6.5.1~ 附录 6.5.2）。我们需要考虑对价格指数和数量指数进行“质量调整”的意义和影响，以及这一调整对量度技术变革的重要影响。意识到如下这一点很重要，即自从将质量调整应用于量度资本存量之后，经过质量调整的实际产出与实际资本的比值，就不再是反映技术变革趋势的指数了。这是因为官方采用质量调整的目标是使得“实际”资本的数值和“实际”利润成比例，而后者是资本质量的核心。在实践中，实际的价值增加值趋向于取代实际利润，所以质量调整趋向于使实际产出与实际资本的比值稳定。而且，当然，由于所有方法上的修正都是在数据允许的范围内进行的，所以，自 20 世纪 80 年代中期以来公布的账户数据和之后公布的数据表现出完全不同的趋势（见附录 6.5.3~ 附录 6.5.5）。将这一变化解释为“资本主义的一个新阶段”将

① 永续盘存法是根据现有的总投资流量（IGR）以及估计的实际损耗（ZR，在计算总存量时为资本报废，在计算净存量时为资本折旧）来构建对实际资本存量的量度。在旧的使用固定加权指数进行量度的方法中，每个个体资本品的存量和实际总存量的量度结果都服从这一规则，因而可以通过对损耗做出各种不同的假设来估算出相应的总存量的量度结果。但是在使用链式加权指数进行量度时，尽管个体资本品的存量是基于这个规则产生的，但由此得到的总量会偏离这一规则很远（Whelan 2000, 16）。进一步的细节参见附录 6.5.5。

会是一个彻底的错误。这反过来又将我们带到因为链式加权指数的使用而引起的明显棘手的总量问题上。官方对资本存量的量度通常是在非常细节的水平上进行计算，随后汇总到子类别中。早期的方法采用固定权重指数，其中总量与个体的量度结果均遵循相同的永续盘存法规则。然后，可以通过改变其中某个基础性假设得到对总量的另一种量度结果。由于现代方法是建立在链式加权指数基础上的，以及由此产生的总量不再遵循永续盘存法规则，因此似乎不可能得到对总量的另一种量度结果。例如，在官方方法中的一个关键假设是：一个给定类型的资本品的废弃率不受例如商业周期、石油冲击甚至大萧条等经济事件（当然包括当前的“大衰退”）的影响。但是众所周知，繁荣和萧条确实对于设备和工厂的废弃有巨大影响，甚至我们有可能估计出这些事件对于总资本存量平均使用寿命的影响。但是由于现代所有的对资本存量的量度结果都依赖于链式加权指数，因此，似乎不可能将这些信息整合到对新的总量量度结果的计算中。通过提出一个不同的问题，这个戈尔迪乌姆之结[①]可以被解开：即使根据链式加权指数量度出的总资本存量结果不服从永续盘存法规则，他们是否服从某一其他规则？我将证明，确实可以推导出一套新的、根据链式加权指数量度出的总资本存量确实遵循的广义永续盘存法规则，并用以提供对资本存量及利润率的正确的量度结果（见附录 6.5.5）。

产能利用率提出了另一系列的理论挑战，因为我们知道实际产能利用率通常围绕某一正常产能利用率水平波动。我已经说明，通过将实际产能当作实际产出中由实际资本存量的运动和长期技术变革所创造出的部分，可以得到对产能，从而对产能利用率的新的量度结果。

---

① 用以指代难以处理的问题，出自古希腊传说——译者注

应该这样说，产能和资本存量是共生一体的东西，它们共同受到表示产能–资本比变化路径的时间趋势的制约（见附录 6.6）。特别重要的事实是，产出和资本必须按相同的单位进行量度，因此实际产出和实际资本必须通过用某一共同的价格指数对相应的根据现期价格量度出来的结果进行平减得出。在古典理论中，资本存量的价格指数是一个合适的平减指数，因为这样一来，实际产出代表着对资本品的购买力，而由此定义的实际产出和实际资本存量的比值代表着最大利润率（见附录 6.2.2）。由此得到的对产能的估算结果使得我们能够建构一种对产能利用率的量度（实际产出和实际产能之比）。利润率可以被分解为两部分：结构性的部分代表了在正常产能利用率水平下获得的正常利润率；周期性的部分则源于实际产出在产能产出（即实际利用率在正常利用率水平）附近的波动。正常利润率才是斯密、李嘉图、穆勒、马克思、瓦尔拉斯、杰文斯、克拉克、凯恩斯和熊彼特等人的利润率在长期趋于下降理论的重点（Dobb 1973, 52, 72, 89, 157–158; Tsoulfidis 2010, 37–40, 118–120, 191, 252–256）。另一方面，周期性的部分是商业周期理论所关注的核心。通过对产能利用率引起的波动进行调整，我们能够评估出技术变化对于产能–产出比的影响（现期成本下的最大正常利润率）。例如，哈罗德中性技术变革意味着产能–资本比保持稳定，而偏向于资本的技术变革则意味着这一数值下降（Michl 2002, 278）。在美国战后的数据中，后者表现得非常明显。技术变革在理论上的决定因素将在 7.7 节中讨论。

接下来是对利润和资本的经验量度（见附录 6.7）。量度利润的第一步是在国民收入和生产账户（NIPA）中区分国内营利性工商业部门和政府，非营利性工商业和被称作房主自用住房的虚拟部门（OOH），其中房主被当作自己租用自己房屋的企业（见附录 6.7.1.1）。之后，我们还需要根据以下事实对利润的量度结果进行修正，即在国民收入和生产账户中，非公司企业的所有营业盈余都被视为所有者和合伙人的个人收入，而不是被划分为所有者和合伙人的工资等价物以及非公司企业的有效利润（见附录 6.7.1.2）。一旦纠正了这一疏忽，公司和非公司企业的利润率将会非常相似（见图 6.1）。这意味着我们可以使用公司企业的利润率，它因为不需要用工资等价物作为一般利润率的代理量而更加便于计算。

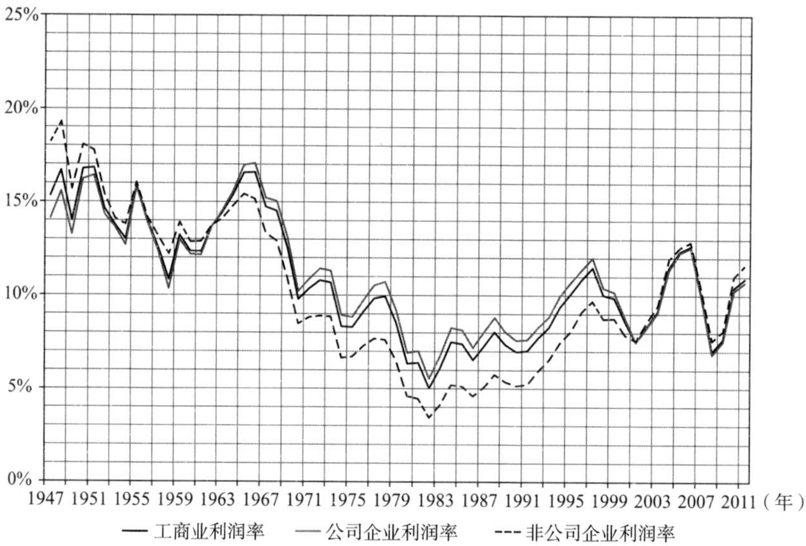

图 6.1 公司和非公司企业利润率

量度利润的最后一步是对进入国民账户的虚假估算的利息费用进行修正。这不是一个简单的任务，因为这些估算的结构很复杂。在古典账户中，实际上也在某些国民账户中，支付给银行的净利息被当作来自家庭和工商业企业净收入的转移。但是，国民收入和生产账户坚持将银行当作“银行服务”的生产者，因此它最后将各种估算的利息量加到家庭、非金融企业和银行的账户中。建构这种估算的目的是使国民收入和生产账户对利润的量度（扣除实际支付的净利息）保持不变，但是它们确实影响了对价值增加值和营业盈余的量度。移除这些估算量将使净营业盈余重新变为实际支付的净货币利息与国民收入和生产账户利润的总和，就像在古典账户和工商业账户中那样。这对工商业企业和公司企业的价值增加值的量度结果影响很小（2009 年增加了 1%~2%），但是对相应的营业盈余的量度结果有很大的影响（2009 年大约增加了 10%）。对估算的利息进行修正本身提高了净营业盈余在价值增加值中所量度出的份额，但不对产出–资本比造成实质影响。对公司企业部门而言，这是对其利润量度结果的唯一影响，但是对非公司企业部门而言，之前讨论过的对工资等价物的调整已经将估算的所有者及合伙人的工资等价物转移到非公司企业的工资支出中，并且极大地降低了量度出的盈余，因而这两种修正的综合效果使 2009 年的工商业营业盈余总额降低了大约 30%。再一次，关注公司企业部门特别有用，因为在量度其利润时仅仅需要对虚拟估算的利息值进行调整，而这种调整是非常容易的（见附录 6.7.4 和附录表 6.7.11）。

在资本方面，我们需要量度总资本存量（即工厂、设备、库存）。在国民账户中，仅仅国内工商业这些要素的数据是可得的（即那些在国内运营的，国内所有或者国外所有）。这是为何在之前的章节中相应的对价值增加值、净营业盈余以及利润的量度都集中于国内行业。由于对任何使用链式加权指数量度出的资本存量的重新估计都必须根据之前提出的广义永续盘存法规则进行，因此第一步就是论证这种估计技术在为已有资本存量总量生成代理量的时候是 99.5% 准确的（见附录 6.7.5.1）。利用广义永续盘存法规则，我们可以评估不同的初值点（1925）和不同的折旧与退废规则对在不同假设下量度出的资本存量结果的影响（见附录 6.7.5.2~ 附录 6.7.5.3）。广义永续盘存法规则还允许我们根据大萧条对退废率的影响调整对公司企业的资本存量的量度结果，这种影响可以通过美国国税局的公司企业负债表数据估计得出。仅仅对这一影响进行修正的结果是，按现期成本计算的固定资本在 1947 年开始时比官方的美国经济分析局的量度结果低 28%，但是二者沿着或多或少相同的路径结束于 1977 年（见附录 6.7.5.4）。将大萧条的影响和之前推导出的退废率与折旧率的量度结果结合起来，将会得出对固定资本（工厂和设备）的净资本存量以及总资本存量的最终估计。相比官方美国经济分析局的净固定资本存量（KNCcorpbea），对净存量的新的量度结果（KNCcorp）在开始的 1947 年较低，但随后因为增加得更快而缩小了与官方数据之间的差距。对总存量的新的量度结果在（KGCcorp）开始时高于官方美国经济分析局的净存量，之后仍然比官方指标增长更快（见附录 6.7.5.5）。

资本存量方面剩下的步骤是估计公司企业的库存。国民收入和生产账户有私营企业的产业数据（NIPA table 5.8.5），但并不是按照企业的法律形式列出的。联邦储备委员会（FRB）的资金流量账户（FOF）有基于现期成本量度的公司企业的库存和资本存量数据，但是仅限于非金融公司企业。[①] 不过，美国国税局发布了从 1926 年开始的公司企业的资产负债表，其中包括库存数据，此外还有 1990—2011 年的基于历史成本量度的净资本存量的数据。由于美国国税局的数据是基于样本的，我们不能将其直接应用于国民收入和生产账户的公司企业部门。因而我们必须分两步进行：首先，估计 1947—2011 年整个时期内的库存与基于历史成本量度的固定资本之比；其次，通过将之前的库

① 基于现期成本的非金融公司企业的库存不包括存货估值调整，系列名称 =FL105015205.A。固定资本 = 基于现期成本的设备（FL105015205.A）+ 基于现期成本的居民住宅（FL105015205.A）+ 基于现期成本的非住宅建筑物（FL105015205.A）。

存乘以调整后的基于历史成本量度的固定资本存量与基于现期成本量度的固定资本存量之比，将隐含的库存水平按规模调整至与附录6.7.5.5中修正后的资本存量相匹配的水平。由于美国国税局提供的库存数据是基于历史成本（先进先出法）得到的估值和基于现期成本（后进先出法）得到的估值这两者的混合，因此将它们与基于现期成本量度的固定资本进行加总——这是量度的最终目标会包含一定程度的估计误差。然而，由于库存周转相比固定资本的周转是非常迅速的，在和后者相比时，甚至是库存中最早的、根据先进先出法量度的那一部分都是按照相当临近的价格估计的，因此总的库存存量可以被认为是基于相当现期的成本进行量度的。

这些历程的最终结果是一个扩大的利润量度结果（净营业盈余，即国民收入和生产账户的利润加上实际净货币利息与转移）和扩大的资本量度结果（固定资本加上库存）。扩大的净利润量度结果与总量在工商业企业和它们的债权人之间的分配方式无关，并且对应于工商业会计核算结果中所谓的营业收入或者息税前收入（Brigham and Houston 1998, 76; Mead, Moulton, and Petrick 2004, 3–4）。对古典方法和凯恩斯的方法而言，这都是一个恰当的对利润的量度结果，因为它们的投资理论都以利润率和利率之间的差异为基础（见第 13 章和第 16 章），这要求前者在支付实际利息之前就被定义。相反，国民收入和生产账户利润是扣除实际利息支付和转移之后的值。如果利息费用所占比例相对增加，那么需要支付更高净利息的公司看上去盈利能力将更低，其利润率也会不断下降——正如在 20 世纪 70 年代开始时的情况那样（见图 6.2）。国民收入和生产账户利润在本质上与工商业企业的“净收入”相似，尽管两者在短期可能差别显著，因为前者反映的是国家经济核算的概念，而后者反映的是金融核算的概念（Hodge 2011）。

方程（6.8）~ 方程（6.10）展示了包含修正后的公司企业的利润与资本量度结果在内的基础会计核算关系。令 VA= 价值增加值，NOS= 净营业盈余，P= 国民收入和生产账户利润，NMINT= 支付的净货币利息，EC= 雇员所得，KGC= 基于现期成本量度的总固定资本（工厂和设备存量），INV= 库存，KTC=KGC+INV= 总资本存量，R= 最大利润率，σ_P = 扩大的利润（净营业盈余）在价值增加值中所占的份额，r= 平均利润率。那么很明显，在价值增加值中，净营业盈余的份额与相应的雇员所得的份额是此消彼长的对偶值［方程（6.9）］，而国民收入和生产账户利润在其中的份额也取决于因支付净利息而被“咬走”的那一部分。

$$VA = NOS + EC, NOS = P + NMINT \tag{6.8}$$

$$\sigma_P = \frac{NOS}{VA} = 1 - \frac{EC}{VA} \tag{6.9}$$

$$r \equiv \frac{NOS}{KTC_{-1}} = \frac{P+NMINT}{KTC_{-1} + INV_{-1}} \tag{6.10}$$

图 6.2 展示了对公司企业的盈利能力的新量度结果与相应的国民收入和生产账户数据，前者中对价值增加值和利润的量度结果都根据虚拟估算的利息进行了调整，同时库存包含在资本存量中。在图的顶部，我们可以看见修正后的最大利润率（价值增加值超过总资本存量）相比国民收入和生产账户数据下降得更多，且下降地更加持续。由于对估算利息所做的修正对于价值增加值只有很小的影响（小于 2%），并且由于库存与资本存量之比相对稳定，因此这种差异主要是由对总固定资本的新量度方式引起的。在图的中间，我们看到修正后的公司企业利润在价值增加值中的份额高于其所对应的国民收入和生产账户数据所占的份额，这是因为对估算利息的调整对净营业盈余的影响（提高了

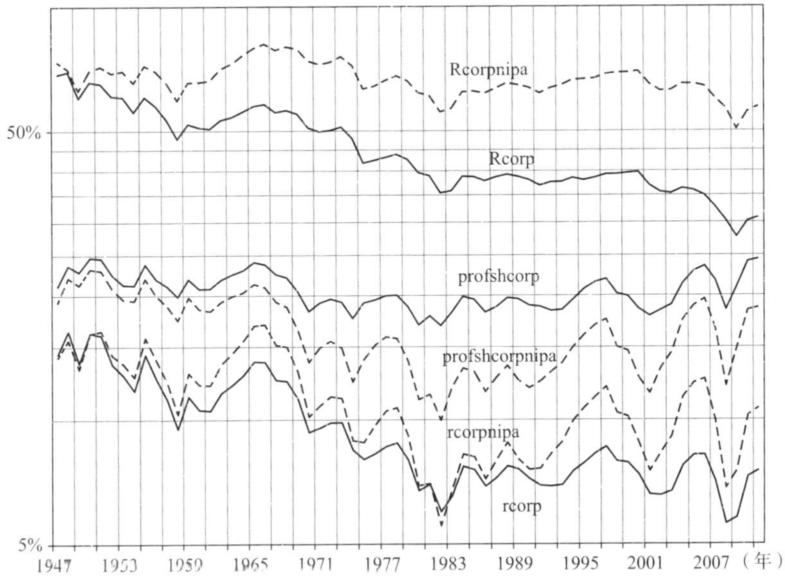

图 6.2 用估算利息和库存修正后的公司企业利润率指标与常规国民收入和生产账户指标的对比

大约 10%）大于其对价值增加值的影响。我们也发现修正后的结果更加稳定：它在劳动者的“黄金时代”小幅下降，直到 20 世纪 80 年代初期，然后由于新自由主义政策的实施而小幅上升。另外，国民收入和生产账户利润是除去净利息后的数据，从 20 世纪 60 年代中期到 20 世纪 80 年代早期，国民收入和生产账户利润份额下降过半，这主要是因为当利率从 3% 剧烈上升到 14% 时，净营业盈余中更多的份额被净利息吸收。20 世纪 80 年代后期国民收入和生产账户利润份额上升则是由于这一时期债务负担的不断上升被利率从 14% 急剧下跌到接近零的水平抵销，导致净营业盈余中净利息份额比例下降（见图 16.6）。我们将在第 16 章看到，工资份额也在后一时期下降，这导致了净营业盈余份额（σ_p=profshcorp）一定程度的上升，并进一步推动了国民收入和生产账户利润份额（profshcorpnipa）上升。最后，修正后的利润率与国民收入和生产账户利润率都在1974—1982年大幅下降。此后，由于工资份额的下降提升了净营业盈余的份额，修正后的利润率保持稳定，而国民收入和生产账户利润率则由于之前所讨论过的利率下降对传统利润份额的影响而略有上升。

修正后的量度结果和传统量度结果之间的区别在于以下三个因素：（1）推导了一个新的总固定资本量度结果（KGC）；（2）包含支付的净货币利息在内的总利润；（3）在总资本中包括了库存（INV）。令 $r_{NIPA}=\frac{P}{KNC_{NIPA}}$ 为国民收入和生产账户利润率，那么修正后的利润率（r）与国民收入和生产账户利润率通过三个变量 x_1、x_2、x_3 相关联，它们分别代表净货币利息与国民收入和生产账户利润比、库存与国民收入和生产账户净固定资本存量比，以及修正后的固定资本存量量度结果与国民收入和生产账户净固定资本存量比。

$$r=\frac{P+NMINT}{KGC_{-1}+INV_{-1}}=r_{NIPA}\left(\frac{1+\frac{NMINT}{P}}{1+\left(\frac{INV}{KNC_{NIPA}}\right)_{-1}}\right)\left(\frac{KGC_{-1}}{KNC_{NIPA}}\right)_{-1}=r_{NIPA}\left(\frac{x_1}{x_2}\right)x_3 \tag{6.11}$$

图6.3展示了以上所说的每个比值的变化路径。货币利息与国民收入和生产账户利润比率 x_1 在前半时期随着利率的上升而大幅上升，之后由于剧烈下降的利率与上升的债务负担相互抵销而变得稳定。库存与国民收入和生产账户净固定资本存量比 x_2 相当稳定，因此 x_1/x_2 的变动是由利息与国民收入和生产账户利润比的变动所控制的。另外，因为对资本存量的新的量度结果相对于传统美国经济分析局的量度结果上升，所以 x_3 稳定下降。因此，（x_1/x_2）x_3，即对利润率的新的量度结

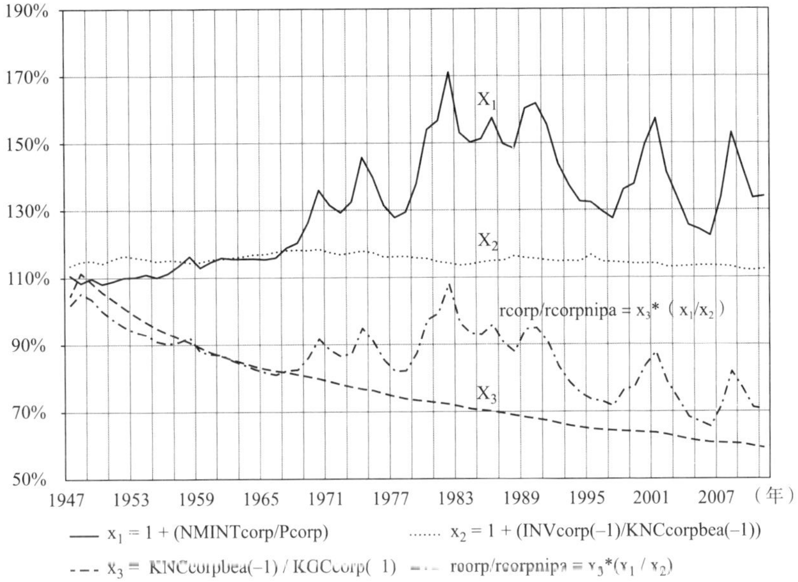

图 6.3 用以解释修正后利润率与常规利润率差别的组成比例

果与传统利润率量度结果之比呈下降的趋势，并伴随着净利息流量对国民收入和生产账户利润的影响而波动（P=NOS–NMINT）。

图 6.2 所显示的对事实盈利能力的量度结果是将盈利能力的短期波动和其在正常产能利用率下的长期结构模式相结合所获得的。相应地，图 6.4 展示了对产能利用率的新的量度结果与美国联邦储备委员会的量度结果，后者仅能提供 1967 年以后的数据（见附录 6.7.6）。新的量度结果背后的直观想法是，经济产能可被当作产出的一个方面，其与资本存量长期一致，并遵循资本–产能比的一个未知的时间趋势，这一趋势的大小和方向可从数据中估计得到。新的量度结果不仅显示出了短期波动，还包括两个长达 25 年的显著波动。

利润率可以被分解为结构性因素和周期性因素。令 Y_n 代表正常产能净产出；$\mu_K = Y/Y_n$ = 产能利用率，正常水平为 1；$R_n = \left(\frac{Y_n}{K}\right)$ = 产能–

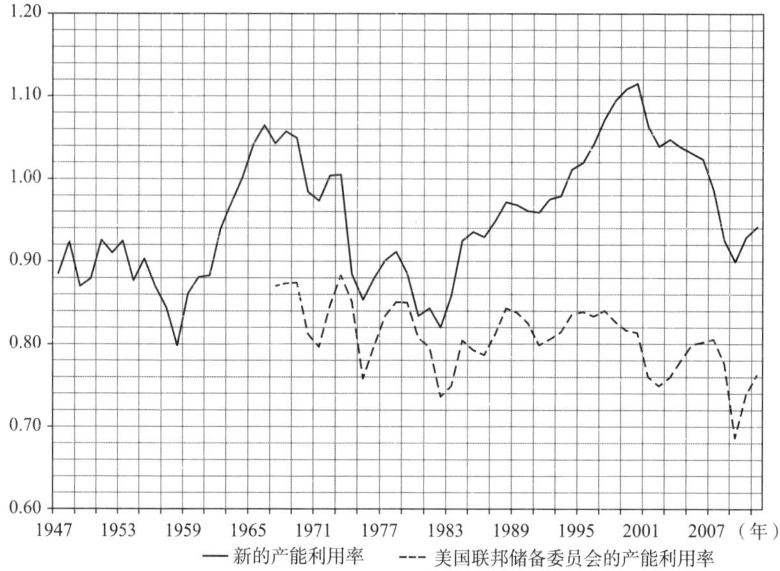

图 6.4 与美国联邦储备委员会的产能利润率对比的新的产能利用率

资本比，是斯拉法所说的结构性最大利润率；$\sigma_{P_n}=\left(\frac{P}{Y}\right)_n$ = 正常利润份额（即它的结构性组成部分）。有了这些，我们可以将事实利润率和正常利率写为如下形式：

$$r=\frac{P}{K}=\left(\frac{P}{Y}\right)\cdot R_n\cdot \mu_K \tag{6.12}$$

$$r_n=\left(\frac{P}{Y}\right)_n\cdot R_n \tag{6.13}$$

图 6.5 展示了根据对产能利用率的新的量度结果进行调整的、修正后的最大利润率与平均利润率，与相应的根据美国联邦储备委员会的产能利用率进行调整的国民收入和生产账户 / 美国经济分析局量度结果。正常最大利润率持续下降，这有力地支持了技术变革持续减少产出–资本比这一观点：按新古典的术语，它降低了资本的平均生产率；按马克思主义的术语，它提升了不变资本与活劳动之比的货币等

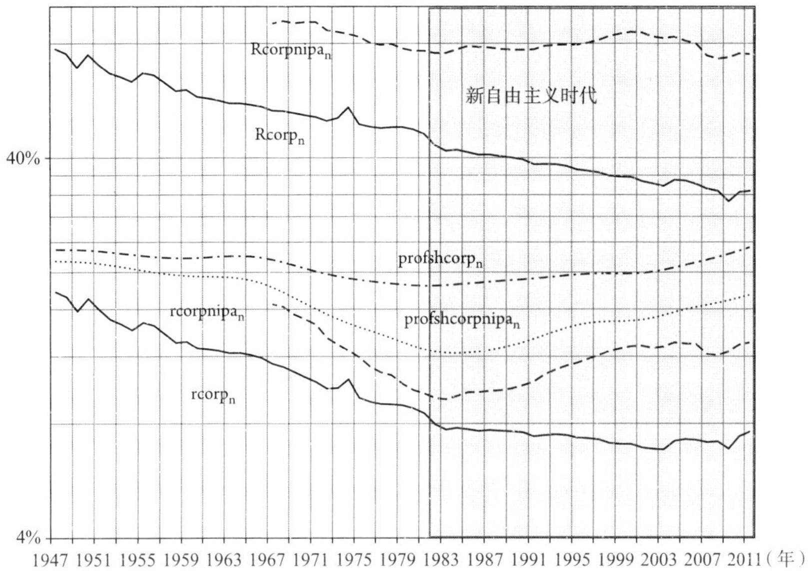

图 6.5 正常产能下的公司企业利润率（修正后的指标与常规指标）

价物的值（Shaikh 1987a）；按斯拉法主义的术语，它降低了最大利润率（Sraffa 1960, 16–17）。正常利润份额，也就是图 6.2 中所展示的修正后的利润份额的平滑版本，在所谓的劳动者的“黄金年代”小幅下降，并在随后的新自由主义时代彻底找回了失地。正常平均利润率是前两项数据之积，在 20 世纪 80 年代中期以前，它的下降速度比正常最大利润率的下降速度要快；在那之后，由于针对劳动者及相关机构的攻击取得了成功，工资份额大幅下降，正常平均利润率最终趋于平缓（见 14.2 节和 16.2.2~16.2.3 小节）。正如我们将在第 14 和第 16 章所看到的，人们可能会说这就是那些攻击劳动者的行动的全部意义。传统的国民收入和生产账户量度结果则有完全不同的表现：因为美国联邦储备委员会仅提供了 1967 年以后的产能利用率数据，所以我们只能说正常最大利润率在 1967--1982 年下降，并在之后趋于稳定。正常的国民收入和生产账户利润份额从 20 世纪 60 年代中期到 20 世纪 80 年代早期大幅下降，这是由工资份额的上升和净营业盈余被净利息支付吸收了更多的份额共同造成的。因此，1967—1982 年，经产能调整后的国民收入和生产账户利润率在最大利润率下降和传统利润份额[①]下降的共同影响下迅速下降，仅在随后的时期才大幅回升。表 6.23 总结了 1947—1982 年以及随后属于新自由主义时代的 1982—2011 年这些变量的变化模式。请读者注意的是，传统的量度结果是基于新古典资本存量和估算利息的概念建构出来的（见附录 6.7）。这些并不是工商业企业的经验。相反，修正后的量度结果才更接近工商业的结果。

表 6.23　美国公司企业利润率及其构成平均变动率的分解

1947—1982 年	最大利润率	利润份额	利润率
修正后的正常产能指标	–1.59%	–0.62%	–2.20%
常规的正常产能指标	–1.18% （仅限于 1967—1982 年）	–3.75%	–3.71% （仅限于 1967—1982 年）
1982—2011 年	**最大利润率**	**利润份额**	**利润率**
修正后的正常产能指标	–1.12%	0.78%	–0.35%
常规的正常产能指标	–0.05%	2.38%	1.05%

利润率新的量度结果和传统的量度结果之间的最终差别可以被分成两系列变量的影响：资本存量的新的量度结果和产能利用率的新量度结果，二者影响利润率的变化趋势和平滑性；根据估算利息和库存进行的调整，其比例影响波动，而对整体趋势影响不大（见图 6.3）。只要我们有资本存量和产出的信息，甚至在产业一级，就可以构建出第一系列变量的数据，而这一般适用于工业数据、经合组织总量和部门数据。第二系列变量的数据通常无法从国际间的比较中（如经

合组织跨部门数据库）和按产业分类的部门账户中得到（例如美国经济分析局按行业划分的 GDP 数据[①]）。图 6.6 表明第一系列变量十分重要：$Rcorp_n$、$rcorp_n$ 代表考虑两系列变量进行修正后的量度结果，$Rcorp'_n$、$rcorpp'_n$ 代表仅仅考虑第一类变量进行修正后的量度结果。修正后的量度结果与代理结果非常相似，这意味着对于长期分析而言，根据资本存量和产能利用率对量度结果进行修正十分关键。

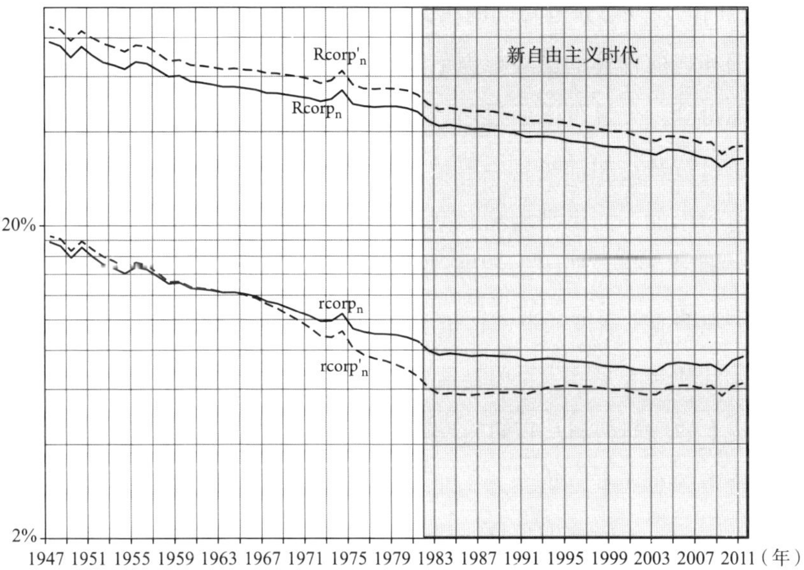

图 6.6　正常产能下的公司企业利润率代理量

我们从中可以学到一些普遍性的经验。对于分析一个国家内部整体利润率的变化趋势而言，我们至少应该使用修正后的资本存量和产能利用率的量度结果（见第 16 章）。对于产业间的比较而言，使用的数据是否经过修正可能并不重要，因为一个国家内的所有行业都具有相似的变化趋势（见第 7 章和第 9 章）。这就剩下了最后一个问题：这

① http://www.bea.gov/industry/index.htm#annual.

些因素是如何影响新资本（投资）的利润率，而不是平均资本的利润率？由于产业间利润率的均等化是通过资本在产业间的流动实现的，因此重要的不是包含了陈旧过时的资本和最先进资本的平均资本的利润率，而是新资本的回报率。

我将会在 7.6.5 小节中论证，新资本的利润率可以很好地用投资的增量收益率来近似，它被定义为总净营业盈余变动与包括固定资本和库存在内的现期总投资之间的比值①。分子可以通过基于现期成本量度的折旧和之前计算的已经根据估算利息进行调整后的净营业盈余的变动相加得到，分母可以通过估计的库存变化和美国经济分析局的固定资本总投资数据相加得到。但是，此时会进一步出现另一个问题。正如之前指出的，如果平均利润率是基于现期价格计算的（即考虑现期价格对折旧和库存的影响而进行调整的基于现期成本量度的利润，除以基于现期成本量度的资本存量），那么它就是一个已经反映了现期价格的实际比率（见图 7.6 和附录 6.2）。类似地，如果我们可以直接量度新资本的现期利润及它们的现期资本价值，那么这二者之间的比值，即新资本的利润率，也会是一个实际比率。但作为代理量的增量利润率是不同的，因为现期价格水平的变动会引起分子上的总利润的名义变动，以及分母上基于现期价格计算的总投资成本的名义变动。因此，为了使增量利润率和平均利润率以及（无法观测到的）新资本的利润率之间是可比的，我们必须将其构成表示为基于现期价格的项。出于这一原因，我将其称为现期增量利润率，同时要意识到到它在数值上与传统的实际比率相等：将所有变量转换为以现年价格计算的量，与

① 由于增量利润率是由过去投资所带来的的利润变化近似得到的，因此所有变量必须以现期货币作为单位，这要求过去的流量换算为当前时期值的等价形式。这和将所有流量换算为基期的等价形式是一样的（即变为采用了共同价格指数的真实项）（见 7.6.5 小节）。

将它们转化为以基准年的价格计算的量会给出相同的数值结果，因为对应的组成部分在两种计算中仅仅有一个常数的差别，而这消失在它们的比值中（见 7.6.5 小节）。

计算增量利润率使其以现期价格为单位，与新古典根据利率对利润率进行修正以使其成为实际利润率是不同的。我们将会在第 10 章看到，利润率在实体部门和金融部门的均等化意味着，在任何给定的利润率（它本身随时间变化）下，货币利率将会和价格水平成比例。货币利率和价格水平在现实中存在的对应关系已经得到如此充分的证明（见图 10.6），以至凯恩斯（1976, 2: 198）激动地称之为经济学中“最完全成立的经验事实之一”。相反地，新古典经济学假设在任何给定的利润率下，利率都和预期价格变动率（预期通胀率）紧密相连。在理性预期条件下，预期的通货膨胀率和实际的通货膨胀率随机相同，而在有效市场假设下，预期利润率是不随时间变化的常数，因此我们最终得到了教科书中的假设，利息率（i）反映了实际通胀率（π），即实际利率（i–π）是常量（Shiller 2001, 260n224）。古典和新古典的假设是相互矛盾的。

图 6.7 做了两类比较。第一张图比较了公司企业的名义增量利润率（iropcorp）与其等价的国民收入和生产账户量度结果（iropcorpnipa），公司企业的名义增量利润率是用经过修正的名义总营业盈余的变动与在固定资本上的名义总投资和名义总库存变动之和的比值而计算出的，等价的国民收入和生产账户量度结果是利用名义总国民收入和生产账户利润的变动（实际净利润和基于现期成本量度的折旧总和的变动）与名义总固定资本投资的比值计算的。这是对修正分子与分母所造成的影响的检验，并且很有趣的是，两种量度结果基本相同：相比更简单的国民收入和生产账户的量度结果，修正后的增量利润率的平均值

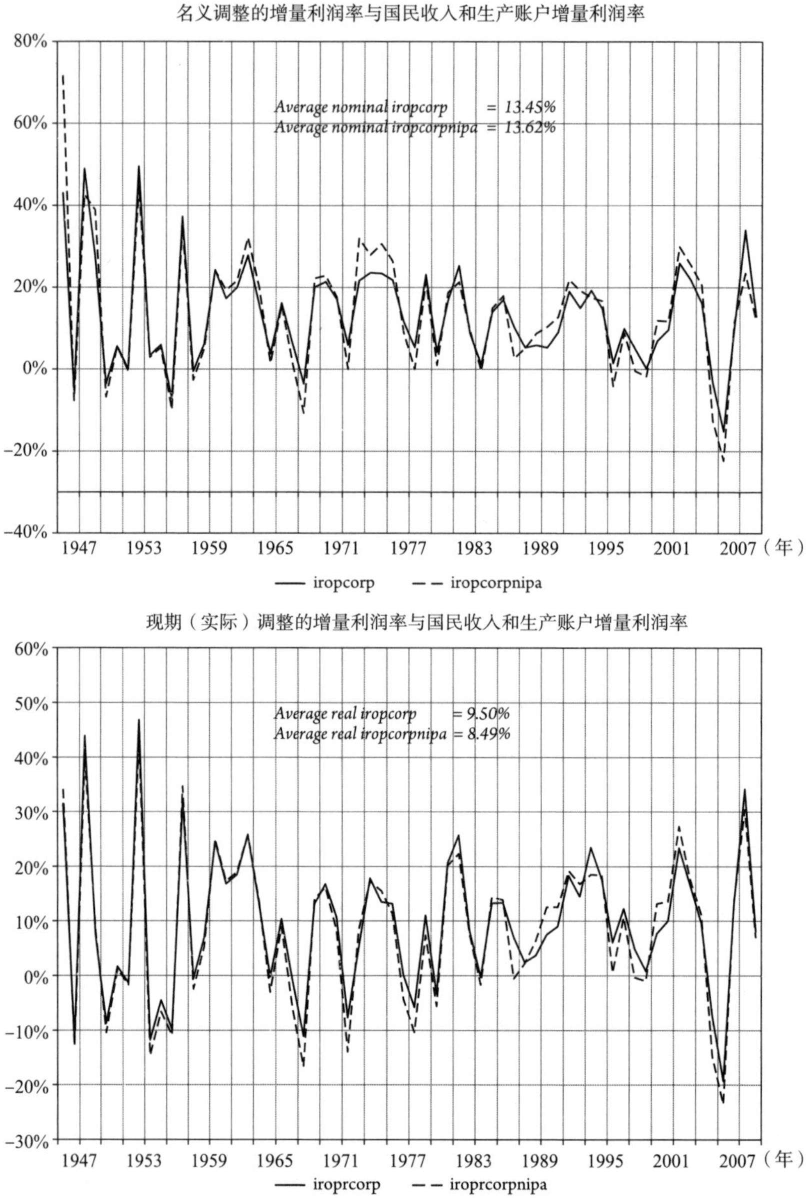

图 6.7 修正后的公司企业增量利润率与国民收入和生产账户的代理量指标（数值上，现期比率 = 实际比率）

与其基本相同，标准差较其更低。第二张图比较了修正后的公司企业的实际增量利润率（iroprcorp）与相应的国民收入和生产账户实际利润率（iroprcorpnipa），这两者的计算方法与名义增量利润率的计算方法相同，除了计算时用的是实际变量而非名义变量。这里，修正后的量度结果的均值稍微偏高，但标准差更低（见表 6.24）。这些发现是十分重要的，因为很容易对跨国家和跨时间的国民收入和生产账户量度结果进行估计。随后我们将看到美国公司企业的国民收入和生产账户名义增量利润率与实际增量利润率和相应的美国公司企业的股票回报率表现得非常相似——这直接证明了古典经济学预期部门间利润率均等化的正确性，也证明了非学术的股票市场分析师重视企业盈利这一原则的有效性（见第 10 章）。

表 6.24　修正后的增量利润率与国民收入和生产账户利润率（名义成本和现行成本）

修正后的增量利润率与国民收入和生产账户增量利润率	均值(%)	标准差	变异系数
名义修正后的增量利润率	13.45	0.128 2	0.953 2
名义国民收入和生产账户增量利润率	13.62	0.158 0	1.160 5
现期(实际)修正后的增量利润率	9.50	0.132 1	1.390 1
现期(实际)国民收入和生产账户增量利润率	8.49	0.142 8	1.681 1

第2部分

真实竞争

7

真实竞争理论

7.1 引言

资本是财富的一种特有的社会形式，具有追求利润的动机。伴随着这一动机，资本扩张的动机、资本转化为更多资本的动机，以及利润转化为更多利润的动机都如影而至。每一个个体资本都在这个命令规则的支配下展开运动，并与其他同样在这一命令规则支配下运作的资本相互竞争，有时能够成功，有时只能幸存，有时则一败涂地。这就是真实竞争，从其内在本质而言具有对抗性，而在运作过程中表现为动荡无序的竞争。真实竞争和所谓的完全竞争之间的差异，就像战争和芭蕾之间的差异一样巨大。

流动是资本内在固有的存在形式。当资本作为劳动力、厂房、机器设备和存货这些实物资本的形态存在时，它被“固定”了下来，为了能够有一个“新的化身”，它必须被消耗殆尽或廉价出清。但新的货币资本，不管是借贷所得还是利润所得，在人们做出投资决定以前总是仔细研究它所有可能转化的“化身”清单。在任何情况下，都是追求利润的动机在支配着资本运动。

真实竞争是资本主义的核心调节机制。行业内竞争迫使个体生产者根据市场需求定价，同样也迫使其不断努力削减成本，从而降低价格并扩大市场份额。削减成本既可以通过压低工资、延长日工作时长或提高劳动强度实现，又可以通过技术创新实现。从长远来看，后者——技术创新成为削减成本的主要手段。

在这样的背景下，个体资本是在面临着就其本质而言不确定的未来（一个还未被构建出来的未来）的情况下，基于个人判断做出了自己的决策。竞争使卖家和卖家、卖家和买家、买家和买家相互竞争。它使资本和资本、资本和劳动力、劳动力和劳动力相互对抗。竞争不仅影响价格和利润，而且会影响工资和租金。利润是价格超出生产费用的部分，没有任何资本可以保证其利润，更不必说“正常”利润率了。事实上，所有的资本在某些时刻都会遭受损失，并且在每一个给定的时期都会有某些资本深陷赤字。因此，将“正常利润”算作生产费用一部分的观点是完全不合理的。同样地，将利息算作生产费用的一部分也是不恰当的。债务和权益资产的划分决定了净生产剩余在利息和利润之间的分配。利率也可以作为利润率的一个较低的基准，表明资金用作积极投资和消极投资时收益率的差别。无论在哪一种情况下，利息都是评价利润是否足够高，而不是决定利润的一种因素——当然，除非利息负担变得过于繁重以至完全熄灭了资本积累的热情。我们还会在第 10 章谈及利率问题，在第 16 章讨论付息后净利润的重要性。

真实竞争产生了一系列它自身特有的模式。不同卖家制定的价格被大致地均等化，因为每一个卖家都试图尽力获得超出他人的优势。在稍微更长的时期内，新投资的利润率也被大致地均等化。这两个过程都导致了围绕着各种不断移动的“引力中心”的永恒经济波动。这就是古典经济学的动荡均衡概念，与将均衡视为静态的传统概念非常不同（Mueller 1986, 8; 1990, 1–3; Shaikh 1998b）。供给和需求是现实经济“故事”的一部分，但它们的作用不是决定性的，因为二者都会随着赢利机会的变化而改变（Sraffa 1926, 538–539）。

将竞争视为一种战争形式的概念具有重要含义。战术、战略和由此带来的增长前景是竞争性企业主要的关注点。相应地，相关利润必须在中期具有防御性，这完全不同于新古典理论强调的短期利润最大化的概念。在真实竞争的战争中，资本流动是从一个地带向另一个地带的行军，科技的发展和运用是军备竞赛，追求利润增长和市场份额的斗争就是战争本身（Shaikh 1979, 2）。

卖家之间的竞争导致的价格均等化以及投资者之间的竞争导致的利润率均等化，总是会带来意料之外的结果，理解这一点很重要。因为买家总是受到最低价格的吸引，所以价格趋于均等化，这迫使其他卖家调整自己的价格。类似地，因为投资者总是涌向具有更高回报率的领域，所以利润率也趋于均等化。这使得受到（投资者）垂青的行业的供给相对于需求增长更快，并最终拉低价格和利润。对财富的趋之若鹜消除了最初激励这些行为人蜂拥而至的财富缺口，同时又开启了驱使新一轮套利活动的财富缺口。价格和利润率的动荡均等化是典型的涌现特质。接下来，7.2 节分析了价格均等化趋势，7.3 节分析了利润均等化趋势。7.4 节介绍了调节资本的概念，它统一了价格竞争和利润竞争这两个竞争环节。7.5 节详细列出了与真实竞争相关的典型模式。7.6 节先展示了企业行为与真实竞争理论相一致的证据，尤其强调了牛津经济研究会的发现，以及霍尔、希契、安德鲁斯、布伦纳和哈罗德的阐释。7.6.2 小节研究了生产成本和企业规模之间的关系，索尔特的经典研究和一些学者的较新研究对此进行了详细阐释。7.6.4 小节研究及利润率和企业规模之间的相应关系。这个经验研究与真实竞争理论相一致，但很不支持完全竞争理论。7.6.5 小节着手于对调节资本利润率的经验研究。新投资一般将目标放在最佳生产方法（即调节性生产条件）上，并且增量利润率是对新投资回报率的一个很好的近似。美国和经合组织成员诸多行业的增量利润率表现出了实质性的交叉重合，正如真实竞争理论所预期的那样。

7.7 节研究的是一个至关重要的问题，即调节资本本身究竟如何在竞争的战争中被选中。首先，实际决策是就市场价格而非生产价格而言的。虽然市场价格的确是围绕着生产价格而变化的，但这并不意味着二者是相近的，因此我们不能用后者代替前者。其次，为了与真实竞争中的价格设定和成本削减行为保持一致，企业被迫选择成本最低的生产条件，该条件由可复制生产条件决定，后者包括技术、日工作时长和劳动强度及实际工资等，这里定义的成本是一般商业意义上的单位折旧、原料和工资成本的总和。结果显示，一旦我们将固定成本考虑在内，单位成本最低的技术就不同于利润率最高的技术（Shaikh1978, 1980d）。此外，基于企业面临的是波动的市场价格和不确定的未来这一事实，所有的选择在面对成本、价格和利润率的正常波动依然有效这一意义上，都必须是“稳健的”。因此，技术选择的恰当的方法论是随机论，而非决定论（Duménil and Lévy 1995a, 1999; Foley 1999; Park 2001）。在这样的框架里，如果技术变革的主要特征是通过提高单位资本成本（资本偏向的技术变革）降低单位生产成本，那么对利润率的总体影响则取决于哪一种竞争理论在其中起基础作用。如果把竞争视为完全竞争，那么传统的（置盐）选择标准就是利润率最高，这意味着只有在工资份额足够高的条件下平均利润率才会下降。另外，依据真实竞争的概念，起作用的标准是单位成本最低，在这种情况下，即使实际工资是给定的，利润率也会下降。

7.2 行业内的真实竞争

行业内的企业为了吸引消费者而开战。价格是它们的武器，广告是它们的宣传工具，地方商会是它们的礼拜堂，利润是它们至高无上的天神。价格和广告宣传有两项重要的功能：吸引消费者离开其他的企业，吸引新的消费者进入整个行业市场。因为价格最终受限于成本，所以削减成本成为企业关注的焦点。相应地，因为成本取决于日工作时长和劳动强度、支付给工人的工资和使用的技术，所以在利润的驱动下，资本和劳动力围绕工资与工作条件开展的斗争是无所不在的。因此，以降低成本为主要目的的永无止境的技术革新也无处不在。

企业为了吸引消费者、打击竞争对手而设定试行价格。消费者向售价更低的销售商的扩散，迫使企业在考虑成本（如交通运输成本）和当地税收的前提下调整彼此的价格，使之保持在一个可攻击的近距离范围之内。我将这个结果称为相关价格定律（LCP）（Shaikh 1980c），以区别于新古典的一价定律（LOP）概念，后者认为行业内所有企业的价格都因“完全竞争”而恰好相等。当我们讨论“不完全竞争”理论和关于定价的经验研究时，这种区别会变得非常重要。

区别资本的数量（即运行中厂房的数量）和企业的数量很重要（Harrod 1952, 144）。一个行业的总产能取决于资本的数量，这个数量可以通过现有企业规模的改变或者现有企业数量的改变而改变。重点在于赢利机会不仅激励新企业进入行业，而且会刺激现有企业扩大其资本规模。企业和资本之间的区别之所以重要，是因为设定价格的是企业，而决定成本的是资本的生产条件。

在任何给定时间的给定行业内，总是有一系列资本在运行。因为技术在不断发展，所以即使所有资本的工资和工作条件相同，这些资本（厂房和设备）的成本结构依然不同。新资本总是被创造出来，大多数情况下这些资本使用了成本更低的生产方法。同时，较旧的资本总是被闲置或废弃，因为它们单位产出的利润量太低。因此，现有的技术和成本条件总是表现为一个水平各异的系列。

由此我们可以得出结论，行业内竞争使单位产出利润量和利润率趋于差异化。这是行业内竞争导致的第二个显著结果，因为它使销售价格趋于均等化。表 7.1 阐明了行业内竞争的两个主要结果。其中资本（厂房和设备）是按照正常产能下单位生产成本递减的顺序列举出来的。它让人回想起 4.5 节中经济产能被定义为平均总成本曲线的最低点。

表 7.1 行业内竞争使价格均等化、使利润率差异化

资本	(1)	(2)	(3)	(4)	(5)	(6)	(7)
	销售价格	单位成本（正常产出下）	单位正常产出利润 [(1)–(2)]	正常产出	资本存量	单位正常产出资本	利润率（%）(3)÷(6)
A	100	82	18	100	12 000	120.00	15.00
B	100	80	20	110	14 000	127.27	15.71
C	100	78	22	120	16 500	137.50	16.00
D	100	76	24	130	21 000	161.54	14.86

为了强调价格均等化导致利润率差异化这一点，表 7.1 中的销售价格被假定为完全相等。我们将在 7.6.2 小节分析更具体的因素造成的价

格差异。一般而言，为了得到更低的成本，需要采用更大规模的资本，为了与这一研究结果保持一致，具有较低生产成本的企业在表中被描述为具有更大的生产规模（产能、资本），以及更大的资本密集度（单位产能的预付资本）。因为利润率是单位产出利润与资本密集度的比值，单位成本和资本密集度之间的负相关关系会使利润率的离差小于单位利润的离差。[①] 事实上，在这个特殊的例子中，具有最低成本的生产方法（D）的利润率反而低于成本第二低的生产方法（C）。

在表 7.1 描述的情况中，传统的分析认为方法 D 不会被采用，因为在现行价格等于 100 的条件下，它的利润率低于方法 C。这个结论与新古典的完全竞争假设相一致，在新古典理论中，所有的企业都被假定为价格接受者。但是，在真实竞争理论中，价格设定和价格削减行为对企业而言都必不可少。如果一个企业具有更低的单位成本，它总是通过将价格削减至某一点（在这一点上，竞争对手的利润率将低于它们自己的利润率）将竞争对手逐出市场。例如，正如表 7.2 所示，当价格降至临界价格 89.5 美元时，方法 D 和方法 C 的利润率相同。任何低于 89.5 美元的价格都将使方法D成为所有方法中利润率最高的一个。在削减价格的过程中，使用方法 D 的企业在一段时间内降低了自身的利润率，但它使竞争对手的利润率降得更低，并使其明白它们胜利无望——这非常有利于获胜企业的未来利润（Darlin 2006, C1）。这些是战争的有效规则：袭击者总是尽力给其对手造成更大的损失。我们将会发现这种行为是商业世界的准则。由此我们得出结论：一般而言，在价格削减行为假定下可持续的最高利润，不同于完全竞争理论和不

① 对第 i 个资本而言，uc_i= 单位产出的直接生产成本（其内涵与直接成本相同，主要指包括原料和工资在内的流动资本，与之对应的是加上了厂房、设备、管理费用等的总资本），K_i= 单位产出的资本，p= 行业共同价格。单位产出的利润为 $m_i=p-uc_i$，利润率为 $r_i = m_i/K_i =(p-uci)/K_i$。如果厂房的成本更低，那么单位利润会更高，而不同厂房之间的利润率一般不同。

完全竞争理论中消极价格假定下所获得的利润。[①] 我将会在 7.5.1 小节讨论真实企业的行为时，以及在 7.7 节讨论关于所谓的技术选择的学术争论时再回到这个问题。

总而言之，个体企业设定了它们认为可以据此排挤竞争对手的价格。但是，来自其他企业的竞争会使这些价格在受制于交通运输成本、税收和消费者搜寻成本的情况下被绑定在一起。这会在每个行业内都形成一个平均价格。同时，围绕着这个平均价格存在一个特定的价格分布。然而，持续的技术变革意味着每家企业的成本都不同，这反映了不同资本具有不同的相对使用年限。[②] 因此，使价格均等化的过程也同样使单位产出利润量和利润率差异化。在这场争夺市场份额的永恒竞争中，只有具有最低成本的企业才具有竞争优势。

在更低的单位成本与更大的企业规模（产出、资本）和 / 或资本密集度相关联的情况下，如表 7.1 所示，行业内的价格均等化过程将会使单位产出利润量（单位产出带来的利润量）与产出、资本和 / 或资本密集度呈正相关关系。这是技术变革内生条件下行业内竞争带来的必然结果。然而，我们会发现在传统理论中，这样一种相关关系被视为

---

① 在完全竞争理论中，假定企业仅仅在某个共同的“给定”价格条件（p=mc）下选择其特定的使利润最大化的产出。在不完全竞争理论中，假定企业会选择特定的价格–产出组合，以使其获得最高的利润（mr=mc），却不考虑竞争对手制定的价格水平。后凯恩斯主义理论通过假定企业具有稳定的超出成本的单位产出利润量将后一种理论简化了（见 8.1.8 小节和 8.1.9 小节）。

② 原文“vintage”在此处译为“相对使用年限”。通常情况下，“vintage”指葡萄酒的年份，本书中借指厂房和设备的相对使用年限。“最新使用年限”意味着最新类型的设备，“较早使用年限”意味着旧一些的设备。折旧、单位成本、原价、现价等均与之有关。不存在可以自动套用的公式，它取决于不同的历史和理论。例如，一台 2000 年的设备原价是 10 万美元，在 2010 年可能值 4 万美元，因此在过去这些年，累积起来的折旧为 6 万美元。参见附录表 6.3.1 关于折旧和年龄的例子。即使在 2000—2010 年未发生技术变革，实际情况也并非如此的情况下，一台在 2010 年用了 10 年的设备也很可能比一台比如用了 2 年的设备有更高的单位成本。如果这是事实的话，那么更旧的机器就很可能有更低的单位产出利润量。当一台机器的单位成本与它的产品价格很接近的时候，也就是说，当单位产出利润量接近零的时候，它就有可能被废弃。来自作者电子邮件中对“vintage”的进一步解释。——译者注

“不完全”竞争的证据。这个问题的根源在于无所不在的“完全”竞争观念（见 8.1.3 小节和 8.1.4 小节）。

表 7.2　被普遍接受的价格削减对相对利润率的影响

资本	（1）销售价格	（2）单位成本（正常产出下）	（3）单位正常产出利润［（1）–（2）］	（4）正常产出	（5）资本存量	（6）单位正常产出资本	（7）利润率（%）（3）÷（6）
A	89.5	82	8	100	12 000	120.00	6.25
B	89.5	80	10	110	14 000	127.27	7.46
C	89.5	78	12	120	16 500	137.50	8.36
D	89.5	76	14	130	21 000	161.54	8.3

7.3　行业间的真实竞争

行业内真实竞争形成一个平均价格，以及不同企业和不同资本之间相应的利润率分布。然而，竞争的这一方面并不涉及对行业间平均价格或利润率所处的特定水平的分析。对此，我们需要分析竞争的另一个主要原理：跨行业的资本流动以及作为结果的利润率均等化。

古典经济学的一个基本原理是投资者受到更高回报率的吸引。在当前语境中，这意味着新增投资会更快地流向具有更高利润率的行业。资本主义经济通常在不断增长，这意味着大多数行业里都已经存在持续不断的新投资，以与相应的需求增长保持一致。因此，资本流动意味着在利润率更高的行业，新增投资相对于需求增长更快；而在利润率更低的行业，新增投资相对于需求则增长更慢。[①] 所有这些是相对于需求而言的，这个条件很重要。在利润率更高的行业，如果新增资本的流入不能使供给的增长快于需求，那么利润率将会上升得更高，这会刺激新增资本以更快的速度进入该行业。最后，在利润率较高的行业，资本相对（于需求）的更快扩张将使供给相对于需求提高，从而降低相对价格和利润。在利润率较低的行业，情况则正好相反。这并不要求需求曲线本身在这个过程中保持固定不变（见安德鲁斯和布伦纳在 7.6.1 小节的讨论）。因此，资本为了追求更高回报率的流入和流出，使新增投资的利润率均等化。值得注意的是，正是新增投资的回报率，而非所有相对使用年限的资本的平均利润率，与资本流动有关。[②]

分析至此，我们遇到一个问题：在行业内竞争因使销售价格均等化而导致利润率差异化的同时，行业间竞争却因推动资本对利润率的差异做出反应而在行业间流入和流出，导致利润率均等化。这两种趋势是如何可能共存的呢？答案在于这一事实，即只有行业内特定资本的利润率才可能成为新增投资的“目标”。因此，行业内竞争使个别资本的利润率差异化，而行业间竞争使每个行业内一系列特定资本的利润率与其他行业中处于相似地位的资本的利润率均等化。

① 在单个行业里，新增投资会直接扩大供给，但对自身产品的需求仅有次要影响，因此新增投资的增加总是能相对于需求更快地扩大供给。

② 正如图 7.1 所示，不同资本的利润率会因单位生产成本和资本成本的影响而不同，但也会因资本品的相对使用年限不同而不同，因为一种特定的资本品快要报废的时候，其单位产出利润量最终会下降。正如附录 6.3 和附录 6.4 所指出的，斯拉法构建净资本的概念是为了使净资本价值的利润率在全部相对使用年限上都相等。但是，在马克思的总资本概念中，这种定价方法仅仅将总资本价值分为折旧和使用过的机器的价值，因此它对每一相对使用年限上总资本价值的利润率没有影响。后者的下降才准确地反映出更陈旧资本品的经济可行性是逐渐降低的。

7.4 真实竞争和调节资本概念

在任何给定时间的给定行业内，总是存在一系列资本代表那个行业最优的且通常可以被其他资本复制的生产条件。我将这些生产条件称为调节性生产条件——在这种可复制的生产条件下，能够生产出该行业（质量调整后）成本最低的产品（Shaikh 1979, 3; Botwinick 1993, 152–153; Tsoulfidis and Tsaliki 2005, 13）。

可复制性很重要，因为新增投资必须能够复制这些特殊资本的生产条件。这些调节资本的利润率将成为新增投资关注的焦点。当这些调节资本的利润率高于其他行业调节资本的利润率时，流入该行业的新增投资将会增加；当其利润率低于其他行业调节资本的利润率时，新增投资将减少。这样，通过"丰瘠之年的循环交替"，行业间竞争将使调节资本的利润率在动荡中实现均等化（Marx 1967c, 208; Mueller 1990, 1–3; Botwinick 1993, ch.5; Shaikh 1998b）。

调节性生产条件的形式可以是多样化的。最简单的一种可能是，平均生产条件即为调节性生产条件，这可能是因为（行业内）在用的只有一种或几种大致相同的生产条件（类型 A1）。图 7.1 描述了这种情况。其中，纵轴表示单位成本，横轴表示总产出。就此而言，回想起下面这一点很重要，即上述单位成本代表的是平均成本曲线的最低点，正如之前在第 4 章，具体是在 4.3.3 小节的图 4.16 和图 4.17 中讨论过的那样。中间加粗的曲线代表平均单位成本，围绕这条线的阴影区域用以提醒我们：依据诸如机器的相对使用年限、工人和老板的运气及技能等更具体的因素的不同，任何给定组合的生产条件都可以形成一种生产成本分布——围绕在平均成本周围的生产成本分布。虚线表示在这些生产条件通行的条件下未来扩张的路径。这条路径是开放的，因为总是有建造新的厂房和设备的可能。

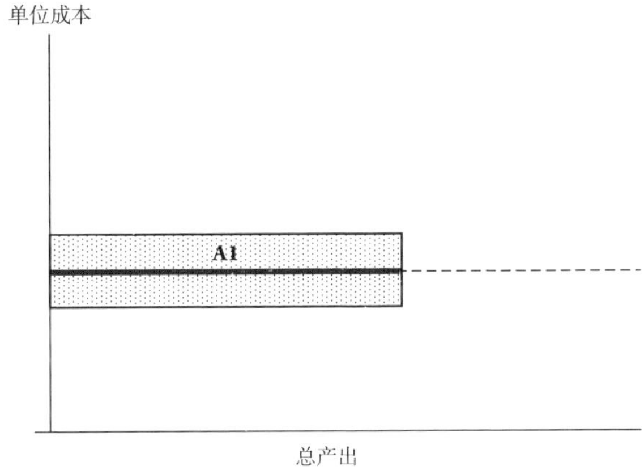

图 7.1 行业 A 的成本结构（只有一种或几种大致相同的生产条件）

另一种可能是，可复制性生产条件是在用生产条件中成本最高的，如图 7.2 中的 B3。例如，在农业和矿业中，最好的矿山和土地可能已经都被开发完了，第二等的也可能已经都被开发完了，等等。随着成本阶梯向上移动，在任何时间，最后开采或耕作的矿产或土地都将是这样一系列矿产或土地（以下简称“耕作边界”），即在其特定的生产价格上，其产出对满足随时产生的总需求是必需的。耕作边界是农业的调节性生产条件，是新增投资进入的条件。那么，由其成本和正常利润率定义的生产价格，将成为农业商品市场价格的“引力中心”。在这里要注意三个问题。第一，这个观点不像新古典理论所通常假设的那样，表明调节性生产条件是一个“趋于无限小的量”。相反，在给定质量的土地和矿产上进行扩展式生产是一个普遍规则。[①] 第二，如前文中表 7.1 所示，既然生产者之间的竞争将形成一个共同价格，那么具有更低成本的生产者倾向于具有更高的单位产出利润量和更高的利润率。这意味着更好的土地和矿产将仅仅因它们的生产条件不可复制而获取超额利润。这种超额利润是经济租金。如果企业经营的土地归自己所有，那么它将享有这项超额利润；如果企业和地主是两个不同的主体，那么这项超额利润可能会被企业主和地主分享，或者如果地主有权力将土地租用给出价最高的企业，超额利润甚至可能被地主全部占有。古典经济学地租理论的典型假设是土地的使用者和所有者是两个不同的主体，并且后者能够攫取所有超额利润作为租金（Ricardo 1951b, ch.2）。马克思严谨地补充道，这只有在历史后期才是真实的，在这一时期地主仅仅是拥有土地的资本家（Marx1967a, 643–647）。第三，在投入成本的变化或新技术的出现对生产成本有不同影响的情况下，多种类型的土地和矿产的成本排序会随着时间的推移而变化（Marx and Engels 1975, 60–63, Marx to Engels 67, 1851）。图 7.2 阐释了农业或矿业（行业 B）的情况。B1 和 B2 代表已经被开发完了的生产条件，而 B3 代表耕作边界——最优可复制性生产条件（即调节性生产条件），其单位成本是这一特殊行业内调节性生产价格的基础。

最后，调节性生产条件也可能是生产成本最低的资本，如图 7.3 所示的行业 C3。这可能是因为更高的生产成本代表了更旧的生产方法，这些生产方法依然被应用在生产中，但不再具有竞争力。尽管较旧类型资本的再生产不存在技术限制，但它们不具有竞争力。因此，C3 类

① 新古典地租理论通常假设，从一类土地的地租到另一类土地的地租的跨度无穷小，因而根据肥沃程度做出的土地等级曲线是一条平滑的曲线。该注释和正文修正皆来自作者电子邮件的解释和补充。——译者注

型的资本体现了这一行业的调节性生产条件。[①]

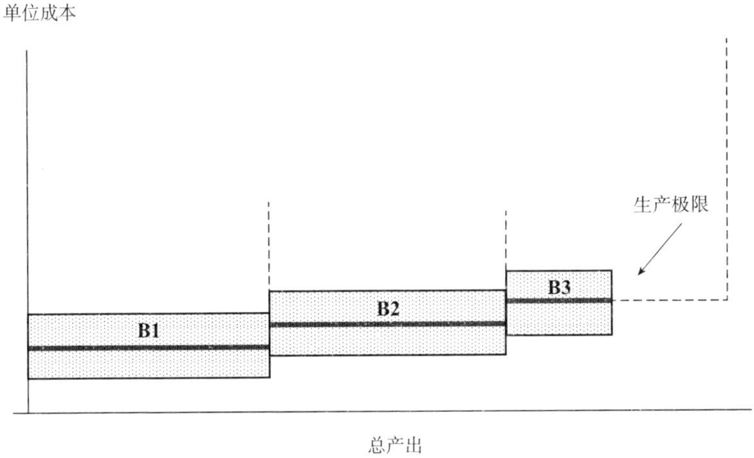

图 7.2 行业 B 的成本结构（农业或矿业）

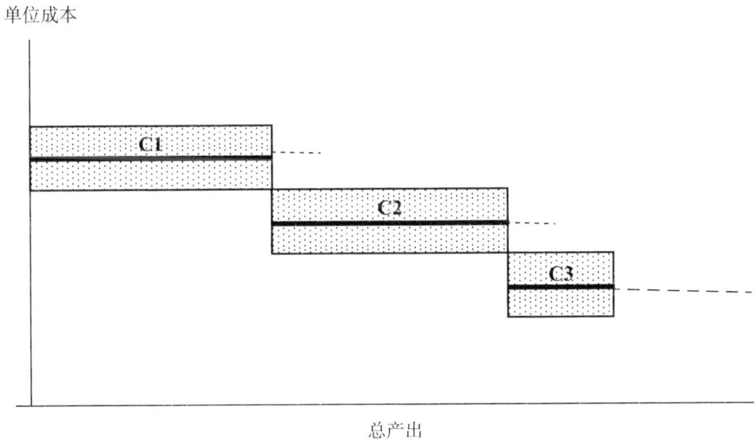

图 7.3 行业 C 的成本结构（较旧与较新的技术）

① 应该显而易见的是，调节资本的概念不同于施泰因德尔边际资本的概念。与新古典理论一致，他的边际资本总是那些成本最高的资本。同样与新古典理论一致，他假定成本包含正常利润率，因此在均衡中的边际资本赚取的净利润为零（即“它们仅覆盖了成本”）（Steindl 1976, 39）。

7.5 真实竞争导致的普遍现象

正如图 7.4 所描述的，在行业内部，真实竞争的第一个普遍影响是导致利润率差异化，它来自行业内竞争导致的销售价格均等化。[①] 结果就是在每个行业内部，利润率围绕着某个特定的平均利润率（$\bar{r}$）排列出一个分布区间。不同行业的利润率分布范围不同，行业间的平均利润率也不一定相等。

在真实竞争中，企业根据市场条件和竞争结果设定价格，为了获得相对于现有竞争者的优势以及把潜在的竞争者排除在外而削减价格。如果不是亏本抛售，价格削减最终受限于成本（Andrews 1949, 87）。然而，如果企业不能扩大其正常的生产水平，以更低的价格将更多的消费者吸引至门前其实无甚裨益。因此，优势存在于具有最低成本的可复制性生产条件（即调节性生产条件）。因而，调节资本也成为行业的价格领导者。它们的价格成为市场价格的基准。这样一来，非调节资本就成为价格的追随者，并且因为它们必须调整自己的售价以适应价格领导者，所以它们的利润是余量[②]：非调节资本的利润量和利润率取决于它们自身的成本。它们可能像图 7.2 中的土地 B1 和 B2，有着高于相应的调节资本的利润量和利润率；或者也可能像图 7.3 中的企

① 这是因为不同企业的生产条件和生产成本各不相同，所以当市场价格趋于均等化的时候，行业内的利润率必然是各不相同的。——译者注

② 在由调节资本指定的价格支配了市场价格之后，对非调节资本而言，其利润量就等于市场价格减去其自身成本之后所剩下的部分，故称余量。——译者注

业 C1 和 C2，有着低于相应的调节资本的利润量和利润率。尽管如此，它们仍然都是余量。

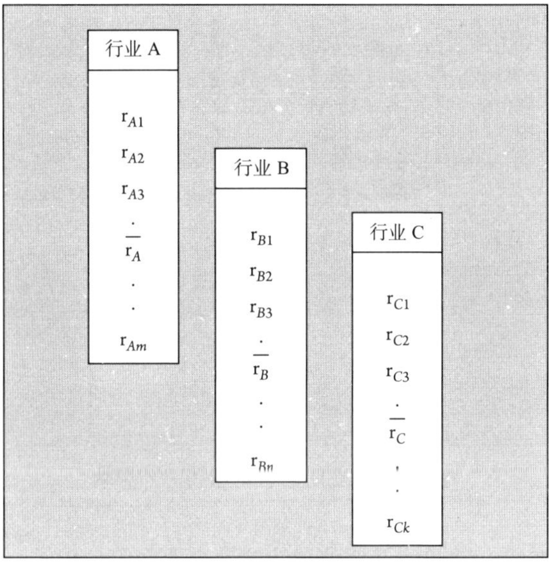

图 7.4 行业内竞争对利润率的影响

真实竞争的第一个结果是，资本流动导致每个行业内具有最优可复制生产条件（调节性条件）的资本的利润率均等化。图 7.5 用 r^* 表示这些均等化的调节利润率。行业 A 代表平均生产条件具有可复制性的情况，因此平均利润率也等于调节利润率（$\overline{r_A} = r_A^*$）；行业 B 代表生产成本最高的条件为调节性条件的情况，因此 B3 类型的土地或矿产的利润率为调节利润率（$r_{B3} = r_R^*$）；行业 C 代表调节性条件为生产成本最低的生产条件的情况（$r_{C3} = r_C^*$）。（利润率）均等化过程是动荡的、永无止境的：它是一种引力过程，而非一种均衡状态。

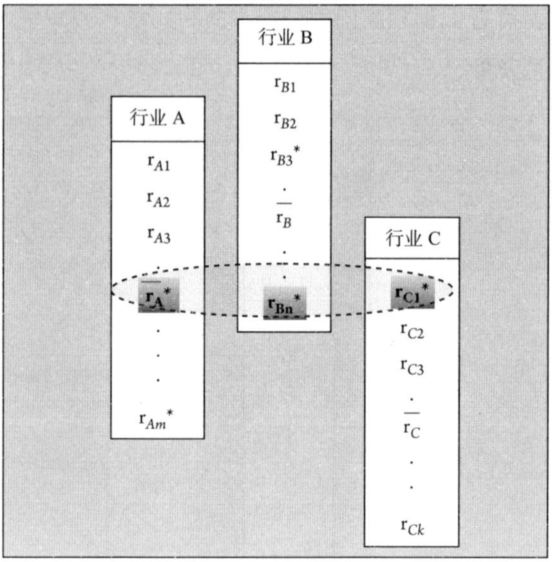

图 7.5 行业间竞争对利润率的影响

图 7.5 描绘了不同调节资本利润率均等化的平均结果。上述这个过程是动荡的，是在“丰瘠之年的循环交替”中运行的，如图 7.6 描绘的那样，认识到这一点很重要。因此，即使是调节利润率在任何给定的一年，以及每一年和每一年之间，也都各不相同。我们需要考虑的不是（调节资本利润率的）相等，而是它们的“交汇点”。

由上述分析可以推知，不同行业间的平均利润率通常并不相等，这可以从图 7.6 中 $\overline{r_A} \neq \overline{r_B} \neq \overline{r_C}$ 这一事实明显看出来。不同国家之间的利润率一般也不相等。例如，如果资本在不同国家间的分布恰如图 7.7 所示，那么很显然不同国家的利润率会存在持续差异。相反，为了使不同国家的调节资本的利润率均等化，进而使不同国家的利润率均等化，（不同国家）给定行业的资本必须完全相同。任何特定资本、平均资本和调节资本之间都不存在差别。那样的话，行业间调节利润率的均等化也会使所有单个资本的利润率实现均等化。这正是标准经济学理论的明确假设。不幸的是，这也正是非正统经济学理论暗指的损害该理论的地方（Shaikh 2008, 167–171）。我将会在 7.6.4 小节和 7.6.5 小节再谈论这些问题。

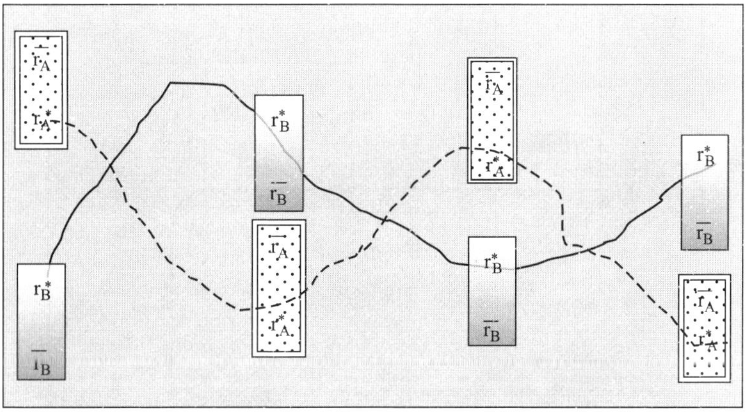

图 7.6 “丰瘠之年的循环交替”中的利润率均等化

调节利润率的均等化有两个引申的含义。利润率是利润（P）和资本（K）的比率，也可以表示为单位产出利润量（ $m \equiv P/X$ ）和资本密集度（ $\kappa \equiv K/X$ ）的比率，其中 X 代表总产出。

$$r \equiv \frac{P}{K} = \frac{(P/X)}{(K/X)} = \frac{m}{\kappa} \tag{7.1}$$

因此，调节利润率的均等化意味着对调节资本而言，如果该行业的资本–产出比更高，那么其利润量也将更高。只要行业中的平均变量与调节变量是紧密相关的，我们就可以预期相似的关系也适用于平均变量。这是真实竞争的必然结果。然而，我们会发现这种模式通常被视为不完全竞争（即垄断权力）的证据，仅仅因为完全竞争理论缺失对该模式的分析。

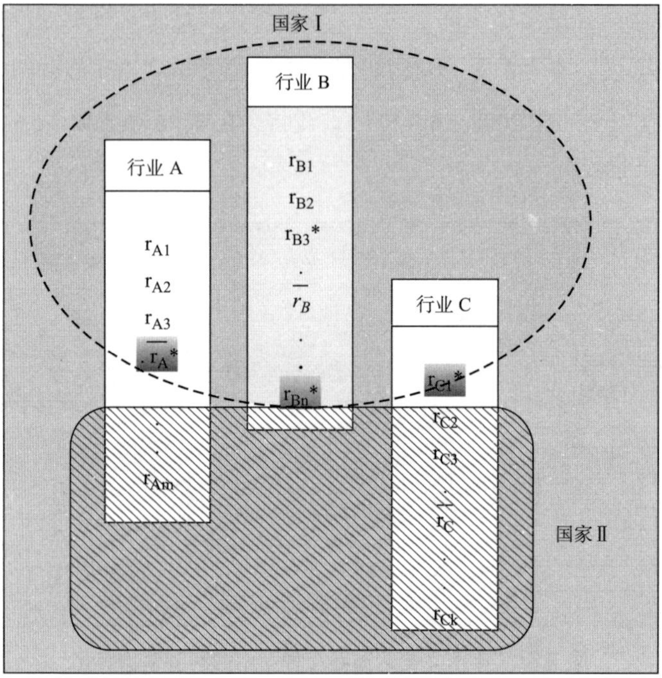

图 7.7 竞争导致国家间利润率的持续差异

最后，在真实竞争中，如果行业的初始投资成本更高，那么其进入成本和退出成本也会更高，这将会使进入和退出非常具有“黏性”。这意味着这些行业的现存企业将倾向于更多地通过改变已有产能，而更少地通过进入和退出承受价格波动。这样，行业间真实竞争意味着“大规模”的行业倾向于具有更大的储备产能变化范围（正常储备的范围更大），以及更稳定的价格。然而，在基于完全竞争理论的传统分析中，这被误认为是垄断或寡头权力的证据（见 8.5.9 小节）。那么，我们如何区分竞争性行业和垄断行业呢？垄断行业的调节利润率必须持续高于平均调节利润率。我们将会发现这个区分垄断权力的标准和从完全竞争理论中推出来的标准非常不同。

表 7.3 真实竞争特征的总结

行业内竞争	
1. 价格削减行为从根本上受限于生产成本	
2. 第 i 个企业和第 j 个企业的销售价格（p_i, p_j）依赖领导者的价格（p^*）	$p_i \approx p_j \approx p^*$
3. 调节资本是价格领导者，因为它们的生产成本最低，能够扩大并创造长期供给	
4. 非调节资本是价格追随者，其单位产出利润是由其自身成本决定的余量	$m_i \approx p^* - uc_i$
5. 面对削价行为，只有最低成本的生产条件才能保证最高的可持续利润率	
6. 企业不断削减成本，不断发展新技术	
7. 在旧技术被废弃、新技术被引入的过程中，各个企业的单位成本（uc_i, uc_j）和资本密集度（κ_i, κ_j）存在一个分布区间	$uc_i \neq uc_j \neq uc^*$, $\kappa_i \neq \kappa_j \neq \kappa^*$
8. $\left(m_i' \equiv \frac{p_i \quad uc_i}{p_i}\right)$ 不相等，因为销售价格趋于均等化，而成本条件各不相同	$m_i' \neq m_j' \neq m'^*$
9. 不同资本的利润率 $r_i = \frac{(p_i - uc_i)}{\kappa_i}$ 不相等，因为销售价格均等化，而不同资本的成本条件和资本密集度各不相同	$r \neq r_j \neq r^*$
10. 利润量和企业规模之间存在正相关关系，因为规模更大的企业通常单位生产成本更低	$m_i' \sim X_i, K_i, \kappa_i$
行业间竞争	
1. 行业 M 和行业 N 的调节利润率在相应的"丰瘠之年的循环交替"中动荡地实现均等化	在合适的时期内会出现 $r_M^* \approx r_N^* \approx r^*$
2. 在任何给定年份，（不同行业的）调节利润率不相等	在任何给定年份，$r_M^* \neq r_N^* \neq r^*$
3. 不同行业的平均利润率不相等	$\overline{r_M} \neq \overline{r_N}$
4. 不同国家的平均利润率不相等	$\overline{r_{US}} \neq \overline{r_{Japan}}$
5. 调节资本密集度（$\kappa^* \equiv K^* / X^*$）更高的行业有更高的单位利润量（$m^* \equiv P^* / X^*$），因为调节利润率（$r^* \equiv m^* / \kappa^*$）被均等化	如果 $\kappa_M^* > \kappa_N^*$，那么 $m_M^* > m_N^*$
6. 进入成本更高的行业倾向于持有更高的储备产能以应对需求的波动	进入成本更高的行业具有更平滑的价格路径

7.6 真实竞争理论的经验证据

现在我们介绍有关的经验证据，包括一般情况下企业的实际行为，以及给定行业内不同企业和不同厂房的成本、价格和利润。7.6.1 小节回顾了真实竞争企业理论的发展，其核心特征归功于安德鲁斯，其次为罗伊·哈罗德对不完全竞争理论的再考察。由此描绘的关于企业行为的图景在商业文献中很常见。7.6.2 小节研究了生产成本和企业规模之间的关系，生产成本被定义为原料、工资和折旧的实际支出。这里，索尔特是一个关键人物。7.6.3 小节对实际定价行为和企业成本之间的关系进行了经验研究，并将这种关系和技术选择问题联系起来。再一次，经验研究和真实竞争的预期保持一致。7.6.4 小节研究了利润率和企业规模之间的相应关系。如果完全竞争理论在经验上是正确的，那么所有的企业都应该具有相同的利润率：行业内企业都具有相同的利润率，因为它们都是完全相同的，并且行业间竞争将使利润率均等化。经验证据总是和这些新古典的预期相冲突。然而，同样的证据却与真实竞争理论完全一致。7.6.5 小节研究了关键问题：什么与调节资本利润率的经验证据有关。从理论角度而言，行业间竞争使增量资本而不是包括所有已投资本的平均资本的收益率均等化。我认为增量利润率是对新增投资收益率的一个很好的近似，并且正如真实竞争理论所预测的那样，运用这种方法量度的利润率的确在动荡中实现了均等化。

7.6.1 企业行为

7.6.1.1 牛津经济学家研究团队、霍尔和希契

20 世纪 30 年代，包括罗伊·哈罗德和安德鲁斯[①]在内的牛津经济学家研究团队（OERG）系统地研究了实际的商业实践。[②]他们的扩展研究揭示了某些普遍存在的模式，这对许多学院经济学家而言都是一个冲击（Harrod 1952, ix）。霍尔和希契研究认为，企业是根据它们认为的“全成本”来设定价格的，该成本被定义为平均成本（直接成本加间接成本）和某个惯例性的净利润量之和。[③]个体企业的生产成本不同，但是在竞争压力下它们的价格必须与价格领导者保持一致。因此，价格追随者的净利润量集合仅仅是用以使其销售价格（与价格领导者）保持一致。霍尔和希契（1939, 33）也认为全成本定价对“温和或暂时的需求的变化”反应不大。不过，这不会阻碍价格和利润量在需求大幅超过供给时上升，或者在相反的情况下下降（19）。因此，只有从长期来看，企业家才会相信，对相当有效率的企业而言，市场价格“通常……能够涵盖企业的全部平均成本，并带来适当的净利润”（Andrews 1964, 34）。所有这些经验研究都非常不同于这种观点：净利润量是固定的，不受竞争压力和市场条件的影响。

---

① 我很感谢杰密·穆杜德为我指出了安德鲁斯、布伦纳和哈罗德在企业理论问题上的重要篇章，以及多年间许多对我有帮助的讨论。

② 令人沮丧的是，“1939 年二战爆发的时候，因为担心纳粹侵略和保密问题，哈罗德和安德鲁斯将包含该团队所有会议记录的文件烧毁于基督教会学院的锅炉里”（Arena 2006, 5）。

③ “绝大多数企业家认为基于全部平均成本（包括惯例容许的利润）的价格是‘正确的’价格，是企业应该制定的价格……不同企业运用的全成本计算公式具体而言是不同的……但是计算程序可以合理地一般化为如下步骤：单位产出的直接（生产）成本（或直接成本）被视为基础，在此之上增加一个包含管理费用（或“外加成本”“间接成本”）的百分比，然后再增加一个依照惯例可保留的利润（通常为 10%）”（Hall 1939, 19）。

> 大多数企业家解释称他们实际上的确是基于全成本制定价格的，少数企业家承认在需求特别高时他们的定价会更高，更多的企业家则承认在需求特别低时他们的定价会更低。那么，“竞争”的影响是什么？基本上，竞争促使企业去调整加至直接成本和间接成本上的利润量，这样，相似的产品具有大约相同的价格这一规则，将会在竞争性生产者“群体”中起支配作用。一个共同的程序就是一个强大的企业基于自己的全成本水平制定价格，其他竞争性厂商群体接受这个价格；另一个共同的程序是通过尽管无意识但实际上属于协议的方式达成一个价格水平，其中竞争性群体的所有厂商都遵循“全成本”定价原则，最终各自达到一个相似的结果。（Hall and Hitch 1939, 19）

霍尔和希契发现，企业间的价格竞争意味着价格追随者的净利润量是内生的，并且价格领导者的实际销售价格在短期内是因情况而定的，但长期而言，其基准（全成本）价格将会为有效率的企业提供“适当的净利润”。这样来理解的话，霍尔和希契的“全成本定价”观念仅仅是真实竞争的证据。企业制定试行价格，并根据供给和需求对其进行调整。企业间的竞争使这些价格与价格领导者保持一致。并且，从长期来看，市场价格与这样的价格保持一致，它可以保证“相当有效率的企业”（比如调节资本的生产价格）获得“适当的净利润”。因此，牛津经济学家研究团队的发现原本可用于重建一种现实主义的竞争理论，但事实上它并没有。

持完全竞争观点的理论家攻击道，（牛津经济学家研究团队）观察到的企业定价实践仅仅是“定价的老习惯和老规矩”，它与追求利润最大化的企业的眼界视角相矛盾。在完全竞争中，企业应该接受一个共同的价格，这个价格由市场供给和需求“给定”，企业根据价格等于边际产量（p = mc）这一条件选择其产出。价格反过来应该随着市场需求相对于市场供给的变化而上升和下降。即使在不完全竞争中，企业也被假定为面临斜向下的需求曲线，利润最大化对应的产出也被边际收入等于边际成本（mr = mc）的条件决定。然后，每家企业应该设定一个特定的价格，以保证其能够销售特定的利润最大化产出，并且其价格随着需求而上升和下降。坚持完全竞争理论和不完全竞争理论的两方都将牛津经济学家研究团队的发现视为异端邪说，从而拒绝接受它，他们认为该发现等同于这样一种观点：企业对最大利润不感兴趣（Brunner 1952a, 511）。

7.6.1.2 安德鲁斯和布伦纳

安德鲁斯和布伦纳为其打抱不平，坚称牛津经济学家研究团队的发现描述了竞争性的、由利润驱动的企业行为（Brunner 1952a, 511）。商家认为自己身陷竞争性的斗争。它们明白，来自现存生产者的竞争制约其不能以更高或更低的价格销售商品。它们的定价也受制于来自外部的“入侵对手”的威胁（Andrews 1949, 54, 82–89; 1951, 147; Brunner 1952a, 517–518; 1952b, 733, 741）。它们不断通过削价争夺空间，以扩大市场份额。[①] 因为这些策略最终受限于其成本，所以它们不断致力于创造和采用具有更低成本的生产条件（Brunner 1952b, 738）。在竞争战中，价格领导者成为具有最低成本的企业。除非亏本销售，否则价格削减最终受限于成本（Andrews1949, 87; 1951, 131; Brunner

① 因为更低的成本（暗指价格领导者）而采取的正常削价行为，应该与危机中的削价行为相区别，危机中的企业竭力吸引消费者进入市场，并从其他企业争夺消费者是为了求得生存（Andrews 1949, 87–88; Brunner 952b, 738）。

1952a, 517–518; 1952b, 733, 741）。

行业内竞争迫使每家企业制定的价格大体上与价格领导者相同，这一事实意味着价格追随者超出成本的利润量是其各自成本的余量（Andrews 1951, 147 and n.129）。另外，价格领导者本身的利润量，从长期而言取决于基于正常成本的正常利润。最后这句话涉及两部分：正常成本的定义和正常利润的定义。

安德鲁斯和布伦纳认为平均成本（ac）随着产出的增加而下降，因为平均成本的其中一个组成部分（平均固定资本）随着产出的增加而稳定下降，而其他部分（平均原料和劳动力成本）倾向于保持不变（见 4.4.3 小节）。因此，产出越多，平均成本越低。但是，企业可以维持的产出有一个确定的限度，尽管在短期内它可以通过延长劳动时间突破这个限度。[①] 通常情况下，企业的生产计划要刚好小于这个限度，以使意愿储备产能能够适应产出的波动（Andrews 1949, 56–65, 74, 81）。反过来，意愿储备产能与实际超额储备产能大不相同，只有当产出降至正常水平以下时后者才会出现。这样，正常运营的企业将处于平均成本曲线下降的部分，它所在的特定的点要稍微小于可持续生产的限度。有效最小平均成本这个点既定义了一个特定企业的正常平均成本，又定义了其正常产出水平，如图 7.8 所示（Andrews 1951, 146–147）。[②] 这和第 4 章图 4.15 中固定系数理论的假设本质上相同。

---

① 尽管考虑到了非正常情况下的加班，但安德鲁斯潜在的假定是单一的正常班制（Andrews 1949, diagram I）。

② 有效最低平均成本点定义了个体厂房的产出水平。如果企业只有一个厂房，那么这也就是关于企业产出的理论。但安德鲁斯完全意识到每家企业一般拥有很多厂房。这意味着还需要其他因素来解释企业的规模（即企业的厂房数量，也就是说，作为一个特定的卖方，为了满足市场对产品的需求而需要运营的厂房数量）。正是出于这一背景，他接着说，“只要个体企业之间保持充分的竞争，一家企业的总产出是由其商誉决定的”（Andrews 1964, 83）。

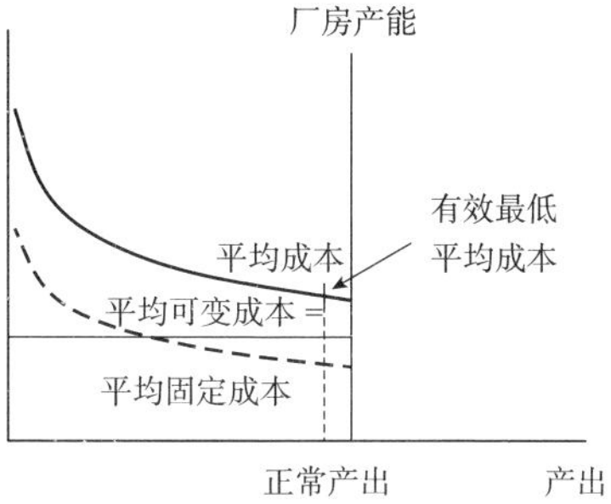

图 7.8 安德鲁斯和布伦纳的成本曲线

资料来源：改编自 Andrews 1951，61，diagram I。

行业的市场价格由价格领导者所设定的价格调节。从长期来看，这个调节价格是由价格领导者的正常成本加上一个因情况而定的利润量构成的。从古典经济学角度而言，增加以下内容从而完善这一叙述会更合乎情理，即指出正是资本的进入和退出迫使价格领导者的利润量趋于这样的水平——一个能使其获得一般（调节）利润率的水平。安德鲁斯的确这样说过一两次，不过他的主要任务通常又将其引至其他问题上。

安德鲁斯和布伦纳更关注反对标准理论而不是完善他们自己的理论。在 1926 年斯拉法抨击马歇尔的理论之后，大家“开始认识到无论就短期还是长期而言，成本下降都是许多制造业的正常特征，这些行业被马歇尔视为有竞争性的行业”(Andrews 1951, 139, 142)。那么问题就出现了：是什么定义了企业在短期和长期的正常产出？为了挽救消极的利润最大化企业这一传统观念，正统经济学发现“有必要为每家企业虚构一条下降的需求曲线”。那么相应的边际收益（mr）曲线就是向下方倾斜的，这样一来，即使在直接成本保持不变因而边际成本（mc）也不变的情况下，也有可能在边际收益和边际成本相等

（mr=mc）的那一点上决定一个特定的利润最大化生产水平。通过用推定的长期需求和成本曲线来代替短期需求和成本曲线的方法，这一分析被拓展至长期（Andrews, 1964, 21–25）。

安德鲁斯和布伦纳强烈反对这个理论建构。安德鲁斯注意到，对个体企业而言，假定的需求曲线不能从传统的消费者偏好理论推导出来，因为它仅适用于总体商品：效用理论完全没有分析消费者需求在任何给定行业的不同企业之间的分配。事实上，任何企业特有的需求曲线，都是这家企业在该行业总需求中所占的一定份额，这受到其自身供给和其他企业供给的影响。那么，需求便不能被视为独立于供给的变量，这就推翻了需求–供给分析的传统基础。第二个反驳理由是，即使是市场需求曲线本身（个体企业的需求曲线被认为是由它推导而来的）从长期来看也不能被视为给定的，因为通常情况下，消费者的偏好和收入在任何一个这样的时期中都会改变。第三，新厂房的进入，无论它是已有企业还是新企业所建，不仅会移动推定的个体企业的需求曲线，而且通常也会改变它们的形状（Andrews 1964, 42, 56–57, 60, 68）。第四，所有企业层面的需求曲线也都必须反映这样一种不对称，这种不对称是企业现行价格与无数竞争者价格之间的任何差距所固有的：如果企业的现行价格高于其他竞争者，那么其市场份额会迅速下降；反之，如果企业的现行价格低于其他竞争者，那么其市场份额会迅速上升。不过任何一条这样“弯曲”的需求曲线，都只是根据企业的每一价格水平与竞争者价格的偏离来定义的（Andrews 1951, 137, 144）。

安德鲁斯的明确目标是提供一个竞争性企业理论，它既要与经验研究保持一致，又不能陷于“静态均衡分析方法”的泥淖，因为静态均衡是支撑完全竞争、不完全竞争和垄断竞争的理论基础。他将自己的工作视为这样一种努力："复兴马歇尔的竞争理论，为马歇尔的正常价格观点进行辩护。"（Andrews 1949, quote from 54; Andrews 1951, 125）[①] 他反对完全竞争理论的两个关键性假设。首先，他拒绝了企业的边际成本不断上升的假设，依据的理由是：面对产出的变化，单位直接成本是不变的，因而边际成本是不变的。其次，竞争性企业想销售多少就能销售多少的假设遭到否定，理由是：企业可以销售的产出取决于它所制定的特定的价格，而这一价格又与它的竞争者所提供的价格密切相关（Andrews 1964, 1–5）。我们注意到，他还否定了不完全竞争理论两个相应的关键性特征：在个体企业层面，存在着稳定的斜向下的需求曲线和边际收益曲线；不同的企业根据各自利润最大化的需要，对相同的商品制定不同的价格。

安德鲁斯选择用在直接（原料和劳动力）成本之上增加一个总利润量的方式来刻画企业制定价格的特征（Andrews 1964, 33）。这使其不幸地偏离了霍尔和希契的全成本定价原则，该原则有赖于在平均成

① 安德鲁斯认为，马歇尔的分析非常不同于完全竞争，尽管他的确承认在马歇尔的著作中存在这样的章节，其中充满了"个体企业能够在某种意义上决定自己的产出的观念，但是，我们应该忽视以任何方式表现出来的与马歇尔其他分析不一致的思想"（Andrews 1951, 137）。"马歇尔的分析……是就一家代表性企业展开的，于是，这家代表性企业的规模和机会可能被受到吸引的新进入者视为努力的目标"，"市场价格……将由这家'代表性'企业的成本决定，而新的进入者正是以这一成本为基础发生的"，这家企业的长期价格"是［马歇尔的］行业长期供给价格"。因此，"马歇尔对长期价格的阐述是就代表性企业的正常成本而言的，在任何给定的时间点，这种长期价格都是实际存在的"（131）。马歇尔"不要求给定行业的所有企业都能幸存，即使是在长期均衡中"（129）。事实上，马歇尔认为"很大比例的新企业可能不能赚取正常水平的利润……并且相当大比例的企业从长期来看可能会失败"（129）。对马歇尔的这种解读将"代表性"企业和调节企业等同起来。麦克纳尔蒂支持马歇尔的这种观点，认为"他关于竞争的观点相当现实主义"（McNulty 1967, 648n5），并引用了施蒂格勒的观点，大意是"马歇尔关于竞争的观点更接近于亚当·斯密而非其同时代的人"（649n5）。然而，在完整地展现了竞争理论的梗概之后，安德鲁斯倒退了回去，"呈现在我面前的是：代表性企业可以作为一个总结了与长期竞争相关的因素的概念，被有用地纳入到分析之中。其他人可能喜欢使用它……但对我而言，没它似乎也是可能的"（156）。

本之上增加一个净利润量。平均成本包括直接成本和间接成本，这使得净利润量与（净）利润率直接相关。于是，行业内有效率的企业的长期净利润量和其他行业中调节资本的一般利润率之间的联系就变得一目了然。但安德鲁斯关注直接成本（avc）的动机在于他相信后者在有效的产出范围内是保持不变的，因此边际成本也是保持不变的。这为他提供了一个重要的经验依据来抨击新古典理论的基础。

如同霍尔和希契一样，安德鲁斯认为，竞争迫使大多数企业将自己的价格与价格领导者企业制定的价格相绑定。因此，对价格追随者而言，安德鲁斯自己的定价原则所解释的是总利润量，而不是销售价格[①]（Andrews 1951, 147, 153）。这使价格领导者的总利润量成为真正的问题。他注意到，在短期内，这是极其视情况而定的，因为它可以依照行业供需情况而上升和下降。因此，对安德鲁斯的价格理论而言，核心的问题产生了：什么决定了价格领导者的长期总利润量？

安德鲁斯通常认为总利润量由“竞争”决定，并长期趋于稳定（Andrews 1949, 85, 88）。布伦纳也持相似的观点，她说，“竞争通过直接限制各个行业可得的总利润量的规模起作用”（Brunner 1952b, 733）。但之后，安德鲁斯突然在某处清楚地阐明了这个问题。

> 然而，经验表明，长期力量的确重新调整了利润量的大小。竞争的浪潮也许会导致少量不正常利润的产生，但最终所有的不正常利润都趋于消失。一般而言，行业经验的确表明，当企业家将总利润量和价格视为由竞争决定时，他的决策是正确的……他

① 当价格追随者把自己的价格与价格领导者企业制定的价格相绑定时，价格制定的问题便只是价格领导者的事情，由价格领导者的长期成本或利润预期决定。而对价格追随者而言，它的成本与价格领导者企业的价格之间的差额决定的是价格追随者企业能够获取的总利润量。故称安德鲁斯的这种定价原则解释的是总利润量，而不是销售价格。——译者注

> 加入价格中的总利润量将依赖竞争，因此依赖效率最高的竞争者的直接成本水平。（Andrews 1949, 88–89）

这些描述完善了安德鲁斯的竞争理论。任何行业的市场价格都依赖效率最高企业的直接成本和总利润量。从长期来看，竞争会消除总利润量中的任何不正常利润——将总利润量降至这样一个水平，它在本质上反映了“有效率”生产者的正常利润率（Moudud 2010, 42–43）。于是，由此产生的价格领导者的正常价格决定了非领导者在各自特有成本下的利润量。的确，他在之后将自己的理论用于“教学分析”时设想了一个行业，这个行业只生产一种产品，所有生产者的销售价格都相等。他明确表示“这里讨论的企业理论与马歇尔对一个行业长期均衡的描述相当一致”（Andrews 1951, 154–155）。但我们知道，马歇尔的长期正常价格正是对应于每个行业的“正常利润率”（Panio and Petri 1987, 238–239）。所以，尽管不是非常公开，但安德鲁斯在这里似乎是说，有效率的生产者的长期总利润量是由正常利润率决定的。

尽管安德鲁斯取得了突破，但是他自己更关注于总利润量的稳定性而非其长期水平，因为这样可以使他宣称销售价格通常不随着产出的变化而变化。竞争性价格面对产出变化的稳定性，驳斥了新古典理论将价格视为稀缺指数的概念，也使其只有提高价格才会增加供给的相应论断成为无稽之谈。于是，我们不能再将观测到的价格或利润量的经验稳定性视为垄断的依据（Andrews 1949, 81, 88, 89），也不能将价格和直接成本之间的差异（即竞争决定的总利润量）视为垄断权力的指数（Brunner 1952b, 741），行业内竞争程度与企业数量负相关的论断同样是不合理的。根据安德鲁斯的观点，对竞争性企业的恰当定义是“它允许新的竞争者进入”。因此，即使一个行业仅有一家企业，它也可能是竞争性的（Andrews 1964, 16）。这些都是开创性观点，它们本应为真实竞争理论的创立开辟道路，但事实上并没有。

7.6.1.3 哈罗德对不完全竞争理论的修正

将牛津经济学家研究团队的发现纳入新古典经济学的其中一种方法，是将它们作为不完全竞争或垄断竞争（即每家企业根据边际收益等于边际成本 mr = mc 的原则来决定价格和产出）中利润最大化行为的证据。这种方法既保留了标准理论的利润最大化企业，又考虑到了个体企业的定价行为（但不包括价格削减行为）。安德鲁斯反对任何这样的尝试，他的理论驳斥了企业斜向下的需求曲线和相应的边际收益曲线。罗伊·哈罗德——牛津经济学家研究团队的另一名关键成员，也是边际收益曲线的创造者（Eltis 1987, 595）以及对不完全竞争理论进行经典论述的作者（Harrod 1934），最终采取了与安德鲁斯相反的策略。哈罗德试图将牛津经济学家研究团队的发现作为证据纳入垄断竞争理论的修正版本中。他解释了实际的商业行为如何与长期的利润最大化行为保持一致，从而比霍尔和希契以及安德鲁斯和布伦纳向前迈了一步。但是，与其他人相比，他在两个方面倒退了。他保留了新古典经济学的成本包括预付资本和正常利润的原则，并且他坚持新古典经济学关于不完全竞争的观点，认为企业根据（修订过概念后）边际收益等于边际成本的原则制定价格，但不会基于成本削价，价格削减隐含于价格领导者和价格追随者的区别中。而这一区别在哈罗德的案例中并不存在，因为哈罗德坚持了传统的假设，即所有企业都具有相同的生产条件。

古典经济学和商业实践将成本定义为实际支出：直接成本（原料和工资支出）和固定成本（固定资本的折旧支出）。但新古典经济学理论将据说是企业家“权利”的正常利润也包括在内（Liebhafsky and Liebhafsky 1968, 266–267）。正常利润一般可以通过将某个会计意义上的正常的、经济范围的利润率应用于固定资本存量计算出来（Varian 1993, 203）。正常利润之所以可以被加入固定资本，是因为这样的断言：正常利润率可以被视为企业给定的机会成本。换言之，新古典经济学假定平均成本包含直接成本和正常总利润量。这改变了新古典经济学对总成本和平均成本的量度，但没有改变平均可变成本（直接成本）和边际成本，因为它们都不依赖固定成本。新古典经济学中加入利润后的平均成本等同于古典经济学的生产价格，因为新古典经济学的平均成本包含了基于预付资本的正常利润率。在 4.3.1 小节，我将平均成本标记为 p^*，以此将它和古典理论的以及商业的定义（平均成本）区分开来。那么，新古典理论的长期均衡与 $p = p^*$ 的任何一点都保持一致。

即使在新古典理论中，也存在两个这样的点：在完全竞争中，企业的自由进入和退出迫使每家企业的（水平的）需求曲线与生产价格曲线的最低点相切，这个点是长期均衡点，在这个点上，$p = mc_{LR} = p^*_{min}$（Varian 1993, 346–359）；在垄断竞争中，每家企业的需求曲线是斜向下的，企业的自由进入和退出将使长期需求曲线和生产价格曲线（新古典意义上的平均成本曲线）的切点处于产出更低而价格更高的点，这个点就是长期均衡点，在这个点上，$p^m = D_{LR} = p^*$。传统观点这样来为后一种结果辩护，他们认为企业在这个点上获得了更高的利润，高于在生产价格曲线上的其他任何点上所获得的利润，包括生产价格曲线上的最低点 p^*_{min}（Varian 1993, 431）。哈罗德洞察到这个辩护包含重要的矛盾。传统的平均成本曲线表明了针对任何一个给定产出水平的相应平均成本。新古典理论的平均成本曲线加入了正常利润，因此它代表的是在每一个产出水平上可以获得相同收益率的生产价格 p^*。因此，从传统的不完全竞争理论中推导出来的切点 p^m 和最低点 p^*_{min} 获得相同的利润率。但最低点是最低的正常价格，它可以以低于其他所有价格的价格出售，包括与传统的垄断竞争理论相联系的切点。因此，只有 p^*_{min} 从长期来看才是可持续的：企业的自由进入和退出将改变一般企业的平均需求曲线，以使其下降至和 p^*_{min} 相交的点。因此，我们现在有了三种不同的观点：完全竞争观点，认为企业的平均长期需求曲线与价格曲线在最低生产价格 p^*_{min} 点上相切；传统的垄断竞争观点，认为企业的平均长期需求曲线与价格曲线在更高的价格 p^m 点上相切；哈罗德的长期竞争理论，认为企业的平均需求曲线与价格曲线在 p^*_{min} 点上相交。图 7.9 展示了这三种不同的观点。[①]

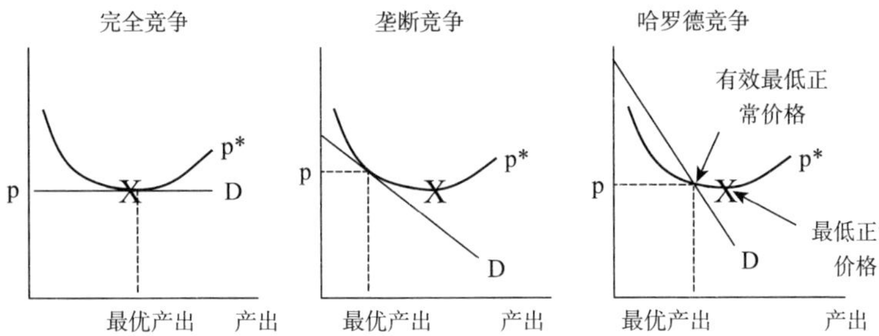

图 7.9 哈罗德长期均衡与垄断竞争

在修正后的不完全竞争理论中，哈罗德首先指出存在广泛的证据表明企业设定其价格，企业面临斜向下的需求曲线（他将这种情形称为不完全竞争）[②]，以及如果生产某种商品的现有企业定价过高，它也会

① 哈罗德实际上假定边际成本曲线有很长一部分是水平的，因为平均可变成本有相似的形状。我将这个细节略去不考虑，是为了强调两种竞争观点之间的差异不依赖这种性质。图 7.9 中的曲线是标准的教科书插图（Varian 1993, 402, fig. 23.21）。

② 安德鲁斯驳斥了哈罗德对不完全竞争的修正，因为修正后的理论依然认为特定企业的需求曲线是斜向下的（Andrews 1964, 55–57）。

表现出“对新进入者入侵的真实恐惧”（Harrod 1952, 144, 158–160）。因此，哈罗德提出分析“不完全但自由的竞争”的逻辑，其中定价企业面临斜向下的需求曲线，而且拥有相同技术的其他企业可以自由进入和退出（187）。

像安德鲁斯一样，哈罗德认为传统的平均总成本（ac）先下降一段时期，然后在某一点开始上升。加入利润的平均成本（即生产价格 p*）表现出相同的一般模式——除非生产价格的最低点对应的产出高于实际平均成本的最低点（见 4.3.1 小节）。有效的最低价格点先于绝对最低点出现，因为必须为正常储备产能留出浮动空间（Harrod 1952, 154, 165 text and n.1; Moudud 2010, 4–5）。这定义了在其预期寿命中企业依据计划确定的每年正常产出（Harrod 1952, 150），正是在这一点上，企业可以维持自己的市场份额，因为新进入的企业难以（在相同的技术条件下）达到更低的正常价格。的确，对依赖在更高的正常价格点上运营企业的企业家而言，可以意识到来自其他竞争者的压力将会侵蚀其长期的任何剩余利润，“这无疑是一种精神分裂的征兆”（149）。因此，哈罗德总结道，在自由进入和退出的条件下，企业意愿的产出（防御性产出）对应的是有效的最低正常价格点，而不是传统上长期需求曲线和正常价格曲线相切获得的（不可持续的）最大利润产出的点（150–151, 161–162）。企业根据防御性产出来确定价格，而企业的自由进入和退出确保从长期来看销售价格和最低正常价格相等，从而使新厂房和设备获得正常利润率。

哈罗德对厂房和企业进入市场以及退出市场进行了重要的区别。正如他所指出的，现存企业可以通过增加新的厂房“进入”市场，也可以通过废弃旧的厂房“退出”市场（Harrod 1952, 144）。如果现存企业的定价所对应的销售量低于有效最低成本条件下的产出，那么价格将会下降，并且（或者）一些厂房会被废弃，从而使剩余资本的平均需求曲线向外移动，直至销售和可持续产出相等。反之，如果销售量超过可持续产出，那么价格将会提高，并且（或者）现存企业或新企业建立的新厂房将会进入市场，使平均需求曲线向内移动，从而使销售恢复至和可持续产出相等的水平，同时使市场价格回到最低正常价格（159–160, 162–163）。[①]我们可以发现，正是资本的进入和退出所导致的产能变化，促使一般企业的需求曲线向内或向外移动。哈罗德强调所有这些都通过试错实现，因为企业家“并不清楚需求，只能尽自己所能进行预测”，而只有“市场证明他的预测是正确的时候”，他才能获得净利润量（160–161）。

哈罗德对比了战略型利润最大化和作为标准假设的目光短浅型利润最大化的概念。哈罗德认为二者的区别不在于边际成本等于边际收益（mc = mr）的条件，而在于对长期边际成本和长期边际收益的定义（Harrod 1952, 179）。根据哈罗德的观点，长期边际成本包括间接成本和正常利润，因为这些因素从长期来看也是可变的。因此，长期边际成本曲线即是正常价格曲线 p*。就长期边际收益曲线而言，他注意到，一方面说企业在投资新厂房时考虑到其整个生命周期，另一方面却在不展望未来的条件下决定其产能利用率，这二者是矛盾的（149–152, 161–162）。战略型利润最大化必须将这种情况考虑在内，即如果定价过高以至其他竞争者可以以更低价出售，那么必须从定价很高的

① 哈罗德的观点意味着一个行业的企业只有在给定的正常产能利用率水平上才能处于均衡，给定的正常产能利用率包含某种程度的适度储备产能。因为行业调整过程涉及进入和退出，所以行业的稳定性要求潜在供给的任何扩张（收缩）必须不能引致行业需求进行同样的扩张或更大规模的扩张。在单一行业的情况下，这看似是非常合理的，但从经济整体而言，问题将会截然不同。正如哈罗德本人所示，在一个增长的经济体中，产能（即资本存量）的扩张或收缩似乎会导致不稳定的过程。这就是哈罗德著名的宏观经济“不稳定性原则”。13.2.7 小节表明，哈罗德在这个问题上是错误的，因为整体动态过程是显著稳定的（Shaikh 1991, 1992b, 2009）。

直接收益中减去由市场份额减少导致的潜在收益损失（150–151）。因此，长期边际收益曲线和需求曲线 D 相同。那么长期利润最大化的点 $mc_{LR} = mr_{LR}$ 正是一般企业的需求曲线和正常价格（加入利润的平均成本）曲线相交的点 $D = p^*$，正如图 7.9 中第三张图所示。

就调节过程而言，有两个重要因素决定了一般企业的状况，注意到这一点是有益的：价格和市场份额。调节过程也导致了两个意义重大的结果：正常产能利用、行业调节利润率和一般利润率的均等化。资本的进入和退出将会改变调节资本的市场份额，而这会在某个特定的价格水平上建立行业的调节利润率。如果这个利润率持续地不同于一般利润率在不同时间的平均值，那么该行业的价格和产能将会在动荡中调整，直至给定行业的平均资本获得正常的产能利用率和正常利润率。这就是哈罗德对以下两种观念的综合：全成本定价和行业的长期支配性价格必须反映一般利润率（Harrod 1952, 157–158, 179, 187）。

首先，霍尔和希契刻画的全成本概念指的是一种基准价格，它包括（商业意义上的）平均成本和惯例上的净利润量（Moudud 2010, 6–7）。只有从长期来看，只有对有效率的企业而言，这个净利润量才是由正常利润率调节的。根据哈罗德的观点，净利润量处于长期均衡水平，因此全成本和起初的生产价格是同义的。其次，霍尔和希契、安德鲁斯和布伦纳强调企业不仅设定价格，而且只要可能的话也会削价。不完全竞争理论也假定了企业在边际成本等于边际收益的意义上设定价格，并且哈罗德接受了企业定价行为这一特有的概念。但在他的论述中，并不认为存在企业削价这样的事情。相反，企业将自己想制定的价格与在其他企业自由进入和退出的压力下必须制定的价格之间进行对比。这两种观点可以说是一个内部的对话。假如企业恰好选择了目光短浅型利润最大化的价格，由此而来的超额利润会刺激新资本的进入，从而扩大供给，并将市场价格降到全成本水平之下（144, 155–161, 174, 179）。在这里，所缺失的不过是如下的观念，即企业可能为了在市场上夺取空间而主动削价，并在这个过程中自愿接受低于正常水平的利润甚至承担亏损。[①] 然而，这种类型的价格削减行为在实际竞争中广泛存在。

7.6.1.4 商业文献中的价格削减行为和新企业的进入

格罗斯基（1990, 20–21）对国际利润率的研究确认了这样一些重要的模式：行业内的超额利润会刺激已有企业（局内人）和外来企业（局外人）采用最好的生产方法；它也会刺激新企业进入，并且新进入企业制定的价格可能会低于已有企业制定的价格；新企业进入的威胁就足以促使已有企业扩张自己相对于需求的产能；所有这些（对超额利润的）反应导致了价格下降的压力，这将消除超额利润。同样地，达兰（2006, C1）在《纽约时报》上刊登的一篇商业文章《当成本差异很大时，价格削减行为是竞争的特征》中写道："戴尔急剧削减了电脑的价格。这个策略非常传统，即降低价格。虽然利润量会暂时下降，但因为企业可以获得市场份额，并在未来享受收益的增长，所以这项举措将会打击竞争对手，使对手的状况更糟。"正如作者所注意到的，这项策略只有在成本差异巨大的条件下才会起作用。"戴尔在2000年实施这项措施并取得了成功。"这是非常清楚的：只有成本更低的企

① 安德鲁斯对哈罗德修正过的不完全竞争理论做出了以下富有洞察力的评论："正如哈罗德在与我的私人通信中所明确指出的那样……他是在深思熟虑的情况下写出那些不得不说的话的，即对较早期的不完全竞争分析的方法论进行更正和调整。此外，他感到不得不保留早期论文中所使用的那些术语的定义……即使他肯定对其中的一些感到不满意。（我认为这解释了他在处理与正常利润相关的问题，以及在那之前谈到成本问题时所得出的一些结论上似乎会遇到的一些困难）"（Andrews 1964, 54）。

业才能削价并从竞争者那里夺取市场份额，它们知道如果获得了成功，那么利润量的“暂时下降”将会伴随未来收益的增长。

布赖斯和戴尔（2007）主持了一项为期4年的研究“1990—2000年赢利最多的行业——由已有企业资产收益率衡量”。他们的结论是清晰且明确的。“4年的研究让我们确信：货币吸引货币。[①] 在我们调查的10年间，进入赢利最多行业的企业数量是平均行业的5倍。”总的来说，进入最具吸引力的市场中的新企业最初赚取的回报比其他行业的新企业少30%。“然而，当热门行业的新企业开始赢利的时候，它们的利润率非常高。它们的回报几乎是顶级行业所有进入者的7倍，是吸引力较低的市场中赢利企业的4倍。”这样，在那些已有企业的利润持续高于其他行业企业的行业中，新的进入者就像蜜蜂被蜜罐吸引一样，不断被吸引着进入那些市场。而且，“无一例外地，挑战者都从军事手册中效仿谋略”。例如，当“维珍可乐在美国发行时，维珍集团的首席执行官理查德·布兰森驾驶一辆英国坦克冲进纽约时代广场，碾过一道由可乐罐垒成的围墙，以此来象征他想要对竞争对手发起的战争”。与此相反，红牛则是秘密行动。1997年，它带着一款新鲜别致的利基产品进入美国软包装饮料市场：一种碳酸能量饮料，一罐8.3盎司（245毫升），零售价2美元。如果购买一罐可口可乐或百事可乐，你需要支付两倍的价钱。起初，红牛通过非传统批发商销售。比如，在酒吧，调酒师将其和酒精混合起来；在夜店，20多岁的年轻人大口喝下富含咖啡因的饮料从而可以整夜跳舞。在获得忠诚的消费者之后，红牛在高利润量的推动下挤进了住宅区附近的商店，现在它端坐于冷柜里，与可口可乐及百事可乐不到一臂之遥。在美国，2005年红牛在6.5亿美元的能量饮料市场

① 前一个货币指超额利润率，后一个货币指进入该行业的新增投资。——译者注

中占有 65% 的份额，它的销售额每年增长 35%。

当然，除了正统经济学家外，每个人都知道竞争仅仅是另一种形式的战争。秉持这一精神，吉拉德（2009）承诺要为那些在此之前已经支付了高额费用的公司揭示作战模拟中的各种技术。这本书的广告语是这样的：

> 在一个全球化、复杂的和充满竞争的世界中，制订一项计划而不检验其市场反应无异于盲目地走入雷区。作战模拟对企业而言是金属探测器。然而，大型咨询公司所经营的作战模拟是秘密且耗费巨大的。这本书第一次使每一个产品和品牌经理、项目领导者、市场营销人员和规划师，不论企业大小，都可以获得这些作战模拟技术。这本书是使你领先于竞争对手的“圣经”。不要把它忘在家里。（http: //www.amazon.com/exec/obidos/ASIN/1601630301/ossnet–20）

7.6.2 关于厂房直接生产成本的经验证据：索尔特

真实竞争理论意味着在不同的企业之间，成本和利润存在着系统性差异。在第 4 章，我们对固定成本、可变成本和总平均成本如何随着给定厂房产能利用水平的变化而变化进行了经验研究，现在我们考虑生产成本如何随着企业规模的变化而变化。请注意，成本在这里是按照通常情况下商业意义上的成本被定义的：指在原料、工资和折旧上的实际支出。关于数据来源、研究方法的信息和相关数据表格见附录 7.1。

新增投资是发展新技术的主要载体（Salter 1969, 65），资本（厂房、设备和相关的生产条件）持续的进入和退出使行业内持续存在着一个不间断的技术分布范围。既然销售价格受制于竞争，那么生产条件的分布范围会相应地反映为单位成本、利润量和利润率的分布范围。当更新的厂房规模更大时，单位成本与企业规模负相关，而利润量与企业规模正相关。需要注意的是，后一个命题并不是必然的，因为如果企业能够设定（较高的）价格，使成本优势得不到发挥，那么利润量就可能与企业规模无关，甚至随着企业规模的扩大而下降。最后，从某种程度而言，规模更大的厂房具有更高的资本密集度，利润率的增加将小于利润量，甚至随着规模的扩大而下降。事实上，我们将很快看到“大多数研究……发现利润率随着企业规模的扩大而下降”（Dhawan 2001, 270n.1）。

安德鲁斯在分析商业模式时注意到，规模更大的企业似乎具有更低的单位成本，对规模确实很小的那些企业而言，其规模增加会使得平均成本急剧下降……就一个行业的稳定结构而言，平均成本下降的速度很快会随着企业规模的增长而放缓（Andrews 1964, 82）。这意味着图 7.10 描述的关系能够与 $k = Ae^{-b \cdot Scale}$（即存在 $\log(k) = \log(A) - b \cdot Scale$）这种形式的指数关系兼容，见图中虚线。当我们对可获得数据进行计量经济学分析时，这种简单的形式很重要。

索尔特（1969）对企业间的成本差异进行了经典的研究。他的第一个结论是任何一个给定的行业都有一个技术分布范围，因为新的生产方法总是在投入运营，而旧的总是不断被废弃（4–6, 48–49, 62–63, 95–99）。“总投资是发展新技术的载体”（65），并且“在任何时间内存在的厂房，实际上都是自它们建立之日以来技术发展的凝固的历史——资本存量像化石编年史那样展示着刚刚过去的资本技术史”（52）。即使在给定技术下生产率也会出现重大差异，因为仅仅是厂房老化就会使劳动生产率变得更低。表 7.4 基于索尔特对美国 1933—

1935 年甜菜制糖行业和 1935 年水泥行业的调查数据阐明了这个观点：较新厂房的劳动生产率比最旧的高出 35%~66%。

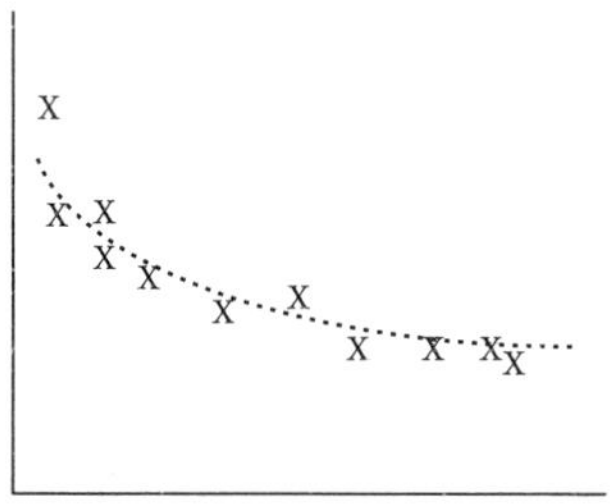

图 7.10 安德鲁斯对单位成本和厂房规模之间相关性的经验研究

如果机器老化是不同厂房的生产率出现差异的唯一根源，没有企业会占据持续性优势，因为每个厂房都必须经历相同的生命周期。但企业之间的差别还在于技术类型，“最优方法”就是“每个时期可获得的最新技术”（Salter 1969, 6）。这与调节资本相同，如果我们将“可获得的”理解为“可复制的”。最优方法技术“体现于新建的厂房中”，并且一般具有更高的劳动生产率（25）。“相对使用年限更久的机器……体现了过去被废弃的技术，因此不能达到当前最优方法的效率标准”（52）。索尔特表明：1911—1926 年，美国高炉炼铁行业最优方法技术的劳动生产率是平均劳动生产率的约两倍（6）；在制鞋行业，生产每双中级固特异沿条牛津鞋[①]的最优方法所要求的劳动量，从 1850 年的超过 15 个小时缩短至 1936 年的不到 1 小时。平均劳动生产率总是更低并且“落后”（6, 25–26）。表 7.5 比较了 1946 年美国棉花纺纱和织布行业中不同生产阶段最优方法和平均方法单位工时能够加工的棉花量。

---

① 固特异沿条工艺是一种世界顶级鞋履的独特制作工艺。因发明“固特异沿条结构制鞋技术”的查尔斯·固特异爵士而得名。——译者注

表 7.4 现存厂房的厂龄和劳动生产率

<table>
<tr><th colspan="3">美国甜菜制糖行业（1933—1935 年）</th><th colspan="5">美国水泥行业（1935 年）</th></tr>
<tr><th rowspan="2">厂房的建造日期</th><th rowspan="2">生产率（吨每工时）</th><th rowspan="2">与最旧厂房的比率</th><th rowspan="2">厂房的建造日期</th><th>生产率（桶每工时）</th><th>与最旧厂房的比率</th><th>生产率（桶每工时）</th><th>与最旧厂房的比率</th></tr>
<tr><th colspan="2">湿法生产工艺</th><th colspan="2">干法生产工艺</th></tr>
<tr><td>1860—1869 年</td><td>0.48</td><td>1.00</td><td>1906 年以前</td><td>1.81</td><td>1.00</td><td>1.81</td><td>1.00</td></tr>
<tr><td>1900—1909 年</td><td>0.57</td><td>1.20</td><td>1906–1915 年</td><td>2.24</td><td>1.23</td><td>1.80</td><td>1.00</td></tr>
<tr><td>1910—1919 年</td><td>0.70</td><td>1.46</td><td>1916–1925 年</td><td>2.35</td><td>1.30</td><td>2.33</td><td>1.29</td></tr>
<tr><td>1920—1929 年</td><td>0.79</td><td>1.65</td><td>1926–1930 年</td><td>2.44</td><td>1.35</td><td>2.99</td><td>1.66</td></tr>
</table>

资料来源：Salter 1969，98，table 9.

索尔特（1969）从中得出了几点理论性结论。我们必须抛弃技术变革是一个“一次性完成”的过程的观念，取而代之的是：技术变革是不间断的变化过程。上述观点的一个推论就是：并不存在类似于传统的长期均衡这样的东西，因为长期均衡的必要假设是单一技术，而这与由技术变革带来的长期存在的技术分布范围不一致（6–7）。因此，“作为一种存在状态的长期均衡从来都不曾实现过”（59）。尽管如此，认识到以下两种决策的区别依然很重要：一方面是涉及技术、投资和（厂房、设备）重置的长期决策，……其中，体现在资本设备上的这种重置会将其影响扩展至长期”；另一方面是涉及产能利用率变化的短期决策。

表 7.5 最优技术与平均技术的生产率差异

美国棉纱和织布行业（1946 年）：每工时加工棉花的磅数			
生产步骤	最优方法	平均方法	最优方法 / 平均方法
清棉	985	575	1.71
梳棉	296	272	1.09
并条	493	461	1.07
细纱	86	53	1.62
落筒	141	115	1.23
浆纱	979	545	1.80
编织	89	56	1.59
织机定型	151	143	1.06

资料来源：Salter 1SD969，97，table 10.

就行业整体水平而言，索尔特比较了英国 1924—1950 年的情况，发现生产率的巨大提高与产出和就业的大幅增长，以及相对直接成本和相对价格的大幅下降都存在相关性。他将生产率增长视为驱动力：因为工资率在一般劳动力市场上已经被决定，相对工资变化不大，所以单位劳动力成本随着劳动生产率的上升而下降；同时，相对原料成本与单位劳动力成本同时下降。因此，劳动生产率较高的行业，总体直接成本会系统下降。另外，在具有更低单位成本的行业中，其总利润量不会更高，因为随着时间的推移而下降的成本会导致价格下跌（Salter 1969, 109–24, figs. 14–16, 21）。结果，1924—1950 年相对价格变化中的 77%（就纯粹统计意义而言）可以由劳动生产率的差异化运动来解释（119–120, fig. 17）。反过来，劳动生产率好像在很大程度上由内在的技术变革驱动，因为劳动力–原料、劳动力–资本的相对价格变化导致的“要素替代”好像没有很大影响（132, 144–145）。索尔特自己没有比较相对价格和相对单位劳动力成本的变化，但在他的书中可以获得另外两个数据系列的必要信息（164, table 28; 197, table 33）。[①] 图 7.11 和图 7.12 分别通过比较美国 1923—1950 年的数据和英国 1954—1963 年的数据（后者见该书补遗，是索尔特 1963 年英年早逝后由 W. B. 雷德韦提供的）展现了这种显著关系。我们将在第 9 章看到，这个模式体现了相对价格有效且更一般的性质的一个方面。

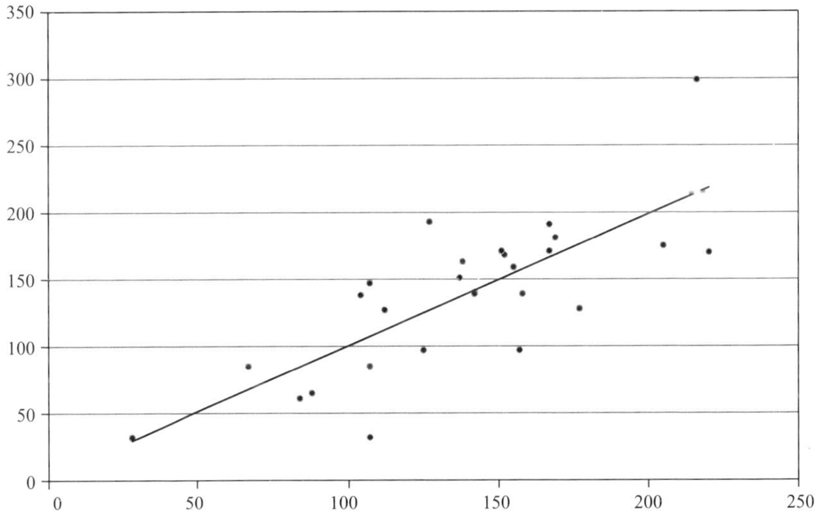

图 7.11　1923—1950 年美国销售价格的变化与单位劳动力成本的变化
（每个变量 1950 年的值与 1923 年的值的比率）

资料来源：Salter 1969，197，table33.

尽管索尔特反对传统的技术静态假设，但不像安德鲁斯，他依然保留了对完全竞争和不完全竞争的传统区别。因此，他继续将竞争性企业视为价格接受者，而将削减企业视为寡头垄断者。尽管如此，他

① 索尔特的“总价格”指销售价格（Salter 1969, 105）。

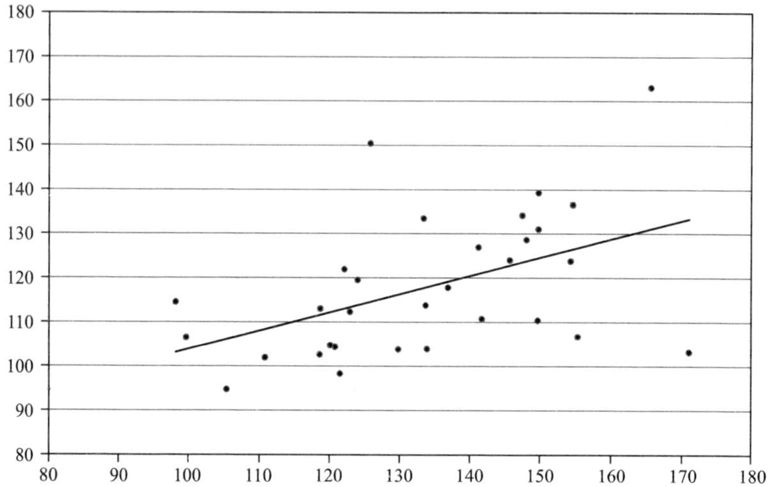

图 7.12　1954—1963 年英国销售价格的变化与单位劳动力成本的变化
（每个变量 1963 年的值与 1954 年的值的比率）

资料来源：Salter 1969，164，table 28.

提出一个重要观点，即一个真正的垄断者会不断扩大产出“直至其所有的投资仅仅获得竞争收益率”，因此“其新建厂房的利润率将是正常收益率”（1969, 90n1, 91）。他还主张企业的削价行为可能会降低新增产能的利润率，从而降低正常利润率，因此“垄断者可能发现通过直接进攻获得市场控制权的成本太高；相反，他将试图通过新增产能攫取一切新增市场，从而相对于其竞争对手实现增长”（93）。索尔特后来主张新增产能将会扩大相对于需求的供给，这将拉低市场价格，有可能吸引新消费者进入市场，直至新增产能被吸收以及一些旧的产能随着价格的下降而无利可图（55）。

最优方法厂商的成本低于平均成本的事实，意味着在任何与其他企业相同的价格上，它们的利润量更高。但如果它们的资本成本也更高，则它们在支配性市场价格上（在价格削减之前）具有更低的利润率也是可能的。索尔特自己没有关于行业资本存量或单位资本成本的数据，因此他不得不从总利润量的数据中推断资本成本的模式。他谨慎地指出，“总利润量不能很好地量度单位资本成本”，因为前者不仅包括单位折旧（与单位资本成本成比例），而且包括单位净利润、租金和利息（Salter 1969, 131）。尽管如此，因为他已经注意到单位劳动力成本更低的行业的总利润量不一定更高（117, fig. 16），所以他被（暂且）引向去驳斥效率更高的厂房有更高单位资本成本的假设。他的这部分论证是混乱的，因为他也可以推断不同的厂房有相似的总利润量，因为更高的资本成本往往与更低的净利润量相关。无论如何，他都转向了新古典的理论观点，即无论如何，如果更低的劳动力成本伴随着更高的资本成本，那么这肯定是因为由工资相对于资本品价格上升导致的“资本替代”。在这里，同样是因为没有资本品价格的数据，所以他被迫转而依赖相对于劳动力成本的原料成本变动。因为这两种成本并列上升，他最终驳斥了单位资本成本更高的假设。我们将在稍后分析包含资本成本的数据时再讨论这个问题。

最后，索尔特指出新方法“只有在有可能获得超额利润时才会被采用”。于是，由行业内外的企业家引入的这类厂房将会“相对于需求条件”不断扩张产出，直至超额利润消失（即新厂商的收益率等于正常水平）。因此，最后“最优方法技术仅能获得正常利润”（Salter 1969, 55）。这里出现了三个非常重要的问题：第一，像安德鲁斯和布伦纳一样，索尔特支持古典的观点，即调节资本从长期来看仅能获得正常利润率；第二，索尔特宣称新生产方法只有在获得超额利润率时才会被采用；第三，他解释道，引入更低成本的生产方法将会通过扩大相对于需求的供给导致价格下降。后两个命题潜在地建立在新古典完全竞争理论的基础上，其中企业进行决策时视市场价格为给定的，并且市场价格反过来只能通过供需改变。索尔特依然认为价格削减行为存在于市场竞争领域之外（即作为寡头垄断行为）。另外，安德鲁斯则坚持认为竞争性企业是一个既能制定价格又能削减价格的主体，它在竞争战中的成功取决于其成本优势。

7.6.3 对比价格接受和价格削减情境下的技术选择

本章开始部分的表 7.1 展现了一个数值实例，其中单位生产成本更低的方法具有更高的单位资本成本。在任何主导性价格水平下，成本更低的生产方法总是具有更高的净利润量。我们认为效率更高的企业资本成本更高，折旧成本也更高，所以总利润量也会更高。尽管如此，效率最高的企业的利润率（D）低于最接近它的竞争者（C）。根据索尔特基于以下观念的（正统）标准，即市场价格不受企业控制，方法 D 将不会被采用。但是，如果我们反过来接受安德鲁斯和布伦纳的观点，我们会看到方法 D 的成本优势使其有能力削减价格，然后销售者之间的竞争将迫使其他企业跟着它削减价格。表 7.2 表明价格仅仅下降 10% 将使方法 D 和方法 C 的利润率相同，并且任何低于这一水平的价格都会使 D 成为利润率最高的生产方法。两种不同的结果产生于竞争观念的根本差异。只有真实竞争理论意味着，在主导性市场价格下利润率更低的潜在方法，将会因其成本优势而成为市场中的支配方法。因为新的具有更低成本的方法需要时间来拉低市场价格，所以只有真实竞争理论意味着新的（规模更大的）方法可能具有更低的利润率。我们很快将会看到商业文献已经普遍观察到了利润率和企业规模之间的负相关关系。我们将会在 7.7 节看到在这两种竞争之下起基础作用的观念的对立，正是有关技术选择的学术争论的核心（Shaikh 1978, 1980d）。

面对成本差异的价格削减行为，带来了进一步的可能，即价格差异与成本差异相关。当具有更低成本的新企业试图通过为给定质量的商品制定更低的价格挤入市场时，现存企业必须做出反应。如果选择忽视价格下降，它们将会随着消费者的逐渐离开而损失利润。另一个选择是如果与新价格保持一致，那么它们将会直接减少自身的利润量。具有更旧厂房的企业可能会更多地考虑第一种选择，因为它们在不久的将来将要进行厂房替换，而具有更新厂房的企业将会通过降低价格进行更有力的回击。因此，在每个行业观测到的成本差异的分布，将伴随着相应的价格差异的分布。此外，这意味着企业间的生产率差异会比其收入差异更大，因为具有更高生产率的企业倾向于制定更低的价格。这恰恰是经验证据所表明的现象。

对生产率的量度通常是用行业内的价格平减指数对销售收入进行平减得到的，但这种量度是误导性的，因为销售收入同时反映了物质生产率和价格。在大多数行业的研究中，不同企业间产品结构的变化使我们很难直接观察到价格差异。一个间接的方法是用收入数据估计企业层面的生产函数，然后用相应的生产率估计值去推测价格水平。此外，这要求我们相信企业层面的新古典生产函数，但并没有来自现实的证据支持该生产函数（见 4.2.2 小节）。一个更加直接的方法就是聚焦于只生产一种同质产品的行业。福斯特等人对 11 种不同产品的生产商建立了共计 17 669 个机构层面的观察值，跨期 5 年（Foster, Haltiwanger, and Syverson 2005, 1, 17）。他们的发现增加了“相当［有体量］的证据，即生产率更高的企业取代了生产率更低的企业”。具有更低成本的企业发展更快，且更有可能存活，这表明“选择机制在起作用”（1）。但是，存活和生产率之间的联系是间接的，因为“选择取决于利润率而非生产率”，而后者只是影响前者的诸多因素中的其中一个。在每个行业中，单位工人的物质生产率和收入都存在巨大而持续的差异。但是，后者的离差更小，“因为新进入的企业制定的价格比已有企业更低”（1）。物质生产率更高的企业制定的更低价格，甚至可以抵消生产率的差异到这种程度——使新企业和已有企业单位工人的收入更低：因此，物质生产率与价格负相关，而基于收入的生产率与价格正相关（abstract, 1, 4）。就其本身而言，低物质生产率与退出的高概率相关联，但低价也与之相关联。这乍看起来令人迷惑，因为低价与新企业有关，而新企业具有更高的生产率。但如果我们回想到新进入者具有高退出率，并且成功者的概率更小而失败者的概率更大，以及实力更弱的企业为了清除存货而进行停业大甩卖，那么低价与退出概率存在部分相关性就说得通了（Andrews 1949, 87–88; Brunner 1952b, 738; Bryce and Dyer 2007）。

表 7.6 阐释了上述模式。对规模更大且生产率更高的资本而言其销售价格更低，且价格可以如此之低，以至这些生产率更高的资本的单位工人收入、利润量和利润率在其发展初期实际上会更低。这可以用来提醒我们新企业为了之后进入行业阶梯的顶端，一般愿意在初期承受利润率的下降（Darlin 2006, C1）。

7.6.4 关于企业层面的成本、资本密集度和利润的经验证据

如果完全竞争理论在经验上是合理的，那么行业内所有企业的成本和利润率将大体相同，因此一般企业即调节资本。那么，资本的跨行业流动将使行业的平均利润率均等化。既然行业内的企业相似，这也将会使不同企业的利润率均等化。那么，在任何时刻从所有行业中抽出的企业合并样本的利润率可能依然不同，但是企业层面的利润率的时间平均值必须相等。这是大多数关于企业层面利润率研究的预期，

表 7.6 局部价格削减对相对利润率的影响

资本	(1) 销售价格	(2) 单位成本(正常产出)	(3) 单位产出利润(1)--(2)	(4) 正常产出	(5) 资本存量	(6) 单位正常产出资本	(7) 物质生产率	(8) 单位工人收入 $\frac{(1)\cdot(7)}{100}$	(9) 单位销售额成本	(10) 利润率(%)(3)÷(6)
A	100	82	18	100	12 000	120.00	0.244	0.244	0.820	15.00
B	97	80	17	110	14 000	127.27	0.250	0.243	0.825	13.36
C	94	78	16	120	16 500	137.50	0.256	0.241	0.830	11.64
D	92	76	16	130	21 000	161.54	0.260	0.239	0.826	9.90

注：其中单位工人收入等于销售价格乘以物质生产率，除以基年价格（假定为 100）。

但总是被证伪。这里的问题在于为什么会出现这种情况。

梅尼亚注意到利润率不同的问题“也许是行业组织中的基本问题”。为了解释持续存在的利润率差异，早期研究接受了不完全竞争的观点，其中市场权力、同谋和进入障碍被认为是导致完全竞争不能实现的主要因素。随后的研究也考虑了效率的差异。尽管如此，一些人仍然试图将差异归结于对利润和资本存量的不恰当量度——尤其是不能量度与广告和研发有关的“无形资本”。但这种解释并不成功（Megna and Mueller 1991, 631）。

沃尔顿（1987, x, xii–xx）研究了 4 个主要部门（制造业、批发业、零售业和服务业）中企业的利润率。他发现所有企业中有 50% 的企业的利润率处于 29%~45% 这一狭窄的范围，并且在 95% 的置信区间内，前三个部门的平均利润率大致相等，且利润率随着企业规模的扩大而下降，因此小企业的利润率比大企业更高。后一种结果相当普遍，正如达万（2001, 270n271）注意到“大多数研究……发现利润率随着企业规模的扩大而下降”，尽管少数研究发现了相反的结果。另外，他指出企业规模越大，风险水平明显越低（存活率越高），并且融资成本越低。他运用标准普尔公司保有的电子计算机会计数据库文件开展这项研究，数据库包括1970—1989年美国股票市场上7 000家公开交易的企业。为了建构出一个指标用以量度价值增加值，他需要存货和劳务支出的数据，因此他自己的样本减少至935个。他将资产的账面价值转化为市场价值，然后用GDP平减指数将所有变量转化为1982年的美元值。最后，他基于之前研究中所用样本的平均资产范围将样本分为小、中、大和特大规模的企业群体：小企业是在数据集中，跨期平均资产持有量（扣除物价因素后的实际值）低于0.25亿美元的企业；中等企业是该指标为0.25亿~2.5亿美元的企业；大企业是该指标为2.5亿~10亿美元的企业；特大企业是该指标为10亿美元以上的企业（283）。表7.7列出了他的主要发现：平均利润率随着企业规模的扩大而下降，但风险和破产率也随之下降。事实上，如果将平均利润率乘以存活率，那么风险调整后的利润率并不存在很大差异。

达万（2001, 270–271）假设大企业的利润率更低是因为其劳动生产率更低，他用估算出的企业层面的生产函数验证其假设。其论点的这个方面因以下几点原因而显得古怪。第一，正如表7.7最后一列所列出的，达万自己证明利润的大部分差异可以由风险来解释。第二，令人感到奇怪的是，他没有为单位销售额成本和企业规模之间的关系建立一张类似的表，而这可以很容易地从他的数据库中计算出来。第三，我们已经看到技术变革促使企业生产规模更大，而且使新企业的单位成本更低。这意味着一个与达万相反的假设：更大的企业具有更高而非更低的成本效率。那么，大企业较低的利润率只能由足够高的资本密集度来解释，而就像之前的索尔特一样，达万没有对此进行研究。

表 7.7 不同规模企业的利润率和风险（1970—1989 年）

规模（百万美元）	平均利润率（%）	标准差（%）	离散系数	清除率（%）	风险调整后的利润率（%）
小（0~25）	12.92	16.89	1.31	13.8	11.13
中等（25~250）	11.95	6.7	0.56	9.5	10.81
大（250~1 000）	11.15	6.52	0.58	3.6	10.74
特大（>1 000）	9.93	5.55	0.56	1.3	9.8

注：其中规模指企业在样本时期中实际总资产的平均值；利润率指单位总资产中折旧后的营业利润；清除率指因清算、破产或停止运营而被清除出样本的企业比例；调整后的利润率指平均利润率乘以生存概率（即 1 减去失败率）。

资料来源：Dhawan 2001，283，table2.

直接解决所有的这些问题是可能的。标准普尔公司的计算机会计数据库分类文件提供了 1976—2009 年美国所有公开交易企业的信息。[①]美国编制了企业的总成本、销售额、利润（销售额减去成本）和资产的数据，所有的变量都通过资本品的价格指数转化为 2005 年美元的不变价格。为了建构一个面板数据，每个国家每一年的企业分类数据都被加总并被赋予唯一的身份（ID）号码。带有负企业销售额、成本和资产的无意义项被清除，并且因为我们关注的是存活企业的技术，所以样本被进一步限制为利润为正（销售额大于成本）的企业，此外，一个上报利润率为 5 000% 的样本被清除。最后，因为无法恰当量度金融资本，所以金融部门被排除在外。[②]这些步骤将样本规模从 58 408 个减至 38 948 个。

正如在达万（2001）的文章中所写的，企业规模被定义为不变美元价格的资产规模。考虑到销售额、成本、利润和资产都为正，我们

① 感谢简·凯尔帮我收集这个数据库，感谢真纳罗·泽扎在计量经济学方面的帮助。

② 保险和银行企业以准备金的形式持有其资本相当大的比例，这一项应该加入固定资本和库存中（Shaikh 2008, 189–190）。

很容易对这些变量进行对数回归。对数形式与安德鲁斯对成本和企业规模间关系的观察是一致的，正如图 7.10 所示，结果表明对数形式一般优于绝对水平形式，仅仅用一个单独的估计的系数就方便地总结了变量相对于企业规模的弹性。在面板数据中，销售额、成本和利润对资产进行对数回归[①]使用了跨区域的固定效应（在一个给定的国家，每家企业的截距不同），并且残差是 I（0）。[②]表 7.8 中的回归结果可以用来推导出相应的单位销售额成本（成本 / 销售额）、单位销售额资本（资产 / 销售额）及利润率（利润 / 资产）三者相对于企业规模（资产）的弹性，如表 7.9 所示。[③]

表 7.9 中的弹性估计表明单位销售额资本随着企业规模的扩大而上升，但单位销售额成本几乎保持不变。后一种结果初看令人震惊，因为我们已经证明单位产出的成本随着厂房规模的扩大而下降（Andrews 1964, 82）。那么，如果更大的企业拥有更大的厂房，我们可以预期企业也存在同样的相关性，即单位产出的成本随着企业规模的扩大而下降。然而，我们知道具有更低成本的企业倾向于制定更低的价格，价格可以低至使单位销售额成本保持不变，或者甚至随着企

① log（利润）和 log（资产）之间的关系必须分别估计，因为 log（利润）=log（销售额减去成本）不能以销售额和成本的对数形式表示出来。在任何给定的时期内，资本存量是给定的，因此我们可以认为是资产“导致”了成本、销售额和利润的变化（即后三个变量是因变量）。

② 还构建了误差矫正模型，用以检验并估计长期系数，发现该系数与表 7.8 提供的信息非常相似。

③ 所有的回归方程都是这种形式：log（y）=a+b·log（K）。其中 y 为成本或销售额，K 为资产，这样一来，因变量 y 关于企业规模的弹性就是贝塔系数 b，该弹性量度的是企业规模变化 1% 所导致的 y 变化的百分比。第一个回归方程 log（销售额）=$a_1+b_1\cdot$log（K）可以推导出资本密集度（K/ 销售额）和企业规模（K）之间的关系，因为 log（K/ 销售额）=log（K）– log（销售额）= $-a_1+(1-b1)\cdot$log（K）。第二个回归方程 log（成本）=$a_2+b_2\cdot$log（K）与第一个回归方程联立得到单位销售额成本（成本 / 销售额）和企业规模之间的关系：log（成本 / 销售额）=log（成本）– log（销售额）=（a2 – a1）+（b2 – b1）·log（K）。最后，利润回归 log（利润）=$a_3+b_3\cdot$log（K）可用以推导 $\log(r)=\log\left(\frac{利润}{K}\right)=\log(利润)-\log(K)=a_3+(b_3-1)\cdot\log(K)$。在所有这些方程中，弹性都是有意义的贝塔系数 b。

表 7.8 对非金融企业的基本回归（变量以 2005 年美元为单位）

因变量 LOG（销售额）				
变量	系数	标准差	t 估计	概率
LOG（规模）	0.727 972	0.002 812	258.845 5	0.000 0
C	1.636 785	0.016 508	99.151 68	0.000 0
	R--squared	0.985 737	Mean dep. var	5.896 439
	Adjusted R–sq	0.982 734	S.D. dep. var	1.957 530
	S.E. of regression	0.257 207	Akaike criterion	0.278 911
	Sum squared resid	2 128.489	Schwarz criterion	1.769 438
	Log likelihood	1 342.497	Hannan–Quinn criterion.	0.751 295
	F–statistic	328.291 7	DW stat	0.907 807
	Prob（F–stat）	0.000 000		
因变量 LOG（成本）				
变量	系数	标准差	t 估计	概率
LOG（规模）	0.733 549	0.003 016	243.197 6	0.000 0
C	1.442 636	0.017 705	81.483 47	0.000 0
	R–squared	0.984 413	Mean dep. var	5.734 922
	Adjusted R–sq	0.981 132	S.D. dep. var	2.008 220
	S.E. of regression	0.275 854	Akaike criterion	0.418 888
	Sum squared resid	2 448.289	Schwarz criterion	1.909 415
	Log likelihood	–1 383.418	Hannan–Quinn criter.	0.891 272
	F–statistic	300.009 6	DW stat	0.895 804
	Prob（F–stat）	0.000 000		
	0.736 643	0.007 786	94.609 22	0.000 0
	–0.838 308	0.045 703	–18.342 67	0.000 0
	R–squared	0.911 738	Mean dep. var	3.472 083

（续表）

因变量 LOG（利润）				
变量	系数	标准差	t 估计	概率
LOG（规模）C	Adjusted R-squared	0.893 158	S.D. dep. var	2.178 522
	S.E. of regression	0.712 086	Akaike criterion	2.315 545
	Sum squared resid	163 314.37	Schwarz criterion	3.806 072
	Log likelihood	–38 318.9	Hannan-Quinn criter.	2.787 929
	F-statistic	49.070 63	DW stat	1.379 924
	Prob（F-stat）	0.000 000		

注：方法为面板数据最小二乘法。样本为 19762009 IF SALE>0 AND COST>0 AND AT>0 AND（NAICS<520 000 OR NAICS>530 000）AND（ROA>0 AND ROA<25）。
包含的时期 =34，截面数据 =6 773。总面板（不平衡的）观测值 =38 948。效应说明：界面固定（哑变量）。

表 7.9 对成本、利润和企业规模进行基本回归的含义

样本 2（38 948 个观测值）：销售额、成本、利润、资产 >0, 0 < 利润率 <5 000%		
资本密集度	$e_{\kappa,K} = 0.272$	资本密集度随着企业规模的扩大而上升
单位销售额成本	$e_{uc,K} = 0.006$	不同规模企业的单位销售额成本保持稳定（不同规模企业的利润量保持稳定）
利润率	$e_{r,K} = -0.263$	利润率随着企业规模的扩大而下降

业规模的扩大而上升。这样，观察到的不同规模企业的单位销售额成本保持不变，就与之前表 7.6 所示更大企业具有更低的单位产出成本并行不悖。最后，利润率随着企业规模的扩大而下降，或多或少与单位销售额资本的上升成比例。因为更大规模的企业可能制定更低的价格，所以我们不能将资本密度（单位产出的资本）与销售价格的变化对利润率的影响区分开，也不能将单位销售额成本及单位销售额资本的影响区分开来。尽管如此，我们可以说资本密集度与单位

成本之比随着企业规模的扩大而上升。假设X=产出，$\mathcal{S}$=p·X=销售额，uc=单位成本=成本/产出，ucs=单位销售额成本=成本/销售额=单位成本/价格，κ=资本密集度=资本/产出，κ'=单位销售额资本=资本/销售额=资本密集度/价格，那么，资本密集度/单位成本=单位销售额资本/单位销售额成本，这个比率一定会随着企业规模的扩大而上升。这个简单的事实最终对价格削减行为下的利润率路径有深刻影响（见7.7节）。以上全部发现与安德鲁斯和索尔特的观点以及达万关于利润率的主要发现非常一致。

7.6.5 调节利润率均等化的经验证据

利润率均等化思想在所有竞争理论中都处于核心地位，但不同理论对其根本过程和结果的刻画基本上不同。真实竞争理论认为利润率均等化是一个动态的动荡过程。潜在预期收益率激发新投资流入某行业，这种潜在新投资体现在可复制的最佳在用生产条件（即调节资本）上（Cohen, Zinbarg and Zeikel 1987, 387）。具有更高成本的生产方法（通常以旧技术为代表）被排除在外，因为后者即使可以复制也缺乏竞争力。另外，依赖特殊位置等的生产方法也被淘汰，因为它们不可复制。竞争不断淘汰具有更高成本的资本，不断将新资本投入战斗（Shaikh 1978, 240–241）。正如索尔特所提醒的，行业内个体资本一般体现了不同的生产条件（Salter 1969, 4–6, 48–49, 62–63, 95–99）。

对潜在利润率进行评估的是一系列异质的投资者。任何一个给定的行业都不存在唯一一个预期利润率，而是一系列各不相同的根据实际结果不断修正的预期收益率。[①] 因此，古典经济学通常关注的是实际的结果，而非由实际结果激发的各种各样的预期。

在不断增长的经济体中，新增资本流入一般为正。然而，如果给定行业内调节资本的利润率高于经济整体的平均调节利润率，那么该行业的生产将会增加，直至该行业的供给比需求增长得更快。不断增加的过量供给反过来将压低行业的相对价格，从而降低其调节利润率。后者很可能降至低于一般利润率，然后导致供给比需求增长更慢。应该注意的是，驱动这个过程的生产增长率的变化，首先是由现存产能利用率的变化引起的，只有在后来，如果必要的话，才会由产能增长率本身的变化引起。最后的结果是新增投资的实际利润率在一些“丰瘠之年”期间实现了动荡的均等化，而这个“丰瘠之年”的精确长度取决于所分析行业的不同（Mueller 1986, 8; 1990, 1–3; Botwinick 1993, ch.5; Shaikh 1998b）。只有通过追踪调节资本在足够长的时期内的运动，我们才能评判这些（风险调整后的）利润率是否在实践中实现了均等化。

新古典理论在一个静态的、完美主义的框架中运行（Mueller 1990, 4）。它假定资本可以自由进入和退出行业，以确保在任何给定行业内的企业都运用相同的（最高效的）生产方法，以及所有企业都生产相同的（同质的）产品。在任何一个行业里，短期内的竞争都会产生唯一一个共同价格，并且因为这些企业都完全相同，所以竞争也使每个企业的利润率都相等。另外，从长期（这个概念像“短期”一样，奇怪地不受时间影响）来看，行业间的竞争使每个行业的利润率都相

① 传统金融理论关注的重点在于预期收益率，它被定义为隐含在任何预期的未来现金流中保持不变的内在收益率（IRR）。因为异质的投资者对任何给定的项目都有不同的估值，所以不可能存在所谓的“预期收益率”（Lutz 1968, 218）。最后，投资间套利（即利润率均等化）的假设便出现了。

等。因为行业内所有企业的利润率都相等，所有行业的利润率也都相等，所以所有企业的利润率都相等。这是新古典理论关于竞争的基本假设。

斯拉法的理论在这方面与其非常相似，因为它通常有三个关键假设。第一，所有利润率都完全相等，这意味着行业间不存在任何利润率差异。[①]第二，在任何给定行业中仅存在一种生产条件，因此调节条件也就是平均条件。[②]这意味着行业内不存在任何利润率差异。租金理论是个例外，其中只有零地租的生产条件才是调节条件（即参与利润率均等化的那些生产条件）（Ricardo 1951b, ch.2; Sraffa, 1960, ch.11）。因此，各种类型的更多样化的特权资本被视为地租理论的一般化。第三，相对使用年限更短的机器的资本价值被这样分配，它可以使利润率恰好与最新的机器相等。甚至在新古典理论中，这也被视为量度净资本存量的理想方法（Gordon 1993, 103）。那么，在这样的条件下，因为所有资本的利润率相等，所以行业内总资本的平均利润率与新资本的利润率相等。正如在新古典理论的情况中一样，斯拉法的理论在评判利润率差异的时候不必区分企业和行业。

奥地利学派强调竞争是一个过程而非某个永恒的状态，这向前跨进了一大步。竞争被视为这样一个过程："受超额利润吸引，进入的力量强大且迅猛，……并且它们之间的竞争会使这些利润迅速消失。"（Mueller 1986, 4）暗含之意是：这个迅速的过程也是稳定的。因此，

① 库尔茨和萨尔瓦多里为统一利润率进行辩护，他们认为，如果市场价格的运动趋势可以被理解为市场"利润率彼此间从来不会偏离太多"这样的观念，那么我们也许就可以将下面的做法合理化："从一个统一利润率这样的'典型事实'出发，也就是说，采纳长期（分析）的方法"（Kurz and Salvadori 1995, 20）。

② 另一种情况是，如果在某个给定的实际工资水平上，一件给定的商品有两种并存的生产方法，那么就假定只有这两种方法的利润率相等时，它们才能在竞争均衡中存在（Sraffa 1960, 38–39）。

验证新古典的理论是要看利润率是否在任何时候都大致相等，而验证奥地利学派的竞争理论是要看“市场是否稳定而灵敏”（Geroski 1990, 28）。熊彼特学派经济学强调技术的持续创新、应用和替换，这和索尔特很相像，但熊彼特学派对跨期利润率的差异言之甚少。演化经济学同样强调创新和适应，但也有缺乏特殊性这一缺陷。缪勒（1990, 3–4）将二者都归入一般的奥地利学派研究方法，其经验分析包括估计实际利润率的长期引力中心，检验风险调整后的利润率是否相等（检验其风险调整后的相等性），以及估算调整速度。

除了没有区分调节资本和非调节资本外，奥地利学派的一般化竞争模型与古典马克思主义有很多共同特征。因此，对奥地利学派而言，原假设是“所有个体公司的利润率都收敛至一个单一的竞争性水平”（Mueller 1986, 13）。结果表明，可以在经验上观察到企业层面的利润率存在持续差异，这被视为非竞争条件的表面证据（Mueller 1986, 9–12, 31–33, 130）。这与古典观点非常不同，后者认为：利润率在任何时间都不同是相当正常的，只有调节利润率才可能在足够长的时间内动荡地实现均等化。

在现实实践中，行业间的利润率各不相同，在任何给定行业都同时存在多样化的生产方式，而且机器几乎不可能被估值为“理想”水平。的确，资本存量通常是无法直接量度的，因此它们是基于对服务寿命和报废模式的高度简化假设，从可观测到的总投资流量中建构出来的。[①] 这导致对长期利润率的估计会出现未知且可能较大的误差。因此，如果我们要从古典理论的角度考虑利润率均等化问题，就必须找到一种可以量度调节资本收益率的方法。

① 尽管这些假设的有效性已经被广泛质疑，但由于计算上的极大便利性，它们依然在大多数国家中被继续使用（OECD 2001, ch.8, 75–81）。第 6 章和相关附录详细讨论了这个问题。

7.6.5.1 平均利润率和调节利润率量度方法的界定

即使在一家单独的企业中，我们也必须区分总资本的利润率和最新投资的利润率。较旧的资本和较新的资本之间存在的成本差异，意味着它们有不同的单位销售额利润量，而且，如果我们根据每种资本的初始预付资本[①]（根据通货膨胀率进行恰当的调整后），即根据总资本存量的概念（OECD 2001, 31）来估算其利润率的话，其利润率一般也不相同。这意味着我们不能将企业的平均利润率作为其调节利润率的量度指标。在行业层面也存在类似的问题。[②]在这两种情况下，对行业间竞争进行量度有意义的指标都是最新投资的利润率。

总资本的利润率是指总利润和资本存量的现行成本价值之间的比率。运用资本的现行成本价值可以确保这个比率是实际收益率（即根据通货膨胀率调整过的），因为分子和分母都是现值（见附录 6.2.2）。如果我们将分子和分母同时除以一个共同的价格指数，上述观点就可以很明显地表示出来。

$$r_t = \frac{P_t}{K_t} \text{（平均利润率）} \tag{7.2}$$

总资本的利润率本身就是所有资本存量中不同类型资本的现价利润率的平均值，包括最新投资（即调节资本）的利润率。后者是有意义的比率，因为它代表了最新投资的现价利润率（r_{I_t}），即凯恩斯所说的“资本的边际效率”（Kaldor 1957, 592）。定义 P_{I_t}= 最新投资的现价利润，K_{I_t}= 新投资的现价成本。那么新投资的利润率为：

$$r_{I_t} = \frac{P_{I_t}}{K_{I_t}} \text{（新投资的利润率）} \tag{7.3}$$

---

① 资本的相对使用年限和技术类型是两个不同的问题。每种资本可以有不同的相对使用年限，这取决于它已经运转了多长时间。

② 此外，因为行业本身可能是全球化的，所以对给定行业而言，调节利润率在世界范围内的均等化可以与平均利润率在国家范围内的持续差异共存（见 7.4 节）。

现在，问题变为估计新投资的现价利润和现价成本。在任何给定的时间，企业赚取的现价利润（p_t）都是最新投资的现价利润（P_{I_t}）和所有更早投资的现价利润（p'_{K_t}）之和，后者是在不存在最新投资 I_{t-1} 时已经能够获取的利润[①]。

$$P_t = P_{I_t} + P'_{K_t} \tag{7.4}$$

需要注意的是方程（7.4）中的两项都是以现价货币为单位的。令 p_t 和 p_{t-1} 分别代表当前时期和上一时期的共同价格指数。于是，被转化为现价货币单位的上一时期的利润是 $P_{t-1}\left(\frac{p_t}{p_{t-1}}\right)$，因此我们可以重写方程（7.4），将新投资的利润表示为以现价表示的总利润的增量与一个调整项之和，其中后者包含了价格、工资、效率、规模和产能利用率的变化对上一年存活资本（即与当前情况相比“更旧的”资本）的影响：$P_{I_t} = \left(P_t - \left(\frac{p_t}{p_{t-1}}\right)P_{t-1}\right) + \left(\left(\frac{p_t}{p_{t-1}}\right)P_{t-1} - P'_{K_t}\right)$。类似地，把上一期投资流 I_{t-1} 转化为现价单位，得到新资本的现行成本价值 $K_{I_t} = \left(\frac{p_t}{p_{t-1}}\right)I_{t-1}$。那么新投资的利润率为：

$$\begin{aligned}
r_{I_t} = \frac{P_{I_t}}{K_{I_t}} &= \frac{\left(P_t - \left(\frac{p_t}{p_{t-1}}\right)P_{t-1}\right) + \left(\left(\frac{p_t}{p_{t-1}}\right)P_{t-1} - P'_{K_t}\right)}{\left(\frac{p_t}{p_{t-1}}\right)I_{t-1}} \\
&= \frac{\left(\frac{P_t}{p_t} - \frac{P_{t-1}}{p_{t-1}}\right)}{\left(\frac{I_{t-1}}{p_{t-1}}\right)} + \frac{\left(\frac{P_{t-1}}{p_{t-1}} - \frac{P'_{K_t}}{p_t}\right)}{\left(\frac{I_{t-1}}{p_{t-1}}\right)} \\
&= \frac{\Delta PR_t}{IR_{t-1}} + \frac{PR_{t-1}\left(1 - \frac{PR'_{K_t}}{PR_{t-1}}\right)}{IR_{t-1}}
\end{aligned} \tag{7.5}$$

其中，$PR_t \equiv P_t / p_t$ = 实际利润，$IR_{t-1} \equiv I_{t-1} / p_{t-1}$ = 滞后期的实际

① 即如果没有新投资，之前的老投资已经能够获取的利润。——译者注

投资，等等。因此，对新投资现价利润的测算可以归结为估算更旧资本存量的现价实际利润与同一组资本品在上一期获得的实际利润的比值，即估计 PR'_{K_t} / PR_{t-1} 的大小。假设 YR_t、wr_t、t_t、L_t、$yr_t = YR_t/L_t$ 分别表示实际产出、实际工资、间接企业税率、就业率和生产率。和以前一样，与当前时期的旧资本相关的变量都标注为 wr'_t、YR'_t 等。将经济产能和相应的就业率、生产率表示为 YR_{n_t}、L_{n_t}、yr_{n_t} 等，其中经济产能指在长期竞争中经济上合意的生产点（Kurz 1986）。最后，假设 $u_t = YR_t / YR_{n_t}$ = 产能利用率。因为实际利润等于实际价值增加值扣除间接商业税和实际工资之后的差额，所以我们可以将更旧资本的相对利润写为以下三项的乘积，正如之后将讨论的，每一项的一般性影响都可以通过上方的符号表示出来。

$$\frac{PR'_{K_t}}{PR_{t-1}} = \frac{YR'_t\left(1-t_t\right)-wr'_t L'_t}{YR_{t-1}\left(1-t_{t-1}\right)-wr_{t-1}L_{t-1}} = \left(\overset{\pm}{\frac{u'_t}{u_{t-1}}}\right)\left(\overset{-}{\frac{YR'_{n_t}}{YR_{n_{t-1}}}}\right)\left(\overset{\pm}{\frac{mr'_t}{mr_{t-1}}}\right) \qquad (7.6)$$

$$mr'_t = \left(1-t_t-\frac{wr'_t}{yr'_t}\right) = \text{本年度较旧资本的实际利润量}$$

$$\text{其中，} mr_{t-1} = \left(1-t_{t-1}-\frac{wr_{t-1}}{yr_{t-1}}\right) = \text{上一年全部资本的实际利润量}$$

在方程（7.6）的右边，第一项是较旧资本本年度和上一年的产能利用率的比率。如果本年度较旧资本和较新资本的利用率大致相同的话，那么这个比率就是总的产能利用率（ u_t / u_{t-1} ）的变化率，后者在战后的平均值仅为 1.002。中间一项是旧资本当前的实际产能与上一年实际产能的比率，因为战后平均退废率约为每年 0.04（见附录 6.7.2.2.2），所以这个比率在 0.96 这个数量级上。因为机器的退废是由老旧资本的利润量下降引起的，所以表达式中的最后一项（实际利润额比率）可能也在同样的数量级比如 0.96 上。那么这三项的乘积可能接近 1，因此$\left(1-\frac{PR'_{K_t}}{PR_{t-1}}\approx 0\right)$，则方程（7.5）表示的新投资的利润率可以简化为实际利润的变化与上一期实际投资的比率，即为实际增量利润率。为了避免资本存量量度中众所周知的固有困难，我将使用可以直接观测到的实际总投资（IGR）和实际总营业盈余（GOSR）来取代相应的净值，前者调整为包括存货的（投资的）变化，后者扩展为包括净货币利息支付的盈余（见 6.8 节，图 6.7）。

$$r_{I_t}\approx\frac{\Delta PR_t}{IR_{t-1}}\approx\frac{\Delta GOSR_t}{IGR_{t-1}}\text{（当期新投资利润率}\approx\text{实际增量利润率）}\tag{7.7}$$

增量利润率有两个主要优点。首先，它很容易量度，因为它的两个组成部分——总利润和总投资在不同国家和不同时期都可以广泛获得：总利润被定义为总营业盈余，而总投资可以直接观测到，不像计算平均利润率那样需要费力建构资本存量的量度。其次，倘若我们明白，像所有的真实的“边际”一样，增量利润率是动荡的、分布曲线存在尖峰且是非连续的——正如 4.4.3 小节中图 4.19—图 4.22 所显示的汽车厂房的实际边际成本曲线那样，它就可以直接被视为资本的“边际”收益率（Elton and Gruber 1991, 454; Damodaran 2001, 695）。①

当然，总产能利用率会在较短时期内经历大量变化。在本章中这更不成问题，因为所有参与比较的各不相同的行业的增量利润率都加入了这个共同的总波动。在第 10 章，当我们将新公司企业资本的增量

① 增量利润率的均等化不等同于具有不同相对使用年限的所有资本的平均利润率的均等化。考虑简单的静态情况（为便于展示可以使用差分形式），所有商品 i=1，…，n 的增量利润率都等于一个固定比率：（dp_i/dk_i）= r_I。那么 $P_i = r_IK_i + C_i$，其中 C_i 为积分的第 i 个常数。因此 $r_i \equiv P_i/K_i = r_I + C_i/K_i$，即使增量利润率均等化，平均利润率也不相等，除非所有的平均利润率恰好都等于增量利润率——这恰好是争论的焦点。

利润率与股票市场的收益率相比较时，这一点同样成立，因为后者也是增量利润率（Shaikh 1998b, 397）。然而，当我们像在第 16 章那样比较平均利润率和增量利润率时，会遇到这样的困难，即前者受产能利用水平的影响，而后者则受到产能利用变化的影响。一个解决方法是像克里斯托杜洛普洛斯（1995）在本章所做的这样，在计算增量利润率之前，先将实际利润和实际投资水平进行平滑处理。另一个简单的方法可以得出几乎完全相同的结果，正如在第 16 章所做的，通过 HP 滤波法对增量利润率本身进行平滑处理。

在我们转向经验证据之前，需要谈到最后一点。6.8 节已经确立，对利润的恰当量度在古典经济学和凯恩斯主义传统中都是净营业盈余（NOS），并用应付利息（即国民收入和生产账户利润和支付的货币净利息之和）的虚构量做了调整。这里的应付利息，是在将资本进一步分割为净利息并支付给借贷者之前，对资本在各种用途中具有的全部“效率”的一种量度。这正是商业文献所称的息税前利润。对资本的相应量度是将固定资本（厂房和设备）和存货加总。1947—2011 年，用应付利息所做的调整，使作为利润率分子的公司企业净营业盈余增加了 10%（见附录表 6.8.1.3），而存货的加入将作为利润率分母的公司企业资本提升了 15%。于是，两项调整很大程度上相互抵销，所以我们可以将理论上正确的利润率近似地表示为国民收入和生产账户中的公司企业净营业盈余与附录 6.7.2 推导出来的新的公司企业固定资本存量总额量度值之间的比率。后一种量度值对总利润率趋势的分析必不可少（见第 6 章，图 6.2 和图 6.5），但对部门间的比较而言，传统的净资本存量的量度值就可以满足。最后，就理论而言，对增量利润率的恰当量度，可以通过国民收入和生产账户中的对等指标得到相当好的近似，因此我们在这里甚至将应付利息和存货的调整都省了（见第 6

章，图 6.7）。

下一部分研究的数据搜集自多个可获得数据库。克里斯托杜洛普洛斯（1995）使用了经合组织成员 1994 年国际部门数据库（ISDB），该数据库提供了行业总营业盈余、总资本存量和总投资的数据。谢克（2008）使用了美国国民收入和生产账户的部门数据，重点在于以营利为目的的行业，并调整出了经营者和合伙人的工资等价物以及存货。楚尔菲迪斯和察利基（2005, 14）用总利润的变化与总投资之比来表示增量利润率，而我用的是在如图 7.21 所示的用总营业盈余变化与总投资之比来表示增量利润率数据（见附录 7.1）。我们将看到，尽管在精确的量度中存在一些差异，但结果显著一致：增量利润率实现了均等化，而平均利润率通常没有。

7.6.5.2 经合组织成员的经验证据

1994 年的国际部门数据（ISDB）（OECD 1994）包含年度数据，现在数据不再继续更新了，我们有可能从中推导出经合组织成员的以下量度值：总利润［总营业盈余，即 GDP 减去间接工商业税（净补贴）和雇员报酬］、总资本存量和总投资。克里斯托杜普洛斯（1995）用这些数据推导出了世界行业平均利润率和增量利润率。[①] 为了使不同国家和不同行业的数据具有可比性和一致性，我们对 1970--1990 年 8 个国家（美国、日本、加拿大、德国、法国、意大利、比利时和挪威）的八大制造业（食品、纺织、造纸、化工、矿业、金属和金属制品、机械设备和其他制造业）的利润率进行了分析。我们计算了每个行业在世界范围内的总利润、总资本存量和总投资之和，然后运用购买力平

① 感谢克里斯托杜普洛斯为我提供数据并详述相关的步骤，参见谢克（2008）附录 1。

价指数将所有单位都转变为美元。这些数据之后被用于计算世界层面每个行业的平均利润率和增量利润率（appendix l in shaikh 2008）。

图 7.13 的第一幅图中的数据展示了 1970—1990 年世界制造业总资本的平均利润率，用三年中心移动平均值的平滑数据加以表现。正如通常情况下的平均利润率，大多数集群分布在一个共同水平的周围，但是还有剩下的一些持续地高于或低于共同水平。考虑到资本存量的量度存在很多问题（见 6.8 节和附录 6.5），很难将实际差异和统计的人为因素区分开来。第二幅图中的数据展示的是相应的增量利润率的三年中心移动平均值。现在，我们看到了非常不同的模式，增量利润率反复交叉，正如古典利润率均等化理论所预期的那样。

图 7.14 运用相同的数据库描绘了美国制造业的年度总利润率和增量利润率，这次没有对数据进行平滑处理。正如上一张图一样，总资本的利润率表现出一些持续的差异，而增量利润率则出现相当多的交叉。

更近时期 1987—2005 年的数据可以从美国国民收入和生产账户中推导出来。这里介绍 4 项重要创新。第一，因为总营业盈余将所有经营者以及合伙人的收入视为利润，所以对总利润的更好量度就是减去估算的经营者和合伙人的工资等价物（WEQ）。[①] 这种调整降低了量度的所有部门的长期利润率，对那些拥有大量个体经营者的行业影响最大。例如，对建筑业而言，量度的利润率从 90.5% 降至 20.7%。第二，

① 更好的处理程序可能是使用公司企业所在行业的利润－工资比，将经营者和合伙人的收入分为利润和工资等价物，正如 6.8 节和附录 6.1.2 中的总数据所做的那样。但这在行业层面不可能实现，因为没有区分企业的这两种类型。因此，这里使用的方法是谢克和托纳克（1994, 110–113）的方法，最近欧盟委员会负责经济和金融事务的总局将这种方法纳入了年度宏观经济数据库（AMECO），参见 http：//europa.eu.int/comm/economy_finance/indicators/annual_macro_economic_database/ameco_contents.htm.

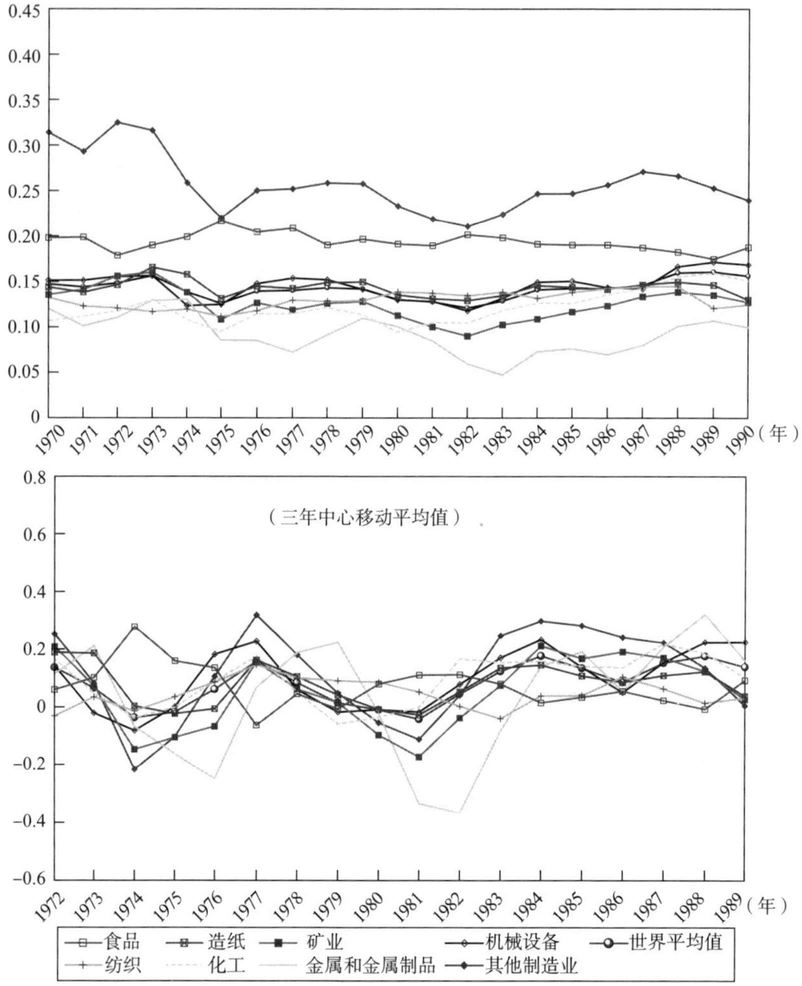

图 7.13 世界制造业的平均利润率和增量利润率（1970—1989 年）

因为之前在 7.1 节中讨论过的原因，我扣除了国民收入和生产账户中对总利润、总投资和资本存量的虚假量度，因为国民收入和生产账户将房产持有者视为将房子租住给自己的交易者（Shaikh and Tonak 1994, 253–254, 267; Mayerhauser and Reinsdorf 2007）。在 1988—2005 年的房

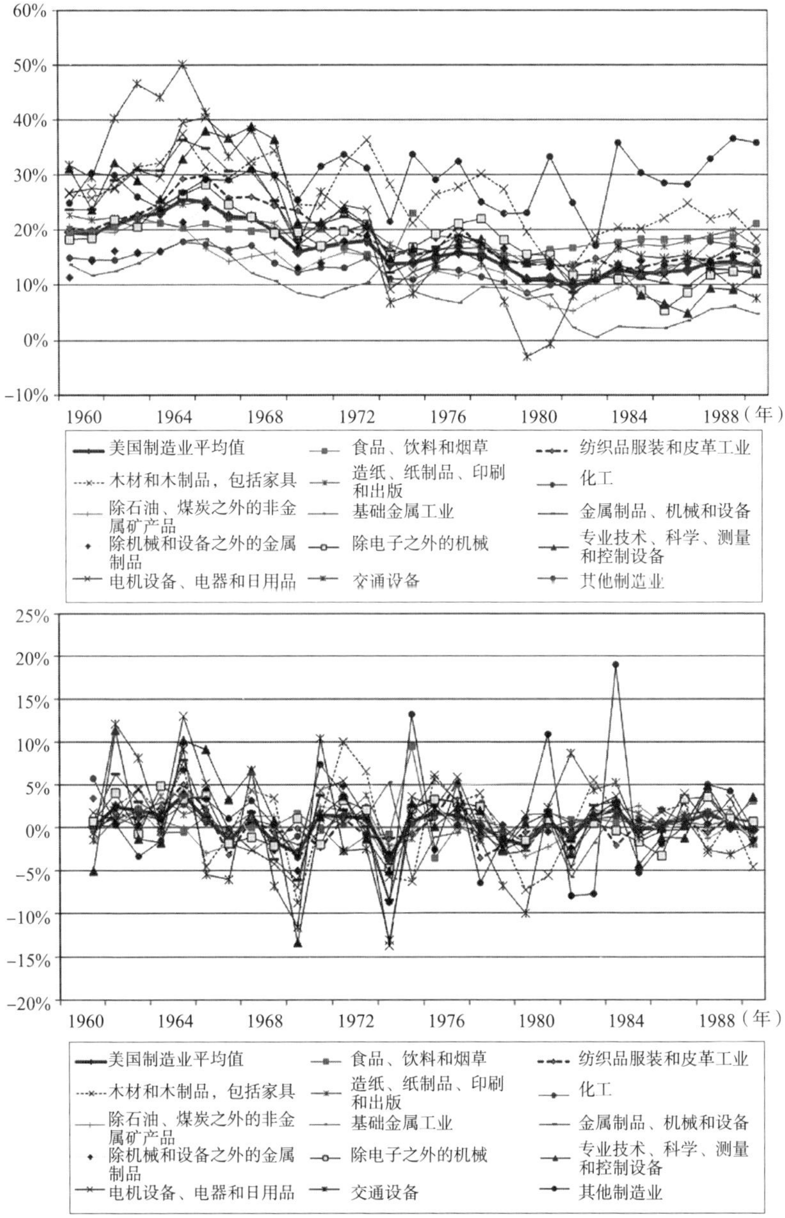

图 7.14 美国制造业的平均利润率和增量利润率（1960—1989 年）

地产行业，由此估算总营业盈余达到相应行业总值的 55.5%，资本存量则达到相应行业总值的 76%。第三，如果可能的话，对固定资本存量的量度要加入估计的正常存货，对固定投资流量的量度要加入估计的正常存货投资。这些量度均基于国民收入和生产账户，包括制造业和零售批发贸易数据、建筑行业的部分普查数据，以及为了说明正常准备金而用到的保险及银行业的资金流数据（Panico 1983, 182）。将准备金包括在内使银行金融行业的资本存量提高了几乎 50%，和工资等价物调整的效应结合起来，这将测算的行业利润率从 41.8% 降至 17.7%。第四，在关注那些主要由利润驱动型企业构成，因此被认为具有国际竞争力的行业花费了特别的力气。这使我们依据以下三个理由之一排除了原有 61 个私有行业中的 31 个：因为在艺术、博物馆、教育服务和社会服务行业，占支配地位的都是非营利性活动或企业；因为我们缺乏足够的数据来恰当地量度法律、医学和计算机服务领域的经营者和合伙人的工资；或者因为讨论中的行业在国际上不具有竞争性，因为它们的投资利润率不是潜在的调节利润率，如纺织、采矿和国内石油生产（appendix 2 in shaikh 2008）。

图 7.15 展现了 1987—2005 年美国 30 个行业的平均利润率证据。很明显，之前提到过的模式再次出现：总资本的利润率集群分布于某个集中趋势，但还有大量的利润率持续地高于或低于平均利润率（由所有行业包括私有行业的总利润率定义）。这在图 7.16 中更清楚，该图展现了个别部门的利润率与平均利润率的偏差。行业的利润率与平均利润率的交叉具有或正或负的偏差，正如相应的表中所显示的，这些偏差与零基准线的交叉证明了这一点。在样本中的 30 个行业中，18 个行业表现出了这种趋势而 12 个没有（7 个持续高于平均利润率，5 个持续低于平均利润率）。一些行业的利润率与平均利润率的偏差具有高

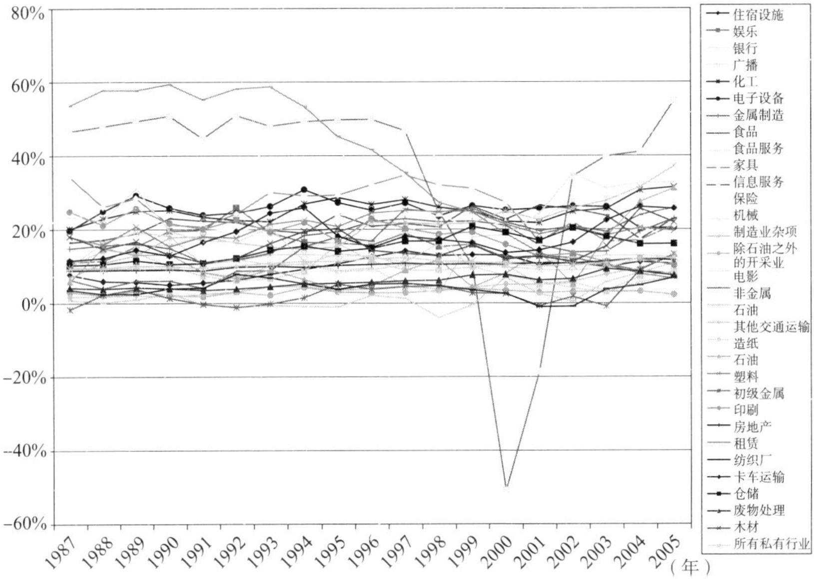

图 7.15 美国各行业的平均利润率（1987—2005 年）

资料来源：Shaikh 2008.

度趋势化倾向，如非金属矿业、机械行业、印刷业、租赁业，它们的跨期平均偏差不能恰当地量度运用计量方法估算的长期值，即使它们的偏差的确与零基准线交叉了至少一次，注意到这一点是有益的。

图 7.17 和图 7.18 以同样的方法考察了增量利润率。图 7.17 表明：与平均利润率不同，增量利润率的确出现了很多交叉。这在图 7.18 中非常明显，它展现了个体企业的增量利润率与总体平均利润率的偏差。在每一种情况下，个体企业的增量利润率与平均增量利润率反复交叉：交叉数量最少的是 4 次（金属制造），最多的是 12 次（广播）。同样的样本呈现出了与平均利润率截然不同的一幅画面。

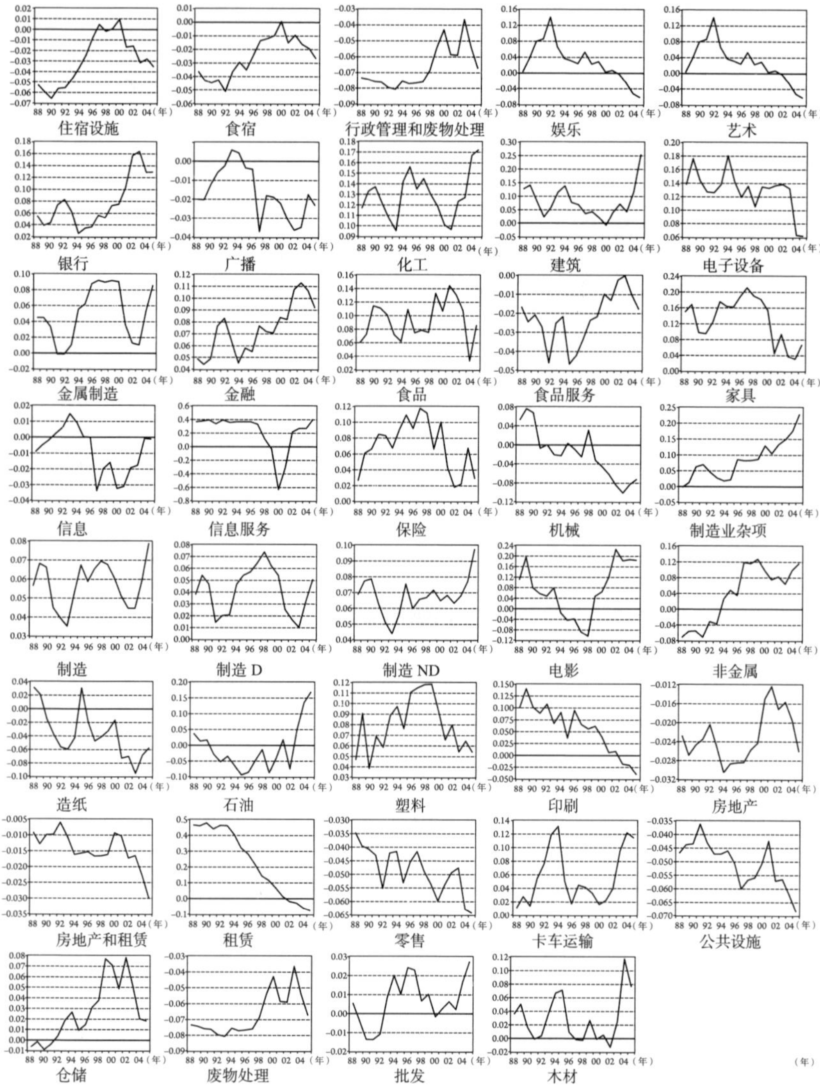

图 7.16 美国各行业利润率与平均利润率的差异

资料来源：Shaikh 2008.

楚尔菲迪斯和察利基对 20 个希腊制造业利润率的研究几乎得出了完全相同的结果。就图 7.19 展示的平均利润率而言，他们发现对图的

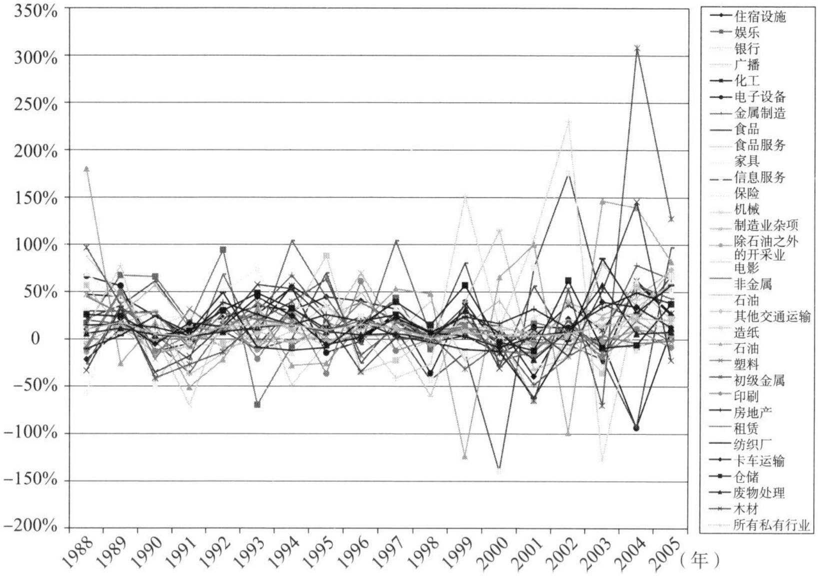

图 7.17　美国各行业的增量利润率（1987—2005 年）

资料来源：Shaikh 2008.

肉眼观察不能有力地支持这一点，即这些跨度 32 年的利润率数据存在等化趋势（Tsoulfidis and Tsaliki 2005, 19）。另外，他们发现图 7.20 为增量利润率的长期均等化提供了有力的支持（29）。我稍后将会介绍他们的计量研究。

最后，更新的经合组织数据可以用来拓展早期的研究。虽然缺乏足够的数据来计算经合组织整体的平均利润率，但计算相应的增量利润率是可能的（见附录 7.1）。图 7.21 表示了增量利润率与多个行业总体平均增量利润率的偏差。展现出来的模式与上一种情况相同：增量利润率出现了多次反复交叉。

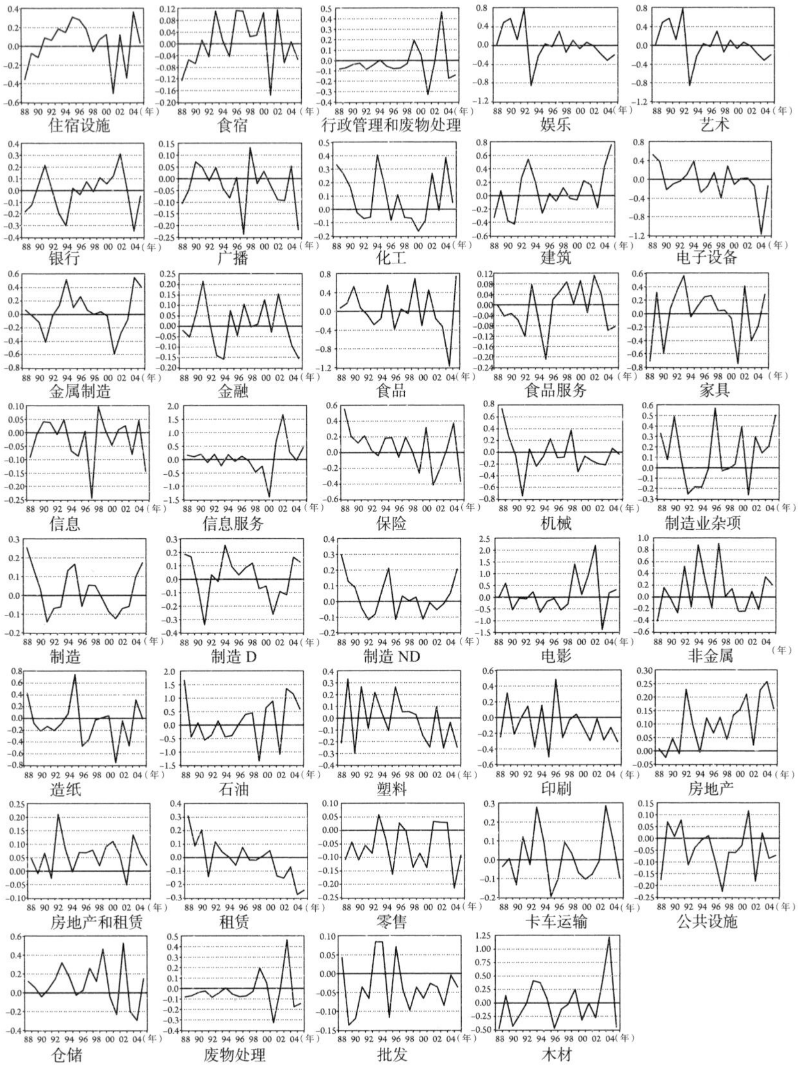

图 7.18 美国各行业增量利润率与平均利润率的差异

资料来源：Shaikh 2008.

7.6.5.3 对利润率均等化的计量检验

利润率均等化问题也可以用计量方法处理。就平均利润率而言，

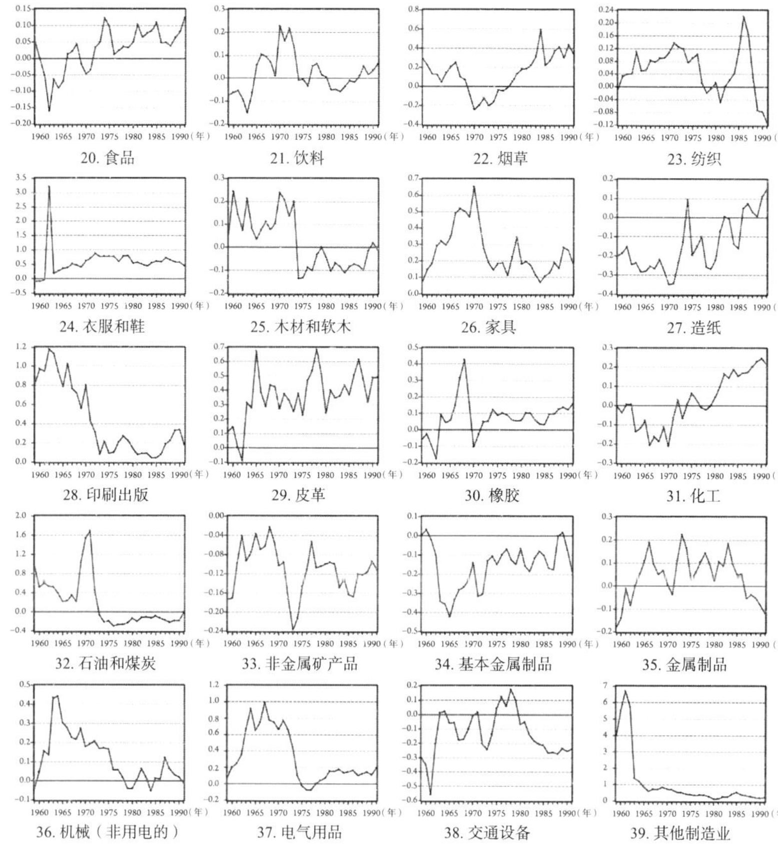

图 7.19 希腊制造业利润率与平均利润率的差异（1962—1991 年）

资料来源：Tsoulfidis and Tsaliki 2011，19，fig. 4.

缪勒做出了经典的研究（1986, 1990）。在其早期著作中，缪勒对 1950 年 1 000 个最大的制造业企业进行了研究，这些企业代表了“在资本主义曾经创造的最繁荣的 10 年间，在最具竞争性的市场经济中的那些最大的企业”（Mueller 1986, 2–3）。他的理论基准是标准的新古典模型，因为行业内的所有企业具有相同的技术，收取同样的价格，所以它们的利润率都相等，而资本的流动使所有行业的利润率均等化。因

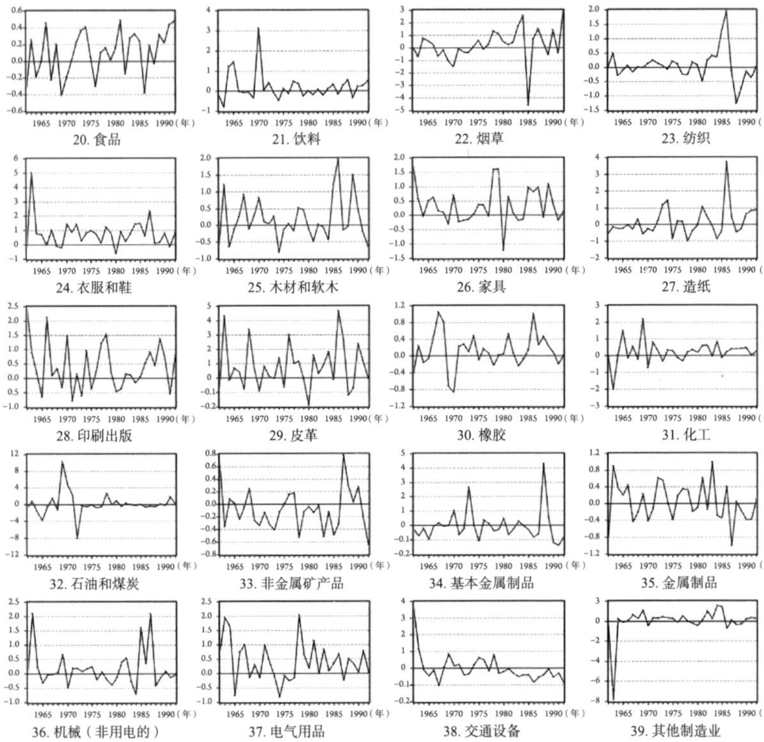

图 7.20 希腊制造业的增量利润率与平均增量利润率的差异（1962—1991 年）

资料来源：Tsoulfidis and Tsaliki 2011，19，fig. 5.

此，他预期所有企业从长期来看具有相同的利润率。于是，利润率长期的持续性差异乍一看便成为非竞争性条件的表面证据（Mueller 1986, 9–12）。所以，缪勒的目标一直就是检验这个“竞争性环境的假设，即所有个体企业的利润率收敛至单一的竞争性水平”。

缪勒的分析始于一个包含竞争性条件和非竞争性条件的长期模型。定义 r_{i_t} 代表第i个企业在t年的利润率，r_t为相应的样本平均利润率。一般化的模型假定个体利润率等于某个长期的利润率水平 $r^*_{i_t}$ 与某个未知的结构性溢价 γ_i 之和。

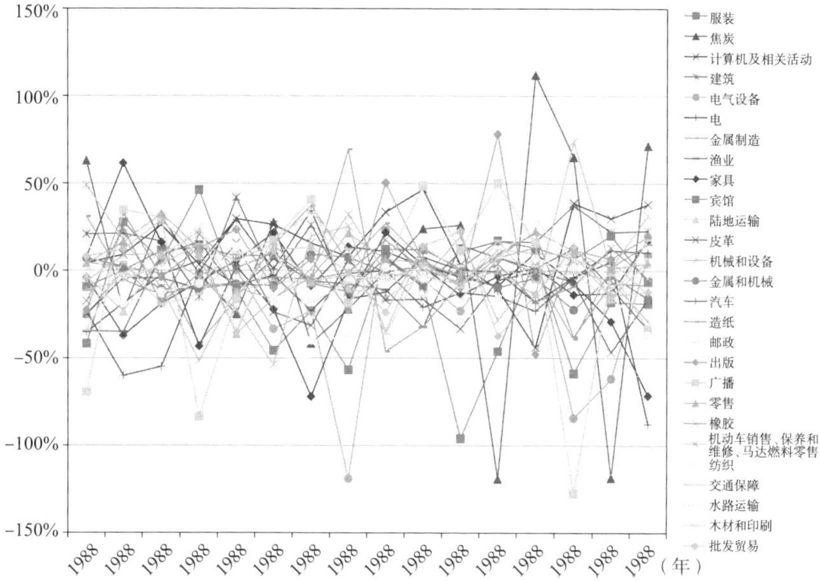

图 7.21 经合组织成员行业增量利润率与平均增量利润率的差异（使用购买力平价汇率）

$$r_{i_t}^{*} = r_t + \gamma_i \tag{7.8}$$

定义 $r'_{i_t} = r_{i_t} - r_t$，[①]那么方程（7.8）的一般化模型意味着 $r'_{i_t} - \gamma_i$ 应该在长期收敛于零。检验这个假设需要一个实际动态调整过程模型，其中一个简单的例子是：

$$\left(r'_{i_t} - \gamma_i\right) = \psi_i\left(r'_{i_{t-1}} - \gamma_i\right) + \epsilon_{i_t} \tag{7.9}$$

$$r'_{i_t} = \gamma_i\left(1 - \psi_i\right) + \psi_i \cdot r'_{i_{t-1}} + \epsilon_i \tag{7.10}$$

缪勒在运行上述回归之后确定了每个行业的两个结构变量：调整速度 ψ 和 γ_i，后者是第 i 个企业的长期利润率与样本平均值的偏差。标准的竞争性假设是每一个 γ_i 都应该为零，但这被彻底否决了（Mueller

① 缪勒（1986, 13, equation 2.9）实际上将利润率的偏差定义为百分比形式 $r'_{i_t} = \left(r_{i_t} - r_t\right) / r_t$，无论是哪种定义结果都是相同的。当利润率恰好接近零的时候，运用绝对差异来衡量利润率偏差的方法更好。

1986, 13, 31–33, 130）。这反过来意味着非竞争性条件占据主要地位，因此缪勒继续研究他估计的利润变量与企业规模、风险、增长和垄断权力多样化的指数之间的关系（131–133, 138–141, 153）。我们将在下一章再讨论这些问题。

现在，回想起这一点很重要，即企业的平均利润率是指其具有不同使用年限和技术折旧的厂房的平均收益率，而调节利润率指其可复制的最优厂房的收益率。因此，不足为奇的是，调节利润率的均等化并不意味着平均利润率的均等化。在新古典和斯拉法的完全竞争世界中，这种差异消失了，因为利润率仅仅根据净资本存量来计算，所有更旧的厂房都被估价为可以与新厂房获得同样的收益率（见第 6 章，附录 6.3 和附录 6.4），所有企业都被假定拥有效率相同的新厂房——它们要么具有单一的生产方法，要么具有几种因利润率完全相等而可以在竞争性均衡中共存的生产方法（Sraffa 1960, 38–39）。那么，从长期来看所有的企业当然都将获得相同的收益率。

但在现实世界中，多样化生产方法的共存是普遍存在的，因此长期平均利润率和增量利润率不可能相等。因此，缪勒发现的长期平均利润率的持续差异与调节利润率的均等化并不矛盾。后者需要直观地反映在图表上，也需要用计量方法来证明。楚尔菲迪斯和察利基（2005；2011）承担了这两项任务。他们关于希腊制造业平均利润率和增量利润率的图示体现在之前的图 7.19 和图 7.20 中。在计量方法上，他们使用了与缪勒相似的架构。[①] 就平均利润率而言，他们的发现为长期利润率均等化的观点提供了一些支持：在 20 个行业中，有 14 个行

① 他们构建了一个自回归形式的模型 $r'_{i_t} = a_i + \psi_i \cdot r'_{i_{t-1}} + \epsilon_{i_t}$，从中得到估计的长期利润率偏差 $r'^{*}_{i_t} = \frac{a_i}{1-\psi_i}$（Tsoulfidis and Tsaliki 2011, 16）。

业的长期利润率与总体平均值的偏差在统计意义上等于零，还有 4 个行业的长期偏差为正，2 个为负。另外，就增量利润率而言，所有估算的长期偏差从统计意义上来说都等于零，为调节利润率的均等化提供了有力的支持（Tsoulfidis and Tsaliki 2011, 20, 32, 33）。巴赫切和埃雷斯（2012）在一篇同样优秀的论文中展示了以土耳其为例的相似结果。

7.7 关于竞争、技术选择和利润率的争论

我们现在回到这个问题：调节资本如何在竞争中获胜？这涉及两个关键问题：对成本的定义和对销售价格的决定。这二者之间存在着内在的联系，因为有竞争力的企业是价格削减者，而最成功的有竞争力的企业是具有最低成本的企业（Shaikh 1979; 1980d）。

我一直在强调，古典经济学与企业一样关注的是实际成本。另外，新古典经济学将正常利润包括在实际成本中，它们认为企业“有权利”拥有这项利润（25% 的企业每年都要遭受损失，这个主张肯定会让它们感到震惊）。古典经济学和新古典经济学在价格问题上也存在相似的分歧。真实竞争将企业视为主动的价格削减者。而新古典经济学将企业视为完全竞争条件下的价格接受者和不完全竞争条件下消极的价格制定者。无论在哪种情况下，企业都消极地力求满足标准的利润最大化条件。安德鲁斯接受了成本和价格削减的商业概念，这使他可以归为古典经济学的阵营。而哈罗德虽然努力要推翻他自己曾帮助发现的传统的不完全竞争理论，但依然深陷于新古典经济学的成本和定价概

念的泥淖中。斯拉法和他的追随者则一只脚踏在古典经济学，另一只留在新古典经济学：他们接受了成本的古典经济学和商业概念，然而通常将企业的生产价格（成本加正常利润）视为给定的，这与完全竞争中的企业毫无二致（见 8.1.10 小节）。

现在的问题是：企业是主动的价格削减者还是消极的价格接受者对新生产方法的选择有什么影响？我们在之前讨论表 7.1 和表 7.2 时已经提出了这个问题，并且详细地解决了这个问题。现在，我们要将现有的调节资本 C 与两个可能的竞争者 D1 和 D2 加以比较，后者在主导性投入品价格和工资上具有更低的单位成本，D1 的利润率较高，D2 的利润率较低。请注意，单位销售额利润量之间的差异是稳健的，约为 10%。为了使论证尽可能地与关于这个主题的标准文献保持一致，我将假定现有的调节资本为了减少市场份额的损失，将会接受任何一个竞争者对价格的削减。这意味着随着新厂房占有了旧厂房的市场份额，新、旧生产方法各自拥有的总厂房数量会发生变化。我们在前文 7.6.2 小节中的表 7.6 讨论过价格差异在这种调整的中间阶段所产生的影响。

在表 7.10 中，当主导性价格为 100 美元时，D1 的单位成本更低、利润率更高，那么不管 D1 是价格接受者还是价格削减者，它都将取代 C。在标准的价格接受的情境中，鉴于主导性价格下 D1 具有更高的利润率，企业将会采用 D1 的生产方法，而更高的利润率会吸引更多的进入者，直至持续增加的供给使价格水平降至仅可以获得正常利润率的水平（例如 C 之前的利润率 16%）。在价格削减的情境中，采用生产方法 D1 的企业通过削减价格为自己开辟市场空间。当价格为 89.75 美元时，D1 的利润率与一般利润率 16% 相等，而 C 的利润率降至 15.1%——这给 C 发出了信号：你前景黯淡、胜利无望！但竞争没有理由在这里停止。毕竟，重点是首先获得市场份额，“急剧降低价格”是核心手段：“策略就是传统的……降低价格。利润量虽然会暂时性下降，但这一行动对竞争者的伤害更大，而你会获得市场份额并在未来几年里享受收益的增长”（Darlin 2006, C1）。事实上，D1 一定会削减价格使其利润率低于一般水平，并且新品促销价格甚至可能低于 D1 的成本。在任何一场这样的战斗中，具有最低成本的资本将占据优势地位。当然，一旦新的调节资本 D1 迫使原有的调节资本 C 出局，它可以提高价格以弥补进入市场时的损失。只要价格高于 98.375 美元，D1 的利润率就会高于之前的一般利润率（16%）。在丰瘠之年的循环交替中，实际或者甚至是预期的新进入者，都将或早或晚地将价格降至与获得一般利润率相符的水平。在这个新的平均主导价格上，D1 将既拥有更低的成本又拥有更高的利润率。因此，我们可以看到，对 D1 这样的资本而言，两种不同的竞争概念最终形成了一致的结果，但是竞争过程和随后的价格路径大不相同。

表 7.10　初始主导价格为 100 美元时的两个竞争者 C 和 D1

	（1）	（2）	（3）	（4）	（5）	（6）	（7）
资本	销售价格	单位成本（在正常产出下）	单位正常产出的利润 [（1）−（2）]	正常产出	资本存量	单位正常产出的资本	利润率（%）（3）÷（6）
C	100	78	22	120	16 500	137.50	16.00
D1	100	76	24	130	18 500	142.31	16.86

在表 7.11 所示的第二种情况中，两种竞争观念甚至在结果上都是不同的。D2 的成本稍微低于 D1，但它的资本密集度更高（见表 7.10 和表 7.11 中的阴影区域）。这足以使 D2 的利润率在 100 美元主导性价格的条件下低于 C。根据新古典和斯拉法的理论，任何企业都不会选择

D2 这种生产方法，因为 C 的利润率更高，所以前者即 C 将一直保持调节资本的地位。

然而，从真实竞争的角度而言，市场价格并非给定的，因为具有最低成本的企业会将价格降至某一点，以使其自身的优势可以显现出来。表 7.12 表明，当价格为 84 美元时，C 和 D2 的利润率都低于一般利润率 16%，但 D2 的利润率更高。这正是稍后会被详加论述的一个非常一般化的观点：当成本不同时，总会存在一系列价格使成本较低的企业具有较高的利润率。这并不意味着 D2 必须将价格降至这一水平，它只需要把信息传递给它的竞争者——未来就在眼前。

表 7.11 初始主导价格为 100 美元时的两个竞争者 C 和 D2

	(1)	(2)	(3)	(4)	(5)	(6)	(7)
资本	销售价格	单位成本（在正常产出下）	单位正常产出的利润 [(1)-(2)]	正常产出	资本存量	单位正常产出的资本	利润率 (%) (3)÷(6)
C	100	78	22	120	16 500	137.50	16.00
D2	100	75	25	133	21 000	157.89	15.83

表 7.12 销售价格为 84 美元时竞争者 C、D1 和 D2 中 D2 的利润率最高

	(1)	(2)	(3)	(4)	(5)	(6)	(7)
资本	销售价格	单位成本（在正常产出下）	单位正常产出的利润 [(1)-(2)]	正常产出	资本存量	单位正常产出的资本	利润率 (%) (3)÷(6)
C	84	78	6	120	16 500	137.50	5.09
D1	84	76	8	130	18 500	142.31	5.62
D2	84	75	9	133	21 000	157.89	**5.70**

当 D2 成为新的价格领导者时，它必须将价格提升至 101.3 美元，以使其利润率与正常利润率 16% 相等。在这个新的价格水平下，C 将再次具有更高的利润率（16.22%），但鉴于它已经失去了成本优势，它的规模肯定大为收缩了。

请注意，在以上两种价格削减的情境中，首先是价格下降，同时新的调节资本将旧的挤到一边，其次是价格上升到某个水平，与之并存的是调节资本生产规模的扩大。不同阶段的价格之所以不同，是因为为了获得市场份额而削减价格不同于根据行业供需来制定价格。在上述两种情况下，新的调节资本都是具有更低成本的资本，因为竞争是一个选择过程，其中更低的成本是生存和增长的主要手段（Foster, Haltiwanger, and Syverson 2005, 1）。在 D1 的情况下，生产价格与其他价格相比相对下降，而在 D2 的情况下则相对上升。我们将会看到，后一种结果对新古典经济学和斯拉法经济学而言像是一种诅咒。标准方法含蓄地坚持认为具有更高成本的生产方法只要其生产价格更低就可以占据主导地位。

认为生产方法 C 之所以不可行是因为它具有更高成本的观点，看似与哈罗德的以下观点相似，即总利润最大化时边际利润等于边际成本（mr=mc）的点是不可行的，因为它在平均成本曲线上代表了一个比最低点更高的"成本"（Harrod 1952, 150–151）。然而，哈罗德对成本的新古典定义包含了正常利润，因此它的成本曲线事实上是所有可能产出水平下的生产价格曲线。哈罗德的真正观点是具有最低生产价格的产出水平会被选择，而这不同于以下观点，即处于平均成本曲线（商业意义上定义的平均成本）最低点、具有最低生产成本的生产方法会被选择。哈罗德的观点实际上排除了生产方法 D2。

7.7.1 竞争性价格的可行范围

我们现在来讨论竞争性价格的可行范围问题（Shaikh 1999, 120–125）。假设 p = 单位价格，ucs = 单位直接成本（原料和劳动力成本），κ = 单位资本（正常产能下的资本–产出比），$d = \partial\kappa$ = 单位固定成本（折旧），其中 ∂= 折旧率，uc = ucs+d = 单位平均成本。对行业内任何给定投入品价格和工资率的厂房而言，其成本变量都是给定的。因为会计恒等式单位利润 = 价格 – 单位成本，单位利润除以单位资本就是利润率（r），所以单位利润≡ rκ ≡ p–uc。这意味着在给定成本的条件下，给定厂房的利润率是销售价格的线性方程，斜率为$\left(\frac{1}{\kappa}\right)$，与代表 p 的坐标轴的交点为 uc，与代表 r 的坐标轴的交点为$-\left(\frac{uc}{\kappa}\right)$。①

$$r = \frac{p - uc}{\kappa} = -\left(\frac{uc}{\kappa}\right) + \left(\frac{1}{\kappa}\right)p \tag{7.11}$$

在之前的表中，新厂房（D1, D2）的单位成本都比 C 低，uc_{D1}=76 美元，uc_{D2} = 75 美元 <uc_C = 78 美元，因此前两个与代表 p 的坐标轴的交点数值比C小。但κ_{D2} = 157.89 美元>κ_{D1} = 142.31 美元>κ_C = 137.50 美元，因此 D2 的利润率曲线的斜率比 D1 小，而 D1 比 C 小。运用这些特定的值，我们可以算出$\left(\frac{uc_C}{\kappa_C}\right) = -0.57 < \left(\frac{uc_{D1}}{\kappa_{D_1}}\right) = -0.53 < \left(\frac{uc_{D2}}{\kappa_{D_2}}\right) = -0.48$，因此相应曲线与代表 r 的坐标轴的交点数值依次更小。因此，正如图 7.22 所示，在所有价格都低于初始主导价格 100 美元的条件下，D1 的利润率一直都高于 C。另外，当价格低于 85 美元时，D2 的利润率由低于 D1 到开始转变为高于 D1。正如已经指出的，实际价格不必降至这一水平来向另一方传达手里有更好的牌这样的信息：在真实的价格战

① 当 r=(p – uc)/uc = 0 时，直线与代表 p 的坐标轴相交，这意味着 p=uc；当 p=0 时，直线与代表 r 的坐标轴相交，这意味着 r = –uc/ κ 。

中，D1 和 D2 都将在与 C 的竞争中占据优势地位。相反，坚持消极价格竞争的传统概念则认为 C 将在与 D2 的竞争中占据优势，这意味着具有更高成本的生产方法将成为主导性生产方法。

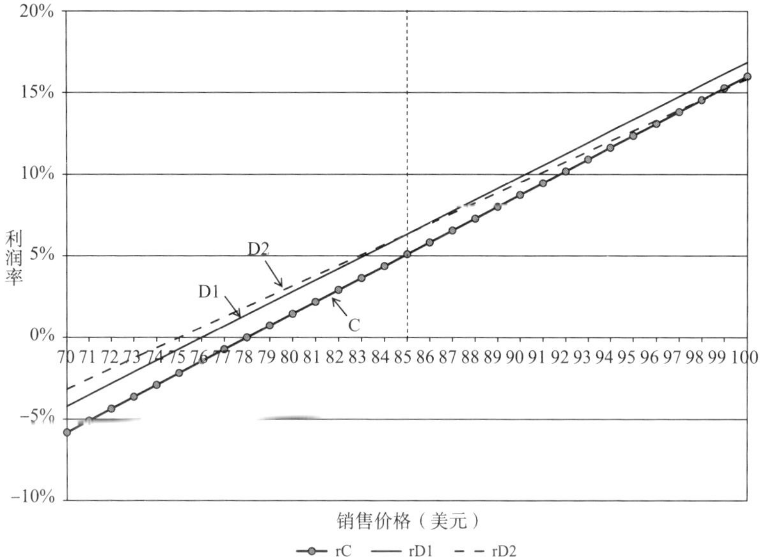

图 7.22 利润率是销售价格的函数

7.7.2 技术选择对整体经济的影响

技术变革主要通过采用新技术实现（Salter 1969, 65）。截至目前，讨论主要局限于给定投入品价格和货币工资的单一行业。现在我们转而讨论技术变革对整体经济的影响。从完全竞争理论推导出的标准的价格接受观点断言，任何一种新的生产方法都会将利润率提高到与任何给定实际工资相一致的水平。这是所有正统经济学家和几乎所有非正统经济学家的观点（Shaikh 1978, 1980d）。但在马克思、安德鲁斯的著作和商业文献中发现的价格削减真实竞争这一观念摧毁了上述断言的有效性。

对单独一个行业的一家企业而言，货币工资、其他行业的价格和一般利润率之前都被假定为给定的，但如果该行业的商品直接或间接地构成实际工资篮子的价格，那么该行业销售价格的下降将会降低实际工资篮子的价格。这也将改变其他商品相对于该行业商品的相对价格。因此，它将改变其他行业的利润率。这样的话，我们必须考虑如果在给定实际工资的条件下形成了新的一般利润率，相对价格将会出现什么样的变化。换言之，我们关心的是技术变革对价格和利润的纯影响。正如前文一样，我将举例说明在主导性生产方法和具有更低成本的生产方法之间的选择。在情境 1 中，我们是在主导性生产方法和第 1 种替代方法之间进行选择。在情境 2 中，我们是在主导性生产方法和第 2 种替代方法之间进行选择。无论在哪种情况下，替代方法的生产成本都低于现有企业，但只有在情境 1 中替代方法也具有更高的利润率。因此，在主导性价格给定的标准技术选择规则下，只有情境 1 才能引起生产方法的变化。相反，在坚持削价行为的古典规则下，这两种情境都将导致技术变革。正如构造的模型所示，替代方法 1 优于替代方法 2，因为两者的投入结构相同，但后者的固定资本比重较大。但这里的重点是考察每一种替代方法和现有方法之间的选择，从而以最简单的方式来揭示不同的竞争性技术变革理论间的显著差异。

请考虑两种商品，即玉米和铁，二者都是生产这两种商品的投入品，都进入工人的工资篮子和固定资本存量（作为存货和机器）。正如前文一样，cn= 玉米，ir= 铁，N= 工人数量，表中所示的流量对应于 8 小时的日工作时长。我将运用斯拉法的生产价格形式而非古典形式来阐明结果：在斯拉法体系中预付资本不包括工资，而古典体系中包括。之所以运用斯拉法的体系，是因为这样可以表明真正的差异在于对竞争的不同理解。初始物质流量与第 6 章中的表 6.10 相同，但价格稍微不同，因为将工资排除在了预付资本之外。

我们已经发现，价格接受行为和价格削减行为的不同结果产生于单位生产成本和单位资本成本之间的反向运动。但因为资本成本的存货部分也出现在生产成本中，所以真正的问题在于流动资本和固定资本之间的差异（Shaikh 1978, 242–246）。固定资本增加了整个预付资本存量和折旧。总生产流量包括作为投入品的玉米和铁、工资品和折旧（固定资本的一部分），而总资本存量包括存货（在数量上等于消耗的投入品）和固定资本。部门的工资篮子由第 6 章表 6.5 中的流量推导出来：每个工人的工资篮子包括 4 单位玉米和 1 单位铁，这适用于玉米行业的 10 个工人和铁行业的 5 个工人。表 7.13 描述了来自第 6 章的没有固定资本因此没有折旧的初始物质流量。表 7.14 将每个行业的流量除以最后一列所示的每个行业相应的产出，从而将这些流量转变为系数形式。这样我们就可以计算出单位价格和一般利润率。[①] 与在第 6 章一样，价格被标准化为 875 美元，即令总产出的货币价值（总价格）为 875 美元。表 7.15 展示了每个部门的单位成本、资本成本、利润率和生产价格（生产成本加利润，利润等于利润率乘以单位资本成本）。

现在，我们根据表 7.16 中列举的系数考虑铁的两种替代生产方法。每种替代生产方法都使用更少的工人和更少的投入：25 单位玉米和 1 单位铁，并且第一种替代生产方法使用 140 单位玉米和 8 单位铁作为固定资本，而第二种使用 180 单位玉米和 12 单位铁，比第一种多一点儿。正如已经指出的，这里的重点是比较标准方法和古典方法从

---

① 用标准符号表示，$\mathbf{p}=1\times n$ 为价格列向量，$\mathbf{A}=n\times n$ 为投入产出矩阵，$\mathbf{KR}=n\times n$ 为资本系数矩阵，$\mathscr{D}=\eth\cdot\mathbf{KR}=n\times n$ 为退废矩阵（折旧）。为简单起见，假定 $\eth$ 为标量（1/10），r= 标量一般利润率，$\mathbf{wr}=n\times 1$ 为行向量，代表实际工资篮子 4 单位玉米和 1 单位铁，每个工人的实际工资都相同，$\mathbf{l}=1\times n$ 为劳动系数的列向量，w=p·wr = 货币工资。斯拉法的生产价格可以从以下方程得到：$\mathbf{p}=\mathbf{p}(\mathrm{WB}+\mathrm{A}+\mathscr{D})+\mathbf{r}\cdot\mathbf{p}(\mathrm{A}+\mathrm{K}_f)=\mathbf{wr}\cdot\mathbf{l}+\mathbf{p}(\mathrm{A}+\mathscr{D})+\mathbf{r}\cdot\mathbf{p}(\mathrm{A}+\mathrm{K}_f)$.。

不同角度对新生产方法所面临的竞争压力的理解。

表 7.13 初始流动资本情况下的总存量和流量

	投入品流量		工资篮子		折旧		流动资本		固定资本		产出
	玉米行业	铁行业	玉米行业	铁行业	玉米行业	铁行业	玉米行业	铁行业	玉米行业	铁行业	
玉米	500	180	40	20	0	0	500	180	0	0	800
铁	24	6	10	5	0	0	24	6	0	0	60

表 7.14 初始流动资本情况下存量和流量的系数形式

	投入品流量		工资篮子		折旧		流动资本		固定资本		产出
	玉米行业	铁行业	玉米行业	铁行业	玉米行业	铁行业	玉米行业	铁行业	玉米行业	铁行业	
玉米	0.625	3	0.05	0.333	0	0	0.625	3	0	0	1
铁	0.03	0.10	0.013	0.083	0	0	0.03	0.10	0	0	1

表 7.15 初始流动资本情况下的部门成本、价格和利润率

部门	单位生产成本（uc）	单位资本成本（κ）	利润率（r）（%）	生产价格（p = uc +r· κ）
玉米	0.707	0.619	16.0	0.806
铁	3.390	2.802	16.0	3.837

表 7.17 比较了在现有价格条件下竞争者和现存企业的生产成本与利润。替代生产方法 1 在现有价格条件下具有更低的成本和更高的利润率，因此两个学派都认为它优于现存生产方法。替代生产方法 2 的生产成本也比现有企业低，但是它的利润率也更低。正是在这里产生了分歧：在价格削减的情境中，替代生产方法 2 优于现存生产方法，

而在价格接受的情境中，它却不如现存生产方法。

表 7.16 铁的替代生产方法的系数形式

使用铁的替代生产方法 1					
	投入品流量	工资篮子	折旧	流动资本	固定资本
玉米	2.583	0.20	0.233	2.583	4.917
铁	0.083	0.05	0.013	0.083	0.217
使用铁的替代生产方法 2					
	投入品流量	工资篮子	折旧	流动资本	固定资本
玉米	2.583	0.20	0.30	2.583	5.583
铁	0.083	0.05	0.02	0.083	0.283

表 7.17 铁的替代生产方法在已有价格下的部门成本、价格和利润率

铁的生产方法	单位生产成本（uc）	单位资本成本（κ）	利润率（r）(%)
现存生产方法	3.390	2.802	16.0
替代生产方法 1	2.994	4.794	17.6
替代生产方法 2	3.073	5.587	13.7

然而，上述差异导致了另一个差异。如果替代生产方法 1 在相同的实际工资水平上代替了现存生产方法，一般利润率将会上升。在已有价格体系下替代生产方法 1 的利润率高于一般利润率（即 17.6% 对比 16%），这意味着新生产方法将把一个更高的利润率加入形成一般利润率的利润率池中，这反过来将使一般利润率从 16.0% 提高至 16.5%。这是置盐定理的一个例子：如果新生产方法在现有价格体系下具有更高的利润率，那么它的引入将提高一般利润率（Okishio 1961）。这和

萨缪尔森、斯拉法的方法相同。[①] 表 7.18 展示了这种引入替代生产方法 1 后的新情形。新的主导性生产价格建立在表 7.16 第一部分系数的基础上。请注意，在新价格条件下，新生产方法（替代生产方法 1）依然比旧生产方法具有更低的成本（1 单位铁 2.998 美元对比 1 单位铁 3.393 美元），并且更有利可图（16.5% 对比 14.2%）。

表 7.18 使用替代生产方法 1 的部门成本、生产价格和一般利润率

部门	单位生产成本（uc）	单位资本成本（κ）	利润率（r）（%）	生产价格（p = uc +r · κ）
玉米	0.707	0.620	16.5	0.810
铁的替代生产方法 1	2.998	4.801	16.5	3.789
铁的旧生产方法	3.393	2.808	14.1%	–

在实际工资给定的条件下，如果用替代生产方法 2 代替现有的铁的生产方法，那么相反的结果依然适用：如果将替代生产方法 2 更低的利润率考虑进去，一般利润率将从 16% 降至 15.2%。表 7.19 展示了对应于表 7.16 第二部分系数的新生产价格。替代生产方法 2 比旧生产方法具有更低的成本（1 单位铁 3.067 美元对比 1 单位铁 3.385 美元），并在新价格体系下比旧方法具有更低的利润率。但是，因为替代生产

① 萨缪尔森在评判马克思的利润率趋向下降规律时，支持的是和置盐信雄相同的原则。在萨缪尔森的案例中，论证的理由是具有更高利润率的技术选择可以使“劳动拥有‘资本’，资本可以维持现行的利润率，而劳动可以通过更高的实际工资将超额利润据为己有”（894）。相反，资本家可以在现行实际工资水平下雇用劳动力而将超额利润据为己有（894n10）。无论怎样，具有更高利润率的技术都会更受青睐。萨缪尔森注意到（并无讥讽之意）“在完全竞争的市场中，谁雇用谁真的并不重要”（894）。斯拉法（1960, 81）将更受青睐的生产方法定义为在主导利润率水平下具有最低生产价格的方法，与单位成本更低的方法截然相反。这意味着在给定实际工资水平下，具有更高利润率的技术将被选择。斯拉法自己的图表仅仅阐释了“纯粹流动资本”的情况，在这种情况下，不需要区分（相对于成本的）单位产出利润量[©]和利润率这两种标准的差别。

方法 2 的生产成本仍然更低，所以它在真实竞争中会比旧生产方法继续占据优势。

表 7.19 使用替代生产方法 2 的部门成本、生产价格和一般利润率

部门	单位生产成本（uc）	单位资本成本（κ）	利润率（r）（%）	生产价格（p = uc +r · κ）
玉米	0.706	0.618	15.2	0.800
铁的替代生产方法 2	3.067	5.577	15.2	3.914
铁的旧生产方法	3.385	2.792	18.9	–

纵览关于这个主题的传统经济学文献，所有的比较都是就主导性生产价格而言的。但是，实际市场价格总是与主导价格不同，并且企业也总是根据实际和预期的市场价格做出实际的选择。这意味着新生产方法只有在这样的条件下才被采用，即市场主体预期它们的成本优势足够大，以至可以在销售价格、工资率和投入价格的正常波动中幸存下来。就企业层面而言，只有技术变革的收益稳健时，它们才会采用新技术。但是，就行业和部门层面而言，这种不连续的转变依然可能仅导致平均投入-产出系数相对较小的变化。将这种区别谨记在心非常重要。

7.7.3 技术选择对一般利润率时间路径的影响

标准的价格接受理论认为，如果某种生产方法的利润更高，那么即使它的单位生产成本更高也会被选择。因此，它预测在给定实际工资不变的条件下，技术变革总是会提高平均利润率。这种观点的一个推论就是只有实际工资增至某个点以至逆转了技术变革的纯粹收益时，平均利润率才会下降。换种不同的说法，即只有实际工资的“过度”

上升才会导致一般利润率下降。因此，问题可以联系到来自工人的过分需求，因为资本家总是偏好在最低工资水平上雇用额外的劳动力。因此，任何利润率的下降都被归因于工资挤压。长期以来，这已经成为参与争论的斯拉法主义者和几乎所有马克思主义经济学家的试金石（Sraffa 1960, 85–86; Okishio 1961; Steedman 1977, 124–129; Kurz and Salvadori 1995, 402）。

真实竞争理论认为所有（稳健地）具有更低成本的生产方法都是可行的。如果替代生产方法的利润率更高和更低这两种情况具有同等概率，那么在任何给定的实际工资水平上，技术变革都不会改变平均利润率。实际工资的任何上升在这一意义上都是“过度的”，即它总是会导致一般利润率下降。我们就会处于这样一个世界中：即使技术在持续进步，利润率也仅仅是实际工资的反函数。考虑到实际工资一般而言的确随着时间的推移而不断上升，我们可以预期正常产能下的利润率随着时间的推移而下降。这完全兼容于实际工资的增长比生产率慢的观点（即实际单位劳动力成本不断下降）。用马克思的话说，这对应于伴随着剩余价值率上升的利润率下降。另外，如果两种类型的结果并不以同等概率出现，那么在给定实际工资条件下，真实竞争将会展现出利润率或上升或下降的趋势，或者上升和下降的时期交替出现。因此，这个问题变成了：是什么决定了两种类型技术变革的概率？我们注意到这是真实竞争特有的问题，因为在完全竞争条件下技术变革总是会提高利润率。帕克（2001）之前在一篇优秀的论文中运用迪梅尼、莱维和福利（DLF）发展出来的框架分析了这个问题（Duménil and Lévy 1995b, 1999; Foley 1999; Foley and Michl 1999）。帕克（2001, 103）发现：“（i）假定实际工资率（或低工资份额）保持不变，置盐信雄的标准不会引致……［上升的资本劳动率和］下降的利润率，而谢克的标准引致了［上述两种结果］……（ii）当假定一个高的工资份额时，两种技术选择的标准都会引致［不断上升的资本劳动率和］下降的利润率。”接下来，我将运用我本人首先发展的方法论（Shaikh, 1999, 123–125），在修订过的 DLF 框架范围内解决这个同样的问题。[①]这使我可以推导出利润率随着时间的推移变化的确定的路径。

利润率的路径取决于两个因素之间的互动：（1）创新的性质，即在任何给定的时间内企业可以选择的替代生产方法的范围；（2）采纳新生产方法的标准。创新和成本利润率之间的联系可由方程（7.11）表示：$r=\frac{p-uc}{\kappa}=\frac{1-uc'}{\kappa'}$，现在 uc′=uc/p= 单位销售额成本，κ′=κ/p= 单位销售额资本，即每单位产出货币价值的资本。单位销售额成本 uc′ 是实际单位劳动力成本和实际原料成本之和。接下来，我们将把实际工资和相对价格的变化抽象掉，因此只有在劳动需求下降（劳动生产率上升）和 / 或实际投入品需求下降时 uc′ 才会改变。更低的成本提高潜在利润率，而更高的单位销售额资本降低潜在利润率。这使我们可以通过 Δuc′ 和 Δr 之间的关系将任何创新的可能性集合 Δuc′、Δκ′ 与相应的单位销售额成本 – 利润率集合联系起来。[②]

$$\Delta r \approx \frac{1'}{\kappa}\left(-\Delta uc' - r\cdot\Delta\kappa'\right) \tag{7.12}$$

从这个角度而言，我们可以重新比较现存铁的生产方法与表 7.19 中列出的另外两种替代方法，首先将生产成本与资本成本除以现行铁的单位价格 3.837 美元，接着考虑由此导致的替代生产方法和现存生产

① DLF 框架是在没有原料投入的简单模型中，关注单位工人的产出增长率和单位资本的产出（Park 2001, 89–94）。我自己的框架聚焦于单位生产成本（包括原料）和单位资本成本，这与马克思的讨论及表 7.9 分析的电子计算机会计数据库的数据直接联系起来。

② 将利润率方程写为 rκ′= 1 – uc′，可得 Δrκ′+rΔκ′+ΔrΔκ′= – Δuc′。鉴于 Δr′Δκ′可能很小，我们可得到方程（7.12）。

方法的单位销售额成本与单位销售额资本的差异。然后，从表 7.20 中可以很容易地看到，在完全竞争的假设条件下，替代生产方法 1 将会被选择，因为它具有最高的利润率，而在真实竞争的假设下，替代生产方法 2 将会被选择，因为它的单位成本削减最多。[①]

表 7.20 创新的可能性和技术选择

铁的生产方法	Δ 单位销售额成本（Δucs）	Δ 单位销售额资本（Δκ）	Δ 利润率（Δr）（%）	在完全竞争中选择的生产方法	在真实竞争中选择的生产方法
现存生产方法	–	–	–		
替代生产方法 1	– 0.103	0.519	1.6	替代生产方法 1	
替代生产方法 2	– 0.083	0.726	–2.3		替代生产方法 2

描述创新可能性集合的最简单的方法是假定 $\Delta uc'$、$\Delta\kappa'$ 的分布是中性的，即两个变量的正值和负值的概率分布范围相等。这样描述的一种集合的界限大概是圆形的，因为所有的组合都是同等概率（Park 2001, 92–93）。图 7.23 描述了真实竞争条件下的一种集合，定义为成本削减型技术变革（即阴影区域 $\Delta\kappa'<0$）。在时间 t，特定的组合 $\Delta uc'$、$\Delta\kappa'$ 出现在水平轴上。如果落在可行性区域内，这种生产方法会被采用，否则现存的技术会维持下去。在下一个时期 t+1，另一种可能性出现了，然后被评估，等等。这个过程充满了阴影中的可行性区域。因为后者构成了一个半圆形，在真实竞争条件下导致的长期平均结果将会处于这样的点，即 $\overline{\Delta uc'} < 0$，$\overline{\Delta\kappa'} = 0$，从方程（7.12）中我们可以推出 $\overline{\Delta r} > 0$。因此，当技术可能性在这个意义上是中性时，那么在给定真实工资的条件下，真实竞争获得了不断上升的利润率——置盐定理在

① 替代生产方法 1 和替代生产方法 2 分别与现存生产方法比较。——译者注

完全竞争条件下也获得了相同的结果。

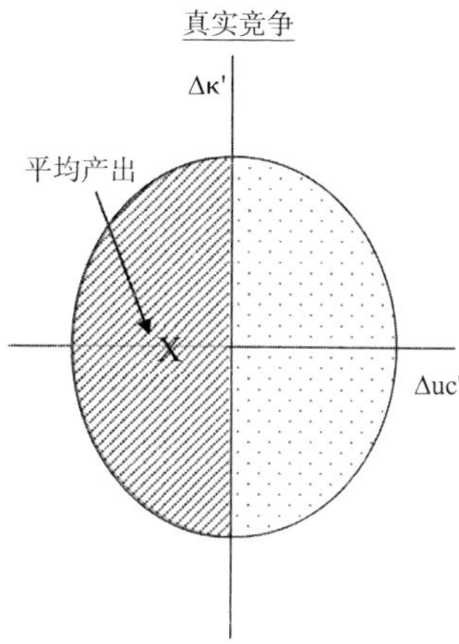

图 7.23 在中性创新可能性空间中真实竞争的技术选择

然而，马克思争论道，削减价格要付出很高的代价，因为这与资本成本的增加有关（见 8.5.2 小节）。换言之，$\Delta\kappa'$ 和 $\Delta uc'$ 存在负相关关系，因为更低的生产成本与更高的资本成本相关（Shaikh 1979, 1980d）。事实上，这就是我们在对表 7.9 中电子计算机会计数据库进行经验分析时发现的结果：单位销售额成本随着企业规模的扩大而下降，而单位销售额资本随着企业规模的扩大而上升，因此更低的成本与更高的资本密集度有关。所以，创新可能性集合将在负的 $\Delta uc'$ 上斜向上，而在正的 $\Delta uc'$ 上斜向下（Foley 1999; Park 2001），正如图 7.24 所示。然后，我们很容易看到代表真实竞争可行性集合的阴影区域将会具有相对于中性集合的斜向上的平均价值：当资本成本和生产成本平衡之后为负时，长期的平均结果意味着 $\overline{\Delta uc'} < 0, \overline{\Delta\kappa'} > 0$。

现在，我们可以轻易推导出真实竞争、平均产出对利润率路径的影响。对某些小于 1 的正常数a和b，令 $\overline{uc'_t} = \overline{uc'_0}(1-a)^t$，$\overline{\kappa'_t} = \overline{\kappa'_0}(1-b)^t$，

以使两个变量都按照之前指定的方向变化。[①] 那么：

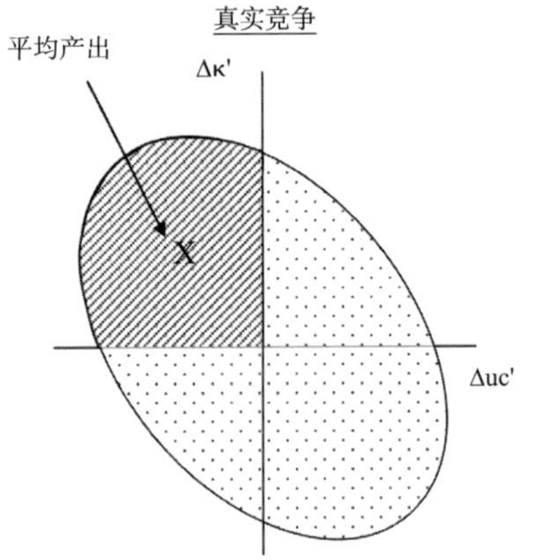

图 7.24　在定向创新可能性空间中真实竞争的技术选择

$$\bar{r}_t \equiv \frac{1-\overline{uc'_t}}{\overline{\kappa'_t}} = \frac{1-\overline{uc'_0}\,(1-a)^t}{\kappa'_0\,(1+b)^t} = \left(\frac{1}{\overline{\kappa'_0}}\right)\left(\frac{\left(\frac{1}{1-a}\right)^t-\overline{uc'_0}}{\left(\frac{1+b}{1-a}\right)^t}\right) \tag{7.13}$$

在这个表达式中，因为 $0<(1-a)<1$ 意味着 $\left(\frac{1}{1-a}\right)>1$，所以分子中 $\left(\frac{1}{1-a}\right)^t$ 这一项在不断增加。但因为 $\left(\frac{1+b}{1-a}\right)>\left(\frac{1}{1-a}\right)$，所以分母中的项增加更快。因此，增加更快的分母将会占支配地位：利润率要么先上升后下降，要么会立即下降。[②] 需要注意的是，即使生产成本的下降比资本成本的上升更快（即 a>b），上述推论依然成立。主要原因就是

① 我们之所以假定 $\overline{uc'_t}=\overline{uc'_0}(1-a)^t$，是因为它可以保证成本边际在下降时保持为正。

② 利润率的路径取决于第一个步骤。根据方程（7.13），$\bar{r}_1/\bar{r}_0 \equiv \frac{(1-\overline{uc'_1})/(1-\overline{uc'_0})}{\overline{\kappa'_1}/\overline{\kappa'_0}} = \frac{\left[1-\overline{uc'_0}(1-a)\right]/(1-\overline{uc'_0})}{1+b} = \frac{1+a\left(\overline{uc'_0}/(1-\overline{uc'_0})\right)}{1+b}$，因此随着 $\bar{r}_1/\bar{r}_0 \gtreqless 1$，$\left(\overline{uc'_0}/\left(1-\overline{uc'_0}\right)\right) \gtreqless ba\left(\overline{uc'_0}/\left(1-\overline{uc'_0}\right)\right) \gtreqless b$。

生产成本是有界限的，在 0~1 之间变动，而资本成本从原则上而言可以无限上升。图 7.25 描绘了真实竞争中当企业一般通过更高的资本密集度获得更低的成本时，利润率变化的两种可能的路径（Shaikh 1984a, 1992a）。这些模式从本质上而言与帕克（2001, fig. 7, charts b and d, 102）通过仿真模拟推导出来的一样。应该补充的是，因为主要变量如单位成本和资本密集度的变化在任何给定的一年都很小，所以利润率的下降将会在长期体现出来（Marx 1967c, 239）[①]。本书第 6 章、附录 6.7 分析了经验问题，图 6.2 和图 6.5 展现了一般模式。第 16 章将会介绍它对增长以及 2007 年危机的影响。

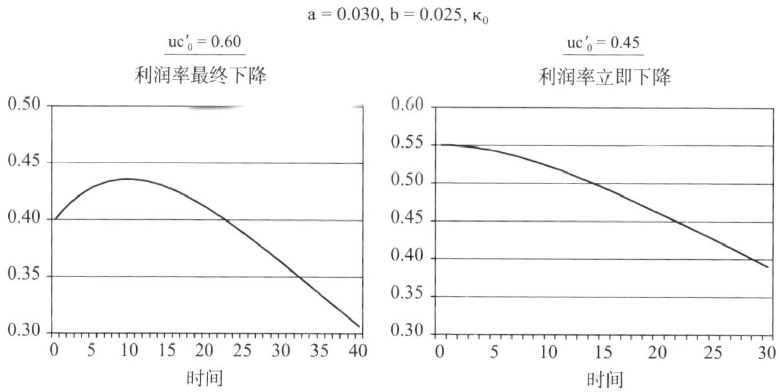

图 7.25 利润率的两种可能路径

① “引起一般利润率下降的同一些原因又会产生反作用，阻碍、延缓并且部分地抵销这种下降。这些原因不会取消这个规律，但是会减弱它的作用……所以……它的作用，只有在一定情况下，并且经过一个长的时期，才会清楚地显示出来。”（Marx 1967a, 239）（中文转引自《资本论》第 3 卷，人民出版社，2004 年版，第 266 页。——译者注）参见第 16 章对美国战后这个问题的经验分析。

8

关于完全竞争和不完全竞争的争论

8.1 理论观点

本章分为理论和经验两部分，理论部分分析了从古典主义到后凯恩斯主义多种可选的竞争理论（见 8.1 节），经验部分则考察了关于定价和利润率的经验证据（见 8.2 节）。8.1 节先介绍斯密、李嘉图（见 8.1.1 小节）和马克思（见 8.1.2 小节）的竞争理论。他们三个人都一致同意，竞争使工资率和利润率趋于均等化，从而使得市场价格围绕着自然价格（生产价格）上下波动，但又与它保持不同。马克思的分析最为复杂深刻。他坚持认为市场价格围绕着生产价格的波动是一种“动荡运动”。他还将李嘉图的调节资本概念从农业部门拓展至所有行业。更重要的是，他认为竞争性企业是主动的价格制定者和有攻击性的成本削减者（不同于完全竞争所假设的企业是消极的价格接受者），并且创造具有更低生产成本的技术，通常需要更高的单位固定资本投资。这些特征在他对技术选择和利润率变化的时间路径的讨论中占据着举足轻重的地位。

一般而言，后古典经济学放弃了对实际资本主义的分析，而遁入了对资本主义理想形式的分析（见 8.1.3 小节）。在竞争领域，价格制定和成本削减型企业被消极的价格接受者取代，市场价格围绕着生产价格的动荡运动，被均衡状态下二者的完全相等取代。正是基于这样的设定，这样的竞争观念广为流行，即市场中只有大量小规模企业，每一个都无视他人利益而只追逐自己的眼前利益。在 1873—1893 年的漫长萧条期间，杰文斯和瓦尔拉斯构建起一个关于完美的市场社会的故事（虽然瓦尔拉斯自认为该模型描绘的是有国家干预的市场）。这一视角支配着当代经济学，并成为证明资本主义是最优社会和有效经济的基础。

8.1.4 小节指出完全竞争理论是自相矛盾的。更准确地说，它依赖非理性预期。依照所给定的传统假设，如果所有企业完全相同，那么显然其中任何一家企业采取的行动肯定也将被其他所有的企业采取。任何一家企业产出的增加都伴随着其他所有企业产出的相似增加，从而使得市场供给显著提高、价格下降。此时，如果完全竞争企业还“预期”它可以在任何现行价格下想出售多少就出售多少，那么它是十分非理性的。然而，这种非理性预期对完全竞争理论和宏观经济学而言都必不可少。这就意味着关于理性预期的任何理论都不能建立在完全竞争理论的基础上。反过来，如果我们认为企业的预期是合理的，那么完全竞争理论就不成立。在更普遍的情况下，即使是掌握适度信息的公司，也势必会意识到它们在竞争环境中面临的是斜向下的需求曲线。这一理解为斯拉法（1926）对正统经济学的批判，凯恩斯对企业的处理，甚至是帕廷金试图绕开这一问题的尝试，都提供了有趣的阐释。

8.1.5 小节和 8.1.6 小节分别讨论了熊彼特和奥地利学派的观点。熊彼特认为，瓦尔拉斯有关企业是价格接受者和个人是追求最大化的经济人的模型是经济学的“大宪章”，但他也同时提到，这一理论的静态性质不能与新方法和新商品被持续创造的现实相容。最后，他建议通过引入扰动拓展完全竞争模型：创新可以带来暂时的垄断利润，但竞争最终会使其消失。正如奥地利经济学家丹尼斯·缪勒所说，这一竞争“图景”几乎没有涉及价格和利润的任何特定模式。奥地利经济学全然拒绝了完全竞争这一概念，反对它对完全知识的隐含假设，反对它将竞争看作一个状态而非一个过程，以及将企业描述成消极的价格接受者而非主动的创新者。奥地利经济学强调竞争是一个不断蚕食超额利润的过程，这与古典经济学的真实竞争理论有诸多相似之处。但奥地利经济学并不区分调节资本和非调节资本，还明确假设利润率将迅速实现均等化，这与真实竞争中的动荡均等化也非常不同。更重要的是，奥地利经济学和新古典经济学一样，都认为企业是消费者的有效服务者，工会活动和政府干预是对市场过程的横加入侵。

8.1.7 小节、8.1.8 小节和 8.1.9 小节分别讨论了垄断资本、不完全竞争和卡莱茨基以及后凯恩斯学派的价格理论。它们都极为重视这样的事实：资本主义生产规模和所有权的集中度都随着时间的推移而不断上升。考虑到它们都或含蓄或明确地将竞争与完全竞争联系起来，因此它们认为这一历史趋势意味着资本主义将越来越以垄断权力为特征。希法亭第一个提出，到 19 世纪末，资本集聚和资本集中已经创造出资本主义的一个新阶段——垄断资本主义，但正是列宁的正式认可才使其成为官方马克思主义的观点。有人认为，垄断利润对本部门的再投资会扩大供给，并压低价格和利润，这驱使垄断资本向其他部门或其他国家外流。斯威齐、巴兰、曼德尔、贝拉米·福斯特和很多其他人都在各个不同的方向发展了这一理论，他们强调，（垄断理论）比竞争理论（一般来说，他们将竞争与完全竞争混为一谈）更“基于现实”。斯威齐遵循希法亭的理论而明确提出，试图建立一个垄断价格理论是没用的，因为任何一个特定的定价决策都受到太多偶然因素的影响。另外，巴兰和斯威齐随后采纳了卡莱茨基的垄断加成价格理论，该理论也已成为大多数后凯恩斯主义经济学的基础。

在经济学正统中，不完全竞争理论的提出也是为了使标准理论更加符合现实。这一理论放松了完全竞争理论的一个或多个假设：假定不完全的知识关注未来的不确定性和非决定性，假定规模效应不容忽视以证明进入壁垒观念的合理性，假定没有足够多的消费者和企业以证明价格接受是合理的，接受报酬递减以证明平坦的成本曲线是合理的，承认不同结果之间的相互作用以说明消费和生产的外部性。但总的说来，对利润最大化的关注通常被保留下来了，只是将 p=mc 的条件替换为 mr=mc。斯拉法在 1926 的文章中首次对这一做法表示赞赏，然后张伯伦和罗宾逊夫人在处理不完全竞争问题时也采用了同样的做法。最后，这一努力被正统理论接纳，在通常情况下它是以一系列旁白的形式出现的。

卡莱茨基一生都在不断完善其价格理论，但中心思想一直很清楚：价格由企业制定，即使是相对同质的商品，价格也可能会不同，成本较低的企业收取更低的价格。这些特征也可以从真实竞争的古典概念中推导出来（见第 7 章）。卡莱茨基理论的特别之处在于他的这一观念，即价格是通过在成本之上增加一个稳定的垄断加成得到的，这个加成的规模在某种程度上受制于竞争对手价格竞争的威胁，即使在价格领导者之间，它们的长期利润率也有所不同。这些主题在庞大而多样的后凯恩斯主义文献中反复出现。与垄断资本主义理论和不完全竞争理论一样，一般而言，“竞争”也被认为等同于完全竞争——一个早已被安稳地埋葬在遥远的过去的事物[①]。达特（1987, 1995）提出了一个重要的例外，他明确地试图引入利润率均等化对部门间资本流动的影响。

一般而言，现代古典经济学（见 8.1.10 小节）认为竞争始终在资本主义经济中扮演着核心角色，市场价格依然受到生产价格的调节，因为不同部门之间的利润率仍旧被大体地均等化。它也同意市场价格

① 后凯恩斯主义理论总的认为在早期的资本主义社会存在较为理想的完全竞争，而现代资本主义已被不那么理想的非完全竞争取代。——译者注

围绕着生产价格上下波动，所以它们两者是不一样的。尽管如此，占支配地位的研究方法仍然认为它们二者足够接近以至能够被视为相等的。第二种观点则坚持认为市场价格在引力过程中波动的幅度很大，所以不能将这二者视作相等。于是，实际决策总是依据不断波动、不确定的市场价格而做出，因此生产价格只能作为一种参考。第三种观点走得更远，认为完全可以不考虑竞争，因而也无须考虑生产价格。替代的选择是从统计力学的角度将价格和利润率看成随机变量。值得注意的是，如果把关注的焦点放在价格和利润率对其调节中心的偏离上，那么第三种方法与第二种方法是完全一致的。

在现代古典经济学内部，最后的争论涉及企业行为。在处理竞争性企业的问题上，几乎所有的现代古典经济学家都采取了和新古典理论一样的方式，将竞争性企业视为价格接受者。那些认为市场价格与生产价格相近，以及企业是价格接受者的学者，其竞争图景以及相应的技术选择分析，最终在观念上都与完全竞争紧密联系在一起。这样，他们就将重点放在了再转换和类似现象上。另外，有一些人（包括我自己）则认为：竞争性企业设定价格并致力于削减价格，竞争是一个充满对抗性和破坏性的过程，在这样的条件下，技术选择对利润率的时间路径具有大不相同的含义。

8.1.1 古典主义视角

8.1.1.1 斯密

正如熊彼特所说，斯密的政治经济学的中心思想是理解到“个人的自由互动产生的不是无序的混乱而是有序的模式”（Dobb 1973, 39）。竞争之所以成为核心调节机制，是因为它促使市场工资、租金和利润围绕着它们各自的“自然”水平上下波动。当不存在无法克服的障碍时，如果市场变量高于其自然水平，那么供给相对于需求上升；反之，供给相对于需求下降。这就使得实际工资、利润率和租金率大致实现均等化。而自然工资就是这个均等化的比率，自然利润和自然租金也是那些获得相应的自然比率的利润和租金水平。

> 不同的劳动和资本用途的利害，总的说来，在同一地方内，必然完全相等，或不断趋于相等。在同一地方内，假若某一用途，明显地比其他用途更有利或更不利，就会有许多人离去比较不利的用途，而挤进比较有利的用途。这样，这种用途的利益，不久便再和其他各种用途相等。至少，在各事物都听任其自然发展的社会，即在一切都听其自由，各个人都能自由选择自己认为适当的职业，并能随时自由改业的社会，情况确是如此。各人的利害关系必然会促使他寻求有利的用途，避开不利的用途。
>
> 诚然，欧洲各地的货币工资及货币利润，都随劳动和资本用途的不同而大不相同，但这种不相同，部分起因于各种用途本身情况，这些情况，实际上，至少在一般人想象上，对某些职业的微薄货币得利有所补偿，而对另一些职业的优厚货币得利有所抵销；部分因为欧洲各国的政策都不让事物完全自由地发展。①（Smith 1973, 201–202）

因为商品的市场价格中包含了市场工资、利润和租金，所以这些变量趋于自然水平等同于市场价格趋于其自然水平（157–159）。

---

① 中文转引自郭大力、王亚南译：《国民财富的性质和原因的研究》，商务印书馆，1983 年版，第 91 页。——译者注

> 商品通常出卖的实际价格，叫作它的市场价格。商品的市场价格，有时高于它的自然价格，有时低于它的自然价格，有时和它的自然价格完全相同。……自然价格可以说是中心价格，一切商品价格都不断受其吸引。各种意外的事件，固然有时会把商品价格抬高到这中心价格之上，有时会把商品价格强抑到这中心价格以下。可是，尽管有各种障碍使得商品价格不能固定在这恒固的中心，但商品价格时时刻刻都向着这个中心。[①]（Smith 1973, 158, 160–101）

我们应该如何理解斯密提出的引力概念？传统的做法是将其解读为每个市场价格都最终达到其长期均衡水平、其“恒固的中心”。斯密的大部分分析中对自然工资、利润和价格特征的关注无疑支持了这一看法。但斯密真正想说的其实是，尽管存在各种因素使市场价格高于或低于其自然价格，但竞争总会驱使前者回到（甚至越过）后者。市场价格围绕着自然价格“不断上下波动”（Kurz and Salvadori 1995, 5）。考虑到自然价格本身也在随着技术变革和社会产品分配的变化而变化，这一点应该是很显然的（Smith 1973, 165–166）。

> 市场上任何一个商品的供售量，如果不够满足这商品的有效需求……竞争便在需求者中间发生。而市场价格便或多或少地上升到自然价格之上。……这能在同样富有和同样奢侈的竞争者间引起竞争。……所以，在都市被封锁或发生饥馑场合，生活必需品的价格总是非常昂贵。
>
> 反之，如果市场上这种商品的供售量超过了它的有效需

① 中文转引自郭大力、王亚南译：《国民财富的性质和原因的研究》，商务印书馆，1983 年版，第 50、52 页。——译者注

> 求……它的市场价格，便或多或少地降到自然价格以下。……超过程度尽管相同，易腐败的商品输入过多比耐久性商品输入过多能引起卖方更大的竞争。[①]（Smith 1973, 159）

最后，斯密还特别区分了成本与利润。成本包括“原料的价格和工人的工资”，而利润是价格和成本之差（151）。虽然实际利润在长期中受自然利润的动荡调节，但这并不意味着将利润视为一种成本。直到很久之后，一些经济学家才开始将利润看作一种成本，而把自然价格看作商品的“生产成本”——目前这已成为常规做法。

8.1.1.2 李嘉图

李嘉图对竞争的观点与斯密相似。竞争使工资、利润率和租金趋于均等化，并驱使市场价格围绕着自然价格上下波动。

> 当每一个人都可以随意把自己的资本爱用到什么地方就用到什么地方的时候，他自然会寻找那种最有利的行业。如果把资本转移一下可以得到 15% 的利润，他自然不会满足于 10% 的利润。所有使用资本的人都希望放弃比较不利的行业而趋向比较有利的行业。这种孜孜不息的要求具有一种强烈的趋势，使得大家的利润率都平均化，或者使之成为一种比例，以致在有关方面的估计中，可以抵销这一方面所具有或看起来会具有的超过另一方面的利益。[②]（Ricardo 1951b, 88–89）

① 中文转引自郭大力、王亚南译:《国民财富的性质和原因的研究》，商务印书馆，1983 年版，第 51 页。——译者注

② 中文转引自郭大力、王亚南译:《政治经济学及赋税原理》，商务印书馆，1962 年版，第 73—74 页。——译者注

……

劳动的市场价格不论能与其自然价格有多大的背离，它也还是与其他商品一样，具有符合自然价格的倾向。[①]（94）

但是这一均等化过程并不意味着市场价格等于自然价格。相反，

在一般情况下，没有一种商品能长期继续恰好按照人类的需要和愿望所要求的数量得到供给，所以也没有一种商品能免除价格上偶然的和暂时的变动。[②]（88）

……

所以，正是每一个资本家都要把资金从利润较低的行业转移到利润较高的行业的这种愿望，使商品的市场价格不致长期继续大大超过或大大低于其自然价格。[③]（91）

请注意，李嘉图只说市场价格不会持续地在“长期”“大大超过或大大低于其自然价格”。这与说在短期内存在较大的偏离是完全一致的。李嘉图甚至比斯密更关注自然工资、利润、租金和价格的决定。和斯密一样，李嘉图严格区分了原料、劳动力、折旧成本和附加在这些成本之上的利润。这在他所列举的数值实例中显示得尤其清楚，他从中推导出著名的有关相对价格的“93%”假说（Ricardo 1951b, 33–

① 中文转引自郭大力、王亚南译:《政治经济学及赋税原理》，商务印书馆，1962 年版，第 78 页。——译者注

② 中文转引自郭大力、王亚南译:《政治经济学及赋税原理》，商务印书馆，1962 年版，第 73 页。——译者注

③ 中文转引自郭大力、王亚南译:《政治经济学及赋税原理》，商务印书馆，1962 年版，第 76 页。——译者注

43），我们在第 9 章还将重谈这一点。

李嘉图对竞争理论的其中一个重要贡献是在其对地租（“因使用了土地原始的、不可破坏的能力而付给地主的部分土地产品”）的分析中区分了平均生产条件和调节性生产条件（Ricardo 1951b, 67）。李嘉图首先分析了可以轻易获得肥沃土地的情况。人们将首先耕种最好的土地（B1, 见 7.4 节，图 7.2），它的成本和对资本的需求将决定农产品（谷物）的主导性自然价格。在这一阶段，最好的、唯一使用的土地同时代表着谷物的平均生产条件和调节性生产条件。在经济增长过程中，人们对谷物的需求会增加，这将提高土地 B1 的耕种量直到其被充分利用。此时，谷物的市场价格会上升，直到可以覆盖使用较低质量的土地（B2）所带来的更高的自然价格。一旦后一种土地被投入使用，调节性条件将会从 B1 变为 B2，相应地，市场价格也将围绕着一个新的更高的引力中心上下波动。因为两种土地对应的谷物价格相等，而新的价格比土地 B1 的自然价格高，所以耕种 B1 土地的生产者将得到比正常水平更高的利润。这种结构性的超额利润就是李嘉图所谓的地租，他通常假定土地所有者能从使用该土地的农业资本家手中完全榨取这部分利润。即使资本家和地主是同一个人，也是其中一种身份得到正常利润，而另一种身份得到地租。李嘉图假设随着时间的推移，这一过程会不断拓展到质量更差的土地上，导致谷物价格（相对）更高（67–75）。因此，平均条件和调节性条件之间的差距随之扩大。李嘉图认为，因为地租在总剩余中所占份额的不断增加会降低利润份额，所以他从这一相同的过程推导出一般利润率从长期来看趋于下降的理论（Ricardo 1951b, chs.2, 6）。

8.1.2 马克思

马克思对竞争的分析比前人更加复杂，并且因为他的著作没有全部写完，所以也令人更难理解。尽管如此，大部分的要点还是清楚的。

首先，企业设定它们所提供的商品的价格。“因此，商品监护人为了向外界表明商品的价格，必须……给它们挂上一张纸条。”（Marx 1967a, 95）其次，为了打败竞争对手，企业会不断尝试削减价格。资本的唯一目标便是投资货币以获得更多的货币。这是一个具有内在扩张性的过程，它导致了不同资本在同一行业内部和不同行业之间互相冲突。从这一点来说，竞争，这种“许多资本施加于彼此的行为”（Marx and Engels 1975, 97），“不过是资本的内在本性，是作为许多资本彼此间的相互作用而表现出来并得到实现的资本的本质规定，不过是作为外在必然性表现出来的内在趋势”（Marx 1973, 414）。[①] 这些冲突具有内在的对抗性：竞争是“一切人反对一切人的战争”（Marx 1967a, 356）。在其不断的斗争中，“单个资本尽最大努力尽可能多地占据市场份额，取代它的竞争对手并将它们挤出市场——这就是资本的竞争”（Marx 1968, 484）。削价建立在成本下降的基础上，因此企业被迫不断努力削减成本。

> 其次，如果一个人用较便宜的费用进行生产，用低于现有市场价格或市场价值出售商品的办法，能售出更多的商品，在市场上夺取一个更大的地盘，他就会这样去做，并且开始起这样的作用，即逐渐迫使别人也采用更便宜的生产方法，把社会必要劳动

① 中文转引自《马克思恩格斯全集》第46卷上，人民出版社，1979年版，第397—398页。——译者注

减少到新的更低的标准。[①]（Marx 1967c, 194）

……

竞争斗争是通过使商品便宜来进行的。[②]（626）

从古典的及商业的角度，马克思将成本定义为原料、折旧和劳动力成本的总和。利润和利息都没有计入生产成本（Marx 1967a, ch.8）。[③] 关于利润，没有哪一个资本能保证自己一定能获得利润，更不用说平均利润率中所隐含的一个“正常水平”的利润了。事实上，亏损是很常见的，竞争的“结果总是许多较小的资本家垮台”[④]（Marx 1967a, 626）。相反，“利息率……是每天固定的事实，这个事实对产业资本和商业资本来说，甚至是它们从事活动时计算上的前提和项目”[⑤]（Marx 1967c, 368–369）。利率作为一个基准，把总利润划分为两个部分：一部分是代表“资本所有权本身”收益的利息等价物；另一个被称作“企业主收入”的部分，则好像是资本家“用资本所执行的职能的果实”[⑥]（374）。请注意，利息等价物有别于实际支付的利息，后者取决于企业在多大程度上依赖借贷资金（杠杆）。

同一行业内不同资本间的竞争，迫使同一种产品的不同生产者以相同的价格出售其商品。另外，为了寻求更高的利润，资本从一个行业转移到另一个行业，这就使得不同行业间的利润率趋于均等化。因此，这一过程就使得行业内由竞争带来的共同的销售价格转化为该行

① 中文转引自《资本论》第三卷，人民出版社，2004 年版，第 216 页。——译者注

② 中文转引自《资本论》第一卷，人民出版社，2004 年版，第 722 页。——译者注

③ 这适用于非金融资本。银行的情况稍有不同，因为它们投入的是存款，其成本是吸收存款所支付的利息，而融资的“供给价格”则是发放贷款所收取的利息（见 10.2 节）。

④ 中文转引自《资本论》第一卷，人民出版社，2004 年版，第 722 页。——译者注

⑤ 中文转引自《资本论》第三卷，人民出版社，2004 年版，第 412—413 页。——译者注

⑥ 中文转引自《资本论》第三卷，人民出版社，2004 年版，第 419—420 页。——译者注

业的生产价格。

> 竞争首先在一个部门内实现的，是使商品的不同的个别价值形成一个相同的市场价值和市场价格。但只有不同部门的资本的竞争，才能形成那种使不同部门之间的利润率平均化的生产价格。这后一过程同前一过程相比，要求资本主义生产方式有更高的发展。[①]（Marx 1967c, 180）
>
> ……
>
> 资本的这种运动首先总是由市场价格的状况引起的，市场价格在这里把利润提高到一般的平均水平以上，在那里又把它压低到这个水平以下。[②]（208）
>
> ……
>
> 资本会从利润率较低的部门抽走，投入利润率较高的其他部门。通过这种不断的流出和流入……供求之间就会形成这样一种比例，使不同的生产部门都有相同的平均利润。[③]（180）

正是在这里，马克思对后来霍尔、希契和安德鲁斯所赞同的“全成本定价”假说做了评论（见 8.6.1 小节）。

> 经验还表明，一个产业部门……如果在一个时期利润特别高，那么，在另一个时期利润就会特别低，甚至会亏损，因此，在一个若干年的周期中，它的平均利润会和其他部门大致相同。而资

① 中文转引自《资本论》第三卷，人民出版社，2004 年版，第 201 页。——译者注
② 中文转引自《资本论》第三卷，人民出版社，2004 年版，第 231 页。——译者注
③ 中文转引自《资本论》第三卷，人民出版社，2004 年版，第 218 页。——译者注

本很快就懂得了要考虑到这个经验。[①]（208）

……

一旦资本主义生产发展到一定的程度，各个部门的不同利润率平均化为一般利润率，也就绝不只是通过市场价格对资本的吸引作用和排斥作用来实现了。在平均价格和与之相适应的市场价格确立一段时期之后，各个资本家意识到，在这种平均化中某些差别会互相抵消，因此，他们会立即把这些差别包括在他们的互相计算中。这些差别存在于资本家的观念中，并被他们作为补偿理由加入计算。[②]（209）

市场需求不断对价格做出反应：

就需求来说……需求按照和价格相反的方向变动，如果价格跌落，需求就增加，反之，价格提高，需求就减少。[③]（Marx 1967c, 191）

一旦确立了利润率均等化的趋势，企业就会开始将其对长期平均利润的估计纳入制定的价格中。但需求与供给继续发挥作用。当然，被企业认作“正常”的利润率，是不断根据一般条件的变化而修正的。最后，主观设定的市场价格不停围绕着客观决定的生产价格上下波动。在这个过程中，绝不会出现所有的利润率都等于某个“统一”利润率的情况。

① 中文转引自《资本论》第三卷，人民出版社，2004 年版，第 231 页。——译者注

② 中文转引自《资本论》第三卷，人民出版社，2004 年版，第 232 页。——译者注

③ 中文转引自《资本论》第三卷，人民出版社，2004 年版，第 212 页。——译者注

［市场］价格由生产［价格］决定这一点，不应当理解成像经济学家们所理解的那种意见。经济学家们说，商品的平均价格等于生产［价格］；在他们看来，这是一个规律。价格的上涨被价格的下降所抵消，而下降则被上涨所抵消，只有在这种波动的进程中，［市场］价格才是由生产［价格］决定的；我们细加分析时就可以看出，这种波动起着极可怕的破坏作用，并像地震一样震撼资产阶级社会的基础。这种无秩序状态的总运动就是它的秩序。[①]（Marx 1847, 174–175）

……

竞争使不同生产部门的利润率平均化为平均利润率……通过资本从一个部门不断地转移到利润暂时高于平均利润的另一个部门来实现的；可是，这里还要考虑到一定产业部门在一定时期内同收益少的年份和收益多的年份的更替结合在一起的利润波动。[②]（Marx 1967c, 208）

……

市场价格有时高于价值或自然价格和有时低于……自然价格的这种变动，是以供给和需求的变动为转移……市场价格的变动达到互相补偿所要经历的平均时期，对不同种类的商品来说是不相同的，因为供给适合于需求这一点对某种商品来说比较容易，而对另一种商品来说则比较困难。[③]（Marx and Engels 1970, 208）

……

我们看到，所有这一切是一个非常复杂的运动，这里要考察

① 中文转引自《马克思恩格斯选集》第1卷，人民出版社，2012年版，第337页。——译者注

② 中文转引自《资本论》第三卷，人民出版社，2004年版，第230页。——译者注

③ 中文转引自《马克思恩格斯全集》第16卷，人民出版社，2007年版，第142页。——译者注

的，不仅有每个特殊领域的市场价格、不同商品的比较费用价格、每个领域的供求状况，而且有不同领域的资本家的竞争；此外，平均化的快慢在这里取决于资本的特殊有机构成（例如，固定资本多还是流动资本多）和它们的商品的特殊性质，就是说，要看商品作为使用价值的性质是否易于允许按照市场价格的状况把它们较快地撤出市场、减少或增加它们的供给。……这就是为什么一般利润率同固定的利息率相比，表现为模糊不清的景象的一些理由。[①]（Marx 1971, 464–465）

……

一般利润率只是不断地作为一种趋势，作为一种使各种特殊利润率平均化的运动而存在。[②]（Marx 1967c, 366）

8.1.2.1 调节资本

李嘉图对级差地租的分析，建立在对农业生产中平均条件和调节条件的区分之上。马克思采纳了这一理论创新[③]，并将其拓展到所有行业中级差利润率的分析。他对不间断的技术变革的强调，暗含着在任何一个给定的行业，"个别（劳动）价值"与单位成本之间都存在持续的差异。在《资本论》第一卷和第二卷，马克思通常抽象了这些差异的影响，在第三卷，他最初用同样的方式发展了生产价格理论（Marx 1967c, ch.9）。

但在紧接着的下一章，他就开始研究一个行业内不同生产条件之间的差异所可能造成的影响。他从平均生产条件调节市场价格的情形入

① 中文转引自《马克思恩格斯全集》第 35 卷，人民出版社，2013 年版，第 314—315 页。——译者注

② 中文转引自《资本论》第三卷，人民出版社，2004 年版，第 411 页。——译者注

③ 但是，马克思既从理论上也从经验上反驳了李嘉图的如下观点，即经济发展会导致人们使用越来越贫瘠的土地（Marx and Engels 1975, 60–63, Marx to Engels, January 7, 1851）。

手，讨论了较差条件、中等条件和较好条件下的生产者如何针对需求的变化对供给做出相应的改变。如果所有三种条件的生产者都能将其供给比例调整到同一个水平，那么平均生产条件将继续调节市场价格。但是，在这个过程中，平均生产条件本身可能根据三种不同生产条件所占的比重在一定范围内发生变化。一种极端的情况便是，需求的上升最终由最差的差条件调节。[①]产能利用率与生产效率呈负相关是有道理的。那么，如果需求上升得足够多，在大量的闲置产能中，首先被利用起来的是最好条件，接着是中等条件，最后是最差的条件。在这种情况下，就有可能轮到效率最低的生产者的单位生产成本调节市场价格。反过来，如果需求下降得足够多，最高效的条件也可能调节平均生产条件和市场价格，这是另一种极端情况（Marx 1967c, ch.10）。

> 如果这个［供给］量［相对于需求来说］过小，市场价值就总是由最坏条件下生产的商品来调节，如果这个量过大，市场价值就总是由最好条件下生产的商品来调节。[②]（185）

在马克思对地租的分析中，调节条件是最大的亮点。他通过对比“用蒸汽机推动的”和“用自然瀑布推动的”的两种工厂来说明这个问题[③]（640）。后者的成本更低，“因为他们的商品是在特别有利的条件下，即在优于这个部门占统治地位的平均水平的条件下生产出来的，或者说，因为他们的资本是在这种特别有利的条件下执行职能的”[④]

① 这是指当需求上升得足够猛烈、足够高，以至即使最差生产条件所生产出来的商品也能在市场上顺利销售时，决定市场价格的条件调节便是最差的生产条件。——译者注

② 中文转引自《资本论》第三卷，人民出版社，2004 年版，第 206 页。——译者注

③ 中文转引自《资本论》第三卷，人民出版社，2004 年版，第 721 页。——译者注

④ 中文转引自《资本论》第三卷，人民出版社，2004 年版，第 722 页。——译者注

（641）。但他们的生产价格并不决定市场价格，因为瀑布所蕴含的自然力“不像蒸汽的压力那样，在同一生产部门可供一切资本自由支配”，所以它“不是相关生产部门的一般条件，也不是该生产部门一般都能创造的条件”[①]（645）。因此，成为“起调节作用的市场价格”的是在一般而言可复制的生产条件（蒸汽能量）下运行的资本的生产价格（641）。

在第三卷，马克思接下来用了近 200 页来详细分析地租问题。这些极其丰富、富有洞见的章节却鲜少被马克思主义文献提及，更不用说被理解了。但他的观点是很清楚的：在对竞争的分析中，调节条件扮演着核心角色（Shaikh 1979, 3; 2008, 167）。

8.1.2.2 技术选择

“打响商业竞争战役依靠更廉价的商品”，成本较低的方法会战胜成本较高的方法，这些事实立刻引出一个问题：成本较低的方法必然对应着更低的生产价格吗？这里暂且使用马克思自己的处理方法，生产成本 =（c+v），而生产价格 =（c+v）+r·C，其中，c= 单位产出对应的原料价格和折旧，v= 单位劳动力成本，r= 一般利润率，C= 单位产出总预付资本的价值量。马克思用与劳动价值（即直接价格）成比例的价格来量度这些组成部分，但是这些细节不影响基本结论。请考虑一种潜在的新生产方法，它的生产成本和资本成本都更低，从而它也有一个更低的生产价格。但是，另一种可能的情形是，这种方法的成本更低，但它的资本成本足够高以至使其生产价格更高。最后，新生产方法可能成本更高但生产价格更低。如果竞争选择的是成本较低的生产方法，那么第

① 中文转引自《资本论》第三卷，人民出版社，2004 年版，第 727 页。——译者注

一种和第二种生产方法都具有可行性，尽管后者有更高的生产价格。另外，如果竞争选择的是生产价格较低的生产方法，那么第二种方法就不具有可行性。这里，比较的关键是：现存方法与一个生产规模更大、成本更低但利润率也更低的潜在新方法，孰优孰劣？

马克思直到《资本论》第三卷第九章才引入生产价格的概念。众所周知，马克思逝世十几年之后，恩格斯才从“极不完整的初稿”的素材中编纂整理出第三卷，在这些手稿中，“有许多提示，表示这些地方留待以后阐述，可是这些诺言并没有全部兑现”[①]（Engels 1967, 2–3）。因此，在马克思的著作中，我们几乎找不到他关于成本和生产价格之间可能存在差异的论述材料。

然而，我们的确知道了马克思的分析逻辑。他清楚地表明生产价格不同于成本，而竞争将选择成本更低的方法。他将这一过程描述得非常详细：“如果一个人用较便宜的费用进行生产，用低于现有市场价格或市场价值出售商品的办法，能售出更多的商品……他就会这样去做，并且开始起这样的作用，即逐渐迫使别人也采用更便宜的生产方法。”[②]（Marx 1967c, 194）因此，新的进入者会削减价格，从而不仅降低所有现存生产者的利润率，而且也降低他们自己的利润率。[③]第一个这样做的人将迫使其他人屈服，并最终转变生产方式。这就是竞争的黄金定律：先下手为强。了解了这一点之后，我们转而发现，在人们广泛引用的第三卷的一个片段中，马克思处理的似乎就是这个问题：

---

① 中文转引自《资本论》第三卷，人民出版社，2004 年版，第 4、7 页 。——译者注

② 中文转引自《资本论》第三卷，人民出版社，2004 年版，第 216 页。——译者注

③ 事实上，即使在撰写《政治经济学批判大纲》时，马克思依然在发展他的理论（Mandel 1971, 83, 101–102）。他集中研究了自动印刷出版社（平版印刷）与手动印刷出版社相对抗的例子。新的印刷方法有着更低的成本，可是它的售价（假定等于它的价值）更低以至拉低了利润率。所以，虽然旧方法能带来更高的利润率，但它的“情况很糟，因为它卖得太贵了”（Marx 1973, 384）。（中文转引自《马克思恩格斯全集》第 30 卷，人民出版社，1995 年版，第 357 页。——译者注）

> 一种新的生产方式，不管它的生产效率有多高，或者它使剩余价值率提高多少，只要它会降低利润率，就没有一个资本家愿意采用。但每一种这样的新生产方式都会使商品便宜。[①]（Marx 1967c, 264–265）

我们如何理解这两句话？新的生产方式“使商品便宜”（即降低它们的生产成本）。在前几章，他刚刚告诉我们具有更低成本的新进入者会削减价格以获得市场份额，这意味着他们降低了自己的利润率。尽管没有哪个资本家会“自愿”降低他或她的利润率，但是竞争强迫他们在每一个可能的场合都这样做（Shaikh 1978, 245–246; 1979; 1980d, 81–82）。

紧接着引用段落的下一句，马克思说道：“资本家最初会高于商品的生产价格出售商品，也许还会高于商品的价值出售商品。”[②] 这句话的前后两个部分说的是不同的事情：高于生产价格出售商品与高于价值出售商品不是一回事。如果新的进入者把自己的价格降至现行市场价格以下，那么如果他们的生产价格低于当前占支配地位的生产价格，他们也只能按着“高于它们［自己］的生产价格”的价格出售商品。我们已经看到，成本较低的方法可能满足不了这进一步的要求，因为它们可能具有更高的生产价格。另外，生产价格较低的方法可能具有更高的成本，从而不能使商品“变便宜”。保证“成本”和生产价格都较低的唯一方法，是将正常利润视作一种成本，而这恰恰是马克思曾非常正确地否定的。前面句子的第二部分说明，新的进入者“也许还会以高于商品的价值”出售他们的商品。这里，我们处于某种更加坚实的基础之上，因为在第三卷的抽象水平上，成本是用与劳动价值成

---

① 中文转引自《资本论》第三卷，人民出版社，2004 年版，第 294 页。——译者注

② 同上。——译者注

比例的价格来量度的，假定所有行业的剩余价值率（s/v）都一样，那么更低的成本（c+v）必然对应着更低的劳动价值（c+v+s）。因此，至少成本较低的企业有可能削减价格、降低利润率，且“最初”仍在直接价格之上出售它们的商品。但即使如此，它也无法作为普遍规则起到太大的作用，因为马克思自己也知道，实际采取的竞争策略常常包含了这样的价格削减行为，即它会在一开始的时候降低新进入者的利润，甚至使其利润为负。最后，我们可以这样说：这段话的第一部分与马克思对竞争的整体分析比较一致，但第二部分与他自己对生产价格的处理不完全一致。第三句话通过强调成本差异这一关键因素重新回到他的整体逻辑上：“他会得到他的商品的生产费用和按照较高的生产费用生产出来的其他商品的市场价格之间的差额。”

为什么我们要花费这么大的力气考察这些细节呢？因为这个问题关系到马克思对一般利润率随时间的推移而下降趋势的讨论：它表明，对一般利润率而言，选择成本较低的方法与选择生产价格较低的方法相比，会形成完全不同的两种轨迹。确实如此，讨论完技术选择问题之后，马克思继续说道：

> 竞争会使他的生产方法普遍化并使它服从一般规律。于是，利润率就下降——也许首先就是在这个生产部门下降，然后与别的生产部门相平衡——这丝毫不以资本家的意志为转移。[①]（Marx 1967c, 265）

我们将看到，在给定实际工资水平时，选择生产价格较低的方法总是会提高一般利润率，而选择成本较低的方法则可能降低利润率，

① 中文转引自《资本论》第三卷，人民出版社，2004 年版，第 294 页。

这取决于生产成本与资本成本，以及单位成本与资本密集度之间的关系。在后一种情况下，关注的焦点转向技术变革的类型。

8.1.2.3 技术变革的有偏性

这把我们带到马克思的如下论点：较低的生产成本往往与规模更大、资本更密集的厂房联系在一起。固定资本以计提年度折旧（摊销）的方式计入生产成本：如果机器的使用年限为 10 年、成本为 100 万美元，厂房每年的正常产出是 10 000 单位产品，那么年平均资本密集度便是每单位产出 100 美元，而年度计提折旧则是每单位产出 10 美元（对“联合产品”折旧的处理见附录 6.4）。用现代术语来说，一个资本密集度更高的厂房，只有在它降低的单位直接（原料和劳动力）成本多于它提高的平均固定成本，从而使平均总成本下降时，才会在竞争中具有可行性。

> 比较分析一下手工业或工场手工业生产的商品的价格和机器生产的同种商品的价格，一般可以得出这样的结论：在机器产品中，由劳动资料转来的价值组成部分……同产品（如一磅棉纱）的总价值相比较的量是增大了。[①]（Marx 1967a, 390）
>
> ……
>
> 在其他条件不变时，商品的便宜取决于劳动生产率，而劳动生产率又取决于生产规模。因此，较大的资本战胜较小的资本。[②]（626）

---

① 中文转引自《资本论》第一卷，人民出版社，2004 年版，第 448 页。——译者注

② 中文转引自《资本论》第一卷，人民出版社，2004 年版，第 722 页。——译者注

这些模式在实际应用中如此常见，以至在一些细致的经验研究甚至管理学教科书中代表着技术变革的“正常”形式（Pratten 1971, 306–307; Weston and Brigham 1982, 145–147）。的确，这里隐含的生产成本与企业规模、资本密集度之间的负相关关系，在 7.6.4 小节所分析的企业层面的数据中得到有力支持，并在表 7.8 中予以总结。上一小节的最后一部分证明，当行业中存在削减价格、削减成本的行为时，即使实际工资不变，生产成本与资本成本之间的权衡替代也会使一般利润率趋于下降。从这一点来说，实际工资上升仅仅加剧了利润率趋于下降的固有趋势。我认为，这一点是马克思利润率趋于下降理论的核心。

8.1.3 完全竞争理论

8.1.3.1 完全竞争和完美资本主义观点的兴起

斯密之前的政治经济学家认识到竞争会使利润率趋于均等化（即市场价格由生产价格调节）。斯密的贡献在于，他将“竞争提升为经济社会的基本组织原则”（McNulty 1967, 396）。李嘉图和马克思都在这一基础之上构建起自己的理论体系。由此引申出作为真实竞争的竞争概念，它始终是动荡的，偶尔甚至翻天覆地。

后古典正统经济理论从分析资本主义转变为粉饰资本主义。对竞争的分析是在这一巨变中遭遇重创的诸多事项之一。企业从原本进攻性的成本削减者被重塑成消极的价格接受者，原本“无序就是秩序本身”（Marx 1847, 174–175）的市场波动被极度喜乐的均衡替代。

尽管早期的数理经济学家试图美化资本主义，但他们是打着“雅致精练分析”的旗号来从事这一工作的。古诺（1838）首次将生产者行为简化为追求利润最大化，也首次在假设单个生产者视市场价格为给定的条件下（即假设“企业面对的需求曲线是水平的”）成功“求解”出了这一问题。为了证明这一点的合理性，他不得不假设每一个生产者对整个市场的贡献小到可以忽略不计，他为此辩解道：这是在“竞争者的数量接近无穷大时”的一种极限情形（Stigler 1957, 5）。伴随着价格接受行为的假设，这成为向现代的“竞争数量论”迈出的第一步。下一小节将会分析这一逻辑的致命错误所导致的后果。

19 世纪 70 年代，发达资本主义国家遭受了一场以周期性经济衰退、崩溃和恐慌为特征的总体性经济危机的打击。“在整个时期”，明显的复苏迹象一次次地失败，导致了普遍的“沮丧、紧张、没有保障和焦虑。对经济的悲观无望既根深蒂固又难以消除。商人们，无论大小，都在抱怨经济恢复的时间短，而再度衰退的时间长，他们大声地抱怨‘商业瘫痪’‘糟透了的贸易状况’‘连续不断的危难’，以及‘灰心、乏味和单调’是市场的普遍状态。执着且不厌其烦地，他们把问题指向无利可图的商业，以及它们对公共福利造成的负面影响，指向他们在为生存而挣扎的过程中不得不面对的巨大风险”。当然，“随着股票市场的衰落，反犹太主义得以兴盛”。这一不幸的时期持续了如此长的一段时间，以至在历史的记忆中被人们铭记为 1873—1896 年的长期萧条（Rosenberg 1943, 59, 60, 64）。

还有比这更好的时机以培育出完美资本主义的美景幻象吗？①杰文斯（1871）首先开启了这一进程，他的做法是：把竞争定义为在“完全市场”中存在的一种情形，在其中“所有的交易者都对供求状况具

① 在 60 年之后的 20 世纪 30 年代，在被混乱和灾难统治的欧洲，门格尔、摩根斯坦和冯·诺伊曼坐在维也纳的沙龙中，成功发展出在“概率可知”的条件下现代理性选择和博弈论的基础（Becchio 2009, 23–27）。在一篇题为《错乱时代的精确思想：卡尔·门格尔和他的维也纳数学讨论会》的文章中，戈兰和西格蒙德断言，“回顾往事，30 年代似乎是最不适合将‘社会逻辑’应用于伦理学的时期，将其应用于经济学似乎容易接受得多”（Golland and Sigmund 2000, 41）。

有完全知识”，有着“完全自由的竞争”，而且，隐晦地假设市场上存在着大量的销售者（Stigler 1957, 6）。10年后，在1873年的大萧条中，埃奇沃思（1881）发表文章，列举出完全竞争需要满足的一系列条件，包括大量的参与者、无穷可分的商品，以及不受限制的“追逐私利的行为”（Stigler 1957, 7）。但对资本主义本身进行最完全理想化的任务落到了同时代的列昂·瓦尔拉斯（1874, 1877）身上。瓦尔拉斯强烈反对马克思，他对“自由竞争市场”所做的独特的数理化表达具有明显的政治议程色彩（Cirillo 1980, 297）。

8.1.3.2 瓦尔拉斯和一般均衡

瓦尔拉斯将已有的完全信息和价格接受行为编织成静态一般均衡模型，直至目前，该模型仍然主导着正统微观经济学及宏观经济学。[①] 偏好、技术，以及资本品和劳动力的初始存量都被视为“给定”的。所有的行为人被假定在一个特定的拍卖市场从事交易，而这个市场由一个无所不知的拍卖人来管理。交易始于一个被公布的市场价格——该价格与假定的个体参与者效用最大化行为相一致，再由这个

① 与他的后古典前辈和新古典主义继承人一样，瓦尔拉斯从分析纯粹交换入手。正如马克思所评论的，这一领域“确实是天赋人权的真正伊甸园。那里占统治地位的只是自由、平等、所有权和边沁。自由！因为商品例如劳动力的买者和卖者，只取决于自己的自由意志。他们是作为自由的、在法律上平等的人缔结契约的。契约是他们的意志借以得到共同的法律表现的最后结果。平等！因为他们彼此只是作为商品占有者发生关系，用等价物交换等价物。所有权！因为每一个人都只支配自己的东西。边沁！因为双方都只顾自己。使他们连在一起并发生关系的唯一力量，是他们的利己心，是他们的特殊利益，是他们的私人利益。正因为人人只顾自己，谁也不管别人，所以大家都是在事物的前定和谐下，或者说，在全能的神的保佑下，完成着互惠互利、共同有益、全体有利的事业。”一离开这个商品交换领域进入生产领域，我们会突然遇到一个不同的世界。“原来的货币占有者作为资本家，昂首前行；劳动力占有者作为他的工人，尾随于后。一个笑容满面，雄心勃勃；一个战战兢兢，畏缩不前，像在市场上出卖了自己的皮一样，只有一个前途——让人家来鞣。”（Marx 1967a, ch.b, 176）（中文转引自《资本论》第一卷，人民出版社，2004年版，第204—205页。——译者注）

价格引出对单个商品和劳动力所意愿购买或销售的数量。如果给定市场价格下产生的总需求数量不等于提供的总供给，这个价格就会相应地上升或下降。价格的改变反过来会引出新一轮意愿购买或销售的数量，直到每一个市场都“试探”出一个某一特定价位上的平衡。当然，如果某些市场未能处于平衡，那么在它们不断“试探”的过程中，其他的市场都会受到影响。最终，停止下来的可能的状态只有一个，那就是所有的市场同时达到平衡，即一般均衡（Hicks 1934, 342; Walker 1987, 854–861）。

瓦尔拉斯的故事的时间维度从一开始就是一个问题，因为探索叫价的过程需要时间。所以，任何行为人在这一调整过程所采取的行动都是基于非均衡的价格，从而可能导致未知或不好的结果（Hicks 1934, 342–343）。瓦尔拉斯用数理经济学家惯用的方法回避了这一问题：他只是假定行为人只有在他们愿意提供的数量被拍卖人接受时才会行动；反过来，拍卖人只有在所有的市场上所有愿意提供的数量都达到均衡时才赐予他们祝福。[①] 这样一来，就不存在不确定性、投机、失误和反悔的机会。因此，不需要也确实无处容纳货币。别担心，上帝会提供。根据瓦尔拉斯的说法，他的模型是特地“为理解经济实际……而设计的”（Walker 1987, 854, 860）。在现代正统的微观经济学和宏观经济学分析中，它仍然被认为是研究资本主义经济中“复杂交互关系本质的最佳手段”和有价值的“教学及分析”工具（Kuenne 1954, 324）。

熊彼特赞美瓦尔拉斯的建构是“经济学的大宪章”（Kuenne 1954, 324），颂扬它描绘了“资本主义如何管理现存结构”的图景

① 还存在另一个与时间维度有关的困难，即投资意味着生产新资本品，这反过来会改变个体行为人的禀赋。瓦尔拉斯通过假定在试探阶段不使用新资本品，从而也回避了这个问题。只有在均衡已经实现之后，新的更高水平的禀赋才被允许使用，以使新一轮的探索得以开始并找到均衡（Walker 1987, 859）。

（Makowski and Ostroy 2001, 485）。其他人却不这么友善，认为它“本质上缺乏实际意义”，作为对实际资本主义经济的描述具有“重大缺陷”（Kuenne 1954, 324），它“与过去或现在的任何经济体是如此不同，以致即使是作为对经济行为的高度抽象的分析也毫无用处”（Walker 1987, 860）。把自己视为一个社会主义者的瓦尔拉斯，将自己的模型看作一个工具，可以帮助“政策制定者理解那些阻碍经济体趋向理想完美的自由竞争制度的力量”。在他看来，“在合适的条件和国家恰当的引导下”，他的这一工具在实践中是可行的（Cirillo 1980, 301–302）。这位自称法国社会主义者的学者最终成为英美公司资本主义拥趸的守护神，这实在是历史的天大讽刺（Friedman 1955, 900, 908–909）。

8.1.3.3 瓦尔拉斯和马歇尔

在 19 世纪的英语国家，瓦尔拉斯的一般均衡理论几乎无人知晓，他的著作直到 1954 年才被翻译成英语。彼时，马歇尔的理论占据了支配地位。瓦尔拉斯和马歇尔都回应了古诺对发展数理经济学的呼吁，二人都在引入生产之前先从交换理论入手。根据熊彼特的介绍，马歇尔甚至发展出了一般均衡体系的核心理论。马歇尔最初对竞争的处理遵循的是古典主义逻辑，在这一阶段他明确拒绝完全竞争的观念。事实上，他在《经济学原理》的头两版中假设企业面临着斜向下的需求曲线。但是到第三版（1895）的时候，他开始转向水平的需求曲线和价格接受行为设定（Stigler 1957, 9–10）。无论怎样，马歇尔对局部均衡和特定市场的关注，都最终被瓦尔拉斯的一般均衡分析击败（Hicks 1934, 338–339, 342–343; Kuenne 1954, 323）。

8.1.3.4 瓦尔拉斯和新古典经济学

现代新古典经济学中的基本要素在瓦尔拉斯的分析中都可以找到。一是它的主动力——将资本主义和竞争理想化（Makowski and Ostroy 2001, 479）。二是瓦尔拉斯的“个人主义方法论”和“经济主观主义”，认为“解释经济现象的唯一方法是追溯到个体的选择行为”（Hicks 1934, 347–348）。三是他（和杰文斯）“将从土地和农业中抽象出来的稀缺原则与集约（生产）的报酬递减概念，推广到包括劳动力和资本在内的所有生产要素与所有生产领域”（Kurz 2006, 22）。四是将“成本”一词转化为包含一个正常的利润率，这样一来，均衡条件下市场价格和成本的相等便意味着前者与生产价格相等（Hicks 1934; Kurz and Salvadori 1995, 24）。五是将动态的观念理解为一个“不断移动的均衡，它只要受到扰动就会自动重建均衡”（Harrod 1956, 316）。六是假设只有在均衡条件下才会有经济行为，因为所有的行为人都“保证”只在均衡实现时才采取行动。七是推论充分就业总能实现，因为实际雇用只在均衡时才发生，而这个均衡点恰恰是在均衡工资条件下劳动者愿意提供的工作量与雇主愿意雇用的劳动者人数相互匹配的状态（Harrod 1956, 313）。八是所有的行为人都是消极的价格接受者的观念。这最后一点需要展开细说。

8.1.3.5 价格接受行为的关键作用

价格接受行为在瓦尔拉斯理论中的重要作用表现为以下几个方面。在试探叫价的过程中，个体行为人只能就数量做出决策，因为他们被假设为接受给定的价格。这一行为假设在推导个体需求和供给函数时十分重要，基于这些函数才有了将一般均衡定义为使所有市场中的供给量等于需求量的一系列价格。为了得到这一点，必须假设即使在价格不是均衡价格时，个体行为人也必须将其视为给定的。这样一来，“个人就无须为市场达到均衡而负责（这不是一个最优化决策问题）”。于是，当供求不相等时，我们就必须求助于某种不知其谁的“市场力量”作为改变价格的调节机制。这就是为什么瓦尔拉斯需要求助于一个超级代理人，“一个外生存在的、仁慈的‘瓦尔拉斯拍卖者’来调整价格直至市场出清”（Makowski and Ostroy 2001, 484）。价格接受行为对瓦尔拉斯边际主义故事的基础也至关重要，在这一故事中，个体被描述为做出最优选择的行为人，而选择的依据是边际效用、边际替代率和边际转化率之间的关系。从这一点来说，被动的价格接受行为是“边际主义的奴仆”，也是追求个人利益将带来经济效率这一论断的核心（480, 483）。

对占据支配地位的瓦尔拉斯范式的批评，可以从完全竞争理论这一层面着手，也可以从以完全竞争为基础的一般均衡理论着手。在这里，我们用前一种方式来处理，到了本书第三部分的第 12 章、第 13 章，我们用后一种方式来处理。

8.1.3.6 对完全竞争批判

新古典经济学作者将完全竞争和一般均衡理论的发展描绘成使分析向着更精准、更严格的方向迈进的运动，数学则在其中起到决定性作用（Stigler 1957, 5）。但他们最终描绘出的资本主义是一个拙劣的仿制品，剔除了所有黑暗和具有破坏性的东西，将如战争一般残酷的竞争简化为一场梦幻的芭蕾。这里的问题不在于数学，而在于教学被如何应用。将人类的行为简化为线性思维的效用最大化，将企业行为简化为被动的利润最大化，将不时孕育灾难的动荡竞争简化为一种极乐静止状态，还怎么可能进行“严谨”的分析呢？分析均衡的属性是一回事，正如马克思在他的再生产体系中以及斯拉法在他的定价体系中曾做的。但是，将这些均衡条件看作实际存在的状态就是另一回事了。我们在前文中已经提到过，数学方法可以用来将不同的分析视角公式化，后文中会列举更多示例。但是，数学方法不能超越它所试图（常常也未能）描述的分析视角本身。

新古典理论还进一步宣称追逐个人利益可以使资本主义成为资源有效配置的理想模型（Makowski and Ostriy 2001, 480, 483）。但可惜的是，对这一主张的证明是通过藏身于完全竞争和一般均衡这一幻想世界完成的。马克思也曾强调过资本主义的历史优越性，但是在他的表述中，其优越性源于真实竞争的残酷压力，它惩罚弱者而奖励强者。

> 它的商品的低廉价格，是它用来摧毁一切万里长城、征服野蛮人最顽强的仇外心理的重炮。它迫使一切民族（如果它们不想灭亡的话）采用资产阶级的生产方式；它迫使它们在自己那里推行所谓的文明，即变成资产者。一句话，它按照自己的面貌为自己创造出一个世界。[①]（Marx and Engels 2005, 11）

一些批评者早已指出，完全竞争中包含有很少的真实竞争元素（Makowski and Ostroy 2001, 484）。哈耶克注意到所谓的完全竞争不过是一种以“不存在所有竞争性活动”为特征的虚构状态（McNulty 1967, 399）。即使是新古典主义理论的重要支持者弗兰克·奈特也曾质疑完全竞争完全回避了所有“有关心理竞争、模仿和对抗”的设定——与充满争执的古典竞争过程截然相反，后者的“本质便是在市场中积极主动地抛售自己的商品以打败对手”（McNulty 1967, 397–398）。

在完全竞争中，企业视市场价格为给定的。当供求不相等时，“市

① 中文转引自《马克思恩格斯全集》第 1 卷，人民出版社，2012 年版，第 404 页。——译者注

场”被假定为会自行调节价格。但是，如果没有了神秘的拍卖者，就再也没有其他行为人能完成这一调节任务了。因此，“大家广为接受的完全竞争理论……对价格形成完全没有清晰的解释”（Roberts 1987, 838）。与之相反，在古典竞争中，企业自己设定价格并根据供求变化进行调整。正如斯密很久以前所提出的，当供给超过需求的时候，“必然有一部分商品会销售给那些出价较低的买者……市场价格会或多或少地降至自然价格以下，下降的幅度取决于供给过剩加剧卖者之间竞争的程度，以及企业是否急于出售自己的产品”（Smith 1973, 159）。我们已经提到，马克思和安德鲁斯在这一点上观点高度一致。

8.1.3.7 外部性和科斯定理

对完全竞争的另一个批判是它没有考虑外部性。在完全竞争中，所有的行为人都被假设在做自己的经济“决策时可以不考虑其他行为人的情况”。因此，完全竞争市场成了一个人们之间没有直接互动的市场。这样一来，一个人所产生的噪声对其他人愉悦度的负面影响就表现为一个理论难题，单个企业造成的污染对其他企业利润的影响也是一样。标准的方法是将这一类影响看成寻找交易市场的“商品”：“只有当外部性没有合适的市场可以进行交易的时候，问题才会产生。”（Varian 1993, 546）当不存在外部性时，市场具有“帕累托有效性”，因此理想的解决方案是使所有行为人都拥有自己私人领地的产权。如果实行了这一方法，经济将恢复帕累托最优。科斯定理正式将这一想法规范化，即如果所有的产权都能被明确定义，且不存在交易成本，那么“市场总能有效地将所有外部性内部化”（Makowski and Ostroy 2001, 490）。如果这一方法不可行，一个替代性方案便是设立“其他社会机构，例如法律机构和政府……让它们在一定程度上‘模仿’市场机制以实现帕累托有效”（490）。在本书第3章，我已经评论了标准体系中匮乏的理论基础。有趣的是，这里对所谓外部性的处理其实正是马克思所提出的商品拜物教观念的一个经典案例：人的互动只有完全以物为中介时，才被认为是“完全的”。[①]

8.1.4 完全竞争需要非理性预期

我是现代的少将的楷模，
我知道蔬菜、动物和矿产，
我知道英格兰的国王，我记得
从曼哈顿到滑铁卢的历史战役，以正确的顺序；
我也非常博学，对于数学问题，
我知道等式，简单的和平方的，
对于二项式定理我知道很多，
我知道三角形斜边平方的许多令人惊叹的事实！

我擅长积分和微分学；
我知道微积分学的许多术语；
总而言之，在蔬菜、动物和矿石方面，
我是一个现代化的少将。

（Major-General's song from *The Pirates of Penzance by* W.S. Gilbert and Arthur Sullivan, 1879）

① “这只是人们自己的一定的社会关系，但它在人们面前采取了物与物的关系的虚幻形式。”（Marx 1976a, 72）（中文转引自《马克思恩格斯全集》第23卷，人民出版社，1972年版，第98页。——编者注）

8.1.4.1 完全信息与完全竞争相矛盾

完全竞争理论假设所有的企业都是同质的，并且像现代化的少将一样，对所有相关经济情况都具有完全信息（Stigler 1957, 6, 11–12）。这两条假设实际上相互矛盾，结果就是：一方面，价格接受行为要求企业具有非理性预期；另一方面，即使企业在形成预期时稍微掌握一点信息，就不可能是价格接受者（Shaikh 1999, 120n25）。

人们可能认为瓦尔拉斯寓言代表了一种特殊的（虚构的）能对价格接受行为做出合理解释的制度框架，因为寓言中有拍卖商来决定和调整所有的价格。这正是兰格（1938）和勒纳（1944）将瓦尔拉斯的模型理解为由中央决策者扮演拍卖者角色的社会主义模型时所提出的问题。但是，在实际的资本主义市场中，并不存在这幕后的巫师。那么，到底该如何证明企业的价格接受行为是合理的呢？从古诺（1838）开始，传统的答案便是假设某一行业内的所有企业都完全一样，以相同的价格出售相同的产品，当企业的数量不断增加时，任一企业的额外供给对市场价格的影响就会越来越小。在极限情况下，这一额外供给带来的影响可忽略不计（Stigler 1957, 5–14）。这样一来，就可以合理地假设每个企业都能在市场任意现行价格下出售其期望数量的商品：个体的需求曲线是水平的。这一竞争数量论是完全竞争理论的基石。

这一传统论证实际上包含了若干假设：所有企业都是相同的，并且都设定同样的价格；当任何一个这样完全相同的企业做出生产决策时，都是根据自己对市场需求的预期——根据“它所感知到的需求曲线”；相信自己的供给对市场价格的影响可以忽略不计，意味着它所感知到的需求曲线具有无限弹性（即是水平的）（Negeshi 1987, 535）；同时，完全知识假设确保这样的感知（在随机的情况下）是正确的。

这里的困难是，第一条假设和最后一条假设是相互矛盾的。如果所有的企业都是相同的，即使它们只具有少量的信息，也必然会知道它们是相同的。这样一来，它们也肯定知道，当它们自己对某些市场信号做出反应时，其他所有企业也会在同一时间做出相同的反应。所以，每家企业都肯定知道，当它提高产量时，其他所有企业也都会提高产量，市场价格将随之下降。因此，在完全竞争条件下，每家企业都肯定知道它面临着一条斜向下的需求曲线。因此，任何一个认为需求曲线是水平的企业都是完全非理性的。完全竞争理论是自相矛盾的，因为它要求企业拥有非理性预期。相反，如果假设企业持有内在逻辑相一致的预期，那么完全竞争理论就会崩塌。这直接意味着理性预期的概念不能建立在完全竞争理论的基础上。我们会在本书的第三部分继续讨论这个问题。

8.1.4.2 竞争数量论的破产

完全竞争理论中的价格接受行为提出，在某个共同的市场价格 p，第 i 个企业会根据 $p=mc(X_i)$ 来决定产量。“于是竞争性企业的边际成本曲线恰好就是它的供给曲线。”（Varian 1996, 366）。一旦竞争性企业意识到自己面临的是斜向下的需求曲线，新古典的利润最大化行为就要求第 i 个厂商选择使 $mr(X_i)=mc(X_i)$ 而非 $p=mc(X_i)$ 的最优产量 X_i。如此一来，单个企业的边际成本曲线就不是它的供给计划，市场供给曲线也不是所有企业边际成本曲线之和。事实上，由于所有企业都是同质的，整体结果应是由 $mr(X)=mc(X)$ 决定的总产量 $X=\sum_i X_i$。这与完全垄断的情形相同。也就是说，逻辑一致的预期意味着竞争和垄断对应的市场价格与产量完全一样！竞争数量论崩塌了。

8.1.4.3 竞争性企业需要考虑需求

这些讨论进一步引申出关于竞争性企业行为的一系列结论。首先，竞争性企业必须将产品需求纳入考虑范围。我们将会在 13.2 节看到，它回到了凯恩斯关于“竞争性企业是需求驱动的”这一想法。[①] 其次，企业一般而言面临的是斜向下的需求曲线，这一点最初由斯拉法（1926, 543）和哈罗德（1952, 144, 158–160）提出。马尔库佐（2001, 86–88）提出，斯拉法最初提出由面临向下倾斜的需求曲线的企业自行设定的市场价格与垄断者所设定的价格是相同的。卡恩不同意斯拉法的提法，理由是不完全竞争性企业会考虑对手的行为，所以它们的预期需求曲线没有垄断企业的那么陡峭。我在这里想说明的是，当竞争性企业考虑到整体行为时，斯拉法的想法是完全正确的。最后，我们已经知道斜向下的需求曲线不依赖消费者的效用最大化，也不依赖生产者的利润最大化。相反，它们可以直接从实际消费者行为中推导出来（见第 3 章），也与安德鲁斯和哈罗德等古典与现代作者所确认的竞争性定价行为及成本削减行为紧密相连（见 7.6.1 小节）。

8.1.4.4 凯恩斯与卡莱茨基论（完全竞争与非理性预期）的宏观经济学含义

竞争性企业必须考虑需求，这一事实让凯恩斯在《就业、利息和货币通论》中的观点变得有趣。我们知道，凯恩斯把他在《就业、利息和货币通论》中的分析建立在“原子式竞争”的存在这一基础之上。他“坚决反对”将持续性失业解释为工资刚性、“‘垄断企业’、

① 凯恩斯也明确地说“每家企业所做的决策都受到其他企业决策的预期结果的影响”，这完全不同于完全竞争企业所具有的孤僻行为（Keynes, *Collected Writing*, Vol.29, 98–99, cited in Sardoni 1987, 91）。

工会、最低工资法或其他对个体交易者的效用最大化行为施加制度性限制的理论”。宣称恢复竞争“就能解决失业问题”的主张是他最讨厌的论调，因为他认为即使是“原子式竞争”也会导致持续性失业（Leijonhufvud 1967, 403）。戴维森（2000, 11）认为凯恩斯的有效需求理论不依赖“不完全”市场，而克莱斯勒（2002, 624–625）指出，甚至卡莱茨基的有效需求理论最初也基于“自由竞争”这一假设。

在《就业、利息和货币通论》中，凯恩斯强调，“不论是对单个企业和单个行业而言，还是就市场总体而言”，（利润最大化下的）产出量和就业量“都取决于企业家从相应产出中预期取得的收益量”（Keynes 1964, 24）。在《就业、利息和货币通论》出版之后，他明确指出单个企业会努力预测需求。

> 企业家必须预测需求。他们不能始终严重误判均衡的位置，但这是非常复杂的，因此他们不是一蹴而就，而是尽力用试错的方式靠近正确的位置。当他们生产过多时就收缩规模，在相反的情况下扩张生产。这与买方与卖方在市场上通过讨价还价找到供求的真实位置是一样的道理。（Dutt 1991–1992, 210）

凯恩斯对自己理论的微观基础的阐述，与其所假设的企业在行事时具有需求意识行为不完全一致。在《就业、利息和货币通论》中，他仍然停留在“古典就业理论”传统的“第一公理”上，即利润最大化行为意味着实际工资等于劳动的边际产量（即 w/p=mpl）（Keynes 1964, 5, 17）。它由我们熟知的 p=mc=w/mpl 推导得出，但是这个条件只有在假设企业不考虑需求时才成立，因为只有在此时它们才会认为自己想卖多少就能卖多少。相反，如果他确实相信自己关于个体企业必须考虑需求的假设，那么售价就不能被视为给定的，他必须抛弃第一公理。如果他保留利润最大化行为的标准模型，适用条件就会变成 mr=mc，于是就出现了类似不完全竞争均衡状态时的 p>mc——这恰恰是他明确反对的。但是，如果他像哈罗德（1952, 150–151）一样采用古典设定，认为竞争性生产由成本最低点决定，就不会出现这个问题。凯恩斯对家庭问题的讨论建立在多少更扎实一些的基础之上，因为他明确反对从传统的效用最大化行为推导得出的“第二公理”。但即使是在这一问题上，他的基本理论也是含混不清的（Clower 1965, 103–125）。

8.1.4.5 帕廷金论（完全竞争与非理性预期）的宏观经济学含义

帕廷金（1989），典型的新古典主义宏观经济学家，几乎快要承认市场经验会促使企业在做出供给决策时考虑需求。在他具有深远影响的著作中非常靠后的地方，帕廷金考虑了这样一种情境，即需求下降会导致非自愿失业，因为价格和利率的调整达不到马上恢复完全就业的程度（Patinkin 1989, 318）。他提醒读者，在此之前，所有的结论都建立在企业“相信它们可以在支配性市场价格下将自己所有的产品……都销售出去”（319）。他还提到，当消费者的需求降低时，所有建立在这种假设之上的产出计划都会失败，这“必然驱使企业放弃……对无限市场的假设”（319）。现在，需求的上限突然进入企业的算计之中，而且，在这一认知之下，它们会减少自己的生产计划和雇用数量——于是就带来了工人的非自愿失业（319–324）。帕廷金假设企业会减少自己的生产直到所有产出都能在市场中售出（321）——这自然意味着现在它们突然拥有了一种能力，即能正确估算市场需求吸纳其产品的能力。这样一来，最终就出现了这样一种情境：供给等于需求，但是存在失业和过剩产能。根据他的分析，过剩产能会“促使企业降价以增加销售量”——也就是说，企业现在变成了价格制定者。悄声低息地，我们得到了关于竞争行为的古典见解：当市场中存在过剩供给时，企业会降低自己的产出以适应需求；当市场中存在过剩产能时，企业会降低自己的价格以扩大需求。帕廷金表示，企业的后一种行为会使市场重新回到最大产能和充分就业的均衡状态（323），而这一点恰恰是凯恩斯和卡莱茨基反对的。这个问题的讨论凸显了竞争功能在宏观经济分析中的重要作用，本书的第三部分会再次回到这一问题。

8.1.5 熊彼特的观点

熊彼特的观点尤为引人注目。他赞美瓦尔拉斯以价格接受和最大化行为为中心的模型是经济理论的“大宪章”。但是他接着又表明，这一理论的静态特性与现实世界的“创造性破坏”不相符合。

> 人们通常描述的问题是资本主义如何管理其现有结构，但是人们真正需要关注的问题是资本主义如何创造出这些结构，然后又破坏了这些结构。如果研究者未能注意到这一点，那么他所做的研究就没有意义。只要他们意识到这一点，他们对于资本主义行为方式及其所引起的社会结果的观点就会产生很大改变。第一个需要改变的是关于参与竞争的方式的传统观点。经济学家现在终于慢慢开始不再只关注价格竞争……但是与教科书中所描绘的不同，在现实的资本主义中发挥作用的不是这种类型的竞争，而是来自新产品、新技术、新的供应源、新型组织架构（比如控制单元的最大规模）的竞争，这种竞争伴有明显的成本或品质优势，它不是从价格的边缘或者现有的产出下手，而是直接与企业的根基和生命竞争。这种类型的竞争比前一种竞争更有效，就好比炸

> 开一扇门与强行推开它的差别。此时，连传统意义上的竞争是否存在都变得无关紧要。长期扩大产出和压低价格的强大杠杆无论如何都是由其他因素（而非前一种竞争）构成的。（Schumpeter 1950, 1984, cited in Makowski and Ostroy 2001, 485–486）
>
> 完全竞争意味着企业能够自由进入任何一个行业。……如果我们的经济世界由一些业已成形的行业组成，在这些行业中企业总是用同一种方式生产类似的产品，当有更多的劳动力和资金时也只会用它们来建立更多类似的生产线，那么阻碍他们进入任何他们想进入的行业都会对这个社区造成损失。但是，一个完全没有进入障碍的行业可能反而是难以进入的。在完全竞争下，引进新生产方法和新产品从一开始就是难以想象的。这意味着我们称之为经济进步的很大一部分也与它不相容。（Schumpeter 1950, 1104–1105, cited in Makowski and Ostroy 2001, 486）

听起来这几乎与马克思的观点一样，尽管我们很难想象马克思会赞扬瓦尔拉斯的资本主义观（就此事而言，或社会主义观）。但熊彼特接着说，“事实上，无论何时，任何新东西一旦被引进——无论是自发产生的还是被有意设计引进的，完全竞争都会宣告暂停或者暂时性地宣告停止，即使本来是在完全竞争的条件下”。所以，最后熊彼特的确没有反对完全竞争，而只是把基于创新的爆发式出现而产生的扰动当作例外，以修补完全竞争。这些扰动为创新者“制造出暂时的垄断利润”，但模仿者很快会将超额利润全部抵销。新一轮的创新重新开始，这一过程如此循环下去。[①] 熊彼特的这一拓展并不能告诉我们价格和利润率的变化模式，他的观点“只是一种理解竞争特性的视角而不是关于竞争过程的模型”（Mueller 1990, 3）。[②]

8.1.6 奥地利学派的观点

8.1.6.1 哈耶克

尽管熊彼特是奥地利人，但相比奥地利学派的哈耶克、冯·米塞斯、科兹那和缪勒，他的观点更接近瓦尔拉斯学派。在哈耶克看来：

> 竞争本质上是一个观点形成的过程：通过传播信息，它赋予我们视为同一个市场的经济体制以统一性和连贯性。它使人们拥有关于什么是最好和什么是最便宜的看法。也是因为它，人们才知道了他们所知道的关于可能性和概率的知识。这是一个数据持续改变的过程，因此把它当成常数的理论都完全没有意识到它有多重要。（Hayek 1948, 106; High 2001, 355）

哈耶克认为完全竞争这个概念无益于描述实际竞争，甚至也不能作为建设性地评价商业行为的有效基准。完全竞争是建立在无效假设之上的静态虚构，而实际的“竞争是……一个动态的过程，其本质特征都

---

① 熊彼特在他的商业周期理论中也遵循了非常相同的程序：“熊彼特将他的商业周期理论建立在富有企业家精神的创新者之上，他们会周期性地打破标准模型平滑的循环流。标准模型被用来区分什么是常规且稳定的，什么是动态且富有创新的。由企业家释放出的创造性能量的爆发，导致循环流被暂时性打破，直到标准模型花费时间加以调整和适应，而这只是为了接受新一轮创新的再次冲击”（Makowski and Ostroy 2001, 489）。

② 感谢安德烈斯·古兹曼引导我关注奥地利学派关于竞争的观点。

被基于静态分析的假设抹除了”(Hayek 1948, 94; High 2001, 343)。关于完全知识的标准假设是有害的，因为“当真正的问题在于分析尽可能地运用可获得的知识会带来怎样的影响时，我们假定每个人都无所不知这一条件并不能解决任何问题”。答案在于对这一问题的回答，即“默默无闻的大众拥有用于完成某种特定任务的特定知识，需要怎样的制度安排使其最有可能受到这项任务的吸引”(High 2001, 343–344)。对商业来说，这意味着鼓励和奖赏创业者的制度安排；对消费者来说，这意味着诸如广告的活动和其他传递市场信息的功能（343–345）。在任何特定时刻，通常“仅有一个生产者可以用最低的成本生产某种产品，它的售价事实上可能低于仅次于它的最成功的竞争者的成本。但是，它在不断试图扩大市场时，通常被其他某个生产者打败，打倒它的生产者反过来又将被另一个生产者打败，使其不能占据整个市场，等等”(Hayek 1948, 102, cited in High 2001, 351)。这一连串充分竞争的事件并不能被简化成由完全竞争代表的那种死气沉沉的状态。

8.1.6.2 冯 · 米塞斯

米塞斯的角度有所不同。他的核心观点是所有的社会体系都存在一定形式的社会竞争。“在极权社会，竞争体现为人们为了设法得到当权者的青睐所付出的努力。在市场经济中，竞争体现为这样的事实，即卖方必须提供更好或更便宜的商品和服务来打败其他对手，买方也必须提出更高的价格以超过其他买方。”(High 2001, 381) 在市场社会中，消费者掌握着主导权：“他们的买或不买在决定每个个体的社会地位中发挥了重要作用。他们的至高无上的地位并不会被授予生产者个人的特权损害”(275)。因此，“贸易壁垒、特权、卡特尔、政府垄断和工会都只是经济历史的一个数据”(279)。

8.1.6.3 科兹那

和熊彼特一样，科兹那强调奥地利学派竞争观点中企业家发挥的关键作用。新古典主义的竞争性均衡视角基于完全知识，这与企业家的行为完全不兼容，因为后者取决于非均衡和不完全知识所提供的机会。“均衡中并没有企业家存在的空间。如果所有市场参与者的决策都完全吻合，以至每个参与者都正确地预测到其他参与者制订的相应计划，并且不可能存在相关参与者同时偏爱某个改动过的计划，那么就没有什么事情需要企业家来做了”（Makowski and Ostroy 2001, 486）。

8.1.6.4 缪勒

缪勒在分析完全竞争理论这一核心命题的经验价值和意义方面做出了杰出贡献。一价定律假设所有同质的商品都会以相同的价格销售，并假设企业可以在不同行业间自由进出，以使所有的企业都获得最高效的技术。因为企业同质且都以同样的价格出售它们的产品，所以特定行业里的所有企业在短期内都将得到相同的利润率。从长期来看，整个行业的利润率也将在行业间实现均等化。因此，从长期来看，所有企业，无论它们处于哪一个行业，都会有相同的利润率。缪勒由此推出了他的无效假设：从长期来看，所有企业的利润率都会趋同于某个共同的利润率。这样一来，如果企业的长期利润率存在持续差异，那么它就会成为证明存在非竞争情况的表面证据，而这正是缪勒所发现的（Mueller 1986, 1–12, 31–33, 130）。之后，在本章讨论有关寡头理论的经验证据时，我们将介绍他的研究的其他方面。

8.1.6.5 对奥地利学派的总体评价

奥地利学派的经济学家坚决反对完全竞争理论。他们拒绝关于完全知识的潜在假设（Makowski and Ostroy 2001, 480）。他们反对将竞争看成“一种‘状态’而不是一个过程”的观点，也反对将企业描述为“温和的”价格接受者，这使“经济行为中更富有企业家创业精神的方面”不可能存在（Kirzner 2001, 357–358; Makowski and Ostroy 2001, 483）。为了取代新古典主义经济学将均衡看成一种静止状态的观点，奥地利学派强调“竞争是一个过程，其中进入的力量迅猛地追逐超额利润……并使这些利润迅速消失”。在奥地利学派的竞争理论中，一个重要的假设为“市场是稳定且迅速的”（Geroski 1990, 28）。我已经在7.6.5小节讨论过，奥地利学派的一般竞争模型与古典理论中的真实竞争有许多共同特征。

但它们之间也存在显著差异。奥地利学派并没有区分调节资本与非调节资本。奥地利学派假设利润率能够迅速实现均等化，这完全不同于在“丰瘠之年”的动荡周期中进行的利润率均等化过程。奥地利学派的观点与新古典主义经济学也有几个共同的核心特征。它们都认为企业是消费者的仆人，通常认为工会活动和政府干预是对市场过程的擅自入侵，并且其理论中当然都不存在任何阶级或阶级斗争的蛛丝马迹。我们很难想象奥地利学派经济学家会发出亚当·斯密不断提出的重要警告，让人们警惕到处串通以压低工资并抬高价格的工厂主、不劳而获的地主和其普遍利益在于“欺骗和压迫大众”的商人（Smith 1937, ch. 6, 151–153, 232, 358–359）。

8.1.7 马克思主义的垄断资本主义理论

马克思主义垄断资本学派建立在马克思如下观点的基础上，即资本的生产规模、资本密集度和所有权的集中会随着资本主义的发展而提高。该学派认为，这一过程会导致不断增强的资本垄断，以至在19

世纪末的某个时间点垄断会取代竞争，引领资本主义进入新阶段。当竞争不再占据主导地位时，有关价格和利润率的客观规律将让位于由权力驱动的结果。因此，有人认为马克思关于资本积累和资本集中的观点最终否定了他自己对竞争的价值规律的分析。希法亭最先提出了这一看法，但正是列宁的认可使希法亭的看法成为马克思主义者相关论述的核心（Sweezy 1981, 258, 298; Hilferding 1985, 228, 235）。

希法亭认为，生产规模和资本密集度的不断上升会使资本进入或离开某些产业部门变得更难，这阻碍了资本流动，导致利润率无法实现均等化。他强调，在竞争性条件下，大规模行业和小规模行业的利润率都低于平均水平：前者是因为很难放弃大规模投资，企业在利润率较低的情况下依旧坚持运营；后者则是因为小规模行业的进入门槛较低，这倾向于拉低利润率。但是，大资本家可以通过卡特尔、联合、联营、兼并和垂直整合等手段抑制竞争，提高自己的利润率。这些大资本家往往也与大银行关系密切，大银行可以为他们提供大规模投资所需的信贷支持，提升这些客户的垄断势力正符合这些银行的利益。最终，大银行甚至控制了它们所提供资金的垄断行业，这就是希法亭将其称为金融资本阶段的原因（Sweezy 1981, 258, 298; Hilferding 1985, 228, 235）。

有学者认为卡特尔化行业可以通过提高价格、限制供给增长实现更高的利润率。但根据希法亭的理论，我们不能确切地判断卡特尔是如何进行定价和缩减供给的，因为这些行为取决于许多主观因素。我们可以确定的是，卡特尔有着“非常巨大的利润”却仍需要限制供给的增长……这“使得资本输出成为当务之急”（Hilferding 1985, 233–234; Zoninsein 1990, 19– 20）。

列宁深受希法亭的影响，他将自己的帝国主义理论建立在垄断资本主义阶段日益增长的资本输出的基础之上。巴兰和斯威齐也很赞赏希法亭的理论，他们的研究课题就是将此论点扩展到 20 世纪。他们注意到，受希法亭和列宁的影响，“马克思主义者已经广泛接受了如下信条，即截至 19 世纪末，资本积累和资本集中已经到达这样一个点，它使资本主义从马克思一直关注的竞争性阶段转变为一个新的阶段，即金融资本主义、帝国主义或垄断资本主义阶段”（Sweezy 1981, 60）。他们还指出了后来卡莱茨基和施泰因德尔（稍后会再来论述）在推进这一观点的发展方面所起的作用（Zoninsein 1990, 3）。

斯威齐接受了希法亭的这一观点，即生产规模、资本密集度和资本集中程度的不断提高会使经济从“自由竞争”走向垄断（Sweezy 1942, 254）。但他认为大银行在早期占据统治地位只是一个“过渡阶段”。根据斯威齐的说法，重点是垄断的兴起，这也是为什么他更倾向于使用“垄断资本”这一术语而非希法亭的“金融资本”（266–269）。尽管如此，希法亭的中心论点仍被认为是正确的：竞争的客观规律已被由垄断力量的不同程度所产生的偶然结果取代（258）。垄断者有权力限制供给并因此抬升价格，但是“试图建立一个有关垄断价格的理论是没用的”，因为“有太多不同的因素参与决定了给定的［垄断］价格，这导致我们几乎不可能建立一个精确的理论”（270–271）。最终，垄断者以牺牲竞争性行业为代价获取了更高的利润，这将刺激竞争性行业出现垄断，使得垄断进一步扩散（273）。在纯粹抽象的层面，可以想见如果所有行业都拥有相同程度的垄断，那么利润率将大致实现均等化。但是，垄断总是不均匀分布的，因此在现实世界，我们将看到利润率呈层级制分布，垄断程度最高（大规模）的行业对应着最高的利润率，竞争程度最高（小规模）的行业对应着最低的利润率（Sweezy 1942, 273–274; 1981, 302）。

垄断者可以通过放缓其产能的扩张“维持更高的利润率”（Sweezy

1981, 302），结果是“资本涌入竞争性更强的领域”（Sweezy 1942, 285）。这也会强化资本对劳动节约型技术变革的偏爱。“其他条件不变的情况下……垄断资本主义环境下的收入和就业水平将低于竞争性更强的资本主义环境”（Sweezy 1981, 285, 302）。在世界范围内，垄断会阻碍国家间的利润率均等化。但利润率较低的国家可以向利润率较高的国家输出资本，从而使“利润率趋于同一个水平，这里总是要考虑必要的风险溢价”（291–292）。我们不得不说，斯威齐对垄断效应的分析是自相矛盾的：一方面，他告诉我们，在任何一个国家的内部，资本从高利润率的垄断性行业流向竞争性行业会拉低后者的利润率（285）；另一方面，在不同国家之间，资本从低利润率的国家流向高利润率的国家却被认为可以带来利润率均等化（293）。

曼德尔也认为，企业规模的不断扩大促使竞争性资本主义在19世纪末过渡到垄断性资本主义（Mandel 1968, 2 : 400）。垄断的最主要目的是通过控制资本的自由流动和消除竞争“保障和提高利润率”（2 : 419）。但是，如果垄断性行业和竞争性行业之间的利润率差距达到使后者“濒临破产”的程度，那么竞争性行业将不得不设法打破前者的垄断。“这些尝试会让竞争再次兴起”，也会缩小两种行业间的利润率差距（2 : 424）。同时，垄断者周期性地处于相互斗争的状态，尽管这种斗争很少以降价的方式进行（2 : 435）。最终，在发达国家内部，“自由的竞争性资本时代”让位于“垄断资本”时代，“少数企业完全占据了各个市场，银行资本日益与产业资本合并为金融资本，少数大型金融集团主导着各个资本主义国家的经济，这些垄断巨头共同瓜分重点商品的世界市场，帝国主义势力将全球划分为殖民帝国或半殖民地的势力范围”（Mandel 1975, 62–65, 595）。

马克思主义垄断资本学派的所有分支都承认一个重要前提，即竞争会随着企业规模的扩大、经营的多样化和数量的减少而被削弱。这是它们立论的基础。但是，在完全竞争理论中，一个行业只有满足这样的条件才被认为是完全竞争，即行业中的商业都是极小的价格接受者，拥有相同的成本结构且数量无限多。在古典的真实竞争理论中并不存在这样的要求，在那里企业总是价格制定者，并且扩大规模是竞争性斗争中削减成本的固有方式（见 7.5 节）。虽然分析的视角稍有不同，但安德鲁斯和布伦纳也明确反对这样的观点，即将企业的规模视为竞争力缺乏的指标，将行业内的竞争程度与企业数量视为负相关关系（Brunner 1952b, 741）。令人震惊的是，这一学派竟然与主流的竞争概念如此相得益彰，而对自身理论应有的出发点——马克思的竞争理论却一无所知（Zoninsein 1990, 6, 21–22）。

马克思主义垄断资本学派的一个近期观点使得这些基础变得明确。它首先声称新古典的竞争理论不是其他人而正是米尔顿·弗里德曼所描述的理论，是经济学中关于竞争的典范性观念。竞争被明确等同为“企业的大数量和小规模……其中典型的商业单位对价格、产量和投资都不具有显著的控制力……［正如］新古典主义纯粹的完全竞争理论一样……［这］适用于所有经济。这就是经济中竞争的主要含义”（Foster, McChesney, and Jonna 2011）。[①] 此外，

> 如弗里德曼所言，当企业有“显著的”垄断力量，能够影响其运营市场内的价格、产量、投资和其他因素，从而实现垄断收益时，可以说存在垄断。这样的企业很有可能与其他企业之间存在寡头垄断的竞争性关系。因此，具有讽刺意味的是，正如弗里

① 很遗憾，这篇网络文章没有标注页码。

> 德曼所强调的那样垄断其实“更接近”“通常的竞争概念”。(Foster, McChesney, and Jonna 2011)

如果这些作者知道马克思的竞争理论，他们可能还会补充道，他们自己的垄断概念也与马克思的企业间毫不妥协进行对抗的竞争概念“更接近”。当然，区别在于，根据马克思的观点，恰恰是这些设定价格、削减成本、扩大规模和争夺市场的企业行为推动了竞争规律的实现。

> 该学派反对竞争概念的一个标志性原因是，对资本主义的经济辩护以竞争性市场的普及为前提，此时可以实现稀缺资源的合理配置，并赋予现有的收入分配以合理性。对资本主义的政治辩护是经济权力往往是分散的，因此这些经济权力很难被集中在一起对民主国家造成不当影响。但是，如果是垄断而非竞争主宰经济的话，那么这些关于资本主义的核心论点都将被推翻。(Foster, McChesney, and Jonna 2011)

尽管他们的目标令人钦佩，但其靶心并不完全准确。他们再一次暴露了自己对新古典完全竞争理论的依附。在马克思看来，真实竞争带来的是永恒的波动，其“无秩序状态的总运动就是它的秩序”，是一场“价格的上涨被价格的下降抵销，而价格的下降则被价格的上涨抵销的无序运动，[这场运动]……起着极可怕的破坏作用，并像地震一样震撼资产阶级社会的基础”[①](Marx 1847, 174–175)。当然，这一切都发生在一个生产资料集中于统治阶级手中的社会。这绝不是一个关于

① 中文转引自《马克思恩格斯选集》第1卷，人民出版社，2012年版，第337页。——译者注

普遍最优和分散化经济权力的故事。

最后，还有一种标准说法，即认为“马克思在《资本论》中分析的情况建立在19世纪市场条件的基础之上”，而希法亭–列宁–斯威齐的分析则是“基于现实的社会科学”，发现了“资本主义经济发展的垄断倾向”。这是马克思主义垄断资本主义理论（和后凯恩斯主义经济学，我们接下来会看到）中的一个典型的理论替代，认为竞争只适用于虚构的19世纪时代而不适用于后来的时期。熊彼特早在1947年已指出，这种说法“包含着这样的创造，即一个彻底虚构的完全竞争的黄金时代不知在什么时候就变形为垄断竞争，但是我们都很清楚，完全竞争现在不存在，在过去的任何时代也不是一种现实”（Schumpeter 1969, 40）。马克思主义垄断资本学派所承诺的竞争愿景从来都不合理，以前不合理，现在也不合理（Duménil and Lévy 1994, 21），但是他们似乎完全忽略了这一事实。

从实证方面来看，这个学派包含着两种垄断定价理论：一方面，希法亭和斯威齐明确提出垄断定价受多种因素的影响，因此“人们没有发现合理的一般性垄断定价规律，因为它根本就不存在”（Sweezy 1942, 271）；另一方面，巴兰和斯威齐随后又提出（Baran and Sweezy 1966），人们可以“[采用]卡莱茨基的……垄断程度这一概念（即企业在直接成本之上施加一个价格加成的权力），发展出一种‘本质上是马克思主义（或新马克思主义）的……”垄断定价理论（Foster, McChesney, and Jonna 2011）。卡莱茨基的垄断加成理论也是很多后凯恩斯主义经济学理论的基础。我们稍后将对此进行讨论。但是，首先我们需要回顾正统经济学内部产生的对完全竞争理论的反叛——不完全竞争理论。

8.1.8 不完全竞争理论的兴起

在真实竞争中，需求对企业设定价格和削减成本的决策起着重要作用。在完全竞争中，一般认为企业作为价格接受者没有必要考虑需求。人们可能会认为完全竞争理论的许多理论性和经验性缺陷本应促使经济学家去探寻一个更完善的竞争理论，譬如安德鲁斯（1964）创立的理论。事实却并非如此。相反，从马克思主义的传统框架中产生的是垄断资本理论，而从正统的框架中出现的是垄断、寡头垄断，换言之是“不完全”竞争理论。这些观点在某一段时间看起来最终驱逐了完全竞争理论。但是，一到战后时期，完全竞争又重新恢复了权威地位（Tsoulfidis 2009, 43）。

8.1.8.1 从完全竞争到不完全竞争

不完全竞争理论源于并依赖完全竞争理论。接下来我将集中讨论有关定价和利润的一般理论。因此，这里不涉及演化经济学、博弈论以及相关理论。演化模型通常采用仿真模拟的技术以得到与（一些）观察到的现象相似的模式，但是这些模型很少能解决“单个企业和单个行业的利润率所具有的跨期模式”问题（Mueller 1990, 4）。相反，它们通常关注行业内和行业间的成本差异、市场份额与创新率等问题（Mazzucato 2000）。博弈论通常使用瓦尔拉斯范式和完全竞争理论，并试图通过放松其中关于个人行为和制度影响的某些假设条件充实这些理论（Bowles 2004, prologue, ch.1）。

不完全竞争也产生于放松完全竞争理论的一个或几个假设条件：完全知识、消费者和企业的最大化行为、劳动和资本的完全流动（完全进入和退出）、大量的消费者和企业（以满足价格接受）、从某处开始的报酬递减从而产生 U 形平均成本曲线，以及不存在消费或生产的外部性。但这里主要关注的是它们对价格和利润率的影响。

8.1.8.2 斯拉法对企业理论的早期批判

斯拉法 1926 年的文章最先对人们广为接受的理论产生了影响。他首先指出，报酬递减（成本上升）不可能长期存在，因为跨越这一界限之后，任何不变的要素都是可以被复制的。另外，报酬递增（成本无限下降）与新古典主义的均衡概念不相容。因此，唯一前后一致的长期生产条件是成本保持不变，此时 mc=ac。从长期来看，假设的水平需求曲线必须经过 ac 曲线的最低点。因为后者是平的，所以需求曲线 p 必须沿着 ac 曲线，因而也沿着 mc 曲线。因此，在整个 mc 曲线上都有 p =mc。这意味着利润最大化的条件 p =mc 适用于所有生产规模：生产规模就变得无法确定（Sraffa 1926, 539–541）。斯拉法继续说道，日常经验表明，大多数生产者只在收益递增（成本递减）的条件下进行生产，因此限制其产量的“不是生产成本”。相反，每个企业都面临着一条个体的“斜向下的需求曲线”，因此它们必须降低价格以销售大量产品（543）。对给定的企业来说，斜向下的需求曲线就意味着它在特定市场上拥有局部垄断权力（545–547），斯拉法因此总结道，我们必须“放弃自由竞争的道路并转向其相反的方向，即转向垄断”（542）。

8.1.8.3 张伯伦和罗宾逊夫人

张伯伦在 1927 年的博士学位论文中就采取了这一方法，这篇论文随后以《垄断竞争理论》为名出版（Chamberlin 1933）。罗宾逊夫人也一样，她在《不完全竞争经济学》一书中明确表示她的灵感来自斯拉法（Robinson 1933）。这些都是 20 世纪 30 年代垄断竞争革命中的经典著作，它们在本质上都得到了相同的企业行为模型。二者都使用了标准的 U 形成本曲线，都假设平均成本中包含正常利润，假定企业的目标是实现短期的利润最大化。罗宾逊夫人明确引入边际收益曲线和边际成本曲线以确定生产的短期利润最大化点。我们在第 7 章讨论哈罗德时分析过，这一点意味着企业的定价行为。张伯伦并不太重视边际分析，而是认为企业通过试错法设定、调整价格，以使其实现短期利润最大化。两位作者都认为，如果价格高于短期平均成本（这意味着超额利润，因为平均成本中包含着正常利润），那么新进入的企业将拉低企业的平均需求曲线，直到其利润最大化的价格降至与平均成本曲线相切。在这一点上，p =ac，因而将不存在超额利润（Tsoulfidis 2009, 33–38）。这正是图 7.9 在比较完全竞争、垄断竞争和哈罗德"修正的"垄断竞争所对应的长期均衡时中间那幅图所描述的情形。

8.1.8.4 新古典主义的反击

从 1929 年的大萧条开始，为了反对想象中的对竞争的偏离，对垄断权力的责难变成了对政府干预合法性证明（Tsoulfidis 2009, 33）。这里存在着一个本质的问题，即从一开始，竞争就被视为"完全"竞争的同义词。于是，一些被认为是由"不完全"竞争造成的经济后果，都是通过相应的"完全"竞争来量度的。在这样的方法下，完全竞争理论就变成了实用的"评估市场产出"的基准，……以及就"政府干预"的理论基础和可能的"界限"为经济学家和政策制定者提供信息的基准（Tsoulfidis 2009, 43）。从最开始，不完全竞争理论就是被植入完全竞争理论之中的。像施蒂格勒和弗里德曼[①]这样的完全竞争主义者领导

① 弗里德曼依据他独特的 F 扭曲（见 3.2.1 小节）证明，判断一个模型的优劣应该看它所能预测的内容，而不是它的假设的现实性。在这个基础上，他宣称完全竞争对行业的预测与不完全竞争相似，甚至对存在垄断竞争的行业也是如此（Tsoulfidis 2009, 41）。

了这次反击，他们反对感受到的不完全竞争主义者对自由市场的敌意，反对后者以逃避倾向，即“从为了确保完全竞争令人满意且有用所需的艰苦思考处逃避，反对后者针对各种特殊情况构建各种特设模型的倾向，以及其理论未被整合进入任何一个特定宏观经济学理论的事实（Tsoulfidis 2009, 41–43）。最终，反对者力图推翻的理论却被提升到了新的高度。在最现代的教科书中，不完全竞争理论已被简化为低声私语。[①]

8.1.9 卡莱茨基和后凯恩斯主义的观点

8.1.9.1 卡莱茨基的价格理论

最初，卡莱茨基基于“自由竞争”这一术语提出了他的有效需求理论，[②]但他很快便放弃了这个出发点，理由是自由竞争仅仅是一个“方便省事的模型”，它从来都不适用于任何实际的资本主义经济。相反，他相信“竞争总是……极不完全的”（Kriesler 2002, 624–625）。卡莱茨基将实际竞争与完全竞争混为一谈，这显著表明了完全竞争方法拥有的霸权。

卡莱茨基区分了原料价格和制造品价格。原料价格由需求决定，因为行业供给在短期内相对缺乏弹性。而制造品价格则由成本决定，因为制造业部门之间存在“不完全竞争”，并且企业往往拥有过剩产能，这使得产出可以轻易地对需求做出反应。卡莱茨基的定价理论侧

① 在范里安（1993）那本被广泛使用的经济学教科书中，前 398 页都在阐述完全竞争，接下来有 6 页关于垄断竞争，有 28 页关于寡头理论。

② 卡莱茨基的有效需求理论并不取决于不完全竞争的存在，因为它一开始依据的就是自由竞争。甚至在他之后的作品中，卡莱茨基也像凯恩斯一样，认为不完全竞争不是造成失业的原因（Kriesler 2002, 625）。

重于分析后一种价格，尽管他的定价方程的具体形式在其研究生涯内不断变化（Kriesler 1988, 11, 108–109, 128）。

卡莱茨基的价格理论反映了他工程师的一面。[①] 他注意到企业可以设定价格，即使是相对同质的产品，其价格也随着销售者的不同而变化，成本较低的企业则收取更低的价格。我在第 7 章论述道，古典价格竞争理论中也蕴含着这些现象。如果行业内的竞争可以使具有不同成本的各个企业之间的销售价格完全均等化，那么个体企业的销售价格与其成本事实上就不存在什么关系。但是，一旦我们考虑到成本较高的企业只能部分地回应成本较低的企业所发起的价格削减，那么我们就能预见销售价格和生产成本之间存在正相关关系。由于技术变革是一个持续进行的过程，因此我们应该预计到行业内的真实竞争将会带来一个持续存在的、与成本区间相关的价格区间。这一点正是表 7.6 所描述的情况，已为经验研究所证实（Foster, Haltiwanger, and Syverson 2005, 1）。正如图 7.6 所示，这种行业内的价格分散与长期来看不同行业间的调节资本的利润率均等化相一致。

卡莱茨基 1938 年的价格理论围绕着勒纳指数 $m'' \equiv (p - mc)/p$ 展开。这一衡量垄断权力的方法是从完全竞争理论中推导出来的，其中价格接受和利润最大化行为意味着 $p = mc$（即 $m'' = 0$）。卡莱茨基将 m'' 理解成由“集中度、运输成本与价格的关系、价格的标准化程度、商品交换的组织形式等”决定的“垄断加成”（Kriesler 1988, 111），推导出一个早期的定价公式 $p = \left(\frac{1}{1 - m''}\right) \cdot mc$（110）。1939—1940 年，他试图将“纯粹的不完全竞争”定义为利润最大化企业和短期均衡条件 $mr = mc$。在 1939—1940 年和 1941 年的论文中，他试图进一步运用正

① 在卡莱茨基被迫中断学业以赡养家庭之前，他学的是工程学。他自学了经济学，包括马克思主义经济学（Sawyer 1985, 3–4）。

统的微观经济分析工具，但最终放弃了这些尝试（117–121）。直到后来，在 1943 年、1954 年和 1971 年他才发展出“卡莱茨基近似”，假设直接成本 avc 不变，从而有 mc = avc 也不变（121）。这样一来，销售价格便取决于在直接成本之上的加成（“不完全市场和寡头垄断的状态”）和平均价格（竞争程度）（122–125）。如果用卡莱茨基自己的符号，我们就得到了常见的决定第 i 个企业价格 p_i 的公式，其中包含了直接成本 u_i、垄断权力系数 m_i（决定了企业的价格对直接成本的反应），以及竞争威胁系数 n_i（决定企业对其竞争者平均价格 p 所做出的价格反应）（123）。[①] 由上可推知，平均价格自身也必须遵循相同的规则。

$$p_i = m_i \cdot avc_i + n_i \cdot p \text{（第 i 个企业的价格）} \tag{8.1}$$

$$p = \mathfrak{m} \cdot avc \tag{8.2}$$

其中，$\mathfrak{m} = \dfrac{m}{1-n}$（一般企业的价格）。

卡莱茨基的垄断加成（$\mathfrak{m}$）理论有三个值得注意的问题。根据定义，单位市场价格是单位原料和单位劳动力成本（直接成本）、单位折旧（$\partial\kappa$, 其中 ∂ 是折旧率，κ 是实际资本产出率）以及单位利润（$r\kappa$, 其中 r 是观察到的利润率）的总和。因此，经验加成 $m = p/avc = 1 + \frac{(\partial + r)\cdot\kappa}{avc}$ 将反映毛利润 $(\partial + r)\kappa$ 与直接成本的比率。[②] 第一个问题是，除非在特殊的负利润时期，经验加成将大于 1。因此，卡莱茨基主义文献中不得不增加 $m>1$ 和 $0<n<1$ 的限制，使理论加成 $\mathfrak{m} = \frac{m}{1-n} > 1$（Kriesler 1988, 123）。第二个问题是，如果这一理论是正确的，那么垄断加成必须大于竞争性加成，即 $\mathfrak{m} > \mathfrak{m}^*$，其中 $\mathfrak{m}^* \equiv 1 + (d + r^*)\kappa_C$ 为竞争性“加成”，

---

① 在最后的论文里，卡莱茨基再一次修改了他定义的成本加成（m）取决于竞争的程度（p_i/p）：$m_i \equiv (p_i - avc_i)/avc_i = f(p/p_i)$，其中 f 是（p/p_i）的增函数。那么 $p_i \equiv (1+m_i)avc_i = [1+f(p/p_i)]avc_i$（Kriesler 1988, 126–127）。

② 卡莱茨基（1971, 51）后来承认如果管理成本增加，加成也可能增加（Lavoie 1996a, 62）。

r^*是竞争性利润率，κ_C是正常产能利用率条件下的资本–产出比。因此，只有存在持续的正超额加成 $m - m^* = (r - r^*)$，才能说明一个产业存在垄断权力。当然，这正是古典经济学对垄断的评价标准。所以，像卡莱茨基一样将所有价格加成都视为垄断权力的衡量指标是不正确的（Kalecki 1968, 12–20）——这就是为什么卡尔多、希埃瑟、爱德华兹、西洛斯·拉比尼、艾希纳和李将加成分成“正常（或最少）利润……和准入门槛带来的另一些利润”两个部分的原因（Eichner and Kregel 1975, 1306; Lee 1999, 120–121, 162, 175）。最后，相关的利润率 r^* 是调节资本在正常产能水平获得的回报率，而不是所有资本在观测到的产能利用率水平上的回报率的平均值。在这里我们已经观察到，调节资本的利润率确实如古典的竞争理论所预测的那样在动荡中实现均等化（见 7.6.5 小节）。由于卡莱茨基理论将所有正的利润量都看作垄断加成，因此就可能错误地总结称连那些低于竞争性利润量的企业也具有一定程度的“垄断”权力。在 8.3 节讨论关于竞争和垄断的经验证据时，这些问题将非常重要。

8.1.9.2 后凯恩斯主义价格理论

有关后凯恩斯主义价格理论的文献卷帙浩繁，包括著名经济学家戈德利、泰勒、艾希纳、克雷格尔、李、达特和拉沃的作品（Eichner and Kregel 1975; Blecker 2011, 216–217）。大家都承认，后凯恩斯主义理论源于完全竞争理论，它努力修正这一理论以使其更“现实”（Downward and Lee 2001, 465; Lavoie 2006, 20–22）。就其目前的状态来看，后凯恩斯主义理论特别地折中。有人谴责它缺乏一致性，而另一些人称赞它体现了“方法和理论的多元主义”（Downward and Lee 2001, 472; Lavoie 2006, 18–20）。

其中一个决定性要素是“所有后凯恩斯主义模型都依赖成本加成定价”(Lavoie 2006, 44)。大多数作者认为成本指的是平均可变成本(avc),但有些作者认为它是正常的产能利用率下的全成本(ac, 即正常成本)(Kenyon 1978, 40–43; Godley and Ceipps 1983, 187, 191, 214; Lee 1986, 400, 404; Steindl 1993, 121; Lavoie 2006, 44–46)。许多人遵循卡莱茨基的观点,认为加成取决于垄断权力、集中度、新进入者的风险,甚至工人的反抗(“阶级斗争”)(Eichner and Kregel, 1975, 1305–1309; Skott 1989, 46–60; Shapiro 2000, 990)。但也有人遵循施泰因德尔、兰齐洛蒂、伍兹和艾希纳的主张,认为加成基于目标回报率,而后者适应于企业意愿增长率所需要的融资(Lavoie 2006, 46–48, 50–51; Godley and Lavoie 2007, 264–265, 272–276)。还有一些人认为,严格意义上的后凯恩斯主义价格理论应该以成本为基础,但不是由成本决定的,因为加成和成本的确切分配在很大程度上都视情况而定,会根据“企业的需求和机会”而改变(Shapiro and Sawyer 2003, 356)。这里涉及相当复杂的因素,包括前瞻性行为和战略性行为,所以即使它们可识别,“其取值也无法预测”。从这个角度来看,由此得到的价格理论在概念上是确定的,但是难以明确说明(Shapiro and Sawyer 2003, 364)。我们将发现,这实际上复兴了更早的马克思主义垄断资本学派中希法亭和斯威齐提出的观点:影响垄断定价决策的因素的多样性,导致“建立一个垄断价格[精确]理论的探索毫无用处”(Sweezy 1942, 270–271; Hilferding 1985, 233–234)。

这里有必要着重讨论各种形式的后凯恩斯价格理论与古典竞争性价格理论之间的关系。在卡莱茨基的理论中,每家企业根据自主选择的加成水平设定自己的价格。因此,价格不对市场供求做出反应,也不会在不同企业间实现均等化,利润率在不同行业间也没有实现均等化，且不存在正常产能利用率的概念。可以认识到，不同企业的成本不同，但并不存在调节资本的概念。依赖正常成本定价的后凯恩斯主义理论版本，最接近古典的生产价格概念，当然，这里并不包括利润率在（寡头）行业间的均等化（Kenyon 1978, 34, 39, 40–43）。安德鲁斯和牛津经济学家研究团队是检验这一点的试金石，因为他们都注意到实际的商业行为、正常成本定价、目标回报率、企业之间的技术差异、价格领导者与价格追随者之间的区别（Lee 1999, 103–105, 200–210, 408–409; Rothschild 2000, F215; Lavoie 2006, 35）。

对后凯恩斯主义学者来说，竞争性定价和加成定价的核心区别在于寡头垄断企业自己设定价格。因此，拉沃（2006, 46–48）认为古典的生产价格是后凯恩斯主义价格的“理想化”版本，其中所有的目标回报率都恰好是相等的，所有的产能利用率也恰好都等于正常水平。但我们也有理由认为拉沃没有考虑为适应长期市场压力调整价格加成的实际过程，达特（1987）解决了这个问题。在他的论文中，他认为行业集中度并不意味着垄断这一古典论点是正确的，“企业利润率倾向于均等化——通过金融资本寻求最高回报率的倾向——（甚至）在具有大企业的经济中也是如此”（Dutt 1987, 62）。与此同时，他保留了企业根据给定的加成设定价格的概念。这样一来，只有产能利用率恰好调整为正常水平才能使利润率均等化（Glick and Campbell 1995, 125–131）[①]。有批评者随即指出，达特的说法意味着企业不根据实际产能利用率与正常产能利用率之间的持续性差异来调整自己的投资，也意味着假定企业在面对新进入的企业时不会通过降价保护其市场份

① 正如文中所指出的，经验性加成为 m =p/avc=1+（d +r）κ /avc 。在达特的假设下，这个加成是固定的。那么在正常的资本产出比 κ 由技术决定，折旧率 d 由会计规则决定的情况下，只有产能利用率以一种特殊的形式不相等时，才能得到相等的利润率 $r = r^*$。那么，具有较高加成的行业将具有相对较低的产能使用率，尽管这个关系并没有表明它们将会比正常值更低。

额——这两种假设与证据充分的企业行为直接相矛盾（Duménil and Lévy 1995a, 139; Glick and Campbell 1995, 132）。如果抛开这些假设，那么在利润率和产能利用率差异引致资本流动的影响下，短期价格将围绕着古典的生产价格上下波动（Duménil and Lévy 1995a, 140）。短期和长期的调整之间并没有必然的冲突，它们始终发挥作用，只是以不同的速度进行着（Shaikh1991, 351–353; Dulnenil and Lévy 1995a, 140）。

对此，达特承认“当企业发现自己的产能利用率不符合其意愿时，它们会改变自身的行为”，但他仍坚持认为企业对意愿产能利用率水平不会设定某个精确的目标，而是有着“一个可接受的产能利用率范围”，在这个范围内它们不会调整自己的投资（Dutt 1995, 151）。这在纯粹的形式意义上是正确的，因为在现实生活中所有变量在一个特定区间内实际上都是相同的。没有哪一个古典经济学家会认为只要调节利润率比正常利润率稍高一点，企业就会加速进入某一个行业，或者企业仅因为其产能利用率略低于正常水平就会破产。但是，在动荡的资本主义的动态现实世界中，所有行业都在不断扩张或收缩，恰恰是因为这些有限的范围在不断被突破。此外，根据市场不确定性的程度和建立新厂房的成本的不同，对市场供求无反应的实际区间在不同企业和不同行业间都不同。我在 7.5 节提到，在真实竞争中，具有较高初始投资成本的行业在企业进入和退出方面都将更具“黏性”，因此这些行业里已有企业的储备产能的范围就会更广。只有以完全竞争中虚构的静态为潜在参照物，人们才会将这种门槛效应理解为垄断权力的征兆。最后，值得注意的是，在行业和整体层面，平均产能利用率和平均投资率都是对应分布的均值，因此即使单个企业是在一定取值范围内运营，其均值也可能表现为平滑的（非线性的）形式。这是总体涌现特质的一个显著因素（见 3.4 节）。

有些更进一步的论点在这里很重要。第一，在真实竞争中，企业总是设定价格。只有完全竞争理论中——后凯恩斯主义学者几乎总是以此确定自己的方向，价格设定才是垄断权力的症状（见第 7 章）。第二，古典的定价方式的确会对供求变化做出反应，尽管不是以完全竞争中所描绘的市场出清方式。因此，固定价格与市场出清价格之间的典型对立（Shapiro 2000, 990）是不存在的，它完全根植于对新古典理论的固执坚持。第三，即使是最优秀的后凯恩斯主义代表者安德鲁斯（Lee 1999, 103–105）也没有详细说明其（怯生生不自信的）观点，即从长期来看，价格领导者的利润量会发生调整以得到正常的利润率（见 7.6.1 小节）。第四，最关键的是，这个调整过程由永无止境的竞争战驱动，也由企业价格设定与成本削减的战术和战略驱动，这些战术和战略都是企业根据它们在自己的互动中所创造出来的不停转化的优势和劣势而采取的。第五，实际产能利用率与正常产能利用率（后者考虑了备用产能后由最低平均成本定义）之间相差很大时，会引发由利润驱动的行业产能的加速扩张或收缩。除了在危机时期，这将使行业产能利用率在正常范围内波动。

最后，以下两个核心主张将真实竞争与后凯恩斯主义的价格理论区分开来：价格领导者长期回报率的动荡均等化和实际产能利用率围绕着正常产能利用率的上下波动。

8.1.10 现代古典理论

现代古典经济学认为，竞争在调节资本主义经济中总是发挥核心作用，利润率继续在部门间趋于均等化，市场价格也继续由生产价格调节。现代古典经济学家普遍认为市场价格围绕着生产价格上下波动，而不是直接维持在生产价格水平。事实上，引力概念在 20 世纪 20 年代之前都还是经济学的常见概念（Kurz and Salvador 1995, 19–20）。因此，虽然研究生产价格的性质很重要，但同时我们也必须认识到，所有的实际决策参考的都是市场价格。生产价格就其本身而言从来都不存在：它们是看不见的中心，其影响仅体现在市场价格调整过高和调整不足的不停交替中。

8.1.10.1 关于市场价格与生产价格之间关系的基本观点

针对市场价格和生产价格之间的关系，有三个基本观点。其中一个占支配地位的观点是市场价格等于或至少相当接近生产价格。斯拉法（1960, 9）和斯蒂德曼（1977, 13n11）直接分析的是生产价格而没有"涉及市场价格"，他们的潜在假设就是二者是相等的。这从瓦尔拉斯开始便已成为正统经济学的方法论（Kurz and Salvador 1995, 23, 32–35），也被斯拉法以来的大部分现代古典文献采用（Sraffa 1960, ch.12, 81–87）。米尔盖特（Milgate 1982, 30）认为，"当我们将长期正常条件的应用作为分析目标时，唯一需要的条件即为趋向均等化利润率的竞争性趋势"。但这并不正确，因为即使市场价格围绕着生产价格波动，它们之间的平均绝对偏差也可能很大。这就是为什么库尔茨和萨尔瓦多里在他们的古典文章中谨慎地表明自己所使用的标准方法论是基于这样的潜在假设，即市场价格充分接近生产价格，因而在长期可以被看成资本主义经济的实际状态（Kurz and Salvador, 1995, 20）。正如前文所述，这个假设以及另一个隐含的利润率均等化过程非常迅速的假设，对于他们从李嘉图的这一陈述，即市场价格"在任意长度的时间内都不会远远高于或远远低于其自然价格"，得出其立场是必要的（Ricardo 1951 b, 88–89）。

第二个观点认为，市场价格在其引力过程中会出现大幅波动，因此生产价格只是参照点，而不是实际存在的实体（Garegnani 1976; Roncaglia 1977; Shaikh 1977, 116; 1978, 233–234; Eatwell 1981; Semmler 1984, 10; Foley 1986, 93; Franke 1988, 260; Duinénil and Lévy 1990, 265, 275; Mueller 1986, 8; 1990, 1–3; Botwinick 1993, ch. 5; Shaikh 1998b）。这类似于马克思的观点，市场价格在“丰瘠之年”的循环交替中受生产价格的调节，利润率的均等化“只是一个趋势”（Marx 1847, 174–175; 1967c, 208; 1971, 464–465）。实际企业总是依据波动和不确定的市场价格进行运营。于是，所有的经济决策在这样的意义上应该是“稳健”的，即它们对正常范围内的价格、工资、利润率和收入是继续有效的。在这些情况下，边际分析被抛至九霄云外，因为在边际上做出的决定简直太脆弱了。此外，其他一些问题比如技术选择可以由迪梅尼、莱维和福利首创的随机方法得到更好的解决（Duménil and Lévy 1995b, 1999; Foley 1999; Foley and Michl 1999），7.7 节的末尾用到了这一方法。

第三个观点则产生于（直接和间接的）总劳动时间（马克思的劳动价值）与生产价格、市场价格之间关系的古典争论。对李嘉图和马克思来说，理论推导的逻辑如下：总劳动时间→与总劳动时间存在系统性差异的生产价格→围绕生产价格波动的市场价格。[①] 因此，人们通常认为生产价格与市场价格之间的差距会小于总劳动时间与市场价格之间的差距。我们将在第 10 章看到，尽管市场价格与总劳动时间和生产价格都很接近，但它们似乎更接近总劳动时间。这一发现引起了两种反应。法尔容和马霍弗（1983）拒绝了竞争的概念，因为给定商品的价格在给定行业内不会实现均等化，利润率在行业间也并不均等

① 李嘉图论证了生产价格与总劳动时间仅仅相差大约 7%，因此在初始阶段几乎可以把市场价格当成直接由总劳动时间调控（Ricardo 1951b, ch.1, section 4）。这与生产价格比劳动时间更接近市场价格这一一般性预期并不矛盾。

化。但是，我在 7.4 节中指出，古典的真实竞争对此有非常不同的预期：行业内销售价格只会实现近似的均等化，在高成本和低成本的企业之间可能出现系统性差异；只有调节资本的利润率才会在行业间实现动荡均等化。但是，与希法亭、张伯伦、罗宾逊、（早期的）哈罗德、卡莱茨基、斯威齐、罗兰、施泰因德尔以及许多后凯恩斯主义者一样，法尔容和马霍弗基于的是新古典主义的完全竞争概念（Farjoun and Machover 1983, 52–53）。[①] 这让他们一遇到与实际模式的冲突便放弃了完全竞争的概念，也完全放弃了竞争的概念。他们建议用统计力学来解决这些问题，将价格和利润率都视为随机变量，相关的均衡概念也应该为随机平衡，也就是说，价格和利润率遵循一个稳定的分布（Farjoun and Machover 1983, 39–40, 47–49）。抛弃了利润率均等化过程因而也抛弃了生产价格之后，相关关系就存在于价格和劳动力价值之间。可惜他们仍被困于新古典主义的竞争概念，因为这让他们拒绝了任何关于价格或利润率套利的概念。从真实竞争的角度来看，他们的整个论证可以很容易地重新理解为销售价格和利润率对价格领导者（即调节资本）的偏离。这样我们就同时得到了分配理论和中心趋势理论（见 17.2 节）。

弗拉舍尔使用了更具有细微差别的分析路径，但最终得到了相同的结果。尽管他花费了很多时间分析生产价格的特性（Flaschel 2010, Part II, chs. 8–12），但他很担心它们的理论价值，因为它们的稳定性并

---

① 法尔容和马霍弗嘲笑“经济学家所做出的”认为利润率“恰好相同的假设”，因为从他们与热力学的类比可知，这表明“所有的粒子都以相同的速度移动”，违反了热力学第二定律（即熵定律）。他们只是简单地宣称这个法则适用于利润率，认为唯一的稳定均衡是一个具有最大熵（最动荡）的点。因此，即使所有的粒子一开始都以相同的速度运动（即所有的利润率相同），它们彼此间的碰撞和与容器壁的碰撞也“将很快打破这种秩序”，同时重新建立起利润率的一个稳定分布（Farjoun and Machover 1983, 49–53）。遗憾的是，他们只理解统计力学，却并不了解“经济学家”对竞争的分析。

不明确。他也很担心这些特征的经验意义，因为“具有新李嘉图主义传统的学者几乎没有证据表明生产价格是市场价格的引力中心，利润率均等化是资本主义早期或晚期阶段的趋势”（Flaschel 2010, viii）。他总结道，生产价格“可能与资本主义中实际的技术选择无关”，因为它们可能不接近市场价格（Flaschel 2010, vii, x），并且无论如何，在具有大型厂房和设备以及联合生产的“现实世界”中，我们在个体层面和总体层面都没有发现利润率均等化趋势（Flaschel 2010, 225）。这些因素最终促使他接受了法尔容和马霍弗（1983）的观点，拒绝了将生产价格视为媒介概念，而支持劳动价值与市场价格之间存在直接联系（Flaschel 2010, 225–226）。

8.1.10.2 价格接受与价格设定

第二个主要问题与企业行为有关。在新古典经济学的完全竞争中，企业被假设为价格接受者。于是，观察到的价格设定行为便被理解为竞争中存在“不完全”竞争的象征。本章前面三小节已经提过，这一（错误的）看法在正统经济学的不完全竞争理论、马克思主义垄断资本理论和后凯恩斯主义寡头垄断理论中都很常见。几乎所有的现代古典经济学家也都从同样的视角来分析竞争性企业，因为这是“普遍认可的视角”，“它的应用往往暗含着类似于完全竞争的假设”（Armstrong and Glyn 1980, 69）。那些既将长期均衡看成一种存在状态又假设企业的价格接受行为的学者，最终得到的竞争理论版本与完全竞争理论并无二致。这样一来，他们的批判就只能关注可能的内部矛盾，例如技术再转换（见第 9 章），或者宏观经济问题，例如尝试将古典的竞争理论与凯恩斯主义或卡莱茨基主义的总需求分析结合起来（Serrano 1995）。第三部分的第 12 章、第 13 章将对此加以论述。

另外，在现代古典学派中，也有一些人（包括我自己）认为竞争性企业自己设定价格并积极进行价格削减，竞争过程类似于战争，极具对抗性和破坏性（Serrano 1977, 116; 1978, 233–234; 1980d; Semmler 1984, 43; Duménil and Lévy 1993, 76–77; Brenner 1998, 25）。这一看法的内涵已经在本章和前面几章深入探讨过了。

8.1.10.3 企业规模和竞争程度

最后，现代古典学派认为，企业规模的不断扩大实际上加剧了真实竞争。这种说法与马克思关于竞争形式的历史发展观点类似。克利夫顿（1977, 145–150; 1983, 29–32, 36）认为，大公司的崛起增强了资本的流动性，因为它们对资本的多样化运用有更好的宏观了解，并且对运营范围内任何一家分公司的依赖性都更低。巨头公司的总部总会无情地裁撤那些利润率不足的地方分公司、产品部门，这表明了其作为资本一般的视角。随着大公司的出现，"资本终于使其自身摆脱了资本家"（Clifton 1983, 35）。

8.2 关于竞争与垄断的经验证据

8.2.1 引言

关于垄断和竞争的经验争论主要由这样一种观念主导，那就是竞争与完全竞争是同义词。于是，反对后者的证据被认为证明了寡头垄断和垄断权力的存在。正如之前的讨论所述，这种策略在所有不完全竞争理论中都很常见，无论是正统经济学、马克思主义垄断资本学派还是后凯恩斯主义。然而，真实竞争理论与这其中任何一个理论都截然不同。因此，在我们进行经验分析之前，有必要比较一下这三种理论的理论预测，其中的内容主要取自第 7 章的表 7.3 和 8.1 节。本节会介绍数据来源和方法，附录 8.1 描述了图表中所使用的数据和表格。

完全竞争理论描绘的是大量小企业在同一个行业中所进行的竞争，这些企业具有相同的规模和成本结构，面临着相同的水平需求曲线。它们被假定为消极地接受给定的价格和技术。（统一）价格因此被假定为能对市场供求迅速做出反应，以与其作为衡量稀缺性指标的特征保持一致（Semmler 1984, 56）。由于假设企业都是同质的，因此它们的利润量和利润率都相同，是服从独立同分布（i.i.d.）的随机变量。由于这些变量在企业间不存在差异，因此企业的利润率与其规模就不具有相关性。

不完全竞争理论从这一视角分析现实世界，发现经验图景看起来与完全竞争非常不同。但它并没有放弃将后者作为一种竞争模型，而是总结得出现实世界不具备竞争性。完全竞争理论因此仍然作为其基准和理想，它的地位得到了辩护，以此来（消极地）理解事实。因此，那些企业数量不是很多、进入门槛的规模不那么小、价格不那么灵活、价格和成本不那么统一或面对着斜向下的需求曲线的行业都被认为不具备竞争性。类似地，企业设定价格并领导价格的事实也被认为是垄断权力的标志，垄断权力的程度通常与资本存量规模、产出和 / 或资本密集度联系起来。

相比之下，在真实竞争中，竞争性斗争的强度不取决于企业的数量、规模或行业“集中”度。价格设定、成本削减和技术变革都是竞争所固有的。真实竞争认为给定产品的市场价格也应该在一定的限度内存在差异，并且通过周期性调整而非平滑的灵活性对供求做出反应（Lee 1999, 209, 222 text and n.223）。

如 7.6.2 小节和表 7.6 所示，新企业倾向于具有更大的规模和更低的成本，倾向于通过削减价格扩大自己的市场。老企业会尽其所能对此做出反应，但并不总是能与新价格完全一致。因此，在真实竞争中，我们可以预期销售价格与单位成本正相关，这两者与企业规模和资本密集度负相关。一旦我们考虑到这样的削价行为，大企业的利润量和利润率就可能相同或更低——这正是大多数研究所发现的结果（见表 7.9）。

行业间的竞争也包含着类似的对立。完全竞争假设所有企业都是一样的，因此在给定行业的每家企业都是调节资本，有着与行业平均水平相等的利润率。在这个理想世界里，企业可以卖掉它们所生产的全部产品（它们的需求曲线是水平的），并且没有必要持有储备产能。尽管不同行业是在不同技术条件下生产不同产品，但行业间竞争会使不同行业的利润率趋于均等化，这意味着所有企业，无论它们的行业地位如何，都将具有相同的利润率。由于利润率是单位产出利润量与资本密集度之比，因此利润率均等化意味着资本密集度较高的行业的单位产出利润也会更高。在完全竞争理论中，一个关键性的检验便是样本中所有企业的利润率是否围绕同一长期水平波动（Mueller 1986, 13）。因此，企业层次利润率的持久差异可以作为不完全竞争存在的证据，储备产能、（超额）利润量与企业规模或资本密集度之间的相关性也是如此[①]（Mueller 1986, 9–12, 31–33, 130）。在真实竞争理论中，上述这些模式都没有什么问题。最后，重要的是不同行业调节资本的利润

① 回想一下，正统理论假设“成本”包括正常利润，因此只有超过这个部分的持续利润才是竞争中存在不完全因素的指标。因此，如 7.1.9 小节所述，学者如卡尔多、希埃瑟、爱德华兹、西洛斯-拉比尼、艾希纳和李都将加成相应地区分为正常利润和超额利润两个部分。

率是否实现了均等化。表 8.1 总结了各种对立观点的预测。

表 8.1 竞争理论的比较

论题	完全竞争	不完全竞争	真实竞争
行业内			
企业数量	非常大	不是很大	不相关
企业规模	非常小	不是很小	不相关
成本	相同	不同	不同
需求曲线	水平	斜向下	斜向下
价格	相同	通过加成得到并且依成本的不同而不同	由于价格削减依成本的不同而不同
定价行为	价格接受	价格设定	价格设定
价格灵活性	很强	不是很强	周期性
成本削减	否	未涉及	固有的
企业的利润量	相同	依垄断条件（需求弹性或垄断权力）的不同而不同	由于价格削减依成本的不同而不同
企业利润率	相同	不同	不同
价格领导者	不存在	最大的企业	调节资本
利润量、规模和资本密集度之间的相关性	不存在相关性	由于垄断权力而正相关	由于竞争而正相关
行业间			
价格领导者的利润率	相同	依垄断条件的不同而不同	在特定的行业周期内动荡均等化
价格领导者的利润量	依资本密集度的不同而不同	超额部分依垄断条件的不同而不同	依资本密集度的不同而不同
行业利润率	相同	依垄断条件的不同而不同	依调节资本与非调节资本的组合而不同
储备产能	不存在	在垄断性更强的行业更高	在进入门槛更高的行业更高

8.2.2 衡量寡头垄断和垄断权力的传统指标

行业内的完全竞争需要大量同质的小企业，每一家企业都只占有很小的市场份额。因此，从一开始，对寡头垄断和垄断的惯例经验研究都集中于企业的数量、规模和资本密集度以及给定行业内市场份额的不均衡分布。希法亭首先因这个研究思路而成名，但是自那以后许多人也追随了他的脚步（或至少重新使用了他发现的方法）。

在完全竞争中，每家企业都拥有趋于零的很小的市场份额。因此，如果将行业集中度定义为规模最大的前 4 家企业所占的市场份额（即 CR4）或前 8 家企业所占的总市场份额（即 CR8），那么完全竞争行业的集中度应该接近零。[①] 相似地，考虑到完全竞争要求所有企业都同质、规模很小且销售完全相同的产品，企业所具备的实际特征（诸如产出或资本的准入壁垒、成本差异或产品差异）都被视为准入壁垒（Semmler 1984, 106–108; Moudud 2010, 31–32）。不完全竞争理论的核心任务就是证明这些指标的某种组合与非竞争性结果相关。考虑到效率更高的企业往往规模更大、资本密集程度更高，行业集中度与所谓的准入壁垒高度相关并不让人感到惊讶（Semmler 1984, 97）。问题是：高集中度和高准入壁垒的行业是否具有高于正常水平的利润率？关于实际共谋会给共谋者带来较高利润的证据是另一个问题，我们将在最后讨论它。

8.2.3 价格刚性与垄断权力

由于完全竞争中的价格能够迅速响应市场条件的变化，因此实际的定价行为成为第一个被怀疑的因素。1934 年，制度经济学家加德纳·米恩斯发明了"管制价格"一词，用以指代那些不符合新古典主

① 如果有 100 万家相同的公司，前（和后）8 家公司的市场份额将是 8/1 000 000 = 0.0008%。

义理想的价格（Lee 1999, 56; Rothschild 2000, F215）。他严谨地注意到，不仅某些垄断行业存在管制价格，许多竞争激烈的行业也是如此（Clifton 1983, 24; Semmler 1984, 90）。鲁弗斯·塔克随后被二十世纪基金组织任命来调查如下观点，即价格设定行为和罕见的价格变化是垄断权力的象征。塔克详细的经验研究发现，较大企业的利润率较低（这是之前在 7.6.4 小节讨论过的一个常见的发现），而大公司会通过设定价格提高利润率，二者是相互矛盾的。他还发现，在大规模企业兴起之前，“自 19 世纪 30 年代以来，美国经济中既存在价格经常变化的情况，又有价格鲜少变化的情况”。塔克得出结论“管制价格与竞争条件兼容……当两个或两个以上的企业试图向同一群购买者出售自己的商品时，积极的竞争就会出现……竞争程度不是通过竞争对手的数量或规模衡量，而是主要反映在竞争企业之间的市场份额和利润率随时间推移的变化。即使大企业存在于集中度高的行业，根据市场管控自己的价格，它们也极具竞争性”（Lee 1999, 71–73）。与不完全竞争主义者不同，塔克相当正确地提出，将实际企业行为与正统经济预测相调和的困难在于完全竞争这一概念本身，他认为完全竞争“事实上是胡说”，它是由“那些不学无术、缺乏经验的书斋里的理论家凭空想象”出来的（Lee 1999, 73n77, quoting Tucker）。

艾希纳（1973, 1187）分析了集中性行业和竞争性行业的平均价格数据，如图 8.1 所示，认为这是说明寡头垄断权力对定价行为产生影响的证据。但这并不能够证明集中性行业更平稳的价格与更高的利润率或更高的增长趋势相关。我们知道衡量行业集中度的指标与行业的进入规模和资本密集度高度相关，因此艾希纳这里分析的集中性行业最有可能代表了那些进入成本较高的行业。但是，我们已经说明，在真实竞争中，准入（和退出）门槛更高的行业之所以具有更平稳的价格，

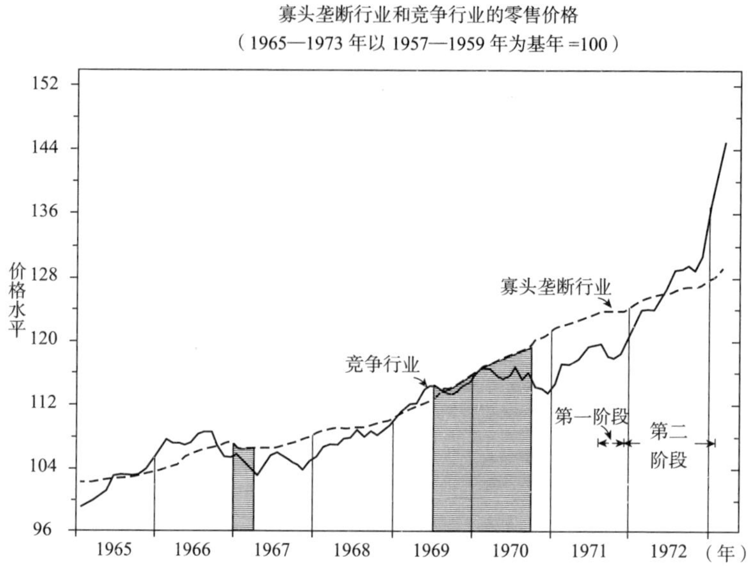

图 8.1 集中性行业和非集中性行业的价格路径

资料来源：Eichner 1973，1187.

是因为它们更有可能通过改变现有的产能利用而非通过价格吸收需求的波动（表 7.3 的最后一项）。因此，艾希纳的数据体现了真实竞争环境中更高的进入成本所产生的影响。

泽姆勒（1984, 92–93, table 3.1）总结了 6 项关于价格弹性与成本、行业集中度之间关系的主要研究结果，涵盖了 20 世纪 50—60 年代的 18 个时间段。所有与集中度相关的系数都很小，大多数是负的（这与垄断权力假说相矛盾），大多数在任何情况下都不具有统计显著性。其中有三种情况对所有成本和集中度都具统计显著性，其中有一个关于集中度的系数为负（Semmler 1984, 93–94）。如果只考虑足够高的集中度系数，则可以获得稍微好一些的结果——我们将在下一节更详细地讨论这一步骤。根据管制价格假设，高集中度行业在经济衰退时应该抑制价格下跌，从而相对价格会上升，同样它在经济扩张时应该抑制价格上涨，从而相对价格会下降。因此，这一系数在经济衰退时应该显著为正，而在扩张时中应该显著为负（Semmler 1984, 91, 94）。但是，即使如此，结果也不明确。在泽姆勒（1984, 95, table 3.2）展示的韦斯顿等人（1974）的研究中，第一次经济衰退（1957 年 7 月—1958 年 4 月）时相对价格上涨与行业集中度之间具有正相关关系，第二次经济衰退（1960 年 1 月—1961 年 1 月）时两者存在负相关关系，第三次经济衰退（1969 年 11 月—1970 年 11 月）时则两者基本上没有关系。图 8.2 描述了这一模式。

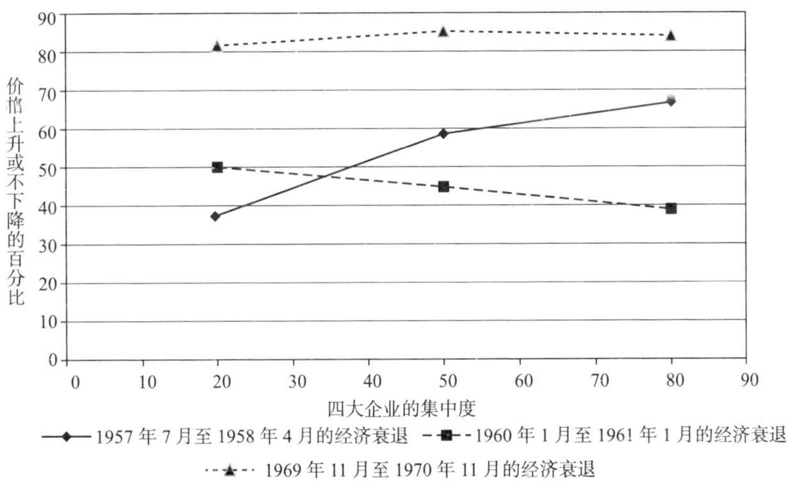

图 8.2 经济衰退时价格上升或不下降的百分比与集中率的关系

8.2.4 利润率与垄断权力

在完全竞争理论中，平均“成本”的定义中包括一部分足以确保正常回报率的利润，长期均衡的定义是价格等于最低平均成本的点。这个长期均衡价格是生产价格，相应的利润率是正常（平均）利润率，利润量也是正常利润量。换句话说，在长期均衡中，超额利润率和超额利润量都等于零。这里利润率和单位产出利润量出现了重要的区别。一方面，如果超额利润率为零，那么不同行业的实际利润率将相等，从而与行业的资本密集度无关；另一方面，如果超额单位产出利润量为零，那么实际单位产出利润量将与资本密集度成反比。众所周知，因为所谓的行业集中度与资本密集度高度相关（Scherer 1980, 279; Schmalensee 1989, 993），因此竞争均衡意味着实际利润率与行业集中度不相关，而实际单位产出利润量将与行业集中度呈正相关。从这个角度来看，可以把实际利润率与行业集中度的正相关性看成存在垄断权力的证据，但它并不适用于实际单位产出利润量与行业集中度的相关性：这里应该只有超额单位产出利润量才能恰当地量度垄断权力（Mueller 1990, 5）。结构–绩效方面的文献往往掩盖了实际单位产出利润量和超额单位产出利润量之间的区别（Schmalensee 1989, 960–965）。因此，接下来我将分别讨论利润率和单位产出利润量的研究。[①]

8.2.5 利润率与垄断权力的经验证据

贝恩试图证明持续的超额利润率与垄断权力有关。由于他可获得的数据是股权利润率，即实际利润总额相对于净值（资产减去负债）的比率，他含蓄地假定不同行业的负债与资产的比率相同（即存在相同程度的金融杠杆）。[②] 他的核心假设是，在长期集中性行业中，利润

① 施马兰西（1989, 960–962）认为对营业利润率的适当衡量应是资产的税后收益率，但人们常常使用资产的税前收益率，甚至是股权的税前收益率，如贝恩（1951）。类似地，即使只有超额单位产出利润量才是研究垄断权力的恰当变量，但由于很难估计正常利润量，因此人们通常也使用实际利润量。

② 贝恩在这个问题上的论点有些混乱。他一开始注意到，长期竞争均衡应该与较低的超额利润量（即具有大致正常的实际利润量）相关（Bain 1951, 294, n.4）。但由于他可获得的数据衡量的是股权利润率，因此他只能把这个作为超额利润量（销售利润）的指标，假定不同的行业具有相同

率明显更高（Bain 1951, 294–296）。他精心搜集了 1936—1940 年包括 335 家公司的 42 个行业的股权收益率和集中度 CR8（310）。图 8.3 绘制了股权收益率与 CR8 的周期平均值，数据来自他文中的表 I（309, 312）。他的核心困难立刻显现出来：没有任何证据表明，在行业集中度与利润率之间存在着正相关关系。例如，股权收益率对行业集中度 CR8 的简单线性回归得到回归系数 β= 0.052 1 和 R^2 = 0.078 1。虽然贝恩本人没有进行这一步，但是将因变量 CR8 写成二次方程形式再做一次回归，可产生一个更好的 U 形拟合，对应的 R^2 = 0.189 6。这一曲线意味着提高集中度最初降低了利润率，因此只有在超过某个临界上限之后，集中度的提高才能带来更高的利润率。从该回归的系数可计算得出，这一临界水平将是 $CR8^*$ = 49.24。①

贝恩以不同的方式得出了同样的论点。他基于对他文中表 II 最初所列数据进行的调整（Demsetz 1973b, 12），将 CR8 数据按照十分位值进行分组，如图 8.4 所示（Bain 1951, 313）。但是，他仍然只得到一个非常弱的正线性关系（校正后的数据得到的 R2 = 0.033），他正确地放弃了这一结果，因为“回归结果如此之差，以至无法对集中度与利润率之间的关系进行线性或其他形式的合理推断”。他指出，即使在分组数据中，这一关系似乎也呈 U 形：低集中度对应着高股权收益率（4 家公司），中等集中度对应着低股权收益率（16 家公司），高集中度再

（接上页）的股权－销售比率（他确实这样假设）和相同的资产－销售比率（他没有提到）。为了说明这一点，令 r = 正常利润率，P = 实际利润，K = 资产，$\mathcal{S}$ = 销售额，LB = 负债，EQ = K − LB = 股权，那么，理论上意愿的量度方式是超额利润量 =（P – r·k）/$\mathcal{S}$，而可获得的量度数据则是股权收益率 =P/EQ [（P – r · k）/$\mathcal{S}$ +rK/$\mathcal{S}$] /（EQ/$\mathcal{S}$），要使股权收益率 P/EQ 能够作为超额利润量的指标，就必须要求 EQ/$\mathcal{S}$ 和 K/$\mathcal{S}$ 在各个行业中大致相等。另外，要使股权收益率作为资产收益率 P/K 的指标，只需要不同行业具有相同的杠杆率 LB/K 就足够了。

① 将 ROE 和 CR8 表示为百分比，回归 ROE = 13.867 − 0.2659CR8 +0.0027$CR8^2$ 意味着集中度必须高于 $CR8^*$ = 49.24。

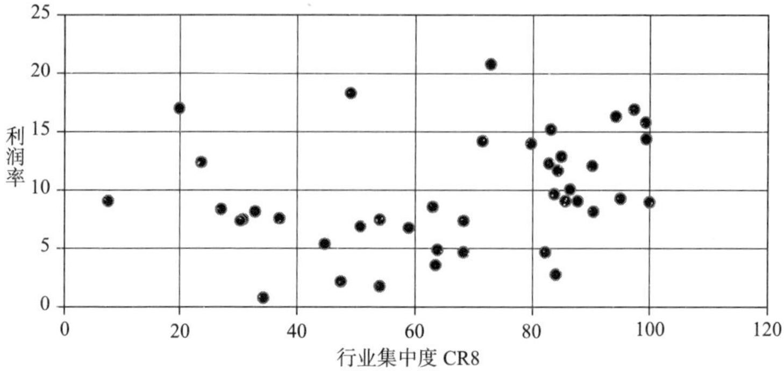

图 8.3 42 个行业的股权收益率与 CR8

资料来源：Bain 1951，312，table I.

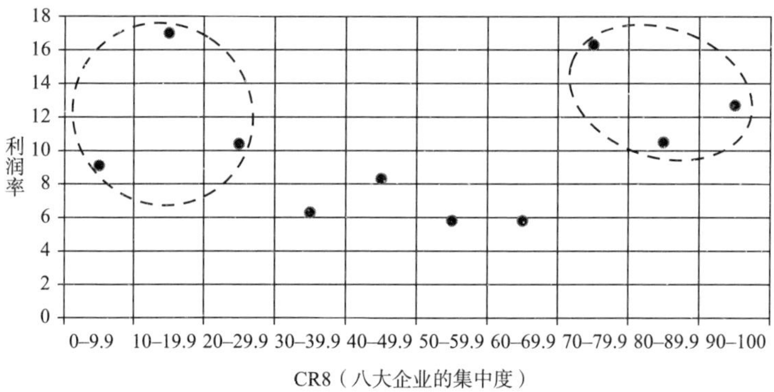

图 8.4 分组数据的股权收益率与 CR8

资料来源：Bain 1951，Table I，313.

次对应高股权收益率（22 家公司）（313）。此外，在修正后的数据中，集中度较低的行业对应的平均股权收益率为 12.2%（图 8.4 左边圈内的三个点），而集中度较高的行业为 13.2%（右边圈内的三个点）。尽管如此，贝恩仍然说：

> 这里确实显露出正面的结论：在集中度为 70% 的线上，平均

> 利润率出现明显的断层，在这条线上下的行业平均利润率［在统计学意义上］显著不同。在所选样本中，22个行业中的八大企业占据70%或以上市场份额，其平均利润率的简单平均值为12.1%；另外20个行业中八大企业占据的市场份额低于70%，其平均利润率的计算结果是6.9%。[①] 以单个行业的平均利润率为单位观察值，对这两组样本进行费希尔z检验，我们发现这种差异由随机因素造成的概率不到千分之一。因此，这里可以得到一个初步结论，就平均利润率而言，至少在1936—1940年间，八大企业的集中度高于70%的行业要高于集中度低于70%的行业。现有的证据除了可以证明这一二分性质之外并不能说明其他问题。（314）

贝恩很谨慎地指出，他的结论容易受到选择公司和行业的方法的影响。例如，如果他重新考虑最初因数据少于三家公司而被排除的34个行业，那么对于CR8 <70的行业，平均股权收益率为9.6%，而对CR8> 70的行业而言，平均股权收益率为10.6%，二者并不存在显著差异（315, 316, table III）。正如他所说，临界集中度的概念是"一个暂时的和试探性的假设，有待进一步检验"（324）。不足为奇的是，他随后修改了最初的假设，提出企业只有将集中度与"生产规模的准入门槛、资本投入需求量、产品差异和成本差异"组合起来，才能得到更高的利润率（Bain 1956, 201）。曼扩大并拓展了贝恩的数据，宣称自己发现高集中度（CR8> 70）和高准入门槛的行业具有更高的平均资产利润率（Mann 1966, 299–300, table 1–2）。但曼自己的数据显示，具有高准入门槛的所有行业（包括集中性行业和非集中性行业）的利润率与集中

① 校正后的数据得出CR8> 70的股权收益率为11.8%，CR8 <70的股权收益率为7.5%（Demsetz 1973b, 11–12）。

性行业的收益率完全相同（299, table 2），如表 8.2 所示。与贝恩的假设相反，这里的关键变量似乎是准入门槛，而不是集中度。

表 8.2 根据集中度和准入门槛划分的股权收益率

	较低的准入门槛	中等程度的准入门槛	较高的准入门槛
集中性行业（CR 8 > 70）	11.9	11.1	16.4
所有行业	9.9	11.3	16.4

资料来源：Mann 1966，299–300，table 2–3.

我们知道集中度和所谓的准入门槛高度相关（Schmalensee 1989, 978, 993）。从真实竞争的角度来看，具有高进入（和退出）成本的行业将具有更稳定的价格和利润率（回想 8.2.3 小节列举的艾希纳的数据），但不具有更高的长期利润率。施蒂格勒（1963, 68, table 17）在挑战用寡头垄断理论来描述数据时，提出的正是这一点。他计算了 1939—1956 年集中性行业和非集中性行业的资产利润率（理论上适当的量度标准），如图 8.5 所示。我们看到，虽然集中性行业的资产利润

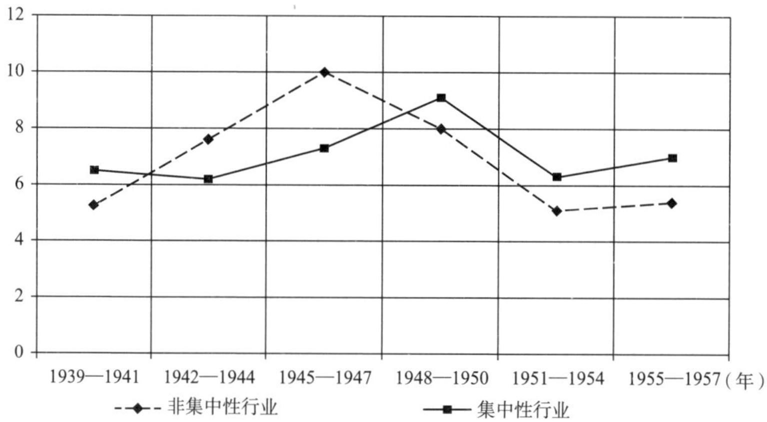

图 8.5 资产利润率（%）

率确实变化较小（Stigler 1963, 70），但两组利润率一起变动，且具有相同的平均水平：集中性行业是 7.1%，非集中性行业是 6.9%。

布罗曾（1971, 502）进一步发展了竞争学派的观点。他表明，当贝恩、施蒂格勒和曼的样本量不断增加，涵盖的时间段不断延长时，在每个给定的样本中，集中性行业的平均利润率都将收敛于总平均值（Scherer 1980, 278）（见表 8.3）。这正是真实竞争理论的预测。

表 8.3 在贝恩、施蒂格勒和曼的样本中收敛至平均利润率

集中度	贝恩		施蒂格勒		曼恩	
	1936—1940 年	1953—1957 年	1953—1957 年	1962—1966 年	1950—1960 年	1961—1966 年
高	10.6	11.3	12.9	11.4	12.6	11.4
平均	9.5	11.1	11.2	11.6	11.1	11.2
高 / 平均	1.12	1.02	1.15	0.98	1.14	1.02

资料来源：Brozen 1971，502.

最后，德姆塞茨（1973b, table 4, 19）分析了 1963 年和 1969 年不同集中度（CR4）对应的利润率数据。如图 8.6 所示，他发现，尽管在第一年利润率与集中度之间存在弱的正相关关系，但在第二年两者呈现弱的负相关关系。这种在集中度与利润率之间缺乏时间相关性的现象是真实竞争理论的又一个预测。

前面的例子说明了这样的事实，即关于利润率的截面研究并没有显示出其与集中度有任何稳定的相关关系。在持有这一论断的调查研究所做出的大量文献中，会计收益率之间的差异都太小，不足以证明关于垄断权力的论断，并且“任何在集中度与利润率之间可观察到的相关性在统计学意义上都不显著……且在时间和空间上不稳定，而且在许多变量研究中会消失”。另外，持续的利润率差异确实存在，且似乎不能由风险解释（Schmalensee 1989, 970–973）。之前我们在 7.6.5 小节讨论缪勒（1986; 1990, 3）的成果时曾分析过这一问题，缪勒一再发现平均利润率不会围绕着统一的平均值上下波动。然而，在同一小节中我们也表明，增量利润率恰恰会围绕着统一的平均值上下波动。

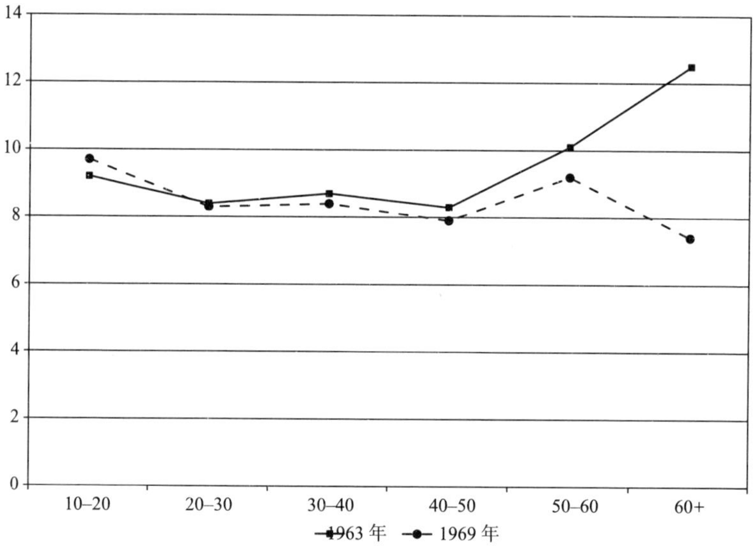

图 8.6 1963 年和 1969 年的收益率与集中度（CR4）

8.2.6 关于单位销售额利润量和垄断权力的经验证据

单位销售额利润量是一个不同的问题。在文献中，通常认为如下结果是“稳健”的，即价格－单位产出的成本与集中率正相关，尽管“很多相关性非常弱，并且也会出现相反的结果”（Scherer 1980, 278–279）。德姆塞茨（1973a）认为，较高的利润量反映了规模较大的企业具有更高的效率（更低的成本）（Scherer 1980, 280–282, 284）。现代“经验研究未能找到决定性证据以支持市场权力或效率假说”，因为两个关键的解释变量（集中度和企业规模）高度相关（Lee and Mahmood 2009, 352）。

根据真实竞争理论，单位产出利润量涉及两个不同的问题。在一个或多或少有着统一售价的行业中，具有较低成本的企业将具有较高的单位产出利润量。由于大企业倾向于具有更低的成本，因此我们可以预期市场份额和单位产出利润量之间存在正相关关系。在更动态的情况下，新的低成本企业不断削减价格以扩大自己的市场，而老企业只能部分地与这些降价行为保持一致，因此我们仍然可以预期在单位产出的价格–单位产出的成本与市场份额之间存在正的（尽管是更弱的）相关关系（见表 7.6）。事实上，佩尔茨曼（1977）通过仿真模拟表明，如果企业进行“成本节约型创新”能够获得更高的利润和更大的市场份额，那么我们可以发现，随着集中度的提高，单位成本会下降（Scherer 1980, 289）。我们预期不同行业间调节资本的利润率应该大致均等化。利润率是单位销售额的利润量与单位销售额的资本（资本密集度）之间的比率，因此我们可以预期调节资本的价格–单位产出的成本[①]与资本密集度之间存在正相关关系。由于资本密集度、生产规模的准入门槛和集中度往往呈正相关（Schmalensee 1989, 978），因此我们也预期调节价格的价格–成本利润量与集中度正相关，价格–单位产出的成本与集中度也很有可能呈相似但更弱的正相关关系。

于是，实际利润量和集中度之间的正相关性不能作为垄断权力的依据，因为它们是竞争性条件的直接结果。我们需要研究的是超额利润量（即高过竞争性利润量的那部分）。考虑到企业的竞争性利润量由

① 利润率 = 利润 / 资本 =（单位销售额的利润）/（单位销售额的资本）。但利润 = 销售额 – 成本，所以利润 / 销售额 = 1– 成本 / 销售额 = 1–1/（销售额 / 成本）。因此，利润 / 销售额与销售额 / 成本正相关，后者又等于价格 / 单位产出的成本。

其规模（市场份额）和资本密集度决定，解决这一问题的其中一种方法是考虑集中度将如何进一步增加这一经济叙事的解释力。不幸的是，针对这一假设有一个“典型事实”，即“在包含市场份额的回归中，集中系数一般而言都是负的或不显著的”（Schmalensee 1989, 984）。因此，最近一篇论文中出现这样的总结不足为奇：“尽管对此已经研究了几十年，我们仍然对［利润量］在不同行业的截面变化……知之甚少。虽然大多数人都认同有一部分结果已经成为产业组织中的‘普遍真理’，但我们仍不知道如何处理它们（Peltzman 1991, 213）。相反，经济学家普遍放弃了跨行业研究，而是集中关注布雷斯纳汉（1989）所称的‘个体行业的重要特质’问题。”（Gisser and Sauer 2000, 229）

伊塞尔和索尔（2000, 235–243）所做的模拟是这一趋势下的有趣例外。他们假设每个行业都有两类公司：竞争性的价格接受者和一群价格领导者。他们建构了三种价格领导者模型：第一种是它们和其他企业一样是价格接受者，第二种是它们自己设定价格并彼此竞争，第三种是它们是瓜分式垄断的共谋者。伊塞尔和索尔根据现有文献选择了一系列需求弹性的估计值，又广泛地选择了一系列供应弹性值来进行模拟，然后他们把自己得到的利润量与集中度之间的回归系数分布和经验研究得到的范围进行对比。竞争性（伯特兰）模型产生的回归系数的中位数远远低于观察到的结果，共谋模型产生的回归系数的中位数远远高于经验结果的范围，而竞争性价格领导者的古诺模型则完全正确：它产生的范围和中位数与观察数据相同，即使单个价格领导者具有不同的市场份额。“这些对比表明在整体层面企业共谋理论很难成立，但是大部分关于利润–集中度的研究都使用了这一设定。当价格领导者进行古诺竞争时，文献的经验估计值将处于我们的模型所预测的范围。这一基于利润–集中度之间相关性的发现与贝恩及其追随者的初始解释形成鲜明对比。同样，这些结果也表明，既不需要测量问题也不需要动态调整叙事来使这种相关性的存在与非垄断行为相调和。”作者认为这一结果与“寡头垄断的基准模型……完全兼容”（244）。但是，当然，它也能兼容于真实竞争，唯一的区别是，每个行业的价格领导者（调节资本）的利润率都将与所有价格领导者的利润率实现动荡均等化（见7.5节）。

8.2.7 共谋与利润率

即使在当代资本主义中，竞争也是核心的调节机制，这种观点并不排除真实的垄断权力或共谋的可能性。事实上，提出集中度假设的最初动力，是人们感到“集中性行业会为共谋提供便利，从而产生不正常的利润”（Gisser and Sauer 2000, 230）。虽然这个假设没有经受住时间的考验，但是我们可以直接分析共谋的情形。博洛托娃（2009, 324–325）研究了几百个国际卡特尔组织，有些可以一直追溯到18世纪，它们的很多行为在过去是合法的，但如今已经变得不合法，她总结道，“卡特尔可以成功提高市场价格，它们中的很多也确实长期这样做。结果显示，定价带来的平均收益约占销售价格的20%……进行非法操作的卡特尔收取的超额价格与合法卡特尔相同……在现代国际卡特尔的样本中……其收取的超额价格的中位数大约是销售价格的28%”（Bolotova 2009, 338）。这对利润率的影响并不明显，因为销售价格的上升通常会导致销售量下降。事实上，如果行业集中确实带来更多的共谋，那么我们可以说，共谋并没有提高利润率，尽管这可能使利润率的波动性更小（Stigler 1963, 70）。另外，在真实竞争理论中，较小的波动性也是固定成本较高行业的一个特征（见表7.3）。

9

竞争和行业间的相对价格

9.1 引言

古典经济学的相对价格理论是高度结构化的逻辑分析。一个行业的平均市场价格围绕调节生产价格上下波动。具有更低成本的新调节资本会通过削减价格在市场上占据一席之地，而现有资本也会对此做出反应，将它们的价格降低到至少可以减缓调节资本对其市场份额的必然侵蚀。因此，在任何一个时刻，行业内都存在一个与相应成本区间相应的销售价格区间（见第 7 章）。于是，行业之间的相对价格也主要根据相对成本的变动而相应地涨跌。

古典经济学家进一步说明，实际相对成本（因而实际相对价格）的时间路径是由相对总劳动需求量决定的。一个给定行业的总劳动生产率（单位劳动的总产出）是其总劳动需求量的倒数。因此，技术进步是相对价格随时间推移而变化的主要驱动力，即在给定的产品质量下，如果部门相对生产率提高，那么其相对价格倾向于降低（见附录 6.5.3.1 中关于质量调整的表述）。李嘉图第一个表明相对生产价格与相对总劳动时间之间存在系统性差异。但他也有个著名的观点，认为这个差异是十分有限的，大约是 7%。他认为实际价格围绕生产价格波动，这意味着实际价格也可能非常接近总劳动时间。马克思坚信生产价格和在平均熟练程度下的总劳动时间（劳动价值）之间的系统性差异很重要，但反对它们的平均值之间存在系统性差异。尽管如此，和在他之前的斯密和李嘉图一样，马克思也明确认为相对生产价格和相对市场价格随时间推移的变化是由相对总劳动时间（劳动价值）的变化驱动的。

> 不管价格是怎样调节的……价值规律支配着价格的运动，生产上所需要的劳动时间的减少或增加，会使生产价格降低或提高。正是在这个意义上李嘉图（他当然感到了，他的生产价格是同商品价值偏离的）说，他“希望引起读者注意的这个研究，涉及的是商品相对价值的变动的影响，而不是商品绝对价值的变动的影响”。[①]（Max 1967c, 179）

因此，我们不得不处理如下两个古典命题：一个是认为生产价格与总劳动时间之间的系统性偏差较小的截面假说，另一个是认为相对生产价格的变动是由根本的总劳动时间决定的时间序列假说。鉴于市场价格围绕生产价格波动，实际价格也被认为有着类似的模式，但在某种程度上偏差会稍微大点儿。应该说，时间序列假说不需要截面假说成立，因为即使截面上的偏差很大，只要偏差随着时间的推移保持稳定，两者就可以一起变动。

不同于大多数现代学者，古典经济学家并不满足于仅仅描述代数性质：他们首先关心的是相对价格的含义和根本结构。出于这个原因，他们往往从竞争性交换开始分析，以解释生产价格的古典基础（见9.9.9小节）。本章论述的所有观点都在附录中用更公式化的方式加以阐述。

① 中文转引自《资本论》第三卷，人民出版社，2004年版，第200页。——译者注

9.2 简单商品生产

生产价格是竞争性相对价格，由三个至关重要的结果产生：销售者之间的销售价格均等化（见第 7 章）、工人之间的劳动收入均等化和调节资本之间的利润率均等化，且这些均等化过程都在动荡中进行。古典经济学家认为劳动收入的均等化不同于利润率的均等化，因为对利润的解释要先于利润率的均等化（见第 6 章）。因此，古典传统一般先考察劳动收入的均等化过程，接着考察利润的来源，在这之后才考虑利润率的均等化。这样一条分析路径有助于揭示价格和总劳动时间之间的根本联系。

为了探究这样做的原因和方法，我们先分析个体经营者的例子，他们在竞争性市场上购买生产投入品并销售其产品，而且会为了追求更高的收入在不同行业之间进行转移。尽管斯密将这样的关系不恰当地设想为史前的“早期野蛮状态”，但马克思明确表明这是分析的起点，它使我们可以将商品生产的一般属性与资本主义商品生产的特殊属性区分开来（见 9.11 节）。我们会看到，这样开展研究能清楚地揭示相对生产价格与相对总劳动时间之间存在的偏差，就其本身而言，它并非来源于资本主义生产关系、正利润的存在或利润率的均等化。相反，它们主要取决于利润率均等化过程中不同行业的垂直整合资本-劳动比之间的差异。我们可以看到斯密的理论中已经隐含了这一观点，它为我们提供了一种分析这种偏差的潜在大小的方法。

如果所有生产者都是个体经营者，那么其产品的销售价格和投入成本（原料和折旧）之间的差额就是个人收入，这也可以转化为特定水平的小时收入。这种收入不是工资收入，因为生产者并不为其他人工作。小时收入较高的行业将会比那些小时收入较低的行业更快地吸引进入者，直到前者的供给开始超过需求并拉低销售价格，而小时收入较低的行业则发生相反的情况。这一过程会趋向于建立一个能使直接劳动的小时收入实现均等化的市场价格水平，也就是说，它将使销售价格和成本之间的差额与直接劳动成比例。但因为投入成本本身是投入品的市场价格（即间接劳动产品的市场价格），所以小时收入的均等化就意味着一种商品对应的价格将与生产它所需的总（直接和间接的）劳动时间成正比，这一不变的比例系数就对应着每小时的均等化收入。换句话说，在简单商品生产中，竞争性相对价格等于总劳动时间（劳动价值）。

之前 6.3.2 小节分析了简单的两部门情况，表 9.1 列出了这个例子中的单位直接劳动时间、间接劳动时间和总劳动时间。方程（9.1）描述了先前改编自斯拉法的数值实例，其中 cn 代表玉米，ir 代表铁，N 代表工人数量。

$$500cn + 24ir + 8hr \cdot 10N_{cn} \rightarrow 800cn \text{（玉米生产）}$$

$$180cn + 6ir + 8hr \cdot 5N_{ir} \rightarrow 60ir \text{（铁生产）} \qquad (9.1)$$

首先计算每单位产出的直接劳动时间、间接劳动时间和总劳动时间[①]，具体参见表 9.1 的第一部分。然后我们可以用这些单位总劳动时

① 如表 9.1 所示，每单位产量的直接劳动时间（小时）被定义为行业小时数与行业产量之比。假定技术水平给定，计算总劳动时间的最简单的方法是求解共时方程体系。每单位的间接劳动时间可通过总劳动时间和直接劳动时间之间的差额来计算。我们最好利用矩阵代数来处理，我们将在 9.3 节再分析这一点：

$$vcn \cdot 500cn + vir \cdot 24ir + 80hr = vcn \cdot 800cn \text{［玉米生产］}$$

$$vcn \cdot 180cn + vir \cdot 6ir + 40hr = vir \cdot 60ir \text{［铁生产］}$$

间计算各行业实际的间接劳动时间（例如在玉米行业中为 vcn · 500cn + vir · 24ir = 275.556）、直接劳动时间（在玉米行业中为 80 小时）和总劳动时间（为前两者之和 = 355.556 = vcn · 800cn）。

表 9.1　直接劳动时间和总劳动时间

	玉米	铁	铁 / 玉米比率
每单位产出的直接劳动时间（小时）	l_{cn} =（8hr · 10L_{cn}）/800cn =0.10hr/cn	l_{ir} =（8hr · 5L_{ir}）/60ir =0.667hr/ir	l_{ir}/l_{cn} = 6.667
每单位产出的总劳动时间（小时）	v_{cn} = 0.444hrs/cn	v_{ir} = 2.222hrs/ir	v_{ir}/v_{cn} = 5
每单位产出的间接劳动时间（小时）	c_{cn} = 0.344hrs/cn	c_{ir} = 1.556hrs/ir	c_{ir}/c_{cn} = 4.516
现有产出水平下各行业的劳动流量			

	玉米	铁
间接劳动流量	275.556	93.333
直接劳动流量	80	40
总劳动流量	355.556	133.333

简单商品生产包括市场、竞争、劳动力、生产资料（原料、机器）和劳动力在部门间的流动，但不包括资本或利润，因为所有生产者都是个体经营者。如表 9.2 所示，在某个任意给定的市场价格组合下，如 p_{cn} = 0.82，p_{ir} = 3.65，p_{ir}/p_{cn} = 4.451（价格组合M），两个行业的小时收入水平不相等。相反，如果劳动的流动使每小时收入均等化，那么最终的价格会是 p_{cn} = 0.795，p_{ir} = 3.977 3，p_{ir}/p_{cn} = 5（价格组合 D），从而有相对价格等于相对总劳动时间 v_{ir}/v_{cn} = 2.222/0.444= 5，并且每个行业的竞争性绝对价格等于其总劳动时间乘以（均等化的）小时收入（y）。换句话说，p_{cn}/v_{cn} = 0.795/0.444 = p_{ir}/v_{ir} = 3.977 3/2.222 =1.79 美元。

表 9.2 任意选择的一组市场价格下的简单商品生产

	玉米行业	铁行业	总额
玉米用量	500	180	
铁用量	24	6	
雇佣劳动小时数	80	40	
总产品	800	60	
销售额	656 美元	219 美元	875 美元
投入成本	497.60 美元	169.50 美元	
净收入	158.40 美元	49.50 美元	
每劳动小时收入（y）	1.98 美元	1.24 美元	

注：$p_{cn} = 0.820$，$p_{ir} = 3.65$，$(p_{ir}/p_{cn}) = 4.451$。

在这之后，斯密才考虑存在资本家的情况。在简单商品生产的设定下，生产者同时也是其生产资料（这些生产资料并没有被用于创造利润，因而不是资本）的所有者。因此，资本主义生产关系的兴起意味着生产者与生产资料所有者的分离，前者现在成为雇佣劳动者，而后者成为资本主义雇主，现在他们的生产资料开始作为资本发挥作用（Marx 1963, ch 3, 74–80; Smith 1973, 151）。在这些新的条件下，先前属于个体经营者的净收入"……分为两个部分，其中一部分用于支付劳动者的工资，另一部分成为雇主的利润"。因此，"劳动的全部生产物未必都属于劳动者，大都须与雇用他的资本所有者共分"。所以，斯密将利润描述为"工人对原增加的价值"的扣除。他接着注意到，在工资率和利润率都实现均等化的竞争性条件下，不同行业之间的工资额将与其雇用的劳动力数量成正比，而不同行业之间的利润量将与其使用的资本价值成正比。正如斯密所言，这意味着与工资额相比，利润额将受“完全不同的规律调节”(Smith 1973, 150–153)。[1]

如果工资率实现了均等化，小时工资（w_h）将是原来小时收入（y_h）的一部分，所以每个行业的工资额将与它雇用的劳动力数量成正比。只要剩余的部分被归于利润，相对价格就没有理由偏离相对劳动时间。所以我们已经可以说，资本主义生产关系的存在和正利润的存在都不会导致竞争价格偏离总劳动时间的比例。进一步来说，如果每个行业的资本 – 劳动比都相等，那么即使利润率的均等化也不是产生这些偏离的原因。因此，生产价格与劳动时间的偏离完全取决于利润率均等化的交互过程中不同行业之间资本 – 劳动比的差异，而后者可追溯到两个行业中每劳动小时的投入比例不同：玉米生产行业为 6.25cn : 0.30ir，铁生产行业为 4.50cn : 0.15ir(Sraffa 1960, 12–13)。假定现在生产价格是 $p_{cn} = 0.8045$，$p_{ir} = 3.8564$（这正是第 6 章中的价格组合 C），在这个特定例子中它们的比率（p_{ir}/p_{cn}）=4.794 与相对总劳动时间 v_{ir}/v_{cn}=5 的偏差只有 4.1%。[◎]基于这组价格，我们可以由人均每日的实际工资篮 4cn、1ir 得到每天 7.075 美元的货币工资，即每小时 0.88 美元（每天 8 小时工作时间）。在表 9.4 中，由这些价格所带来的净收入可分成两个部分：在这个工资率下的工资额和作为余额的利润。这意味着每个行业的利润率都为 13.80%。

① 斯密还阐明了一个类似的观点，即土地私有制的存在使得地主可以获得价值增加值的一个份额，而先前我们假定价值增加值全部属于简单商品生产者。在竞争性资本主义中，它意味着每亩土地的地租将相等，而这个原则不同于先前分析的每美元资本所获得的利润量相等（Smith 1973, 152–153）。这里我将主要关注后一个问题，因为它是现有文献争论的核心。

表 9.3　小时收入相等的简单商品生产

	玉米行业	铁行业	总额
玉米用量	500	180	
铁用量	24	6	
雇佣劳动小时数	80	40	
总产品	800	60	
销售额	636.36 美元	238.64 美元	875 美元
投入成本	493.18 美元	167.05 美元	
净收入	143.18 美元	71.59 美元	
每劳动小时收入（y）	**1.79 美元**	**1.79 美元**	

注：$p_{cn} = 0.795$，$p_{ir} = 3.9773$，$(p_{ir}/p_{cn}) = 5$。

现在我们知道，相对生产价格与相对总劳动时间之间的偏离并不是起因于竞争、生产资料的私有制、劳动收入的均等化、资本主义生产关系和与之相伴的利润的存在，甚至也不是起因于利润率的均等化过程。相反，它仅仅是因为在利润率均等化过程中，行业间的资本–劳动比不同。我已经在第 6 章中解决了与后一种组合相关的谜团和表面的神秘。在表 9.4 中，另一个难题产生了：铁行业的资本–劳动比低于玉米行业 28.1%，而铁 / 玉米的相对价格仅比对应的总劳动时间比率低 4.1%——大致是前者的 1/7。在把资本–劳动比的变化映射为价格–劳动时间比的变化中涉及哪些因素？变化幅度减小[①]是这种映射的正常特征吗？再一次，斯密为解决该问题提供了一种方法，它可以适用于任何类型的价格：竞争性价格、垄断性价格和市场价格。我称之为价格基本方程。

① 指较大的资本–劳动比的差别转化为较小的价格–劳动时间比的差别。——译者注

表 9.4 工资、利润率和生产价格都均等化条件下的资本主义商品生产

	玉米行业	铁行业	总额
玉米用量	500	180	
铁用量	24	6	
雇佣劳动量	10	5	
工时	80	40	
总产品	800	60	
销售额	643.61 美元	231.39 美元	875 美元
投入成本	494.81 美元	167.95 美元	
净收入	148.80 美元	63.43 美元	
工资额	70.75 美元	35.37 美元	
利润	78.06 美元	28.06 美元	
资本 / 劳动小时数（资本 = 原料 + 工资）	7.07 美元 / 小时	5.08 美元 / 小时	
单位小时工资率（每小时实际工资篮子的货币价值）	0.88 美元 / 小时	0.88 美元 / 小时	
单位预付资本利润率［利润 /（原料 + 工资额）］	13.80%	13.80%	

注：$p_{cn} = 0.8045$，$p_{ir} = 3.8564$，$(p_{ir}/p_{cn}) = 4.451$。

9.3 价格基本方程：亚当 · 斯密的推导

9.3.1 适用于所有价格的基本方程

以下分析适用于包括市场价格在内的所有价格（Shaikh 1984b, 64–71）。因为一个行业的总利润是销售收入与成本（劳动、原料和折旧）之差，所以我们总是可以把总销售收入表示为成本和利润之和。这是一个会计恒等式。如果我们把各部分都除以总产量（X），就可以把恒等式改写成单位价格是单位成本和单位利润之和。令 p、ulc、m 和 a 分别为给定商品的单位价格、单位劳动力成本（$w \cdot l$, 其中 w = 工资率，l = 每单位产量所需劳动量）、单位产量的利润（P/X）和投入成本（单位原料和折旧）。那么按照定义有：

$$p = ulc + m + a \tag{9.2}$$

其中 $ulc = w \cdot l$。然而，单位投入成本（a）本身由两个部分构成：行业所使用的原料组合的价格和用于投入品生产的相应资本品的单位折旧成本。反过来，单位投入成本可以分解成单位劳动力成本、利润和初始投入品的单位投入成本三个部分。然后，我们将这种分解投入成本的方法重复用于全套投入品本身，以此类推，使得在第 n 次分解中的剩余项 $a^{(n)}$ 总是它的前一次 $a^{(n-1)}$ 的一个组成部分，并在极限时趋于零。这样，我们就可以把亚当 · 斯密的价格以公式的形式分解为：

$$p = ulc + m + a = ulc + m + ulc^{(1)} + m^{(1)} + a^{(1)}$$

$$= ulc + m + ulc^{(1)} + m^{(1)} + ulc^{(2)} + m^{(2)} + a^{(2)} + \cdots$$

$$= ulc + ulc^{(1)} + ulc^{(2)} + ulc^{(3)} + \cdots + m + m^{(1)} + m^{(2)} + m^{(3)} + \cdots \quad (9.3)$$

接下来，我将用（垂直）“整合”这一术语来表示任何一个变量的直接和间接组成部分之和。那么，垂直整合的单位劳动力成本即所有直接和间接单位劳动力成本的总和，为 $vulc = ulc + ulc^{(1)} + ulc^{(2)} + ulc^{(3)} + \cdots$，垂直整合的单位利润即所有直接和间接单位利润的总和，为 $vm = m + m^{(1)} + m^{(2)} + m^{(3)} + \cdots$，从而有：

$$p = vulc + vm = vulc\left(1 + \sigma_{PW}\right) = w \cdot v\left(1 + \sigma_{PW}\right) \quad (9.4)$$

其中 w 为垂直整合的平均工资，σ_{PW} 为垂直整合的利润-工资比。因为这是从会计恒等式中推导得出的，所以它适用于任何价格。因此，我们总是可以把任意两个行业*i*和*j*的相对价格相应地表示为方程（9.5）。

9.3.2 相对价格的基本方程

$$\frac{P_i}{P_j} = \frac{vulc_i}{vulc_j}\chi_{ij} = \frac{w_i v_i}{w_j v_j}\chi_{ij}\text{，其中 } \chi_{ij} = \frac{1 + \sigma_{PW_i}}{1 + \sigma_{PW_j}} \quad (9.5)$$

当应用于生产价格时，方程（9.5）成为李嘉图截面假说的基础：如果偏差项 χ_{ij} 很小，那么相对生产价格接近于相对整合单位劳动力成本。这一方程还可以推导出时间序列表达式，其中相对生产价格变化的百分比（用符号“∧”表示）等于相对整合单位劳动力成本变化的百分比加上偏差项变化的百分比。这个逻辑也同样可以用于分析市场价格围绕生产价格波动的程度。

$$\widehat{\left(\frac{P_i}{P_j}\right)} = \widehat{\left(\frac{vulc_i}{vulc_j}\right)} + \widehat{\chi_{ij}} \quad (9.6)$$

现在我们可以从等式中看到马克思的观点，即如果利润-工资比在行业间的分布是稳定的，也就是说，如果各行业的比率倾向于同时上升或下降，从而使比率 $\chi_{ij}=\frac{1+\sigma_{PW_i}}{1+\sigma_{PW_j}}$ 的变化幅度很小，那么相对价格的变动将主要受垂直整合的单位劳动力成本的影响。这并不像李嘉图的截面假说一样要求 χ_{ij} 的取值很小。

价格的基本方程表明任意两种商品的相对价格只取决于两个相乘的项：相对整合单位劳动力成本和相对整合利润–工资比。第二项是无量纲的，因为利润–工资比［\$/\$］是无量纲的。但第一项有单位 $\left[\frac{(\$/L_i)(L_i/X_i)}{(\$/L_j)(L_j/X_j)}=\frac{X_i}{X_j}\right]$，其中 X 代表一个行业的总产出。我们不能对两边同时取对数以推导出对数线性关系，因为只有无量纲的数才能运用对数运算（Fröhlich 2010a; Matta, Massa, Gubskaya, and Knoll 2010）。我们很快会分析它的影响。现在我们需要注意的是，每个行业的整合利润–工资比是它自己的利润–工资比以及所有通过投入需求直接或间接地与它相关的行业的利润 – 工资比的平均值。因此，相较于直接利润 – 工资比，各个行业的整合利润–工资比更为相似，也就是说，它们的离差将会更小（Shaikh 1984b, 71–79）。这样一来，我们可以将 χ_{ij} 这一项看成相对整合单位劳动力成本之比（vulci/vulcj）的"扰动"项。

在劳动收入实现均等化的简单商品生产中，任何行业都没有利润（$\sigma_{PW_i}=\sigma_{PW_j}=0$），所以对于所有行业 *i* 和 *j*，都有 $\chi_{ij}=1$，而且如表 9.3 所示，相对价格正好等于相对总劳动时间。但即使是在简单商品生产中，市场价格也可能与竞争性价格不同，在这种情况下，一些行业的收入将高于竞争性水平，而另一些行业则低于竞争性水平——如表 9.2 所示，在这种情况下 $\chi_{ir,cn}=4.451/5=0.89$。[①]

① 铁和玉米的相对总劳动时间之比（vulc 这一比例中将不包含共同劳动收入）就是表 9.3 中的竞争性价格之比，等于5。表9.2中的市场价格之比为4.451，所以根据方程有 $\chi_{ir,cn}=4.451/5=0.89$。

更一般地，如果偏差项恰好接近于 1，那么我们可以从基本方程中得到相对价格基本上取决于相对整合单位劳动力成本。为了了解其中的原理，我们需要注意到战后发达国家的利润-工资比率在 25%~30% 之间变动（见表 9.5）。假设有两个行业，第二个行业的整合利润-工资比（0.40）是第一个行业（0.20）的两倍。考虑到整合比率本身是直接比率的平均值这一事实，如此大的离差可能只是个例外，而非通常情况。但即使在这个例子中，也有“扰动”项 $\chi_{ij}=(1+0.40)/(1+0.20)=1.167$。这说明，即使不同行业之间的整合利润-工资比相差 100%，它导致相对价格与相应的相对整合单位劳动力成本之间的差距也只有 16.7%——是前者的 1/6。

表 9.5 发达国家的利润 - 工资比

国家	平均值：1960—2011 年
欧盟（27 个国家）	0.282
美国	0.310
日本	0.246
加拿大	0.316

资料来源：AMECO 数据库，净营业盈余 / 职工薪酬。

9.3.3 垂直整合的减振效应

在现代经济中，不同行业之间的联系非常紧密，因此我们很自然地会发现垂直整合显著降低了利润-工资比之间的离差。接下来考察美国 1998 年包含 65 个行业的投入-产出表。正如表 9.6 所示，虽然垂直整合几乎对平均利润-工资比没有什么影响（与我们所预想的一致），但它使标准差从而也使变异系数（标准差与平均值之比）降低了 2/3。

垂直整合带来的减振效应在所有可得年份里都相似。

表 9.6 1998 年美国直接和整合的利润 – 工资比分布

	直接	整合	整合 / 直接
平均值	0.457 9	0.485 6	1.06
标准差	0.735 7	0.266 6	36.2%
变异系数	1.606 7	0.548 9	32.9%

资料来源：作者的计算。

对（比如）65 个行业而言，我们可以比较每个行业的价格（p_i）与所有行业的平均值（p），从而得到一个 65 维的偏差项向量 $\chi_i=\frac{1+\sigma_{PW_i}}{1+\sigma_{PW}}$。偏差项的变化性和平均“大小”可以用来衡量价格水平不与整体单位劳动力成本成比例的程度，而对相对价格的变化率来说，$\widehat{\chi_{ij}}$ 才是关键。但在考察经验证据之前，我们必须先解决量度这两个向量之间的关系时所涉及的理论问题。

9.4 量度相对价格与其调节水平之间的距离

我们可以像在回归分析中一样，比较两个向量的距离或协方差。这里的关键问题是计量单位的变化（比如从每吨产量的价格和劳动时间转变为每千克产量对应的值）或比例尺的变化（比如从每单位产量

的价格 p_i 转变为总销售收入 $p_i \cdot X_i$）会影响两个向量间的关系。

9.4.1 数值实例：计量单位变化的影响

我们可以利用一个简单的数值实例来阐明问题。考虑三个行业，其中价格、工资、整合单位劳动力需求和单位劳动力成本、偏差项与总产出分别为 p_i、w_i、v_i、$vulc_i$、$\left(1+\sigma_{PW_i}\right)$ 和 X_i。表 9.7 的上半部分表示了所有变量的初始值。假设我们现在改变每件商品的产出单位，以使得在新的产出单位下整合单位劳动时间 $v_i = 1$。例如，行业 1 的产出 $X_1 = 70$ 吨商品 1，而它的整合劳动时间为 $v_1 =$ 2.56 小时 / 吨。现在我们重新定义产量为“包”，其中规定每 2.56 包为 1 吨。那么如表 9.7 下半部分的第一行所示，在新的计量单位下，行业 1 的产量为 70×2.56= 179 包。初始价格为 2 美元 / 吨，现在它变成了（2 美元 / 吨）/（2.56 包 / 吨）= 0.78 美元 / 包。所有用每单位产出来量度的变量都会产生相同的变化，例如 $v_i = [$ 小时 / 吨 $]$，$vulc_i \equiv w_i \cdot v_i = \left[\text{美元/小时}\right]\left[\text{小时/吨}\right] = \left[\text{美元/吨}\right]$，它们每个实际上都要除以 2.56：$v_i' = 2.56/2.56 = 1$，$vulc_i' = 1.33/2.56 = 0.52$。很明显，这一计量单位的变换过程相当于用初始的 p_i、v_i、$vulc_i$ 除以初始的 v_i，而用初始产出 X_i 乘以初始的 v_i（阴影列表示变换后的变量）。可见，比率 p_i/v_i、$p_i/vulc_i$ 和总量 $p_i \cdot X_i$、$v_i \cdot X_i$、$vulc_i \cdot X_i$ 都不会受到影响：它们的取值独立于计量单位的变化。

9.4.2 截面回归分析的缺陷

计量单位变化对回归分析的影响取决于所涉及的变量是否具有相同的单位。这是量纲分析的一个定理，即所有方程两边必须使用相同的单位（Fröhlich 2010a, 3; Matta, Massa, Gubskaya, and Knoll 2010,

67）。在价格的基本方程 $p = vulc(1+\sigma_{PW}) = w \cdot v(1+\sigma_{PW})$ 中，利润–工资比 σ_{PW} 是无量纲的，而 p 和 vulc = w · v 的计量单位相同（$/X）。因此，货币单位或单个行业产出的任何变换都不会改变 p 和 vulc 之间的关系，因为它们对二者的影响方式相同。但整合劳动量 v[hrs/X_i] 与前面两个变量的计量单位不同，所以单位变化可能会改变 v、p 和 vulc 之间的关系。

表 9.7　计量单位变化对回归和距离量度的影响

初始产出单位											
	p_i	w_i	v_i	$vulc_i$	$(1+\sigma_{PW_i})$	X_i	$p_i \cdot X_i$	$v_i \cdot X_i$	$vulc_i \cdot X_i$	$\frac{p_i}{v_i}$	$\frac{p_i}{vulc_i}$
行业 1	2	0.52	2.56	1.33	1.5	70	140	179.49	93.33	**0.78**	**1.5**
行业 2	4	0.45	6.84	3.08	1.3	100	400	683.76	307.69	**0.585**	**1.3**
行业 3	6	0.30	18.18	5.45	1.1	130	780	2 363.64	709.09	**0.33**	**1.1**
加总额							**1 320**	**3 226.88**	**1 110.12**		
改变后的产出单位											
	p_i'	w_i'	v_i'	$vulc_i'$	$(1+\sigma_{PW_i})'$	X_i'	$p_i' \cdot X_i'$	$v_i' \cdot X_i'$	$vulc_i' \cdot X_i'$	$\frac{p_i'}{v_i'}$	$\frac{p_i'}{vulc_i'}$
行业 1	0.78	0.52	1	0.52	1.5	179	140	179.49	93.33	**0.78**	**1.5**
行业 2	0.59	0.45	1	0.45	1.3	684	400	683.76	307.69	**0.585**	**1.3**
行业 3	0.33	0.30	1	0.30	1.1	2 364	780	2 363.64	709.09	**0.33**	**1.1**
加总额							**1 320**	**3 226.88**	**1 110.12**		

表 9.7 上半部分所显示的初始产出单位中，p_i 和 v_i 呈高度正相关，它们的相关系数为 0.977。当单位变化成表下半部分时（见阴影区域），

不同行业的 p_i 依然互不相同，但由于 v_i 不再具有类似的差异，现在变量之间完全不相关了。相反地，$p_i \cdot X_i$、$v_i \cdot X_i$、$vulc_i \cdot X_i$ 之间的回归没有发生变化，因为总量不受单位变化的影响。这就需要解释下面的问题。在初始单位中，p_i 对 v_i 的回归对应的 R^2=0.936，而 $p_i \cdot X_i$ 对 $v_i \cdot X_i$ 的回归对应的 R^2=0.963，这看上去好像是 p_i 和 v_i 之间的相关性已经很强，而总产量 X_i 只是又增加了一点解释力，但使用新的单位使得所有 $v_i' = 1$ 时，p_i' 对 v_i' 的回归得到的 R^2=0，而 $p_i' \cdot X_i'$ 对 $v_i' \cdot X_i'$ 的回归得到的仍然是 R^2=0.963，这里又看上去好像是总产量 X_i 提供了所有解释力。由于只有无量纲变量才能定义其对数形式（Fröhlich 2010a, 5），因此如果我们将相同的变量转换成无量纲的形式如 $\left(\frac{p_i \cdot X_i}{\sum_i p_i \cdot X_i}\right)$ 以取其对数，那么对数回归中也可以得到相同的结果。不管是使用绝对值还是对数值，都可能会出现在一组计量单位下总产量似乎只贡献了非常小的解释力，而在另一组计量单位下好像又贡献了所有的解释力（Shaikh 1998a, 233; Díaz and Osuna 2009, 438; Fröhlich 2010a, 8）。这一点具有重要意义，因为基于投入-产出表的经验计算只能估计 $\frac{v_i}{p_i}$ 和 $\frac{vulc_i}{p_i}$ 这两个比率的取值，我们需要将其乘以观测到的货币总产量 $p_i \cdot Xi$, 以得到总量 $v_i \cdot X_i$、$vulc_i \cdot X_i$ 。因此，如果变量的计量单位不相同，并且我们在使用总量时也不能将单位变量的贡献与相关总产量的贡献区分开，那么截面回归分析的结果就会受到单位变化的影响（Díaz and Osuna, 2009）。我们很快会看到回归分析仍然适用于时间序列分析。

9.4.3 定义恰当的偏差量度

截面比较还有更进一步的问题，那就是即使是总量 $p_i \cdot X_i$、$v_i \cdot X_i$ 和 $vulc_i \cdot X_i$ 也会受到由计价单位的选择带来的比例尺变化的影响。例如，我们可以重新调整价格和劳动时间，将它们分别除以各自的总量得到 $p_i^* \equiv \left(\frac{p_i}{\sum_i p_i \cdot X_i}\right)$ 和 $v_i^* \equiv \left(\frac{p_i}{\sum_i v_i \cdot X_i}\right)$。这样一来，重新定义的行业总量 $p_i^* \cdot X_i \equiv \left(\frac{p_i \cdot X_i}{\sum_i p_i \cdot X_i}\right)$，$v_i^* \cdot X_i \equiv \left(\frac{v_i \cdot X_i}{\sum_i v_i \cdot X_i}\right)$ 等都是无量纲的，从而可以用于对数回归。但不论是新的总价格 $p_i^* \cdot X_i$、$v_i^* \cdot X_i$ 还是比率 p_i^* / v_i^* 都会随着比例尺的变化（比如除以某个标量 μ）而变化。

幸运的是，有很多方法可以量度两个变量之间的距离，使其不受单位或比例尺变化的影响。例如，两个向量之间的夹角 θ，可以直接根据经验估计的比率 $\frac{v_i}{p_i}$ 和 $\frac{vulc_i}{p_i}$ 计算出来，而不需要像在回归分析中那样根据总水平对其大小进行相应缩放（Steedman and Tomkins 1998, 392; Fröhlich 2010a, 6）。斯蒂德曼和汤姆金斯提出可以使用变异系数 CV = tanθ 来量度距离，而马里奥利斯提出可以使用欧几里得距离 $\delta e = \sqrt{2(1-\cos\theta)}$（Steedman and Tomkins 1998; Fröhlich 2010a, 6; Mariolis and Soklis 2010）。

所有这些距离量度都使用了向量的“大小”。对一个向量 q 来说，我们可以将它的“大小”定义为一个满足某些基本性质的正数（标量）（Lutkepohl 1996, 101）。两种常见的量度方式是 l_1 范数和 l_2 范数，前者是向量元素的绝对值之和（闵可夫斯基范数 p=1），后者是元素平方和的平方根（Lutkepohl 1996, 103）。

$$\|q\|_1 \equiv \sum_i |q_i| = l_1 \text{ 范数} \tag{9.7}$$

$$\|q\| \equiv \sqrt{\sum_i q_i^2} = l_2 \text{ 范数（欧几里得范数）} \tag{9.8}$$

一个所有元素都是正数的向量，如 $q_i = \frac{p_i}{\mu \cdot vulc_i}$，其平均值 $\bar{q} = \frac{\|q\|_1}{N} = \left(\frac{1}{\mu}\right)\left(\frac{\left\|\frac{P_i}{vulc_i}\right\|_1}{N}\right)$，所以可以用 $\bar{q}$ 来标准化元素 q_i 从而消除比例尺的影

响。这样一来，上述两种距离量度可表示为：

$$CV = \frac{q_i\text{标准差}}{q_i\text{平均值}} = \sqrt{\sum_{i=1}^{N}\frac{\left(\frac{q_i}{\bar{q}}-1\right)^2}{N}} = \sqrt{\sum_{i=1}^{N}N\left(\frac{q_i}{\|q_1\|_1}-\frac{1}{N}\right)^2} = \tan(\theta) \quad (9.9)$$

$$\delta_e \equiv \left\|\frac{p}{\|p\|}-\frac{vulc}{\|vulc\|}\right\| = \sqrt{\sum_{i=1}^{N}\left(\frac{q_i}{\|q\|_2}-\frac{1}{\sqrt{N}}\right)^2} = \sqrt{2(1-\cos\theta)} \quad (9.10)$$

CV 和 δ_e 在某些方面是相似的，因为它们都是从偏差的平方和的平方根推导出来的，而且都是未加权的。然而，随着两个向量之间的夹角增大，它们变化的程度很不一样。当两个向量平行即 $\theta=0$ 时，$\cos\theta=1$，$\tan\theta=0$，所以 $\delta_e=CV=0$。但随着两个向量接近正交时，$\theta\to\pi/2$，$\cos\theta\to 0$，此时，$\delta_e\to\sqrt{2}$，而 $CV\equiv\tan\theta\to\infty$。因此，随着两个向量夹角的增大，CV 与欧几里得距离的差异会越来越大。

方程（9.9）和方程（9.10）揭示了上述两种量度方式独立于计量单位和比例尺的秘密：它们的形式都类似于标准化向量 $q/\|q\|$（其中，$\|q\|$ 是标量），从而都独立于计量单位和比例尺。但是，由于两种量度都依赖未加权的偏差平方和，一个有较大偏差的小行业就可能对总体量度产生很大的影响。我们因此考虑使用另一种基于标准化向量的量度方式。它应该具有以下三种性质：一般不受计量单位和向量比例尺变化的影响；应是加权的，以使小行业中较大的偏差也不会对平均水平产生过大的影响；应有一些便于理解的性质和直观的含义。

其中一种具有这些性质的量度方式可以直接追溯到马克思。我们先将向量 p 和 vulc 除以它们的 l_1 范数 $\|p_1\|$ 和 $\|vulc_1\|$，从而得到标准化的向量 $p'=\frac{p}{\|p_1\|_1}$ 和 $vulc'=\frac{vulc}{\|vulc\|_1}$。因为比率 $\frac{p_i}{vulc_i}=\frac{p_i\cdot X_i}{vulc_i\cdot X_i}$ 有正元素，我们可以按照马克思的想法将 l_1 范数 $TP=\sum_{i=1}^{N}p_i\cdot X_i$ 理解为价格总和，

$\sum_{i=1}^{N} w_i \cdot v_i \cdot X_i = w \cdot TV$，其中 $w = \sum_{i=1}^{N} w_i \left(\frac{v_i \cdot X_i}{TV}\right)$代表平均工资，$TV = \sum_{i=1}^{N} v_i \cdot X_i$代表劳动价值之和（Marx 1967c, ch.9, 154–160）。这样一来，我们可以将标准化的比率 q_i 和标准化偏差的百分比 $q_i' = q_i - 1$ 定义为：

$$q_i \equiv \frac{\left(\dfrac{p_i \cdot X_i}{\sum_i p_i \cdot X_i}\right)}{\left(\dfrac{vulc_i \cdot X_i}{\sum_i vulc_i \cdot X_i}\right)} = \frac{\left(\dfrac{p_i \cdot X_i}{TP}\right)}{\left(\dfrac{w_i}{w}\right)\left(\dfrac{v_i \cdot X_i}{TV}\right)} = \frac{p_i}{\mu \cdot \mathbb{w}_i \cdot v_i} = \frac{p_i}{\mathbb{d}_i} \tag{9.11}$$

$$q_i' = q_i - 1 = \frac{p_i}{\mathbb{d}_i} - 1 \tag{9.12}$$

其中，$\mu = \frac{TP}{TV} =$ 总劳动时间的货币等价物，$\mathbb{w}_i = \left(\frac{w_i}{w}\right) =$ 第 *i* 个行业的相对工资，$\mathbb{d}_i = \mu \cdot \mathbb{w}_i \cdot v_i$ =直接价格（与整合的单位劳动成本成比例的价格）。我们可以用一种简单而常见的情况来阐述 q_i 项的意义。考虑所有工资与利润率都相等的竞争性情况。此时，$\mathbb{w}_i = 1$，$\mathbb{d}_i = \mu \cdot v_i$ = 与劳动力价值成比例的价格，所以 $q_i' = \frac{p_i - \mathbb{d}_i}{\mathbb{d}_i}$ 代表第 *i* 种商品的价格与相应的和劳动力价值成比例的价格之间的百分比偏差。那么方程（9.12）的更一般的表达就可以包含工资不同的情况。

既然 q_i' 是标准化价格和 vulc 向量之间的百分比差异，那么它的简单平均值就是对 p_i 和 $\mathbb{d}_i$ 之间距离的无计量单位与比例尺的量度。但使用权重 $w_i = \frac{p_i}{\sum_i p_i \cdot X_i}$ 对其进行加权平均会更好，因为它考虑了行业的规模。在构造权重的过程中，价格 p_i 可以是观测到的市场价格、生产价格、直接价格或者垄断价格。总量 X_i 可以是观测到的产出或与斯拉法主义、马克思主义的标准商品相关的参照产出。不同的价格或总量组合会通过它们对权重的间接影响对最终的量度结果造成影响，但在经验层面上这种影响很小。基于此，我们可以构造一种古典的距离量度

$$\delta c=\sum_{i}^{N}\left|q_i'\right|w_i=\sum_{i}^{N}\left|\frac{p_i}{d_i}-1\right|w_i \tag{9.13}$$

根据表 9.6 的数值实例，表 9.8 列出了权重为 $w_i=p_i\cdot X_i/\sum_i p_i\cdot X_i$ 时的 δc－量度、变异系数 CV 和欧几里得距离 δ_e 的计算结果。

最后，我们应当注意到，δc－量度是向量的 l_1 范数，其中向量的元素只取决于标准化的比率 $q_i\equiv\left(\frac{p_i\cdot X_i}{\sum_i p_i\cdot X_i}\right)/\left(\frac{vulc_i\cdot X_i}{\sum_i vulc_i\cdot X_i}\right)$。就这点而言，它独立于向量的比例尺。那么，我们如何把它也写成类似于方程（9.12）的形式，该方程通过总劳动时间的货币等价物 $\mu=\frac{TP}{TV}$ 将直接价格定义为与整合劳动时间成比例？答案是 μ 在这个意义上是内生的，即它由我们所选取的价格类型决定。如果我们考虑的是市场价格，那么 μ 就是观测到的总劳动时间的货币等价物，其定义为市场价格之和与总劳动时间之和的比率。但当我们考虑生产价格时，选择这样的计价标准就需要特定的 μ，它等于生产价格之和与总劳动时间之和的比率。在下一节我们会看到斯拉法选择他所谓的标准商品作为计价标准，它相当于在所有的利润率水平下都将标准净产出向量的价格之和固定为其整合劳动时间之和。这反过来意味着观测到的产出的生产价格之和与相应的总劳动时间之和的比率会随利润率的不同而不同，也就是说，对应于生产价格的 μ 本身成为利润率的函数。① 由此我们可以得出，之前讨论的距离量度，例如根据市场价格之和来确定 μ 的按百分比加权的平均绝对加权偏差（Ochoa 1984; Shaikh 1984b; Ochoa 1989），在市场价格下与古典的距离指标量度（δc）等价，而在生产价格下彼此不同（见表9.9）。但是，在经验层面二者的差异将会很小（见表9.9 ~ 表9.12）。

---

① 如谢克（1998a, 226-229）所言，如果我们选择马克思的标准商品而不是斯拉法的标准商品作为基准价格，结论依然成立，因为在这种情况下，实际产量的价格总和也会随着利润率的变化而变化。

表 9.8 价格和直接价格间距离的不同量度

	$p_i' \equiv \frac{p_i \cdot X_i}{\sum_i p_i \cdot X_i}$	$vulc_i' \equiv \frac{vulc_i \cdot X_i}{\sum_i vulc_i \cdot X_i}$	$q_i \equiv p_i' / vulc'$	权重 $= \omega_{i_i}$	$\lvert q_i - 1 \rvert \cdot \omega_i$
行业 1	0.106	0.084	1.261 5	0.106	0.027 7
行业 2	0.303	0.277	1.093 3	0.303	0.028 3
行业 3	0.591	0.639	0.925	0.591	0.044 3
$\delta c = \sum_i^N \lvert q' \rvert_i \omega_i$ = 古典距离 =					**0.100**
	q_i	$\bar{q}$	$\left(\frac{q_i}{\bar{q}} - 1\right)$	$\left(\frac{q_i}{\bar{q}} - 1\right)^2$	$\left(\frac{q_i}{\bar{q}} - 1\right)^2 / N$
行业 1	1.261 5	1.093	0.154	0.024	0.008
行业 2	1.093 3	1.093	0.000	0.000	0.000
行业 3	0.925	1.093	–0.154	0.024	0.008
CV= 变异系数 = $\sqrt{\sum_{i=1}^{N} \frac{\left(\frac{q_i}{\bar{q}} - 1\right)^2}{N}}$ =					**0.126**
	q_i	$\lVert q \rVert_2 \equiv \sqrt{\sum_i q_i^2}$	$\frac{q_i}{\lVert q \rVert_2}$	$\frac{q_i}{\lVert q \rVert_2} - \frac{1}{\sqrt{N}}$	$\left(\frac{q_i}{\lVert q \rVert_2} - \frac{1}{\sqrt{N}}\right)^2$
行业 1	1.261 5	1.909	0.661	0.084	0.007
行业 2	1.093 3	1.909	0.573	–0.005	0.000
行业 3	1.074 9	1.909	0.485	–0.093	0.009
δe = 欧几里得距离 = = $\sqrt{\sum_{i=1}^{N} \left(\frac{q_i}{\lVert q \rVert_2} - \frac{1}{\sqrt{N}}\right)^2}$ =					**0.125**

9.5 关于市场价格与直接价格之间关系的证据

9.5.1 截面证据

图 9.1 和图 9.2 对比了以对数形式表示的 65 个行业的标准化总市场价格和相应的总直接价格。标准化使每个价格组合都具有单位长度，因为它用它们各自的范数除以初始价格向量。这使得两组的平均值相同，所以我们可以在图中使用 45 度的虚线作为视觉参考（这不是一条拟合回归线）。这两组数据具有明显的高度相关性（α 在统计上不显著，β=1.01 且高度显著，R2=0.973）。然而，正如上一节所讨论的，在截面分析中，统计回归不能将单位价格的贡献与总量的贡献区分开。因此，我们转而关注前面讨论过的三种独立于计量单位和比例尺的价格与 vulc 之间的距离量度。比率 $p_i/vulc_i$ 的标准化指标等价于价格与直接价格的比率 $p_i/\mathbb{d}_i$，其中，通过内生标量 μ，我们可以把直接价格定义为与整合的总劳动时间成比例，μ 的值取决于价格类型。在市场价格下，μ 是总市场价格之和与总整合劳动时间之和的比率。这正是早期文献（Ochoa 1984; Shaikh 1984b; Ochoa 1989）采用的方法，它意味着在市场价格下，它们的平均加权偏差百分比（%MAWD）等同于无尺度的古典量度（δc）。然而，在生产价格下，给定观测到的利润率，引用的研究仍然使用了市场价格条件下的 μ，而没有把它调整到反映生

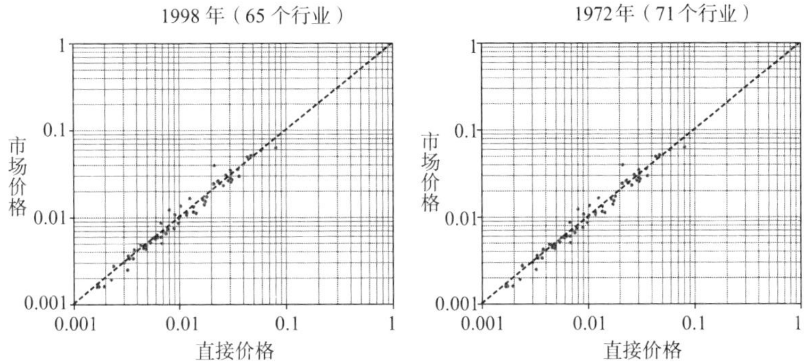

图 9.1　标准化总市场价格与总直接价格（美国）

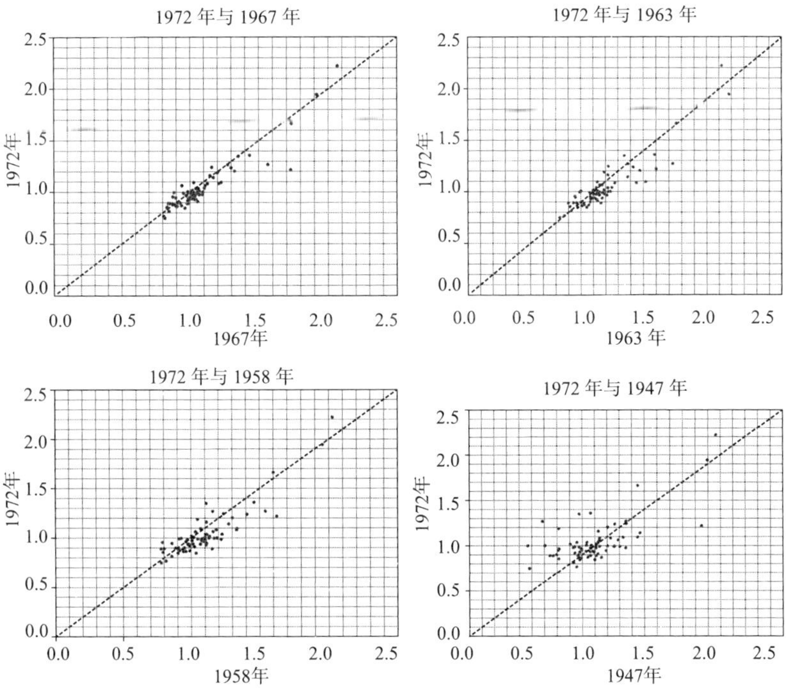

图 9.2　市场价格–直接价格比（71 个行业）

产价格，所以一般而言，早期的量度与古典的距离量度不一致。斯蒂德曼和汤姆金斯（1998）正确地指出早期的量度如 %MAWD[①] 一般不独立于比例尺，但他们漏掉了这一点，即通过恰当地定义总劳动时间的货币含量，就可以很容易地把这些指标调整到与比例尺相独立。此外，正如本书数据所示，他们偏好的 CV 和 δ 量度大约比绝对价值量度（384）高出 1/3 左右。在这一节中，我将会列出早期的 %MAWD 和三种无比例尺的量度 δc 、CV、δe 。

图 9.1 展示了美国 1998 年（65 个行业）和 1972 年（71 个行业）的投入–产出数据。表 9.9 列出了两种无权重的距离量度 CV 和 δe 以及两种有权重的距离量度%MAWD和 δc（当比较市场价格和直接价格时，两种有权重的量度相同）。还应补充的是，因为实际市场价格包含折旧成本，对整合单位劳动力成本的估计也必须考虑这一点。之前的经验研究常常在后者的计算中忽略了折旧，扭曲了不同价格组合之间的真实关系。在经验层面上，在计算中纳入折旧会减少一些量度下的距离，而增加另一些量度下的距离。所有进一步的细节都在附录 9.2 中进行了说明。

我们可以将前面的结论视为对李嘉图截面假说的市场价格版本的验证，即方程（9.5）中的“扰动”项 χ_{ij} 接近于 1。在 1947—1998 年超过半个世纪的时间里，市场价格包含所有非竞争性和非均衡因素，而它与直接价格在两种平均绝对偏差量度下仅相差 15% 左右，在两种均方根量度下则相差 18% 左右（在实际数据中后两种量度的取值显著更高）。这里的重要之处在于，图 9.1 和图 9.2 所显示的直观结果被证实

---

① 就标注而言，$\%\text{MAWD} = \sum_i^N \left| \frac{p_i \cdot X_i - \bar{\mu} \cdot \text{vulc}_i \cdot X_i}{\bar{\mu} \cdot \text{vulc}_i \cdot X_i} \right| w_i$，其中 $\bar{\mu} \equiv \frac{\text{TPM}}{\text{TV}}$ 被固定为市场价格总和与总劳动时间总和的比率。如前所述，这是对 $\boldsymbol{\mu}$ 在市场价格情况下的恰当测量，但在生产价格下则不是。

了：在截面数据中，实际市场价格非常接近于直接价格。

表 9.9 美国经济中的市场价格和直接价格（1947—1998 年）

	%MAWD	δc	CV	δe
1947 年	0.163	0.163	0.270	0.263
1958 年	0.142	0.142	0.179	0.176
1963 年	0.172	0.172	0.181	0.179
1967 年	0.161	0.161	0.166	0.166
1972 年	0.145	0.139	0.158	0.157
1998 年	0.145	0.145	0.148	0.147
平均值	0.154	0.154	0.184	0.181

9.5.2 时间序列的证据

李嘉图的时间序列假说提出方程（9.6）中扰动比率 $\hat{\chi}_{ij}$ 的取值很小。这里有趣的第一点是，在时间序列比较中回归分析现在变为可行的了。这是因为我们在不同的时间段里比较的是标准化的比率 $q_i \equiv p_i' / vulc_i' = p_i / \mathbb{d}_i$。不同于截面分析，产量 X_i 在这里没有起直接作用。我们接着面临以下两个问题。首先，在两个不同的时间段里价格与直接价格之比的相关性是怎样的？这种相关性如何随着时间段长度的变化而变化？这等于是要确定在某个时间段内静态扰动项之间的相关性程度。其次，随着时间的变化，价格与直接价格之比变化的百分比平均是多大？它如何随着选择的间隔长度的不同而变化？这等于是要测量动态扰动项 $\hat{\chi}_{ij}$ 的大小。

图 9.2 对比了 1972 年与始自 1967 年并向前推至 1947 年连续数年间的 $p_i/\mathbb{d}_i$。表 9.10 列出了与此相关的相关性和距离量度，以及 1967 年

与之前的时期、1963 年与之前的时期等类似的比较。我们可以看到 5 年后（1967—1972 年），甚至 9 年后（1963—1972 年）的价格比率高度相关。相较而言，14 年后（1958—1972 年）的相关性较弱，25 年后（1947—1972 年）的则更弱。表 9.10 表明即使选取 9 年的间隔（大致上为 10 年的经典周期），如阴影部分所示，结果都还非常稳健[①]：调整后的 R^2 的取值范围为 0.82~0.87，平均偏差量度 δc 取值范围为 4%~6%，而均方根偏差量度 CV 和 δ 的取值范围为 7%~8%。这些范围全都位于李嘉图假定的区间之中！

表 9.10 美国经济中不同间隔年份市场价格与直接价格之比的变化

间隔年份	年份	调整后的 R^2	δc	CV	δe
4~5	1963–1967	**0.921**	0.031	**0.057**	0.057
	1967–1972	0.859	0.044	0.067	0.067
	1958–1963	0.912	**0.027**	0.059	0.059
9	1963–1972	0.816	0.062	0.080	0.079
	1958–1967	0.868	0.043	0.071	0.071
11	1947–1958	0.365	0.159	0.246	0.240
14	1958–1972	0.731	0.065	0.099	0.099
16	1947–1963	0.330	0.178	0.258	0.252
20	1947–1967	0.337	0.171	0.251	0.245
25	1947–1972	0.323	0.142	0.254	0.248

9.5.3 李嘉图时间序列假说的施瓦茨-普提检验

我们可以用另一种方式来研究李嘉图的时间序列假说。20 世纪 60

① 相关性和距离量度并不规律地随着间隔长度的拉长而变弱。如果我们意识到市场价格体现了与二战结束、布雷顿森林体系瓦解等相关的波动，那么这一点就不那么奇怪了。

年代，美国杰出的数学家、计算机科学家雅各布·施瓦茨（1961, 43）实施了一项非常简单而巧妙的检验。假设任何一组相对价格都可以表示为 $\frac{P_i}{P_j}=\frac{w_i v_i}{w_j v_j}\chi_{ij}$，其中 $\chi_{ij}=\frac{1+\sigma_{PW_i}}{1+\sigma_{PW_j}}$，我们预期相对整合劳动时间 $\frac{v_i}{v_j}$ 中所反映的结构因素在短期内不会发生太大的变化。另外，在一段从波峰到波谷的短而动荡的经济周期内，行业产出、工资和利润会经历很大的波动，这个周期通常短于一年。因此，从波峰到波谷的运动就为检验相对价格对工资和利润的敏感性创造了良好的条件，而这恰恰是李嘉图所关心的（Petrovic 1987, 197, 200）。施瓦茨分析了 1919—1938 年之间包含大萧条在内的 4 个经济周期中相对价格的运动。他发现各行业产出的变化率为 30%~60%，购房合同和工资的变化率为 40%。然而，相对行业价格的变化率平均只有 7.33%！表 9.11 列出了施瓦茨的估算结果。

普提（2007）将施瓦茨的检验扩展到 1856—1969 年间的 31 个美国经济周期，并将行业价格处理为相对于批发价格指数的价格水平。他不仅考察了美国国家经济研究局基于整体经济确定的经济周期的波峰和波谷，而且考察了在美国国家经济研究局确定的日期附近的局部波峰和波谷。由于他的数据范围包含了大萧条时期，他使用了两种方法来估计总量和价格的波动，其中一种排除了大萧条这一灾难性事件，另一种则没有排除。当大萧条被排除在外时，平均的产出变化显著减少了，但这几乎不影响相对价格。对季节变化进行调整也没有什么影响。如表 9.12 所示，普提的结果有力地支持了施瓦茨的最初发现：在 31 个美国国家经济研究局确定的经济周期内产出总量的变化率为 22.2%，而在个别行业周期内变化率为 30.6%；另外，尽管包含大萧条使从波峰到波谷的经济周期更动荡，但平均相对市场价格在美国国家

表 9.11 美国 4 个商业周期内产出、报酬和相对价格的变化（1919—1938 年）

产出和报酬			
	波峰	波谷	变化率（%）
工业生产	120	87	33
汽车生产	130	70	60
棉花	120	90	30
购房合同	130	90	40
工厂报酬	125	85	40
相对于批发价格指数的价格水平			
	波峰	波谷	变化率（%）
半成品	104	97	7
原料	105	96	9
批发食品	100	98	2
零售食品	101	97	4
生铁	106	94	12
农产品价格	106	96	10
平均值			**7.33**

资料来源：Schwartz 1961，table 3a–b，43（after Wesley Clair Mitchell）.

经济研究局确定的经济周期内只变化了 8.45%，在局部周期内也只变化了 9.22%。考虑到市场价格一般比生产价格波动更大，这些结果为几乎是两个世纪以前提出的李嘉图假说提供了有力的支持。古典主义者显然非常熟悉实际市场行为。

表 9.12 美国 31 个商业周期内的产出和相对价格（1856—1969 年）

	美国国家经济研究局周期		局部周期	
	产出	价格	产出	价格
运输设备	41.97	23.46	70.48	18.9
原生金属	38.8	14.32	41.88	16.33
纺织品	3.68	6.16	20.07	2.32
皮革	15.65	5.83	15.65	1.84
金属制品	45.29	11.18	51.02	8.66
纸和纸浆	17.77	10.02	23.68	8.67
食品	7.49	5.06	7.87	2.95
机器设备	23.6	25.31	29.32	16.26
化学品与药物	1.89	6.08	9.86	1.82
家具	13.77	5.85	13.77	3.06
木材	37.12	7.7	37.12	8.72
石头与黏土	26.08	16.43	54.52	13.51
建筑材料	6.18	5.1	21.69	1.64
石油	11.35	16.83	13.81	15.61
工业商品	15.68	7.28	17.87	7.21
耐用制品	34.51	1.36	35.71	–
耐用商品	47.59	–	48.08	1.69
印刷与出版	10.84	–	38.45	–
制造业	30.64	2.93	33.08	14.49
平均值	**22.18**	**9.13**	**30.73**	**8.45**

资料来源：Puty 2007，appendix table 3.

9.6 生产价格、直接价格和市场价格

9.6.1 理论议题

因为市场价格围绕（调节）生产价格上下波动，问题的关键就变成了对后者的分析。李嘉图和马克思很久以前证明过生产价格与整合劳动时间之间的差额取决于工资和利润的分配情况。所以，我们需要回答的问题是：生产价格究竟如何随着工资和利润的分配而变化？

斯拉法为这个问题提供了一个非常简洁而深刻的分析思路。回想一下我们在 6.3.3 小节中提到，量度经济利润的一般准则要求我们计算投入和产出时使用相同的价格水平。这样一来，生产价格就形成了一个共时方程体系。出于可比性的考虑，我将按照斯拉法的思路，在计算总预付资本时不考虑工资，先只关注流动资本（见附录 6.4 中列出的另一种考虑固定资本的方法），但我沿用了列昂惕夫对投入-产出矩阵和向量的符号标注（见附录 6.1）。令 a_{ij} 为行业 j 中第 i 种商品的投入量，则 $p_i \cdot a_{ij}$ 为行业 j 中投入的第 i 种商品的成本；设 l_j 为行业 j 中每单位产量所需的直接劳动量，则 $w \cdot l_j$ 为该行业的单位直接劳动力成本。斯拉法在这一步骤中省略了固定资本，并假设所有流动资本的周转时间均为一个时期，所以用于支付原料的预付资本存量等同于投入成本的流量。那么，根据会计恒等式，成本加利润等于（比说）行业 1 的价格，即为基于共同工资率计算的单位劳动力成本 $w \cdot l_i$ 加上单位原料

成本总额（$p_1 \cdot a_{11}+p_2 \cdot a_{21}$），再加上基于正常利润率计算的预付资本的利润 $r(p_1 \cdot a_{11}+p_2 \cdot a_{21})$，等于商品的单位价格 p_1。这样一来，一般价格体系就可以写出如下方程组，这里以三种商品为例：

$$
\begin{aligned}
&w \cdot l_1+(p_1 \cdot a_{11}+p_2 \cdot a_{21}+p_3 \cdot a_{31})+r(p_1 \cdot a_{11}+p_2 \cdot a_{21}+p_3 \cdot a_{31})=p_1\\
&w \cdot l_2+(p_1 \cdot a_{12}+p_2 \cdot a_{22}+p_3 \cdot a_{32})+r(p_1 \cdot a_{12}+p_2 \cdot a_{22}+p_3 \cdot a_{32})=p_2\\
&w \cdot l_3+(p_1 \cdot a_{13}+p_2 \cdot a_{23}+p_3 \cdot a_{33})+r(p_1 \cdot a_{13}+p_2 \cdot a_{23}+p_3 \cdot a_{33})=p_3
\end{aligned} \tag{9.14}
$$

一般价格体系中有 N 种商品（例子中 N=3）、N+2 个未知量（N 个价格、w 和 r）。如果我们选择某个特定的价格或价格组合 p_k 作为基准价格，从而使其他所有价格和工资率用它来表示，那么我们会得到含有 N 个方程的方程组，其中有 N+1 个未知量，包括 N–1 个相对价格 $\frac{P_i}{P_k}$、实际工资 $\frac{w}{P_k}$ 和利润率 r。斯拉法指出选取一个特定的实际工资，即不把它看成一个未知量，那么相对价格和利润率的水平会随之决定（Sraffa 1960, 11）。他也指出不管哪种商品成为计量标准，选择更高的实际工资必然会带来更低的利润率。既然这种反比关系适用于以任何给定商品为计价单位的实际工资，那么它也应该适用于传统意义上的实际工资，即货币工资与某个特定的一篮子商品的价格之比，以及根据货币工资与单位劳动的国民净收入（即单位劳动的净产品价格）之比计算得出的工资份额。这样一来，斯拉法就将实际工资和利润率反向运动这一古典命题一般化了，因此前者的下降意味着后者的上升（Sraffa 1960, 40）。

还有一个问题同样重要，即相对价格怎样随着分配的变化而变化。考察方程（9.16），存在一个特定的实际工资或工资份额使 r=0。在这种情况下，在每个行业中整合的利润–工资比 $\sigma_{PW_i}=\left(\frac{r}{w}\right)\left(\frac{\kappa(r)_i}{v_i}\right)$ 将会为零，相对价格将恰好等于相对整合劳动时间。在某个更低的实际工资水平下，对应的利润将为正数。然而，如果所有行业都有着相同的整合资本–劳动比$\left(\frac{k(r)}{v}\right)$，那么相对价格仍会等于相对劳动时间。因此，“由实际工资变动引起的相对（生产）价格变动的关键在于不同行业中所使用的劳动和生产资料之比互不相同”（Sraffa 1960, 12）。反过来，如果不同行业之间的这一比例互不相同，那么相对价格一定会随着分配的变化而变化（13）。这很明显与9.2节中所概述的古典方法紧密相关。

现在，又出现了一个进一步的古典难题。如果相对价格发生改变，其中有多少是由所考虑的商品的价格引起的，又有多少是由计价单位的选择引起的？这种不确定性“使得这一研究由分配变动引起的价格变化变得更复杂了。我们无法判断任一给定的价格波动是由被量度的商品的特性引起的，还是由量度标准的特殊性引起的”（Sraffa 1960, 18）。不过，如果我们能找到一种单一的或合成的商品，它的价格“不必”随着分配的变化而变化（16），那么它将成为分配问题中理想的标准品，因为它能确保某种特定商品的相对价格仅仅因商品本身的特性而随着 w、r 的变化而变化。

所以，我们开始分析为什么任何商品的价格都不得不随着分配的变化而变化。这里我们考虑均等化工资从 w 下降到 w′ 而均等化利润率相应地从 r 上升到 r′ 的情况。在所有行业中，工资下降会在当前价格水平下创造更高的利润。假设存在某个“标准”行业，其资本–劳动比的取值使得由工资降低带来的更高的利润量恰好足够使该行业赚到新的竞争利润率 r′，那么它的价格就不需要为了实现该利润率而改变。但在其他有着不同资本–劳动比的行业，它们的价格仍然需要发生变动以达到相等的利润率，并且只要这些价格变动影响了标准行业生产资料的货币价值，那么后者的价格也不得不发生改变以在一个新的资本存量水平下保持竞争性利润率 r′。这里有一个例外，即这个标准行业的生产资料及其生产资料对应的生产资料等以此类推得到的斯密序列全都恰好由某些有着相同的标准资本–劳动比的合成行业生产出来。一个行业只有满足上述“循环”特征，才能充当不受分配影响的标准品。只有这时，它的总生产资料的货币价值才不随着价格的变动而变动，从而使得实际工资的改变直接产生一个新的竞争性利润率，而不会改变其商品价格（Sraffa 1960, 12–16）。

斯拉法表明，我们总是可以建构一个独有的合成标准行业，使它满足这种循环特征，因而它的价格也将不会随着分配的变化而变化。选择这个价格作为计价单位，就会使这个标准行业内存在的实际工资和利润率之间的反比关系直接显现出来。的确，在斯拉法关于工资不属于预付资本这一假设下，这种反比关系还会是线性的。[①]

$$w = 1 - \frac{r}{R} \tag{9.15}$$

现在，有了这种商品作为标准品，w 就表示标准行业净产出的工资份额。在分配范围的顶端，工资会占据人均标准产品的全部货币价值，所以工资份额w=1，而r=0。在另一端，利润会占据净产品价值的全部，所以 w=0，而 r=R。这里 R 是最高利润率，也正好是标准行业的“循环性”净产出–资本比（Sraffa 1960, 17）。

更引人注意的是，斯拉法表明，只需将线性的工资–利润关系作为另一个方程添加到生产价格体系中，就相当于选择人均标准净产出的

① 斯拉法草草抛弃了“古典经济学家的工资由资本‘预付’这一观点”，而没有给出任何正当的理由（Sraffa 1960, 10）。直到后来，我们才意识到这使他可以把工资和利润之间的反比关系描述为线性关系（如果工资是预付资本的一部分，它会是曲线形的）。虽然这种处理更简单，但我们几乎没有必要这样做（Shaikh 1998a, 226–229）。

价格作为理想的计价单位，“而不需要定义其具体的构成，因为其他任何计价单位都不能满足这一比例原则”（Sraffa 1960, 31）。由此，我们可以将方程（9.15）中的工资–利润关系添加到方程（9.14）的价格体系中，并且回到我们最初的问题上，即面对工资–利润分配的变动时单个商品的价格路径——因为现在每种商品的价格路径仅仅取决于它自身的特征。在均等化工资和均等化利润率的条件下，方程（9.4）中的基本价格关系简化为：

$$p(r)_i = \text{vulc} + \text{vm} = w \cdot v_i + r \cdot \kappa(r)_i \tag{9.16}$$

其中，在每个行业中 w、r 现在是相同的。为了使标准商品作为选价值计量标准，将 w=1–r/R 添加到这个方程中可以给出 $p(r)_i = \left(1-\frac{r}{R}\right)v_i + p_i \cdot \frac{r}{R} \cdot \left(\frac{\kappa(r)_i}{p_i}\right) \cdot R$，进而导出：

$$\frac{p(r)_i}{v_i} = \left(\frac{w(r)}{1-\left(\frac{r}{VR(r)_i}\right)}\right) = \left(\frac{1-\frac{r}{R}}{1-\frac{r}{R}\left(\frac{R}{VR(r)_i}\right)}\right) \tag{9.17}$$

其中，$VR(r)_i \equiv \left(\frac{p_i}{\kappa(r)_i}\right)$ = 行业 *i* 的整合产出–资本比，R= 构造的标准行业中整合产出–资本比，其不受分配的影响。这个公式的巧妙之处在于，它告诉我们，一个行业的标准价格偏离其整合劳动时间的程度，完全取决于该行业的整合产出–资本比相对于（恒定的）标准产出–资本比 R 的变化。它还告诉我们，当 r=0 时，标准价格等于整合的劳动时间（马克思的劳动价值）。

$$p(0)_i = v_i \tag{9.18}$$

在这种情况下，行业的整合产出–资本比完全根据整合的劳动时间求得，$VR(0)_i \equiv \left(\frac{v_i}{\kappa(0)_i}\right)$代表马克思以劳动量度的“资本的物质构成”的垂直整合等价物。[①] 在 w=0，r=R 的另一个极端，方程（9.16）中的第 i 个价格可以简化为 $p(R)_i = R \cdot \kappa(R)_i$。此时，所有行业都有相同的产出－资本比且与标准行业相等：$VR(R)_i \equiv \left(\frac{p(R)_i}{\kappa(R)_i}\right) = R$（Sraffa 1960, 16–17）。[②] 另外，既然标准产出－资本比不随分配的变化而变化，它的取值就等于 r=0 时的值，此时，标准价格等于整合的劳动时间。所以，R 就是在马克思意义下标准行业的劳动价值构成。由此可知，随着 r 的改变，当 r=0 时，关键项 $\frac{VR(r)_i}{R}$ 始于行业特有的比率 $\frac{VR(0)_i}{R} \lesseqgtr 1$，即特定行业的整合价值构成 $VR(0)_i$ 相对于标准行业的比值 $VR(0)_i$，直到 r=R 时，它最终将等于一个共同比率 $\frac{VR(R)_i}{R} = 1$。不幸的是，即使我们知道了$\frac{VR(r)_i}{R}$的起点和终点，也无法确切地知道这些比率从一个点到达另一个点的具体路径。而这又非常重要，因为单个标准价格的路径可能很平缓，也可能会根据它们的整合资本密集率$\frac{VR(r)_i}{R}$随分配的变化而“上下波动”。

此外，实际工资或工资份额的路径也与此相关，其中前者根据某个具有代表性的一篮子消费商品进行定义，后者则根据在实际经济中的人均净产量进行定义。即使单个标准价格存在波动，大量商品的价格也可能随着利润率的变化而平缓变化，因为单个价格的波动倾向于相互抵销。那么，如此定义的工资就成为线性项 w=1–r/R 与平滑的合成价格之比。由于分子和分母都是用相同的（标准）基准价格来表示的，因此这个基准价格就会相互抵销。这样一来，不管基准价格是多少，该比率的取值都不变。但考虑基准价格的路径能使我们了解它何以会不变，这是因为我们总是可以把任何比率如 p_i/p_j 或 w/p_j 的变化分

① 马克思将资本的物质构成定义为 L/C，即活劳动 L 与死劳动 C 之比（Shaikh 1987c）。

② 斯拉法提出所有行业的直接产出－资本比在 r=R 时都相等。但如果所有的直接比率都相等，那么所有的垂直整合比率也会相等，因为后者仅仅是前者的平均值（见 9.3.1 小节）。

解为围绕着一个固定中心变化的几个部分。我们会看到这在关于技术转换和再转换的争论中非常重要。

9.6.2 数值实例

在这里，考虑运用方程（9.14）中的三行业体系来进行数值分析会有助于我们的理解，工资率 w 像方程（9.15）中一样确定为 w=1–r/R。我们可以很容易地将所有投入系数 a_{ij} 表示为矩阵 A，将所有每单位产出的直接劳动量 l_j 表示为向量 l，具体数值如下：

$$A=\begin{pmatrix} a_{11} & a_{12} & a_{13} \\ a_{21} & a_{22} & a_{23} \\ a_{31} & a_{32} & a_{33} \end{pmatrix}=\begin{pmatrix} 0.265 & 0.968 & 0.00681 \\ 0.0121 & 0.391 & 0.0169 \\ 0.0408 & 0.808 & 0.165 \end{pmatrix}\text{和}$$

$$l=\begin{pmatrix} l_1 & l_2 & l_3 \end{pmatrix}=\begin{pmatrix} 0.193 & 3.562 & 0.616 \end{pmatrix}$$

那么，对在区间 w = 0，…，1 内任意给定的 w 而言，我们可以解方程并得出相应的利润率 r 和三个标准价格 $p(r)=\left[p(r)_1 \quad p(r)_2 \quad p(r)_3\right]$。如前所述，当 r = 0 时，这些标准价格 p（r）$_j$ 等于整合劳动时间 v_j，且随着 r 的增大增至最大值 R，这些价格的变化轨迹由它们的关键比值 $\frac{VR(r)_j}{VR_R}$ 的路径决定（见附录 9.1）。既然所有价格 p（r）$_j$ 都在 r=0 时从 v_j 开始，用价格与劳动时间之比 p（r）$_j/v_j$ 来研究会比较方便，因为该比率总在 r/R = 0 时从 1 开始，随着 r/R 接近 1，它们沿着图 9.7 显示的路径移动。图 9.3 的第一部分表明在这个数值实例中关键比值 $\frac{VR(r)_j}{VR_R}$ 都遵循近似线性的路径，而图中第二部分则表明单个标准价格与劳动时间之比也遵循同样的路径。我们在 9.7 节中会看到，如果关键比值具有线性，那么标准价格也具有线性。

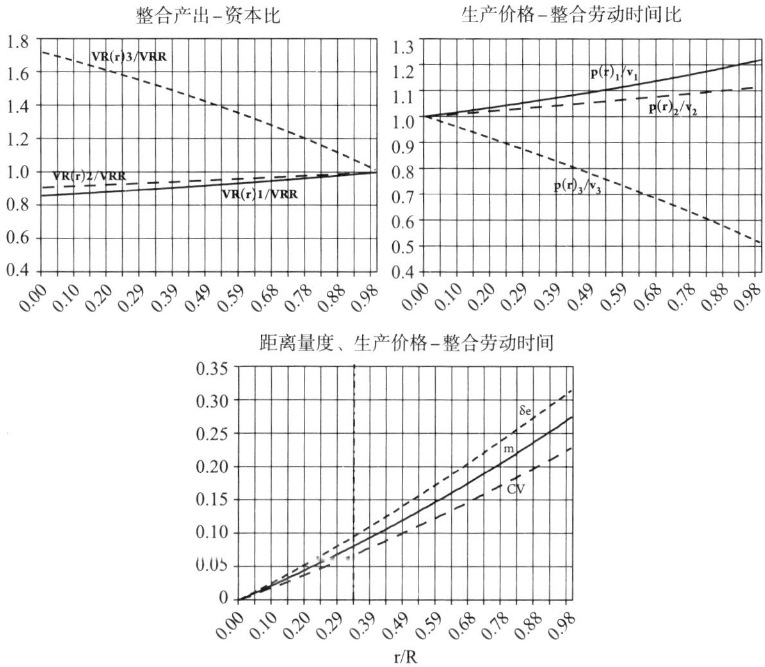

图 9.3 三行业的数值实例

在图 9.3 中，对于行业 1~3，价格–劳动时间的百分数偏差（价格–马克思价值的偏差）从 r=0 时的 0 移动到 r=R 时的 22%、12% 和 –48%。相应的距离量度参见图中第三部分。请注意，在这个例子中 CV< δc < δe 。在由垂直虚线表示的观测到的利润份额（见表 9.6）下，三种距离量度都落在李嘉图的 r 区间内。[①] 所以李嘉图的这一观点是正确的，即平均生产价格倾向于接近整合劳动时间。另外，马克思在这一点上也同样是正确的，即个体的偏差可能很大，因而不该被忽视。

线性的标准价格是否具有现实性呢？它们当然是诸如马克思的再

① 从直接的或整合的角度来看，都有 R=Y/K = 标准行业中的净产出 / 资本，因为标准行业自始至终都具有相同的比率（循环）。所以 r/R=r·K/Y= 标准行业中的利润份额，而且我们会看到它接近平均行业（即整体经济）中的利润份额。

生产体系和萨缪尔森-加雷尼亚尼模型这样的经典理论模型的特征（见9.10节）。另外，斯拉法认为，一般而言，随着利润率的上升，相对价格 $p(r)_i/p(r)_j$ 可以多次上升和下降（Sraffa 1960, 14–15）。这意味着单个标准价格 $p(r)_i$ 和 $p(r)_j$ 不可能是近似线性的，因为如果它们是近似线性，那么相应的价格比率不会显示出“波动”。我很快会回到这个问题上。但首先，在理论讨论中，我总是认为考虑经验证据会有所帮助。

9.7 作为利润率函数的生产价格与直接价格、市场价格之间关系的证据

生产价格理论模型往往开始的时候只考虑流动资本，然后再加上固定资本的影响。在分析经验证据时，我也会采用这样的步骤，因为这样我们就可以评价将固定资本引入经验估计所产生的影响。任何对理论价格和实际市场价格所进行的合理检验，都应当纳入固定资本和折旧，因为市场价格中已经包含了这两者。

9.7.1 流动资本模型

图9.4展现了运用美国1998年的数据所得到的单个行业相对于标准行业（$VR_R \equiv R$）的整合产出-资本比的路径。显然，单个行业的产出-资本比 $VR(r)_j$ 的路径一般而言遵循非常平缓且近似线性的路径。但是，65个行业中有4个在r/R最高的取值区域出现了稍微复杂一些

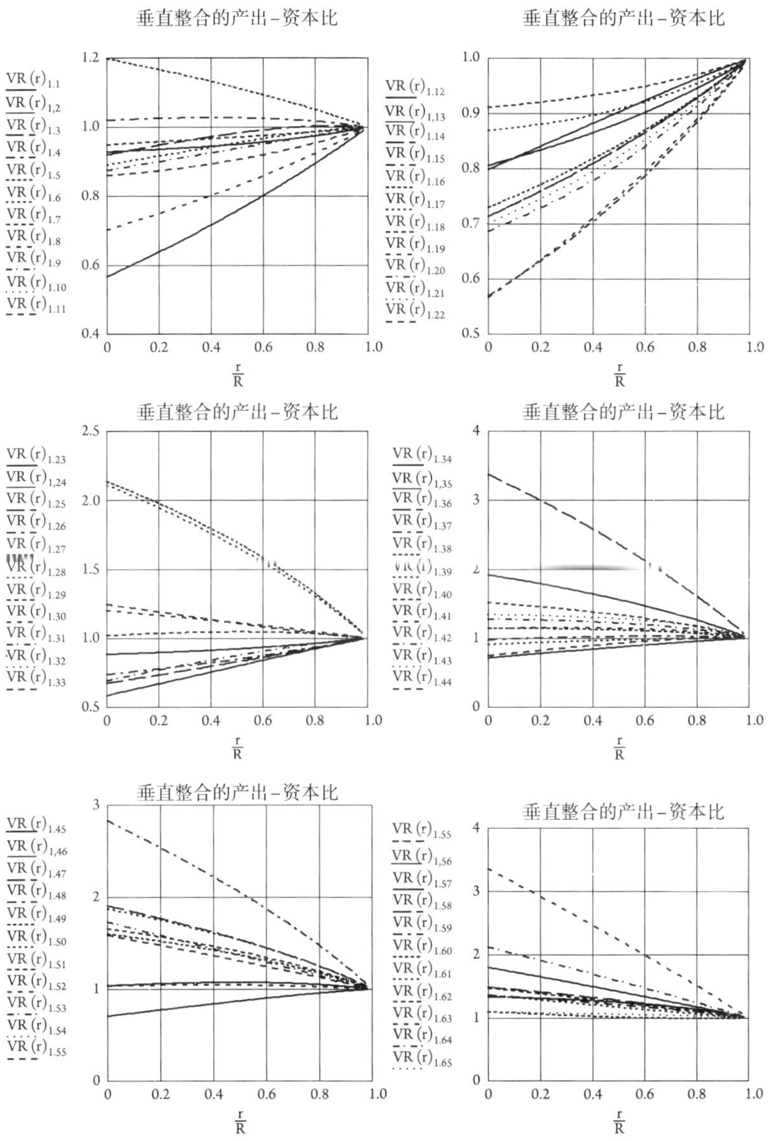

图 9.4 美国 1998 年相对于标准行业的整合产出－资本比（流动资本模型）

的变动。图 9.5 聚焦于以下行业：石油与天然气开采，广播与电子通信，基金、信托和其他金融工具，以及餐饮服务。图 9.5 中的第一张图覆盖了 r/R 的整个区间（0, 1），我们看到即使在这几个特殊的行业中，整合比率 $\frac{VR(r)_j}{VR_R}$ 在大部分区间都变动得非常平缓，而所有的波动都限于 r/R>0.75 的区间。第二张图放大了 r/R 的较高范围，我们可以看到，正如斯拉法所暗示的那样，这些比率的确可以转变方向。但这些转变仅限于其最终值（对所有行业而言都是 1）±1% 这一很小的区间内。从有利的理论视角来看，它们可以被视为对斯拉法论点的证明。但在实际层面上，这种变化比数据中可能出现的测量误差还要小。

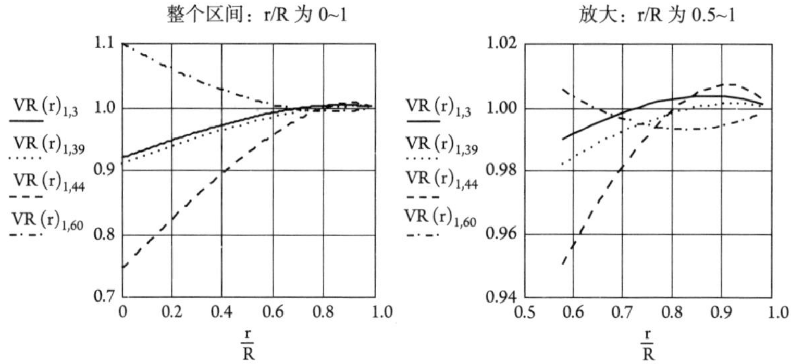

图 9.5　4 个例外行业的整合产出-资本比（流动资本模型）

注：行业 3= 石油、天然气开采；行业 39= 广播、电子通信；行业 44= 基金、信托和其他金融工具；行业 60= 餐饮服务。

9.7.2　线性产出-资本比的含义

如果单个行业的整合产出-资本比 $VR(r)_j$ 是关于r的完全线性函数，那么：

$$VR(r)_j = w(r)VR_{0_j} + r \tag{9.19}$$

这是一个线性函数，且必然经过两个端点：在 w=1，r=0 处，有 $VR(0)_j \equiv VR_{0_j}$ =第 *j* 个行业的劳动价值构成；在 w=0，r=R 处，有 $VR(R)_j = R$，即标准行业的劳动价值构成。那么，单个商品相应的标准价格 $p(r)_j$ 也会是完全线性函数。为了表明这一点，我们把前面的表达式改写为 $VR(r)_j - r = w(r) \cdot VR_{0_j}$，将其与方程（9.17）联立可以得到作为 r/R 的线性函数的价格 – 劳动时间比。

$$\frac{p(r)_j}{v_j} = \left(\frac{w(r)}{1-\left(\frac{r}{VR(r)_j}\right)}\right) = \left(\frac{w(r)\cdot VR(r)_j}{VR(r)_j - r}\right) = \left(\frac{w(r)\cdot VR(r)_j}{w(r)\cdot VR_{0_j}}\right)$$

$$-\left(\frac{w(r)\cdot VR_{0_j}+r}{VR_{0_j}}\right) = w(r) + \frac{r}{VR_{0_j}}$$

$$\frac{p(r)_j}{v_j} = 1 + \frac{r}{R}\left(\frac{R - VR_{0_j}}{VR_{0_j}}\right) \tag{9.20}$$

图 9.4 表明流动资本情况下的经验比率 $VR(r)_{1,j} \equiv \left(\frac{VR(r)_j}{R}\right)$ 非常近似于线性，但并非完全线性。因此，图 9.6 中相应计算出的标准价格也最终是近似线性的，只有少数行业更接近于二次函数。65 个行业中只有 4 个行业的标准价格显示出价格 – 价值偏差方向的（单一的）逆转，且它们恰好是图 9.5 所示的那 4 个行业，其产出 – 资本比在非常高的标准利润份额r/R>0.75（是所观测到的利润份额0.33的两倍多）时出现了方向转换。图 9.6 展现了一般模式，它们常见于美国的表格，包括新近可获得的涵盖 1997—2009 年的美国经济分析局投入 – 产出数据和更早期的 1947—1973 年的数据（Shaikh 1998a）。图 9.7 集中分析了表现出方向转换的 4 个行业，结果是其标准价格始终都接近于劳动时间（10% 以内），并且

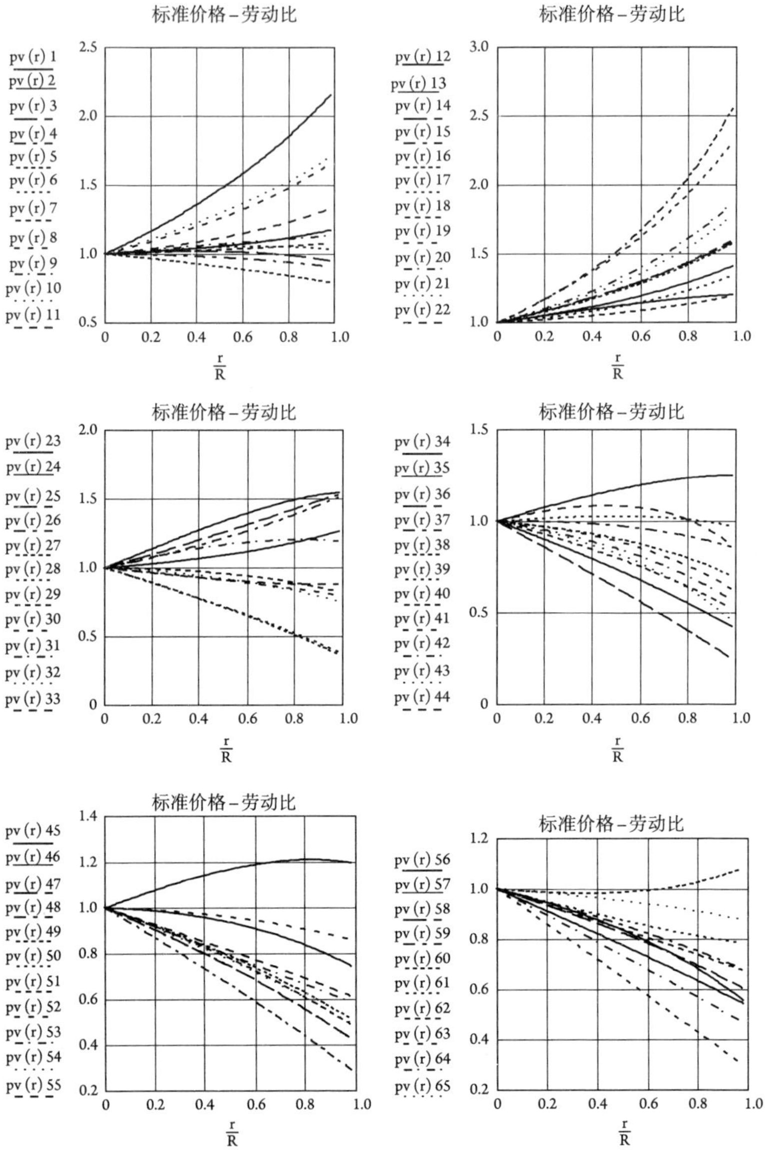

图 9.6　美国 1998 年的标准价格–劳动比（流动资本模型）

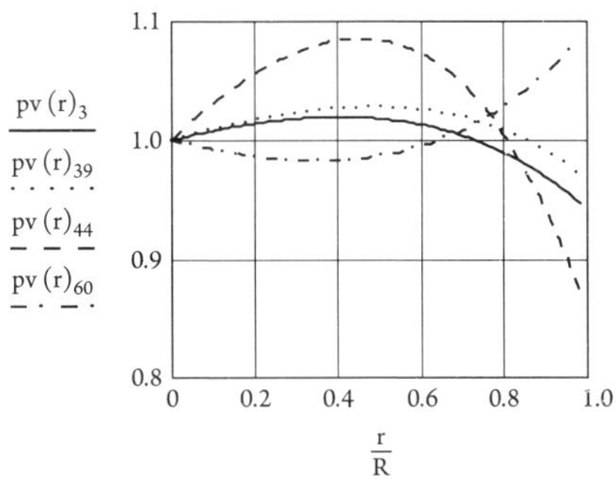

图 9.7　美国 1998 年 4 个例外行业的标准价格（流动资本模型）

注：行业 3= 石油、天然气开采；行业 39= 广播、电子通信；行业 44= 基金、信托和其他金融工具；行业 60= 餐饮服务。

所有的转换也都只发生在观测范围之外的非常高的利润份额区间。

前面提到的单个行业的模式直接表明：总工资 – 利润曲线是两个关于利润率的线性函数的比率。正如 9.6 节中所提到的，我们可以量度实际工资或工资份额，这取决于我们是根据实际经济中一揽子消费品的价格还是根据一揽子人均净产出的价格来对标准工资进行平减。在这两种情况下，如果单个标准价格近似线性，那么任何一揽子商品的价格都将近似完全线性。这样一来，实际工资或工资份额都会是平滑的曲线（直角双曲线），即为线性标准工资 w（r）=1–r/R 与线性合成标准价格之比。图 9.8 展现了计算得出的 1998 年美国经济中的工资份额和标准工资份额（w），前者［ $\sigma_W(r)_t$ ］是关于利润率的函数。之前的预期都完全实现了。

9.7.3　固定资本模型

现在我们将固定资本纳入计算过程中，以使成本包括折旧，预付资本包括固定资本存量（见附录 9.1 和附录 9.2）。固定资本的引入产生了显著的影响，它使整合产出 – 资本比因而使标准价格都实际上变

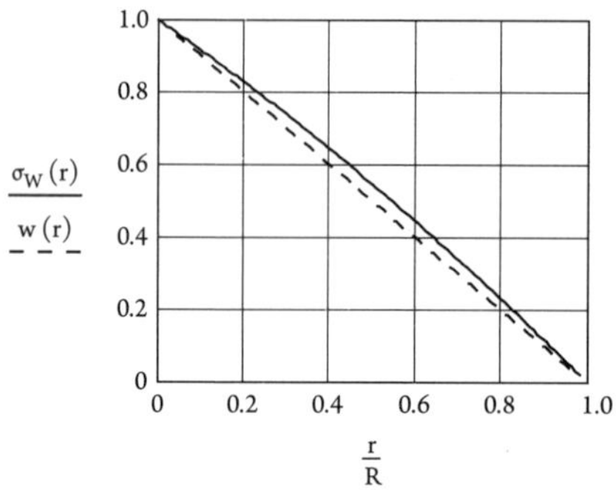

图 9.8 美国 1998 年的实际工资–利润曲线（流动资本模型）

成了线性函数（Shaikh 1998a）。图 9.9 展示了相对于标准行业的相对整合产出–资本比的路径 $VR(r)_{1,j}\equiv\left(\frac{VR(r)_j}{R}\right)$，图 9.10 展现了标准行业价格的路径，而图 9.11 则集中展现了在流动资本情况下显示出方向转换的 4 个行业的比率和价格。我们马上发现，在固定资本的影响下，所有变量的路径都被拉直了。这些模式与谢克（1998a, 93; 2012a, 238–242）的研究相一致，并且在我可以构造出固定资本矩阵的所有 5 个美国表格中都是通用的。

图 9.12 描绘了 1998 年固定资本模型中的工资份额曲线以及线性的标准工资曲线。虽然经验工资份额曲线在流动资本模型中是凹向原点的（见图 9.8），但在固定资本模型中是凸函数。在这两种情况下，工资份额曲线都是标准工资曲线（我们将其构造为完全线性的）与实质上线性的净产出价格之比，所以在这两种情况下实际工资份额都是直角双曲线。但在流动资本情况下，根据整合劳动时间量度的平均整合产出–资本比（即在 r=0 处）高于相应的标准比率 R，而对固定资本模型而言，情况正好相反。考虑到诸如净产出或工人一揽子消费品的线性性质，我们可以从那个简单的规则中推断出工资–利润曲线的形状。

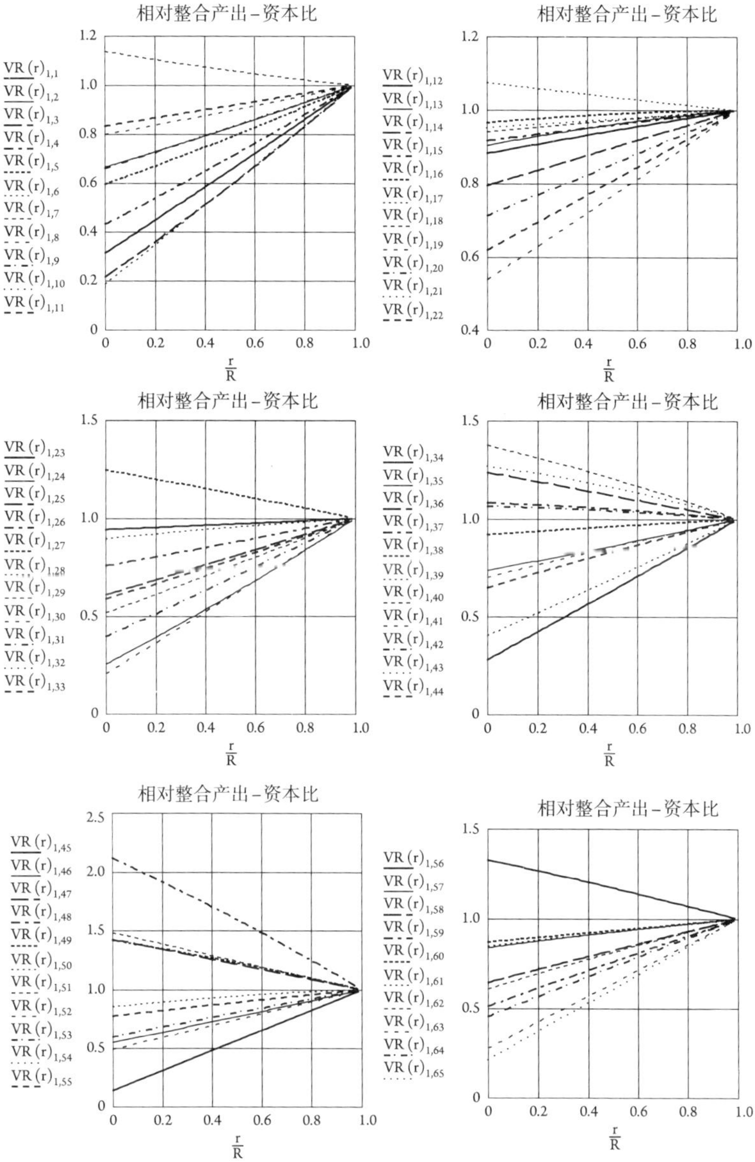

图 9.9　美国 1998 年相对于标准行业的整合产出－资本比（固定资本模型）

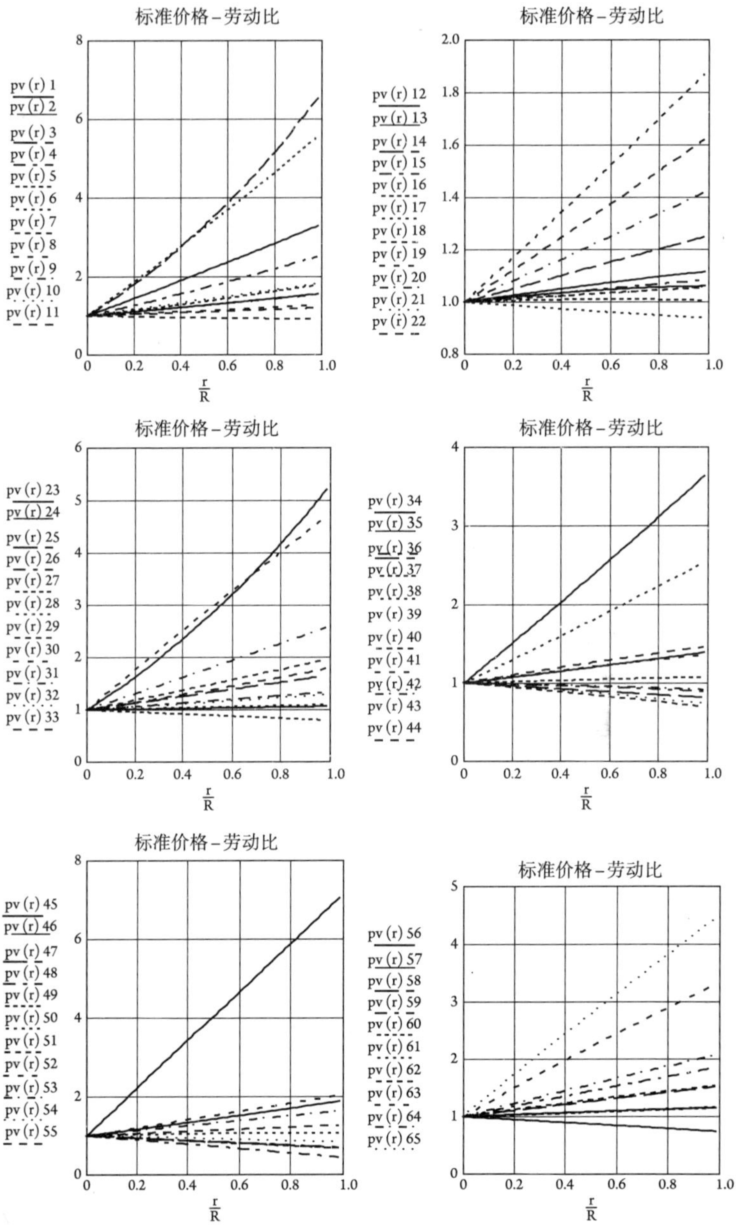

图 9.10　美国 1998 年的标准价格－劳动比（固定资本模型）

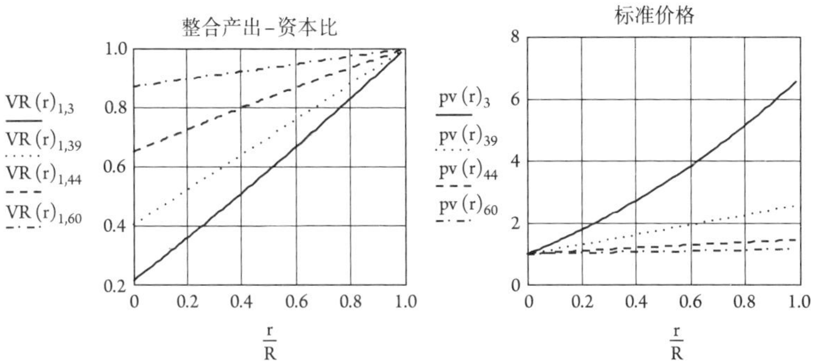

图 9.11　美国 1998 年 4 个例外行业的整合产出 – 资本比和标准价格（固定资本模型）

注：行业 3= 石油、天然气开采；行业 39= 广播、电子通信；行业 44= 基金、信托和其他金融工具；行业 60= 餐饮服务。

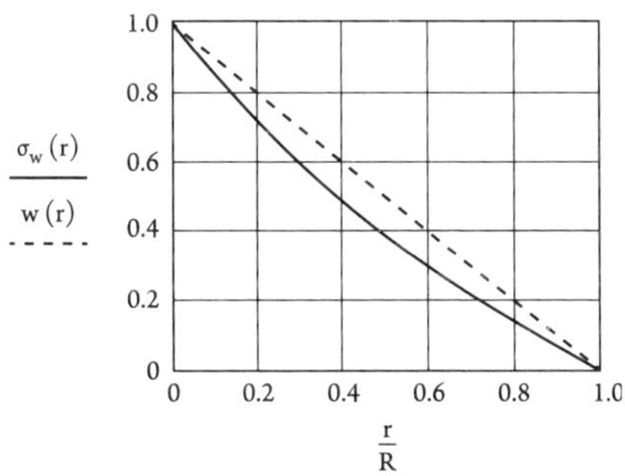

图 9.12　美国 1998 年的实际工资 – 利润曲线（固定资本模型）

9.8 经验性距离量度

我们可以利用三个基本指标中的任意一个来计算出作为利润率函数的生产价格与整合劳动时间之间的距离。图 9.13 首先展现了美国 1998 年的经验流动资本模型的距离量度值，然后是经验固定资本模型的距离量度值。两个坐标轴都使用了对数比例尺，因为这样会显示出数据的显著特征：在流动资本模型和固定资本模型中，所有距离量度的对数–对数路径一开始都是具有单一斜率的直线，不过在末端处，流动资本量度的斜率有所上升，而固定资本量度的斜率则有所下降。

事实上，这也是李嘉图所假设的。在他对生产价格的分析中，他假设利润率 1% 的变动会导致相对生产价格大约 1% 的变动，换言之，相对价格与利润率之间的弹性为单位 1。正是在这个基础上，他总结道，相对价格的变动不会超过 7%，因为资本家绝不会忍受实际工资的增加使利润率下降超过 7%（Ricardo 1951b, 36; Petrovic 1987, 197）。经过这一分析，我们可以看到近似统一的弹性一定与标准价格的近似线性相关。假设标准价格如方程（9.20）那样是完全线性的。那么我们可以写出：

$$\left(\frac{p(r)_j}{v_j}-1\right)=\frac{r}{R}\left(\frac{R-VR_{0_j}}{VR_{0_j}}\right) \tag{9.21}$$

这表明线性标准价格的价格–劳动偏差的百分比与其资本的整合劳动价值构成相对于标准行业的偏差百分比成比例。那么价格–劳动偏差

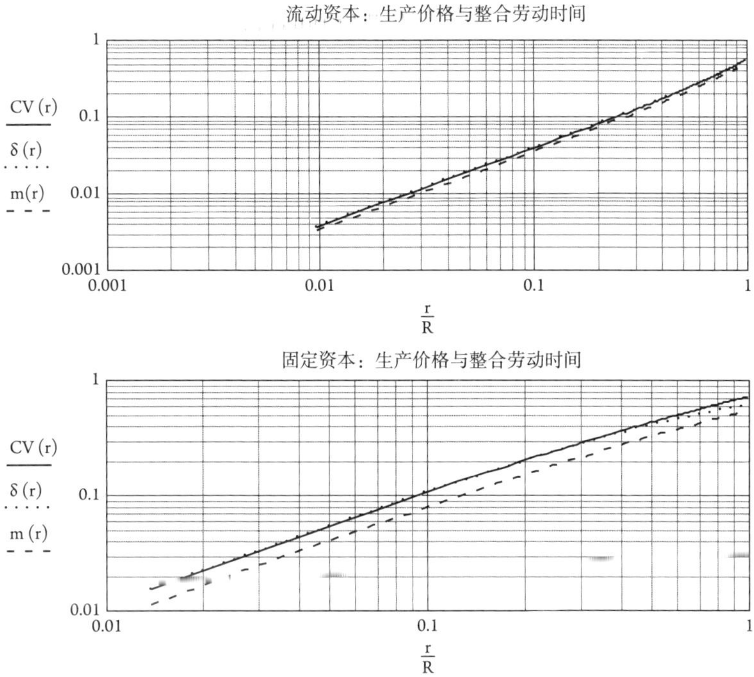

图 9.13 美国 1998 年标准价格–劳动时间偏差的距离量度（流动资本模型和固定资本模型）

的百分比对r/R的弹性恰好等于1，[①]尽管变化的方向取决于资本密集度偏差$\left(\frac{R-VR_{0_j}}{VR_{0_j}}\right)$的符号。距离量度本质上是在测量偏差的绝对值（而不考虑偏差的符号），并且很显然如果价格是完全线性的，那么它们也将获得单位弹性。因为绝对值是正数，所以我们可以对它取对数，从而得到$\log\left|\frac{p(r)_j}{v_j}-1\right|=\log\left|\frac{R-VR_{0_j}}{VR_{0_j}}\right|+\log\left(\frac{r}{R}\right)$，它是一条斜率为 1 的直线。当然，实际

① 方程（9.21）具有如下形式：y=a·x，其中$y\equiv\left(\frac{p(r)_j}{v_j}-1\right)$，$a\equiv\left(\frac{R-VR_{0_j}}{VR_{0_j}}\right)$，$x\equiv\frac{r}{R}$。如果因一个行业的整合构成正好与标准行业一致而有 a=0，那么不管如何进行分配，它的价格都等于整合劳动时间。对于 a ≠ 0，$\frac{dy}{dx}=a=\frac{y}{x}$的情况，因为 y=a·x，所以弹性$e_{y,x}\equiv\frac{dy}{dx}\frac{x}{y}=1$。

价格不是完全线性的。流动资本模型得到的价格曲率（见图 9.4 ~ 图 9.6）比固定资本模型（见图 9.9~ 图 9.10）的稍微大一点，且一般而言，在更高的 r/R 下，价格倾向于具有更大一点的曲率。因此，我们可以预期距离量度的弹性最初近似于 1，而随着 r/R 趋于 1，它也会偏离 1。这正是我们在图 9.14 中所展现的距离量度弹性中发现的情况。在流动资本情况下，所有三种量度的弹性都会上升，而在固定资本情况下它们都会下降。

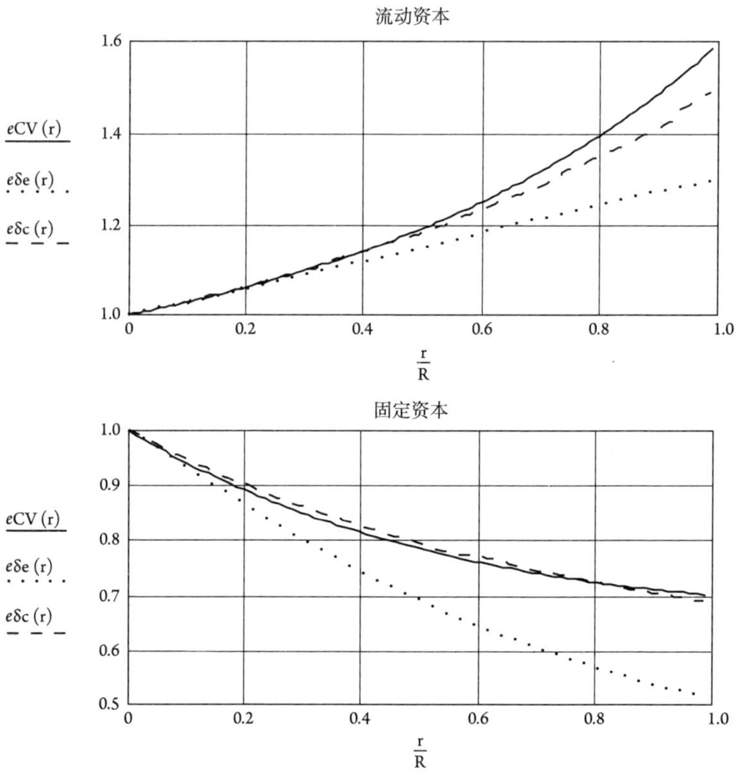

图 9.14　美国 1998 年距离量度的弹性、标准生产价格－劳动时间的偏差（流动资本模型和固定资本模型）

在这里，尤其有趣的是，当观测到的 r/R=0.286 时，流动资本模型的所有三种量度值的弹性都大约为 1.1，而在固定资本模型中当观测到的 r/R=0.172 时，我们得到的弹性值大约为 0.90。由于在给定的生产条件下 R 不会改变，因此固定资本模型的结果意味着利润率 10% 的变动将使得生产价格与劳动时间之间的距离变动约 9%——这实质上正是李嘉图宣称的观点！所有年份的数据基本上都得到了相同的结果。除了雅各布·施瓦茨（1961）和彼得罗维奇（1987）之外，大部分数理经济学家都没有费心去研究这方面的理论。

9.9　观测到的利润率水平下生产价格与直接价格、市场价格之间关系的经验证据

上述分析侧重于讨论当利润率在其理论范围 0~R 之间变动时生产价格的经验性质。现在我们分析观测到的利润率水平下生产价格与直接价格、市场价格之间的经验关系，首先分析截面数据，其次分析时间序列数据。

9.9.1　截面数据

在任一时刻，经济中都存在实际劳动时间、市场价格和观测到的利润率以及相应的计算出来的一组生产价格。对 1998 年的美国来说，流动资本模型中观测到的 r/R = 0.286，而固定资本模型中的这一数值为 0.172（见附录 9.2）。图 9.15 展现了生产价格与直接价格之间的关系，

流动资本模型的数据来自 1998 年，而固定资本模型的数据来自 1998 年和 1972 年。表 9.13 列出了 1947—1998 年三个无比例尺的距离量度，以及之前提出的另一个量度（%MAWD），它具有比例尺但具有非常相似的取值。古典量度 m 得到的距离为 13%（%MAWD 实际上更高，为 15%），而另外两个均值平方根得到的距离为 18%。

图 9.16 和表 9.14 用同样的方法处理了市场价格，以与生产价格进行比较。这里，%MAWD 和 δc 得到的距离为 15%，而 CV 和 δe 得到的距离为 20%。

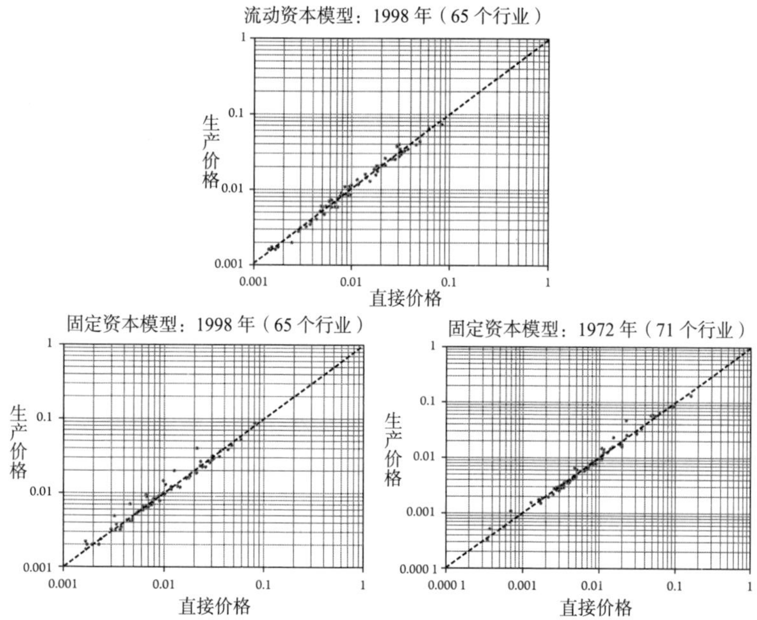

图 9.15 生产价格与直接价格

表 9.13　美国 1947—1998 年观测到的利润率水平下的生产价格和直接价格（固定资本模型）

	%MAWD	δc	CV	δe
1947 年	0.111	0.099	0.181	0.179
1958 年	0.120	0.102	0.133	0.132
1963 年	0.169	0.140	0.177	0.175
1967 年	0.201	0.168	0.214	0.210
1972 年	0.174	0.152	0.195	0.193
1998 年	0.140	0.132	0.194	0.192
平均值	0.152	0.132	0.182	0.180

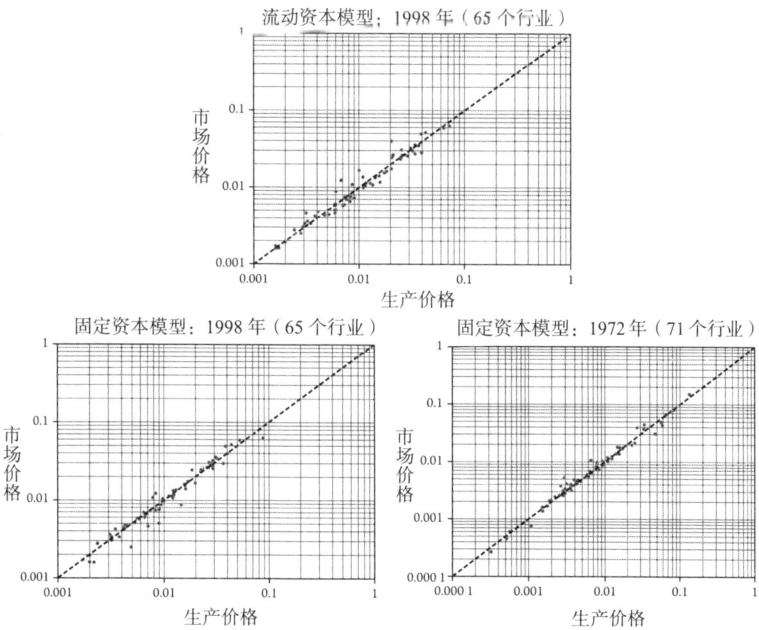

图 9.16　生产价格与市场价格

表 9.14 美国 1947—1998 年市场价格和观测到的利润率水平下的生产价格（固定资本模型）

	%MAWD	δc	CV	δe
1947 年	0.158	0.192	0.307	0.297
1958 年	0.145	0.133	0.170	0.168
1963 年	0.156	0.145	0.173	0.171
1967 年	0.165	0.170	0.188	0.185
1972 年	0.146	0.146	0.163	0.161
1998 年	0.124	0.132	0.216	0.212
平均值	0.149	0.153	0.203	0.199

9.9.2 解决市场价格与生产价格、直接价格之间距离的难题

现在我们来分析市场价格和生产价格之间的距离问题。鉴于前者围绕着后者波动，而后者反过来与直接价格之间存在系统性偏离，我们通常假设市场价格－直接价格之间的距离大于生产价格－直接价格之间的距离（Zachariah 2006; Flaschel 2010, 225–226; Fröhlich 2010b, 11）。这个观点似乎来源于这样一个代数事实，即市场价格（pm）和直接价格之间的距离，可以分解为生产价格和直接价格之间的距离与市场价格和生产价格之间的距离这两部分：$pm_i - \mathbb{d}_i \equiv (p(r)_i - \mathbb{d}_i) + (pm_i - p(r)_i)$。但是，代数分解并不适用于距离量度。假设 $p(r)_i = 92$，$\mathbb{d}_i = 85$，市场价格在两个连续的例子中分别取值 91 和 88。表 9.15 表明，尽管在这三个变量之间存在这样一个恒等式，但是市场价格与直接价格之间的绝对百分比偏差（或其平方）的加总值完全有可能低于生产价格与直接价格之间相应的加总值。事实上，对所有距离量度而言，

都存在这种普遍的可能性。[①]

表 9.15 解决市场价格 – 直接价格距离的难题

pm	p(r)	d	pm–d	p(r)–d	pm–p(r)	$\frac{\lvert pm-d\rvert}{d}$	$\frac{\lvert p(r)-d\rvert}{d}$	$\left(\frac{\lvert pm-d\rvert}{d}\right)^2$	$\left(\frac{\lvert p(r)-d\rvert}{d}\right)^2$
91	90	85	6	5	1	0.071	0.059	0.005	0.003
88	90	85	3	5	–2	0.035	0.059	0.001	0.003
总和						**0.106**	**0.118**	**0.006**	**0.007**

记住这一点之后，表 9.16 汇总了表 9.9~ 表 9.11 中 1947—1998 年所有三组价格偏离的距离量度。我们看到，市场价格 – 直接价格之间的距离大于古典量度意义下的生产价格 – 直接价格之间的距离，这正是通常的预测结果。但是，根据 CV 和 δe 的量度，前者和后者大致相等，而这似乎与我们的预测相反：市场价格似乎更接近于直接价格，这似乎与生产价格偏离直接价格而市场价格围绕着生产价格上下波动的古典假设相矛盾。

表 9.16 美国 1947—1998 年市场价格、观测到的利润率水平下的生产价格与直接价格之间的平均距离（固定资本模型）

	%MAWD	δc	CV	δe
市场价格 / 直接价格	0.154	0.154	0.184	0.181
生产价格 / 直接价格	0.152	0.132	0.182	0.180
市场价格 / 生产价格	0.149	0.153	0.203	0.199

① 这是范数的一般性质，当向量 z = x + y 时，必然有 $\|z\| \leqslant \|x\| + \|y\|$（Lutkepohl 1996, 101），这一三角不等式意味着 $\|z\| - \|x\| < \|y\|$。

对这种模式的一种可能的解释是，在估算直接价格或更有可能在估算生产价格时存在误差，特别是考虑到投入–产出数据仅能得到平均生产价格而非调节生产价格。但更深层次的问题是古典假说并未能转化为通常的预测结果。我们可以用 9.6 节中产生的三部门数值实例市场价格来证明这一点。假设每个行业的市场价格随着生产价格随机波动，那么我们可以把市场价格写成：

$$p \cdot pm(r,t)_j = p(r)_j \cdot \eta_{j_t} \quad (9.22)$$

其中 η_{j_t} 是均值为 1 的随机变量［即 $\log(\eta_{j_t})$ 具有零均值］，并且是时间的函数，因为即使在给定的利润率下它也会发生波动。由于市场价格围绕着生产价格上下波动，且后者是利润率的函数，所以市场价格通过其与生产价格的关系成为利润率的函数，并通过其与随时间的推移而变动的误差项 η_{j_t} 的关系成为时间的函数。因为生产价格系统地偏离于直接价格，所以市场价格也将如此，尽管是以更动荡的形式。图 9.17 中的第一个图展现了每个行业的市场价格 – 直接价格比率（实线）和相应的生产价格–直接价格比率（虚线），第二个图画出了市场价格与直接价格、生产价格与直接价格的欧几里得距离。在 r/R = 0 附近，生产价格基本上等于直接价格，所以误差项决定了市场价格。但随着 r/R 越来越接近 1，生产价格逐渐偏离直接价格，市场价格–直接价格之间的距离越来越多地取决于生产价格与直接价格之间的结构性偏差。因此，在某一点之后，这两个距离是相似的，甚至还有可能出现市场价格–直接价格之间的距离小于生产价格–直接价格之间的距离的情况。

9.9.3 时间序列证据

在 9.5 节中，我们从李嘉图的截面假设和时间序列假设入手，研

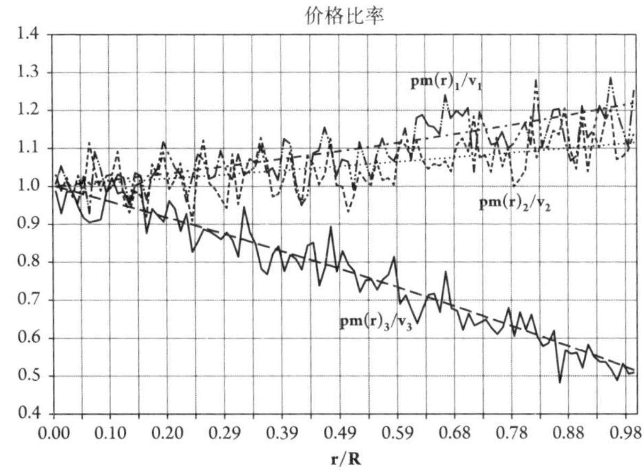

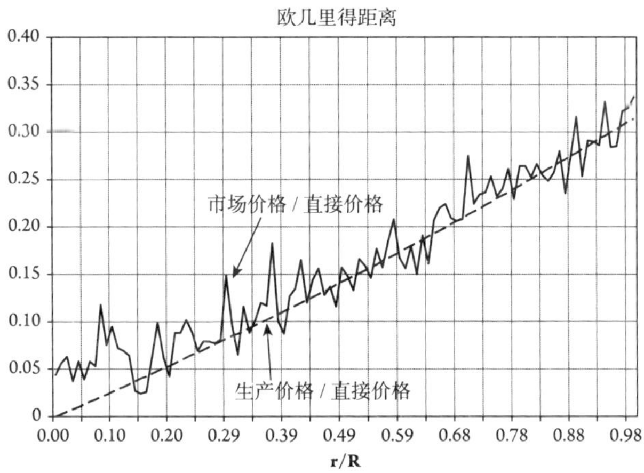

图 9.17　数值实例（生产价格–直接价格与市场价格–直接价格）

究了观察到的市场价格与计算得到的直接价格之间的截面关系和时间序列关系。但李嘉图自己的假设还包含生产价格与直接价格之间的关系。如表 9.16 所示，古典量度的平均距离为 13%，而另外两个量度的为 18%。这里我们考虑相应的时间序列关系。我们现在可以使用回归分析的方法了，因为这里比较的是跨越两个连续时间段的标准化比率 $q_i \equiv p_i'/vulc_i'=p_i/\mathbb{d}_i$。图 9.18 依次比较了 1972 年与 1967 年、1972 年与

1958 年、1972 年与 1947 年的生产价格–直接价格之比。相应的相关性和距离量度参见表 9.17。这些模式与表 9.10 中市场价格所呈现的特征非常相似，除了在连续的阶段之间相关性更强、距离更小。在这个意义上，生产价格的确比市场价格更接近于直接价格。我们再一次发现，4~5 年的间隔得到的相关性最强、距离最小，尽管 9 年间隔的结果也完全处于李嘉图区间之内：调整后的 R^2 约为 0.90，平均偏差的均值在 2%~5%，偏差的均值平方根则在 5%~9%。因此，马克思的观点也非常正确："价值规律支配着价格的运动，生产上所需要的劳动时间的减少或增加，会使生产价格降低或提高。"①（Marx 1967c, 179）

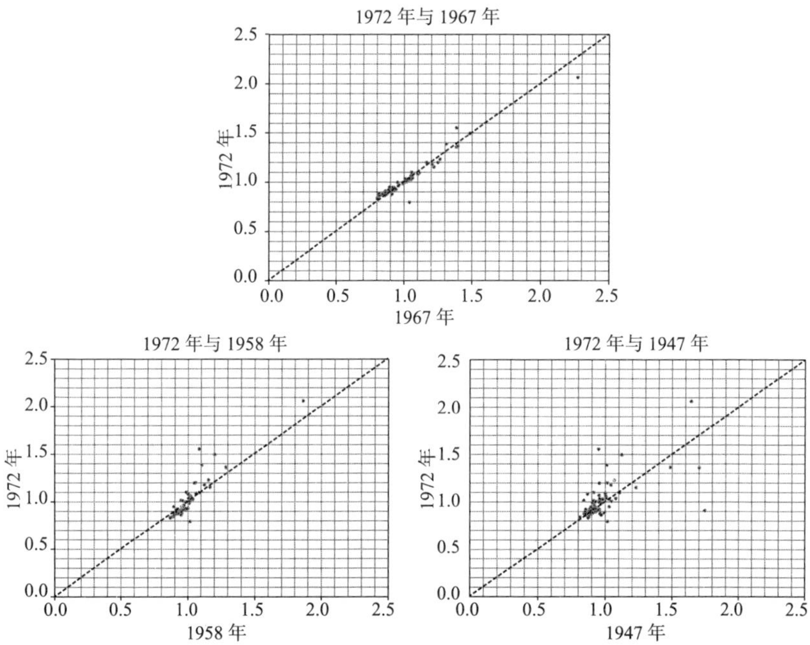

图 9.18 生产价格与直接价格之比（71 个行业）

① 中文转引自《资本论》第三卷，人民出版社，2004 年版，第 200 页。——译者注

表 9.17 美国经济中不同间隔年份生产价格与直接价格之比的变动

间隔年份	年份	调整后的 R^2	δc	CV	δe
4~5	1963—1967	**0.975**	0.024	0.041	0.041
	1967—1972	0.932	**0.021**	**0.032**	**0.032**
	1958—1963	0.956	0.034	0.048	0.048
9	1963—1972	0.893	**0.021**	0.047	0.047
	1958—1967	0.901	0.057	0.086	0.086
11	1947—1958	0.512	0.045	0.086	0.086
14	1958—1972	0.801	0.043	0.086	0.086
16	1947—1963	0.433	0.060	0.108	0.107
20	1947—1967	0.397	0.077	0.136	0.136
25	1947—1972	0.361	0.138	0.334	0.321

9.10 工资 - 利润曲线（1947—1998 年）

任何给定年份的实际工资 - 利润曲线，都被定义为工资在由生产价格衡量的单位工人净产出价值中所占的份额。为了进行跨时间的比较，我们有必要根据每个工人的实际净产出随时间推移的变化来进行调整。如果我们将每个工人的净产出的货币价值（y）看作其产品的价格指数（p）和其数量指数（yr）的乘积，那么在给定利润率下的工资份额就变为 $\sigma_{W}(r)_t = \frac{w(r)_t}{p_t \cdot yr_t}$。这样一来，根据某个参照年份单位工人的净产出 yr_0 计算得到的意愿实际工资曲线为：

$$w(r)_t = \frac{(w(r)_t / p_t)}{yr_0} = \left(\frac{w(r)_t}{p_t \cdot yr_t}\right) \cdot \left(\frac{yr_t}{\overline{y}_0}\right) = \sigma_W(r)_t \cdot \left(\frac{yr_t}{yr_0}\right) \qquad (9.23)$$

换言之，我们可以通过将每年的实际工资份额乘以生产率指数得到实际工资曲线。图 9.19 展示了 1947—1998 年根据固定资本模型得到的实际工资曲线，其中每条曲线绘制的横坐标轴都是由自己的最大利润率决定的利润率范围。我们发现了几个显著特征。首先，所有曲线都稍稍向外凸，近似线性但不像克雷尔（1977, 306, fig. 9）和奥乔亚（1989, 424, fig. 1）所展现的那样显著。其次，我们可以明显看到由技术变革带来的生产率增长所产生的强烈影响，它让曲线在工资轴上的截距逐年上升。最后，如表 9.18 所示，尽管如此，不同的曲线相交，这是因为（根据产能调整过后的）最大利润率在 1947—1972 年下降，然后基本保持稳定。这里投入–产出最大利润率的路径类似于 6.8 节中图 6.2 所示的在可比期间的国民收入和生产账户企业最大利润率。应该

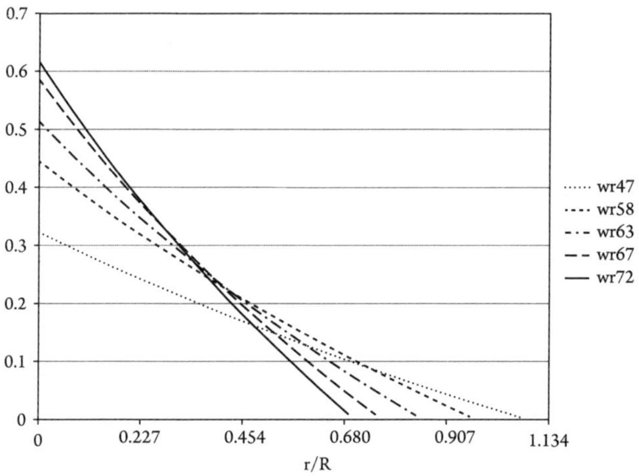

图 9.19 实际工资–利润曲线（1947—1972 年）

表 9.18 美国标准正常产能下的最大利润率（1947—1998 年）

1947 年	1958 年	1963 年	1967 年	1972 年	1998 年
1.088	0.973 4	0.854 7	0.764 4	0.703 3	0.731 7

指出的是，这些是在不同年份观测到的曲线，而不是在给定年份使用不同方法计算得到的。当我在 9.11 节讨论再转换及其与新古典分配理论的关系时，我会再讨论这些曲线的含义。

最后，表 9.19 比较了观测到的产出–资本比和标准比率（R），它们都根据相同的年度指标进行了产能利用率的调整（从而它们的比率不再受此调整的影响）。这两组数据之间的差距基本上保持在 10% 以内。根据附录 6.5.4 的分析，这意味着我们可以将观测到的产能–产出比的时间趋势作为技术变革方向的合理指数。但是在这里，我们还需要纠正传统的资本存量量度所具有的主要缺陷（见 6.8 节）。

表 9.19　美国实际正常产能和标准正常产能下的最大利润率（1947—1998 年）

	1947 年	1958 年	1963 年	1967 年	1972 年	1998 年
实际正常产能 / 资本	1.362 0	0.893 9	0.859 1	0.803 7	0.780 4	0.668 7
标准正常产能 / 资本	1.088	0.973 4	0.854 7	0.764 4	0.703 3	0.731 7
实际正常产能 / 标准正常产能	0.99	0.92	1.01	1.05	1.11	0.91

9.11　古典相对价格理论的起源和发展

9.11.1　古典起源

这一切都要从举世无双的亚当 · 斯密开始说起。他区分了收入驱动的竞争和利润驱动的竞争，以说明当不存在利润时，收入驱动的竞争会促使每个商品生产者获得相同的收入，促使商品价格与其整合劳动时间成比例。他由此提出，无论是将净价值增加值分析性地分解为工资和利润两个部分，还是利润率的均等化过程，都不必然使竞争性价格偏离于劳动时间的比例。只有进一步存在资本–劳动比的差异时才需要修正之前的定价规则（Smith 1973, 150–153）。[①]同时（153–157），斯密还提出任何商品的价格总是可以分解为 9.3 节所阐述的整合工资、利润和地租三个部分。这正是价格的基本方程背后的逻辑（Shaikh 1984b, 65–71）。[②]

李嘉图首次利用一个巧妙而极富见地的数值实例展示了整合劳动时间的计算过程。他证明了相对生产价格系统性地不同于相对整合劳动时间，这仅仅是因为行业间的资本–劳动比和周转时间不同。他还表明实际工资上涨会导致利润率出现普遍下降。这使他提出了一个著名的假设，即相对生产价格不会受到分配变化的很大影响，因为工资和利润的反向变动倾向于相互抵销。他总结道，相对价格的时序变化基本上受相对整合劳动时间变化的调节（Ricardo 1951b, ch.1）。

关于相对价格理论，李嘉图用了一个章节进行说明。而马克思是将其嵌入一个更宏大、更深刻的涉及价值形式、货币的起源和意义、一般化商品交换的社会影响，以及最重要的利润的社会和阶级根源

① 在简单商品生产中，生产者每小时的收入实现了均等化（$y_i = y_j = y$），价格等于共同小时收入乘以整合劳动时间：$p_i = y \cdot v_i$。于是，该价格的购得劳动就等于生产商品所需的整合劳动时间 $p_i/y = v_i$。但是，随着资本主义关系的出现，工资 $w<y$，从而有商品价格的购得劳动大于生产所需的劳动 $p_i/w > v_i$。斯密提出可以将购得劳动作为商品实际价值的适当衡量指标（Smith 1973, 153），因为购得劳动的比例总是等于相对价格（只要工资实现了均等化）。但随着竞争性货币工资相对于价格上涨（即实际工资上涨），购得劳动的绝对规模会下降。正是基于这个原因，李嘉图拒绝使用购得劳动这一概念（Ricardo 1951b, 13–20; Dobb 1973, 47–50）。

② 斯密（1973, 153–155）指出，价格可以“分解”为三大不同阶级的收入“来源”（工资、利润和地租）的总和。但这并不意味着价格是由这些数量的总和决定的。在 19 世纪，后一种表述与斯密联系起来，并被标记为斯密的价格“加总”理论而成为教科书中的重要部分（Dobb 1973, 46–47）。马克思将愤怒指向了斯密进一步的推论，即间接工资、利润和地租在同一时间，与直接工资一样作为收入出现，因此它们原则上都是可消费的（Marx 1963, ch.3, sec.8）。

的框架中进行讨论。二者在“价值量”这一问题上的主要步骤相似。在《资本论》第一卷出版之前不久，马克思撰写了重要的评论性文稿《剩余价值理论》以作为《资本论》第四卷的草稿，其中马克思特别赞扬了斯密对价格和利润的处理，并称赞其为剩余价值的发现者。“亚当·斯密完全正确地从商品以及商品交换出发，从而生产者最初只是作为商品所有者——商品的卖者和买者——相互对立”[①]，这使得相对竞争性价格和相对劳动价值相等（Marx 1963, ch.3）。

马克思遵循了斯密的分析思路，他评价道，“资本主义生产是在劳动条件归一个阶级所有，而另一个阶级仅仅支配劳动能力的时刻开始的。劳动和劳动条件的这种分离成为资本主义生产的前提”[②]（Marx 1963, 78）。但是，“商品A和商品B按它们所包含的劳动时间的比例进行交换，这丝毫不会由于产品A或产品B的生产者相互之间分配产品A和产品B（或者确切些说，分配它们的价值）的比例而受到破坏。如果产品A的一部分归土地所有者，第二部分归资本家，第三部分归工人，那么，无论他们所得的份额是多少，丝毫也不会改变A本身是按其价值同B相交换的情况。A和B这两种商品所包含的劳动时间的比例，完全不因A或B所包含的劳动时间由不同的人怎样占有而受到影响”[③]（74）。在这种情况下，“工人加到材料上的价值即劳动量分成两部分。一部分支付工人的工资……另一部分构成资本家的利润……这样一来，亚当·斯密自己就驳倒了这样的看法：即当工人的全部劳动产品不再属于工人自己，他不得不同资本所有者分享这种产品或产品价值的时候，商品相互交换的比例即商品的交换价值决定于物化在商品中的劳动时

① 中文转引自《马克思恩格斯全集》第 33 卷，人民出版社，2004 年版，第 48 页。——译者注

② 中文转引自《马克思恩格斯全集》第 33 卷，人民出版社，2004 年版，第 54 页。——译者注

③ 中文转引自《马克思恩格斯全集》第 33 卷，人民出版社，2004 年版，第 49 页。——译者注

间量这一规律就会失效”[①]（79–80）。

这就说明，行业利润的存在与商品按照其劳动价值进行销售完全兼容：它不是源于“商品高于它的价值出售而产生的，它不是‘让渡利润’”[②]（79）。“不如说正是他自己从资本家对加到商品上的一部分劳动没有支付过代价，从而他的利润是在出售商品时产生这一事实中，引申出资本家的利润……斯密这样就认识到了剩余价值的真正起源”[③]（79–80）。此外，由于他明确将土地的地租、税收和利息定义为价值增加值的扣除部分（82–84），“亚当·斯密把剩余价值，即剩余劳动——已经完成并实现在商品中的劳动超过有酬劳动即超过以工资形式取得自己等价物的劳动的余额——理解为一般范畴”[④]（82）。

马克思将斯密的简单商品生产看作一种分析手段。恩格斯试图将其拓展回溯至历史上存在的一个阶段（Dobb 1973, 146–147n142; Meek 1975, 180–181）。的确，在《剩余价值理论》发表之前，马克思在《政治经济学批判》中提到了“前斯密式”的粗鲁和早期状态，将其理解为是在推测“市民阶级的失乐园，人们还没有以资本家、雇佣工人、土地所有者、租地农场主、高利贷者等身份互相对立，而是以简单的商品生产者和商品交换者的身份互相对立”[⑤]（Marx 1970, 59）。《资本论》第一卷也遵循斯密的思路，先分析结构、交换、货币和劳动分工等一般性问题，再讨论利润问题。在此之后，马克思才指出他想证明生产中的利润并非源于不平等交换，也就是证明生产的利润不同于异化的利润（Marx 1967a, ch.5），因此“货币转化为资本，必须根据商品

① 中文转引自《马克思恩格斯全集》第33卷，人民出版社，2004年版，第55–56页。——译者注
② 中文转引自《马克思恩格斯全集》第33卷，人民出版社，2004年版，第55页。——译者注
③ 中文转引自《马克思恩格斯全集》第33卷，人民出版社，2004年版，第56页。——译者注
④ 中文转引自《马克思恩格斯全集》第33卷，人民出版社，2004年版，第59页。——译者注
⑤ 中文转引自《马克思恩格斯全集》第31卷，人民出版社，1998年版，第453页。——译者注

交换的内在规律来加以说明，因此等价物的交换应该是起点”[①]（166）。与他之前的李嘉图一样，马克思非常清楚，“平均价格并不……直接与商品的价值量相一致”[②]（166n1），他自己在《资本论》第三卷中对该现象的证明在其将这些话写进第一卷之前便完成了（Engels 1967, 3）。但在他表明利润率的均等化如何创造了生产价格（以及因而平均市场价格）和劳动价值之间的系统性差异之前，他必须先解释利润。马克思是在《资本论》第三卷 1 340 页之后才开始写到前面这个问题（Marx 1967c, ch.9）。这一漫长的过程自然使得一些非常认真的学者也错误地总结道：马克思在其所有关于生产的字里行间都“假设存在一个统一的‘资本有机构成’……［以此来］避免仅仅出现在第三卷的著名的‘转形问题’”（Bhaduri 1969, 537）。

马克思也对李嘉图表示赞赏。尽管他认为事实上，李嘉图的“研究只限于价值量……他至少感觉到……价值规律的充分发展，要以大工业生产和自由竞争的社会，即现代资产阶级社会为前提”[③]（Marx 1970, 60）。在这个领域，“大卫·李嘉图与亚当·斯密相反，他十分清楚地做出了商品价值决定于劳动时间这一规定，并且指出，这个规律也支配着似乎同它矛盾最大的资产阶级生产关系”[④]（60）。李嘉图具有“对理论的敏锐”，赋予“古典政治经济学以最终的形态”（61）。在马克思看来，李嘉图的核心论点是，尽管生产价格和劳动价值在量上存在必然差异，但是“价值规律支配着价格的运动，生产上所需要的劳动时间的减少或增加，会促使生产价格降低或提高”[⑤]（Marx 1967c, 179）。

① 中文转引自《资本论》第一卷，人民出版社，2004 年版，第 193 页。——译者注
② 中文转引自《资本论》第一卷，人民出版社，2004 年版，第 194 页。——译者注
③ 中文转引自《马克思恩格斯全集》第 31 卷，人民出版社，1998 年版，第 454 页。——译者注
④ 中文转引自《马克思恩格斯全集》第 31 卷，人民出版社，1998 年版，第 454 页。——译者注
⑤ 中文转引自《资本论》第三卷，人民出版社，2004 年版，第 200 页。——译者注

9.11.2 现代相对价格理论的发展

9.11.2.1 斯拉法

斯拉法的经典著作《用商品生产商品》(Sraffa 1960)复兴了对相对价格的古典分析。因为我已经在本章以及附录 6.1 ~ 附录 6.4、附录 9.1 中详细阐述过这本书，所以我在这里只进行额外的简短评论。

斯拉法说，他正在重拾“从亚当·斯密到大卫·李嘉图的古典经济学家的理论出发点”，即致力于分析“经济系统中独立于生产规模或生产要素比例变化的特征”(Sraffa 1960, v)——当然，这并不妨碍他考虑其他比例组合。从这个角度而言，他首先考察了这样一个经济体系，其中劳动消费是给定的，不存在剩余。他认为，在这种情况下，存在这样“一个独一无二的交换价值组合，即如果市场采用它进行交换就能重新回到产品的初始分配，并使该过程可以重复进行”(3)。我们可以使用本书所采用的术语以最好地理解这个模糊的表述：当剩余不存在时，总利润必然为零。这样一来，不同的价格组合就会在不同行业产生不同的利润和利润率(ch.6, tables 6.8–6.11)，其中只有一个价格组合可以使所有的利润率都相等——在这种情况下，它们当然也必然等于零。斯拉法随后表明，这一个使利润率实现均等化的价格组合与整合劳动时间成比例(12)。由此可知，斯拉法这里提到的“使该过程可以重复进行”的价格组合就是被称为零利润水平下生产价格的劳动价值。不得不说，这种对劳动价值的解释很奇怪，考虑到斯密、李嘉图和马克思都曾竭尽全力证明劳动价值与由部门资本-劳动比的差异造成的范围广泛的利润率相一致。实际上，斯拉法的“价格”概念仅限于生产价格。他随后阐明了这一点，提到“诸如‘必要价格’‘自然价格’‘生产价格’这样的古典概念，也将适用于……目前所讨论的这种情况（即尚未涉及市场价格的情况）”（9）。

斯拉法还以非古典的方式引入利润，将其与技术变革带来的剩余联系起来：从初始无剩余变为存在正剩余的过程中，一个重要的因素是在“所有其他数量都保持不变的情况下”，一个行业的产出增加了（Sraffa 1960, 4, 6）。我们可以将斯拉法的方法与斯密和马克思进行对比，后两者认为剩余产生于特定的社会条件下，即工资率被压低到低于工人的价值增加值（即存在剩余劳动时）。这一观点尤其为马克思所珍视，他强调剩余劳动与日工作时长和围绕着生产条件展开的阶级斗争之间的关系（见第 4 章和第 6 章），而这两种关系在斯拉法的框架中都消失了。斯拉法将古典经济学关于劳动的观点视为“劳动是同质的”，或者“劳动之前已经被简化为仅在数量上存在同等差异”并且质量调整后的劳动具有统一工资率（10）。另外，斯拉法也没有解释为什么他放弃了“古典经济学家关于工资作为预付资本一部分”的想法，而采用了“工资是后付的年产品的一部分”的假设（10）。我们后来才发现，使用这个假设是为了使标准工资–利润曲线呈线性（22）。这是一个代数步骤，而不是分析的策略，这个假设要求工人拥有足够的资金存量，以便支撑自己在整个生产和销售阶段不依靠工资生存下去。

在其他方面，斯拉法引入了基本品和非基本品这一重要的区分，他对标准商品的分析很有见地，对产出价格和生产资料价格之间关系的分析也极具开创性（Sraffa 1960, chs.3–5）。他将价格简化为已投入劳动数量的做法让人联想到斯密的处理方式，尽管斯拉法将其仅局限于对标准生产价格的分析（34–35）。最后，他的书中还有著名的一章，讨论行业中两种不同的生产方法（技术）之间出现再转换的可能，这引发了“剑桥资本争论”（Roncaglia 1991, 191）。正如我在 9.7 节和附录 9.1 中所说的那样，斯拉法强调反馈效应可以改变投入与产出的价格比率，这是正确的。但是，在经验层面上，这种反馈比他指出的要简单得多，因为这些比率本身基本上就是利润率的线性函数。这样一来，加总的工资利润曲线倾向于是近线性的，这破坏了他的暗含论断，即认为技术再转换问题是一种一般性质。

9.11.2.2 斯拉法主义流派

斯拉法的小册子有一个副书名，叫“经济理论批判绪论”。就如同马克思的《政治经济学批判》，这里的“批判”可以解释为一个声明——为一种完全不同的分析模式奠定基础的声明。这正是帕西内蒂、加雷尼亚尼和西洛斯·拉比尼在他们各自尝试重建李嘉图、马克思和斯密的分析时所使用的方法（Roncaglia 1991, 198–212）。我当然也属于这个方法论阵营。但是，斯拉法学派的大部分文献都走向了另一个方向，强调技术再转换和逆向资本深化凸显了“[标准]理论中通常使用的‘资本’概念所暗含的”……“所有逻辑难题”（Chiodi and Ditta 2008, 9），宣称“对资本概念的批评必须建立在唯一合乎逻辑的理由上才是有效且有说服力的”。于是，问题的焦点便变成分配的边际生产力理论所需要的新古典主义资本概念是否具有内部一致性（Chiodi and Ditta 2008, 10–11）。为了解决这一问题，大部分采用斯拉法传统的文献都选择接受新古典理论中的大多数核心命题，包括没有时间维度的生产、完全竞争、均衡结果和最优选择。因此，我们必须认识到这些与资本主义现实毫无关系的建构根本不重要（Chiodi and Ditta 2008, 5, 11）。这种强调对新古典主义理论进行“消极批判”的做法，“实际上几乎将斯拉法学派的全部贡献‘压缩成’……一个单一的话题，且只是从一个单一的视角亦即从严格的、逻辑的视角分析‘资本’的概念及其难题”（Chiodi and Ditta 2008, 10）。

9.11.2.3 关于相对价格理论的争论

本书第 7 章讨论了非正统经济学家将竞争理论与完全竞争理论混合在一起的普遍倾向，第 8 章分析了相应的关于利润和定价的经验研究文献。在这里，我会集中讨论古典传统下对相对价格的处理。早期斯拉法学派的分析使相对价格的复杂运动看起来好像是“完全正常的”（Robinson 1970, 30）。舍福尔德最初认为，“关于再转换的争论清晰地表明，价格一般而言是利润率的复杂函数”（Schefold 1976, 21）。确实，如果利润率函数中的“[价格向量] 产生了一条复杂弯曲的曲线”，那么这个系统被标记为“合乎规律就只考虑了数学角度的规律”（26）。相反，没有表现出这种行为的体系就会被认为在数学上是“不合乎规律的”。舍福尔德很谨慎地说，“没有任何经济原因可以解释为什么实际系统不应该合乎规律，不合乎规律的系统为什么应该在现实中存在；不合乎规律只是一个偶然”（26–27）。但是，当越来越多的经验证据表明“不合乎规律”才是正常的，而“合乎规律”绝对不正常时，作为一名科学家的舍福尔德改变了他的看法，这是非常值得赞扬的。

弯曲价格曲线的观点直接产生了两个相关的可能性：技术再转换的可能性和资本逆转的可能性（Roncaglia 1991, 190）。假设一个经济中存在 N 个行业，每个行业都使用一种特定的生产方式，那么这一整套生产方式被称为一种整体经济的技术。如果我们进一步假定所有行业的工资和利润率都完全相同，那么我们就可以通过工资-利润曲线表征任何一种技术。现在假设在一个特定的行业，比如制铁业，出现了一种新的生产方法。在一些确定的标准性假设基础上，单个资本家“对生产方法的选择”可以被简化为一种“技术选择”：如果我们假设资本家总是选择给定价格下具有更高利润率的生产方法，正如人们在完全竞争理论和斯拉法学派文献中通常所假设的那样，这就相当于最终被选择的技术将是在现行工资率下利润率最高的技术（或是在现行利润率下实际工资更高的技术）。那么，如果我们假设在N个行业中每一个行业都存在非常多的替代生产方式，那么每个可能的技术组合都对应着一条工资–利润曲线。对于任何一个给定的利润率，都会存在一个最大的工资值，于是，当我们考虑不同的利润率水平时，就能找到所有工资–利润曲线集合的边界（包络）。

不过，我之前已经相当详细地讨论过，真实竞争包含削价行为，而且真实的技术选择使在动荡条件和不确定前景下押注成本更低的生产方法成为必然。正是出于这个原因，我采取一种完全不同的方法来分析技术选择问题（见第7章，特别是7.7节）。其含义包括：单个的变化将是动荡起伏的，因为资本家只会做出“稳健”的选择（即只有成本差异大到足以弥补变化的风险），这时技术变革可以在给定实际工资水平下降低利润率，整个系统一般而言也不会位于工资–利润边界上。但是，斯拉法经济学采纳了新古典主义的假设，认为所有选择都是平滑而无成本的，所有新方法都可以在任何给定的实际工资水平下提高利润率，以及竞争性资本主义总是处于工资–利润边界上（Steedman 1977, 106, 127）。斯拉法与新古典主义者之间的争论始终围绕着这个边界的具体形状而展开，因为他们认为这是新古典分配理论（在工资和利润之间）的关键，也是其自动实现充分就业理论的关键。

9.11.2.4 新古典主义的分配和就业理论

在分配问题上，新古典主义理论希望证明，在总体层面，“在自然规律作用下，一个特定社会阶层所得到的恰好是其对社会整体产出所做出的贡献”（Clark 1891, 313）。在微观层面，这一因果关系是倒置的，因为一个新古典企业视实际工资为给定的，会调整劳动的边际产量使其等于实际工资以实现利润最大化。宏观经济学的任务就是说明因果关系的次序会在总体层面出现逆转。这正是提出总生产函数这一概念的目的。

> 新古典主义的资本理论拥有一个共同的起点，那就是萨缪尔森 / 索洛 / 斯旺式的单一产品总体生产函数：$Q = f(K, L)$，其中这个单一的产出品（Q）可以直接被消费或储备起来用作资本品（K）。基于一些常见的假设，比如外生给定的资源和技术、规模报酬不变、边际生产力递减和竞争性均衡，这个简单的模型展现出了萨缪尔森（1962）所描述的三个关键“比喻”：（1）资本的实际回报率……由资本边际生产率递减的技术特性决定；（2）资本数量的增加会使额外资本的边际产量下降，从而降低［利润］率，而且同样的反向单调关系也存在于资本 / 产出比与［利润］率之间、人均可持续消费与［利润］率之间；（3）在劳动者和资本家之间进行的收入分配可以通过相对要素稀缺 / 供给和边际产量解释（Samuelson 1962）。资本服务的价格（利润率）由总资本的相对稀缺性和边际生产率决定，而劳动服务的价格（工资率）由劳动力（L）的相对稀缺性和劳动的边际生产率决定。单一产品模型的三个比喻依赖对资本（和劳动）的物质定义，以使其满足单向因果关系——要素数量的改变导致要素价格的反向变化，从而使像第二个比喻那样强大而明确的预测成为可能。

第二个比喻声称，如果其他条件包括劳动力的数量和产出保持不变，更多的资本必然导致资本边际产量下降，从而降低利润率。这就要求在最优选择边界上，较高的资本–劳动比与较低的利润率相关。斯拉法学派专注于这一点，认为当存在异质商品时，一种反向联系，即一种“要素逆转”至少在逻辑上是可能的。其分析策略是将所有行业的所有可能生产方式看成一本巨大的“蓝图书”，为每个行业挑选一种方法，计算得出总体工资–利润曲线，对所有可能的方法组合重复进行该计算，从而构建出工资–利润边界（所有可能的工资曲线的外部包络）。如前所述，为了专注于进行纯粹的内部批判，斯拉法学派选择接受新古典主义的竞争概念、最优选择，以及无成本和无时间的技术转换等设定。

斯拉法的书出版后不久，作为对罗宾逊夫人（1961）的批判的回应，萨缪尔森说明了新古典主义的比喻如何能在斯拉法的框架内得到重新确立。根据国民会计恒等式，单位工人的实际价值增加值（yr）等于单位工人的实际工资（wr）加上单位工人的实际利润（r·kr, 其中 r = 资本的利润率，kr = KR/L = 单位工人的实际资本），我们可以将这一工资–利润曲线表示为：

$$wr = yr - r \cdot kr \tag{9.24}$$

假设这一曲线在wr–r空间内是线性的，那么在wr轴上的截距（yr）和斜率（kr）必须是常数（即独立于 wr、r）。定义在 wr = 0 处的 r 轴上的截距将是 $r_{max} = R = yr/kr$。现在考虑另一条劳动生产率（yr）更高而“资本生产率”（yr/kr = R）更低的曲线。这样，两条曲线必然会在某一点相交，如图 9.20 中的第一张图所示。由于两条曲线在交（转换）点处的工资和利润率相等，因此单位工人净产出的差异将等于其资本–劳动比的差异：Δyr = r·Δkr，因此增量利润率将与利润率相等。

$$\frac{\Delta yr}{\Delta kr} = r \tag{9.25}$$

此时，工资 – 利润边界是图中颜色较深的线（为了在视觉上表现得更清楚，这条线与底层曲线略有分离）。那么随着r的增加，边界资本－劳动比最初将对应于技术A资本－劳动比更高的点，直到达到转换点，之后它将对应于技术B资本－劳动比较低的点。因此，沿着工资－利润率边界，像第二个比喻所说的那样，资本－劳动比与利润率之间将存在一个负相关关系：更大的相对资本数量似乎导致收益率更低，如图9.20中第二张图所示。这一相关关系在新古典就业理论中也起着至关重要的

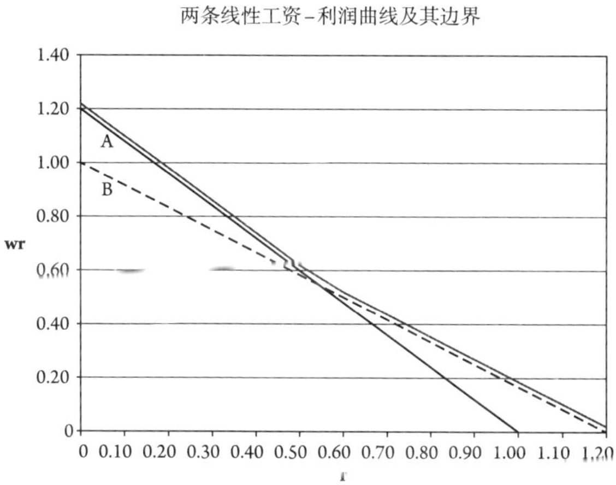

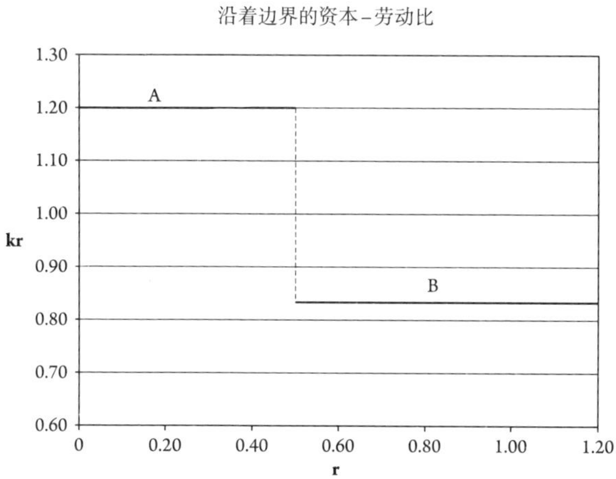

图9.20　两条线性工资－利润曲线

作用。在“资本禀赋”给定的情况下，失业会降低实际工资、提高利润率。在每一步，企业都可以迅速而无成本地沿着边界转换到新的具有更低资本－劳动比的恰当的技术上。新古典主义理论假设个人资本总是能得到充分利用，而总资本总是以某种独立于分配的方式给定，所以技术转换仅影响雇用劳动力的数量。于是，给定的资本禀赋所提供的就业就会不断增加——直到最终恢复到充分就业状态（Roncaglia 1991, 190）。

萨缪尔森进一步假设存在无限数量的彼此相交的线性曲线。这样一来，转换点就会变得越来越近，当其趋于极限时，资本的增量产品成为其边际产量。与此同时，较高的利润率和较低的资本－劳动比之间存在的反向相关关系趋于一条平滑曲线。图 9.21 描绘了存在大量相交的线性曲线的情况。

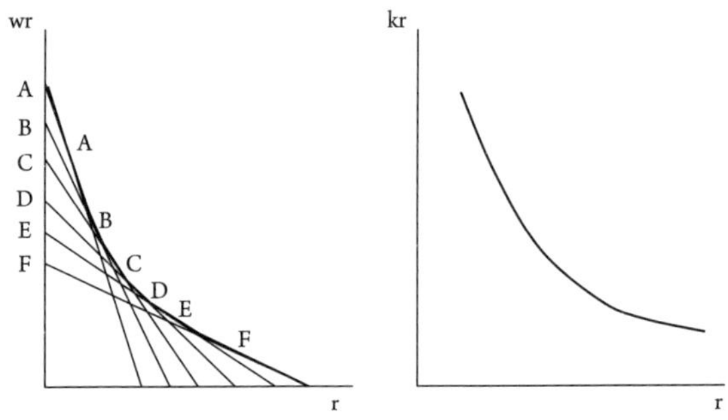

图 9.21 萨缪尔森的替代生产函数和工资利润边界

萨缪尔森的替代生产函数有一些引人注目的属性。一方面，只有所有行业在给定技术下都具有相同的资本－劳动比（即如果在马克思意义上的资本有机构成都相等）时，其假设的线性工资－利润曲线才成立。但是这样的话，由于相对生产价格等于相对劳动价值，简单的劳动价值理论也必然成立（Garegnani 1970）！另一方面，技术总是相交的假设，也需要那些劳动生产率更高的技术具有更低的产出 - 资本比。[①] 这让人联想到马克思关于技术变革总体趋势的论述（见 7.8 节），而这已经是为人熟知的“马克思偏向”的技术变革了。所有这一切对萨缪尔森来说都太过分了，因此他后来在面对潮水般涌来的批评时立即放弃了这一建构（Pasinetti 1969; Garegnani 1970）。

意识到下面的问题很重要，即如果价格与劳动价值成正比，技术变化在很大程度上是资本偏向的，方程（9.25）中伪边际产量与利润率之间的等价并不意味着前者导致了后者。相反，由于这一等式关系在两种技术之间的任何转换点都成立，所以它与古典的因果关系完全兼容，即从社会决定的实际工资到利润率，再到与之关联的伪边际产量（Bhaduri 1969）。但是，如果我们决定回归古典，那么我们就几乎没有任何理由继续保留完全竞争、最优选择和无成本的技术转换。比如，罗宾逊夫人（1975）就认为技术再转换是“不重要的”，因为她拒绝接受主导这场争论的整个框架。但是，大多数斯拉法主义学者仍然选择留在正统范式内以对其进行进一步的内部批判。在此，他们选择的武器是资本逆转和技术再转换问题。假设个体工资–利润曲线是显著非线性的，如图 9.22 中的第一张图所示，那么这两条曲线可能会相交两次，而且边界资本–劳动比可能在新古典主义意义上不会“表现很好”：它可能并不是随着利润率的上升而下降，而是会先下降后上升而后再一次下降，如图 9.22 中的第二张图所示。[②] 面对这种逻辑上的可能性，

① 萨尔瓦多里和斯蒂德曼（1988）提到一个很有意思的观点，认为如果所有的技术都是线性的，那么它们中的一个必然成为主导技术，这样一来边界就变成了相对价格等于相对劳动价值的单一线性体系。

② 每一条非线性曲线的建立都满足以下要求：wr = yr − r·k 和产出–资本比在 r=0 时始于某个不等于特定 R 的初始值，在 r=R 时等于 R。虚线满足 $yr/kr = R_0 + \left[(r/R) + (r/R)^2\right](R - R_0)/2$，yr = 1.2° +0.5（r/R），而实线为 $yr/kr = R_0 + 2[(r/R) + (r/R)^2](R - R_0)$， $yr = 1.5 - 0.5(r/R)$。

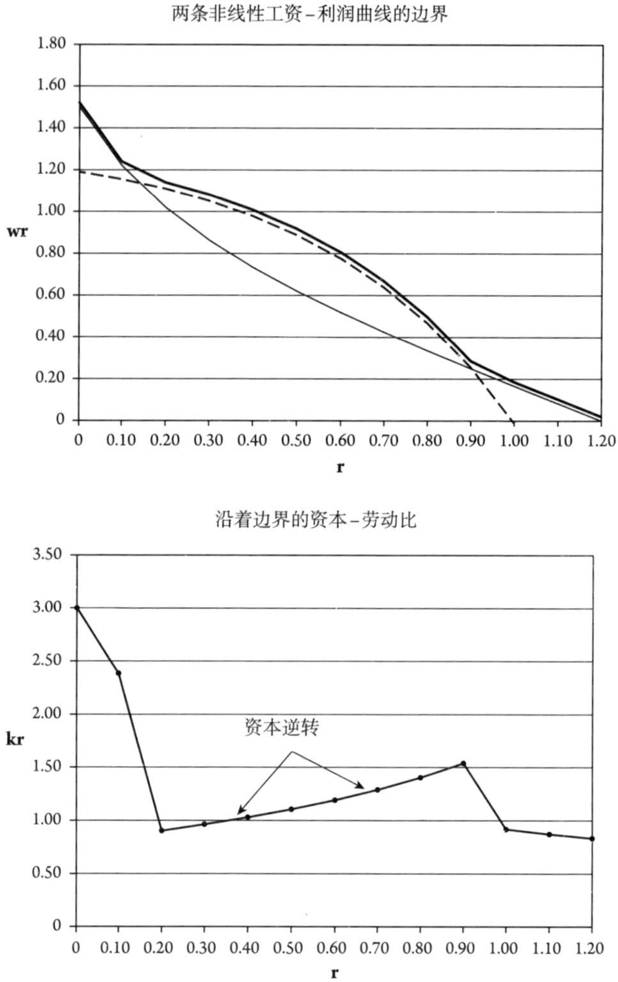

图 9.22　两条非线性工资－利润曲线

有人认为，新古典主义者将不得不承认其分配理论和自动实现充分就业理论是不充分的。但是，40 年过去了，很显然这样的事情并没有发生。相反，内部批判并“没有给当时支配性经济理论的范式带来任何重大的或根本的改变”(Chiodi and Ditta 2008, 9)。

9.11.3 现代经验证据

“弯曲”的价格曲线和技术再转换在理论上的可能性，不可避免地带来了其经验相关性的问题。有趣的是，即使在理论文献中，数值实例产生的平均偏差往往也很小。李嘉图的数值实例对应的偏差为 10%，而马克思著名的转形表对应的偏差为 12%，尽管个体偏差的取值范围为从低值 +2.2% 到高值 +85%。鲍特凯维茨提出的著名例子批判马克思的转形步骤是不完整的，但其对应的偏差也为典型的 10%（Shaikh 1984b, 64–65）。即使是斯蒂德曼（1977, 38–45）为了说明马克思的转形步骤的不合理而设计出的例子，得到的斯拉法价格与马克思的转形价格之间无比例尺的平均距离（CV）也仅为 1.6%！[①] 这里重要的是，如果平均绝对偏差的规模适度，则在大多数加总情况下，这些带符号的差异将倾向于互相抵消。由于实际工资–利润曲线总是可以表示为线性标准工资曲线与标准价格的总量度标准之比，所以实际工资曲线将倾向于近似线性——这就倾向于在经验上排除再转换出现的可能性。因此，价格–劳动时间偏差的平均大小与再转换发生的概率密切相关。

关于实际市场模式最早的经验证据可以在列昂惕夫（1953）著名的《悖论》一文的附录中找到。在那里，他提供了 192 个行业直接的和整合的劳动需求量、资本需求量，从中我们可以建立相应的资本–劳动比。直接资本比的 CV 为 1.14，而整合资本比的 CV 为 0.60，这表明整合操作为 CV 带来大约 50% 的减幅。他的数据还包括整合劳

① 斯蒂德曼（1977, 38–45）列出了产出、劳动价值、转形价格和相对于金价（设定为 1）的生产价格。但是，劳动价值和转形价格以工时为单位，而生产价格则以黄金盎司为单位，因此它们不能直接进行比较。不过，我们可以将金价转化为工时或者反过来将工时表示为其等价货币以使这三组变量具有可比性。对所有独立于量度单位的量度来说，最终三个无标尺测量值得到的结果都是一样的，包括斯蒂德曼偏好的 CV 变量（Steedman and Tomkins 1998）。他自己也确实比较了金价总和与劳动价值总和，他说前者“大约等于 178”，而后者等于 192（46），尽管这两者的单位不同。

动时间－市场价格比。将这些比率乘以根据市场价格计算的行业总产值得到的是行业总劳动时间，比较这两者得到一个典型的偏差量度约为 20%（Shaikh 1984b, 74–76）。如前所述，数学家雅各布·施瓦茨（1961, 43）表明，当产出从商业周期的高峰到低谷出现大幅变化时，相对价格的变化幅度仅为 7%（Shaikh 1984b, 77–79）。我们在 9.5 节看到，普提（2007）发现一个大为扩展的样本也得到了几乎相同的结果。马尔齐和瓦里（1977）分析了基于 1959 年和 1967 年意大利经济的 25 个行业投入－产出表，从中发现生产价格和整合劳动时间的平均偏差为 17%~19%，相对价格相对于相对劳动时间的时序变化（此时相对性系数是一个合理的量度）对应的 R^2 = 0.915（72）。与此同时，克雷尔（1977, 305–311）发现，基于 1958 年、1960 年、1962 年和 1964 年德国经济的固定资本模型，得到的工资－利润曲线近似线性（具有凸性但只是略微有一些弯曲）。在一项开创性的研究中，奥乔亚（1984, 128, 143, 151, 162, 205, 214; Ochoa 1989, 420–424 and tables 1–3）发现，在美国，市场价格－直接价格之间的偏差平均约为 12%，而在固定资本模型中斯拉法的生产价格与直接价格的偏差约为 15%，而且这三组数据的变化随着时间的推移而高度相关，工资－利润曲线是凸的但接近线性。彼得罗维奇（1987, 197, 200）分析了李嘉图关于生产价格和利润率之间具有统一弹性的假说（进一步数值例子见 9.8 节）。他发现基于 1976 年和 1978 年南斯拉夫数据的固定资本模型中，47 个行业中有 32 个符合这一假设，10~12 个（各年稍有差别）满足 2% 的规律（203-204）。奇尔科特（1997, 274–276）研究美国和其他 9 个经合组织成员，发现在固定资本模型下，市场价格与直接价格之间的平均绝对加权偏差（%MAWD）为 10%~16%，而市场价格、生产价格的变动率与直接价格的变动率高度相关。许多其他研究也在很多国家发现了类似的结果（Petrovic 1987; Bienenfeld 1988; Cockshott and Cottrell, 1997, 1998; Tsoulfidis and Maniatis 2002; Cockshott and Cottrell 2005; Zachariah 2006; Tsoulfidis and Maniatis 2007; Tsoulfidis 2008; Cockshott 2009; Fröhlich 2010a, 1; 2010b）。

在一项较早的工作中（Shaikh 1998a, 231–232），我着手分析个别标准价格的问题。我发现它们可以分解为三项之和：一个为李嘉图项，它仅等于整合劳动时间；一项为马克思价格-价值偏差的整合等价，它仅取决于r/R和每个行业自身的整合有机构成相对于标准行业（R）偏差的百分比；一项为维克塞尔-斯拉法效应，包括价格-劳动时间偏差对投入和资本成本的“反馈”效应。使用奥乔亚的美国1947—1972年投入-产出数据，并利用标准总产出调整价格总额，在观测到的利润率下，生产价格与直接价格之间的偏差平均为4.4%，生产价格与市场价格之间的偏差平均为8.2%，市场价格与直接价格之间的偏差平均为9.2%（234, table 15.1）。生产价格与直接价格之间较小的偏差意味着李嘉图项可以解释生产价格的95.6%，我们还发现马克思“转形价值”的整合版本可以解释98%（237）。这使得人们大肆宣传的维克塞尔-斯拉法项仅能解释剩下的2%。我还发现，个体标准价格在利润率的整个取值范围内基本上都是利润率的线性函数。由于个别行业显示出相当大的偏差，因此我指出，这并不是因为生产价格一直接近于直接价格。的确，如果我们不考虑固定资本，个别价格就会变得有些弯曲，尽管没有“波动”。这表明固定资本矩阵结构的某些性质增强了标准价格的线性性质（244）。

在随后的一篇论文中，我继续讨论价格曲线的路径问题。根据斯拉法（1960, 12–15）的观点，个别生产价格的潜在复杂性根植于产出价格相对于投入价格的变动：产出-资本比的运动是关键（Shaikh

2012a, 89–90）。斯拉法表明，每个行业的产出–资本比始于 r=0 时马克思意义上的行业整合有机构成，结束于 r = R 时的标准有机构成。我发现如果将流动资本模型应用于美国从 1998 年开始的投入–产出数据，那么最终得到的路径近似于线性。在 1998 年，65 个部门中只有 4 个表现出方向的逆转，并且只是在接近最大利润率且远离任何可观测到的利润率的水平上逆转了一次 （94）。我表明，完全线性的产出–资本路径意味着线性标准价格，等于马克思意义上的整合“转形价值”，即恰好为零的维克塞尔–斯拉法效应（Shaikh 2012a, 92）。因此，即使在流动资本模型中，观测到的产出–资本比的近似线性也是观测到的标准价格具有近似线性的原因。本章采用了这种分析方式，并扩展了这些结果。

关于工资–利润经验曲线的“不断累积的证据”（Petri 2012, 380）开始摧毁斯拉法学派关于价格曲线复杂性和技术再转换可能性的信心。早些时候，帕西内蒂还愿意指出，“在大多数情况下”，生产价格与整合劳动时间偏差的方向取决于行业的资本密集度（Pasinetti 1977, 84）。尽管如此，他在回应关于工资–利润的经验曲线是近似线性的证据（Krelle 1977）时，却认为这不能“证明或驳斥‘再转换’”，因为后者涉及另一种技术的形状，而这些形状“尚未被观察到”（Pasinetti 1979, 639）。克雷尔（1979）对此的反驳是，他的 1960 年和 1962 年的曲线在时间上足够接近 1964 年的曲线，“从而可以代表 1964 年的那组已知技术”，所以它们确实为再转换的经验可能性提供了一些证据。但是之后，他又立即回到了“内在主义”的立场，认为“总之，我们必须抛弃新古典主义理论，特别是生产函数，因为数值实例表明了技术再转换［在逻辑上］的可能性”。在我看来，这里忽略了可能性和概率之间的主要区别，因为如果所有观察到的曲线都是近似线性的，那么我们没有观察到的曲线也很有可能都是相同的——在这种情况下，技术再转换发生的概率很小。

奥乔亚（1989）和比嫩费尔德（1988）提出的经验证据促使斯蒂德曼（1997, 284）进行了一项有趣的理论研究，分析“相对价格随着利润率的变化会变化多少……［因为］这种敏感程度……在决定再转换发生的概率，运用‘马克思的价值’来估算产出的误差大小方面……很重要”[①]。他表明生产价格必须全部落在由单位产出的整合资本需求矩阵的“［各列］定义的凸多面体锥体内部”。不幸的是，我们必须假设这一矩阵的具体形式才能获得更精确的结果（286–289）。

韩和舍福尔德（2006）分析了没有观测到的技术问题，他们利用经合组织成员多年内 32 个投入–产出表的所有可能组合来构建技术。他们首先重申了再转换（特定技术在工资–利润边界上的多次出现）和反向资本深化（与更高的利润率相关的更高的资本–劳动比）之间的区别。前者暗含着后者，但反之则不然。二者都与新古典主义的预期相反（740）。他们只找到“一个包络……具有再转换现象”，并且仅在约 3.65% 的测试案例中观察到了逆向资本深化”（abstract, 737）。他们总结道，这些结果可以用来支持争论的任何一方。对斯拉法学派来说，这证实了再转换是可能的，“这足以摧毁资本概念作为可变生产形式中单一要素的合法性：因此不可能基于这一概念构建价值和分配的一般分析方法”（Petri 2012, 404）。另外，对新古典主义者而言，这些现象

① 斯蒂德曼（1997, 284）典型地将马克思与这一观念联系起来，即生产价格必须等于劳动价值从而对利润率不敏感，而认为斯拉法价格对利润率是敏感的。但是，这种看法无非忽略了这样一个事实，即马克思清楚地了解生产价格是利润率的函数。事实上，后者自己的转形价格便是价值利润率的线性函数，而价值利润率又可以表示为斯拉法利润率的单调函数（Shaikh 1981, 288–291; 1984b, 59–62）。因此，马克思的价格与斯拉法价格之间的真正区别在于其对利润率的敏感度差异。

如此少见的事实也支持了索洛的观点，即尽管总生产函数是一个在理论层面“不存在的关系”，但是对宏观计量建模是方便的，“用确定的矛盾心理来描述当前估算和使用总生产函数的状态，是最好不过了。我们都这样做，我们在这样做的时候也都惴惴不安……一个或多个总生产函数是每一个完整的宏观计量模型的重要组成部分……这似乎是不可避免的……看起来我们并没有其他可行的选择……[然而]没有人会认为经济中确实存在着这样一个‘真实的’总生产函数。使用一个不存在的关系进行估计势必会使人感到不舒服”（Solow 1987, 15）。令人遗憾的是，对于索洛所感受到的不安，似乎并未有其他大量的正统学者和非正统学者有同感，他们在使用总生产函数时没有丝毫的不安。

最后，我们可以说在“剑桥资本争论”中双方都存在着“确定的矛盾心理”。斯拉法学派一方现在已经承认再转换在经验上是罕见的，但仍然坚持这样的立场，即认为只要再转换存在便足以推翻新古典理论中宏观经济学的核心命题。新古典一方现在也承认，总生产函数这一隐喻不能被严谨地定义，但是他们继续认为其是对现实关系的良好经验近似。在所有这一切中所缺失的是，双方都仍然停留在同一个框架之内，即由完全竞争、均衡价格、最优选择以及从一种技术到另一种技术的无成本和无时间转换所定义的框架。而我则明显地反对这个共同的基础。

9.12 古典相对价格理论的总结与启示

古典相对价格理论首先分析市场价格围绕着运动的生产价格动荡地波动，后者如同前者看不见的引力中心。但是生产价格从来都不真实存在，所有的实际决定都是具有不同预期的异质行为者根据市场价格做出的。企业根据其是否具有较低的生产成本来评估一种技术，因为这样做有助于实施削价行为，这是真实竞争的必要条件。如果一种新生产方法接近于现有方法，那么仅仅是未来所具有的不确定性就足以使企业不采用它。这些顾虑都会使技术选择“偏离”工资–利润边界（见 7.7 节）。

第二个关键点是，给定技术下的生产价格是两个结构性因素的共同产物：将特定行业与其所在的生产网络相联系的整合单位劳动时间，以及将特定行业与标准行业相区分的整合资本密集度。这里重要的是，给定行业的整合资本密集度是其自身密集度以及所有直接或间接参与该行业生产资料生产的行业的加权平均数。纵向整合产生的相当大的减幅（见表 9.6）可以解释直接价格和生产价格在观测到的利润率下非常接近市场价格，彼此也非常接近这一事实。在这个方面，9.4 节表明，除了传统的未加权均方根的距离量度，比如变异系数（CV）和欧几里得距离（δe）外，我们还可以构建一个基于绝对值的加权距离量度（δc），它同样是没有量度单位且无比例尺的，并且可以简单地代表任何两组价格之间偏差的平均百分比。我们已经证明后一种量度具有直接的古典根源。

前文已经介绍了所有三种距离量度，在此我将集中讨论古典的无比例尺的量度（δc）。使用这个量度标准，市场价格和直接价格之间的距离约为 15%，观测到的利润率下的生产价格与整合劳动时间之间的距离约为 13%，而市场价格和观测到的利润率下的生产价格之间的距离约为 15% （见表 9.14）。考虑到市场价格围绕着生产价格上下波动，而后者则系统性地偏离直接价格，市场价格和直接价格之间的距离与市场价格和生产价格之间的距离几乎一样这一事实看似是一个难题。事实上，我们可以将市场价格和直接价格之间的差异在代数上分解为生产价格和直接价格之间的距离以及市场价格和生产价格之间的距离的加总：$pm_i - \mathbb{d}_i \equiv [\, p(r)_i - \mathbb{d}_i \,] + [\, pmi - p(r)_i \,]$。但是，代数分解并不适用于距离量度，如表 9.15 中的数例和三部门模型所阐释的，其中在三部门模型中，市场价格被建构为围绕着斯拉法式生产价格随机波动，后者以常见的方式随着利润率的变化而变化。显而易见的是，尽管市场价格围绕着生产价格随机波动，但是随着利润率的变化，市场价格和直接价格之间的距离等于甚至小于生产价格和直接价格之间的距离（见图 9.17）。

标准市场价格、生产价格与直接价格在时间序列上的变化同样接近。此时，由于我们处理的是不同价格集合之间偏差的百分比，所以单位和比例尺都将互相抵消。这就意味着除了距离量度外，我们还可以使用统计回归来检验古典假设的时间序列版本。在可获得的最小时间间隔 4~5 年，我们发现了最高的相关性和最小的距离。但即使在年份区间为 9 年的情况下，市场价格变动与直接价格变动之间的关系仍然非常显著：$R^2 = 0.82$~0.87，δc= 4%~6%，CV 和 δe= 7%~8%（见表 9.10）。另一种检验相对价格对分配和市场变化的敏感性的方法，即衡量它们在连续的商业周期内从高峰到低谷的变化。在这里我们也发现市场价格与直接价格偏离的平均变化范围在 7%~8%，这完全落在李嘉图的著名假设所对应的范围内（见表 9.11 和表 9.12）。比较直接价格和观测到的利润率下的生产价格的变动，我们也得到了类似的结果：在固定资本模型中，即使在 9 年的年份区间下，仍然有 R^2 = 0.89~0.90，δc= 2%~5%，平均 CV 和 δe= 5% ~ 9% （见表 9.14）。

最后，我研究了个别斯拉法标准价格的经验性质，发现这些价格曲线在流动资本模型中具有轻微的弯曲，而在固定资本模型中则完全是线性的。在这两种情况下，相应的工资–利润曲线都是近似线性的（见图 9.8 和图 9.12）。斯拉法告诉我们，个别生产价格的潜在复杂性源于行业产出–资本比的复杂运动（Shaikh 2012a, 89–90）。但基于美国的经验数据显示，这些比率仍然是近似线性的，这也是标准价格和工资-利润曲线都表现为近似线性的原因。于是，出于所有实用的目的，斯拉法的标准价格成为马克思的转形价值的整合版本。如果标准价格自始至终都是线性的，则生产价格与直接价格之间的距离对利润率变化的弹性值为 1。在经验上估算出来的弹性值为 1.1，即在观测到的利润率水平下与线性情况相差 10%（见图 9.14）。这基本上正是李嘉图在他著名的 7% 观点中所假设的（Ricardo 1951b, 36; Petrovic 1987, 197）。

本章的结果为古典相对价格理论提供了有力的支持。标准生产价格的近似线性大大简化了对分配和技术变化影响的分析，其经验稳健性也使其具有很高的实际价值。它们与我们观察到的（轻微）曲线性工资–利润曲线一致，因此它们并不能排除再转换或资本逆转的逻辑可能性（尽管它们确实意味着这两种情况非常罕见）。

在整体层面，这些问题不太重要，因为当我们对商品进行加总时，它们之间的差异会被抵消，所以出于经验目的，货币和劳动价值总量很可能“几乎不能区分”（Shaikh 1984b, 58）。事实上，斯拉法本人指出了这一点，他在笔记中指出，“马克思提出的命题基于这一假设，即任何对商品（工资、利润、不变资本）的大数加总的构成都包含着随机选择，因此其总量之间的比例（剩余价值率、利润率），不论是以‘价值’还是以与任何剩余价值率相对应的生产价格来衡量，都几乎是一样的……这显然是正确的”[①,②]（Bellofiore 2001, 369）。

另外，我和其他人都强调，对于总生产函数的明显的经验支持都可以由以下事实解释，即无论基础的微观经济关系如何，总产出、劳动力和资本都通过会计恒等式联系在一起（见 3.2.2 小节）。线性标准价格将通过工资–利润曲线的近似线性为总体伪生产函数提供一个不同的理论基础，即使关于每种技术都有着固定生产系数的基本假设完全不同于新古典微观经济学。无论如何，总产出（Y）和资本（K）在任何时候都是价格量纲，并且给定个别标准价格的性质，在任何给定技术下 Y 和 K 都是利润率的线性函数。即使人们接受我不愿意接受的关于工资–利润边界是分析技术选择的合适工具的假设，在每个转换点上伪边际产量与利润率的相等也并不意味着资本的货币价值量决定利润率。事实上，正如斯拉法和其他人已经清楚表明的，资本的货币价值还需要一个独立的工资率或利润率理论才能完成这一叙事。在第 14 章所采用的古典因果关系是从车间中个人的工资斗争到一般利润率。

工资–利润曲线的近似线性也不必然能重建新古典充分就业理论。新古典的主张是灵活的实际工资将自动导致充分就业。但是，正如古德温对这一机制的开创性、公式化研究所证明的，马克思关于资本主

① 在引用斯拉法的笔记内容时，我补全了一些缩写，如“M.”代表马克思，“aggr”代表总量，等等。感谢伯特伦·舍福尔德和富兰克林·塞拉诺指出这里的引用。

② 中文转引自斯拉法的笔记。——译者注

义创造并维持着一个持续性存在的失业劳动力储备池的论点，也取决于灵活的实际工资（Goodwin 1967; Marx 1967b, ch.25; Shaikh 2003a）。本书第三部分第 13~14 章讨论了这一论点的宏观内涵。

还存在一个令人着迷的问题，即在经验层面，有哪些因素能够解释线性的标准价格。我们可以看出，如果纵向整合的资本系数矩阵 H 的次占优特征值都为零，则完全线性的标准价格就存在（见附录 9.1）。对此一个可能的解释可由随机矩阵理论推导得出。在使用随机生成的矩阵进行均衡计算时，布罗迪（1997）注意到收敛到均衡的速度随着矩阵规模的扩张而加快。由于第二特征值相对于第一特征值的大小决定收敛速度，所以布罗迪推测随着随机矩阵的不断增加，该相对大小的值将趋于下降。虽然这并不适用于我们观察到的投入－产出矩阵（Mariolis and Tsoulfidis 2012, table 1, 6），但是比达尔和沙特曼（2001）证明，在满足独立同分布条件的随机矩阵中，收敛速度与矩阵的规模呈正相关，当矩阵大小趋于无穷大时，所有次占优特征值的相对大小均趋于零。舍福尔德（2010）则表明，次占优特征值为零意味着工资曲线是线性的。

这一随机矩阵假设可以理解为，随着投入－产出矩阵 A 的扩大，所有列元素都变成是从相同总体中随机抽取的变量。这样一来，它们均值的期望将是一样的。值得注意的是，这只适用于投入－产出矩阵的货币形式，它所具有的要素都是无量纲的，因为每个条目都代表一个投入相对于行业产出的货币价值。这里不能使用实物形态的矩阵，因为每个要素的单位不同（例如，在生产一台机器中使用的钢铁的吨数与在制作一块面包中使用的面粉的包数等）。由于投入系数的列平均值仅仅是行业的资本－产出比，完全随机生成的 A 就意味着当我们开始分析加总程度更小的矩阵时，资本－产出比将趋于相等。然而，由于各个部门的劳动系数依然有所不同，因此资本–劳动比也各不相等，生产价格仍将偏离于直接价格。随机矩阵假说解释了为什么马克思的转形方法中标准价格基本上是线性的。

舍福尔德指出，关于随机矩阵的最新成果已经表明，即使矩阵的每列（每组行业技术系数）都有自己的平均值，次占优特征值也将变为零，“结果表明，次占优特征值不仅在所有元素都具有共同平均值的随机矩阵中倾向于为零，而且它也满足（给定其他假设）每一［列］都有自己的均值”（Schefold 2010, 20）。

我自己的计算发现了另一个问题。当我们从经验流动资本模型转向固定资本模型时，会对标准价格产生一个显著的“拉直”效应（对比图 9.6 和图 9.10）。对投资和固定资本矩阵的审视揭示了这样一个令人惊讶的事实，即只有非常少数的商品作为资本品而存在。在 1998 年的投资和资本矩阵中，65 行中有 38 行完全为零（占比为 58%），因为这些商品不是资本品。由此我们得知，$KT = K(I-A)^{-1}$ 也将有 38 个零行，从而有 38 个完全为零的次占优特征值。我们可以想象，这会对减少平均次占优特征值的相对大小产生显著的影响，这是标准价格表现为线性的关键因素。这样一来，即使是标准价格的线性性质也是结构性的——恰恰是根源于资本品与其他商品之间的真实差异。可以想象，非资本品的相对数量，即零行的百分比将随着矩阵的细化而增加，这是矩阵规模与非常小的次占优特征值的支配地位之间的另一个联系。

这些分析都提出了这样一个有趣的问题，即经济的一个小的“代表性”模型由哪些要素构成。在寻找价格复杂性的逻辑可能性过程中，斯拉法学派长期建构小矩阵例子，其中工资–利润曲线表现出足够的复杂性，产生了再转换问题。我提出应该以相反的方式来分析这个问题，即先考察观察到的模式，再考察代表性模型。从这个角度来看，最小的代表性模型将是一个三部门模型，它有三种不同功能的商品：一种是物质投入品（基本品），进入所有的生产过程；一种是消费品；一种是资本品（机器）。这样一来，投入–产出矩阵 A 将具有对应于消费品和资本品的两个零行，因为它们都不作为投入品进入生产；而资本品矩阵 K 也将有两个零行，在这种情况中，对应于物质投入和消费品，这两者都不能作为资本品。由于 $KT = K(I - A)^{-1}$ 的次占优特征值都为零，所以很容易表明这样一个系统将具有线性的标准价格。了解情况的读者将马上意识到，马克思很久以前就已在他的再生产体系中发展出了这样一个模型（Marx 1967b, chs.20–21）。

10

竞争、金融和利率

10.1 引言

10.1.1 利率

利率是融资的价格。在资本主义经济中，金融企业提供融资，以赚取尽可能多的利润。来自其他金融资本的竞争使得调节性金融资本的利润率围绕着一般利润率上下波动。因此，将竞争性利率看作融资的“生产价格”就十分自然（Panico 1988）。这意味着利率以和其他竞争性价格一样的方式与一般利润率相联系。对非金融企业而言，利率是被动地存在银行中的资本的基准回报率，而非主动地投资有风险的资本主义企业的资本回报率。因此，正是利润率超过利率的部分才调节着资本的扩张。在凯恩斯的理论中，这一部分代表着投资的边际效率与利率之间的差异，而在马克思的理论中，这被称为企业的利润。我将其称为净利润率。

10.1.2 净利润率

本章将致力于探讨利率的竞争性决定问题。利率对资本扩张、通货膨胀等的影响将会在本书第三部分的第15章中阐述。当然，我们知道，央行体系的兴起与使利率和汇率偏离市场水平的操作紧密相连（后者将在下一章中讨论）。这一任务的难易程度取决于央行期望达到的水平和市场水平之间的差距，这是我们需要首先理解市场水平如何决定的原因。

10.1.3 期限结构

在抽象层面，我们谈论的是“泛指的”利率。在更为具体的层面，我们也必须解释利率的期限结构（即这样的事实，长期利率一般而言高于短期利率）。通过将古典的利润率均等化理论与希克关于利率期限结构产生于金融中介成本的论点结合在一起，这一点也可以从古典的利润率均等化理论中推导出来。

10.1.4 利率的正统理论与非正统理论

引人注目的是，新古典主义和凯恩斯主义的利率理论都将提供融资看作一个既没有运行成本又没有预付资本的非资本主义活动。一旦将成本和资本从这幅图景中删除，在金融行业中就不可能存在生产价格。于是，我们就只能将利率的决定归因于偏好结构和期望。帕尼科的开创性研究恢复了古典经济学对银行利率的分析，古典理论以银行业资本参与利润率均等化过程的事实为基础，将银行利率视为基于成本的竞争性价格（Panico 1983, 179–183）。一些后凯恩斯主义者也将银行利率看作银行成本之上的加成，只是他们的重点当然是垄断权力。① 但其他学者放弃了任何关于市场决定的观念，而是认为利率完全由惯例决定（Rogers 1989, 268）。

10.1.5 债券价格

由于债券是一种对贷款偿本付息的承诺，因此利率理论很自然地会引出债券价格理论（Harrod 1969, 179; Francis 1993, 289）。现代债券

① 后凯恩斯主义理论一般假设央行设定基准利率（在美国是联邦基金利率），而长期利率由于银行的成本及利润的原因，会高于短期利率，银行通过在基准利率之上附加一个加成来设定长期利率（Moore 1988, 258; Fontana 2003, 9, 14）。

也是可转让的，因此它们的初始持有者和后来的购买者通常能够在债券市场上再次出售它们。统一公债与债券承诺定期支付涵盖本金和永续年金的固定总额（息票）。这种债券是在英格兰银行被视为和大英帝国一样会永远存在下去的时候出现的。就像奥兹曼迪亚斯[①]一样，二者都已经不复存在了。尽管如此，统一公债因其期限内的利率等于其票面利息除以价格这一简单事实而在教科书中仍然十分流行。在另一个极端，零息债券按其票面利率折价出售（比如，票面价格为 1 000 美元的可赎式债券售价为 900 美元），这二者之间的差异就是预付的利息额。零息债券也有着便于分析的属性，这使它们很受教科书的欢迎。在统一公债和零息债券之间存在着大量其他债券。平价债券按照票面价值出售（按惯例为 100 美元），在一定期限内支付利息直至被赎回（O' Brien 1991, 27）。这些会出现在教科书更高级的篇章中，以带领我们进入精彩的复利世界。在实际操作中，债券体系是基本类型债券的多样化组合，甚至一个企业都可以发行多种债券（Reilly and Wright 2000, 157）。债券可以一直持有至到期，在这种情况下，持有者获得与债券承诺的利率相对应的定期付款之和。这是很多家庭和机构持有者所关注的方面。但对那些为了追求利润而买卖债券的专业投资者而言，重要的是债券的单期回报率即其利息（如果有的话）和它相对于初始价格的价格变化之和。从专业角度来看，“传统的收益量度方法如到期收益和赎回收益并不能让我们深入了解债券的潜在回报”（Fabozzi 2000a, 75）。接下来，我会关注零息债券和统一公债（后者代表长期债券）这两种基本类型的债券，以表明一旦我们有了利率期限结构理论，我们就可以推导出债券价格和回报率的相应理论。

① 奥兹曼迪亚斯，即古埃及第十九王朝法老拉美西斯二世。——编者注

10.1.6 股权价格

股权（股票）代表对一个公司企业的所有权份额。债券明确地承诺为其购买者支付利息收益，而股票则仅承诺努力为其持有者创造利润（Weston and Brigham 1982, 314）。在一段时期内股票回报率是其所分得的股息与股票价格相对于其初期价格的增值（资本所得）之和。从古典理论的角度来看，股票回报率将与新增投资的一般利润率均等化。由于后者取决于行业的利润，我们就会明白为什么从业者通常将股票价格与公司企业的每股收入联系起来。我们将看到，利润率套利意味着这方面的特定联系。

10.1.7 金融套利

新古典主义和斯拉法主义的固定资本理论假定，较旧资本的竞争性价格会调整至使其回报率与新增资本相等。因此，所有资本，无论它们的相对使用年限是多久，其利润率都应该等于平均利润率。我已经在理论基础上反对过这种资本估值理论（附录 6.4）。此外，无论是企业还是国民账户都不会按照上述方法对单个资本进行估值，因此，观测到的平均利润率就和新增投资的回报率（后者代表着恰当的竞争性水平）十分不同（见 7.4 节）。跨部门的资本流动（即新增投资）以每个行业的调节资本为目标，竞争使其回报率实现均等化。因此，平均利润率是有着新的相对使用年限的资本和有较旧相对使用年限的资本的回报率的混合物，而较旧资本的回报率取决于随着单个资本的老化其成本上升和利润量下降的方式。

这引出了金融业本身固有的第二个重要问题：金融企业的利润率和诸如债券、股票这样的金融工具的回报率之间的区别。参与金融工具买卖的企业从各种显性费用和隐性费用[1]中获取利润，银行从其贷款利率中获取利润，等等。所有企业都努力追求利润，而其回报率最终将由竞争调节。在所有情况下，这种企业所从事的活动之一就是努力从各种不同领域间回报率的差异中获利。比如，投机者从具有较低利率的市场借入资金，并希求在具有更高利率的市场上贷出。证券经纪人“为自己的账户购买有价证券，并希望［以］能够获取到希求利润的更高价格迅速地再出售”（Ritter, Silber and Udell 2000, 256）。这些举动有助于消除差异（即使不同放款人之间的利率均等化，也使各种金融资产的回报率均等化）。可是，他们做的不止于此，因为如果金融投机的回报率系统性地高于产业活动的回报率，资本就会加速流入金融业。尽管这最初有可能提高资产价格和投机利润，进一步拉大投机利润率和产业利润率之间的差距，但当这个过程进行到某种程度时，泡沫就会破裂，投机利润就会暴跌。索罗斯提出的自反性理论产生于其在金融领域的丰富从业经验，该理论为分析这类事件提供了一个框架。他提出了三个基本命题：（1）预期影响实际价格；（2）实际价格会影响基本面；（3）预期反过来受到实际价格和基本面价格的影响。最终的结果是实际价格会围绕其引力中心值动荡地波动。预期能够导致被拉长的非均衡周期，而在这一周期之中，繁荣会最终让位于萧条（Soros 2009, 50–75, 105–106）。由于预期能够影响基本面，引力中心本身也可能存在路径依赖（Arthur 1994; David 2001）。[2]所以，未来并不是对过去的随机反映，因而整个系统是非遍历性的（Davidson

① 隐性费用包括证券交易者报价和出价之差（Ritter, Silber and Udell 2000, 95）。

② 路径依赖意味着一个变量的引力中心本身就部分依赖这个变量呈现的特定的历史路径。

1991）。[①] 被拉长的非均衡过程的存在证明了效率市场假说是错误的，同时，基本面对于实际结果的依赖也证明了理性预期的错误（Soros 2009, 58, 216–222）。最后，认识到这一点很重要，即尽管预期可以影响实际结果，但它们并不能简单地创造出使其得到确证的现实（40–44）。相反，诸如一般利润率这样的引力中心会对实际结果继续发挥其调节作用，这恰恰是繁荣让位于萧条的原因。

因此，我们应当记住以下两个区别：平均资本利润率与新增资本利润率之间的区别，金融企业的利润率和金融投机的回报率之间的区别。其中的关键在于，无论这些新增资本被运用于何种领域，竞争都会使其回报率趋于均等化。这种均等化过程总是动荡的，但在投机活动中它尤其如此，因为泡沫会在其中增添艰辛和麻烦。在后面关于效率市场假说和席勒提出的相反假设“非理性繁荣”的讨论中，这一点被证明非常重要（见 10.8 节）。

最后，股票市场套利观念完全兼容于这样的事实，即股票市场包含各种类型的投资者，其投资准则涵盖了从个人的到专业的范围。对套利行为而言，重要的是存在着整群的投资者，被资本的各种竞争性运用之间回报率的差异激励。正是这群人“去除”了投资市场间的差异，因而保持了回报率之间动荡的均等化。

---

① 随机遍历过程是指其中“由过去观测值计算出的平均值不会持续地不同于未来结果的时间平均值”的一个过程。萨缪尔森（1969）“使对‘遍历假说’的接受成为经济学科学方法的必要条件”（Davidson 1991, 132–133）。

10.2 竞争与利率

行业内竞争导致给定类型商品的价格大致相同，行业间竞争使每个行业中调节资本的生产价格都获得大致相同的利润率。同样的过程也适用于利率：金融行业内部的竞争使给定类型的金融工具的利率实现均等化，而行业间竞争则建构一个使金融调节资本获得正常利润率的利率水平。就此而言，从最古老的金融工具——银行贷款[①]开始讨论将有所裨益。

10.2.1 竞争与银行业

假设存在一系列银行彼此相互竞争来吸引活期存款和提供贷款。活期存款因本质上与现金的流动性相同而并不能赚取任何利息。但是，它们一般而言比现金更加安全，而且在某些支付类型上比现金更加方便。因此，银行会努力通过提供各种便捷服务吸引并留住储户（Moore 1988; Hicks 1989, 55–56）。从借方来看，银行彼此相互竞争，争相为企业和家庭提供贷款，竞争使不同银行提供的贷款利率实现均等化。这正是竞争在银行业出现时首先产生的结果，它也产生了一个必须低于一般利润率从而使工商业贷款可以维系的共同贷款利率。（Hicks 1965,

① 出于存放安全和支付便捷的原因，人们将钱存在货币交易商那里，这是银行业本身的起源。货币交易商很快就发现，他们可以将这些存款中的一部分借贷出去以获得利息（Morgan 1965, 60–61）。债券出现得更晚一些，最初作为政府和工商业借款的特定形式而出现（Galbraith 1975, 92, 142–143）。股票出现得更晚，伴随着股份公司的诞生而出现。

285; Marx 1967c, 378–379）。

$$i < r \quad (10.1)$$

10.2.2 企业的利润率（r–i）

方程（10.1）的条件可以理解为这样的要求，即为了使企业可以生存下去，货币利润率与货币利率之差（r–i）必须为正。如果货币利润率 $r = P/K$ 用经现行成本调整后的利润与用现行成本表示的资本之比来量度，那么它就会是一个纯数（附录 6.2.2）。由于货币利率也是一个纯数，斯拉法（1960, 32–33）将其与利润率联系起来。对任意现行成本的资本存量 K 而言，它对应的现行利润是 $P = r \cdot K$，而相应的潜在现行利息流为 $i \cdot K$。这两个现金流之差即为企业利润 $PE = P - i \cdot K = (r - i) \cdot K$，它量度了资本家相对于消极投资用于主动投资的积极程度。于是企业的利润率为

$$re = PE/K = r - i \quad (10.2)$$

贷款利率通过其作为量度一般利润率的基准的角色直接调节着资本积累，但它也决定银行利润率本身。银行收入包括其发放贷款的利息收入，为 $i \cdot \mathscr{LN}$，其中 $\mathscr{LN}$ 为总贷款存量，银行利润 P_B 为银行收入与运行成本之差。银行的预付资本是其运行现金和金融资产之和，后者本质上代表着银行准备金 $\mathscr{RS}$ 和现行成本的固定成本 KB_f，并且银行的平均利润率是银行利润与银行资本之比（Panico 1983, 182）。我们随即再一次遇到平均银行资本利润率与新增资本利润率之间的区别问题。正如总银行资本是新旧相对使用年限资本的总和一样，总银行利息收入也是当前和过去发放的贷款所产生的利息之和。如果利率都是可变比率，那么平均利率就会与新增贷款的利率相等。在另一个极端，如果利率都是固定的，那么平均利率和现行利率将会因贷款相对年限

的影响而出现偏离。无论在何种情况下，平均利润率和调节利润率都会因资本相对使用年限的进一步影响而有所不同。结果是，当我们讨论银行利润率的均等化时，就必须针对新增贷款的现行利率和新增银行资本利润率而言。将这一点警告谨记在心后，那么银行利润和资本就分别是：

$$P_B = i \cdot \mathcal{LN} - \text{成本} \tag{10.3}$$

$$KB = \mathcal{RS} + KB_f \tag{10.4}$$

银行利润率是银行利润与银行资本之比。由于银行主要通过发放贷款获取利润，因此它们就有很强的动机最大化贷款 / 存款比（最小化存款–贷款比），这受限于其维持适当的准备金以确保其可信性的需要。这是银行业固有的需要，无论它是否受到国家监督（见 5.2 节）。贷款最初在放贷银行被记为存款，但是一旦贷款收入被花费，存款和储备金就从放贷银行流向了地区、区域、国家，甚至整个世界的其他银行。因此，单个银行就总是被迫在贷款、存款、准备金三者间维持谨慎的比率——这远早于国家介入并建立起强制的最低比例：准备金与存款之比 $r_d=\mathcal{RS}/\mathcal{DP}$ 是量度存款安全性的指标，而存贷比 $d_\ell=\mathcal{DP}/\mathcal{LN}$ “则是量度银行流动性的……一种传统指标”（Ritter and Silber 1986, 128–129）。如果我们暂时抽象掉银行成本和固定资本，那么银行利润就等于银行收益，银行的预付资本就等于准备金。因此，银行利润率就可以简化为：

$$r_B = \left(\frac{i \cdot \mathcal{LN}}{\mathcal{RS}}\right) = \left(\frac{i}{r_d \cdot d_\ell}\right) \tag{10.5}$$

其中，$r_d \cdot d_\ell = \mathcal{RS}/\mathcal{LN}$，为准备金与贷款之比。

更低的准备金–贷款比会提高银行的利润率，但同时也会增加银行破产的风险。即使是在政府调控的“约束之手”下，平衡点也经常通过银行破产的方式显示出来——这就是“看不见的手”淘汰失败者的方式。无论如何，在给定意愿准备金和存贷比的情况下，银行的利润率由利率驱动。当银行间相互竞争时，一些银行可能会比其他银行经营得更好。在这些经营得更好的银行中，在一般具有可复制性条件下经营的银行将会成为银行业的调节资本。根据竞争的第二个阶段，行业间的资本流动将会使得银行业与其他行业中调节资本的利润率（即与一般调节利润率）实现动荡的均等化。为了与其他经济学理论进行比较，我将暂时抽象掉调节资本和非调节资本的差别，从而我可能只提到“泛指的”正常利润率（r）。这里的关键在于，利润率均等化颠倒了利润率和利率之间的因果关系，因为银行业的正常利润率决定了经济中的正常利率。为了说明这一点，我们利用利润率均等化条件 $r_B = r$，其中 r 是一般利润率，与方程（10.5）联立，就得到了长期竞争性利率。

$$i = (\mathscr{r}_d \cdot d_\ell) \cdot r \quad (10.6)$$

10.2.3 利率与价格水平、利润率的关系

前述对利率最简单的表述是将其视为“供给价格”，即商品生产价格的金融等价物。它告诉我们，当我们抽象掉银行的运行成本和固定资本时，竞争性利率就和正常调节利润率成正比。这本质上正是斯密、李嘉图和穆勒看待这一问题的观点（Panico 1983, 167）。注意，这里的比例系数是准备金-贷款比（$\mathscr{RS}/\mathscr{LN} = \mathscr{r}_d \cdot d_\ell$），它可以随着其组成部分的变化而变化。银行作为信贷提供者为了具有经济可行性，必须尽可能多倍地借出存款以使得 $d_\ell = \mathscr{DP}/\mathscr{LN} < 1$，同时维持一个尽可能低的准备金-存款比以使得 $\mathscr{r}_d < 1$。于是，对调节性银行而言，

$\mathscr{RS}/\mathscr{LN}=r_d \cdot d_\ell < 1$，这一结果确保了方程（10.1）中均衡的竞争性利率低于利润率。因此，在这种抽象水平上，假定其他条件不变，银行的企业利润率 $r - i = (1 - r_d \cdot d_\ell) \cdot r$ 就被结构性地决定了，它本身与利润率成比例并随着后者的增加而增加。在正统经济学中，r – i 被解释为积极投资的风险溢价。但在古典理论中，这一差异是一种结构性因素。它同时也是一个倍乘因子，因为根据方程（10.6），$r = i(1+\vartheta)$，其中 $\vartheta = (1 - r_d \cdot d_\ell)/r_d \cdot d_\ell > 0$，因为 $r_d \cdot d_\ell < 1$。当然，我们也可以将风险作为导致任何两个部门间的利润率存在持续差异的一个因素引入古典理论。但是，这要求不同部门的风险确实存在差异，可以根据（比如）实体部门增量收益率和金融部门增量回报率的相对波动性对风险进行量度。我们可以从图 10.1 和图 10.11 中看到，这一假设并没有经验基础。

在这种抽象水平上，利率看起来好像具有仅由结构性因素和利润率决定的“自然”水平。一旦我们考虑银行的运行成本和固定资本，结果就会改变。金融中介的一个独特特征便是其“产出”是货币数量，这在银行情况中即为总（新增）贷款数量（$\mathscr{LN}$）。因此，银行的物质“投入–产出系数”就是每 1 美元贷款的物质投入数量。[①] 于是，在正常产能运行条件下，使银行的贷款数量翻番就需要大致两倍的纸张、计算机、办公空间和劳动时间的投入。接下来，我会将这些不同的投入表示为实际变量（即用名义成本除以价格指数）。10.4 节末尾将会给出

① 在（比如）面包的生产中，机器的物质投入产生出以单位机器 / 面包片衡量的物质投入–产出比例。但对银行而言，相应的系数则是单位机器 / 美元。处理后者的一个标准方法是使用货币的“价格”，它总被假定为 p = 1 美元（Sweezy 1942, 118）。那么本质上，货币数量的“物质数量”，如存款 $\mathscr{DP}' = \mathscr{DP}/p$、贷款 $\mathscr{LN}' = \mathscr{LN}/p$ 就会和它们的货币价值大小相等但没有单位。问题在于，这样一来，贷款就有了两个价格：它作为货币的“价格”p 和它作为融资价格的利率（i）。而实际上，由于货币是价格的量度单位，它本身是没有价格的，就像尺子被设计成 1 米（或者 1 英寸，或者 1 拃）一样，因为它只是长度的量度单位，它自身并没有长度。

一个结果相同但更加详细的物质投入–产出表达。令 $ucr^{\mathscr{D}}$、$ucr^{\mathscr{L}}$、κr_B^f分别代表单位存款的实际成本、单位贷款的实际成本（扣除服务费用）、在正常产能下单位贷款的实际固定资本。如果 p 是物价水平指数，那么相应的名义成本就变为 $p \cdot ucr^{\mathscr{D}}, p \cdot ucr^{\mathscr{L}}, p \cdot \kappa r_B^f$。我们暂时仅考虑通常不支付利息的活期存款，那么正常产能下的银行利润率就可以表示为：

$$r_B \equiv \left(\frac{i \cdot \mathscr{LN} - p \cdot ucr^{\mathscr{D}} \cdot \mathscr{DP} - p \cdot ucr^{\mathscr{L}} \cdot \mathscr{LN}}{p \cdot \kappa r_B^f \cdot \mathscr{LN} + \mathscr{RS}} \right)$$

$$= \left(\frac{i - p \cdot ucr^{\mathscr{D}} \cdot d_\ell - p \cdot ucr^{\mathscr{L}}}{p \cdot \kappa r_B^f + \mathscr{r}_d \cdot d_\ell} \right) \tag{10.7}$$

正如最抽象的情况一样，当其他条件不变时，利率的上升会提高银行利润率。但现在，价格水平的提高将通过提高运行成本和固定资本成本降低银行的利润率。当我们考虑银行的利润率与正常产能下的一般利润率均等化这一更长期的情形时，后面这一点就会变得很重要。此时，贷款利率就行使着银行业名义上的“生产价格”这一功能（Panico 1998, 186–190），它取决于一般利润率以及通过银行运行成本和资本成本发挥影响的一般价格水平。为了说明这一点，我们将公式（10.7）与利润率均等化条件 $r_B = r$ 联立，以得到用一般利润率（r）、价格水平（p）以及和银行业相关的几种投入–产出系数表示的竞争性贷款利率（i）。

$$i = p \cdot (ucr^{\mathscr{D}} \cdot d_\ell + ucr^{\mathscr{L}}) + r \cdot p \cdot \kappa r_B^f + r \cdot (\mathscr{r}_d \cdot d_\ell) \tag{10.8}$$

之前方程（10.6）中的抽象公式说明利率具有由正常利润率决定的“自然”水平。方程（10.8）中更加具体的表达式表明情况并非如此，因为利率也取决于一般价格水平，所以在每一个不同的价格水平上都存在一个不同的长期利率。[①] 可行的利率依然必须低于利润率［方程（10.1）］，企业的正常利润率也仍然为正，并随着利润率的增长而增长。但此时，价格水平的增长将会提高正常利率，并降低企业的利润率。[②] 这本身就证明了货币对实际结果很重要。

利率与价格水平之间的联系为著称“吉布森悖论”的经验关联提供了一个直接的解释，它甚至还产生了更加具体的假设，即当银行业的实际成本降低以及 / 或者当一般利润率下降的时候，利率的增长将会低于价格水平的提高。与标准理论不同的是，这里并没有区分期限结构理论与利率水平理论（Conard 1959, 288–289, 298）。我认为可以表明竞争性利润率的均等化将既决定收益率曲线水平，也决定其（正常的）向上倾斜的形状。风险在这里发挥了作用，但仅是通过银行的相关成本产生影响。

这一部分所提出的观点解决了马克思的利率理论中的一个表面上的矛盾。马克思强烈反对斯密和李嘉图的理论中所提出的“自然利率水平”与一般利润率成比例的观点（Ahiakpor 1995, 444）。他非常熟知图克的经验发现，即利息随着价格水平的变化而变化，因此并非结构性地与利润率相关。同时，马克思自己的理论逻辑表明，部门间竞争

① 此处与凯恩斯关于自然利率的论述有类似之处。新古典理论认为，在一个无风险的模型中，利率等于对应于充分就业产出下的利润率（Panico 1988, 140）。在《货币论》中，凯恩斯将自然利率定义为使储蓄与充分就业产出下的投资相等的利率水平。但是，他在随后只将自然利率定义为对应于使储蓄和投资相等的水平，而在这种情况下，每一个给定的就业水平都有一个对应的自然利率（Panico 1988, 127–127）。

② 方程（10.8）表明，对于任一给定的价格水平，利率都会是利润率的一个线性函数，该函数截距为 $p(ucr^{\mathscr{D}} \cdot d_\ell + ucr^{\mathscr{L}})$，斜率为（$p \cdot \kappa r_B^f + r_d \cdot d_\ell$）（为确保存在可行性利率 $i<r$，其必须小于 1）。纵轴代表利率，横轴代表利润率，可以画出一条起始于原点、斜率小于 1 的直线，而绘制利润率关于自身的曲线，将会得到一条 45°的线，它会在某一点从下方与利率曲线相交。所有处于交点以下的利率都将得到正利润率。价格水平的上升将会使利率曲线向上移动，缩小它与利润率曲线之间的距离，从而在所有利润率水平下降低企业利润率（见 13.2.10 小节和 13.3.5 小节）。

将会使得银行利润率和一般利润率实现均等化，并由此将利率与利润率联系起来（Panico 1988, 87–88; Itoh and Lapavitsas 1999, 70, 95–96）。他在这一问题上零散发表的著作并没有调和这两方面，所以之后的马克思主义者不得不在二者之中进行抉择（见 10.7 节）。然而，我们现在可以看到，这两方面是可以被调和的，因为无论是斯密–李嘉图关于利率与利润率相联系的观点，还是图克–吉布森关于利率与价格水平相联系的观点，都可以从利润率均等化中推导出来。

10.2.4 古典利率理论的含义

方程（10.8）表明竞争性名义利率因而市场利率和价格水平正相关。在 1838 年的《价格史和货币流通状况（1793—1837 年）》一书中，图克和纽马奇（1928）注意到，利率和价格水平倾向于一起变动（Panico 1988, 323, 439; Itoh and Lapavitsas 1999, 29）。马克思对这一经验证据十分熟悉，并且特别引用了图克关于利率的研究（Marx 1967c, ch.23, 370）。在图克的成果发表近一个世纪之后，吉布森（1923）再次发现了这一相同的模式，凯恩斯还指出，“利率和价格水平之间的关系是整个数量经济学领域中已确立的最完整的经验事实之一”（Keynes 1976, 2∶198）。然而，凯恩斯将其称为吉布森“悖论”，因为它与标准的货币假说相矛盾，这一假说认为利率应当随着价格的变化率而变化，即随着实际或预期通货膨胀率而非价格水平的变化而变化（McCulloch 1982, 47–49）。这里还可以推导出另外三种含义。首先，假定名义利率是融资的价格，融资的相对价格 i/p 是一个关于利润率和实际银行成本的函数。其次，如果后者中的任何一个随着时间的推移而下降，那么名义利率就会相对于价格水平而下降。最后，我们知道央行在某些时期会进行明确的经济干预以改变利率趋势。例如，在格林斯潘时期的美国，短期国库券利率从1981年的14.03%降至2006年的4.74%，现在维持在0.1%。为了将“看不见的手”的影响与政策影响区分开，我们必须首先有一个关于竞争性利率水平自身的理论——正如方程（10.8）所示。政策本身可以没有理论支撑，但关于政策的理论一定要有理论基础。我会在10.7节中的图10.6~图10.8再讨论这一问题。

10.2.5 收益率曲线的结构理论

作为一种普遍规则，金融机构使自己的资产（贷款）与负债（储蓄）的到期日相互匹配是有好处的，因为这会最小化与利率波动相关的风险（Lutz 1968, 225; Ritter, Silber and Udell 2000, 212）。由于活期存款能够随意取出，因此利用活期存款来发放贷款的银行或者银行部门最擅长的是发放短期贷款。我们可以把这些银行看作吸收零期存款，并按照单期利率（i）发放单期贷款。现在假设存在两期贷款的市场，它可能是由另一个银行或者银行部门提供的。对吸纳零期存款的银行而言，发放两期贷款将会比发放单期贷款需要更长的资金保证期，因此需要更多准备金和更高的存贷比。它们也会因更长的时间期限所具有的更大的不确定性而需要承担更大的风险。[①] 从短期来看，单期利率和两期利率都由相应贷款类型的供给与需求决定，并且，一般来说，这两类银行的利润率不同。但从长期来看，竞争会使得正常产能下的利润率大致均等化。根据方程（10.8）可知，两期贷款更高的成本将会要求银行提供更高的利率以使其利润率与单期贷款相同。换言之，收益率曲线[②]因为结构性的原因一般向上倾斜。请注意，这一期限结构出

① 要预测的时间越长，不确定性就越大。因此，违约风险（信用风险）就会随着不确定性的增大而增加，就像未预期到的利率变动的风险那样（Ritter, Silber and Udell 2000, 212）。

② 收益率曲线是一个纵轴为收益率，横轴为债务到期日的曲线。如果更长期的银行贷款或债券有更高的收益率，那么收益率曲线将会是向上倾斜的。

现的必要条件是银行业务有着相同的利润率。银行业这一共同的利润率与一般利润率的进一步均等化将会改变利率水平，但不会改变利率的期限结构。因此，我们得到了双重结果：短期利率水平取决于银行业利润率与一般利润率的均等化，利率的期限结构取决于不同银行间利润率的均等化。

在注意到两期贷款的部分高成本可以通过匹配存贷款的到期期限支付这一点之后，我们便可以更深入地讨论这一问题（Ritter, Silber and Udell 2000, 212）。通过吸收定期存款发放两期贷款的银行将具有发放两期贷款的优势，因为它的成本比基于活期存款发放两期贷款的银行（或部门）更低。于是，套利将确保银行所提供的单期定期存款利率和单期贷款利率（i）相同。用希克斯的措辞来说，两期贷款的“借出”利率（i_2）现在也会取决于单期定期存款的“借入”利率（Hicks 1965, 284–290）。银行业内部、两种银行之间的利润率均等化，将决定收益率曲线的（正的）斜率，而金融部门和实体部门之间的利润率均等化将会决定这条曲线的水平。正如短期贷款情况一样，如果企业想获得两期贷款，（其支付的）利率一定低于一般利润率。如果我们将意愿两期存款与贷款之比定义为 $d_{\ell 2}=(\mathcal{DP}_2/\mathcal{LN}_2)$，那么两期长期贷款的利率将由方程（10.9）决定，其中，单期利率是通过定期存款的单位成本 $i \cdot d_{l2}$ 表现出来的“借入”利率，而两期利率是“借出”利率。

$$i_2=p\cdot(ucr^{\mathcal{D}}\cdot d_\ell+ucr^{\mathcal{L}})_2+i\cdot d_{\ell_2}+r\cdot p\cdot(\kappa r^{f}_{B})_2+r\cdot(r_d\cdot d_\ell)_2 \quad (10.9)$$

这一分析可以明显扩展至包含所有利率范围的情况，其中收益率曲线通常向上倾斜，因为期限更长（即流动性更差）的银行资产的成本一般更高。记住，这只适用于由利润率均等化决定的正常利率。在短期中，市场利率将取决于不同类型贷款的供给和需求，因而收益率曲线可以具有多样化形状。同时，我们也要注意到，两期利率现在取决于单期利率，因为后者构成该银行部门投入成本的一部分。非金融企业在这一点上不同于银行，因为它们的生产投入不包括具有不同时间期限的存款。银行和非金融企业都将利率视为其企业利润率的基准，并且都用总利润中的一部分来支付其特定贷款的利息，但只有银行同时还将存款作为投入（见附录 6.7.4）。

综上所述，古典利率理论有 5 个主要含义。从短期来看，不同期限的货币利率取决于不同类型的贷款和存款的供给与需求，并会因周期性和偶然性环境因素（包括风险的急剧变动）而发生变化。因此，从短期来看，收益率曲线会呈现多样化的可能形状。然而，从中期来看，不同银行业务之间的利润率均等化将会产生通常是向上倾斜的收益率曲线的形状。这一框架向我们提供了一个关于收益率曲线的结构性决定机制，与标准理论中收益率曲线取决于期望和流动性偏好的主观决定机制相反。从长期来看，银行业利润率和一般利润率之间的均等化将会决定银行利率的整体范围水平（即银行收益率曲线的水平）。

如果基准利率（i*）上升，那么更长期限的利率也会向上移动，这就使利率看似是被银行通过垄断权力对基准利率进行成本加成“设定的”（Moore 1988, 258; Fontana 2003, 9, 14）——尽管事实是基准利率和更长期限的利率都完全通过竞争决定。最后，不同期限贷款的成本之中已经包含了风险，因此没有必要再进一步包含风险溢价。总之，利率将由以下因素决定：一般利润率、一般价格水平、与所提供贷款的到期期限和风险相对应的不同的特定成本。

下一部分将拓展古典理论的应用范围，首先用其来分析股票，其次分析债券，推导出针对二者的完全不同的模式。在银行贷款和等价债券之间的套利将会使两种工具的收益率在某一低于利润率的水平上均等化，否则企业没有能力借贷。由于债券收益率直接（并且反方向地）与债券价格相联系，这一过程也会同时将债券的回报率固定在一个通常低于一般利润率的水平上。可以说，投机者已经没有进一步的套利空间可以使债券的回报率和实体投资的利润率均等化。另外，由于股息和股票价格是独立变量，存在空间使得股票回报率（股息收益率加上股票价格的变动率）与利润率均等化。这些差异直接导致股票回报率系统性地高于债券回报率。这一众所周知并且长期存在的经验模式已经如此困惑了主流经济学理论以至被称为“股权溢价之谜”（Mehra and Prescott 1985; Mehra 2003）。但是，从古典理论出发，它显得如此理所当然。

10.3 竞争与股票市场

股票回报率的计算方式和债券相同：它是所支付的股息与股票价格变动（资本所得）之和相对于初始价格的比率。就像债券一样，一些股票支付股息，另一些则不支付。这是股票和债券存在差异的地方。债券是一种承诺支付利息的凭证，它们的到期收益率是对其承诺的履行。债券的类型并不重要，因为利率的套利将会使得 N 期贴现债券（零息债券）和 N 期附息债券有着相同的收益率。

对股票而言，它并不承诺支付任何总数或者实现任何收益率。事实上，对于这一问题的标准定理认为，股息和留存收益的分离完全与企业总资产的均衡货币价值或其资金成本无关（Miller and Modigliani 1961）。企业决定其股息和再投资政策，而市场决定其股票价格。这些价格同采用的特别的股息或者再投资政策共同决定了股票回报率。并且，正如套利使得金融产品的利率均等化一样，它也使得股票之间的回报率以及股票市场与实体部门之间的回报率均等化。一定时期内股票回报率（r_{eq}）是资本收益或损失（$p_{eq_t}-p_{eq_{t-1}}$）加上所支付的股息（d_{vt}）与其初始价格的比值。

$$r_{eq_t}=\left(\frac{\left(p_{eq_t}-p_{eq_{t-1}}\right)+dv_t}{p_{eq_{t-1}}}\right)\text{（股票的实际回报率）}\qquad(10.10)$$

对债券而言，它的到期收益率和相应的利率会实现均等化，并且这一过程决定了债券的长期价格，从而也就决定了其长期回报率。于是，债券回报率就无法与一般利润率相等。另外，股票的长期价格水平取决于股票市场与实体经济二者回报率的均等化以及每股股息，其中，股息收益率（股息/价格水平）与任何利率水平都不相等。实际上，这两种比率的相等（$r_{eq_t}=r_t$）决定了股票均衡价格路径与现行股息政策一致。注意，如果没有股息的话，股票市场上的回报率将仅由资本收益构成，因而相应的实际股票价格就一定会以和实体经济回报率相同的速度增长。毋庸置疑，这并不意味着所有企业（无论它们是否提供股息）都会在竞争中取得成功。

$$p_{eq_t}=p_{eq_{t-1}}\cdot(1+r_t)-dv_t\qquad(10.11)$$

由于股票在企业生存期间都是有效的，所以股票收益曾被比作可变息票的长期债券（Lutz 1968, 300）。但债券的息票仅仅是确保债券可以实现承诺的到期收益率的其中一种方式。而对股票而言，不存在这样的承诺或压力。私人股票持有者很可能会认为股息流与股票价格变动不同，但在套利市场上，重要的仅仅是总体回报率（扣除交易成本）。因此，新资本会更迅速地流入有着更高预期回报率的股票，而更缓慢地流入购买其他股票。这些资本流动将会使个体对证券投资组合的不同选择都没有差别，使不同的股票（对风险进行调整的）回报率相等。并且，由于新资本也可以同样流向其他行业，同一过程也会使股票市场和实体商品行业的回报率实现均等化。方程（10.2）~ 方程（10.13）总结了债券和股票市场二者之间的巨大差异。

$$r_{eq_t} = r_t \neq r_{b_t} \tag{10.12}$$

$$y_{eq_t} \neq i_{b_t} = i_{L_t} \tag{10.13}$$

10.4 竞争与债券市场

债券是一种在 t 时刻以价格 p_{b_t} 出售的金融工具，作为回报，持有者将会在债券到期时被支付以最终的债券票面价值 FB，并且有可能在债券生命期限内获得一些定期付款（息票）cp_t。由于定期的息票利息构成的利息流高于债券购买价格，因此附息债券就能够以高于、等于甚至低于其票面价值的价格出售。统一公债是一种没有到期日的附息债券，因而只支付永续年金，因永远不会被偿付而不具有票面价值。[①] 由于统一公债是长期债券的极限情形，因而它在概念上十分有用。在另一种极端情形下，零息债券不支付任何利息，因而购买者在债券到期日只获得其票面价值。因此，零息债券必须低于票面价值出售，购

① 在实际中，统一公债指英国政府债券，其中只有少量依然还存在（Homer and Sylla 1996, 159–162）。

买价格和票面价格之差就构成了所支付利息的总和。[①] 单期零息债券等同于定期存款，因为这种类型债券的购买者在直到债券到期之前都会锁定货币，在到期时支付其票面价值的回报总和高于购买价格。[②] 给定零息债券的现行价格 p_{b0_t}，它的利率取决于这一价格低于其票面价值的程度。统一公债和单期零息债券都有着简单的代数性质，这就是它们在分析上受到人们钟爱的原因（Conard 1959; Lutz 1968; Patinkin 1989）。

给定债券的市场价格，任何一种债券的货币利率（到期收益率）都被定义为这样的固定比率，即它使所支付现金流的贴现后现行价值与观测到的债券市场价格相等。正如席勒所指出的那样，将货币利率限制为固定比率并不必要（Shiller 1981, 430; 2001, 260n24）。无论怎样，出于我们研究的目的而言，考虑对单期零息债券和 20 年或者更长期的长期债券这两种完全极端情形的标准处理方法就足够了，其中长期债券的收益率大致可以由统一公债的公式给出（Mishkin 1992, 78, 83）。对于任何给定的票面价值和观测到的债券价格，这两种类型债券的利率由如下方程定义。通常来说，债券价格的上涨会降低其潜在利率。

$$i_{b_{0_t}} \equiv \left(\frac{FB - p_{b_{0_{t-1}}}}{p_{b_{0_{t-1}}}} \right) \text{（单期零息债券的利率）} \qquad (10.14)$$

$$i_{b_{Lt}} \approx \left(\frac{cp}{p_{b_{Lt}}} \right) \text{（长期债券的利率）} \qquad (10.15)$$

① 传统的债券融资理论是就附息债券而言的，但现代融资理论则是基于零息债券的理论。正常的附息债券总是能够被简化为零息债券的组合（O'Brien 1991, 4）。

② 对于某一个定期存款，你存了 95 美元并且在到期日得到（比如）100 美元，这 100 美元是你的本金加上利息。这等同于以 95 美元的市场价格购买一个票面价值为 100 美元的单期零息债券。

注意到以下一点很重要，即息票的大小和变化路径对债券套利没有重要影响。这在具有不同到期期限的零息债券情况下十分明显。但它同样也对任何类型的附息债券成立。对债券来说，竞争使有着相同风险、到期期限和还款日的工具的到期收益率（利率）均等化，即使它们支付的息票不同。[①] 支付的息票通常在发行日因外生于套利过程的多样化因素而被设定下来。[②] 这就意味着等值息票债券的价格将会抵销支付的息票之间的差异，从而使不同的债券获得相同的收益率。[③]

与债券在其生命期限内的收益率相比，其单期回报率可定义为该时期内支付的息票和资本所得或资本损失的总和与其初始价格之比：$r_{b_t}=\left(\frac{cp+(p_{b_t}-p_{b_{t-1}})}{p_{b_{t-1}}}\right)$。对零息债券而言，$cp=0$，$p_{b0_t}=FB$，而对息票给定的长期债券来说，$p_{b_{Lt}}\approx\left(\frac{cp}{i_{b_{Lt}}}\right)$。[④] 于是，回报率与相应的利率直接联系起来，因此其中一个的确定也会确定另一个。

---

① 风险、到期期限、还款日都相同的债券具有相同的收益率（Altman and McKinney 1986, 12–24）。

② 标准的附息债券都会有一个在发行期就固定下来的息票。零息债券则根本就没有息票。浮动利率债券会阶段性地根据金融指数或价格指数来重新设定息票。大多数浮动利率债券的息票会随着指数的上升而上升，但是反向浮动利率债券的息票则会随着指数的上升而下降（它们被当作对冲的金融工具）。最后，延期附息债券在一定年限内不支付息票（Fabozzi 2000b, 3–4）。平价债券按其票面价值出售，所以 p_{bt}=FB。因此，为使新债券和利率变动保持一致，新平价债券的息票就必须与所要求的利率成比例。在这种情况下，息票可变而债券价格固定，因此只有一个自由度。

③ 因此，如果一个两年期的债券以 1 000 美元的票面价格、60 美元的息票出售，那么它就有着 6% 的到期收益率。但是，如果在其生命期限内的第二年市场利率上升至 7%，那么一个新的两年期平价债券在发行时的息票就必须大致提高到 70 美元。另外，之前已经发行、现在已经有一年期限的债券就必须以 990 美元的价格出售，以将其 60 美元的固定利息换算成新的 7% 的到期收益率。结果是，较旧债券的持有者会遭受资金损失（Ritter and Silber 1986, 455）。

④ 在 n 期附息债券的一般情况下，它包含了两种极端，货币利率（到期收益率）由以下隐含关系定义。设定所有息票支付都等于零可以获得零息债券的利率，而令 FB=0 并将股息流拓至无穷期可以获得统一公债的利率（因为统一公债永远不会偿付），在后一种情况下，无穷股息流的贴现值为$\left(\frac{cp}{i_{bt}}\right)$，因为$\left(\sum_{k=1}^{\infty}\frac{1}{\left(1+i_{b_t}\right)^k}\right)=\left(\frac{1}{i_{b_t}}\right)$。

$$rb_{0_t} \equiv \left(\frac{FB - p_{b_{0_{t-1}}}}{p_{b_{0_{t-1}}}} \right) \equiv i_{b_{0_t}} \text{（单期零息债券的回报率）} \tag{10.16}$$

$$r_{b_{Lt}} \approx \left(\frac{cp + (p_{b_{Lt}} - p_{b_{Lt-1}})}{p_{b_{Lt-1}}} \right) = i_{b_{Lt-1}} \left(1 + \frac{1}{i_{b_{Lt}}} \right) - 1 \text{（长期债券的回报率）} \tag{10.17}$$

我们现在已经准备好将债券纳入利率理论中了。在等价债券和银行贷款之间的套利会使其利率均等化。因此，单期债券和单期贷款的利率相等（$i_{b_0} = i$），长期债券和长期贷款的利率相等（$i_{b_L} = i_L$）。因此，债券利率将和银行利率有着相同的性质：它们都将低于利润率［方程（10.1）］，都将随着利润率的提高而提高，随着价格水平和基准贷款利率（本身由利润率的均等化过程决定）的提高而提高。

$$i_{b_{0_t}} = i_t \tag{10.18}$$

$$i_{b_{Lt}} = i_{L_t} \tag{10.19}$$

但如果如方程（10.18）和方程（10.19）所示，银行利率决定了债券收益率，那么它们也通过方程（10.16）和方程（10.17）决定了债券回报率。零息债券的回报率将直接等于短期银行利率，因而有 $r_{b_{0_t}} = i_{L_t} < r$。另一端，长期债券的回报率会低于、等于或者高于银行的长期贷款利率，根据这些利率是上升（债券价格下降）、保持稳定还是下降（债券价格上涨）。[①] 由于利率一般低于利润率，因此前面的分析表明长期债券的回报率一般也将低于利润率，尽管它们在某些条

① 根据方程（10.17）$\left(1+r_{b_{Lt}}\right) \approx \left(1+i_{b_{Lt}}\right)\left(i_{b_{Lt-1}}/i_{b_{Lt}}\right)$，由于 $i_{b_{Lt-1}}/i_{b_{Lt}} \lesseqgtr 1$，所以 $r_{b_{Lt}} \lesseqgtr i_{b_{Lt}}$。因此，当利率稳定时，就有 $\frac{i_{b_{Lt-1}}}{i_{b_{Lt}}} = 1$，$r_{b_{Lt}} = i_{b_{Lt}}$。

件下可能等于甚至高于后者。这正是我们在经验层面发现的结果（见10.6节）。

10.5 古典金融理论总结

古典金融理论建立在4个主要命题上。第一，为了使积累可以持续进行，货币利率必须低于货币利润率［方程（10.1）］。第二，银行业的调节利润率与一般利润率均等化，因此银行贷款的利率就代表着银行业的“生产价格”［方程（10.8）］。第三，债券收益率与同等（期限）银行贷款的利率均等化。这反过来决定了债券回报率通常不同于一般回报率［方程（10.16）~方程（10.19）］。如果像方程（10.11）所示的那样，股票市场的回报率与一般利润率均等化，那么股票价格就取决于股息政策（它不必使股息收益率与任何利率相等）。

标准金融理论中很多耳熟能详的结论都可以视作特殊情况，通过假设变量不变（稳态）推导出来。方程（10.8）告诉我们如果价格水平（p）、利润率（r）保持不变，并且实际成本不变（从而实际工资不变并且也不存在技术进步），那么银行利率水平（i）就会随时间的推移保持不变。由于债券收益率和银行利率相等［方程（10.9）］，所以附息债券利率（i_b）也随时间的推移保持不变，在这种情况下，如果息票利率（c）不变，那么债券价格（p_b）就会保持不变［方程（10.15）］。这反过来表明债券的回报率（c）将保持不变［方程（10.16）］。最后，方程（10.11）告诉我们在存在一个固定利润率的情况下，如果每股红利（dv）不变，那么股票价格也会保持不变，在这种情况下，股票的回报率（r_{eq}）将和股息收益率（$y_{eq} \equiv dv/p_{eq}$）相等［方程（10.10）］，反过来，它也会因套利而与利润率相等［方程（10.12）］。[①] 方程（10.20）汇总了这一系列特殊条件。

如果 r、p 不变→ i 不变 → i_b 不变 → p_b 不变 → $r_b = i_b = i$ 不变 → 如果 dv 不变，则 p_{eq} 不变 → $r_{eq} = y_{eq} \equiv \frac{dv}{p_{eq}} = r$ （10.20）

以上所述条件都是标准的教科书式理论。一旦我们关注实际的经验模式，它们所具有的独特特征就会显现出来，因此下一部分的经验分析将不会以此为基础。然而，即使是在这些特殊条件下，只要正常利率低于正常利润率，即 $r < i$[②]［方程（10.1）］，那么债券回报率将低于利润率，并且由于股票回报率与利润率相等，正常股票回报率就会高于正常债券回报率。即使在最抽象的理论层次，“股票溢价”也是古典利率理论的一个基本结果。

$$r_{b_t} = i < r \tag{10.21}$$

$$r_{b_t} < r_{eq_t} \tag{10.22}$$

最后，方程（10.20）中稳态股票价格的条件可以被转变为：

$$p_{eq} = \frac{dv}{r} \tag{10.23}$$

现在来考虑托宾 Q 值，即企业部门的股票价值与其资本存量（K）之比。令 N_{eq}= 未偿付的所有股份，$EQ = p_{eq} \cdot N_{eq}$= 未偿付股票的总价值，每股收益 $eps \equiv P/N_{eq}$。于是，$Q \equiv \frac{EQ}{K} = \frac{p_{eq}}{(P/N_{eq})}\left(\frac{P}{K}\right) = \frac{p_{eq} \cdot r}{eps}$，其中标

① 如果股息收益率（$y_{eq} \equiv dv/p_{eq}$）等于利润率（r），并且二者都固定不变，方程（10.11）中的股票价格将会采取如下形式：$p_{eq_t} - p_{eq_{t-1}}(1 + r - y_{eq}) = p_{eq_t} - p_{eq_{t-1}} = 0$，这意味着股票价格将保持不变。

准条件即均衡时的 Q=1 意味着每股股息与每股收益相等（即所有的利润都被分配出去了）。

$$eps = dv \text{（假设托宾 Q 值 =1）} \tag{10.24}$$

标准理论的关键步骤是，通过将利率必须低于利润率这一关键的古典假设替换为在完全无风险的世界中二者相等的假设，消除了债券市场和股票市场的所有差异（Lutz 1968, 226–227）。必须指出，由于资本主义主动扰乱它遇到的所有东西，因此假设世界是不变的、无风险的，等于假设资本主义本身不存在。无论怎样，方程（10.20）~ 方程（10.22）得到了我们熟悉的结果，即利率等于所有市场上的回报率。而方程（10.23）表明股票价格因而等于无限期股息流按照现行利率（利润率）进行折现后的现值，给定托宾 Q 值 =1，即股息等于股票收益，它也意味着股票价格等于每股收益与利率之比（即股票价格就是将所得收益看作无限期现金流进行折现后的现行价值）。后一个假设构成了股票市场估值中被广泛使用的 FED 模型（美联储估值模型）的基础（Bronson 2007）。众所周知，大多数金融参与者都关注资本利得，而不关注股息（Elton, Gruber, Brown, and Goetzmann 2003, 450–459）。

$$i = r_b = r_{eq} = r \tag{10.25}$$

$$p_{eq} = \frac{dv}{i} \tag{10.26}$$

$$p_{eq} = \frac{eps}{i} \text{（FED 模型，假设托宾 Q 值 =1）} \tag{10.27}$$

方程（10.26）中的表达式看似是标准理论中的现金流折现（DCF）模型，但其实二者是不同的。古典结果代表的是股票价格、股息和利润率都不变这一特殊情形下动荡的实际利润率均等化过程的现行结果。反过来，利润率均等化过程又是单个企业为增加其利润而产生的并非初衷的后果——企业采取的这些行动建立在不同的预期基础之上，其中许多预期会被证明是不正确的。钓鱼和捕到鱼并不相同。新古典的结果是从这个假设推导出来的，即某个“代表性”投资人主观而正确地将股票价格估计为基于固定预期利率对固定预期股息流在无限期内进行折现后的现值。这个逻辑链条的第一步是假定唯一一个代表性行为人估计到了表现为预期现金流贴现值的“那个”正确的股票价格。在经过一个持有期之后，该投资者将正确价格定义为预期在到期时能获得的股息贴现值与在到期出售时预期股票价格的贴现值之和。

$$p^*_{eq_t}=\frac{dv^e_{t+1}}{(1+i^e_{t+1})}+\frac{p^*_{eq_{t+1}}}{(1+i^e_{t+1})} \tag{10.28}$$

当然，这一计算需要我们首先估计股票未来价格（$p^*_{eq_{t+1}}$），根据假设的行为，它将取决于两期后对股息、股票价格和利率的预期：$p^*_{eq_{t+1}}=\frac{dv^e_{t+2}}{1+i^e_{t+2}}+\frac{p^*_{eq_{t+2}}}{1+i^e_{t+2}}$。将其代入现行股票价格估计的方程（10.28），得到 $p^*_{eq_{t+1}}=\frac{dv^e_{t+1}}{1+i^e_{t+1}}+\frac{dv^e_{t+2}}{\left(1+i^e_{t+1}\right)\left(1+i^e_{t+2}\right)}+\frac{p^*_{eq_{t+2}}}{\left(1+i^e_{t+1}\right)\left(1+i^e_{t+2}\right)}$，然而这需要首先对三期后的股票价格进行估计，以此类推。最终，通过现金流折现来进行估值的观念需要代表性行为人独自对“无限期的未来”的股息和贴现率进行预测（Elton et al. 2003, 446）。在一般情况下，这两个变量都会以十分复杂的方式随时间的推移而变动。因此，为了使表达式“易于处理”，学术文献开始关注于其所承认的贴现率保持不变这一“不可能的特殊情况”（Campbell 1991, 158）。此外，如果预期的股息在整个期间也被认为是固定不变的，那么这一表达式就可以简化为方程（10.26）中常见的现金流折现模型（Shaikh 1998b; Elton et al. 2003, 444–448）。或者，再一次出于易处理性而非现实主义的考虑，如果我们假设股息按照低于贴现率（在这里是利率）的不变比率（g）增长，那么我们就得到了股票价格的戈登模型（Elton et al. 2003, 447–448）。在所有这些模型之中，只有假设存在唯一的代表性行为人，才能得到唯一一个估算价格。而且，这一行为人必须永远都能够预见未来，以使估算价格成为实际价格。这些观念我在前文 3.2 节中都已经探讨过。

$$p^{*}_{eq_t}=\frac{dv_{t+1}}{(1+i_{t+1})}+\frac{dv_{t+2}}{(1+i_{t+1})(1+i_{t+2})}+\frac{dv_{t+3}}{(1+i_{t+1})(1+i_{t+2})(1+i_{t+3})}+\cdots \quad (10.29)$$

$$p^{*}_{eq}=\frac{dv}{i} \text{（不变的预期利率与每股股息）} \quad (10.30)$$

$$p_{eq}=\frac{dv}{i-g} \text{（不变的预期利率与每股股息的增长）} \quad (10.31)$$

10.6 经验证据

为了便于和其他理论进行比较，我还没有研究一般（调节）利润率和用增量利润率代表的调节资本的利润率二者之间的差异（见 6.8 节和 7.6.5 小节）。

10.6.1 银行业调节利润率的均等化

古典理论认为银行业的调节利润率就像其他所有部门一样，与一般利润率均等化。我在前文 7.6.5 小节阐释过，银行业的调节利润率是所考察的一系列一般行业的一部分。我也已经表明，尽管平均利润率通常并不均等化（见图 7.15 和图 7.16），但调节利润率的确会实现均等化（见图 7.17 和图 7.18）。图 10.1 提取了银行业的增量收益率，并表明它与所有的私有行业相比，的确受限于动荡的均等化过程。[①]

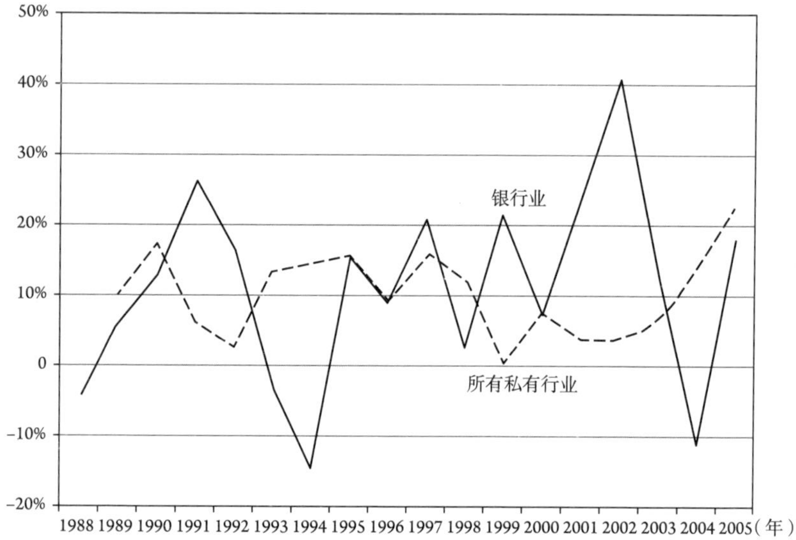

图 10.1　银行业与所有私有行业的增量利润率（1988—2005 年）

10.6.2　银行贷款利率和公司企业债券收益率的均等化

第二个命题是，银行的贷款利率与具有同等期限贷款的债券收益率均等化。图 10.2 很明显地展示出银行的优惠利率（提供给优质企业客户的利率）和 AAA 级企业的债券收益率（高评级公司为其在债券市场的借贷所支付的利率）的内在联系。数据来源、方法和数据表格参见附录 10.1。

10.6.3　类似金融资产的利率均等化

如果忽略运输成本和质量差异，那么行业内竞争会使相似产品的

① 将每一个名义利率减去通货膨胀率就会得到相应的实际利率，这当然不会改变二者之间的关系。

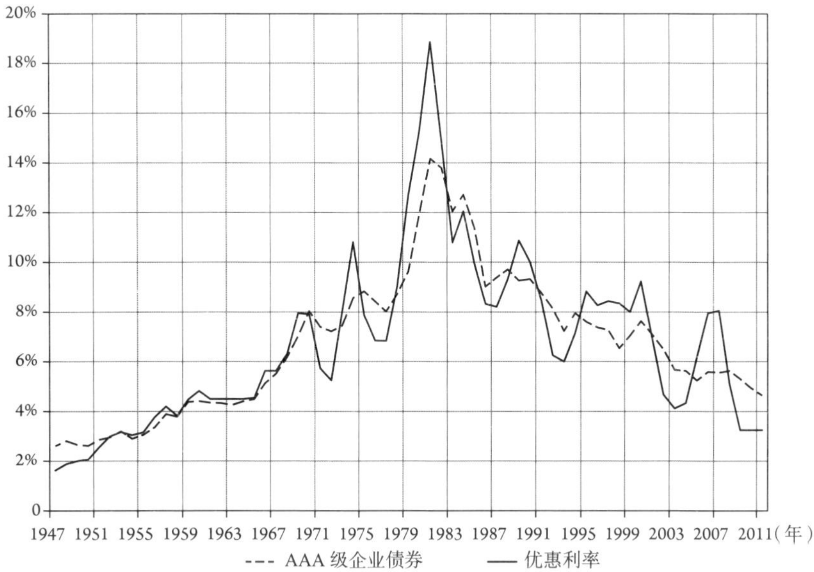

图 10.2　银行贷款利率和公司企业债券收益率

销售价格均等化。对金融行业而言，如果忽略因质量（风险）不同而产生的溢价，那么相似的金融产品的利率会均等化。比如，特许银行可以通过在贴现窗口向政府借款或者在隔夜拆借市场向其他银行借款，抑或通过吸引储户进行短期定期储蓄（如定期存单）补充自身的准备金。从长期来看，放贷人可以购买高评级的市政债券，也可以购买AAA 级企业债券（在本次金融危机之前，前者的回报率和感知风险通常都更低）。图 10.3 展示出了这 5 种利率在 1940—2011 年的取值。我们可以看到，利率倾向于一起变动，而更长期的利率也通常高于短期利率，正如通常向上倾斜的收益率曲线所预期的一样，但有时候这个排序也会颠倒过来：动荡是市场过程的正常特征。

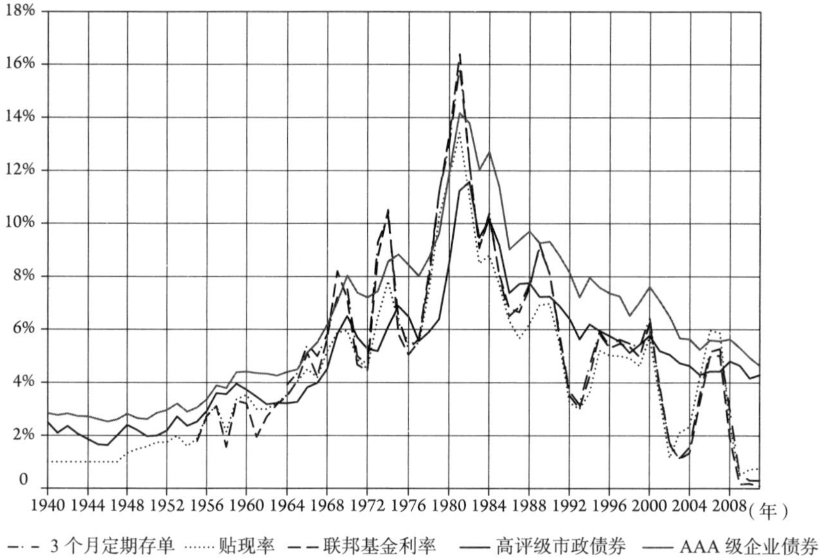

图 10.3 美国的短期利率和长期利率

10.6.4 利率不是对基准利率的固定加成

后凯恩斯主义文献的一个共同观点是，基准利率由国家决定，而其他利率则在该基准利率基础之上附加由银行决定的稳定的垄断加成率（Moore 1988, 258; Fontana 2003, 9, 14）。图 10.4 刻画了 4 类利率与贴现率之比。即使将样本限制在 2008 年国际金融危机爆发之前的“正常”时段，我们也会立即发现稳定的或稳态的银行加成概念是站不住脚的。

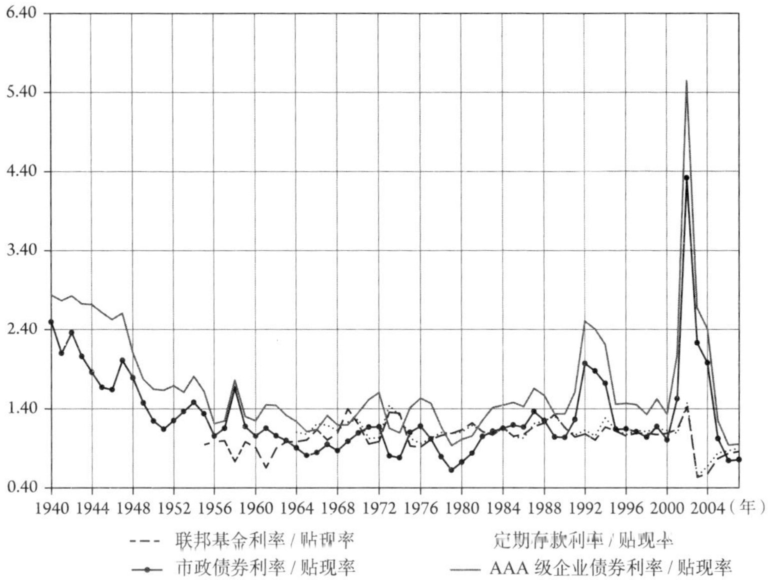

图 10.4　美国短期利率和长期利率与贴现率之比

10.6.5　利润率与利率

图 10.5 展示了银行的优惠利率，即银行提供给它的最佳企业客户的利率和工商业部门的平均利润率之间的关系（之前在附录 6.7.2 中推导出来）。我们看到，正如理论上所预期的那样，利率确实通常低于利润率。考虑到平均利润率是对强弱企业、新旧厂房混合计算的结果，借款利率高于平均利润率就意味着企业破产和厂房关闭加速。如果这种状况持续下去的话，对工商业贷款的需求就会暴跌，从而迫使利率回降。但是r>i的准则只适用于中期，而非每一个单独的年份。实际上，在 1967—1982 年大滞胀的后 14 年里，该规则确实被违反了，在此期间，迅速上升的物价推动了利率的上升，直到货币政策迫使后者在之后下降（见 10.6 节）。

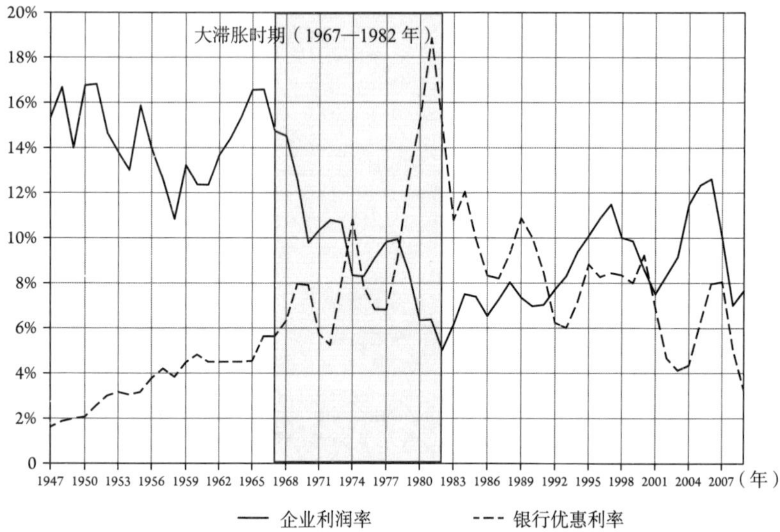

图 10.5 企业利润率和银行优惠利率

10.6.6 利率和价格

图克和吉布森很早以前就记录道，市场利率随着价格水平的变动而变动。图 10.6 表明，1857—2011 年，长期债券收益率指数基本上与生产价格指数同向变动，除了 1861—1863 年这一较短时期、1932—1947 年从大萧条的深渊到二战的一个稍微更长的时间段，以及 1982—2007 年由格林斯潘设计、本·伯南克维持的著名的政策引致型利率下降时期外。在本书的倒数第二章中，我将说明后面这一干预政策刺激了 1982—2007 年的实际经济繁荣以及与之相伴随的金融泡沫，从而为两者最终的崩溃埋下了伏笔。这些事件提醒我们注意两点重要的相关事实：在现代法定货币条件下，利率，就像汇率一样，可以被引导至远远背离其基本水平，但这样做会导致一系列后果。图 10.7 刻画了金融的相对价格（i/p），其中两个变量现在都已经以 1947 年为基年进行了指数化。作为供给的相对价格，我们预期这个指标从本质上反映如方程（10.8）中所示的融资的实际成本。1857—1927 年，这一比率保持相对稳定，即使是在 1873—1893 年的大萧条时期也如此，它随后在 19 世纪 20 年代初缓和的下降趋势也与迅速的金融创新相一致。对一般规则的主要背离发生在利率下降而物价上涨的大萧条时期和大滞胀时期。当格林斯潘出任美联储主席的时候，利率与价格的这一市场联系被打断了，他的继任者则将这种例外变成了一般规则。在这一新的时期，物价持续上升，而利率则因积极货币政策的作用而稳定下降。

图 10.6 利率和物价水平（1857—2011 年）

吉布森关于名义利率与价格水平之间呈正相关关系的发现与标准理论相矛盾。欧文·费雪宣称，预期实际利率，即名义利率与通货膨胀率之差，与实体（即非金融）部门的收益率相等，而这一收益率反过来被认为是固定的（McCulloch 1982, 47–49; Ciocca and Nardozzi 1996, 34）。如果进一步假设预期通常是准确的，则实际利率，即名义利率和价格实际变化率之差，就会随时间的推移保持稳定。针对吉布

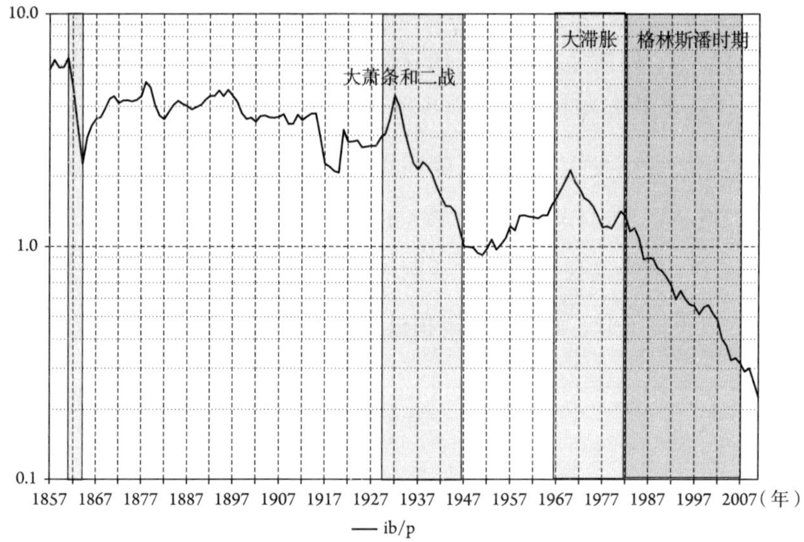

图 10.7 融资的相对价格（1857—2011 年）

森关于利率和价格水平呈正相关的发现，费雪解释称，当物价水平上升时，人们会预期通货膨胀率上涨（即他们会预期物价加速上涨），在这种情形之下，名义利率就会上升以使实际利率保持稳定。这一解决方案的问题在于，预期是不可观测的。因此，费雪进一步假设可以利用过去通货膨胀率的滞后值来代表预期通货膨胀率。为了得到名义通货膨胀率和（过去）物价水平变动之间必要的高度相关性，他不得不依赖 20~28 年的滞后值（Cooray 2002, 4）。毫无疑问，凯恩斯明显对这种处理方法不以为然，他认为费雪拯救主流经济学的尝试完全是一种逃避策略（Fongemie 2005, 621）。后凯恩斯主义者则完全放弃了市场决定的机制，转而依靠（基准）利率“由货币机构外生决定”的假设（Moore 1988）。尽管如此，费雪的假设仍然统治着标准理论，并且催生出大量仍在不断增加的计量经济学文献（Cooray 2002）。图 10.8 绘制出了实际长期债券的实际利率及其 HP 滤波值（参数 =3），在任何有意义的时期内它都不是稳定的。事实上，它甚至在数十年内都是高度不稳定的——这是一个完全违背标准理论关于行为人理性和市场效率基本假设的事实。滤波值通常被认为代表一个变量的长期趋势，它从1874年的10%降至1917年的3%，到1928年增至8.3%，但在1946年又降至–4.6%，等等。在古典理论中，利率与价格水平相关，而不是与价格水平的变化率相关，并且融资的相对价格（i/p）是关于实际银行成本与一般利润率的函数［见方程（10.8）和图10.7］。

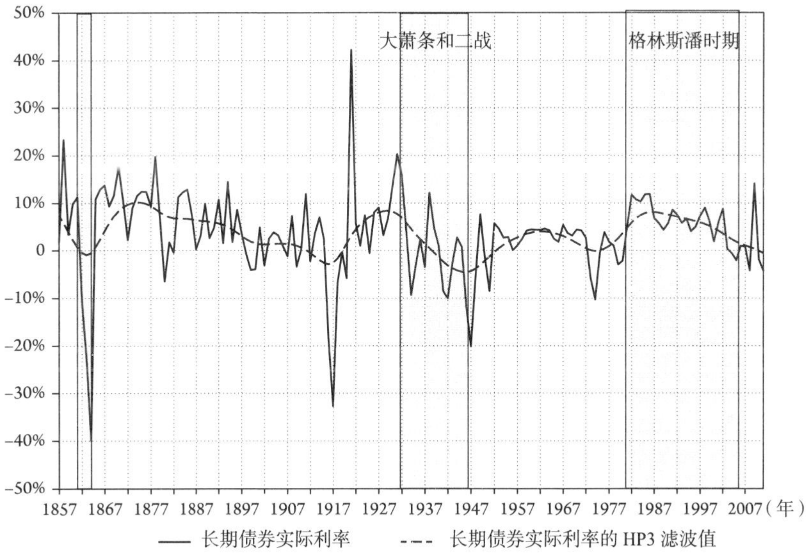

图10.8 实际利率及其HP滤波值（1857—2011年）

本章的之前部分从我的观点中推导出了两个重要结论：债券回报率不会和调节利润率实现均等化，因为债券收益率与相应的银行利率相等［方程（10.12）］；相反，股票收益率不与债券收益率实现均等化，因为股票收益率等于调节利润率［方程（10.3）］。这就表明，债券回报率一般会低于股票收益率［方程（10.22）］，这一被大量讨论的事实以“股权溢价之谜”为人所熟知。图 10.9 表明，股票的股息收益率通常与长期债券的收益率（其与银行优惠利率相同）相差很远。[①] 图 10.10 展示了 1926—2010 年平均股票市场、公司企业和政府债券的年均收益率，这些一般都大不相同（Ibbotson 2004, 30–31, table 2–2）。上述都是名义利率，但是将它们都减去一个相同的通货膨胀率从而将其转变为实际利率，显然也不会改变三组数据之间明显的差距。表 10.1 表明，公司企业债券和政府长期债券的平均回报率是大型企业股票收益率的一半（小型企业拥有更高的收益率，但风险也更高）。新古典金融理论预测道，如果忽略风险溢价，那么股票和债券收益相等。这个谜团还包含以下事实，即该框架无法合理解释股票和债券之间存在 100% 的“风险溢价”。

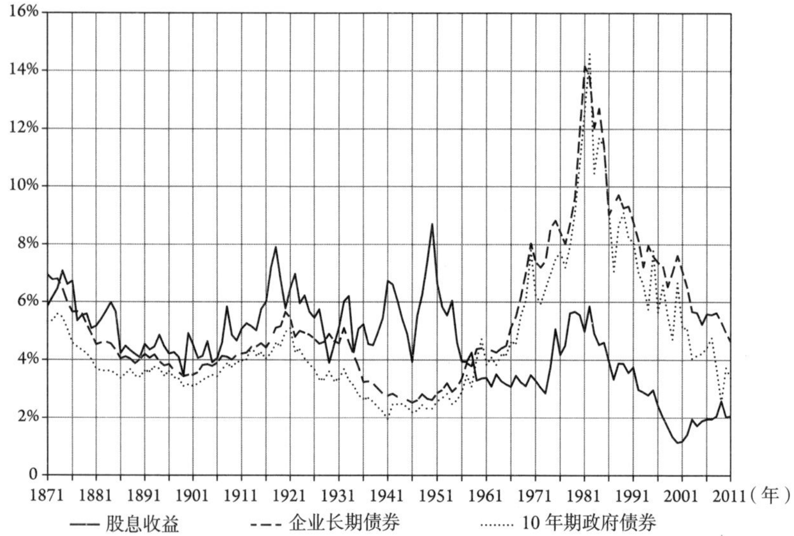

图 10.9　股息收益率与债券收益率（1857—2011 年）

① 股息收益率与债券收益率二者之间缺乏联系是金融文献中的另一个谜团。对其进行解释的其中一个尝试认为，近年来股息越来越多地以股票回购和股票期权的方式进行支付，但是这不足以用来解释 1985—2001 年后两者数据的巨大差距（Dittmar and Dittmar 2004, 41, fig.41）。

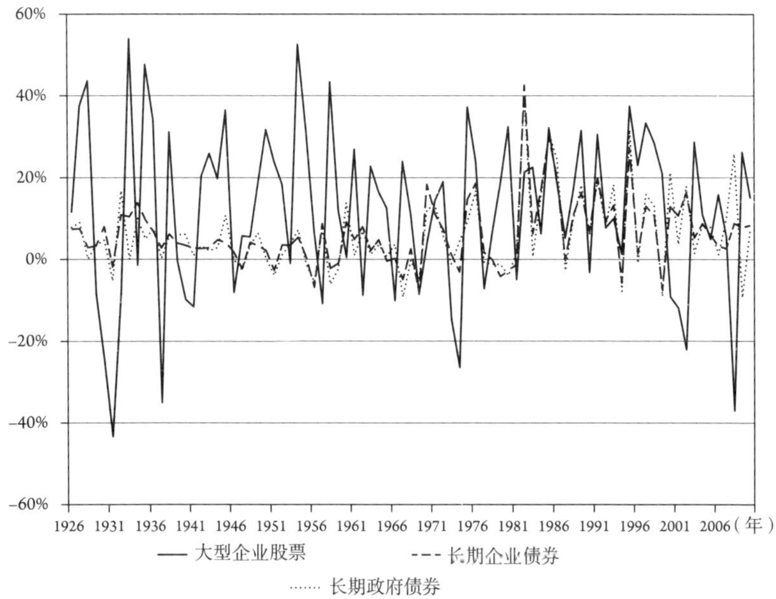

图 10.10 股票和债券的回报率（1926—2010 年）

表 10.1 1926—2010 年平均年化总回报率(%)

大型企业股票	长期企业债券	长期政府债券
11.88	6.24	5.91

资料来源：Ibbotson Associates, SBBI Valuation Edition 2004 Yearbook, 30–31, table 2-2.

这使我们关注到古典理论的一般预测：方程（10.10）中的股票回报率 $r_{eq_t}=\left(\frac{\left(p_{eqt}-p_{eqt-1}\right)+dv_t}{p_{eqt-1}}\right)$ 将会与新的公司企业投资的收益率在动荡中实现均等化，后者可以由公司企业的增量利润率 $\text{iropcorp}_t=\frac{\Delta GOS_t}{IG_{t-1}+\Delta INV_{t-1}}$ 以及国民收入和生产账户近似值 $\text{iropcorpnipa}_t=\frac{\Delta PG_t}{IG_{t-1}}$ 来代表。由于这三个比率都包含滞后变量，所以它们必须被计算为现值，这等价于按实际变量对其进行计算（见 6.8 节）。结果证明，正如现行比率一样，这些相应的名义比率也都很接近。为了与理论保持一致，我将关注后者。图 10.11 的第一张图比较了 1947—2011 年现行的股票实际回报率和调整后的公司企业新增收益率，第二张图比较了现行的股票市场回报率与国民收入和生产账户的企业实际回报增长率。现行的股票实际回报率和调整后的公司企业新增收益率的均值分别为 9.83% 和 9.50%，协方差分别为 1.71 和 1.39。因此，股票市场上较高的回报率均值对应着较高的波动性。与现行股票收益率相比，国民收入和生产账户近似值具有便于计算的优点，对应着较低的均值（9.83% 对 8.49%）和本质上相同的协方差（1.71 对 1.68）（见表 10.2）。股票市场回报率和企业利润率实现均等化的过程从本质而言是动荡的，并且也必然包括二者差异扩大的时期。例如，在图 10.11 中，1996—2011 年这一信息技术泡沫时期，资产回报率一直大幅高于企业利润率。尽管如此，考虑到这两种比率的均值和协方差有着高度的一致性，席勒认为投资者的“非理性繁荣”会使股票市场回报率出现“过度波动”的观点（Shiller 1989, 726–728）也就没有了基础。

席勒之所以会得出“过度波动”的结论，是因为他将流行的效率市场假说（EMH）作为比较的基准。标准理论认为股票价格是由固定贴现率决定的股息流的现值［方程（10.31）］。

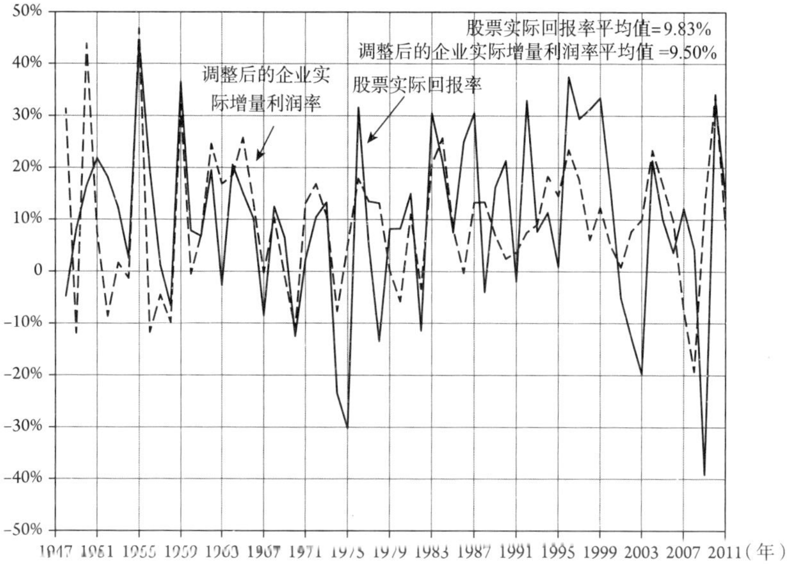

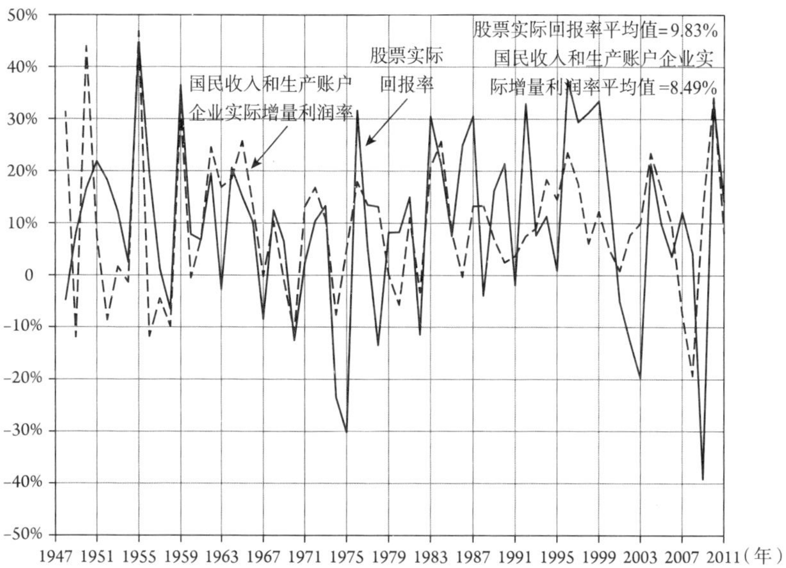

图 10.11 股票现行回报率与调整后的国民收入和生产账户企业现行增量利润率（1948—2011 年）

表 10.2 股票市场和企业部门的风险与回报(1948—2011 年)

现行股票回报率与调整后的企业增量利润率			
	回报率（%）	标准差	变异系数
股票市场	9.83	0.168	1.71
企业部门	9.50	0.132	1.39
现行股票回报率与国民收入和生产账户企业增量利润率			
	回报率（%）	标准差	变异系数
股票市场	9.83	0.168	1.71
企业部门	8.49	0.143	1.68

> ［贴现率］随时间的推移不变的假设对应着效率市场假说，这一假说认为股票市场的预期回报随时间的推移不变，并且就可预测的回报来说，进入股票市场的时间并没有优劣之分。一些更为复杂的效率市场假说版本允许［贴现率］随时间的推移而变动，但这些版本仍暗示股票市场的回报是可预测的。这里计算的简单现值与效率市场模型中流传最广且最为重要的版本相关（Shiller 2001, 260n24）。[①]

在这一基础上，席勒令“固定贴现率等于 1871 年 1 月—1999 年 6 月月度实际收益率的历史平均值，或者说等于每月 0.6%”（260n24）。[②]

① 席勒在他 1981 年的论文中指出，如果我们“允许实际贴现率无限制地随时间的推移而变动的话，那么这个模型就变得不可检验了”（Shiller 1981, 430）。这是因为股票价格的实际路径定义了一组随时间的推移而变动的回报率，所以我们也就不能用这些比率来预测股票价格。

② 考虑到计算给定年份的股票现值需要未来股息流的相关信息，他这样推测 1999 年数据截止时间以后的实际股息，假设“这一实际股息分红将会从 1999 年 12 月数值的 1.25 倍开始，按照 1871 年 1 月—1999 年 12 月的历史平均增长率即每月 0.1% 进行增长。他说，由于近年股息支付率是历史平均支付率的 80%（股息作为 10 年移动平均收入的一部分），因此 1.25 这一因子就可以对这一事实进行粗略的修正”（260n24）。

根据标准理论，计算得到的贴现现值代表了“那一年度股票市场的实际基本价值”。基于效率市场假说所需要的固定贴现率，基本价值必然是平滑的，而实际股票价格则会“剧烈波动”(Shiller 2001, 185–186, 187, fig9.1)。由于基本价值已经包含了股息的未来变动，因此对席勒而言很显然，“之后股息的实际运动并没有证实这些大的股票市场运动（ 187 ）”。效率市场假说无疑破产了。问题不在于股票市场会遭受“偶然出现的泡沫”(233)，而在于股息–贴现模型所代表的行为不能证明股票价格如此大的波动性（ 187, fig. 9.1; 2014, 14, fig. 12 ）。席勒在估算股票价格的实际价值的众多尝试中，使用了以下指标来代表不变贴现率：1870—1979 年的“平均股息除以平均价格”(Shiller 1981, 424)，“1871 年 1 月—1999 年 6 月股票市场月度实际回报率的历史几何平均值，或每月 0.6%”(Shiller 2001, 260n24)，最后“不变实际贴现率为每年 r=7.6%，等于从 1871 年开始［股票市场］实际回报率的历史平均值”(Shiller 2014, 10)。所有这些情况下都存在过度波动的问题。

如果我们反过来思考这个问题，这一根本困境就瞬间变得十分清晰了。席勒自称“效率市场假说［意味着］股票市场的预期回报率不随时间的推移而改变，就可预测的回报率来说，进入股票市场的时间没有优劣之分”(Shiller 2001, 260n24)。这恰恰是问题所在，因为如果我们将波动的实际股票市场回报率和任一固定比率如席勒最新使用的贴现率 7.6% 或者随时间的推移而变动的平均利润率进行对比，那么股票市场的回报率总是显示出相当大的“过度波动”。在图 10.12 中，平均利润率从高于 16% 降至低于 6%，而席勒的贴现率则在 7.6% 保持不变。但是，股票市场回报率所经历的更大的波动就使这两者相比之下看起来是稳定的（并且比它们的实际情况更接近）。在图 10.11 中股票回报率和增量利润率之间的紧密对应关系以及在图 10.12 中前者和固定贴现率或者平均利润率之间紧密关系的缺乏都清楚地表明：问题存在于对股票市场调节因素的特殊假定（Shaikh 1998b）。

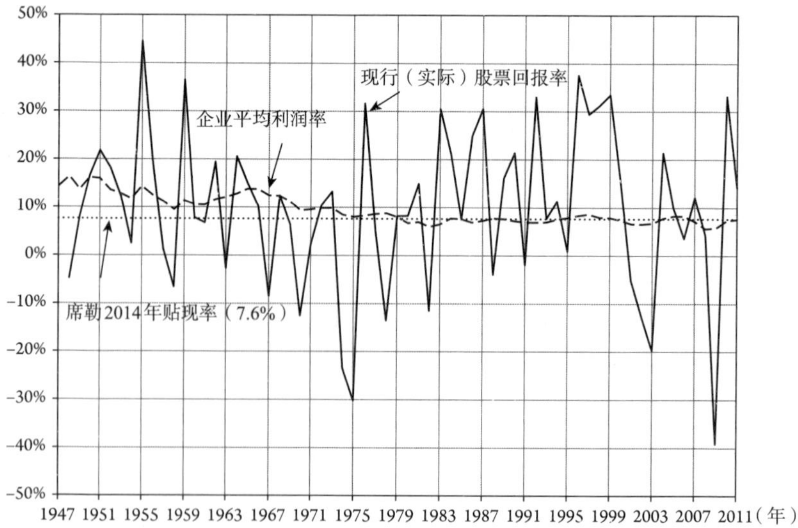

图 10.12 现行股票回报率和企业平均利润率以及席勒 2014 年的实际贴现率

席勒的方法论导致了另一个重要问题。如果股票市场的回报率是由某个外生比率（r_t）调节的，那么长期股票价格水平必然满足这一关系 $p_{eq_t}=p_{eq_{t-1}}(1+r_t)-dv_t$，如果股票实际收益率等于随时间的推移而变动的企业新增投资实际收益率（r_{I_t}），那么我们可以从方程（10.11）中关于“有保证的”实际股票价格（$p^w_{eq_t}$）的路径中推导出这一关系。问题在于，如果没有一些进一步的假设，那么我们就无法计算出有保证的股票价格。

$$p^w_{eq_t}=p^w_{eq_{t-1}}(1+r_{I_t})-dv_t \tag{10.32}$$

席勒（1981, 245）选择将其效率市场假说下“理性的”股票价格的终点等于“样本内去趋势之后的实际价格的平均值”。这相当于假设从长期来看实际价格围绕效率市场价格而呈均值回归。古典理论也假设实际价格围绕有保证的价格呈现均值回归趋势（受冲击的影响），但是在这种情况下，股票市场的外生调节利润率即为观测到的企业增量回报率，因此我们可以直接在多期内检验实际比率与调节比率之间的紧密关系。其中一种方法是使用自回归分布滞后模型或潜变量模型来估算这两个比率之间的长期关系，并用它来确定有保证的股票价格水平。除此之外，由于两个实际比率在 1948—2011 年的整个时期内都具有相同的均值（表 10.2），因此我们可以使用这个间隔作为正常化的时间间隔。[①] 这种决定有保证的价格水平的方法基本与席勒一样，因此二者之间唯一的区别便产生于假设用于调节股票市场回报率的特定比率：在古典理论中是增量利润率，而在效率市场假说中是固定贴现率。图 10.13 中的第一张图比较了真实的实际股票价格和估算的理性价格[②]，后者的平滑性正是席勒担忧效率市场假说的根源。图 10.13 的第二个图展现了真实的实际股票价格和古典的有保证的价格。[◎]这里我们看到了一个具有长尾的动荡均等化过程，它与古典理论，特别是与索罗斯的自反性概念保持一致，后者本身就是对效率市场假说的批判（Soros 2009, 50–75, 105–106）：在 20 世纪 50—60 年代“黄金时代”的长期繁荣之后，紧接着是 20 世纪 70—80 年代大滞胀的长期萧条，这段时期股票市场的实际水平急剧下降；然后是 20 世纪 90 年代中期到 21 世纪中叶的信息泡沫；国际金融危机开始时真实的实际价格和合理的实际价格同时出现急剧但短暂的下跌，紧接着是其在失业遍布全球的情况下迅速恢复。这最后一段时期致敬了货币机构力保大企业和金

① 我选择的有保证的股票价格的初始值使其与这段时间内股票价格的均值相等。

② 这里列出的所有实际价格都经过了美国经济分析局总投资价格指数的调整。因为席勒的实际理性价格是基于消费者价格指数进行平减，我用他的消费者价格指数将其结果转换成了名义量，后又按总投资价格指数进行平减。

图 10.13 真实的实际股票价格、效率市场假说下的价格和古典有保证的价格

融市场的不遗余力。"非传统的货币政策并没有向实体经济中输送信用，而是通常增加了最富裕阶级——资产再膨胀的主要受益人的财富。但现在再膨胀可能正在创造资产价格泡沫，并且寄希望于审慎的宏观政策来阻止泡沫破裂到目前为止仅仅是——过度信任罢了"（Roubini 2014）。

10.7 对利率理论的批判性研究

10.7.1 利率理论有两个维度

利率理论有两个维度：（1）"那个"利率理论；（2）利率期限结构的理论。我在本章提出，这两个方面都可以从相同的统一原则中推导得出。金融业内部的竞争使债券和可比类型的银行贷款之间存在套利，这有助于实现利率的均等化，而金融资本和非金融资本之间的竞争又使它们的调节回报率实现均等化。这两个原则的结合就产生了有关利率、债券价格和股票价格的水平与结构的理论。接下来我将首先分析第一个维度，即个别利率的理论。这里在利率和利润率之间存在着两种类型的联系。自上而下的理论将利率和新增投资回报率联系起来，后者要么取决于古典理论中由社会决定的实际工资，要么是新古典理论中实现充分就业的实际工资（Lutz 1968, 226–227, 289, 300）。另外，自下而上的理论首先分析了由流动性偏好、惯例或国家干预决定的利率，并通过它确定了利润率（Moore 1988, 258, 261; Rogers 1989; Pivetti

1991, 26–27, 128 –129）。[①]斯拉法在其阐述中一般采取自上而下的方法，但是在他随口评论称利润率也可能取决于“由银行或证券交易所设定的利率”时，又转向了自下而上的方法（Sraffa 1960, 33）。[②]

10.7.2 斯密、李嘉图和穆勒

斯密估计，在英国惯例利率大约是利润率的一半，不过他也谨慎地指出，在短期内，“通常的利率应当与惯常的利润率保持适当的比例，这个比例有必要随着利润的高低而变化”，“利息和惯常利润之间的比例，在那些普通利润率低很多或高很多的国家之间可能是不一样的”（Smith 1937, 200）。李嘉图也提到，自由市场的利率最终由“其使用的资本所能创造的利润率调节”（Ricardo 1951b, 363），尽管在短期内市场利率也受到货币数量、价格水平以及对商品和资金供需的影响。不幸的是，“在所有国家，政府都曾基于错误的政策理念进行干预，以阻止自由而公平的市场利率的形成”。因此，我们并不必然可以利用观测到的利率路径来估算利润率的路径（296–297, 363–364）。事实上，即使市场利率是自由的，“在相当长的时间间隔内也可能出现低利率与高利润率并存的情况”（Ricardo 1951–1973, 7∶199, Cited in Panico 1988, 1919）。

---

① 皮维蒂（1991, 26–27, 128–129）认为，“那个”利率由惯例和政策决定，于是每个行业的正常利润率便等于在利率水平之上叠加一个按照惯例和风险设定的行业特定溢价。因此，各行业的利润率因其风险程度不同而不同。这意味着行业利润率即使在其风险程度相同时也会因其惯例溢价构成不同而不同。

② 这个“随口评论”引起了一些争议。斯拉法在后来给加雷尼亚尼的一封信中澄清了他的观点，他说他的主要观点是利润率以及因而不同阶级之间的收入分配可以独立于新古典的资本和劳动力稀缺概念而决定（Panico 1971, 301–302）。从积极的角度来看，他“并没有看到基于受控的或根据惯例得到的利率来决定利润率时的困难”（302, quoting Sraffa）。但是，他也不想“过分坚持其关于货币利率的随口评论”（Bellofiore 2001, 366, quoting Sraffa）。帕尼科（1988, 7–9）指出，根据利率来确定利润率将使斯拉法成为这种传统的一分子，其中“实际工资……作为余量变量而被决定”，在此由货币政策决定。

穆勒通常遵守古典的公理，认为经济中存在一个由利润率决定并调节市场利率的“自然”利率（Ahiakpor 1995, 444）。但是，他也试图“减弱人们基于利率的证据推导出与利润率相关的推论时所表现出的自信，并说明尽管利润率是决定利率的众多因素中的一个，但是后者也会受一些本身所特有的因素的影响，即使一般利润率保持不变，利率仍然可能暂时地或者永久地上升或下降”（Mill 1968, essay IV “On Profits, and Interest,” 90–119）。因此，假定利率与利润率之间的比例随着时间的推移而保持不变是错误的，“几乎没有人试图对该比例进行定义”。于是，我们就不能通过利率数据判断利润率的水平和趋势（106–107）。穆勒强调，利润率与利率之间的差距决定了“监督工资”，即利率必须小于利润率才能使资本家的活动有利可图（107–109）。最后，他注意到，银行也是追求利润的企业，因此竞争会使其利润率水平等于一般利润率，这又使“利率”可能呈现一些进一步的异常现象（114），对此穆勒尝试去解决但没有成功。[①] 这最后一步至关重要，因为银行利润率与一般利润率之间的均等化为作为银行贷款价格的利率与利润率之间建立起了直接的联系。穆勒要处理的问题是将这种联系与他自己关于二者之间的比例通常并不稳定的观点进行调和。

10.7.3 马克思

马克思认为，除了在商业周期中的某些阶段外，利率通常低于利润率（Itoh and Lapavitsas 1999, 70–71）。但在此之外，他的论点存在很明显的歧义。马克思在 1861—1863 年撰写了《剩余价值理论》为三

---

① 穆勒考虑了银行业利润率大于一般利润率的情况。他提到，这将刺激资金流入银行业，进而提高银行业的成本，从而降低其利润率。或者，它也可能刺激银行家对存款的需求，从而提高存款利率。但他并没有讨论其中的核心机制，即资本流入银行部门从而拉低贷款利率的情况（Panico 1988, 96–97）。

卷本《资本论》做准备，他在此从古典经济学的角度分析了这两个变量。“利息率（货币的市场价格）……在货币市场上正像其他一切商品的市场价格一样，是由买者和卖者之间的竞争，是由需求和供给决定的”[①]（Marx 1971, addenda, 509）。从概念上看，“一般利息率当然是和一般利润率相适应的”（461），在这方面，“值得注意的是，像穆勒这样的经济学家，他们依赖“利息”和“产业利润”的形式以将“产业利润”转化为监督劳动的工资，同时他们与斯密、李嘉图和所有其他值得一提的经济学家一样，承认平均利息率由平均利润率决定”（505）。这使得他用公式建立了利率和利润率之间的联系，“如果利润率给定，则利息率的相对水平取决于利润划分为利息和产业利润这两个部分之间的比率。如果这一分配比率给定，则利息率的绝对水平（即利息与资本之间的比率）取决于利润率”（471）。

1863—1867 年，在完成《剩余价值理论》4 年之后，马克思完成了用以出版的《资本论》第一卷，并准备了第二、第三卷的初稿（Engel 1967, 3–4）。在第三卷的初稿中，他在第四部分讨论了由商业资本（批发、零售）和货币资本共同构成的商人资本（Marx 1967, 267, 301, 323）。他指出，虽然这两种资本都不参与生产，但它们都能赚取利润，也都参与利润率的均等化过程（279, 285, 322）。在这个部分，他将货币交易商的资本简化为其储备金，并假设他们通过为其（货币交易）活动收取费用赚钱（Panico 1988, 181）。

人们会认为，马克思在《资本论》第三卷第五部分这一紧接着的部分中明确讨论的利息、利润、企业利润（利润扣除利息的部分）将会建立在这个基础上。的确，马克思在第五部分中提到了银行，并将其利

---

① 中文转引自《剩余价值理论》，《马克思恩格斯全集》第 35 卷，人民出版社，2013 年版，第 370 页。——译者注

润率与借款利息率和贷款利息率之间的差异联系在一起（Marx 1967c, ch.25, 402–403; Panico 1988, 182）。这里关于“进”“出”利息率之间（在希克斯意义上）的区别已经构成了前面的评论所提到的初期期限结构理论，即“利息率本身随着借款人提供的担保的种类不同，随着借款时间的长短不同，也经常会有所不同”[①]（Marx 1967c, 365）。这都与马克思在《剩余价值理论》和《资本论》第三卷第四部分中的分析一致。如果对此进行自然的拓展，就该分析银行业利润率的均等化对利率的影响。但是，在一个表面上专门用以分析利息和利润之间关系的章节中，这一问题根本没有得以解决。《资本论》的其他部分也没有解决这个问题。相反，除了上述关于利率和银行利润的内容外，第五部分的绝大多数内容都专注于说明利率并不由利润率均等化决定。[②]

我们需要认识到，第五部分并不属于马克思《资本论》第三卷草稿的一部分。恩格斯谨慎地告诉我们，正当马克思准备写这个部分时，他被“严重的疾病压垮了。于是，这里不是他已经完成的草稿，而只是一个更为详细的分析工作的开端——常常只是一堆杂乱无序的笔记、评论和摘录”。在马克思去世后，恩格斯说，他反复尝试了三次去试图填补上他认为会属于马克思的论点，但都失败了，他也因此最终放弃了这个努力，只是“尽可能有序地整理所有可得的材料”（Engels 1967, 3–4）。[③]因此，第三卷的利率部分实际上是由恩格斯组织的。我们无法

① 中文转引自《资本论》第三卷，人民出版社，2004 年版，第 410 页。——译者注

② 伊藤诚和拉帕维查斯（1999, 70, 95–96）注意到，根据马克思的论述，银行资本参与利润率的均等化过程。他们也强调马克思曾提到，利率不能由任何“规律”决定，因为资本既构成可贷资金的需求，也构成其供给（72, 97–98, 267–268）。他们试图调和这两个明显相互冲突的说法，提出生息资本不参与利润率的均等化过程，因为这种资本“是从资本主义积累中的扣除”（61, 70）。

③ 恩格斯继续说道，关于利率与利润率关系的第 21—24 章，“大体上是完整的”。从他之前的言论中我们可以清楚地知道，他的意思是他（恩格斯）能够比较容易地从马克思无序的大量笔记中编纂出这些章节。

推断其中涉及的不同手稿的写作日期、其中有多少材料会在第三卷第一稿中得到保留，也无法得知其中的论点将如何与同一卷之前章节以及《剩余价值理论》中的内容调和起来。

无论怎样，马克思在这一节中坚持认为：

> 一个国家中占统治地位的平均利息率，不同于不断变动的市场利率，不能由任何规律决定。在这方面，像经济学家所说的自然利润率和自然工资率那样的自然利息率，是没有的。……没有任何理由可以说明，为什么中等的竞争条件，贷出者和借入者之间的均衡，会使贷出者得到他的资本的 3%、4%、5% 等等的利息率，或得到总利润的一定的百分比部分，例如 20% 或 50%。当竞争本身在这里起决定作用时，这种决定本身就是偶然的，纯粹经验的，只有自命博学或想入非非的人，才会试图把这种偶然性说成必然的东西。……在中等利息率不仅作为平均数，而且作为现实的量存在时，习惯和法律传统等等都和竞争本身一样，对它的决定发生作用。……根据以上所述可以得出结论，并没有什么“自然”利率[①](Marx 1967c, 362–364)。

马克思继续解释为什么只靠竞争并不能决定利率和利润率之间的关系。“如果有人进一步问，为什么中等利息率的界限不能从一般规律得出来，那么答复很简单：由于利息的性质。利息不过是平均利润的一部分。同一资本在这里有双重规定：在贷出者手中，它是作为借贷资本；在执行职能的资本家手中，它是作为产业或商业资本。但它只

① 中文转引自《资本论》第三卷，人民出版社，2004 年版，第 406—408 页。——编者注

执行一次职能，也只生产一次利润。在生产过程本身中，资本作为借贷资本的性质不起任何作用。”[①]（364）如果马克思将此纳入最终的草稿，那么这个解释就会显得格格不入，因为他自己在第四部分曾提到货币资本的确参与利润率的均等化过程，尽管它们都不直接参与生产过程。

如果我们从马克思在这一部分所采用的视角来分析这个问题，利润中利息所占的份额就可以写成（利息 / 利润）=($i\cdot\mathscr{L}\mathscr{N}/r\cdot K$)，从而利率与利润率之间的关系可以以利息在利润中的份额和银行债务与资本的比例（杠杆）为中介：

$$i=r\cdot\left[\frac{(\text{利息}/\text{利润})}{(\text{资本}/\text{债务})}\right] \tag{10.33}$$

马克思很正确地指出，除了利率低于利润率的条件外，并不能从利息在利润中的份额和企业杠杆程度中推导出一般性规律。习俗、法律传统和制度当然会在此发挥重要作用。因此，如果我们抽象掉货币交易和银行业务的成本，那么利率就只能取决于决定资金供求的因素。这样一来，就没有充分的理由使“平均竞争条件、贷款人和借款人之间的平衡”一定会产生特定水平的利息 / 利润或杠杆比率。但是，如果我们将生产成本抽象掉的话，同样的说法也适用于其他任何商品的价格，正如新古典经济学在其关于资本主义的初始表述中惯常所做的一样，将其看作一个纯粹的交换体系：如果不存在生产成本和资本投资，那么商品价格只能取决于供求关系。然而，马克思和古典主义者都强调生产价格调节市场价格，因为生产确实需要成本，也确实需要资本。令人震惊的是，恩格斯组织起来的章节并非建立在马克思先前的观点之上（当然这并不是他本身的错），即货币资本（包括

① 中文转引自《资本论》第三卷，人民出版社，2004 年版，第 408 页。——译者注

银行业）都有成本，也都受利润驱动，且都参与利润率的均等化过程（Panico 1988, 61）。

这里还有三个进一步的问题很重要。首先，为了尽力调和马克思文本中存在的明显歧义，这样做看起来是吸引人的，基准利率是一系列因素共同决定的，而更长期的“出借”利率取决于银行的成本和利润。希克斯（1989, 106–107）在回应凯恩斯利率理论中存在的类似问题时所采取的正是这种方法。但我认为这是一种内在不一致的混合体，因为它将短期“货币市场”中货币交易商的成本抽象掉了，同时假设货币交易商的成本决定更长期限的利率。这也是我自己在进行论证时将基准利率本身视为生产价格的原因。其次，马克思了解了图克关于利率也与价格水平相关的发现，这意味着利率和利润率之间不可能存在一个固定的斯密式比例。的确，正如马克思所知道的，李嘉图和穆勒在弥合斯密式比例与经验证据之间的差异时感到很棘手。但是，一旦我们考虑到这样的事实，即利率本身也取决于提供融资的成本，从而也取决于一般价格水平［方程（10.7）］，这个困难就可以迎刃而解。最后，即使当利率是利润率和价格水平的函数［$i = f(r, p)$］时，马克思提出利息 / 利润比 =$[f(r, p)/r](\mathscr{L}\mathscr{N}/K)$会随着国家的不同和时间的推移而不同的观点也依然是正确的，因为杠杆的规模（$\mathscr{L}\mathscr{N}/K$）、利润率和价格水平可能会发生变化。换句话说，利润率决定利率并不意味着经济中存在着一个“自然”的利率水平，因此马克思拒绝接受后者也是正确的。

10.7.4 新古典主义和凯恩斯主义的利率水平理论

10.7.4.1 套利使回报率均等化

新古典主义和凯恩斯主义的利率理论的秘密在于它们抽象掉了货币交易者的成本。因此，虽然长期的商品价格取决于生产成本，但是长期利率必须由其他方式来解释。起点是这样的观念，即套利使所有期限结构的金融资产的单期收益率实现均等化，[①] 因而所有这样的收益率都基本相等。这种套利过程由“投机者”进行，因为大多数其他的参与者都会关注不同金融资产的更安全的到期收益率（Lutz 1968, 257）。但是，如之前方程（10.16）所指出的，单期零息债券（贴现），如国库券的回报率等于其利率（到期收益率）。因此，套利会使整个回报率集合都等于一个单一水平的利率，这就是我们称其为“那个”利率的原因（Conard 1959, 288–289, 298）。最后，如之前方程（10.17）所示，单期收益率通常与到期收益率不同，因此前者的均等化意味着虽然同等期限金融资产的利率彼此相等，但不同类型的金融资产仍然存在差别（Altman and McKinney 1986, 12–24）。

10.7.4.2 两个进一步的问题：利率水平和期限结构

于是出现了两个问题。金融资产回报率的均等化并不足以决定其共同水平，因此标准方法还需要“那个”利率的理论。由于回报率的均等化并不意味着利率的均等化，因此这种方法也需要期限结构理论。

① 科纳尔称这些单期回报率为“有效收益率”，以使其区别于到期收益率（Conard 1959, 29, 326）。

10.7.4.3 关于利率水平的新古典理论

针对第一个问题，新古典理论将利率（金融资产的共同回报率）与实体部门的利润率相等（Lutz 1968, 226–227）。实际上，卢茨明确将实体部门的利润率定义为“新增投资的边际回报率”，并表示在静态均衡中，利率等于充分就业均衡下的这一实体部门利润率（Lutz 289, 300; Panico 1988, 3）。

$$i = r_{b_1} = r_{b_2} = \cdots = r_{b_n} = r \qquad (10.34)$$

10.7.4.4 凯恩斯主义和希克斯主义的利率水平理论

凯恩斯主义一方针对利率理论存在很大的分歧。凯恩斯自己认为，由于套利使单期回报率实现均等化，因此所有资产都是等价的，在相对于彼此的流动性上是相同的，在相对于货币的非流动性上是相同的。在这种情况下，唯一一个实际选择是在以下两者之间做出的：为了流动性而持有流动资金，投资金融资产（每一种金融资产的均衡回报率都等于“那个”利率）。人们将比较货币的流动性优点与投资金融资产的回报，利率越高，意愿货币余额就越小。这被认为决定了随着利率的上升而下降的货币需求。在任何给定的货币供给和产出水平下，利率在货币市场中被决定为使货币需求与货币供给相等的这样一种水平（Modigliani 1951, 199–200; Harrod 1969, 182）。将货币和利息联系起来的流动货币（LM）供给直接产生了希克斯著名的 IS–LM 模型（Moore 1988, 248）。在流动货币曲线上，任何给定水平的利率都对应着特定水平的投资需求（因为投资取决于投资回报率与利率之间的差异，即企业的利润率水平），它通过乘数效应决定了足以使储蓄等于投资的产出水平。利率会受到产出对货币需求的影响，而产出又受到利率对投资的影响。在标准假设下，利率和产出水平都是被唯一决定的。最后，对凯恩斯的传统解读认为利率决定投资回报率（投资的边际效率），尽管关于这一点也存在争议（Moore 1988, 261; Panico 1988, 146–156）。[①] 作为 IS–LM 模型的提出者，希克斯肯定是以凯恩斯的方法开始研究的。他随后将利率的期限结构视为金融中介“进”和“出”利率的问题（Hicks 1965, ch.23）。我稍后将会分析这个问题。但不久之后他便结束了这个循环，认为整个结构取决于基准利率，即银行的存款利率，该利率由银行对准备金的需求和货币持有者的流动性偏好之间的相互作用共同决定。基准利率成了“这个理论体系中的关键因素”（Hicks 1989, 106–107）。

这些论点中似乎没有哪一个意味着这些私人市场运作可以确保充分就业的实现。凯恩斯主义版本将这一问题留给国家这一“看得见的手”，或者通过财政政策移动 IS 曲线，或者通过货币政策移动 LM 曲线，纠正“看不见的手”运行时的所有缺陷，以获得适当的产出和就业水平（Ritter, Silber, and Udell 2000, ch.25）。对新古典主义者来说，这当然是不能接受的，他们在不久之后便对 IS–LM 模型进行了适当的调整以确保充分就业的自动实现。如果经济中存在失业，货币工资水平就会下降，这会降低价格水平。消费者实际收入保持不变，因此在 LM 曲线上对货币的实际需求也是一样的。总利润不会发生改变（较低的销售额将被较低的成本抵销），因此投资需求也保持不变。但现在的货币供应量会因价格下跌而增加，因为它现在代表更高的潜在实际财富。因此，实际货币供给上升，LM 曲线上利率必须下降以促使人们持有更大（实际）数量的货币。利润率不变而利率下降，这将提高企业的利润，从而提高投资，因而将提高 IS 曲线上的产出和就业。这个过

① 在完全竞争和真实竞争中，企业都可以在不改变其利润率的条件下扩大其资本存量。因此，我们没有理由认为投资回报率必然随着投资规模的扩大而下降（Panico 1988, 152）。

程将会持续至充分就业的实现。因此，凯恩斯最初用来解释自由市场如何产生持续失业的框架最终变成了自由市场如何必然导致充分就业的标准解释（Ritter, Silber, and Udell 2000, 503–505）。继续使用 IS–LM 模型的凯恩斯主义者不可避免地被迫诉诸这样的观点，即“市场的不完美”，比如“工资和价格水平的黏性”，将会使任何趋于充分就业的进程都非常缓慢，因此依靠国家引致的总需求增加来加快这一进程具有社会意义。此外，有人认为，随着利息水平的下降，货币需求的响应程度可能会逐渐变得越来越不灵敏，当后者变得足够低时，实际货币供给的任何进一步增加都不会产生什么影响（469–472）。许多代宏观经济学家都接受了这种训练。我将在本书的第三部分再分析这些问题。

10.7.4.5 后凯恩斯主义的利率水平理论

新古典理论对 IS–LM 模型的接收迫使凯恩斯的追随者走向多个其他方向。雷认为“流动性偏好理论是后凯恩斯主义方法中……的一个关键要素”（Wray 1990, 156）。帕尼科（1988, 103）认为，凯恩斯的流动性偏好理论“并不能决定平均利率。它只描述了使该比率进行自我实现的市场机制”。根据帕尼科的解读，凯恩斯最终提出了“决定这个利率的历史传统特征的理论”，它最终“取决于市场对其预期的‘普遍观点’”（128）。他指出，这与马克思的论点，至少与恩格斯编纂的《资本论》第三卷中的版本具有可比性（Engels 47, 141）。类似地，罗杰斯（1989, 268）认为，长期利率是系统的关键，因为它决定了投资水平，从而也（借由乘数效应）决定了产出水平和就业水平。但是，一旦我们认识到利率是“期望性的、主观的、心理层面的和不确定的”，就会认识到投资和产出也具有其同等的条件，这意味着在资本主义经济中并不存在将利率……与完全就业下的产出水平相联系的机制”（270）。另外，摩尔（1988, 246）则认为如果凯恩斯认识到“央行设定的是利率而不是货币供应量”，那么其利率理论的困难就会得到解决。标准的流动货币机制取决于随着利率的上升而下降的货币余额（储备）需求与国家决定的固定货币供给之间的互动。于是，对于任何给定的产出水平，只有特定的利率才能使货币需求与货币供给相匹配。但是，给定货币供给的概念建立在这样的基础上，即国家直接向家庭和企业提供部分货币，并通过向银行业提供准备金间接提供剩余的货币。后者决定了银行在满足法定准备金要求（贷款创建存款，而存款需要准备金）下所能提供的贷款的最大额度。在新古典观点中，正是国家引致的货币供给与私人资金需求之间的这种对抗决定了利率（Ritter, Silber, and Udell 2000, 21–22）。如果反过来国家试图固定利率，那么国家就必须调整银行的准备金需求以使货币供给在意愿利率下等于货币需求。拉沃（2006, 57–59）和雷（1990, 187）确认这是目前后凯恩斯经济学的共识。当然，这回避了这样一个问题，即当央行的利率遵循市场利率时，[①] 或者说当央行还不存在时，利率是由什么因素决定的。

10.7.5 新古典主义和凯恩斯主义的利率期限结构理论

新古典理论在建立利率期限结构的理论基础时遭遇了巨大的困难。套利应该使所有金融资产的单期回报率都相等，从而使它们的到期日没有理由在这个方面产生重要影响。此外，在具有稳定债券价格且没有风险的标准新古典框架中，回报率等于利率［方程（10.14）~

---

① 在一些国家，央行利率持续高于市场利率，以确保银行只有在真正需要的时候才向央行借款。在美国，央行利率低于国库券的收益率，但存在监督以确保私人银行不会滥用这种特权。在这两种情况下，央行利率往往跟随市场利率，而不是引导市场利率（Mehrling 2011, 39）。

方程（10.17）]，所以套利也会使后者实现均等化。于是，可以不存在期限结构回报（Lutz 1968, 219; Ritter and Silber 1986, 453–454）。我们不能诉诸金融资产之间的流动性差异来为收益率曲线奠定基础，因为在假定完全确定性和正确预期的条件下，“所有到期日都具有相同的流动性，因为它们都可以在可预测的价格水平下出售，并且给定时间段内的［回报率］也都相等。在这种情况下，收益率曲线的形状不能反映不同期限证券的流动性程度”（Conard 1959, 326）。当考虑风险时也会出现同样的问题：如果对所有资产的评估都在单期内进行，那么就没有理由认为期限更长的债券（如投资资产）具有更高的风险，也没有理由认为从当前开始的一个时段内短期债券和长期债券的违约风险有什么不同。引入流动性偏好也不能解决问题。凯恩斯主义的理论前提是，金融流动的不确定性使持有货币具有必要性，而新古典的理论前提是所有金融资产在未来一期都具有相同的回报率，这一回报率水平要么是确定的，要么至少具有相同程度的不确定性（Hicks 1965, 284）。虽然这可能为人们在货币和一般金融资产之间进行权衡提供了基础，但它并不改变这一事实，即回报套利会使所有金融资产都具有相同的流动性。请注意，如果不同金融资产之间的回报率实现了均等化，投资收益率可能确实会有所不同，但没有任何理由认为期限更长的资产具有更高的投资回报率。考虑单期零息债券和长期债券具有相同回报率的情况，如方程（10.16）和方程（10.17）所示：$r_{b_{0_t}} \equiv i_{b_{0_t}} = r_{b_{Lt}} \approx i_{b_{Lt-1}}(1+\frac{1}{i_{b_{Lt}}})-1$。这显然与长期回报率高于、等于或者低于短期回报率的情况都兼容。

同样的观点也适用于对资产价格的标准期望分析方法（卢茨–康纳德–希克斯）（Modigliani 1951, 200）。假设代表性行为人可以在今天以

8% 的回报率购买一年期的短期国库券，并（正确地）预期到这个比率会在明年上涨到 10%，那么这个行为人可以在今天购买一年期的短期国库券，并在明年再次购买平均回报率约为 9% 的一年期的短期国库券，也可以现在购买两年期的短期国库券。根据新古典的论点，一个两年期的证券与两个连续一年期的证券回报相同（即约为 9%）。在这种情况下，期限更长的证券具有更高的收益率。相反，如果人们预期明年的短期利率会下降，期限更长的证券将具有更低的收益率（Ritter Silber, and Udell, 2000, 77–78）。根据期望假设，长期资产的现行收益率是预期短期收益率路径的乘法平均值。因此，我们并没有理由认为收益曲线会向上倾斜，但这是人们最常观察到的情况（75）。期望假设也意味着短期收益率和长期收益率可以朝着相反的方向运动，但是在实际中它们往往朝着相同的方向移动（见图 10.4）。解决这个问题的其中一种方法是假设预期短期收益率的不确定性随着时间的推移而上升，此时短期收益率的短期波动将支配长期收益率的变动。虽然这促使两组收益率朝着相同的方向移动，但这仍然不会产生向上倾斜的收益曲线（Conard 1959, 312–313）。解决这一问题的最后一种可能依赖这样一个事实，即给定到期收益率的变化，长期债券的价格比短期债券的价格波动更剧烈，从而长期债券会产生更大的资本收益或资本损失。假设代表性投资者是厌恶风险的，那么我们可以预期长期资产的收益率一般会较高。这通常被称为期望方法的流动性溢价修正，尽管它实际上是风险溢价修正（Ritter, Silber, and Udell 2000, 60, 79）。上述论点基于这样一个概念，即期限更长的资产的收益是基于“那个”短期收益率所得收益的几何平均值。但是，由于套利使所有资产都变得相似，所以我们完全可以将上述论述颠倒过来，转而从长期收益率的预期路径中推导出短期收益率的路径（Ford and Stark, 1967, 17）。于是，如果后者与利润率相关联，那么期望方法将意味着所有利率的路径都为利润率的预期路径所驱动。最后，所有的标准期望理论都面临这样的棘手难题，即它们都必须建立在市场“对预期利率有统一观点”这一假设的基础上。“无论在什么程度上的多样化预期，都被假定不存在”（Dodds and Ford 1992, 178）。勒基特（1959）很久以前曾指出，重要的不是个人对短期收益率未来路径的预期，而是个人对市场预期的预期。卢茨（1968, 218）承认，“如果我们遵循这个逻辑，那么我们必须放弃期望理论”。我们也确实应该这样做。

10.7.5.1 凯恩斯和希克斯的期限结构理论

在《货币论》中，凯恩斯通常采用期望方法来构建期限结构理论，指出短期收益率对长期收益率的影响。在《就业、利息和货币通论》中，他引入了对商品投机套利的持有成本和不同程度的销售困难带来的流动性溢价这两个概念，以补充之前的理论。因此，套利将使基于持有成本和流动性程度而不同的金融资产回报率实现均等化（Panico 1988, 160–163）。希克斯反而依赖预期的异质性来论证即使在确定性情况下利率也会有所不同。他“遵循凯恩斯关于商品期货市场的想法……推导出其期限结构理论”（Dodds and Ford 1992, 173）。希克斯认为，作为放债人的债券购入者将偏好短期债券，因为未来是不确定的，并且他们厌恶风险，而作为借款人的债券卖出者则偏好长期债券。面对这种假定的不对称性，即假设“金融市场在长期的确存在本质性缺陷”，只有通过流动性溢价才能促使债券买家进行长期放贷（Dodds and Ford 1992, 174, quote from 179）。凯恩斯也明确假定市场中存在发散的预期（即既存在牛市又存在熊市的预期），因此经济中总会有一些人希望保持自己的流动性（Dodds and Ford, 178）。最有趣的是，希克斯随后根据凯恩斯初始论点中的“持有成本”部分构建起自己的期限结构理论，在这里可以被理解为银行业和金融中介的运行成本（Hicks 1965, 284–292）。关键是金融中介的生存需要存款利率低于贷款利率、贷款利率低于客户的（预期）利润率。在这一阶段，他只提到存款利率由金融体系的特定结构决定（289）。如前所述，他随后认为，存款利率是整个利率结构的“关键因素”，它由银行设定，以吸引支持银行放贷要求所需的存款（Hicks 1989, 107）。我自己关于期限结构的分析基本上以希克斯的理论为基础，只不过在我的框架中，即使是存款利率也是从利润率均等化过程中推导得出的。

10.7.5.2 后凯恩斯主义的期限结构理论

后凯恩斯主义的期限结构理论与其基准利率理论一样具有多样性。后凯恩斯经济学的共识是，基准利率由央行决定，利率的期限结构则由银行业的成本和利润的加总决定。与后凯恩斯主义的传统一致，利润水平由垄断权力决定。因此，如果成本和利润是稳定的，那么所有的利率都取决于基于基准利率的稳定加成（Rousseas 1985; Moore 1988, 283; Fontana 2003, 9, 14）。帕利（1996）基于银行的利润最大化行为，推导出贷款利率在外生给定的基准利率之上的灵活加成。另外，雷（1990, 198）认为，投机套利建立的“利率‘期限结构’并不具有什么客观基础”，最终由经验法则和行为规范决定。

10.7.6 帕尼科对古典主义和凯恩斯主义方法的综合

帕尼科的巨大贡献在于他认真地分析了古典主义、马克思和凯恩斯的理论中利率与利润率之间的关系。[①] 对此极具启发性的分析构成了他的著作的大部分内容，我从中受益匪浅。在这项工作的最后，他提出可以将马克思的理论和凯恩斯的理论整合进单一的模型中。他从马克思的理论中借鉴了这样的概念，即银行是参与利润率均等化过程的资本家企业。他从凯恩斯的理论中借鉴了这样的概念，即套利会使金融回报率均等化，都等于某个外生给定的“非流动性”溢价（Panico 1988, 184–186）。银行短期贷款利率（i）通过非流动性溢价（ϑ_0）与存款利率（i_0）联系在一起。利润率（r）也通过另一个流动性溢价（ϑ_K）与存款利率相关。[②] 我接下来会分析帕尼科没有区分活期存款和定期存款这个问题。

$$i = i_0 + \vartheta_0 \qquad (10.35)$$

$$r = i_0 + \vartheta_K \qquad (10.36)$$

这样来解读以上方程是吸引人的，即它们根据某个给定的存款（基准）率决定了贷款规模和利润率。但是，帕尼科并没有打算这样做，因为他的方程也将用于决定存款利率。然而，我们已经发现了一个小问题，因为将两个方程进行联立会得到$i = r-(\vartheta_K - \vartheta_0)$。这样一来，利率可能大于利润率，否则我们必须增加一个限制条件 $\vartheta_K > \vartheta_0$ 来确保上述情况不会发生。

在其关于非金融部门的公式化表达中，帕尼科修改了斯拉法的方程以将净利息支付（贷款利息减去存款利息）考虑在内。这对应于国

① 我要感谢杰密·穆杜德对帕尼科工作的许多富有洞见的讨论。我自己对这个问题的兴趣始于 1983 年，受福利（1988）一篇非常有趣的分析竞争性货币市场和银行业的微观经济学的文章启发。这使我注意到帕尼科的工作，并在 2000 年试图与穆杜德基于谢克和托纳克（1994, 53–56, 351–355）的成果提供一个与帕尼科不同的模型。我们都遇到了推导基准利率的挑战，这反过来促使我注意到希克斯的分析，并最终得出我现在的分析框架。

② 他也引入了通过另一个给定的流动性溢价与存款利率联系起来的长期贷款利率，但他并没有在后来的分析中用到这一关系（Panico 1988, 186）。

民收入账户中对利润的定义，意味着利润率均等化只作用于利润超过净利息的部分。因此，生产价格取决于企业的债务和存款决策（Panico 1988, 186, equation 6.4）。如果所有企业在每个方面都是同质的，那么代表性企业的净负债越高，它的竞争性价格也就越高。如果企业彼此不同，那么净债务最少的企业很可能将扮演调节资本的角色，因此没有债务的企业将决定生产价格——这回到了标准生产价格的方程，其中净负债不起作用，利润率均等化作用于调节资本的所有利润实现。我认为这事实上是正确的结果，因为利润率的均等化作用于所有利润，从而企业的财务杠杆只能将一部分利润转移给金融家。任何资本为其银行贷款所支付的净利息都只是利润的一部分，而不构成投入成本。这进一步意味着银行为自己的净债务（即自己的贷款和存款）所支付的净利息也是其利润的一部分，而不是成本。但是，对银行业而言，它们为客户存款所支付的利息属于"投入成本"，而针对客户贷款所收取的利息则是"销售"的一部分［方程（10.17）］。帕尼科确实遵循了这最后一个惯例。这最后一个设定，但那也只是因为他忽视了银行本身的净债务。最后，他还假设货币工资是给定的。

至此，他提出了一个具有 n+4 个方程的流动资本模型：n 个生产方程、一个银行方程、两个利息-利润关系方程和一个货币工资方程。其中有 n + 4 个变量：n 个价格、一个利润率水平、一个货币工资、两个利率水平。令 p、a 和 l 分别代表价格向量、生产-投入矩阵和劳动向量，w、r 分别表示标量工资和利润率。帕尼科还在生产行业的成本之上增加了一个净利息项（$\mathrm{i}\cdot\ell - \mathrm{i0}\cdot d\wp$），其中第一项表示贷款利率（i）应用于单位产出的贷款向量（ℓ），第二项表示存款利率（i_0）应用于单位产出的存款向量（$d\wp$）。对单个银行部门而言，他将为存款支付的利息（$\mathrm{i}_0\cdot\mathscr{D}\mathscr{P}$）看作银行的投入成本，而将银行贷款所获得的利息看作银行的收入。在此之上，再增加两个方程，通过外生给定的非流动性溢价将存款利率、贷款利率和利润率联系起来，并增加第三个方程，代表外生给定的名义工资（w*）。

$$p = (p \cdot a + w \cdot l)(1+r) + i \cdot \ell - i_0 \cdot d_{p}$$

$$i = (p \cdot a_{bnk} + w \cdot l_{bnk})(1+r) + i_0 \cdot d_{\ell}$$

$$i = i_0 + \vartheta_0$$

$$r = i_0 + \vartheta_K$$

$$w = w^* \qquad (10.37)$$

帕尼科的模型得到了所有变量的绝对水平，包括价格。正如他自己所说，这是因为他的模型受外生给定的“非流动性贴现”ϑ_0、ϑ_K 的驱动。他认为，货币政策可以改变这些溢价，而这不仅会影响利率的期限结构，而且会影响利润率和价格水平。例如，限制性货币政策可能会推高这两种溢价，提高利润率、价格水平和所有利率。请注意，在这种情况下，至少名义利率将随着价格水平的上升而上升，这为图克和吉布森的发现提供了解释。由于货币工资是外生给定的，这一政策调整也会降低实际工资（Panico 1988, 187）。另外，给定的实际工资只有在“兼容的货币政策”下才是可能的（Panico 1988, 187–188）。我们必须认识到，这些仅仅是随口的评论，并没有对该模型的性质及其传播机制进行进一步分析。

我自己的分析截然不同。首先，我并未把企业为净债务所支付的净利息看作一种生产成本，而是将其看作总利润的支出。这同样适用于银行业。不同的是，在后一种情况下，还存在银行特有的由客户存款构成的投入，所以为这些特定存款所支付的利息构成投入成本。因此，在我的模型中，生产系统的总体价格包括生产部门的标准斯拉法价格，并由银行部门补充，对后者来说，单位产出中为客户存款所支付的利息是投入成本的一部分。为了与帕尼科的结果具有可比性，我将关注流动资本模型。生产体系与斯拉法相同，外生给定的实际工资决定了利润率和相对价格水平。绝对价格水平的确定则属于宏观经济分析领域，正如之前在第5章和接下来本书第三部分第15章所讨论的。银行部门的投入向量uc，包括存款活动（按存款–贷款比加权）和贷款活动的物质投入。这些在之前都由单个系数$ucr^{\mathscr{D}}$、$ucr^{\mathscr{L}}$表示，分别代表单位存款的实际成本和单位贷款的实际成本，因此银行业中单位产出（即单位贷款）的平均成本变为$\frac{ucr^{\mathscr{D}} \cdot \mathscr{DP} + ucr^{\mathscr{L}} \cdot \mathscr{LN}}{\mathscr{LN}} = ucr^{\mathscr{D}} d_{\ell} + ucr^{\mathscr{L}}$，其中$d_{\ell} \equiv \frac{\mathscr{DP}}{\mathscr{LN}}$。同样的逻辑显然也适用于多种商品投入的情况。因为活期存款不支付利息，所以对任何给定的价格水平而言，贷款利率（i）取决于利润率。给定实际工资，利润率是给定的且不受价格水平的影响。另外，利率直接随着价格水平的上升而上升，这是我自己解决吉布森“悖论”[方程（10.8）]的方法。如前所述，经济中并不存在自然利率，因为在每个价格水平上都对应着一个竞争性利率。我们也很容易看出可以在模型中增加另一个方程来确定下一个更长期的利率（i_2），它取决于基准利率（i）、利润率和价格水平[方程（10.9）]。这样我们就可以通过这种方式推导得出竞争性利率的期限结构，而且只要更长期的承诺需要更高的成本，它就往往是向上倾斜的。但是，由于市场利率可能与竞争性利率有所不同，所以在任何一个时刻期限结构都可能颠倒过来。

$$p = (p \cdot a + w \cdot l)(1 + r)$$

$$i = (p \cdot a_{bnk} + w \cdot l_{bnk}) \cdot (1 + r) + r \cdot \mathscr{r}_d \cdot d_{\ell} \qquad (10.38)$$

10.8 股票市场理论

《华尔街日报》发表了金融经济学家马修·罗思曼的一则声明，其中他对金融市场经历了一系列“万年难得一见”的事件表示惊讶。随文章附上的罗思曼先生的肖像照显示，他显然没有到一万岁这么老，因此我们可以认为他不是基于自己的经验，而是基于一些理论模型——这些模型产生了罕见事件的风险，或者他所认为的罕见事件的风险，做出了这样的推断（Taleb 2007）。

10.8.1 套利与现代金融理论

大部分现代金融理论都建立在这个假设的基础上，即资本的流动性使风险调整后的回报率实现均等化（Cohen, Zinbarg, and Zeikel 1987, 131–148; Dybvig and Ross 1992, 48），这包括马科维茨的回报 - 风险权衡、在资产定价和套利定价理论模型中风险调整后的回报大致相等，以及有效市场理论中预期回报和实际回报的随机相等。后者还基于这样的假设，即资产的价格肯定充分反映了所有可获得的信息，因为不这样的话经济中就存在吸引投机资本的利润机会（Dybvig and Ross 1992, 48）。假设套利能消除实际价格与根据可获得信息预期的价格之间的差异，那么实际回报与预期回报之间的偏差也应该是随机的——平均而言它们应该为零，且与市场上可获得的信息不相关（Tease 1993, 43）。

10.8.2 套利与股票估值

评估股票价值时被使用得最广泛的方法也是基于同样的假设。当它应用于股票市场时，直接推导出最常见的股息-贴现模型，其中股票的均衡价格被认为等于其预期股息流的贴现值。10.3 节指出，在古典理论中，实际股票市场回报率与新增投资的正常利润率相等，这将使股票价格遵循特定的路径［方程（10.11）］。这种均等化过程可能是动荡的，并不需要正确的预期，并且可以包含泡沫（见图 10.12）。正统理论假设如果忽视随机的误差项，那么现行预期的股票单期资产收益率与一般利润率相等——这意味着预期基本上是正确的。它也意味着经济中只存在一个唯一的行为人，否则我们不能直接分析“那个”预期回报率（Lutz 1968, 218）。下一期期末的预期股票市场总回报率 $(1+r_{eq+1}^{e})$ 等于下一期的预期股息加上期末的股价，二者都除以当前的股价。如果根据假设忽视随机误差项，那么这基本上等于下一期期末预期的正常总利润率，我们可以将当前的股票价格写成以下关于预期变量的公式。

$$1+r_{eq_{t+1}}^{e}=\left(\frac{dv_{t+1}^{e}+p_{eq_{t+1}}^{e}}{p_{eq_{t}}}\right)=1+r_{t+1}^{e} \qquad (10.39)$$

$$p_{eq_{t}}=\frac{dv_{t+1}^{e}}{1+r_{t+1}^{e}}+\frac{p_{eq_{t+1}}^{e}}{1+r_{t+1}^{e}} \qquad (10.40)$$

如果我们还假设两个时期之后的现行预期回报率也等于两个时期之后的现行预期利润率，那么下一期的现行预期股票价格又可以写成 $p_{eq_{t+1}}^{e}=\frac{dv_{t+2}^{e}}{1+r_{t+2}^{e}}+\frac{p_{eq_{t+2}}^{e}}{1+r_{t+2}^{e}}$，以此类推，直到无穷，从而有：

$$p_{t_t}=\frac{dv_{t+1}^e}{(1+r_{t+1}^e)}+\frac{dv_{t+2}^e}{(1+r_{t+1}^e)(1+r_{t+2}^e)}+\frac{dv_{t+3}^e}{(1+r_{t+1}^e)(1+r_{t+2}^e)(1+r_{t+3}^e)}+\cdots \tag{10.41}$$

这个过程中包含着很多预期，但是这并没有多大帮助，除非我们分析出有关股息和利润（折现）率的预期路径的一些特征。不出所料，“人们在很长一段时间内花费了大量的精力去寻找估算普通股股价的‘正确’方式，或者甚至只是一种有效可行的方式”（Elton et al. 2003, 444）。在学术界，这种努力采取了这样的形式，即简化假设以得到“易于处理的”模型（Campbell 1991, 158）：假定预期利润率（贴现率）是固定的，并假定每股预期股息以 $0 \leqslant g < r$ 的某个速率增加。在这种情况下，我们得到了常见的股息–贴现模型（Elton et al. 2003, 444–450）。请注意，在 $g=0$ 对应的固定股息情况下，股票价格 $p_{eq}=\frac{dv}{r}$。在新古典理论的标准无风险框架中，我们也有 $r=i$，从而得出在每股股息不变的条件下，均衡股价 $p_{eq}=\frac{dv}{i}$，这类似于一种协议价格。当股息以一个固定速率 g 增加时，我们有：

$$\frac{dv_{t+1}(1+g)}{(1+r^2)}+\frac{dv_{t+1}(1+g)^2}{(1+r)^3}+\cdots=\frac{dv_{t+1}}{r-g} \tag{10.42}$$

大多数其他的股息–贴现模型都建立在这个框架的基础上。固定的股息增长可能可以解释为留存（股息 / 收入）比率和不变的收入增长率的结果；股息增长率在第二期内可能会发生改变，之后保持不变；贴现率也可能被视为与某个现行利率成正比（但在无穷的未来仍然是不变的）；等等。

最后，虽然一些分析师采用这种模型，但大多数从业者关注的重点都是收入而不是股息。譬如，基于基准市盈率的数以百计的模型

（Elton et al. 2003, 450–459），其中特别受欢迎的是美联储估值模型，它假设收入-价格比等于某个基准利率［方程（10.27）］。这些模型中没有一个在经验层面有很好的表现，但这不过是在发牢骚：重要的是它们忠实于标准理论（Taleb 2007; Thompson, Baggett, Wojciechowski, and Williams 2006; Bronson 2007）。

11

国际竞争和汇率理论

11.1 引言

我之前强调过，关于真实竞争的古典主义理论与关于完全竞争的新古典主义理论截然不同。因此，真实的国际竞争理论（即真实的国际贸易理论）自然也与主流的自由贸易理论不同。

11.1.1 贸易理论是关于全球化成本效益问题争论的关键部分

国际贸易理论是关于生产和金融全球化成本收益的现代争论的关键部分。世界受到普遍贫困和持续不平等的困扰。最富有国家的人均 GDP 超过 3 万美元，而最贫穷国家的人均 GDP 低于 1 000 美元。但即使是后一种情况也具有一定的误导性，因为较贫穷国家的收入分配差异更加令人震惊。据世界银行估计，2008 年国际金融危机开始时，近全球人口一半的 21 亿人每天的生活费不到 2 美元，8.8 亿人每天的生活费不到 1 美元（World Bank 2008）。一些发展中国家尽管面临这些困难，仍在经济上取得了明显的进展，可是另一些发展中国家却没有，而且还有一些发展中国家在当前的全球经济危机中受到重创。发达国家和世界贸易组织、世界银行、国际货币基金组织等国际机构在过去的 30 年间向世界提出的解决方案一直是扩大自由贸易的范围（Agosin and Tussie 1993, 25; Rodrik 2001, 5, 10）。世界贸易组织前负责人迈克·摩尔表示："帮助穷人最可靠的方法便是继续开放市场"（Agosin and Tussie, 9）。在实践中，这意味着降低关税壁垒和非关税壁垒，减少或取消补贴，坚持世界贸易组织知识产权规则、海关手续、卫生标准、对外来投资者的待遇，改革现有税收结构和劳动力市场规则（Rodrik 2001, 24）。

11.1.2 新自由主义理论与实践

新自由主义将市场描绘为可以进行自我调节的社会结构，它能最优地适应所有经济需要，有效利用所有的经济资源，并自动为所有真正想要工作的人创造就业机会。新自由主义还声称世界上的贫穷、失业和周期性经济危机之所以存在，都是因为市场受到工会、国家与许多根植于文化和历史的社会实践的制约。因此，为了消除贫困，我们需要在较贫穷的国家创造“市场友好型”社会结构，并在较富裕国家加强其现有结构。这涉及削减工会实力从而使雇主可以随意雇用和解聘他们所选择的人，私有化国有企业使其工人处于国内资本的控制范围之内，并向外国资本和外国商品开放国内市场（Friedman 2002）。国际机构自称自己的任务是监督这一过程以守护这个世界的利益，特别是穷人的利益。[①]

新自由主义式的全球化成为 20 世纪 80 年代以来的总体策略，并在 90 年代逐渐兴盛起来。然而，在大多数国家，后一个时期伴随的是贫困和饥饿的增加（UNDP 2003, 5–8, 40）。在 1990 年人均 GDP 最低的 50 个国家中，23 个国家的经济出现了衰退，其他 27 个国家仅有非常微弱的增长，其增长速度之慢导致它们至少要花 80 年的时间才能达

---

① 实际上，世界贸易组织“是一个让各国可以就市场准入机制进行讨价还价的机构”，而不是致力于减少贫困的机构。事实上，它的真实议程“一方面受先进工业国家中（占主导地位）的出口商和跨国企业之间拔河比赛的影响，另一方面受进口国（通常是但也不仅仅是关于劳动的）竞争的影响。我们在这个背景下最好理解为什么世界贸易组织是美国或欧洲特定出口集团激烈游说的产物，也是这些团体与其他国内团体之间进行具体妥协的产物”（Rodrik, 2001, 34）。

到希腊这一最贫穷的欧盟成员国在当下危机使其开始衰落之前的水平（Friedman 2002, 1）。在拉丁美洲和加勒比海地区，1960—1980 年的 20 年间，人均 GDP 增长了 75%，而在实行新自由主义后的 20 年间这一增长率只有 7%。非洲的人均 GDP 在前一个时期一共增长了 34%，而在第二个时期下降了 15%（Weisbrot 2002, 1）。只有一些亚洲国家借由政府引导市场机制而不是完全遵从市场的命令摆脱了这一命运。最后，在实行新自由主义的近 20 年来，国际上的不平等程度也有所上升：1980 年，最富有国家的收入中位数是最贫穷国家的 77 倍，但到 1999 年，这一不平等差距增长至 122 : 1（Weller and Hersh 2002, 1）。

11.1.3 新自由主义的支持者

我们应该注意到，关于全球化的争论一般而言不是讨论是否需要利用国际资源来减少全球范围内的贫困，而主要是讨论各种资源被使用的方式。新自由主义的支持者提出了各种观点。他们指出这样一个无可争议的事实，即富国作为市场经济国家，都是在世界市场上并借助世界市场实现发展的（Norberg 2003, 1）。他们借鉴标准的经济理论，指出“经济学家之间存在着这样一种虚拟的共识，即无论其在其他问题上有着怎样的意识形态偏好，都会支持国际自由贸易最符合贸易国家和整个世界的整体利益”（Friedman and Friedman 2004, 1）。这种看法在主流经济学家中普遍存在（Bhagwati 2002, 3–4; Winters, McCulloch, and McKay 2004, 72, 78, 106）。他们引用经验证据说明，全球范围内的贫穷自 20 世纪 90 年代以来出现了减少，贸易自由化通过促进经济增长减少了贫困（Winters, McCulloch, and McKay 2004, 106–107）。[①] 他

① 他们的调查还发现，“关于贸易自由化和贫困问题，我们的知识中还存在……一些惊人的漏洞”（Winters, McCulloch, and McKay 2004, 107）。

们认为，如果一些发展中国家发展得没有像他们所预测的那样好，主要是因为它们没有充分落实市场友好型政策（Norberg 2003, 2）。

11.1.4 新自由主义的批评者

新自由主义的批评者挑战所有这些说法。他们注意到，富裕的国家，从西方传统的富裕国家到亚洲新兴的富裕国家，都严重依赖贸易保护主义和国家干预政策取得发展，而且直到现在它们仍然继续这样做（Agosin and Tussie 1993; Rodrik 2001; Chang 2002a）。例如，早在14—15 世纪，英国就曾通过对出口给竞争对手的羊毛原料征收关税，并引导工人不要买竞争对手的商品推动其主导行业羊毛制造业的发展。在 18 世纪初至 19 世纪中叶这一英国发展的全盛时期，它采用的贸易政策和工业政策与日本在 19 世纪末至 20 世纪以及韩国在二战后所采取的政策相似。直到英国成为发达世界的领头羊之后，它才开始争取推行自由贸易。其竞争对手德国和美国也注意到了这一点。后起国家一个突出的发展思路便是要保护新兴工业。事实上，即使英国在1860 年以后宣扬自由贸易，美国“实际上仍是世界上受保护最多的经济体”，这种状况一直持续到二战结束。在这样做的时候，“美国人清楚地知道这个游戏是怎么玩的。他们知道英国通过保护主义和财政补贴达到其发展的巅峰，因此在进入其他任何市场时，他们也都需要这样做……美国 1868—1876 年的总统和内战英雄尤利西斯·格兰特，批评英国向自己的国家传播自由贸易理念，并反驳道，‘200 年之后，在美国获得了贸易保护所能提供的所有好处之后，我们也会采取自由贸易’”（Chang 2002b）。事实上，事情也正是这样发展的。

在其余的大多数发达国家，包括德国、瑞典、日本和韩国，都可以看到类似保护主义和国家干预的事实。像荷兰和瑞士这样的国家之所以在 18 世纪末采取自由贸易，是因为它们当时已经是世界市场上的主要竞争者。即便如此，“为了建立其在海上和商业领域的霸主地位，荷兰在 17 世纪之前始终都采取令人印象深刻的干预措施……尽管在国际上存在着种种压力，瑞士和荷兰在 1907 年和 1912 年之前都曾分别拒绝引入专利法，[从而使它们能够自由引进] 国外的技术”（Chang 2002b）。以前的全球化历史不仅仅是借由保护主义和国家支持来实现西方国家的发展，还包含殖民、武力、掠夺、奴役、大量屠杀原住民、蓄意破坏潜在竞争对手生计等种种问题。“许多人是在‘枪口下’被迫接受全球化的，许多人甚至真的为此而遭受毒打”（Milanovic 2003, 5–6）。西方国家在处理日本、突尼斯、埃及、桑给巴尔和中国问题时一个至关重要的方针便是武力外交。世界各地的种植园都曾经历过奴隶制和近乎奴隶制，数百万人因此遭受苦难。据最近的保守估计，1865—1930 年，“荷兰东印度公司……掠夺了……印度尼西亚年国民收入的 7.4%~10.3%”（6）。我们还可以引用许多其他类似的例子。

现代增长也不与自由贸易挂钩。较高的制造业增长率通常与较高的出口增长率相关（主要在 GDP 总值中进出口比例增加的国家），但这两个增长率与贸易限制程度在统计上的关系都不显著。相反，几乎所有成功的出口导向型经济增长都来自选择性贸易和工业化政策。为了实现成功的出口导向型经济增长，稳定的汇率和国家价格水平似乎比进口政策重要得多（Agosin and Tussie 1993, 26, 30, 31）。相反，“几乎没有国家在实现全面自由化政策之后还能保持强劲的产出和出口增长”（26; Rodrik 2001, 7）。日本、韩国和中国台湾都是利用“高度选择性贸易政策”成功发展的典型案例。另外，智利（1974—1979 年）、墨西哥（1985—1988 年）和阿根廷（1991 年）确实推行了全面的自由化，但这在扫除了其本身处于弱势的行业的同时，也削弱了其具有巨大潜力的行业，导致它们往往在很长一段时间内都在为此付出巨大的社会代价。智利经济在1973—1989年的人均增长率不足1%。墨西哥也遭受了类似的挫折和经济放缓。阿根廷在2002年还被盛赞为优秀的"全球化者"（Milanovic 2003, 30n29），最终也陷入了深层次的危机之中，后来恰恰是因为它不遵守（贸易自由的）规则才使经济恢复正常。在收入分配保持稳定的国家中，经济增长与贫困减少相关，这一点是毋庸置疑的。不幸的是，发展中国家的收入分配一般不会保持稳定，所以增长并不一定能减少贫困。反之，减少贫困通常都会对增长有好处。因此，经济增长与贫困减少之间的高度相关性并不能表明二者存在因果关系，当然也不能确保前者必然能够带来后者（Rodrik 2001, 12）。

从一开始就有相当多的证据表明，在金融自由化下"实际汇率任由变化无常的短期资本流动摆布"，这使"贸易和资本流动方向上的微小变化都可以在实际中产生较大的汇率波动"。它也将国内利率与国际资本市场的利率挂钩，从而使国家很难把利率当成内部的发展政策变量（Rodrik 2001, 23）。当然，目前的全球危机所到之处均留下了一系列的经济灾难，而危机的根源就在于属于新自由主义政策一部分的全球金融化。

现代全球化的批评者认为，发展中国家实施贸易自由化实际上导致了经济增长放缓、不平等现象加剧、全球范围内贫困加重、金融和经济危机卷土重来等一系列问题。他们批评世界贸易组织、国际货币基金组织和世界银行在面对这种种灾难时的残酷与无动于衷（Friedman 2002, 3–4; Stiglitz 2002, 1; McCartney 2004）。甚至在推动主流议程的主要机构中，类似的情绪也开始显现。斯蒂格利茨（2002）对世界贸易组织和国际货币基金组织所采取政策的谴责与批评在全世界范围内都振聋发聩。最终连国际货币基金组织自己也不得不承认，它在系统地考察了经验证据之后“清醒”地发现，与其理论模型的乐观预测相反，在发展中国家“没有发现数据可以证明金融全球化有利于其增长”（Prasad, Rogoff, Wei, and Ayhan Kose 2002, 5–6）。

11.1.5 争论似乎集中于完全竞争和不完全竞争

最后，批评者普遍认为，新自由主义所依据的主流自由贸易理论是无意义的，因为即使在富有国家自由竞争也并不普遍存在，更不用说贫穷国家了。我之前（第 7—8 章）曾提到过，这最后一点是大多数非主流理论的标准做法[①]，它们认为竞争是完全竞争的同义词，因此被迫在缺乏竞争（如不完全竞争和垄断势力）的情形下构建自己的理论。

11.1.6 真实竞争并不意味着比较成本：对该争论的重新定位

本章的目的是证明自由贸易的传统（李嘉图）理论对于国际竞争进行了错误的假设，这恰恰是因为真实竞争与完全竞争截然不同。从这个角度来看，并不是因为真实世界达不到传统理论的要求而“不完美”。相反，是标准理论尚不足以解释它想要解释的世界。事实上，从关于“竞争优势”的古典理论来看，全球化一直都在像人们预想的那样展开——它普遍有利于发达国家而不利于发展中国家，有利于富人而不利于穷人。

---

① 伊曼纽尔指出，关于比较成本的标准理论是对自由贸易的有效描述，即使“马克思主义或准马克思主义经济学家”也这么认为（Emmanuel 1972, 275）。

11.2 传统贸易政策的理论基础

11.2.1 传统的自由贸易理论

传统经济理论认为，贸易和金融自由化将促使贸易增长加快、经济增长加快、技术变革提速，国家资源配置会得到显著提升，从无效率的进口替代品转向更有效的可出口商品——所有结论都源于新古典主义理论的基础结构。新古典主义理论承认，这些进程最初可能会产生负面影响，如导致特殊行业失业率上升。但是，所有类似的消极后果都被视为仅仅是暂时性的问题，可以通过适当的社会政策得以解决，直到自由贸易的好处开始显现。从政策的角度来看，这意味着经济发展的最佳途径就是开放国家，加入世界市场：消除贸易保护、开放金融市场和私有化国有企业。

11.2.2 两个关键前提：比较成本和充分就业

以上一系列有力的断言都基于两个关键的前提：（1）自由贸易受比较成本原则的调控；（2）自由竞争在每个国家都会带来充分就业。

11.2.3 比较成本

人们如此熟悉比较成本原则以至它开始被视作一种真理。关于比较成本原则最常见的表述是认为只要一个“国家”出口一些在国内生产成本相对较低的商品，以换取在其他国家生产成本相对较低的商品，它就总是能够从贸易中获利。因此，人们认为一个国家应该专注于生产和出口在国内生产成本较低的商品。这一结论中隐含的假设是市场可以确保出口能够换来相当数量的进口，以保持贸易的平衡（Dernburg 1989, 3）。在此，比较成本概念指的是相对成本，而不是绝对成本。我们应该注意到，李嘉图文献中所使用的“成本”一词指代的是生产价格（即以成本为基础的竞争性价格）。新古典主义理论将正常利润率建立在平均成本上，所以它也就代表生产价格（见 7.1 节）。另外，斯密和马克思区分了单位成本（单位工资、原料和折旧）与生产价格，因为他们认为没有资本能够确保自己可以获得正常的利润率。当我们在 11.5 节转而分析真实竞争的国际表现时，这一点就变得重要，因为价格领导者即调节资本对应的单位成本最低，所以我们被迫区分价格和成本。鉴于诸如比较成本和绝对成本等术语的广泛使用，我在这里只能提醒读者，在国际贸易文献中，它指的是生产价格。

仅仅提出贸易应与（基于价格的）比较成本相一致的规范性主张并没有什么意义，除非我们能够证明市场经济体之间的自由贸易能够确保这一规则的实际运作。毕竟，在世界市场上，并不是“国家”卖出某些货物以买入其他货物，[①] 而是不同国家的无数企业为了追逐利润而进行交易，所有这些都是为了从不断变化类型的商品进出口中赚得

---

① 即使是在其他场合都持怀疑态度的研究者在此也很可能会从分析贸易实际如何运作逐渐转变成分析贸易“应该”如何运作，这一点令人感到惊讶。表现出这种倾向的一个典型事例是马吉（1980, ch.2）介绍原始绝对优势时使用的李嘉图实例。其中每个国家生产两种商品，但一个国家（美国）在生产这两种产品时都比另一个国家（加拿大）成本更低。李嘉图自己指出，在这种情况下，效率更高的国家在初步平衡中将享有贸易顺差，而效率更低的国家在初步平衡中将遭受贸易逆差。这是因为加拿大的消费者将从购买更便宜的美国商品中获益，美国的企业也将从出口中获益。李嘉图随后声称贸易不平衡会改变实际汇率，以提高美国商品在外国的价格，并降低加拿大商品在外国的价格，直到某一时刻两个国家都在某一个商品上获得成本优势。在整个过程中，消费者和企业的动机都保持不变，但美国的绝对成本优势和相应的加拿大的绝对成本劣势都

利润。因此，当（如果）传统的贸易理论尝试更贴近现实，它将转向第二个论证阶段，提出一个完全不同的实证主张来代替之前的规范性论点。这时的观点是，自由贸易会不断改变一个国家的贸易条件，直到它达到进出口价值相等的那一点。因此，即使国际贸易中的实际行为人是大量的逐利企业，最终的结果也同每个国家直接进行用一定数量的出口换取等价值的进口的物物交换一样（Dornbusch 1988, 3）。因为这一规律同时适用于发达经济体和发展中经济体，所有的国家都不需要恐惧贸易，担心自己会缺乏国际竞争力。最终，自由贸易将使每个国家在世界市场上都具有同等的竞争力（Arndt and Richardson 1987, 12）。为了使上述论点从关注国家应该怎么做的规范性主张过渡到关注自由贸易实际上会怎么样的实证主张，人们发现自己有必要声称，只要一个国家出现贸易赤字，其贸易条件就会下降，而在贸易条件下降的时候，贸易赤字将会减少——贸易盈余的情况则相反。

11.2.4 充分就业

最后，为了完善关于自由贸易好处的标准论证，我们还有必要假设充分就业是拥有竞争性市场的国家的一般情况。没有这个额外的假设，即使贸易能够实现自动平衡也不一定会使整个国家从中获益。毕竟，如果平衡的贸易是以持续失业为代价的，谁能断言它一定对应着“收益”呢？

比较优势理论以比较成本（价格）理论为基础。由于人们常常混

（接上页）转化为两国的比较成本优势，从而最终实现了其贸易的平衡。马吉跳过了所有的中间步骤，只是断言“李嘉图的重要贡献之一是揭露了绝对优势的谜团，即美国应该同时生产这两种商品而不从事国际贸易”，仅仅因为“它”可以在国内以更低的价格获得这两种商品。由此，他迅速提出，美国消费者应该从事国际贸易，并将其理解为一种以比较成本为基础的物物交换模式（Magee 1980, 19）。所有这一切都出自一位曾经声称比较成本理论被“高估”的作者之口（xiv）。

淆这些比较成本和比较优势，因此我们需要额外关注它们之间的差异。我们注意到，比较成本原则声称每个国家的贸易条件都会自动调整至实现国际贸易平衡的情况。在这个过程中，每个国家都会发现其生产成本最低的商品，即其应该专攻的领域，恰好是其相对（即比较）成本最低的商品。例如，如果在工资相同但技术差距很大的两个国家之间开放贸易，那么比较成本理论会认为，即使一个国家在生产所有商品方面都具有绝对优势，但是它最终能在国际上压低价格的只是那些它相对（比较）而言技术最先进的行业。相反，在所有行业都具有绝对劣势的国家最终会压低那些它相对而言不那么落后行业的价格。因此，在这种情况下，最终调控自由贸易的是比较效率，而不是绝对效率。如果我们同时假设贸易受比较成本的调控而充分就业也总是能实现，那么赫克歇尔-俄林-萨缪尔森比较优势模型表明，国家比较成本之间的差异将取决于各国在土地、劳动力和资本方面"禀赋"的差异。与之前一样，这一论证一般以"完全竞争、生产函数和生产要素的国际同质性、要素强度的不可逆性、偏好在国际上的相似性，[以及]不变的规模收益"为通常假设（Johnson 1970, 10–11）。这里出现了两个被广泛宣传的结论。首先，在自由贸易体系内，要素禀赋为资本密集型国家在资本密集型商品的生产中比较成本更低，因此它们在生产这些商品方面具有"比较优势"，并将倾向于专攻这些商品。其次，国际贸易本身不需要直接的劳动力和资本流动，就可以实现各国实际工资和利润率的均等化（要素价格均衡定理）。

11.2.5 对标准贸易理论的总结

总而言之，在整个标准贸易理论体系中，有三个命题至关重要：（1）当一个国家面临贸易逆差时，其贸易条件会下降；（2）当其贸易条件下降时，贸易差额会有所改善；（3）任何这些调整不会产生总体失业。人们假定所有这些机制都可以在足够短的一段时间内实现，使其具有社会意义。麻烦的是，标准贸易理论中的这三个基本命题都曾因其理论和经验上的缺陷而受到广泛的批评。我们将从后往前依次考察这三个命题，因为只有反过来分析才能更好地理解它们的具体含义。

11.2.6 标准贸易理论中存在的问题

让我们从分析充分就业是竞争性市场的自然结果这一命题开始。国际劳工组织的报告称，世界上 30 亿劳动力中失业或非充分就业的占 1/3（ILO 2001, 1）。即使在当前危机发生之前的发达国家，各国的失业率也在 3%~25% 之间。当然，发展中国家的情况更糟，在 21 世纪初有 13 亿失业或非充分就业的人口，其中许多人终其一生都找不到合适的工作。我们并不需要进行太多思考就能认识到持续的失业与棘手的贫困之间存在联系。认识到这一点，就不难理解为什么仍然有一大批分析师认为即使在发达国家也不存在自动实现充分就业的机制。事实上，这一直都是凯恩斯主义和卡莱茨基主义的基础。

被人们称为 J 曲线的命题，即贸易条件下降至少在初期的负面影响之后将提高贸易差额，同样存在问题（Isard 1995, 95）。这个命题根植于长期受到争议的著名议题“弹性问题”。这里的难点在于，意味着出口相对于进口减少的贸易条件下降具有两个相互矛盾的效应。较低的相对出口价格意味着该国单位出口的收入较低。但由于出口品对外国人来说更便宜，出口数量应该会上升，这就意味着出口品的价值可能会下降、保持不变或上升，最终取决于两种效应的相对力量大小。同样的逻辑也适用于进口品。因此，贸易差额对贸易条件下降的总体反应将取决于这两种效应（即出口和进口各自的价格弹性）的组合。

我们终于来到了所有命题中最重要的那一个，即贸易条件可以自动改变以消除贸易失衡。如前所述，这一假说要求存在贸易逆差时贸易条件会持续下降，存在贸易顺差时贸易条件会持续改善，直到实现“贸易平衡，即出口的价值等于进口的价值”（Dernburg 1989, 3）。换句话说，这个特定的实际汇率将会调整至使所有自由贸易国家，无论其发展水平或技术水平如何，都具有相同的竞争力。在经验层面，这意味着人们预期“平均而言，10多年来，竞争‘优势’在不同时间点和经济体之间的起伏看起来是随机产生的”（Arndt and Richardson 1987, 12）。

这个命题从未在经验中得到证实：不适用于发展中国家，也不适用于发达国家；不适用于固定汇率的情况，也不适用于浮动汇率的情况。相反，持续的不平衡是国际贸易的必要条件。对熟悉发展中国家历史的人来说，这并不奇怪。但在发达国家同样如此。例如，在战后的大部分时间里，美国都存在贸易逆差，而日本都存在贸易顺差（Arndt and Richardson, 1987, 12）。大多数其他经合组织成员也有类似的模式（见11.6节）。

由于赫克歇尔－俄林－萨缪尔森理论依赖比较成本假设，因此它很自然地在经验层面遇到了严重的困难（Johnson 1970, 13–18）。除了它从比较成本理论中继承的经验层面的困难外，它还遭遇了另一个问题，即它在一半的时期内都不能正确地预测贸易模式，各国的技术差异仍然显著，而即使是在发达国家间，不平等的实际工资也一直持续存在。正如马吉（1980, xiv）所说，“战后国际贸易的理论史一直试图修补李嘉图［比较成本］模型或者赫克歇尔－俄林模型，使其与我们所知道的事实一致”。专家们已经认识到，标准贸易理论在根本命题上的持续失败严重削弱了其整体结构的可信度（Arndt and Richardson 1987, 12）。

11.3 对标准贸易理论存在问题的回应

鉴于标准理论存在许多缺陷，我们自然会提问：这一理论错在哪里？我们该如何纠正它呢？人们普遍使用两种一般性方法，我将对其进行重点介绍。但在下一节中，我将回到该问题的根源，即李嘉图推导比较成本原则的过程。这将使我们可以提出一个基于古典主义绝对成本概念的替代性国际贸易理论，它的极大优点是与经验事实相契合。

11.3.1 对标准理论问题的第一种回应：缓慢的调整

对标准理论存在问题的第一种回应集中于这一事实，即比较成本理论和/或购买力平价理论的基本预测被普遍认为是要长期成立的。麻烦的是，它可能需要 70 年或更长时间的数据跨度，才能区分平稳的实际汇率的情况和由单位根过程产生的路径依赖汇率的情况（Froot and Rogoff 1995, 1657, 1662; Rogoff 1996, 647）。凯恩斯关于长期的精辟评论用在这里显得非常自然。这样的时间范围给相对于基本原则的偏离留下了相当大的空间，经济学家已经开始高兴地提出大量的短期模型来弥补其间存在的差距（Isard 1995; Stein 1995; Harvey 1996）。不幸的是，这些模型往往彼此矛盾，更不用说它们还与自己声称要解释的现实相矛盾了。即使对标准理论的支持者来说，“评价……［这些］当代模型……的过程说明了为什么经济学家对它们解释汇率和资本流动决定过程的能力非常失望”（Stein 1995, 182）。标准理论所遭遇的困难已经变得非常严峻，以至“新古典经济学家对它们未能解释汇率波动这一点开始变得越来越失望……尽管事实上这是该学科研究最多的领域之一，但是没有哪一个模型或理论能经得起检验。结果如此令人沮丧，以至主流经济学家开始很轻易地便承认了自己的失败”（Harvey 1996, 567）。但是，“比较优势概念继续主导经济学家的思考”（Milberg 1994, 224）。这些失败的模型“继续被当作对汇率决定机制的……主要解释，［即使］大多数学者都意识到了这些模型的缺陷”（Stein 1995, 185）。最糟糕的是，这些模型继续对经济政策产生重大影响，长期为国际货币基金组织和世界银行的政策提供理论基础（Frenkel and Khan 1993）。

11.3.2 对标准理论问题的第二种回应：引入不完全竞争

对标准理论经验困难的另一个主要回应是修改一个或多个关于完全竞争、要素流动和规模收益的假设。例如，“新贸易理论”认为标准理论的关键弱点在于实际的竞争甚至现实世界本身都是“不完美的”。因此这一理论在“不完全竞争”框架中分析该问题，试图通过将寡头垄断、规模收益递增和各种战略因素纳入标准分析弥补理论与经验证据之间的差距（Milberg 1993, 1）。新贸易理论与标准理论一样认为开放贸易一般而言是有益的，但它也承认情况并不总是如此。因此，分析的重点变成确定开放贸易可以产生实际收益并作为增长引擎的特定条件。它们的任务是解释为什么实际情况与标准理论相反，为什么“大多数贸易发生在资源禀赋相似的国家之间，基本上都在行业内进行，且在［高度］垄断的市场条件下，主要交易的是中间品而不是最终商品，并没有出现显著的资源重新配置或收入分配效应”（UNDP 2003, ch.2）。为了解释这些现象，它们在传统的赫克歇尔-俄林-萨缪尔森框架中引入了规模报酬递增和不完全竞争假设，[①] 目的是使比较优势法则与商品的专业化而不是整个行业的专业化一致。因此，最终国家可能出口一种汽车，同时进口另一种汽车，使其国际贸易在行业内展开。同样，更大市场所对应的规模经济效应也可能会推翻赫克歇尔–俄林–萨缪尔森模型关于自由贸易将有助于平衡国际要素价格（实际工资和利润率）的预测。此外，贸易的构成，而非仅仅是其规模，开始变得重要，因为它可能带来显著的影响，比如需求弹性差异（普雷维什–辛格假说）[②] 或技术转移差异。最后，知识（包括技术）的差异也会改变标准（理论）的结果。一旦我们将"要素禀赋"的概念扩展到包括累积和 / 或制度化的人类知识，就会改变有关比较优势的预测模式、贸易收益和国际增长率（Romer 1987; Lucas 1993）。所有这些都带来了标准（理论）结果之外的一些可能的特例，进而在某些战略部门和某些战略活动（如研究开发）中为国家干预提供了（有限的）空间（UNDP 2003, ch.2）。但是，"即使只引入几个新因素，新贸易理论的模型结果也会变得非常复杂——可能会产生多个均衡和复杂的调整模式"（Deraniyagala and Fine 2000, 11）。所以，这个理论最终几乎没有得出"明确的结论"（4）。我认为这些困难的出现也根植于其模型所依据的李嘉图的比较成本原则，因此我们必须回到其理论基础。

① 比如，货币工资可能具有黏性，即使它在存在贸易逆差时进行了部分下调，收入不平等也会加剧，可能会导致社会动荡（Milberg 2002, 242），并导致任何与产能过剩相关的问题恶化。

② 普雷维什–辛格假说（Prebisch 1950; Singer 1950）提出了三个观点。第一，自由贸易使发展中国家专门从事初级品的生产而发达国家专门从事产成品的生产。第二，初级品的需求弹性较低，而产成品的需求弹性较高。第三，商品和劳动力市场在中心国家内部存在不完全竞争，但在外围国家内部可能竞争激烈。因此，中心国家的生产者能够保持较高的价格，工人能够通过不断上涨的工资获得技术变革的好处；而外围国家的企业可能面临由其他生产者的竞争压力导致的价格下降，外围国家的劳动者也会面临由大量的失业引起的工资停滞或下降。因此，发展中国家的贸易条件会在长期中恶化，这将破坏它们的发展进程。

11.4 李嘉图的比较成本原则

11.4.1 真实竞争

在一个国家内部的真实竞争过程中，企业会持续寻求降低成本以压低价格，进而把自己的竞争对手从市场上排挤出去。这个过程充满不确定性，并且失败也是经常发生的。运营成本（单位工资、原料成本和折旧）更低的企业更常成为竞争的胜利者，而运营成本更高的企业则会更常成为失败者。这就是资本主义竞争的主要筛选机制。亚当·斯密把这种原则扩展到了对国际贸易的分析中，他认为那些具有更高效的生产方式和/或更低薪的劳动力的国家，相较于那些生产条件相反的国家，其资本会更容易在国际领域获得成功。换言之，绝对成本优势原则[①]同样适用于国际资本间的竞争和国内资本间的竞争，无论其中涉及商品的绝对廉价程度是由“自然的还是后天获得的”优势决定的（Allen 1967, 53–56; Dosi, Soete, and Pavitt 1990, 29–30; Shaikh 1995, 6667）。斯密强调资本在选择投入的方向时考虑的关键因素是对利润的追求：“对个人利润的追求是决定任何资本持有者是把自己的资本投入农业、制造业、批发行业的某个分支还是零售贸易的关键动力”（Smith 1973, 474）。这个原则同样适用于针对国内使用和针对国外使

① 我们可以通过比较在一个货币区域生产同一商品的所有方式来测算绝对成本，这本质上就是用于分析国内竞争时所使用的原则。

用的生产。问题的关键在于，国际贸易的参与主体是受利润驱动的出口商和进口商，而不是“国家”(Emmanuel 1972, 240)。

11.4.2 李嘉图的研究同样始于逐利的企业

李嘉图对此理解得非常清楚。像斯密一样，他试图解释国家贸易模式是如何从不同国家单个的逐利资本行为中产生的。实际上，李嘉图甚至是从一个斯密式的优势开始分析的。他在展开自己的论证时考察了两个国家——英国和葡萄牙。葡萄牙的资本被假定为比英国的资本更加发达（一个隐藏的玩笑——这是因为李嘉图是一个葡萄牙裔英国人），所以它们最初足以在国际商品贸易中胜过英国资本。在国家层面，更高效的葡萄牙资本最初使葡萄牙成为一个净出口国，而英国成为一个净进口国，因而前者存在贸易盈余，而后者存在贸易赤字。

11.4.3 李嘉图对不平衡贸易宏观经济结果的分析

接下来，李嘉图开始考察不平衡国际贸易的宏观经济后果。因为葡萄牙的资本更高效，葡萄牙的出口收入会超过其进口的消费支出，这促使资金净流入葡萄牙，从而使葡萄牙的资金供给上升。而英国的情况正好相反，其资本缺乏效率，因而资金供给减少。李嘉图是货币数量论的支持者（见 5.3.1 小节）。基于他的理论，葡萄牙的资金供给上升会提高葡萄牙的物价和成本，而英国的资金供给下降会使英国的物价和成本下降。葡萄牙资本成本的相对上升会侵蚀它们的竞争优势并减少其贸易盈余。对应的英国的资本成本相对下降会缓和英国的劣势并减少其贸易赤字。因此，葡萄牙最初的成本优势会逐步被其早期成功的宏观经济结果吞噬，而与此同时英国最初的劣势则会逐渐被其早期失败的后果弥补。随着这个过程的不断推进，越来越多的葡萄牙资本会落入失败者的行列，而越来越多的英国资本会成为竞争中的胜利者。李嘉图指出，只要贸易是非平衡的，这个过程就将持续进行，因为正是贸易的不平衡导致资金在国家之间的流动。因此，如果两个国家保持自由贸易，它们最终都会达到均衡贸易的状态。换言之，即使两个国家有持续的资本效率上的差异，两国最终也会在国际贸易领域具有相同的竞争力。它的直接含义就是，如果欠发达国家信任自由贸易并等待其发挥作用，它们是没有必要努力实现现代化的（Shaikh 1980c, 204）。如果像新古典理论一样在上述论述之上再假设充分就业会自动实现，那么甚至任何潜在的调节问题都会消失：在竞争中失败的部门的工人会轻松地在胜利部门中重新找到工作。我们可以明白为何这个故事已经演变成了对新自由主义的颂歌。

11.4.4 固定汇率与浮动汇率

李嘉图自己假定葡萄牙与英国之间的汇率是固定的（因为在他的案例中，两个国家都被假定将自己的货币与黄金挂钩），但是他的论证也适用于浮动汇率制度下的情形（Emmanuel 1972, 240–243）。起初葡萄牙的贸易盈余意味着葡萄牙的出口商通过出口积累的英镑超过了他们的同胞购买英国商品所需的英镑。这种外汇市场上英镑的超额供给会使英镑相对于葡萄牙货币埃斯库多的价格下跌。贸易盈余国（葡萄牙）的货币升值，使得葡萄牙的商品在英国本土更加昂贵，因此侵蚀了葡萄牙的贸易盈余。英国则会发生相反的情况。固定汇率制度下也会出现相同的结果：在固定汇率之下，国内价格水平的变化使不同国家在国际贸易中趋同，而在浮动汇率之下则是汇率的变化完成了这项工作。在两种情况下，贸易盈余国家的贸易条件（即用公共货币衡量的出口价格相对于进口价格的比率）会上升，而贸易赤字国家的贸易条件会下降，直至贸易实现平衡，因此收支也实现平衡。

11.4.5 从绝对成本原则向比较成本原则的转化

为了引出其论证背后的朴素逻辑，李嘉图在论述的一开始假定葡萄牙的资本最初在所有的商品中都有着更低的基于成本的价格，所以它们支配了英国和葡萄牙的市场。但是接下来，随着资金从英国流向葡萄牙，葡萄牙的成本和价格上升而英国的成本和价格下降。我们可以想象，随着葡萄牙的商品变得更加昂贵，英国的商品变得更加便宜，那些相对于英国商品有着最小优势的葡萄牙商品会最先退出胜利者的行列，成为失败者。从英国的角度来看，则是那些具有最小劣势的商品最先从失败者转变为成功者。除非贸易已经达到均衡，否则这个过程将持续进行下去，葡萄牙具有第二小优势的商品（英国具有第二小劣势的商品）会交换地位，以此类推。所有这些过程都是通过两个国家中逐利的单个企业的行动和反应完成的。

11.4.6 李嘉图从资本经营的贸易到国家整体经营的贸易的转变

在上述李嘉图式贸易过程结束之后，葡萄牙看似最终选择了专注于生产那些具有“比较成本优势”的商品，并用它们去交换具有相同货币价值的英国具有比较成本优势的商品（因为贸易已经处于均衡状态）。这促使李嘉图可以从之前的论点——单个逐利企业的行为将导致比较成本原则，转向宣布国家应该按照比较成本来决定它们的贸易模式：“贸易是有益的，只要在经济效率上处于全方位劣势的国家能够专注于生产自己具有最小劣势的商品，而那些具有全方位优势的国家则专注于生产自己具有最大优势的商品”（Yeager 1966, 4）[①]。在新古典经济学中，这种转化的实现主要依赖将国际贸易过程抽象成两个叫作“英国”和“葡萄牙”的单个个体之间的交换过程，并且认为这两个个体参与贸易都是为了“得到”一些东西。这个论述过程还有一个附加的特点，它灌输了一种错误的思想，即自由贸易最主要的目的是惠及所有国家，而不是为各国自己的生意赚得利润。

李嘉图的隐含观点——将收支差额简化为贸易差额，对他整个理论体系的建立具有极其重要的意义。一个国家的国际收支结构是指净流入该国的资金总量：出口减去进口（贸易差额）、外国人在本国的直接投资减去本国人在外国的直接投资、由外国人购买的私人或者企业证券产生的短期资本流入（即外国人提供给本国人的贷款）减去本国人在外国进行的相同类型的金融交易金额等。李嘉图的论述似乎把商品贸易资金流完全独立于金融贸易资金流，因此贸易差额就与收支差额是同义词。在他的论述中，货币以流通工具的身份出现，但从来不被当作金融资本。从历史的角度来看这是极其古怪的，因为金融资本的进口和出口（即国际借贷）本质上和由商品进出口引起的货币资金流动相关。更重要的是，从理论的角度来看这也是相当古怪的，因为这种观点实际上意味着货币和金融完全互不相关。马克思和哈罗德都看到了这一点，而且我们将会看到他们在理论中重建这两种流动的联系，推翻了李嘉图通向其最终结论的关键一步（见 11.5 节）。

李嘉图的论证解决了任何贸易理论都必须解决的三个不同的问题。第一，它详细说明了（贸易的）行为人。在李嘉图的理论体系中，这被很好地界定为受最低成本生产原则支配的逐利资本。第二，它详

① 我们已经提到，李嘉图自己关于贸易所得的实例完全基于劳动力的储蓄不会转化成失业这一假设。

细说明了单个贸易主体的行为是怎样决定总体上的贸易差额的。在李嘉图的论述中，贸易实现了进出口相等的静态。第三，它明确了只有当贸易平衡实现时收支平衡才能实现。这些问题都很重要，因为我们将会看到古典贸易理论也解决了这三个问题，但是得出了相反的结论：绝对成本决定贸易，资本竞争力较弱的国家将忍受被长期外债掩盖的长期贸易赤字，而这一切都是由自由贸易本身产生的。但是，我们必须先从细节上考察李嘉图的贸易过程。

11.4.7 李嘉图贸易调整过程的数学实例

我们从李嘉图自己所举的例子开始。英国和葡萄牙各自都能生产两种商品——布和酒，但是因为葡萄牙更加发达，它具有更低的生产价格（即基于成本的竞争性价格）。为了强调这个逻辑过程不仅限于固定汇率制度或金本位制度，我会假定英镑（£）和葡萄牙埃斯库多（由现在欧元的国际标志€表示）之间有着浮动汇率。葡萄牙的最初汇率是e=1£/€，并且所有的国际价格都用英镑来衡量。因为英镑是国际标准货币，所以葡萄牙商品的国际价格就会随着汇率的波动而变动，而英国商品的国际价格和国内价格相一致。最后，在任何一个汇率水平上，任何商品的最低价格（即其调节价格）会很快地确定出来。表 11.1 刻画了葡萄牙的资本在两种商品的生产上都具有绝对成本优势时的情形。

表 11.1 葡萄牙具有绝对优势的最初情况

	葡萄牙（国内价格）	汇率（e）	葡萄牙（国际价格）	英国
布	€90	1 £/€	£ 90	£100
酒	€80	1 £/€	£ 80	£120

在上述情形中，葡萄牙资本在国内和国外都可以以更低廉的价格卖出商品。因为消费者会拒绝更加昂贵的英国商品，葡萄牙会获得贸易盈余，而英国则会因其国民都去寻求更为廉价的葡萄牙商品而出现贸易赤字。根据李嘉图的逻辑，葡萄牙的汇率（e）会因葡萄牙的贸易盈余而上升（英国的汇率 1/e 会因英国的贸易赤字而下降）。在最初的情形中，葡萄牙资本在布的生产上具有 11% 的价格优势［（£90–£100）/£90］，在酒的生产上具有 50% 的价格优势［（£80–£120）/£80］。现在很清楚的是，如果英国资本想要在布上获得价格优势，以便重新加入竞争，那么汇率必须提高超过 11%。同时，汇率又不能提高超过 50%，因为那样的话绝对价格优势会完全倒向英国一边。在那种情况下，葡萄牙会处于贸易赤字的状态，汇率又会回落。由此得出的结论就是，可行的汇率必须让两个国家都有一种出口的商品，因为只有这样，贸易才能达到平衡并使汇率保持稳定。在当前的例子中，这意味着汇率比初始的汇率要高出 10%~33.33%，也就是说，新汇率在 e=1.11£/€ 和 e=1.50£/€ 之间。要注意到，初始情况下的汇率是不重要的，因为可行的汇率必须总是处于布的国内货币相对价格比率 £100/€90=1.11£/€ 和酒的国内货币相对价格比率 £120/€80=1.5£/€ 之间。这是李嘉图的中心观点。表 11.2 刻画了汇率水平 e=1.33£/€的情形，它正好落在可行范围内，从而使英国资本在布的生产上有价格优势，而葡萄牙的资本则在酒的生产上有价格优势。

表 11.2 通过浮动汇率的李嘉图调整

	葡萄牙（国内价格）	汇率（e）	葡萄牙（国际价格）	英国
布	€90	1.33 £/€	£120	£ 100
酒	€80	1.33 £/€	£ 107	£120

在固定利率的情况下，李嘉图指出因葡萄牙最初的贸易盈余而流入葡萄牙的资金会增加葡萄牙国内的货币供给并提升其价格水平，而英国则发生相反的情况。这些价格水平的变动会侵蚀葡萄牙资本的优势而减轻英国资本的劣势，直到每个国家都有一种能在更低价格下生产的商品。很清楚的是，为了达成后面的均衡结果，葡萄牙相对于英国的价格水平必须上涨超过 11% 且低于 50%——与给定国内价格水平但采用浮动汇率制度时的限制是相同的。表 11.3 刻画了当葡萄牙的价格上升 15% 而英国的价格下跌 14%，即葡萄牙商品的相对价格上升 33.33% 时的情形。选取这些特定的数字是为了得到和之前相同的葡萄牙的相对价格：对商品布而言，£103.5/£86=£120/£100=1.20，而对商品酒而言，则是 £92/£103.2=£107/£120=0.89。

表 11.3 通过国内价格水平变动的李嘉图调整

	葡萄牙初始价格	葡萄牙最终价格（+15%）	汇率（e）	葡萄牙（国际价格）	英国最终价格（–14%）	英国
布	€90	€103.5	1 £/€	£103	£ 86.00	£100
酒	€80	€92	1 £/€	£ 92	£103.20	£120

贸易的方向由比较价格优势决定，但是贸易的数额则依赖其他因素。李嘉图本人并不关心贸易能够达到均衡的具体汇率和贸易数量。现在传统的结论会认为对两种商品的需求取决于商品的相对价格（新古典主义经济学强调的关系）和各个国家的收入水平（凯恩斯主义强调的关系），以及代表两个国家消费者和商业的偏好结构的相关函数参数。重要的是利率和 / 或价格水平会处在李嘉图给定的范围中，并且无论贸易参与国的需求、收入或者发展水平有着怎样的差异，自由贸易

都会使每个国家在世界范围内变得有竞争力（从实现贸易平衡的意义上来说）。

李嘉图的逻辑中关键的一点是，任何一个比较价格（例如在葡萄牙布的英镑价格相对于在英国布的英镑价格）都会随着汇率和 / 或国内价格水平向着合适的方向变动而稳定调整。因为这两个变动过程在逻辑上是等价的，所以我将重点讨论前者。我们从表 11.1 和表 11.2 中可以发现，随着汇率的提高，葡萄牙的布和酒以英镑计价的国际价格也相应提高，而英国的价格则保持不变——因为它们本身就是以英镑计价的。因此，葡萄牙的商品价格相对于它们的英国竞争者是稳定地提高了（也就是说，葡萄牙商品的比较价格提高了，因而葡萄牙资本的价格优势被侵蚀了）。但是，只要汇率保持在 e<1.11£/€ 的范围内，葡萄牙资本依然在两种商品的生产上都具有绝对优势，因而国际上布对酒的价格比率由葡萄牙内部的价格比率决定。后者实际上也就是由葡萄牙的技术和实际工资水平决定的生产价格比率。因此，当汇率 e<1.11£/€ 时，国际相对价格受葡萄牙自身生产价格的调控。当汇率 e>1.5£/€ 时，英国的资本在两种商品的生产上都具有绝对价格优势，国际相对价格就由英国的生产成本决定。只有在李嘉图给定的汇率范围 1.11£/€<e<1.5£/€ 内，国际的相对价格才会和两个国家的成本结构无关。因此，只有当汇率处在这个范围内的时候，国际价格比率才能由贸易平衡这一要求决定。图 11.1 展示了李嘉图理论的这个本质特征，在这个理论中，比较商品价格是平滑变动的，但除非汇率处在李嘉图给定的范围之内，否则国际价格的决定都受到成本的限制。在第一张图中我们可以看到，葡萄牙生产者相对于英国生产者的比较价格随着利率的变化而平滑地变动，并且在汇率 e<1.11£/€ 的情况下，两种商品的比较价格都小于 1，因而葡萄牙控制了两个国际贸易的行业；在汇率

范围为 1.11£/€<e<1.5£/€ 的情况下，葡萄牙的布的比较价格大于 1(即英国的比较价格小于 1)，而酒的比较价格仍然小于 1，因而英国控制了布的生产而葡萄牙保持对酒生产的控制；在汇率 e>1.5£/€ 的情况下，葡萄牙两种商品的比较价格都达到了 1 以上，因而英国的资本统治了这两个行业。在第二张图中，我们可以看到当处在比较成本范围之外时，国际市场的相对价格根本不会发生变化。我们将会发现，这种二元性产生于李嘉图的阐述和他之前的古典理论基础不一致的地方。纠正这个错误就会消除二元性。但是如果这样做，李嘉图关于自由贸易会使绝对价格优势转变为比较价格优势的断言也会失效。

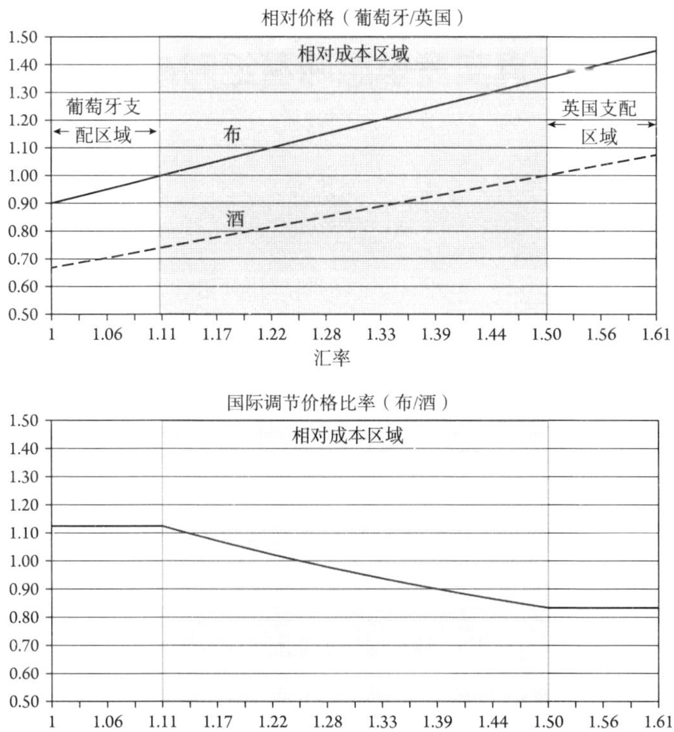

图 11.1 李嘉图的二元世界

因为真实世界无法达到理论假定的竞争条件，有些人认为实际国际贸易有所不同。但即使对那些人而言，李嘉图的自由贸易理论也被奉为现代经济学的“神圣的信条”（Krugman 1987, 131）。但是，我们还会看到，在对不完全竞争的齐声叫好之外仍然存在一些有分量的例外者：亚当·斯密、马克思、凯恩斯和哈罗德。为了确定古典替代理论与标准理论的关系，我们需要回到一个基本的问题：竞争在国际范围内是怎么运行的？

11.5 真实竞争意味着绝对成本优势

11.5.1 引言

李嘉图的理论主要讨论国际调节资本的决定过程。当贸易开始时，葡萄牙和英国都同时生产酒与布，所以每一种商品都有两个不同的生产者。尽管葡萄牙在最初对于两种商品都有更低的基于成本的价格，但是比较成本理论认为国际竞争最终会选择英国的企业作为生产布的调节资本，而葡萄牙的企业只作为生产酒的调节资本。

11.5.2 第一个困难：从价格到成本的反馈

在真实竞争理论之中，任何一个行业中的价格领导者（调节资本）都是单位运营成本最低的的企业，“成本”这一概念在合适的商业意义下可以被定义为单位工资、原料价格和折旧的总和。李嘉图理论的第一个困难是，商品国际相对价格的波动也会影响这种商品的相对成本。这是斯拉法的中心观点即成本和价格无可避免地相互联系在一起的逻辑延伸（见 9.11 节）。那么，当我们允许这种反馈效应存在时，比较成本对于实际汇率（名义汇率和 / 或相对国内价格水平）的变化可能根本没有任何反应，因而葡萄牙的资本（调节资本）在两种商品上将始终保持着更低的比较成本。即使比较成本确实对实际汇率的变化做出了反应，该反应也未必充分到足以把葡萄牙资本的领导地位抵消。李嘉图的理论遇到的最严峻的困难是，比较价格的变化也许会沿着“错误”的方向进行（也就是说，这种改变可能会使葡萄牙的绝对成本优势更加明显）。这意味着即使像李嘉图所论述的那样，实际汇率确实随着贸易差额的变化而自动变化，只要实际成本（实际工资和生产力）是在国家水平上决定的，比较成本就不会依照李嘉图设定的路径前进。

11.5.3 第二个困难：贸易不平衡和收支差额

李嘉图理论存在的第二个问题是，当存在贸易不平衡时，实际汇率完全不需要做出调整。李嘉图的理论让货币供给的变化看起来只影响国家的价格水平，从而忽略了收支差额和贸易差额之间的区别。他认为一个有着贸易盈余的国家会引致资本的净流入，这就意味着它会有收支盈余。根据货币数量论，他进一步断言，增加的货币供给会使价格水平上升，而这将减少这个国家生产者的成本优势。这正是马克思的理论不同于李嘉图的地方。根据马克思的逻辑，贸易盈余的国家会拥有更多的流动性，这将降低其利率水平；而贸易赤字的国家则会经历流动性紧缩，因而利率水平会上升。这些变化都是通过资本市场正常的功能实现的。由贸易产生的利率变化会催生出从贸易盈余国向贸易赤字国的短期（因而是相对迅速的）资本流出。事实上，具有竞争优势的国家会享受贸易盈余，并成为国际贸易中的贷方，而具有竞争劣势的国家则会遭受贸易赤字并成为借方。这些是直到今天的国际贸易历史中非常常见的模式。正如哈罗德所言，我们不可能像李嘉图那样认为国际贸易和国际金融是分开的：二者不可避免地通过货币供给相互关联（Harrod 1957, 115）。但是，随着资本流入抵销了贸易差额，收支差额的净效应会取决于这两种效应的相对大小：汇率可能根本不会发生变化，即使发生变化，它也可能朝着“错误”的方向变化——贸易盈余国家的汇率可能会下降，而不是上升。

11.5.4 古典自由贸易理论

关于国际价格对成本的反馈效应的讨论引出了这样一个结论，即如果国际贸易的竞争者之间具有结构性差异，自由贸易会产生持续的贸易不平衡；而关于贸易不平衡与国际金融流动性之间存在联系的讨论又表明，通过对冲短期资本流动，持续的贸易差额和收支差额是可以共存的。把这两种说法结合起来看，我们就可以得到一个关于自由贸易的古典分析，这种分析与标准的分析截然不同，且和经验证据一致。我将在下文中依次考察这些论点。

11.5.5 国际范围内的调节资本

第一个问题关注国际价格对每个行业的单位成本的反馈效应。一旦竞争变成国际性的，在一个国家生产特定商品的厂商就会和其他国家生产相同商品的厂商进行竞争：行业是超越国界的。就像行业内部真实竞争常常表现出来的那样，（和竞争结果直接）相关的变量是单位成本，因为最低的成本决定了调节资本，也就决定了调节生产价格（见第 7 章）。

11.5.5.1 贸易发生之前的生产价格

我们首先采用标准的斯拉法流动资本生产价格体系，这个体系中包含两个独立的国家（A 和 B），这两个国家生产两种不同的商品（1 和 2），但是并未进行国际贸易。这里所用的符号与 9.6 节一致。每个国家的实际工资 wr 用商品 2 来表示，在这里我们把商品 2 定义为消费品，因此我们可以将货币工资 w 替换为 $p_2 \cdot wr$。为了和大多数的经济学传统保持一致，价格水平 $p \equiv (p_1 \cdot xr_1 + p_2 \cdot xr_2)$，在这里 xr_1 和 xr_2 是两种商品的参考量。价格水平 p 由宏观经济决定（见第 5 章和第 15 章）。那么，在这两个国家都自给自足的情况下，每个国家都对应着三个方程（每个行业各有一个方程，还有一个关于国家给定价格水平的方程），其中含有三个未知量（p_1, p_2, r），所以每一个自给自足的系统都由行业价格水平决定。

国家A

$$p_1^A = p_2^A \cdot wr^A \cdot l_1^A + (p_1^A \cdot a_{11}^A + p_2^A \cdot a_{21}^A) \cdot (1 + r^A)$$

$$p_2^A = p_2^A \cdot wr^A \cdot l_2^A + (p_1^A \cdot a_{12}^A + p_2^A \cdot a_{22}^A) \cdot (1 + r^A)$$

$$p_1^A \cdot xr_1 + p_2^A \cdot xr_2 = p^A$$

国家B

$$p_1^B = p_2^B \cdot wr^B \cdot l_1^B + (p_1^B \cdot a_{11}^B + p_2^B \cdot a_{21}^B) \cdot (1 + r^B)$$

$$p_2^B = p_2^B \cdot wr^B \cdot l_2^B + (p_1^B \cdot a_{12}^B + p_2^B \cdot a_{22}^B) \cdot (1 + r^B)$$

$$p_1^B \cdot xr_1 + p_2^B \cdot xr_2 = p^B$$

（11.1）

11.5.5.2 比较成本

一旦开始出现国际竞争，每种商品都会通过常见的动荡过程，拥有一个用某种给定货币衡量的共同的国际市场价格，这个价格受到运输成本、关税、税收以及诸如此类的因素的限制。这和在给定国家内部进行的行业内竞争遵循相同的原则。令 p_1* 和 p_2* 代表用某种通用货币表示的国际市场价格。我们将会在后文研究在短期内调控这些价格的力量，但现在我们可以充分假定其存在。为了使不同国家在某给定商品上的生产成本可比较，这些成本必须以一种通用货币来表示，并且必须以支配性国际价格来评估。这样的比较很重要，因为在古典理论的分析中，对于特定商品拥有更低生产成本的国家将会成为调节资本，因此也就更容易成为该商品的出口者。记国家 A 和国家 B 的货币单位分别为 € 和 £，因此国家 A 的汇率单位为 £/€。那么从方程（11.1）中，我们可以将这两个国家中用这个通用货币表示的每种商品的比较单位生产成本写为：

商品 1

$$\frac{uc_1^A \cdot e}{uc_1^B} = \frac{(p_2^* \cdot wr^A \cdot l_1^A + p_1^* \cdot a_{11}^A + p_2^* \cdot a_{21}^A)}{(p_2^* \cdot wr^B \cdot l_1^B + p_1^* \cdot a_{11}^B + p_2^* \cdot a_{21}^B)}$$

商品 2

$$\frac{uc_2^A e}{uc_2^B} = \frac{(p_2^* \cdot wr^A \cdot l_2^A + p_1^* \cdot a_{12}^A + p_2^* \cdot a_{22}^A)}{(p_2^* \cdot wr^B \cdot l_2^B + p_1^* \cdot a_{12}^B + p_2^* \cdot a_{22}^B)} \quad (11.2)$$

当我们注意到比较生产成本只取决于实际工资和相对国际价格（$p^*=p_1^*/p_2^*$）时，我们就可以进一步简化上述表述。

商品 1

$$\frac{uc_1^A \cdot e}{uc_1^B} = \frac{(wr^A \cdot l_1^A + p^* \cdot a_{11}^A + a_{21}^A)}{(wr^B \cdot l_1^B + p^* \cdot a_{11}^B + a_{21}^B)}$$

商品 2

$$\frac{uc_2^A \cdot e}{uc_2^B} = \frac{(wr^A \cdot l_2^A + p^* \cdot a_{12}^A + a_{22}^A)}{(wr^B \cdot l_2^B + p^* \cdot a_{12}^B + a_{22}^B)} \quad (11.3)$$

11.5.5.3 绝对成本

我们现在可以考察李嘉图自己的研究起点，在该情况下国家 A（葡萄牙）相较于国家 B（英国）在所有的行业都有绝对的成本优势。如果葡萄牙最初拥有两种商品上的绝对成本优势，那么其国内的生产价格就会成为支配性国际市场价格，该国也将获得贸易盈余。李嘉图认为葡萄牙的国内价格水平和 / 或汇率会上升，进而促使葡萄牙国内两种商品的国际价格都上升。在李嘉图自己的论述中，只要葡萄牙的资本依旧在国际市场上占据统治地位，相对国际价格 p* 就会始终等于葡萄牙的生产价格比率。但是，从方程（11.3）中我们可以看出，只要实际工资水平是给定的，葡萄牙的比较成本优势就不会改变。因此，我们就发现了李嘉图理论中最核心的问题：除非国际相对价格发生变化，否则葡萄牙的比较成本优势就不会改变；除非葡萄牙失去其比较成本优势，否则国际相对价格根本不会变化。因此，即使当葡萄牙出现贸易盈余使葡萄牙的价格水平和 / 或汇率上升时，李嘉图的理论也不成立。

11.5.5.4 技术构成相同但效率不同的基准情形

这种困难不能够通过假定货币工资具有黏性得以解决，因为即使在这种情形中，国际价格的上涨也会使葡萄牙和英国的实际工资下降到同一水平上。考虑到不同系数的具体取值，这很可能会降低葡萄牙的相对成本，并且使其绝对成本优势更大。通过考虑一种基准情况，即相同商品的生产者有着相同的技术构成却有着不同的生产效率，我们能够更加细致地探究最后一点，这是很有用的。假定国家 A 行业 1 的劳动力和原料的系数成比例地小于国家 B 行业 1 的系数。比如，对于某一个相对效率因子 $\xi_1 < 1$，$l_1^A = \xi_1 \cdot l_1^B$，$a_{11}^A = \xi_1 \cdot a_{11}^B$ 且 $a_{21}^A = \xi_1 \cdot a_{21}^B$，我们就能从方程（11.3）中推导得到，在每个行业中葡萄牙相对于英国商品的比较成本为：

商品 1

$$\frac{uc_1^A \cdot e}{uc_1^B} = \frac{\xi_1 \cdot (wr^A \cdot l_1^B + p^* \cdot a_{11}^B + a_{21}^B)}{(wr^B \cdot l_1^B + p^* \cdot a_{11}^B + a_{21}^B)}$$

商品 2

$$\frac{uc_2^A \cdot e}{uc_2^B} = \frac{\xi_2 \cdot (wr^A \cdot l_2^B + p^* \cdot a_{12}^B + a_{22}^B)}{(wr^B \cdot l_2^B + p^* \cdot a_{12}^B + a_{22}^B)} \qquad (11.4)$$

11.5.5.5 在基准情况下比较成本和相对价格完全独立

如果葡萄牙的实际工资与英国相同，括号中的表达式就和方程（11.4）中各表达式的分子与分母完全相同，因此比较成本完全取决于效率：

商品 1　　　　商品 2

$$\frac{uc_1^A \cdot e}{uc_1^B} = \xi_1 < 1 \qquad \frac{uc_2^A \cdot e}{uc_2^B} = \xi_2 < 1 \qquad (11.5)$$

在这种情况下，绝对优势和绝对劣势完全产生于效率优势，并且都将和国际相对价格（p）的变化完全无关。此外，只要国家的实际工资水平保持相等，这两者还和实际工资水平的变化（由于黏性实际工资调整）无关。那么，英国资本要具有国际竞争力的唯一方法就是它们能比自己的竞争对手更快地提升效率（当然，与此同时，葡萄牙资本也会被驱动去做相同的事情）。这正是李嘉图的理论中没有考虑的一点，因为他认为自由贸易会使国家在国际竞争中具有相同的竞争力，它们甚至不需要在技术水平上保持一致。

另一种在李嘉图理论中被当作不必要因而被忽略的可能性是，英国的资本可能会努力使英国的实际工资增速慢于葡萄牙的实际工资增速。尽管技术变革是每个企业和劳动力之间的局部互动，实际工资的增长却是涉及资本、劳动力、利润率、人口增长以及整体技术变革率的宏观经济现象（见第三部分第 14 章）。

11.5.5.6 一般情况

在技术构成不同和实际工资不等的一般情况下，我们可以从方程（11.3）中看出，当给定每个国家的实际工资时，任意行业的比较成本就是相对价格的两个线性函数之比，并且会随着相关系数的分布而与相对价格一起上升或者下降。此外，正如方程（11.4）和方程（11.5）所示，这种变化自身的范围又受生产的相对结构限制。这些考察结果表明，国际市场的竞争力与效率、实际工资和技术构成的差异相关，而且自由贸易本身并不能消除绝对成本优势或绝对成本劣势。

11.5.5.7 斯密分解

我们在 9.3 节建立的斯密价格分解对解释这个问题非常有帮助。我们已经看到任何第 j 种商品的价格都可以写作 $p_j = w \cdot v_j(1+\sigma_{PW_j})$，在这里 $w \cdot v_j$ 是整合单位劳动力成本（vulc），而 σ_{PW_j} 是行业 j 的整合利润–工资比。那么，对任意两个国家 A 和 B 而言，行业 j 用通用货币衡量的整合相对单位劳动力成本是：

$$\frac{\mathrm{vulc}_j^A \cdot e}{\mathrm{vulc}_j^B} = \left(\frac{w^A \cdot e}{w^B}\right) \cdot \left(\frac{v_j^A}{v_j^B}\right) \tag{11.6}$$

这看上去提供了一个直接导向李嘉图理论的方法。如果葡萄牙在两个行业的比较成本都要低于英国，那么葡萄牙就会因其贸易盈余而获得收支盈余。因而根据李嘉图的理论，在固定汇率情况下葡萄牙的国内价格就会随着货币供给的增加而上涨。[①]李嘉图自己认为，实际工资与一种“主要由人们的习惯和习俗”决定的生活标准相联系

（Ricardo 1951b, 96–97; Dobb 1973, 91–92, 152）。那么，葡萄牙的货币工资就会上涨，其绝对优势就会因此被侵蚀，贸易盈余也会下降。只要贸易依旧是不均衡的，这个过程就会持续下去，所以最后贸易一定会达到平衡。如果货币供给的增加只是提高了葡萄牙的汇率，相同的影响依旧存在，因为这也会使其比较成本上升，并且只要贸易依旧不平衡它就会持续上升。在任何一种情况下，自由贸易似乎都会带来贸易平衡。

但是，这里有一个问题。在固定汇率的情况下，葡萄牙价格水平的上涨会提高其国内价格和国际价格，因为只要葡萄牙在两个行业都具有绝对优势，葡萄牙的价格就是调节价格，那么英国的工人就会经历和葡萄牙工人一样的价格上涨。接下来的结论就是，如果两个国家的工人都想要保持自己的实际工资不变，那么两个国家的名义工资就必须上涨到相同的程度——在这种情况下方程（11.6）中的比较成本可能根本就不会变化。如果情况与此相反，葡萄牙的价格水平保持稳定而汇率上升，葡萄牙的名义工资就会在任何给定的实际工资值下保持恒定。而在英国，支配性价格水平会以与汇率上升水平相同的幅度上涨，以使英国的实际工资保持不变。在方程（11.6）中，w^A 会保持恒定，e会上升，而w^B会上升到同一水平，使比较成本再一次保持不变。

在任何一种情况下，李嘉图的错误都在于没有把支配性价格水平对成本的影响考虑进去。这个影响可以很容易地公式化。令实际工资 $wr = \frac{w}{p_c}$，在这里 p_c 是某些共同的消费品篮子的价格。接下来，我们可以将商品 j 的相对整合实际单位劳动力成本写成：

$$\frac{vulcr_j^A \cdot e}{vulcr_j^B} = \left(\frac{wr^A}{wr^B}\right) \cdot \left(\frac{v_j^A}{v_j^B}\right) \cdot \left(\frac{p_c^A \cdot e}{p_c^B}\right) \tag{11.7}$$

11.5.5.8 实际整合相对成本

在李嘉图的抽象层面，所有的商品交易都是在国际范围进行的（不可贸易商品将在后文讨论），并且遵从一价定律。也就是说，如果用某种给定的货币来衡量的话，任何相同的商品篮子都会具有相同的价格，即 $p_c^A \cdot e = p_c^B$ 。请注意，这个步骤中包含了国际价格水平对于整合成本的影响，而这种影响对于古典理论非常重要。接下来，两个国家中某种确定商品用通用货币表示的实际整合相对单位劳动力成本就只取决于相对国家实际工资和相对国家整合单位劳动力使用率（后者是整合生产力的倒数）。

$$\frac{vulcr_j^A \cdot e}{vulcr_j^B} = \left(\frac{wr^A}{wr^B}\right) \cdot \left(\frac{v_j^A}{v_j^B}\right) \tag{11.8}$$

只要实际工资在每个国家是由社会决定的，那么比较成本优势就只有在相对实际工资或相对整合生产力发生改变时才会变化。那么李嘉图的理论就没有解释力，除非自由贸易会使这些变量中的一个按照贸易自动实现平衡的方向移动。例如，即使相对实际工资的确会在更具竞争力的国家上升（正如中国最近的情况一样），这也只会导致其成本优势减少，而并不一定会彻底倾覆其成本优势。要想使其成本优势彻底消失，就必须使其实际工资持续上涨，直到贸易达成平衡。标准的自由贸易理论因此隐含地要求相对实际工资由贸易平衡的要求内生决定（例如，国家的实际工资水平成为国际贸易市场出清的变量）。这样的要求与李嘉图支持的古典观点即实际工资由社会决定相矛盾，也和新古典经济学中实际工资会促使每个国家内部的劳动力市场出清（即实现充分就业）的理论相矛盾。说实际工资可能会被国际结果影响是相当合理的，但它与以下说法完全不是一回事，即实际工资将由贸易平衡的要求决定。因此，斯密是正确的，而李嘉图是错误的：自由贸易会给那些拥有更低成本资本的国家带来持续的贸易盈余，而会给那些拥有更高成本资本的国家带来持续的贸易赤字。

11.5.5.9 在古典 2×2 情况下可能出现的三种结果

到现在为止，我们已经足以假定国际上每个行业内部的竞争都会建立一系列的国际市场价格。我们现在可以转向这些价格的决定上去。在这个包含两种商品和两个国家的实例中，国际竞争会有三种可能的结果。一种可能的结果是两个行业的调节资本都在国家A，因为（国家A）两个行业的生产者都具有绝对成本优势，在这种情况下国际调节价格由国家 A 的生产价格决定。反之则两个行业的调节资本都在国家 B。由于这两种情况是对称的，我们只需要分析第一种情况就够了。以欧元表示的生产价格 p_1^A、p_2^A 会在国家 A 决定并与其实际工资和一般价格水平相一致［见方程（11.1）］，这会转换成国家 B 以英镑表示的价格 p_1^A/e、p_2^A/e。货币工资 $w = p_2 \cdot wr$，在这里 wr 是实际工资，而 p_2 则是消费品的价格水平。调节资本在这里以粗体字列出（因此在这里不需要使用向量或者矩阵）。国家 A 的两个行业都会得到一般利润率，但是在国家 B，每个行业在面对国际价格时都会根据其效率和实际工资得到一个不同的利润率。这也是非调节资本的常见情况（见 7.4 节）。

国家 A（以欧元表示）

$$\mathbf{p_1^A = p_2^A \cdot wr^A \cdot 1_1^A + (p_1^A \cdot a_{11}^A + p_2^A \cdot a_{21}^A) \cdot (1 + r^A)}$$

$$\mathbf{p_2^A = p_2^A \cdot wr^A \cdot 1_2^A + (p_1^A \cdot a_{12}^A + p_2^A \cdot a_{22}^A) \cdot (1 + r^A)}$$

$$\mathbf{p_1^A \cdot xr_1 + p_2^A \cdot xr_2 = p^A}$$

国家 B（以英镑表示）

$$
\begin{aligned}
p_1^A \cdot e = {} & p_2^A \cdot e \cdot wr^B \cdot l_1^B \\
& + (p_1^A \cdot e \cdot a_{11}^B + p_2^A \cdot e \cdot a_{21}^B) \cdot (1 + r_1^B) \\
p_2^A \cdot e = {} & p_2^A \cdot e \cdot wr^B \cdot l_2^B \\
& + (p_1^A \cdot e \cdot a_{12}^B + p_2^A \cdot e \cdot a_{22}^B) \cdot (1 + r_2^B)
\end{aligned} \tag{11.9}
$$

尽管国家 B 以英镑表示的价格和成本水平取决于汇率水平，但是两国的比较成本水平并不取决于汇率水平，因为它们的元素必须以通用货币（如英镑）表示，因此汇率在分子和分母之间抵销了。

商品 1

$$
\frac{uc_1^A \cdot e}{uc_1^B} = \frac{(p_2^A \cdot wr^A \cdot l_1^A + p_1^A \cdot a_{11}^A + p_2^A \cdot a_{21}^A) \cdot e}{(p_2^A \cdot e \cdot wr^B \cdot l_1^B + p_1^A \cdot e \cdot a_{11}^B + p_2^A \cdot e \cdot a_{21}^B)}
$$

商品 2

$$
\frac{uc_2^A \cdot e}{uc_2^B} = \frac{(p_2^A \cdot wr^A \cdot l_2^A + p_1^A \cdot a_{12}^A + p_2^A \cdot a_{22}^A) \cdot e}{(p_2^A \cdot e \cdot wr^B \cdot l_2^B + p_1^A \cdot e \cdot a_{12}^B + p_2^A \cdot e \cdot a_{22}^B)} \tag{11.10}
$$

剩下的一种可能的结果就是两个国家各在一个行业占据绝对优势地位，比如国家 A 在商品 1 上占据绝对优势，而国家 B 在商品 2 上占据绝对优势地位。在这种情况下，国际范围内的调节资本之间会实现利润率均等化，从而得出在某个给定国际价格水平上的通用货币国际生产价格水平。在方程组（11.11）中，两种调节资本和由加粗字体列出的给定国际价格水平形成了一个由包含三个变量（p_1^*, p_2^*, r）的三个方程组成的决定体系。这些相同的国际价格会决定各个国家的非调节（进口竞争）资本各自的利润率（r_1^A, r_2^B）。这使我们想起，即使利润率在不同调节资本之间实现了均衡化，平均利润率在不同国家也可能是不同的（见图 7.7）。请注意这里的变量都是以国际货币表示的。

国家 A（以欧元表示）

$$\mathbf{p_1^* = p_2^* \cdot wr^A \cdot 1_1^A + (p_1^* \cdot a_{11}^A + p_2^* \cdot a_{21}^A) \cdot (1+r)}$$

$$p_2^* = p_2^* \cdot wr^A \cdot 1_2^A + (p_1^* \cdot a_{12}^A + p_2^* \cdot a_{22}^A) \cdot (1+r_2^A)$$

$$\mathbf{p_1^* \cdot xr_1 + p_2^* \cdot xr_2 = p^*}$$

国家 B（以英镑表示）

$$p_1^* = p_2^* \cdot wr^B \cdot 1_1^B + (p_1^* \cdot a_{11}^B + p_2^* \cdot a_{21}^B) \cdot (1+r_1^B)$$

$$\mathbf{p_2^* = p_2^* \cdot wr^B \cdot 1_2^B + (p_1^* \cdot a_{12}^B + p_2^* \cdot a_{22}^B) \cdot (1+r)} \quad (11.11)$$

11.5.5.10 中间情形即是一般情形

方程（11.11）中的中间情形实际上就是一般情形。在具体层面，国家 A 和一系列贸易伙伴之间出口和进口众多的商品，我们可以把这些贸易伙伴设定为国家 B。接下来我们可以很安全地假定每个这样的"国家"都有一系列的出口商品和进口商品。我们已经从斯拉法那里了解到，在任何给定的技术水平下，利润率和所有的相对价格都取决于给定的实际工资。在方程（11.11）中，相对国际价格水平 $p^* = p_1^* / p_2^*$ 现在也是国家 A 的贸易条件（它的出口价格与进口价格之比，以通用货币表示）。关键的问题在于贸易条件由国家的实际工资水平和生产结构决定。因此，贸易条件也不能通过移动内生地使贸易实现平衡。作为国际贸易标准理论的根基，李嘉图关于比较成本和自动贸易平衡的理论是根本站不住脚的。

11.5.5.11 可贸易商品和不可贸易商品

我们也可以把前面的分析延伸到不可贸易商品（商品 3）。该商品进入生产时，它的价格会影响投入成本；当这种商品作为消费商品 c_2、c_3 进入更大的工资篮子时，它还会影响货币工资。在后一种情况下，可以将消费品的平均国际价格定义为 $p_c^* \equiv p_2^* \cdot c_2 + p_3^* \cdot c_3$，因此我们可以将货币工资表达为 $w = wr \cdot p_c^*$。请注意，给定的国际价格水平 p^* 决定了单个价格的绝对水平，而平均的消费品价格 p_c^* 正是由这些单个价格决定的。最后，虽然不可贸易商品并不直接参与国际竞争，但是有些参与不可贸易商品生产的资本是当地的调节资本，并且与国内与国际贸易商品的国内资本和调节资本一样受到国内投资流的影响。因此，不可贸易商品的价格和调节资本受到同样的利润率调节。非调节资本，无论是可贸易的还是不可贸易的，都与此不同，因为它们的低利润率正是它们在竞争中处于弱势地位的体现，因而也是它们在新资本流动中有限价值的体现。这正是为什么它们往往会被大多数的竞争分析忽略掉。一旦在理论研究中被忽略，它们就会在方方面面都被遗忘。于是，它们的真实存在似乎就成了竞争“不完全”的一种反映，而实际上它们的真实存在表明了从抽象到具体的一种过快的运动——这更多的是理论家的不完美而不是理论的不完全。如前所述，所有的变量都是以国际货币（英镑）表示的。

国家 A

$$\mathbf{p_1^* = p_c^A \cdot wr^A \cdot 1_1^A + (p_1^* \cdot a_{11}^A + p_2^* \cdot a_{21}^A + p_3^A \cdot a_{21}^A) \cdot (1 + r)}$$

$$p_2^* = p_c^A \cdot wr^A \cdot 1_2^A + (p_1^* \cdot a_{12}^A + p_2^* \cdot a_{22}^A + p_3^A \cdot a_{32}^A) \cdot (1 + r_2^A)$$

$$
\begin{aligned}
&\mathbf{p_3^A = p_c^* \cdot wr^A \cdot l_3^A}\\
&\qquad \mathbf{+ (p_1^* \cdot a_{13}^A + p_2^* \cdot a_{23}^B + p_3^A \cdot a_{33}^A) \cdot (1 + r)}\\
&\mathbf{p_c^A \equiv p_2^* \cdot c_2 + p_3^A \cdot c_3}\\
&\mathbf{p_1^* xr_1 + p_2^* xr_2 = p^*}
\end{aligned}
$$

国家 B

$$
\begin{aligned}
&p_1^* = p_c^B \cdot wr^B \cdot l_1^B\\
&\qquad + (p_1^* \cdot a_{11}^B + p_2^* \cdot a_{21}^B + p_3^B \cdot a_{21}^B) \cdot (1 + r_1^B)\\
&\mathbf{p_2^* = p_c^B \cdot wr^B \cdot l_2^B}\\
&\qquad \mathbf{+ (p_1^* \cdot a_{12}^B + p_2^* \cdot a_{22}^B + p_3^B \cdot a_{22}^B) \cdot (1 + r)}\\
&\mathbf{p_3^B = p_c^B \cdot wr^B \cdot l_3^B}\\
&\qquad \mathbf{+ (p_1^* \cdot a_{13}^B + p_2^* \cdot a_{23}^B + p_3^B \cdot a_{33}^B) \cdot (1 + r)}\\
&\mathbf{p_c^B \equiv p_2^* \cdot c_2 + p_3^B \cdot c_3} \qquad (11.12)
\end{aligned}
$$

由粗体字列出的 7 个方程组成了一个由 7 个变量（ $p_1^*, p_2^*, r, p_3^A, p_3^B, p_c^A, p_c^B$ ）构成的决定系统。像之前一样，剩下的两个方程用来决定非调节资本的利润率（ r_2^A, r_1^B ）。现在每个国家的（以国际通用货币表示的）货币工资都反映了不可贸易商品的当地价格。请注意，国家 A 将会成为其拥有绝对成本优势的商品 1 的出口者，而国家 B 将会成为商品 2 的出口者。

11.5.5.12 购买力平价理论和一价定律

国际行业内部的竞争使单个可贸易商品以国际通用货币表示的价格均等化。这是一价定律的假说。当这个假说被应用到两个不同国家的加总一篮子商品时，它又被称作购买力平价理论。

在真实竞争中，一价定律包括运输成本、税收和关税。在一国内的竞争中，拥有新的更低成本资本的企业可以降价，但是原有的企业只能部分地匹配这种降价幅度，因而总有一个价格的差异化分布（见

7.6.1 小节）。相同的情况也发生在国际竞争之中。在固定汇率制度下，这个过程和一国之内发生的情况非常相似。而在浮动汇率制度下，企业面临着更加复杂的情况，因为它们自己商品的国际价格可能仅因汇率的变化而变化。这两种情况的差距并不像看上去那么大，因为所谓的固定汇率总是可以被人为改变。国际价格变化反映汇率变化的程度被称作“传递”比率（Goldberg and Knetter 1997）。无论汇率是有条件的固定汇率制度还是开放的浮动汇率制度，基本的原则都是一致的：企业必须调整自己的价格以适应其竞争对手的变化，从而保持自己的市场份额。在实践中，一价定律因此只是在大体上成立，并且需要一定的时间来完成调整过程。

在总量水平上，价格均等化的期望被称作购买力平价假说。因为购买力平价理论正是一价定律的总量版本，它本身并不意味着国家价格和汇率水平之间存在某种特定的因果关系（Isard 1995, 59–60）。但是，购买力平价理论要成立，两个条件是必要的：（1）不同国家之间货物篮子的组成必须是相同的；（2）不可贸易商品与可贸易商品之间的价格比率在两个国家之间是相同的。如果记通用的权重为（w_1,w_2,w_3），那么这里国家 A 和国家 B 的通用货币价格指数是加权几何平均数（对于趋势化的数据更加合适）[①]。

$$\text{国家 A}\quad p^A e \equiv (p_1^*)^{w_1}\cdot(p_2^*)^{w_2}\cdot(p_3^A)^{w_3}$$

$$\text{国家 B}\quad p^B \equiv (p_1^*)^{w_1}\cdot(p_2^*)^{w_2}\cdot(p_3^B)^{w_3} \qquad (11.13)$$

在每一个价格指数上，前两项表示的是可贸易商品的部分，而第三项代表不可贸易商品的部分。也就是说，购买力平价（即以通用货

① 在存在趋势的时间序列中，变量的值随着时间的推移而上升或者下降。在序列 1、2、4、8 中，变量以稳定的百分比变动。该变量的算术平均值则会以一个逐渐上升的百分比增加，因为更近的数据会绝对比之前的数据大。而几何平均数（n 个数值相乘的 n 方根）则会以稳定的比率增长。

币表示的价格指数相等）也要求两个国家之间两部分的比率相同。

检验购买力平价假说的主要问题在于用于构建国内价格指数的商品篮子在各个国家之间并不是相同的。生产者价格指数包括由国内生产的消费品和生产所用的商品，但是不包括服务和进口。消费者价格指数不包括生产所用的商品和出口，但是包括国内的服务以及进口的服务和消费品。[①] 在这两个指数中，商品篮子的组成都不仅限于可贸易商品。总体篮子的组成在不同国家之间也不相同。因此，毫不意外的是，即使是在较长的数据跨度内，基于生产者价格指数或者消费者价格指数的价格得到的实际汇率也不是静止不变的。事实上，它们更多地反映的是趋势（Isard 1995, 64, fig. 64.61），这也是“购买力平价困局”长期存在的又一个问题（MacDonald and Ricci 2001, 6）。

作为对一价定律的整体检验，购买力平价理论要求国家价格指数篮子的构成相同。考虑到实际上商品篮子是不相同的，合适的购买力平价检验要求对于下面的问题有一个肯定的答案：一旦我们在每个国家价格指数中调整了结构和不可贸易商品 / 可贸易商品的价格影响，剩余部分的比率就会随着时间的推移而保持不变吗？在这里斯密分解就变得非常有用。因为第 j 个商品的价格由相应的调节价格决定，我们总是可以写出：$p_j = p_j^* \equiv w^* \cdot v_j^* \cdot (1+\sigma_{PW_j}^*) = p_c \cdot wr^* \cdot v_j^* \cdot \chi_j^*$，在这里 $vulc^* \equiv w^* \cdot v^* = p_c \cdot wr^* \cdot v^*$ 是调节整合单位劳动力成本，p_c^* 代表消费品价格指数，wr^* 是调节实际工资，$\chi^* = (1+\sigma_{PW}^*)$ 是主要的干扰项。

$$\frac{p_i}{P_j} = \frac{vulc_i}{vulc_j} \cdot \chi_{ij} = \frac{w_i \cdot v_i}{w_j \cdot v_j} \cdot \chi_{ij}\text{，其中 } \chi_{ij} = \frac{1+\sigma_{PW_i}}{1+\sigma_{PW_j}} \quad (11.14)$$

那么，我们可以将方程（11.13）中的价格替换为相应的调节成本和扰动项的产物。很明显，这个替换不会改变两个国家价格指数之间

① 美国劳动数据署的网址：http://www.bl.gov/dolfaq/bls_ques16.htm。

的关系。记住这一点，我们就可以说，在古典理论中，实际利率由其调节项决定。

$$\frac{p^{A}\cdot e}{P^{B}}=\frac{p_{c}^{A}\cdot wr^{*^{A}}\cdot v^{*^{A}}\cdot e\cdot(1+\sigma_{PW}^{*^{A}})}{p_{c}^{B}\cdot wr^{*^{B}}\cdot v^{*^{B}}\cdot(1+\sigma_{PW}^{*^{B}})} \qquad (11.15)$$

每个国家的消费品价格指数可以表示为 $p_c=(p_c/p_T)\cdot p_T$，其中 p_T 是两个国家相同的一篮子可贸易商品的价格［见方程（11.12）中的商品 2］。那么，一价定律就意味着 $p_T^A\cdot e/p_T^B\approx 1$。为了和第 9 章的经验结果保持一致［见方程（9.5）］，我们也可以假定扰动项相对而言很小，因而 $\frac{(1+\chi^A)}{(1+\chi^B)}\approx 1$。那么，古典理论就意味着实际汇率由两个因素决定：相对实际调节成本和不可贸易商品 / 可贸易商品的比率。

$$\begin{aligned}\frac{p^{A}\cdot e}{p^{B}}&=\frac{wr^{*^{A}}\cdot v^{*^{A}}\cdot(p_c/p_T)^{A}\cdot e\cdot(1+\chi^{*^{A}})}{wr^{*^{B}}\cdot v^{*^{B}}\cdot(p_c/p_T)^{B}\cdot(1+\chi^{*^{B}})}\cdot\left(\frac{p_T^{A}\cdot e}{p_T^{B}}\right)\\&\approx\left(\frac{wr^{*^{A}}\cdot v^{*^{A}}}{wr^{*^{B}}\cdot v^{*^{B}}}\right)\left(\frac{(p_c/p_T)^{A}}{(p_c/p_T)^{B}}\right)\end{aligned} \qquad (11.16)$$

11.5.5.13 购买力平价理论和实际汇率的组成成分

方程（11.3）说明，如果两个国家的价格指数具有相同的总体组成，也就是说有着相同的商品组成和相同的不可贸易商品与可贸易商品价格比，那么如果一价定律在个体水平上成立，这两个指数就会成比例。它们的比率，也就是实际汇率，也应该是稳定的，因而购买力平价理论成立。相反，如果组成的影响显著，即使一价定律成立，实际汇率也不会是稳定不变的。

11.5.5.14 作为调节成本代理变量的实际成本

实际上，我们仅有实际成本的数据。但是，斯密分解同样适用于实际价格、成本和利润，因为利润本身就是价格与成本之差。因此，我们也可以将第 j 个商品的价格写作 $\mathrm{p_j} \equiv \mathrm{w} \cdot \mathrm{v_j} \cdot (1+\sigma_{\mathrm{PW_j}})$，在这里 $\mathrm{w} \cdot \mathrm{v}_j$ 是实际整合单位劳动力成本，而 $\sigma_{\mathrm{PW_j}}$ 是行业 j 的实际整合利润–工资比。如果这个行业是支配性的，那么实际变量就会等于调节变量。在方程（11.12）中，这适用于国家 A 的行业 1 和行业 3，因为国家 A 是行业 1 商品的出口国，而行业 3 的不可贸易商品在国内具有竞争力。另外，它并不适用于国家 A 在行业 2 的情形，因为国家 A 在这个行业不具有支配地位，所以其成本就会高于调节成本，并且整合利润–工资比就相应地较低。但是，只有当其成本落在调节成本附近的时候，一个进口的竞争性行业才能存活：这两个成本一定不能差别太大。那么，实际成本就会和调节成本有着相似的趋势，因此我们可以把后者写为前者的函数。

$$\left(\frac{\mathrm{wr}^{*^{\mathrm{A}}} \cdot \mathrm{v}^{*^{\mathrm{A}}}}{\mathrm{wr}^{*^{\mathrm{B}}} \cdot \mathrm{v}^{*^{\mathrm{B}}}}\right) = f\left(\frac{\mathrm{wr}^{\mathrm{A}} \cdot \mathrm{v}^{\mathrm{A}}}{\mathrm{wr}^{\mathrm{B}} \cdot \mathrm{v}^{\mathrm{B}}}\right) \tag{11.17}$$

接下来，我们需要分析不可贸易商品 / 可贸易商品因素的代替物 $\left(\frac{(\mathrm{p_c} / \mathrm{p_T})^{\mathrm{A}}}{(\mathrm{p_c} / \mathrm{p_T})^{\mathrm{B}}}\right)$。考虑到生产者价格指数（p）比消费者价格指数（$\mathrm{p_c}$）和 GDP 平减指数（$\mathrm{p_{GDP}}$）包含更多的可贸易商品，我们可以采用后面两种指数的任一种与前一指数的比率。因为不可贸易商品 / 可贸易商品价格比被发现与实际人均 GDP（$\mathrm{RGDP_{pc}}$）相关，我们又可以将后者作为前者的代替物。这产生了在通用函数形式 $h(\cdot)$ 下三种可能的公式表达：

$$\frac{(\mathrm{p_c} / \mathrm{p_T})^{\mathrm{A}}}{(\mathrm{p_c} / \mathrm{p_T})^{\mathrm{B}}} = h(\tau)\text{，其中 } \tau = \frac{(\mathrm{p_c} / \mathrm{p})^{\mathrm{A}}}{(\mathrm{p_c} / \mathrm{p})^{\mathrm{B}}}\text{、}\frac{(\mathrm{p_{GDP}} / \mathrm{p})^{\mathrm{A}}}{(\mathrm{p_{GDP}} / \mathrm{p})^{\mathrm{B}}}\text{ 或 }\left(\frac{\mathrm{RGDPpc^A}}{\mathrm{RGDPpc^B}}\right) \tag{11.18}$$

将方程（11.16）和方程（11.18）联立，就得到了一般经验形式：

$$\frac{p^A \cdot e}{P^B} \approx f\left(\frac{wr^A \cdot v^A}{wr^B \cdot v^B}\right) \cdot h(\tau) \tag{11.19}$$

$$\log\left(\frac{p^A \cdot e}{p^B}\right) \approx \log\left(f\left(\frac{wr^A \cdot v^A}{wr^B \cdot v^B}\right)\right) + \log\left(h(\tau)\right) \tag{11.20}$$

虽然我们还是没有得出任何关于$f(\cdot)$和$h(\cdot)$具体函数形式的信息，但是已经有两种人们广泛使用的可能形式：$f(x)=a \cdot x$或者$f(x)=a \cdot x^b$，这样就有$\log(f(x))=\log(a)+b \cdot \log(x)$，其中a和b是未知参数。通过用实际成本代替调节成本，用消费者价格指数或者GDP平减指数相对于生产者价格指数的实际比率代替不可贸易商品/可贸易商品价格比，前者可以直接在方程（11.16）中得到应用。[①] 存在未知常量在这个问题中不重要，因为它们不会改变实际汇率的稳定性或者不稳定性。另外，我们可以只通过回归利用对数线性函数形式，在回归中可以估计参数值。11.6节的经验分析就是从前一个假设开始并逐渐转移到后一个假设上的。

11.5.6 贸易平衡、资本流动和收支平衡

这就把我们带向了第二个问题：如果自由贸易会带来持续的贸易不平衡，收支平衡何以得以保持呢？最初由马克思提出但是由哈罗德完善的答案就是：由不平衡收支创造的国际货币的流动会降低贸易盈余国家的利率，提高贸易赤字国家的利率，[②] 这个利率的差异最终会使金融资本从前者流向后者，直到收支达到平衡。考虑到实际成本之间

① 如果$f(x)=a \cdot x$，那么在指数变量中参数a就会抵消掉，因为这些指数根据t时刻的$f(x)$与基年$f(x)$的比率而定义。

② 很有趣的一点是，即使是弗里德曼也接受了货币供给增加首先会降低利率的观点（Ciocca and Nardozzi 1996, 8n2）。

的差异会产生贸易不平衡，当贸易盈余国家将自己的盈余在国际资金市场上贷出，贸易赤字国家通过在国际资金市场上借入以弥补赤字的时候，总体收支就会达到平衡。这所有的过程都是通过自由贸易和自由金融市场的运作实现的。

李嘉图通过货币数量论论证由贸易盈余带来的货币资金内流会提高贸易盈余国家的价格水平。马克思则对货币数量论持强烈的批评态度（见 5.3.2 小节），并且他对于李嘉图论述中这个步骤的回应非常深刻（Shaikh 1980a, 34）。

> 说什么现有金量的变动，在它增加或减少国内的流通手段量时，必然会使该国范围内商品价格上涨或下跌，这实际上已经是陈词滥调了。如果金被输出，那么，按照这个通货理论，输入金的国家的商品价格就必然会提高，从而在金输入国的市场上，金输出国的出口品价值将提高；相反地，在金输出国的市场上，金输入国的出口品价值将降低，而在这些出口品的原产地金输入国，它们的价值将提高。事实上，金量的减少只会提高利率，而金量的增加则降低利率。如果不是因为在成本价格的确定上或需求和供给的决定上，要考虑到利率的这种变动，商品的价格是完全不会受这种变动影响的。（Marx 1967c, ch.34, 551）[①]

我们并不知道马克思是否深入研究了这个问题。我们只知道除此之外没有更多马克思的具体论述出现在恩格斯编纂的《资本论》第三卷中。但是，我们的确知道哈罗德在差不多一个世纪之后得出了相同

① 中文转引自《资本论》第三卷，人民出版社，2004 年版，第 625 页。——译者注

的结论，并记录在了他自己的《国际经济学》第三版中（Harrod 1957, ch. 4, sec. 5, and chs. 7–8）。他说，古典理论倾向于将国际资本的流动看作与贸易流动毫不相干。但是，短期内的资本变动可能产生于汇率变动和/或利率差异（96, 115 text and n.1）。由收支盈余引起的资金流动会降低国家内部的流动性，而不是提高其价格水平。这倾向于降低国内利率，[1] 并刺激资本外流，而不一定影响贸易平衡。在国内投资对利率有回应的范围内，这可能会刺激产出水平并通过凯恩斯式的途径增加进口。这可能会降低贸易盈余，但并不会使其彻底消失（130, 131–133, 135, 139）。重要的一点在于，贸易不平衡和短期资本流动具有内在联系："一个国家的资本家可能会正因为贸易差额带来的影响……而倾向于在国外投资（或者借款）。"（115）

哈罗德认为他的收支差额调节理论"是古典的，因为它要求一种自我修正机制发挥作用……［但是］它将自我修正效应归因于资本的引致运动，而不是商品均衡的变化"（Harrod 1957, 132）。在固定汇率情况下，同样的效应也可以部分或者全部地产生于收支赤字国的央行为引进抵销赤字所需的资本流入所采取的提高利率的行为。这对于防止可能会发生的准备金耗尽是必要的。这时，央行就做了在浮动汇率制度下市场本应该做的事情（85–86）。最终，由收支不平衡引起的短期资本流动会消除引致不平衡的利率差异，因而国际利率水平倾向于均等化（116）。

哈罗德还得出了其他一些重要的论点。可贸易商品的价格在不同国家之间实现均等化，而不可贸易商品则不然（Harrod 1957, 54–56,

① 黄金的流入会使国家具有更多的流动性。"如果银行完全抵销了黄金流入，那么它们自己就会变得更具流动性，而如果它们不这么做的话，公众手中就会有更多的流动性。"即使银行因为"黄金集中在央行手中"而对自身增加的流动性无动于衷，它最后还是只会持有黄金作为准备金，从而"失去维生的手段"。

62–63）。实际工资在不同国家之间也不是均等化的（63）。[①] 并且，在浮动汇率制度下，均衡汇率由收支差额等于零的条件决定。这意味着收支的不平衡可能不仅能够改变流动性和影响利率水平，而且可以溢出到国外汇率市场上。最后，他认为比较成本定律经常被表示为“解释贸易应该采取的方向，或者类似的表述，即国家应该采用的处置生产性资源的方法”（39）。但是，真实的国际贸易由逐利的企业来进行，而这些企业唯一关心的问题就是它们能否“得到一个有利可图的价格”（70）。“出口者或进口者对比较成本一无所知，他知道的仅有国内和国外的价格”（73）。因此，真正的问题不是贸易应该怎样进行，而是贸易实际上是怎样进行的。

11.5.7 自由贸易理论古典方法的总结

前面的分析提出了一些研究主题。第一，行业的比较成本和贸易条件由相对实际工资、相对调节资本的生产力以及不可贸易商品 / 可贸易商品的效应决定 [见方程（11.3）、（11.8）、（11.11）、（11.12）、（11.16）]。第二，一个国家贸易平衡的方向由绝对成本优势或劣势决定（古典路径），而它的规模也取决于相对国家收入（凯恩斯主义路径）。后者的变化会影响贸易平衡，但除非该变化足以转变比较成本，否则不会使结果由盈余永久性地变为赤字。第三，贸易不平衡会创造收支不平衡，而收支不平衡又会影响利率，进而引起短期的国际资本流动（古典路径），并且有可能也会通过影响投资改变国内收入（凯恩斯主义路径）。最终结果是拥有绝对成本优势的国家将会通过国际放贷

① 哈罗德实际上认为“要素价格”在国家之间是不相等的，也就是说工资和利润率在国家之间是不相等的（Harrod 1957, 63）。但是，他同时认为通过短期资本的流动，利率在不同国家之间是相等的（60, 116）。我在 7.6.5 小节中已经说明了增加利润率在不同国家之间也是相等的。

回收利用自己的贸易盈余，而拥有绝对成本劣势的国家则会借入国际资金来弥补自己的赤字。这些过程都会通过自由贸易和自由金融流动实现，尽管政策也会产生类似的效应（Harrod 1957, 85–86）。

11.6 经验证据

在经验层面，标准和古典的自由贸易理论关于贸易差额与实际汇率的预期有所差别。针对第一个问题，比较优势假说认为实际汇率会变动以确保贸易在变化的环境中保持平衡：实际汇率的自动调整会确保“贸易平衡，因而出口商品的价值会等于进口商品的价值”（Dernburg 1989, 3）。这个假说使人们产生了一种经验上的期待，即使“一个经济体的国际竞争力可能在中期内上升或下降……平均来看，在超过 10 年甚至更长的时间跨度上，衰退和竞争‘优势’的转换会在不同时间与不同经济体之间随机出现”（Arndt and Richardson 1987, 12）。米尔贝格（1994, 224）注意到“比较优势概念持续支配着经济学家的思考”。就此而言，一个非常好的证据是克鲁格曼（1991）坚持认为，如果能让比较优势自由发挥，它会继续在现代世界发挥作用，也会自动地使国家之间实现贸易平衡。即使是强调寡头垄断、规模报酬递增以及不同的策略行为的新国际经济学派的理论家也会从这样的前提出发，即在这种“不完全竞争”条件缺失的情况下，比较优势仍将保持（Milberg 1993, 1）。正是从这个角度，克鲁格曼和奥布斯特费尔德（1994, 20）抨击了那些认为“只有当你的国家产能强大到能够在国际竞争中站稳脚跟的时候，自由贸易才有好处”的人。古典论证却恰恰推导出为他们所遗弃的结论：竞争力的不同源于实际成本（产量和实际工资）的不同，而实际成本的不同会产生持续的贸易失衡。

经验证据很大程度上支持古典假说而与李嘉图-新古典的假说相悖。在战后时期，竞争优势和贸易平衡都不服从空间和时间上的随机分布。相反，“像日本一样具有持续且显著竞争优势的国家和像美国一样具有显著竞争劣势的国家的出现”，以及“日本长期显著的贸易盈余和美国长期显著的贸易赤字”是战后大多数时期的重要特征（Arndt and Richardson 1987, 12）。无论是在布雷顿森林体系的固定汇率制度下，还是在始于1973年的高度自由灵活的汇率制度下，这个令人不快的事实都没有发生改变。图11.2展示了1960—2009年15个主要国家的贸易差额。这些结果都是用通用货币计算的出口-进口比率，所以当比率大于1时，意味着贸易盈余；当比率小于1时，则意味着贸易赤字。半个世纪以来，第一张图中的芬兰、日本、韩国、挪威和瑞典都从贸易赤字转向贸易盈余。韩国从巨大的贸易赤字向适量的贸易盈余转变的过程非常引人注目，挪威朝同样方向的稳步变化也是如此。第二张图中展示了相似的从贸易赤字向贸易盈余的稳步转变，包括丹麦、意大利和荷兰。第三张图中包含4个状态“稳定”的国家，德国和加拿大具有持续的贸易盈余，而法国和西班牙分别长期具有少量和大量持续的贸易赤字。在第四张图中，有3个国家具有普遍上涨的贸易赤字，包括美国和澳大利亚。澳大利亚在1960—2009年的50年中有43年存在贸易赤字，有48年存在货币账户赤字（Mason 2010）！

我们现在考虑标准和古典的实际汇率理论所具有的经验含义。标准理论认为贸易条件会改变以使贸易自动实现平衡，而古典理论则认为贸易条件由实际成本决定，因此贸易往往是不平衡的。关于持续的

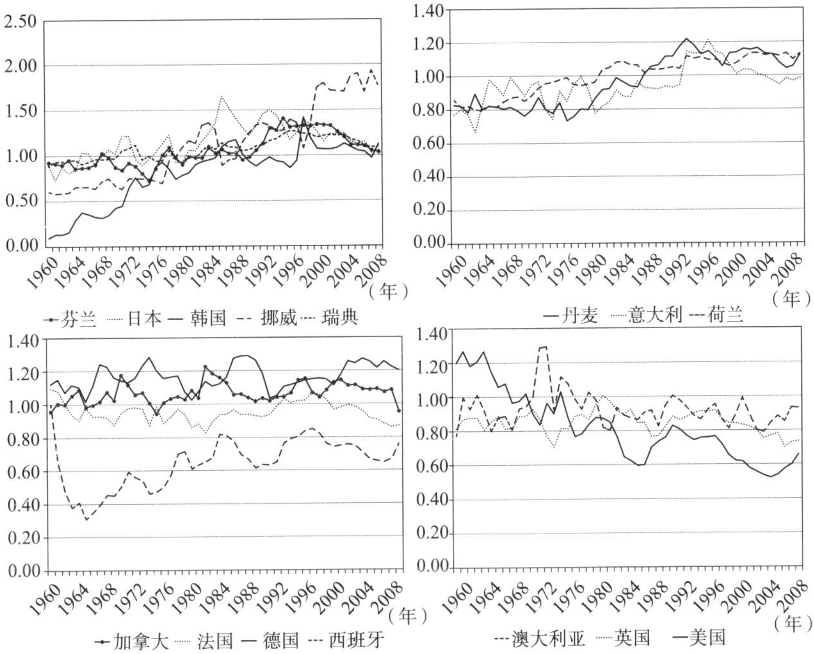

图 11.2 1960—2009 年主要国家的贸易均衡（出口 / 进口）

贸易不平衡的经验证据很明显支持古典理论。但是，这两种理论都使用了一价定律，尽管是以不同的方式。而一价定律进一步意味着当货物篮子构成相同时能够得到购买力平价理论。相反，在货物篮子在不同国家之间存在差别或者一价定律从一开始就失效的情况下，购买力平价理论可能不再成立。在前文中我们提到，当购买力平价理论失效的时候，可以通过对于两个国家货物篮子实际成本（经过可贸易商品 / 不可贸易商品的调整）的经验估计来区分第一种原因和第二种原因［见方程（11.6）］。同时，这也将用于解释另一个替代性假说，即竞争过程会使国家之间的单位成本均等化（Officer 1976, 10–12）。

购买力平价理论要求实际汇率在长期保持稳定。[①] 大量的经验文献提出了购买力平价理论中与实际汇率有关的“困扰”。首先，无论使用什么样的一般价格指数，实际汇率在短期内都不是保持不变的（Israd 1995, 63–65）。其次，尽管实际汇率可能在超过 10 年乃至 20 年的期间展现出“目标水平”上的回归，但是“我们的目标水平并不是购买力平价值”，因为它并不平稳（Engel 1999, 21）。再次，人们已经证实了标准的计量经济学检验在区分单位根和平稳过程时效果不显著（20–22），而这也产生了非常不同的观点。有些人认为，“购买力平价理论可能根本不成立”（MacDonald and Ricci 2001, 5），另一些人依旧认为实际汇率水平存在一定的趋势，但是这种趋势也许只能通过可贸易商品相对不可贸易商品的相对价格解释（Engels 1999, 22），尽管有关于此的经验证据是混乱的（Rogoff 1996, 660–662）。最后，即使存在围绕着不稳定均值的回归，相对于理论预测而言“其收敛速度也是非常慢的”。标准理论要求其朝向稳定的汇率中心调整的速度非常快，因为在完全竞争的条件下人们认为一价定律会立刻实现（Isard 1995, 60–61），而且新古典理论假定“货币冲击会被价格水平和汇率水平以两年左右的时滞吸收”（MacDonald and Ricci 2001, 5）。后一种条件则要求实际利率以 1/3 年的半衰期收敛到其（平稳的）均值。[②] 但是“在研究中发现的典型半衰期在 3~4 年”（MacDonald and Ricci 2001, 5），大约是理论预测值的 10 倍多。毫无意外，这使经济学家开始研究对实际汇率变

---

① 如果 p 为国内价格水平，p_f 为国外价格水平。而 e 为名义汇率水平（国外货币与国内货币单位之比），那么（绝对）购买力平价假说是 $p \cdot e = p_f$。如果存在恒定比例的交通成本、税费以及诸如此类的成本，那么我们会得到相对购买力平价假说 $p \cdot e = a \cdot p_f$，其中 a 是某个常数。后者等价于真实汇率（$p \cdot e/p_f$）是固定的说法。同样地，这表明名义汇率改变的比率会抵消通货膨胀的相对比率（Isard 1995, 58–59）

② 当半衰期是 0.35 年时，95% 的冲击会在约两年之后消失。

化的替代性解释：宏观经济因素，可贸易商品 / 不可贸易商品的价格（哈罗德–巴拉萨–萨缪尔森效应），实际利率差异，资产组合平衡效应，出口商的定价行为，贸易波动条件指数，运输的成本、关税和税收，以及商品和服务分配的成本（MacDonald and Ricci 2001, 5–7）。

在这里，区分收敛速度和重力中心问题很重要。新古典理论要求收敛非常迅速，而古典理论只要求收敛具有“丰瘠年”的周期形式，比如 7~11 年即可。后者意味着半衰期大约是一年半（也就是说均值回归速度是 6 年左右）。因布斯等（2005, 1–2）认为，如果考虑到价格指数中不同组成部分有着不同的调整速度，平均的半衰期“可能会下降至 11 个月，显著低于人们达成‘共识’的 3~5 年（36~60 个月）”。类似地，新古典理论仅仅承认可贸易商品相对于不可贸易商品的效应是偏离稳定水平的来源，而古典理论还允许实际单位劳动力成本之间存在差异。

图 11.3 刻画了美国和日本基于生产者价格的实际有效汇率。非常明显的是，它们无论在短期还是在长期都不是恒定不变的。这也是非常一般的模式，我们马上就能够看到为什么“依据总价格指数的检验总是排斥购买力平价是一个短期中存在的关系”（Rogoff 1996, 647），以及为什么在长达 50 年的战后期间，没有什么证据能支持“实际汇率在某些假定的长期中是平稳不变的”这一观点。正是这个困难迫使某些购买力平价理论的支持者声称任何可能存在的收敛过程都必须“极度缓慢”（647）——需要可能是 75~100 年的数据来将其与随机游走区分开（Froot and Rogoff 1995, 1657, 1662）。

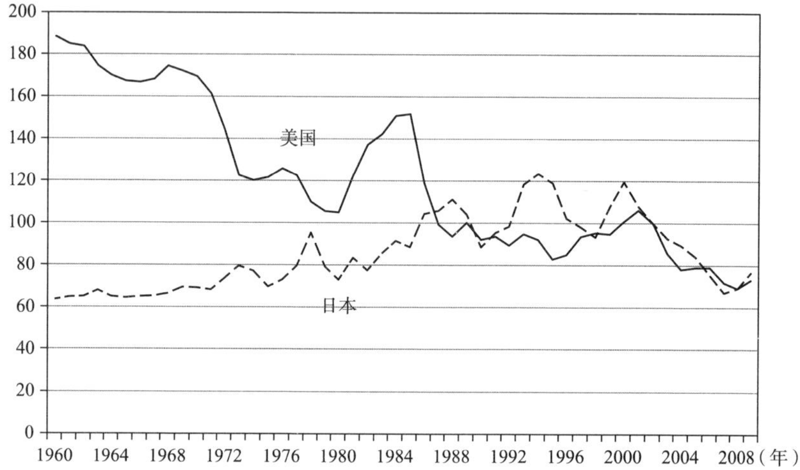

图 11.3 1960—2009 年美国和日本的实际有效汇率（基于购买力平价理论）

资料来源：BLS 和作者计算。

我们也可以根据相对变量变化率来重构购买力平价理论，此时这个假说意味着名义汇率会和通货膨胀同比例地下降（以此保持稳定的实际汇率）。图 11.3 也清楚地说明了为什么这个（相对变量）版本的购买力平价理论也不被普遍的经验证据支持。但是，正如表 11.4 中所显示的那样，在特定的高通货膨胀率情形下，（相对）购买力平价理论看上去的确是成立的（Froot and Rogoff 1995, 1651; Isard 1995, 62）。这成了非常重要的证据，因为古典的贸易理论预测到了图 11.3 中实际汇率的趋势特性，而且也预测到了在高相对通货膨胀率情形下的名义汇率和通货膨胀率之间的关联（Shaikh 1995, 73–74）。其中的原因很简单。我们可以从方程（11.20）中看出，名义汇率变化率 $\hat{e}$ 等于相对实际成本函数的变化率 $\hat{f}$ 加上不可贸易商品 / 可贸易商品价格函数的变化率 $\hat{h}$ 再减去相对通货膨胀率 $\hat{p}$。前两个元素应该是较小的，因为国际相对实际工资和相对生产力在不同年份之间变化不大。那么，如果相对通货膨胀率也很小，它就不会起决定性作用，因而相对购买力平价理论也就不成立了。但是，当相对通货膨胀率很大因而起决定性作用时，名义汇率的变化会大致和相对通货膨胀率的变化相一致，因而相对购买力平价理论看上去似乎成立了。这正是巴罗（1984, 542, table20.24）经验层面的发现，只不过他认为这个证据支持了购买力平价假说。

$$\hat{e} \approx \hat{f} + \hat{h} - \hat{p} \tag{11.21}$$

表 11.4 高通货膨胀率国家的汇率变化和相对价格水平

	相对通货膨胀率	汇率变化百分比（%）
阿根廷	40.8	39.3
巴西	26.6	26.4
智利	47.0	44.1
哥伦比亚	9.7	11.7
冰岛	14.2	13.5
印度尼西亚（1967—1980）	16.4	10.8
以色列	13.2	13.4
秘鲁（1960—1980）	13.1	11.8
韩国	11.4	10.0
乌拉圭	33.3	31.3
扎伊尔	12.1	16.1

资料来源：Barro1984, 542, table 20.4：与美国相比，1955—1980 年每年的百分比变化。

11.6.1 经验脆弱的理论模型持续作为政策指导

主流汇率理论的失败产生了三种不同的反应：正如前文提过的，

有些人把关注的重心放在那些可能解释实际汇率的缓慢收敛和不稳定性的因素上面；有些人则排斥汇率被任何深层次的经济因素决定的观点（Harvey 1996, 581）；还有一些人，比如新国际经济学家，坚持比较优势原则，但是通过引进诸如寡头垄断、规模经济以及其他策略因素的“不完美因素”修正其结论。

尽管存在这样的问题，购买力平价理论和比较优势假说都仍继续被广泛地应用于经济模型中（Isard 1995, 59, 73; Krugman 1995, 63）。斯坦（1995, 185）认为，尽管“大多数学者都意识到了这些模型的缺点，专家们依旧全部或部分地使用这种模型，因为他们没有一个逻辑上令人满意的替代品”。更重要的是，这些模型持续显著地影响着经济政策。例如，购买力平价理论经常被用作政策的经验法则，因为当“一个国家建立或调整自己的钉住汇率制时，它普遍依赖某种类型的数量化框架——例如购买力平价理论，以帮助其估测新的合适的平价水平”（Israd 1995, 70）。相似地，国际货币基金组织和世界银行的很多现代新自由主义政策也是基于这样一个假设，即没有阻碍的实际汇率会自动地使所有的贸易国家具有相同的竞争力，无论它们的技术水平和发展水平差异多大（Frankel and Khan 1993）。

上面所引述的经验和政策含义具有非常重要的意义，因为古典的自由贸易理论会推导出完全不同的结论。首先，一个国家的实际汇率会遵从其相对实际单位成本的时间路径。因为相对实际单位成本可能会随着时间的推移上升或者下降，所以实际汇率也会普遍不稳定。这与图 11.3 中的证据一致。此外，生产的相对实际单位成本倾向于在任何时间维度内相对缓慢变化，因为它们反映了相对工资和相对生产力的变化。因此，相应的实际汇率的长期变化（也就是名义汇率的变化率和相对国内价格之间的差额）也会较小。这意味着，当某个国家在任意给定年份有相对较高的通货膨胀率时，该国的名义汇率水平必须以大致相同的水平减少才能使实际汇率水平和实际单位成本的趋势变化率相一致［方程（11.21）］。这解释了为什么无论是绝对购买力平价理论还是相对购买力平价理论都在通货膨胀率很低时不成立（正如图 11.3 所示的趋势），也解释了为什么相对购买力平价理论在通货膨胀率相对较高时成立，正如表 11.4 所示。

11.6.2 实际汇率和实际成本之间关系的经验证据

我们现在转向基于谢克和安东诺普洛斯（2012）近期报告的结果，对前述的古典假说进行经验检验。第一个检验是像方程（11.20）推导的一样，直接比较美国和日本的实际利率与假定的基本值。在计量经济学层面，这两个变量都会与调整速度协同变化，而这些调整速度都在统计上显著且具有正确的符号，如表 11.5 和表 11.6 所示。这个证据支持了古典假说，即实际汇率的长期变化由经过可贸易商品 / 不可贸易商品调整的实际单位劳动力成本调节。

表 11.5　1962—2008 年日本的误差修正模型结果（因变量=LRXRIJP）

回归量	相关系数	标准误差	T- 比率
常量	–1.558 1	0.989 41	–1.574 8[.124]
LRULCJP1	1.353 3	0.221 79	6.101 7[.000]
调节速度	–0.453 78	0.116 74	–3.887 2[.000]

表 11.6 1962—2008 年美国的误差修正模型结果(因变量=LRXRIUS)

回归量	相关系数	标准误差	T- 比率
常量	0.364 45	0.439 08	0.830 05[.411]
LRULCUS	0.919 82	0.093 053	9.885 0[.000]
调节速度	–0.336 41	0.085 373	–3.940 5[.000]

实际汇率和其基本值之间的偏离取决于一个国家内部或外部相结合的综合因素。这些因素包括政策变化和市场因素。因为对于实际深层因素的任何组合，贸易不平衡都倾向于持续存在，所以整体均衡要求存在一个事前的零支付均衡。自发的国外资本流动可以改变收支差额，也可以改变名义和实际的汇率与利率。反过来，实际利率的自发变化会引致国外的资本流入并降低利率水平。因此，美国在 20 世纪 80 年代初的高利率水平吸引了大量的资本流入，进而引起汇率上升和利率差的下降。在更近的一段时间内，欧洲的危机已经引起了资本从南欧向德国外逃，使前一个地区的利率上升而后一个地区的利率下降（Castle 2011, B4）。但是，因为德国现在处于欧盟之中，像这样的内部资本流动对于欧元并没有直接影响。这些事例清楚地说明，即使是在最好的理论假设下，实际汇率同其基本值之间的偏离也只有一部分可能与利率差异相关。尽管如此，由于缺少包含相关因素的更加充分完善的模型，我引入了国内实际利率和国外利率的贸易加权平均值的实际利率差（i – i*），作为短期偏离的潜在解释变量。

方程（11.16）中包含的理论假说表明，相对通用货币价格（实际汇率）$er \equiv \left(\frac{pe}{p^*}\right)$会受其重力中心$\left(\frac{wr^{*A} \cdot v^{*A}}{wr^{*B} \cdot v^{*B}}\right)\left(\frac{(p_c / p_T)^A}{(p_c / p_T)^B}\right)$的调控，这个中心是通过不可贸易商品 / 可贸易商品效应的调整相应地调节（最佳实践条

件）垂直整合单位劳动力成本。所有的国家变量都相对于一个主要贸易国家集合（除去它们自身）来进行衡量，因为在国际竞争中所有国家都在同一个联盟中相互竞争。考虑到国际资本流动，这种处理在经验层面也是适当的，因为资本会流向很多地区，并且也从很多不同的地方流入。出于这个原因，任何关于美国和日本之间双边关系的结论都必须从它们与竞争对手以及贸易伙伴之间各自多边的关系中得出。

构建必要变量的经验测度最主要的困难来自对最优生产垂直整合单位劳动力成本的估计。首先，因为给定国家的可贸易商品可能在其他的一些国家有着相应的最佳生产技术，我们可能会利用这些国家的单位劳动力来构建一个可贸易商品集合的整体最优平均生产成本。反过来，我们也可以假定任何给定国家都是它的出口品的最佳生产者之一，那么如果我们基于通用货币出口价格（出口价格除以实际汇率）来进行分析，就不再需要专门估计一个给定国家出口部门的单位劳动力成本。但不幸的是，由于缺乏恰当的数据，上述方法都很难实现。现在的研究使用生产者价格指数来构建贸易加权的有效实际汇率，使用制造业实际直接单位劳动力成本[①]来代表相应的整合实际单位劳动力成本，因为估算后者需要所有的国家在一个足够长的时间段的投入–产出表，从而能够构建充足的时间序列。最后，所有消费品与可贸易消费品的价格之比被消费者价格指数相对于生产者价格指数的比率取代，因为后者相对于前者包括了更多的可贸易商品（Harberger 2004, 10）。消费者价格指数没有包括某些可贸易商品，例如生产所用的原料等，而包括了一些不可贸易的服务。相反，生产者价格指数则包括了所有

① 国际货币基金组织计算了一个以相对于其贸易伙伴的名义单位劳动力成本为基础的有效汇率水平（Harberger 2004, 14），但我们需要的是每个国家基于其贸易伙伴的实际相对单位劳动力成本的数据，两边都不包含汇率。因此，我采用了美国劳工统计局的单位劳动力成本和每个国家的消费者价格指数数据来计算实际单位劳动力成本。

可出口的商品但是排除了所有的服务，这两点都使生产者价格指数更多地包含着可贸易商品的信息。消费者价格指数和生产者价格指数对直接单位劳动力成本的依赖还有另一个重要的优点，即所有的经合组织成员在很长一段时间内都有关于这些变量的可得数据。更多的细节参见附录 11.1。

尽管存在这些经验上的近似，但是最终的结果仍然非常显著。根据图 11.4 和图 11.5 可知，美国和日本的实际有效汇率确实在相应的真实单位劳动力成本（根据可贸易商品 / 不可贸易商品效应进行了调整）附近做引力运动，两个变量都被定义为相对于被考察国家的贸易伙伴的水平。考虑到价格数据包含了指数数值，而后者的大小完全由基年决定（2002=100），我们重新调整了实际单位劳动力成本变量的标尺，使其和实际汇率具有相同的期间均值。这样有助于二者之间的视觉比较，当然并不会影响计量经济学检验。

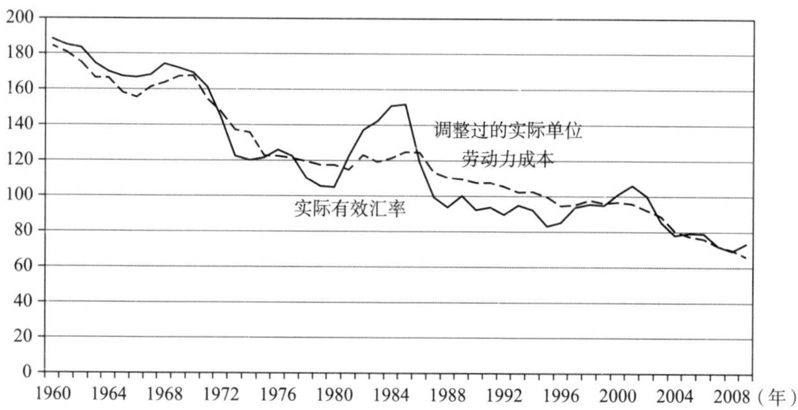

图 11.4 美国的实际有效汇率和调整过的实际单位劳动力成本

古典的动荡引力中心观念，与实际汇率围绕着更缓慢变化的实际单位劳动力成本上下波动的情况完美兼容。实际汇率的起伏可以和名

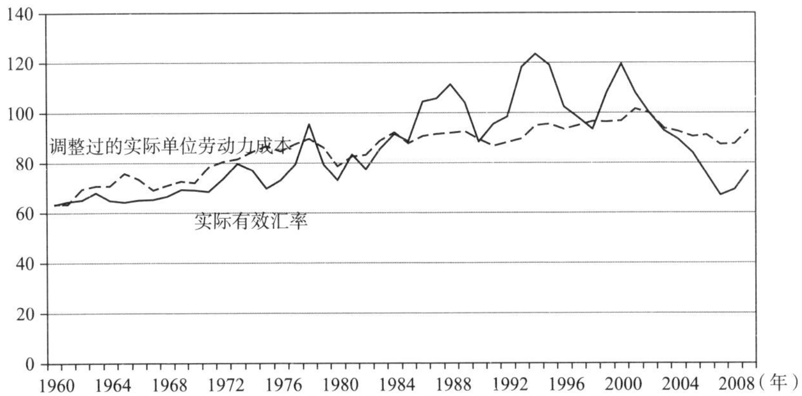

图 11.5 日本的实际有效汇率和调整过的实际单位劳动力成本

义汇率的变化以及相对国家价格水平的变化相联系。在相对价格水平下，1973 年和 1979 年的两次石油冲击是很明显的解释因素，因为这两个事件可能会对更多依赖能源进口的国家产生更大的影响。在名义汇率下，国际短期资本流动的变化也是可能的解释因素。在美国，实际汇率在 1980—1987 年以及 1997—2003 年相对于其基准水平有着很大程度的偏离，但是接下来又回归到其基准水平。以往的文献已经充分讨论过第一个阶段，并对其背后原因进行了大量争论。其中一个突出的解释是美国和其贸易伙伴之间利率差的急剧增长导致了巨额短期资本的流入，而这种资本流入进而逐渐压制了利率差值（Friedman 1991）。第二个阶段则与从 1990 年末到 2000 年初的资产价格泡沫相联系。在这里，相关的变量可能是股票市场回报率的差异，而不是利率差异。尽管如此，考虑到缺乏经合组织股票市场回报率的长期数据，我们还是会用后者来代替前者。在日本，这个问题因某些众所周知的短期外汇市场干预而变得更加复杂。最明显的干预发生在 1976—1978 年、1985—1988 年（《广场协议》）、1992—1996 年以及 1998—2004

年（Nanto 2007, CRS–4）。了解这个情况之后，我们检验利率差异是否仍在解释日本实际汇率与其基准的偏离上发挥作用。

这使我们重新回到了一价定律的有效性这一问题上来。我之前已经说明，即使一价定律在个体价格层面成立，购买力平价理论在总量层面也是不成立的，除非两个国家采用相同的货物篮子且不可贸易商品/可贸易商品的相对价格完全相同。相反，如果一价定律成立，而后面这些因素在国家间不同，那么实际汇率将会围绕着方程（11.16）推导出的调整后的实际单位劳动力成本水平做引力运动。因此，在合适的总量水平上进行一价定律检验就要考察实际汇率与其基准的偏离程度。图 11.6 展示了美国和日本的这个比率。考虑到存在前面讨论过的数据限制和不同寻常的 1980—1987 年这一时期的巨大影响，这个比率长期保持非常稳定这一事实就变得更加引人注意。这个测度为我们提供了一个关于可持续的实际汇率水平的稳健的政策规则，这个规则显然优于人们普遍采用的购买力平价假说（可以回顾图 11.3）。

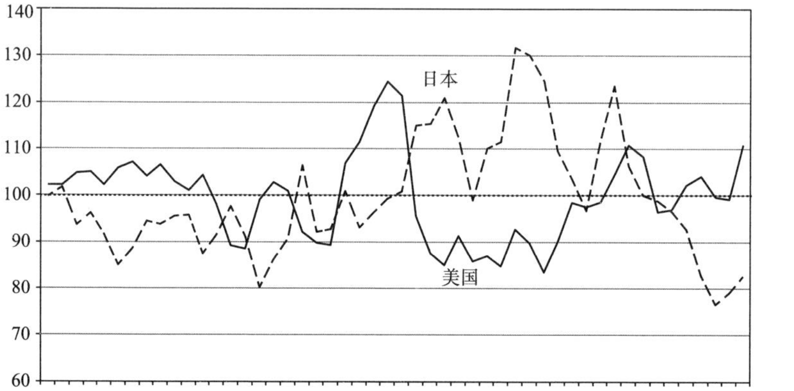

图 11.6　美国和日本在总量层面的一价定律（1960—2009 年）

接下来还需要用计量经济学检验我们的一般假说，即实际汇率水平在长期由实际单位劳动力成本决定，而实际利率差异是短期偏离的可能解释变量。为了检测实际汇率水平和相对单位劳动力成本之间的长期关系是否存在，我们采用计量经济学软件 Microfit 5.0 的 ARDL 方法（Pesaran, Shin, and Smith 2001）。这个检验方法的主要优势在于它并不需要预先的单位根检验。ARDL 包括两个主要步骤。在第一步中，使用 F– 检验来考察一个误差修正模型中不同变量之间存在关联的可能性。基于两个国家计算得到的 F– 值证明了确实存在这样的长期关系，并且其中的因果关系是从实际单位劳动力成本到实际利率上。一旦建立起长期关系，我们就可以从深层的 ARDL 关系以及相联系的纠错机制的纠错系数来估算长期系数。这个 ARDL 关系合适的滞后长度的选择基于赤池信息原则。最终的结果显示，实际单位劳动力成本和实际汇率之间存在一个长期而强稳定的关系，这种关系的调整速度适中。每种情况下的因变量是实际汇率的对数，而自变量则是由可贸易商品 / 不可贸易商品调整后的（直接）实际单位劳动力成本的对数。实际的利率差被当成实际汇率短期波动的决定性因素参与检验，我们发现它在美国的数据中是统计上显著的，而在日本的数据则不是。更多的细节参见附录 11.1.4。

11.6.3 古典长期汇率方法的含义

前面的结果可以推导出一些实践层面的含义。第一，我们可以得到一个关于（实际和名义）汇率变化的实践政策规则：可持续的实际汇率水平是适合国家相对竞争形势的水平，就像相对实际单位劳动力成本所衡量的那样。第二，它告诉我们因为实际汇率是（通过竞争）被实际单位成本和其他因素钉住的，它并不能通过自由调整来消除贸易的不平衡。实际上，这样的不平衡将会是持续性的，并且必须通过相应的直接支付和 / 或资本内流（国外债务）抵销。也就是说，货币贬值本身不会消除贸易赤字。相反，货币贬值只能通过影响实际单位成本（通过实际工资）和 / 或不可贸易商品 / 可贸易商品的消费品价格比成功扭转贸易赤字（Shaikh 1995, 72）。并且，这还取决于工人和消费者抵抗该效应的能力。[①] 第三，前面的结果还告诉我们，在其他条件相同的条件下，当一个国家的相对竞争形势好转时，该国的实际汇率倾向于下降。与一国之内的竞争情况一样，具有更低生产成本的行业能压低价格，那么在国际竞争中，当一个国家的相对实际生产成本降低时，该国商品以通用货币衡量的出口价格就会下降。我们还应该注意到，基于成本的商品价格下降和基于行业衰退的价格下降非常不同，所以货币竞争性贬值和基于经济危机的货币贬值也是完全不同的。第四，两个国家之间的实际汇率只有在这两个国家的相对竞争形势和相对开放程度保持不变的时候才有可能保持不变。当这些特殊的条件不成立时，实际汇率就不会是不变的，也就是说，一般而言，购买力平价理论不成立（见图 11.3）。第五，相对实际单位劳动力成本在给定的年份只能适当地改变，同样的情况也可能适用于实际汇率的长期趋势（短期的因素将在后面讨论）。例如，如果一个国家的相对实际单位劳动力成本在某个时间段之内上涨了 3%，那么 40% 的相对通货膨胀率将会产生约 37% 的名义贬值。在这种情况下，（相对）购买力平价理论将会是对高通货膨胀率国家这一特殊情形的很好的估计（见表 11.4）。第六，只有当一个国家强大到足以在国际竞争中立足的时候，自由贸易才是有益的。这也正是像克鲁格曼和奥布斯特费尔德这样的主流经济

① 克鲁格曼认为货币贬值的好处在于它至少可以在短时间内通过提高进口商品的价格降低实际工资。

学家拒绝接受的“谜团”（Krugman and Obstfeld 1994, 20）。最后，还有一点对政策制定很有实践重要性，即古典理论使我们可以区分两种增强国家竞争力的基本手段：（1）持续提高国家生产力的上策；（2）试图压低实际工资，并将调整的负担都转嫁到工人身上的下策。这里的关键在于，只要出口行业的整体成本低到足以维持绝对优势，提高生产力就与提升实际工资相契合，即使在后者的增长速度比前者更快的极端的情形下也是如此。

从实际汇率理论到贸易平衡理论的路径还涉及一些进一步的步骤，在这里只能粗略地加以说明。请考虑以下事实：在过去 30 年中，日本始终存在贸易盈余，而美国存在不断增加的贸易赤字（见图 11.2）。但是，在这个相同的时间段内，日本的实际汇率是上升的，而美国的实际汇率则略有下降（见图 11.3）。我们已经表明这些特征都受相对实际单位劳动力成本相应变化的影响（见图 12.6 和图 12.7）。那么，我们怎么解释日本在自己的竞争形势逐步恶化的情况下始终保持贸易盈余，而美国尽管竞争形势改善了却依然具有大量贸易赤字呢？

首先需要注意到的事情是，实际汇率［和方程（11.16）另一端的相对实际单位劳动力成本］是基于价格指数计算出来的，因而它们不能提供这些变量相对水平的证据。因此，我们只能分析每个国家竞争优势的发展趋势，而不能分析其具体水平。这一点很重要，因为一个国家的竞争力会自然地包含一系列竞争优势与劣势，并且如果没有与成本相关的信息，我们根本无法分析其绝对大小。比如，很明显，中国的生产成本要低于美国。但是由于中国始于最低点，相对于美国具有生产成本上升的空间（就像已经发生的那样），而且能使其生产成本依旧显著地低于美国。其次，总进出口额也取决于一个国家相对于其贸易伙伴的收入情况，并且我们知道一个国家的相对收入上升时其贸易差额通常会恶化，因为增加的国内收入会带来更多的进口。鉴于数据的限制，我们只能预测一个国家实际汇率水平降低时该国的贸易差额会得到改善，而相对收入水平提升时其贸易差额则会恶化（Shaikh 2000/2001）。图 11.7 展示出了美国的主要变量，我们可以看到实际汇率水平和相对 GDP 的确沿着相反的方向拉扯。这意味着观察到的美国贸易差额的恶化与观察到的平均竞争水平的提升一致。

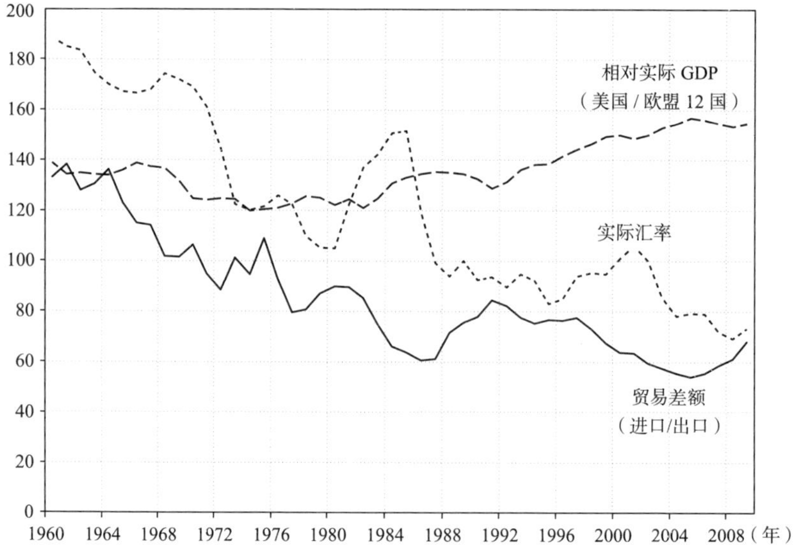

图 11.7 1960—2009 年美国贸易差额、实际汇率以及相对 GDP

最后一点与此尤为相关。美国在过去 30 年出现的大量贸易赤字已经使一大批评论家试图责备美国的贸易伙伴，尤其是中国，就像在更早一些时候其他人针对日本和德国一样。他们认为问题不是出在美国国际竞争力的降低，而是在于其更成功的贸易伙伴对汇率的操纵上。这种言论没有任何直接的经验证据，更多的是来自标准国际贸易理论的推论。因为后者预测自由贸易最终会自动导致贸易均衡，那么美国持续和巨大的贸易赤字一定来自阻碍自由贸易的努力。像中国一样具有巨大贸易盈余的贸易伙伴很自然地就成了被责备的对象。当然，如果标准理论不正确，这个推论就站不住脚了。从古典理论来看，自由贸易不会自动消除贸易不平衡，相反，它将会体现国际上竞争力的不平衡。

在最近一篇关于中国的文章中，戴维·伦哈特（2010）写道："中国货币被低估是毋庸置疑的"，因为"对于中国商品的巨大需求应该提升其货币的价格"。因为中国的大量贸易盈余还没有提升其汇率，他认为"中国政府在积极干预，以防止这件事情的发生"。可以注意到，他的逻辑明显依赖标准理论。伦哈特也引用了一些估计，说中国的汇率被低估了。但是，所有这样的估计也是由基于标准理论的模型推导出的。克鲁格曼也持有相同的立场，指责中国干涉了国际贸易的"自动机制"，这一机制本可以带来自动的贸易平衡（Krugman 2007, 2010a, b, c）。作为著名的贸易理论家，克鲁格曼明确地将自己的推断与一个潜在的预期联系在一起，即自由贸易会自动导向贸易均衡——在另一个地方他将其称为标准理论的"神圣信条"。

古典贸易理论实际上反对的正是这一"神圣信条"。贸易不平衡才是正常的情况，无论是在理论上还是在经验上。这并不排除中国的确通过干预将其自身汇率降低到自由市场水平以下的可能，只是说明我们不能简单地从中国具有对美国的贸易盈余这一事实就推断出这一点。在真实的国际竞争中，总有赢家和输家。

资本主义

CAPITALISM

Competition, Conflict, Crises

竞争、冲突与危机

[美] 安瓦尔·谢克 ◎ 著　赵 准　李连波　孙小雨 ◎ 译

下册

中信出版集团 | 北京

目 录（下册）

14 < 工资和失业理论 > 963

第3部分

动荡的宏观动力学

12

现代宏观经济学的兴衰

12.1 引言

古典理论始于以下理解：利润同时是微观经济学和宏观经济学的中心。本书第二部分论证了企业是积极的利润追求者，而非消极的利润最大化者。它们创造出新产品并不断改造生产过程以降低成本，从而能够降低价格和领先别人一步。它们在自己行动所创造的冲突和不确定性条件下经营。竞争实际上就是以这种方式存在的，其中利润动机驱动了定价、生产、技术变革、相对价格、利率、金融资产价格和汇率。第 7 章强调个体资本不断试图通过削减成本和降低价格实现扩张。增长源于细胞层面，而且一家企业的利润既是其成功与否的衡量标准，也是它进一步增长的动力。生产（流动）投资规模的扩张和产能（固定投资）的扩张都是由不同时间跨度的净利润率（r–i）驱动的。前面第二部分的第 10 章已经讨论了利润率对利率的决定作用，稍后我们将再次讨论这个问题。

本书这部分内容将分析这些相同的力量在宏观经济层面表现出来的方式。这一章集中于宏观经济学的兴起——始于凯恩斯打破他那个时代占支配地位的正统学说的尝试，终于复苏的新瓦尔拉斯正统宏观经济学的重获失地。第 13 章将为一个分析利润、增长、有效需求和失业之间关系的古典方法奠定基础。第 14 章将分析古典的持续性失业概念，并将其含义与传统的持续性（“自然”）失业概念加以比较：前者源于竞争本身，而后者源于假定的不完全竞争。第 15 章把通货膨胀理论从古典观点扩展到现代法定货币制度下。第 16 章将追踪利润率、利率和战后长波之间的具体联系，它们引起了 20 世纪 70 年代的大滞胀、20 世纪 80 年代的大繁荣，并且导致当前国际经济危机的最终泡沫破灭。一如既往地，我们讨论了可供选择的理论，并检查了经验证据。第 17 章将总结本书的结构，并指出一些深层次的含义，包括反复出现的普遍危机与长波的关系，工资、利润率的动荡均等化与相应的工资、财产性收入分配的关系，以及新自由主义时代利润-工资比的极大上升（见第 14 章）与皮凯蒂（2014）详细描述的不平等急剧增加的关系。

12.1.1　作为个体行动总体结果的宏观经济学

宏观经济学是关于个体行动的总体结果的学说。这些结果通常并不会模拟个体行为或遵循个体意愿。相反，经济理论总是在强调：许多基本结果完全是个体无意识的产物。劳动力为寻求更高的收入而不断流动，最终使工资率动荡均等化；资本为寻求更高的利润率而不断流动，其结果是利润率的动荡均等化；企业为了获得更高利润而采用的低成本生产方法可能会降低平均利润率；等等。这些“看不见的手”的重要特征当然不会是有意为之的。一如既往地，我用“古典”指代斯密、李嘉图、马尔萨斯、穆勒和马克思的思想，用“新古典”和“新瓦尔拉斯”指代从前凯恩斯主义正统思想到最近的新古典综合的所有变体。

12.1.2　核心趋势与理想化世界

古典政治经济学试图透过资本主义冲突不断的表面，识别这个真实存在的制度的核心趋势。新古典经济学采取了相反的策略。从一开始，它就把重点放在这一任务之上：构建一个最优的、有效率的和完全理想化的完美资本主义景象——所有这一切都打着“雅致精炼分析”的幌子。真实竞争被完全竞争取代，作为积极的成本削减者的企业被转化为消极的价格接受者，实际市场的动荡运动被替换为极乐均衡的平稳路径。在1873—1896年大萧条期间，当杰文斯（1871）和埃奇沃思（1881）还在完善“完全竞争”必要条件的列表的时候，瓦尔拉斯（1874, 1877）已经开始将这些要素编织为现在仍然支配正统宏观经济学的一般均衡模型了。特别具有历史讽刺意义的是，瓦尔拉斯这个期待向政府寻求“恰当的指导”以便创造和维持“自由竞争”的法国社会主义者，居然成为捍卫公司资本主义和斥责政府的保守主义者的守护神（Friedman 1955, 900, 908–909）。我们将会看到，即使是那些试图回归分析真实的资本主义制度任务的人，为了引入那些从这里或那里挑选出来的“不完全”，通常也是从瓦尔拉斯的框架开始的。

多么奇怪的处理方式！首先，发明一个虚拟的理想化世界，一个名副其实的伊甸园，在那里即使是稀缺的毒蛇也为大众谋利益。其次，大部分努力都致力于解释这座伊甸园的性质，尽管有的时候有必要应付门外喧嚣的群众。于是，需要人们动脑解决的问题就变成了设想出一些特别的“不完全”，可用于说明一些不这样就无法解释的顽固群众的行为。这就是凯恩斯以后所有正统经济学的一贯做法，不同学派之间的差别仅在于对“不完全”的特殊属性存在异议。采用这种处理方式可以保证正统理论永远不会被视为错误的：问题只是在于寻找恰当的“不完全”的组合，用以解释对理想状态的每一次特殊的“偏离”。我不赞成这样的处理程序，因为我排斥的正是它的出发点。我将论证，真实宏观动力学和瓦尔拉斯一般均衡的差异，与古典真实竞争理论和完全竞争理论的差异一样大。古典方法和新古典方法的差别不在于抽象本身，而在于抽象的方法。“抽象典型特征”始于真实世界，目的在于辨识出典型的代表性模式以及模式之下起基础作用的驱动力；“抽象理想状态”则始于理想世界，不可避免地终会将真实世界视为一个“不完全”条目的大聚合（见第 17 章）。

12.1.3 宏观经济学、涌现特质和动荡规律

尽管凯恩斯也许始创了宏观经济学的现代形式（Snowdon and Vane 2005, 698），但它所涉及的问题要古老得多。与凯恩斯一样，古典经济学家明白需求和供给、产出和产能、人口和就业、出口和进口之间的总体关系有它们自己的相对自主性。新古典宏观经济学坚持认为总体结果能够也必须直接模拟个体行为。在古典和凯恩斯主义宏观经济学中，总体关系建立在个体行为的基础上，但并不模拟它：“平均行为人”通常并不采取任何单个“代表性”行为人的行为方式。我在 3.2 节详细论证了，新古典经济学的断言建立在一个根本的方法论错误之上，因为个体要素之间的相互作用使总体具有了不同于其构成要素的性质（Delli Gatti, Gaffeo, Gallegati, Giulioni, and Palestrini 2008, 63）。总体是个体的稳健转形，加总极具变革性！现在人们日益普遍认识到，对总体“涌现特质”的承认以某种方式与量子力学的兴起联系在一起。但事实并非如此。每个时代的每个文化在理论与实践上都知道，一个相互联系的总体可能大于其部分之和。更有意思的是这个现代观念：“宏观经济均衡是由大量相反方向的转换维持的”（Feller 1957, cited in Delli et al. 2008, 63）。作为一个概念，它能与动荡均等化和非均等化的纯粹动荡两者完美兼容，因为两者都暗含了一个结果的稳定分布。我在 8.1.10 小节已经论证，真实竞争与利润率的稳定分布完全一致，法乔恩和麦奇欧文（1983, 39–40, 47–49, 52–53）等学者看不到均等化与某种分布结果的一致性，因为他们持有的传统观念把均衡视作一种均等

状态。另外，第 17 章将详细说明，基于统计热力学的最新现代工具，可以为我们考察所观察到的模式提供强有力的手段（Yakovenko 2007; Delli et al. 2008）。

12.1.4 新古典宏观经济学和代表性行为人

通过消除一切可能性，新古典宏观经济学避开了总体的相对自主性问题。所有消费者都被假定为等同的，所以只有一名有效的个体消费者。企业也是这样。资本和劳动力也被假定为相同的东西。那么仅有的宏观经济相互作用就发生在一个单一的代表性消费者和一个单一的代表性企业之间，两者都具有无限的远见和理性预期。第 3 章的大部分内容都致力于批判将超理性视为实际行为的代表，甚至视为一种行为规范（Sen 1977, 336）。超理性概念的真正作用是为将资本主义描绘为有效、最优的制度奠定基础。当然，个体会做出选择，激励是非常重要的，他们的决策会对个人与社会产生影响。但同样正确的是，个体居于社会之中，由他们的国籍、性别、种族、阶层、收入和财富塑造，并受到相应的限制；他们沿着各自的生活道路前行，有时保持平行，有时则会碰撞。一个中心含义是，可观察到的模式无须借助超理性就能得到解释，因为塑形结构（如预算约束和社会影响）在产生总体模式中发挥了决定作用。从这样的基础出发，我们得到的是现实性和相关性。我们失去的只是市场崇拜，这只对空想家来说才是一种损失。

12.1.5 宏观经济分析中的 10 个关键问题

上述考虑产生了宏观经济分析中的 10 个关键问题。

12.1.5.1 微观经济特征无须传递到总体层面

相互作用和由社会建构的异质行为人的存在，意味着诸如格兰杰因果、变量协整、过度识别约束，甚至一些特殊的动态属性等微观经济特征都无须推广到总体层面。

出于同样的原因，适合的总函数也不必与微观经济层面假定的函数形式相匹配。尽管从微观层面过渡到宏观层面时函数形式可能发生变化，但是一些关键变量通常确实能够传递过去。例如，在第3章介绍的4种不同的微观经济消费行为模型中，收入、价格和必需品的最低消费水平在总体层面仍然发挥重要作用，而其他社会因素则通过它们对总体参数的影响表现出来。

12.1.5.2 宏观经济学通常都将自身建立在微观行为的基础上

从这个角度看，很明显，宏观经济学通常将自身建立在个体行为模型的基础之上，而没有将宏观关系与微观关系混为一谈。凯恩斯、卡莱茨基和弗里德曼是运用这种方法的杰出榜样。在微观经济层面，凯恩斯明确承认个人收入、大量个人主客观因素以及制度、组织结构对储蓄和消费决策的影响。然而，在宏观层面，总消费函数简化为一个总实际收入的函数，其边际消费倾向小于1。卡莱茨基的价格理论遵循了一条类似的从微观到宏观的路径。他一开始就对微观经济做了详细的说明：个体企业的价格取决于它的相对规模、促销机构和雇员工会的力量，但是行业的价格具有不同的函数形式，取决于一组简化了的变量集合，包括行业的平均单位成本和平均垄断程度。弗里德曼也遵循了这条路径。在微观层面，货币需求取决于个人偏好、财富、利率和预期通货膨胀率，但在总体层面，这表现为货币总需求、实际余额和实际利率之间的一个稳定关系（Snowdon and Vane 2005, 166–

169）。在斯密、马克思、熊彼特和许多其他伟大的宏观经济学家那里也能找到类似的转变。在偏离到超理性代表性行为人的死胡同以前很久，宏观经济学就已经是严密的了。

12.1.5.3 许多微观基础与某个给定的宏观模式相一致

对于某个给定的宏观经济模式，通常有许多微观基础与其保持一致，因此某个总体形式的经验支持并不必然能证明相关微观基础有效。要验证互相竞争的微观经济方法的有效性，就必须考察它们之间差异的含义，考察这些差异是来自宏观经济还是来自微观经济。卢卡斯本人指出，短期宏观经济预测模型无须具备选择理论的基础就能完美运行（Snowdon and Vane 2005, 287）。当然，如果一个人想从（比如）总收入的增加中得出其社会或政策含义，就必须将人们对以下事项的感觉和行为方式模型化，这些事项包括国家层面所有经济变量的变化，他们自己的收益或损失变化，他们的朋友、敌人和其他国家收益或损失的变化，等等。不过，无论如何都没有理由在系统性歪曲人类行为的基础上得出政策含义。

12.1.5.4 动荡均等化的观念需要相应的工具

把均衡视为一个动荡过程的古典观念，需要一套兼容的数学和计量经济学工具。动荡引力意味着平衡只能通过反复出现和相互抵消的不平衡实现，因此均衡过程本质上具有周期性和动荡性，受到具有不同振幅和持续时间的“自我重复波动”的限制。这样的过程通常会产生出结果的稳定分布，而非单个的点（见第 3 章和第 17 章）。

12.1.5.5 时间维度不同：快过程和慢过程

一旦承认均衡过程并不产生安静的状态，我们就必须考察本质上动荡的路径通常所涉及的时间长度。快过程和慢过程同时存在，但运行速度不同。凯恩斯主义者通常认为数量调整快于价格调整，货币主义者的观点则相反，新古典主义者则认为两者都能迅速调整，从而可以将市场看作持续处于均衡之中。不同类型的生产过程花费的时间不同，由于创造商品通常比创造金融资产花费更多的时间，所以商品价格的调整速度一般慢于金融价格和外汇的调整速度（Gandolfo 1997, 533–535）。多恩布什著名的汇率超调模型就建立在这种差别的基础上（Dornbusch 1976; Snowdon and Vane 2005, 377）。总需求和总供给调节时间的差别，以及总产出和总产能调节时间的差别，也产生了一个类似的问题：生产周期通常比厂房设备的寿命短，因此前者的反应要快于后者。调整快的变量与调整慢的变量之间的差别对于稳定性分析非常重要，因为它使我们能每次只分析一个变量的调整。在“快时间”的情形中，调整慢的变量可能被看作给定的，如新古典主义分析中的资本存量或凯恩斯主义分析中的投资水平。相反，在“慢时间”的情形中，调整快的变量（如需求和供给）可以被视为（大致）处于平衡之中，从而对稳定性的分析转移到了调整慢的情形。特别是在非线性方程的情形中，这是一种重要的方法论工具（Gandolfo 1997, 533–535）。从古典角度看，时间差异是现实特征。就特定理论对这个事实仍有疑问来说，当然这个理论是不完美的。

12.1.5.6 增长是正常状态

增长是事情常态。这个说法与以下错误习惯相悖，即将“长期”视为一些“短期”所无法达到的未来状态，以及认为变量水平的确定独立于其增长路径。进一步来说，一旦承认增长是常态，我们就必须处理增长率或投资倾向、消费倾向等比率（投资或消费与净产出的比率）。

12.1.5.7 预期、现实和基本面自反性地相互关联

认识到这一点很重要：预期、现实结果和它们的调节引力中心之间的相互作用能影响中心本身。这是索罗斯的自反性理论的主题，它明确否认基本面独立于预期和现实结果的变化。他提出了三个命题：（1）预期影响现实；（2）现实能影响基本面；（3）预期反过来又受现实行为和基本面的影响。最终将产生这样一个过程：现实数量围绕其引力值剧烈振荡。预期能引起长期的不均衡周期，一段繁荣最终会破灭（Soros 2009, 50–75, 105–106）。由于预期能够影响基本面，引力中心本身就具有路径依赖（Arthur 1994; David 2001）。[①] 未来并不是一个对过去的随机反射，总体系统是非遍历的（Davidson 1991）。[②] 引用拉姆齐的话，“将未来进行贴现……在伦理上是站不住脚的，仅仅产生于想象力的缺陷”（Frank Ramsey, cited in Ragupathy and Velupillai 2011, 4）。长期不均衡过程的存在使有效市场假说失效，而基本面对现实结果的依赖也使理性预期概念失效（Soros 2009, 58, 216–222）。认识到下面这一点也很重要：尽管预期能够影响现实结果，它们并不能简单地创造出一个证明预期有效的现实（40–44）。相反，引力中心仍然是现实结果的调节者，这正是每次繁荣最终都会破灭的原因（Shaikh 2010）。

---

① 路径依赖意味着一个变量的引力中心本身取决于变量的历史路径。

② 在一个遍历随机过程中，“从过去观察结果计算出来的平均值，不会持续差异于未来结果的时间均值”。萨缪尔森（1969）“使接受‘遍历性假设’不再是经济学科学方法的必要条件”（Davidson 1991, 132–133）。

在那些重要的预期中，没有比对利润的预期更重要的了。凯恩斯强调“企业家感兴趣的并不是产品数量，而是最终会归他所有的货币数量。只有当预期货币利润增加的时候，他才会增加产出，尽管这些利润与以前相比代表了更少的产品数量”（Keynes, cited in Sardoni 1987, 75）。资本主义的经济活动是由“对货币利润的寻求”驱动的，而且“除非保证组织生产的人能获得一份货币利润，否则自然资源就得不到开发，机器设备就不会被提供，工业技能就得不到运用”（Mitchell 1941, preface）。

12.1.5.8 真实竞争意味着斜向下的需求曲线

我在第 7 章和第 8 章指出，个体企业在真实竞争中面临斜向下的需求曲线，它们制定价格，且具有不同的成本，低成本生产者成为调节性资本，其生产价格成为行业的调节性价格，而且利润率只在调节性资本之间均等化。因此，完全竞争是宏观经济学唯一“可接受的微观基础”这一传统断言是完全错误的（Snowdon and Vane 2005, 361）。相反，正如我在 8.1.4 小节中所指出的，完全竞争是一个完全不可接受的微观基础，因为它是内在不一致的。如果所有企业都相似且信息充分，它们就必定知道它们是相似的，而且如果一个企业对某个市场信号做出反应，所有企业都会在相同的时间采取完全相同的措施。在这种情形下，一个企业增加产出就是所有企业增加产出，这将会降低市场价格。这意味着在完全竞争条件下，每个企业都必然知道它面临一条斜向下的需求曲线。反过来，假定完全竞争企业认为自己的需求曲线是水平的就是假定它们的预期是非理性的。完全竞争理论是内在不一致的，因为它要求企业持有不理性的预期。其内含的意思是，理性预期不能建立在完全竞争理论的基础上。这个问题将在批判基于瓦尔拉斯的宏观经济学的各种形式中发挥重要作用。

12.1.5.9 真实竞争并不意味着连续的市场出清

在完全竞争中，企业被假定为消极地接受给定的市场价格。因此，当需求和供给不平衡时，“市场”被假定为修改价格。问题在于并没有进行这种调整的当事人，因此“被接受的完全竞争理论……并没有对价格形成提供合理解释”（Roberts 1987, 838）。相反，在古典竞争理论中，是企业根据其个体需求和供给条件确定价格与调整数量。市场确实会出清，但通常只以动荡的方式实现，受到个别部门生产周期的限制。因此以下断言是错误的：竞争要求连续市场出清，市场非出清是价格或工资刚性或其他“不完全”的表现——新凯恩斯主义和后凯恩斯主义都经常这样声称（Snowdon and Vane 2005, 360）。

12.1.5.10 萨伊定律和古典传统在外生需求与货币中性上的分裂

现代宏观经济学中一些显著的分裂源自古典传统理论本身的一个分裂。如 5.3.1 小节中所讨论的，李嘉图支持货币数量论，马克思则强烈反对。一个同样根本的分裂发生在萨伊定律上，李嘉图支持它，马克思则反对它。这两个分裂都延续到了现代宏观经济学领域：新古典经济学的所有变体都建立在数量论和萨伊定律的基础上，而凯恩斯及其追随者则否定两者。

有 4 个命题与萨伊定律联系在一起。有一种论断是：总供给会创造出足够的总需求，用以买回所有的供给，因此“‘普遍过剩’是不可能的”。如果人们假定采用物物交换，货币就成为一层面纱，将不会发挥独立的作用。而如果供给能创造它自己的需求，生产的限制就只能来自外部给定投入品（劳动力、土地）的可获得性。最后，尽管人们承认部门之间的供给与需求可能会失衡，但它被认为可以通过相对价格的变动和资本流动自动纠正（Shoul 1957, 615）。

李嘉图指出："一个国家内并没有得不到利用的资本，因为需求仅受生产的限制。"每个人"通过生产……必然要么成为他自己产品的消费者，要么成为别人生产的产品的购买者和消费者……（因为）他不断生产一种没有需求的产品是不可能的……因此，一个国家内所有资本都会得到生产性应用，直到必需品价格上升使工资上升得如此之高，以至资本存量的利润变得很少，积累的动机最终会停止"（Ricardo 1951, 290; Shoul 1957, 615）。

尤其有趣的是他的这个断言：总需求的一个外部输入对总供给没有影响，因为后者已经由一个充分利用的资本存量决定了。1819 年 3 月 24 日，他在上议院做证时被问道："您的意思是不是说，对国内商品的额外需求不会使其制造品有任何增加？"他的回答很坚定："对于认为会增加的观点，我深表怀疑……所生产商品的数量和价值总是受它所使用的资本量限制的，因此，国外贸易可以改变所生产商品的种别，但是不能增加其总值。"提问者坚持提出与之相关的问题——新信贷所创造的新购买力的影响："您难道不知道当我国的制造品需要量很大的时候，由此引起的信贷，就可以使制造商在其制造品的生产中扩大对其资本的使用吗？"李嘉图并没有让步："我不明白信贷对商品的生产会产生什么效用。商品只能用劳动、机器和原料来生产。这些事物必须从这一方撤出，才能使用于别一方。"（Ricardo 1951–1973, 5: 434–436）[①] 由此断定，货币数量的增加只会提高价格水平而不会产生任何实际效果。货币是中性的。

① 中文转引自《李嘉图著作和通信集》第五卷，斯拉法主编，蔡受百译，商务印书馆，1983 年版，第 410—411 页。——译者注

李嘉图非常清楚现实世界确实会发生危机，但他认为危机会使工资与价格迅速下降，直到“消费者购买过剩的产品”。他公开表示1815年危机很快就会结束，随后的每一年都肯定这个判断，直到1820年。斯蒂格勒指出，李嘉图在这个问题上“连续犯错”（Stigler, cited in Davis 2005, 32–35, 39）。

马克思特别反对供给会创造它自己的需求的观点。他指出在货币经济中商品首先与货币进行交换，这就有可能出现这样的情况，即售卖得到的货币不被用于购买，从而打断了再生产过程。[①]“没有人买，也就没有人能卖。但谁也不会因为自己已经卖，就得马上买……当内部不独立（因为互相补充）的过程的外部独立化达到一定程度时，统一就要强制地通过危机显示出来。”[②]（Shoul 1957, 621; Marx 1967a, 113–114）

马克思还指出，从李嘉图主义的角度看资本也从未得到充分利用。在 *M*–*C*⋯ *P*⋯ *C*′–*M*′ 循环中，总资本的一部分总是以货币形式存在（*M*），寻找新的商品去投资；一些以机器、原料和劳动力（*C*）的形式存在，等待用于生产；一些用于生产（*P*）本身，一些以产成品（*C*′）的形式存在，寻求丰厚的报酬（*M*′）。正常的生产也涉及现有资本存量的经济利用率问题，因此正常劳动强度下一个工作时长8小时内正常的一班倒或两班倒产出，距三班倒和高强度工作日的工程产能很远（见第4章）。“把流动资本和固定资本这两个规定理解为资本一

① 人们通常认为一个物物交换经济并不存在这种分离，因为用一种商品交换另一种商品同时实现了双方的交换价值（Davis 2005, 32）。然而，物物交换会产生比较受欢迎的商品，货币就从中产生（见第5章）。因此，如果我用我的鱼子酱交换盐，就有可能产生这样的情形，即我也许选择持有盐一段时间，而非再用它交换（比如）玉米。如果这种反应是普遍的，那么其他商品的卖者将面临普遍的需求短缺。

② 中文转引自《资本论》第一卷，人民出版社，2004年版，第135页。——译者注

般的形式规定，是非常重要的，因为，否则就无法理解……新的需求的影响；甚至新生产金银的国家对一般生产的影响……如果不是资本的本性决定了它决不能全部被使用……那么，任何刺激都不能驱使它更多地生产……经济学家们（甚至包括李嘉图在内）陷入了荒谬的矛盾之中，他们假定，资本始终是全部被使用的，因而他们仅仅用新资本的创造来解释生产的增大。”[①]（Marx 1973, 623）进一步来说，厂房、设备和原料本身是生产出来的产品，因此即使一个对生产的刺激首先是通过加强对现有固定资本存量的利用调节的，这个存量本身也是能够增加的。此外，劳动力并非最终限制，因为资本主义创造并维持了一个失业劳动者大军。最后，马克思赞同斯密和李嘉图（以及凯恩斯）的观点，即利润是生产的最终限制；他也赞同凯恩斯的观点，即资本主义确实会对新购买力刺激做出反应，确实会经历“普遍过剩”。货币并非中性的，它有实际作用。本书 12.3 节以及第 13 章、第 14 章会更详细地论述这些问题。

新古典经济学以一种特殊的方式利用萨伊定律。它从以下命题出发，即生产在短期内是按充分就业水平决定的，而需求则通过实际利率的变动自动地与这个特定的供给相适应（Snowdon and Vane 2005, 38–49）。在这个版本的萨伊定律中，一个给定的总供给据称总是由一个充分的总需求满足。一个直接的含义是，一个外生的购买力的增加（比如通过货币供给的增加）将只会推动价格上涨，而不会影响实际经济。这是李嘉图的回归。

凯恩斯主义经济学否认所有这些核心的新古典断言：产出通常并不位于充分就业水平；供给适应需求，而不是需求适应供给；一个外

① 中文转引自《马克思恩格斯全集》第 31 卷，人民出版社，1998 年版，第 10 页。——译者注

生的购买力的增加，比如通过增加货币供给（政府赤字支出），通常会增加产出和就业（Snowdon and Vane 2005, 59–63）。货币绝不是中性的。凯恩斯和马尔萨斯的相似之处经常被人们提及，但是凯恩斯与马克思的相似之处并不同样为人所知（13, 49–50, 69）。我稍后会回到这些问题，但首先建立一个包含商品市场中总需求、总供给和总产能之间关系的核算框架是有用的。

12.1.6 总需求、总供给和总产能核算

12.1.6.1 三个事前余额

对国内可利用的最终产品的总需求（D）是以下几项之和：消费（C）、意愿固定资本存量与存货投资（I）、政府需求（G）和出口需求（EX）。国内可获得最终产品的供给（$\mathbb{Y}$）是国内供给（Y）与进口（IM）之和。令 T= 私人部门（家庭和企业）总税收，那么在任何时期，总超额需求（ED）就是总供给与总需求的差额。这反过来可以用三个部门对超额需求的贡献来表示：私人部门赤字，即其支出与可支配（即税后）收入的差额［（C + I）–（Y – T）］；政府赤字［G – T］；其贸易伙伴的贸易赤字，也即它自己的外贸盈余［EX – IM］。

$$
\begin{aligned}
ED &\equiv D-\mathbb{Y}=(C+I+G+EX)-(Y+IM)\\
&=[(C+I)-(Y-T)]+[G-T]+[EX-IM]
\end{aligned}
\tag{12.1}
$$

有必要指出一点，私人部门赤字可以用总私人储蓄与总私人投资的差额来表示。私人可支配收入超出消费支出的部分是私人储蓄（Y – T）– C = S，可以写为家庭储蓄（S_H）与企业储蓄（S_B）之和，后者即留存收益（RE）。我们得到：

$$
ED \equiv D-\mathbb{Y}=[I-S]+[G-T]+[EX-IM] \tag{12.2}
$$

其中 $[I-S]=(I-RE)-S_H$。

12.1.6.2 事后余额

这些事前的关系并不要求三个余额相加为零。如果总需求在给定价格下超过了总供给，那么没有通过价格变化调节的超额需求会导致计划外的存货变动：$ED=-\Delta INV_u$。生产新的产出需要花费时间，因此数量方面的“冲击”往往首先发生在非意愿的存货变动上。国民账户将计划外的存货变动纳入“投资”，并将投资重新定义为意愿固定投资与（意愿和计划外）存货变动之和。[◎]这种核算方法将方程（12.2）中非零的事前余额转化为零余额的事后恒等式。

$$[(I-ED)-S]+[G-T]+[EX-IM]$$
$$=[(I+\Delta INV_u)-S]+[G-T]+[EX-IM]=0 \qquad (12.3)$$

12.1.6.3 均衡余额

问题在于一个事后的核算恒等式并不是一个约束条件：三个部门余额的任意总和都可以在方程（12.3）中得到满足。因此，理论经济学家暗含或明确地增加了一个补充条件：总需求和总供给在被称为“短期”的一段时间内彼此吸引，趋向对方变动。加入这个均衡条件使方程（12.2）中的三个余额恒等式转化为在某个假定的“短期”中发挥作用的约束条件。

$$ED=-\Delta INV_u\approx 0 \qquad (12.4)$$

$$[I-S]+[G-T]+[EX-IM]\approx 0 \qquad (12.5)$$

12.1.6.4 时间维度

上述假定的短期是多久？新古典学者典型地假定均衡是瞬时的和

连续的。凯恩斯通常集中于比较静态，所以时间消失在他的视野之中，但他在其他地方确实承认生产从而乘数作用的发挥需要时间。在其阐述中，凯恩斯倾向于在两个时间范围内来回切换：既要足够短使他能够考察乘数的运行，又要足够长使乘数的作用能够发挥出来从而达到短期均衡（Asimakopulos 1991, 52, 67–68）。现代宏观经济学通过简单地假定供给和需求能足够快地实现平衡而略过了这些问题，允许我们将观察到的数据（宏观经济学中通常为季度数据）当作均衡结果的代表（Pugno 1998, 155; Godley and Lavoie 2007, 65）。戈德利和克里普斯含蓄地做了同样的事情——通过将恒等式视为一个由可用数据界定的年度或季度时间周期内的“预算约束”（Godley and Cripps 1983, 33, 60–61）。另外，从瓦尔拉斯定律的角度看，总需求和总供给之间的相互调整，与货币供给与货币需求之间的调整联系在一起。一个对后者的估计得出，其两个季度收敛 50%，因此完成 99% 的调整大约需要 12 个季度的时间（McCulloch 1982, 27）。最后，考虑到超额需求是通过计划外存货变动表示的，有必要注意这一点——我们现在所称的“商业周期”指的是 3~5 年（12~20 个季度）的存货周期（van Duijn 1983, 7–8）。连续平衡与一个 3~5 年的动荡调整之间的差别，对宏观经济学理论和政策具有显著的影响。

12.1.6.5 基本的储蓄–投资关系

在下面的分析中，方程（12.2）中的超额需求关系是关键。由于我并不假定私人储蓄倾向是外生给定的——正统经济学、凯恩斯主义、卡莱茨基主义和后凯恩斯主义宏观经济学通常都假定其是外生的，方程（12.2）所代表的短期均衡路径将会影响方程（12.5）所描绘的均衡位置的产出水平：即使我们将短期投资水平看作给定的，如果不知道如何得到它们，我们就无法确定产出水平。如果通过假定［G – T］= 0，［EX – IM］= 0，将政府和对外贸易余额抽象掉，本质问题就非常清楚了，因为私人投资作为需求和产出的根本动力的重要作用开始崭露头角。

$$ED \equiv D - \mathbb{Y} = [I - S] \tag{12.6}$$

12.1.6.6 产出与产能

除了需求与供给，我们也必须考虑产能。在凯恩斯主义的框架中，投资在短期内通常被视为外生的，尽管会变动。哈罗德指出这种处理方式是不充分的。常见的做法是指出投资受所考察的新厂房和设备的预期利润的刺激。然而，隐含在任何此类关系中的是一个预期的新资本的意愿利用率（Garegnani 1992, 150–151）：给定需求的某个预期增长[①]和新技术的资本密集度，合适的投资数量取决于经济上的意愿利用率。

回顾第 4 章的讨论，我们将正常产能实际产出 YR_n 定义为与现有资本存量的意愿利用率（即一个给定的企业在成本最低的位置运行的利用率）相对应的正常（潜在）实际产出。在此需要指出三点。第一，这个正常产能产出通常与工程产能（YR_{max}）差别很大，后者是一个给定的厂房和设备结构的最大可持续产出。在工程产能的界限内，生产可以扩大或收缩——通过改变日工作时长（加班、增加班次等），或者通过改变强度（生产加速等）。因此，任意给定的资本存量都意味着一个可变的利用率，从而意味着一个可变的产出区间。然而，由于单位成本随利用率的变化而变化，并非所有利用率水平都同样有利可图，

① 对一家企业产品的新需求可以来自其竞争者的消费者以及（或）来自整个市场的扩大。

其中成本最低的点界定了经济产能。正是这个点决定了实际或预期的产能是否使用不足或使用过度（Harrod 1952, 150–151; Foss 1963, 25; Kurz 1986, 37–38, 43–44; Shapiro 1989, 184）。因此，这个点充当了产能（即投资本身）变化的重要调节器。

为了说明这些观点，考察一个工程产能 $YR_{max} = 45$ 的平均厂房，它可能按两个相等的班次运行，每个班次生产 20 单位的产出。假定我们采用常见的假设——在一个给定的班次中单位主要成本（平均可变成本 avc）在所有产出水平上都保持不变（Andrews 1949, 80; Lavoie, Rodriguez, and Seccareccia 2004, 129）。第一个班次的间接费用 = 100，单位主要成本 = 20，而第二个班次的这两项费用都比它高 30%。所产生的平均固定成本（afc）、平均可变成本（avc）和平均成本（ac）曲线都用实线描绘在了图 12.1 中。在假定的成本结构中，平均成本最低点位于第一个班次的最后面，它决定了长期的经济产能，也就是正常产出水平（$YR_n = 20$），当然在不同的成本曲线中它同样可能位于第二个甚至第三个班次的最后面（见 4.5 节）。假定实际产出 YR = 22，那么产能的实际利用率 $u_K = YR/YR_n = 22/20 = 110\%$，产能的正常利用率 $u_{K_n} = YR_n / YR_n = 100\%$，产能的物理最大利用率 $u_{Kmax} = YR_{max}/YR_n = 45/20 = 225\%$。

正常产能利用率可以低于其工程利用率，这一事实告诉我们企业通常有大量短期剩余产能。资本绝不能全部被使用，但从其本身来看，这并不是产能持续过剩的证据，因为“一个最优数量（的剩余产能）会存在，并且它取决于经济成本”（Winston 1974, 1301）。在古典的竞争观点中，重要的是产能利用率中成本最低的那一点。例如，如果需求恰好超过了正常产能，平均企业短期中总能转向第二个班次。但由于生产者之间的竞争对那些成本低的企业有利，相对于需求而言，企业理所当然要扩大自己的产能，以回到生产成本最低的那一点。如果所产生的宏观经济过程是稳定的（Shaikh 2009），正常产能的增长将快于需求的增长，而且产能利用率将会回落至正常水平。因此，长期来看，产能利用率将围绕正常利用率不断波动。在一个更具体的层面，与正常产能利用率相对应的产出将包含某个期望的储备产能水平，以满足需求波动的需要，在与竞争者的竞争中生存下去，因此正常竞争性利用率水平可能多少低于准确的“理想”的那一点（Winston 1974; Kurz 1986）。我们从图 12.1 可以看到，左边的 YR_n 部分中成本曲线低的部分优于右边成本高的部分。正的储备产能的存在并不必然意味着产能过剩，正如正的货币持有的存在并不必然意味着货币供给过剩。真正的产能过剩只有当实际产能利用率低于合意的利用率时才会产生（即当实际储备量大于意愿储备量的时候）。

我们刚才看到，正常利用率是由企业的（实际）成本结构决定的，那么问题就变成：实际利用率的变化能否影响正常利用率，比如通过对实际工资从而对（实际）主要成本的影响？图 12.1 用虚线说明了这种可能性：每个班次中新的平均可变成本高（比如）25%（即第一个班次高 25%，第二个班次高 32.5%），这反过来将平均成本曲线向上移动了。然而，图 12.1 明显表明，这一需求无论如何都影响不到正常产能利用率，因为即使成本变化后，成本最低的点仍然为 $YR_n = 20$。如果第二个班次的产出（Y=40）反而是成本最低点，比如由于第二个班次的成本增加得足够小使得存在这种情况，我们能得到同样的结果。无论哪种情形，成本最低的产能利用率都基本不受实际产能利用率变化的影响，尽管它从长期来看可能变化，但这是由于生产的资本密集度、工作周等发生了变化。

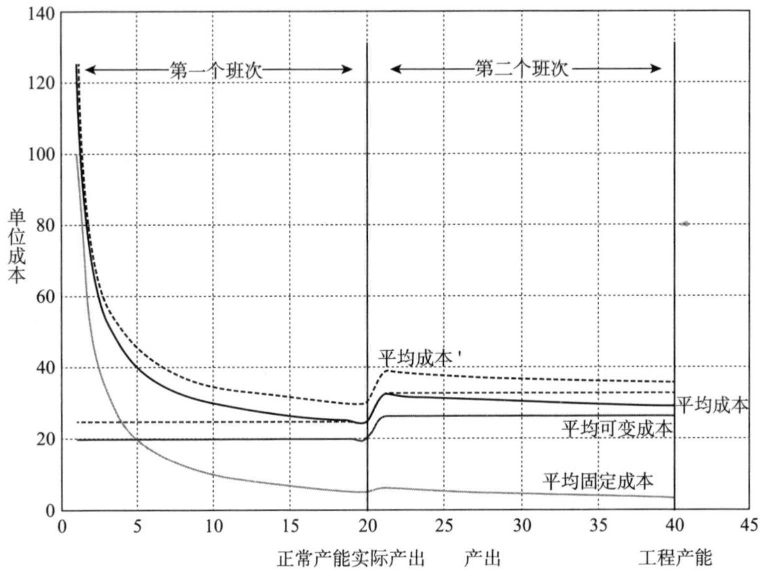

图 12.1 产出、成本和正常产能

12.1.6.7 正常产能利用率并不意味着萨伊定律成立

最后，正常产能与需求之间的引力性平衡并不意味着萨伊定律成立。如前所述，萨伊定律等同于以下断言：任意供给都会产生与之匹配的需求，因此只有对供给的限制才重要——如充分就业时劳动的可得性（Foley 1985; Sowell 1987）。另外，古典的和哈罗德的正常产能利用率概念指出，正常产能和需求将相互调整以达到某种平衡，而且内生的技术变革创造和维持了一个“正常的”失业劳动者大军——所以劳动力供给通常并不是一个约束条件（见第 14 章）。考虑到这些因素，我们将实际和正常产能利用率定义为：

$$u_K = \frac{YR}{YR_n} \quad \text{（实际产能利用率）} \qquad (12.7)$$

$$u_{K_n} = \frac{YR_n}{YR_n} = 1 \quad（正常产能利用率） \tag{12.8}$$

变量 $u_K - u_{K_n} = u_K - 1$ 是一家企业投资的重要内在指示器。显然，正常产能利用率代表了这样一点——建立在长期产出预期基础上的实际资本存量与实际产出一致。同样地，当实际产出-资本比与意愿的产出-资本比相等时，正常产能利用率才存在。因此，正常产能利用率是一种非常重要的存量-流量一致的形式。

12.2 前凯恩斯主义宏观经济学

12.2.1 新古典经济学对古典经济学的取代

新古典经济学以一个虚拟的、理想化的体系取代了对现实资本主义的分析。它用完全竞争取代了真实竞争，将斯密动荡的“看不见的手”的观念转变为一般均衡的神话，通过欣然接受萨伊定律将总需求对总产出的影响搁置一边，且通过接受货币数量论将价格水平简化为对货币供给的反应。最后两个假定都来自李嘉图，巩固了它们对其古典基础的主张——这个主张在意识形态上如此成功，以至凯恩斯都认为“古典”经济学家（如斯密、李嘉图、穆勒、马歇尔和庇古）“在他们对……自然市场调整机制作为维持充分就业均衡的手段的极大信心方面都非常相似”（Snowdon and Vane 2005, 36）。直到今天，明智的观察者如斯诺登和文仍然声称在“亚当·斯密著名的《国富论》中……其主要观点……是在竞争性条件下行动的理性经济行为人的利润和效用最大化行为，将会通过‘看不见的手’机制把无数个体的活动转化为一个社会最优状态”（Snowdon and Vane 2005, 13）。

12.2.2 新古典经济学的瓦尔拉斯根源

持续支配正统微观经济学和宏观经济学的一般均衡框架（Snowdon and Vane 2005, 222）可以追溯到瓦尔拉斯，他的框架依赖完全信息概念和需求无差异行为。偏好、技术以及初始的资本和劳动力存量都被视为给定的，而且所有行为人都被假定为在特定商品的拍卖市场上行动，这个市场由仁慈、无所不知的拍卖者主持，他们成功地指挥着反复摸索的过程，直到价格使所有市场都实现平衡。真实的交易被禁止，除非它以能使所有市场同时出清的价格进行，从而使真实的出售和购买总是发生在一般均衡上（Hicks 1934, 342; Walker 1987, 854–861）。考虑到除非求职人数与工作数量在某个合适的工资上相匹配，实际就业情况总是充分就业，否则人们并不会采取实际行动（Harrod 1956, 313）。对这个幻象的鸦片般的影响的一个确切的证据是，就连其批评者也将现实世界的交易说成是“虚假的交易”，将现实世界的结果说成是因“行为人对错误（虚假）的价格信号做出反应”而产生的“协调失败”（Snowdon and Vane 2005, 72）。

价格接受行为人被假定为在进行自己的计算时无视需求因素。这对瓦尔拉斯主义的故事来说是必不可少的。在反复摸索过程中，个体行为人仅被要求对所宣布的价格做出反应，决定他们想要提供或获得的数量，而无须考虑所有这些行动的可行性。因此，“个人并不负责让市场实现均衡”。这就是为什么瓦尔拉斯被迫引入某个超级代理人作为

“市场力量”的化身，这个代理人将修改价格，直到所有市场的需求和供给都达到平衡（Makowski and Ostroy 2001, 480–484）。个体行为人从而能自由地专注于从伊甸园的水果中选出最优的那个（当然，那棵特殊的树上的除外）。

瓦尔拉斯主义的寓言代表了一个特殊的（虚构的）制度框架，用来支撑以下假设：个体在构建自己想象的供给曲线时无视需求因素。理论上的困难在于必须在不同的环境中，在一个由资本主义企业和家庭构成的理论世界中证明这种行为的正当性。这就是（完全）竞争的数量论所发挥的作用。我在前面指出完全竞争是内在不一致的，因为它要求企业持有非理性预期。相反，即使是消息不太灵通的企业也明白它们各自面临斜向下的需求曲线（Shaikh 1999, 120–125）。因此，理性预期理论与完全竞争不兼容，反之亦然。

12.2.3 前凯恩斯主义新古典正统学说

12.2.3.1 凯恩斯所攻击的正统学说的核心命题

凯恩斯将矛头对准了某些他归为自己那个时代正统学说的核心命题，尽管在他攻击完之后这些概念只被适当地形式化了（Snowdon and Vane 2005, 37, 96）。正统模型假定理性最大化行为人具有完全知识、处于完全竞争之中并对未来具有稳定的预期。市场（包括劳动市场）被假定为总是处于出清状态，而且当受到扰动时会快速、有效地回到均衡状态。因此，充分就业被看作“事情常态”。可利用的劳动力供给的充分就业决定了总产出的水平，实际利率自动调整产生了一个与之匹配的总需求数量，从而萨伊定律得到了维持，而且货币数量论决定了一般价格水平。“古典两分法”被假定成立，所以实际变量（包括由实际利润率决定的实际利率）在商品和劳动市场中被决定，货币数量只通过一般价格水平决定这些变量的名义价值。货币是中性的，因为它不影响实际变量的均衡价值。不足为奇的是，政府干预“既不必要，也不令人满意”（37–39）。

12.2.3.2 新古典主义关于充分就业供给的论点

这个论点的构成要素已经众所周知。在假定的完全竞争条件下，第 i 个个体企业通过生产 YR_i 数量的产出来实现利润最大化，使其边际成本与占支配地位的市场价格相等：$mc_i \equiv w/mpl_i = p$，这意味着 $w/p = mpl_i$。轻率地跳过所有加总问题（见 3.2.2 小节），这个条件被转化为一个等同的总体条件（w/p）=mpl。个体企业的生产函数也以同样的方式按比例放大后产生一个短期总生产函数 $YR = \mathbb{A} \cdot F(\overline{KR}, L)$，其中实际产出（YR）是用一个给定的实际资本存量（$\overline{KR}$）和一定劳动数量（L）生产的最大实际产出（见第 4 章）。在资本存量和技术水平（用参数 $\mathbb{A}$ 表示）给定的条件下，短期总产出只是劳动力投入的函数。曲线的形状被假定为斜率（dYR/dL）随着劳动投入的增加而下降。由于劳动是唯一可变投入，斜率（dYR/dL）也是劳动的边际产量 $mpl \equiv \frac{\partial YR}{\partial L}$。边际报酬递减规律保证了更大的就业量与更低的劳动边际产出联系在一起，而且考虑到（w/p）=mpl，实际工资 wr ≡（w/p）必须足够低以支持更大的就业量。在术语符号下面加一个标记来表示其上升所产生的影响，上述内容就被转化为以下观点：（w/p）上升使劳动更加昂贵后，对劳动的需求 $L_d(\underline{w/p})$ 下降了。另外，个体家庭被假定为最大化“他们的”效用，在劳动和闲暇之间进行取舍。实际工资上升会使闲暇与所放弃的收入相比变得更加昂贵，因此劳动供给会增加（替代效应），但它也使劳动收入增加，从而工人能购买更多闲暇（收入效应）。新古典理论再一次跳过了加总问题，假定替代效应大于收入效应，从而实际工资上升使总劳动供给增加：$\underset{+}{L_s(w/p)}$。劳动市场的均衡就决定了一个特殊的市场出清实际工资及与之对应的充分就业水平（它把在不同工作之间切换所花费的时间包含在摩擦性失业中）。如图 12.2 所示，劳动供给的充分就业在生产函数中有一个相应的产出水平：从下面那张图中劳动市场均衡的实际工资（w/p）* 和就业量 L^* 出发，移动到上面那张图中的生产函数，找到与之对应的充分就业产出（YR^*）。劳动供给增加会提高就业量，但实际工资会降低。反过来，工会和政府企图使实际工资提高到市场（均衡）水平之上的做法只会导致失业，正如图 12.2 中高于（w/p）* 的实际工资所对应的劳动需求小于劳动供给（Snowdon and Vane, 45）。

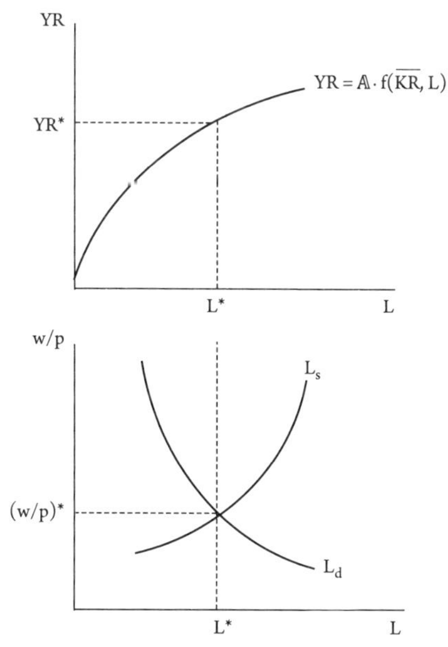

图 12.2 新古典主义充分就业的结果

12.2.3.3 关于总需求和利率的新古典论点

只有产出能够售卖出去，充分就业才是可持续的，这要求有充足的总需求。为了理解基本新古典模型的逻辑，考察方程（12.6）中总超额需求 ED =［I–S］的表达式是有用的。新古典理论假定私人投资和私人储蓄分别是实际利率（ir）的负函数和正函数。同时，私人投资和私人储蓄分别被看作对可贷资金的需求与供给，如图 12.3 所示。那么，商品市场上存在超额需求（ED > 0）就意味着资金市场上对可贷资金存在超额需求。后者会推高利率、抑制投资和增加储蓄，直到 ED = 0 ——在这种情形下，总需求等于总供给。由于总供给固定在充分就业水平上，总需求通过实际利率的作用承担了所有的调整工作。这是萨伊定律的一个版本。如果家庭决定减少储蓄（即消费更多），其储蓄曲线将向内移动，从而会提高利率和降低投资，直到超额需求重新回到 0。但由于在整个过程中总商品供给仍然停留在充分就业水平，这只能意味着家庭所增加的消费需求恰好由企业减少的投资需求抵销。[①] 最后，这个系统快速、有效地形成一个能提供充分就业的产出总量，同时产生了一个足以实现这些产出的总需求（Snowdon and Vane, 39–54）。

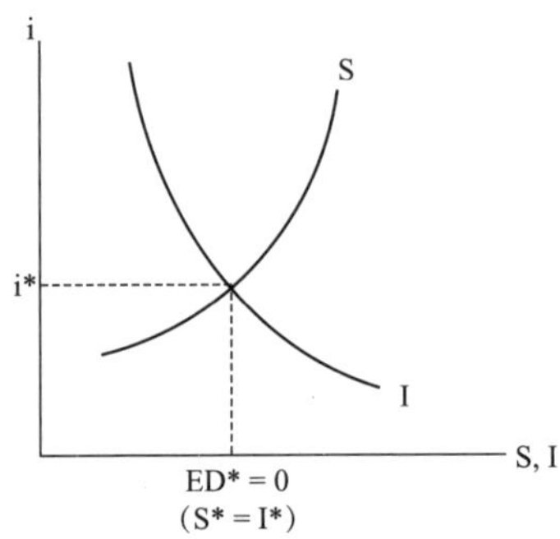

图 12.3　新古典主义的储蓄–投资调整

① 帕金廷（1972, 10）细心地指出储蓄和投资之间有价值的区分出现在“充分就业”。

总需求减少会导致价格水平下降的观点非常重要，因为它意味着就业会迅速回到其正常的充分就业水平。按照这个逻辑，就连大萧条这样的事件“都该放任它自由发展”，因为它很快就能自我纠正（Snowdon and Vane 2005, 14）。政府干预被看作适得其反，因为它干预了市场的有效运行（55）。这些都是凯恩斯那个时代正统宏观经济学的基本结论，今天仍然是正统经济学的核心。

12.3 凯恩斯的突破

12.3.1 凯恩斯在一战后的实践经验

在一战毁灭性的余波中，凯恩斯已经提出通过大规模政府支出使欧洲走出大范围失业的泥潭。大约 10 年后，大萧条爆发。大约 15 年后，他开始写作《就业、利息和货币通论》。当大萧条到来的时候，他强烈倡导通过大规模政府赤字为必要的支出融资（Wapshott 2011, 32, 57, 135–137）。凯恩斯甚至一度明确“提出……全世界的财政部部长应当同时印刷货币……［作为］重新恢复在经济崩溃下已经冻结了的世界市场信心的手段”（136）。关键在于他们应当往经济中“注入额外的购买力”（Keynes, cited in Wapshott 2011, 135）。[①]在实践方面，希特勒1933年的“大

① 严格说来，在一个凯恩斯主义框架中，将富裕家庭的钱转移给贫困家庭也能为经济注入一些净购买力，因为后者的收入花费得多、储蓄得少。那么，即使政府没有产生赤字，这一类预算平衡的转移也会将一部分支出从金融资产转移到商品上。当然，如果政府印刷货币并将它花出去（即产生赤字），其直接效果会更大。

规模重整军备计划”已经证明这些公众支出可以非常成功。“在一年之内，一战后一直饱受大规模失业困扰的德国享受到了充分就业”（189）。

因此，凯恩斯已经坚信，现实市场并不以正统经济学描绘的方式运行。尽管如此，他还是需要努力识别瓦尔拉斯主义视角的重要缺陷（Snowdon and Vane 2005, 72; Tsoulfidis 2010, 242）。

12.3.2 凯恩斯的新构想

最后，凯恩斯将矛头对准了正统论点的两个核心主张：实际利率会自动变化，使总需求与生产出来的任意数量的产出吻合（萨伊定律）；实际工资会迅速变化，将劳动维持在充分就业水平。

12.3.2.1 生产需要花费时间，因此受预期利润支配

凯恩斯首先指出，由于生产需要花费时间，企业必须在预期需求的基础上进行生产，其关键因素是利润，而非只是销售量（Davidson 2005, 455, 462）。

12.3.2.2 总需求的构成中具有自主需求的部分

另外，实际的总需求包含两部分：取决于当前生产所产生的收入的引致消费，以及独立于当前生产所产生的收入的自主消费与投资。并没有理由相信来自千千万万消费者和企业的实际总需求恰好等于千千万万个企业所预期的需求。确实，实际总需求中的投资部分本身受到对现存的无数资本长期利润率预期的支配，而且众所周知这些各种各样的预期是变幻莫测的，受到短期内占主导的“非理性的乐观和悲观潮流”的制约（Snowdon and Vane 2005, 59）。[①]通过将投资看作短

① 事实上，凯恩斯从预期利润率波动的角度解释了商业周期（Snowdon and Vane 2005, 59）。

期内给定的，但从一个短期到另一个短期时能迅速变化，凯恩斯提出了他在这方面的论点（Asimakopulos 1991, 39）。总供给受到无数个体企业对其最终产品销售额的短期利润的预期支配，总需求则受到无数个体企业对其新投入使用的固定资本长期利润的预期支配。事情的常态将是两边的不平衡（即商品市场存在正的或负的总超额需求）。

12.3.2.3 储蓄适应投资

由于凯恩斯假定投资在短期内是“给定的”，储蓄就必须进行调整。然而，储蓄与消费之间存在对偶关系，消费则与生产创造的收入成正比。因此，最后生产必须进行调整，以使储蓄与投资相等（即总供给与总需求相等）。这就是凯恩斯定律，是他对萨伊定律的回应。

12.3.2.4 对投资–储蓄关系和乘数的推导

通过一个稳定的（边际）消费倾向，凯恩斯特别地假定消费的引致部分与家庭收入成正比。这意味着通过一个稳定的边际储蓄倾向，储蓄同样与当前收入成正比。那么，如果不断变化的投资增加了，商品市场均衡的恢复就要求存下的那部分收入（储蓄）必须与投资增加相同数量。结果，收入本身及产生收入的产出都必须按投资增量的一个倍数增加，这个倍数为储蓄率的倒数。这就是著名的卡恩－凯恩斯乘数（Snowdon and Vane 2005, 60–62）。消费被假定为拥有一个自主的部分（C_a）及一个引致的部分，后者通过给定的边际消费倾向（c）与收入成正比。投资由新资本的预期利润率（“资本的边际效率”）与利率的差额决定，两者短期内都被视为给定的。最后，在短期均衡中，超额需求必须等于零：$ED = I - S = 0$。从方程（12.9）~ 方程（12.11）可以推断，均衡水平的产出（Y^*）是驱动它的投资的倍数。这反过来能确定与之对应的劳动投入的数量，并不能保证这个数量足以使所有可获得的劳动力都实现充分就业。确实，如果对利润的预期低迷，持续的失业状态就可能接着出现。其进一步的含义是，储蓄率下降、消费倾向增加会提高均衡产出水平。因此，著名的凯恩斯节约悖论为：短期内预期利润率（r^e）和利息率（i）都暂时给定，低储蓄率能提振经济（Lavoie 2006, 94）。令 c= 边际消费倾向，s ≡ 1–c = 边际储蓄倾向。那么

$$C = Ca + c \cdot Y \rightarrow S \equiv Y - C = -C_a + s \cdot Y \quad (12.9)$$

$$I = I(r^e - i) \quad (12.10)$$

$$ED = I - S = 0 \text{（短期均衡条件）} \quad (12.11)$$

$$Y^* = \frac{C_a + I(r^e - i)}{s} \rightarrow \Delta Y^* = \frac{\Delta I}{s} \text{（均衡乘数）} \quad (12.12)$$

12.3.2.5 利润率和利率对产出水平的影响

这带来了两个关键问题：什么决定了利润率，什么决定了利率？在凯恩斯的框架中，方程（12.10）描绘的均衡产出水平与预期利润率保持同向变动，与利率保持反向变动。投资-储蓄（IS）关系意味着预期利润率的上升和 / 或利率的下降原则上能将产出和就业提高到充分就业那一点。

在实际利润率问题上，凯恩斯清楚地意识到实际工资与利润率之间的反向关系是“古典”理论的核心。确实，他承认持续性失业不仅会侵蚀货币，而且将侵蚀实际工资（Bhattacharjea 1987, 276–279），以至最终利润率、投资、产出从而就业率都会提高。凯恩斯试图为这个反馈机制设置一系列障碍。需求下降会引起失业，也会导致价格下降，促使在任何给定的货币工资上，仍被雇用的那些人的实际工资可能会上升——在这种情形中，自由市场通过让工人在工作机会短缺时变得

更加昂贵，使事情进一步恶化。其次，工人和雇主之间的谈判是关于货币工资的，因此失业至多会对货币工资造成压力。在一个以分散化的工资谈判为特征的社会，工资的每一次削减都必须在局部的层面展开斗争，这将导致无法在社会基础上证实其合理性的“浪费性和灾难性斗争”（Keynes, cited in Snowdon and Vane 2005, 66）。低工资也可能通过降低消费需求导致事情进一步恶化。通过削减成本，它们可能引起价格进一步下降，这会否定甚至逆转所需要的实际工资效应。价格下降也可能侵蚀商业信心，使对利润的预期进一步恶化（Snowdon and Vane 2005, 68）。因此，凯恩斯论证，在一场危机中，政府通过财政政策直接增加总需求和就业会使情况大大改善。即使价格由于某种原因上升并引起就业工人的实际工资下降，这也不大可能引起工人的反抗，因为所有工人都在同一条船上，而且无论如何总就业的增加能提供补偿（Snowdon and Vane 2005, 66–68）。最后，他反驳了失业会自愈的传统断言——指出至少在危机时期，必要的调整将花费很长时间，这对社会来说是灾难性的。凯恩斯对失业、实际工资和利润率之间的传统联系的关注，已经潜在地承认预期和实际利润率之间必定存在关联。

对于利率，他当然意识到政府确实有时会确定利率（Rousseas 1985; Moore 1988, 283; Fontana 2003, 9, 14），但他关心的是自由市场的一般理论，而且考虑到利率在新古典论证中发挥的关键作用，他知道自己必须正面回应这个问题。①

凯恩斯因而将矛头对准了以下新古典断言：利率在短期内由可贷资金的供给和需求决定，在长期则由利润率（资本的边际产量）决定

① 卡莱茨基指出短期利率由银行信贷的供给和需求决定，长期利率由对未来短期利率的预期决定（Sawyer 1985, 17, 88, 98–101）。这是一种综合，因为这个短期理论可以看作对可贷资金理论的扩展，而长期理论则是标准的正统理论（见 10.7 节）。

（Garegnani 1988, 205–206, 213）。凯恩斯说情况并非如此。利率由对货币余额的需求和供给决定。货币供给由政府决定（Asimakopulos 1991, 86, 94, 117）。在需求方面，利率不是对推迟消费的回报，而是对放弃流动性的回报（即对放弃持有一部分货币的回报）。人们出于各种各样的原因持有货币：为了应付不时之需，为了便利交易，还可能是为了以后的投资（谨慎性、交易性和投机性需求）。在所有这些方面，未来的信心状态都发挥了关键作用。这就是为什么危机引起的信心崩溃导致金融资产流向现金，从而使利率在最该下降的时候反而上升了。与新古典主义者所设想的这会促进经济复苏不同，自由市场导致情况进一步恶化。凯恩斯提出了另一个反驳的论点。即使总需求下降和名义工资削减确实降低了价格水平，并从而增加了实际货币供给，降低了利率和刺激了投资，如果经济陷入人们不愿进一步减少货币持有量的状态，利率效应就不会太大（一个流动性陷阱）。投资也可能对利率的变化不太敏感。在这种情形中，即便是旨在增加货币供给和降低利率的货币政策也会失效（Snowdon and Vane 2005, 62–63, 68–69）。最重要的是，利率是由货币供求而非融资缺口（I – S）决定的这一事实，意味着储蓄并不能通过利率的自动变化与投资相等（Snowdon and Vane 2005, 69）。凯恩斯的流动性偏好货币供给（LM）理论因而似乎有效阻断了新古典主义通向萨伊定律的短期路径。在一个长期视角中，凯恩斯试图通过论证利率决定了最后一笔投资的回报率（即边际投资的边际效率），推翻了古典和新古典的论点（Asimakopulos 1991, 76; Tsoulfidis 2010, 258–259），尽管这个论证的有效性甚至在凯恩斯主义传统中都存在争议（Moore 1988, 261; Panico 1988, 146–156）。[①]

① 由于企业总是能够在不改变正常产能利润率的情况下扩大它们的资本存量，投资回报率就没有理由随投资规模的缩小而下降（Panico 1988, 152）。

12.3.3 希克斯主义 IS－LM 所表达的凯恩斯主义经济学

在 1933 年的演讲中，也就是《就业、利息和货币通论》面世前三年，甚至在该书的初稿中，凯恩斯本人用一组 IS–LM 方程来总结他的论点（Snowdon and Vane 2005, 113）。在《就业、利息和货币通论》出版一年后的 1937 年的一场会议中，哈罗德和希克斯都提交了用一个联立方程组表示凯恩斯理论的论文。凯恩斯对希克斯的论文表示了谨慎的赞同，尽管他确实抱怨希克斯低估了预期的重要性。哈罗德的方程和希克斯的类似，但受到了凯恩斯更加热情的认可。希克斯在写自己论文之前看过哈罗德的方程并听取了米德的介绍，他在论文中增加了一张示意图，后来这张图在短期内受到广泛关注（Dimand 2000, 121–122）。希克斯的阐释也更接近瓦尔拉斯的一般均衡模型，它后来被新瓦尔拉斯同行普遍接受就证明了这一点的重要性（Nevile 2000, 138–141）。

抛开自主消费不谈，方程（12.12）中的凯恩斯乘数关系简化为 $Y^*=\frac{I(r^e-i)}{s}$，Y 和 I 都是名义值，预期利润率的波动发挥了决定性作用。通过引证凯恩斯本人的论点——投资会进行到最后一笔投资的利润率等于利率，希克斯将预期利润率完全剔除。因此，投资从而任意给定储蓄率下的产出成为利率的一个简单负函数（Nevile 2000, 139）。希克斯的 LM 关系也是名义上的，同样低估了预期在决定预防性和投机性货币持有的可能变动中的重要作用（Asimakopulos 1991, 95）。他将货币需求简化为当前（而非预期）收入的一个稳定正函数，以及利率（因为金融资产的高利率将吸引人们持有更少的闲置货币余额）的一个负函数。货币供给被视为给定的，由政府决定，均衡时货币需求等于货币供给：$\mathscr{M}_d(Y, i)=\mathscr{M}_s$。高收入水平会增加货币需求，如果总需求仍然与给定的货币供给相等，这就需要一个高利率与之抵消，以降低对货币的需求。因此，在（Y, i）坐标空间中，LM 曲线向上倾斜，因为高收入水平与高利率水平联系在一起（Snowdon and Vane 2005, 104）。如图 12.4 所示，IS 曲线和 LM 曲线的交点同时决定了均衡的产出水平和利率水平。从凯恩斯主义视角来看，其关键之处在于均衡产出 Y^* 可以完全不同于充分就业产出 Y_{FE}。

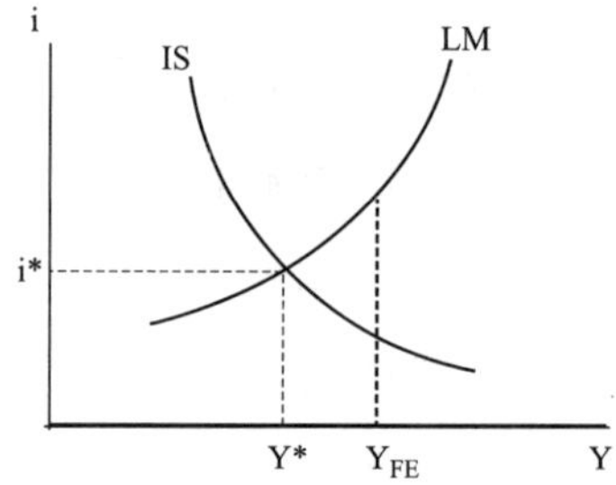

图 12.4 希克斯 IS–LM 模型对凯恩斯核心论点的总结

希克斯的阐述可以很容易地扩展到将政府需求和出口需求也纳入进来，作为 IS 部分投资需求的补充。扩张性财政政策使 IS 曲线向上移动，这将提高均衡产出水平，其代价是更高的（名义）利率。另外，扩张性货币政策会在一个给定的价格水平上增加货币供给，将 LM 曲线向外移动，从而增加产出，但会降低利率。从这个角度看，政府总能采取某些财政政策和货币政策组合，使产出达到充分就业水平（见图 12.4 中描绘的 Y_{FE}），而不会影响利率甚至价格水平（Snowdon and Vane 2005, 61, 106）。“政府会弥补市场结果的缺陷”这个结论是凯恩斯主义视角的核心。应当指出，在一个给定的投资水平上，储蓄率下降会使 IS 曲线向上移动，这会提高产出水平（节约悖论），但也会提高均衡利率，利率的上升会降低但不能取消其初始效果。因此，希克斯的框架仍然保留了凯恩斯主义的节约悖论，尽管因所导致的利率上升而形式有所减弱。最后，IS–LM 模型在一个相当长的时期内仍然位于宏观理论和政策的中心。弗里德曼的反革命就是从这一点开始的，而且它各种各样的变体仍然支配着大多数中级宏观经济学教科书（Nevile 2000, 133; Snowdon and Vane 2005, 102, 113, 169, 174）。

一些凯恩斯主义者正确地指出，用稳定函数表示 IS–LM 倾向于掩盖凯恩斯本人对两种组成关系的变动性的强调（Asimakopulos 1991, 95）。一种更合适的表示方法是，作为对预期变化的反应，两种曲线不断波动，而且有时在信心变化时同步变动。例如，商业信心的增强使 IS 曲线向上移动和产出增加，但它同时可能会减少对闲置资金的需求，从而使 LM 曲线向外移动并降低与给定产出水平相对应的利率。那么，一场繁荣可能起初伴随着产出增加及利率稳定或下降，直到各种限制开始出现。在某一时刻，信心可能会崩溃，导致 IS 曲线剧烈下降——由于预期利润率下降，以及 LM 曲线剧烈内移，持有闲置货币成为更具吸引力的选择。

12.3.4 凯恩斯主义理论与政策的兴衰

凯恩斯主义经济学在 20 世纪 30 年代大萧条的阵痛中兴起，因为它能解释当时的事件。它在理论与政策方面占据了 30 多年的支配地位，直到因无法解释 20 世纪 70 年代大滞胀中的事件而被击垮。

大萧条和二战爆发后，发达资本主义世界的各国政府做出了维持高就业水平和不断提高收入水平的坚强承诺——至少在中心国家如此。从这个角度看，1950—1973 年这段时间可被视为一个由凯恩斯主义政策维持的黄金时代（Snowdon and Vane 2005, 15–17）。

12.3.5 IS–LM/ 菲利普斯曲线模型的兴衰

希克斯的 IS–LM 模型支配了这个时代的宏观经济分析。投资方面的利润预期及货币持有方面的预防性和投机性预期被剔除之后，凯恩斯观点的这个被驯服了的版本成为标准工具。在理论层面，充分就业实现之前的需求增加被假定为能提高实际产出和增加就业，充分就业实现之后需求的进一步增加只会提高价格（见图 12.4）。罗宾逊夫人已经在理论层面提出，价格在充分就业实现之前就被预期开始略微上升（Backhouse 2003, 460–461），这一观点通过将一个价格版本的菲利普斯曲线添加到基本的凯恩斯主义工具箱中得到了贯彻（Snowdon and Vane 2005, 23）。

菲利普斯的原始发现是货币工资在失业低于某个临界水平时以一种非线性的方式上升，在其高于这个水平时以一种相似的方式下降。利普西（1960）从对劳动的超额需求的角度为名义工资变化率和失业水平之间的初始菲利普斯关系提供了一种解释。劳动供给是就业与失业数量之和（$L_s = L + UL$），而劳动需求是就业与空缺数量之和（$L_d = L + VC$）。那么，劳动的相对超额需求就是相对劳动空缺和失业率之间的差额：$e_{DL} = (VC - UL)/L_s = v_C - u_L$。通过假定价格与边际成本或平均成本（前者为边际劳动力成本）联系在一起，初始的菲利普斯工资膨胀-失业曲线被转化为一个价格膨胀-失业曲线。通过假定失业率与空缺率成比例（$u_L = v_c/\ell$），其中 ℓ 为“劳动市场摩擦”系数，汉森（1970）为菲利普斯曲线推导出一个特殊的方程（Snowdon and Vane 2005, 139–142）。最终结果为一个理论曲线，其中失业下降时通货膨胀上升得更快。一开始，经验证据似乎为这个理论提供了充足的证据。图 12.5 描绘了美国 1955—1970 年两种变量之间的实际关系及其拟合曲线（虚线），与后面的图使用了相同比例。注意，延伸后的拟合曲线表明我们可以在 7% 左右的失业率（图 12.5 中的 A 点）上实现零通货膨胀（即稳定的价格）。从凯恩斯主义导向的政策制定者的角度来看，这个曲线也表明如果人们愿意忍受 3% 左右的温和通货膨胀率的话，这个体系能维持更低的 4% 左右的失业率。这种通货膨胀率–失业率之间的替代关系在政策辩论中发挥了重要作用。附录 12.1 提供了其资料来源和方法，附录 12.2 提供了本章使用的通货膨胀和失业数据。

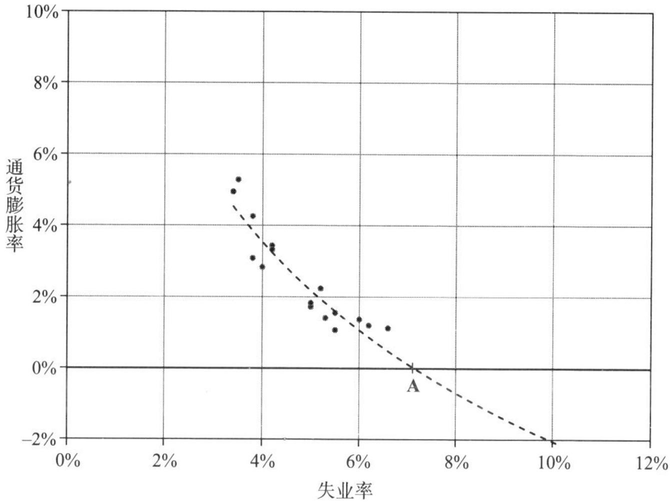

图 12.5　1955—1970 年美国的菲利普斯曲线

20 世纪 60 年代初，一切似乎都步入正轨。然而，到 70 年代，由于凯恩斯主义理论疲于应付无法摆脱的大滞胀事实，事情开始恶化（Snowdon and Vane 2005, 23）。菲利普斯曲线假定失业率上升时通货膨胀率会下降，1970 年之前的数据似乎也支持这个假设。从 70 年代开始，失业率上升了，这时通货膨胀率本应该下降，但如图 12.6 所示，通货膨胀率也上升了，这与标准的假设直接矛盾：失业率比之前的水平提高了 46%，但通货膨胀率与之前相比提高了 142%。图 12.7 与图 12.5 使用了相同的比例，显示了相同变量后 10 年的数据：菲利普斯曲线消失了。为防止有人质疑摒弃这一理论构想的理由，图 12.8 提供了 1950—2010 年的数据。所有主要国家都出现了相似的模式逆转。“综合”

凯恩斯主义触到了礁石，货币主义者和新古典反革命正在积蓄力量（Snowdon and Vane 2005, 23）。我将在第14章表明确实存在一个稳定的菲利普斯类型的曲线，只是没有采取货币工资或价格变化率的形式。

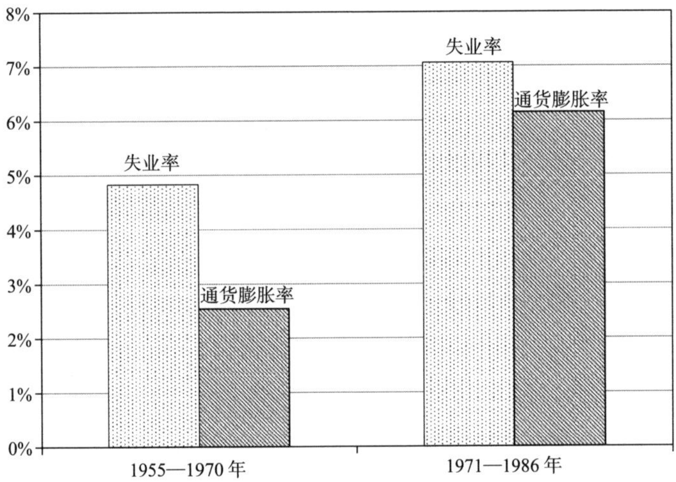

图 12.6　1955—1970 年及 1971—1986 年美国的通货膨胀率和失业率

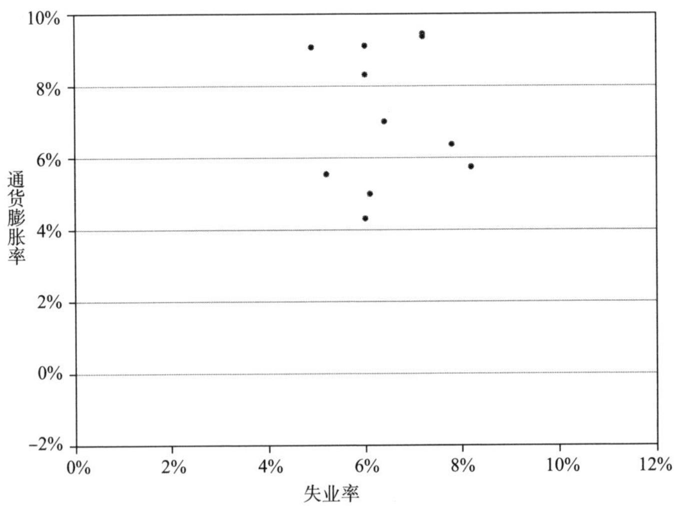

图 12.7　1971—1981 年美国的菲利普斯曲线

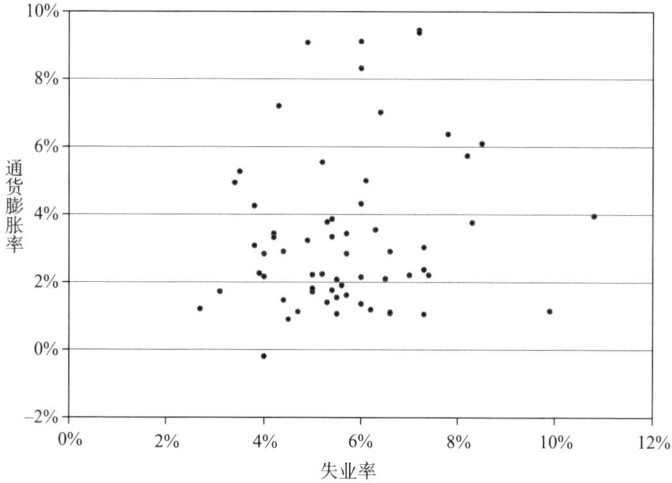

图 12.8　1955—2010 年美国的菲利普斯曲线

12.4　新瓦尔拉斯经济学的回归

凯恩斯主义经济学在 20 世纪 30 年代开始成为主流，这是由于新古典经济理论在解释大萧条事件中的无力。凯恩斯称其理论为“通论”，新古典理论则只适用于充分就业的特殊情形。新古典理论在 20 世纪 70 年代重新占据上风，这是由于凯恩斯主义经济学在解释大滞胀事件中的无力。现在轮到新古典主义宣布自己为一般理论，而将凯恩斯主义经济学降为源于工资和价格“刚性”的特殊情形了。雪上加霜的是，大滞胀本身被视为凯恩斯主义政策的一个直接后果——由于它们干预了市场的正常运行（Snowdon and Vane 2005, 18, 23; Tsoulfidis

2010, 301–302）。

反革命力量实际上在 20 世纪 50—60 年代就开始形成。产生了巨大影响的萨缪尔森用（马歇尔）数学术语对经济学的重新表述支配了这一领域（Canterbery 2001, 243–244）。“最大化、最优化，决不让稀缺性离开你的视线！”[①] 20 世纪 50 年代和 60 年代初，将斜向下的刚性货币工资引入新古典框架可以解释凯恩斯主义的结果已经成为一个确定的观点。凯恩斯本人曾提出过类似的观点，而且凯恩斯主义政策仍然被广泛使用，因此工资刚性假设实际上成为正统理论解释现行干预主义政策合理性的依据。另外，在理论层面，这一方法恢复了工资和价格灵活能自动带来充分就业的前凯恩斯主义观点——这恰是凯恩斯着手推翻的命题（Snowdon and Vane 2005, 122–123, 145）。萨缪尔森的反革命反过来为以下断言奠定了基础：新瓦尔拉斯经济学自己就具备了凯恩斯主义理论被认为并不具备的“严密的微观基础”（Snowdon and Vane 2005, 299）。

我已经在第 3 章、第 7 章和 12.1.1~12.1.5 小节驳斥了新古典经济学的微观基础断言，我将在第 13 章对宏观经济学的一个古典方法的阐释中进一步展开论证。在我看来，凯恩斯的研究计划可以更好地建立在真实竞争理论基础上，其中积极制定价格的企业面临斜向下的需求曲线，而且资本运动将每个行业调节性资本的利润率均等化。行为人、预期、行动、策略和结果的异质性都位于“看不见的手”实际调节过程的中心。这正是宏观结果不同于微观过程的原因——古典主义者、凯恩斯、卡莱茨基甚至弗里德曼都充分理解这一点。另外，建立在超理性、完全竞争、完全信息、需求无差异企业及直接体现微观过程的

① 我对盗用了汤姆 · 莱勒《罗巴切夫斯基》中的不朽歌词表示歉意（《罗巴切夫斯基》由汤姆 · 莱勒作词和作曲，PhysicsSongs.org）。

总代表性行为人基础上的瓦尔拉斯理想化世界，是绝对不严密的。它也绝对不符合实际，并非由于它是抽象的，而是因为它建立在错误的抽象基础上。这个一直存在的困难的症状是，这一套“不完全”必须被纳入基本模型中，以使它能模拟现实的核心特征。从 20 世纪 60 年代的原始“共识”发展出来的各式各样的新瓦尔拉斯学派都遵从瓦尔拉斯范式，差别只在于它们所支持的特定“不完全”。货币主义第一个发起了进攻。

12.4.1 货币主义

12.4.1.1 旧货币数量论

货币数量论可以追溯到休谟和 18 世纪的其他学者。在其原始形式中，通过假定货币流通速度（v）短期中稳定，核算方式 $\mathscr{M} \cdot v = \mathrm{p} \cdot \mathrm{YR}$ 被转化为一个因果关系（见 5.3.1 小节）。那么，货币供给（$\mathscr{M}$）的一个变化就被转化为名义产出（p · YR）的一个相等的变化。然而，我们仍需区分其对实际产出和对价格的影响。暗含在原始理论中的是以下古典观点：实际产出增长由利润率驱动（Ricardo 1951b, 120–122; Ahiakpor 1995, 438, 450）。因此，在古典版本的货币数量论中，价格水平只有当货币数量比利润决定的产出水平上升得快的时候才会上升，也就是价格只有当（$\mathscr{M}$/YR）上升时才会上升。这是一种长期效应，因为人们充分认识到短期内货币供给的增加会影响价格、工资、利率、利润和产出水平（Ebeling 1999, 472）。更重要的是，古典论点并不要求利润驱动的产出等于充分就业产出。

12.4.1.2 新货币数量论

现代数量论者，如布伦纳、梅茨勒、施瓦茨及最重要的弗里德曼，是新古典经济学家。弗里德曼一开始是一名社会主义者，后来成为一名凯恩斯主义者，接着又成为一名伟大的传统捍卫者和同样伟大的自由放任资本主义的推动者（Wapshott 2011, 247–248）。他的第一个主要贡献是在做出一些关键修改后，从凯恩斯的货币需求和货币供给的角度对货币数量论进行重新定位。在微观层面，实际货币需求（$\mathscr{M}_d/P$）被假定为以下变量的函数：个人实际收入、持有货币的各种金融替代品的回报率、制度因素以及各种各样的个人偏好（Friedman 1956）。在宏观层面，弗里德曼和所有优秀的宏观经济学家一样转向一种不同的函数形式并抛弃了个人偏好等变量，货币需求–供给关系被转化为一个对历史事件和制度变化做出反应的流通速度方程。在后来的经验研究著作中，他明确区分了货币流通速度的短期和长期变化，指出货币供给变化在短期内能够影响产出和就业，也指出了流通速度的短期顺周期变化和长期下降的现象（Friedman 1959; Friedman and Schwartz 1963; Lothian 2009, 4–7）。尽管流通速度的变化可能会吸收一些影响，货币存量的变化仍被视为决定名义收入变化的主要因素（Moore 1988, 6）。换句话说，新的货币数量论要求与名义收入相对的货币需求是少数几个变量的一个稳定函数（Snowdon and Vane 2005, 168）。

到目前为止，弗里德曼的理论焦点为从货币需求和供给的角度重新阐释货币流通速度。他与施瓦茨（1963）的经验研究著作集中于人均货币供给，后者被视为人均货币需求的一个代表。他的论点是相对货币供给的增加将主要通过名义人均收入的增加表现出来。考虑到政府可以控制货币供给，原则上名义收入可以被控制。然而，由于二者之间的滞后是“长期的和变化的”，对这个过程进行微调的努力可能会失败。因此，他的政策建议是保持货币供给的固定增长，以维持名义收入的稳定增长（Snowdon and Vane 2005, 173）。

12.4.1.3 弗里德曼关于大萧条的观点

弗里德曼对资本主义根本稳定性的坚定信念要求他对大萧条重新做出解释。凯恩斯将其归因于引发银行破产狂潮和总需求灾难性崩溃的泡沫破灭。弗里德曼指责美联储在 20 世纪 20 年代和 1931 年提高贴现率的做法将一场正常的衰退转变为一场大萧条（Snowdon and Vane 2005, 163–165, 171）。

弗里德曼提出了一个货币增长规则，作为维持价格稳定的手段，但他由于并未解释为什么名义收入增长来自价格水平的变化而不是来自实际产出的变化被指责（Snowdon and Vane 2005, 170, 174）。他随后指出"总实际产出可以被视为不变的"（Friedman 1966, 77）。为寻找依据，他转向新古典主义"弹性价格充分就业"版本的希克斯 IS–LM 模型，其中实际产出由劳动供给决定且实际利率独立于货币因素——从而对于货币供给的变化，价格完成了所有调整工作（Friedman 1966, 79–80; Snowdon and Vane 2005, 169, 174）。

新的货币数量论仍需进一步解决 4 个问题。第一，私人信用的存在倾向于侵蚀政府控制货币供给的观点。弗里德曼避开了这个问题，通过想象政府印刷货币并通过直升机投掷给一群心怀感激的人——这一机制被恰当地称为"直升机撒钱"（Canterbery 2001, 283）。一个更正式的论点是，政府决定银行储备，这是通过扩张信用充分实现的，直到达到储备要求（其本身由政府决定）的界限。这被称为垂直主义观点，因为据说政府既决定了流通现金，也决定了总授信规模。在相反的一极，水平主义的观点是银行部门提供了私人部门所需的信用，政府则提供了维持系统运行所需的储备（Moore 1988, ch. 1）。我将在下一章重新回到这个问题上来。

第二个难题源自前面提到的假设——实际产出处于充分就业水平且短期内固定。这意味着价格只有在充分就业实现后才会上升。凯恩斯主义理论本质上提出了相同的论点，差别在于凯恩斯主义集中于实现充分就业，而货币主义宣称经济通常已经实现了充分就业。

第三个难题是货币数量论的逻辑意味着在产出固定于充分就业水平（YR_{FE}）的条件下，货币供给的增加只能提高价格水平。为了解释通货膨胀（即价格持续上升），就必须假定货币供给持续增加，也就是$\mathscr{M}/YR_{FE}$持续上升。即使充分就业产出本身不断增长，通货膨胀也只能来自$\mathscr{M}/YR_{FE}$的不断上升。在他后来对自然失业率的讨论中，弗里德曼明确假定“名义总需求中存在一个未预料到的加速”（Friedman 1977, 456）。

第四个问题被证明是最棘手的一个。本杰明·弗里德曼（1988, 51–53）指出，到1979年的时候，米尔顿·弗里德曼提出的货币供给和价格水平之间的稳定关系“已经彻底崩溃”，尽管存在通过修改货币的定义挽救它的各种各样的努力。所有发达世界都面临这个难题（Snowdon and Vane 2005, 169）。因此，货币数量论最终持续的时间并不比它试图取代的凯恩斯主义理论更久。

12.4.2 自然失业率和适应性预期下的通货膨胀率

12.4.2.1 宏观经济理论在20世纪70年代面临的问题

20世纪70年代，所有宏观经济理论都面临解释失业率上升与通货膨胀率上升（而非下降）同时发生的难题。如前所述，与1955—

1970 年这段时间相比，后 15 年（1971—1986 年）的平均失业率上升了 46%，而平均通货膨胀率实际上升了 142%（见图 12.6）。

12.4.2.2 凯恩斯主义理论和新古典理论中的摩擦性失业

凯恩斯主义理论已经认识到，所测量的失业中包括一部分由于处在工作变换过程中而失业的人。这种情况被称为摩擦性失业。但似乎很明显的是，失业大军是那些想要工作却找不到工作的人（即非自愿失业）。从凯恩斯主义的角度看，摩擦性失业仅仅反映了行动需要时间这个事实，问题在于解释非摩擦性（即非自愿）失业的持续存在。从新古典主义的角度看，事情并非如此。在完全竞争下，正统理论宣称实际工资会进行调整，直到系统达到正常失业率，也就是零失业：所有想工作的工人都能在这个实际工资下找到工作；相反，那些不工作的人是自己选择了不工作，所以他们是自愿失业。由于这个理论抽象掉了所有生产和消费行为所花费的时间（尽管储蓄被假定为涉及并不花时间的考虑时间），持续性失业就只能源自实际行为需要花费时间这个“不完全”。

12.4.2.3 自然就业率和自然失业率

费尔普斯（1967, 1968）和弗里德曼（1968）都意识到，通过扩大被归为“不完全”的实际行为的名单，现有的基于不完全的经济学（IBE）可以扩展到将非自愿失业纳入进来。如前所述，基于不完全的经济学是一个可以无限扩展的领域，因为其出发点一开始就与现实不符。不是去质疑这个不可信的基础，它试图为其提供保护——通过将其包裹在一个不断扩大的对理想的偏离名单中。从这个角度看，它们遵循了一条由罗宾逊夫人、张伯伦和卡莱茨基所开辟的道路，当代后凯恩主义经济学就是建立在这一基础之上（见 8.1.8~8.1.9 小节）。

弗里德曼将基于不完全的经济学的失业率称为“自然失业率”u_L^*。他将之定义为“只要瓦尔拉斯一般均衡方程组中含有劳动市场和商品市场实际的结构性特征，包括市场的不完善性、需求和供给的随机可变性、收集工作空缺和劳动可获得性信息的成本、转换工作的成本等，那么‘自然失业率’就是一种可以通过精心计算瓦尔拉斯一般均衡方程组而得出来的失业水平”。[①] 弗里德曼不遗余力地表明瓦尔拉斯一般均衡体系确实能完成这项任务，而且他的这个断言并非没有受到挑战。[②] 尽管如此，自然失业率调节着实际失业率的观点被证明非常成功（Snowdon and Vane 2005, 186）。关键之处在于，自然失业率只取决于“与货币因素相对的‘实际’因素——劳动市场的有效性、竞争或垄断程度、对从事不同职业的阻碍或鼓励等”。由于实际利率也是在实际部门决定的，货币在长期中为中性的：它不会永久地影响实际因素（Friedman 1977, 469）。

自然失业率在面临结构变化时本身也可能随时间的推移而变化：“非固定”工人（如妇女、少年和兼职工作者）参与率提高可能会增加摩擦性失业；高水平的收入补助和失业救济会增加暂时失业的时间；而且一个动态增长的经济中工作机会的持续变动会吸引人们更频繁地变换工作（Friedman 1977, 459）。在所有这些情形中，自然失业劳动力

① 转引自《弗里德曼文萃》，米尔顿·弗里德曼著，胡雪峰、武玉宁译，首都经济贸易大学出版社，2001 年版，第 459 页。——译者注

② 托宾在一场访谈中评论道，“弗里德曼说自然失业率是瓦尔拉斯一般均衡方程解的失业数量——据我所知，这个命题并没有得到他本人和任何其他人的证实——完全是一种推测。我的意思是，为什么瓦尔拉斯方程的解中就一定包含失业？……这样确定自然失业率完全说不通，当然也是错误的。莫迪利亚尼和其他人开始讨论非加速通货膨胀失业率的时候，他们更多地是在谈论一种实用主义的实证思想”（Tobin, cited in Snowdon and Vane 2005, 154）。韦卢皮莱（2014, 8–9）指出“瓦尔拉斯均衡方程体系的所有形式化表达都既不具有建设性，也不具备可计算性”，不管有没有必要的不完全，在这种情况下都无法为某个自然失业率“拼凑出一个解来”。

储备池中要么是那些正在换工作的人，要么是偏向不劳而获而选择不工作的人（Blanchard and Katz 1997, 53–54）。因此，所有的自然失业都是自愿的。弗里德曼后来强调了这一点——当谈到他对自然失业率的定义与凯恩斯对充分就业的定义相同时，“其中愿意在当前工资下工作的人都有工作”（Snowdon and Vane 2005, 205）。当然，凯恩斯不大可能接受以下断言：实际失业从这个角度看是“自然”的。

费尔普斯对自然失业的定义与非自愿失业有关。关键之处是信息不完全产生了一个包含下面这些人的失业劳动率储备池：“（在现行实际工资率下）没有工作但积极寻找工作的人，以及（在现行实际工资率下）没有工作且愿意接受任何他们所知的工作机会的人”（Phelps 1968, 684）。费尔普斯进一步提出了一个假设，即自然失业率是取决于大量实际影响因素的内生变量，如“技术、社会价值观和制度”，包括社会权利、石油冲击以及最重要的 20 世纪 70 年代中期后实际利率的上升——这个利率上升“降低了资本积累动机，且在给定的实际工资下降低了对劳动的需求”（Snowdon and Vane 2005, 407–408）。最终结果是“大量非自愿失业”，其功能是阻止工人太容易或太频繁地辞职并将其经培训获得的技能带向其他工作，以及阻止企业为留住工人而不得不尝试“争相支付更多报酬”（Phelps 2007, 545）。[①] 最后一点由古德

① 费尔普斯（和马克思）指出，一个非自愿失业劳动者大军的持续存在能够抑制工人，对企业有利；弗里德曼指出，竞争能够抑制企业，对工人有利。“对大多数人来说，只有存在较多的可能雇主，他们才能得到最可靠和最有效的保护。如前文所言，当一个人只有一位可能雇主时，他基本上是得不到保护的。保护工人的是那些愿意雇用工人的雇主。对工人劳务的需求，使雇主出于对自身利益的考虑而向工人支付合理的工资，因为如果他不这样做，就会有别人这样做。所以，真正保护工人利益的是竞争——争夺工人劳动成果的竞争。……其他雇主的存在保护了工人免受其雇主的伤害，因为他可以到别处干活。”（Friedman and Friedman 1980, 246）（转引自《自由选择》，米尔顿·弗里德曼、罗丝·弗里德曼著，张琦译，机械工业出版社，2008 年版，第 245—246 页。——译者注）当然，这意味着充分就业已经实现了，否则的话与潜在的雇员相比雇主是短缺的。马克思关于竞争的作用的观点极为不同。“资本是根本不关心工人的健康和寿命

温（1967）正式化，与马克思的论点有着惊人的呼应——资本主义制度产生了一个持续存在的失业劳动者大军，这个失业大军被用于规训劳动者和“抑制现役劳动军的要求”（Marx 1967a, ch. 25, sec. 3, 638）[①]。我将在第 14 章重新回到对费尔普斯、古德温和马克思三者的比较中来。到现在为止，我们可以充分指出弗里德曼-费尔普斯的自然失业率来自所假定的完全竞争的不完全，而对马克思和古德温来说，它来自真实竞争本身。

12.4.2.4 总需求变化的短期和长期影响

这两个人的论证接下来要解释为什么总需求增加能提高产出和就业（也就是把失业率降到自然水平以下）。两位学者都依赖这个观点——对“自然失业率”的偏离是由短期错觉造成的（Phelps 2007, 549）。在完全竞争中，只有当其产品的相对价格变化时，企业才会改变其利润最大化水平的产出。这当然是基于以下假设：在完全竞争下，所有企业都相信自己面对水平的需求曲线。我已经论证，所有这样的信念都是非理性的，在真实竞争中企业必然面对斜向下的需求曲线。那么，总需求的增加将向上移动平均需求曲线，即使企业相信相对价格不变也会扩大产出。无论哪种情形，从自然失业率下的有效充分就业出发，如果总需求的增加被认为会同步提高所有价格和货币工资，那么每家企业都没有增加产出的动机，因为其名义成本将与其货

（接上页）的，除非社会迫使它去关心。人们为体力和智力的衰退、夭折、过度劳动的折磨而愤愤不平，资本却回答说：既然这种痛苦会增加我们的快乐（利润），我们又何必为此苦恼呢？不过总的说来，这也并不取决于个别资本家的善意或恶意。自由竞争使资本主义生产的内在规律作为外在的强制规律对每个资本家起作用。正常工作日的规定，是几个世纪以来资本家和工人之间斗争的结果。”（Marx 1967, 269–270）（中文转引自《资本论》第一卷，人民出版社，2004 年版，第 311—312 页。——译者注）。我在此要感谢霍华德 · 博特威尼克让我注意到这两段话。

① 中文转引自《资本论》第一卷，人民出版社，2004 年版，第 736 页。——译者注

币价格以相同比例提升。从这个角度看，如果竞争性企业在总需求增加时确实提高了产出，这只能是由于企业误认为需求增加对自己有利，使自己的产品价格比别人提高得多。这些都是典型的基于不完全的经济学的论点。对弗里德曼来说，这种反应进一步要求需求的增加是未预期到的，否则企业早已做出了反应。“只有未预料到的才有用”（Friedman 1977, 456）。应当补充一点，在弗里德曼的情形中失业减少“是一个对竞争性均衡并不受欢迎的偏离”，而在费尔普斯的情形中它是一个“通过降低非自愿失业而实际上使事情变好”的受欢迎的推动（Phelps 2007, 549）。尽管如此，两种情形中的短期影响都是不可持续的。随着认识到实际上发生的是总需求的普遍上涨，企业将削减其错误的产出增加，就业会下降，失业率也将回到自然水平（Friedman 1977, 457）。

12.4.2.5 与通货膨胀的联系

最后一步是将前面的论点与通货膨胀联系起来。在“对自然失业率的偏离是暂时的”这个假设基础上，试图维持一个低失业率的凯恩斯主义政策，不得不通过未预期到的总需求增加不断刺激这个系统。这明显隐含着一个通货膨胀理论。任何一个这样的理论都必须解释为什么通货膨胀率似乎随时间的推移而上升，尽管所观察到的失业率也上升了（Friedman 1977, 455–456）。正如前文所述，从货币数量论来解释要求货币供给相对于与自然失业率联系在一起的实际产出不断增加，而且还需要进一步解释为什么这个自然失业率随时间的推移而上升。费尔普斯并不是一名货币主义者，弗里德曼是一名货币主义者，但两人得到了相似的结论——预期在通货膨胀中发挥了关键作用，而且结构变化能够解释自然失业率的变化。

第一，工人关心实际工资，所以需要根据价格变化对名义工资变化进行评估。由此断定，实际工资下降可能是由于货币工资下降或价格上升。这对任何古典经济学家来说都是完全合理的。那么，在任意给定的失业程度上，高通货膨胀率意味着高名义工资变化率：换句话说，初始的菲利普斯曲线会随通货膨胀率的变化而移动。如果名义工资谈判是根据预期通货膨胀进行的，那么菲利普斯曲线将根据工人预期的通货膨胀率的变化而移动。随之产生的附加预期的菲利普斯曲线，起始似乎是凯恩斯主义理论的福音，结果却是它的特洛伊木马。

第二，一组新的“不完全”被用于解释为什么实际劳动市场并不像理想中那样运行。弗里德曼将长期劳动合约的存在解释为源于雇主获取雇员信息的成本，费尔普斯则将其归因于雇主的工资谈判成本。这两种成本都是不完全，因为在完全竞争中所有这类行为都被假定为零成本。长期合约的存在意味着市场不能只通过价格变化就立即实现出清，而是也通过滞后的价格和数量调整。第三，不完全再一次出现在我们面前，不过这次是在工人这边——他们关于当前和未来价格变化的不完全信息，使其至少将一部分名义工资变化误认为是实际工资的变化（Phelps 1968, 697; Friedman 1977, 455–456）。

由此，所产生的基于不完全的经济学论点通过图 12.9 得到了说明，该图现已成为经典。在一个具有不变价格水平的静态经济中，初始的均衡位于自然失业率及与之对应的固定货币工资的位置，就是名义工资变化率为零的位置，即初始菲利普斯曲线上的 A 点（Snowdon and Vane 2005, 175–180）。根据弗里德曼的观点，货币供给加速倾向于提高所有市场上的所有价格。如果企业正确认识到所有价格都按比例提高了，它们就知道自己的相对价格未变，从而不会改变供给。如果工人也这样认为，他们就会知道自己的名义工资现在必须与这个更高的目标通货膨胀率按相同速度增长，在这种情形下菲利普斯曲线直接跳到 E 点。那么货币供给增加的影响仅仅是在相同的自然失业率下提高了通货膨胀率。我们看到这恰是卢卡斯在理性预期基础上所提出的观点。

然而，弗里德曼假定，企业倾向于将名义产品价格上升误认为局部需求增加导致的它们相对价格的部分上升，所以它们会一定程度上增加产出和就业，从而使失业降到图中 B 点。另外，工人起初错误地预期价格仍然不变，所以初始菲利普斯曲线仍然有效。因此，失业率下降推动名义工资增长，使经济移动到 C 点。然而，随着企业认识到其成本增加（投入品价格和名义工资提高）大于开始的预期，它们就减少产出和雇工数量，失业率开始朝自然水平移动。同时，工人也认识到了价格上涨的现实，他们提高了通货膨胀率预期，使菲利普斯曲线向上移动。最终结果是移动到了 D 点。这个过程持续进行，直到两边都完全认识到了更高的通货膨胀率的现实——直到菲利普斯曲线移动到与穿过 A、E 两点的垂线相交。因此，短期内货币并非中性的，因为未预期到的货币供给增加会产生实际影响；它从长期来看是中性的，因为总需求增加的最终影响是通货膨胀率提高，产出则不变（Friedman 1977, 469–470）。长期菲利普斯曲线因而是垂直的，如穿过 A、E 两点的直线所示（Snowdon and Vane 2005, 176–181）。由此可以得出结论："任何试图将失业率维持在自然水平以下的努力都会引起加速的通货膨胀，并且要求当局不断加快货币扩张速度……（最终）导致恶性通货膨胀……相反，如果失业持续高于自然水平，加速的通货紧缩也会发生。"反过来，自然失业率本身可以通过"旨在改善劳动市场和产业结构与运行的供给管理政策"降低（Snowdon and Vane 2005, 181–182, 186）。

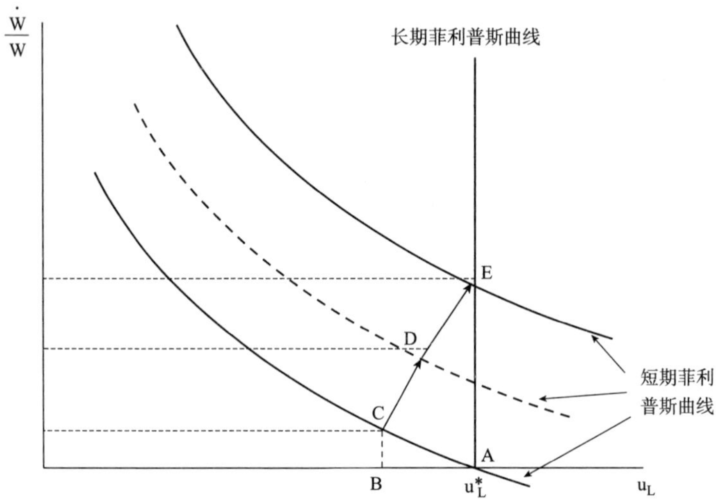

图 12.9 短期和长期附加预期的菲利普斯曲线

费尔普斯用不同的方法得到了相同的结论。他论证中的初始刺激是总需求的增加（这不必等同于货币供给的增加，因为他不是一名货币主义者），而且他认为企业和工人是不完全竞争实体。错觉再次发挥了关键作用。每家企业都稍微提高一点儿价格与工资，因为它没有意识到其他企业也会这么做（即其成本也会上升）。这种对利润率的错误估计导致了产出和就业的扩大，所以就业率上升了。同时，工人将工资增加误认为是相对工资的提高，这降低了离职率。这两种作用都降低了失业率。一段时间过后，企业认识到其价格和工资提高得并不够，所以它同时提高二者；工人也意识到他们的相对工资实际上增加得并没有想象的那么多，所以他们的离职率开始回升。最终，系统重新回到自然失业率，但是具有了更高的价格和名义工资（Phelps 2007, 546–547）。

费尔普斯的自然失业率是使预期通货膨胀率等于实际通货膨胀率的失业率。他假定“价格与边际成本或平均成本联系在一起”（Phelps

1968, 680–681），名义工资增长是由劳动市场的超额需求和预期通货膨胀率驱动的。在失业率是超额需求的代表这个进一步假设基础上，产生了方程（12.13）中附加预期的菲利普斯曲线，其中在 $u_L = u^*_L$ 上，$f(u_L - u^*_L) = 0$，这使得对于任何给定的决定曲线形状的结构性因素，稳定的预期价格水平与稳定的工资水平保持一致。那么，如果实际价格与工资率成正比［方程（12.14）］，预期通货膨胀率和实际通货膨胀率之间的一个均衡就产生了一个独立于实际通货膨胀率的自然率（Phelps 1968, 680–685）。

$$\frac{\dot{w}}{w} = \frac{\dot{p}^e}{p^e} + f(u^*_L - u_L) \text{（附加预期的工资率菲利普斯曲线）} \quad (12.13)$$

$$\frac{\dot{p}}{p} = \frac{\dot{w}}{w} \text{（价格与工资成正比）} \quad (12.14)$$

$$\frac{\dot{p}^e}{p^e} = \frac{\dot{p}}{p} \text{（预期均衡）} \quad (12.15)$$

将方程（12.13）方程（12.15）结合起来能推出，均衡失业率等于结构性决定的自然率。

$$f(u^*_L - u_L) = 0 \text{，使得均衡时 } u_L = u^*_L \quad (12.16)$$

12.4.2.6 非加速通货膨胀失业率

弗里德曼和费尔普斯都假定预期逐渐适应实际结果。这随后产生了非加速通货膨胀失业率（NAIRU）的观点——自然失业率是通货膨胀稳定时的失业率（见第 15 章）。相反，如果实际失业率由于任何原因而低于自然失业率，通货膨胀率就会一直螺旋上升为恶性通货膨胀（Phelps 1968, 682）。在最简单的情形中，适应性预期可以表示为以下假设：通货膨胀预期的变化与实际通货膨胀率和预期通货膨胀率之差成正比。这个调整机制替代了前面方程（12.15）中通货膨胀预期能赶上实际通货膨胀的假设。将方程（12.13）和方程（12.14）结合起来产生了方程（12.18）中的动态过程。如果实际失业率低于自然失业率，从而$f(u_L^* - u_L) > 0$，通货膨胀预期不断提高，这反过来持续提高了名义工资，并因此提高了实际价格。和弗里德曼一样，费尔普斯得出结论："除了其自然水平外，货币需求管理并不能操控达到一个任意的失业率而避免迟早会产生的持续的非均衡——这个非均衡通过高涨的通货膨胀或不断加剧的通货紧缩表现出来，然后崩溃。"（Phelps 1995, 15）在正统经济学看来，凯恩斯主义类型的政策注定会失败。

$$\frac{\dot{p}^e}{P^e} = \alpha\left(\frac{\dot{p}}{p} - \frac{\dot{p}^c}{p^c}\right) \qquad (12.17)$$

$$\frac{\dot{p}^e}{P^e} = f(u_L^* - u_L) \qquad (12.18)$$

12.4.3 理性预期和新古典主义理论

12.4.3.1 弗里德曼和费尔普斯关于预期的作用

弗里德曼和费尔普斯提出了资本主义经济的长期均衡位于某个自然失业率上的观点。他们接下来的任务是表明凯恩斯主义需求拉动政策如何以及为何能确实增加产出和就业，即使只是暂时性的。他们的观点是，尽管需求增加实际上提高了所有的名义价格，从而使实际工资和所有的相对产出价格保持不变，工人和企业一开始都误以为实际工资和每个企业的相对价格实际上都上升了。这些效应一开始会在初始的菲利普斯曲线上降低失业率（图 12.9 中的 C 点），但随着双方逐渐调整预期，菲利普斯曲线会一直向上移动直到穿过真正的均衡点，在这点上预期通货膨胀率等于实际通货膨胀率且失业重新回到了自然水平（E点）。弗里德曼本人指出，只有未预期到的需求增加才能产生这种“错觉”，也就是“只有未预料到的才有用”（Friedman 1977, 456），因此他倡导系统性的货币政策建立在公开宣布货币总量增长变化的基础上，避免相机抉择的政策，包括操纵利率和汇率（Saayman 2011, 3）。

12.4.3.2 在此框架基础上的新古典主义

新古典主义从这个框架出发。它们坚持自然失业率的观点，坚持认为只有未预料到的经济政策才能带来对自然失业率的偏离，坚持认为所有这些偏离都必定是暂时性的。然而，它们由忠于马歇尔变为忠于瓦尔拉斯——通过明确假定存在普遍的完全竞争，价格、工资和利率充分灵活，完全套利，连续市场出清，不存在货币幻觉（所以只有相对价格对行为人的决策重要）。而且，它们带来了一个新武器：理性预期概念（Snowdon and Vane 2005, 223）。

12.4.3.3 超理性预期

所有重要的经济思想家都指出预期对人类行为非常重要。例如，马克思和凯恩斯都强调积累是由对利润率的预期驱动的。[①] 将理性预期与其他预期区分开来的是一套特殊的根植于新古典假设的观点：所有行为人都掌握现在和将来的完备知识，并以一种超理性的方式使用这些知识来实现他们的目标。穆斯（1961, 330）指出模型中的理论主体必须被假定为“知道”他们所在模型的结构，并有效地利用这个信

① 凯恩斯在短期中将预期利润率（资本的边际效率）看作外生的。这与长期中实际利润率发挥调节作用的观点一致，马克思也提到了这一点。

息。穆斯的“理性预期假设”（REH）断定平均行为人的预期一定是随机准确的，因为它们是“对未来事件有根据的预测……（从而）与相关经济理论做出的预测本质上是一样的”。这要求“结果的主观概率分布……对相同的信息集来说，等于理论的预测（或结果的‘客观’概率分布）”（316–317）。以标准的方式，穆斯宣称理性预期假设“唯一真正的检验标准”是它“能否比替代性理论更好地解释所观察到的现象”（330）。正如我在 3.4 节中指出的，它忽视了以下事实，即通过检验假设本身来区分不同理论是非常合适的，因为微观行为就是可检验现象的一部分。穆斯还指出，在这一假设下，一个已宣布的政策变化对经济结果没有实质影响，因为它已经被纳入预期考虑因素之中：只有预期不到（弗里德曼的“未预料”）的政策才有效。他进一步提出，“动态过程中的角色通常对事件实际进程中影响预期的方式非常敏感”（315）。当然，人们一直知道预期在决定商业投资特别是投机性活动中发挥着重要作用，人们同样知道对战争这样的重大事件的普遍预期会影响消费行为。但正如我在第 3 章中论证的，大多数总体结果都对微观行为的细节“高度不敏感”，因为结构性因素倾向于起支配作用。对实际投资和投机性投资来说，我将在第 13 章中论证，索罗斯的自反性预期能更好地刻画这些过程。

沃尔特斯（1971）的许多观点和穆斯相同。他强调预期必须基于当前信息，而非只基于过去的结果。基于这一点，他将“一致预期”定义为与模型预测一致的预期，鉴于模型中的行为人被假定为接受相关经济理论，将其特定参数用于自己的计算，最终他们的预期随机准确（Walters 1971, 275）。他指出，要使实际结果偏离预期结果，就必定有“随机或无法预测的因素在模型之中”。和穆斯一样，他认为预期将影响模型的实际参数。穆斯本人支持将超理性行为作为基本情形，我们随后可以引入各种各样的不完全，比如“系统性偏差、信息不完全或错误、记忆力差等”（Muth 1961, 330）。沃尔特斯则指出，尽管一致预期必须与理论一致，但它们不必是理性的（Walters 1971, 273n271）。一致预期和超理性预期的差别非常重要，因为一个实际结果高于或低于均衡的模型是内在一致的——如果其行为人被假定为知道这些模式确实存在，而不必清楚什么时候进入或退出，因为客观的转折点本身受主观态度的影响。这是索罗斯反射预期概念的中心主题之一：对股票价格上涨的预期可以将其实际价格提高到基本面之上，甚至可能提高基本面本身，但随着现实和基本面之间的差距扩大（即随着泡沫增长），对价格进一步提高的预期变得越来越脆弱，直到在某一点上积极的预期让位于与之对应的消极方面。在他的“选美比赛比喻”中，凯恩斯指出行为人必须用他们的“智慧来预测大众观点本身对大众观点的预测是什么”，实际结果取决于这些参加者之间相互作用的变动不居（Keynes 1964, 156）。因此，结果的一些特征是根本不确定的，用戴维森（1991）的话来说就是“世界是非遍历的”，而且“使用理性预期假设的模型得出的结论是无用的”（Snowdon and Vane 2005, 228–229）。与建立在基于不完全的经济学要素（如获取信息的成本或评估相互冲突的预测的成本）基础上的反对相比，这是对理性预期假设更为根本的驳斥。

12.4.3.4 卢卡斯

卢卡斯将自然失业率假设与同样是超理性的模型一致预期概念结合起来。与弗里德曼和费尔普斯一样，名义产出由总需求决定，而且不完全发挥了关键作用。但这里主要的不完全是工人和企业缺乏一些决策相关的价格信息，而不是对一些可用信息的错觉。个体行为人会因信息不完全而犯错，但在超理性预期假设下，代表性行为人仍对不可观测的价格做出了最优（理性）的推断，其被证明是准确的，存在随机从而无法预测的误差（Lucas 1973, 326, 328）。系统性误差和序列相关误差都被明确排除在外，理由是代表性行为人会从错误模式中学习并将之清除（Snowdon and Vane 2005, 226–227）。

由此断定，只有未预期到（未预料）的政策变化才能改变经济结果（Snowdon and Vane 2005, 226）。以图 12.9 中附加预期的菲利普斯曲线为例，一个预料到的总需求加速将产生同弗里德曼、费尔普斯一样的结果：它只会提高通货膨胀率，而不能改变实际产出或就业水平，所以经济将沿垂直的长期菲利普斯曲线从 A 点移动到 E 点。当总需求加速未被预料到时，它的初始效果与弗里德曼和费尔普斯也一样。企业缺乏足够的信息来区分价格的普遍上涨与它们自己相对价格的上涨，所以它们会在一定程度上增加产出。这降低了失业率并引起货币工资变化率的上升，因此经济从初始菲利普斯曲线上的 A 点移动到 C 点。然而，一旦信息集得到更新，行为人将立即推断出真实结果。企业意识到相对价格并未变化，所以产出回到与自然失业率相关的水平。工人意识到通货膨胀率更高了，所以他们立即（以某种方式）增加相应数量的货币工资，这将使菲利普斯曲线移动到与穿过自然失业率的垂直线相交的那点。因此，经济会从 C 点跳跃到 E 点。与弗里德曼和费尔普斯不同的是，在卢卡斯那里未预料到的政策没有扩大的影响：失业短暂降低后，经济直接移动到长期菲利普斯曲线（Tsoulfidis 2010, 334–335）。费尔普斯说他发现这并没有什么说服力，因为在一个动态、变化的经济中，对于尚待充分确定的未来存在多种预期，“所以理性预期概念并不适用”（Phelps 2007, 547–548）。尽管如此，卢卡斯的观点迅速成为新的信条。

未预料到的政策能产生虽大打折扣但暂时性的影响，这个观点使新古典理论能为某些观察到的经验上的宏观相关性提供一个解释。卢卡斯和拉宾（1969, 737, 748）提出用以下假设解释高失业率和低实际工资水平的联系：那些报告自己刚刚失业的人实际上表明他们更加偏向于不工作，也就是他们偏向于享受闲暇而非劳动，因为实际工资已经降到他们认为的正常水平之下。他们因而是自愿性失业（Snowdon and Vane 2005, 233）。卢卡斯（1973）也使用了"未预料"假设来论证，一个通货膨胀稳定的国家（如美国）采用的提高名义收入的政策与一个通货膨胀率不断上升的国家（如阿根廷）相比对实际产出和就业的初始影响更大，因为前者中未预料到的要素更大（对于阿根廷通货膨胀的不同表现，见 15.5 节及图 15.12~ 图 15.16）。未预料假设也被用于解释货币供给增加与实际 GDP 增加之间的经验相关性，如图 12.9 中从 A 点移动到 C 点，以及随后从 C 点移动到 E 点时失业增加和通货膨胀率上升之间的相关性。关键结论是，传统凯恩斯主义将失业率降到自然水平之下的努力只会导致通货膨胀加速。抛开论证的"跳跃"部分，这些论断与弗里德曼和费尔普斯的观点类似（Snowdon and Vane 2005, 234–235, 266）。

新古典论证的一个更突出的特征是卢卡斯采纳了穆斯和沃尔特斯的以下论点：宏观经济的"结构"本身是代表性行为人动态最优化的结果，因此当行为人为适应政策变化而调整其行为时它必然会发生变化。这个卢卡斯批判并没有找到经验层面的有力证据支持（Snowdon and Vane 2005, 266–267）。我已经在理论基础上为一种替代性假设提供支持，即总体通常对个体行为的细节"高度不敏感"，正如我用 4 种不同的微观基础模型所说明的（见 3.3 节）。

12.4.4 真实经济周期理论

考虑到新古典的连续市场出清和工资、价格充分灵活的假设，面对预料之外情况时的暂时性错觉成为解释经济周期中需求、通货膨胀、实际产出和就业之间正向联系的关键（Snowdon and Vane 2005, 236–240）。到20世纪80年代初，日益增加的反对预料之外货币政策和“信息混淆”假设的证据使它们“被普遍认为是不恰当的”（Snowdon and Vane 2005, 268）。

一条出路是抛弃连续市场出清的观点。这是后来所谓的新凯恩斯主义所走的道路。新古典理论的分支真实经济周期理论（RBCT）反而选择保留理性预期和连续市场出清假设。纳尔逊和普洛瑟（1982）表明所观察到的实际产出的路径可以被视为一个带漂移项的随机游走，这带来了一个过程的随机成分来源的性质问题（见13.2.9小节）。基德兰德和普雷斯科特（Kydland 1990）提出基于随机技术的生产率冲击，即使在新古典假设下也能产生模仿真实波动的总体波动。为了与这种方法相适应，行为人被假定为在具备连续市场出清和工资、价格充分灵活的完全竞争中行动的超理性最优化者，“从而使均衡总能占上风”。行为人具有理性预期，总体经济仍然被看作一个代表性企业和一个代表性家庭之间的相互作用。商业周期被视为由生产率冲击驱动的均衡现象。但不同于卢卡斯模型中的价格信号提取问题，行为人现在必须区分生产率的暂时变化和永久变化。技术冲击通过家庭的消费平滑反应、企业的投资反应（“建造时间”）与劳动和闲暇的跨期替代得到扩散。充分就业总能实现，所以失业的任何下降都只是由于工人更愿意享受闲暇而非劳动。在这样一个框架中，货币政策被排除在外，因为它无法影响实际变量。最后，“短期和长期的区分……被抛弃”，因为所有现象都处于连续均衡之中且波动与趋势不可分割（Snowdon and Vane 2005, 307–309）。

12.4.4.1 真实经济周期理论模型的分析结构

真实经济周期理论模型从一个新古典总生产函数 $YR_t = \mathbb{A}_t \cdot F(KR_t, L_t)$ 出发，其中技术变革转换参数 $\mathbb{A}_t = \alpha \cdot \mathbb{A}_{t-1} + \varepsilon_t$ 受到随机冲击 ε_t。由于 $0 < \alpha < 1$，技术变革过程并没有单位根。一个单独的代表性行为人（“鲁滨逊·克鲁索”）被假定为将生产作为实现消费的间接途径，通过最大化“一个无限时间中当前和未来效用的预期贴现总额”在消费和闲暇之间进行选择，受到的约束为消费与投资之和低于总生产，而且一天中用于劳动和闲暇的比例之和小于一。一个暂时的生产率的正向冲击（比如好天气）吸引这个代表性行为人在一生中生产更多产出——通过现在工作更多时间，以便在生产率下降的时候也许减少些工作时间。那么，工时将会增加，就业将是顺周期的。这个反应是最优的，即使存在波动，经济也仍然是帕累托有效率的。随机冲击结束后，经济回到正常状态，但是产出和就业水平比以前提高了，因为这种冲击促使资本存量上升到一个新的更高水平（Snowdon and Vane 2005, 309–311）。

和前面的方法一样，第一项任务是解释为什么经济低迷时就业下降。如果代表性行为人的实际收入下降，劳动就变得相对便宜，行为人将会倾向于选择闲暇（即工作得相对较少）。实际收入的上升则会引诱他“消费”更少的闲暇（即工作得相对更多）。真实经济周期理论认为，如果生产率冲击是暂时性的，替代效应会占主导，因此经济低迷与就业的自愿减少联系在一起，而如果生产率冲击是永久的，收入效应会占主导，自愿就业将会增加。其他人指出，如果实际利率下降，代表性行为人现在会提供更少的劳动，因为劳动收入在未来的复利终值会更低。这将强化替代效应。最后，由于商业周期的证据表明就业较大的变化与实际工资相对较小的变化联系在一起，真实经济周期理论模型中的自愿就业必须对代表性行为人实际收入的变化高度敏感：实际收入的小幅下降必定引起闲暇对劳动的大幅跨期替代。以下断言并没有获得经验证据的支持并受到了应有的质疑：所观察到的就业在繁荣与萧条中的变化是完全自愿的（Snowdon and Vane 2005, 312–313, 328）。

第二项任务是解释所观察到的商业周期中货币供给和实际产出之间的正相关性。货币和金融变量被假定为并没有实际影响，因为整个故事是用效用和实际变量讲述的。因此，真实经济周期理论被迫从货币主义主张的货币冲击引起实际产出短期变化的观点转向一个内生货币方法，其中计划的实际产出增加引起了先前的信用扩张，因为需要后者来使前者成为可能。这当然就是银行学派早在 19 世纪中叶就提出来的观点，而且一直以来都是后凯恩斯主义理论的核心（Snowdon and Vane 2005, 311, 323）。

12.4.4.2 真实经济周期理论的政策含义

真实经济周期理论的主要政策含义很简单：鉴于所观察到的经济波动被视为超理性代表性行为人在一个包括劳动市场（因此持续充分就业）在内的所有市场持续均衡的环境中，对随机的生产率冲击做出的帕累托最优反应，政府税收和支出政策就只有害处。通常，具体的政策问题是通过动态博弈的方式处理的，产生了承诺、可信性、声誉等问题（Snowdon and Vane 2005, 297, 331–332）。

12.4.4.3 对一些实际模式的模拟校准和计量检验

试图解释一些（但只有一些）实际模式一直以来都是新古典宏观经济计划的中心。一个典型例子就是以下拟经验的断言：所观察到的就业变化完全是自愿的。通过避开计量检验，支持对经济模型进行模拟，真实经济周期理论家将这个计划推进到了新的维度。选择参数来使模型模拟（一些）观察到的模式，然后改变参数以考察假定的政策和结构变化的影响。最终结果是产生了一堆相互矛盾的模型，这些模型相对避免了经验检验的约束（Snowdon and Vane 2005, 321–322）。

12.4.4.4 对真实经济周期理论经验证据有效性的进一步思考

真实经济周期理论依赖一个单独的“鲁滨逊·克鲁索”式代表性行为人，这已经被恰当地批判为彻底回避了加总和协调问题——这些问题与无数异质性个人和企业的存在联系在一起（Snowdon and Vane 2005, 336）。总生产函数是另一个关键假设，索罗余值是技术变革的一个指标，这也是一个关键假设。我已经在 3.2.2 小节中论证，总生产函数并不是可行的理论构造，所谓的索罗余值也只不过是工资和利润率变化率的加权平均。从这个角度看，这个余值可能与产出增长相关，因为后者与产能利用率和实际工资存在顺周期的联系。经验证据似乎表明“实际工资温和地顺周期”；囤积劳动力使经济衰退时就业比产出下降得少，从而提高了测算的生产率；资本利用率下降得比资本存量多，这反过来提高了测算的资本生产率（Snowdon and Vane 2005, 333）。

微观经济调查表明，真实经济周期理论所基于的劳动自愿替代闲暇的观点太薄弱，不足以解释所观察到的经济周期中的变化。进一步来说，由于技术变革扩散缓慢，经验证据并不支持生产率冲击大到足以驱动商业周期的观点。也没有证据支持真实经济周期理论所需的解释商业周期衰退的技术退步。真实经济周期理论认为经济衰退（即使和大萧条一样严重）中的就业变化应当被看作自愿性的，这个观点招致了大量批评。最终，真实经济周期理论建立在薄弱的经验基础之上（Snowdon and Vane 2005, 336）。因此，“随着时间的推移，它的支持者远离了商业周期是由实际力量而非货币力量驱动的假设，他们开始强调这项工作在方法论上的贡献”，也就是真实经济周期模型代表了“阿罗-德布鲁一般均衡模型特殊、动态的例子”。从这个角度看，真实经济周期理论明显的经验薄弱性并不是至关重要的，因为从货币主义到新古典理论再到真实经济周期理论的整个转变使“宏观经济学领域……日益严密且日益与微观经济学的工具联系在一起”（Mankiw 2006, 34）。很明显，我们不能让现实性妨碍严密性。

12.4.5 新凯恩斯主义经济学

新古典主义的本能总是认为，“以需求为导向的凯恩斯主义模型显然无法充分说明失业高涨与通货膨胀加速同时存在的问题……解决方案是不断将研究精力投入构建供给侧有一致微观基础的宏观经济理论中去”（Snowdon and Vane 2005, 299）。真实经济周期理论代表了随之发生的逃避现实的顶点，对于这个现实，供给学派经济学起初宣称比凯恩斯主义理论解释得好。不可避免地，面对“新古典主义假设明显缺乏现实性”的情况，人们一致要求更具经验相关性的模型——只要它们仍受到新古典主义理论“严密性”的一般约束（Mankiw 2006, 38）。

新凯恩斯主义者接受了标准的微观基础及其所嵌入的一般均衡框架，他们大部分都保留了理性预期假设（Snowdon and Vane 2005, 365）。他们向现实大方向的艰苦跋涉是由承认这一点激发的：如果抛弃连续市场出清假设，那么可以表明名义扰动（如货币供给增加）能够影响产出、就业等实际变量，即使行为人具有理性预期。因此，理性预期假设本身并不足以证明政策无效性命题，后一个命题也不再为人们所喜爱（Snowdon and Vane 2005, 268）。新凯恩斯主义者否认完全信息、完全竞争、零交易成本以及所有东西都存在市场的假设，支持“信息不对称、异质性行为人及市场不完全或不完善”。连续市场出清被拒，因为价格和工资具有黏性，这为大量的数量效应留下了空间。完全竞争也被拒斥，所以企业可以被视为价格制定者。在其最新进展中，“新新古典综合派”将理性预期、代表性行为人的跨期最优化、高成本的价格调整与商品、劳动和信用市场的不完全竞争结合起来（Snowdon and Vane 2005, 29）。

其关键点是用现实世界的各种特征（当然被视为“不完全”）解释（一些）所观察到的模式，总体目标是通过向“平稳运行的新古典范式中撒入大量真正的砂砾”为“刚性的合理性”提供证据（Snowdon and Vane 2005, 365）。考虑到基本理论的严重不足，有大量潜在的不完全可供选择。因此，新凯恩斯主义经济学“现在包含‘眼花缭乱’的理论……(它们)对微观基础‘宗教般’的坚持已经成为一种弊病”（Snowdon and Vane 2005, 343, 360–364, 429）。

12.4.6 传统的行为经济学

阿克洛夫一直认为新古典主义和新凯恩斯主义所基于的新古典微观基础并不充分。他的目标是构造符合现实并“遵循凯恩斯《就业、利息和货币通论》原始精神的行为宏观经济学”，从而“重建新古典经济学所破坏的微观基础”（Akerlof 2002, 411, 413）。在这方面，他强调将信息不对称、信贷配给、群体公平准则、不完全竞争、经验法则行为和特定文化的缺陷（“基于身份的劣势理论”）等因素纳入标准框架中（Akerlof 2002, 412–421）：“在最简单的情形中，我们假定一个人选择行动来最大化他的效用，给定他的身份、准则和社会类型。他平衡自己的……标准的（商品）效用和……身份效用”（Akerlof and Kranton 2010, 18）。我将论证这个标准框架本身就是中心问题。如果像他说的那样，现代行为经济学的目标是发现“宏观经济行为狂野的一面”

（Akerlof 2002, 428），那么第一步就是要抛弃所有这样的理想化的出发点。

当然也有其他方法。后凯恩斯主义宏观经济学一直依赖不完全竞争和凯恩斯-卡莱茨基主义有效需求理论二者的综合，而奥地利学派一直使自己区别于新古典主义理论。我已经在第 8 章讨论了二者的微观基础。最后，根植于基于主体的模拟和 / 或统计力学的微观基础引起了人们的浓厚兴趣，它们的重要贡献是表明大量的特性倾向于对微观细节“高度不敏感”。尽管如此，个体意图、希望和预期仍然对理解个体行动及其社会、政治含义非常重要（见第 3 章）。

在当前这个节骨眼上，正统观点仍然支配着学术领域和公共讨论。引用布林德的话，许多经济学家继续“摆弄帕累托最优衰退理论——这个业余爱好也许被称为尼禄古典经济学”。当前的全球危机至少已经动摇了公众对正统经济学的看法，如保罗·克鲁格曼所正确指出的，它们的宏观经济学“在最好的情况下是极其无用的，在最坏的情况下则肯定有害”（Krugman, 2009）。我将在下一章提出一种不同的理论构造，它建立在一个凯恩斯和古典理论综合的基础之上。

12.5 卡莱茨基

卡莱茨基的宏观经济学理论与凯恩斯的有明显的相似之处。在短期中，总需求被假定为包含一个自主部分（投资）和一个对收入做出反应的引致部分（消费）。他采纳了凯恩斯的观点——从长期来看投资与

“预期利润率和利率之差”正相关（Kalecki 1937, 85）。利率由货币因素决定（Sawyer 1985, 98），利润率由工资份额和产能利用率决定（后文会讨论）。应当指出，卡莱茨基随后将当前投资与过去投资、当前利润与过去利润联系起来，其方式与以下观点完全一致——投资由新投资的回报率（大约为增量利润率）（见 7.6.4 小节）。[①]

与凯恩斯不同，卡莱茨基通过把总收入分为劳动收入和财产收入，将阶级纳入自己的分析之中。在最简单的情形中，工人被假定为花光所有收入，所以总储蓄只来自总利润。卡莱茨基（1968, 96–99）确实说过投资受企业内部融资（储蓄）的巨大影响，而且商业储蓄的性质与资本主义家庭的储蓄不同。然而，他最终将两种类型的储蓄合并到了一个类别，这个类别通过一个总体固定的（边际）储蓄倾向与总利润联系在一起（59）。通过这么做，他抛弃了自己的以下观点：商业储蓄数量与其计划投资数量联系在一起。13.2.3 小节将讨论他这个失误的意义。就目前来说，关键的一点是在卡莱茨基的理论中，平均储蓄倾向是外生给定的工资、利润储蓄倾向 s_w、s_p 的收入份额加权平均。那么总储蓄 $S = s_w \cdot W + s_p \cdot P$，由于增加值 $Y = W + P$, $P/Y = 1 -(W/Y)$，所以平均储蓄率为：

$$s = s_w(W/Y) + s_p[1 -(W/Y)] \tag{12.19}$$

考虑到零超额需求均衡条件，也就是方程（12.11）中的储蓄等于

① 卡莱茨基（1968, 96–98）指出，总投资正向取决于可用资金（在他的情形中与当前总利润成正比）和利润变化，负向取决于资本存量的变化（在任意给定的由总需求创造的利润水平下，它倾向于降低利润率）。这暗含着一个一般的投资函数形式：$I_t = f\left(\underset{+}{P_t}, \underset{+}{\Delta P_t}, \underset{-}{\Delta K_t}\right)$。请注意，这与以下命题相似——投资占利润的份额取决于新投资的回报率，后者由增量利润率代表：$I_t / P_t = f(\Delta P_t / \Delta K_t)$，其中（$\Delta P_t / \Delta K_t$）为增量利润率。卡莱茨基以线性形式表示了这个方程，这是他那个时代数学和统计分析的普遍做法，但这不应该模糊两种表达方式的根本相似性（Shaikh 1998b, 399–401）。

投资，卡莱茨基的乘数关系 $Y^* = [C_a + I(r^e - i)]/s$ 与方程（12.12）中的凯恩斯主义乘数一样，除了现在净收入的总储蓄倾向取决于阶级收入分配。

卡莱茨基最初关于有效需求的论证是从“自由竞争”的角度进行的（Kriesler 2002, 624–625），这使其与凯恩斯更加一致。但将阶级纳入进来引入了一个需要进一步解释的变量，这也是为什么卡莱茨基后来转向不完全竞争对他的宏观经济学来说是恰当的。个体企业据说通过一个垄断因子在主要成本基础上加成，以确定它们的价格。考虑到主要成本是单位工资和原料成本之和，总工资份额及与之相对的总利润份额就“由垄断力量程度和原料账单与工资账单的比率决定”（Kalecki 1968, 16–18, 28–29）。因此，对于任意给定的生产率水平，实际工资也以相同的方式确定（Sawyer 1985, 108–109）。

对于给定的单位原料成本、生产率和垄断程度，货币价格与货币工资成正比（Sawyer 1985, 109）。因此，通货膨胀根植于货币工资的增加（见第 15 章）。加成定价之所以对战后寻找一个实用的通货膨胀理论的凯恩斯主义理论如此重要，正是由于这个特征。它使与货币工资变化率联系在一起的初始菲利普斯曲线能够转变为通货膨胀率与失业率之间的关系（见 12.3.5 小节）。但即使你接受了初始的货币工资菲利普斯曲线，卡莱茨基的论证意味着只要垄断程度不受影响，实际工资和工资份额就不受失业率的影响。在这种情形下，劳动市场紧缩引起的货币工资上升一开始有可能提高给定价格与生产率水平下的实际工资和工资份额，但随着价格的调整，这两个变量会回到其初始水平。我们发现，后来弗里德曼和费尔普斯的论证有可能从这里获得了灵感。如果真是这样，这意味着工人阶级甚至没有力量改变他们的实际工资，更不用说工资份额了。卡莱茨基避开了这个结论，因为历史记录表明货币工资的增长倾向于与实际工资的增长同时发生，有时候甚至与工资份额的提高同时发生。因此，他提出了这种可能——工资增长能够降低垄断程度（Sawyer 1985, 111–112）。[①] 那么，失业率降低带来了更高的货币工资水平，也能带来更高的实际工资和工资份额。因此，卡莱茨基修正后的理论承认了三种类型的菲利普斯曲线的可能性，第 14 章将进一步考察它们的理论与经验基础。

菲利普斯类型的关系关注失业对工资的影响，与之对应是工资对失业的逆向影响。新古典主义理论强调高实际工资倾向于提高失业率（见 14.2 节），但是卡莱茨基在经验的基础上确信，高工资不会在任意特定方向上影响失业率（Sawyer 1985, 112）。所以，和凯恩斯一样，卡莱茨基提出了一系列反对标准观点的论点，最重要的一条是实际工资增加的初始效果是增加总需求。这是因为高工资直接提高了工人的消费倾向，而投资的反应较慢，因为它是在前期决策的基础上进行的。因此，即使利润率（加成）受到负面影响，其初始效果仍将是提高总就业和产能利用率。因此，利润率受到两种相互冲突的压力：工资份额提高降低了正常产能利润率，而产能利用率上升则提高了实际利润率。后一种效果的发挥要求每当产能利用率上升时平均成本不会提高太多。正如 4.3~4.4 节所讨论的，后凯恩斯主义通常论证主要成本自始至终保持不变，因此平均固定成本下降导致平均总成本下降。我很快就会回到这个问题上来。

卡莱茨基认为失业和产能过剩都是资本主义经济的正常特征，而且政府有消除二者的技术能力（Sawyer 1985, 115）。赤字支出将直接

---

① 索耶（1985, 112–113）指出，在卡莱茨基的微观经济论证中，来自高垄断程度的高利润边际鼓励工会推高工资，这反过来使企业提高价格以维持利润边际，等等。因此，在卡莱茨基的逻辑中根本不清楚为什么双方最终会退步，而非沿着工资–价格螺旋继续前进。

增加总购买力，而且能自筹资金，因为由乘数产生的产出与收入增加将创造出足以抵销投资和预算赤字金额的新储蓄。[①] 利率上涨的压力可以由适当的货币政策抵消，而且如果需要的话甚至能降低利率，以激发私人投资需求。通过避免超出充分就业和产能充分利用的界限，通货膨胀可以得到控制。将富人的收入重新分配给穷人也能提高平均消费倾向和增加消费需求。最后，通过向个人和商业资产征税，国债的利息支付负担可以得到控制（Sawyer 1985, 125–135）。

尽管如此，卡莱茨基对维持充分就业的政治可能性仍持悲观态度。他正确地认识到这将会削弱资产阶级的力量——通过消除作为工人阶级约束机制的持续失业，通过侵占以前由私人资本控制的领域，以及通过逐渐侵蚀利己主义是社会生活的必要条件这个观念（Sawyer 1985, 136–142）。这个态度反映了卡莱茨基著作中存在一点基本的模糊性：工资份额由总垄断加成决定，但由于个体企业在其他企业的竞争压力下确定它们的加成，工会组织强行提高公司层面工资（从而劳动力成本）水平的力量“鼓励采取了一种低利润边际的政策”。最终，垄断程度有可能与工会组织的力量负相关（Kalecki 1968, 12, 18; Rugitsky 2013）。因此，工资份额和失业率之间有可能存在反向联系：高失业率侵蚀了劳动力量，提高了垄断加成，从而降低了工资份额。这个问题是第 14 章的核心。

① 抽象掉贸易赤字，方程（12.2）中的超额需求变为 $ED \equiv [I-S]+[G-T]$，因此短期均衡条件 $ED=0$ 意味着 $S=s \cdot Y=I+(G-T)$，在卡莱茨基的理论中 $s=s_p \cdot (P/Y)$，而且利润份额取决于给定的垄断程度。那么，只要来自利润率的储蓄率（s_p）独立于投融资的需要，预算赤字增加将会提高产出，直到储蓄增加到足以吸收来自政府赤字的新购买力。对这个论点的一个批判性视角将在 13.2.4 小节展开。

12.6 后凯恩斯主义经济学

12.6.1 引言

后凯恩斯主义传统包括凯恩斯主义和卡莱茨基主义两个派别。它们都有 4 个核心信念：总需求驱动总产出，货币由银行系统内生创造，产能持续过剩和失业是市场过程的正常结果，政府能够在可以忍受的通货膨胀水平下实现（有效）充分就业。在这几点之外，后凯恩斯主义传统差异较大，我在这里只能提到其主要特征。

12.6.2 戴维森

戴维森是凯恩斯主义派别的主要代表。他将后凯恩斯主义经济学家分为两类：一类是主要为美国人的阵营，包括奇克、明斯基、艾希纳、克雷格尔、穆尔、温特劳布和他自己，他们高度强调货币和金融过程的重要性；另一类是主要为欧洲人的阵营，包括哈考特、卡恩、卡尔多、卡莱茨基、罗宾逊夫人以及各种各样的追随斯拉法的凯恩斯主义者，他们“仍然坚守古典经济学的各种变体”，因为他们集中于“现实经济的行为与运行，而忽视或至少低估了货币和金融的影响”（Davidson 2005, 541–452）。

根据戴维森的观点，后凯恩斯主义经济学建立在 4 个命题的基础上。第一，需求在短期中有一个自主部分，这种自主性源于信用支出可以不受当前资金的限制。投资是典型的自主变量，因为它在预期净回报所支撑的任何水平上都能筹措到资金（Davidson 2005, 454, 459）。第二，资本主义经济是由货币驱动的。企业为了赚取更多货币而将货币投入劳动、原料和机器中，整个过程是通过现在和将来交付的货币合约进行的（462）。虽然戴维森并没有这样说，但这就是凯恩斯曾赞许地引用的马克思的 $M-C-M'$ 资本循环观点（Marx 1977, ch. 4; Ishikura 2004, 84–85）。第三，货币是内生的，因为它是信用驱动的，而且它对生产、增长和就业有实际影响。例如，由信用驱动的投资品购买力的增加创造出了货币，“被用于为可生产商品的需求增加提供资金，其结果是提高了就业水平”。因此，与新古典经济学家所声称的不同，“货币不可能为中性”。货币的非中性与行为人所遭受的一些想象的“货币幻觉”无关。相反，它根植于货币能产生实际影响的事实（Davidson 2005, 459–460）。

第四，并不能保证预期结果就会实现，因为未来是根本不确定（非遍历）的。这个意义上的不确定性意味着未来有许多无法预测的结果，人们无法科学地指定它们发生的概率。这不同于正统理论所界定的“风险”概念，其结果是已知的且可以与概率联系起来。理性预期要想成立，未来必须是遍历的（未来结果的时间均值不会持续差异于过去结果的时间均值），而且未来结果的主观分布必须等于其客观分布。非遍历过程在现实世界中占主导，因此我们甚至不能形成理性预期（Davidson 2005, 460–465）。未来的根本不确定性是流动性资产如此重要的原因，也是当“对不确定未来的恐惧增加”时对流动性的需求增加的原因（Davidson 2005, 471）。戴维森赞成维持“充分就业和合理的价格稳定性”的政策，而且试图使市场更加有效和更加倾向于社会利益（473）。

12.6.3 后凯恩斯主义理论中的卡莱茨基-结构主义派别

卡莱茨基曾经挖苦地指出“经济学是令人困惑的具备流量的存量科学”（Kalecki’s verbal statement circa 1936, cited in Robinson 1982; Godley and Lavoie 2007, 1）。戈德利和泰勒属于后凯恩斯主义传统的卡莱茨基-结构主义派别，他们特别强调存量-流量一致的核算，尽管泰勒曾细心地指出核算一致性与大多数思想流派兼容（Taylor 2008, 641）。戈德利和泰勒将这一要求看作后凯恩斯主义的，并且将许多细微和复杂的要素纳入他们各种各样的模型之中。作为这个学派的成员，他们都相信总需求驱动总供给，并且价格通过垄断加成反映成本（Godley and Lavoie 2007, 17; Taylor 2008, 649）。戈德利一直以来的兴趣都是构造“小型”的宏观经济模拟模型，他指的是包含30~90个方程的模型（Godley 2007, 312–313, 379–466）。泰勒则更关注其与后凯恩斯主义理论基础的明显联系，以及与正统宏观经济学的直接对比。戈德利关注的焦点是英国和美国，泰勒则是经济发展理论与实践辩论中后凯恩斯主义的主要发声者。我无法在这里阐述他们的众多重要贡献，因为我现在主要关注他们的理论基础。

12.6.3.1 戈德利

戈德利一开始就将加成定价纳入进来，他偏好的版本是正常成本（按正常产能利用率计算的成本）基础上的加成，遵循了霍尔和希契的传统（见7.6.1小节）。由于原料和折旧本身是一组产品的成本，这不可避免地变成对单位劳动力成本的一个加成。在戈德利的情形中，加成也正向取决于实际利率，因为后者被视为成本的一个要素，图克也采用了这种方式（Godley and Lavoie 2007, 274–275）。这使戈德利（和图克一样）能够解释价格水平和利率之间后者驱动前者的正向联系

（Taylor 2008, 643, 650–652, 659）。我已经论证了二者之间相反的因果关系，其中利润率均等化将利率降为资金的“供给价格”，一般价格水平则通过影响名义经营和资本成本影响名义利率——包括利率在内的所有生产价格都基于名义经营和资本成本（见 10.2 节）。为了与现代后凯恩斯主义传统保持一致，戈德利通常将名义利率和汇率看作由政府确定的（Taylor 2008, 643, 649, 650–652, 659）。

加成定价很自然地转变为一个工资驱动的通货膨胀理论。在戈德利的手里，这变成一个冲突性的通货膨胀理论。价格由单位劳动力成本基础上的加成决定，于是价格就决定了工资份额，从而完全决定了国民收入的阶级分配。[①] 这是一个典型的卡莱茨基主义的结果，它意味着只要加成固定，实际工资的增长就与生产率的提高成正比。然而，在这个过程中，如果所产生的实际工资低于工人的目标实际工资，名义工资就有可能上升，这反过来可能引起价格上升，等等。因此，通货膨胀有可能产生于企业目标加成与工人目标实际工资之间的冲突（Godley and Lavoie 2007, 275, 302–304）。这并不意味着失业水平降低时通货膨胀率升高，也不意味着当实际失业水平低于某个有效充分就业水平时会加速通货膨胀。戈德利因而甚至不接受（价格）菲利普斯曲线，更不必说讲述弗里德曼–费尔普斯–非加速通货膨胀失业率故事所需要的垂直曲线了（Godley and Lavoie 2007, 275, 302–304, 341–342）。

和大部分后凯恩斯主义学者一样，戈德利将产能利用率看作自由变量，这是就实际产能利用率通常被假定为不同于正常产能利用率而言的（Godley and Lavoie 2007, 269–270）。这与价格是按正常产能利用

① 单位劳动力成本 = ulc = wr·L/YR，其中 wr 为实际工资，L 为就业，YR 为实际国民产值。那么，如果价格水平由 $p = \mathbb{m} \cdot ulc = \mathbb{m}(wr \cdot L/YR)$ 给定，其中 $\mathbb{m}$ 为垄断加成，实际工资份额就是 $(wr \cdot L)/(p \cdot YR) = 1/\mathbb{m}$。

率成本制定的这一假设相矛盾，因为如果实际产出与正常产能产出没有关联，这些成本就毫不相关。戈德利和拉沃提出的一个解决途径是允许加成发生变化——“如果实际成本和正常成本长期偏离的话”。但这并不会使实际利用率围绕正常利用率震荡，所以矛盾依然存在。确实，这个矛盾不可能得到解决，因为一些基本的后凯恩斯主义命题（如节约悖论和成本悖论）要求产能利用率不同于任何正常水平（见12.6.4 小节）。

戈德利的标志性理论贡献之一是他发展的三个平衡框架（见 12.1.6 小节），其中需求与收入之间的国民收入核算关系可以用三个部门与 GDP 相对的支出和收入之间的差额来表示。我在那部分直接扩展了他的核心框架。在 20 世纪 70—80 年代，大部分发达国家的私人部门余额倾向于较小且稳定。这最初使戈德利和他的合作者提出了新剑桥假设——对外贸易赤字反映了政府赤字。为了寻找对这种现象的可能解释，戈德利和克里普斯（1983）提出了以下理论假设：私人部门净金融资产与私人可支配收入之间存在一个稳定的合意的标准。20 世纪 90 年代，债务推动的家庭支出的挥霍使私人部门余额深陷负值区域，使其不能再被视为“较小”（Papadimitriou, Shaikh, Dos Santos, and Zezza 2002, 1, 3）。然而，随后 10 年发生的经济危机迫使这个余额急剧回到正值区域，这是因为削减债务成为最重要的事情。因此，当然有可能发生的是相对的私人部门余额再次停留在某个可持续的水平上，使我们重新回到新剑桥假设所内含的“姊妹赤字”中去。那么，自由主义开出的通过持续扩张预算赤字提高就业的经济处方将导致更大的贸易赤字，而保守主义削减赤字的处方将导致更小的贸易赤字，但是失业率会更高（Shaikh 2012b, 132–135）。

存量–流量一致准则的概念是戈德利一项重要却被忽视的贡献

（Godley and Cripps 1983, 22, 40, 43–44, 61; Taylor 2008, 644–646; Shaikh 2012b, 129–131）。戈德利和克里普斯假定私人储蓄被用于维持净金融资产存量和收入流量之间的一个特定的合意比率。由于国民收入在一个静态系统中位于特定水平，当净金融资产存量的实际水平等于意愿水平时，就不需要进一步储蓄。在一个增长的系统中，储蓄必须足以产生意愿的净金融资产存量的增量。这意味着在均衡时，私人部门储蓄率与产出增长率成正比（即储蓄率是内生的）。由于产出增长是由需求增长驱动的，而后者反过来是由外生给定的投资驱动的，均衡储蓄率适应投资的需要（Shaikh 2012b, 126, 134）。戈德利这方面的著作在后凯恩斯主义传统中很少被人提及，他们反而偏好依赖标准的凯恩斯主义和卡莱茨基主义的固定储蓄倾向假设。尽管我将以不同的方式得出这一点，内生和适应性储蓄率的观点仍在古典宏观动态的讨论中发挥了重要作用（见 3.2.1~3.2.4 小节）。

12.6.3.2 泰勒

泰勒是后凯恩斯主义结构主义传统的杰出代表，特别关注经济发展问题（这超出了本书的范围）。在他看来，结构主义的目标是在制度背景下，根据典型事实对行为人之间的相互作用进行模型分析。产出被看作由总需求决定，总需求则是由外生的投资、政府支出和出口驱动的。[◎]每一种阶级收入的储蓄率都是给定的，这也是为什么产出被假定为承担了使总储蓄等于总投资的所有调整任务。利率通常也被视为给定的。社会核算矩阵（SAMs）是大多数模型的典型特征，而且产能利用率通常被当作一个自由变量（Baghirathan, Rada, and Taylor 2004, 305–311, 313, 323）。最后，投资一般与利润率正相关，而且在一些版本中投资是由“取决于利率和利润率等变量的……动物精神”驱动的。泰勒在这里使用了利润率与利率的比率（r/i）作为关键指标，他把明斯基联系起来（315）。这当然也是凯恩斯和马克思的基本论点（见13.3 节），而且卡莱茨基至少曾阐述过一次（Sawyer 1985, 98）。

在最抽象的结构主义层面，工资斗争无法影响实际工资，因为货币工资增加使货币价格成比例增加。然而，当我们考察冲突驱动的工资–价格过程时，这会发生一些变化。工人们依据一个想要的目标实际工资进行名义工资谈判。企业依据一个想要的利润份额确定加成，所产生的价格决定了实际工资，它可能不同于工人想要的。那么，名义工资开始调整，这改变了利润份额，企业对此的反应是提高价格。只要这些都发生在局部范围内，局部工资上升就会引起局部价格提高。但如果存在工资指数化，那么其他工资会自动提高，这也会提高其他价格。因此，工资指数化能导致价格不断上升（311–312）。同样地，它也能导致恶性通货紧缩，只是这个方面并未引起重视。无论哪种情形，在一个更具体的层面，实际工资从而工资份额（它也取决于生产率）产生于描述"货币–工资通货膨胀、货币–价格通货膨胀和生产率增长"的关系之中（Taylor 2004, 5）。

这产生了一个中心问题：工资份额的变化如何影响增长？更低的工资份额有两个效应：更低的工人消费需求和更高的利润份额，后者意味着更高的投资和更高的资产阶级消费需求。

根据泰勒的观点，净效应可以偏向任何方向。如果增长和利润份额同方向变化，就可以看作利润导向的；如果增长和工资份额同方向变化（在这个例子中与工资份额一起下降），它就是工资导向的。一种额外的复杂情况是增长率提高会引起产能利用率上升，这反过来加快了生产率增长速度。总效应仍是模糊不清的，因为更快的增长速度对工资份额的增加幅度可能大于生产率增长对它的降低幅度。如果增长对利润份额的总体效应是正向的，其结果将是利润挤压，至少在经济周期的顶端是这样的。例如，巴尔博萨-菲尔奥和泰勒（2006）发现“美国经济的特征是具有利润导向的需求和利润挤压的分配动态”（313）。汇率贬值的效应也被看作模糊不清。通过提高进口商品价格、降低实际工资和降低工人的消费需求，它对实际产出和就业的影响可能是矛盾性的。此外，由于实际工资下降会提高利润份额、刺激投资和其他与利润相关的需求，最终效应可能同样是扩张性的（311）。

泰勒提出了一个有趣的观点，实际工资增长率、生产率和产能利用率之间的相互作用可以用类似于古德温（1967）的马克思劳动后备军模型的方式表示。古德温假定了一个实际工资菲利普斯曲线，其中实际工资变化率与就业率同向变动（与失业率反向变动），而且生产率增长是外生的，因此工资份额变化率与就业率同向变动。此外，古德温假定产能-资本比不随时间的推移发生变化，产出等于产能，因此产能利用率位于某个正常水平，而且资本增长率是利润率的一个函数。由于产能与资本成正比且产出等于产能，所以产出增长率是利润率的一个函数。后备军动态来自以下事实：就业率上升会提高工资份额，降低利润份额，从而降低增长率，这反过来倾向于拉低就业率和工资份额。

古德温周期潜在地代表了一个长期过程，由于产出被假定为等于产能，所以产能利用率停留在某个正常水平。通过允许产能利用率对增长波动做出反应，泰勒将它转变为一个短期周期过程。产能利用率的增长率是产出增长率与产能增长率（它被假定为等于资本增长率）之差。在某些特定的假设下，如利润导向的增长和一个动态环境中凯恩斯主义乘数的存在，泰勒最终得出了一个关系——产能利用率的增长率与它自己的水平及工资份额水平负相关（即在后一种情形中与利润率正相关）。此外，根据他自己的叙述，工资份额的增长率更加“纠缠不清”。实际工资的增长被看作与产能利用率和工资份额水平正相关，[①] 而且生产率增长率被假定为和产出增长率一起提高，后者本身与产能利用率正相关。工资份额增长率是实际工资增长率与生产率增长率之差，它最终可能与产能利用率正相关或负相关：在前一种情形中，代表工资份额与产能利用率均衡值的那一点是稳定的；在后一种情形中，它是不稳定的。无论哪一种情形，调节过程都涉及逆时针环路，工资份额在垂直轴上，产能利用率在水平轴上（Taylor 2004, 284–286）。泰勒用美国实际数据展示了这些环路，并估计了一个计量模型来对它们进行说明（286–292）。

并没有特定原因使实际产出等于经济产能，泰勒在这个意义上将产能利用率看作一个自由变量，指出这一点非常重要。确实，在他的模型的稳定版本中，均衡点是一个特殊的工资份额和产能利用率，实际值以此为趋势中心（286, fig. 9.2）。进一步，一个正向的需求冲击可以引起长期劳动份额和产能利用率的永久增加（292）。但在实施的时候，后者不必与企业意愿的正常利用率相对应。这个结果是后凯恩斯主义方法的特征。

泰勒强调了他的研究方法与正统传统方法的差异。正统理论是演绎的，而“结构主义从观察到的现象（外在的东西）出发，向后行进形成理论”。结构主义拒斥存在一个一般理论的观点，他们认为这会产生“通用的政策处方”（318–319, 323）。例如，正统经济学将通货膨胀看作货币驱动的，而结构主义将之视为成本驱动的，但是通货膨胀典型地与一定程度的货币供给增长同时发生。结构主义的理论因而能

① 泰勒（2004, 136, 293）通常以实际工资变化率和产能利用率水平二者关系表示工资类型的菲利普斯曲线，而不是用与初始菲利普斯曲线对应的就业率。

“被裁剪以适应一个经济的特殊制度……每个经济的通货膨胀都是独一无二和具有特殊背景的。两种方法的某种混合被设计出来与当前状况相适应”（317–318）。

在这里有两点是相关的。第一，“一般理论”不需要用“一刀切”的方法来处理经验现象或政策结论。相反，核心是从强调基本过程的抽象层面移动到随后更具体的层面，其中其他要素作为由一般动态塑造和限制的对抗性力量发挥了自己的作用。人们也许会正确地指出，万有引力定律将所有物质向下牵引，而且它们在真空中以相同的速度下降，但这并不意味着所有物体在流体（如空气）中都以相同的速度下降。现在每个物体的形状和重量都发挥了作用，而且可以根据它们的具体性质将其归入不同类别。确实，如果比空气还轻的话，一些物体甚至可能会上升。没有人认为这是对万有引力定律一般性的否定。以类似的方式，本书第 7 章从两个一般原则出发：行业内的价格均等化和行业间的利润率均等化。它们之间的交叉引起了对调节性资本和非调节性资本的进一步区分，这反过来意味着同一行业内和不同行业间不同企业的成本与利润边际将以确定的方式变化。这样我们就具体体现了真实竞争背后的一般过程，这个真实竞争的现象与垄断权力理论类似，但也有区别。11.6 节和表 11.4 表明一个类似构造的实际汇率一般理论如何能够解释为什么购买力平价假设不能在低通货膨胀率上成立，以及为什么它在高通货膨胀率时确实大致成立。

第二，尽管社会结构和制度确实在泰勒及其合作者所引用的李嘉图、马克思、凡勃仑、凯恩斯、熊彼特、辛格、刘易斯、默达尔等人的著作中发挥了重要作用（Baghirathan, Rada, and Taylor 2004, 308），但同样极为正确的是这些学者在一些基本问题上的看法各不相同。泰勒比后凯恩斯主义传统中的任何人都更敏锐地意识到了其他理论传统的贡献，并且通过大量与特殊问题和环境相适应的特定模型对这些贡献进行了利用。我将论证一个不同的方法，其中后凯恩斯主义对宏观动态的关注可以得到解决，而不必抛弃正常产能利用率的概念（后凯恩斯主义传统普遍这样做），也不必抛弃投资所需的资金将企业的储蓄率与其投资率捆绑在一起的概念。

12.6.4 后凯恩主义理论的一般主题

拉沃是后凯恩斯主义的主要代表，他总结了将后凯恩斯主义和其他非正统学派区分开来的特征。他细心地指出后凯恩斯主义理论内容丰富，所以我们最多只能描述其中适用于大多数情况的一般观点（Lavoie 2006, 18–24）。

首先且最重要的是，人们认为总需求驱动了生产。这要求“投资本质上独立于储蓄”，不只是在短期中，从长期来看也是这样（Lavoie 2006, 12–13）。其次是我们熟悉的观点：货币供给是由私人银行信用内生驱动的；价格是通过成本之上的垄断加成形成的；通货膨胀是由彼此冲突的主张造成的；“现代经济”中的基准利率由央行决定，私人银行利率为此基础上的加成；就业量由外生需求要素决定；通过适当的财政政策与货币政策，政府能够创造和维持充分就业（Lavoie 2006, 44–53, 54–58, 59–64, 129–130, 131–132）。

所假定的投资的独立性是两个关键的后凯恩斯主义论点的基础。节约悖论产生于标准的凯恩斯主义–卡莱茨基主义乘数［方程（12.12）］，其中如果储蓄倾向提高（即平均节约程度提高），均衡产出 v 将相对于其趋势值下降。成本悖论产生于同一论点的卡莱茨基版本，其中总体储蓄率是两个阶级储蓄率的收入加权平均值［方程（12.19）］，工人被假定为具有更低的储蓄率（Lavoie 2006, 91–95,

117–111）。工资占总增加值的份额等于实际单位劳动力成本，也就是实际（产品）工资与人均生产率的比率，[①] 实际单位劳动力成本上升意味着收入的更大份额归劳动所有，也意味着平均储蓄率下降，后者引起了节约悖论。

拉沃基于两个可能的理由证明投资独立于当前结果这个断言的合理性：凯恩斯主义的假设，即投资是由“企业家的长期预期”激发的；卡莱茨基主义的假设，即投资“取决于滞后的已实现利润”。我将论证，一旦我们探究当前结果（如已实现利润）与投资发生时的预期利润相比如何，甚至与之前最后修改预期的某个时期的预期利润相比如何，这两种论点就都站不住脚。说实际结果经常不同于预期结果是完全合理的，但是说预期不受这种错误的影响就没什么道理。过去的预期所决定的行动产生了当前的结果，当前的结果改变了当前的预期从而塑造了未来的结果。当前并不独立于过去，正如未来不独立于当前。正统理论诉诸理性预期“解决”这个问题，而后凯恩斯主义理论经常试图绕过它。

还有一个原因使投资无法独立于当前结果。想一下标准的后凯恩斯主义论点——产能利用率甚至从长期来看也是一个“自由变量”，也就是它可以一直不同于正常水平（Lavoie 2006, 114）。[②] 总需求相对于其预期趋势的增加在短期内将会提高产能利用率，这样说是合理的。但正如哈罗德（1939）几十年前所指出的，投资也对实际产能利用率

---

① $W/Y = w \cdot L / p \cdot Y = \frac{w/p}{Y/L}$，分子是按产品价格计算的实际工资，分母是人均生产率，w、p、Y、L 分别为人均货币工资、价格水平、净国民收入和总就业。

② 卡莱茨基（1941）明确了这一点。他投稿给《经济学杂志》的论文的一个版本被拒收了，因为凯恩斯质疑卡莱茨基的“一个以产能过剩为特征的长期分析”这一假设（Sawyer 1985, 69n65）。凯恩斯的反应表明出于两个原因他不同于后凯恩斯主义者：他反对将不完全竞争作为基础（见 8.1.4.4 小节），而且他并不相信产能利用率从长期来看是一个自由变量。

和正常产能利用率之差做出反应（见 7.6.2 小节）。当产能利用率高于正常水平时，投资将会加速，产能比需求上升得快，这将会降低产能利用率。当产能利用率低于正常水平时相反的过程会发生。因此，在一系列的短期中，产能利用率将与其正常水平联系在一起，实际产出将围绕正常产能产出波动，而且它们共同的增长率将由积累率驱动。3.2.5 小节已经确定了哈罗德路径的稳定性。应当指出，一个正常产能利用率与一个永久性的非自愿失业率是完全一致的（见第 14 章）。

后凯恩斯主义传统基本忽视了哈罗德的观点。这很奇怪，因为它代表了一种与单纯的核算一致相对的存量–流量理论一致的重要形式（Shaikh 2009, 462）。面对针对产能利用率的“自由变量”观点的严厉批评（Kurz 1986; Auerbach and Skott 1988; Palumbo and Trezzini 2003, 112），为了解决后凯恩斯主义长期均衡产能利用率与相应的“正常”产能利用率不符的情况，一些学者试图假定后者适应前者（Amadeo 1986; Lavoie 1995; Dutt 1997），那么实际产能利用率就仍然足够灵活以产生节约悖论，而同时实际产能利用率和正常产能利用率从长期来看相等。然而，这种结果产生于对“正常”产能利用率定义的一个关键修改。我们在 12.1.6 小节和图 12.2 中看到，古典主义和哈罗德对正常产能的定义都提到了单位成本最低的那一点，而且实际产能利用率变化（也就是在商业周期中）时它根本不需要变化。我们可以将之称为“竞争性成本下的正常”产能利用率。此外，后凯恩斯主义学者用一个不同的概念“正常环境中的”产能利用率代替，后者据说适应实际产能利用率。[①] 从古典主义和哈罗德的观点来看，企业的“意愿”开

① 两种论点都假定实际产能利用率适应正常产能利用率，其区分在于后者是否也适应于前者。

工率取决于它们碰巧达到的状态这个断言，[①]并不能处理以下断言：实际产能利用率可以位于任意的不同于成本最低点的水平（它包括经济上必要的储备）。不足为奇，试图这样取代问题也招致了严厉的批评（Palumbo and Trezzini 2003, 114; Flaschel and Skott 2006, 318n13）。

12.6.4.1 工资导向和利润导向的增长：交替的短期结果还是连续的长期阶段?

对于正常产能利用率的成本竞争力概念，相关的问题是实际工资提高在现有的就业水平下对工人消费产生了积极影响，对正常产能利润率产生了负面影响。那么，即使在短期内第一个效应超过了第二个效应，正如后凯恩斯主义学者所认为的那样，[②]向正常产能利用率的递归将使正常产能利润率下降成为长期的显著特征。工资导向和利润导向的增长在后凯恩斯主义文献中表现为两种可能的结果，而且拉沃（2006, 122–123）承认在后者的情形中，“成本悖论不再是不可避免的，它只是一种可能性”。但如果直接的或需求引致的工资增长造成了正常产能利润率的下降，那么工资导向的增长之后将会是利润导向的衰退：二者将是一个时间序列的阶段。卡莱茨基曾担忧资产阶级可能会

---

① 拉沃（1996b, 120, 127–128）观察到企业持有不同程度的过剩产能，他从中得出结论：意愿的产能利用率（这里用 u_s 表示，以区别于古典主义和哈罗德的正常产能利用率 u_{K_n}）是“主观上正常”和“惯常的”。他进一步提出当实际产能利用率高于正常产能利用率时，这个意愿产能利用率会上升。达特（1997, 247）得到了相同的模式——通过假定每当预期进入率比当前高时，当前企业就会降低它们的意愿产能利用率，以增加其防御性储备（Lavoie 1996b, 139n25）。进入率被假定为与积累率成正比，由于 $g_K(r_n)$ 被视为代表了预期积累率，这意味着当 $g_K(r_n) > g_K$ 时，企业降低 u_s。鉴于标准的后凯恩斯主义积累函数为 $g_K = g_K(r_n) + \alpha \cdot (u - u_{Kn})$，对于一定的参数 α，这等于说当 $u > u_s$ 时，u_s 上升，和拉沃的情形一样。

② 拉沃（2006, 122–123）指出，“后凯恩斯主义和激进学者们之间的共识现在看来似乎是……实际上，正常利润率下降的负面影响在某种程度上由销售量和生产者现金流增加的积极影响所补偿……后者与更高的产能利用率联系在一起”。

反对需求管理政策，这里为理解这一点提供了不同的角度。如果推高产出水平能降低正常产能利润率和减缓增长速度，那么以产出水平和就业形式获得的收益随后会付出增长速度放缓的代价。因此，非常关键的是要弄清楚实际工资提升造成正常产能利润率下降的条件（见第14章）。

12.6.4.2 长期增长限制

后凯恩斯主义者坚决“拒绝接受长期无论如何都受到供给限制的观点。因此，对（他们来说），有效需求原则总是中肯的，在短期内和从长期来看都是如此”（Lavoie 2006, 13）。但是，如果需求导向的增长率恰好不同于有效劳动供给的增长率，也就是不同于哈罗德的“自然增长率”——它是劳动力增长率与生产力增长率之和，失业率就会无限制地上升或下降。因此，从后凯恩斯主义的角度看，有必要假定自然增长率适应有效需求的增长：劳动力增长可能通过提高参与率和 / 或通过移民进行调整，而且生产力增长率也许随产出增长而提高——这是由于技术创新加速和 / 或扩散加速（119–122）。有必要注意的一点是：古典理论也存在一个类似的问题——即使产能利用率被吸引到某个正常水平附近（所以它不是一个自由变量）且产出增长由利润率而非外部需求调节，区别在于这里并不是有效需求的自主性问题，而是劳动斗争对工资份额的影响问题（见 14.3 节）。

12.6.4.3 适当的政策能够消除失业

凯恩斯主义、卡莱茨基主义和后凯恩斯主义方法的最后一个特征是以下信念：通过适当的财政政策和货币政策能够消除持久的非自愿失业。这正是 20 世纪 70 年代从弗里德曼和费尔普斯开始的新古典经济学家所挑战的观点，他们的观点是推高就业的努力将只会产生加速的通货膨胀。他们的做法是坚持认为所观察到的通货膨胀是结构性的，因为它产生于不完全和对市场过程的干预；认为与之对应的“自然”失业率会重新存在，即便有人试图消灭它；认为要想遏制这个自然失业率就需要不断增加的需求刺激从而产生不断提高的通货膨胀率（见12.4.2 小节）。惊人的是，在古典方法中，马克思和古德温也论证了资本主义产生并维持了一个“正常”失业率。和凯恩斯的观点一样，这个失业率是非自愿的且产生于（实际）竞争本身。第 14 章致力于分析正常失业率，以及比较它和“正常”失业率的含义。这并不意味着低于正常水平的失业率会触发通货膨胀，更不用说加速的通货膨胀了。通货膨胀本身将在第 15 章得到阐释。

我在本书第 7 章和第 8 章中指出，古典的真实竞争概念不必依赖不完全竞争理论，就能够解释后凯恩斯主义传统所关注的定价模式。关键是仔细、系统地从抽象论点移动到其具体表现上去。从本章开始的第三部分意图遵循一条相似的宏观经济学之路，目标是在一个框架中解释对凯恩斯主义和后凯恩斯主义如此重要的总需求的积极影响。这个框架还能解释哈罗德所认为的正常产能利用率的存在，以及解释工资份额和利润份额的负向反馈——它驱动了古典增长理论，并产生了一个持续的非自愿失业率。

13

古典宏观动力学

13.1 引言

新瓦尔拉斯宏观经济学建立在三个重要前提之上：（1）基于需求无差别行为人的完全竞争理论；（2）总需求会自动调节以实现任意给定的总供给的论断（萨伊定律）；（3）灵活的实际工资会自动带来充分就业的观念。本书第二部分致力于批判完全竞争理论，构建真实竞争理论，并对这两种理论进行经验验证；第三部分的讨论则由第 12 章对正统宏观经济学的分析与批评开启。本章的目标是构建一个古典宏观动力学的框架，后面几章将把重点放在就业与失业、通货膨胀和危机等问题上。

古典方法的核心观念在于：资本增长率是由预期净利润率（即预期利润率与利率之差）驱动的。相同的命题对于凯恩斯主义的有效需求理论（见 12.3 节）和卡莱茨基（1937, 85）的理论也很重要。不同之处在于：在古典经济学传统中，预期利润率与实际利润率是紧密相连的，这与索罗斯的自反性理论类似；而在凯恩斯主义理论中，预期利润率是“悬在空中的”——它总是脱离于凯恩斯所关注的短期经济。所以我们从重新审视有效需求理论开始。

13.2 对有效需求理论的再思考

面对20世纪30年代的经济形势，凯恩斯急于将《就业、利息和货币通论》出版，因此在他的书稿中出现自相矛盾的论述并不奇怪（Asimakopulos 1991, 55–59）。哈罗德和卡莱茨基在许多相同的问题上也纠缠不清，而对这些问题的再思考将会带来构建有效需求理论的不同方法。

13.2.1 有效需求的微观基础

凯恩斯对有效需求的处理是从这里开始的：他注意到由于生产需要时间，所以企业必须基于预期收益进行生产（Asimakopulos 1991, 40–41）。然后，他转向了完全竞争企业的观点，即完全竞争的企业接受预期的市场价格（p^e），并选择与之对应的使利润最大化的产量（X^*）（Asimakopulos 1991, 40–42）。于是，总供给价格（即“预期收入”）$p^e \cdot X^*$ 等于完全竞争企业利润最大化产量下的预期市场价值。根据假设，这样的一家企业并不考虑市场需求，因为它相信它能在任何给定的价格下卖掉它所有的产品。类似地，他接受了新古典就业理论传统的“第一假定”，即利润最大化条件下的 p=mc 意味着实际工资等于劳动的边际产量——这同样是建立在需求独立企业的概念上（Asimakopulos 1991, 42, 55, 57）。①

① 但是，当凯恩斯研究个体消费者的行为时，他明确拒绝了基于传统的效用最大化行为的“第二假定”，尽管他自己的理论阐述并不清晰（Clower 1965, 103–125）。

此外，当凯恩斯考察总需求函数时，他假设的是个体企业实际上会考虑消费者对它们产品的需求，阿西马科普洛斯对此的评论是：这是“一种不支持……［完全］竞争企业的关系”（1991, 43）。因此，在需求侧，单个企业被假定为面对的是向下倾斜的需求曲线——这与凯恩斯在供给侧所做的完全竞争企业的假设是直接冲突的（Asimakopulos 1991, 45 text and n. 17）。在《就业、利息和货币通论》发表后所写的另外两篇文章中，凯恩斯进一步深化了这一难题，他明确指出，“企业家必须尽可能地预测需求……通过尝试和犯错，他们尽可能地接近那真实需求之所在。当他们发现产量高于市场需求时，缩小生产规模；当情况相反时，则扩大生产规模。这恰好对应着市场中的讨价还价，正是通过这个办法，买卖双方尽可能地发现那真实的供求均衡之所在”（Asimakopulos 1991, 48）。这当然是古典的动荡均衡观念：“在犯错中并且通过犯错”实现的平衡，而不是新古典式的“作为静止状态”的均衡。

在斯诺登和文（2005, 376）对现代宏观经济学的权威调查中，他们对凯恩斯为什么会“采纳古典 / 新古典理论的完全竞争市场假设”而不是基于不完全竞争理论感到奇怪，而不完全竞争理论正在被他的后继者如卡恩和罗宾逊夫人发展出来。他们声称，如果凯恩斯遵循了后一条道路，《就业、利息和货币通论》可能会大不相同——会更接近卡莱茨基和后凯恩斯主义传统（Snowdon and Vane 2005, 376）。这一观点也得到了坎特伯雷（2001, 267）的呼应，他推断说：“如果凯恩斯活在今天……他最有可能是一名后凯恩斯主义者。”而我的观点与其不同，我认为凯恩斯会拒绝不完全竞争市场的说法，因为他试图表达的是一个与古典真实竞争观念相近的观念。他在《就业、利息和货币通论》中的论述是建立在“原子般的竞争”的存在之上的，因为他声称竞争本身将会造成持续性失业。的确，我们知道，他坚决反对那些从刚性工资、"'垄断'、工会、最低工资法或其他制度性约束（指通过制度建设对个体交易者追求效用最大化的行为进行限制）中推导出失业的理论"（Leijonhufvud 1967, 403）。戴维森（2000, 11）正确地坚称，凯恩斯的有效需求理论不依赖市场的"不完全"。克莱斯勒（2002, 624–625）也指出，即使是卡莱茨基的有效需求理论也是建立在"自由竞争"的假设之上的，因此它也不需要不完全竞争。所以，至少有效需求理论的建立者似乎并不相信资本主义失业是由所谓的不完全竞争导致的。但凯恩斯的批评者以及凯恩斯和卡莱茨基的追随者坚持把有效需求理论建立在各种各样的"不完全"之上，这是因为他们所知道的唯一的竞争概念是完全竞争。我已在第 7 章和第 8 章中指出过，完全竞争理论是一个不自洽的理论，因为它假定企业知道所有的事情，却不知道这样一个事实——当它们主动增加产出时，与它们同质的企业也会做同样的事情，从而压低市场价格。相反，在真实竞争中，个体企业依据来自实践的知识（即每家企业都面对一条向下倾斜的需求曲线）来设置价格。因此，当凯恩斯说个体企业必须具备需求意识时，他是完全正确的。正如我在 7.6 节中指出的，安德鲁斯、布伦纳和哈罗德在本质上都得出了相同的结论，而卡莱茨基则完全回避了企业层面的需求问题，只关注于成本加成定价（见 8.1.9 小节）。

13.2.2 乘数序列的时间含义

在方程（12.2）中，凯恩斯和卡莱茨基的乘数被表述成一种均衡关系，但乘数的实现过程本身其实是一个序列。假设我们从某个短期均衡开始，此时总需求等于总供给，从而总投资等于总储蓄，超额需求 $ED = I - S = I - s \cdot Y = 0$，均衡产出 $Y^* = I/s$。现假设总投资增至 $I' = I + \Delta I$，此时总投资大于总储蓄。之前我们已经注意到，凯恩斯和卡莱茨基假设资金缺口完全由银行信贷来满足，相应的购买力的注入会创造超额需求 $ED' = I' - S = \Delta I$。按照标准表达，这会促进产出和收入的增加以满足超额需求，从而使 $\Delta Y' = \Delta I$。此时，总需求和总供给在新的更高的水平上达到相等。但是，收入的增加会促进消费需求增加 $c \cdot \Delta Y' = c \cdot \Delta I$［方程（12.9）］，这带来相匹配的收入增加 $\Delta Y'' = c \cdot \Delta Y' = c \cdot \Delta I$，以及相应的继续引发的消费增加 $c \cdot \Delta Y'' = c^2 \cdot \Delta I$。我们可以看到，在连续进行的一轮一轮的过程中，均衡产出的整个变化将如下所示：

$$\Delta Y^* = \Delta Y' + \Delta Y'' + \Delta Y''' + \ldots = \Delta I + c \cdot \Delta I + c^2 \cdot \Delta I + c^3 \cdot \Delta I + \ldots$$

$$= (1 + c + c^2 + c^3 + \ldots)\Delta I = \Delta I \cdot \sum_{k=0}^{\infty} c^k = \frac{\Delta I}{1-c} = \frac{\Delta I}{s}，因为 c < 1. \quad （13.1）$$

方程（13.1）描述的是标准版本的乘数过程，其最终结果便是方程（12.12）中的均衡乘数（Snowdon and Vane 2005, 60）。这个表述包含了一个隐含假定，即在任意给定时间段内所有的（无论是正的还是负的）超额需求都会由同一时间段名义产出的等量增加（或减少）来满足。但同样我们也可以假定，在一个时间段内，产出只是部分地（$0 < \zeta < 1$，ζ 为响应参数）响应超额需求，从而更一般的凯恩斯主义的调节过程可写作 $\Delta Y_t = \zeta(I_t - s \cdot Y_{t-1})$。再把投资的不稳定性考虑进来，我们便可以将凯恩斯的产出路径表达为方程（13.2）的形式，其中投资水平为 $I_t = I + \epsilon_t'$，ϵ_t' 为随机误差，表示投资在其静止水平 I 附近的波动。由此容易推出，对于给定水平的投资，这个过程在凯恩斯均衡 $Y^* = I / s$ 附近是稳定的，其中 $\Delta Y^* = \frac{\Delta I}{s}$（推导过程见附录 13.1.1）。

$$y_t = Y_{t-1} + \zeta \cdot (I_t - s \cdot Y_{t-1}) = (1 - \zeta \cdot s) \cdot Y_{t-1} + \zeta \cdot I + \in_t，$$

$$其中\ \in_t = \zeta \cdot \in_t' \quad （13.2）$$

在凯恩斯的论述中，如果预期净利润率永久性地提高，投资也会永久性地提高。相反，如果这个变量先提高，然后降至原来的水平（比如在一个典型的商业周期中），那么开始和结束时投资的最终均衡值将会是一样的。图 13.1 和图 13.2 分别描绘了产出对暂时性和永久性投资增加的响应，虚线和实线分别代表了不存在随机冲击和存在随机冲击时的调节路径。

第二个时间相关的问题也体现在图 13.1 和图 13.2 中。即便在响应参数较高（$\zeta = 0.8$）的情况下，也需要大约 24 个时间段来使系统达到新的均衡值，这便带来了乘数过程在时间维度上的问题。凯恩斯非常清楚，产出对投资变化的响应是具有时间维度的，因为生产对需求变化的响应和消费对收入变化的响应是要花费时间的（Asimakopulos 1991, 47, 52）。然而，他的表述在两种时间段中来回转换：一种是给定的观察性时间段，这个时间段只是完成乘数需要花费时间的一小部分；另一种是运作性时间段，这个时间段必须长到足以达到短期均衡。即使在他的思考中，这也变成了一个“有力的错误根源”，并有可能导致他不能区分国民账户方式中的事后储蓄与投资和与之相当不同的事前短期均衡中的储蓄与投资（见 12.1.6 小节）。另一个困难在于，凯恩斯的运作性时间段必须足够长以使乘数能够完成其运作过程，但又要足够短以使产能的扩张相对当前产能较小，从而投资可以被看作给定的。凯恩斯似乎相信乘数运作得相当快，但因为他通常关注的是比较静态问题（不同静态之间的比较），所以他能够在理论层面避开这个问题。尽管如此，在现实中，乘数的时间维度仍然是一个相当重要的议题（Asimakopulos 1991, 67–69）。

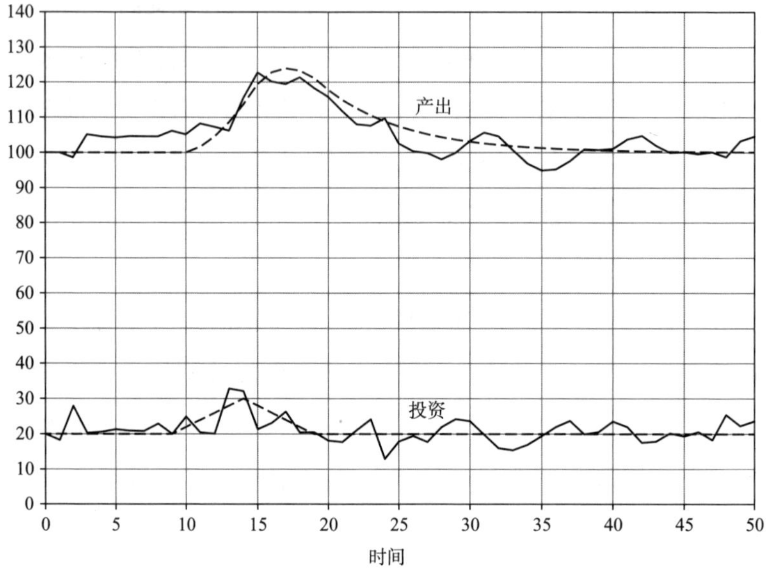

图 13.1　投资暂时性增长下的凯恩斯乘数过程

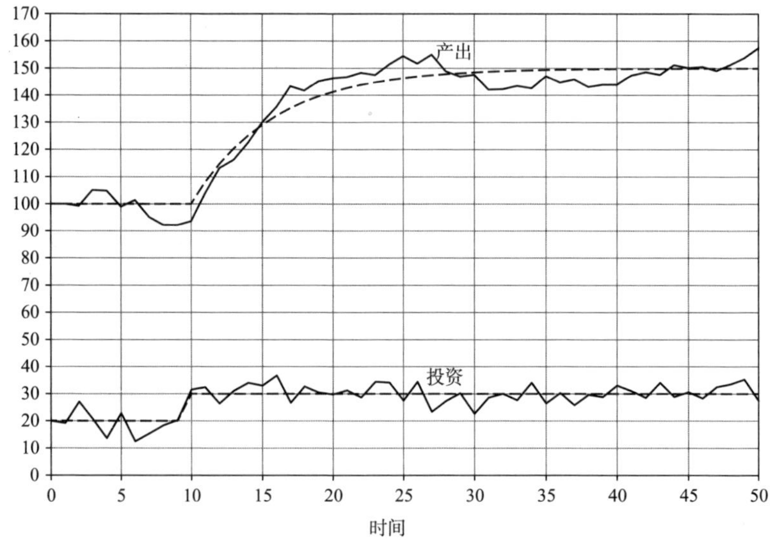

图 13.2　投资永久性增长下的凯恩斯乘数过程

13.2.3 以信贷为动力、以债务为结果的乘数

凯恩斯主义和卡莱茨基主义理论假定，总投资与总储蓄是独立的。但总投资支出怎么能大于总储蓄呢？多出的资金从哪里来呢？新古典主义理论始终认为是通过家庭购买股票和工商业债券的方式，由储蓄为投资提供资金。在此观点下，投资与储蓄不会彼此“独立”，除非货币余额发生暂时性的变化（Ahiakpor 1995, 25）。[①] 但凯恩斯和卡莱茨基都持相反看法。只是在他们发表了各自的主要著作后，他们才分别承认自己之前隐含的假定是：投融资和可获得储蓄之间的缺口只能以当时的利率通过“可自由获得的”银行信贷满足（Asimakopulos 1983, 222–227; Sawyer 1985, 93; Shaikh 1989, 69）。因此，乘数的真实基础，从而节约悖论的基础，竟然是给定利率下自动扩张的银行信贷创造出来的想当然的新注入购买力。相同的注入购买力原则也适用于凯恩斯主义对政府赤字支出和贸易逆差的处理。

方程（13.2）所表达的乘数序列是一个为人所熟知的结果。较少被注意到的含义是，这个过程的每一轮都是由银行信贷所注入的新购买力激发产生的，因为在任何一轮中超过储蓄的过度投资都假设是由银行信贷提供资金的。这便回答了乘数究竟从哪里产生的问题，但这同时意味着每一轮产出的变化恰好都是这一轮企业银行债务的变化。由此可知，有关乘数的故事是建立在这样的假设之上的：工商业债务的总增加恰好等于产出的总增加。

---

① 阿希亚克波尔（1995. 24 text and n.30）指出，对储蓄的古典定义是对金融资产的购买，这和货币的贮藏是不一样的。若是那样，储蓄和投资之间的不平衡将会对资本市场产生冲击，从而影响利率。他同时指出，古典理论在接受至少在短期内贮藏的增加会减少总需求这个观点上不会有困难。他批评凯恩斯把“储蓄和投资需求与利率的决定”分开，把利率的决定替换为流动性偏好，并注意到《就业、利息和货币通论》发表三年之后，凯恩斯在一篇文章中事实上已经说道，“储蓄的增加会降低利率”（Ahiakpor 1995, 22–24, 30–31）。

$$\Delta DB^{*} = \Delta DB' + \Delta DB'' + DB''' + \ldots = \Delta Y' + \Delta Y'' + \Delta Y''' + \ldots = \Delta Y = \frac{\Delta I}{s}$$

（13.3）

乘数故事隐含了这样的假定：所有的储蓄（包括企业的留存收益）都被用作投融资，而任何剩下的资金缺口都是由新的银行信贷来填补的。但既然银行信贷意味着利息与分期偿还，我们便陷入了一个困境：如果一部分的留存收益不用作投资，而用作还债，那么下一轮投融资的空缺即新一轮投资所需的银行信贷会因这一部分留存收益的缺失而变得更大；或者，如果所有的工商业储蓄都用于投资，那么便需要新的信贷以填补之前欠下的债务。对于两种情况中的任何一种，标准的乘数故事都需要用到庞氏融资以应对投资需求的变化。我们将会看到，投资增长时，收入从而储蓄也会以相同的速率增长，在这种情况下，庞氏融资适用于对这一趋势的偏离（即适用于正的或负的超额需求情况）。问题来自关于工商业储蓄率独立于企业资金需求这样一暗含的假定。相反，正如俄林很久以前就注意到的，允许还债就意味着一个可变的储蓄率（Ohlin 1937, 239–240）。

13.2.4 凯恩斯主义理论中储蓄率不变的重要性

乘数过程决定性地依赖这样一个假设：储蓄率是独立于投资与储蓄间的资金缺口的。如果投资增加而储蓄率不变，那么收入就必须比原来扩大数倍，直到储蓄再次等于投资。让我们考虑一个相反的情形，在这里，总投资与总储蓄之间的差额会引发一个足以填补资金缺口的储蓄率的提高。假设 $Y = 100$，$I = 20$，$s = 0.18$，从而 $S = 18 < I = 20$，资金缺口 $I - S = 2 > 0$。此时，若储蓄率增至 $s' = 0.20$，那么资金缺口就能完全被填补，从而不需要通过收入（从而产出）的增加（使储蓄与投资达到平衡），乘数将会是零。当投资和储蓄之间的缺口导致储蓄率发生变化，从而降低了乘数的范围区间时，就会出现介于完全乘数和零乘数之间的中间情形。这个问题将会在下一节对古典理论（它是凯恩斯乘数理论的一个替代品）的分析中凸显。我将会指出，储蓄率中的工商业部分（即利润中作为留存收益的部分）不可能独立于工商业投资率，因为这两者的决策是由同一个企业做出的。因此，即使家庭储蓄与工商业资金需求是完全独立的，总的储蓄率也会对资金缺口做出一定的响应，因为它的工商业部分会做出响应。凯恩斯和卡莱茨基都没有注意到这个关键点，因为他们接受了新古典的假定，即企业将它们所有的净收入都分配给家庭，从而所有的储蓄都是由后者来完成的（Godley and Shaikh 2002, 425, 431）。在这个意义下，储蓄和投资的决策似乎是由动机根本不同的群体做出的。我们会看到，古典理论与之不同，它的出发点便是工商业储蓄和投资都是由企业自己决定的，因此从一开始，储蓄率和投融资之间的内在联系就被置于首位，进而在考察家庭储蓄时，便无须改变储蓄率根本上的内生性。

显然，对乘数故事的一般化处理，便是允许部分内生的储蓄率具有存在的可能。在接下来的简单模型中，既包括对应于完全乘数的储蓄率固定的情形，也包括对应于零乘数的储蓄率完全内生的情形。在每一轮中，产出对上一轮的超额需求 $ED_{t-1} = I_{t-1} - S_{t-1} = I_{t-1} - s_{t-1} \cdot Y_{t-1}$ 做出响应（参数 a），而储蓄率对考虑投资问题时存在的相对资金缺口（相对于收入，因为储蓄率也是相对于收入而言的）$FG_t / Y_{t-1} = \left(I_t - S_{t-1}\right) / Y_{t-1} = \left(I_t - s_{t-1} \cdot Y_{t-1}\right) / Y_{t-1}$ 做出响应（参数 b）。于是 b=0（储蓄率固定）导致完全乘数，而 b=1（完全适应性的储蓄率）导致零乘数。对 0<b<1 的情况而言，最终的产出有赖于产出对超额需求的响应和储蓄率对资金缺口的响应（即有赖于参数 a 和参数 b）。

$$ED_t \equiv I_t - S_t = I_t - s_t \cdot Y_t \tag{13.4}$$

$$Y_t = Y_{t-1} + a \cdot (I_{t-1} - s_{t-1} \cdot Y_{t-1}) \tag{13.5}$$

$$s_t = s_{t-1} + b \cdot (I_t - s_{t-1} \cdot Y_{t-1}) / Y_{t-1} \tag{13.6}$$

其中，当 b=0（储蓄率固定）时，结果与凯恩斯在图 13.1 和图 13.2 中的完全乘数情形一样。而当 b=1 时，储蓄率则是完全内生的，因此不会有乘数，这即是古典的情形。图 13.3 和图 13.4 展示了在任何给定时间段内产出部分响应超额需求（a=0.3）和储蓄率部分响应资金缺口（b=0.5）的一般情形。图 13.3 描绘的是投资水平暂时性提高的情形，图 13.4 描绘的则是投资水平永久性提高的情形。两张图的比例尺是相同的，从而两张图中乘数效应的强度和持续时间都可以直接比较。很明显，当储蓄率具有内生性时，乘数效应被削弱了，因为超额需求所造成的刺激有一部分被储蓄率的上升吸收了。对一般化乘数过程的分析性质的深入讨论见附录 13.1.2。

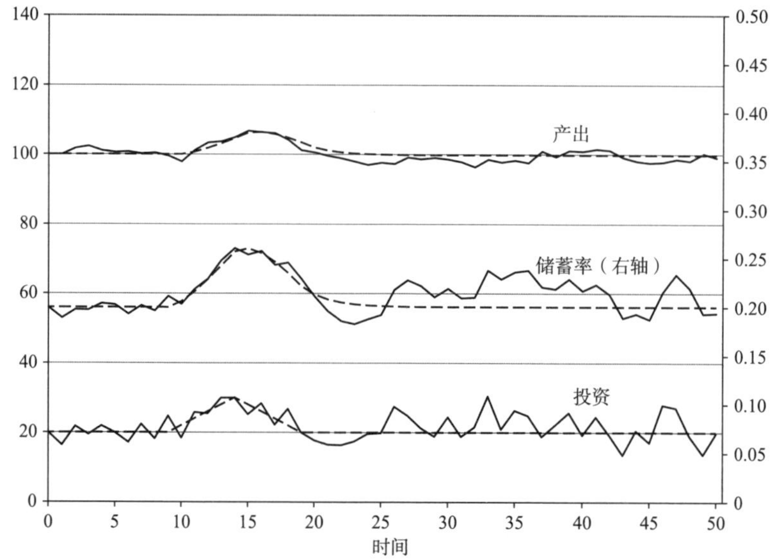

图 13.3 投资暂时性增长下的一般化乘数过程

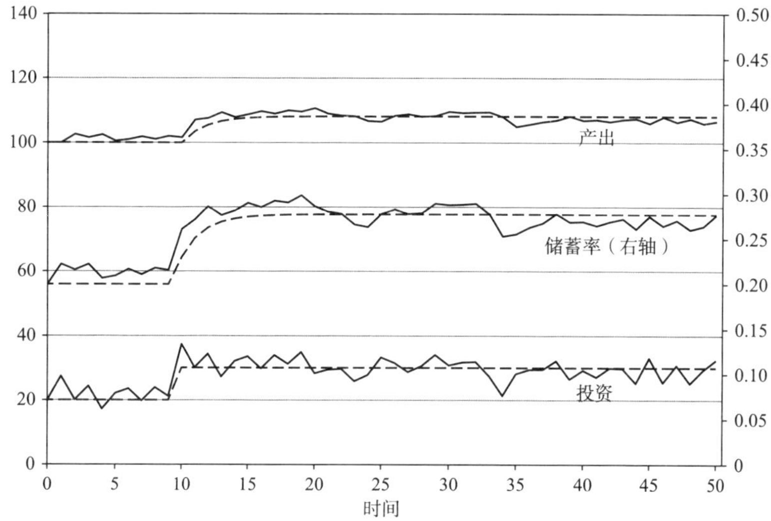

图 13.4 投资永久性增长下的一般化乘数过程

13.2.5 实际产能利用率与正常产能利用率的关系

传统静态凯恩斯主义的观点意味着产能利用率会持续下降。在凯恩斯主义理论中，给定的预期净利润率（$r^e - i$）意味着给定水平的投资 $I(r^e - i)$，从而也意味着给定水平的均衡产出 $Y^* = I(r^e - i)/s$。问题在于，投资会扩大资本存量，从而扩大产能。若均衡产出给定而产能不断提高，产能利用率必定持续下降，因此这种静态观点存量-流量不一致。

罗宾逊夫人（1962）弥补了这个缺陷，方法是将积累率（$g_K \equiv I / K$）而不是投资水平（I）转变成预期净利润率函数：$g_K \equiv g_K(r^e - i)$。这恰好是古典主义的观点。此时，特定水平的预期利润率（“动物精神”）意味着特定的资本增长率，从而也意味着稳定的产能利用率。至此，至少产能利用率持续下降的问题得到了解决。为了看清这一点，我们把均衡积累率和第 12 章中的产能利用率 $u_K = (YR / YR_n)$ 联系起来，把方程（12.7）和短期均衡条件 $I = s \cdot Y$ 联系起来。后者在传统意义上是名义变量，但作为一个比率，我们可以通过将分子、分母同时除以实际资本的价格指数，把它写成实际量——在这种情况下，最大利润率是一个流动比率（见 6.8 节和附录 6.2）。

$$g_K \equiv \frac{IR}{KR} = \frac{s \cdot YR}{KR} = s \cdot \left(\frac{YR_n}{KR}\right) \cdot \left(\frac{YR}{YR_n}\right) = s \cdot R_n \cdot u_K \tag{13.7}$$

其中，$R_n \equiv \frac{YR_n}{KR} = \frac{Y_n}{K}$ = 正常产能–资本比。可以看到，在储蓄率固定、决定 R_n 的生产条件给定的情况下，任何特定的积累率都会有一个对应的产能利用率。在动态凯恩斯主义的观点中，给定的预期利润率决定某个特定的积累率 $g_K(r^e - i)$，从而决定某个特定的产能利用率：其间的因果关系是从预期净利润率到实际产能利用率。

$$u_K \equiv \frac{g_K(r^e - i)}{s \cdot R_n} \tag{13.8}$$

没有理由认为，由特定状态的“动物精神”导致的产出水平应该与正常产能下的产出相对应。因此，实际产能利用率一般不等于其正常水平（$u_{K_n}=1$）。哈罗德（1939）仅仅在《就业、利息和货币通论》发表三年之后，就展示了只有某个特定的积累率 $\left(g_K^w\right)$（他称之为“有保证的”积累率）是与正常产能利用率相一致的。如果我们要求产能利用率是正常的，那么方程（13.7）告诉我们，有保证的积累率完全是由储蓄倾向和生产条件决定的，其中生产条件规定了正常产能资本比率 R_n 和正常产能利用率 u_{K_n}。

$$g_K^w = s \cdot R_n \tag{13.9}$$

这样一来，我们陷入了一个僵局。[①] 如果积累是由预期利润率驱动的（正如古典理论和凯恩斯所认为的），那么产能利用率通常不同于正常水平。相反，如果积累的目的是维持正常的产能利用率（正如古典理论和哈罗德所认为的），那么积累率则是由储蓄率和生产条件来确定的。这便是之前讨论的储蓄率内生性在另一层面的体现：它既允许积累由预期利润率来驱动，又允许产能利用率长期处于正常水平（Shaikh 2009, 476–482）。

$$s = \frac{g_K(r^e - i)}{R_n} \tag{13.10}$$

13.2.6 预期结果和实际结果的关系

在凯恩斯和卡莱茨基的理论中，投资严格地依赖预期利润率与利率之间的差额（$r^e - i$）（Harrod 1969, 186, 193–194; Sawyer 1985, 98; Snowdon and Vane 2005, 59）。卡莱茨基并没有建立起预期利润率和实际利润率之间的关系。凯恩斯建立起来了，但他对这两个变量的处理方式是出了名的含糊不清的（Asimakopulos 1991, 70–84）。凯恩斯指出，预期利润率，即资本的边际效率，是（企业）内部的收益率，它等于在当前的市场价格下，在给定投资的整个生命周期中平均可得的预期利润流。这个预期收益率不需要和当前已实现的收益率相等。的确，预期收益和已实现收益之间的差别对实际的经济结果可以是一个强有力的影响因素。一次繁荣正是开始于预期利润率上升至高于当前

① 此外，既然哈罗德的有保证的增长率是由给定的储蓄率决定的，那么面对劳动供给的增加，有保证的增长率似乎不会与“自然增长率”，即与充分就业（或者说事实上任何恒定的失业率）相符合的增长率相适应。卡尔多–帕西内蒂的解决方案是将工资和利润收入纳入储蓄率，从而收入分布必须加以调整以使有保证的增长率与自然增长率和谐一致（Kaldor 1957; Pasinetti 1962）。在这个框架下，工人（的行动）对他们自己的生活水平没有影响（见 14.2 节）。

水平的时候，而崩溃则是相反的情形。因此，当前投资的驱动力对实际利润率而言具有一定程度的自主性（Tsoulfidis 2010, 251–252）。

但是，当前的收益率是投资开始进行时曾被预期而现在已经实现的值。如果先前的预期被证明是错误的（正如通常会发生的那样），这个错误一定会影响当前对未来收益率的预期。同时，既然预期是向前看的，那么设想中的未来也会起部分作用。在经济理论中，适应性预期理论依赖一个假设，即只有过去的错误才会修改预期，而理性预期理论则通过假设预期在有随机误差的意义下总是正确的，因此不能被预测，从而跳过了这个问题（见 12.4.3 小节）。[①] 索罗斯的自反性理论则假设预期可以影响实际，而前者可以在相当长的一段时间内高于后者，直到它开始向最低点坠落为止。在这个意义上，自反性预期意味着预期利润率会影响实际利润率，反之亦然，从而这两者以一种动荡的方式围绕着一个互相构建的引力中心波动。这显然是马克思和凯恩斯的一般性假设。

13.2.7 动态情境下的调节过程

一种动态的观点引导我们重新考察短期和长期的调节过程。通常情况下，当需求变化时，乘数过程必定围绕着一个移动的趋势运行。在这种情况下，乘数过程需要用比值和增长率来表达。抽象掉政府和外国部门，我们可以将相对超额需求写作 $ed = ED / Y = \left(D - Y\right) / Y = d - 1$，

① 罗宾逊夫人（1962）以一种不同的方式将预期利润率和实际利润率联系起来。在给定利率之下，每一个预期利润率决定了一个特定的积累率 $g_K\left(r^e - i\right)$，从而生成一个特定的产能利用率，这个产能利用率与某个特定的已实现的利润率相对应。为使预期是自我一致的，在固定利息率下必须使 $r^e = r$，而这只对某些利润率的值是可能的。这在她著名的“香蕉图”中被展示出来（Backhouse 2003, 457–461; Lavoie 2006, 108–109）。不幸的是，她的利润-预期均衡意味着实际产能利用率在通常情况下与正常比率不同，并且没有任何可能的修正机制——这是后凯恩斯主义传统存在的特有困难（Shaikh 2009, 472–476）。

其中 $d \equiv (D/Y)$。这里的要害在于，一般来说，需求是一个移动目标，而经验告诉我们，要想击中一个移动目标，必须追踪它的路径并瞄准它预期应当出现之处，并根据超过或不足的偏差来修正准心。那么，方程（13.2）的乘数过程可以被重新表述为两个分开的过程：第一步，在考虑到当前存在的超额需求的情况下，企业根据预期需求的增长（$\Delta D^e / D^e_{-1}$）安排产出的增长（$\Delta Y / Y_{-1}$）；第二步，就动荡调节的意义而言，预期是大致正确的，即最多存在一定的误差项 ϵ'。当凯恩斯论及以下观点时，这两个命题都被他明确提出：企业根据预期收益进行生产，而大部分企业“在预测需求的不懈努力中通常不会对均衡点做出过分错误的预测”（Asimakopulos 1991, 48）。通过详细说明预期影响实际的方式，以及实际影响预期的方式，自反性理论向前迈进了一步，但其一般结论未变：两者在某个典型的动荡过程中围绕彼此运动。

$$\frac{\Delta Y_t}{Y_{t-1}} = \frac{\Delta D^e_t}{D^e_{t-1}} + \zeta \cdot (d_{t-1} - 1) \tag{13.11}$$

$$\frac{\Delta D^e_t}{D^e_{t-1}} = \frac{\Delta D_t}{D_{t-1}} + \epsilon'_t \tag{13.12}$$

由于相对需求 $d \equiv (D/Y)$，$\frac{\Delta d_t}{d_{t-1}} \approx \frac{\Delta D_t}{D_{t-1}} - \frac{\Delta Y_t}{Y_{t-1}}$，联立方程（13.11）和方程（13.12）可得：

$$\frac{\Delta d_t}{d_{t-1}} = -\zeta \cdot (d_{t-1} - 1) + \epsilon_t \text{，其中 } \epsilon_t = -\epsilon'_t \tag{13.13}$$

很明显，短期动态调节过程是完全稳定的，因为 $d > 0$，$\zeta > 0$。若 $d_{t-1} > 1$，方程（13.13）意味着 d_t 会减小，从而向 1 靠近；若 $d_{t-1} < 1$，方程（13.13）意味着 d_t 会增大，从而也向 1 靠近。所以，均衡位置为 $d^*_t = 1$，即相对超额需求 $ed_t = 0$，这与方程（12.12）中的

$Y_t^* = I_t / s$是一致的。这便是希克斯的存量–流量调节原则的公式化表达（Hicks 1985, ch. 10, 97–107）。储蓄率具有内生性或者外生性在这里无关紧要，关键因素在于预期和实际变量的互相响应。

希克斯的调节原则同样可以较好地用于证明哈罗德的产出产能调节的稳定性（Shaikh 2009, 464–467）。产能（从而资本存量）的调节是一个更缓慢的过程，其中计划产能以预期产量（就短期调节而言，预期产量成功指向实际需求）为目标，而反馈误差（$u_K - 1$）为实际产能利用率与正常产能利用率之差。这再一次成为一个完美的一般原则，同样很好地适用于目标值稳定不变的情形。由于$u_K \equiv Y / Y_n$，对小的变化而言，$\frac{\Delta u_{K_t}}{u_{K_{t-1}}} \approx \frac{\Delta Y_t}{Y_{t-1}} - \frac{\Delta Y_{n_t}}{Y_{n_{t-1}}}$，而$u_K$、$\zeta' > 0$，因此长期过程同样是绝对稳定的。在哈罗德的有保证的增长路径上，不会有失控不稳的“刀锋”存在。

$$\frac{\Delta Y_{n_t}}{Y_{n_{t-1}}} = \frac{\Delta Y_t^e}{Y_{t-1}^e} + \zeta' \cdot (u_{K_{t-1}} - 1) + \eta_t' \tag{13.14}$$

$$\frac{\Delta Y_t}{Y_{t-1}} = \frac{\Delta Y_t^e}{Y_{t-1}^e} + \eta_t'' \tag{13.15}$$

$$\frac{\Delta u_{K_t}}{\Delta u_{K_{t-1}}} \approx -\zeta' \cdot (u_{K_{t-1}} - 1) + \eta_t \tag{13.16}$$

其中，响应系数$\zeta' > 0$，η_t''、η_t'' =某些均值为0的误差，$\eta_t = \eta_t'' - \eta_t'$。

13.2.8 哈罗德系统中的外生需求和所谓的斯拉法超级乘数

在传统凯恩斯主义的故事中，投资是外生的，储蓄率是给定的，而对应的均衡产出水平是由乘数关系决定的。在这种观点下，产出增长源自外生需求的增长。哈罗德推翻了这一论断。他注意到，尽管投资需求在短期来看是外生的，但从长期来看它实际上是内生的，因为它会自我调整以消除实际产能利用率与正常产能利用率之间的差距，所以资本主义的增长是内生而不是外生驱动的。哈罗德的有保证的路径中最引人注目的特征之一便是储蓄率下降的短期效应是通过乘数提高产出水平，但长期效应是降低内生的（有保证的）增长率［方程（13.9）］。

如果我们再加入外生的不断增长的政府需求和出口需求，哈罗德系统会发生什么呢？对于给定的储蓄（s）、税收（t）和进口倾向（im），乘数关系就变为：①

$$Y_t = \frac{I_t + D_{A_t}}{s'} \tag{13.17}$$

其中 $D_{A_t} = G_t + EX_t$ = 自主性（外生）需求，即政府需求与出口需求之和，而 $s' \equiv s + t + im$。但是，产出也（大致）等于产能，因为投资会自动调节以维持正常水平的产能利用率。既然 $R_n \equiv (Y_n / K)$，$I_t = \Delta K_t$ = 资本存量的变化，那么在有保证的路径上，$Y_t \approx Y_{n_t} = K \cdot R_n$，因此 $\Delta Y_{n_t} = I_t \cdot R_n = (s'Y_{n_t} - D_{A_t}) \cdot R_n$，其中 $s' \equiv s + t + im.$。忽略二阶微分项②，有保证的（正常产能下）产出增长率 $g_Y^w = \Delta Y_{n_t} / Y_{n_{t-1}}$ 通过下面的方程给出：

$$\frac{g_Y^w}{1+g_Y^w} \approx g_Y^w = g_{Y_n}^* + \left[(t+im) - \left(\frac{D_{A_t}}{Y_{n_t}}\right)\right] \cdot R_n + \varepsilon \tag{13.18}$$

① 根据第 12 章方程（12.5），短期内宏观经济均衡条件为 ED ≡ [I – S] + [G – T] + [EX – IM] ≈ 0,，其中 S = s · Y = 储蓄，T = t · Y = 税收，IM = im · Y = 进口，s、t 和 im 分别是外生给定的私人储蓄、税收和进口倾向。因此，如果产出等于产能，我们得到方程（13.17）。

② 根据 $\Delta Y_{n_t} = I_t \cdot R_n = \left(s'Y_{n_t} - D_{A_t}\right) \cdot R_n$ 我们得到方程（13.18）中的 $\Delta Y_{n_t} / Y_{n_t} = \frac{g_{th}^W}{1+g_Y^W} \approx g_Y^W$。

其中$g_Y^* \equiv s \cdot R_n$ = “纯粹的”有保证的产出增长率，$\left[(t+im)-\left(\frac{D_{A_t}}{Y_{n_t}}\right)\right]$这一项捕捉了税收（t）和进口倾向（im）以及外生需求D_{A_t}的综合效果，而变量ε则捕捉了需求与供给、产出与产能之间动荡平衡的效果。这里，ε在长期中围绕零波动，虽然它可能不一定有零均值，因为波动可以是不对称的。在哈罗德体系中，引入（真实）外生需求会对增长产生两个互相冲突的长期影响。方程（13.18）右边方括号内（t+im）这一项表明总储蓄率$s' \equiv s+t+im$的扩展部分对有保证的增长率产生正面影响，因为在哈罗德的增长理论中储蓄率是最终驱动力；此外，在同一个方括号中，外生需求与资本存量之比作为负项存在，从而意味着更低的有保证的增长率。让问题变得更复杂的是，方程（13.18）的左右两边是不独立的，因为方程左边的有保证的增长率$g_Y^w \equiv \Delta Y_{n_t} / Y_{n_{t-1}}$对正常产出$Y_{n_t}$的路径是有影响的，而$Y_{n_t}$是方程右边方括号中最后一项的分母。于是，外生的政府需求和出口需求对产出增长的影响，取决于总外生需求的增长率与当前有保证的增长率g_Y^W产生联系的方式：如果外生需求的增长率低于已有的有保证的增长率，它将促进长期产出的增长；如果外生需求的增长率高于已有的有保证的增长率，则会降低总的增长率（Shaikh 2009, sec. 7, 469–471, appendix B, 486–490）。在前一种情况下，外生需求的份额将会持续下降，因为产出增长得更快；在后一种情况下，这个份额会持续上升。只有当外生需求的增长率等于已有的有保证的增长率时，才能得到稳定的份额（489–490）。在任何情况下，产能利用率都保持在正常水平。

为了理解这些结果的意义，考虑$\left[(t+im)-\left(\frac{D_{A_t}}{Y_{n_t}}\right)\right]=0$的初始情形，从而一个“纯粹的”有保证的增长率$g_Y^W = g_{Y_n}^* \equiv s \cdot R_n$。既然方括号中的项仅仅是预算剩余与贸易逆差之和占净产出的份额

$[(T_t - G_t) + (IM_t - EX_t)] / Y_{n_t}$[①]，那么当这两项余额相互抵消时，即（比如）当我们有预算赤字（$G_t - T_t$）和贸易逆差（$IM_t - EX_t$）相等的双赤字时，就能得到“纯粹的”增长率。这与戈德利等的新剑桥假说相一致（Fetherston and Godley 1978; Godley 2000）。现假设外生需求增长率开始高于现有的增长率，那么短期效应是产出水平相比原先的趋势路径会提高，但总的产出增长率则会下降。短期内得到的会在长期中失去。相反，如果外生需求增长率开始低于纯粹的有保证的增长率，那么产出水平的路径会降低，但与此同时它的增长率会提高（Shaikh 2009, 470–471, figs. 3–4, and 472 text）。由此可见，提高产出水平而不改变增长速度的唯一方法，便是在提高外生需求路径水平的同时，使增长率等于有保证的增长率。既然人们不能在提高一个变量水平的同时不改变它的初始增长率，便意味着需要先提高外生需求的增长率，使产出增长率高于纯粹的有保证的增长率，直到产出达到新的水平，然后再降低外生需求的增长率，使产出增长率回到纯粹的有保证的增长率水平。

上述结果关系到围绕所谓的斯拉法超级乘数的争论。[②]赛拉诺（1995, 71–72）指出，当“在长期总需求中存在一个正的自主性支出”，且产能利用率保持在正常水平时，整个经济可以被看作“需求导向”的，且对应的“有效需求水平……会是这个自主性支出的数倍”。就需求导向的观点而言，我们已经看到，“纯粹的”哈罗德系统不完全是需

① 根据 $t = T_t / Y_{n_t}$，$im = IM_t / Y_{n_t}$，以及上文所说的 $D_{A_t} = G_t + EX_t$，分母打通，合并分子，可得 $[(T_t - G_t) + (IM_t - EX_t)] / Y_{n_t}$，这就是预算剩余与贸易逆差之和占净产出的份额。——译者注

② 赛拉诺（1995, 67n61）从希克斯的理论中抽取了“超级乘数”的术语，并加上“斯拉法”作为前缀，因为在斯拉法-古典框架中，产品价格与正常的产能利用率相对应。他谨慎地指出，他“并不是在说在斯拉法的著作中能够找到某种像超级乘数的东西，也不是说他同意这一观点”。他其实可以更好地称之为李嘉图超级乘数。

求导向的，因为投资是内生的。于是，外生需求要么改变有保证的增长率，要么使它保持不变。若外生需求的增长率高于纯粹的有保证的增长率，它会对产出水平产生正的推动，而对增长率产生负的推动。反过来，若它的增长率低于纯粹的有保证的增长率，则它会产生相反的推动作用。若它的增长率恰好等于纯粹的有保证的增长率，则它会对产出水平和增长率都不造成影响。所以我们可以说，产出的增长永远都不是需求导向的：它至多是需求修正的，在这种情况下，产出增长率改变的方向与外生需求所推动的方向是相反的。

相反，只有在作为基础的外生需求本身的增长调整并适应了纯粹的有保证的增长率时，正常的产能产出水平才可能通过短期冲击成为需求导向的。此时，$\left[(t+im)-\left(\frac{D_{A_t}}{Y_{n_t}}\right)\right]=0$，从而 $Y_{n_t}=\left(\frac{D_{A_t}}{t+im}\right)$，只有在这种情况下，才显得好像是产出完全由外生需求驱动（Trezzini 1998, 57）。最后，由于哈罗德系统依赖外生给定的储蓄率，所以当产出–资本比（R_n）为常数时，纯粹的有保证的增长率 $g^*_{Y_n}=s\cdot R_n$ 也是常数。一些作者指出，外生需求增长率与纯粹的有保证的增长率不同，与正常产能利用率也不一致，因此真正的需求导向的增长需要产能利用率在一般情况下与正常产能利用率有所不同（Trezzini 1998, 57–58; Palumbo and Trezzini 2003, 116–117, 135）。这显然是标准的后凯恩斯主义的结论（见 12.6.4 小节）。我们已经看到在目前情况下这是不对的，因为即使在纯粹的有保证的增长率是常数的情况下，方程（13.18）中总的有保证的增长率也会随着外生需求增长率的变化而变化。但是，哈罗德主义和后凯恩斯主义的框架之间更深层次的分歧在于，（哈罗德主义认为）积累是由预期净利润率决定的，而储蓄率是内生的（见 13.2.4 小节）。

13.2.9 确定性趋势与随机性趋势

现在我们考察一种特殊的情形，即预期净利润率（r^e-i）随时间推移而动荡地增长。在凯恩斯主义理论中，投资水平是预期净利润率的函数，从而投资 $I_t=I\left[\left(r^e-i\right)_t\right]$ 和均衡产出 $Y_t^*=I_t/s$ 具有相关的时间路径。允许一定程度的随机波动 ε_t 存在，我们可以写出：

$$Y_t^*=\frac{I_t}{s_t}=\frac{F(t)\cdot(1+\varepsilon_t)}{s_t} \tag{13.19}$$

$\ln Y_t^*\approx f(t)-\ln(s_t)+\varepsilon_t$，其中 $f(t)\equiv\ln F(t)$，对较小的冲击有 $\ln(1+\varepsilon_t)\approx\varepsilon_t$ （13.20）

这里，无论储蓄率是固定的还是变化的，正如方程（13.20）所示，产出的对数都有一个确定性的时间趋势 $f(t)$。这是因为在凯恩斯主义框架里，投资水平（I_t）会响应预期净利润率，所以如果后者具有一个时间趋势，那么投资和产出也会有。由此产生的路径不可能带来一个稳定的正的或负的投资增长率，因为利润率有它的上下边界，最大利润率（R_n）是它的上界，零是它的下界。[◎]的确，如果（r^e-i）是不变的，那么根据凯恩斯主义理论，投资、产出和就业也必定是不变的。

我们已经看到，古典经济学家和罗宾逊夫人、哈罗德等经济学家都指出，是积累率（$g_{K_t}=I_t/K_{t-1}$）而非投资-资本比对预期净利润率做出反应。[①] 但是，即使 g_{K_t} 只是围绕着某个常数 α 波动，即 $g_{K_t}\approx\ln K_t-\ln K_{t-1}=\alpha+\varepsilon_t$，这也立刻意味着 $\ln K_t=\ln K_{t-1}+\alpha+\varepsilon_t$，结果，$\ln K_t$ 具有了随机趋势，因为这是一个单位根过程（Nelson and Plosser

① 凯恩斯假设投资水平是预期净利润率的函数 $I=f\left(r^e-i\right)$。在这种情况下，积累率 $g_{K_t}=I_t/K_{t-1}=f\left(r_t^e-i_t\right)/K_{t-1}=F\left(r_t^e-i_t,K_{t-1}\right)$ 与 $g_{K_t}=f\left(r_t^e-i_t\right)$ 大不相同。

1982; Enders 2004, 186–187; Shaikh 2009, 473）。[①] 在图 13.1 和图 13.2 中所描绘的凯恩斯主义乘数图景中，预期利润率的暂时增加只对产出和就业水平产生暂时的影响，但在以方程（13.20）的形式表达的古典主义情形中，预期净利润率的暂时增加会通过暂时改变产出和就业的增长速度永久地改变这两者的水平。这是一个激动人心的重大差别。13.3.4 小节会详细考察它的含义。

13.2.10 货币供给内生性对利率理论的影响

在《就业、利息和货币通论》中，凯恩斯假定货币供给是由货币当局决定的（Asimakopulos 1991, 86–95, 117）。但在之前的著作《货币论》中，他强调银行信贷是以借款人和贷款人的私人决策为基础的。此外，我们正好注意到，在《就业、利息和货币通论》发表之后，凯恩斯承认，他已经假定储蓄和投资之间的任何缺口都将由任意给定利率下的银行信贷来满足。在这种情况下，货币供给会直接随着对信贷需求的变化而变化，而这便使前者成为内生的。卡莱茨基对货币和金融的看法是零碎的，但他确实在很大程度上把货币看作信用货币，把货币供给看作内生的（Sawyer 1985, 17, 88, 93–94）。

在凯恩斯那里，货币供给的内生性与他构建 LM 理论的基础是互相冲突的，因为一旦货币供给是内生的，流动性偏好便不足以决定利率。我们需要一些其他的解决方式。后凯恩斯主义的解决方案是声称央行固定一个基础利率，而私人银行在这个基础利率之上通过垄断加成得到市场利率。但这对凯恩斯的初始问题（竞争性市场如何决定利率）并不具有指导意义。我在 10.2 节中已经指出，竞争性市场通过金

---

① 若 $Y_t = \rho Y_{t-1} + u_t$，其中 $\rho = 1$, u_t为一平稳过程，且$E(u_t) = 0$, $cov(u_t, u_{t-s}) = \mu_t < \infty$，这里s = 0, 1, 2, …。文中的单位根过程是一个带 α 漂移量的单位根过程。——译者注

融部门调节资本利润率的均等化决定所有的利率，包括基础利率。这可以当作凯恩斯关心的其中一个主要问题的替代性解决方案，它表明，竞争性利率并不能自由波动以使总需求等于充分就业状态下的总供给。

13.2.11 总需求与价格水平

在凯恩斯的框架中，非自愿性失业存在的直接后果是：总需求的增加会首先增加产出和就业，而只有在充分就业状态附近时，价格才会受到冲击（Snowdon and Vane 2005, 61, 142）。这便将他置于古典货币数量论的对立面，后者声称，由货币供给的增加带来的有效需求的增加只会提高价格水平。在凯恩斯看来，货币数量论（与新古典经济学的其他方面一样）只适用于充分就业的情形（Snowdon and Vane 2005, 70），而即便在充分就业的状态下，新古典理论也不一定适用，因为预防性和投机性的货币持有取决于预期与信心的状态，所以货币需求可能会剧烈波动（Snowdon and Vane 2005, 70），这与货币数量论的中心要求（即货币需求是关于收入和利率的稳定函数）是直接冲突的（见 12.4 节）。

菲利普斯曲线允许凯恩斯主义经济学家解释为什么价格会在充分就业状态到达之前就开始上涨。原初的菲利普斯关系，即名义工资变化率和失业率之间的关系，假设价格由成本加成来设定，而成本最终被还原为劳动力成本，由此转化出一种通货膨胀率–失业率曲线。这一切似乎都没问题，直到菲利普斯曲线在 20 世纪 70 年代的大滞胀中崩溃。弗里德曼和费尔普斯发动了新古典主义反革命，并从中生出了新古典理论、真实商业周期理论和最终的新凯恩斯主义理论（见 12.4 节）。指出以下这一点是很重要的：凯恩斯主义经济学与反革命经济学的所有变种都有一个关键的共同点：两者都假设只有当总需求超过充分就业状态下的总供给时价格才开始上升。

但看待这个问题还有另一种方式。在古典增长理论看来，一个经济体系的最高增长率是将剩余产品全部用于再投资（即资本积累率等于利润率）时达到的。这个极限值在李嘉图的谷物模型和马克思的扩大再生产模型中是隐含的，而在冯·诺伊曼和罗宾逊夫人[①]处理增长问题时被明确指出来了。从这个角度来说，实际积累率和利润率的比值可被看作衡量一个经济体增长潜力利用程度的指数。这个比例其实就是投资占利润的份额 $\sigma' = g_K/r = (I/K)/(P/K) = (I/P)$。它的决定因素会在后文中推导。我将在第 15 章中以此构建一个关于通货膨胀的古典理论，它能够解释大滞胀时期的事件，也能解释许多国家的通货膨胀路径。

13.2.12　作为正常现象的资源未充分利用

凯恩斯对资本主义保持高度的敬意，并尊重他所处时代正统经济学的理论基础，但现实世界中的经历使他确信，即使在短期内资本主义也总是有能力进行扩张，而非自愿性失业是无管制资本主义经济事务的正常状态（Snowdon and Vane 2005, 65）。他还进一步表明，“一旦这个主要的缺陷被消除，充分就业得以恢复”，新古典理论便变得完全适用了，对如下所述的“[新]古典主义分析方法是不存在异议的”：由个人的自利来决定生产何种特定的物品，用什么样比例组合的生产要素来生产，以及如何将最终产品的价值在要素之间加以分配”（Keynes, cited in Snowdon and Vane 2005, 21）。他把自己的理论表述为通用的，而把新古典理论当作仅适用于充分就业状态的特殊情形。凯恩斯的自负是有理由的，他的目标是拯救新古典理论和资本主义本

① 罗宾逊夫人特地引用“可用剩余”作为该体系扩张的极限（Backhouse 2003）。

身。不幸的是，以他的名字命名的经济政策在他 1946 年去世后仅仅 20 年便失效了。当弗里德曼、费尔普斯和卢卡斯将持续性失业纳入正统理论，并将其与工会和政府的行动联系在一起时，凯恩斯本人对新古典理论曾经做过的事情，现在报复性地掉过头来被施加到他自己身上。此后，新古典理论的完全竞争状态被视为一般情形，而凯恩斯式的结果被看作源自工资和价格刚性的特殊情形（见 12.4 节）。我将会在第 14 章中提出相反的命题：通过一种竞争性制度的运作，资本主义会保持住一定数量的“正常的”非自愿性失业，在这个制度中，实际工资是具有完全弹性的。我们的任务将是说明正常的失业率与“自然的”和“非加速通货膨胀的”失业率有何不同以及为什么不同。

13.3 利润中心的现代古典经济学

“驱动企业的引擎是……利润。”（Keynes 1976, 148）

13.3.1 利润同时调节供给和需求

利润在宏观经济学中处于中心地位。没有利润，就不会有生产，不会有劳动收入或财产性收入，从而不会有作为消费需求基础的家庭收入与作为投资需求基础的前景和期望。由于生产需要时间，资本对原料和劳动力的支出必须在先，而实际产出要在之后的某个时间才能得到，因此生产总是以预期利润为基础开始的，而预期利润率则是受实际利润率控制的。依据预期的强烈程度，生产可能在比过去更高或更低的水平上进行。这些可能性可以用这样一句话来概括：循环周转的流动投资（用于改变投入品和劳动力的额外资本，见第 4 章）既可能为正又可能为负，这取决于对利润的估计[①]。相应地，固定投资也可能扩张或收缩产能，这同样取决于在一个更长的时间范围内个体对利润的预期。在任意时刻，一些企业会扩张，而另一些企业则会收缩，这取决于它们各自不同的预期与时运。同样的道理也适用于家庭收入和支出。在宏观经济层面，有效供给和有效需求都是通过不同的渠道由预期利润控制的。正因为控制渠道不同，所以没有理由认为供给侧和需求侧会自动达到平衡。新古典宏观经济学是供给侧经济学，因为它宣称，在短期内，产出水平是由以下两点决定的：一是资本存量使用上的利润最大化，二是劳动力存量上的充分就业。如果劳动力供给增加，那么从长期来看，产出和资本也会适应劳动力的增长率。在同样水平的抽象下，凯恩斯主义宏观经济学是需求侧经济学，因为它认为短期产出（从而资本的利用和劳动力的就业）是受总需求中相对自主的那一部分（自主消费和投资）控制的。因此，产出的增长源于自主性需求的增长，而自主性需求可能足以也可能不足以维持产能的充分利用和 / 或劳动力的充分就业。古典宏观经济学既不是供给侧也不是需求侧的，它是“利润侧”的。利润同时作用于供给和需求的水平与增长路径。

13.3.2 工商业储蓄率的内生性

利润对总供求平衡的调节作用还有第二层含义。马克思在《资本

① 每一次商品销售之后，都可以看作对原料投入品和劳动力的投资循环周转了一次。对利润的预期会改变下一轮生产规模。乐观的预期导致产出增加，对原料投入品和劳动力的新增投资就是正的，反之，产出下降，新增流动投资则为负。——译者注

论》第二卷中关于再生产理论的开创性体系表明，无论是在静止的还是在增长的经济中，总供给的增加都能创造出相应的需求的增加。[①]问题不在于各部门间适当的比例，因为如果我们像凯恩斯主义或新古典经济学那样在纯粹的宏观层面研究问题，部门之间的问题便不存在了。在马克思描述的情形中，关键点在于储蓄率与投资不是彼此独立的，因为工商业储蓄和工商业投资是由同一个主体来完成的。企业不仅投资，还拿出自己的利润来为投资提供部分必要的资金支持。为了彻底阐明这个观点，马克思在一开始抽离了银行信贷（它能够提供独立于当前资金储备的资金来源）以及家庭储蓄向工商业投资贷出的资金。从而，对企业总体而言[②]，唯一能增加投资的方式便是留存更多它们自己的总利润。[③]假设企业增加了 100 单位的劳动力和原料（即用于循环周转的流动投资）的投入，其中 60 单位用于雇用新的劳动力，40 单位用于采购更多的原料。前者直接增加 60 单位对劳动力的需求，后者直接增加 40 单位对商品（原料）的需求。在纯粹内部融资的假设下，总投资的资金筹集是通过增加 100 单位的留存收益实现的，而这会导致分给企业主的利润减少 100 单位，从而减少 100 单位的家庭总收入。此外，新雇用劳动力的收入会增加 60 单位。在简单再生产条件下[④]，净效应便是减少了40单位的消费需求。最终结果是，在原料上新

① 这里增加的总供给导致总需求的增加关注点在增加上面，比如为了增加自行车的生产和供给而雇用工人，于是新增工人的工资就会相应地增加总需求，这与萨伊定律认为总需求自动等于总供给的总量均衡观念不是一回事。——译者注

② 即把社会所有的企业视为一个整体，也即暂不考虑企业之间的资金借贷。——译者注

③ 罗宾逊夫人也注意到，如果“资本家和经理留存的利润率量等于他们的投资所需的数量”，那么工商业储蓄率就完全是内生的（Robinson 1965）。

④ 简单再生产意味着资本家的利润全部用于消费，因此企业主的家庭收入减少多少，消费需求也就减少多少。当企业主减少 100 单位消费，新雇用劳动力增加 60 单位消费时，净消费需求便降低了 40 单位。——译者注

增的 40 单位需求将会被在消费品上减少的 40 单位需求抵消。[①] 如果在每一个部门中实际产出都与需求相适应，那么产出比例将会由消费品转向原料，但总需求不会发生改变（Marx 1967b, 506–507; Shaikh 1989, 85n2）。

在这种限定情况下，乘数为零：总投资的增加并不会带来总需求或总产出的增加，因为储蓄率会调整以适应投资率。如果企业整体选择只用工商业储蓄为投资提供部分资金，那么剩下的部分就必须能向银行借款。这时才会有乘数，但它是一个可变的值。将固定资本考虑进来不会改变这一整体结论。

总储蓄率的内生性在戈德利和克里普斯（1983）、拉格尔斯夫妇（1992）的论述中也起到重要作用。英国的韦恩·戈德利等观察到这样一个现象，即在发达国家中，私人部门的（货币）余额往往量少且比较稳定，从而得出结论：贸易逆差往往可以反映政府赤字，正如方程（12.1）所示。这便是新剑桥学派的双赤字假说。戈德利和克利普斯在他们 1983 年的著作中假定私人部门的余额由私人净金融资产与可支配收入之间稳定的常态关系驱动，并努力为他们的经验发现提供理论基础。当投资由利润率决定，而收入被分发给个人或企业时，总私人储蓄率必定会调整，以使金融资产和收入的实际比例等于意愿值。美国的拉格尔斯夫妇遵循同样的证据线索，得到了一组不同的结论。当他们将家庭储蓄和工商业储蓄的经验证据仔细分解开来时，发现在战后时期，家庭可支配收入超出非耐用消费品支出的部分（这便是他们对储蓄的定义）大致等于家庭耐用消费品支出。类似地，工商业储蓄（留存收益）也大致等于工商业对新厂房和设备的支出。这使他们提出

① 这里默认的前提是：利润是企业主的家庭收入，而劳动力家庭和企业主家庭的收入都被用作消费。——译者注

这样的假设：每个部门都由共同的行为原则驱动，即储蓄的目的是为“资本的形成”提供资金。请注意，从凯恩斯主义的视角来看，储蓄是通过可支配收入超出所有消费支出的差额定义的。于是，拉格尔斯夫妇的发现意味着，（在凯恩斯主义的定义下）家庭储蓄率为零，而工商业储蓄率等于投资占利润的份额（Shaikh 2012b）。

以上两个学派都得出一个观点，即储蓄率会适应投资的需要。储蓄率的内生性具有的内在含义与有效需求理论是矛盾的。一方面，它缩小了乘数理论的适用范围。在标准的凯恩斯主义情形中，任何投资与储蓄之间的缺口都会由产出的改变填充，因为储蓄率被看作不变，而在储蓄率会自动调节以填充缺口的条件下，乘数会减小（见 13.2.4 小节）。在拉格尔斯的情形中，同时是基本的古典理论情形中，家庭不会储蓄，而企业则储蓄它们需要用于投资的部分。在这种情况下，乘数是一个暂时的变量，它的持续时间取决于工商业储蓄适应投资需求所需的时间。此外，储蓄率的内生性允许我们在保留哈罗德所认同的从长期来看实际产能利用率会围绕它的正常水平上下波动的观念的同时，重申马克思、凯恩斯和卡莱茨基所认同的观念，即增长是由预期的投资利润率所支配的（Shaikh 2009）。更近些时候，数名作者已经论证工商业储蓄率不必独立于工商业投资（Ruggles and Ruggles 1992, 119, 157–162; Blecker 1997, 187–188, 223–224; Gordon 1997, 97, 107–108; Pollin 1997）。正如布勒克尔（1997, 188）所注意到的，如果工商业储蓄率确实与它们的投资决策相关联，那么“［经验观察到的］储蓄–投资相关性的政策含义将彻底改变”。

重点在于，工商业储蓄和投资决策不能被看作相互独立。事实上，在全球危机爆发之前的 2007 年，美国公司企业总投资额的 100.5% 是由内部资金提供的。而当 2007 年危机爆发时，由于投资崩溃，这一数字上升至567%。[1]在二战后至危机之前的1947—2006年，作为一个整体的非金融企业（包括公司和非公司企业），总储蓄与总投资之比平均为110%；而在2007—2011年危机期间，由于企业加强了它们的流动性，这一比值上升至140%。[2]这告诉我们，在经济正常时期，工商业储蓄率会紧密跟随工商业投资率。但是，理论模型通常都假设总储蓄率是"给定的"，从而与投资需求是完全独立的。例如，卡莱茨基（1966, 96–99）开始时正确地指出，投资决策与投资资金的筹备是在实际投资开始之前完成的。他甚至强调，投资决策强烈依赖企业的内部资金（即储蓄）。但随后，他便未经考虑地将"企业储蓄"归入"总私人储蓄"，并通过工资和利润两者固定的（边际）储蓄倾向，将"总私人储蓄"与工资和利润联系起来（59）。通过这一步，他切断了工商业储蓄率和投资率之间的联系，从而也切断了总储蓄率和投资率之间的联系。罗宾逊夫人明确讨论了工商业储蓄，但她将其与企业的折旧和分红政策联系在一起，而没有将其与投资联系在一起（Asimakopulos 1991, 170）。标准的凯恩斯主义模型往往更进一步，假设储蓄完全由家庭按照一个恒定的储蓄率来进行，而这个储蓄率与投资率完全无关。这便意味着企业先分配掉它所有的利润，然后飞快地借回它们需要为总投资筹资的部分——当然是在支付利息的前提下。在这种模型中，企业需要向贷款人支付的相应利息和分期还款通常是被忽略的（Godley and Shaikh 2002）。

---

① 内部资金是投资额的5.67倍，说明大部分资金没被用于投资。——译者注。

② Federal Reserve Flow of Funds Table F102, Nonfinancial corporations, Nonfinancial business; gross investment divided by Nonfinancial business; gross saving less net capital transfers paid (http://www.federalreserve.gov/releases/z1/Current/).

13.3.3 利润、投融资与增长

下面我将从一个没有银行信贷或股票市场（从而没有股份公司）的封闭的私有经济出发，逐个引入要素，构建一个古典的宏观动力学解释。

13.3.3.1 每家企业的投资都完全依靠内部融资

所有人和合伙人（之后若不做说明，通称为所有人）支付企业的运作成本，包括原料成本、折旧费、工人和经理的工资。销售额中剩下的部分便是利润。利润可以分配给所有人作为个人收入，可以增加企业的货币余额，也可以留存下来作为投资资金。假设企业之间并不互相借债，从而所有的投资资金都是由企业内部提供的，那么就不会有针对投资的资金市场，从而也不会有相关的利率。除了先前存在的货币余额可以提供有限的灵活性外，每家企业的实际投资占当前利润的份额（投资份额）将受制于企业最大储蓄额，即当前利润超出分给个人收入和维持货币余额最低值的剩余部分。在这个限制之下，更高的投资份额一般要求利润中更多的部分被用于为投资提供资金。这个根本要求可以用这样一条原则来表述：工商业储蓄率会对当前储蓄率与投资份额之间的缺口做出响应（Shaikh 2009, 476–482）。当前的讨论建立在下面两个条件基础上：（1）在当前情况下只考虑工商业储蓄；（2）抽象掉价格变化，从而名义比率与实际比率相等。令 S= 储蓄，P= 利润，I= 投资，$\sigma' = I/P$= 投资份额，$s_p = S/P$ = 储蓄占利润的比重，$s = ds_p / dt$ = 储蓄率随时间推移的变化率（以微分变元的形式表达），“f”为一般的函数形式。

$$\dot{s}=f_s\left(\frac{I}{P}-\frac{S}{P}\right)=f_s(\sigma'-s_p) \qquad (13.21)$$

既然投资等于资本存量的变化（$I_t=\dot{K}_t$），那么投资份额（这个概念将在第 15 章的通货膨胀理论中扮演重要角色）可以表达为资本增长率（积累率）$g_K \equiv I/K$ 与利润率（$r \equiv P/K$）的比值。在一般古典理论中，积累率是由预期的企业利润率（r^e-i）驱动的，其中 r^e = 投资整个生命周期中的预期利润率，i= 当前的名义利率。请注意，利率在这里只是一个与投资预期利润率相比较的参照基准。这一说法与凯恩斯的以下说法相类似，即投资水平取决于资本边际效率超出当前利率的水平（Asimakopulos 1991, 72–74），只不过在这里，对预期净利润率做出反应的，是投资与资本存量之比（积累率），而不是投资的绝对量。

采用名义利率（i）而非费雪实际利率（$ir \equiv i-\pi$，其中 π =通货膨胀率）的原因在 10.2 节中讨论过了。首先，古典理论中对利润的量度包含了利息和税收，这与实际商业核算中“息税前利润”的量度是一致的。其次，在附录 6.2.2 中指出，斯拉法的利润率为 $r=\frac{p\cdot\Omega}{p\cdot K}=\frac{P}{K}$，其中利润 P 为剩余产品向量 **Ω** 的当前价格，资本量 K 为行业资本存量向量（**k**）的当前价格。显然，这是实际利润率，因为分子和分母除以相同的价格指数不会改变 r 的值。现在考虑被占用资本的利息等价量 INT = i·K，其中 i= 当前名义利率，K 同样是资本品存量的当前总成本价。于是，我们可以定义名义的企业总利润流[①] $PE \equiv P-i\cdot K$，以及相对应的企业利润率 $re=PE/K$。又一次，分子和分母除以相同的价格指数并不会导致比例的变化，因此 re 也是一个实际比率。而正确衡量企业实

① 国民收入和生产账户量度的利润被定义为息税前收益中超出实际支付净利息的部分，它可被写作 $P_{NIPA}=P-i\cdot LB$，其中 LB= 总负债（债务），相应的利润率为 $r_{NIPA}\equiv\frac{P_{NIPA}}{K}=r-i\cdot\left(\frac{LB}{K}\right)$。

际利润率的公式应该是现行利润率减去现行利率。

$$re = \frac{PE}{K} = \frac{P - i \cdot K}{K} = r - i \tag{13.22}$$

最后，很显然，方程（13.22）中，若 r 和 i 同时减掉通货膨胀率，我们会得到完全相同的企业利润率，它现在可以被表达为费雪利润率与利率之差。接下来，我说的企业利润量是指企业净利润，相应地，利润率是指净利润率。

$$re = (r - \pi) - (i - \pi) = rr - ir \tag{13.23}$$

回到我们的主题。投资份额等于积累率与利润率之比。接下来，实际积累率是企业预期利润率的函数，也是企业对供求之差和正常产能利用率与实际产能利用率之差的反应（Shaikh 2009, 476–482, 490–492）。注意到这一点是重要的，即由净利润率决定正常产能情况下的资本存量增长率，并不排斥其他因素的作用。假设净利润率低到使积累率为零，此时，资本存量、产能和产出都为常数。现在假设在正常净利润率不变的情况下，某些外生因素使需求增至一个新的较高的常数，于是，产出增加，产能利用率提高。这便会刺激资本存量的增加，直到产能利用率回归正常水平止。即使已实现净利润在其间曾经提高，它还是会回落到原先的正常水平（在此例中为零）。最终的结果便是，产出、资本存量和产能都永久性地提高了，但它们的正常增长率仍然保持不变。

这些议题会在下一节和下一章中扮演重要的角色。不过现在，我先抽象掉它们，以把注意力集中在预期利润率上。

$$g_K = f_K(r^e - i) \tag{13.24}$$

$$\sigma' \equiv \frac{I}{P} = \left(\frac{I}{K}\right) \Big/ \left(\frac{P}{K}\right) = \frac{g_{K(r^e - i)}}{r} \qquad (13.25)$$

方程（13.21）~ 方程（13.25）描述的动态过程的关键之处在于，对任意给定的预期利润率，积累率都是利率的减函数，只是在这里，储蓄率会调整，从而填补储蓄与投资之间的任何缺口。如同凯恩斯所指出的，在短期内，预期利润率可以与实际利润率不同；正如在第 11 章中已经得出的，利率也可以与正常利率不同。

在目前阶段的讨论中，没有投资资金的借贷，从而也没有利率。足够低的预期利润率会导致零积累率和零投资份额，因此均衡工商业储蓄率也为零：所有的利润都作为企业主的财产性收入被支付出去，增加货币余额是不必要的，因为整个系统将是静态的。这是一个静态的系统，就像马克思的简单再生产模型（Marx 1967a, ch.20）。这个系统是由预期利润率所驱动的，正如马克思和凯恩斯所论述的那样。

13.3.3.2 工商业部门作为一个整体在内部为投资提供总资金

下一步是允许企业之间的资金转让。意愿投资份额超出其手中自由资金的企业，可以向情况相反的企业借钱。这意味着一个有相应利率的可贷资金市场。作为债务人的企业必须向作为债权人的企业分期偿还本金和支付利息，但就总体而言，这些会相互抵销，从而总的工商业储蓄等于总的工商业投资。若可贷资金的需求大于供给，短期利率会上升，这会倾向于使资金从企业的货币余额和企业所有人的个人收入转化为可贷资金。在目前假设没有家庭储蓄的情况下，所有的家庭收入（工资、薪水和财产性收入）都被用于消费。因此，利率的上升一般来说会减少工商企业对闲置货币余额的需求，这正是凯恩斯出了名所坚持的观点，但这也会增加工商业储蓄率本身，而这也是前凯恩斯正统理论所宣称的。因此，一旦我们引入可贷资金，就会有以下两方面的正向反应：利率对资金缺口做出正向响应，同时，储蓄率对资金缺口和利率的变化率（$\dot{\mathrm{i}}$）做出正向响应。由此可得出结论：是资金缺口始终调节着工商业的储蓄率。

$$\dot{\mathrm{i}} = f_{\mathrm{i}}(\sigma' - \mathrm{s_p}) \tag{13.26}$$

$$\dot{\mathrm{s}}_{\mathrm{p}} = f_{\mathrm{s}}\left((\sigma' - \mathrm{s_p}), \dot{\mathrm{i}}\right) = f_{\mathrm{s}}(\sigma' - \mathrm{s_p}) \tag{13.27}$$

13.3.3.3 总内部融资的稳定性

调整过程的稳定性是简单明确的。从一个平衡点开始，预期利润率的上升会提高积累率，从而投资份额会超过储蓄率。由方程（13.27）可知，这会直接导致储蓄率的上升；同时，由方程（13.26）可知，这也会导致利率的上升，从而根据方程（13.25），导致积累率的下降。最终，最初的资金缺口会从两头补上。这个过程要以自反性的方式去理解。在商业周期的繁荣阶段，或许是受到预期利润率上升的激励，对资金的需求相对供给而言会提高，从而导致利率上升和劳动力市场紧张，而后者导致实际利润率下降。但预期利润率可能会继续上升一段时间，从而预期净利润率即使在实际净利润率下降时也在上升。直到某一个时间点，实际利润率对预期利润率的影响生效，从而上升趋势会转化为下降趋势，利率的轨迹也会朝相反的方向变化。因此，如果“我们考察一下现代工业在其中运动的周转周期——沉寂状态、逐渐活跃、繁荣、生产过剩、崩溃、停滞、沉寂状态等等……我们就会发现，低利率多数与繁荣时期或有额外利润的时期相适应，利息的提高与繁荣转向急转直下的阶段相适应，而达到高利贷极限程度的最高利息则与危机相适应”[①]（Marx 1967c, ch.22, 360）。凯恩斯的商业周期理论大致说了同样的事情：资本边际效率的提高引发了一次繁荣，并最终导致利率的上升和成本的上升。在某一个时间点，“某个催化剂，通常本身很小，却导致了市场预期的转向，从而引起了一场下行运动……［其中发生了］资本边际效率的锐减”（Asimakopulos 1991, 132）。

看上去似乎是利率的灵活性在保证储蓄与投资之间的（动荡）平衡中起了关键作用。的确，如果工商业投资率和储蓄率只对利率做出反应，这便是事实。预期利润率的上升会造成一个资金缺口，从而导致利率的上升，这会进一步引发另外两个效应：降低积累率，因而方程（13.26）中的投资份额也会降低，这将通过方程（13.27）提高储蓄率。此两者都会缩小资金缺口，直到在某个利率的均衡点上储蓄率等于积累率。这便是我在 12.2.3 小节中讨论过的前凯恩斯主义对可贷资金的论述。这里所论述的利率故事即使在储蓄率既不对资金缺口也不对利率做出反应时（即储蓄率是固定的）仍然成立，于是，调节任务便完全落在积累率上。但是，如果利率被可贷资金供求之外的因素决定，那么通过利率调节储蓄与投资之间的平衡就不可能了。正是这一点驱使凯恩斯将利率理论重新置于可贷资金市场之外，并假定储蓄率是固定的。在第一个问题上，凯恩斯指出，利率是由对货币存量而非可贷资金的供给和需求决定的（LM），因此它也不能调节总储蓄和总投资之间的平衡。在第二个问题上，把储蓄率看作常数的假定允许他提出，必须通过收入水平的调节才能使储蓄与投资保持一致（IS）（见 13.3 节）。

---

① 中文转引自《资本论》第二卷，人民出版社，2004 年版，第 404 页。——译者注

13.3.3.4 利率不是关键的调节变量

我的观点不同。假设利率是给定的，那么一个特定的预期利润率将会产生出一个对应的投资份额和资金缺口。但即使是在利率给定的情况下（正如在前面两节讨论过的），储蓄率也将会加以调整以填补这个资金缺口。因此，利率对资金缺口的响应就不是本质的了。在 10.2 节中已经讨论过，一旦我们意识到资本主义货币市场[①]的参与者本身是有着成本和利润的货币借贷企业，那么任意给定价格水平下的正常利率都将会产生一个调节金融资本的正常利润率[②]——这个利润率需要服从于利率小于利润率（即净利润率大于零）的制约，否则就不会有企业对资金的净需求。[③]因此，从长期来看，利率确实在某种特定的意义下是“给定的”。

$$i_n = uc' + r_n \cdot \kappa_B \text{ 服从 } i_n < r_n \text{ 的限制} \tag{13.28}$$

这里需要注意的是，由于 uc' 和 κ_B 都是名义变量，因此它们也都依赖总体价格水平 p［见第 10 章和方程（10.8）以获取更多细节］。◎正如凯恩斯所说，正常利率是由当前可贷资金供求之外的力量决定的。但与凯恩斯的不同之处在于，储蓄率不能被看作与积累率无关的变量。

---

① “货币市场”这一术语在这里指代实际存在的短期金融市场，这和该术语的传统使用方法大不相同。在传统使用方法中，它用以描述货币需求与货币供给之间的关系，其中，货币需求指的是持有货币不持有金融资产的决策。在这种情况下，没有“市场”存在（Baren 2000）。正是不被持有的货币才会在短期或长期金融市场上出现。

② 如果生产玉米的利润率高于正常水平，重新进入生产领域的部分现存资本就会向玉米生产倾斜，现存储蓄中的一部分也会向玉米生产倾斜。这会给玉米生产者提供扩大玉米供给的手段。同样的效果也适用于金融业：为金融业提供了扩大本部门资本的手段，这包括扩大可贷资本的资金供给，并驱使利率下降。

③ 对货币借贷企业即金融资本（如银行）而言，实际上存在两个利率，一个是作为成本支付给储户的存款利率，另一个是作为收益来自借款企业的贷款利率。对前者而言，存款利率必须小于货币借贷企业的利润率。对后者而言，则是这里的“利率小于利润率”，即如果贷款利率高于企业的利润率，就不会有企业对资金的净需求。——译者注

13.3.3.5 净利润率随着一般利润率的上升而上升

现在，我们可以说明正常净利润率本身会随着正常利润率的上升而上升。方程（13.28）表明：对任意给定的实际成本结构和价格水平，利率是利润率的线性函数，且有正截距项 uc′ 和正斜率 κ_B（该斜率必须小于 1，以使金融资本能够给出行得通的小于利润率的利率，即 i<r）。做出利率关于利润率的函数图（纵轴代表利率，横轴代表利润率），并将其与倾角为 45 度的直线相比较（此时纵轴代表利润率），我们可以发现，净利润率总是随着一般利润率的上升而上升，但仅当后者高于某个最小值时才为正（即图中利率为实线的区域）。更高的价格水平并不影响利润率，因为售价、运营成本和资本成本也都会达到一个更高的水平（见 10.2 节）。此外，价格水平的提高会使利率曲线的截距和斜率都增加，而两者都会在任意给定的利润率下降低企业利润率。[①] 实际运营成本的降低和资金需求的减少则会产生相反的效果。

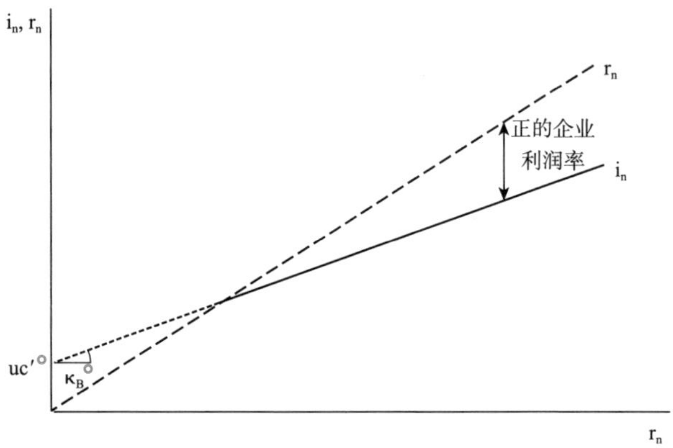

图 13.5 正常利润率、利息和企业利润

① 企业利润率是指产业资本的利润率，等于一般利润率减去利率。——译者注

13.3.3.6 修正后的利率的调整过程

引入利率中的正常利率，并将其视作市场利率的引力中心，要求对利率的调整过程加以修正。就像任意其他商品的情况一样，资金的供给和需求围绕着某个本身就在移动的平衡点波动，而这个平衡点是由金融部门贷款合同中的“价格条款”限定的。为了在模型中捕捉这一点，我们可以引入利率的调整过程来刻画市场利率在正常利率周围的波动，即把方程（13.26）中的 $\dot{i} \equiv di/dt$ 替换为（ $i - \dot{i}_n$ ）来得到一个利率调整过程的重新表达，即方程（13.29）。

$$\dot{i} = \dot{i}_n + f_i(\sigma' - s_p) \tag{13.29}$$

13.3.3.7 家庭储蓄

现在我们引入家庭储蓄。前凯恩斯主义的正统理论认为家庭储蓄取决于利率（即更高的利率会促使人们将给定收入中更多的部分用于储蓄）。凯恩斯主义正统理论则假定总的家庭储蓄率（即消费率的另一面）是外生给定的，且不受利率的影响。利率只影响储蓄构成中货币余额和金融资产的比重。在当前阶段的分析中，只有一种金融资产，即货币市场账户中的存款。根据前凯恩斯主义理论，家庭储蓄率会随着利率的上升而上升，而凯恩斯主义不这么认为。但对古典理论而言，这些争论并不真正重要，因为当所需的投资份额不等于总储蓄率时，总储蓄率中的工商业部分会调整，这就使得总储蓄率在任何情况下都是内生的。

现在，用净产出 Y 而不是利润来重新表述储蓄率和投资份额的关系是有用的。根据国民收入和生产核算会计恒等式，Y= 净产出 =W+P，其中 W= 工资，P= 利润，并且 P=PropInc+DV+NINT+RE=

所有人收入 + 股票分红 + 工商业部门支付的净利息 + 留存收益（工商业储蓄）。总家庭收入是以下几项之和：工资、薪金、所有人收入、分红和工商业部门支付给家庭的净利息（因为工商业部门间互相支付的利息会在整体上被互相抵销），因此它是工商业增加值与留存收益之差。总储蓄 $S = S_H + S_B$ = 家庭储蓄（S_H）+ 工商业储蓄（RE），它可以用对应的储蓄率 $s \equiv S/Y$ 表达为 $s_H \equiv S_H / Y_H$ 和 $s_B \equiv (S_B/P) = (RE/P)$。应当指出，当积累率为零（即当利率等于利润率）的时候，既不会有对可贷资金的需求，也不会有家庭向工商业部门的净贷款。[①]

$Y_H \equiv W + \text{PropInc} + DV + NINT = Y - RE$，从而

$$s = \frac{S_H + S_B}{Y} = \frac{s_H \cdot Y_H + RE}{Y} = \frac{s_H \cdot (Y - RE) + RE}{Y} \tag{13.30}$$

$$s = s_H + s_B \cdot (1 - s_H) \cdot \left(\frac{P}{Y}\right) > 0\text{，如果 } i<r \tag{13.31}$$

$$\sigma \equiv \frac{I}{Y} = \left(\frac{I}{P}\right) \cdot \left(\frac{P}{Y}\right) = \sigma' \cdot \left(\frac{P}{Y}\right) \tag{13.32}$$

13.3.3.8 家庭储蓄率的利率敏感性不会改变总的动态过程

我们现在可以看到，首先，对古典动力机制而言，家庭储蓄率无论对利息敏感，还是属于外生的固定变量，实际上都不会带来本质的差别。在第一种情况下，家庭储蓄率会随着利率的变化而变化，而在第二种情况下它不会变化。但因为工商业储蓄率已经随着利率的变化而变化，所以在任意一种情况下，在总储蓄率中都会包含利率产生的效应。其次，对任意给定的价格水平而言，即使在家庭直接给货币市场提供资金的情况下，长期利率也仍是由利润率决定的，因此利率并

① 家庭之间可能仍会以低于利润率的利率互相借款，但不会有从家庭流向工商业部门的净储蓄。

不会自动使投资与储蓄一致。最后，每当股票售卖和借贷资金所提供的总资金不等于投资时，工商业储蓄率（从而总储蓄率）仍然会进行调整，而且正是这种响应使投资与储蓄达到一致。当前情形与先前情形之间的唯一区别在于，利润份额（P/Y）现在也会起作用。

13.3.3.9 私人银行信用

在封闭经济中，储蓄仅仅是在个体企业、个体家庭和 / 或家庭与工商业部门之间转移资金。因此，总投资能够超过总储蓄的部分仅限于个体的货币余额所能允许的程度。[①] 总购买力的任何增加都会放松上述限制。自从银行部分准备金制度被发明的那一天起，私人银行信用就已经能够创造新的购买力，从而允许投资增长快于储蓄增长，消费增长快于收入增长。在货币仍以商品为基础的早些时候，随着 19 世纪 40 年代从加利福尼亚州金矿开采出的如洪水般的新黄金由新大陆向旧大陆扩散，全球消费力水平提高了，全球产出也增加了（Rist 1966, 242–245, 288; Marx 1973, 623）。当然，在 17 世纪，已经企业家化的美国殖民者发明的印钞机，以及这些印钞机在随后的美国独立战争和法国大革命中的积极应用，都大大扩张了贸易。这也最终造成了令人目眩的价格水平的上升（Galbraith 1975, 46–59, 62–66）。我会在第 15 章重回这一论题。在法定货币时代，大部分政府都可以发行货币，尽管这样的行为受到一定的限制，这些限制来源于增发货币对货币的内在价值与外在价值产生的影响，以及央行所受到的政治约束。

私人银行信用是这套制度的一种内在机制，通过它能够使当前支出超过当前收入：银行能创造新的购买力，从而允许投资增长快

① 如果企业减少自己的货币余额来为其投资支出提供部分资金，这可能会扩大其他企业甚至家庭的货币余额，而不一定会改变货币余额的总量。

于储蓄增长，消费增长快于收入增长。但是，从银行获得的贷款必须连本带息加以归还，因为银行是逐利企业。银行贷款向借款人注入了新的购买力，同时就贷款的整个生命周期而言，当借款人还本付息的时候，也会创造出相应的购买力的漏出：为创造100单位的新需求而发生的100单位的银行贷款，需要通过分期付款偿还。例如，每个时间段偿还20单位，分5个时间段还清，再加上每个时间段偿还5单位的利息，便是每个时间段偿还25单位。从购买力和货币存量的角度来看，在这些连续的时间段内注入/漏出的模式为100、–20、–20、–20、–20、–20，如果债务被还清了，则它们加起来刚好为0。此外，25单位的总利息支付构成了货币从借款人向银行方向的净转移，因此这不会改变总购买力或货币存量。这便是银行信用的回流法则（Rist 1966, 56, 197–198）。若是在第二个时间段进行新一轮（比如）100单位的借款，则将会创造一个75单位的净新购买力注入，但显然，在随后的各个时期，将会创造出更大规模的系列漏出，于是，现在的模式[①]变成了100、75、–50、–50、–50、–50、–25。由此可知，只有新的净注入才能延缓回流法则。由此造成的债务对系统来说是否过于繁重，这取决于这些注入对产出、就业和价格产生的影响。

13.3.3.10 银行信用为经济周期提供基础

银行信用引发了三个重要问题：它如何影响周期、生产规模和生产趋势？在整个周期中，它使繁荣更繁荣，也使萧条更萧条。它是工商业周期的真实基础。生产需要花费时间，因此个体企业必须在预期销售的基础上做出生产决策。再生产的决策引起对原料和劳动力的需

① 这次是站在借方的视角。——译者注

求，而这些进一步刺激其他生产决策。这样的效果像涟漪一样，以一种已被充分研究过的方式扩散到整个经济。在正向预期的大环境中，当银行信用能够促使需求超过当前供给时（即当它允许实际投资超过当前储蓄时），工商业和银行（它们必须确信自己放出的贷款确实能带着丰厚的利润重新回到自己手中）"动物精神"的爆发会创造出一轮经济繁荣。如果企业的意愿投资超过当前储蓄，企业会有如下选项：提高它们自己的储蓄率，引导家庭购买更多的债券和股票，或向银行贷款。只要资金缺口的一部分是由工商业储蓄的增加来填补的，那么总储蓄率就会继续是内生的。然后，产能利用率的提高和超过当前供给的销售（通过消耗库存实现）会使已实现的利润率超过正常水平。投资会带来新的生产方式，从而改变技术条件。与此同时，劳动力需求的增加会提高实际工资，从而降低正常利润率。实际利润率可能会在一段时间内继续高于正常水平，但实际利润率与正常利润率之间这种不断扩大的鸿沟的存在会破坏人们的预期，直到在某个时间点上，上行方向发生逆转，改为下行。

在某一点，热忱让位于焦虑，超额需求转变为超额供给。这种繁荣之后是萧条的序列过程，恰恰就是总需求和总供给保持平衡、预期利润率围绕正常水平上下波动的方式。但一旦尘埃落定，无论是实际工资还是技术水平都不需要回到它们原先的状态。[①] 在这之后，正常利润率本身可能发生改变：它可以是路径依赖的。在循环的终点，生产

① 例如，在分析增长和失业的动态过程时，马克思（1967c, ch.25, 619）指出，在繁荣时期，随着失业率的降低，实际工资增加，利润率会降低，从而到了某一点，"利润的刺激变得迟钝了……积累减少了"。然后，随着失业率的路径发生逆转，实际工资"重新降到适合资本增殖需要的水平，而不管这个水平现在是低于、高于还是等于工资提高前的正常水平"（中文转引自《资本论》第一卷，人民出版社，2004 年版，第 715 页。——译者注）。换句话说，正常的实际工资（从而正常的利润率本身）可能都受到繁荣萧条这一路径的影响。

规模可以是不同的，即使不存在总的趋势。而且，如果在背后起基础作用的因素不能回到它们的初始值，那么趋势本身也会发生改变。又一次（这是索罗斯的观点）在商业周期史上，它为人熟知，但在经济理论中太过经常地被忽视。

13.3.3.11 政府赤字和国外需求

类似的考虑也出现在政府赤字的情况下。当它们通过向私人（非银行）部门出售债券筹得资金时，就涉及购买力在部门间的转移。例如，政府商品支出增加所需的资金，可以用大于政府债券正常趋势的、增大的政府债券供给的销售来获得。这会降低债券价格，提高它们的利率，创造出需求向政府债券的相对转移。但长期看来，利率会恢复到由利润率和价格水平决定的正常路径上，只是现在私人投资组合中政府债券占更大的份额而已。在法定货币情形下，政府债券也可能由央行本身来购买。在这种情况下，一部分政府赤字所需的资金是由国内公共信用来提供的——通过发行法定货币，用“走后门”的方式把政府债务货币化（Ritter, Silber, and Udell 2000, 412）。国外信贷显然也是类似的。它的即刻效应和私人银行信贷相同：新购买力的注入创造新的需求，从而使产出高于它的正常路径。不同之处在于，在法定货币体系下，作为借款人的政府可以借助相同的机制为它偿还债务提供资金。这个过程所受的限制通过以下两个方面表现出来：一是政府支出和货币创造对产出、就业、汇率和通货膨胀（见第14~15章）产生的影响，二是国内外贷款人是否愿意继续参与这样一个螺旋式过程。此外，还存在这样一个事实，即国内需求的某些部分是指向国外商品的，还有一部分对国内商品的需求是源于外国人的。因而，净出口（EX – IM）是总购买力注入或漏出的另一个潜在来源。

最后，就我们所考察的对总产出和就业的影响而言，重要的是信贷中用于商品支出的数量，而不是用于金融市场、投机活动的数量，以及就央行的行为而言，用于修补私人和公共部门资产负债表的数量。[①] 更多的细节分析将在 15.6 节中展开。

13.3.4 古典动力学总结

在价格水平和盈利能力（利润率和利润份额）给定的条件下，古典系统的方程（13.25）~ 方程（13.32）体现了在预期利润率与实际利润率、需求与供给、产出与产能、实际利率与正常利率之间的一系列自反关系。利润率是整个系统的关键，我们将在第 16 章中研究它的经验模式。

在一个增长的系统中，当需求超过供给时，名义产出会加速增长（即名义产出的增长率会提高）；当产出超过产能时，资本存量会加速增长。而当实际利率高于正常水平时，资本会更迅速地向金融部门流动。因此，需求与供给在短期过程中处于动荡平衡，同时，产出与产能以及实际利率与正常利率在长期过程中也处于动荡平衡。这也意味着在更长的时间段内，实际利润率和利润份额会对正常的产能水平做出响应（到目前为止，我们认为产能水平是给定的）。最后，预期利润率在某个自反的时间段内会对正常利润率做出响应。请注意，我们在这里重拾了各种流派中的以下重要思想：凯恩斯主义关于积累由预期净利润率驱动的思想；古典理论关于预期利润率受正常利润率调控的思想；凯恩斯主义关于因为有新注入的购买力，所以需求可以是相对

① 这引入了储蓄（与贮藏相对）和消费的区别的问题。收入由富人向穷人的转移，会对金融资产需求带来一个直接的净的负冲击，因为大部分储蓄都进入了对金融资产的需求，而对商品需求带来一个直接的净的正冲击。但一般来说，这不会直接提高对商品和金融资产的总购买力。

自主的观念；哈罗德主义关于实际产能利用率受正常产能利用率调节的观念。

$$Y \approx D \approx Y_n \tag{13.33}$$

$$r^e \approx r \approx r_n \tag{13.34}$$

$$i \approx i_n = uc' + r_n \cdot \kappa_B \tag{13.35}$$

上述方式中的动荡均等化过程可被简化为一个单一的干扰项 ε，它以一种自反的方式围绕零波动。波动不必是对称的，因此 ε 并不一定均值为零。此外，一旦我们引入诸如消费者债务、政府赤字和出口剩余等持续性影响因素，ε 就可能成为一个包含系统性的因素。现在，我们暂时抽象掉名义产出与实际产出的区别，在存在着外生的政府需求和出口需求的哈罗德系统中，方程（13.18）中的总增长率为 $g_Y = g^*_{Y_n} + \left[(t+im) - \left(\frac{D_{A_t}}{Y_{nt}}\right)\right] \cdot R_n + \eta$，其中 $g^*_{Y_n} \equiv s \cdot R_n =$ 由外生给定的私人储蓄率 s 驱动的“纯粹的”有保证的增长率，而变量 η 代表了在需求–供给和产出–产能之间的动荡平衡效应。

在积累由净利润率驱动且储蓄率内生的古典系统中，类似的对积累的表达包含了一个用于解释预期和需求–供给的驱动项 ε_K。

$$g_K = f_K(r_n - i_n) + \varepsilon_K \tag{13.36}$$

由于产出 $Y = K \cdot (Y_n / K) \cdot (Y / Y_n) = K \cdot R_n \cdot u_K$，且 $g_Y \equiv g_K + g_R + g_{u_K}$，所以恰当的古典理论的产出增长表达式为：

$$g_Y = f_K(r_n - i_n) + \varepsilon \tag{13.37}$$

现在，变量 ε 包括来自预期、需求–供给和产能利用率的动荡波动，而波动是由如下因素驱动的：来自消费者债务的购买力注入、政府赤字和出口剩余等。这一关系会将在第 14 章中起到核心作用。

回到积累率上。正常情况下，ε_K 会围绕零上下波动，因为需求会围绕供给上下波动，供给会围绕产能上下波动，而每一层波动都有自己内在的周期。从而，积累从本质上来说是由逐利的动机驱动的。但如果存在一个系统性的组成部分 ε_K，那么在更长的周期中，实际积累可能就会与纯粹由利润驱动的积累不同了。我们在第 15 章将会看到，通过持续增加净购买力来为经济打气——相当于提高 ε_K，将会提高工资份额并降低净利润率（$r_n - i_n$），在这种情况下，积累率的两个组成部分便不能被视作独立的。但目前，正常净利润率暂且被视作给定的。

从长期来看，投资占产出的份额为 $\sigma \approx \sigma_n \equiv \frac{1}{Y_n} = \left(\frac{g_K}{R_n}\right)$，因此方程（13.36）定义了资本的路径，且由于 $R_n \equiv Y_n/K$，我们可以以此推导出产能的路径。从而，对于给定的价格水平和正常利润率，古典系统中长期均衡的路径便由方程（13.38）~ 方程（13.41）给出。

13.3.4.1 古典均衡

$$\sigma_n = \frac{f_K(r_n - i_n) + \varepsilon_K}{R_n} \tag{13.38}$$

$$i_n = uc' + r_n \cdot K_B \text{，当 } i_n < r_n \tag{13.39}$$

$$s_n = \sigma_n \tag{13.40}$$

$$g_{Y_n} = g_K + g_{R_n} = f_K(r_n - i_n) + \varepsilon_K + g_{R_n} = \sigma_n \cdot R_n + \varepsilon_K + g_{R_n} \tag{13.41}$$

13.3.4.2 古典均衡的属性

总体而言，所有变量都是时间的函数，但对给定的 r_n、R_n（从而 $g_{R_n}=0$）和强迫项，图 13.6 中简单的图形展示使我们可以处理每个变量水平变化产生的影响。方程（13.38）中的均衡投资份额曲线在第一象限中作为利率的负函数给出。在图 13.5 中，给定的正常利润率定义了一个正常利率。而在图 13.6 中，从第一象限的纵轴出发，每个利率在曲线上对应一个投资份额。将其向下移动到第四象限中倾角为 45 度的直线上，得到一点，对应 s 轴上一个（内生的）储蓄率 $s_n = \sigma_n$。在给定的正常储蓄率 s_n 下继续向左移动到第三象限中的产能增长率曲线，从而得到正常增长率 $g_{Y_n} = \sigma_n \cdot R_n = s_n \cdot R_n$。后者得到的结果与哈罗德著名的有保证的路径关系有着相同的形式（见 13.2.5 小节）。只是在哈罗德的系统中，储蓄率是给定的，且增长率受储蓄率支配；而在这里，增长率受净利润率支配，而储蓄率是内生的（Shaikh 2009, 464）。价格水平的提高（对此的分析会推迟到第 15 章）将会提高名义利率，降低积累率、储蓄率和产出增长率。银行实际成本的下降将会产生相反的影响。

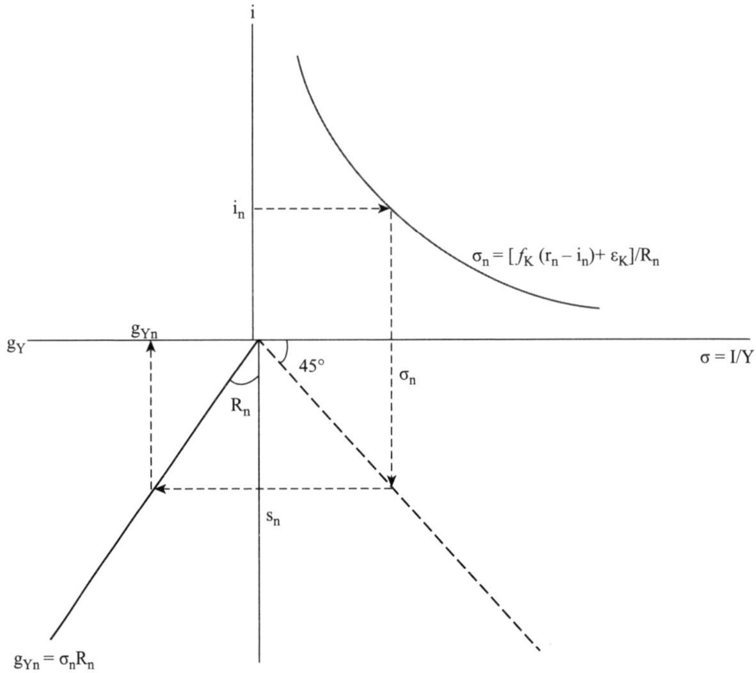

图 13.6 古典理论中的积累过程

利率的提高会降低投资份额、储蓄率和正常增长率。产能-资本比 R_n 的提高会使投资份额曲线向下移动，这和利率的提高有相似的效果。正常利润率的降低也会使投资份额曲线向下移动，但我们从图13.5中得知，这同时会使利率降低，只是降低幅度小于净利润率的降低幅度，因此投资份额、储蓄率和正常增长率也会降低。表13.1总结了这些效果。

表 13.1 基本变量变化对利润率和经济增长的影响

变化 / 影响	i_n	(r_n-i_n)	σ_n	g_{Y_n}
$\Delta p>0$	+	–	–	–
$\Delta r_n<0$	–	–	–	–
$\Delta R_n>0$ [①]			–	–

记住以下这一点很重要，即投资份额曲线会随着 ε_k 短期和长期的变化而移动，而后者的变化是由动物精神、总购买力和决定市场利率与正常利率差别的各种各样的因素的变化引起的。所以，在短期内，这条曲线会上下跳动，这正如凯恩斯在回应希克斯的IS-LM公式时所强调的那样（Dimand 2000, 121-122）。当这些因素致使 ε_k 长期围绕零波动时，图13.6中的曲线则代表了一系列短期曲线在长期波动中的平均值。

上述均衡比率意味着储蓄和投资的水平既依赖利率，又依赖产出水平——正如传统宏观分析所指出的那样。不同之处在于，此时的利率不再是个自由变量，而储蓄率则与投资率绑定在一起。此外，这里描绘的均衡路径体现的是供给与需求相等（传统的短期均衡）以及产出与产能相等（传统的长期均衡）的状态。

我所强调的是，均衡路径并不代表实际结果，而只是被观察变量在动荡中向其趋近或围绕其波动的引力中心。首先，需求和供给围绕着彼此波动，这涉及需求平均水平与产出平均水平的相互适应和调节。当销售不等于产出时，需求缺口先通过最终商品库存与意愿库存水平的差异体现出来。我曾经指出，需求和供给的摇摆跳跃是通过库存周期表现出来的，这也就是我们今天所说的“商业周期”。这便意味着古典理论中的“短期”为3~5年。其次，与给定资本存量（工厂、设备和库存）相关的正常产出水平（经济产能），是通过平均成本曲线中的最低点定义的，如12.1.6小节指出的那样。实际产出，从而实际产能利用率，一般来说会与正常水平不同。任何这样的差别都会带来资本增长率的变化，从而带来需求、产出和产能的变化，因此只有在某个中期过程中，后两者才会处于动荡平衡。我会倾向于这样说，这个更慢一些的运作过程所需的时间长度，恰恰是在更早些时候被称作“商业周期”的时间长度。从而，古典理论中的“长期”为10~12年。同样值得注意的是，快过程和慢过程都是在每分每秒时刻进行着的。它们的速度不同，因为产出的调节一般来说比工厂和设备的调节更快。最后，短期内实际需求和供给的波动，与后者围绕着产能的长期波动一般都发生在一个增长的背景下。因此，尽管说在短期内销售的平均水平等于产出的平均水平是有道理的，但不能在短期内把资本存量看作“给定的”。一旦我们把短期当作一个过程而非一个（马歇尔式的）状态，很明显，经济的增长便意味着资本存量的增长。确实，即使经济没有增长，经济状况的改变通常也会引发投资或撤资，从而改变资本存量。同样的考虑也适用于在长期过程中起作用的甚至更多的力量，而这里的长期意味着平均已实现产出与平均产能是大致相等的。

13.3.4.3 产出水平

利用如下的近似，我们可以得到：对任意变量，小幅的增长率可被表达为 $\Delta x_t / x_{t-1} \approx \ln x_t - \ln x_{t-1}$，在考虑到如下事实的情况下，即实际产出（Y）围绕着正常产能产出（Y_n）上下波动，我们可以根据方程（13.37）得到：

$$\ln Y_t = \ln Y_{t-1} + f(t) + \varepsilon_t \tag{13.42}$$

其中 $f(t) \equiv \sigma_t = f_K(r_n - i_n) + g_{R_{nt}}$ ©，且强迫项 ε_t 可能会呈现出由暂时或持续冲击造成的跳跃，也可能因为实际产出围绕着正常产能产出的自反性波动呈现出重大的序列相关性（这里没有理性预期！）。[1]

现在考虑 $f(t) = \alpha$ = 常数的特殊情形。从某个初始净产出 Y_0 开始，我们有 $\ln Y_1 = \ln Y_0 + \alpha + \varepsilon_1$，$\ln Y_2 = \ln Y_0 + 2 \cdot \alpha + (\varepsilon_2 + \varepsilon_1)$，等等，从而：

$$\ln Y_t = \ln Y_0 + \alpha \cdot t + \eta_t \text{，其中 } \eta_t \equiv \sum_{i=1}^{t} \varepsilon_i \tag{13.43}$$

如果方程（13.42）中的误差项 ε_t 只是单纯的白噪声，那么方程（13.43）中的路径则是带漂移的随机游走，即一个单位根过程（Nelson and Plosser 1982; Enders 2004, 186）。在这种情况下，$\ln Y_t$ 具有一个线性的决定性趋势 $\ln Y_0 + \alpha \cdot t$ 和一个随机趋势 $\eta_t \equiv \sum_{i=1}^{t} \varepsilon_i$。在长时间的跨度中，决定性趋势会在整个路径中起主导作用（Enders 2004, 186–187）。我们可以用另一种方式得到这个结论，因为根据古典理论的命题，$\ln Y_t$ 会围绕趋势项 $\ln Y_0 + \alpha \cdot t$ 上下波动，这一趋势项代表了经济

① 令 D= 实际需求（销售额），Y= 实际产出，$D/Y_n = d \cdot u_K$，其中 d =（D/Y）= 超额需求程度，u_K =（D/Y_n）= 产能利用率，则误差项中的非随机组成部分为 $\varepsilon'' = g_D - g_{Y_n} = g_d + g_{u_K}$，此项捕捉了超额需求和产能利用率的变化率。正是这一组成部分对购买力的加速做出反应，而后者是由私人和公共预算赤字以及经常账户余额提供动力的。

产能的路径，从而 η_t 是由调整过程决定的。即使方程（13.42）中 ε_t 确实为白噪声，$\eta_t \equiv \sum_{i=1}^{t} \varepsilon_i$ 也意味着 $\eta_t = \eta_{t-1} + \varepsilon_t$——方程（13.43）中的误差项会呈现一阶序列相关性。在实际运行过程中，决定性趋势 $f(t) \equiv \sigma_t = f_K(r_n - i_n) + g_{R_{nt}}$ 会随着时间推移而改变，而误差项可能呈现更高阶的序列相关性，但中心命题是不变的：如果实际产出的增长率围绕均衡点上下波动，那么产出会有决定性趋势和随机趋势两个组成部分。

由于 $\ln Y_t$ 路径的斜率是产出的增长率，因此增长率为常数便意味着斜率为常数（即路径为一条直线）。图 13.7 描绘了实际产出的对数围绕着一个均衡路径波动的情形。如图所示，所有与虚线平行的点线都有相同的斜率，这意味着相同的增长率。那么，是什么决定了实际起作用的均衡路径呢？从代数学的角度来说，答案是每个不同的初始

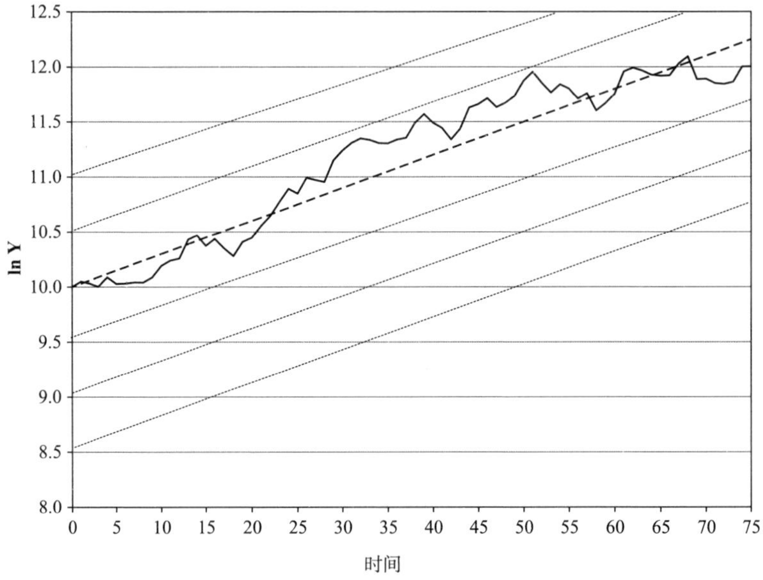

图 13.7 实际产出路径和均衡产出路径

产出 Y_0 都会生成一条不同的平行路径。但真正的问题在于，是什么经济因素决定了这条实际产出所围绕的均衡路径？图 13.8 描绘了由净利润率永久性下降和 / 或产能–资本比的下降导致的增长率下降［方程（13.41）和方程（13.42）］带来的效果。这将改变产出变化的趋势，但问题仍未得到解决：为什么是这些路径水平而不是其他的？

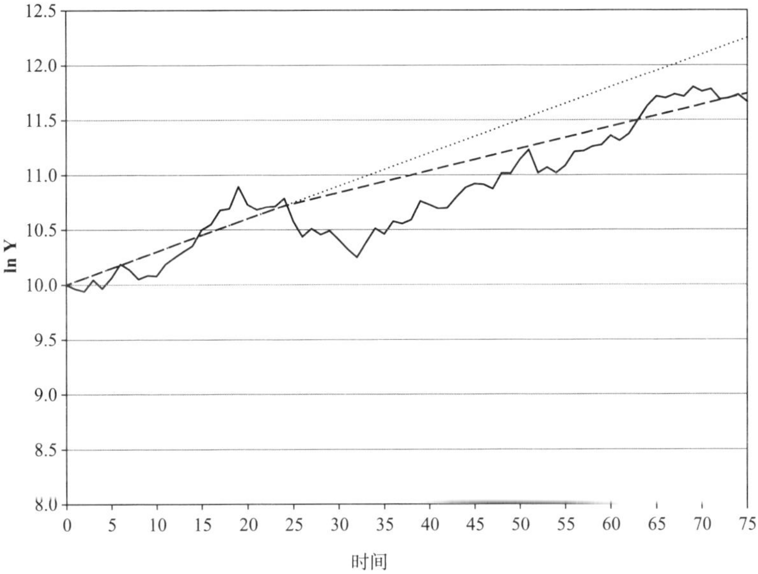

13.8　利润率永久性下降的影响

当我们考虑增长率的暂时性提高时，有关路径水平的决定性因素的第一个线索浮现出来。图 13.9 描绘了增长率 $f(t)+\varepsilon_t=a+\varepsilon_t$ 只在很少的几个时间段内提高的情形，因为净利润率和 / 或 ε_t 中的非随机组成部分先提高，然后回落到其初始水平。结果是产出路径被永久性地提高了，因为增长率的提高提升了产出水平，而增长率向初始水平的回落使产出水平得以维持。图中的点线代表 $\ln Y_t$ 在没有外来冲击时的初始路径，虚线代表净利润率和 / 或 ε_t 中非随机组成部分发生变化后，但没

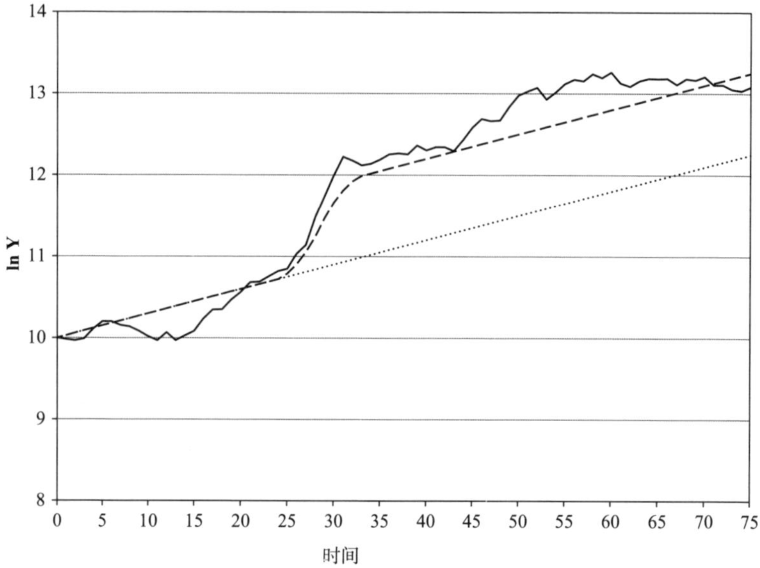

图 13.9 利润率或购买力暂时上升的影响

有外来冲击时的理论路径，而实线则是加上外来冲击后的实际路径。这便是凯恩斯主义乘数在古典理论中的对应物。在 13.2.2 小节中我们已经指出，在凯恩斯主义框架中，投资水平（I_t）响应预期净利润率，从而如果后者是静止的，那么投资从而均衡产出 $Y^* = I/s$ 也是静止的。在这种情况下，正如图 13.1 和图 13.2 所示，预期利润率的暂时性提高只会带来产出和就业的暂时性提高。而在古典假设下，响应预期净利润率的是积累率（$g_{kt}=I_t/K_{t-1}$），在这种情况下，净利润率即使是对乐观预期和/或购买力加速注入做出暂时的反应而提高，也会带来资本存量、产出和就业水平的永久性提高。即使是在利润率先提高到初始水平之上，然后下降到初始水平之下的情形中，只要前一阶段的分量超过后一阶段，这一结论便依然成立。

所有这些都把我们带回到这样一点——预期利润率 r^e 是积累率直

接且易变的驱动力［方程（13.25）］，而预期利润率只在自反时间过程中的某些阶段才受实际利润率的控制［方程（13.34）］。在这个意义下，即使由信用驱动的“动物精神”的涌现使预期利润率在短期内超过实际利润率，也会带来更高水平的产出路径。私人、公共或国外新注入的购买力会在商品市场中创造额外需求，从而也会产生相同的效果。我们暂不考虑对价格水平的影响，上述这些刺激因素会提高产出和产能利用率。由于任何变量（即使它是静态的）的水平变化都只能由其增长率的局部变化[①]产生，所以 u_K 必定呈现正的增长率，这意味着 ε_t 中的非随机部分必定是正的。当需求、供给和产能回到动荡平衡状态时，ε_t 又一次回到围绕零上下波动的状态。从这个角度看，在方程（13.43）给出的产出路径中，短期增长来自 $f(t)+\varepsilon_t$ 中的第一项还是第二项并不重要。因此，一段时间的购买力的注入也会带来更高水平的产出路径，正如图 13.9 所示。

由此可见，即使增长率不受路径变化的影响，路径水平也会存在时滞。但增长率当然有可能会受到影响。如果产出路径提高到了新的水平，那么就业率也可能上升。这会提高实际工资的路径而降低利润率的路径，因此产出增长会更慢。此时，我们会面对这样一种可能性：动物精神和额外需求在提高产出路径的同时，也会降低产出的增长率。这正是商业周期到达最高点时的标准情形，但它同样能运用于长期趋势。就后者而言，如图 13.10 所示，它是图 13.8 和图 13.9 的结合：繁荣提升了产出路径的水平，使其达到一个新的高度，但同时降低了由加粗的虚线表达的趋势。通过比较，点线描绘的是初始路径的斜率。应当指出，如果（例如）劳动力的短缺导致工人的大量涌入，且（或）生产率的提高不只是抵消劳动力市场的压力，相反的情况也可能会出现。

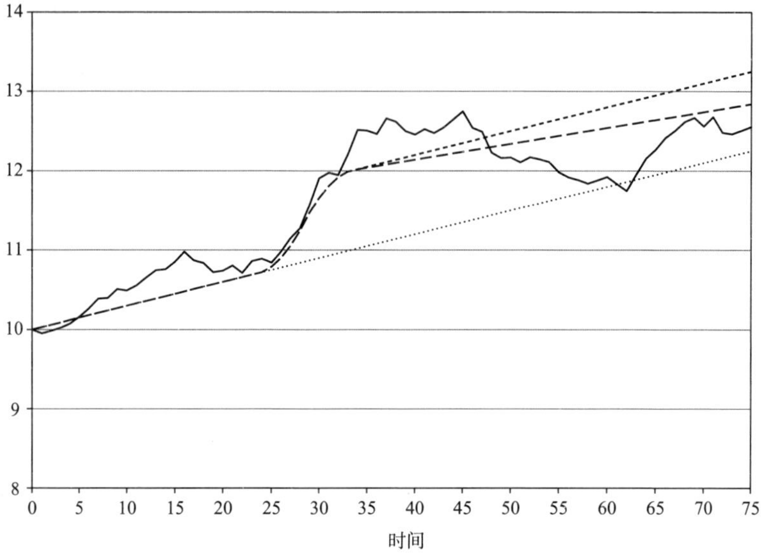

图 13.10 持续的超额需求对产出水平和产出趋势的影响

13.3.5 古典增长理论的总结

以上所述都建立在如下的观念之上：资本主义增长由积累的净利润率调节，而积累的提高是通过注入总购买力实现的。就后者而言，重要之处在于总的新购买力的创造，而不是诸如财政赤字或贸易顺差等某些特定的购买力来源。但是，债务与贷款是一对共生之物，即使现代信用制度和法定货币制度可以将其推迟很长时间，由借债融资进行的支出也是有限度的。家庭和非银行工商业债务的限度，取决于借方偿还债务的能力和贷方持续扩大放贷规模的意愿。反过来，银行受到的来自其流动性的限制范围更大一些，而如果政府愿意并能够不断修补其资产负债表的缺口，流动性就可以被大大提高。地方政府在借款上也有类似的限度，这取决于它们的债务水平和对它们获取中央政府援助的前景。最后，中央政府也有自己的限度，这取决于国内和国外对其主权债务水平的反应，以及由债务引起的诸如通货膨胀、汇率贬值等经济后果（见第 15 章）。

以增长的视角可以很自然地看到决定性时间趋势与随机性时间趋势的区别。从纳尔逊和普洛瑟（1982）开始，理论经济学和计量经济学文献就已经很好地建立起了如下观念，即许多经济学的时间序列都可以用单位根过程更好地描述。在此之前，凯恩斯主义经济学、货币主义经济学和新古典经济学都倾向于认为产出可以被描述成一个光滑的、决定性的时间趋势，而它的水平与围绕它的波动是独立的（Snowdon and Vane 2005, 300–302）。货币主义经济学和新古典经济学都把这些波动看作短暂的、自我修正的，从而政府干预是不必要的，而在政府干预行为与其结果之间潜在的时间差给定的情况下，政府干预也是无用的。把产出视作一个单位根过程造就了这样一种可能：漂移项在短期内的增加会永久性地提高产出水平（Snowdon and Vane 2005, 308–309, 320）。但在正统模型中，对任意给定的生产率水平，实际均衡产出是固定在充分就业水平的；又假定货币是中性的，则总需求的冲击不对实际产出产生持续影响。在这样的观点下，唯一的对供给侧的持续影响来自对生产率增长趋势的冲击的改变（Snowdon and Vane 2005, 303–304）。

凯恩斯主义者总是强调对充分就业的偏离“可能是严重和持久的，因此证明矫正行为的合法性”，而且“需求方的政策可能对产出具有持续的效应”（Snowdon and Vane 2005, 300, 335）。这里的重点是通过政策刺激需求。我先前概述的古典模型将凯恩斯主义的论点一般化：私人的、公共的和国外的购买力注入可以将系统推向新的高度，直到诸如增长的债务、可能的工资和价格的上涨等后果使系统螺旋式下降。如果不会对企业利润造成抵消性挤压，财政政策当然会对经济系统产生刺激。在后一种情况下，政府可以通过降低实际工资（相对于生产率）或直接降低利率支持企业。这些政策与以信用为基础的刺激相结合，可以使繁荣持续很长一段时间。随着利润率的下降，利率降至最低限度，私人债务和公共债务的负担成了关键要素。当它们达到极限时，整个系统将会颤抖，其各个组成部分会脱落。2007 年的全球性危机正是这个反复出现的问题的最近实例（见第 16 章）。

但首先，我们在下一章将转向对工资、利润率和就业之间反馈关系的分析。

14

工资和失业理论

14.1 引言

前一章的古典模型表明，私人、公共和国外购买力的注入会影响产出和就业的水平，也会影响利润率和增长率。第一组和第二组变量之间的联系取决于就业和工资之间的相互作用。与之前一样，中间变量是净利润率。

古典理论从一开始便认为，失业会对工资施加下行压力。李嘉图最初认为工人被机械化技术取代只是暂时的，但是他后来也承认，尽管通过提高利润率和 / 或提高产品的国际竞争力，更低的生产成本会激励积累，从而抵消对失业和工资水平的某些影响，但机械化仍然会降低劳动力的国内需求和实际工资水平（Tsoulfidis 2010, 72–75）。机械化、失业和实际工资的联系在马克思的理论中也起到关键性作用，即资本主义会催生并持续地保有一个（非自愿的）失业工人的储备池，这些即服从积累需要、名副其实的“劳动力后备军”（Marx 1967, ch.25）。但是出于以下两个原因，名义工资和实际工资的区别并不是古典理论论述的核心。首先，在理论层面，古典理论中的一般价格水平不由货币工资水平或其他成本因素决定（见 5.3~5.4 节）。其次，尽管在美国独立战争和法国大革命期间发生了举世闻名的恶性通货膨胀事件，但广义的持续性通货膨胀仍然是一个相对较新的现象。我们从图 5.3 和图 5.4 中可以看到，1780—1940 年，美国和英国的价格水平呈现出没有总体性趋势的长波形式，直到 1940 年之后，价格才开始持续攀升。即便如此，通货膨胀率的大幅上升也仅发生在 20 世纪 60 年代末和 80 年代末之间，其间还相悖地出现了失业率的上升（见图 12.5~图 12.8）。

本章关注就业和工资之间的相互作用，其中一个结果便是持续存在的非自愿失业率。正因为非自愿失业是常态，劳动力供给才不构成对生产的最终限制。在这里，我也将着重考虑通货膨胀对实际工资和名义工资的影响。至于通货膨胀产生的原因，我会在第 15 章从以下两个角度分别阐述：一是以信用为动力的需求拉动，二是以利润率为基础的供给抵抗。

14.2 经济学理论中的工资和失业

在古典理论中，任意给定行业内的企业设定自己的价格，而竞争迫使同类商品的价格大致相当。为了确定这种一般价格的具体水平，我们不得不考虑由行业间资本流动带来的利润率均等化过程。工资率的分析遵循同样的逻辑：对于同类型的劳动力，竞争使其具有大致相等的工资（见第 17 章中对由此产生的工资分布的讨论）。但是，现在劳动力和其他商品之间的区别就显得极为重要。一件普通的商品既由资本生产，也被资本使用，所以会有一个反映生产过程正常利润率的特定价格。工人的劳动能力被资本使用，却不由资本生产。此外，它是有着生机、活力和主体性的工人的一种能力和属性。因此，实际工资的具体水平取决于雇主和雇员之间的斗争，而这一斗争又引起了在每个企业内部对可获得价值增殖的特定分割（见第 4 章）。资本向下推动这条分割线，而工人则向上推动。在总体层面，工资斗争受制于它们对就业水平的反馈。

14.2.1 新古典和后哈罗德工资理论

相比之下，新古典理论假定所有的行为主体都是“价格接受者”。就劳动力市场而言，工人被假定为根据有望获得的各种不同（工资）价格水平来被动地提供劳动小时数计划表，与此对应，企业（也根据不同价格水平）提供相应的雇用小时数计划表。在瓦尔拉斯式寓言中，假想了一个虚构的拍卖商能够在瞬间改变价格以使需求量和供给量相匹配，而这些供需报价本身则来自不变的供给和需求的工资表。除了在均衡报价之下，其他交易都被禁止发生，这是一条即使是真正的独裁者也不敢贸然强制执行的法令。而在完全竞争的情况下，连这个幽灵般存在的拍卖商也消失了，价格现在由“市场”来设定，整个过程成了一个没有行为人参与其中的活动（Robert 1987, 838），但是瓦尔拉斯法则仍然有效：价格必须仅受需求和供给之间差异的影响，相应的工资表必须保持不变，直到需求量等于供给量，而且严格禁止“错误”交易的发生（Snowdon and Vane 2005, 72）。因此，竞争性相对价格仅仅只有一种性质：它们是使市场出清的变量。这个单一性质也适用于劳动力市场，因此竞争性实际工资也被认为仅仅是使劳动力市场出清的变量，其唯一的功能便是维持充分就业。诚然，工人们会为了达到一定的生活水平而就实际工资与企业讨价还价，但最终他们得到的生活标准仅仅能确保他们自己实现充分就业。在完全竞争经济中，劳动和资本之间的斗争并不影响均衡实际工资的决定（Shaikh 2003a, 7–10）。

凯恩斯也以竞争性市场为理论前提，但在他的理论中，工资协商和劳动斗争发挥了重要的作用。他很清楚新古典主义的论调，即失业会降低实际工资，提高企业的利润率，从而使整个系统恢复到充分就业水平。他提出各种论据反驳这背后的基础论点，即失业会降低实际工资，但最终还是承认持续的失业的确会产生这种影响（Bhattacharjea 1987, 276–279）。他感觉到这将是一个缓慢的调整过程，而在高失业率情况下，它的社会后果是灾难性的。因此，在这样的时代，他开出的药方是国家干预，直接增加总需求和就业（见 12.3.2 小节）。言下之意，凯恩斯认为实际工资和失业率之间存在的负相关关系会持续相当长一段时间。这里没有理性预期的"快速移动"！当然，后来出现了菲利普斯曲线，但即使我们认为它适用于凯恩斯的理论，它也将是一条非常缓慢的实际工资菲利普斯曲线（见 14.7 节）。凯恩斯似乎本会意识到，任何此类曲线的形状都会反映潜在的制度结构，而且在特定的情况下它也会发生改变。

由于增长由给定的储蓄率和产能–资本比决定，所以实际工资和利润率在哈罗德的理论中不起什么直接作用（见 13.2.5 小节）。这就带来了一个问题，因为有保证的（正常产能）增长率通常会不同于充分就业对应的增长率，即哈罗德所称的经济"自然"增长率［见方程（14.9）中马克思–古德温方程的等价形式］。走出该困境的其中一个办法是将平均储蓄率看成一个变量，认为它会调整到使有保证的增长率等于自然增长率的水平。卡尔多–帕西内蒂提出的解决方案是假设工人和资本家有不同的储蓄倾向，在这种情况下，总储蓄率取决于价值增殖在工资和利润之间的分割（Kaldor 1957; Pasinetti 1962）。但这样一来，均衡储蓄率便意味着存在一个特定的工资份额，也即存在着一个相应的特定的利润份额［见方程（12.19）］。正如新古典理论所言，工人并不能影响他们的实际工资，实际工资完全由给定生产力水平下的充分就业条件决定（Shaikh 2003a, 135–137）。[①]

14.2.2 卡莱茨基和后凯恩斯主义工资理论

在卡莱茨基的理论中，在商品的单位原料成本、生产率和垄断程度给定的情况下，商品的货币价格和货币工资成正比。因此，在一般情况下，实际工资和工资份额是由垄断程度决定的。但是，卡莱茨基对其中暗含的工人阶级无力决定自己实际工资的推论感到不安。因此，他随后修正了自己的理论，允许存在工人通过提高工资削弱垄断势力的可能性。这样一来，失业率的降低允许工人要求更高的工资水平，从而可以带来更高的工资份额。卡莱茨基后来的理论也因此和引入工资份额变化率的菲利普斯型曲线相一致（见 14.4 节）。

后凯恩斯主义理论是很明显的折中主义，但几乎所有的后凯恩斯模型都依赖某种形式的垄断成本加成定价（Lavoie 2006, 44）。这里的问题不是定价问题——虽然它也是古典真实竞争理论的典型特征，这里的问题是利润的决定：在后凯恩斯主义理论中，个体以及总体的企业被假设为能够决定它们的利润占总成本的份额。这样一来，它们也能设定工资份额，以及在生产率水平给定的情况下设定实际工资。于是，如果失业确如卡莱茨基所说影响了垄断的价格加成，以及（或者）确如马上就要讨论的后古德温模型所说影响了生产率增长的话，那么失业就只能影响工资份额。

戈德利（2007, 274–275, 302–304, 341–342）的观点是这样一个纯粹后凯恩斯主义观点的典范，他认为工资份额由平均垄断加成决定。

① 因为工资份额（实际工资与生产力之比）由完全就业条件决定，所以工人只能通过提高生产力提高他们的实际工资（比如更努力地工作和协助加快机械化的步伐）。

他明确反对通货膨胀取决于就业水平的观念，因此他也拒绝接受任何一种形式的货币价格菲利普斯曲线，更不用说自然失业率理论家提出的垂直曲线了。因为他的价格由货币工资之上的价格加成决定，所以他也含蓄地反对原初的货币工资菲利普斯曲线，以及任何实际工资和工资份额的菲利普斯曲线（见 12.6.3 小节）。

14.2.3 古德温和后古德温方法

古德温开创性的增长周期模型（1967）使马克思的以下观点得以公式化，即工资、利润和失业率之间的相互作用保持了一个持续性存在的失业劳动力储备池（产业后备军）。他的模型成为关于这一话题的现代古典理论和后凯恩斯主义理论的源泉，并衍生出大量文献（Desai, Henrya, Mosleya, and Pemberton 2006, 2662; Harvie, Kelmanson, and Knapp 2006, 53–54）。本章会详细讨论古德温自己的模型，而后来提出的理论和经验文献数量过于庞大，这里便不再赘述。因此，我自己的评论将限定在三个关键主题上：（1）工资和失业之间的关系；（2）积累和利润率之间的关系；（3）对技术变革和劳动力供给增长的处理。

古德温的模型建立在 4 个要素之上。假设储蓄只来源于利润，而所有的利润都被留存，那么储蓄和投资（需求和供给）的短期对等意味着积累率等于利润率，也暗含着产能利用率处于正常水平。值得注意的是，最后两个假设使这个模型成为遵循卡尔多–帕西内蒂传统的储蓄驱动模型的一个特殊情形。在古德温的模型中，工人的储蓄率为 0，而资本家的储蓄率为 1，这使积累率等于利润率。利润率（因此也是积累率）就通过实际工资菲利普斯曲线与就业相关联，其中实际工资变化率随着就业率高于或低于某一个临界水平而上升或下降。最后，生产率和劳动力增长率都被假定为外生给定的常数。由于工资份额的变化率等于实际工资的变化率减去生产率的变化率，所以古德温关于实际工资菲利普斯曲线的假设意味着存在一个形状相同的工资份额菲利普斯曲线，只不过后者因不变的生产率增长率而向下移动了。古德温模型的优美之处在于其中的捕食-被捕食动态过程，这一过程产生了工资份额和就业率的复发式循环（围绕一个动态中心）。以时间为第三维度，图 14.9 描绘出了这样一种螺旋式的变化过程。与卡尔多-帕西内蒂对哈罗德理论所做的延伸一样，这里工资份额完全由均衡失业率的条件决定。因此，我们有了一个马克思意义上的持续存在的劳动力后备军。此外，劳工斗争在工资份额的决定中不起作用。事实上，在这里，劳工力量的增强表现为实际工资菲利普斯曲线的上移，这只会降低均衡就业率，即提高均衡失业率（Shaikh 2003a, 137–138）。

解决这一困难的一个方法是将自然增长率视为完全或部分内生的变量。这样，通过劳动参与率和 / 或移民率的提高，积累率的增加可能会促使劳动力的增长速度加快，而通过技术变革的加速和 / 或新技术的加速扩散，积累率的增加可能会促使生产率的增长速度也加快（Sheikh 2003a, 119–122）。在极端情况下，自然增长率不断调整以维持一个给定的利润率和相应的积累率。这和一些后凯恩斯主义者提出的解决方案类似，即自然增长率适应于外生给定的有效需求增长率（见 12.6.4 小节）。但在古典理论中，产能利用率围绕着某个正常水平上下波动，产出增长率受正常净利润率的调节，此时将自然增长率看成部分内生的就足够了（就像之前为了解释正常产能利用率的趋势而将储蓄看成部分内生的一样）。我们将看到自然增长率内生性的具体形式很重要（见 12.3 节）。

14.2.3.1 后古德温、后凯恩斯主义模型

接下来，我将这些后古德温模型进行分类，主要根据如下：它们是像后凯恩斯主义理论一样将长期产能利用率视为一个自由变量，还是像古典理论和哈罗德理论一样认为它围绕着正常产能利用率上下波动。因为凯恩斯批判卡莱茨基的文章，认为其对长期产能过剩的假设不合理（Sawyer 1985），所以我们可以把凯恩斯看成属于后一个阵营。

在后凯恩斯阵营里，沃夫斯岱特（1982）通过附加一个政府部门并将产能利用率视为自由变量，用他自己的实际工资菲利普斯曲线修正了古德温模型，从而使“产出由需求决定”（376）。他对模型所进行的凯恩斯式延伸包括工资份额、就业率和产能利用率三个维度，它们可以是稳定的，也可以是不稳定的。

韦卢皮莱（1983）较早地对古典观点和后凯恩斯观点进行了一个复杂的整合。货币工资受到附加了通货膨胀的菲利普斯曲线的驱动，均衡价格由单位成本加价决定，观测到的价格根据均衡价格进行调整，生产率增长通过卡尔多式技术进步函数与资本–劳动比的增长相关联，产能与资本成正比暗示着正常产能–资本比 R_n 是一个常数（456–457）。后凯恩斯主义关于“只要就业低于充分就业水平，未利用的产能就为正”的假设尤为重要。失业率一般不为零，这意味着从长期来看产能利用率一般比正常水平低（459）。整个模型可以推导出一个具有简化形式的关系，其中工资份额变化率既是工资份额的函数，又是就业率的函数。而在古德温模型中，工资份额变化率仅仅是后者的函数。就业率变化率最终也成为这两个变量的函数。这里出现了两个惊人的特征：和古德温模型不同，并不存在一个临界就业水平使工资份额围绕它上升或下降；也不需要关于劳动力自然增长性质的假设，因为生产率增长率的内生性足以使哈罗德的“自然增长率”内生化，后者是劳

动力增长率和生产率增长率的总和（460–464）。最后，“还存在一个凯恩斯式的假设，即工资份额上升会通过需求效应刺激投资”，以至在现代术语中，经济增长是“工资拉动的”，且生产率的增长也受工资份额增长的刺激（461–463）。由此得到4种情况：高工资/高就业（很多社会民主政府似乎将此作为其政治目标）、高工资/低就业、低工资/高就业、低工资/低就业（469）。

格洛姆博夫斯基和克鲁格（1988, 427, 431–435）保留了实际工资菲利普斯曲线，也保留了正常产能-资本比不变、生产率和劳动力供给增长是外生变量的假设，但他们允许不同工资收入和财产性收入的人具有不同的储蓄率，还遵循后凯恩斯传统，视产能利用率为自由变量。由此产生的模型具有周期性，均衡工资份额只取决于储蓄率和利润中的投资份额，而不受“阶级斗争”的影响。工人阶级力量增强（表现为实际工资菲利普斯曲线向外移动）也不会降低均衡就业率。

泰勒（2004, 284–292）假设价格由工资成本加成决定。在最抽象的层面，这意味着工资份额完全取决于企业的垄断力量，但他对具体调整过程的阐释衍生出更多可能的结果。工人在就货币工资讨价还价时，心中其实已经有了一个实际工资目标；企业在制定价格时，心中也有一个利润份额目标。各方都会根据实际的结果进行目标的调整。这个持续的过程会使得货币工资、实际工资和工资份额具有特定的路径。泰勒用修改后的古德温增长周期模型表示短期循环过程，明确地将实际工资增长率、生产率和产能利用率之间的关系模型化。在某些特定的假设下，如利润驱动增长和存在一个动态凯恩斯乘数，泰勒最终得出一种关系：工资份额增长率可能与产能利用率水平同向变化，也可能与其反向变化。二者同向变化时，它类似于一条用产能利用率代替就业率（而不是失业率）的工资份额菲利普斯曲线；二者反向变化时，它与菲利普斯曲线的倾斜方向相反。[①]

泰勒版本的菲利普斯型曲线大体描述了在短期内实际工资增长和产能利用率之间的关系（Taylor 2004, 136, 293）。在短期内，可能存在产能利用率与就业利用率（即就业率）正相关，从而与失业率负相关的情况。这意味着泰勒提出的两种可能关系中，至少有一个看上去会像古德温增长周期模型中所设想的标准实际工资菲利普斯曲线。但是，古德温假设产能利用率固定为正常水平，而泰勒和后凯恩斯主义理论一般把产能利用率看作一个自由变量，不与任何正常水平相关（见12.4.3 小节）。

14.2.3.2 后古德温经典模型

沙阿和德赛（1981）对古德温模型进行了极具影响力的扩展，保留了其中的实际工资菲利普斯曲线、资本家储蓄率为 1 的储蓄驱动型积累、固定在正常水平的产能利用率和以固定速率不断增长的劳动供给，但是他们假设技术会随着单位劳动力成本（工资份额）的改变而改变，因而产能-资本比变为内生变量。最优技术选择遵循成本最低原则，这促使产能-资本比在不均衡动态中发生变化，而在均衡状态下保持不变，同时产能-资本比也不随时间推移而改变（哈罗德中性的技术变革）。技术系数的灵活性使该模型在均衡点附近局部稳定（1006–1008）。正如他们所提出的，原初的古德温模型建立在“这样的隐含假设上，即阶级斗争的双方都只有一件武器——工人可以用［他们的］就业优势来讨价还价，而资本家可以通过他们的投资决策决定就业的增长。现在我们让资本家拥有另一件武器——沿着技术变革前沿选择引致的技

① 当横轴为失业率时，菲利普斯曲线向下倾斜。因此，如果我们把横轴设为就业率（即 1 − 失业率），曲线就会向上倾斜。

术变革速率”（1008–1009）。范德普勒格（1987, 2–4, 10）将储蓄率差异引入沙阿和德赛的模型，修正了实际工资菲利普斯曲线，允许生产率增长部分地影响实际工资变化率，最后得到的是一个工资份额、就业率和最小成本下的产出–资本比的三维模型。如果工人储蓄和生产率增长的效应足够大的话，这个模型会产生一个稳定的极限环，使其从这个极限环吸引域的任何一个初始点出发，最终都可以收敛到均衡点附近的单一稳定轨道上。

斯波尔泰利（1995, 40–44）保留了生产率和劳动力供给增长速度不变、正常产能–资本比不变的假设，但是他采用了菲利普斯曲线（Phillips 1958, 283–285）的原始规定，认为货币工资的变化率非线性地取决于失业的水平和变化率。他论述道，“在商业活动兴盛时期，由于劳动力需求不断增加，企业更容易接受工会的工资要求。相反地，在同一个失业率水平下，如果商业活动萎靡，对劳动力的需求不断降低，企业就更难接受工资上涨，工会在压制企业影响工资方面处于弱势地位”（Sportelli 1995, 42–43）。假定实际工资在一定程度上对单位劳动力成本做出反应，则实际工资的变化率取决于工人货币工资响应失业的程度和资本家定价响应单位劳动力成本改变的程度。假设积累取决于过往需求变动的加权平均值，而需求变动又受两方面影响——产出–资本比和由就业水平决定的劳动力成本预期，那么“就业增加会提高劳动力成本预期并降低利润预期”（44），这将反过来减少积累。该模型简化为描述一个广义上的捕食与被捕食关系，在这个关系中，决定价格对成本敏感度的参数取某些值时能够得到一个稳定的极限环（46, 52–56）。该模型关于长期正常产能利用率的假设遵循古典传统，而关于加成定价的假设则遵循后凯恩斯主义传统，因此它属于混合型模型。

最后，两篇具有创新性的最新论文还强调了这一事实，即古德温模型能够产生超出可行的0~1经济边界的工资份额和/或就业率。德赛、亨里亚、莫斯勒亚和彭伯顿（2006）首先将实际工资菲利普斯曲线写成非线性形式，古德温在为简化分析而将之线性化之前也构想去这样做。随后，他们修改了关于积累的假设，认为其取决于实际利润率和某个期望（保留）利润率之差（Desai et al. 2006, 2665–2667）。如果基准是正常利润率，且我们要从两边减去利率（可以是实际利率，也可以是正常利率），这将等同于假设积累取决于实际净利润率和正常净利润率之差。无论如何，这一假设都意味着积累正如马克思和凯恩斯所言是由利润驱动的，而不是哈罗德和古德温提出的由储蓄驱动的。哈维、克尔曼森和克纳普（2006）也提到了越界问题以及与之相关的一个难题，即古德温模型的波动是对称的，而经验证据揭示的实际商业周期波动都是非对称的。古德温模型可简化为两组非线性动态关系：工资份额变化率与就业率偏离某个临界值之间的关系、就业变化率与工资份额变化率之间的关系。哈维等在每一类关系中引入“障碍函数”，以确保相关数值始终在经济边界内，随后“调整”这些函数的形式以产生不对称性。假设生产率增长和劳动供给增长在均衡状态下是恒定的，但可以在不同周期之间发生变化（68）。与原初的古德温模型一样，由此产生的均衡是一个全局非线性中心（60–61, 65）。

14.2.3.3 本章的目标

为了允许积累由利润驱动以及产出由需求决定，凯恩斯模型和后凯恩斯模型倾向于把产能利用率视为一个自由变量。相反，那些追随哈罗德和古德温观点的人假设产能利用率处于正常水平，最终得出积累由储蓄驱动的结论。这种僵局来自一个共同的假设，即不同类型收入的储蓄率是外生给定的。我在前文已经说明，单个企业从利润中抽取的储蓄和它们正进行的投资密切相关。这意味着储蓄率是内生的，此时利润驱动型积累和围绕某个正常水平上下波动的产能利用率也可以共存。

实际工资和利润率之间的联系是各方都关注的问题。在新古典理论中，工人获得的是能够确保自身充分就业的实际工资。在凯恩斯看来，工人围绕着货币工资展开斗争，得到的是在通货膨胀和失业面前可以维持生计的实际工资。卡莱茨基从雇主的垄断加价定价出发，使工人得到确定的工资份额，但是之后又通过工人限制价格加成的权利允许工人有了某种程度上的工资决定权。[①]对由储蓄率驱动的积累而言，哈罗德没有明确指出工资所起的作用，但是卡尔多和帕西内蒂扩展了哈罗德的理论，使正常产能（有保证的）增长率能够调整，以达到实现充分就业下的（自然）增长率水平。该调整取决于总储蓄率依赖的价值增殖在工资和利润之间的分割，从而它需要一个特定的工资份额来决定一个特定的储蓄率，该储蓄率将使有保证的增长率向自然增长率看齐。最后，充分就业条件决定特定的工资份额和实际工资。后凯恩斯主义理论拒绝将充分就业看成一个必然的联系，但由于工人被假定仅仅得到企业不当作垄断价格加成的那部分产出份额，因此，在后凯恩斯主义理论中，工人的力量便只是被当作困难和问题。[②]古德温继承了马克思的观点，论证实际工资、利润率和就业之间的反馈循环会

---

① 工人限制价格加成的权利是指作为消费主体，工人可以通过市场需求决定雇主的价格加成能否在事实上得以实现，从而影响商品的实际定价。由于商品价格是在以工资为主体的成本之上的价格加成，所以在工资份额给定的情况下，工人对雇主商品定价的影响权就是对工人自己工资的某种决定权。——译者注

② 由于后凯恩斯主义信奉价格加成，而工人的工资作为成本是价格加成的基础，所以，如果工人有力量讨价还价，“人为”抬高工资水平，那么被增加的商品价格便成为不利于竞争的“困难和问题”。——译者注

产生一个大体低于充分就业率的特定就业率。但是，在卡尔多-帕西内蒂的理论中，这又对应着一个特定的工资份额，它使总储蓄率能够确保增长率与自然率一致。工人的力量对实际工资和工资份额不起任何决定性作用。事实上，增加劳工力量只会产生更多的失业。

我的目标是表明，人们可以利用以上要素发展出一个将古典经济学的认识与凯恩斯主义、后凯恩斯主义的理解囊括在内的理论框架。凯恩斯主义、后凯恩斯主义的理解包括积累受利润率驱动，以及总需求对产出和就业具有关键性的影响；古典经济学的认识包括劳工斗争在决定实际工资中发挥着重要作用，以及积累将保持一个正常的产能利用率和一个持续存在的失业劳动力储备池。为了把重点集中在理论分析和可观测经验模式之间的基本对应关系上，我将努力用最简明的方式阐释其中的机理。

14.3 工资份额、失业率和哈罗德“自然增长率”之间的动态交互作用

14.3.1 实际工资理论：从随机微观到宏观

古典经济学家始终认为实际工资中包含着社会和历史的成分（Dobb 1973, 91–92, 152–153）。工人围绕着工资和工作条件斗争的历史无疑证明了这一点（见 4.4 节）。劳资之间的冲突在企业获得的货币价值增加值上带来了一个特定的分割。一方面，资本对劳动施加压

力，使工资降至其所能达到的最低限度，即由历史因素决定的最低工资水平；另一方面，劳动反向施压，力图使工资趋向它的最高极限，这一极限取决于工资对利润和企业生存能力所产生的影响①（Botwinick 1993）。在抽象层面，实际工资的上限是每个工人创造的实际增加值，也就是劳动者的生产率（yr_t）。社会可实现的产品工资（wr_t^*），即用产品价格量度的实际工资，位于工资的上限和下限之间。尽管工人的生活标准取决于货币工资相对于消费品的购买力（货币工资与消费者物价指数之比），但与企业相关的是生产率和货币工资之间的关系，二者之差就是每个工人创造的实际利润。

在 3.3 节中，我们发展出来一些微观层面的研究方法，推导出诸如向下倾斜的需求曲线、恩格尔曲线和总消费函数等市场法则。同样用这种方法，我们可以得到可实现实际工资和生产率之间的关系。在当前情况下，平均企业（不一定是“代表性的”企业）中每个工人的实际增加值，意味着在每个工人可能的实际工资（wr）和其创造的利润（ml）之间存在着一个斯拉法式的权衡。

$$yr_t = wr_t + ml_t \tag{14.1}$$

从这个角度来看，生产率构成了实际工资的抽象上限，而某种一般性的最低实际工资（wr_{min_t}）构成了其下限。如方程（14.2）所示，后者本身与历史决定的生产率挂钩。能够想起来的是，生产率不仅仅取决于技术的历史路径，也取决于劳动时长和劳动强度。

$$wr_{min_t} = \alpha_t \cdot yr_t \tag{14.2}$$

① 工资对利润和企业生存能力所产生的影响，指当工资高到使利润消失、资本无利可图的程度，或者工资高到使企业没有足够的留利进行积累和技术创新，从而使企业丧失发展潜能和生命力的时候，就可以认为工资已经达到它的上限。——译者注

其中 α_t 为历史性决定的关系，$0<\alpha_t<1$。

图 14.1 描绘了平均企业的工资–利润权衡，以及处于工资上限和下限之间的可行实际工资范围（用加黑线表示）。我们可以假设存在很多不同类型的工人和企业，他们有着不同的策略和不同的成功率，二者持续的互动产生了一个稳定的分布，其中每个劳动者特定的平均正常实际工资和其创造的平均利润落在可行范围内，如点 A。正如 3.3 节中所述，A 点可以描述平均可支配工资和最大可支配实际工资二者的比率。

$$\alpha_t' \equiv \frac{wr_t - wr_{min_t}}{yr_t - wr_{min_t}} \quad (14.3)$$

从而，$0<\alpha_t'<1$。

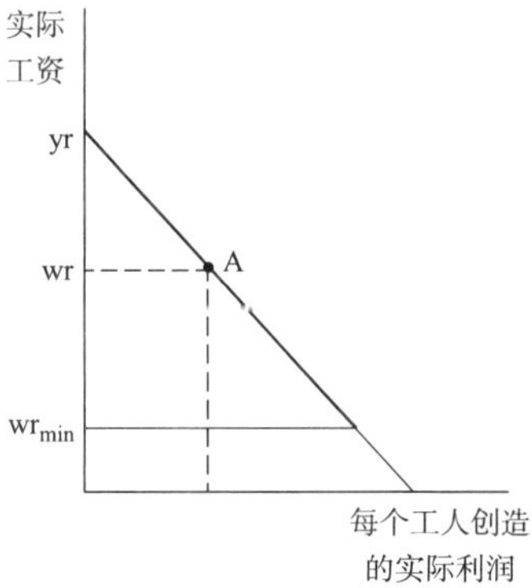

图 14.1 每个工人的平均实际工资

将这一点与最低工资的表达式结合起来会得到平均实际工资和生产率之间的关系。实际上，特定社会环境中个体层面的劳资斗争会使二者之间形成一个特定的比率（β_t）。从第 3 章中，我们可以很明显地看到关于工人和雇主之间关系的很多不同的微观模型都与该宏观结果相容。只要该过程产生稳定的结果分布，那么总体结果就“稳健地独立”于微观细节。

$$wr_t=\beta_t \cdot yr_t \quad (14.4)$$

其中，$\beta_t=\alpha_t+(1-\alpha_t)\cdot\alpha'_t$。由于$0<\alpha_t$，$\alpha'_t<1$，因此$0<\beta_t<1$。

$$\frac{\dot{wr}_t}{wr_t}=\frac{\dot{\beta}_t}{\beta_t}+\frac{\dot{yr}_t}{yr_t} \quad (14.5)$$

14.3.2 劳工力量对失业的反应

方程（14.4）中，在任一特定的社会历史条件下，给定劳工力量β_t将使实际工资随着生产力的提高而不断上涨。失业程度反过来调节事实的实际工资和可持续的实际工资之间的关系。当劳动力市场活跃、失业率较低时，工人有望相对于生产力提高自己的实际工资。反之，实际工资落后于生产力的增长。通过假设方程（14.4）中联系系数β_t的变化率在劳动力市场“收紧”（也就是失业率u_{L_t}低于某个临界失业率u_L^*）时上升，在劳动力市场“宽松”时下降，我们就能够很好地描述上述作用关系。

$$\frac{\dot{\beta}_t}{\beta_t}=f(u_L^*-u_{L_t})，\ f'>0 \quad (14.6)$$

14.3.3 古典曲线

如果我们将工资份额定义为$\sigma_W=wr/yr$，方程（14.6）意味着工资份额的变化率是失业率的负相关函数。该古典曲线如图 14.2 所示。这条曲线就像古德温将马克思的劳动力后备军理论模型化时提出的两组动态关系之一。正如在 14.2 节中所讨论的，古德温自己的推导基于以下两个假设：一个实际工资菲利普斯曲线，外加一个恒定的生产率增长率（Goodwin 1967, 55）。我们还注意到一个有趣的地方，这暗含着一个满足对数线性的总“工资曲线”，与布兰奇弗劳尔和奥斯瓦尔德（1994）的设想相似，而且很好地得到大量经验证据的支持（Card 1995）。①

$$\dot{\sigma}_{W_t} = f(u_{L_t} - u_L^*)\sigma_{W_t},\ f' < 0 \qquad (14.7)$$

图 14.2 中的古典曲线表明在失业率 u_L^* 下存在一个稳定的工资份额，这一失业率通常不同于与有效充分就业率 $u_{L_{FE}}$ 相对应的失业率。请注意，由于任何给定的失业水平都会引起实际工资相对于生产率更缓慢的增长，因而该曲线的下移意味着劳动力“反应强度”的降低。同样的道理也适用于曲线的逆时针旋转，此时该曲线与水平轴的交点取值减小了。这两种情况都会降低中心失业率。但是，我们可以从方程（14.4）中看出，这样的一个失业率可以与相对于生产率更高或更低的实际工资并存，也就是说，在这一维度下，它可以与一个更强的或更弱的劳工力量并存。工资份额的水平和劳动力的反应强度是劳工力量的两个不同维度。我在后文讨论经验证据时将会回到这个话题（见 14.5 节）。目前，应当注意到，如果在一定时期内，实际工资份额因总需求的增加削减了失业而提高，那么对应的将会是经济沿着古典曲线上移。随后出现的需求减少也会相应地使经济沿着曲线下移。我们将看到 1960—1968 年越南战争的爆发和随后出现的 1969—1973 年经济的下滑就对应着美国战后历史 13 年的经济徘徊。同样地，1993—2003 年的互联网泡沫和随后出现的通货紧缩也带来了一个为期 10 年的经济

① 由于一个变量 U_L 的百分比变化率量度其对数的变化，因此方程（14.6）中的关系意味着 $\ln\beta = \int f(U_L - u_L^*) = c + U_L$，其中 c 是积分常数，可以理解为对失业压力的一种负累积效应的量度。有了这些，方程（14.4）就变成一个对数线性的总“工资曲线”。

徘徊。这些事件突出了经济沿着曲线进行调整的速度的重要性，与之相关的其他经验证据将会在 14.6 节中予以说明。

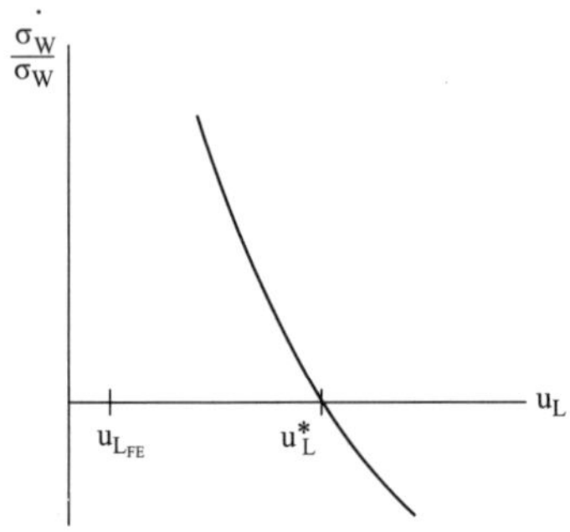

图 14.2 古典曲线

14.3.4 失业率的决定因素

古典曲线展现了实际工资相对于生产率的变化率（即工资份额的变化率）和失业率之间的关系。后者的决定因素因而十分重要。[①] 令 L 为就业人数，LF 为劳动力（劳动供给量和参与率的乘积）， YR 为实际产出，yr=YR/L 为正常产能下的生产率水平，那么失业率和失业率的变化率可写为：

$$1-u_{L_n}=\frac{L}{LF}=\frac{YR}{yr\cdot LF} \quad (14.8)$$

$$\dot{u}_L=(g_{LF}+g_{yr}-g_{YR})(1-u_L)=(g_N-g_{YR})(1-u_L) \quad (14.9)$$

其中， $g_N\equiv g_{LF}+g_{yr}$ ，g_N 即为哈罗德的“自然”增长率。我们

① 我使用微分方程表示法有两点原因：第一，为了便于与古德温（1967）关于劳动力后备军理论的著名的增长周期模型进行直接比较；第二，由于古德温模型中的差分方程模拟不稳定，而稳定的模拟又不具备明确的经济学意义（Potts 1982, 661-664）。非常感谢库马拉斯瓦米 · 韦卢皮莱引导我发现了第二点原因。

可以看到，只要产出增长率等于自然增长率（$g_N = g_{YR}$），失业率就保持不变（$\dot{u}_L = 0$）。由于哈罗德隐含地假设经济可以实现充分就业，因此相应地，他假设失业率 $u_L^* = u_{L_{FE}}$。但是，如图 14.2 所示，在马克思和古德温的理论中，恒定的失业率往往大于有效充分就业率：$u_L^* \geqslant u_{L_{FE}}$。无论在哪种情况下，实际增长率和自然增长率相等都决定了一个特定水平的正常失业率。

如 13.3.3 小节中的方程（13.37）所示，古典产出增长可表示为 $g_{YR} = f_K(r_n - i_n) + \varepsilon$，这里第一项代表正常净利润率（也是驱动积累的因素）的影响，第二项代表了预期和实际、需求和供给、产出和产能平衡各条件下的一系列因素，它们都会受消费者负债、政府赤字和出口剩余这些购买力注入的影响，也会受作用于利率的内外部因素的影响。该方程让我们能够区分影响正常净利润率路径的因素与那些使该路径在附近出现上升和下降的因素。在任一给定的产能-资本比下，利润率是工资份额 $\sigma_W = wr / yr$（利润份额的对偶）的函数，所以正常利润率为 $r_n = (1 - \sigma_W) \cdot R_n$。正常利率本身也是正常利润率的函数，我们可以将产出增长率写为：

$$g_{YR} = f_{YR}[(1 - \sigma_W) \cdot R_n - i_n] + \varepsilon \tag{14.10}$$

14.3.5 生产率和劳动力增长所产生的影响

为了简化论述，我将首先抽象出产能-资本比的变化。在第 13 章中，我们分析了在不变的正常净利润率下，刺激项 ε 对产出增长的一般影响，只在最后的图 13.10 中考虑了刺激对净利润率的反馈作用。而我们现在集中讨论这一刺激的反馈作用。我们将从静止的系统开始研究，即 $g_{YR} = 0$，因为（$r_n - i_n$）$= 0$，$\varepsilon = 0$。现在假设需求受政府支出和/或投资支出的刺激而出现暂时的上升，这使得ε先上升而后降为零。从 13.3.4 小节中我们可以看到，只要正常净利润率不受影响，这种需求上升会使产出水平出现永久性上升，而不改变增长率。因此，就业水平会上升，失业率会下降。根据方程（14.7）中描绘的古典反馈循环可知，失业率的下降会提高实际工资相对于生产率的比率，因而单位劳动力成本也会上升。

在这一点之后会发生什么取决于其对生产率和劳动力的后续影响。单位劳动力成本的上涨会给企业一个强激励，促使其提高生产力，并通过引入移民和 / 或提高劳动参与率增加劳动力。因此，考虑两种极端的情况是有益处的。一种极端情况是企业完全无法抵消实际工资上涨带来的影响，导致工资份额上涨和利润率下降，这会降低产出的增长率，因而可能会减轻甚至最终消除起初扩张性刺激的效果。这正是图 13.10 所描述的情形。另一种极端情况是企业能够完全抵消实际工资上涨带来的负面影响，从而使利润率最终保持不变。这里存在两种可能的结果。一种可能是，如果生产率提高到足够抵消实际工资的上涨，那么工资份额和利润率都会保持不变。这时，尽管总需求的增加只是暂时的，但其仍会提高产出和就业，降低失业率，提高实际工资，而使工资份额、利润率和正常增长率都保持不变。另一种可能是，如果企业能够增加劳动力以使失业率回到初始水平，那么尽管对总需求的最初刺激将会提高产出和就业水平，但不会改变失业率、实际工资、工资份额和利润率。显而易见的是，生产率改变和劳动力改变的综合反应会促进产量、就业和实际工资的增加，并带来更低的失业率，而不改变工资份额、利润率或者增长率的值（见表 14.1）。

表 14.1 应对总需求暂时增加的几种充分调整反应

调整 / 影响	YR	L	u_L	wr	yr	LF	σ w	r_n	g_{Y_n}
A. 生产力和劳动力增长无变化	+◎	+◎	+/–	+/–	0	0	+/–	–	–
B. 利用生产力增长的改变完全抵消	+	+	–	+	+	0	0	0	0
C. 利用劳动力增长的改变完全抵消	+	+	0	0	0	+	0	0	0
D. 利用生产力和劳动力增长的混合改变完全抵消	+	+	–	+	+	+	0	0	0

情形 B 和情形 D 的假设是，对需求刺激的潜在反应允许产出和就业上升，而通过阻止工资份额的提高保持利润份额和利润率不变。从某种意义上来说，所有这些结果都会有益于总资本，因为既定利润份额下实际产出的增加意味着实际利润会增加。它对劳动力也有好处，因为就业和实际劳动收入（wr·L）均出现上涨。情形 B 中，生产率提高到足以抵消实际工资任何程度的上涨。由于就业水平上升、实际工资增加、失业率下降，所以从总劳动力的角度看该情形是最有利的。情形 C 中，新涌入的劳动力填补了劳动力需求的增加。由于总就业上升，实际工资保持不变，总劳动收入会再一次上涨，所以它对劳工来说是次优的情形。这两种情形中，每一类工人都有强烈的动机抵制工作提速和机械化带来的生产率提高，并抵制工人涌入带来的劳动力供给增加。请注意，所有这些结果都视产能-资本比 R_n 为恒定的。从长期来看，这个变量本身遵循的路径由新的成本更低的生产方法的发明和使用决定（见 7.7 节）。

前面的分析过程凸显了生产率和劳动力增长中哪怕是部分内生性

都可能会产生的影响。它提醒我们，假设这两个关键变量会在一定程度上对单位劳动力成本（工资份额）的上涨和/或对表现为失业率下降的劳动力市场的收紧做出积极的反应是多么明智。生产率和劳动力增长会对经济刺激做出反应并不是什么新观点，但这里不同的是，这些反应使自然增长率（生产率与劳动力增长率的总和）具有一定形式的内生性。这和一些后凯恩斯主义者的论点不同，他们认为自然增长率仅仅适应于一些外生给定的需求增长率的变化（Lavoie 2006, 120–121）。这里所有的互动都是双向的。方程（14.11）和方程（14.12）总结了上述反应，变量下面的符号表示影响的方向。辅之以方程（14.7）描绘的古典工资曲线、方程（14.9）描绘的失业反应规律和方程（14.10）描绘的产出增长规律，我们会得到一个一般的古典动态系统。由于哈罗德意义下的自然增长率是劳动力增长率与生产率增长率的总和，它的调整具有同样的一般形式，我们可以在整体动态系统把其替换成二者中的任意一个，比如劳动力增长。要记住，实际增长率和自然增长率相等会将失业水平固定下来。

$$\dot{g}_{yr} = f_{yr}(\underset{+}{\dot{\sigma}_W}, \underset{-}{\dot{u}_L}) \tag{14.11}$$

$$\dot{g}_{LF} = f_{LF}\left(\underset{+}{\dot{\sigma}_W}, \underset{-}{\dot{u}_L}\right)\left[\text{或者}\ \dot{g}_N = f_N\left(\underset{+}{\dot{\sigma}_W}, \underset{-}{\dot{u}_L}\right)\right] \tag{14.12}$$

为了进行更深入的分析，我们需要给出前面三个方程的具体函数形式。最简单的情况便是f、f_{YR}、f_{LF}、f_{yr}都是线性函数，我称之为简单古典模型。与古德温的古典捕食–被捕食模型（Goodwin 1967）一致，由于方程（14.7）、方程（14.9）和方程（14.10）之间的相互作用，整体动态系统是非线性的，它的一般形式类似于古德温的模型。事实上，后者是一个特殊情形，即生产率和劳动力增长都不对单位劳动力成本的上升或者劳动力市场的收紧做出任何一点反应。在这两个模型中，增长都是正常结果。对于任何一个偏离均衡的点，古德温模型推导出工资份额和失业率围绕着均衡点运动的无限轨道，而简单古典模型则推导出螺旋式接近均衡点的情况。当受到随机冲击时，两个模型都具有持续的内生增长周期，但是古德温模型在结构上不稳定。并且在这两个模型中，失业率的均衡值都给定为 $u_L = u_L^*$，这个点也就是图 14.2 中曲线与水平轴的交点。对于任何给定的劳动反应强度，这一“正常”失业率往往和有效充分失业率 $u_{L_{FE}}$ 不同。正常失业率 u_L^* 为非自愿失业的一种，与弗里德曼提出的“自然率”即真正的有效充分就业率不同。正如古德温模型所示，为了降低正常失业率，必须减弱劳工组织的力量。这在图中表现为曲线向内移动（即在任何给定失业率下，工人相对于生产率提高实际工资的能力减弱）。这一事实具有重大的现实和历史意义。

古德温模型和古典模型之间存在一个主要的区别。在古德温模型中，实际工资的增长路径和工资份额的水平与劳工力量完全独立，因为它们仅仅由积累和外生给定的自然增长率的参数决定。在新古典理论和卡尔多-帕西内蒂的凯恩斯式长期模型中也有同样的结果。在所有这些模型中，之所以出现这样的结果都是因为假设了自然增长率不受单位劳动力成本或者劳动力市场状况变化的影响。相反，在古典模型中，即使是由国家财政赤字、出口繁荣或者受动物精神的影响增加投资支出等因素带来的暂时的总需求增长，都会永久性地提高产出、就业、生产力和实际工资的增长路径，而不影响工资份额、利润率或者增长率。此外，在古典模型中，如果需求持续增加的速率比基于（$r_n - i_n$）的长期均衡增长率高（也就是说 ε 始终为正），这将会持续带来更高的增长率和工资份额：即使更高的工资份额会降低正常产能利润率，这对增长的负面影响也会被 ε 上升的影响所抵消——只要后者能够保持不变。最后，利率降低会通过提高净利润率提高积累率，但后一种影响会被这样一个事实削弱，即更低的利率提高了均衡工资份额并因而降低了均衡利润率（见附录 14.1）。所有这些影响都与反映某一特定劳工力量的古典工资份额曲线即方程（14.7）一致。因此，通过降低劳工力量使曲线下移的因素足以抑制工资份额的任何上涨，并因此维持利润率不变甚至提高利润率。我们将看到，这正是始于 20 世纪 80 年代的新自由主义时期所发生的情况。

古典模型的显著特征之一是，工资份额与工资份额和失业率的初始值呈正相关，而与生产率和劳动力增长的初始值呈负相关。因此，工资份额的自发上涨会提高均衡工资份额——它是自我繁殖的。就业率的自发上涨也会提高均衡工资份额。这两种影响提到了劳工力量的另一维度，它不同于方程（14.7）和图 14.2 中体现的劳动力反应强度。此外，生产率或劳动力增长的自发上升会降低均衡工资份额。换句话说，提高当前工资份额或就业率的局部活动会提高长期工资份额，而提高生产率或劳动力增长的局部活动会有相反的效果。因此，考虑到局部活动的确长期发挥作用，劳动力和资本的诉求都是合理的。然而，其中的任何一点都不会影响均衡就业率。附录 14.1 推导了简单古典模型和古德温模型的这些及其他通有性质。

图 14.3 显示了总需求的暂时增加最初会提高工资份额，降低正常产能利润率（尽管已实现的利润率会因需求过剩而在一段时间内上升），并降低失业率。但是最终，所有这三个变量都会回到其正常值。图 14.4 显示，在同样的情形下，尽管相应的需求旺盛会使利润率在最初出现下降，产出增长最初还是会上升。我们还看到，工资份额上涨和最初失业率下降的综合效应会提高生产率和活跃劳动力的增长

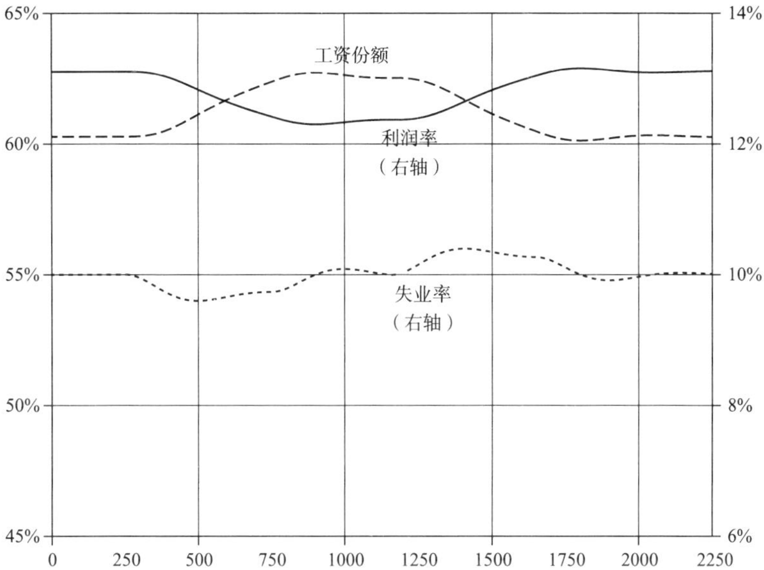

图 14.3　暂时的需求增加对工资份额、失业率和正常产能利润率的影响

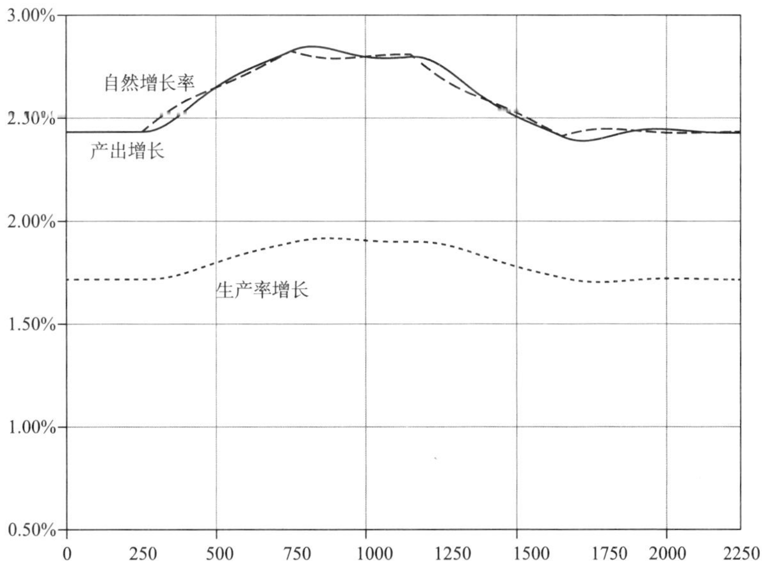

图 14.4　暂时的需求增加对增长率的影响

率，从而使自然增长率也上升。最后，产出、增长和自然增长率彼此大致保持一致，也就是说，失业率会回到一个稳定的水平。产出增长和生产率增长的相互调整会使二者之间具有一个正相关关系，这后来被称为凡登定律（McCombie and Thirwall 1994, 155–226; Lavoie 2006, 121）。最后，图 14.5 显示，尽管暂时的需求增加仅仅引起了产出、实际工资和生产率增长率的暂时上升，但是相对于没有发生冲击时的基准情况，它还是使这些变量的路径水平出现了永久性提高。

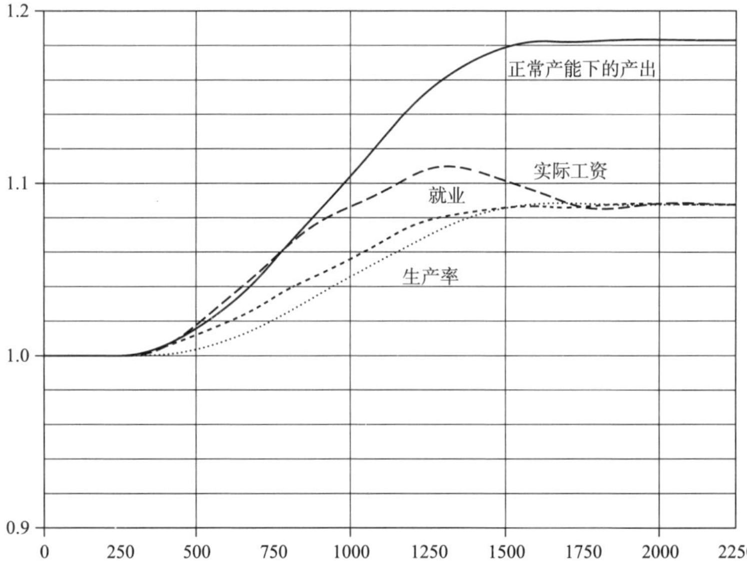

图 14.5　暂时的需求增加对产出、就业、实际工资和生产率水平与基准值比率的影响

在外生需求持续增长情形下模式则完全不同。现在我们来看图 14.6，工资份额长期维持在一个较高的水平，利润率则相应地下降。与之前的情形相比，失业率下跌的时间更长，但是最后仍然回到方程

（14.7）所描绘的每条古典曲线下的正常水平。图14.7指出，产出[1]、生产力和劳动力的增长率（自然增长率是后两者之和）都上升到新的水平。我们又一次发现与凡登定律一致的相互关系。图 14.8 描绘了最出人意料的结果，即由于新购买力的刺激引起过剩需求的持续增加，实际工资和生产率的水平及其各自的增长率均出现上升。工资份额和就业增长率的上升可以理解为是凯恩斯式财政政策真正的成功之处，而利润率的下降则可以理解为工商业阶层对该政策怀有敌意的真正原因。在这样的背景下，持续性“正常”失业率的顽强逆转将会是凯恩斯主义者所必须面对的一个难题，而这也似乎为弗里德曼-费尔普斯的“自然”失业率提供了理论基础——只不过这里的正常（失业）率来自竞争的存在而非其缺位。

在现实中，我们很难区分总需求的“暂时”增长和“永久”增长。这里重要的是，产出增长率 $g_{YR} = f_K(r_n - i_n) + \varepsilon$ 受一系列因素的刺激而使预期净利润率不同于正常产能净利润率，这些因素包括内生的和自发的购买力注入，甚至是为了降低市场利率而进行的国家干预。因此，这些刺激可以提高产出、就业和实际工资的路径，甚至在正常净利润率降低的情况下提高整体增长率——只要刺激是可持续的。这就是凯恩斯主义理论和后凯恩斯主义理论的现实基础，它们认为恰当的政策能够中止利润驱动型增长。问题是这样一来，限制条件就会开始发挥作用。

---

① 应该说方程（14.10）中 ε 的单侧影响被夸大了，因为它对增长率的影响并不以利润率为中介。只有当新增需求能确保带来新增利润时，它才是有效的，否则就不存在扩大生产的激励。这意味着外生需求增长导致的利润率的任何下降都会削弱后者的影响，并且可能在某些情况下完全消除其影响。平均利润率出现下降意味着一些以前盈利的公司将失败。因此，完全有可能在某个时点出现持续性刺激导致整体增长率下降的情况。

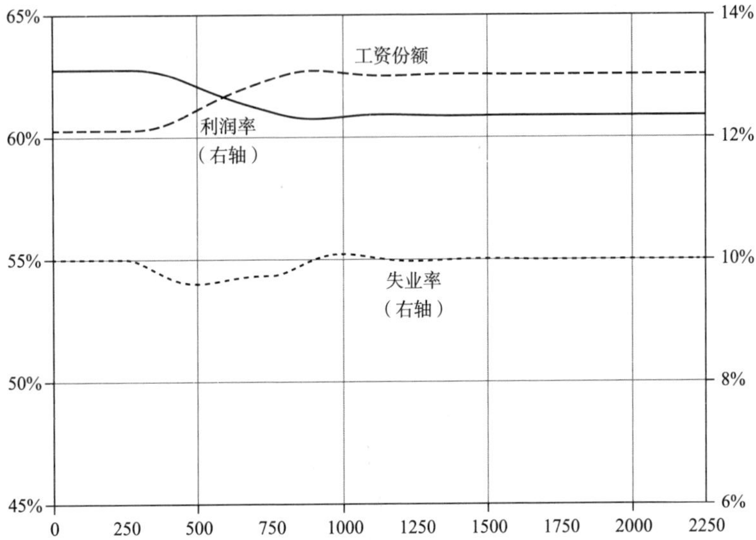

图 14.6　持续的需求增长对工资份额、失业和正常产能利润率的影响

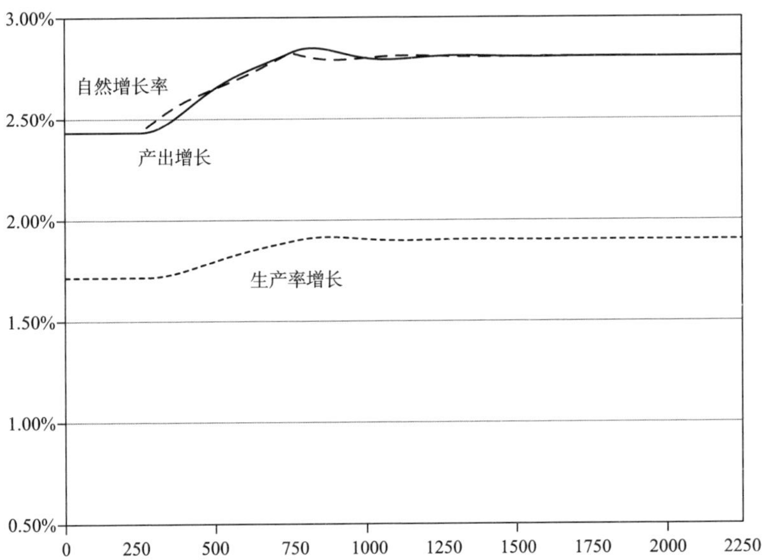

图 14.7　持续需求增长对增长率的影响

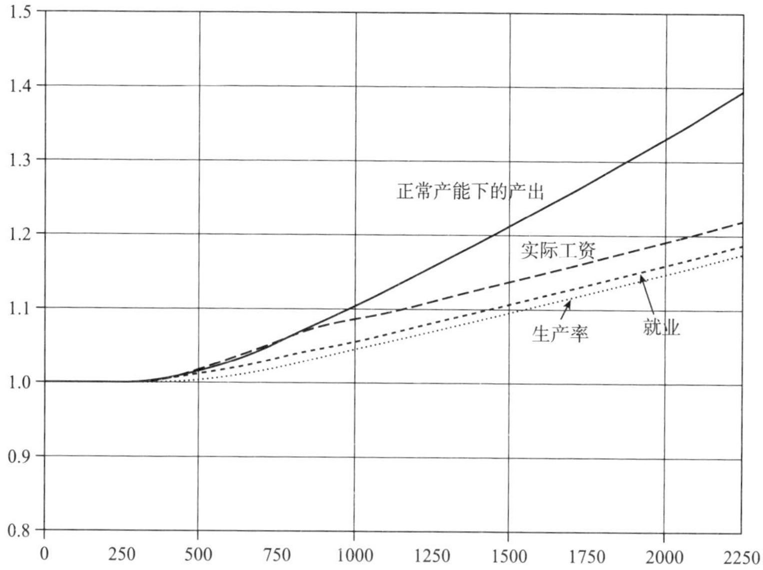

图 14.8 持续需求增长对产出、就业、实际工资和生产率与基准值比率的影响

在前面的图中，为了展现驱动变量 ε 的系统性变化造成的影响，我抽象掉了随机波动的影响。加入随机噪声会使各种路径与图 13.7~ 图 13.10 中已经显示的那些路径类似。在这里，我们需要看一看面对需求的暂时性高涨，工资份额和就业率随着时间推移的变化（纵轴）所呈现出来的典型的理论路径的三维图（见图 14.9），其中暂时性需求高涨的影响已经在之前的图 14.3~ 图 14.5 中加以描述，并在此处用某些加入的噪声来展现。[①] 由此产生的路径是一个在 x、y、t 三维空间里顺时针螺旋向上的运动轨迹，这里 x 轴为工资份额，y 轴为失业率，t 轴为时间（Flaschel 2010, 435, 448）。下一节将会检验实际数据。

① 在方程（14.7）和方程（14.9）中引入噪声得到的细粒模拟数据以“周”为单位，本书将其人为转换为年度数据，并使用 HP 滤波法进行轻微滤波（参数为 3）。此转换过程旨在模拟本章经验部分使用的实际季度数据。

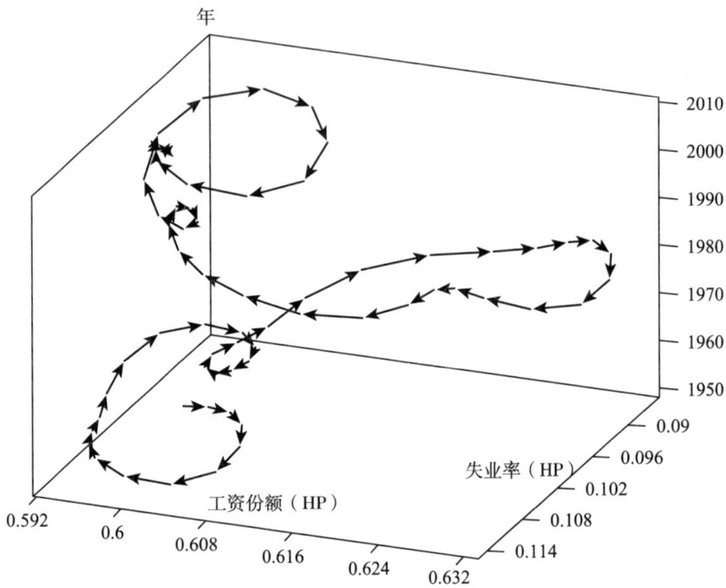

图 14.9 工资份额相对于失业率的理论路径

这里还需要注意两个要点。第一，系统的动态变化意味着 $\sigma_W \equiv wr / yr \approx \beta$，总会计恒等式告诉我们净产出等于工资与利润之和，因而 $yr \equiv wr + r \cdot kr$。当存在一个稳定的工资份额时，该恒等式可以被看作得出了一个拟生产函数 $yr_t = \mathbb{A}_t \cdot kr_t^{1-\beta}$，这里所谓的“索洛剩余” $\dot{\mathbb{A}}/\mathbb{A} \equiv \frac{\dot{wr}}{wr} \cdot \beta + \frac{\dot{r}}{r} \cdot (1-\beta)$ 仅仅是一个实际工资率和利润率随着时间推移的变化率的加权平均数。[①] 虽然这看起来很像劳动边际产量 β 等于工资份额 σ_W 的柯布–道格拉斯总量生产函数，但它事实上仅仅是为了得到稳定工资份额而进行的人为建构。这里暗含的是一个代数定律，而不是

① 从恒等式 $yr = wr + r \cdot kr$ 可以推出 $\frac{\dot{yr}}{yr} = (\frac{\dot{wr}}{wr}) \cdot \sigma_W + (\frac{\dot{r}}{r}) \cdot (1-\sigma_W) + (1-\sigma_W) \cdot \left(\frac{\dot{kr}}{kr}\right)$，因此，若 $\sigma_W = \frac{wr}{yr} \approx \beta$，我们对公式两边同时进行积分，得到 $\ln yr_t = \ln \mathbb{A}_t + (1-\beta) \cdot \ln kr_t$，因此 $yr_t = \mathbb{A}_t \cdot kr_t^{1-\beta}$，其中 $\mathbb{A}_t = \int [(\dot{wr}/wr)_t \cdot \beta + (\dot{r}/r)_t \cdot (1-\beta)]$。

一个生产法则。我先前已经分析过，即使背后的技术不是新古典主义的，但只要实际数据显现出大致不变的工资份额，人们还是可以构建一个总量生产函数，得出一个预测系数等于要素份额的完美拟合，并能得到平稳的技术变革和良好的残差。此外，人们还能够产生无穷多类似的拟合，其中每一个都对应着关于技术变化率的不同解读，从而能得到，即使总量生产函数看起来好像在经验层面“成立”，它们也不能为新古典主义的总生产和分配理论提供支持。相反，最好的拟合也完全可能误读真实的生产、分配、技术变革和增长的内在机制（Shaikh 1974, 1980b, 1987b, 2005）。

第二，事实是持续的刺激提高积累率并降低利润率，这意味着它提高了 g_K/r 的比率，即正常产能利润 σ′ 中的投资份额[◎]。我在 13.2.11 小节中已经指出，正常利润率是可持续积累率的最大值，因此实际积累率与利润率之比可以用来衡量经济增长潜力的利用程度。除了传统的劳动利用率（就业人数除以劳动力规模）和传统的产能利用率（产出除以产能）外，我们现在又有了另一个增长-利用率。如果经济创造并维持了一个失业劳动力的储备池，那么劳动力供给约束就不会长期是紧的。由于我们可以随时扩大或缩小产能，产能利用率约束也不会长期是紧的。我们就只剩下增长-利用率约束，其中利润率作为积累的决定因素出现在分子中，同时又作为积累的限制出现在分母中。第 15 章将会在此基础上建立一个通货膨胀的古典理论。在目前的情况下，注意到以下问题是重要的：在其他条件（如旨在刺激过剩需求的购买力注入拉动需求的程度）不变的情况下，持续的刺激倾向于提高增长-利用率，从增长的角度来看，这会使经济变得更“紧”，因而更容易出现通货膨胀。

14.4 正常失业率与“自然”失业率

古典观点认为工资份额、利润率和增长率之间的反馈作用产生了一个正常失业率。这是马克思和古德温理论的核心。在古德温理论中，如果劳资力量对比偏向于劳工的话，正常失业率会降低。与凯恩斯一致而与弗里德曼和费尔普斯的观点相反，这是由（真实）竞争本身引起的非自愿失业，而不是由于对所谓的完全竞争的限制或者竞争的不完全性。然而，与新古典主义一致而与凯恩斯的观点相反，提高总需求并不会简单地消除现存失业，因为即使面对着对总需求增长的持续刺激，也存在着内在机制使失业率恢复到某种正常水平。

由此可见，要维持失业率低于正常失业率的水平，需要对增长不断进行规模日益扩大的刺激。当然，这构成了弗里德曼-费尔普斯理论的基础，他们认为任何试图维持失业率低于其“自然水平”的努力都会导致通货膨胀加速（见 12.4 节）。现代宏观经济学已经欣然接纳了这一观点。但是，古典理论则与此不同。第一，失业是真实的，因为除了那些处于换工作的过渡阶段的失业者外，其他失业者遭受的都是非自愿失业。第二，在古典情形下，生产率和劳动力增长的内生性意味着产出增长能上升至对需求增长进行持续刺激的程度。因此，虽然正常失业率在特定劳资力量对比下可能是给定的，但产出增长率不是。第三，虽然失业率当然还是可以通过影响工资份额和利润率继续影响增长，但是生产率和劳动力增长的内生性将积累从可用劳动力供给的限制中释放出来。请注意，经济刺激会提高雇佣工人的总数，这在政治上具有重要意义，尽管它也通过劳动参与率、移民和技术替代等的综合改变提升了劳工力量。表 14.2 比较了构建失业理论的三种主要理论方法。

表 14.2 构建失业理论的三种方法

理论主张	正统理论	凯恩斯主义理论	古典理论
1. 持续失业是资本主义经济体系的常态	是	是	是
2. 经济体系有一个特定水平的正常持续失业率	是	否（失业率取决于总需求）	是
3. 产生持续失业的原因	对竞争的限制	需求不足	真实竞争
4. 对持续失业的解释	自愿的（弗里德曼）非自愿的（费尔普斯）	非自愿的	非自愿的
5. 在长期中能够消除失业	不能（但是可以通过提高劳动力市场的竞争性减少失业）	能	不能（但是可以通过削弱劳工力量、提高实际工资并进一步提高生产力减少失业）
6. 试图减少失业的后果	加速通货膨胀	温和的通货膨胀（菲利普斯曲线）	加速机械化

一旦我们接受了是内在的力量创造并维持一个非自愿失业工人的储备池且生产率增长率是部分内生的这两个设定，产出增长的极限必然会超出自然增长率。之前对增长-利用率的确认，使我们可以从增长的视角来解释经济体如何能够在失业率上升时仍然会日趋收紧。这将为我们提供另一个有关通货膨胀的解释，其不依赖新古典主义和凯恩斯主义共同的假设，即通货膨胀在有效充分就业附近发生。恰恰是

包含于菲利普斯曲线中的这一假设在20世纪80年代的滞胀时期摧毁了凯恩斯主义理论，并让新古典理论一举夺走了“通论”的光环（见12.4节）。

14.5 古典工资曲线与菲利普斯曲线的关系

原初的菲利普斯曲线讨论的是工资，而不是价格。在这样的背景下，我们必须区分菲利普斯提出的一般性问题和他给出的特定答案。菲利普斯提出的问题是失业对工资的影响，他本人的答案是从失业对货币工资变化率的影响出发的。这与凯恩斯的货币工资观点高度一致，只不过凯恩斯关注的是短期，而菲利普斯曲线几乎横跨一个世纪。

弗里德曼和费尔普斯正确地指出，工人是为他们的生活水平（即为实际工资而非货币工资）而奋争。从他们的角度来看，正确的“菲利普斯型”关系要从相对于预期通货膨胀的货币工资（即预期实际工资）出发。

在古典传统中，众所周知，实际工资的斗争是在总发展水平（即相对于生产率水平）的背景下展开的。这意味着古典的“菲利普斯型”关系曲线应该从相对于通货膨胀和生产率增长的名义工资变化率出发。另一个问题出现在失业一方。菲利普斯本人提出，我们还需要在关系中引入失业的变化率，因为它显示了失业率的变化方向（Phillips 1958, 283–284）。我认为，由于失业的平均持续时间刻画了失业路径的积累效应，所以最好将其作为第二变量。在经验层面，这一变量将发挥重要作用。还有一个问题是，菲利普斯曲线本身描绘的是一个结构性关系。为了消除周期性影响，菲利普斯仅基于不同失业区间内的 6 个货币工资变化率的平均值拟合其著名曲线，使用的是 1861—1913 年的数据，失业区间为 0~2%、2%~4% 等（285, 298）。①

14.5.1 一般菲利普斯曲线

根据上述讨论，我们可以将一般菲利普斯曲线定义如下：它是经过周期调整的名义工资变化率（$\dot{w}/w$）、价格和生产率三者之间的某种结构性关系，同时将失业率和失业的持续时间纳入考虑之内。失业率（u_L）是未受雇工数量与劳动力规模之比。失业持续时间是典型失业工人失业的周数，它可以被转化为一个持续率（u_L^{Dur}），即失业时间与某个基年失业持续时间（被选定为代表正常失业持续时间）之比。这样一来，这两个比率的乘积就有了一个简单的含义：失业工人失业持续的总月数与即使全部劳动力都被雇用时也存在的预期正常失业月数之比。我称之为失业强度（u_L^{Int}）。经过这样的修改，一般菲利普斯曲线可写为：

$$u_L^{Int} \equiv u_L^{Dur} \cdot u_L \text{（失业强度）} \tag{14.13}$$

$$\frac{\dot{w}}{w} = f\left(\frac{\dot{P}}{P}, \frac{\dot{y}}{y}, u_L^{Int}\right) \text{（一般菲利普斯曲线）} \tag{14.14}$$

因此，面对通货膨胀和生产率增长的结构性变化，我们可以预期菲利普斯曲线会移动。事实上，菲利普斯本人也讨论了这一可能性，

① 菲利普斯希望能使用一种非线性的函数形式 $y = a + b \cdot x^c$ 来对其 6 个平均点进行拟合。但鉴于当时线性回归技术的限制，他不得不使用对数线性回归的方式来拟合，其中系数 a 是在不断进行试错的过程中得到的，目的是使曲线尽可能近地通过最后两个平均点（Phillips 1958, 290）。

即货币工资增长可能无法完全解释价格的快速上涨，这表明通货膨胀在工资斗争中发挥了作用（Phillips 1958, 283–284）。他还指出 1893—1897 年经济危机产生的影响与失业率有关，因为这次危机导致工资增长慢于正常水平（292）。

14.5.2 对菲利普斯初始问题的三种回答

如果一般曲线是名义价值增加值变化率（即通货膨胀率与生产率变化率之和）的齐次函数，那么我们会得到之前推导出的古典曲线，其中工资份额的变化率仅仅是失业强度的函数。如果一般曲线是通货膨胀率的齐次函数，而生产率增长随着时间的推移保持稳定，那么我们会得到实际工资菲利普斯曲线，该曲线在古德温那里清楚而明确（Goodwin 1967），而在菲利普斯那里则是隐晦的。如果通货膨胀率和生产率的变化率在我们考察的时间内都保持稳定，那么我们可以得到仅与失业强度有关的初始菲利普斯曲线。应该理解的是，在每一种情形下，具体的函数形式“f”可能是不一样的。

$$\frac{\dot{\sigma}_W}{\sigma_W} = f(u_L^{Int}) \text{（古典曲线）} \qquad (14.15)$$

$$\frac{\dot{w}_r}{w_r} = f(u_L^{Int}) \text{（实际工资菲利普斯曲线）} \qquad (14.16)$$

$$\frac{\dot{w}}{w} = f(u_L^{Int}) \text{（名义工资菲利普斯曲线）} \qquad (14.17)$$

因此，我们最终得到了对于菲利普斯问题三个互相矛盾的答案，它们都取决于具体的制度条件和历史环境。如果古典曲线适用于某一特定时期，那么当生产率增长改变其趋势时，实际工资曲线也会发生移动；

如果通货膨胀率发生重大变化，（传统）名义工资曲线会进一步移动。我们将看到，这正是初始菲利普斯曲线在始于20世纪70年代的滞胀危机期间崩溃的原因。前文已经说明，如果劳资力量对比出现重大改变，那么曲线的形状也会发生变化。现在，我们转向经验证据。

14.6 关于经济增长、失业和工资的经验证据

本章所使用的数据来源和处理方法详见附录14.1。在下文中，HP(n)表示利用霍德里克–普雷斯科特滤波法处理过的数据，对应的拟合参数为n(其中n为某个具体的数，如n=100)。图14.10显示的是1948—2011年美国经济名义产出的实际增长率（总需求的一个代理变量）和工资份额水平，以及二者各自的HP滤波值。显然，二者的变化趋势基本一致。图14.11展示了失业率、失业持续时间指数（1948—1951年等于100）、失业强度（根据前文定义等于失业率和失业持续时间指数的乘积），以及它们各自的HP值。在此期间，失业率大约上升至原来的两倍，但失业持续时间指数增至原来的4倍，二者的乘积失业强度更是上升至原先数值的10倍。接下来我将论证，失业强度能更好地衡量失业对工资变化施加的下行压力。[①]

① 一个更好的衡量方法是使用BLS U–6或者U–7等广义失业变量（包括部分失业者和丧失信心的工人），以及相应的一些衡量失业持续时间的变量。广义失业法得到的失业水平远高于官方失业率，但二者的趋势一致。但上述变量只有1994年以后的数据（BLS 2001, ln1）。此外，对国际竞争压力的某些直接衡量也会很有用。

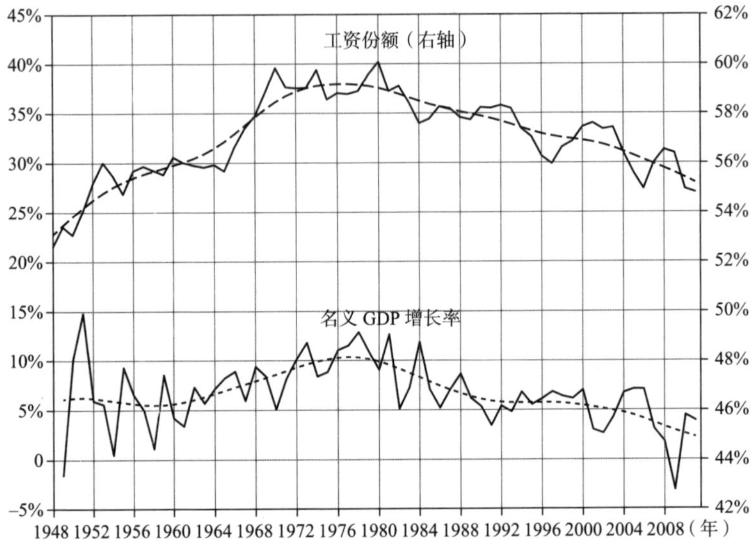

图 14.10　1948—2011 年美国名义 GDP 增长与工资份额水平

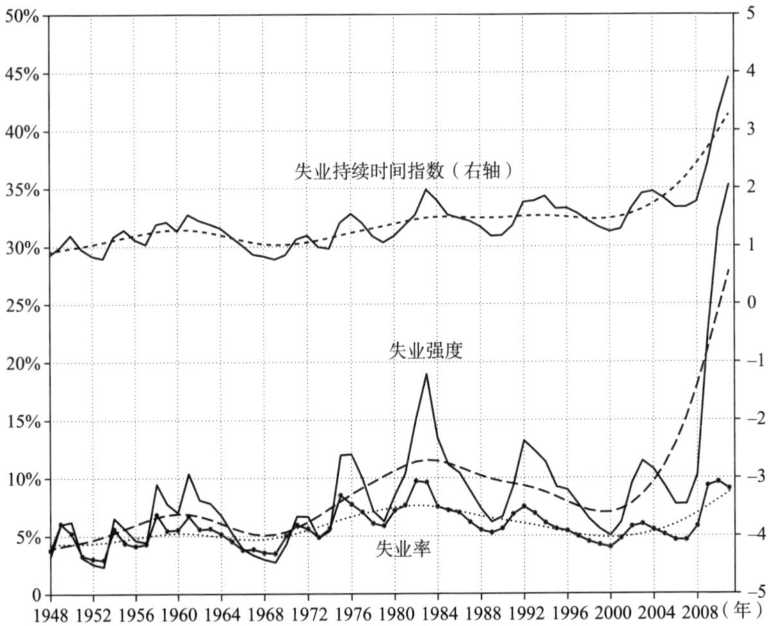

图 14.11　衡量 1948—2011 年美国失业的不同指标

工资份额与失业率之间的相互作用关系是古典研究中的关键问题：更高的工资份额带来更低的利润率，从而降低经济增长率，提高失业率；更高的失业率会反过来降低工资份额，从而提高利润率和增长率，降低失业率。在出现暂时的购买力提高时，该理论预测会出现一个螺旋式上升的路径，正如图 14.9 所示。图 14.12 描绘出了其在经验层面的表现，依据的是美国 1948—2011 年工资份额和失业强度经过 HP(100) 过滤后的季度数据。该经验结果与古典模型的理论路径惊人地相似，尽管存在 20 世纪 60 年代的越南战争“热潮”、70 年代的“滞胀”、80 年代新自由主义的反劳工运动、90 年代的互联网泡沫和始于 2006 年的全球危机等重要“干扰”。①

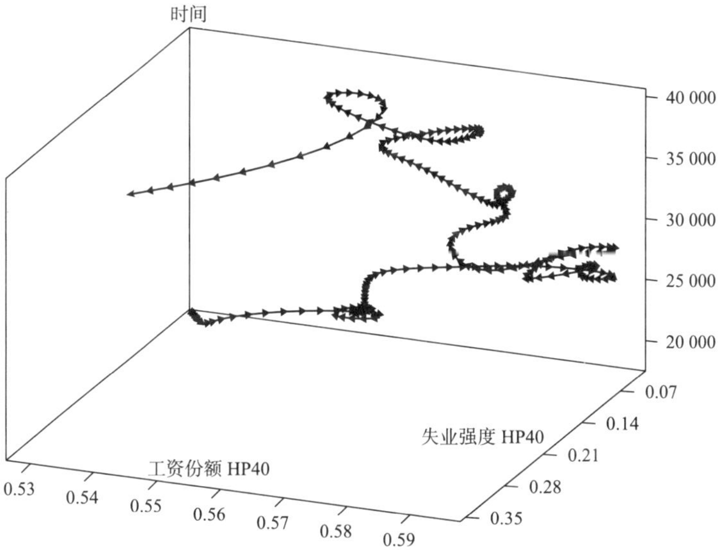

图 14.12　1948—2011 年美国工资份额与失业强度的经验路径

① 失业强度的季度数据不可得。经过 HP 滤波的年度数据也呈顺时针螺旋变化，但它更加平滑，没有季度数据中包含的各种锯齿状变动。

工资份额与失业之间的不同关系直接导出了三条可能的菲利普斯型曲线，参见方程（14.15）~ 方程（14.17）。图 14.13 为工资份额变化率与失业强度之间的散点图。与图 12.8 中传统意义上的名义工资菲利普斯曲线不同，这里工资份额曲线的斜率明显是负值。于是我们就要问：如何从各种噪声中提取出我们想要的有用信息呢？

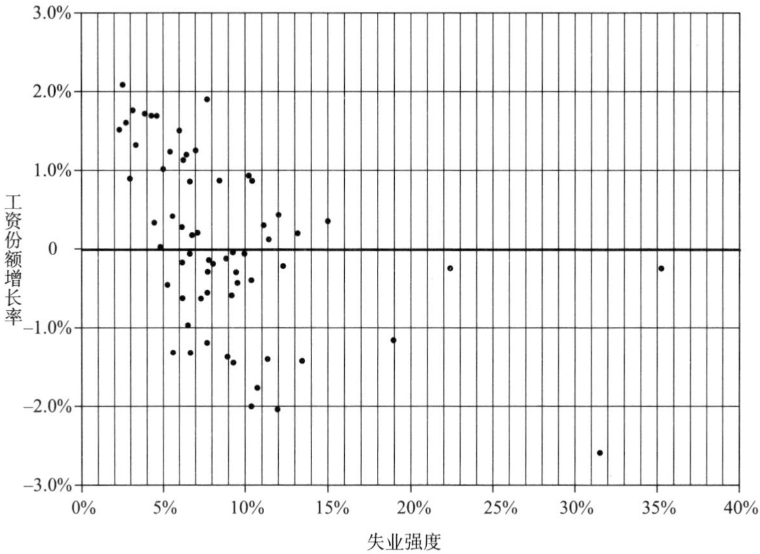

图 14.13　1949—2011 年美国的工资份额变化率与失业强度

菲利普斯型曲线描述的是一种结构关系，菲利普斯本人将 1861—1913 年的数据分解为 6 个平均点，然后拟合出了这条著名的曲线。此后，其他学者用计量方法对原始数据进行处理，也得到了类似的曲线（Desai 1975; Gilbert 1976）。特别是吉尔伯特，他尝试了各种不同的函数形式，发现使用与菲利普斯一致的函数得到的离散型形式［见方程（14.17）］，可以很好地近似出菲利普斯自己估计的回归系数（Gilbert 1976, 56）。但是，吉尔伯特的其他估计得到了不同的结果，其关键在于区分了结构性变化和（非结构性）波动。进入现代，诸如卡尔曼滤波法和 HP 滤波法等各种技术都易于实现。后者是在分离趋势与周期中得到广泛使用的技术。研究表明，当波动（周期）和趋势的二阶导数的均值为零、方差为常数，且两者的方差值都已知的情形下，HP 滤波法是最优的（Reeves, Blyth, Triggs，and Small 2000, 4--5）。严格来说，只有线性趋势才会出现二阶导数为零的情况。因此，对于图 14.13 所示的工资份额散点图，如果其背后的结构曲线不是明显非线性的话，则使用 HP 滤波法就是合适的。将一个简单的 HP(100）滤波法应用于图 14.13 的散点数据之上，其所产生的显著影响如图 14.14 所示。图中箭头指示运动方向，两条虚线则分别对应着在 1949—1982 年和 1994—2011 年这两组不同数据之上采用菲利普斯[①] 的函数形式所拟合出的曲线。

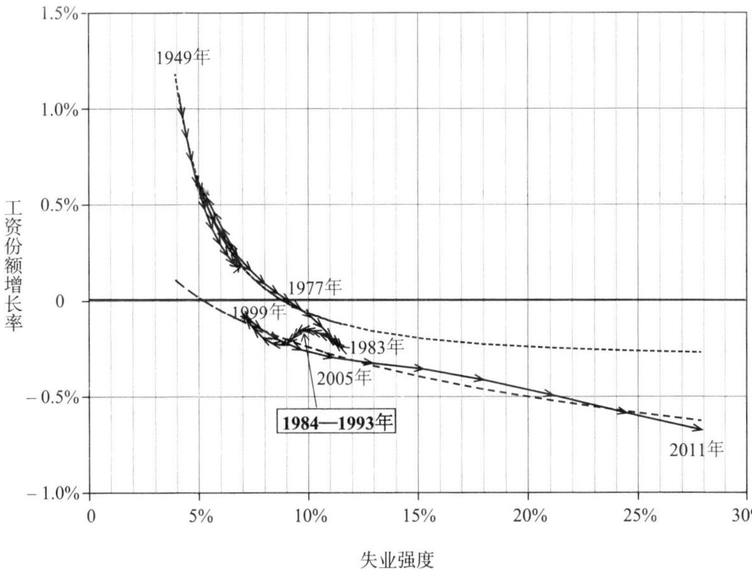

图 14.14　1949—2011 年美国工资份额变化率与失业强度的 HP(100）滤波值

① 菲利普斯（1958, 283, 290–291）最后使用的是 $\dot{w}/w = a+b\cdot(u_L)^c$ 来拟合曲线（Gilbert 1976, 52–53）。

在前文图中观察到的趋势与14.2节中提到的古典学派观点完全一致。在1949年，美国经济逐渐失去了二战带来的巨大需求推动，经济开始稳步运行于拟合曲线的下方。但在1960—1968年越南战争爆发时期，经济形势又逐渐转好，回到了这一条曲线上。随着越南战争时期的繁荣让位于始于20世纪60年代末的滞胀，经济又一次降至曲线以下，直到1977年工资份额达到稳定点。14.2节中的理论说明如果没有进一步的“冲击”，工资份额将在该点附近运动。但在20世纪70年代末，经济处于滞胀的旋涡中，遭受失业率不断上升的痛苦（见图14.11），因此经济在曲线之下持续运动了好几年。与此同时，罗纳德·里根和乔治·布什积极地开启了新自由主义的全新时代，工会数量急剧减少，劳动保障机制也被系统性地废除。我们将在第16章中看到净利润率在此阶段大幅上升，这是由于较低的工资份额稳住了先前一直下降的利润率，同时利率的持续下降使净利润率（r–i）不断提高。由此产生的繁荣将经济拉回了平衡点，但不再沿着原来的曲线，因为曲线本身已经因劳工力量的减弱而出现下移。这一点可以从1984—1993年原曲线向1993年经济着陆时位置更低的新曲线的过渡中看得很清楚。与20世纪90年代伴随网络时代的到来而出现的信贷繁荣相一致，经济首先随着泡沫的不断膨胀而上移至一条新曲线，1999年之后开始回落，直到2003年泡沫破碎。而在那之后，始于2007—2008年的全球危机就爆发了。

在这6个10年的模式中，我们可以注意到以下几点。第一，在整个时期中只有两种菲利普斯型工资份额曲线。第二，正如1960—1973年和1993—2003年的经济形势所示，繁荣会使经济上升至曲线之上，萧条又会使经济下滑回原有曲线，这与我们在14.2节和图14.3~图14.8中进行的理论分析非常一致。第三，对劳工保障制度的成功打击会使曲线向下移动，并且在任何给定的失业强度下降低相应的“正常”工资份额变化率：在第一条曲线中，如1977年曲线与横轴的交点所示，临界失业强度约为9%；在第二条较低的曲线中，临界失业强度更低，为5%~6%。如14.2节中所述，这与方程（14.7）对应的工资份额曲线在理论上相一致。失业强度与失业率之间不存在直接的映射关系，前者是实际失业率与实际失业持续时间指数的乘积。我们从图14.11中可以看出，两个临界点中的每一个都对应多个不同的失业率。但是，如果我们假设稳定的工资份额对应着较短的失业持续时间，那么我们就可以提取出每一个临界点对应的最低失业率。于是，第一条曲线的临界失业率为5.9%，而第二条曲线的临界失业率为4.2%——二者大部分都是非自愿失业。这可以用来解释为什么即使在一些最好的情况下政策干预也是有必要的。

第四，经济朝这些临界点的移动过程通常非常缓慢，而且还常常由于历史因素不断被迫向相反的方向运动：1949年经济中的失业强度为4%，到1977年才达到临界失业强度9%。即使剔除1960—1973年越南战争时期13年的循环，也需要16年的时间才能使经济中的失业强度从5%上升至9%。而若将其转化为相应的实际失业率，则（HP滤波处理后的）失业率需要16年的时间才能从4.3%上升至6.9%——平均每年上升0.16%！

因此，马克思和古德温正确地坚持认为失业率有一个不同于有效充分就业水平的正常引力中心。凯恩斯同样正确地认为仅依靠市场力量的作用使经济从高失业率调整到低失业率的过程太缓慢了（Snowdon and Vane 2005, 66-68）。双方都正确地认识到缺乏调控的资本主义一般伴随着非自愿失业。他们之间重要的区别在于二者对正常失业人群的解释：古典学派认为正常失业率是内在决定的，但可以通过削弱劳工力量降低；凯恩斯则认为失业很可能无法避免，但可以通过合理的政府干预对其进行很大程度的控制，即使这意味着劳工力量的增强。在这样的背景下，弗里德曼和费尔普斯坚持认为正常失业率可以通过削弱劳工力量降低也是正确的。这一点其实隐含在马克思和古德温的观点中，因为工资对失业的反应程度取决于劳资力量的相对关系。弗里德曼和费尔普斯观点的精妙之处在于他们将观察到的失业解释为自愿失业，认为它们是由于工资高于市场出清率和 / 或由于制度提供了一些鼓励人不工作的激励机制（Blanchard and Katz 1997, 53–54）。这使他们能够将持续性（伪）失业纳入正统理论之中，并正确地预测到削弱劳工力量将降低正常失业率（59）。他们自己也认识到调整过程需要时间，虽然他们也许并未意识到这一调整的实际速度有多缓慢。无论如何，随后卢卡斯发起的“理性预期革命”在理论上将调整时间压缩为一眨眼的工夫，从而彻底从理论上抹去了时间这一维度。

工资份额是实际工资与生产率水平之比，实际工资则是名义工资与一般价格水平之比。因此，工资份额的变化率可在代数上分解为实际工资变化率（古德温项）加上生产率增长率，而实际工资变化率可以进一步分解为名义工资变化率（菲利普斯项）加上一般价格水平的变化率。

$$\frac{\dot{wr}}{wr}=\frac{\dot{yr}}{yr}+f(u_L^{Int})\text{（古典曲线中的实际工资等价形式）}\qquad(14.18)$$

$$\frac{\dot{w}}{w}=\frac{\dot{p}}{p}+\frac{\dot{y}}{y}+f(u_L^{Int})\text{（古典曲线中的名义工资等价形式）}\qquad(14.19)$$

图 14.15 描绘出了 1948 年以来通货膨胀和生产率水平的路径，图 14.16 和图 14.17 描绘出了相应的 HP(100) 滤波处理后的实际工资和名义工资菲利普斯曲线。鉴于古典曲线在经验上得到了充分的验证，

很显然只有当生产率增长水平保持稳定时，方程（14.18）代表的实际工资曲线才会与古典工资份额曲线的两个组成部分平行。但我们从图14.15中可以看出，生产率增长率从1960年到20世纪70年代末不断下降，到2000年前后才逐渐回升至原先水平。这正是为什么图14.16中得到的实际工资曲线从1960年开始偏离原先拟合的1948—1982年工资份额函数，直到1999年才最终回归基于1994—2011年工资份额数据的新拟合函数之上。于是，方程（14.19）代表的名义工资菲利普斯曲线因生产率的增长水平下降而出现下移，因图14.15所示的通货膨胀率上升而出现上移。起初通货膨胀率上升的程度大于生产率增长水平下降的程度，因此在1960—1977年净效应表现为使名义工资菲利普斯曲线高于一开始拟合出的第一条函数曲线。然而，当通货膨胀率下降，生产率增长水平上升时，名义工资菲利普斯曲线开始下降，直至

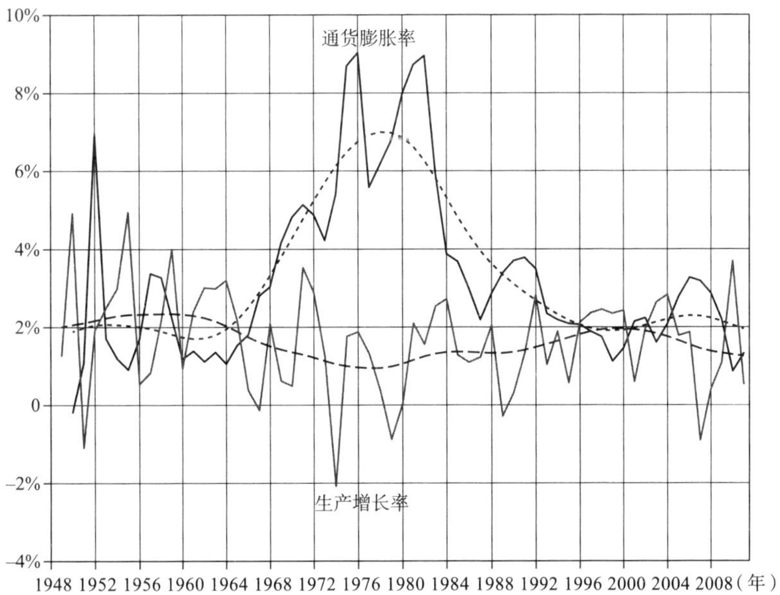

图 14.15　1948—2011 年美国的通货膨胀率与生产力增长率

二者之和恢复至 20 世纪 50 年代的初始水平，而且自 1999 年起该曲线开始与第二条拟合函数曲线平行。这解释了图 14.17 中名义工资菲利普斯曲线的形状。

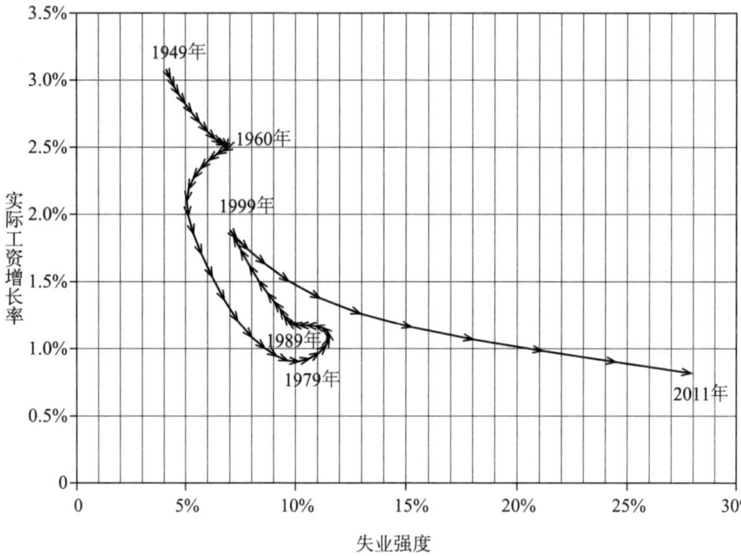

图 14.16　1949—2011 年美国实际工资变化率与失业强度的 HP（100）滤波值

弗里德曼和费尔普斯对通货膨胀菲利普斯型曲线的重构，使其从表征失业率与价格变化率之间的关系转化为表征前者与预期实际工资（即相对于预期通货膨胀的货币工资）变化率之间的关系。由于预期通货膨胀率是一个无法观测的变量，这就为解释可观测的名义工资路径提供了很大的想象空间。在弗里德曼著名的理论框架中，名义工资菲利普斯曲线逐渐向上移动直至预期通货膨胀率赶上未预期到的通货膨胀率的变化（见 12.4.2 小节和图 12.9）。因此，当实际通货膨胀以未预期到的方式发生变化时，名义工资应该低于实际通货膨胀。而卢卡斯认为名义工资变动十分迅速，这使相应的菲利普斯曲线基本上是一跃

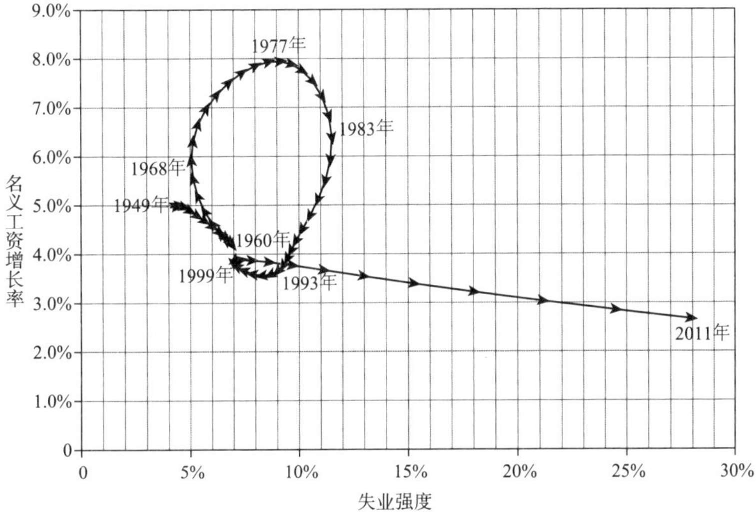

图 14.17 1949—2011 年美国名义工资变化率与失业强度的 HP(100) 滤波值

而至新的正确水平。在古典学派中，实际工资对通货膨胀和生产率增长的反应程度取决于劳工与雇主之间的相对力量，因此削弱劳工力量可能会削弱这两种反应。我们可以将超额货币工资增长，即实际货币工资增长率（的 HP 滤波值）超出由失业强度拟合函数预测出的货币工资增长率的部分，对通货膨胀和生产率增长进行回归来检验这些不同的推论。由表 14.3 可知（括号里的数表示标准误差），通货膨胀和生产率增长的回归系数均为高度显著。特别引人注意的是，在包括 20 世纪 70 年代滞胀的 1948—1982 年，第一阶段的通货膨胀的回归系数只比 1 小一点，这表示在此期间名义工资变化基本与通货膨胀变化完全一致。此外，这一阶段生产率增长的回归系数为 0.82，这意味着相对于生产率增长而言，名义工资的增长出现大幅下滑（即单位劳动力成本随时间的推移持续下降）。在经济良好的情况下，这两种现象都可能被认为是正常反应。但在第二阶段 1999—2011 年，劳工力量不断减弱，名义工资增长开始落后于通货膨胀和生产率增长。相关回归细节详见附录 14.2。

表 14.3 通货膨胀与生产率增长对名义工资菲利普斯曲线的影响

$$\varpi_t \equiv \left(\frac{\dot{w}}{w} - f(u_L^{Int})\right)_t = a + b\left(\frac{\dot{p}}{p}\right)_t + c\left(\frac{\dot{y}}{y}\right) + \in c$$

	1948—1982 年	1994—2011 年
常数项	0.004 173（0.001 236）	0.008 677（0.001 771）
通货膨胀	0.963 465（0.011 863）	0.832 633（0.074 193）
生产率增长	0.836 600（0.046 259）	0.714 580（0.042 579）

如果菲利普斯从古典理论而不是凯恩斯主义理论出发（即通过工资份额的关系而非名义工资的关系）回答自己的问题，那么在 20 世纪 70—80 年代的经济滞胀时期也许就不会出现关于“菲利普斯曲线”的理论危机。凯恩斯主义理论仍需要解释通货膨胀，即使其保留了基于名义工资的通货膨胀加成理论，基础的名义工资曲线的移动也可以很容易得到解释（见图 14.17）。这样一来，凯恩斯主义理论一边可能就不会出现相同的理论混乱，也就不会在随后为新古典主义攻击凯恩斯主义政策大开方便之门。当然，旨在削弱劳工力量、提高利润份额的政治进攻很有可能在任何情况下都能获得胜利。

14.7 古典宏观动力学的总结和含义

本章发展起来的古典模型有几个典型特征。第一，预期净利润率（即新投资的预期利润率与利率之差）驱动资本增长率，这一点在马克思和凯恩斯的理论中占有重要地位。第二，产能增长率由资本增长率驱动，受产能–资本比 R_n 的变化趋势影响。在短期内，许多因素导致预期净利润率与实际净利润率不同、实际产能利用率又与正常产能利用率不同，正是这些因素使实际产出增长偏离产能增长。这些因素包括乐观主义和悲观主义情绪的爆发、私人和公共部门购买力的注入，以及政府对市场利率的干预。这里的要点在于：即使这些变量的增长率仅仅受到暂时的影响，总需求的突然增加也会改变产出和就业水平。第三，从长期来看，通过产能与需求的互相调整，实际产能利用率在正常水平附近波动：在这里并不需要萨伊定律或凯恩斯定律[◎]。是这样一个事实对此起到了关键作用，即工商业储蓄与商业投资是内在地联系在一起的，因此总储蓄率是内生的（乘数也因而受到抑制）。这就是在产能利用率受其正常水平调节时，利润率仍能推动积累的原因。与之相对，后凯恩斯主义理论则坚持认为储蓄倾向是恒定的，而产能利用率则是一个自由变量。

第四，实际产能利用率在其正常值附近上下波动说明实际利润率也会围绕其正常值上下波动。因此，即使工资率的自主上涨能够拉动总需求，甚至可能在短期内提高实际利润率（工资拉动型增长），当产能利用率回到正常水平时，这种效应还是会逐渐消失，而增长也将再一次转变为利润拉动型。这一点可以从图 14.14 中清楚地看出，1960—1968 年工资份额曲线先向上而后向下移动，1993—1999 年再次出现类似的变动——前者与越南战争有关，后者与互联网泡沫有关。后凯恩斯主义将这两个结果看成相互替代的两种可能情形，但在古典理论中，它们则是同一个时序过程中的两个不同阶段。第五，货币工资与利润率之间的关系取决于在给定生产条件下前者影响工资份额的方式。在古典理论中，价格水平由宏观经济因素决定（见第 5 章和第 15 章），因此在给定价格水平下，货币工资的上涨一般等同于实际工资的上涨。当价格水平发生变动时，若货币工资的斗争能成功将通货膨胀也考虑进去，同样会出现类似的结果。这样一来，实际工资斗争就受到相对目标的驱动（即实际工资相对于生产率的比率，后者取决于技术水平以及日工作时长和劳动强度）。实际工资真实水平的最大值取决于生产率，其历史性决定的最小值也与生产率相关。工人以特定的社会环境为背景在每个车间所展开的斗争，都对应着实际工资和生产率之间的一个特定比率。很多不同的有关工人斗争的微观模型都与实际工资和生产率之间的稳定关系相一致。第六，将总体实际工资与生产率水平相连的参数自身也会对中期失业率做出反应。这会推导出一个工资份额菲利普斯曲线，其具体形状取决于社会历史条件和制度因素：失业低于某个临界值时，工资份额变化率会上升；反之则下降。总需求的扩大将减少失业，提高工资份额，从而表现为经济沿着曲线上移。随后发生的总需求减小则得出相反的路径。需要记住的是，当劳资的相对力量发生较大改变时，曲线也会发生移动。因此，当生产率增长出现趋势性变动时，一般而言，我们无法得到一条稳定的实际工资菲利普斯曲线；当生产率增长和/或通货膨胀出现趋势性变动时，我们也不会得到一条稳定的名义工资菲利普斯曲线（原初的菲利普斯曲线）。

第七，工资份额变化会通过其对利润率的作用影响增长，而给定生产率和劳动力的增长，这又会反过来影响失业率。但上述两个数值并不是恒定的，因为当工资份额（单位劳动力成本）升高和 / 或劳动力市场收紧（失业减少）时，雇主会有动力加速生产率增长。出于同样的原因，他们也会受到激励去促进劳工参与率和 / 或移民率的增加。因此，我们可以将自然增长率（即生产率增长率与劳动力增长率之和）表示为受单位劳动力成本上升和劳动力短缺的影响。也就是说，自然增长率是部分内生的。第八，先前的因素使总需求发生变动时可能产生两种不同的反应。总需求的暂时增加会暂时性地降低失业率，永久性地提高产出、就业、生产率水平和实际工资的路径水平，而不影响长期工资份额、利润率或增长率。此外，当总需求增长率永久性提高，到达正常净利润率决定的长期均衡增长率之上时，这也会使实际增长率持续扩大，至少直到利润率的下降抵消了需求增长率扩大的刺激效应。因此，产出水平、实际工资、生产率和就业水平将会在原路径上方持续运行一段时间。工资份额将上升，正常利润率将相应地下降。失业的下降趋势将会持续很长一段时间，但伴随着更高的生产率增长率和劳动力增长率，失业最终还是会回到“正常”水平。一般而言，经济从高产出增长率过渡到高工资份额，再转变成高生产率增长率的过程，自动产生了产出增长率与生产率增长率之间的正向关系，这就是凡登定律。

第九，在古典理论体系中，持续失业很大程度上是非自愿的，它产生于（真实）竞争本身，而并非出于某些对所谓完全竞争的限制或竞争的不完全性。凯恩斯主义者相信失业率能维持在社会期望的最低水平，而古典主义者则认为当劳资力量对比不变时，正常失业率会不断自我实现，因此只有当二者的力量对比发生改变时，正常失业率才会发生变化。弗里德曼和费尔普斯持类似的观点，他们认为刺激总需求不会永久性地消除失业，因为经济中存在自动补充失业人群的内在机制。因此，维持失业率低于其正常水平有赖于持续的增长刺激。但在古典理论中，长期增长率并不直接与正常失业率挂钩，因为自然增长率的内生性意味着可以通过加速产出实现对总需求的持续刺激。第十，由于正常利润率是可持续积累率的最大值，因此实际积累率与利润率的比值就可以用来量度经济增长潜力的利用程度，即增长–利用率。这样一来，持续性刺激提高积累率而降低正常利润率的事实就意味着，从增长的角度看，经济存在“收紧”的倾向，因此更容易出现通货膨胀。这看起来与弗里德曼–费尔普斯和非加速通货膨胀失业率的观点类似，即持续性刺激带来通货膨胀。但二者还是有所不同的，因为持续性需求刺激与实际通货膨胀之间并不存在自动的联系，后者也取决于信贷拉动的过剩需求。这种供给阻力 / 需求拉力的分析方法还意味着，利润率下降能够减缓经济增长从而提高失业率，但若积累率下降得比利润率慢得多，它仍然可以使经济收紧（见第 15 章）。于是，通货膨胀和失业可能同时上升，正如 20 世纪 70 年代出现的现象，该现象曾经一度使凯恩斯主义者和新古典主义者都感到困惑（见 12.3.5 小节和 12.4.2 小节）。

上述观点在经验层面得到了广泛支持。工资份额的趋势明显随着总需求增长率（用名义 GDP 增长来代表）的趋势而上升。相对于失业强度（失业率和失业持续时间指数的乘积）的工资份额的现实时间路径类似于理论预期的螺旋式路径。最重要的是，工资份额变化率与失业强度的 HP 滤波值呈现出两条显著而清晰的菲利普斯型曲线：其中一条对应着 1949—1983 年的“劳资妥协”时代；在经过 1984—1993 年里根和布什政府的过渡时期之后，又出现了另一条更低的新曲线，对应着 1993—2011 年的新自由主义时期。1949 年年初，美国经济刚刚开始失去二战带来的巨大需求推动，因此经济一开始位于第一条曲线的高处。在接下来的 11 年间，经济沿着同一条曲线平稳下行，直到约翰逊时期“伟大社会”的繁荣推动其在 1960—1968 年沿着曲线上升。随着繁荣逐渐消退，经济转而进入滞胀时期，继续沿着同一条曲线下降，直到 1973 年，经济已经回到了两次动荡发生之前 1960 年的水平。彼时，经济已然陷入滞胀的深渊，曲线持续下移，甚至一度通过 1977 年工资份额保持不变的临界点，经济进入工资份额负增长的阶段（即实际工资增长慢于生产率增长）。工会和劳动保障制度受到沉重打击。工人输掉了这场战役，1983—1993 年，经济最终下移至另一条更低的新曲线。1993—1999 年的互联网信贷繁荣使经济沿着新曲线上移，直至 2003 年在失业率不断上升的影响下出现泡沫破灭，经济又开始回落，2007 年全球危机的爆发使经济回落的速度变得更快了。这一切模式都非常符合古典学派的理论预期。

给定劳资力量，工资份额菲利普斯曲线的经验稳定性可以解释为什么生产率增长大幅变动时实际工资曲线会发生移动，以及为什么通货膨胀率变动时货币工资曲线移动的幅度变得更大了。因此，我们完全能够解释在战后初期的“劳资妥协”阶段和之后的新自由主义时期，名义工资菲利普斯曲线出现的结构性移动。在前一阶段（1948—1982 年），货币工资菲利普斯曲线的移动是由于预期的变化，我们发现只要将失业强度和生产率增长水平纳入考虑范围，名义工资几乎能完全跟上价格水平变动的步伐。在后一阶段（1994—2011 年），同样考虑这两个因素之后，我们发现货币工资因社会力量的改变而显著滞后于实际通货膨胀和生产率增长。我们不需要假设存在一条基于预期的名义价格菲利普斯曲线，也无法推导出这样一条曲线，因为价格水平并不由货币工资决定。

最后，曲线下移至更低的位置降低了正常失业强度（使工资份额保持稳定的水平）。在第一条曲线中，正常失业强度约为 9%，但在第二条更低的曲线中，正常失业强度略高于 5%。如果我们假定稳定的工资份额也对应着与失业强度相应的失业持续时间最小值，那么第一条曲线的临界失业率为 5.9%，第二条则为 4.2%。这二者都超出了早期凯恩斯主义政策制定者可以接受的范围。很显然，经济沿着这些曲线移动的速度相当慢。如果不考虑越南战争时期的上下波动，失业率的年均变化率为 0.16%。

因此，凯恩斯相当正确地指出了市场反应慢到超出了社会所能容忍的程度，但这并不能证明他关于财政政策与货币政策可以显著减少失业的观点是合理的。不过，政府确实可以对宏观经济结果产生重要的积极影响。首先，即使只是暂时性的需求扩张也会永久性地增加产出和提高就业水平，抬高实际工资的时间路径。这对任何政府来说都具有重大意义。其次，加速生产率增长的政府干预能抬高生产率路径。如果生产率对此的反应足够显著，单位劳动力成本（工资份额）甚至可能下降，从而提高企业在国内的利润率和在国际上的竞争力。这会产生重要影响，使抬高实际工资路径成为可能。再次，政府可以对金融市场进行干预，以降低利率相对于利润率的水平，从而相对于正常市场路径，甚至可能相对于过往的水平，提高净利润率。不过，这种情况也存在一个明显的限制，即利率不能降低至零以下（见第 16 章）。最后，限制货币工资相对于通货膨胀和生产率的增长能有效促使工资份额曲线下移，从而降低正常利润率。政府可以通过积极拓宽国内资本与国外廉价劳动力的对接渠道做到这一点，也可以使用其他更粗暴的方式，比如像早期的日本和韩国一样抑制与压榨劳动力，像智利和印度尼西亚一样采取专制独裁，像 20 世纪 80 年代的美国和英国一样毁掉业已建成的劳动制度的成果。或者，政府也可以协助构建一种“瑞典式”协定：通过提供就业培训和就业保障，确保实际工资与生产率的同步增长（Valocchi 1992; Chang 2002a, xx）。

所有这些形式的国家干预都在历史上广为人知，并能为国内资本和劳动力提供不同程度的好处。在理论和政治层面，保守经济学家宣称大多数社会干预都会导致经济“无效率”，但这一结果建立在他们对近乎完美的市场和近乎理想的社会结果的非理性信仰之上。在具体实践中，他们显得更加实用主义，迫使政府剥夺劳动成果而支持各种资本利得。在这场激烈的战争中，政府几乎从来都不是社会中立的。我们需要认识到，财政政策和货币政策确实可以产生积极的影响，但其仅仅能在一定限度内发挥作用，其中一个限制便是人们对未来通货膨胀的预期。我们接下来会分析这一点。

15

现代货币与通货膨胀

15.1 货币、市场与政府

货币缓慢孕育于正常的交易过程之中，从私人货币过渡至国家货币的历史过程痛苦而漫长。最初，交换起源于人们的社会交往。无论何时何地，只要交换的范围足够大，其组织结构便需要立法进行规范。而货币的产生正是这种需求的物质表现。并不是政府发明了货币、铸币、付款义务或债务。恰恰相反，是人们自己不断发明与再发明出交易、货币、铸币、信用、银行乃至政府本身。从一般等价物到铸币、可兑换与不可兑换的代币、银行信用，直至最后的法定货币，这条历史演进道路可谓相当复杂（见第 5 章）。

一旦货币体系得以确立，国家便可将其立身之本从以劳动或实物缴纳的税赋推广到以货币形式缴纳的税赋。政府往往强制推行人头税、财产税、商品税、进出口税、通行费、停泊费，以及出现不久的所得税。除此之外，它们还凭借销售公有土地，向囚犯收取保释金，以及扣留外国船只、商品和财宝来获取收入。向私人部门强制借款在战时或紧急关头格外有效，因为政府可以人为制定低利率，之后可以用贬值了的通货来偿还，甚至直接一笔勾销（Morgan 1965, 17, 59, 104–105）。这一有着悠久历史的做法提醒我们：债务不过是一个还款承诺，它就像其他许多承诺一样，可以轻易被打破。主权债务违约早已不是什么新鲜事了。

在较近的某个历史阶段，国家垄断了铸币和代币的创造与发行，这仅是原本由私人部门承担的职能的简单易手，而私人银行仍旧继续创造出大量的流通工具和支付手段。政府也开始对银行业施加某种程度的控制，而这种控制的固有局限在反复爆发的金融危机中不断暴露出来。21 世纪初的全球危机便是对“左翼”和“右翼”教科书式幻想的尖锐驳斥，他们以为，睿智且乐善好施的政府掌控着货币和金融，使其为大众利益服务。历史已然足够清楚地证明，在这个不算美好的世界上，没有什么是“最好的”。

国家对税收的垄断与其对特定种类货币的最终垄断权相适应。税收是国家对一部分私人收入的强制性占有，私人部门进行纳税便是对该强制义务的偿付。税收是付款义务，而非“债务”，就像餐厅老板向黑手党缴纳的保护费算不上债务一样：除了使你暂时免于威胁外，它并不承诺任何其他反馈。债务是一种交易，你承诺为你将得到的东西进行某种支付：这是一种还款义务。历史事实表明，政府索取税收并不总是奏效，它即使可行也受到一定条件的制约。暴力，或者说至少威胁要使用暴力，非常有效，但也并不总是管用。

法定货币，即强制推行的不可兑换的代币，是现代货币的一种特有形式。北美的英格兰殖民者之所以发明法定货币，正是因为各州无力向其易怒的民众征税。而发行法定货币便成了替政府开支融资、支付政府债务以及最终为美国独立战争自身筹措资金的一种替代方式。法国、俄国和中国等国的革命均积极引入了这一创造性地使用印刷机的方法（Galbraith 1975, 46, 51–53, 62–66）。

早期美洲的法定货币以其可与金银兑换的承诺为后盾，按照票面价值流通了 20 余年。它也成为包括纳税在内的交易的法定货币，尽管当时还鲜有敢于征收税款的政府。

随着钞票发行得越来越多、偿还（日期）一再推迟，用纸币表示的商品价格开始上升，金和银的票面价格也开始不断上涨。50 年后，殖民地钞票仅值其最初许诺的黄金价值的 1/10（Galbraith 1975, 46–52）。然而，这些货币替代物仍继续广泛流通。

为什么在几乎无法得到偿还的事实已经昭然若揭之后，这些不可兑换的代币仍然能够继续流通呢？货币史提醒我们，是私人流通导致了货币代币的产生，所以只要这些代币被认为能够履行货币的某些职能，人们便愿意接受它们。通过不断的商业往来，新的铸币成了铸币自身虚幻的代替品，但这些劣币在一定范围内继续与比它们分量更足的同伴共同发挥作用。在一定的交易范围之内，政府指定它们是法定货币（强制可兑换代币），加强了它们的这种使用效力，却无法彻底打破它们本身的使用界限。法定货币为人们所接受并非毫无条件，它取决于转换的成本、使用的地域和领域，当然也取决于商业之轮不停歇的运转。后来，由金店开出的存款收据逐渐开始履行支付手段的职能，它们的可用性基于持票人和金店银行家的信用。再晚些时候，少量银行开始发放被称为“银行券”的存款收据。这些货币代币之所以为人们所接受，是因为人们认为它们可以兑换成具有更高的一般性的货币：人们接受地方银行的银行券是因为它们可以兑换成城市银行的银行券、国家银行的银行券甚至黄金；人们接受城市银行的银行券是因为它们可以兑换为国家银行的银行券或黄金；人们接受国家银行的银行券是因为它可以兑换为黄金（直接兑换或通过外国通货）。在所有这些情况下，代币都是以更高等级的某种货币作为后盾的。

认识到这一点至关重要：可兑换性不过是一种信念，而信念在不遭受重大考验的时候才能最好地发挥作用。对实行部分准备金制度的私人银行或公共银行而言，大部分货币不在银行里是个公开的秘密。资本主义规律性爆发的金融危机的重要作用之一，便是提醒我们注意这一客观事实，并在突然之间揭示出那些本应可兑换的代币事实上是不可兑换的。这实际上表明，曾经许诺的代币与更高级货币之间的固定兑换比例，已经让位于另一种迅速变动的比例：人们对城市银行银行券的渴望使它们比地方银行的银行券更值钱，而人们对黄金的渴望使之比城市银行的银行券更值钱，以此类推。

法定货币，即国家发行并强制推行的不可兑换代币，把在某一给定兑换率下的可兑换性变成了按市场价格变化的可兑换性。人们接受不可兑换代币的原因与人们接受可兑换代币的原因是一样的：他们相信，他们能够像使用货币一样继续使用这些代币。只要经济运行尚佳，可兑换性和法定货币法律会强化这种信念。至于作为纸币后盾的所谓“国家尊严与主权完整”，历史已经显示它们是“极端不可靠的资产”（Galbraith 1975, 46）。当流通之轮遭遇经济衰退的阻碍，或通货膨胀使之旋转得过快时，信念便开始动摇，此时人们便会以飞涨的比率将国家法定货币兑换成更加安全的外国通货或超国家资产（如黄金）。

从这个角度来看，制定法定货币法律可能对于确立某一货币的地位有帮助，对持有外国通货和黄金施加法律限制，也可能有助于抑制除法定货币之外的替代性货币资源，但它们并不能阻止私人行为人寻求更安全的货币形式。1880 年，英国殖民者对尼日利亚南部的控制达到历史高峰，殖民地政府企图推动英国货币统治当地市场。为达成这个目的，他们花费了近半个世纪。殖民前的尼日利亚是一个汇集本地产品、跨区域贸易和跨国贸易的熙熙攘攘的贸易集散地。当地生产者不但与远及加勒比海、美洲及欧洲的市场紧密相连，而且与扩展延伸的区域贸易成为一体。当地已然有了自己的资本市场，职业银行家和放贷者迎合商人的资金需求，还存在一个主要远途贸易商品的期货市场。当地家庭持有大量马尼拉青铜币、黄铜棒和贝壳等地方货币作为储蓄。在墨西哥币、秘鲁币、巴西币和智利币与金沙、金块一道自由流通的同时，英国、西班牙、南美洲、美国及法国的金银铸币都被用作外币汇回母国。即使"［政府］已［采取］一些强制手段，'鼓励'当地居民接受英国通货"，直到1896年，在英镑名义上成为尼日利亚法定货币的16年之后，在当地起支配地位的货币仍然是贝壳（Ofonagoro 1979, 623, 633）。与殖民政府统一铸造并分发的英国通货不同，尼日利亚的地方通货由私人提供，具有本土性，而且不受英国人的直接控制。

真正令人惊愕的是，在英国掌控政权的情况下，尼日利亚虽然已有种类纷繁的货币、贸易和银行系统在运行着，但多数殖民官员仍将这些经济活动视为物物交换，"故而他们坚信，这个国家并不存在自己的货币，因此他们推行英国货币的举措不过是对之前基于物物交换的原始经济进行改进罢了"（Ofonagoro 1979, 636）。这些殖民者只看到他们需要看到的事物，也只说他们需要说的话。英国的殖民政府不断尝试将当地通货和其他与之竞争的外国通货驱逐出势力范围，这遭到了当地人民或积极或消极的抵抗。为了"鼓励"英国通货的使用，他们不断推出各种法令，施加各种惩罚。然而"当地人民压根儿不把英国的钱币当作货币"（Ofonagoro 1979, 648）。纸币在一战期间被引入尼日利亚，但它为人们所接受的进程就像那场战争一样进展缓慢。最终，资本家霸主耗费了50年的不断努力，终于使之前尼日利亚的本土货币大幅贬值，在此过程中也摧毁了许多尼日利亚家庭和企业的财产。

与美洲殖民者的法定货币并存的还有许多其他形式的货币，如黄金、白银、外国钱币、烟草和贝壳串。跨区域贸易和跨国贸易从一开始便存在。法定货币从它被发明出来开始便是众多货币中的一员，它为人们所接纳肯定不是为了缴纳在当时并不存在的税金，甚至不是因为它与诸如烟草、大米、谷物、牲畜、威士忌和白兰地等曾在不同时点出现的货币一起被宣布为法定货币（Galbraith 1975, 48–50）。最后，无论是古代还是现代，黑市货币交易所焕发的生命力都说明了这一事实：任何业已存在的货币永远都有替代物，即使这一替代物当前尚不存在，须待未来发明。例如，在二战后的德国，纸币的总量较战前水平增加了 4 倍，而战争已经大大消耗了国家的年度货物供应。为了遏制最初的通货膨胀，政府实行了价格控制，这意味着商品持有者不得不按人为制定的低价进行销售，而这往往是他们不愿意接受的。“货币基本上不再履行其支付手段的职能”，因此私人商品开始与其他商品直接进行交换，其中香烟崛起成为广泛流通的支付手段。私人商品货币再一次出现并取代了国家授权的货币。旧货币体系崩溃了，对此政府所能采取的唯一补救措施便是在 1948 年推行一种新的货币取而代之（Morgan 1965, 30–31）。最终，货币得以行使其职责是因为它在实际中可兑换。倘若一种货币无法实现这一目的，就必然会出现另一种货币。所谓“不可或缺”的货币，仅仅存在于我们的教科书中。

15.2 国家货币理论和新国家货币理论中关于货币的观点

现存对货币历史发展的解释，有时会将礼物馈赠和物物交换（简单交换）、付款义务和债务以及债务和货币混为一谈。这种错误带来的一个直接后果便是：“货币”似乎自人类社会之初便已存在。例如，戴维斯（2002）在他广受好评的介绍货币悠久的跨文化历史的书中，大力赞扬了爱因齐格对原始货币的描述，称之为“最权威的……［最］振奋人心的且［最］详尽的描述”，他自己亦“从中获益匪浅”。然而，戴维斯认为爱因齐格将货币定义为一般等价物的做法过于“复杂”，并提议代之以更简单的分类法。戴维斯将所有先于铸币的事物都划为“原始货币”。由于他将血债血偿、以身抵债以及所有的礼物馈赠都视为“交换”[①]，交换便变得像人类社会一样古老。由于他将所有用于此类活动的物品一律视为原始货币，货币亦被认为存在于人类社会诞生伊始（Davies 2002, 11, 14–15, 23–24）[②]。当然，这种推论与新古典主义看待经济的方式不谋而合，正如戴维斯自己所解释的那样，“经济学……就是研究稀缺资源的使用逻辑，货币则是这种逻辑发挥作用的主要方式”（34）。第 5 章的全部意义便在于证明这并不是看待货币的合理视角。

15.2.1 货币、银行与古巴比伦

如人们所知，借贷关系存在于许多农业文明中，并在公元前 3000 年的巴比伦变得尤为复杂（Morgan 1965, 57）。戴维斯相信，古巴比伦的证据证明当时已出现“高度复杂的银行系统，可将最早的铸币向前推进数千年”（Davies 2002, 23）。他得出这种结论，是基于在古巴比伦现存的文物中几乎没有被认为属于“铸币”的物体。但他谨慎地

---

① 戴维斯还把夸富宴称为“互换”，说它与“交换”十分不同（Davies 2002, 11），但他没有对这一重要区别做进一步解释。

② 戴维斯明确反对仅仅由于其不能履行很多职能就认为“职能范围相对狭窄的原始物品”不是货币的做法，他认为这将会“排除掉货币长期演进过程中的绝大部分内容”（Davies 2002, 25），但这就意味着将始于部落间的支付义务和礼物馈赠的演进过程也被看作货币历史的一部分，而不是最终导致货币诞生的历史的一部分！

注意到，关于古巴比伦本身的证据还很少，因而“可以对如何解释哪怕看起来最不容置疑的事实提出合法的质疑”。他进一步表示，正如“琼·奥茨所承认的那样，‘现在关于古巴比伦文明的一切研究都是（也将继续是）粗略真相、误解和蒙昧的混合体’”（49）。

从其他史料中我们可以得知，整体而言，商品货币的出现远早于金属货币，私人铸造的货币在此之后出现，国家铸造的货币则更晚一些。戴维斯（2002, 34）自己也注意到，在货币史记录完备的英国，铸币的出现较商品货币晚几千年，而银行的出现较铸币晚 1 000 年。戴维斯（2002）认为，人类驯化牲畜的历史可追溯至公元前 9000—前 6000 年，在许多社会中，牲畜也是最早的货币形式之一。戴维斯（2002, 44）亦提到在美索不达米亚，牲畜曾被用作货币，但他并未提供确切的时间点。但摩根（1965, 11）指出，“古巴比伦的文献（约公元前 3000 年）表明了‘可交换商品’和‘不可交换商品’之间存在法律层面的区别：前者可随意转让，而后者则需要正式的转让许可。可交换商品包括黄金、白银、铅、黄铜和紫铜，蜂蜜、芝麻、油、葡萄酒、啤酒和酵母，羊毛、皮革，纸莎草卷和武器，所有这些商品可能在不同程度上都履行支付手段的职能”。尽管缺乏古巴比伦存在铸币的证据，但是我们不能因此就否认商品货币（从牲畜到“可交换商品”）的发展远早于古巴比伦的银行系统。正如食盐之于许多地区， 5 000 年前烟草和贝壳串之于美洲殖民地，倘若谷物、蜂蜜、芝麻、油或者酵母扮演着货币的角色，那么我们便无法明确区分它们作为有用物品和货币物品的两种存在方式。纵使是金属也经历了漫长的时期才成为国家发行的铸币。最后，戴维斯自己对原始货币的定义表明，在他的定义中，包括血债血偿和以身抵债中涉及的所有物品，商品货币从一开始便已存在，故而即使在古巴比伦也远早于银行和铸币。就此而言，往好了说，古巴比伦的证据资料与对货币发展的两种可能解释是一致的：一种是从商品货币到铸币再到银行，这正像我们已有详细资料记载的许多其他社会一样；另一种是从商品货币到银行再到铸币，这如同戴维斯的结论。无论采用哪一种解读方式，即使是在古巴比伦，商品货币的出现都远早于银行业。

15.2.2 英尼斯

戴维斯对货币历史发展的深入研究与国家货币理论形成鲜明对比。英尼斯（1913）首先否定了以下几点：货币缘起于物物交换，铸币初见于私人部门，而国家只不过在后来接管了铸币权而已。他轻蔑地表示，关于上述看法只有“少得可怜的历史证据”。相反，“商品历史和钱币学领域的现代研究，特别是近期巴比伦地区的发现，已揭示了大量前人无法获得的新证据，有了这些，我们大致可以认为这些理论无一具有坚实的理论根基——事实上它们都是错误的”（Innes 1913, 1）。如果我们不钦佩他在历史观察上的敏锐，就只好欣赏他的自信了。那些贯穿多个社会多个时期的大量关于货币的证据被贬低为“少得可怜”，而来自古巴比伦的证据（那才真是少得可怜！）却被认为具有决定性的意义。就后者而言，无论如何解读，都证明商品货币的出现是先于银行业的。

然而，英尼斯引用古巴比伦的证据仍然具有启发意义。这里真正的难点在于，他对于货币史的研究显示出“货币单位和任何金属之间均不存在固定联系”（Innes 1913, 1）。用同一种金属制成的铸币即使重量不一，也可作为等价物流通；用贱金属制成的铸币似乎也能履行同样的职能；随着时间的流逝，某一特定［货币］面额如第纳尔、里弗或索尔的白银含量越来越少，但这似乎并不妨碍它们执行货币职能；

尽管“政府付出了极大努力欲以法律的形式予以禁止”，但贵金属的货币“价格”仍持续上涨；“政府不断抵制私人金属代币的广泛使用，但收效甚微”。当然，这是对货币发展史的正确介绍，但在其他学者能够辨识出发挥作用的特定经济规律的地方（见5.2.2小节），英尼斯只看到了困惑。他认为将货币视为交换工具的观点“过于笨拙”，经不起推敲。在他看来，将货币视为支付手段可以更好地解释货币的本质。在他所处的时代，信用系统占据主导地位，因此英尼斯简单地将借贷关系应用至人类社会之初。“购买行为让我们成为债务人，销售行为让我们成为债权人。”与真实世界的债务关系不同，他的设想不需要硬通货来清算余额。相反，如果有人借进来的钱多于他贷出去的钱，“其债权人所发放贷款的实际价值将会下降，直至其总借款等于总贷款”（5）。这就是为什么古巴比伦的银行体系对英尼斯来说至关重要。缺少古巴比伦时期存在铸币的证据，在他看来，就是当时没有货币。于是，古巴比伦的银行业大约也不能用现金来结清净债务余额，因此贷款和借款之间必需的平衡必然只能用其他机制来解释——英尼斯很体贴地替我们完成了这项任务。自不必说，他并没有为自己的推论提供任何证据。

英尼斯混淆了货币与铸币、私人铸币与国家铸币、付款义务与偿债义务，还把所有交易都看成借贷关系。我们知道在古印度，如果一个人对他人造成伤害，他必须赔偿100头奶牛（Quiggin 1949, 7）。这是一种付款义务而并非交换，受害方获得100头奶牛，这是对他们遭受不当行为的补偿，而非因为其提供了另一种使用价值。这也不是一种债务，因为100头奶牛并不是对之前借得的某种物品的偿还。但是，倘若这些古代人相信英尼斯的理论，那么受害方将简单地增记一笔贷款，而加害方则增记等额的一笔借款。根据英尼斯的逻辑，后者同样可以将一张第三方向自己写的贷款欠条交给前者，第三方也可以做同样的事，以此类推。但关键是，最终要赔偿的是奶牛！于是到最后，总得有人交出 100 头奶牛，作为使用价值（或者，倘若奶牛在当时恰好是货币，那就是用活生生的“现金”）来结清这笔账，否则受害方受到的伤害将只能根据古老的传统（以牙还牙，以眼还眼）得到偿还。此时，不只是他的债务票据，加害方自己也将遭受“贬值”。物物交换在英尼斯的逻辑中也遇到了同样的问题，因为到最后双方都必须以等价的使用价值进行清算。

更重要的是，英尼斯将流通手段和支付手段看成对货币的不同定义，而不是其并存的两种功能。马克思指出，货币购买与信贷交易是不同的，前者是交出去货币（M）得到一件商品（C），后者是“交易的两极在时间上彼此分离”。后一种形式是从前一种形式中“自发演变”而来的。在信贷交易中，货币发挥支付手段的职能；在货币交易中，货币发挥购买手段（流通手段）的职能。反过来，单纯的信用会“在商品所有者之间带来债权人和债务人的关系……即使信用制度尚未诞生，这种关系也能得到充分发展”。这种演变导致“货币越来越多地发挥支付手段职能，这会有损于其购买手段职能，对其贮藏手段职能的危害更大”（Marx 1970, 142–143）。由此衍生出的货币仅仅是支付手段的说法其实是一种幻觉（Arnon 1984, 566），当“购买手段和支付手段之间的差别变得十分明显，以及在令人不快的商业危机爆发之时”（Marx 1970, 141），这种幻觉就会被无情驱散。英尼斯不曾停下来考虑过这些细节，因为他最关心的是推翻货币需要任何后盾予以支撑的观点。倘若货币只是一笔会计账目，而账目可以轻易地互相抵销，那么货币和商品关系的漫长历史便只是场“诡异的错妄”，也是对社会资源的极大浪费（Innes 1913, 10）。从这个角度而言，法定货币得以成为理想货币，正是因为它不需要任何支持物。这反之引出了他自己论述中的一个关键问题：为什么人们愿意接受没有任何支持物的法定货币？英尼斯表示这是因为政府强制他们用这些法定货币纳税（7），但对此他没有做出详细说明。

15.2.3 克纳普

克纳普（1924）同样仅关注货币作为支付手段的职能（Rist 1966, 358–359）。“在当今文明社会”，他说道，支付行为只能用他称之为“查尔塔”① 的代币来进行。因此，文明社会的货币就是名义上的代币。充当货币的可以是铸币、银行券或纸币，但是“它们的有效性都来源于政府公告”。的确，文明社会的“货币总是强调其名义上的支付手段职能，把所有的支付手段都称为货币。于是，货币的定义就是名义上的支付手段”。更进一步，赋予货币有效性的特定立法行为，也是通过定义什么是“政府机关可接受的支付手段”定义货币的。如果国家接受铸币和银行券作为对它有效的支付手段，那么它们同样是名义上的代币。“国家接受与否给货币系统划定了界限”（Wray 1988, 24–25，all quotes are from Knapp）。②这就是国家货币理论③。货币被定义成任何为国家所接受的能够支付税金、罚款和费用的物品。因此，货币由国家创造出来。

---

① “查尔塔”（Charta）为拉丁语，代表代币或票据。—— 译者注

② 克纳普对货币的定义包括铸币、国家发行的纸币，以及在能被国家接受范围内的银行券。他将这些称为“币值”。这给可能被用于私人交易的其他货币提供了可能性，他把后者称为辅助货币。他写道，这种货币并不十分重要，而且常具有自我调节的能力（Wray 1998, 26）。需要注意的是，币值和辅助货币之间的区别与现代高能货币和银行券之间的区别并不相同。币值包括铸币、国家发行的纸币和银行券，而高能货币则由现金和银行准备金组成。

③ 国家货币理论也被译为货币名目论。该理论认为货币起源于国家直接指导经济的企图，而不是自发地起源于物物交换中存在的困难和不便，或者是表示债务的工具。该理论也认为，法定货币在交换中具有价值，因为国家有最高权力对经济活动征税，使它们发行的货币有了可支付性。来自维基百科。——译者注

我们很容易便能理解为什么学富五车的货币历史学家看到这种三段论的推理会感到恼火。里斯特（1966, 355–356, quote on 359）评论道，当国家不时改变其称重体系（如从英制改为公制）时，重量单位在名义上发生了变化但其内容（质量）不曾改变。货币则不同，货币的名称虽然可以保持不变，但其内容（购买力）已经改变了。这是因为国家进行货币体系调整的重要原因之一便是加强其偿还债务的能力。请设想一下，他挖苦道，一个国家的债权人对这样的解释会做何反应："当你以法郎立下合约时，你没有意识到，这份合约是以观念上的法郎立下的；你承诺接受还给你的也是观念上的法郎，而不在乎用这些法郎（黄金、商品或外国汇票）能买到什么东西。"里斯特（1966, 355–356）补充道，相比货币的价值，克纳普更关注货币的有效性，而他对货币进行的精细而复杂的分类法，对解释现实中的货币现象意义不大。克纳普在其著作中提到货币供给不影响货币的购买力，而购买力发生改变这一事实在任何情况下都不及"国家赋予货币的灵魂"重要。坎南（1925, 216, 213）对此进行了尖锐的批评。坎南认为，该观点"天真得近乎可爱"，但也让人有些迷惑——因为在实践中克纳普显然更偏好金本位制而不是法定货币制。最后，戴维斯（2002, 26）指出，尽管许多经济学家追溯了国家在推广特定货币使用过程中扮演的角色，但无论是古代货币还是现代银行业，都不曾被看作"仅仅是国家的发明"。他接着说，克纳普"将国家货币理论推到了一个荒谬的极端"。戴维斯提道，当面对此类批评时，克纳普为自己辩解的方式是声称"我们必须将一个理论推向极端，否则它便毫无价值"。

英尼斯和克纳普都紧紧抓住大量这样的例子：政府在保持铸币或纸币名称不变的情况下，改变其所包含的贵金属重量，直到政府的支持和信用完全被人们遗弃。但他们未能认识到，货币在市场中总是可自由兑换的，因此可兑换代币意味着货币和黄金之间有固定的兑换比例（不时会有调整），而不可兑换代币意味着完全自由浮动的兑换比例。他们也未能认识到，降低货币的金属含量或使其贬值总是让债务人得利，而纵观历史，政府正是依靠这一能力维持其运作的。相反，他们却得出了这样的结论：尽管货币的形式（如白银、黄金、纸币以及会计账目）时常改变，但它永远是国家创造出来的抽象单位（Rist 1966, 355–356）。最后，他们还将私人行为人置于令人难以置信的被动地位，仿佛后者对于货币形式或他们所能接受的形式完全没有什么发言权。冯·米塞斯将国家货币理论称为货币理论的国家主义（Von Mises 1971, 63）。若是马克思，可能会称其为国家拜物教。

15.2.4 现代国家货币理论

国家货币理论大力吹捧国家控制经济的力量，凯恩斯主义者也有这样的倾向。新古典主义者主张资本主义经济将自动趋向于实现充分就业，因此他们认为，理想的政府不应当干预经济。凯恩斯主义者则主张，只有依靠明智的政府干预才能实现充分就业。这就不难理解为什么凯恩斯主义者可能被国家货币理论的一些观点吸引，比如：货币永远是国家创造出来的；健全的货币无须贵金属的支撑；无论国家发行多少法定货币，人们都必须接受它们；物价水平最终取决于工资与收入，而不是货币的数量。的确，凯恩斯明确赞同克纳普的货币定义，把“国家货币”定义为一切可被国家接受的支付手段。从这个角度来看，只要国家愿意接受，那么金币、可兑换代币和法定货币就都成了国家货币。事实上，数千年来国家也确实都是这么做的，但这与私人部门发明和再发明出货币并不矛盾，国家有时也允许这种行为（如金条、银行券等）发生。与克纳普不同的是，凯恩斯并未主张国家创造了货币，他只是说，国家发明了法定货币[①](Schefold 1987, 54)。凯恩斯也并未试图将货币的职能限制于计价货币。相反，他只是说，在充分发达的信用制度下，计价货币成了货币的“主要”职能。正如他所指出的，信贷余额仍然需要通过除它自身之外的其他东西结清，这种“东西”就发挥了货币的职能（Wray 1998, 29–31; 2003b, 94）。在大多数情况下，凯恩斯的观点更接近马克思而非克纳普的观点。

新国家货币理论在很大程度上建立在其与新古典主义经济学的对立之上。古德哈特（2003）的论著始于一个纯新古典主义的货币描述，他称之为 M 理论（金属货币论），并将该理论归于杰文斯和门格尔。理性行为人在预算约束和货币（这里主要指其交换手段职能）的制约下做出最优选择，货币通过降低成本促进贸易。在 M 理论中，“货币是市场的创造物”，国家的作用只是确保货币的质量，健全的货币需要贵金属的支持，而经济作为一个整体，“通常具有自我稳定的机制，以维持在最优水平上下”。与 M 理论相对的是 C 理论（国家货币理论）。如克纳普所说，“货币是国家的创造物”，国家为了满足其购买需要而发行货币，私人部门为了纳税而接受它。和凯恩斯主义（还有古典主义！）一致，资本主义被看作不断在繁荣与衰退之间周期性循环。因此，需要财政政策来稳定这套系统，因为货币政策（被定义为稳定利率）在危机中不大可能解决问题。实质性问题被集中在法定货币上，如果政府足够强大，而且政权的连续性能得到保证，那么法定货币就被认为是有效的（Bell and Nell 2003, x–xii; Goodhart 2003, 1）。

古德哈特的观点包含了国家货币理论为人所熟知的一些特征。他说，“总的来说，国家在货币的演变和使用中发挥了核心作用”。但由

① “凯恩斯……相信，法定货币必须在国家货币理论的基础上加以解释，但鲜有证据表明他对更早的货币起源抱有何种观点”(Goodhart 2003, 19n8)。

于他在区分“通货”和“货币”的时候，将后者定义为国家发行的铸币或货币工具，所以国家在（国家）货币中起作用的说法便成了同义反复（Goodhart 2003, 1）。古德哈特并未宣称国家发明了货币，[①]他明确承认金属货币和银行券最早发源于私人部门，部分铸币厂甚至整个货币体系也是如此（5–9）。他指出，在货币的发行政府不参与甚至反对的情况下，某些主权货币就已经发挥了国际货币职能。他甚至说，倘若国家愿意放弃发行货币的权力，私人部门很快便能填补这个空缺。他论证道，人们之所以接受从金属货币到法定货币的转变，是因为法定货币由国家发行，且与税收挂钩（Goodhart 2003）。他认为税收增加了对国家货币的需求，当然这也意味着还有其他接受国家货币的理由。然而，当他考虑前工业化社会的问题时，却倒退回殖民幻想之中，认为前工业化社会是无货币的，因而以货币形式缴纳税费，能够帮助带领无货币居民“进入与资本主义经济的货币联系之中”。

雷和贝尔（1998）在为反对新古典理论以及反对保守的健全财政观念努力寻找理论根基时，也倒退回了国家货币理论。作为凯恩斯主义者，他们坚信在不受管制的资本主义经济中，不充分就业是常态。因此，为了维持社会合意的就业率，持续性的财政赤字在通常情况下是必要的。[②]他们建议政府直接按照固定的货币工资雇用所有私人部门无法吸纳的劳动者。这个“最后雇主”项目将会带来价格稳定下的有效充分就业（Wray 1998, 8–9, 13, 108; Bell 2000; 2001; Wray 2003b）。

---

① 古德哈特确实试图像国家货币理论那样将货币与国家联系在一起。与戴维斯（2002, 11, 14–15, 23–24）一样，他将所有血债血偿、以身抵债以及礼物馈赠都看成“作为支付手段的货币”。与此同时，他持有这样一个“假设”，即社会规则需要一个治理结构，反过来他又将治理结构等同于国家。于是，货币和国家在人类社会伊始便已存在，两者的出现均早于市场（Goodhart 2003, 5–9, quote from 6）。

② 标准的新古典主义和凯恩斯主义论证都是在静态经济体中进行的。在发展的经济体中，必须对这些理论做根本性的修正（Shaikh 2009）。

由于他们的这部分论述主要取决于法定货币的属性，因此我将其推迟至 15.3 节再做进一步的讨论。

然而，上述观点还有几个方面应该在此处讨论。首先，他们总是试图回到英尼斯和克纳普关于货币史中的国家货币理论。继古德哈特之后，贝尔（2001）再一次将货币史简单地描述为（庸俗的）货币金属论和（复杂的）国家货币理论之间的对立（即 M 理论和 C 理论的对立）。凯恩斯主义者这样做的动机在于，在前者中国家只扮演了次要角色，但在后者中国家发挥了核心作用（Bell 2001, 151–155）。雷表示，他不过是想“在众所周知的故事里添加一些与货币起源和演变相关的逸闻与替代性解释”。他承认，仅仅讨论法定货币或许便已足够，但他选择不这么做，因为“如凯恩斯所言，‘名目（国家）货币’已经有至少 4 000 年的历史，我们有责任使本书中的分析结论不仅适用于［20］世纪末的美国这一‘特例’，而且适用于整个‘名目（国家）货币’时代”（Wray 1998, 40）。贝尔（2001, 1, preface and text）认为，国家货币理论可以作为一种“货币的一般理论而被令人信服地运用到整个国家货币时代”，其中包括“国家货币位于首位”的货币等级论。他们错误地试图将关于现代法定货币的分析运用到其他时代，这最终导致他们的核心论点落入英尼斯和克纳普破绽百出的理论窠臼之中：“几乎从远古时代开始的所有的‘商业贸易’都建立在信用和债务的基础上”；货币（铸币）从信贷关系中产生；货币的核心在于“国家向其国民强制征收税收之债的能力”①（Wray 1998, 46）。他们以一种典型的国家货币理论逻辑，混淆了付款义务与负债。血债血偿和以身抵债甚至税收都成了债务。这么说来，债务才是问题的关键。在国家取得铸币权后，

① 因为把货币的本质理解为一种债务，所以把国家印刷法定货币看成向国民强制征收的一种税收之债。——译者注

国家货币也被当作债务的一种形式。

为了支持国家货币理论关于人们接受货币是为了缴纳税款的观点，雷求助于一个关于简单经济的寓言故事，在这样简单的经济中，家庭（我们必须将其解读为“原住民”）起初既没有市场也没有货币（Bell 2001, 149–156; Rochon and Vernengo 2003, 65；Wray, 2003b, 92–96）。[①] 随后政府自发出现，为了受益民众的利益征收货币税款，并发行法定货币。这里的法定货币是政府代表人民的意愿发行的，目的是让人们为了获取法定货币而努力工作。由于这是法定货币，因此政府可以随意支取，而征税的唯一目的是让原住民为自身的发展而工作。最后，原住民接受任何国家发行的货币，承担赋税的义务，还因此受益。这真是最能显示真相的梦幻之想：顺从的人民、没有阶级分化、乐善好施且中立的国家，而且无论是货币还是税收，其推行都是为了公共利益。然而，我们知道，国家的产生晚于货币，它从来不曾是中立的，也鲜有乐善好施的时候，而税收更是在每一个历史时期都遭到抵制（Mehrling 2000, 402）——不仅仅是在反抗殖民政权的美洲和尼日利亚南部，也在每一个未被殖民的国家。在雷的寓言故事中，国家最开始是唯一的购买者，是它引导人民生产用作销售的商品，因此它可以随意设定商品的价格，从而设定国家物价水平。雷承认，引入独立的私有经济会使事情变得更加复杂，因为那时政府的购买决策就只能影响（而不再能决定）通货的购买力（Wray 1998, 155–175；Rochon and Vernengo 2003, 63–64）。这整个缺乏说服力的论调让人十分困惑，直至我们想起来原来雷正试图将他下面的这个特别主张扩展回溯到 4 000

① 通常情况下，税收是用银行存款而不是用国家创造的法定货币缴纳的。由于雷采用了国家货币理论对国家货币的定义，即国家接受的所有货币都是国家货币，也由于国家直接创造的只有法定货币，所以他被迫主张是法定货币驱动了银行信贷（Gnos and Rochon 2002, 44–45, 48; Rochon and Vernengo 2003, 61）。

年前，即现代法定货币发行国家可以决定一国的物价水平，因为它可以通过最后雇主政策设定货币工资（Wray 1998, 40）。而事实是，即使是对现代情况的分析，也关键性地取决于以下论断：政府要能够固定私人部门的货币工资（即私人工资包括一个在最后雇主工资之上的固定的增加额），而且物价水平得是货币工资（而不是供给和需求）的函数。即使是在凯恩斯主义传统中，这些说法也是颇具争议的。

明显是为了两面下注，试图避免受到质疑和攻击，雷又在其他地方承认，税收是一种“非自愿支付”，是一种没有犯任何过错也需缴纳的“罚金”。他也承认，国家法定货币的存在并不能“提供任何关于货币起源的信息”。事实上，一些国家甚至没有建立自己本国的记账单位，而是“选择直接使用他国通货作为自己的记账单位”。最后，他提到，凯恩斯并不至于“声称货币起源于国家制定的记账货币”（Wray 2003b, 93–94, 98, 104）。如果剥去国家货币理论的外衣，雷的观点其实是，为最后雇主服务的财政赤字无须带来通货膨胀或抬高利率。这一点需要对法定货币的运行机制做更加细致的讨论，接下来我们就做这件事。

15.3 现代政府的财政融资

法定货币带来了将国家从预算约束中解放出来的可能性，它曾成功地为美国、法国、中国和其他国家的革命提供支持，但也导致一些主权货币崩溃。后一类事件和现代社会的类似事件对货币理论与实践产生了深远的影响。结果是现在大多数发达国家的财政部都禁止用印钞的方式为财政融资，即为它们超出税收和借款的超额支出筹措资金（Ritter, Silber, and Udell 2000, 347–350），但这并不意味着财政部要花钱必须先借钱或征税。相反，即使是个体的行为人，只要手头有货币存量（现金、银行存款），就总能够不依赖未来的收入进行消费。在这种情况下，他们可以以先减少货币再重新补足的方式为消费融资，重新补足货币存量的方式可以是获取收入和 / 或借款。在这一点上，财政部也一样，它们可以用其在央行的储备为支出提供资金，之后再用税收和更多的借款来补足。因此，无论在私人领域还是在公共领域，以下说法在形式上总是正确的：在大部分情况下，当前的消费都不直接来自当前的收入或借款。

为了维持一种想要的生活方式，个体行为人也可以向朋友、亲戚和可信任的陌生人借钱，但是这样做只是转移了支付的负担，所以总的私人支出最终仍需与收入挂钩。银行债务看起来似乎有所不同，但实际上它也要与当前和未来的收入挂钩。因此，私人支出实际上最终仍受收入的约束。这正是现代国家的财政部与众不同之处：它碰巧与能够“点石成金”、任意创造货币的央行有特殊的亲戚关系。在法定货币发展早期的飘飘然陶醉状态下，确实有一些国家曾经随意滥印钞票（Galbraith 1975, 67）。现代国家甚至拥有更强的（印钞）能力，因为创造任意数量货币的指令只需按按键盘就能实现。因此，央行通过购买财政部发行的债券，将这些新创造出来的钱转移到财政部，从而为政府支出提供新生资金。也就是说，政府的一个部门可以创造货币，然后把它借给另一个部门花，即通过将政府债券货币化，用“后门”印钱为政府支出融资（Ritter, Silber, and Udell 2000, 412）。正是由于现代央行有能力像政府财政的印钞机那样行事，所以出于政治的考虑，通常要限制它们这么做。因此，央行从财政部接收到的只是一个表面不同的指令（Ritter, Silber, and Udell 2000, 347–350）。之前已经提到早期法定货币的历史，但即使是现代的法定货币也提供了充分的证据，说明了不注意货币创造的数量限制会造成怎样的后果。央行能为政府支出融资的事实，并不意味着这种融资方式是必然发生的结果（Ritter and Silber 1986, 215–216, 268–269）。甚至印刷机也需要有调速器。

例如，在 20 世纪 80 年代末，阿根廷政府发现在公开市场上借钱变得越来越难。于是，阿根廷的央行开始用印钞的方式偿还利息，后来甚至以此方式偿还政府债务的本金（Beckerman 1995, 665–673）。随着流通中的货币量激增，通货膨胀率从 1988 年的 385% 上升到 1989 年的 3 000% 以上，在 1990 年又落回到 2 000% 以上的水平（国际货币基金组织）。阿根廷国民对此的自然反应是将本币换成美元和黄金。美元成为人们选择的货币和真正的安全工具，用阿根廷原来的货币单位奥斯特拉尔表示的金价也扶摇直上。阿根廷政府被迫放弃钉住美元的官方固定汇率。到 1991 年，奥斯特拉尔以大幅下调了的汇率重新与美元挂钩，其国民则被保证：如果他们选择这样做的话，可以用美元从银行提现（以低得微不足道的新汇率）。阿根廷经济“美元化”的目的是将现有的实践法律化，以暂时阻止货币问题的进一步恶化。它的目的还在于重申央行的权力和职责，即关注它在诸如利率、汇率、通货膨胀率等关键性货币变量上行使权力所产生的影响。随后，阿根廷政府的经常账户赤字和不断扩大的预算赤字再次促使其国民将本币比索兑换成美元，并存至国外账户，这导致了银行挤兑。截至 2001 年，阿根廷的经济重新陷入全面危机。

在自 20 世纪 30 年代大萧条以来最严重的始于 2007 年的全球危机中，很多国家出现了类似的事件。2009 年 5 月，美国联邦储备银行（以下简称美联储）宣布，通过将美国长期国债货币化的方式，再向经济注入 1.15 万亿美元。一方面，“美联储履行了它的承诺——在职能范围内采取一切行动应对危机……这有效地支持了经济……使事情没有变得更糟”（Hilsenrath 2009）。另一方面，为了采取这一举措，美联储内部进行了激烈的争论。“达拉斯联邦储备银行主席、美联储内部重要的鹰派人士费学礼……强烈反对购买美国国债，担心这会模糊财政政策和货币政策之间的界限，甚至导致美国轻易退化成为不受控制的支出融资的阿根廷模式”（Evans–Pritchard 2009）。

费学礼的担忧提醒我们，尽管现代国家能够在原则上创造任意数量的货币，但鉴于央行与财政部的使命不同，仍然十分有必要对这种行为进行约束。央行官员必须始终牢记阿根廷的教训。一旦意识到这一点，那么很显然财政部在现实中仍会受到预算约束。在财政部现有的资金存量限制内，它们的花费可以超过现期收入。当财政部不能从央行“骗”[①] 到资金的时候——其职责就是抵制财政部对资金的需求，为了补充它们的资金，财政部必须向私人部门多借钱（出售债券）或/和多征税（一部分税收可能只是来自政府赤字的乘数效应）[②]。正是在这里，产生了第二个约束：从私人借款者借钱需要就还款期限和借款数量征得他们的同意，正如阿根廷的案例所证实的；而征税总会惹得纳税人不满，因为这相当于直接减少了他们的可支配收入。每一个政府都知道只能在特定的限度内提高税收，一旦超出这一限度，负责此项

① “骗”字双引号为译者所加。因为把借助央行购买国债理解为一种变相的发行货币的“后门”，所以，当这条路被堵死的时候，作者戏称财政部不再能从央行“骗”到钱。——译者注

② 标准的凯恩斯乘数故事认为，政府支出的增加 ΔG 会引起产出的成倍增加 $\Delta Y = \Delta G / s$。在 $s = t + s_Y \cdot (1 - t) + im$ 中，s_Y 为总收入中的私人储蓄率，t 为税率，im 为进口倾向。由于 $(t/s) < 1$，由此带来的税收增加 $\Delta T = t \cdot \Delta Y = (t/s) \cdot \Delta G < \Delta G$，因此增加的税收只能部分抵销增加的支出（Shaikh 2009, 458）。

工作的官员就会面临不能再靠税收养活自己而必须从事诚实劳动的风险。最后，历史还清楚地表明，政府支出会对价格、利率和汇率产生消极影响。而对于在不产生这些消极影响的前提下，政府支出可以扩大到什么程度这个问题，存在着很大的分歧。

这正是新国家货币理论者的核心主张引人注意之所在。标准的凯恩斯主义理论认为，为了保持充分就业，需要刺激总需求和私人部门的产出，直到私人部门雇用了所有愿意工作并能够工作的工人。风险在于就在达到充分就业那一点到来之前，通货膨胀就可能会出现，甚至可能加速。因此，现代国家货币理论者提出了另一种方法来达到相同的目的。他们认为国家应该按照固定的工资水平直接雇用所有私人部门不能吸收的劳动力。因此，国家作为最后雇主将会产生有效的充分就业[①]。他们还认为，通过最后雇主将货币工资固定住，有助于稳定地锚定国家价格水平，因而几乎不会有通货膨胀的风险（Wray 1998, 8–9, 13, 108）。最后雇主是新国家货币理论者理论的驱动力，而成本加成定价则是它的关键假设（Mehrling 2000, 400）。

这遗留了一个问题，即应该怎样为维持最后雇主政策而产生的政府财政赤字提供资金。标准理论认为增加的政府支出最终必须通过增加税收或增加政府债务的方式得到资金。增税将会减少私人部门的收入，从而减少私人支出，这会抵消政府支出增加带来的扩张效应（见第 12 章和第 13 章对这两种效应相对规模的讨论）。增加政府债务将会提高利率，从而“挤出”私人投资，也会增加货币供给，造成通货膨

① 马克思（1967a, chapter XXV）也认为，失业在资本主义经济中是正常现象，但在他的理论中，这是因为在资本主义制度中存在着创造和再创造出失业工人储备池的内在机制。从这个角度看，最后雇主的功能将会是吸收劳动力后备军。但在这样做的同时，它会减轻就业者与失业者之间的竞争，在抑制工人阶级的抱负上起到关键作用。这样一来，最后雇主会对工商业部门造成威胁，因为它证明了利润驱动型就业的局限，并消除了失业强加于工资需求的“惩戒”（见第 14 章）。

胀（Wray 1998, 74–75）。

雷和贝尔认为，如果国家遵守以下三条政策规则，则上述结果都不会出现。第一，只要政府有新的资金需求就增印钞票；第二，只有当政府希望严格控制私人支出时才增税；第三，只有当政府希望减少货币供给时才向市场借钱（即出售政府债券）。请注意，这些规则是相互影响的。如果政府需要大幅增加支出（这令人想到战争），但又不希望过度刺激经济，它就可以通过增税减少私人部门的支出，以及通过借钱减少货币供给。于是，这看起来就好像是国家在用税收和债务为自己增加的支出提供部分或全部的资金，而实际上，税收和债务是为了冷却经济而不是为政府融资。但他们认为，在为国家支出融资和税收或债务之间没有必然的联系（Wray 1998, 75–77）。

在美国，政府支出是通过财政部在美联储的账户（TFA）进行的，而政府来自税收和借款（出售债券）的收入存在财政部在商业银行的税收和贷款账户（TLA）中。财政部可以从后者向前者转移资金以补足前者中的花费（Ritter and Silber 1986, 215–216）。为了使财政部的支付能力不受这些账户的限制，美联储可以创造出新的货币购买国债（原来的货币已经在个体行为人手中），从而为财政部提供新增购买力。这与之前简单印钞的方式相似，只不过新创造的货币被记录为政府对自身的部分负债——财政部带着正式的利息义务对美联储欠的债（之所以说是正式的，是因为在实际中美联储会将自己超出支出的全部收入都返还给财政部）。

雷和贝尔强调，财政部是从它在美联储的活期存款账户中提款，并从私人部门购买产品与服务的。[①] 假设政府以此方式多支出 10 亿美元，当钱流入私人部门的银行账户时，商业银行的储备将会增加 10 亿美元。由此带来的流动性增加，倾向于降低银行间的超额储备借贷（隔夜拆借）利率。但由于财政部必须将其在美联储的账户维持在一个或多或少的恒定水平上（Bell 2000, 608），它必须将其在商业银行的税收和贷款账户中的 10 亿美元转移到其在美联储的账户中以补足差额。这会消除商业银行的过量储备，并将银行间隔夜拆借利率或多或少地维持在某个期望水平（Ritter, Silber, and Udell 2000, 417–426）。但当然，财政部在商业银行的税收和贷款账户中的存款会减少 10 亿美元。

现在，财政部不得不弥补其在商业银行的税收和贷款账户中的资金缺口。如果财政部通过向私人部门出售新的国债达成目的，那么债券供给增加将会降低债券的价格，从而提高国债利率。如果财政部能说服央行购买这些债券（即进行债务货币化），那么财政部的新增债券供给将会与美联储通过新增货币创造出的新增债券需求相匹配，因此国债的价格将会保持不变，债券的利率也会比较稳定。

最初增加的 10 亿美元的政府支出是在固定货币工资水平下为最后雇主项目筹资，这被认为是将会为价格水平提供一个稳定的锚。然后，该论点被继续向前推进，认为这一支出将会与意愿的银行间隔夜拆借利率（即意愿的商业银行流动性水平）以及意愿的国债利率（这两者都可以通过其他的央行操作进行调整）相协调。它意味着在新国家货币理论者的理论框架中，国家可以通过一个有适应能力的央行精准地

① 雷和贝尔（Wary 1998, 34; Bell 2000, 604–605, 613–615；Wary 2003a, 147–149，157）做了大量研究，说明“政府不必预先进行增税或借款就能进行支出，不过这与个体行为人不必先挣钱就能使用自己的活期账户进行消费没有太大区别”。

保持充分就业、稳定的价格水平和稳定的利率。[①] 几乎不会有什么经济过热的风险，因为当经济恰好达到稳定的充分就业时，以最后雇主为基础的政府赤字就不再必要。

新国家货币理论的核心观点建立在几个关键的假设之上。第一，国家可以通过固定最后雇主项目的工资设定私人部门的货币工资。这意味着私人部门的工资等于最后雇主工资加上一个固定的价格加成。第二，价格稳定性论点假设价格水平由私人部门的工资水平决定，这意味着商品价格也是在成本之上增加一个固定比例的利润。第三，国家可以将私人银行的流动性和国债的利率都维持在一个期望的水平，其中隐含着某个关于不同利率间关系的理论（即收益曲线的决定因素理论）。最后，它并未考虑产出和就业的总体路径，特别是其动态变化。5.3 节讨论了国内价格水平的古典理论，第 10 章讨论了利率理论，第 13 章讨论了增长理论，第 14 章分析了工资和失业理论，本章则集中用古典方式讨论法定货币下的通货膨胀。

15.4 经济增长、利润率与价格水平

15.4.1 古典竞争理论只创立了相对价格

在真实竞争的古典理论中，企业根据它们对市场所能承受价格的

① 雷也强调浮动汇率是其政策规定中的必要组成部分，因为固定汇率可能要求对国内利率与国际利率的关系施加约束（Wary 2003b, 108）。

估计来设定价格。在正常的情况下，这样的价格能使大多数资本都获得正利润，并且从长期来看，不同行业间的竞争使各行业的调节资本都有大致相等的利润率。由此得到的成本之上的利润加成，即所谓的“价格加成”，正是这一竞争过程的反映。此外，经济中总是存在一些非调节资本，它们只能获得较低的甚至是负的利润率和利润量。在特定行业的低迷期，此类资本可能很多。而当经济整体遭遇困难时，总体利润率也可能为负，就像在大萧条中一样。企业负责计划，而市场负责处置。

从这一点来看，利润率的均等化过程确定了相对价格。但绝对价格水平是另一个问题。在以商品为基础的货币体系如金本位中，以黄金表示的绝对价格水平由商品关于黄金的相对成本决定，而以当地货币表示的绝对价格水平则由黄金与当地货币之间的兑换比率决定。反过来，这个兑换比率既可以由国家通过周期性地修订固定的兑换率设定（可兑换货币），也可以直接由黄金市场决定（不可兑换货币）。但“可兑换”和“不可兑换”的标签完全是误导性的，因为行使功能的货币总是可以被兑换成所选择的价格标准（如黄金），唯一的问题是货币与黄金的兑换比率是固定的还是可变动的。而且即使在兑换比例固定的情况下，当事实证明它已经不可维持时，也会被修订（见 5.3.3 小节和 5.4.1~5.4.2 小节）。

15.4.2 古典理论、货币主义理论、凯恩斯主义理论和后凯恩斯主义理论中的完全法定货币

在完全法定货币下，相对价格仍旧受到利润率均等化的调节，但是现在，价格水平由总需求和总供给之间的关系决定。新增购买力会刺激总需求增加（见 13.3.3 小节）。建立在法定货币基础上的现代信用

制度有一个显著特点，即总需求几乎可以无限增长——美洲殖民者从一开始便是这么做的（见 5.2.4 小节），因此问题就变成了供给增长的界限。

在古典货币数量论中，货币流通速度被认为是由制度决定的，而价格水平则如方程（5.7）所示，被认为取决于货币存量相对于产出流量的比例：$p=(\mathscr{M}/YR)\cdot v$ 。现代教科书中的货币数量论将真实产出固定在充分就业水平上，从而从长期来看，货币存量增加最终会提高价格水平。在一个增长的经济体中，这意味着当货币供给增长率超出充分就业水平下的实际产出增长率时，就会出现通货膨胀（Brumm 2005, 661）。这总是被看作一个长期命题，因为众所周知，在短期内货币供给的增加会影响利率、利润和生产（Ebeling 1999, 472）。早期的货币数量论之所以吸引人，部分是因为它明显的一般性，因为它被宣称适用于货币总量关系，独立于金币、存款和法定货币的任何混合形式。在法定货币情况下，现代货币数量论的关键特点是假设通货膨胀是充分就业下的现象，以及劳动力供给和生产率的增长决定产出的增长，即哈罗德的自然增长率（14.2~14.3 节）。弗里德曼–费尔普斯的创新之处在于将现有的长期失业重新定义为有效的充分就业，将相应的通货膨胀率定义为可以保持稳定的唯一通货膨胀率（非加速通货膨胀失业率）。

在凯恩斯（以及马克思）的理论中，货币供给改变会影响利率而不是价格水平（Harrod 1969, 182）。所以，凯恩斯主义理论通常关注需求流量与实际产出的比率，认为价格水平只有在总需求超过充分就业下的产出时才会提高（Harrod 1969, 166–167）。充分就业增长要求实际经济增长率趋近于哈罗德的自然增长率。货币主义和凯恩斯主义的方法都相信，在实际中，随着经济在就业方面变得越来越“紧张”，即随着失业率的下降，价格将开始上升。下面的看法是正确的：货币主义通常认为货币的供给由国家决定，而凯恩斯主义则强调源于信用制度运作的货币的内生性。但二者间的这一区别是次要的，因为两个学派的通货膨胀理论都以充分就业为中心。

后凯恩斯主义理论将自己定位在内生货币阵营之中，但它的通货膨胀理论是成本驱动的：稳定的价格加成使成本的增加转移到价格增加上。成本相应地包括货币工资、进口品价格和（至少对某些理论家来说还包括）利率。加成理论带来的，不用说就是冲突的通货膨胀理论，因为企业设置的加成决定了工人的实际工资，而工人可能会在实际工资下降到他们的预期目标之下时提出进一步增加工资的需求。[①]这将会降低实际的价格加成（利润份额），引发企业继而对此做出反应，以此类推（见 12.6.3 小节）。

15.4.3 确定的价格水平和路径依赖的价格水平

在教科书上的货币主义故事中，价格水平由给定的货币存量、充分就业下的产出和制度上给定的货币流通速度决定。当然，货币数量可能不同，因此价格水平最终依赖货币供给的相对路径（Snowdon and Vane 2005, 51）。教科书上的凯恩斯主义故事则有些不同，因为给定的需求水平决定了名义产出水平。如果实际产出低于充分就业下的产出，则价格会保持在原来的水平；如果实际产出恰好等于充分就业水平，超出充分就业产出名义价值的超额总需求会通过更高的价格水平适应。因此，凯恩斯的价格理论依赖需求和实际产出路径（Snowdon and Vane 2005, 61）。一旦引入菲利普斯曲线，两种理论都接受了这样的观念：价格水平会根据失业水平的某个临界值加速上升或加速下降（即

---

① 因为通货膨胀导致实际工资下降，所以工人会有进一步增加工资的需求。——译者注

通货膨胀率会上升或下降）。只要后凯恩斯主义理论接受货币工资菲利普斯曲线，它就会得出相同的结论，因为货币工资的变化率会随着失业率的某一临界值上升或下降，而价格也会如法炮制（相应跟随）。

15.4.4 最大增长率

在某种意义上，我个人的观点遵循了古典主义和凯恩斯主义传统，即总需求是以新创造出来的私人部门和公共部门的购买力作为动力的。当单个市场的需求大于相应的市场供给时，单个商品的价格会一个市场一个市场地逐次上升。因此，法定货币制度下的价格具有路径依赖。我与古典主义和凯恩斯主义传统关键的不同之处在于对产出增长界限的认定。李嘉图的谷物-谷物模型已经说明：一个经济系统最大的增长率是指这样一种情况，即全部的谷物剩余都用作种子投入品和新增劳动力的消费，前者被用于土地耕作，后者被用于满足新增劳动力的消费需求。由于谷物剩余与谷物预付资本之比就是利润率，因此最大增长率等于利润率。马克思对再生产的分析也得到了类似的结果。他使用了一个两部门模型：总的（现在是两部门的）剩余产品都用于再投资时会实现最大规模的扩大再生产。马克思的推进清楚地表明，增长率的极限适用于自我复制的可持续增长[①]路径，即平衡增长（Shaikh 1973, 142–147）。最后，同样的增长极限随后也出现在卡尔多的理论以及冯·诺伊曼的多维平衡增长的一般化理论中（Pasinetti 1974, 104nl; Kurz and Salvadori 1995, 383–384）。

15.4.5 劳动力不是约束

在之前的框架中，劳动力是唯一一个其再生产过程处于资本直接

① 这里的自我复制的可持续增长，即通常所说的“简单再生产”。——译者注

控制之外的投入品。如果劳动力供给和技术变革是外生给定的，而且存在一个确定的长期失业率（不能为零），那么供给增长将会完全由哈罗德和古德温的自然增长率决定。但是，一旦自然增长率对单位劳动力成本的提高做出反应，产出增长将不再受劳动力供给增长的限制：通过引入移民或提高劳动力参与率增长，而生产力增长率的提高可能使劳动力需求的增长放缓。于是，即使存在一个给定的失业率，由产出水平决定的就业水平也可能是不同的（见 14.4 节）。

15.4.6 增长-利用率

由于利润率（$r = P/K$）是平衡增长率的最大值，所以只是作为利润中的投资份额（$\sigma' = I/P$）的实际积累率（$g_K = I/K$）就成为衡量经济增长潜力利用率的一个指数[①]，即“增长–利用率”。请注意，如果我们将所有项都除以资本价格 p_K，那么 r、σ' 保持不变，但增长率会转化为实际资本的增长率：$g_K = IR/KR$，其中 $IR \equiv I/p_K$，$KR \equiv K/p_K$。这立刻引出一个关键问题：假定积累率受净利润率驱动，那么这个积累率是如何也被最大增长率限制的呢？答案是：与凯恩斯主义理论中实际产出受充分就业限制的方式相同。在最抽象的凯恩斯主义情形中，达到充分就业之前，实际产出由总需求决定；在达到充分就业后，实际产出是固定的，超额需求只能提高价格水平。在最抽象的古典理论中，达到最大增长率之前，实际产出的增长是利润驱动型；达到最大增长率之后，进一步的增长会导致通货膨胀。当然，在实际中，实际增长与通货膨胀之间并不存在明确的界限，所以我们可以说，当实际增长率接近最大增长率时，也就是说，随着增长–利用率接近某个临界值，经济变得更可能出现通货膨胀倾向。因此，现代通货膨胀是在新增购

① 经济增长潜力被实际利用的状态或比例。——译者注

买力带来的需求拉动与依赖利润率和增长利用水平的供给回应之间的平衡。

接下来，我将首先分析需求拉动一侧的逻辑，其次移向供给回应一侧，最后把两者融入一个通货膨胀理论中。下一节将会展现一些经验证据，最后一节则将总结我的通货膨胀理论，并将其与现有文献中占支配地位的非加速通货膨胀下的失业率模型进行对比。一如既往，记住以下要点是有益的：我们研究的对象是实际的价格历史。图 15.1 展示了 1774—2012 年美国消费者价格水平的真实路径，阴影部分对应着 1993 年以后的情况，这段时期，据说美国已经在实际上停止了金本位制，开始服从现代法定货币的经济规则（Jastram 1977, 51）。类似的模式存在于所有的发达国家之中。眼下的问题在于这些规则的本质。

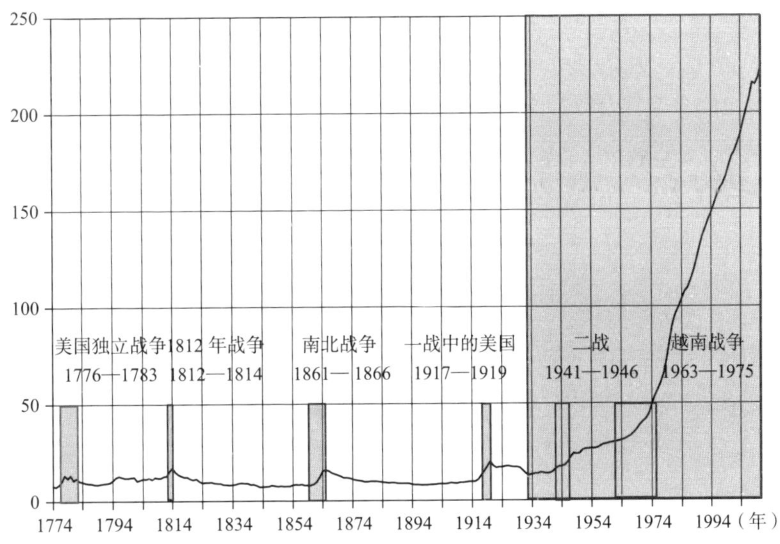

图 15.1 1774—2011 年美国消费者价格水平

15.4.7 实际资本增长率的决定因素

积累率取决于净利润率，即利润率与利率之差（见 13.3.3 小节）。具体来说，相关的利润率是新增投资的回报率，近似于当前（实际）新增利润率。新增投资产生的回报刺激投资跨部门流动，进而使相应的回报率实现均等化（见 7.3 节和 7.4.4 小节）。

净收益率是新增投资的实际回报率与利率之差，我们需要对此进行详细说明。记 PGR 为实际总利润， IGR 为实际总投资，那么当前的新增利润率为：

$$rr_{I_t} \approx \frac{\Delta PGR_t}{IGR_{t-1}} \tag{15.1}$$

在第 t 年，名义总投资 IG_{t-1} 是对当前新增资本的量度。那么对某个利率 i 而言，相应的名义利息等价为 $i \cdot IG_{t-1}$。对任意一个投资价格指数 P_I 而言，相应的真实利息等价为 $\frac{i \cdot IG_{t-1}}{p_{I_{t-1}}} = i \cdot IGR_{t-1}$。因此，实际新增净利润率为：

$$rr'_{I_t} \approx \frac{\Delta PGR_t - i \cdot IGR_{t-1}}{IGR_{t-1}} = rr_{I_t} - i \tag{15.2}$$

15.5 需求拉动

15.5.1 超额需求和购买力的注入

方程（12.2）说明商品市场中的总超额需求可以用三个部门之间的

余额来表达：$ED=(I-S)+(G-T)+(EX-IM)$。本章关注的是通过为这三个余额融资所创造出来的总购买力的净增加量。从这一点来看，从资金的来源和使用的角度分析相应的资金流向是有用的。我从假设所研究的是一个封闭的经济体开始，所以 $EX=IM=0$，且所有的物品和资源最初都来自国内。家庭从家庭收入和银行贷款中获取资金，将它们用于消费、增加货币余额和购买金融资产（从商业部门和政府部门中购买新的股票与债券）。企业用私人银行贷款、留存收益、出售股票和企业债券得到的资金进行投资与增加货币余额。政府用来自央行贷款、税收收入和出售政府债券获得的资金进行政府支出与增加货币余额。在一个正常情况下不断增长的经济中，这意味着货币供给会有某种程度的相应的增长。

新增购买力问题可以从这三个总余额的角度来叙述。家庭储蓄 $S_H\equiv$ 家庭收入 – 消费 = 购买的股票、企业债券和国债 – 超过家庭货币余额增加量的家庭净债务增加量（新增贷款 – 现有贷款分期还款超过货币余额增加的部分）。投资 – 企业存款（留存收益 S_B）= 出售的股票和债券 + 超过企业货币余额增加量的新增净银行贷款。政府支出 – 税收 = 出售的国债 + 来自央行的新净政府信贷超过政府货币余额增加量的部分。前两种关系加总得到（$I-S_H+S_B$）=（$I-S$），后者为（$G-T$）。如果我们把它们统一起来，那么从一个（非金融）部门转移到另一个部门的资金就会互相抵销，在货币供给给定的情况下，每个部门货币余额的改变也会相互抵销。这样就还剩下来自私人银行和央行的新增净国内信贷（$\Delta\mathscr{CR}_{\text{dom}}$）。但是，这些贷款只有一部分会被用来购买新的产品和服务、新的股票和债券，另一部分则被用来购买已有的金融资产、房子、贵重物品等。由于我们此处关注的是新产品和服务的生产，所以只有进行商品支出的新增国内信贷（$\Delta\mathscr{CR}'_{\text{dom}}$）是相关的。在一个封闭经济体中，这一部分构成了新增购买力（ΔPP）：

$$\Delta PP = (\Delta \mathscr{C}\mathscr{R}'_{dom})\text{（封闭经济）} \tag{15.3}$$

在开放经济情况下，来自国外的净收入是家庭和企业收入的直接补充（我认为这主要用于购买商品），而贸易余额是对商品市场购买力的直接净注入。上述二者之和构成经常项目余额（CA）。除此之外，家庭和企业会参与国外净借款、国外证券净购买、外国货币余额净消耗，上述每一项都可能为正也可能为负。同样地，这些来自国外的净资金流入将用于购买商品，而不是购买现有的金融资产和实物资产。因此，商品市场上的总超额需求一般来自直接进行商品支出的新增国外信贷，加上对外部门的经常项目余额。

$$\Delta PP = \Delta \mathscr{C}\mathscr{R}'_{dom} + \Delta \mathscr{C}\mathscr{R}'_{foreign} + CA \tag{15.4}$$

凯恩斯主义理论一向认为，“[信贷]发放速度控制着有效需求的增长”（Moore 1988, 291）。但此处的“信贷”一词必须被理解成包含私人部门和公共部门共同创造的购买力，即使在随后的案例中，印刷（电子）钞票也被正式当作国家对自己的新增债务。重要的是，私人银行早在法定货币出现之前就能在自己可承受的范围内创造出新增总购买力了。法定货币将国家从技术约束中解放出来，不仅大大提高了法定货币对新增购买力的贡献，而且为私人银行提供了增加购买力的必要手段。斯拉法指出，在恶性通货膨胀的经典案例中，“货币膨胀和银行信贷膨胀都能在商品数量没有相应增长时创造出新增购买力。相反，当商品数量可能减少时，大幅的价格上涨也不足以重建总购买力和可获得商品数量之间的平衡。事实上，在所有的国家，价格水平的上涨与流通的扩张是大体成正比的”（Sraffa’s dissertation, cited in de Cecco 1993, 2）。

15.5.2 新增购买力和名义产出的改变

商品购买力增加会导致生产扩大、价格上升、库存减少和 / 或订单积压。在需求和供给达到平衡后，库存的减少和订单的积压会相互抵消。所以，我们假设名义产出的增长率 $g_Y \equiv Y/Y_{-1}$ 是相对新增购买力 $pp \equiv \Delta PP/Y_{-1}$ 的函数，[①] 这也与货币主义和凯恩斯主义的理论一致（Lucas 1973, 326–327; Tsoulfidis 2010, 308）。

$$g_Y = f(pp) \tag{15.5}$$

15.6 供给反应

第 13 章强调，净利润率刺激资本的增长，资本增长反过来会调节产能增长率，还会在更长的时期中调节实际产出的增长率。我们也已证明，持续的超额需求可以在一定界限内提高增长率，这个界限来自利润率可能产生的负反馈效应（见 13.3.4 小节）。

利润率是积累率的界限这一事实引出了进一步的讨论：随着实际增长率接近最大值时，即增长-利用率（$\sigma' = I/P$）接近某个临界值时，利润率和超额需求对实际增长的影响可能会明显减弱。这与凯恩斯的观点一致，即当就业率接近某个临界值时，新增需求对实际产出的影响会加速减小，而对通货膨胀的影响会加速增加。

① 严格来说，这应该是列昂惕夫意义下的总产出，即中间投入品与净产出之和。

> 设当有效需求量再增加时，已无增加产量之作用，仅使成本单位随有效需求作同比例上涨，此种情况，可称之为真正的通货膨胀。到这点为止，货币膨胀之效果，只是程度问题，在改点以前，我们找不出一点可以划一条清楚界线，宣称现在已到通货膨胀之境。因为在该点以前货币数量每增加一次……其作用一部分在提高单位成本，一部分在增加产量。[①]（Keynes 1964, ch.21, 303）

同样的事情也出现增长问题中。马克思指出："追加资本的生产进行得非常快，由于追加资本再转化为生产资本，就大大增加了对生产资本的一切要素的需求，以致实际生产赶不上，因而加入资本形成过程的一切商品涨价。"[②]（Marx 1968, ch.17, sec.6, 494）[◎]埃尔利赫（1967, 609–610）用了一个数值例子来说明这一点：向更高增长率的转变需要时间，并且"在拥有特别高的资本–产出比和较长调整时期的行业"[③]，这一转化过程会遇到瓶颈。帕西内蒂（1977, 208–216）对这个问题进行了一个公式化的分析。[④] 用矩阵 $\mathbf{B}$ 表示原料和工资品的投入，$\mathbf{X}$ 是一个特定的总产出向量，那么向量 $\mathbf{SP} = \mathbf{X} - \mathbf{B} \cdot \mathbf{X}$ 中的每一个元素都代表第 j 个商品成为经济剩余产品的那部分，而向量 $\mathbf{X} - \mathbf{SP}$ 中的每个元素都代表第 j 个商品全部进入不同商品（包括它自己）生产过程。接下来，我们可以为经济中的每个部门 j 定义一系列的实物剩余率（208）。

---

① 感谢约翰·威克斯为我介绍了这篇文章。（中文转引自《就业、利息和货币通论》，商务印书馆，1997 年版，第 261 页。——译者注）

② 中文转引自《马克思恩格斯全集》第 34 卷，人民出版社，2008 年版，第 561 页。——译者注

③ 埃尔利赫（1967, 614）列出了前文对马克思的引用，但提供了一个错误的出处。

④ 帕西内蒂将基础商品定义为原料、工厂、设备和实际工资中使劳动者得以维持基本生存的部分（即最小实际工资）。

$$\varrho_j \equiv \frac{SP_j}{X_j - SP_j} \qquad (15.6)$$

在实际的增长中，增长当然通常是非均衡的，部门间的实物剩余率也各不相同。“剩余率最低”的行业“代表了该系统的增长瓶颈：它代表在所选择的比例关系给定时经济系统可以达到的最大增长率”（Pasinetti 1977, 212）。“通过改变经济系统的构成提高其增长潜力”，从而改变瓶颈部门的实物剩余率是可能的，但这种剩余的重新分配“意味着一个或［多个］其他部门实物剩余率的下降”（211）。之前的瓶颈被移除，增长率会上升，但新条件集下的最低实物剩余率现在又成了瓶颈。由于通过提高瓶颈部门的实物剩余率移除任何给定瓶颈的做法会降低一个或多个其他部门的剩余率，“因此，系统中可选的［剩余率］范围会加速缩小”。从而当增长率上升时，“所有剩余率将会彼此接近。达到极限时，它们会全部相等……此时，经济系统能……以最大增长率增长”。同时，经济系统离最大增长率越近，可选的产出构成范围就越小，达到最大增长率时，“［产出］构成由经济系统的技术水平严格决定”（211）。

因而，一般利润率是最高的可持续增长率。由此得出结论，随着平均增长率朝着利润率的水平上升，即当增长–利用率（$\sigma' = I/P$）提高时，实际产出构成和实际增长率的变化会提高得越来越频繁，而对应的构成比率和增长率范围则越来越小。换句话说，当实际增长率接近理论最大值时，瓶颈会越来越频繁地出现。因此，我们可以将增长–利用率看作增长中的应变仪。这是一个与截面分析中的瓶颈问题不相同的问题，后者关注的是从一种均衡增长状态向另一种均衡增长状态转化时存在的瓶颈问题（Hagemann 1987, 346）。[1]

当然，实际增长从来都不是均衡的。在短期内，单个行业可以通过利用存货和进口或者提高工作强度和轮班次数实现增长。这允许它们根据产品需求以不同的速度增长。但是，当库存减少、进口供给停滞时，单个行业又会退回到“内在的”增长率（即由投入–产出限制决定的增长率）。进口缓解了本地投入品的压力，但这当然也会增加外地投入品的压力。从长期来看，技术变革会减少某些投入品的使用，而增加其他投入品的使用。由于任何给定行业的增长都需要其投入品同步增长，因此没有哪一个主要行业可以长期偏离其“内在的”增长率。这在图 15.2 中是显而易见的，它展示了 1987—2011 年美国主要部门实际产出的增长率，以及它们与总体经济平均增长率的对比。

15.7 法定货币下的通货膨胀理论

之前的讨论说明实际产出的增长与净利润率[2]和新增购买力正相关（只要它超过当前的产出增长），而与增长–利用率负相关，至少在其超过某个临界水平时是这样。从逻辑上看，这些相互作用显然是非线性的。

① 马克思在《资本论》第二卷中讨论简单再生产（均衡增长， $g_K=0$）向扩大再生产（均衡增长，$g_K>0$）的转变时，展示了一个截面分析的早期例子。他提供了一个数值例子，其中产出构成的单期变化和增长率能够推动经济从零增长转变为稳定增长（Marx 1967b, ch.2, sec III, 506–507）。当然，这只是一个理论说明，不是对实际增长的描述。

② rr′的符号实际上取决于以下两种效应之差：一种是在需求增长上产生的正效应，它驱动名义产出的增长，因为潜在利润率刺激了新增私人商业活动的信贷需求；另一种是在实际生产上产生的负效应，这完全由利润率驱动。后一种效应看起来似乎更强，因此净效应为负。

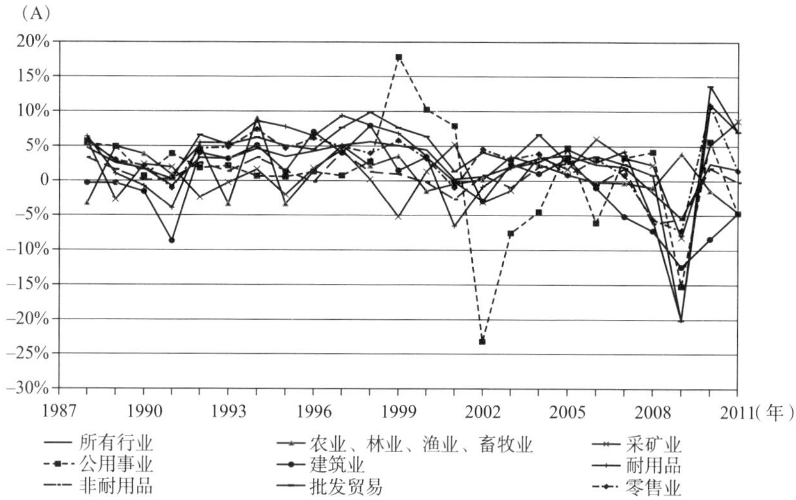

图 15.2A 1987—2011 年美国主要行业的实际产出增长率

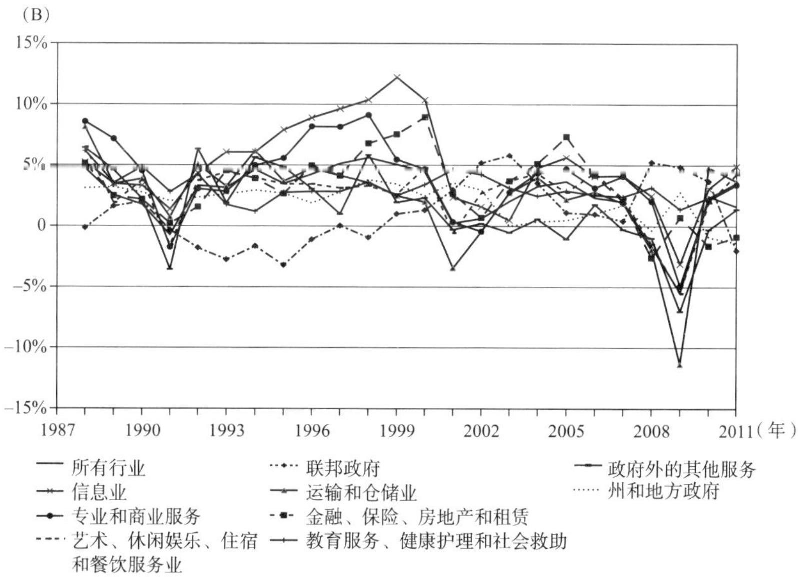

图 15.2B 1987—2011 年美国主要行业的实际产出增长率

$$g_{YR} = F\left(\underset{+}{pp}, \underset{+}{rr'_I}, \underset{-}{\sigma'}\right) \tag{15.7}$$

按照定义，通货膨胀率等于名义产出增长率和实际产出增长率之差。

$$\pi = g_Y - g_{YR} \tag{15.8}$$

方程（15.5）假设名义产出的增长是新增购买力相对于产出的函数，而方程（15.7）假设实际产出的增长是净利润率、新增购买力和增长–利用率的函数。将两者结合会得到一个一般性的理论：法定货币的通货膨胀率与新增购买力正相关，因为后者中没有被当前供给吸收的部分推动了价格上升；法定货币的通货膨胀率与利润率负相关，因为前者推动了实际产出增长，只要增长–利用率仍能吸收实际产出增长，法定货币的通货膨胀率就与增长–利用率正相关。由于在法定货币下通货膨胀率是被决定的，价格水平就变得有路径依赖：没有商品货币的锚，就没有正常的价格水平。

$$\pi = f\left(\underset{+}{pp}, \underset{-}{rr'_I}, \underset{+}{\sigma'}\right) \tag{15.9}$$

增长–利用率在本质上类似于产能利用率和就业率（与失业率相反）。为了与建立在失业率之上的菲利普斯曲线进行对比，我们可以将上述公式改写为（ $1-\sigma'$ ）。那么，如同在菲利普斯曲线中，当其他条件不变时，更高的未利用增长能力（ $1-\sigma'$ ）将会对应着更低的通货膨胀率。当新增购买力的增长足够抵消下降的利润率的负效应时，（ π ）和（ $1-\sigma'$ ）两项之间就有了菲利普斯式的通货膨胀曲线。由此可知，另外两项是潜在移动变量。

$$\pi = f\left(\underset{+}{pp}, \underset{-}{rr'_I}, \underset{-}{(1-\sigma')}\right) \tag{15.10}$$

这将问题导向（$1-\sigma'$）和失业率 u_L 之间的理论联系。由于 σ′ 是积累率与利润率的比值，因此利润率下降可能导致增长减缓，从而提高失业率。但是，如果增长率比利润率下降得慢（比如因为新增购买力的加速刺激），那么由于增长-利用率的提高，经济更有可能出现通货膨胀。换句话说，通货膨胀上升与失业增加可能并存——如 12.3~12.4 节所言，“滞胀”这一可怕现象直接推翻了凯恩斯主义理论。

当净利润率和增长-利用率只能在一定范围内变化时，在法定货币体系中就不会存在对新增购买力的上述约束。例如，在 1944—1946 年的匈牙利通货膨胀时期，相比基准年 1944 年， 1945 年流通中的货币量增加了 3 000 倍， 1946 年则增加了 3 000 亿倍。到 1946 年年底，为了获得 1 英镑，需要 100 000 000 000 000 000 000 辨戈（匈牙利以前的货币单位）（Davies 2002, 19）。当购买力新增速度较慢时，它与通货膨胀之间不会有任何直接的联系，因为其他因素将更为重要。但当新增购买力逐渐变大时，二者之间的联系便会显现，当购买力新增速度非常快时，通货膨胀率就会与购买力新增速度大致相等。这类似于理论上推导出来的一国的相对通货膨胀率和其名义汇率之间存在的非线性关系。表 11.4 对此进行了经验分析。

最后，只要净利润和增长-利用率仍然正相关，就可以将后者看成前者的代理变量，但这需要使方程（15.11）中的假设变得更严格。因为这两个变量对通货膨胀的影响相反，所以在方程（15.11）中，σ′ 的符号实际上可正可负。现在我们将转而分析与主要假设和次要假设有关的经验证据。

$$\pi = f\left(\underset{+}{pp},\ \underset{+/-}{\sigma'}\right) \qquad (15.11)$$

15.8 经验证据

15.8.1 美国

15.8.1.1 名义 GDP 增长作为相对新增购买力的函数

古典通货膨胀理论的第一个假设是：名义产出的增长是相对于GDP的新增购买力的函数［方程（15.5）］。从私人银行创造的新增购买力是对私人信贷需求的回应这一意义上而言，它与私人银行创造的新增购买力是内生的这一观念完全一致。在这里，我们关注的是私人与政府创造的新增购买力之和的影响，当然，从这个意义上来说，后者不需要是内生的。根据图 15.3 和图 15.4 可知，名义 GDP 增长和新增购买力之间的确存在很强的相关性（1951—1952 年受朝鲜战争的影响），表 15.1 证实了在这二者与朝鲜战争、沃尔克冲击（见 16.2.5 小节和图 16.6）和全球危机等哑变量之间存在着稳健的计量关系。[①] 资料来源和数据处理方法分别见附录 15.1。

① 由于这两个变量大致都是平稳的，因此可以使用 OLS（普通最小二乘法）估计。

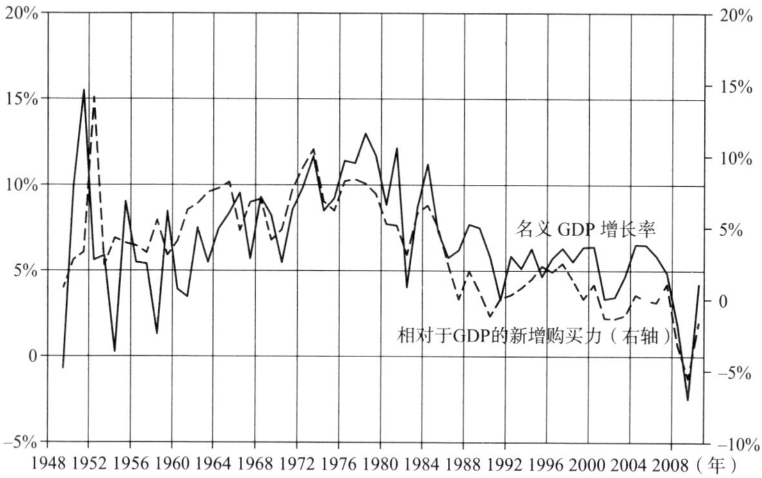

图 15.3 名义 GDP 和相对新增购买力的增长（1950—2010 年）

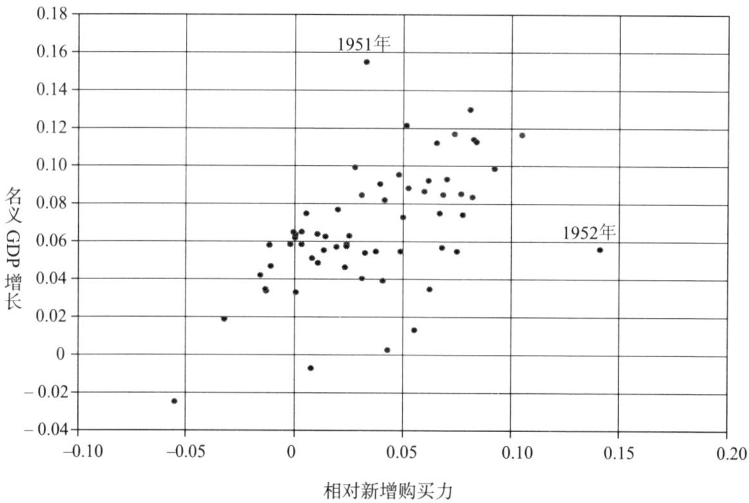

图 15.4 名义 GDP 和相对新增购买力的增长

表 15.1　名义 GDP 与相对新增购买力的增长

因变量：GGDP				
方法：最小二乘法				
日期 : 06/24/13 时间 : 12:07				
样本（已调整）				
包括观察量：调整后 60 个				
变量	系数	标准误	t- 统计量	可能性
C	0.052 674	0.003 951	13.331 50	0.000 0
pp（–1）	0.804 054	0.124 520	6.457 245	0.000 0
pp（–2）	–0.366 792	0.120 466	–3.044 768	0.003 6
D51	0.082 870	0.019 382	4.275 668	0.000 1
D53	–0.095 341	0.023 499	–4.057 223	0.000 2
D81	0.053 682	0.019 361	2.772 684	0.007 7
D2008	–0.043 278	0.019 402	–2.230 659	0.030 0
D2009	–0.047 591	0.020 132	–2.363 920	0.021 9
R^2	0.684 575	因变量均值		0.067 642
调整后的 R^2	0.642 114	因变量方差		0.031 720
回归标准误	0.018 976	赤池信息准则		–4.967 683
残差平方和	0.018 725	施瓦茨准则		–4.688 437
对数似然值	157.030 5	汉南 – 奎因准则		–4.858 454
F- 统计量	16.122 40	德宾 – 沃森统计量		1.432 746
可能性（F- 统计量）	0.000 000			

15.8.1.2 实际产出增长、利润率、购买力和增长–利用率

古典通货膨胀（或通货紧缩）理论的第二个关键假设是：购买力、净利润率和增长–利用率会影响实际产出增长率［方程（15.7）］。对

净利润率恰当的测量方式是新增投资的实际净回报率，其代理变量是实际净增量利润率。根据图 15.5 可知，实际产出增长率和实际净增量回报率之间存在很强的正相关关系（0.65），后者在很大程度上受图 15.6 中所展示的实际产出变化 ΔYR 和 ΔEBITGR 的变化之间的相互关系（0.46）驱动。我们预计会出现后一种相关关系，因为单个企业对净利润率的增长所做的反应加总会同时提高实际产出和实际利润。

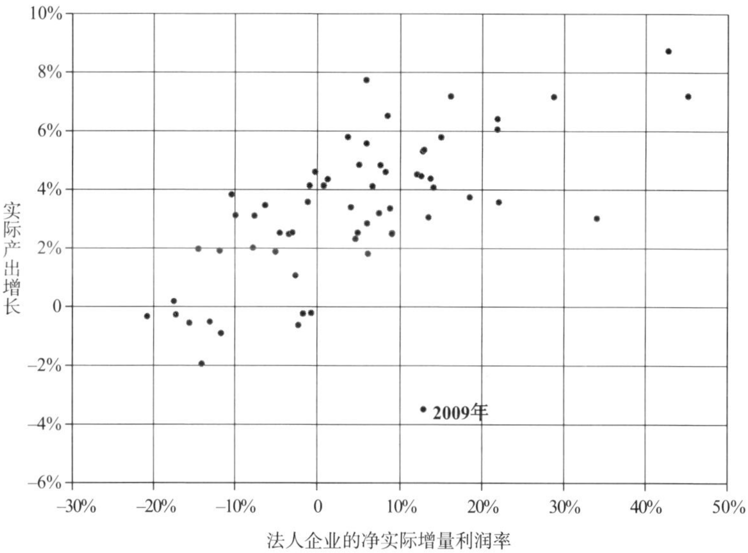

图 15.5　实际产出增长和新增资本的实际净回报率

15.8.1.3　美国的通货膨胀

由于通货膨胀率是名义产出增长率与实际产出增长率之差，之前的两个假设说明通货膨胀率是相对新增信贷、净利润率和未利用的增长能力（$1-\sigma'$）的函数，最后一项能力本质上类似于失业率，因为其取值较低时对应着一个较高水平的通货膨胀［方程（15.10）］。从这一点来看，另外两项可以看成通货膨胀和未利用增长能力之间潜在关系的混合调整变量。图 15.7~ 图 15.9 描绘出了 1951—2010 年整个战后时期、1951—1981 年和 1982—2010 年通货膨胀与（ $1-\sigma'$ ）之间的散点图。为了进行对比，图中也画出了传统的基于失业率的菲利普斯曲线。[①]

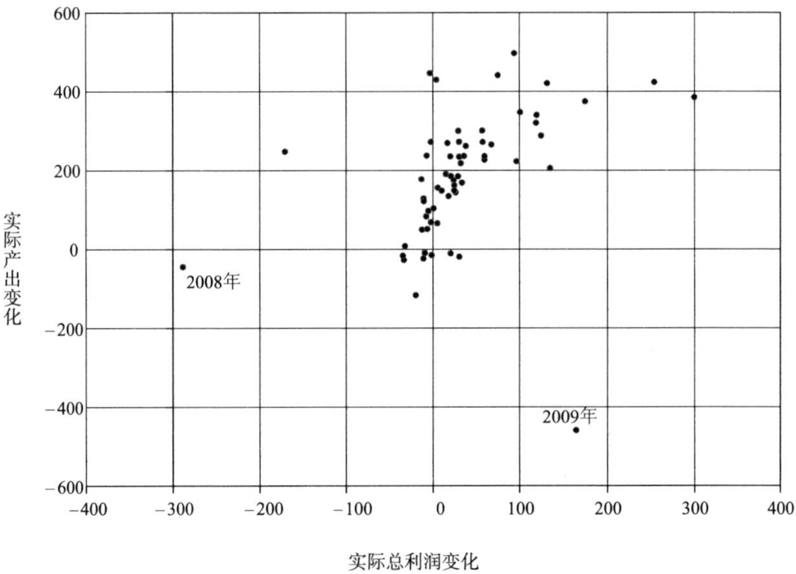

图 15.6 实际产出变化和实际总利润变化

图中的差异是引人注目的。一方面，和理论分析所预期的相一致，图 15.7 中上半部分的古典曲线展示出明确的向下倾斜趋势；另一方面，即使我们允许沃尔克冲击和全球危机成为异常值，传统的散点图也没有呈现出通货膨胀率和失业率之间的关系，甚至连弱的正相关关系也没有，这正是标准菲利普斯曲线被抛弃的原因（见 12.3.5 小节和表 12.8）。我们现在只能猜测，如果在 20 世纪 80 年代凯恩斯主义者和新古典主义者进行激烈辩论时可以看到古典的价格曲线（就像第 14 章推导的古典工资份额曲线一样），它会在理论上和政治上产生什么样的结果。

① 使用 14.4~14.5 节提出的失业强度而非失业率，并不会使传统菲利普斯曲线变得更好。

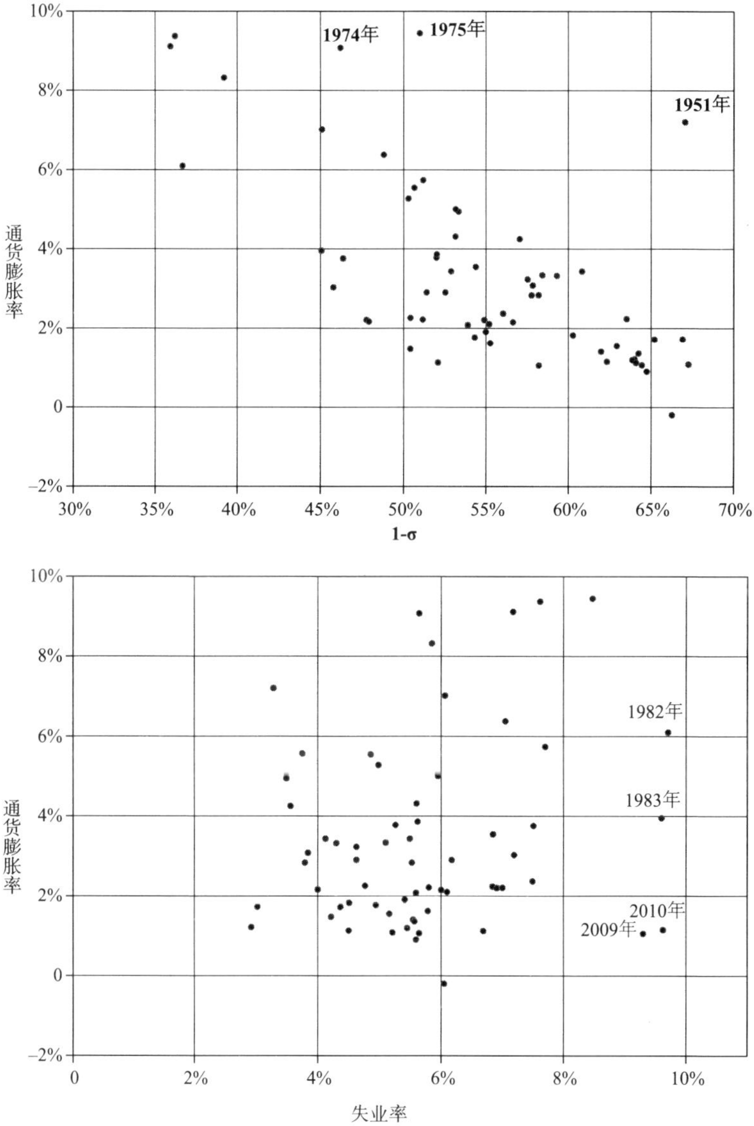

图 15.7 古典和传统的菲利普斯曲线（1948—2010 年）

当我们分别观察 1948—1981 年的前新自由主义时代和 1982—2010 年的后新自由主义时代时，古典和传统菲利普斯曲线之间的对比实质上

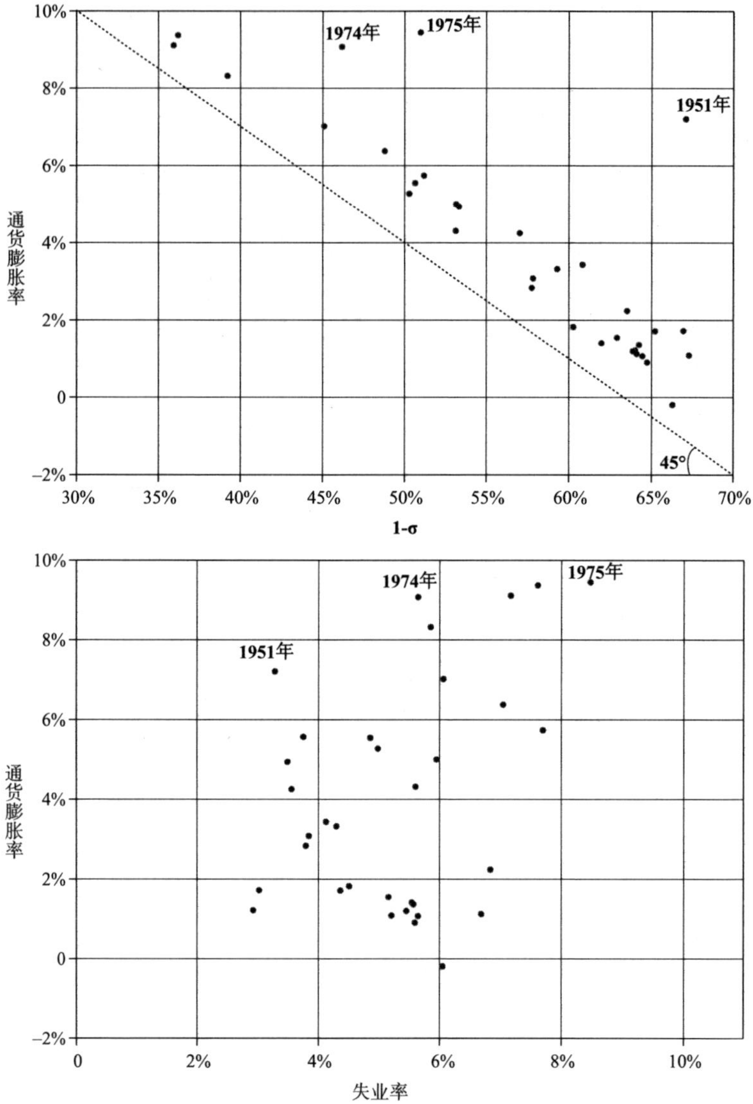

图 15.8 古典和传统的菲利普斯曲线（1948—1981 年）

会更加鲜明。为方便两个时代的对比，古典曲线的两张图使用的是相同的比例尺，并叠加了一条 45 度线（不是回归线）。我们可以看到，除了

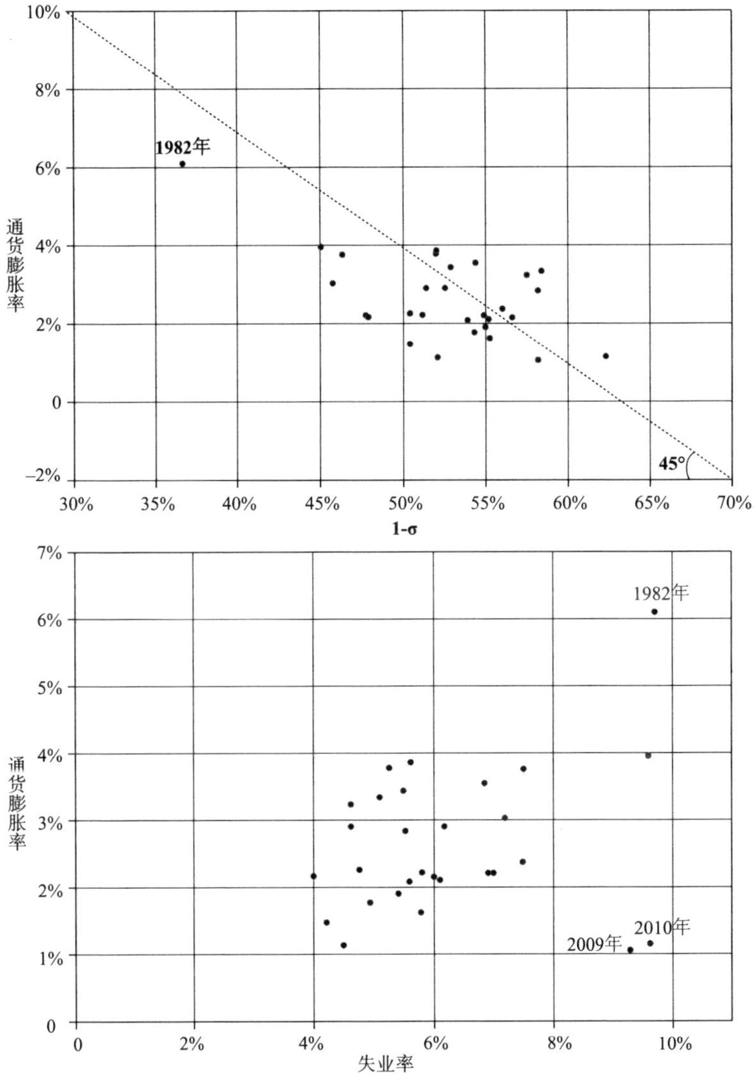

图 15.9　古典和传统的菲利普斯曲线（1982—2010 年）

与朝鲜战争和后石油冲击时期相关的异常值外，早期的古典曲线明显呈线性。相反地，传统曲线则呈现出与理论相反的正相关散点分布。

在第二个时期，即使存在 1982 年这个可能的极值点，古典曲线仍保持斜率向下，而且相对于前一个时期，这些点的位置有所下移。此外，如果把一些明确的极值点去掉，传统的散点图就不会呈现出任何形状；加入极值点，传统的散点图呈现出较弱的正（与理论相反）斜率。

古典曲线图一个有趣的特征是：在1951—1981年的前新自由主义时代，所有的点都在45度线的上方；在后新自由主义时代，大多数点在这条参考线下方。实际上，给定水平的未利用增长潜力降低了第二个时期的通货膨胀率。图15.10从不同的角度得到了相同的下降趋势，在这里我们可以看到，与相应的标准化的增长-利用率对比，第二个时期有相对较低的标准化通货膨胀率。[①] 如何解释古典通货膨胀曲线这种向下的移动呢？

1948—1981年，通货膨胀与（$1-\sigma'$）之间明显呈线性散点关系（见图15.8），这说明至少在美国，方程（15.10）中关于一般通货膨胀的假设 $\pi = f\left(\underset{+}{pp}, \underset{-}{rr'_I}, \underset{-}{(1-\sigma')}\right)$ 可以被有效地表示为线性关系，其中另外两个变量构成“截距”移动项。

$$\pi = F\left(\underset{+}{pp}, \underset{-}{rr'_I}\right) + \beta \cdot \underset{-}{(1-\sigma')} \tag{15.12}$$

一方面，1948—1981年，相对新增购买力先上升而后稳定下来（见图15.13），而实际净新增利润率的HP（100）值在同一时期先下降后又上升（见图15.11）。这说明在第一个时期，这两种效应对 $F\left(\underset{+}{pp}, \underset{-}{rr'_I}\right)$ 这一项的净影响为正。另一方面，在第二个时期pp下降，rr'_I 大体上升。这说明在其他条件不变的情况下，这两种效应对截距的净影响为负。基于此，如图15.8和图15.9所示，我们可以预计在第二个时期的后半期，相应的点会下移。另外，我们知道其他条件并不是保持不变的，

① 标准化速率等于其相对于平均数的偏离除以标准差。

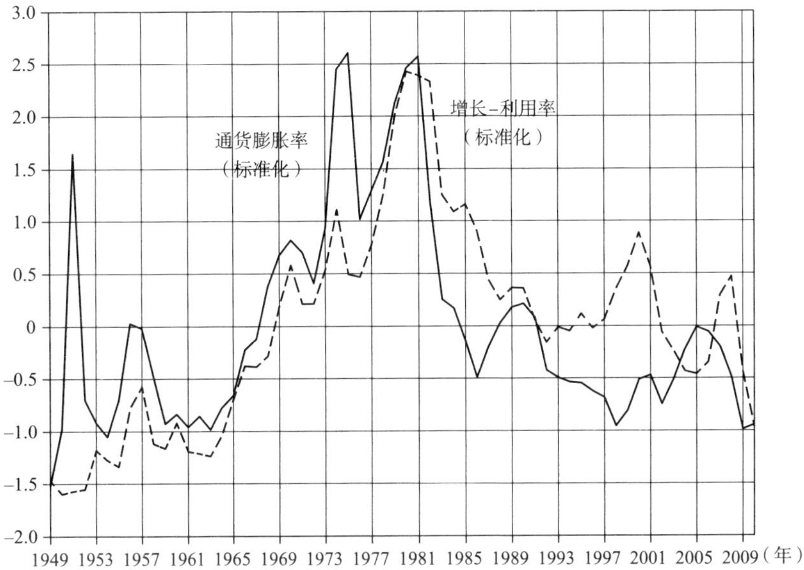

图 15.10 标准化通货膨胀率和标准化增长-利用率

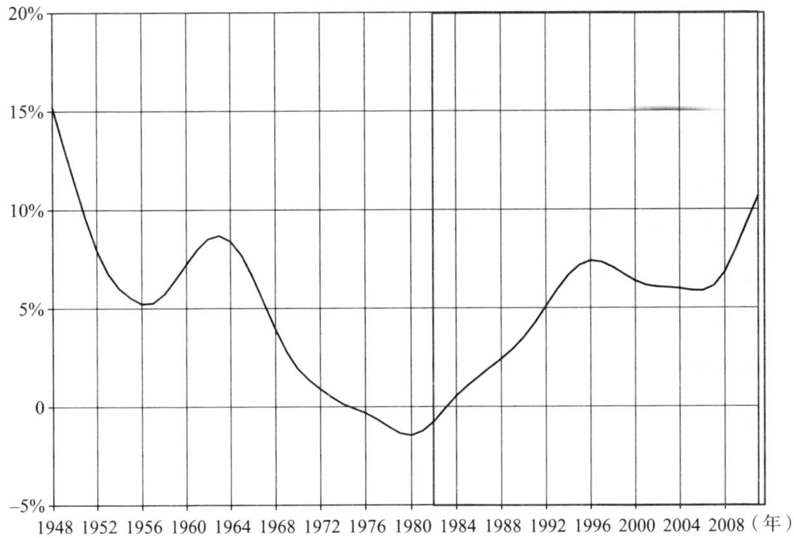

图 15.11 净新增利润率的 HP(100) 趋势

因为第二个时期对应着里根开创的新自由主义时代。我们从第 14 章中已经得知，对劳动力和福利国家的打压，降低了工资份额菲利普斯曲线的截距，并使其斜率变得更平缓（见图 14.14）。从计量的视角来看，这意味着我们需要对整个第二个时期的截距和斜率增设哑变量。我们会在下一小节讨论汉德法斯（2012）的计量估计结果。

15.8.2 10 个国家中的通货膨胀（汉德法斯）

我的理论的一个早期版本在阿尔贝托·汉德法斯（2012）具有突破性的博士学位论文中得到了发展和检验。他围绕着方程（15.11）中的通货膨胀假设展开分析，并特别关注了增长–利用率可能的非线性影响。如前所述，当 σ' 足够高时，它会开始抑制实际产出增长对新增购买力和净利润率做出的反应。[①] 经过理论推导后，汉德法斯得出，一个足够低的 σ' 甚至可能引起通货紧缩：实际上，这会使新增产出的增长率变得极为敏感，以至它可能超过相对新增购买力（51, 54, 78–84）。最后，他假设经济中存在一个非线性的长期关系（90）：

$$\pi_t = \alpha + pp_t \cdot F(\sigma_t') \tag{15.13}$$

其中，$F(\sigma') = (-\beta_1 \cdot \sigma' + \beta_2 \cdot \sigma'^2)$，所以即使新增购买力为正，也可能存在 σ' 的取值使 $F(\sigma') < 0$ 成立。汉德法斯使用自回归分布滞后（ARDL）模型的误差修正形式检验了这个模型，并用来估计长期系数。他构建了涵盖 10 个国家的年度数据库，包括 7 个经合组织成员（加拿大、法国、德国、日本、韩国、英国和美国）和 3 个发展中国家（巴西、墨西哥和南非，由于样本规模小，这些国家只是用于说明），

① 在表 16.7~ 表 16.9 中，这意味着当（1− σ）处于最低水平时，存在一种不太明显的非线性关系，这可能是因为美国的（1− σ）还不够低。

以及美国和法国的季度数据（91–99）。他对每个国家都进行了详细检验，最终得到的通货膨胀预期值与实际值拟合度很高。在所有的经合组织成员，这一长期关系都是显著的，且拟合度非常高，但是在巴西和南非，拟合度并不高，墨西哥也没有得到令人满意的结果。他发现了一个显著的特征：在所有的国家，$F(\sigma')$的系数都表明，当σ'取某些值时，对应U形函数可能会取到负值。在美国，σ'的平均值落在其估计曲线的正值区域（通货膨胀区）。在日本，σ'的取值更高，但落在估计曲线的负值区域（通货紧缩区）。最后，汉德法斯又检验了基于其非线性设定，美国的产能利用率或就业率数据是否像增长–利用率数据一样有如此稳健的结果，他发现这两个标准变量得到的结果很差（165–177）。这当然也反映了在20世纪80年代，几乎所有主要国家的经济运行都不再遵循通货膨胀菲利普斯曲线。表15.2引用了汉德法斯的表5.1。他使用的是（我在早期的著作中也曾这样使用）的“产能利用率”（τ），现在我称之为“增长–利用率”（σ'）（165）。[①]

15.8.3 世界范围内的通货膨胀

还有另外一种方法用以观察古典通货膨胀假设中隐含的非线性关系。由于净利润率和增长–利用率只在有限的范围内发生变化，而在法定货币体系下，新增购买力的创造不受技术的限制，因此我们可以预计当新增购买力相对较低时，通货膨胀与新增购买力之间没有明确关系，因为在这种情形下，净利润率和增长–利用率的作用更为重要。但当新增购买力不断增加时，我们预计它对通货膨胀的影响会扩大。当购买力变得非常大时，我们预计两者的关系会很显著，即便新增购

---

① 感谢汉德法斯让我使用他的数据和汇总表。

表 15.2　汉德法斯基于通货膨胀古典模型的计量结果

季度数据			$e_t\tau_t$	$e_t\tau_t^2$	$e_{t-1}\tau_{t-1}$	$e_{t-1}\tau_{t-1}^2$	(…)	$e_{t-4}\tau_{t-4}$	$e_{t-4}\tau_{t-4}^2$	π_{t-1}	$\lvert t_{2\%}^*\rvert$	哑变量	DF	R2
美国（季度）234个观测量	误差修正模型（长期）	系数	–3.9	12.59				–1.78	7.53					68%
	［“模型 0”］	t 统计量	–4.64	5.36				–2.1	3.23		2.3		225	
	误差修正模型 1（长期）	系数			–5.74	20.08								66%
从 1953 年第一季度到 2011 年第二季度	交替:［“模型 1”］	t 统计量			–11.42	14.41					2.3		230	
	完整模型	系数			–3.88	13.4				0.33		朝鲜战争、两次石油危机、国际大宗商品通货紧缩、1998 和 2009 年的金融危机		85%
	［“模型 3”］	t 统计量			–8.36	9.44				6.45	2.3		223	
法国（季度）215个观测量	误差修正模型（长期）	系数			–12.24	37.03		–6.22	19.1					48%
	［“模型 1”］	t 统计量			–5.87	6.1		–3.22	3.38		2.3		206	
	完整模型	系数			–11.55	34.97		–4.73	14.92			1963 年第二季度和 1968 年第四季度工资强劲增长；石油		72%
从 1958 年第一季度到 2011 年第三季度	［“模型 2”］	t 统计量			–7.34	7.63		–3.26	3.51		2.3		201	
	完整模型	系数			–8.97	26.98		–1.22	4.21	0.39		两次石油危机、2008—2009 年国际金融危机		79%
	［交替］“模型 3”	t 统计量			–6.32	6.51		–0.9	1.06	7.86	2.3		200	

（续表）

季度数据			$e_t\tau_t$	$e_t\tau_t^2$	$e_{t-1}\tau_{t-1}$	$e_{t-1}\tau_{t-1}^2$	$e_{t-2}\tau_{t-2}$	$e_{t-2}\tau_{t-2}^2$	π_{t-1}	π_{t-2}	$\lvert t^*_{2\%}\rvert$	哑变量	DF	R2
美国（年度）62 个观测量 1949—2010 年	误差修正模型（长期）	系数	–2.8	7.5										64%
	[“模型 1”]	t 统计量	–5.83	5.52							2.4		57	
	完整模型	系数	–2.5	6.14					0.47	–1.19		朝鲜战争、两次石油危机、国际大宗商品通货紧缩		92%
	[“模型 3”]	t 统计量	–7.81	8.58					6.13	–2.58	2.4		51	
法国（季度）61 个观测量 1950—2010 年	误差修正模型（长期）	系数			–2.59	3.91								43%
	[“模型 1”]	t 统计量			–4.29	4.99					2.4		57	
	完整模型	系数			–[illegible].39	2.13			0.34			1958 年汇率下降、两次石油危机和非连续数列；1999 年欧元开始流通		87%
	[“模型 3”]	t 统计量			–4.01	4.55			4.37		2.4		52	

（续表）

季度数据			$e_t\tau_t$	$e_t\tau_t^2$	$e_{t-1}\tau_{t-1}$	$e_{t-1}\tau_{t-1}^2$	$e_{t-2}\tau_{t-2}$	$e_{t-2}\tau_{t-2}^2$	π_{t-1}	π_{t-2}	$\lvert t^*_{2\%}\rvert$	哑变量	DF	R2
英国 58 个观测量 1953—2010 年	误差修正模型（长期）	系数	−2.58	4.92			−1.92	4.02						63%
	［“模型 1”］	t 统计量	−4.38	4.74			−3.3	3.84			2.4		51	
	完整模型	系数	−0.98	1.87			−1.09	23.32	0.36			两次石油危机、1992 年金融投机风潮冲击、2001 年和 2008 年的国际金融混乱与危机		92%
	［“模型 3”］	t 统计量	−2.44	2.6			−2.67	3.02	4.62		2.4		45	
加拿大 41 个观测量 1970—2010 年	误差修正模型（长期）	系数	−2.18	4.98	−2.25	5.03	−1.3	3.13						76%
	［“模型 1”］	t 统计量	−4.34	4.47	−4.38	4.52	−2.48	2.75			2.4		32	
	完整模型	系数	−1.75	3.99	−1.86	4.15	−1.06	2.54				两次石油危机、1998—1999 年金融危机和非连续数列（2009 年）		90%
	［“模型 2”］	t 统计量	−4.98	5.11	−5.15	5.28	−2.92	3.21			2.5		28	

（续表）

季度数据			$e_t\tau_t$	$e_t\tau_t^2$	$e_{t-1}\tau_{t-1}$	$e_{t-1}\tau_{t-1}^2$	$e_{t-2}\tau_{t-2}$	$e_{t-2}\tau_{t-2}^2$	π_{t-1}	π_{t-2}	$\lvert t^*_{2\%}\rvert$	哑变量	DF	R2
韩国 34 个观测量 1976—2009 年	误差修正模型（长期）	系数	−3.02	3.35										54%
	［“模型 2”］	t 统计量	−5.87	5.54							2.5		27	
	完整模型	系数	−1.03	1.46					0.49			石油危机、亚洲金融危机		91%
	［“模型 3”］	t 统计量	−3.23	4.2					6.81		2.5		25	
日本 31 个观测量 1977—2010 年	误差修正模型（长期）	系数	−1.21	2.11										47%
	［“模型 1”］	t 统计量	−4.03	4.22							2.5		25	
	完整模型	系数	−0.8	1.38				0.44				第二次石油危机、1997 年亚洲金融危机		84%
	［“模型 2”］	t 统计量	−4.51	4.57				4.7			2.5		22	
德国 31 个观测量 1980—2010 年	误差修正模型（长期）	系数					−1.62	2.8						74%
	［“模型 1”］	t 统计量					−4.9	6.12			2.5		26	
	完整模型	系数					−1.1	2.07				石油危机；互联网泡沫破灭带来的金融危机		83%
	［“模型 2”］	t 统计量					−3.24	4.3			2.5		24	

（续表）

季度数据			$e_t\tau_t$	$e_t\tau_t^2$	$e_{t-1}\tau_{t-1}$	$e_{t-1}\tau_{t-1}^2$	$e_{t-2}\tau_{t-2}$	$e_{t-2}\tau_{t-2}^2$	π_{t-1}	π_{t-2}	$\lvert t^*_{2\%}\rvert$	哑变量	DF	R2
巴西*20 个观测量 1990—2010 年	误差修正模型（长期）	系数	–53.7	181.81										87%
	[“模型 2”]	t 统计量	–2.35	3.13							2.6		17	
	完整模型	系数												
		t 统计量												
墨西哥**17 个观测量 1993—2009 年	误差修正模型（长期）	系数	–45.8	8.9										63%
	[“模型 1”]	t 统计量	s–0.56	0.58							2.6		14	
	完整模型	系数	4.47	20.1								两次新兴市场资本外逃危机（1995 年和 2002 年）		63%
	[“模型 2”]	t 统计量	–1.89	1.92	（…）	$e_{t-4}\tau_{t-4}$	$e_{t-4}\tau_{t-4}^2$				2.7		12	
南非 15 个观测量 1995—2009 年	误差修正模型（长期）	系数	–2.45	6.44			–1.47	4.99						80%
	[“模型 1”]	t 统计量	–4.01	4.19			–2.5	3.79			3.0		7	
	完整模型	系数	–1.9	5			–1.63	5				新兴市场资本外逃危机（2002 年）		92%
	[“模型 2”]	t 统计量	s–3.73	3.97			–3.61	4.99			3.1		6	

注：在这张表中国家按其回归样本的数量进行排列。观察的次数越多，检验的结果就越可靠。三个发展中国家(巴西、墨西哥和南非)的结果只能是说明性的，因为它们的样本量太小，不能被认为是可靠的。

*巴西模型中的变量用乘以其方差(权重)的方式做了调整。

**由于墨西哥的ECM(模型 1)系数不显著，所以不能确保理论预期的长期关系的客观存在，至少对这里的小样本而言是如此。

买力的增加数量可能以货币外逃的形式流出本国。哈伯格（1988, table 12.11, 223）将通货膨胀解释为财政赤字引起的私人和公共信贷增加的结果。为此，他搜集了 1972—1988 年从阿根廷到突尼斯等 29 个国家的三个解释变量的值，并在不同时段内取平均值。在他的变量中，与相对新增购买力最为接近的指标是“国内索款”（公共和私人信贷）增长。参照他给出的三个通货膨胀范围，图 15.12 中的阴影区域确实显示出了所预期的特征：当通货膨胀率大致低于 20% 时，通货膨胀和总新增信贷之间没有关系；当通货膨胀率处于 20%~40% 的较高阶段时，就出现了相关关系；当通货膨胀率超过 40% 时，信贷增加引起通货膨胀

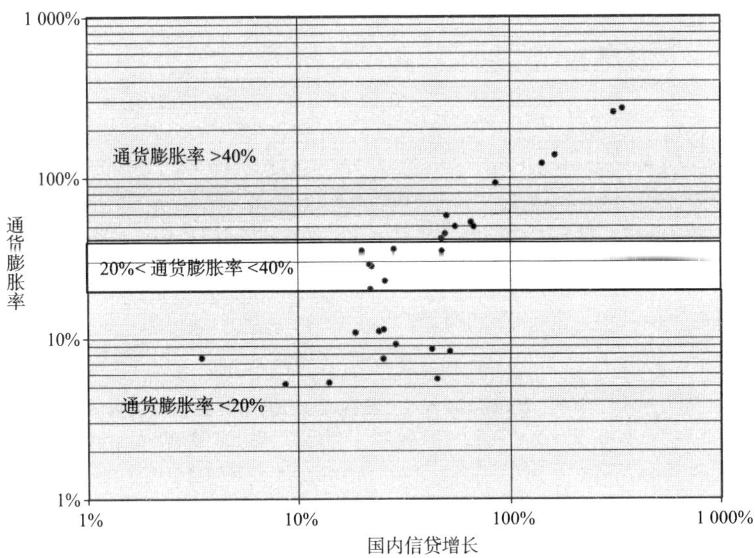

图 15.12 世界通货膨胀率与私人部门和公共部门总信贷的增长（1970—1988 年）

资料来源：Harberger 1988, table12.1.

大致同量级的增长。[1] 图 15.13 是由拉马穆尔蒂（2014, ch.3）得出的，将哈伯格的数据扩展至 1988—2011 年 38 个国家的最新版本。[2] 虽然图 15.13 中两个变量的上限比图 15.12 高出 10 倍，但是这两张图仍然

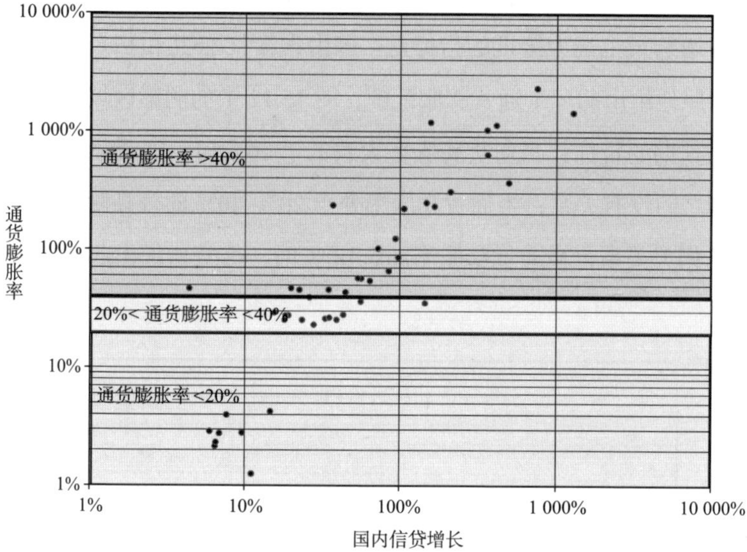

图 15.13　世界通货膨胀率与私人部门和公共部门总信贷的增长（1988—2011 年）

资料来源：Ramamurthy 2014.

---

① 即使直接进入商品市场的新增购买力（ΔPP）与名义产出的等量改变（ΔY）相一致，通货膨胀率也仍然可能高于或低于新增购买力的增长率。也就是说，图 15.2 中的极值点可能集中高于或低于 45 度线。如果 $\Delta Y \approx \Delta PP$，那么 $g_Y \equiv \Delta Y/Y_{-1} \approx \Delta PP/Y_{-1} = (PP/PP_{-1}) \cdot (PP_{-1}/Y_{-1}) = g_{PP} \cdot \overline{pp_{-1}}$，其中 PP 为注入经济体的新增购买力的流通量（累计私人和公共信贷与累计净国外需求），$\overline{pp} \gtrless 1$ 是累计购买力存量与净产出的比值。从 $\pi \equiv g_Y - g_{YR}$，我们得到 $\pi \approx g_{PP} \cdot \overline{pp_{-1}} - g_{YR}$。如果 $\overline{pp} \leq 1$，我们可以说通货膨胀率低于新增购买力的增长率；如果 $\overline{pp} > 1$，则通货膨胀率高于新增购买力的增长率。

② 这 38 个国家为阿尔及利亚、安哥拉、亚美尼亚、澳大利亚、阿塞拜疆、白俄罗斯、巴西、加拿大、哥伦比亚、多米尼加共和国、厄瓜多尔、加纳、海地、伊拉克、牙买加、哈萨克斯坦、韩国、马来西亚、莫桑比克、缅甸、尼日利亚、挪威、巴拿马、巴拉圭、罗马尼亚、俄罗斯、塞尔维亚、苏丹、苏里南、坦桑尼亚、泰国、土耳其、乌克兰、美国、乌拉圭、委内瑞拉、赞比亚、津巴布韦。

呈现出了非常相似的模式。

15.8.4 阿根廷

1982—1984 年，阿根廷以 255% 的平均通货膨胀率和 312% 的平均总信贷增长率落在哈伯格样本分布的高处（1988, table12.1）。即便如此，二者相较于阿根廷 1989 年 5 380% 的通货膨胀率和 3 058% 的总（公共部门和私人部门）信贷增长率还是温和的。由于构建新增购买力所需的经常账户数据并不连续，而官方报告的通货膨胀数据也仅截至 2006 年。阿根廷的图中将 1960—2006 年的总信贷增长（哈伯格也使用了这一数据）分别与名义 GDP、通货膨胀和汇率（以每一美元可交换的国内货币表示，因此该数值增长代表货币贬值）变动产生的货币贬值率相比。在哈伯格数据中， 1982—1984 年出现的通货膨胀率飙升非常明显， 1989 年又出现了更高的点。还有两个特征也十分引人注目。第一，在图 15.14 和图 15.15 中名义 GDP 增长和价格水平的最高点大体上低于总信贷增长。两者之间的差距可由购买力涌入导致资产价格上升以及货币通过资本外逃流到国外这两个众所周知的趋势解释（Cohen 2012, 13）。第二，从图 15.16 中，我们看到最高点处汇率的下降幅度甚至超过了通货膨胀率，这与古典理论中通货膨胀对汇率的影响（见 11.6 节和表 11.4）和货币外逃产生的影响一致。

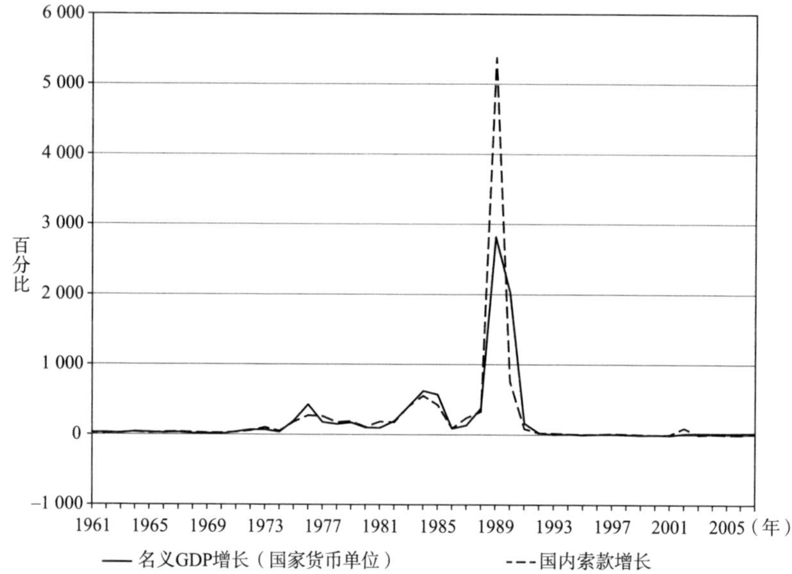

图 15.14 阿根廷总信贷增长和名义 GDP 增长

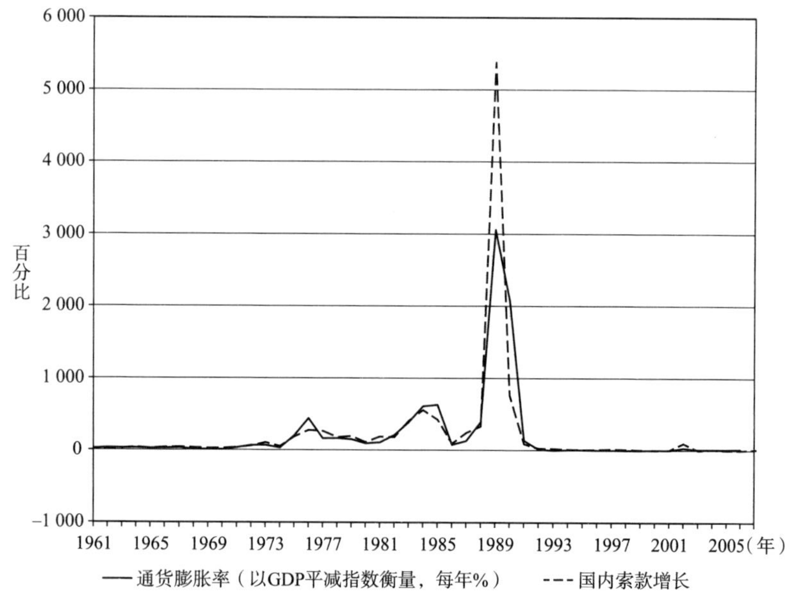

图 15.15 总信贷增长和通货膨胀

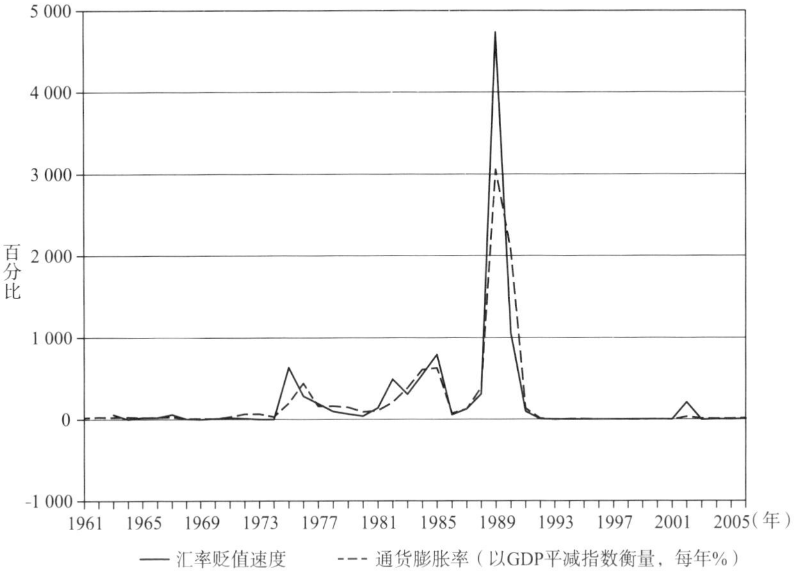

图 15.16 通货膨胀和货币贬值

15.9 总结及与非加速通货膨胀失业率的比较

古典通货膨胀理论来自三个假设。第一，名义 GDP 是由新增相对购买力驱动的，后者是新增需求的主要来源。第二，净利润率和超额需求促进实际产出增长，而增长-利用率对其产生负面影响。因为通货膨胀率是名义产出增长率与实际产出增长率之差，我们可以得出方程（15.9）中关于通货膨胀的假设 $\pi = f\left(\underset{+}{pp}, \underset{-}{rr_I'}, \underset{+}{\sigma'}\right)$，表 15.2 对此进行了计量检验。由于净利润率与增长-利用率正相关，因此在方程（15.13）

所示的长期关系 $\pi_t = \alpha + pp_t \cdot F(\sigma'_t)$ 中，可以将后者看成前者的代理变量。此外，增长-利用率可能有非线性效应，如汉德法斯所使用的函数形式 $F(\sigma') = (-\beta_1 \cdot \sigma' + \beta_2 \cdot \sigma'^2)$。请记住，$\pi$ 和 $1-\sigma'$ 之间的线性关系对1948—1981年的情况拟合度很高（见图15.8），因此我们可以通过将通货膨胀的古典假设写为如下形式，从而与标准的非加速通货膨胀失业率模型进行对比。

$$\pi_t = F(rr'_I, pp) + \beta \cdot (\sigma'_{D_c} - \sigma'_{D_t}) + \epsilon_t\text{，其中 } \sigma'_D \equiv (1-\sigma') \qquad (15.14)$$

此处，未利用增长潜力 σ'_D 与失业率相似，其临界水平 σ'_{D_c} 在代数上（但并不在经济上）与自然失业率相似，方程（15.14）中的 $F(rr'_I, pp)$ 项现在成了一个移动变量。

非加速通货膨胀失业率的假设主导了现代关于通货膨胀理论的讨论。它基于弗里德曼-费尔普斯的观点，即通货膨胀预期会推动实际通货膨胀改变，其最简单的形式是通货膨胀变化率（价格水平的加速上升）是失业率低于"自然失业率" u_{L_n} 的程度的正函数（见12.4.2小节）。方程（15.15）中描述的简单版本假设实际通货膨胀会对预期通货膨胀（可以过去实际通货膨胀为代理变量）和低于自然失业率的实际失业率程度做出反应。我们可以构建更复杂的模型去引入滞后结构、时变性系数等（Fair 2000, 64; Ball and Mankiw 2002），但是目前简单的公式已经够用了。

$$\pi_t = \pi_{t-1} + \beta(u_{L_n} - u_{L_t}) + \epsilon_t \qquad (15.15)$$

其中一个相似之处是这两个假设都将通货膨胀与其偏离 σ'_D 和 u_L 某一临界值的程度相联系。这两种情况显然都允许非线性形式的存在。实际上，汉德法斯使用同一种非线性形式成功验证了增长-利用率、就业率和产能利用率的重要性（Handfas 2012, 165–177）。第二个相似之处是这两种理论都预计经济会回到某个自然失业水平。但是，在古典理论中，它是与通货膨胀率不直接相关的非自愿失业率（见第 14 章）；在非加速通货膨胀失业率模型中，它对应着有效充分就业率。从古典理论的视角来看，通过降低相对于生产力的工资降低自然失业率是可能的，这既可以像新自由主义那样通过削弱劳动力降低实际工资增长率，也可以像“瑞典”政策那样通过刺激生产力增长超过实际工资增长实现（见 14.7 节）。

其他区别也同样重要。第一，临界增长-利用率并不是一个均衡比率，因为并没有假设表明经济会维持在这一比率附近；在非加速通货膨胀失业率假设中，自然失业率是不进行持续的降低失业率努力时其必然会回归的那个比率。第二，在古典理论中，只要增长-利用率和新增购买力的创造速度不是太快，通货膨胀率可能为零。在适当的情况下，通货膨胀率甚至可能为负（即通货紧缩）。从这一点看，通货膨胀率是确定的，但相应的价格水平则是路径依赖的（即存在滞后效应）。相反，非加速通货膨胀失业率模型假设通货膨胀率在自然失业率下会保持不变，但其具体取值是路径依赖的。因此，在非加速通货膨胀失业率模型中，通货膨胀率是迟滞的恰恰构成如下政策结论的基础，即在一定的时期内，必须通过把失业率维持在自然失业率之上的方式“挤出”通货膨胀（Ball and Mankiw 2002, 121）。

第三，在古典理论中，造成通货膨胀的最直接原因，是相对于利润率的增长率下降和 / 或新增购买力的创造。当一个国家将后者运用到极致时，经济中就会出现恶性通货膨胀，如同 20 世纪 80 年代末的阿根廷一样。这也与有关恶性通货膨胀“看起来似乎是政府鲁莽地印刷钞票和内战、社会不稳定带来的产出下降的共同产物”的历史记录一致（Capie 1991, x）。在非加速通货膨胀失业率理论中，恶性通货膨胀产生于政府不断将失业率维持在自然失业率之下的尝试，因为这导致了预期的不稳定循环。这两种方法的一个不同之处在于：在古典理论中，存在一个独立的$f(\mathrm{rr}_{\mathrm{l}}', \mathrm{pp})$项，以驱动古典的通货膨胀等式，而在非加速通货膨胀失业率模型中，则没有这一项。

最后，通货膨胀的古典理论根植于真实竞争的实践中。而非加速通货膨胀失业率模型的假设，像很多新自由主义和后凯恩斯主义的现代宏观经济学假设一样，典型地基于完美竞争的缺失上，而后者则来源于各种各样的“不完全竞争”（见 12.4.2 小节）。

16

增长、利润率与周期性危机

大萧条重演。

（Kindleberger 1973, 20）

16.1 引言

2007年爆发的波及全球的经济危机①，是发生在21世纪的第一次大萧条。它由美国的一场金融危机引起，但这场金融危机并不是这次世界经济大危机产生的原因。恰恰相反，这次危机是长期存在并周期性出现的资本主义积累模式的一个完全正常的阶段，在这种模式中，一旦长期繁荣让位于长期下行，危机就会爆发。这种转化发生之后，经济状况开始恶化，一个打击就能引发一场普遍性危机，正如2007年次级贷款市场崩溃引发了危机，也如19世纪20年代和70年代、20世纪30年代和70年代的普遍性危机，都是由之前的打击引发的。②约翰·肯尼斯·加尔布雷斯在其名著《1929年大崩盘》中指出，虽然20世纪30年代的大萧条以一系列疯狂的金融投机为先导，但从根本上说，正是1929年不健康且脆弱的经济状况导致股票市场崩溃，进而引发经济崩溃（Galbraith 1955, chs. 1－2, and 182, 192）。既有当初，必有近日（Norris 2010）。那些选择把每一次这样的插曲看作独立事件，看作迄今为止一直纯洁无瑕的白天鹅群中随机出现的“黑天鹅”的人（Smith

① 这场危机正式开始的时间是2007年的12月，“但在2007年年中之前，实体投资就开始了持续且迅速的下滑”（见 http://www.forbes.com/sites/johntharvey/2011/10/07/the-great-recession/）。

② 1825年的经济危机被认为是第一次真正的产业危机。1847年的经济危机是如此严重，以至它点燃了遍及欧洲的革命之火（Flamant and Jeanne Singer-Kerel, 1970）。术语“1873—1893年长期萧条”引自卡皮和伍德（1997）。1929—1939年大萧条众所周知，无须详细介绍。1967—1982年大滞胀的时间设定，来自谢克（1987a）。当前波及全球的经济危机的最终名称和时间还有待讨论。

2007），已经忘记了他们要寻求解释的这一历史背后的动因。而且，毫无疑问，他们还自然地忘记了——正是利润的逻辑驱动着这种周期性的模式。

加尔布雷斯本人对再次发生类似1929年大萧条事件的可能性持有矛盾态度。作为一名政策制定者，他希望从危机中吸取的经验教训被用来预防下一次危机的发生。但是，作为一位历史学家，他深刻地意识到金融“兴奋与恐慌的周期……大致与人们忘记上一次灾难所花的时间相一致”（Galbraith 1975, 21）。他指出：这些周期本身便是“成千上万人自由选择与决定的产物”；尽管希望对上一次事件的记忆可以（使人们）免疫（又一次投机），但“投机狂欢重演的机会相当大”；“在下一次经济繁荣时期，一些新近被重新发现的自由企业体制的精湛之处将被提及”；其中“率先接受这些合理化说法的人将是一些本应负责调控……那时却会坚定地声称市场不需要控制的人”；随着时间的推移，“监管机构，除了一些例外，要么成为它们所管制的行业的帮手，要么成为年老无力的糊涂蛋”（Galbraith 1955, 4–5, 171, 195–196）。他充满智慧的悲观看法的正确性被20世纪70年代的大滞胀与随后的当代全球大危机证实。

资本主义积累是一个动荡的动态过程。它具备强有力的内在节奏，这个节奏由相互关联的总和因素与特殊事件共同调制。因此，对具体积累历史的分析，必须把它内在固有的模式与它在特殊历史时期的表现区分开来。商业周期是资本主义内在固有的动态过程中最显著的因素。一个短周期（3~5年存货）的发生源于总供给和总需求的无休止震荡，一个中周期（7~10年固定资本）的发生则源于总产能和总供给的缓慢波动（Shaikh 1987a; van Duijn 1983, chs.1–2）。但在这些商业周期之下，起更基础作用的是一个由长期交替进行的加速积累和减速积累所构成的更缓慢的节奏（Mandel 1975, 126–127）。资本主义历史总是在一个运动不止的舞台上上演。

20 世纪 30 年代的大萧条之后是 70 年代的滞胀危机。在后一种情况下，潜在的危机被严重的通货膨胀掩盖，但还是出现了大量失业、股票市场的指数实际价值剧烈下跌，以及企业和银行的大范围破产。在那个时候，存在着关于经济和金融制度将一起崩溃的巨大担忧（Shaikh 1987a, 123）。就我们当前的目的而言，有必要指出在美国和英国这样的国家中，20 世纪 70 年代的危机导致了对劳动者和穷人的打击，以及快速侵蚀实际工资和股票市场实际价值的通货膨胀。美国工资份额曲线在 20 世纪 80 年代的移动便与这些事件直接相关（见图 14.14）。其他国家如日本采取保持低失业率和缓慢紧缩资产的对策，这虽然拉长了危机持续的时间，但一度阻止危机恶化至英国和美国那样的深度。

20 世纪 80 年代，在所有主要资本主义国家，一场由利率的剧烈下降激发的新繁荣开始了。利率的剧烈下降大大提高了资本的净回报率（即提高了利润率和利率之间的净差额）。下降的利率还加速了资本在全球的扩散，诱使消费者债务大幅增长，刺激国际性金融和房地产泡沫滋长。在许多国家，金融机构渴求放松对金融活动的管制，除了像加拿大这样的少数国家外，这种努力获得了极大的成功。与此同时，在美国和英国等国家对劳动者的打击空前高涨，表现为实际工资增长率相对于生产率增长率的下降。一如既往，剥削率提高的直接好处是净利润率大幅上涨。实际工资增长速度下降的副作用通常是实际消费支出能力的停滞不前。但随着利率的下降和信贷的更易获得，消费和其他支出都在一个日益上升的债务浪潮的支撑下继续上升。对资本积累的所有限制似乎都被搁置起来，所有的运动规律似乎都被废除。然后，利润率开始下降，整座大厦最终倾颓。美国的房贷危机只是一个直接的导火索，深层次的问题是全球范围内利率的下降和债务的上升，是它们强撑起已达到极限的繁荣（Krugman 2011, 31）。

当前，危机还在继续。在所有主要的发达国家，大量货币已被创造出来，并被注入商业部门以支撑局面，但这些货币在很大的程度上并未流通起来。在高风险的环境中，银行没有增加贷款的意愿情有可原，因为它可能无法以预期的足够的利润收回货币。像汽车产业这样的商业部门也有类似的问题，它们正背负着大量存货积压的负担，即使想扩大生产，也需要先把这些存货清仓。因此，大部分公民得不到倾泻而下的巨额货币带来的直接好处，失业率依然长时间保持在高位。与 20 世纪 30 年代罗斯福政府通过创造工作岗位扩大就业相比，现在的无所作为令人震惊。

这使我们不得不思考一个根本性的问题：在资本主义制度演化的过程中，其机构、规章制度和政治结构都已经发生了如此巨大的变化，为什么它还会展现出这种周期性的经济波动模式？答案蕴含在这样的事实之中：这些特殊的模式均根植于利润动机，而利润动机在它的整个演化过程中都保有这个制度核心调控者的地位。资本主义的外形在持续改变，但其中的内核保持不变。接下来的分析将集中于美国，因为它仍然是发达资本主义世界的中心，同时也是这次危机的发源地。但必须说明，实际因危机而付出的代价是全球性的，大部分灾难降临到了妇女、孩子和失业者身上。

16.1.1 危机重演

利润驱动增长，增长的过程充满波动、循环、长波与周期性危机（van Duijn 1983, ch. 5）。跨越几个世纪的资本主义历史揭示了长期繁荣和萧条的周期模式。在后一个领域，经济史学家谈论 19 世纪 20 年代、40 年代、70 年代和 20 世纪 30 年代的危机，以及 20 世纪 70 年代的滞胀危机，当然还有 2007 年爆发的全球危机。资本积累过程中长期发展与衰退的假说与尼古拉·康德拉季耶夫（1984, 39, chart 1）的研究工作相关，其著名的图形揭示了国家价格水平中长波的存在。从图 5.3 与图 5.4 中我们看出他的价格波动模式在 1939 年以后价格开始不停上涨时不再成立。这一新模式的一个影响是降低了长波概念的可信度。这很具讽刺意味，因为在康德拉季耶夫的数据中实际上有两种不同的价格水平的表现形式：以国家通货为表现形式的价格水平，也是他以图形方式展现的价格水平；以黄金为表现形式的价格水平，他选择以表格形式列在书后（Kondratieff 1984, 134–135, table 1）。直到 1925 年，也就是他的数据结束的时候，两种价格表现形式都展示出了相同的模式（见图 5.5 和图 5.6）。但是 1939 年之后，只有黄金价格系列继续呈现长波。如果康德拉耶夫转而选择绘制黄金价格长波，他的论点可能会继续统治理论界。

图 16.1 记录了 1790—2010 年美国与英国商品的黄金价格的去趋势变化路径[①]。叠加在这张图上的是各种普遍性危机与大萧条发生的时间，这些危机通常在价格长期下行的过程中开始。读者将会注意到 2007 年大萧条的到来十分准时。[②] 每次普遍性危机都起源于富裕国家，尽管随着全球化的扩展，越来越多的发展中国家也被卷入其中。

① 之前在图 2.10、图 5.5 和图 5.6 中描述的实际路径遵循适度的时间趋势。图 16.1 所展示的路径是对拟合三次方时间趋势的偏离。

② 从 1897 年开始的经过 HP 平滑处理的数据显示出了两个明显的长波：从波谷到波谷之间衡量为 1897—1939 年（42 年）和 1939—1983 年（44 年）。一般的危机在每一个峰值之后的 8~9 年出现并持续大约 18 年。从 2003 年开始的课堂与公开讲座中，我将平均波与当时可见的 2000 年的峰值相结合，预测出下一次危机将在 2008—2009 年发生并持续到 2018 年。更多细节详见图 17.1。

图 16.1　1786—2010 年美国和英国的黄金价格长波（1930=100），对三次方时间趋势的偏离

16.1.2　被否认的萧条

资本主义的历史也是这样一种历史，它宣称每次危机都是一次性事件，它将会马上结束，因为根本性的问题已经被解决，所以它在任何情况下都不会重演。大卫·李嘉图，现代供给学派的守护神，在1815 年严峻的危机开始时表示，欧洲经济将会很快反弹，并在接下来的每一年中都如此自信地表示，从而保持“持续的错误”（Stigler, cited in Davis 2005, 32–35, 39）。1929 年 10 月 17 日，股票市场崩溃前不到两周，著名的耶鲁大学货币理论家欧文·费雪表示，他期待“看到股市在未来几个月内比今天水平更高”，并且在大萧条开始的一段时间内持续重复这一说法（McNally 2011, 63）。1969 年，就在 70 年代滞胀危机开始之初，极具影响力的麻省理工学院经济学家与诺贝尔经济学奖获得者保罗·萨缪尔森声称商业周期已经是过去的事了（Gordon 1986,

1–2）。[①] 而在 2003 年，即 2007 年全球危机的前几年，诺贝尔经济学奖获得者与著名的理性预期倡导者罗伯特·卢卡斯宣称，“预防萧条的核心问题已经解决”（Lucas 2003, 1）。2004 年，当时只是联邦储备委员会一员的本·伯南克（2006—2014 年任美联储主席），“说……繁荣将是永恒的，因为国家与其央行已经完善了调控商业周期并平滑自由市场资本主义天然颠簸与摩擦的艺术”（Stockman 2013, xv–xvi）。经济学正统理论直到今天依然固执己见。2012 年，危机之后的第 5 年，汇丰跨国银行集团首席经济学家斯蒂芬·金指出，当汇丰银行大规模聘任的新晋大学毕业生被问到在课堂上多少时间用于研究金融危机时，“大多数人承认这个话题甚至从来没有被提起过”（Davies 2012）。

16.1.3 本章内容简介

我已经在前文强调资本主义增长由净利润率（即利润率超过利率的部分）推动。这是在第 14~16 章中分别提出的增长、失业与通货膨胀理论的关键。在这里，我将继续沿用同样的原则来解释战后的两次危机，即 20 世纪 70 年代的滞胀危机与始于 2007 年的全球危机。由于现代环比指数计算的产出与资本的时间序列数据回溯得并不够远，还不可能产生覆盖大萧条之前几十年的参照数据，因此我将利用在第 6 章与附录中提出的对总净产出、利润、资本存货、利润率与产能利用率的经验量度，分析战后一般利润率的模式与决定因素。之后，我将讨论利息、相应的净利润率、企业的实际利润总额与工资份额。新自由主义在 20 世纪 80 年代对劳动者的攻击导致了工资份额曲线的结构性断裂（见 15.6 节），这扭转了正常利润率的长期下降趋势。事实上，这正是其目的。同时，利率的大规模政策诱导性下跌大幅提高了净利

① 萨缪尔森晚年的观点是周期将会始终伴随我们。

润率，并使各方的债务融资支出极为便利。因此，随之而来的经济繁荣，无论是实体还是金融，都从还可以发展一段时间的水平快速滑向了不可避免的崩溃。应该强调的是，繁荣与危机都是全球性的。附录16.1描述了资料来源与方法。

16.2 战后的利润率

16.2.1 正常利润率与事实利润率[①]

方程（6.12）与方程（6.13）指出，利润率可以被分解为结构性因素与周期性因素。企业在现实中获得的利润率可以被写作利润份额与产出-资本比的乘积，后者表现为产能-资本比与产能利用率的乘积：$r=\frac{P}{K}=\left(\frac{P}{Y}\right)\cdot\left(\frac{Y}{Y_n}\right)\cdot\left(\frac{Y_n}{K}\right)=\sigma\cdot R_n\cdot u_K$。其中 $\sigma = P/Y$= 利润份额，Y_n= 正常产能净产出，$u_K=Y/Y_n$= 产能利用率，$R_n=Y_n/K$= 产能-资本比，也就是斯拉法所说的结构性最大利润率。因为当产出在正常产能水平时，$u_k=1$，所以此时，正常利润率可以被写作正常利润份额 σ_n（根据其HP过滤趋势计算）与产能-资本比的乘积：$r_n=\sigma_n\cdot R_n$。所有的测量方法我都曾在第6章和附录中阐述。

图16.2展示了最大利润率（R）、利润份额（σ）与平均利润率（r）的事实值和正常值。所有的数据均以对数为单位，因此每条曲线的斜率

① 事实利润率指企业在现实中获得的利润率，不是通常所说的“实际利润率”，后者一般指经过价格平减处理后不受通货膨胀影响的利润率。——译者注

代表其增长率。一目了然的是，正常的最大利润率在整个战后期间持续下降，也就是“技术变革始终是偏向于资本的”（见 7.7 节）。正常的利润份额则是另一种情况：它在 1947—1968 年美国劳动者的“黄金时代”基本稳定，在 1969—1982 年滞胀危机期间下降，在始于 20 世纪 80 年代的新自由主义时代显著上升，然后在始于 2007 年的全球危机期间保持较高水平。这与图 14.14 所示的工资份额菲利普斯曲线相应下移，同时工资份额沿这条新曲线持续向下移动的经验数据一致：即使在危机期间，持续下降的工资份额与巨额财政赤字的组合也显著提高了利润份额。最终的结果是正常利润率在黄金时代下降，在滞胀危机期间下降得更加迅速，之后在新自由主义时代开始变得平缓直到当前危机。表 16.1 总结了每个变量的正常水平的增长率。很明显的是在三个时期，技术变化都持续削弱正常利润率水平，只有在新自由主义时代，一个不断增长的正常利润份额（持续下降的正常工资份额）才能够抵消正常最大利润

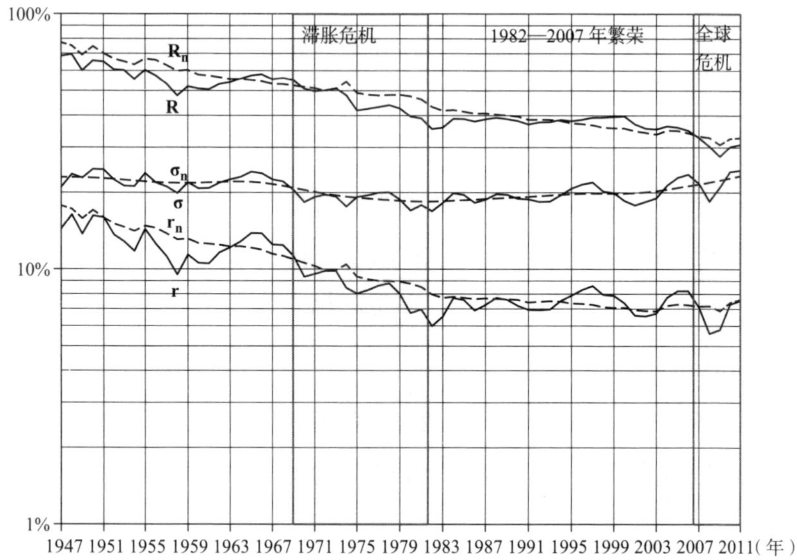

图 16.2 事实利润率与正常利润率以及利润份额

率持续下降的影响，并使正常利润率的（下降）趋势消失。

表 16.1　公司企业的正常利润率与正常利润份额的增长率

增长率	黄金时代 1947—1968 年（%）	滞胀危机 1969—1982 年（%）	新自由主义复苏 1983—2007 年（%）
R_n	–1.72	–1.39	–1.04
σ_{p_n}	–0.37	–1.00	0.63
r_n	–2.08	–2.39	–0.42

牢记以下这一点非常重要：量度出的事实利润极易波动，而且在短期内极易受特殊历史事件的影响。例如，在 20 世纪 60 年代，所有量度结果的上扬反映了越南战争与约翰逊“伟大社会”带来的赤字融资支出的影响。但从长远来看，结构性因素占据主导地位。这包括新自由主义时代因劳工力量的结构性下降而引起的利润份额的长期增长（见 14.6 节）。

16.2.2　生产率和实际工资

图 16.3 描述了 1947—2008 年美国企业部门每小时生产率和劳动者每小时实际所得（实际工资）之间的关系。即使是在正常情况下，实际工资的增长相对于生产率的增长也慢很多，但是从 20 世纪 80 年代里根政府开始，实际工资增长明显减速。如果将实际工资从 1980 年开始的事实存在的变动轨迹与若继续保持其与生产率之间战后比例关系而产生的变动轨迹相比，这一变化尤为显著。这种对原有趋势的背离是通过一个双管齐下的战略实现的：对支持劳动者的私人和公共机构的攻击与全球化浪潮，后者使世界大规模廉价劳动力与发达国家的劳

动力市场展开了更直接的竞争。

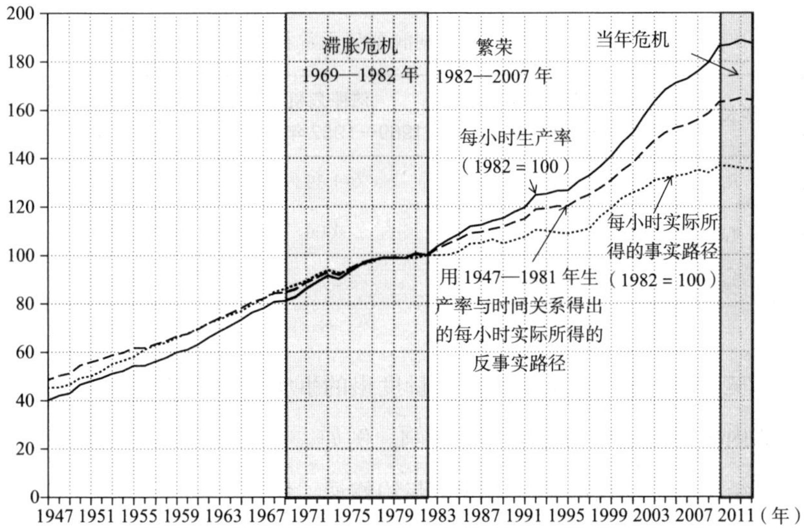

图 16.3　1947—2012 年美国企业部门每小时实际工资和生产率（1992 = 100）

16.2.3　抑制实际工资增长对利润率的影响

图 16.4 描述了抑制实际工资增长对利润的有利影响。它展示了利润率变动的事实路径和反事实路径，后者由企业的实际工资与生产率继续保持战后的比例关系得到。始于里根时代的对劳动者的镇压明显地扭转战后利润模式。

16.2.4　平均资本回报率与新投资回报率的对比

图 16.5 对公司企业的平均利润率（也是实际利润率）与经过 HP 平滑处理过的公司企业当前（实际）增量利润率滞后值进行了对比。二者遵循相似的路径：都在战后的几十年里下降，都从越南战争与“伟大社会”的繁荣中受益匪浅（见附录图 6.6.1 描述的对产能利用率

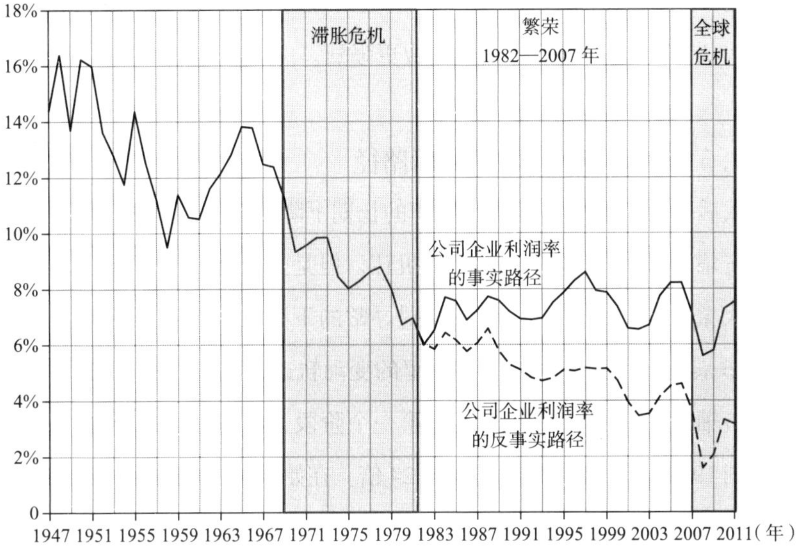

图 16.4　1947—2011 年美国公司企业的事实利润率以及估算的反事实利润率

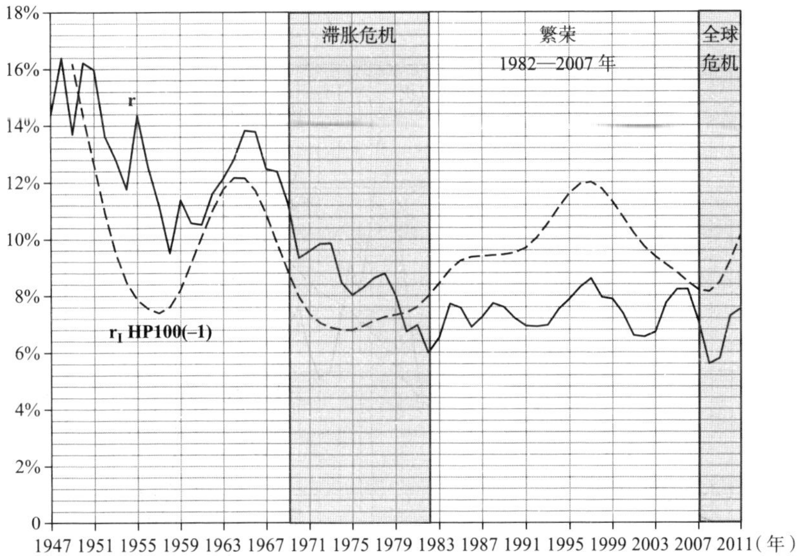

图 16.5　1947—2011 年公司企业平均利润率与当前（实际）经过平滑处理的增量利润率

的影响），都在此后下降并在新自由主义时期上升，尽管增量利润率对1990年互联网泡沫带来的繁荣反应更强烈。

16.2.5 利率非同寻常的战后路径

战后平均利润率与增量利润率的长期下降在20世纪80年代通过实际工资增速前所未有的减缓得以扭转，但是这只能部分解释随之而来的巨大繁荣，与此同时，利率非同寻常的下降大大提高了净利润率。图16.6展示了美国3月期国债利率的变动轨迹，虚线表示GDP平减指数（右轴）。在1947—1981年的第一个阶段，利率从1947年的0.59%上升到1981年的14.03%，上升了24倍。在始于1981年的第二个阶段，它以同样剧烈的程度从14.03%下降到2011年的0.06%。请注意维持到20世纪80年代的价格水平与利率之间的共同运动（吉布森定律），其联系在11.6节中经理论推导得到并在图11.6中展示。这种关系一直持

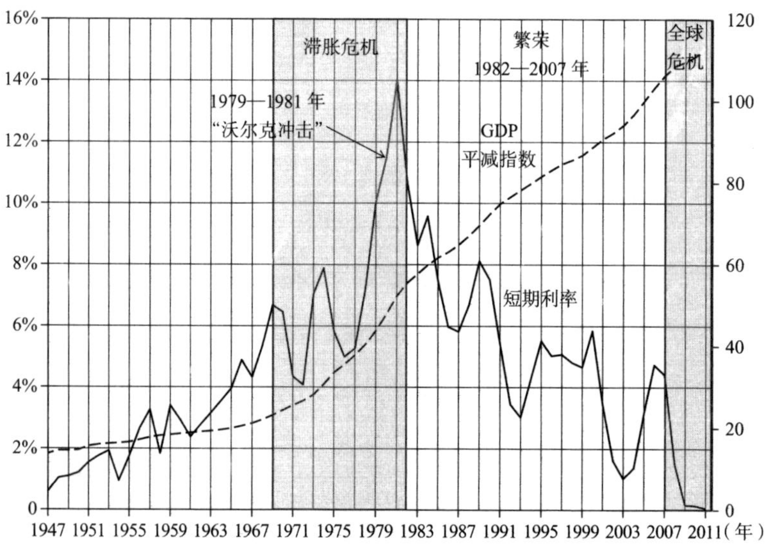

图16.6 1947—2011年美国利率（3月期国债）

续到 20 世纪 80 年代初，货币政策切断这种联系并迫使利率开始下降。

“沃尔克冲击”的好处通常被认为是通过大幅提高短期利率“结束”了通货膨胀：它将短期利率从 1979 年的 10% 大幅提高到 1981 年年中 14% 的峰值（最优贷款利率从 1979 年的 11.2% 大幅提高到 1981 年年中 20% 的峰值）。在这里，有 4 件事情是意义重大的。首先，我们可以从虚线代表的价格水平中看出，利率冲击也许放缓了通货膨胀但并没有使其结束。其次，虽然美联储主席沃尔克确实在短时间内大幅提高了利率，但这些利率在前 30 年已经随着价格水平的上升而上升。再次，他自己逆转了利率的发展方向，开始了利率的下降趋势并被其继任者延续。最后，在大多数主要资本主义国家，利率在战后呈现出了同样的长期涨落现象。图 16.7 显示了 1960—2011 年美国利润与经合组织主要成员（美国的贸易伙伴）利率的加权平均值，这表明从

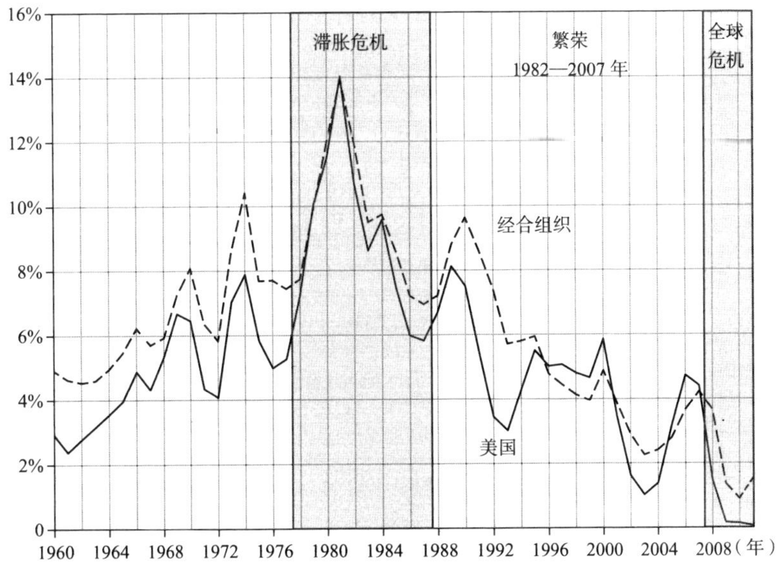

图 16.7　1960—2011 年美国与经合组织成员短期利率

20 世纪 80 年代起，政策引发的利率下降是整个资本主义中心国家的特征。随着短期利率在零左右徘徊，这方面并不存在着进一步斡旋的空间。截至 2011 年，美国利率为 0.000 6（即 0.06%），美联储的注意力转向企图通过两轮量化宽松货币政策 QE1 和 QE2 降低长期利率。考虑到长期利率与短期利率之间的差额是银行部门盈利的基础（见 10.2 节），这种政策措施被限定在银行的盈利范围内。

16.2.6 20 世纪 80 年代之后的企业利润率和大繁荣

现在，我们可以把以上所有因素联系到一起。实际净利润率是资本积累的核心驱动力，也是资本家“动物精神”活跃的物质基础；同时，净新增购买力的注入在法币时代发挥着重要作用（见第 15 章）。图 16.5 显示，从 20 世纪 80 年代初开始实行的新自由主义政策使实际工资相对于生产率增速下降，提高了利润份额，从而使实际平均利润率与增量利润率摆脱了长期下降趋势。图 16.6 和图 16.7 显示 1982 年之后美国与全球利率剧烈下降。将二者结合可以得到图 16.8 所示的净利润率。我们现在可以看出两件事情。首先，当平均利润率与增量利润率均下降到前所未有的低点时， 20 世纪 60 年代末的滞胀危机就出现了。经济制度的整个行为在此时发生变化：增长放缓，破产与企业倒闭大量发生，失业率大幅上升，实际工资相对于生产率下降，股市的实际价值下跌 56% 以上——与大萧条最糟糕时期的表现相同。在做出恰当的符合凯恩斯主义理论的应对后，联邦预算赤字比战后前段时期的平均水平增加了 40 倍（Shaikh 1987a, 120–123）。其次，我们当然知道，通货膨胀率的上涨与失业息息相关（见图 12.6）。针对这场危机的历史性的解决方案是对劳动者的打击与利率的大幅下降。这两者都大大提高了利润率，使实际平均利润率与增量利润率大幅上升。这就是始于 20 世纪 80 年代的大繁荣的真正的秘密：廉价化的劳动力与廉价化的金融。

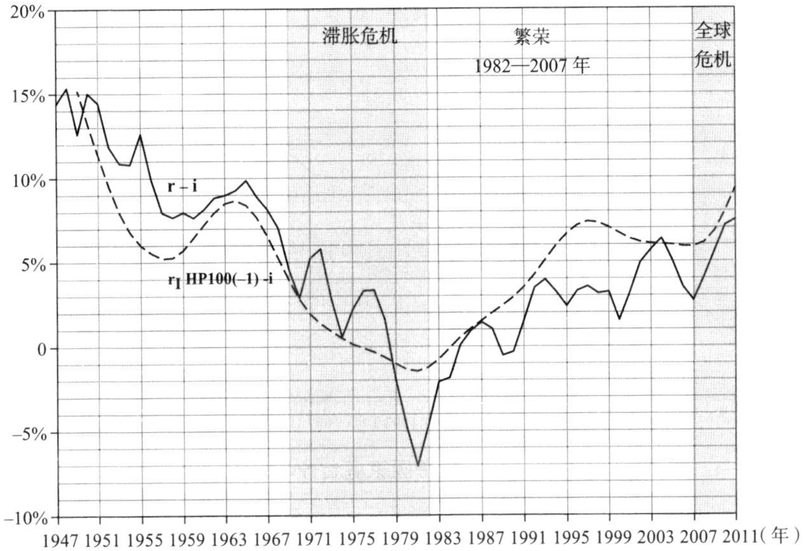

图 16.8　1947—2011 年美国公司企业净平均利润率与实际增量利润率

这次大繁荣就其本质而言具有内在矛盾。首先，利率的剧烈下降带来无节制的借贷，各部门债务负担猛烈增长。为保持消费支出的增长，那些实际收入一直受到实际工资增长率下降挤榨的家庭获得了更廉价的借款。结果家庭负债与其可支配收入之比，如图 16.9 所示，在 20 世纪 80 年代显著上升，进一步推动繁荣的发生。更高的债务负担通常意味着更高的偿债（本金和利率）负担，但 20 年来持续下降的利率抵消了持续上升的债务负担，因此，即使在 2000 年，家庭偿债率并不高于 1985 年的数值（见图 16.10）。然而，随着债务负担加速积累，偿债率开始大幅上升。如图 16.8 所示，平均净利润率在 2004—2007 年下降，净增量利润率（滞后一年显示）在 2005—2009 年下降得更为

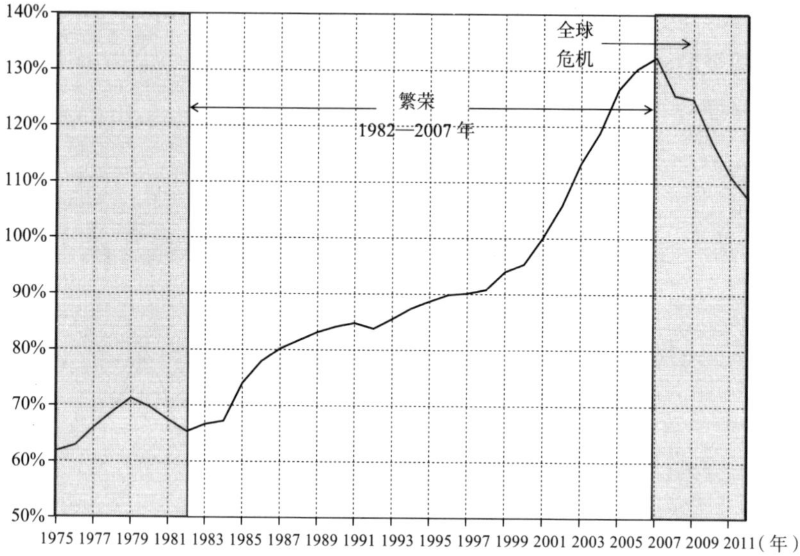

图 16.9　1975—2011 年美国家庭负债与可支配收入之比

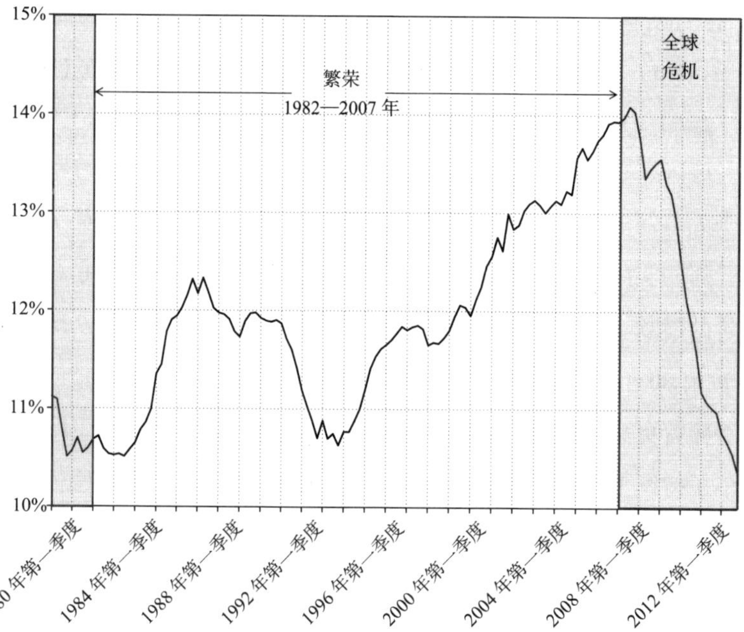

图 16.10　1980—2012 年家庭偿债率

剧烈。在此期间，2007 年次级抵押贷款部门的崩溃引发了一场普遍性的危机，并在业已脆弱的全球经济中迅速蔓延。此后债务负担开始下降，在此前不断下降的利率继续下降的情况下，偿债率大幅下降（见图 16.10）。最后，令人惊讶的是，在全球性的严峻危机中，利润率上升（见图 16.5），净利润率上升幅度更大（见图 16.8）。这不仅仅是因为实际工资相对于生产率持续下降，还因为世界各国政府都在为银行与企业注入数量惊人的新创造货币。

16.3 当前危机的全球性影响

16.3.1 美国

这场全球性的危机令大部分学术界经济学家与央行感到震惊。在美国，“美联储过去的业绩十分糟糕”（Eisinger 2013）。它主动扩大了1982—2007 年之间的信用泡沫（见图 16.9），然后完全没有预料到其后果。当它确实通过注入大量货币介入市场时，它主要关注的是通过公共救助和零息贷款维持银行与大型企业的运转。商品价格的通货膨胀被抑制，但资产价格的膨胀仍在持续快速上升。美国前 7% 家庭的资产净值在经济复苏的前两年上升，而后 93% 家庭的资产净值下降。失业率上升，收入中位数回落到 1999 年水平。此外，不出所料，“消极的司法部门……使银行与高级管理人员免于处罚”（Eisinger 2013）。有人可能会说，这是在照顾企业运行。

不受约束与不被惩罚的金融市场自然而然地回到它们的老路上。根据《纽约时报》最近的一篇报道，“华尔街的炼金师们又回来了”。“在繁荣期间创造了高风险的抵押贷款与贷款混合物的银行——在经济危机期间表现糟糕的那类银行，正在忙于修复许多人认为已经消失的同类投资。华尔街再一次出现了如债务抵押债券般晦涩难懂的金融产品。”随着超安全国债的利率接近零，投资者被风险资产所承诺的较高回报吸引，因此银行“正在以与底线崩溃之前一样快或更快的速度推出某些类型的结构产品”，被认为应该用来防止前一次灾难重演的保护措施“已经在缩小，使得旧有的过度做法又偷偷溜回市场”。由于对之前的违规者施加的惩罚不严厉，“商业参与者总的来说又回归之前的做法……［而且］他们知道如何突破边界”（Popper 2013）。

16.3.2 其他发达国家

像挪威和加拿大这样的国家对待金融市场一直很谨慎，因此避免了某些相同的困境。但由于世界出口萎缩，它们仍然面临着失业问题。危机之前加拿大的家庭负债率就已经很高，到 2012 年已经上升到 160%。据国际货币基金组织称，加拿大的经济前景“倾向下降”。[①] 冰岛受到国际金融危机的严重打击，因为其“银行家已经积累起了数倍于国民收入的外债”。三大银行倒闭，货币与经济陷入衰退。冰岛当时还没有进入欧元区，因此它可以通过使货币大幅贬值来增加出口、减少进口，最重要的是它能够大幅削减实际工资（Krugman 2011）。最重要的是，通过让其银行违约，外国债权人承担巨大的损失，“国家预算中删除了大量的外国债务”。因此，它在危机中表现较好。与之相比，

① http://business.financialpost.com/2013/04/16/where-did-we-go-wrong-canada-loses-status-aseconomic-superstar-imf/.

爱尔兰政府介入并保护银行，将银行债务转移给国家并给国民带来负担（Krugman 2011）。爱尔兰失业人数从 2007 年第三季度的 106 100 人上升到 2012 年的 324 500 人，失业家庭占比从 15% 上升到 22%，非充分就业人数从 2006 年的 4 100 人上升到 2012 年的 145 800 人。爱尔兰贫困肆虐，到 2010 年有将近 25% 的家庭拖欠账单或者贷款。① 与冰岛不同的是，爱尔兰在欧元区之内，因此其无法通过货币贬值缓解这一状况。②

英国曾加入欧盟，但保留了自己的货币。危机期间，其主权债务占 GDP 的 36% 左右，到 2012 年已攀升至 65%。英国经济在危机的第一年中收缩了 6% 以上， 4 年后依然是“一个多世纪以来最长的低谷……比 70 年代更差……比 20 世纪 30 年代的大萧条更严重”。③ 英国的失业率从 5% 多一点高涨至 8% 以上，并且维持在这一水平。消费者债务水平依然很高，信用卡债务普遍存在。希腊、西班牙和塞浦路斯经历了更严重的经济问题。欧元区的创立给予其成员平等地获得国际信贷的途径，尽管它们的经济地位明显不平等。到“21 世纪中叶……希腊债券、爱尔兰债券、西班牙债券都在市场上进行交易，仿佛它们与德国债券一样安全。信任的光环甚至延伸到了当时还没有进入欧元区但是有望在不久的将来进入的国家：2005 年时，希望在 2008 年之前采用欧元的拉脱维亚可以与爱尔兰一样低成本地借钱。由于整个欧洲的利率趋于一致，以前的高利率国家如预见般陷入了借贷狂潮，得到

① http://www.irishtimes.com/news/social-affairs/irish-experience-catastrophic-change-incircumstances-due-to-economic-crisis-1.1392709.

② 必须注意到，货币贬值只有在一个国家的贸易伙伴不效仿的情况下才能作为一种临时手段生效（见第 11 章）。

③ http://www.thisismoney.co.uk/money/news/article-1616085/Economy-watch-How-longBritains-recession-last.html#ixzz2WK0IDLs5.

德国与其他传统低利率国家银行的大量资助”。在爱尔兰，私人银行大量借款，而在德国大借款人则是政府。在塞浦路斯，银行业也被允许超出比例地扩张，为希腊提供大量贷款，并成为“俄罗斯热钱的避难所”。廉价的债务导致了巨大的房地产繁荣，尤其是在爱尔兰与西班牙，钱甚至“涌入爱沙尼亚、拉脱维亚、立陶宛、保加利亚与罗马尼亚”（Milne 2013）。反过来，20 世纪 90 年代末实际处于低潮状态的德国经济经历了“由欧洲邻国的支出狂潮驱动的出口繁荣”（Krugman 2011）。然后，泡沫在 2007 年破灭。

失业率与贫困率在所有主要国家激增，政府减少了国家就业，并削减了旨在帮助人们的项目，与此同时它们扩大了帮助银行与大型企业的项目。“欧元区现已成为僵尸区……人们正在被银行、债券持有人和公司企业劫持，后者决意要确保它们无须为自己所造成的危机付出代价——他们也被政客劫持，政客认为迫使人们承担代价是自己的职责”（Milne 2013）。索罗斯警告称，持续的危机“正在推动欧盟陷入持续的萧条”。① 在战后的日本，政府与大企业密切合作来实现增长与增强国际竞争力。20 世纪 80 年代，当西方资本主义经历滞胀危机的冲击时，日本经济正在以几乎两倍的速度增长，但是它的利润率在稳步下降（Shaikh 1999, 110, fig.111），它的出口盈余激起了美国的愤怒。1985 年，在所谓的《广场协议》下，日本被迫接受了其名义汇率的大幅升值（虽然这并没有对其实际汇率与出口盈余产生持续的影响），从而日本释放了银行流动性的闸门。房地产价格飙升，以至“在 1991 年达到峰值，日本——加州面积大小的一个国家，所有的土地价值……几乎是美国当时所有房地产价值之和的 4 倍”（Hackler 2005）。在这个过程中，日本

① http://business.financialpost.com/2012/10/15/eus-nightmare-crisis-pushing-continent-intolasting-depression-soros/.

企业的资产净值高于美国企业的资产净值，日本股市也翻了一番。到 20 世纪 90 年代，泡沫开始缩小（Harman 2010, 211–216），但它并没有被允许破裂。相反，日本的利率一直在稳步下降直至 1998 年的 1%——直到 5 年后，美国才开始采取同样的举措。日本经济从未崩溃，但也从未复苏。它仍然深陷债务泥潭与停滞。日本央行在 2013 年年中宣布，计划推出“全球最强烈的货币刺激计划……承诺在不到两年的时间里向经济注入 1.4 万亿美元”，这被认为是一场“激进的赌博”（Kihara and White 2013）。

此外，还有印度和中国，它们的增长率与日本早期相似，只在商品通货膨胀与房价泡沫的情况下放缓了增速。印度现在正与大幅放慢的增长、高利率、疲软的就业市场和上升的价格做斗争（Bowler 2013）。中国在 2008 年采取了信贷刺激措施，现在正与不断上涨的价格、快速扩张的信贷和房地产泡沫相抗争，具体表现为许多关键行业中大量的过剩产能，“‘鬼城’、空置的公寓建筑与未被使用的会议中心”（Chandrasekhar 2013）。此外，央行已经开始购买黄金，把它作为抵消当前对美元依赖的一种方式。[①] 事实上，诺贝尔经济学奖得主与“欧元之父”罗伯特·蒙代尔已表示支持回归“一种布雷顿森林体系式的金本位制，在这种金本位制下，对于央行来说，黄金的价格是固定的，并且它们可以将黄金作为一种资产在彼此之间进行交易”。[②]

16.3.3 全球范围

在新自由主义时代，廉价金融成为通过房地产繁荣、出口拉动型

① http://www.telegraph.co.uk/finance/financialcrisis/9424793/Europe-is-sleepwalking-towardsimminent-disaster-warn-top-economists.html.

② http://robertmundell.net/2011/06/the-emerging-new-monetarism-gold-convertibility-to-savethe-euro/.

增长、外国汇款增长等一系列与金融相关的活动扩大就业的一种方式。这场危机结束了这一切。据估计，目前世界上有近 2 亿人没有工作。青年失业率尤其高， 2014 年约有 7 400 万年轻人失业，失业率为 12.6%，预计还会上升。这些是官方的失业率，大大低估了真实的情况，因为没有适当地考虑到兼职和因持续失业而放弃找工作的人。纠正这一错误意味着真实的全球失业率接近 23%。① 最后，在世界范围内有将近 9 亿工人生活在赤贫中（ILO 2013）。

16.4 政策教训与可能性：紧缩还是刺激

所有的发达国家都有自动稳定器，如失业补偿金和福利支出，这些稳定器会在经济下行时生效，但这些都是针对衰退而不是萧条的。因此，随着当前危机的加深，世界各国政府都一直忙于抢救即将破产的银行和企业，并在这个过程中经常创造出数量惊人的货币。各国政府对创造新的预算支出形式以直接帮助劳动者远没有那么热情。即使在政府预算支出赤字这一问题上，在那些关注财政赤字的就业效应的人和关注其（理论上）通货膨胀后果的人之间也存在着深刻的政策分歧。在美国，就业效应是 20 世纪 30 年代政策的核心，而通货膨胀在 20 世纪 70 年代成为政策核心。在德国，恶性通货膨胀于 20 世纪 20 年

① 已经过季节性调整的 2013 年 5 月美国的官方失业率（U-3）为 7.6%，当把兼职、边缘就业和丧失信心工人考虑在内时，失业率（U-6）则为 13.8%（即高 1.82 倍）。http://www.bls.gov/news.release/empsit.t15.htm.

代率先爆发，而在20世纪30年代希特勒开展大规模国家军备之后，就业机会才随之增加。欧洲央行官员倾向于反对赤字开支，因为他们深刻而清楚地记得20世纪20年代德国的恶性通货膨胀与其毁灭性的社会和政治后果。

在2010年6月于多伦多举行的G20会议上，这些分歧是显而易见的。一边是正统派推行“紧缩”政策的主张，该词成了削减健康、教育、福利和其他支持劳动者及其家庭的政府支出的代名词。欧洲央行行长让-克洛德·特里谢在会上说，“认为紧缩措施会引发停滞的想法是错误的”。德国财政部部长沃尔夫冈·朔伊布勒说：“政府不应该热衷于借款，把它作为刺激需求的快速修复法……赤字支出不能变成事情的常态。”他们的理论立场根植于这样一个愿景，即近乎完美的市场能够迅速从“打击”中恢复，并迅速向所有渴望就业的人提供就业机会，而他们这么做的目的是保护大企业。在2007年之后，公司企业的利润率不仅有所回升，甚至上升到新的高点。对一些投资银行而言，货币就像墨西哥湾的石油一样，随手可得。2010年，高盛第一季度的收入为33亿美元，是前一年同期的两倍。这是自1999年公开发售股票以来高盛第二个盈利最多的季度。快乐的时光又一次到来。最后，对欧洲资本而言，紧缩方案潜在的好处能不能兑现还面临着实践上的问题。在新自由主义时代，与美国和英国的劳动者相比，欧洲劳动者的待遇好得多，也就是说，他们的工资并没有被压低到同样的程度。从这个角度看，全球危机为再一次推动欧洲通过削减单位劳动力成本（工资份额）使其更具“竞争力”提供了完美的借口。如果紧缩政策削弱了迄今为止仍在抵抗的劳工力量，那么即使它可能使大众境遇恶化，这一风险也是可接受的。

在G20会议上，美国人表达了不同的忧虑。仅在美国，家庭财富已经减少数亿美元，新房屋的销售已降至1981年的水平。而且，国际劳工组织最近发出警告，一个“持久且严重”的全球性就业危机就要发生——这对一个已经卷入多重战争并充当“世界警察”的帝国主义政权而言，是必须极严肃对待的事情。最后，这还是一个关乎德国与美国之间历史分歧的重大事件。奥巴马呼吁欧盟领导人重新考虑他们的立场，认为他们应该“从过去严重的错误中学习，即刺激经济的政策回撤太快会导致经济再一次陷入困难和衰退”。[①]奥巴马所指的“严重的错误”与20世纪30年代的事件有关。1929年美国股票市场崩溃引发的大萧条，导致1929—1932年产出的急剧下降和失业的急剧增加，但随后4年，产出几乎增长了50%，失业率下降了1/3，政府支出几乎增长了40%。事实上，到1936年，美国产出正在以惊人的13%的增长率增长。问题在于，此时美国联邦政府的赤字攀升至GDP的约5%。于是，1937年，在来自保守派的压力下，罗斯福政府提高了税收，并急剧削减了政府支出。[②]美国的实际GDP迅速下跌，失业率再次升高。美国政府意识到自己的错误，迅速掉头，并在1938年大幅提高政府支出和预算赤字。到1939年，产出以8%的增长率增长。只有在此之后，美国才开始为可能的战争进行军力建设，至1942年被完全卷入战争。

我们从这些事件中可以吸取一些教训。第一，在危机中削减政府支出是一个“严重的错误”。这是奥巴马的观点。第二，很明显的是，美国经济是从1933年开始恢复的，除了政府在1937年犯了削减政府

① 全部引言见网站 http://www.csmonitor.com/World/Europe/2010/0625/G20-summit-an-economic-clash-of-civilizations。

② “罗斯福与当时的通货膨胀鹰派决定挤破他们认为的股市泡沫，将通货膨胀消灭在萌芽状态。在这方面，平衡预算是重要的一步，但美联储向银行要求更高额准备金的政策也大幅收紧了经济。……1937年，尽管经济活动明显下滑，罗斯福仍然继续推进财政紧缩。1938财年的预算几乎是平衡的……结果便是一个巨大的经济倒退：GDP下降和失业率上升”（Bartlett 2010）。

开支的错误之外，经济复苏一直持续到1939年美国为二战加强建设，以及1942年美国完全参战（珍珠港事件发生在1941年12月7日）。因此，将战争开始前9年就已经开始的复苏归因于战争本身是错误的。战争进一步刺激了生产和就业。第三，尽管如此，美国政府在和平时期的支出增加确实对加速复苏起了关键作用。第四，相关的美国政府支出不只是用于购买商品和劳务，也用于直接雇用人员从事公共服务。在美国，工程振兴管理局（WPA）自身就在公共工程、艺术、教育和支持穷人的计划上雇用了上百万员工。在德国，希特勒的大规模重整军备计划很快就实现了全面就业，实现的就业部分集中于军事就业的大规模扩张[◎]（Wapshott 2011, 189）。现在德国人和美国人都选择忘记这些直接的就业措施。

我们知道政府支出能够在相当长的一段时间内大大刺激经济。这在战争期间是显而易见的，因为此时最经常地伴随着靠赤字融资的巨大政府支出。例如，在二战中，美国政府在1943—1945年的年均预算赤字为GDP的25%，对比之下，2014年美国联邦政府的预算赤字不到3%。重要的是，战争是社会动员的一种特殊形式，它可用来提高生产和就业。在这种情况下，由此创造出来的就业一部分来自对武器与其他支持性商品和劳务的需求，以及由此产生的其他派生需求；另一部分则是在军队、政府行政管理、社会保障、公共及私人设施的保养和维修部门等的直接就业。因此，即使在战争期间，我们也必须区分两种形式的经济刺激：一种是政府的直接需求，在商业部门不紧握其大部分货币或不用它还债的情况下，它能刺激就业；另一种是直接的政府就业，在受雇者不把收入储存起来或用它还债的情况下，它能刺激需求。

在和平时期抵御经济危机的社会动员中，两种增加支出的模式同样适用。就第一种模式而言，政府支出被直接引向工商企业和银行，有望使受益的企业增加就业。这是传统的战后模式——刺激工商企业，使利益向下滴流至就业。就第二种模式而言，政府直接向在私人部门找不到工作的人提供工作，当这些新的受雇者花费其收入的时候，好处向上惠及企业和银行。得到的货币要重新花费出去这一条件是至关重要的。近期，巨额的"紧急救助"已经被投向世界主要国家的银行和非金融企业，但这些资金在大部分情况下以封存而告终：银行需要用它们去支撑摇摇欲坠的资产组合，企业则需要用它们偿付债务。确实如此，既然过去的"好钱"已成了坏账，在当前这样一种几乎看不到足够回报的环境中，被"救助"者绝无再抛出"好钱"的必要性。因此，尽管巨额的紧急救助已经支撑起了现有的结构，但并没有向下滴流多少以创造额外的就业机会。如果采用第二种模式，事情很可能就大不一样。那些之前失业的人不得不花费他们得到的收入，因为他们必须生存。因此，第二种模式有两点好处：一是直接为那些最需要就业的人创造就业，二是给那些为新就业者服务的企业带来很大的向上惠及效应。

那么，是什么阻止政府创造直接就业项目呢？答案是：这类行动使利润动机服从于社会目的，这被视为对正常的资本主义秩序的一个威胁。直接雇用还将妨碍新自由主义的政治议程——通过实际降低失业或威胁降低失业以减少相对于生产率的工资。从 20 世纪 80 年代到危机时期，后一种压力一直是维持利润率水平的核心。当然，政府可以通过干预促进生产率增长，从而努力维持就业与盈利之间的平衡。这并不新鲜，因为任何发达国家的历史都会证明这一点（Chang 2002a）。但作为一种支持劳工的手段，它很可能会遭到来自国家资本与国际机构（如国际货币基金组织和世界银行）的有力抵制，这些机构目前强烈反对“干预”企业的运行。

自由放任的传统位于当前可选择政策范围的另一端。例如，曾任罗纳德·里根时期管理和预算办公室主任的戴维·斯托克曼认为：“尽管美联储人为压低利率的持续行动可能推迟了清算的日子……但是我们不可能永远逃避它。”根据斯托克曼的说法，廉价货币是现代经济的“海洛因”，金融市场已成为债务驱动的投机引擎。在他看来，大崩盘即将到来，因此投资者应该“撤出市场，躲起来”。斯托克曼承认不受管制的市场容易出现周期性的“过度与错误”，但他认为干预调节这些内在模式只会使事情变得更糟（Surowiecki 2013）。他建议回归金本位制，因为它限制了央行的货币创造选择，同时他主张实施两年期平衡预算并结束凯恩斯式的维持理想就业水平的努力。在后一种情况下，“自由市场将负责创造就业”，“如果没有足够的工作，工资率将会倾向下降直到有足够的工作来平衡供给和需求”。请注意这里对正统经济学理论的明确支持。他还将取消最低工资，废除医疗保险、社会保险、商业补贴和救助。此外，他还主张让政府保持监视者的角色：一是监视恰当的银行系统（与投资银行完全分开，后者将作为企业被置于自由市场上进行严酷的竞争），也监视“经济状况调查安全网”……在这一网络中，任何想从国家获得援助的公民都将受到严格的、侵入性手段的审查，包括某种最低水平上的资产花销（Stockman 2013, 706, 712）。

对政策范围的讨论引出了某些关键性的问题。需求刺激可以永久性地提高产出和就业水平，即使它们只是暂时提高增长率（见 13.4 节）。它们也可能加速实际工资的增长。在正常情况下，单位劳动力成本上升的压力会刺激雇主加速提升生产率、增加移民和提高劳动参与率。因此，工资份额一般比实际工资上涨的幅度要小（见 14.3 节）。

但是，在危机时期，情况有所不同。对工人来说最重要的是有报酬的工资，即使实际工资在一定程度上下降，而对企业来说最重要的是有利可图的销售，即使利润量在一定程度上有所下降。斯托克曼说市场最终会解决这些问题是正确的，但凯恩斯认为这不够好，因为这个过程耗时太长，可能会具有极大的毁灭性，并且在任何情况下都无法确保充分就业。后凯恩斯主义认为，在一个产能过剩的时期，额外的需求可以提高就业和利润率，这一说法是正确的。因此，在危机时期，政府需要对等式两边都进行支持：维持工商业结构与就业结构。如果不干涉企业与工会的正常活动或不惩罚任何一方（当然包括国家）的不当行为，那么任何事情都无法做成。不用说，这在政治上是艰难的，但这并非不可能。事实上，这正是战争时期的典型做法。

正常情况下是不同的，因为此时产能利用率受其正常水平的调节。工资份额与利润率的反向关系随之出现。这不仅仅是一个古典流派的观点，因为即使是凯恩斯也否认产能利用率从长期来看可以是一个自由变量的概念，并承认失业将会侵蚀实际工资（这一点恰好非常重要，因为随之而来的利润上升会刺激经济增长并减少失业）。[①] 古典流派的观点与凯恩斯主义理论不同，前者认为在正常情况下，失业率也不再是一个自由变量，而是由正常的非自愿失业率，即一个正常规模的产业后备军调节。这源于竞争本身的运行，而不是新古典声称的“不完全（竞争）”。

凯恩斯主义者认为失业率是一个可以达到社会期望水平的自由变量，但是要以一定程度的通货膨胀为代价。古典流派则认为劳动力和资本之间给定的权力结构平衡将带来某一正常的失业率。向经济中注

① 第 12 章指出，凯恩斯否认了卡莱茨基认为产能利用率即使从长期看也会与正常水平不同的说法。12.3.3 小节指出，凯恩斯承认持续的失业最终会侵蚀实际工资。

入总需求必然会降低实际失业率，但随着其下降到正常失业率之下，工资份额将会开始上升，同时与最大利润率的变化趋势相比，利润率将会下降。在某种程度上，这将减缓经济增长，失业率将再次上升，因此经济增长刺激的力度要不增强，才能使失业率维持在正常失业率水平之下（见 15.7 节）。这并不需要直接转化为通货膨胀，更不用说恶性通货膨胀——其幽灵常萦绕在央行官员的心中。但它会倾向于提高工资份额，降低利润率。积累率取决于利润率与利率之差。只要利润率（即最大可持续增长率）与增长率相比下降了，增长-利用率就将上升，此时在其他条件不变的情况下，经济将变得更易发生通货膨胀。而是否会真正引发通货膨胀则取决于新购买力的创造速度。最后，正如 20 世纪 80 年代美国所做的那样，通过改变工资份额菲利普斯曲线，正常失业率本身可以被降低。

因此，除了财政政策与货币政策等标准措施外，我们还可以增加以下内容。首先，使利率相对于利润率下降的政策将会提高增长率，降低失业率，同时通过降低增长-利用率减小通货膨胀的潜在可能性——实际上，这正是滞胀危机以来的 30 多年中整个发达世界的央行所采取的措施。当然，尽管它使通货膨胀率维持在低水平，但也引发了全球金融泡沫。其次，工资份额的增加可以被持续抑制，这可以采取抑制工资增长或提高生产率增长的形式，正如许多国家在它们的发展进程中所做的那样。这种直接干预可能也会使工资曲线向正常失业率更低的方向移动。另外，如美国与英国在 20 世纪 80 年代所做的，国家主导的对劳动者的打击与加速的全球化相结合，也会产生同样的效果，尽管其社会后果不尽相同。在这方面，人们可能会说国家在大萧条时期支持劳工，却在大滞胀时期打击劳工。现在，这个问题再次浮出水面。

萧条重演。同样的道理，复苏也会重演。因此，最后不妨思考一下回归正常时期会造成的长期影响。我将本书的重点放在对发达国家的动态分析上，并坚信这是分析世界范围内发展与欠发展状况的必要起点。例如，对国际竞争分析提供了对后一个问题的直接的分析路径，对增长、总需求、利润率和通货膨胀之间的宏观经济关系的分析也是如此。失业理论尤其重要。我认为工资、生产率和利润率之间的国家关系导致了持续的全国失业率。把该系统作为一个整体来看，这些国家的失业工人加起来就成为全球性的产业后备军。企业始终知道这一点。甚至在危机之前，据估计 2005 年全世界就有 1.92 亿人失业。这是官方的量度数据，没有考虑到兼职，忽略了“不知出于什么原因而不愿意进入劳动力市场的那些人”（ILO 2006, 2 text and n. 4）。如前所述，基于美国的数据，并将丢失的部分考虑在内，调整之后的数字会增加 1.8 倍，达到约 3.5 亿人。危机中经过类似调整的失业人口总数为 3.6 亿，这很大程度上是因为中国与印度强劲的就业增长抵消了西方就业放缓的影响。因此，问题演变为：经济复苏是否会大大减少这个失业劳工群体？我认为不会，因为即使对劳动者的需求随产出的增加而增加，它同时也会因生产率的持续增长而下降。问题的关键在于单个资本必须提高生产率，以降低单位劳动力成本，从而有效地竞争并继续增长。危机前的失业劳动者群体正是这一综合效应的证明。

16.5 经济学理论的作用

在本章结束，我将回到本书的主题，即理论对理解经济来说是重要的。现代正统理论与后凯恩斯主义非正统理论都运用了“不完全竞争”的方法来研究资本主义的运行。正统经济学以完全竞争、萨伊定律与充分就业为起点，随后通过向完全竞争机制中“倒入一桶沙”得出货币和总需求的真实影响（Snowdon and Vane 2005, 365）。后凯恩斯主义直接从凯恩斯定律和不充分就业出发，以不完全竞争为理论基础。我采取了不同的理论路径。我从真实竞争理论出发并将其作为总需求理论与持续失业理论（利润率在微观与宏观层面皆起决定性作用）的基础。我认为这实际上是凯恩斯主义理论的恰当的基础。在每一步，我都努力处理相关经验证据，以便把注意力集中在这个动荡并持续运动的系统的真实模式上，而不是理论争辩上。

17

总结和结论

17.1 引言

我写本书的目的很简单，就是想向读者证明，即使不借用诸如超理性、最优化、完全竞争、完全信息、代表性行为人或所谓的理性预期等概念，也可以推导出经济分析中的许多关键命题，包括需求和供给定律、工资和利润率的决定、技术变革、相对价格、利率、债券和股票价格、汇率、贸易条件和贸易差额、经济增长、失业、通货膨胀和以周期性复现的普遍性危机收尾的长期繁荣。在讨论每一个问题时，本书都会把发展起来的理论应用于现代的经验性模式，并将其与新古典主义、凯恩斯主义和后凯恩斯主义分析相同问题时所使用的方法进行对比。本书的分析对象是资本主义经济学，与此相关的经济学思想也是用上述方式处理的。我认为，这种研究方法与古典经济学家以及凯恩斯和卡莱茨基解决此类问题所使用的方法一脉相承。

在凯恩斯所处的时代，正统经济学无法解释他所观察到的现实世界，因此他致力于构建一个全新的宏观经济分析基础。然而，众所周知，他拒绝将自己的有效需求理论建立在不完全竞争理论之上。卡莱茨基率先在“纯”竞争的假设下发展了自己的总需求分析方法（见第12章），但又在观察真实经济运行的基础上转向了一种与前者完全不同的定价理论（见8.1.9小节）。在本书中，我坚持认为，有效需求理论甚至是卡莱茨基的定价理论都应该建立在我称之为真实竞争的基础之上才更妥当，因为正是真实竞争构成了本书所确认和检验的许多经济模式背后的驱动力（见第 13 章）。这使我的分析与正统经济学和非正统经济学中占支配地位的分析传统都不同，它们二者都严重依赖一种有关经济系统的“不完全主义”视角。我对我的许多凯恩斯主义或后凯恩斯主义朋友都建议道，我们应该抛弃完全竞争总是恰当的这一论断，也应该拒绝将所观察到的现实现象归咎于特定历史条件下出现的不完全（竞争）。资本主义的经济动力来源于竞争本身。这世上从来没有什么“伊甸园”，我们当前的状况也不是它的缺失所造成的。

17.1.1 完全竞争与不完全竞争

类似的说法也适用于超理性理论。它作为对经济行为的描述是一个奇怪的概念，作为一种文化理想则更是极具侮辱性。的确，家庭和企业要进行选择，它们的选择也相当重要，但它们做出决策的依据是千汇万状、变化多端的，受各种盘根错节的力量影响，这些力量往往根植于性别、种族、国籍、社群、宗教和个人的过往经历，但又不局限于此（见第 3 章）。行为经济学已经日益发展成探寻个体行为与超理性理论相悖之处的沃土，正如早前不完全竞争理论不断发现完全竞争理论不适用于真实的企业行为一样（见第 8 章）。如果我们突然意识到狼实际上不与羊生活在一起，玫瑰确实是带着刺的，接下来会怎么样？倘若我们要研究的是经济行为本身，而不是它与某种社会理想间的距离，我们就应该马上接受它。这样一来，问题就变成我们怎样才能更好地吸收这类全新的信息。我们可以试图修正和改善现有范式，使之足以囊括相异事实，以此作为保全旧理论的手段。或者，我们也可以转向一个完全不同的理论基础，使现实本身变成一个合理的存在。现代经济学在很大程度上仍拘囿于第一种模式[◎]。

17.1.2 内部批判

正是基于这些原因，我相对而言没太关注对标准理论进行的纯粹内部批判，比如资本理论中的再转换问题或那些将规模报酬递增引入完全竞争理论的研究。尽管这些可能是非常重要的尝试，但是，为了对它进行内部批判，人们必须首先接受一个理论的大部分内容，这样才能集中精力攻击其中最薄弱的地方。即便这些尝试取得成功（也得到正统经济学的承认，不过这完全是另一回事了），它们也无法告诉我们：面对旧理论的一地瓦砾，我们如何才能建立起全新的理论大厦？事实上，这样一种策略往往把我们束缚在正被批判的理论框架之中，并纠缠于那些起初因为战略目的才接受的命题（Chiodi and Ditta 2008, introduction, 9–12）。

17.2 古典竞争理论的含义与应用

由于本书的基本理论已在引言部分做了总括，在此，我将评论本书中无法详述的一些理论应用和拓展。

17.2.1 异质行为下的规律性模式

本书的一个重要发现是，尽管异质经济单位（个人或企业）采取不断改变的行动策略，具备相互矛盾的预期，但规律性的模式仍会从它们的互动中浮现，这是因为总体结果对微观细节"高度不敏感"。在这个框架中，超理性概念不是必需的，因为没有它同样可以推导出所观察到的模式，或者也可以说它是没用的，因为它没有抓住表象之下的驱动力。举例来说，洛特卡-沃尔泰拉方程最早于20世纪初被提出，描述的是动植物界捕食者与猎物之间的关系，它的变体后来也应用于对驼鹿与狼以及很多其他物种的关系建模（Berryman 1992; Jost, Devulder, Vucetich, Peterson, and Arditi 2005）。古德温（1967）借用同样的方程来描绘马克思理论中工资、利润与失业相互之间动态作用所产生的持续性失业（见第14章）。无论是植物、动物还是相互竞争的社会阶级，也无论它们是否拥有理性预期，这些模型都不曾假设它们进行了理性决策。即便如此，宾默尔（2007, 2）仍主张理性选择理论是合理的，他的理由是，哪怕是像"蜘蛛和鱼"这样"不会思考的动物"，"最终也会仿佛有理性一样地行动"。但是，如果我们无须做出任何此类假设也能构建出总体互动，如果我们同时也深知个体行为并不遵循此类规则，那么，我们是不是可以反过来说，我们实际上并不需要这一假设呢？将从神经生物学到商业广告学的各个不同学科的发现综合起来或许是一件很困难的事，但是从科学研究的角度来看，只有这样做才是恰当的。与此同时，我们也确实知道，很多常见的经济现象可以从其自身出发去理解（见第3章）。

在一篇颇具启发性的文章中，数学家、物理学家J. 多因·法默针对正统经济学与物理学之间的本质区别做了如下评述：

> 尽管人们常说经济学太像物理学了，但是对一名物理学家而言，经济学与物理学一点儿也不像。二者之间的差异源于它们所使用的科学方法不同：理论经济学的研究是自上而下的，假说和缜密的数学推导比经验验证更为重要；物理学则恰恰相反，奉行的是牛顿式的自下而上的"实验哲学"，首先从现象中推导出假

说，而后才归纳成为一般理论……如果经济学家真的想把经验验证作为评判理论的终极手段……［这］将迫使他们不得不开始接受其他的研究思路。（Farmer 2013, abstract）

古典方法以观察实际模式与结果为基础，而新古典传统则以它们的理想化为基础。抽象的方法在两种学术流派中起着不同的作用：对于前者，抽象化意味着典型化；对于后者，抽象化就是理想化。在古典学说中，最终目标是通过逐步引入具体影响因素以使理论渐渐贴近现实。但在新古典学说中，现实从一开始就被置于被告席上，并因无法达到理想化的标准而被宣告有罪。具体化问题在科学领域也并不陌生。在牛顿的理论中，所有质量体在真空中以同样的速度下落，但在流体环境如空气中，它们以不同的速度下落，这取决于其形状、质量及物质构成。万有引力定律的解释力在从抽象到具体的过程中得到了强化。诚然，在"理想的真空环境"中得到的结论更加简单，但它既不是我们所需要的，也不是完美的。而且，从［自然］科学的角度而言，比较炮弹与羽毛在空气中的运行轨迹的差异反倒是更有意思的问题。

现在我们来讨论经济的长期波动。图 17.1 刻画了图 16.1 所展示的长期数据，此处的数据已使用 HP 滤波法进行平滑处理。1897—1983 年，平滑数据显示了两条明显的长期波动曲线：1897—1939 年（42 年）和 1939—1983 年（44 年），均是从波谷到波谷。在每次波峰出现之后的 8~9 年，普遍性危机便爆发一次，每一次影响都大致持续 18 年。在 2003 年，我开始刻画两条波动曲线的平均值（虚线），它（平均值）与在当时已显而易见的 2000 年的波峰相一致，从而我预测下一次危机将于 2008—2009 年爆发，并将持续至 2018 年。这种方法尽管很粗糙，但相当有效。我们所关心的是，如何用认为资本积累由利润率驱动的古典经济学视角来解释这一长期波动中的时间间隔问题（Shaikh 1992）。

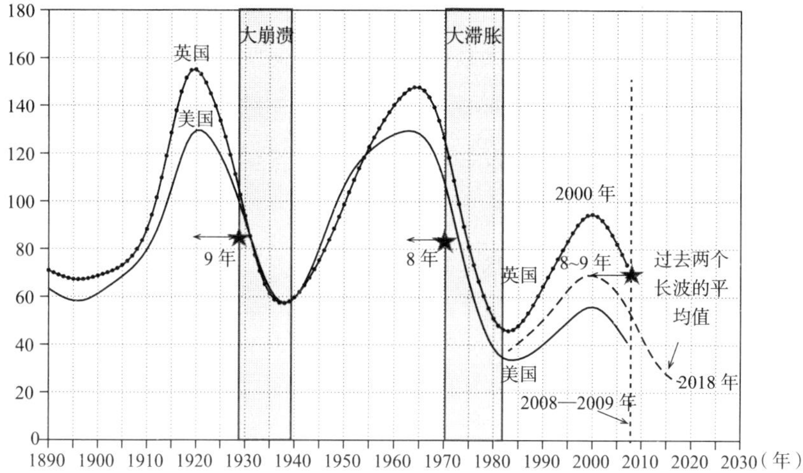

平滑处理后的美国和英国长波的平均值（1897—1939 年和 1939—1983 年），从波谷到波谷，用 HP 滤波法进行平滑处理（参数值= 100）

图 17.1　从过去的长波看 2007 年全球危机

17.2.2　均等化倾向：稳定的工资率与利润率的分配基础

古典理论假设，竞争使同类产品的价格、同类劳动的工资率和同类风险的利润率在动荡中趋向均等化。以价格为例，在最大限度地抽象化之后，技术选择使任何一个给定行业内部使用同样的生产方式，而生产者之间的竞争使行业内部的价格大体上保持一致。这里有两点需要注意。首先，即使在这些最简化的条件下，由于价格总是围绕着它们的标准点上下波动，所以价格的均等化过程包含着持续的波动。其次，这个假设中并没有给出一般价格的确切值，因此我们必须重新研究不同行业之间的竞争：在每个行业中，资本的流动都引致了一个特定价格。确保不同行业都有相同利润率的生产价格，则再一次成为实际价格围绕其波动的引力中心。

一旦我们承认技术变革在持续进行，便很容易知道，旧技术的不断退废和新技术的不断引进会产生一个不同企业之间的技术分布。拥有新技术的企业将可以通过降价扩大市场份额，这迫使市场中使用现有技术的其他企业做出回应：如果它们也降低价格至完全相同的水平，它们的单位产出利润量将下降，但可以保住市场份额；如果它们拒绝改变其价格，那么能够保持单位产出利润量不变，但将丧失其市场份额。基于各自不同的具体情况，企业会做出不同的反应，从而产生了一系列不同的销售价格。可以发现，更低的价格总是与更低的成本相联系。既然不同企业的成本和价格有所不同，那么单位产出利润量和利润率也会有所不同。在这种情况下，新进入某一行业的资本将会流向现有条件下成本最低的生产方式。同时，行业间的资本流动也会使这些生产实践中表现最佳的（调节）资本的利润率在动荡中趋向均等化。尽管在最大限度地抽象化之后，竞争看起来在一个行业内导致了相同的技术和相同的价格，或者说导致了每个变量成为一个单一点，但在更具体的层面，竞争使每一个变量都拥有并保持着自己的分布（见第 7 章）。

对工资率的分析也遵循相似的逻辑。如果真实工资在一些企业中较高而在另一些企业中较低，那么寻找工作的劳动力供给就会对前者增加，而对后者减少。这样抽象化处理之后，企业间的工资率将在动荡中趋向均等化，因而不同行业间的工资率也将在动荡中趋于均等化。就像商品的销售价格一样，我们只知道有一个一般的工资率，但不知道其确切值。正是在这里，劳动力（可工作的人力资本）与其他商品的差别变得尤为重要。对一般的商品而言，它们既被资本生产也为资本使用，将拥有一个特定的价格，以确保其生产的正常利润率。

但对于劳动力，尽管它为资本使用，却不是资本所生产的。再者，这种能力是一个有自主意识的主体（工人）的所有品。因此，为了获取并利用这种能力，作为雇佣者的资本家必须采取一些资本主义生产之外的手段，并总是需要应对工人们的反应甚至是偶尔的公开反抗（见第 4 章）。

在更具体的层面，对于任意一个给定的职业，劳动力的流动都将使工资率趋向均等化。由于不同企业涉及的职业不同，因此其平均工资也不同。在每个企业内部，争取更高工资和更好工作条件的斗争，都会带来货币价值增加值的某种特定分割，故而导致特定的利润水平。在这个过程中，资本家试图压低工资而工人试图抬高工资。因此，工资斗争受限于它们自己对利润率的总反馈，而利润率反过来影响工人的就业水平（见第 14 章）。在具体层面，其他限制因素的相关性也变得明显起来。工人受到其家庭住址、所在社群和所处文化的约束，因而工资差异必须超过某一显著阈值，才能成功激励工人流动。工人也必须将他们各自不同的风险和成本考虑在内。单单这一点，便可以在特定的劳动类型中保持持续的工资差异。到了工厂车间的层面，一系列不同的因素便开始发挥作用。博特威尼克（1993, chs. 6–8）在他开创性的著作《持续的不公平：资本主义竞争下的工资差异》中写道：真实竞争下的工资谈判受到具体情况的限制，从而产生持续性的工资差异。他特别提到，由于不同行业间调节资本（价格领导者）的利润率是均等化的，资本–劳动比较高的行业的调节资本就必然有较高的单位产出利润量。这样一来，当竞争迫使其对较高成本做出反应并调整相关价格以恢复相同利润率的时候，它们能够更容易地消化工资增长带来的影响。资本密集型行业往往有更高的固定成本，这导致这些行业对怠工和罢工的影响更为敏感。与此同时，由于劳动力成本在总成本中占比相对较小，这些行业也更能够容忍工资增长。仅在此基础上就可以得出，对任意给定的劳工组织的力量，资本密集型行业的调节资本往往都有更高的工资率。非调节资本的价格由调节资本的生产价格决定，因此非调节资本整体而言更为脆弱，劳动力成本的增加将对它们的利润率造成更严重的影响，故而非调节资本的工资率往往会更低。[①] 这些讨论使我们进而探讨工资分布的形状和函数形式。这在生物学与物理学领域是常见的问题，而自 1897 年帕累托对财富和收入分布的研究之后，这也名副其实地成了经济学研究的一部分（Pareto 1964, 299–345; Johnson, Kotz, Balakrishnan 1994; Kleiber and Kotz 2003）。

17.2.3 从工资与利润率分布到总体收入分布

在具体层面，就像不同企业的竞争性利润率因企业在行业内所处的等级不同而存在差异一样，竞争性工资率因为特定的情境条件，在不同职业之间甚至在同一职业内部都有所差异。持续存在于工资和利润率之间的竞争差异进而直接影响了个人收入的分布。工资率是劳动收入分布的基础，而利润率通过影响利率和股票与债券收益，成为财产性收入分布的基础（Shaikh and Tonak 1994, 35–37, 56, 220）。

对资本主义社会收入分配的研究可以追溯到 1897 年，当时帕累托发现了基于财产的收入似乎符合幂数定律，我们如今称之为帕累托分布。现代的证据证实了这一定律适用于收入分布的上侧尾部（即收入最高的层级），但不适用于较低层级。物理学家雅科文科及其合著者近期在该方面取得了开拓性进展，他们从经济物理学角度提出了收入分

① 这一点由博特威尼克从工种内工资差异中总结得出，尤其是在古典经济学对此的研究方式与新古典“人力资本”理论相当不同的情况下，关于这一点进一步的分析很可能将取得丰硕成果（Shaikh 1973, ch 4, sec. 4; Steedman 1977, ch. 7; Botwinick 1993, 11–13, 67, 266–267; Kurz and Salvadori 1995, 322–334）。

配的“两阶级”理论（EPTC）。他们提出，理论上，劳动收入大致上服从指数分布（或者热分布），而财产性收入服从帕累托分布（或者超热分布）。当然，个体的个人收入可能同时包含上述两种类型，但有理由认为，前者主导着较低层级的收入，而后者主导着最高层级的收入。经济物理学“两阶级”团队搜集了充足的经验证据，证明美国个人收入分布中的后 97%~99% 大致服从指数分布，而前 1%~3% 则大致服从帕累托分布。他们同时提供了一种十分巧妙的方法将两种分布结合在一起，从而得到了对总体收入分配的一个有效且高度相符的近似（Dragulescu and Yakovenko 2001, 358; Silva and Yakovenko 2004, 2; Yakovenko and Barkley Rosser 2009; Jagielski and Kutner 2013）。

指数分布有这样的性质：其累积概率的自然对数与其面元大小呈线性关系，也就是说，如果我们将前者取对数标尺，后者取算术标尺来做图，那么将会得到一条直线。图 17.2 显示了经对数–线性标尺处理过的 2011 年美国国税局（IRS）的个人收入数据，我们可以看到，收入不超过 200 000 美元的后 97% 人口的收入情况接近理论假设的用虚线表示的对数分布（数据见附录 17.1）。① 此外，帕累托分布有这样的性质：其累积概率的自然对数与其面元大小的自然对数呈线性关系。在图 17.3 中，在对数–对数标尺下，超过 200 000 美元部分的收入的确符合一条线性轨迹。经济物理学“两阶级”团队表示， 1983—2001 年中的每一年，美国的收入情况都符合同样的规律，在日本和英国也是如此（Yakovenko 2007, 13–15）。

① 美国国税局的原始数据未标准面元化，因此面元大小不是固定的（数据见附录 17.1）。

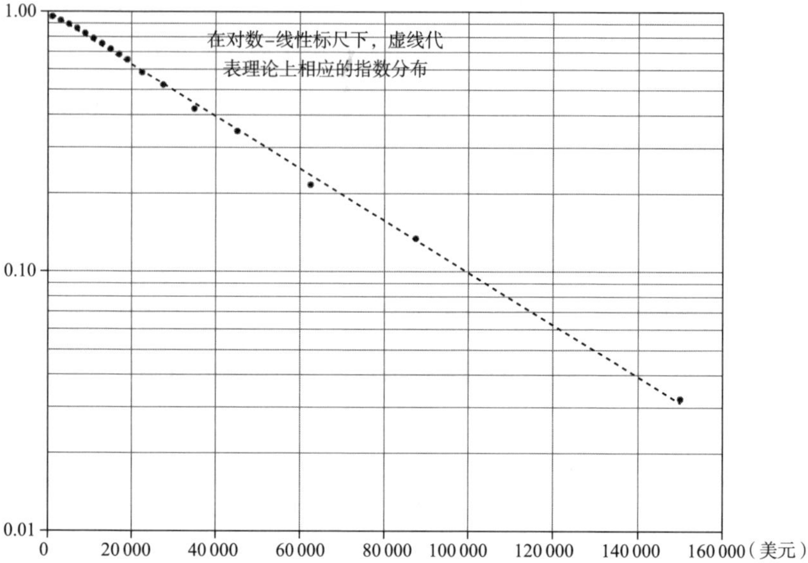

图 17.2 低于 200 000 美元的个人收入分布自上而下的累积概率

资料来源：美国 2011 年美国国税局数据；对数–线性标尺。

经济物理学“两阶级”的论证还得到其他一些惊人的结果。首先，令 y= 个体收入的观测值，$\bar{y}$ = 收入分布的均值，那么，对于指数分布，收入大于 y 的累积概率为 $\Phi(y)=e^{-\frac{y}{\bar{y}}}$，这使得该式中标准化收入的表达式 $\left(\frac{y}{\bar{y}}\right)$ 是无参数的。[①] 这样，所有年份的标准化劳动收入基本上会落在同样的概率分布曲线 Φ(y) 上，这与得出的结果高度吻合（Silva and Yakovenko 2004）。其次，指数分布的基尼系数为 0.50，事实证明，不同年份实际劳动收入分布的基尼系数都十分接近这一理论值。事实上，

① 由于 $\ln\Phi(y)=-\left(\frac{1}{\bar{y}}\right)\cdot y$，我们可以通过对任意给定年份劳动收入分配的 $\ln\Phi(y)$ 做关于 y 的回归分析，从而得到 $\bar{y}$ 的估计值。

图 17.2 所刻画的 2011 年美国国税局的数据的基尼系数为 0.492。最近，谢克、帕帕尼古拉乌和韦纳（2014）使用 1996—2008 年美国按性别和种族分类的小组的劳动收入对经济物理学“两阶级”的假说进行了检验。结果是，男性的平均收入比女性更高，白人的平均收入比非裔美国人更高（BLS, 2008）。众所周知，社会政策会影响人们的收入差距。然而，我们惊奇地发现，每个小组内，所有年份的税前劳动收入的分布竟都与指数分布相当接近。问题在于，这是为什么？

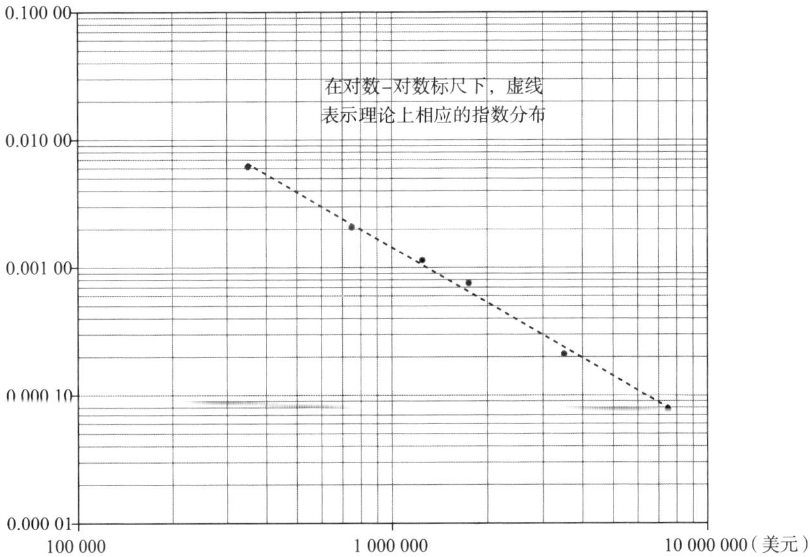

图 17.3　高于 200 000 美元的个人收入分布自上而下的累积概率

资料来源：2011 年美国国税局数据，对数–对数标尺，见附录 17.1。

雅科文科等提出，可以使用能量守恒定律下的粒子碰撞进行类比，在商品服务交易的主体之间存在的货币交换导致了货币持有量的指数分布（Yakovenko 2007, 3–9）。尽管这种类比可能为处理社会再生产过程中的货币存量问题提供了一种富有成效的方法 ，但它并不能真实地反映劳动收入流量的分布。通过综合企业生产条件真实竞争的影响以及工人工资和工作条件真实竞争的影响，我们可以发展出另一种［解释］框架。在前一维度上，新兴企业拥有持续进行低成本生产的生产条件，其产生的影响导致新企业和旧企业之间、调节资本和非调节资本之间的持续差异（见 7.5 节）。在后一维度上，劳动力的流动使任一给定职业中的工资率都动荡地趋向均等化。由于不同企业涉及的职业不同，这种综合影响通过影响企业的利润率带来了企业间不同的平均工资。如果我们建立一个工资率的矩阵，行代表职业，列代表企业，那么任意给定的元素 w_{ij} 就代表第j种行业中第i种职业的货币工资率[◎]。问题在于，是哪一些因素决定了这些工资率的分布？

为了和 14.2.3 小节的论述保持一致，我们可以通过一个联动参数 β_{ij_t} 将任意 t 时刻的 w_{ij_t} 和相应的第 i 个企业的每一个工人的货币价值增加值 y_{i_t} 联系起来。β_{ij_t} 表示了劳动强度和职业特性的共同作用。所有的变量都根据其在任意给定年份的平均值进行了标准化处理。通过以上假设，我们可以得到不同时间的（相对）工资所对应的百分比变动。

$$w_{ij_t} = \beta_{ij_t} \cdot y_{i_t} \tag{17.1}$$

$$\Delta w_{ij_t} = \Delta\beta_{ij_t} \cdot y_{i_t} + \beta_{ij_t} \cdot \Delta y_{i_t} \tag{17.2}$$

$$\frac{\Delta w_{ij_t}}{w_{ij_{t-1}}} = \frac{\Delta\beta_{ij_t}}{\beta_{ij_{t-1}}} + \frac{\Delta y_{i_t}}{y_{i_{t-1}}} \tag{17.3}$$

在以上方程中，w_{ij_t}、β_{ij_t} 和 y_{i_t} 都取正值，同时，由于它们都根据平均值标准化处理过，在每个时间段，各个变量都大致分布在 1 周围。如果联动参数分布和价值增加值分布的变动都较为缓慢，那么在方程（17.2）中，我们可有 $\Delta\beta_{ij_t} \cdot y_{i_t} \approx \varepsilon_1, \beta_{ij_t} \cdot \Delta y_{i_t} \approx \varepsilon_2$，其中 ε_1、ε_2 表

示零均值随机变量。或者，若不如此，我们可以在方程（17.3）中有 $\frac{\Delta\beta_{ij_t}}{\beta_{ij_{t-1}}}\approx\varepsilon_3$，$\frac{\Delta y_{i_t}}{y_{i_{t-1}}}\approx\varepsilon_4$。用 ε 表示两组随机变量其中任一组之和，联立方程（17.2）和方程（17.3），我们可以得到：

$$\Delta w_{ij_t}\approx\varepsilon \tag{17.4}$$

$$\Delta w_{ij_t}\approx\varepsilon w_{ij_{t-1}} \tag{17.5}$$

众所周知，第一个关系式表明货币工资服从指数概率分布，第二个关系式表明货币工资服从可用指数分布进行近似的伽马分布（Yakovenko 2007, 4–9, and figs. 1–7, 5–13）。这两个关系式都可以很容易地用电子表格模拟得出。[①] 重要之处在于，这些结果可以作为古典学派传统的总的结构性命题而推导出来。一个引人注目的经验性证明来自美国劳工统计局统计的 2013 年 819 个细分行业的员工薪酬数据，尽管这些数据已经是高度总体化的，但它们依然显示出一个基尼系数为 0.45 的近似指数分布的伽马分布，（http://www.bls.gov/pes/current/oes_nat.htm#00–0000）。这一点相当重要，因为我们原本期望总体数据能够使不平等程度有所降低，因为在极限情况下，在总体层面只有一个工资水平，因而没有任何差异。

① 方程（17.4）表示累加误差的过程 $w_{ij_t}\approx w_{ij_t-1}+\varepsilon$，方程（17.5）表示累乘误差的过程 $w_{ij_t}\approx w_{ij_{t-1}}(1+\varepsilon)$，就算是在电子表格中，两者也可以容易地模拟得出：假设初始时有 500 单位从 0 到 1 的标准化工资（例如使用相应约束下的均匀分布的随机变量），得到其初始分布；以工资为正为约束，在每个连续时期，使用第 i 个零均值高斯误差修正之前第 i 时期的工资（也就是说，如果递推出现了负值，就将这一期的收入设为正的收入最小值，该最小值本身也可以是 0 到某种最小收入之间的随机值）。经过多次递推之后，累加误差的分布将逐渐稳定呈现指数分布的形式，而累乘误差的分布将趋向类伽马分布的形式，而伽马分布可以由一个指数分布进行近似，在两种情况下，累积概率的分布都近似于一条直线（见 17.3 节和图 17.2）。

17.2.4 日益加剧的不平等和收入的阶级分布

自 20 世纪 80 年代以来，收入不平等情况已严重恶化，在富裕国家中，美国的情况最为严重。1982—2012 年，美国收入最高的 10% 人口占有的总收入份额已从 35% 升至 51%，收入最高的 1% 人口占有的总收入份额已从 10% 升至 23%。换句话说，收入最高的 10% 人口的收入份额几乎增加了 50%，而收入最高的 1% 人口的收入份额增加了 130%。在 1993—2012 年的 20 年间，收入最高的 1% 人口的平均收入增长率比后 99% 人口的平均收入增长率高 13 倍（Saez 2013, figs. 1–2, table 1）。更有甚者，尽管对向上流动的呼吁在政坛广受欢迎，但“从 20 世纪 70 年代至今，上一年收入处于最高 1% 的人下一年依然保持相同收入层级的概率很是稳定”（5n6）。

高收入中包括利润、红利、利息、租金以及资本所得，似乎“此类收入在 20 世纪 70 年代激增的一个重要原因是，高收入员工或者新兴企业家［的］最高工资和薪金经历了爆炸式增长……”（Saez 2013, 2）。在这个薪级上，红利和股票期权扮演着重要角色（Seskin and Parker 1998, M8），它们可被视为这些个体对其拥有或为之工作的企业利润的收益权。因此，20 世纪 80 年代利润–工资比的显著升高（见第 14 章和第 16 章）为随后总体收入不平等的急剧恶化提供了物质基础。

这实际上正是经济物理学“两阶级”的研究所暗指的。如果劳动收入服从指数分布，那么它的基尼系数便必然固定在 0.5。于是，总收入分布基尼系数的提高便必然源于财产性收入相对于劳动收入的增加。事实上，经济物理学“两阶级”团队明确将财产性收入的增加与证券市场价格的提高相联系（Silva and Yakovenko 2004, 3）。谢克和拉杰卜（2007）论证了总体基尼系数（$\mathscr{G}$）仅仅由总收入中财产性收入的占比（σ_{PP}）决定。收入不平等的总体程度最终取决于利润–工资比，也就是说，取决于价值增加值的基础分配。这从根本上来说是一个古典主义的结果。

$$\mathscr{G} = 0.50(1 + \sigma_{PP}) \tag{17.6}$$

17.3 工资、税收和社会净工资

如果将国家纳入我们的考虑范畴，那么对收入分配的分析就将增加一个全新的维度。国家可以直接干预资本与工人之间的力量对比，正如在里根与撒切尔夫人开启的新自由主义时代，国家下手可是毫不迟疑。这种干预遏制了实际工资的增长，从而降低了工资份额，同时提高了利润所占的份额（见第 14 章）。通货膨胀同样会侵蚀实际工资，如果工人的势力已被削弱，那么情况只会更加严重（见第 15 章）。从另一方面来说，财政政策可以促进产出和就业大幅增长，但紧缩的政策同样会使之萎缩（见第 16 章）。上述种种通过影响利润和工资的绝对水平与相对水平，都会改变收入的分配情况。

我们知道，税收、转移支付与补贴都对税后收入的分配有直接影响，但还有一点少有人提及——对工人生活水平的影响。工人们依照某种生活水平的目标值，就名义工资与资本家讨价还价。税收会直接减少工人的可支配收入，但只要社会支出为他们提供合意的产品和服务，税收造成的损失就能被抵消。这是福利国家福利制度的一个重要方面，关于福利国家的兴衰，我已在他处做了详细记录（Shaikh 2003b）。在此，我所关心的是，社会支出如何影响了工人的生活水平。

工资和薪金的所得者（此处将其定义为不包括首席执行官等高层管理人员的工人）所获得的社会福利包括对卫生、教育、福利金、住房、交通、公园、娱乐等方面的社会支出和转移支付；税收包括该群体直接缴纳的所得税、社会保障税、财产税和其他的直接税。社会支出和税收之间的差额，我们称之为社会净工资。我们惊讶地发现，在经合组织主要成员中，1960—1987年，每一年社会净收入的GDP占比总是3%~6%。英国的平均值为5.4%，加拿大为4.8%，德国为3.9%，澳大利亚为3.7%。作为福利国家代表的瑞士，其平均值仅有1.20%，而作为非福利国家代表的美国，其平均值为–0.16%。平均而言，在这6个国家中，社会净工资占GDP的比重只有1.8%，占员工薪资的比重只有2.2%。这些惊人的结果告诉我们，即便是在最好的福利国家中，社会支出和税收所发挥的作用，与其说是提高了平均水平，不如说是对工人的生活水平做了再分配。总体而言，工人们支付了他们所得到的大部分社会福利（Shaikh 2003b, 543–545）。

17.4 托马斯·皮凯蒂

前面的分析为包括皮凯蒂颇具影响力的畅销书《21世纪资本论》在内的对不平等的研究提供了理论框架。这里，我意在指出自己书中的论述是如何解释皮凯蒂的问题的。对他著作更完整的探讨请见其他相关著作。皮凯蒂的著作基于他本人、阿特金森、赛斯以及其他研究人员的一项开创性的工作（Piketty 2014, 17–18）。他们在世界顶级收入数据库中提供的数据已经改变了我们看待这个世界的方式（http://topincomes.g–mond.parisschoolofeconomics.eu/#）。他们的研究代表了一种向传统的回归，即基于现实情况进行经济学分析以发现资本主义的结构性特征。皮凯蒂本人反对对市场的盲目崇拜，因为“价格体系既不考虑受到的限制，也不考虑道德因素”，他批判正统经济学“不惜以牺牲历史研究为代价的对数学的幼稚激情，和纯理论的往往高度理想化的推断”，这使“这个职业……甚至在不知道要解释什么事实的情况下大量生产纯理论结果”（6, 31–32）。我要补充的是，这种问题并非出在对数学的使用本身，而在于经济学家出于何种目的使用数学。

《21 世纪资本论》从逻辑上可以分为三个部分。第一，书中展示了收入和财富分配方面的经验发现，进而引出中心论点：资本主义社会存在加剧不平等的倾向，这一趋势仅仅在遭遇诸如世界大战、革命、萧条之类的重大冲击时才有所中断。利润率超过增长率（r>g）的趋势是导致这一点的关键机制，这是因为这种趋势使以财产性收入为生的那群人积累财富的速度快于其他人，并进一步拉大了不同阶层的差距。皮凯蒂谨慎地表示，他并没有谴责资本主义或不平等本身，而是指出不可持续的不平等趋势正在削弱精英阶层的价值，这在他看来对民主至关重要（Piketty 2014, 26, 31）。第二，书中从理论上论述了背后的因果结构。在这里他很大程度上依赖正统经济学的理论，包括总生产函数的概念、利润率取决于资本边际产量的相关观点，以及资本存量增加则资本边际产量下降这一“明显”事实。[①] 但于他而言，关键问题在于如何处理利润占总产出的比重（他将其表示为 α）：由于我们已经将后者记作 $\alpha \equiv \frac{P}{Y} = \frac{P}{K} \cdot \frac{K}{Y} = r \cdot \left(\frac{K}{Y}\right)$，因此似乎对他来说，利润率的

① 但在另一处，皮凯蒂谈到“边际生产力幻觉”，他质疑最高层级薪酬的“爆炸性增长”是否真的能被解释为顶端决策者边际生产力的激增（Piketty 2014, 330–333）。

降低可以用资本–收入比（他记之为$\beta \equiv \frac{K}{Y}$）的提高来弥补，最后“一切都取决于变幻莫测的技术”（212–217）。第三，通过他的理论视角解释的经验模式潜藏着一些政策含义，其中核心便是“对全球资本实行累进税制，并确保较高的透明度”，这会帮助“民主……重新取得对……全球化金融资本主义的控制权”（34–35, 515–521）。

从经验层面看，皮凯蒂所关心的是已实现的个人收入的最终分配：劳动收入包括工资和薪金、失业补助和转移支付、分红和股票期权等（Piketty 2014, 477n9, 602）；财产性收入包括租金、利息、利润、资本收益、版税，以及来自土地、不动产、金融工具等的其他收入（18, 477n9, 602）。我已经在 17.2.3 小节中指出，在发达经济体中，个人收入中的工资和薪金的分布具有指数分布的特点，而财产性收入则服从帕累托分布（后者在 1897 年由皮凯蒂的同胞维尔弗雷多·帕累托对法国的研究中率先注意到），就像图 17.2 和图 17.3 分别所示的美国 2011 年两者的情况。于是，收入不平等的总水平本质上取决于财产性收入与劳动收入之比［见方程（17.6）］。[①]

从理论层面看，在古典经济学框架内，工资份额，故而利润份额（$\alpha \equiv \frac{P}{Y}$），取决于失业程度以及劳动与资本之间的力量对比；资本–产出比（$\beta \equiv \frac{K}{Y}$）取决于单个企业间竞争引起的被迫降价所引致的技术选择（见 7.7 节）；利润率（$r \equiv \frac{\alpha}{\beta} = \frac{P/Y}{K/Y} = \frac{P}{K}$）则由上述两者共同决定。

① 皮凯蒂（2014, 266）计算税后及转移支付后的劳动收入的基尼系数为 0.20~0.40，这大大小于经济物理学“两阶级”团队所计算的税前劳动收入的基尼系数 0.50（Dragulescu and Yakovenko 2001, 587）。但这是因为皮凯蒂将“重置收入”（退休金和失业补贴）和转移支付都包括在劳动收入之中，这样做大大降低了“成年人劳动收入的不公平”的测量值。他在书中提过，这些转移支付很大程度上来自劳动收入所缴纳的税款（475, 477 text and n.9, 602）。在这种情况下，他应当先将税收排除——这样所计算的不平等程度就能和经济物理学“两阶级”团队所计算的保持一致了。

如果有所谓总产出函数和“伪”边际产出，那么它们也不过是统计的产物（见 3.2.2 小节）。在皮凯蒂的理论中，利润份额 $\alpha \equiv r \cdot \beta$ 是利润率和资本–收入比的乘积：因为随着资本存量的增加，资本的边际产量减少，故而利润率随时间的推移而降低，那么，为了防止利润份额被拉低，资本–收入比就必须上升；在古典经济学中，利润率是利润份额和资本–产出比的比值，因此后者的增加是利润率下降的主要原因（见 6.8 节）。最后，在古典经济学的观点中，利润率决定了利率（见 10.2 节），而利润率和利率之差决定了增长率（见 13.3 节和 14.7 节）。

皮凯蒂特别强调利润率 r 大于增长率 g 使财产性收入积累财富的速度快于劳动收入，也使收入最高的 10% 和 1% 的阶层财富增长快于其他阶层的事实。因此，不等式 $r>g$ 是造成差距的根本力量（Piketty 2014, 26）。这一观点有两点古怪之处。第一点在于，古典经济学认为正常利润率总比正常增长率高，其中，前者是剩余与资本存量的比率，后者是剩余中再投资的部分与资本存量的比率（见 15.4 节和 15.6 节）。那么，如果皮凯蒂的逻辑成立，资本主义将引发不断加剧的收入和财富不平等。第二点在于皮凯蒂对利润率的经验性量度。他的数据表明，尽管英国和法国的平均利润率在 19 世纪没有明显的长期趋势，但在 20 世纪早期增长了一倍，在大萧条期间急剧上升，随后在 1950 年及其后的大繁荣中同样急剧下降（202, figs. 6.3–6.4）。利润率是利润份额（α）和资本–收入比（β）的比值，其中前者仅具有轻微的下降趋势。因此，皮凯蒂所定义的利润率的剧烈波动显然是由资本–收入比的剧烈波动导致的。我们可以预期，后者将在衰退中上升，这是因为收入（以及利润）相对于现存的资本存量减少，故而降低了利润率。同理，在繁荣时期会发生相反的情况。但皮凯蒂的数据与之恰恰相反。

一旦我们意识到皮凯蒂对利润率的量度方式在逻辑上存在着不一致，这些困惑就可以迎刃而解。他将利润定义为超过工资的价值增加值（亦即净营业盈余），不包括来自土地和金融资产的资本收益，也不包括被国民收入与生产账户视作“中间投入品”的实际利息支付和租金支付。但是他对资本存量的衡量包括厂房、设备和土地、住宅不动产、包括股票现值在内的净金融资产（Piketty 2014, 41–43, 48–49, 123）。他把资本视为“产生收入的资产”，这样一种对资本的量度方法源自他跟踪财产性收入的直接来源的需要。但是，随后他未能将这些资产的所有收益都计算在内，从而得到的是一个被急剧拉低了的利润率水平。这也使利润率极易受到这些资产市场价值波动的影响：在萧条期，此类资产贬值的速度快于固定资本，将明显提高利润率，在繁荣时则与之相反。这就是皮凯蒂的利润率在大萧条时上升而在20世纪下半叶的大繁荣中反而下降的原因。皮凯蒂似乎也对这个问题有所认识，他表示，如果能将一些要素成功分离出来，他本可以将对资本存量的统计口径缩小至设备和基础设施（47）。然而，他并没有说明无法做到这一点会带来多么严重的后果。

从政治层面看，皮凯蒂建议对国际资本流动进行跟踪并征税，这样全球资本就有可能被重新置于“民主”的统治之下。显然，他的关注点仅仅局限在税后收入上。我们知道，在实践中，在战后时期的前半段，由于工资份额的上升，总的税前收入不平等有所缓和；而在始于20世纪80年代的新自由主义时期，由于劳动者丧失了阵地，不平等重新加剧［见方程（17.6）］。就此而论，总税前收入的不平等显然对社会过程有反应，因而从这里开始政策分析是恰当的。另一个引人注目的地方是，他表达了对某些政治制度的期待，希望“它们有可能对如今全球承袭的资本主义进行公正而有效的调节”（Piketty 2014,

471）。我们可以很轻易地反驳道，全球范围内的不平等和民主缺失问题，就是由这些政治制度与承袭资本主义既得的“民主”利益协助和教唆的。

17.5 发达与不发达

当我们考虑全球经济时，所有的具体因素都得到加强。在商品与资本流动方面，运输成本、税收和关税的影响更加显著；在劳动力流动方面，历史、文化和国家的制约也发挥着更加重要的作用。出现这种现象的环境和背景本身十分重要。对于原住民的殖民、掠夺、奴役和屠杀，对潜在竞争者的有目的的摧毁，以及财富向富裕国家的大规模转移，都涵括于全球化的概念之中。

正统经济学及其在国际机构中的同盟向人们宣扬完全竞争的愿景和理想化的宏观经济学结果，以证明对市场产生更大依赖的合理性，通过限制工会、增强雇主权力提升劳动力市场的“灵活性”的合理性，使国有企业更加私有化以使其资产和员工能为国内外资本所用的合理性，以及向外国资本和商品开放国内市场的合理性（Friedman 2002）。作为反击，在通常情况下，非正统经济学则认为，自由竞争早已不复存在，因此新自由主义据此所推断的自由贸易理论已失去意义。在指出正统经济学理论和经济现实之间的不符之时，非正统经济学犯了一个错误，它们认为完全竞争和比较优势理论“曾经”适用。我已详细论证，通过引入各种不完全竞争修正完全竞争，只会将非正统经济学拘囿在它意图抛弃的理论框架之内。没有完全竞争，就没有不完全竞争，而在这个世界上，根本就不存在完全竞争（见第 7~8 章和第 11 章）。

加入世界市场已经变成一个日益显著的经济发展的特征：1965—2006 年，发展中国家的出口额占世界贸易额的比重从 14.1% 增至 34.1%，其进口额的比重从 14.1% 上升至 29.4%，这两项指标都高于发展中国家占世界 GDP 的比重（Nayyar 2009, 14）。与此同时，发展中国家占世界工业总产出的比重也大幅上升，在 2005 年已是 1970 年的三倍。但这并非“市场的魔法”，而应该说：

> 在后殖民时代的那些工业化后进国家中，是发展战略和经济政策起到了重要作用，它们创造了发展的初始条件，并奠定了发展的必备基础。饱受诟病的进口替代驱动型工业化战略，在这个赶超过程中做出了关键性贡献……在这个过程中，国家的作用是至关重要的。工业化并非设定合理的价格，而是让国家合理地干预。事实上，即使是在那些被称为成功典范的东亚小国中，国家“看得见的手”也比市场“看不见的手”发挥了更大的作用。此外，在工业化赶超中起到基础作用的还有以下因素：技术引进、强力的学习过程、个人管理才能和企业科技能力的创造、在各种不同的工商企业中培育企业家和企业等。（Nayyar 2009, 22–23）

从这个角度而言，现代国家成功发展的路径与早前的模式十分相似，在当时，现在的发达国家也正是通过贸易保护主义和国家干预手段支持自身的崛起的（Agosim and Tussie 1993; Rodrikk 2001; Chang 2002a）。

此处需要注意的是，只有最终创造出有国际竞争力的生产者，贸易保护和国家干预才能在世界市场上取得成功（Amsden 1992; Chibber 2003）。为了达到这一目的，就必须明确，国际竞争在很大程度上与国内竞争有相同的作用机制：绝对成本优势最为重要，因为国际竞争所青睐的是低成本生产者（见第 11 章）。工资和利润之间的反向相关关系（见第 14 章）是寻求低工资和廉价资源的资本流动的原因，也是资本不断向地方当局、亲缘和宗教网络甚至民族国家寻求优待的原因。若没有全球竞争的引力场中所发出的竞争压力，所有这些便都无关紧要了。如果我们未能理解这些资本主义背后普遍准则的具体形式，就会产生对于发展进程的严重误解（Chibber 2003, chs. 5, 6, 9, 11; Chatterjee 2013; Chibber 2014）。

有关发展文献的第二个主要分歧存在于正统的和非正统的宏观经济理论中。面对充分就业理性预期模型的荒谬，转向需求约束型失业的垄断加成模型便似乎有了其合理性（Baghirathan, Radar, and Taylor 2004）。在后凯恩斯主义理论中，企业被免于竞争，并且单个企业的需求压力能够通过适当的价格加成创造出人们希望有的利润。总的结论便成了：政府可以通过适当的财政政策和货币政策使就业接近充分水平。但我们已经看到，即使是在发达国家中，此类政策也不曾成功（见第 12 章）。事实上，古典主义的观点是，竞争创造并保持了一个“正常的”失业工人的储备池，因此为了消除失业而刺激经济的努力不会成功——除非有如下政策的配合，即使生产率的提高快于实际工资的提高，并以此抵消对利润率产生的任何负面影响，换句话说，除非它们能阻止实际单位劳动力成本的上升（见第 14 章）。国际竞争的准则也是一样，只是在此处，单位劳动力成本整体上必须下降得足够快，以持续领先于国际竞争对手——这恰恰是过去和现在成功发展的经济体的经验。

这使得我们需要研究一个相关的问题。现代化的目的在于提高生产力并降低成本，但它同时还有两种潜在的影响：借助廉价产品的市场扩张和机械化对劳动力的取代。为了使现代化总体上有利于就业，前一种影响必须强于后一种。在世界市场中占比相对较小的国家，比如日本和后来的韩国，它们从出口的扩张中获益良多，因此即使生产力发展迅速，它们也可以长期保持劳动力市场上的供不应求。但是，对于占比较大的国家，比如中国和印度，国内市场的发展最终必须发挥重要作用。在现代法定货币体制下，通过新创造的购买力，这一点将会得到进一步强化，而购买力的创造基于国内和国外（公共部门和私人部门）的债务，其中国际资本流动起到了重要作用。的确，借助廉价融资取得发展已经成为新自由主义时代的标志（见第 14~15 章）。但危机几乎终结了这一切，不仅仅是在发展中国家，甚至在一些核心国家也是如此（见第 16 章）。印度如今面对着种种问题：通货膨胀、增速放缓、高额利率和疲软的就业市场（Bowler 2013）。中国则面临着物价上涨、信贷扩张等问题（Chandrasekhar 2013）。即使是作为现代工业化化身的日本，也在自 20 世纪 90 年代以来的停滞中举步维艰（Kihara and White 2013）。

官方对于失业的统计表明，即使不对兼职和丧失信心的劳动者数量进行调整，当前世界上也有将近 2 亿劳动者处于失业状态，将近 9 亿劳动者陷于极端贫困（ILO 2013）。就算资本主义能在危机之后迅速复苏，它的增长速度又是否足以抵消机械化对所有种类人工劳动的逐步蚕食呢？且不论现存的巨大的失业人口储备池，仅看人口增长所带来的新增劳动力，资本主义能否将其完全吸纳呢？无论采用何种形式，资本主义都将受到它所依存的真实竞争法则的永恒束缚。

附　录

附录 2.1 第 2 章的资料来源和计算方法

每一张图表的数据表均可在每一条资料来源和计算方法末尾所示文件中获得。

图 2.1 美国工业生产指数（1860—2010 年）

所有行业 1860—1959 年（1913=100）的数据来自美国经济分析局（1966, tableA15），1919—2010 年（2007=100）的数据来自美国联邦储备委员会，见 http://www.federalreserve.gov/。这两段数据按 1958=100 重新调整，并在 1919 年处拼合。

图 2.2 美国实际投资指数（1832—2010 年）

固定非住宅商业资本投资 1832—1975 年（1970=100）的数据来自美国经济分析局（1977, tableB4），1901—2010 年的数据来自 BEA, Wealth Table 4.8, line 1，见 http://www.bea.gov/iTable/index_FA.cfm。这两段数据按 1958=100 重新调整，并在 1901 年处拼合。

图 2.3 美国实际人均 GDP（1889—2010 年）

1790—2010 年的数据来自 Measuring Worth.com，见 http://measuringworth.com/usgdp/。该网站的链接文章《1790 年至今建设年度 GDP 的资源和技术》（Source and Techniques Used in the Construction of Annual GDP, 1790–Present）说明了其数据来源和计算方法。

图 2.4A 商业周期（1831—1866 年）

图 2.4B 商业周期（1867—1902 年）

图 2.4C　商业周期（1903—1939 年）

来自 艾尔斯（1939）。

图 2.5　美国制造业生产率和生产工人实际所得（1889—2010 年，1889=100）

制造业生产率（yr）1860—1970 年（1958=100）的数据来自美国经济分析局（1966, Series A173），1950—2009 年的数据来自美国劳工统计局的国际数据，见 http://www.bls.gov/fls/#productivity, Table 1: Output per Hour in Manufacturing, 19 Countries or Areas（2007=100）。这两段数据按 1889=100 重新调整，并在 1950 年处拼合。为了拼合的匹配，前一段数据有比例尺的调整。生产工人实际所得 1774—2010 年的数据以下列数据为基础：制造业生产工人以美元计价的小时名义所得（ec）；消费者价格指数 1774—2010 年的数据来自 Measuring Worth.com，后者的数据来源和计算方法分别在《生产工人薪酬系列的特点》（Characteristics of the Production-Worker Compensation Series）和《那时的消费者价格指数是多少？一项数据研究》（What Was the Consumer Price Index Then? A Data Study）中加以说明。实际所得用 ec/CPI 计算得出。

图2.6　美国制造业实际单位生产劳动力成本指数（1889—2010年）

由上一张图中的制造业实际所得与生产率之比得出。

图 2.7　美国的失业率（1890—2010 年）

城镇失业率 1860—1970 年的数据来自美国经济分析局（1966, Series B1-B2），1948—2010 年的数据来自总统经济报告，见 http://www.gpo.gov/fdsys/browse/collection.action?collectionCode=ERP, table b-40。

图2.8　美国和英国的批发价格指数（1780—2010年，1930=100，对数值）

图2.9 美国和英国的批发价格指数（1780—1940年，1930=100，对数值）

图2.10 美国和英国用盎司黄金表示的批发价格（1780—2010年，1930=100，对数值）

1780—1785年的英国黄金价格来自雅斯特拉姆（1977），同一时期的美国黄金价格用1786年美国和英国黄金价格之比计算得出（这一比例直到1800年基本保持不变）。1786—2010年的美国黄金价格中，1786—1790年的官方黄金价格见 Measuring Worth.com, http://www.measuringworth.com/gold/，之后的为市场黄金价格。1786—1949年的英国市场黄金价格同样可从该网站获取，之后的数据用美元计价，所以后一段数据是用来自同一网站的美元-英镑汇率数据转换得出的。1786—1945年的数据来源和计算方法分别见于劳伦斯·H. 奥菲瑟和塞缪尔·H. 威廉森的《1257—2010年的黄金价格》(The Price of Gold, 1257–2010)，见 http://www.measuringworth.com/gold/，以及劳伦斯·H. 奥菲瑟的《1791年以来的美元-英镑汇率》(Dollar–Pound Exchange Rate From 1791)，见 http://www.measuringworth.com/exchangepound/。1560—1976年（1930=100）的英国批发价格指数（WPI）来源于雅斯特拉姆（1977, table 2），其中1939—1945年的数据缺失，用美国国家经济研究局每月公布的英国的生产者价格指数隐含的年增长率加以填充，所有商品的变量 ID=m04053.dat，见 http://www.nber.org/databases/macrohistory/rectdata/04/。1977—2010年的数据用英国生产者价格指数的隐含增长率拓展而得，英国生产者价格指数见 http://www.statistics.gov.uk/statbase/，变量名称为 PLLU，英国制成品产出的价格指数。1800—1976年的美国批发价格指数见雅斯特拉姆（1977, 145–146, table 7）。1706—1799年的数据用1800年批发价格指数/消费者价格指数的比值对美国消费者价格指数（见图 2.5 的数据来源）进行比例尺调整的插值法得出。该序列用美国生产价格指数隐含的增长率拓展至 1977—2010 年，美国生产价格指数数据来自美国劳工统计局，变量为 WPS00000000，见 http://www.bls.gov/ppi/data.htm#。用黄金表示的英国和美国的批发价格指数由批发价格指数与黄金价格的比值（1930=100）算得。图 2.10 展示的各次大萧条的时间范围在第 16 章引言中进行了讨论。

图 2.11　美国的企业利润率（1947—2011 年）

在第 16 章图 16.2 处讨论。

图 2.12　美国制造业平均利润率（1960—1989 年）

图 2.13　美国制造业增量利润率（1960—1989 年）

在第 7 章图 7.14 处讨论。

图 2.14　1972 年美国经标准化处理的生产利润的总价格和总单位劳动力成本（71 个行业）

在第 9 章图 9.1 处讨论。

图 2.15　1990 年世界各地区人均 GDP（以国际元为单位，对数值）

图 2.16　最富裕 4 国和最贫穷 4 国的人均 GDP（以国际元为单位，对数值）

来自麦迪逊（2003, http://www.ggdc.net/maddison/maddison-project/home.htm, Per Capita GDP: PIB par habitant, 1990 International Geary-khamis dollars）。1950 年，当科威特、卡塔尔等国出现时，其被剔除出最富裕 4 国，因为将其纳入会急剧夸大平均水平。1980 年，委内瑞拉也出现在最富裕 4 国中，但也由于与科威特类似的原因被剔除在外，尽管它的影响很小。在没有单个国家的数据时，本书使用诸如“16 个亚洲国家”这样的地区名称。

附录表 2.1.1 最富裕 4 国和最贫穷 4 国的人均 GDP（1990 年国际元）

	1600 年	1700 年	1820 年	1840 年	1860 年	1880 年	1900 年	1920 年	1940 年	1960 年	1980 年	2000 年
最富裕 4 国平均值	1 108 美元	1 406 美元	1 534 美元	1 865 美元	2 599 美元	3 644 美元	4 224 美元	5 127 美元	6 641 美元	10 510 美元	17 190 美元	24 426 美元
人均 GDP 最高	荷兰	荷兰	荷兰	荷兰	澳大利亚	澳大利亚	英国	新西兰	美国	瑞士	瑞士	美国
第二高	意大利	英国	英国	英国	英国	新西兰	新西兰	美国	英国	美国	美国	挪威
第三高	比利时	比利时	比利时	比利时	荷兰	英国	美国	澳大利亚	瑞士	新西兰	加拿大	丹麦
第四高	英国	意大利	丹麦	美国	比利时	比利时	澳大利亚	英国	新西兰	澳大利亚	丹麦	加拿大
最贫穷 4 国平均值	400 美元	415 美元	408 美元	500 美元	561 美元	591 美元	592 美元	738 美元	832 美元	407 美元	504 美元	381 美元
人均 GDP 最高	澳大利亚	加拿大	摩洛哥、突尼斯	15 个拉丁美洲国家	拉丁美洲	日本	16 个亚洲国家	萨尔瓦多	萨尔瓦多	厄立特里亚和埃塞俄比亚	乌干达	尼日尔
第二高	新西兰	非洲	南非	15 个西亚国家	亚洲	亚洲	非洲	非洲	非洲	博茨瓦纳	几内亚	乍得
第三高	加拿大	新西兰	新西兰	非洲	15 个拉丁美洲国家	15 个拉丁美洲国家	印度	亚洲	亚洲	马拉维	孟加拉国	塞拉利昂
第四高	美国	澳大利亚	尼泊尔	新西兰	非洲	非洲	中国	印度	印度	几内亚	乍得	刚果（金）

资料来源：麦迪逊（2003）。诸如“15 个拉丁美洲国家”或“16 个亚洲国家”这类名目中的国家列表来自麦迪逊

附录 4.1 国民账户中的生产流量与存量

附录 4.1.1 一个计算生产流量与存量的框架

古典账户关注已完成的产品（Xp）（即产成品）。[①] 传统账户关注的是发起的产品（X），即产成品与半产成品之和。二者在总产品概念上的区别进一步导致了对中间投入品、工资成本和价值增加值的量度方式的差异，尽管二者最终对总利润的量度是相同的。接下来，我们将在一个封闭的私有经济中说明古典账户和标准账户之间的映射关系。在这个封闭的私有经济中只存在生产性劳动，因为正是在这里产生了两种账户的根本差异。这一分析可以很容易地被拓展至包含政府部门和对外部门。谢克和托纳克（1994）详细研究了包含非生产劳动的情形。

从我们熟悉的标准的国民收入和生产账户（NIPA）的分类出发是有帮助的。总产品被定义为总产出（X），即购买的中间投入品（A）、最终产品的销售（X_S）与存货变化（ΔINV）之和。存货变化为原料和物料存货的变化（ΔINV_A）、在产品的存货变化（ΔINV_{WIP}）与产成

① “要是我们只考察总生产基金，每年的再生产过程是容易理解的。但是生产的各个组成部分都必须投入商品市场”（Marx 1967a, ch.24, sec.2, 590）。（中文转引自《资本论》第一卷，人民出版社，2004 年版，第 681 页。——译者注）“成品，不管它们的物质形态或使用价值如何，不管它们的效用如何，在这里都是商品资本”（Marx 1967b, ch.10, 205）。（中文转引自《资本论》第二卷，人民出版社，2004 年版，第 229 页。——译者注）

品和待转售商品的变化（ΔINV_P）之和。应当注意到，产成品包括原料，因为它们代表了原料生产者的产成品，而最终产品指的是不会直接再次进入生产（即消费和投资）的产成品（BEA 2008, 2–2, 2–9, 2–10）。[①]为了在二者之间进行区分，我会用下标“P”表示产成品（即已被生产出来的商品），用下标“F”表示最终产品。因此，在总产出的量度范围之内，前两项之和，即购买的中间投入品与最终产品销量之和代表了产成品的总销量。最后，总价值增加值（GVA）和 GDP 被定义为总产出减去中间投入品。由于总产出在来源端总是可以被表达为其原料成本（A）、工资成本（W）与总利润之和，所以总价值增加值便是工资成本与总利润之和。在使用端，总产出是原料的销售（购买）（A）、消费品的最终销售（C）、固定投资品的最终销售（I_f）与存货变化之和，所以 GDP 是如下三者之和：消费、固定投资以及原料、在产品和最终产品存货的总变化。由于国民收入和生产账户关注的是发起的产品，所以它对“最终”产品的量度有着奇特的性质：它包含了原料存量的增加和部分是虚构的项目（Shapiro 1966, 26n11）。

$X \equiv$ 国民收入和生产账户总产品 $=A+FS+\Delta INV=$ 购买的中间投入品 + 最终销售品 $+\Delta$ 存货

$$110 = 25+65+20 \qquad (4.1.1)$$

$$\Delta INV = \Delta INV_A + INV_{WIP} + \Delta INV_P = \text{存货总变化}$$

$$20 = 3 + 7 + 10 \qquad (4.1.2)$$

$$FS = \text{最终销售品} = C + I_f = \text{消费} + \text{固定投资}$$

$$65 = 45 + 20 \qquad (4.1.3)$$

$$GVA \equiv X - A = W + P_G$$

① 最终销售是“行业销售给最终的使用者”，它等于个人消费支出、总私人固定投资、政府消费支出和总投资与产品和服务净出口的总和（BEA 2008, 2–10, 12–12）。

$$85 = 110 - 25 = 33 + 52 \qquad (4.1.4)$$

$$GDP \equiv X - A = FS + \Delta INV = C + I_f + \Delta INV$$

$$85 = 110 - 25 = 65 + 20 = 45 + 20 + 20 \qquad (4.1.5)$$

为了转向古典分类，我们需要把有实质意义的分类提取到产成品（即已被生产出来的商品）中去。我们注意到，在该附录的开头，产成品的销售等于购买的中间投入品（A）与最终产品销售（FS）之和。由于产成品增加了产成品存货，而产成品的销售减少了相应存货，所以存货变动（ΔINV_P）即总的产成品（X_P）与产成品总销售（A+FS）之差。这一关系可表述为

$$X_P=A+FS+\Delta INV_P$$

$$100 = 25+65+10 \qquad (4.1.6)$$

方程（4.1.1）、方程（4.1.2）和方程（4.1.6）告诉我们，标准方法对发起产品的量度大于古典方法对产成品的量度，超过的部分为原料存货和在产品的变动。

$$X - X_P = \Delta INV - \Delta INV_P = \Delta INV_A + \Delta INV_{WIP}$$

$$110 - 100 = 20 - 10 = 3 + 7 \qquad (4.1.7)$$

我们可以在总产品的原料和劳动力成本（A+W）与产成品相应的成本之间进行类似的比较。产成品的原料成本（A_P）等于当年发起的生产的原料成本（A'_P）加上上一年发起的生产的投入品成本（A''_P）。[①] 类似地，产成品的劳动力成本（W_P）等于当年发起的生产的劳动力成本（W'_P）加上上一年发起的生产的劳动力成本（W''_P）。值得注意的是，当年的总工资支出（W）是当年发起的生产的所有工资支出之和，无论产成品（W'_P）还是在产品（W_{WIP}）。

① 如果价格发生变化，投入品的当前成本将不同于实际支付的成本，通常用存货估值调整来处理这种情况（BEA 2008, 2–8n19）。

A_P = 当年完成的产成品的原料成本

= 当年发起的产成品的原料成本 + 上一年发起的产成品的原料成本

$= A'_P + A''_P$

$$18 = 12 + 6 \quad (4.1.8)$$

W_P = 当年完成的产成品的劳动力成本

= 当年发起的产成品的劳动力成本 + 上一年发起的产成品的劳动力成本

$= W'_P + W''_P$

$$30 = 18 + 12 \quad (4.1.9)$$

$$W = W''_P + W_{WIP}$$

$$33 = 18 + 15 \quad (4.1.10)$$

原料和在产品存货的变动提供了传统和古典两种总成本量度方式之间缺失的联系。原料存货的变动（ΔINV_A）等于加在这些存货之上的购入原料（A）与当年使用原料之差，其中当年使用原料包括当年发起并完成的产品（A'_P）和在产品（A_{WIP}）使用的原料。在产品存货的变动（ΔINV_{WIP}）来自新增的以成本估值的在产品（$A_{WIP}+W_{WIP}$），以及对以往年份发起但在当年完成并退出存货的商品（$A_{WIP}+W_{WIP}$）的扣除。

$$\Delta INV_A = A - (A'_P + A_{WIP})$$

$$3 = 25 - (12 + 10) \quad (4.1.11)$$

$$\Delta INV_{WIP} = (A_{WIP} + W_{WIP}) - (A''_P + W''_P)$$

$$7 = (10 + 15) - (6 + 12) \quad (4.1.12)$$

我们现在已处在可以展示这两种生产成本量度方式之差异的位置，

即成本的差异量恰恰等于对应的两种方式所量度的总产品的差异量。[①]由此立刻得知，在这两种情况下，对总利润的量度也是相同的：标准方法对总营业盈余（GOS）的量度等于古典方法对总剩余价值（GSV）的货币形式的量度。因此，总利润（PG）这一术语对两者皆适用。

$$(A+W)-(A_P+W_P)=\Delta INV_A+\Delta INV_{WIP}$$

$$(25+33)-(18+30)=3+7 \quad (4.1.13)$$

$$GOS\equiv X-(A+W)=GSV\equiv X_P-(A_P+W_P)$$

$$52=110-(25+33)=52=100-(18+30) \quad (4.1.14)$$

古典方法的总剩余量度在使用端有一个等价之物，即总剩余产品（GSP）。这是总产成品（X_P）与其成本（A_P+W_P）在使用端的等价物之差。从方程（4.1.1）与方程（4.1.6）可知，总产成品在使用上的形式是 $X_P=A+C+I_f+\Delta INV_P$；A_P 已经处在使用形式之中；在工人消费等于其工资的假设之下，用于创造总产品的工人的工资可以表示为 $W_P=W-(W-W_P)=C_W-(W-W_P)$，其中 C_W 是工人的当期消费。所以经过移项可得：

$$GSP=(C-C_W)+(A-A_P)+(W-W_P)+I_f+\Delta INV_P$$

$$52=(45-33)+(25-18)+(33-30)+20+10 \quad (4.1.15)$$

方程右边括号里的第一项是资本家的消费，即总消费与工人消费之差。第二项是当年购买的投入品与最终产品生产使用的投入品（即对原料的总投资）之差。第三项是当年购买的劳动力与产成品生产中使用的劳动力（即对劳动力的总投资）之差。对原料与劳动力的投资之和即为对流动资本（I_C）的总投资。[②]由于生产需要花费时间，所

① 联立方程（4.1.8）~ 方程（4.1.12）即可得 $(A+W)-(A_P+W_P)=\{[\Delta INV_A+(A'_P+A_{WIP})]+W''_P+W_{WIP}\}-(A'_P+A''_P+W'_P+W''_P)=\Delta INV_A+[(A_{WIP}+W_{WIP})-(A''_P+W''_P)]=\Delta INV_A+\Delta INV_{WIP}$。

② 马克思说，流动资本由工资以及在生产商品过程中消耗的原料及辅助原料构成。流动资本投资即为它们数值的增加额（Marx, 1967b, ch.12, 231, 236）。

以产出只能先通过增加流动资本即投入品获得增长。此外，固定投资（I_f）则可以增加产能。二者之间的区别对古典动力机制（第12~13章）至关重要。于是，总剩余产品是以下各项的总和：资本家的消费（C_C）、流动资本投资、固定资本投资和最终产品存货变动。这与马克思自己的再生产体系完全一致。[①]

$$GSP = C_C + I_c + I_f + \Delta INV_P$$

$$52 = 12 + 10 + 20 + 10 \quad (4.1.16)$$

现在，我们可以比较标准与古典对总价值增加值的量度了。[②] 由于它们都体现了相同的总利润的量度（GOS = GSV = PG），所以它们二者的差异只能来自工资量度的不同。正如我们之前所注意到的，工资量度上的差别（$W-W_P$）只不过是对劳动力的投资。这正是都留重人（1942, 371–373）提出的观点，[③] 尽管他的推导仅适用于均一生产时期纯流动资本的特殊情形。

$$GVA = PG + W = \text{传统的总价值增加值}$$

$$85 = 52 + 33 \quad (4.1.17)$$

$$GVA_P = PG + W_P = \text{古典的总价值增加值}$$

$$82 = 52 + 30 \quad (4.1.18)$$

---

① 在马克思的再生产体系中，在仅有流动资本情形中，按照马克思使用的符号，总剩余价值的使用价值形式为 S=Sc+Sac+Sav，其中 S= 净剩余价值，Sc= 资本家消费，Sac=ΔC= 流动资本投资，Sav=ΔV= 可变资本投资（Sweezy 1942, 162–163）。当没有增长以至 ΔC=ΔV=0 时即为简单再生产。在这种情况下，所有的剩余价值均进入资本家消费（S=Sc）。

② 谢克和托纳克（1994, ch.3）使用的总价值增加值与标准及古典符号略微不同。

③ 都留还论证，工资的变动两次出现在传统方法对 GDP 的量度之中。理解这一点的最佳方法是将它量度的项目分为三项：VA_{NIPA}=(Sc)+(V+Sav)+(Sac+Sav)。第一项是资本家消费。第二项是工人消费：由于所有的生产均耗费一年的时间，所以产成品 V 的劳动力成本即为上一年的工资支出，V+Sav=V+ΔV= 当年工资支出，在给定的都留和马克思的假设下，即所有的工资收入都在同期内消费完毕，后一项将等于当期工人的消费。第三项是总流动资本投资，即由新增原料成本（Sac=ΔC）和新增劳动力（Sav=ΔV）成本所量度的在产品存货的净增加。由此，VA_{NIPA}= 总消费 + 总投资。实际上，工资支出的增长同时出现在当期工人消费和部分在产品存货当期增加中。

$$GVA - GVA_P = W - W_P = \text{对劳动力的投资}$$

$$85 - 82 = 33 - 30 \qquad (4.1.19)$$

最后，可以证明，即使在国民收入和生产账户的总产品和 GDP 量度方式之下，也可以清楚地确定流动资本投资。总产出为购入原料（A）与 GDP 之和，而后者为消费（C）、固定投资（I_f）与存货变动（ΔINV）之和。最后一项等于最终产品存货变动（ΔINV_P）加原料耗材和在产品存货变动（$\Delta INV_A + \Delta INV_{WIP}$）。但是，由方程（1.13）可知，最后一项求和只不过是流动资本投资。

$$\Delta INV_A + \Delta INV_{WIP} = (A - A_P) + (W - W_P) = I_c = \text{流动资本投资}$$

$$3 + 7 = (25 - 18) + (33 - 30) = 10 \qquad (4.1.20)$$

由方程（4.1.2）、方程（4.1.5）与方程（4.1.20）可知，我们可将国民收入和生产账户 GDP 表示为

$$GDP \equiv C + I_c + I_f + \Delta INV_P$$

$$85 = 45 + 10 + 20 + 10 \qquad (4.1.21)$$

流动资本投资始终在那里，隐匿于最平常的视线之中。

附录 4.2　图 4.1~ 图 4.18 的数值计算

本附录提供了一个数值实例，用以说明日工作时长及劳动强度与生产率及成本路径之间一般联系的数值实例。理论说明见 4.1~4.3 节，公式化的说明见表 4.1 ~ 表 4.3，图示见图 4.1 ~ 图 4.18。

该部分所使用的符号及其对应的术语汇总如下：

XR = 累积产出

H = 累积劳动时间

xr ≡ XR/H = 平均生产率

h = 给定某班长度

i= 劳动强度，$0 \leqslant i \leqslant 1$

l ≡ H/XR = 劳动系数 = 1/xr

A = 原料投入品

a ≡ A/XR = 原料系数

MK = 机器存量

mk ≡ MK/XR = 机器系数

mpl = ΔXR/ΔH = 劳动的边际产量

H_{MK} = 累积机器时间

mkn = MK/N = 单位工人机器数量

l′ ≡ N/XR = 雇工数量系数

ulc = w_h · l = 按小时支付工资的单位劳动力成本

$p_a \cdot a$ = 平均原料成本

avc = ulc + 平均原料成本

ac = afc + avc = 平均（总）成本

∂ = 折旧率

p_{MK} = 机器价格

p_a = 原料价格

mkh = H_{MK}/H = 每劳动小时机器运转小时数

xr′ = XR/N = 单位工人的产出

mkh′ = MK/H = 每劳动小时机器数

w_h = 单位小时工资率

w_N = 单位工人的工资

p = 产出价格

afc = $\partial \cdot p_{MK} \cdot MK/XR = \partial \cdot p_{MK} \cdot mk$ = 平均固定成本

ulc′ = $w_N \cdot l'$ = 按人头支付工资的单位劳动力成本

tc = 总成本 = ac · XR（当 XR > 0 时），以及 $\partial \cdot p_{MK} \cdot MK$（只有固定成本）（当 XR = 0 时）

mc = $\Delta tc/\Delta XR$ = 边际成本

附录 4.2.1 劳动时长、劳动强度和生产率（图 4.1 ~图 4.4）

可以这么说，做生意的头等大事便是去考察在给定技术水平下生产的可能性。每日生产时间的极限是机器可以运行的最长时间，为了便于说明问题，我们将其设定为每天 20 小时。在没有劳动时间的情况下，没有原料投入也没有产出，所以起始点总是零投入和零产出。即便在这种状态下，也存在着与固定资本折旧对应的固定成本。对生产率的建模方式与 4.4 节的经验证据相一致。我们假定其以一个不断减缓的速度上升，在低于机器日运行时间上限20小时的某点处达到峰值。为了允许生产率在某个劳动者疲惫点（在本例中为12个工作小时）之后下降，我们用一个二次函数来表示生产率和工作小时数之间的关系。简单起见，工作强度被视为生产率曲线的移位参数。由于XR=每日累积产出，H=每日累积劳动小时数，h=工作日劳动时长（$1 \leqslant h \leqslant 20$），$i$=劳动强度（$0 \leqslant i \leqslant 1$），参数$a_1$、$a_2$、$a_3 > 0$，平均每小时生产率xr = XR/H由下式给出：

$$xr = (a_1 + a_2h - a_3h^2)i \qquad (4.2.1)$$

给定任意劳动强度，该函数的斜率是$\partial xr/\partial h = h(a_2 - 2a_3 \cdot h)i$，且斜率在过度工作点$h^* = \frac{a_2}{2a_3}$处等于零。在这一点之后，生产率随劳动小时数的增长而下降。在单班制的情况下，工作日累积时长等同于该班长度，所以H=h。生产率关系意味着总产出$XR = h(a_1 + a_2 \cdot h - a_3 \cdot h^2)i$。产出曲线在点$h^{**} = \frac{-2a_2 - \sqrt{(2a_2)^2 + 12a_1a_3}}{-6a_3}$之后开始下行，也就是说，由于工作日劳动时长绝对的延长过度，总产出开始下降。当$0 < h \leqslant 20$且$a_1=2$、$a_2=1.2$、$a_3=0.05$时，过度工作点（劳动者疲惫点）是$h^*=12$，绝对过度延长点是$h^{**}=17$。最后，给定任意工作小时数，提升劳动强度都会导致生产率的上升，因而使生产率和产出曲线向上移动。

劳动系数（1=H/XR）是生产率的倒数。若原料为A，给定机器存量MK=14, a ≡ A/XR=原料系数=0.3（假定为一个常数），mk ≡ MK/XR=机器系数（随产出反向变动），mpl=ΔXR/ΔH=劳动的边际产量，我们得到如下数据点和曲线。可以注意到，当日工作时长延长过多的时候（过度疲劳造成伤害和破坏），劳动系数和机器系数曲线在某个点扭转，因为产出实际上下降了。附录表4.2.1展示了最大工作强度=1时的数值示例。其他工作强度下的相关数值没被列出，因为通过方程

（4.2.1）可将其轻易推导出来。图 4.1~ 图 4.4 描绘了工作强度（i）等于 0、0.2、0.4、0.6、1 时的主要变量。

附录 4.2.2　班次组合与生产可能性边界（图 4.5 ~图 4.6）

根据定义，新古典的生产可能性曲线是产出关于可变投入（劳动小时数）的边界曲线。这看起来像是图 4.2 所描绘的最大工作强度下产出曲线的非递减部分（即曲线到达到峰值之前的部分）。由于机器的充分运行时间是 20 小时，所以企业可以通过在第 17 个小时结束第一班，然后再增加第二个时长为 3 小时的班次来增加日总产出，从而得到一条新的单调的边界曲线。但这条新的 17:3 曲线并非一条边界曲线。的确，没有一种班次组合可以包含全部边界曲线，于是产出的边界将会由变化的班次组合构成。即使是产生最高累积日产出的班次组合（10:10），也会低于在第一个 10 小时的劳动投入产出边界，因此不会有“表现良好”的生产函数所要求的典型的单调形状（Varian 1993, 307–308）。

通过计算最大劳动强度下各种不同班次组合的日产出，这些问题可用图表加以说明。附录表 4.2.1 计算了一个单独的 20 小时班所对应的产出水平。我们可以以这个班作为参照班，通过累计相继班次的产出，建构出所有其他的总时长为 20 小时（机器运行时限）的班次组合。这样一来，直到第 17 个小时之前，一个 17 : 3 的班次组合和 20 小时的参照班将会有相同的日累积产出。但在第 18 个小时里，增加产出将来自第二个班次的第 1 个小时，因而会和参照班第 1 个小时产出相同。毫无疑问，这同样的过程可以在任何给定的班次组合上重复。附录表 4.2.2 算出了 20 : 0（参照班）、17 : 3、3 : 17、12 : 8 和 10 : 10（20 小时结束时有最大产出）班次组合下的数量关系（请特别注意每一个班次转换点）。图 4.5 基于这些数据做出。我们还计算并使用 10 : 10 班

附录表 4.2.1 i=1 时的生产率、产出和生产系数

班次小时数	劳动生产率	累积每日小时数	累积日产出	劳动系数	劳动的边际产量	原料系数	机器系数
h	xr	H	XR	l	mpl	a	mk
0	0	0	0				
1	3.55	1	3.55	0.28	3.55	0.30	3.944
2	4.60	2	9.20	0.22	5.65	0.30	1.522
3	5.55	3	16.65	0.18	7.45	0.30	0.841
4	6.40	4	25.60	0.16	8.95	0.30	0.547
5	7.15	5	35.75	0.14	10.15	0.30	0.392
6	7.80	6	46.80	0.13	11.05	0.30	0.299
7	8.35	7	58.45	0.12	11.65	0.30	0.240
8	8.80	8	70.40	0.11	11.95	0.30	0.199
9	9.15	9	82.35	0.11	11.95	0.30	0.170
10	9.40	10	94.00	0.11	11.65	0.30	0.149
11	9.55	11	105.05	0.10	11.05	0.30	0.133
12	9.60	12	115.20	0.10	10.15	0.30	0.122
13	9.55	13	124.15	0.10	8.95	0.30	0.113
14	9.40	14	131.60	0.11	7.45	0.30	0.106
15	9.15	15	137.25	0.11	5.65	0.30	0.102
16	8.80	16	140.80	0.11	3.55	0.30	0.099
17	8.35	17	141.95	0.12	1.15	0.30	0.099
18	7.80	18	140.40	0.13	–1.55	0.30	0.100
19	7.15	19	135.85	0.14	–4.55	0.30	0.103
20	6.40	20	128.00	0.16	–7.85	0.30	0.109

次下劳动的平均产量和边际产量推导出了图 4.6。

附录 4.2.3 生产函数图（图 4.7 ~图 4.8 的数据）

新古典的生产函数图由柯布–道格拉斯生产函数 $YR = MK^{\alpha} \cdot H^{1-\alpha}$ 推导而来，其中 YR = 实际净产出 = 实际总产出 – 中间投入 = $XR - a \cdot XR$。总产出由 $XR \equiv YR/(1-a)$ 推导得来，图 4.7 给出了其随劳动小时数变化的曲线，图 4.8 为机器存量 MK=14，原料系数 a = 0.30，生产函数参数 α=0.50 的情况下，每劳动小时的总产出 xr = XR/H 随机器小时–劳动小时比 mkh′= MK/H 变化的曲线。

附录 4.2.4 社会正常班次长度和劳动强度下的生产模式（图 4.9 ~图 4.14）

如表 4.1~ 表 4.2 发展出的模式一样，这一部分考察在 2.5 个标准班（8 小时）情况下，从作为参照的厂房设备在正常强度下充分利用（20 小时）时产生出的生产模式。机器存量 MK=14，原料系数 a=0.30，均与前述示例相同，且假定每一台机器都需要一个固定编制的工人数（N = 1）。这样，日累积劳动小时数（H）即为消耗在相继班次上的累积时间：第一个班次为 1~8 小时，第二个班次为 9~16 小时，最后一个班次为 17~20 小时。机器累积运行小时数 $H_{MK} = H \cdot MK$ 在 14~280 之间变化。最后这些相继班次的累积日产出为 $XR = xr \cdot H$，其中 xr 是按照该附录中方程（4.2.1）计算的正常劳动强度（i = 0.80）下的生产率。然后可以根据这些基本变量来计算 xr = XR/N= 单位工人产出，mkn = MK/N= 单位工人机器数，xr = XR/H = 每劳动小时产出，mkh′ = MK/H = 每劳动小时机器数，$mkh = H_{MK}/H = H \cdot MK/H \cdot N = MK/N$= 每劳动小时的机器运转小时数，mk ≡ MK/XR= 机器系数，l′ ≡ N/XR = 雇工数量系数，l= H/XR = 1/xr = 劳动小时系数。附录表 4.2.3 列出了这些数据并请特别注意每一个班次的起始点。

附录 4.2.5　成本曲线和利润（图 4.16 ~ 图 4.18）

附录表 4.2.3 使我们可以推导出两种不同情况下的成本曲线和利润：（1）工资按人头支付；（2）工资按小时支付。除了之前使用的 MK 和 a 的值外，∂ = 折旧率 =0.05，p_{MK} = 机器价格 =100，p_a = 原料价格 =10，w_N = 单位工人的工资 =100，w_h = 小时工资率 =12.5，p= 产出价格 =7。附录表 4.2.4 中的产出（XR）取自附录表 4.2.3。固定成本 = 机器存量折旧 = $\partial \cdot p_{MK} \cdot MK$ = 70，由此可以计算出与任意正产出（即一旦第一个班次开始）对应的平均固定成本 afc = $\partial \cdot p_{MK} \cdot MK/XR = \partial \cdot p_{MK} \cdot mk$，其中 mk = 附录表 4.2.3 中的机器系数。随后的计算也分为两种情形。按人头支付工资时，单位劳动力成本 ulc′ = $w_N \cdot N/XR$ = wN · l′，其中 l′ = 前表中的雇工人数系数。平均可变成本 avc′ = ulc′ + $p_a a$，其中后一项是单位原料成本，而平均（总）成本 ac′ = afc′+avc′。当没有产出（阴影条目）时，总成本 tc′ 仅等于固定成本，但若不是这种情况，可以按 tc′ = ac′ · XR 进行计算。边际成本 mc′ = Δtc′/ΔXR。按小时支付工资时，ulc = w_H.H/XR = w_H.l，其中 l= 之前在附录表 4.2.3 中推导的劳动小时系数。其他相应成本的计算步骤与前一种情况一样。最后，每一种工资支付方式下的总利润均可以通过总收入（p · XR）减去相应的总成本（tc′ 或 tc）得出。附录表 4.2.4 归纳了这些数据，图 4.16~ 图 4.18 则根据这些数据做出。

附录表 4.2.2 最大劳动强度下（i=1）的生产可能性边界和班次组合

累积日劳动小时数	20 ：0 班次组合产出	17 ：3 班次组合产出	3 ：17 班次组合产出	12 ：8 班次组合产出	10 ：10 班次组合产出	10 ：10 班次组合生产率	10 ：10 班次劳动的边际产量
H	XR20	XR173	XR317	XR128	XR1010	xr1010	mpl1010
0	0	0	0	0	0		
1	3.55	3.55	3.550	3.550	3.550	3.550	3.55
2	9.2	9.20	9.200	9.200	9.200	4.600	5.65
3	16.65	16.65	16.650	16.650	16.650	5.550	7.45
4	25.6	25.60	20.200	25.600	25.600	6.400	8.95
5	35.75	35.75	25.850	35.750	35.750	7.150	10.15
6	46.8	46.80	33.300	46.800	46.800	7.800	11.05
7	58.45	58.45	42.250	58.450	58.450	8.350	11.65
8	70.4	70.40	52.400	70.400	70.400	8.800	11.95
9	82.35	82.35	63.450	82.350	82.350	9.150	11.95
10	94	94.00	75.100	94.000	94.000	9.400	11.65
11	105.05	105.05	87.050	105.050	97.550	8.868	3.55
12	115.2	115.20	99.000	115.200	103.200	8.600	5.65
13	124.15	124.15	110.650	118.750	110.650	8.512	7.45
14	131.6	131.60	121.700	124.400	119.600	8.543	8.95
15	137.25	137.25	131.850	131.850	129.750	8.650	10.15
16	140.8	140.80	140.800	140.800	140.800	8.800	11.05
17	141.95	141.95	148.250	150.950	152.450	8.968	11.65
18	140.4	145.50	153.900	162.000	164.400	9.133	11.95
19	135.85	151.15	157.450	173.650	176.350	9.282	11.95
20	128	158.60	158.600	185.600	188.000	9.400	11.65

附录表 4.2.3 社会正常班次时长和劳动强度下（$i=0.80$）的生产模式

	累积雇工数	每班小时数	累积劳动小时数	累积机器运转小时数	累积产出	单位工人的产出	单位工人机器数
	N	H	H	H_{MK}	XR	xr'	mkh'
班次 1	0	0	0	0	0		
	1	1	1	14	2.84	2.84	14
	1	2	2	28	7.36	7.36	14
	1	3	3	42	13.32	13.32	14
	1	4	4	56	20.48	20.48	14
	1	5	5	70	28.60	28.60	14
	1	6	6	84	37.44	37.44	14
	1	7	7	98	46.76	46.76	14
	1	8	8	112	56.32	56.32	14
班次 2	2	1	9	126	59.16	29.58	7
	2	2	10	140	63.68	31.84	7
	2	3	11	154	69.64	34.82	7
	2	4	12	168	76.80	38.40	7
	2	5	13	182	84.92	42.46	7
	2	6	14	196	93.76	46.88	7
	2	7	15	210	103.08	51.54	7
	2	8	16	224	112.64	56.32	7
班次 3	3	1	17	238	115.48	38.49	4.67
	3	2	18	252	120.00	40.00	4.67
	3	3	19	266	125.96	41.99	4.67
	3	4	20	280	133.12	44.37	4.67

（续表）

	每劳动小时产出	每劳动小时机器数	每劳动小时机器运转小时数	机器系数	原料系数	雇工数量系数	劳动小时系数（小时数/产出）
	xr	mkh'	mkh	mk	α	l'	l
班次 1	2.84	14.00	14	4.930	0.30	0.352	0.352 1
	3.68	7.00	14	1.902	0.30	0.136	0.271 7
	4.44	4.67	14	1.051	0.30	0.075	0.225 2
	5.12	3.50	14	0.684	0.30	0.049	0.195 3
	5.72	2.80	14	0.490	0.30	0.035	0.174 8
	6.24	2.33	14	0.374	0.30	0.027	0.160 3
	6.68	2.00	14	0.299	0.30	0.021	0.149 7
	7.04	1.75	14	0.249	0.30	0.018	0.142 0
班次 2	6.57	1.56	14	0.237	0.30	0.034	0.152 1
	6.37	1.40	14	0.220	0.30	0.031	0.157 0
	6.33	1.27	14	0.201	0.30	0.029	0.158 0
	6.40	1.17	14	0.182	0.30	0.026	0.156 3
	6.53	1.08	14	0.165	0.30	0.024	0.153 1
	6.70	1.00	14	0.149	0.30	0.021	0.149 3
	6.87	0.93	14	0.136	0.30	0.019	0.145 5
	7.04	0.88	14	0.124	0.30	0.018	0.142 0
班次 3	6.79	0.82	14	0.121	0.30	0.026	0.147 2
	6.67	0.78	14	0.117	0.30	0.025	0.150 0
	6.63	0.74	14	0.111	0.30	0.024	0.150 8
	6.66	0.70	14	0.105	0.30	0.023	0.150 2

附录表 4.2.4 成本曲线和利润

	累积产出	平均固定成本	单位劳动力成本（单位工人工资）	平均可变成本（单位工人工资）	平均成本（单位工人工资）	总成本（单位工人工资）	边际成本（单位工人工资）
	XR	afc	ulc'	avc'	ac'	tc'	mc'
班次 1	0					70	
	2.84	24.648	35.21	38.21	62.86	178.52	38.21
	7.36	9.511	13.59	16.59	26.10	192.08	3.00
	13.32	5.255	7.51	10.51	15.76	209.96	3.00
	20.48	3.418	4.88	7.88	11.30	231.44	3.00
	28.60	2.448	3.50	6.50	8.94	255.8	3.00
	37.44	1.870	2.67	5.67	7.54	282.32	3.00
	46.76	1.497	2.14	5.14	6.64	310.28	3.00
	56.32	1.243	1.78	4.78	6.02	338.96	3.00
班次 2	59.16	1.183	3.38	6.38	7.56	447.48	38.21
	63.68	1.099	3.14	6.14	7.24	461.04	3.00
	69.64	1.005	2.87	5.87	6.88	478.92	3.00
	76.80	0.911	2.60	5.60	6.52	500.4	3.00
	84.92	0.824	2.36	5.36	6.18	524.76	3.00
	93.76	0.747	2.13	5.13	5.88	551.28	3.00
	103.08	0.679	1.94	4.94	5.62	579.24	3.00
	112.64	0.621	1.78	4.78	5.40	607.92	3.00
班次 3	115.48	0.606	2.60	5.60	6.20	716.44	38.21
	120.00	0.583	2.50	5.50	6.08	730	3.00
	125.96	0.556	2.38	5.38	5.94	747.88	3.00
	133.12	0.526	2.25	5.25	5.78	769.36	3.00

（续表）

	单位劳动力成本（每小时工资）	平均可变成本（每小时工资）	平均成本（每小时工资）	总成本（每小时工资）	边际成本（每小时工资）	总利润（单位工人工资）	总利润（每小时工资）
	ulc	avc	ac	tc	mc	P^L	P^H
班次 1				70		–70	–70
	4.40	7.40	32.05	91.0	7.40	–158.64	–71.14
	3.40	6.40	15.91	117.1	5.77	–140.56	–65.56
	2.82	5.82	11.07	147.5	5.10	–116.72	–54.22
	2.44	5.44	8.86	181.4	4.75	–88.08	–38.08
	2.19	5.19	7.63	218.3	4.54	–55.6	–18.1
	2.00	5.00	6.87	257.3	4.41	–20.24	4.76
	1.87	4.87	6.37	297.8	4.34	17.04	29.54
	1.78	4.78	6.02	339.0	4.31	55.28	55.28
班次 2	1.90	4.90	6.08	360.0	7.40	–33.36	54.14
	1.96	4.96	6.06	386.0	5.77	–15.28	59.72
	1.97	4.97	5.98	416.4	5.10	8.56	71.06
	1.95	4.95	5.86	450.4	4.75	37.2	87.2
	1.91	4.91	5.74	487.3	4.54	69.68	107.18
	1.87	4.87	5.61	526.3	4.41	105.04	130.04
	1.82	4.82	5.50	566.7	4.34	142.32	154.82
	1.78	4.78	5.40	607.9	4.31	180.56	180.56
班次 3	1.84	4.84	5.45	628.9	7.40	91.92	179.42
	1.88	4.88	5.46	655.0	5.77	110	185
	1.89	4.89	5.44	685.4	5.10	133.84	196.34
	1.88	4.88	5.40	719.4	4.75	162.48	212.48

附录 5.1　马克思货币理论要点集锦

这些来自马克思著作的引文旨在强调其货币理论中的某些关键论点。这些引文只使用了马克思较后期的著作：《政治经济学批判（第 1 分册）》（1859 年）以及《资本论》第 1~3 卷。[①] 唯一例外的引文来自《马克思经济学手稿（1857—1858 年）》，涉及黄金供给的增加给产出和就业水平带来的刺激作用，因为这一点在之后的两部作品中似乎再没进行直接的讨论。[②]

这里汇集的论点是按照在第 5 章中的提及顺序排列的：认可“黄金”是对一般货币商品的一种替代；马克思声称的他所研究的特定类型的货币，以及被他排除的其他形式的货币（信用货币及法定货币的某些类型），因为这些货币类型遵循不同的规律，属于在他讨论的较后期阶段计划研究的内容（但他未能在生前完成）；流通过程本身产生黄金代币的事实；关于伪造货币是流通过程本身内在趋势的进一步发展的观点；基于商品的货币（内生、有不同的流通速率及不同的总产出

① 本附录的全部引文转引自中央编译局 1986 年开始编译、人民出版社出版的《马克思恩格斯全集》中文第 2 版。各著作具体出处如下：《政治经济学批判（第 1 分册）》，《马克思恩格斯全集》第 31 卷，人民出版社，1998 年版；《资本论》第 1 ~ 3 卷，人民出版社，2004 年版（其中 2004a、2004b、2004c 分别代表《资本论》第 1、2、3 卷）。引用格式及含义是：马克思，1998, 458，意指“中文转引自《马克思恩格斯全集》第 31 卷，人民出版社，1998 年版，第 458 页”。——译者注

② 《马克思经济学手稿 1857—1858 年》共有上、下两册，分别收录于《马克思恩格斯全集》第 30 卷，人民出版社，1995 年版，以及《马克思恩格斯全集》第 31 卷，人民出版社，1998 年版。引用格式同上。——译者注

水平）的基本运作方式；代币为什么能被完全接受，而这之中又暗含着怎样的限制的问题。

附录 5.1.1 “黄金”被用于指代一般货币商品

“为简化起见，到处把金作为货币商品”（Marx 1970, 64）（马克思，1998，458）。

“为了简单起见，我在本书各处都假定金是货币商品”（Marx 1967a, 94）（马克思，2004a，114）。

附录 5.1.2 马克思货币理论的范围

附录 5.1.2.1 分析不包含信用货币但包括由国家发行的某些形式的法定货币

“在以下的研究中要把握住，我们所谈的只是从商品交换直接产生出来的那些货币形式，而不是属于生产过程较高阶段的那些货币形式，如信用货币”（Marx 1970, 64）（马克思，1998，458）。

“国家发行强制通用的纸币（我们这里讲的只是这种纸币）”（Marx 1970, 119）（马克思，1998，513）。

之前引用中的“强制通用的效力”是指法定货币，即拥有“法定存在”的代币（Marx 1970, 116）（马克思，1998，510）。

“信用货币属于社会生产过程的较高阶段，它受完全不同的规律支配”（Marx 1970, 116）（马克思，1998，510）。

附录 5.1.2.2 分析关注于代表着货币商品的代币

“执行铸币职能的价值符号，如纸片，是用金的铸币名称表示的金量的符号，因此是金的符号……只就一定量的金作为对象化劳动时间具有一定的价值量而言，金的符号代表价值”（Marx 1970, 115）（马克思，1998，509）。

附录 5.1.2.3 代表着货币商品的代币直接是“价格的符号”

“价值符号直接地只是价格的符号，因而是金的符号，它间接地才是商品价值的符号……价值符号起的作用，只是在过程内部对另一个商品代表一个商品的价格，或对每个商品所有者代表金”（Marx 1970, 115–116）（马克思，1998，510）。

很多种类的代币都是“单纯的价值符号”。这些代币包括“18 世纪初期至中期北美洲英国殖民地地方银行券”，以及“后来独立战争中美国中央政府用法律强制流通的纸币（大陆纸币）”和“法国阿西涅”（Marx 1970, 169）（马克思，1998，564）。

附录 5.1.2.4 即便是不可兑换纸币也可以是货币商品的代币

“纸币只有代表金量（金量同其他一切商品一样，也是价值量），才是价值符号”（Marx 1967a, 128）（马克思，2004a，151）。

“国家发行强制通用的纸币（我们这里讲的只是这种纸币）这种国家干预，似乎把［可兑换代币的］[①] 经济规律废除了。过去国家规定造币局价格只是［曾经］给金的一定重量起一个教名，而制造铸币只是把自己的印记加在金上，现在国家似乎用自己的印记的魔术点纸成金。因为纸票有强制通用的效力，所以谁也不能阻止国家任意把大量纸票硬塞到流通中去，并在它们上面印上任意的铸币名称，如 1 镑、

① 本附录所有引文中的括号及内容都为作者所加。——译者注

5 镑、20 镑。纸票一进入流通，就不可能再抛出来，因为不仅国境界碑阻止它们流出，而且它们在流通之外便失去一切价值，不论是使用价值或交换价值。它们离开自己的职能存在，就变成一文不值的废纸。可是，国家的这种权力纯粹是假象。国家固然可以把印有任意的镑币名称的任意数量的纸票投入流通，可是国家的控制同这个机械行为一起结束。价值符号或纸币一旦进入流通，就受流通的内在规律的支配”(Marx 1970, 119)(马克思，1998，513–514)。

附录 5.1.2.5 不可兑换代币价值的过度发行只会使其相对于货币商品贬值

“如果 1 400 万镑是商品流通所需要的金的数额，而国家把 21 000 万张名义为一镑的纸票投入流通，那么这 21 000 万张纸票就变为 1 400 万镑金的代表。这就好比国家用镑票来代表其价值只等于金的 1/15 的另一种金属，或者用镑票来代表其重量只等于从前的 1/15 的金。除了价格标准的命名改变外，什么也没有改变，而这种命名自然是约定俗成的，无论它直接地由于铸币含金量改变而产生，或间接地由于按照新的、较低的价格标准所需要的量增发纸票而产生。既然现在‘镑’的名称是指只相当于以前 1/15 的金量，一切商品价格就会增加到以前的 15 倍，于是 21 000 万张镑票事实上就会同以前的 1 400 万张一样，全部是必需的。随着价值符号的总数的增加，每一符号所代表的金量就按同一比例减少。价格的上涨不过是流通过程强制价值符号去等于它们代替流通的金量而产生的反应”(Marx 1970, 120)(马克思，1998，514)。

附录 5.1.3 流通本身创造了黄金代币

“然而，货币流通是外部的运动，索维林虽然没有臭味，却在复杂的社会中周旋。铸币由于同各种各样的手、荷包、衣袋、褡裢、腰包、匣子、箱子、柜子等摩擦而磨损，这里掉一个金原子，那里掉一个金原子。它在尘世奔波中磨来磨去，越来越失去自己的含量。它因使用而损耗”(Marx 1970, 108)(马克思，1998，502–503)。

“要完全避免金索维林变成虚幻的金，是不可能的，但是立法想在它的实体减轻到一定程度时把它收回，不准它再当铸币通用。例如，按照英国的法律，1 个索维林失去的重量超过 0.747 格令，它就不再是合法的索维林。英格兰银行从 1844—1848 年间称过 4 800 万个金索维林，用的是柯顿氏称量金的机器，它不仅辨别得出两个索维林之间 1/100 格令的差别，而且像一个有理智的生物那样，把分量不足的索维林立刻推上一块滑板，使它滑进另一架机器，这架机器就以东方式的残酷无情把它锯碎”(Marx 1970, 111)(马克思，1998，505)。

“由于流通过程本身，所有的金铸币或多或少地变成了自己的实体的单纯符号或象征……因此，如果说能够作为价值尺度、因而作为货币在一国之内发生作用的只有一种独特的商品，那么，当作铸币来用的除金外可以有几种商品。这些辅助的流通手段，如银记号或铜记号，在流通中代表金铸币的一定部分。因此，它们自己的含银量或含铜量不是由银对金或铜对金之间的比价决定的，而是由法律任意确定的”(Marx 1970, 112)(马克思，1998，505–506)。

“银记号或铜记号的金属含量是由法律任意规定的。它们在流通中比金币磨损得还要快。因此，它们的铸币职能实际上与它们的重量完全无关，就是说，与价值完全无关。金的铸币存在同它的价值实体完全分离了。因此，相对地说没有价值的东西，例如纸票，就能代替金来执行铸币的职能。在金属货币记号上，这种纯粹的象征性质还在一定程度上隐藏着。但在纸币上，这种性质就暴露无遗了。我们看到，困难的只是第一步”（Marx 1967a, 126–127）（马克思，2004a，149）。

“我们的叙述已经表明，金的铸币存在，作为与金的实体本身脱离的价值符号，是从流通过程本身中产生，而不是从协议或国家干预中产生的”（Marx 1970, 116）（马克思，1998，510）。

附录 5.1.4 伪造货币

“在流通速度不变时，铸币流通得越久，或者在同一时间内它流通得越活跃，它作为铸币的存在就越是同它的金银的存在脱节。余下的是“一个伟大名字的影子”。铸币的肉体只是一个影子。它原来因流通过程而加重，现在却因过程而减轻，但是在每一次单独的买或卖中仍旧当作原来的金量起作用。索维林成了虚幻的索维林，成了虚幻的金，但是仍然执行着法定金币的职能。其他物因为同外界接触而失掉了自己的观念性，而铸币却因为实践反而观念化，变成了它的金体或银体的单纯虚幻的存在。由流通过程本身所引起的金属货币的这第一次观念化，或者说它们的名义含量和实际含量的分离，一方面被政府、另一方面被私人冒险家利用来从事各式各样的铸币伪造活动”（Marx 1970, 109）（马克思，1998，503）。

“一旦相当多的索维林减少了金属含量，以致金的市场价格持续地高于它的造币局价格，那么铸币的计算名称虽然不变，但是它今后只会表示一个较小的金量。换句话说，货币的标准会改变，金今后会按照这个新标准来铸造……这就说明了我们在前面提到过的现象：在所有现代民族的历史上，金属含量本身不断减轻，但仍采用同一个货币名称”（Marx 1970, 110–111）（马克思，1998，504–505）。

附录 5.1.5 基于商品的货币的基本运作方式

附录 5.1.5.1 货币是内生的

“因此，如果流通速度已定，流通手段量就只是决定于商品的价格。因此，价格的高或低，不是因为有较多或较少的货币在流通，相反，有较多或较少的货币在流通，倒是因为价格高或低”（Marx 1970, 105）（马克思，1998，500）。

“在考察简单货币流通时所得出的流通中的货币量的规律，因支付手段的流通而发生了重大的改变。在一定的货币流通速度下，——不论货币是作为流通手段或作为支付手段，——一定时期内流通中的货币总量决定于待实现的商品价格总额，加上同一时期中到期的支付总额，减去彼此抵销的支付”（Marx 1970, 147）（马克思，1998，542）。

“流通中的金的总量，一方面随着流通中的商品的时时变动的价格总额或同时发生的商品形态变化的规模，另一方面随着商品形式变换每次的速度，必然要不断地扩张或收缩；这一点只有在一国的货币总量与流通中的货币量之比不断发生变动的条件下才有可能。这个条件是靠货币贮藏来实现的”（Marx 1970, 136）（马克思，1998，530–531）。

“但在资产阶级发达的国家，［贮藏货币］就集中到银行的金库中了”（Marx 1970, 137）（马克思，1998，531）。

“不能把贮藏货币同铸币准备金混为一谈，铸币准备金本身是经常处在流通中的货币总量的一个组成部分，而贮藏货币与流通手段的能动的关系却以流通中的货币总量的减少或增加为前提”（Marx 1970, 137）（马克思，1998，531）。

附录 5.1.5.2　流通速度是可变的

"在信用活跃的时期，货币流通的速度比商品价格增加得快，而在信用紧缩的时期，商品价格比流通速度降低得慢"（Marx 1967c, 448）（马克思，2004c，508）。

"至于资本转移所需要的通货，即资本家自身之间必需的通货，那么，这个营业兴旺时期同时也就是信用最具弹性和最易获得的时期。资本家和资本家之间的流通的速度，直接由信用调节，因而，支付结算、甚至现金购买所需要的流通手段量，会相应地减少。绝对地说，它可以增加；但相对地说，和再生产过程的扩大相比来说，它在所有情况下都会减少。一方面，较大额的支付，无须货币介入就可以了结；另一方面，在再生产过程非常活跃的时候，同量货币无论作为购买手段还是作为支付手段都会以较快的速度运动。同量货币会对更多单个资本的回流起中介作用"（Marx 1967c, 447）（马克思，2004c，507）。

附录 5.1.5.3　产出量的数量同样是可变的

"把流动资本和固定资本这两个规定理解为资本一般的形式规定，是非常重要的，因为，否则就无法理解资产阶级经济的许多现象，如与资本的一次周转时间有本质区别的经济周期的各时期；新的需求的影响；甚至新生产金银的国家对一般生产的影响。谈论澳大利亚金矿或新发现的市场所产生的刺激，是没有用的。如果不是资本的本性决定了它决不能全部被使用，即总要有一部分资本固定起来，丧失价值，不生产，那么，任何刺激都不能驱使它更多地生产。另一方面，经济学家们（甚至包括李嘉图在内）陷入了荒谬的矛盾之中，他们假定，资本始终是全部被使用的，因而他们仅仅用新资本的创造来解释生产的增大。这样的话，生产的任何增大都要以生产的先行增大或生产力的增长为前提”（Marx 1973, 623）（马克思，1998，10）。

附录 5.1.6 关于代币的可接受性

附录 5.1.6.1 代币只有在“得到商品所有者公认”时才能行使职能

“某种相对没有价值的东西，如一块皮、一片纸等等，最初由于习惯变成货币材料的符号，可是，只有在它作为象征的存在得到商品所有者公认的时候，就是说，只有在它取得法定存在而具有强制通用的效力的时候，它才保持住作为货币材料的符号的地位”（Marx 1970, 116）（马克思，1998，510）。

附录 5.1.6.2 即便是法定货币在国外也必须获得自愿认可

“但是，货币符号本身需要得到客观的社会公认，而纸做的象征是靠强制流通得到这种公认的。国家的这种强制行动，只有在一国范围内或国内的流通领域内才有效，也只有在这个领域内，货币才完全执行它的流通手段或铸币的职能，因而才能在纸币形式上取得一种同它的金属实体在外部相脱离的并纯粹是职能的存在形式”（Marx 1967a, 128–129）（马克思，2004a，152）。

附录 5.2 第 5 章的资料来源和计算方法

1780—1785 年的英国黄金价格来自雅斯特拉姆（1977）；同一时期的美国黄金价格用 1786 年美国—英国黄金价格之比计算得出（这一比例直到 1800 年基本保持不变）。1786—2010 年的美国黄金价格中，1786—1790 年的是官方价格，获取自 Mearuring Worth.com，见 http://www.measuringworth.com/gold/，之后则采用市场价格。此处也可获取 1786—1949 年用英镑表示的英国黄金市场价格，以及此后用美元表示的英国黄金市场价格，所以后一部分是用美元–英镑汇率换算的用英镑表示的英国黄金价格，汇率出处同上。

1786—1945 年的资料来源和计算方法分别见于罗伦斯 · H. 奥菲瑟和塞缪尔 · H. 威廉森的《1257—2010 年的黄金价格》见 http://www.measuringworth.com/gold/，以及罗伦斯 · H. 奥菲瑟的《1791 年以来的美元–英镑汇率》，见 http://www.measuringworth.com/exchangepound/。除了 1939—1945 年缺失的数据，1560—1976 年（1930=100）的英国批发价格指数（WPI）获取自雅斯特拉姆（1977, table2）。其中 1939—1945 年的缺失数据则采用来自美国国家经济分析局每月公布的英国生产者价格指数隐含的年均增长率计算得出。所有商品的变量 ID=m04053.dat， 见 http://www.nber.org/databases/macrohistory/rectdata/04/。1977—2010 年的数据则采用英国生产价格指数内含的增长率计算得出，见 http://www.statistics.gov.uk/statbase/，变量名为 PLLU，英国制成品产出价格指数。

1800—1976 年的美国批发价格指数数据从雅斯特拉姆（1977, 145–146, table7）获得。1706—1799 年的数据采用美国消费者价格指数（见图 2.5 的资料来源），通过 1800 年批发价格指数 / 消费者价格指数的比值重新调整得到。1977—2010 年的数据通过美国生产价格指数内含的增长率计算得到，数据来源自美国劳工统计局，变量为 WPS00000000，见 http://www.bls.gov/ppi/data.htm#。用黄金表示的英国和美国批发价格指数用批发价格指数与黄金价格的比值（1930=100）表示。对各次大萧条时间测定的讨论见第 16 章引言。

图 5.1　美国和英国的黄金价格（1930=100，对数值）

图 5.2　用英镑、美元和黄金盎司表示的英国批发价格指数（1930=100，对数值）

图 5.3　美国和英国的批发价格指数（1790—1940 年，1930=100，对数值）

图 5.4　美国和英国的批发价格指数（1790—2010 年，1930=100，对数值）

图 5.5　用黄金盎司表示的英国批发价格指数和黄金的英镑价格（1790—2009 年，1930=100，对数值）

图 5.6　用黄金盎司表示的美国批发价格指数和黄金的美元价格（1800—2009 年，1930=100，对数值）

这些同样的数据被分别用于第 16 章和第 17 章展示的另外两张图表：图 16.1 美国和英国的黄金长波，对三次方时间趋势的偏离（1786—2010 年，1930=100），与在图 5.5 和图 5.6 一样，现在是通过三次方曲线拟合去除时间趋势；图 17.1 从过去的长波看 2007 年全球危机，通过一个 HP 滤波进行平滑化处理（参数为 100），将 1897—1939

年和 1939—1983 年两个明显可见的长波平均化，之后将预测路径的平均值和预计将在 2008—2009 年可能爆发的下一次危机放在后面的两个实际长波之间。实际的全球危机爆发于 2007—2008 年。这些运算和处理过程从 2003 年起就开始被应用于在课堂教学和公共演讲中。

每个国家经平滑处理后的数据都展示出两条长波：依照从波峰到波峰、从波谷到波谷的年份计算，第一条是 1897—1939 年（42 年），第二条是 1939—1983 年（44 年）。这 4 条波都被平均化，得到一条单独的“代表性”波形线，平均化的波形线处于接下来从 1983 年开始的两条实际波形线之间，其波峰正好处于与两条实际波形线的波峰相匹配的位置（2000 年）。

正如第 16 章引言曾提到的，总危机和大萧条通常开始于一个长期衰退的中间部位。如图 17.1 所示，在之前 1897—1983 年的两个长波中，大萧条在每一个波峰期的 8~9 年后出现。在此基础上，21 世纪的第一次大萧条预计应从 2008—2009 年开始。我最早在 2003 年开始展示这些图表和预测，并在之后的每一年都重申。请注意是，最近的一次长波按波峰–波峰、波谷–波谷计算 1983—2007/2008 年持续了 44~45 年，与前一个从 1897 年开始、持续了 42~44 年的长波非常一致。如果过去的那些长波的持续时间具有任何指示意义的话，即从波峰到波谷的平均持续时间为 18 年（长波是不对称的），那么之后的低谷将会出现在 2018 年。

附录 6.1 关于利润和剩余劳动的代数

第 6 章讨论过的剩余劳动时间、剩余产品和利润之间的关系在这里形式化地表示出来，首先分析单一构成商品的情况，其次扩展至多部门的情况。

附录 6.1.1 单一构成商品情况（玉米-玉米）

我们首先分析单位劳动时间的生产条件。正如接下来所示，这些条件可以转化为投入-产出系数。

a_h =单位劳动时间种植的玉米种子

xr_h =单位劳动时间收获的玉米

$l = 1/xr_h$ = 收获单位玉米所需的劳动时间

$yr_h = xr_h - a_h$ = 单位劳动时间的净产品

$wr_h \cdot h = wr$ = 每个工人每天以玉米计量的实际工资

h = 强度调整后的日工作时长

N = 每天的雇工数量

$L = h \cdot N$ = 强度调整后的雇佣劳动日工作总时长

$A = a_h \cdot L$ = 每天种植的玉米种子的总量

$XR = xr_h \cdot L$ = 每天收获的玉米总量（实际总产出）

$YR = XR - A = (xr_h - a_h)L$ = 每天收获的玉米的实际净产出

那么每天的总剩余产品（Ω）直接随着每天的总雇佣劳动（L =

$h \cdot N$），即强度调整后的日工作时长（h）和每天的雇工数量（N）而变化。这可以用每天的实际工资（wr）或每小时的实际工资（wr_h）表示出来。

$$\begin{aligned}\Omega &\equiv YR - wr_h \cdot h \cdot N = (xr_h - a_h)h \cdot N - wr_h \cdot h \cdot N \\ &= (yr_h - wr_h)h \cdot N = (yr_h \cdot h - wr)N\end{aligned} \qquad (6.1.1)$$

从方程（6.1.1）中我们可以看到剩余产品随着日工作时长的缩短而下降，直至当日工作时长缩短至某个长度 h_0 时，剩余产品减少为零。因此，必要劳动时间可以由这样的条件来定义，即每天的净产品等于每天的实际工资（$yr_H.\ h_0 = wr$），或者等价于每小时的实际工资等于每小时的实际净产品（$wr_h = yr_h$），正如表 6.1 所示。那么，剩余劳动时间即为实际日工作时长与必要劳动时间之差，剩余产品直接随从事的剩余劳动数量（h_s）的变化而变化。与方程（6.1.1）结合起来，上述命题可以转化为单位雇佣劳动的剩余产品直接随着剩余劳动时间的变化而变化。

$$h_0 \equiv \frac{wr}{yr_h} \qquad (6.1.2)$$

$$h_s = h - h_0 = h - \left(\frac{wr}{yr_h}\right) \qquad (6.1.3)$$

$$\Omega = (yr_h \cdot h - wr)N = yr_h\left(h - \frac{Wr}{yr_h}\right)N = yr_h \cdot h_s \cdot N \text{（给定日工资）} \qquad (6.1.4)$$

以货币为单位的生产总利润 / 损失指总产出与生产成本二者的货币价值之差。假设 p= 给定的玉米价格，PR= 每天实际利润，WR= 每天实际工资 = $wr \cdot N$，那么根据方程（6.1.1）~ 方程（6.1.4），我们可以发现总生产利润即为总剩余产品的货币价值，并且给定生产条件（yr_h）和价格水平（p），总实际生产利润直接随着剩余劳动时间（$h_s \cdot N$）的变化而变化。类似地，给定任意的相对价格集，总利润–工资比直接随着剥削率即剩余劳动时间与必要劳动时间的比率（h_s/h_0）的变化而变化。

$$PR \equiv p[(XR - A) - wr \cdot N] = p(YR - wr \cdot N) = p \cdot \Omega$$

$$= p \cdot yr_h \cdot h_s \cdot N \text{（实际生产利润）} \quad (6.1.5)$$

$$\frac{PR}{WR} = \frac{p \cdot \Omega}{p \cdot wr \cdot N} = \frac{yr_h \cdot h_s \cdot N}{yr_h \cdot h_0 \cdot N} = \frac{h_s}{h_0} \text{（实际总利润-工资比）} \quad (6.1.6)$$

因此，给定日工资，只有满足剩余劳动时间 $h_s > 0$ 时，利润才为正，根据方程（6.13），这要求小时工资低于小时净产品

$$wr_h \equiv \frac{wr}{h_0} < yr_h \text{（利润为正的一般条件）} \quad (6.1.7)$$

在给定小时工资的情况下，这个条件可以直接应用：为了使剩余劳动时间以及利润为正，小时实际工资必须低于小时净产品（否则雇佣劳动就不会赢利）。如前所述，总生产利润因此随着总劳动时间（L）的变化而变化。

附录 6.1.2 映射为投入-产出形式

为了给多部门情况和这本书第二部分的后续分析做准备，我们需要将之前的关系转化为投入-产出形式。第一步是注意到，在这种单一商品的情况下，我们必须将每天的总流量除以每天的总产出，从而得到单位产出的玉米和劳动投入系数。假定玉米的投入和产出都与日工作时长成比例变化，那么它们的比率，即投入-产出系数将独立于 h 而给定。但劳动系数和单位产出的工资并非如此，因为在给定的雇佣劳动水平和实际工资水平上，这些变量与产出的比率将与产出水平负相关，因此与日工作时长负相关。

$$a = A / XR = a_h L / xr_h L = a_h / xr_h \text{（投入产出系数）} \quad (6.1.8)$$

$$1 \equiv L / XR = (\frac{L}{xr_h \cdot h \cdot N}) \equiv 1 / xr_h \text{（劳动时间系数）} \quad (6.1.9)$$

$$wr_h \cdot 1 = \left(\frac{wr_h}{xr_h}\right) \text{（工资系数）} \quad (6.1.10)$$

然后，因为总雇佣劳动 $L = 1 \cdot XR$，实际净产出和剩余产品可以表示为：

$$YR = XR - A = (1-a)XR \quad (6.1.11)$$

$$\Omega \equiv YR - wr_h \cdot L = (1-a)XR - wr_h \cdot 1 \cdot XR = [\,1-b(h)\,]XR \quad (6.1.12)$$

其中总投入系数 $b(h) \equiv a + wr_h \cdot 1$ 为实际生产成本（这里不考虑折旧），是单位实际原料成本与单位实际劳动力成本（实际小时工资 $wr_h = \frac{wr}{h}$ 与小时劳动系数 1 的乘积）之和。注意当给定日工资（wr）时，实际小时工资与日工作时长呈负相关关系。方程（6.1.7）中的盈利条件 $wr_h < yr_h = (1-a)xr_h$ 等同于条件 $0 < b(h) < 1$。

附录 6.1.3　多部门情况

另一个步骤是将方程（6.1.13）和方程（6.1.14）中斯拉法类型的数量和货币流量转化为投入–产出形式。用以举例说明的流量数据取自正文，给定每天实际工资（wr），我们先描述以斯拉法形式表示的 4 小时工作日的基本生产结构，之后再分析 8 小时工作日。在附录表 6.1.1 和附录表 6.1.2 中，这些被映射为列昂惕夫类型的流量矩阵，其中轻度阴影的区域包含标准交易矩阵。

4 小时工作日

$250cn + 12ir + 4hr \cdot 10N_{cn} \rightarrow 400cn$（玉米生产）

$90cn + 3ir + 4hr \cdot 5N_{ir} \rightarrow 30ir$（铁生产）

附录表 6.1.1 投入–产出物质流量（4 小时工作日）

	玉米生产	铁生产	总产出	总投入	净产出	总实际工资	剩余产品
使用的玉米	250cn	90cn	400cn	340cn	60cn	60cn	**0cn**
使用的铁	12ir	3ir	30ir	15ir	15ir	15ir	**0ir**
雇佣劳动	$10N_{cn}$	$5N_{ir}$					
总小时	40 小时	20 小时					

附录表 6.1.2 投入–产出物质流量（8 小时工作日）

	玉米生产	铁生产	总产出	总投入	净产出	总实际工资	剩余产品
使用的玉米	500cn	180cn	800cn	680cn	120cn	60cn	**60cn**
使用的铁	24ir	6ir	60ir	30ir	30ir	15ir	**15ir**
雇佣劳动	$10N_{cn}$	$5N_{ir}$					
总小时	80 小时	40 小时					

8 小时工作日

$500cn + 24ir + 8hr \cdot 10N_{cn} \rightarrow 800cn$（玉米生产）

$180cn + 6ir + 8hr \cdot 5N_{ir} \rightarrow 60ir$（铁生产）

$wr = 4cn + 1ir$

从两个表格中可以很明显地看到投入流量与产出流量的比率不受日工作时长的影响。将交易矩阵中的列（指那一列代表的行业使用的每一种商品）除以行业的总产出，可以得到列昂惕夫的投入–产出系数矩阵 **a**。矩阵和向量用粗体表示以区别于标量，**I** 为单位矩阵。

$$\mathbf{a}=\begin{pmatrix}\frac{250}{400} & \frac{90}{30}\\ \frac{12}{400} & \frac{3}{30}\end{pmatrix}=\begin{pmatrix}\frac{500}{800} & \frac{180}{60}\\ \frac{24}{800} & \frac{6}{60}\end{pmatrix}=\begin{pmatrix}0.625 & 3\\ 0.03 & 0.1\end{pmatrix} \qquad (6.1.13)$$

在 4 小时工作日条件下，部门实际总产出的相应向量为 $\mathbf{XR}=\begin{pmatrix}400\\30\end{pmatrix}$，实际净产出 $\mathbf{YR}\equiv(\mathbf{I}-\mathbf{a})\mathbf{XR}=\begin{pmatrix}60\\15\end{pmatrix}$，雇佣劳动 $\mathbf{N}=(10\ \ 5)$，实际工资篮子 $\mathbf{wr}=\begin{pmatrix}4\\1\end{pmatrix}$，总工资篮子 $\mathbf{wr}\cdot\mathbf{N}=\begin{pmatrix}60\\15\end{pmatrix}$，其中 **N**=15 是雇工数量（一个标量），剩余产品 $\mathbf{\Omega}=\mathbf{YP}-\mathbf{wr}\cdot\mathbf{N}=\begin{pmatrix}0\\0\end{pmatrix}$。所有这些向量都取决于部门雇佣劳动水平，也就是日工作时长和雇工数量，因为 $\mathbf{L}=\mathbf{h}\cdot\mathbf{N}$。

如果投入-产出系数是稳定的，改变日工作时长会同等比例地改变投入和产出，因此投入-产出系数矩阵 **a** 不受影响。但在给定的雇佣劳动水平和给定的日工资水平情况下，雇佣水平和工资篮子项与产出流量的比率确实随着 **h** 的变化而变化。因为以小时计量的劳动时间系数不随 **h** 的变化而变化，我们可以用简单的方式表征另外两个变量（劳动时间系数向量和雇佣劳动系数向量），这反过来得到了剩余产品向量的常见表达式。

$$\mathbf{l}=\frac{\mathbf{L}}{\mathbf{XR}}=\begin{pmatrix}\frac{40}{400} & \frac{20}{30}\end{pmatrix}=\begin{pmatrix}\frac{80}{800} & \frac{40}{60}\end{pmatrix}=\begin{pmatrix}\frac{1}{10} & \frac{2}{3}\end{pmatrix}\text{（劳动时间系数向量）}\tag{6.1.14}$$

$$\mathbf{l}'=\frac{\mathbf{N}}{\mathbf{XR}}=\left(\frac{\mathbf{N}}{\mathbf{xr_h}\cdot\mathbf{h}\cdot\mathbf{N}}\right)=\left(\frac{1}{\mathrm{h}}\right)\mathrm{l}=\left(\frac{1}{\mathrm{h}}\right)\begin{pmatrix}\frac{1}{10} & \frac{2}{3}\end{pmatrix}\text{（雇佣劳动系数向量）}\tag{6.1.15}$$

$$\mathbf{L}=\mathbf{l}\cdot\mathbf{XR}\text{［总雇佣劳动水平（标量）］}\tag{6.1.16}$$

$$\mathbf{\Omega}=\mathbf{YR}-\mathbf{wr_h}\cdot\mathbf{L}=(\mathbf{I}-\mathbf{a})\mathbf{XR}-\mathbf{wr_h}\cdot\mathbf{l}\cdot\mathbf{XR}=[\mathbf{I}-\mathbf{b}(\mathrm{h})]\mathrm{XR}\tag{6.1.17}$$

其中 $\mathbf{b}\,(\mathrm{h})=\mathbf{a}+\mathbf{wr_h}\cdot\mathbf{l}$ 现在代表矩阵。因为 **a** 和 $\mathbf{wr_h}\cdot\mathbf{l}$ 都是半正定矩阵，因此 **b**(h) 的正元素随着 **h** 的下降而下降。给定 $\mathbf{YR}\equiv(\mathbf{I}-\mathbf{a})\cdot\mathbf{XR}$，因此 $\mathbf{XR}=(\mathbf{I}-\mathbf{a})^{-1}\cdot\mathbf{YR}$，这使我们可以将剩余产品的表达式重写为

$$\mathbf{\Omega}=\left(\mathbf{I}-\frac{1}{\mathrm{h}}\cdot\mathbb{c}(\mathrm{wr_h})\right)\cdot\mathbf{YR}\text{（剩余产品向量）}\tag{6.1.18}$$

其中 $\mathbb{c}(\mathrm{wr_h})=\mathbf{wr_h}\cdot\mathbf{l}\cdot(\mathbf{I}-\mathbf{a})^{-1}$ 为单位劳动时间直接和间接需要的消

费品的矩阵。那么使剩余产品向量为零的条件就变为：

$$h_0 \cdot \mathbf{YR}_0 = \mathbb{c}(wr_h) \cdot \mathbf{YR}_0 \text{（剩余产品为零的条件）} \tag{6.1.19}$$

剩余产品为零的条件需要日工作时长达到某个特定的长度 h_0，它是矩阵 $\mathbb{c}(wr_h)$ 的正主特征值，以及与相应特征向量相关的一组特定的严格为正的产出比率 $\mathbf{YR}_0$。[①]

剩余劳动时间为 $h_s \equiv h - h_0$。如果我们从日工作时长为 h_0（$h_s \equiv 0$），剩余产品为零开始，那么随着我们提高 h，净产出向量 **YR** 将会按照 $h/h_0 = 1 + h_s/h_0$ 的比率扩张，同时与 $\mathbf{YR}_0$ 保持相同的产出比例，因此 $\mathbf{YR} = \left(1 + \frac{h_s}{h_0}\right) \cdot \mathbf{YR}_0$。根据方程（6.1.18）和方程（6.1.19），剩余产品表达式变为 $\mathbf{\Omega} = \left(\mathbf{I} - \left(\frac{1}{h}\right) \cdot \mathbb{c}(wr_h)\right) \cdot \left(\frac{h}{h_0}\right) \cdot \mathbf{YR}_0 = \mathbf{YR}_0 \cdot \left(\frac{h}{h_0} - 1\right) = \mathbf{YR}_0 \cdot \left(\frac{h_s}{h_0}\right)$，剩余产品同 $\mathbf{YR}_0$ 一样，严格为正，并且是剩余劳动时间 h_s 的增函数。

对净产品向量 $\mathbf{YR} = \left(1 + \frac{h_s}{h_0}\right) \cdot \mathbf{YR}_0$ 而言，所有这些也都直接成立，它与严格为正的向量 $\mathbf{YR}_0$ 的比率保持不变。现在假定 $\mathbf{YR}'$ 为半正定[②]向量且大小不同，那么剩余产品可能包含零或负要素。尽管如此，我们可以从方程（6.1.13）中发现延长日工作时长（即延长剩余劳动时间）将会提高矩阵 $\left(\mathbf{I} - \left(\frac{1}{h}\right) \cdot \mathbb{c}(wr_h)\right)$ 的单个要素，因此也会提高剩余产品的要素。

$$\Omega = \left(\mathbf{I} - \left(\frac{1}{h}\right) \mathbb{c}(wr_h)\right) \mathbf{YR}$$

总利润是总产出与原料及劳动投入（在附录 6.2 中详细讨论了固定资本）的货币价值之差。或者说，因为价值增加值是总产出与原料投入的货币价值之差，所以利润也可以被视为价值增加值与劳动成本之差。定义 **p** 为任一严格为正的价格向量（负价格没有意义），我们可以

① $\mathbb{c}(wr_h) = \mathbf{wr_h} \cdot \mathbf{1} \cdot (\mathbf{I} - \mathbf{a})^{-1}$ 为半正定矩阵是因为 $\mathbf{wr_h} \cdot \mathbf{1}$ 以及列昂惕夫系数的倒数 $(\mathbf{I} - \mathbf{a})^{-1}$ 都为半正定矩阵。这意味着主特征值 h_0 为正，主特征向量 $\mathbf{YR}_0$ 严格为正（Pasinetti 1977, 76–77）。

② 斯拉法（1960, 6, 11）认为当部门净产出为半正定时，这个体系处于“自我更新”的状态。

看到总利润 $\mathbf{p}$ 为剩余产品的价格向量。

$$\mathbf{P} = \mathbf{p} \cdot \mathbf{XR} - \mathbf{p} \cdot \mathbf{a} \cdot \mathbf{XR} - \mathbf{p} \cdot \mathbf{wr_h} \cdot \mathbf{1} \cdot \mathbf{XR} = \mathbf{p}(\mathbf{YR} - \mathbf{wr_h L}) = \mathbf{p\Omega} \quad (6.1.20)$$

因此很显然，当剩余劳动时间和剩余产品为零时，总利润也将为零。只有将日工作时长延长至超过必要劳动时间（即榨取剩余劳动时间），才会形成与剩余劳动时间成正比的正的剩余产品和总利润。改变净产出的比例将会改变利润水平，但不会改变它与剩余劳动时间的正相关关系。[①] 最后，我们已经在 6.4 节注意到，一旦存在剩余产品，不同的相对价格将会获得不同数量的总利润。这是所有学派中“转形问题”的基础。

① $\frac{d\Omega}{d\mathrm{xr}} = \frac{d}{d\mathrm{xr}}\left(\mathbf{I} - \left(\frac{1}{\mathrm{h}}\right) \cdot \mathbb{c}(\mathrm{wr_h})\right) \cdot \mathbf{YR} = \left(\frac{1}{\mathrm{h}^2}\right) \cdot \mathbb{c}(\mathrm{wr_h}) \cdot \mathbf{YR} \geqslant 0$，因为 $\mathbb{c}(\mathrm{wr_h}) \cdot \mathbf{YR} = \mathbf{wr_h} \cdot \mathbf{1} \cdot (\mathbf{I} - \mathbf{a})^{-1} \cdot \mathbf{YR} = \mathbf{wr_h} \cdot \mathbf{1} \cdot \mathbf{X}$ 为半正定。

附录 6.2　作为实际比率的利润率

资本理论是经济理论中最困难且最具争议性的领域之一。从卡尔·马克思到剑桥争论，关于资本是什么以及如何测量资本的问题在经济学家间一直存在争议。（Hulten 1990, 119）

附录 6.2.1　资本的概念

在 6.1 节我们注意到不同经济传统的资本概念非常不同。在古典经济学传统中，资本是指那些能用以产生利润的东西。附录 4.1 表明，对劳动力和原料的支出表现为国民账户中流动资本（原料和半成品）存货的变化，对厂房和设备的支出表现为固定资本存量的变化。

个人的或公共的财富与资本不同。一个自雇的技工可能会使用工具谋生，用他自己的收入去购买并装修房子，并且勤工俭学以增强技能。他的工具和家具是其财富的一部分，他接受的教育是其能力的一部分，他可以借助其获得收入。所有这些都不是资本。但如果他作为雇员在修理店工作，他努力为老板赚取利润，那么他的工资（可能取决于其技能）、工作时使用的工具和机器都是老板资本的一部分。

在资本本身的范畴中，流动资本和固定资本之间的区别取决于特定项与其运行于其中的生产周期之间的关系，而非取决于其相比某个任意时期如一年而言的经济寿命的长度。因此，如果一个黏土模具在生产过程中被使用耗尽，那么它属于流动资本，而如果塑料模具和金属模具能在多个生产周期中被使用，它们就属于固定资本。然而，塑料模具持续的时间可能不长于（比如)6 个月的生产周期，而金属模具可能持续几年。如果我们将一个月作为基准期，塑料模具和金属模具都可以被划分为耐久物；如果我们以一年为基准期，前者将被重新划分为易耗品；如果以 10 年作为基准期，那么两者都将被划分为易耗品。所有这些都不能改变这样的事实，即黏土模具依然为流动资本，而塑料模具和金属模具自始至终都为固定资本。流动资本和固定资本之间的区别在于其功能，而非持续时间长短（Shaikh and Tonak 1994, 13–17）。

在资本主义经济中，资本包括诸如货币、存货、厂房和设备在内的营业资产。而财富也包括土地、国家资源和政府建筑及设备（公共财富），以及私人住宅和其他耐久消费品（私人财富）。新古典经济学将财富和资本混为一谈，因为它简单地将“资本”定义为持续时间超过一年的财富。这将营业资本、个人的和公共的财富，以及“无形财富”如知识和技能（“人力资本”）都归入了资本的范畴。现代的国民账户体现了新古典的方法：资本是所有耐久的东西，并且工资、分红和利润都被视为同等的收入范畴（因此混淆了收入循环和资本循环），由此产生了这样的会计惯例，即所有流量都是收入账户的一部分，而所有存量的增加都是“资本”账户的一部分（见附录 4.1）。凯恩斯主义经济学依然没有摆脱这个传统框架。

我很大程度上基于斯拉法处理价格和利润率的方法，因为他的分析完全聚焦于资本循环，因此没有必要区分财富和资本。他也展示了一种非常复杂的方式来计算折旧费，这是量度资本存量的一个重要问题。但在这样做的时候，他引入了正统经济学的三个常见概念：根据耐久性定义的固定资本；[1]资本的“物质”定义，只有商品才属于资本，而货币不包含在内；相应地将资本定义为净存量而非总存量，这使其可以用一种特别的方法将固定资本视为联合产品。我已经反对过斯拉法引入的前两个概念。在附录 6.3 中，我主张总存量是古典经济学对资本的恰当量度，并且我表明这大大简化了将固定资本作为联合产品的处理方法。但首先，我们关注斯拉法关于价格和利润理论的一个巨大的优点，即将现行利润与现行资本的现行成本的比率定义为实际利润率。

附录 6.2.2 现行价格衡量的利润率是实际利润率

古典经济学通过生产价格体系定义利润率。[2]接下来，矩阵和向量都用粗体表示。

$$\mathbf{p}=\mathbf{p}\cdot\mathbf{a}+\mathbf{p}\cdot\boldsymbol{\kappa}\cdot\boldsymbol{\partial}+\mathbf{p}\cdot\mathbf{w}\cdot\mathbf{l}+\mathbf{r}\cdot\mathbf{p}\cdot\boldsymbol{\kappa} \qquad (6.2.1)$$

其中 $\mathbf{p}=1\times n$ 商品的现行价格的向量，$\mathbf{a}=n\times n$ 投入–产出系数矩阵，$\boldsymbol{\partial}$= 资本品折旧系数的对角矩阵，[3]$\boldsymbol{\kappa}=n\times n$ 资本系数矩阵（我们将会在下一节对其进行更详细的规定），$\mathbf{w}=n\times 1$ 每个工人的工资品向量，$\mathbf{l}=1\times n$ 单位产出需要的劳动向量。这个体系的一个重要特征就是统一利润率

① 斯拉法（1960, 63）用一个只有物质投入的例子阐明了生产价格的性质，并将固定资本定义为“耐久的生产工具”。

② 在任何一个价格体系中，单位利润都等于单位价格与单位成本之差。因为投入是在上一（生产）期中进入生产，当用上一期主导价格来量度成本时，那么基于历史成本的单位利润 = $\mathbf{p}-\mathbf{p}_{-1}\cdot\mathbb{b}$，其中 $\mathbb{b}=(\mathbf{a}+\boldsymbol{\partial}\cdot\boldsymbol{\kappa}+\mathbf{w}\cdot\mathbf{l})$。然而，用这种方式定义的利润并非真实的利润，因为投入的再生产成本 $(\mathbf{p}\cdot\mathbb{b})$ 可能与其历史成本 $(\mathbf{p}_{-1}\cdot\mathbb{b})$ 不同。在根据成本的变化对历史成本进行调整之后，我们可以得到真实的单位利润 = $\mathbf{p}-\mathbf{p}_{-1}\mathbb{b}-(\mathbf{p}-\mathbf{p}_{-1})\mathbb{b}=\mathbf{p}-\mathbf{p}\cdot\mathbb{b}$。这才是方程（6.2.1）中 $\mathbf{r}\cdot\mathbf{p}\cdot\boldsymbol{\kappa}$ 一项代表的利润。

③ 正如在托伦斯、李嘉图、马克思、冯 · 诺伊曼和斯拉法的理论中，当固定资本在生产价格体系中被视为联合产品时，折旧系数是内生决定的，并且随着利润率和技术的变化而变化。但在简化的例子中，我们可以在给定的生产条件下将其视为给定的，这足以满足我们当前的目标。附录 6.3 分析了一般情况。

不取决于产出规模，尽管利润总量和总资本存量取决于总产出。因此根据方程（6.2.1），我们可以写出：

$$r=\frac{\mathbf{p(I}-a-\boldsymbol{\kappa}\cdot\boldsymbol{\eth}-\mathbf{w}\cdot\mathbf{1)}}{\mathbf{p}\cdot\boldsymbol{\kappa}} \tag{6.2.2}$$

假设$\mathbf{X}$=$nx1$总产出向量，然后我们可以定义nx1净产出向量$\mathbf{Y}=\mathbf{X}-(a+\boldsymbol{\eth}\cdot\boldsymbol{\kappa})\mathbf{X}$，剩余产品向量$\boldsymbol{\Omega}=\mathbf{Y}-\mathbf{b}\cdot\mathbf{l}\cdot\mathbf{X}=\mathbf{X}-(a+\boldsymbol{\eth}\cdot\boldsymbol{\kappa}+\mathbf{w}\cdot\mathbf{l})\mathbf{X}$，总资本存量为$\mathbf{K}=\boldsymbol{\kappa}\cdot\mathbf{X}$，剩余产品的货币价值$\mathbf{p}\cdot\boldsymbol{\Omega}=P=$总利润（标量），根据方程（6.2.2），我们可以将统一利润率r写为剩余产品的货币价值与资本存量的货币价值的比率。我们应该注意到，尽管我们是从生产价格体系中推导出了这个结果，但我们也能够用市场价格将其推出来。在后面的例子中，P代表经济中的总利润，r代表相应的平均利润率。

$$r=\frac{\mathbf{p}\cdot\boldsymbol{\Omega}}{\mathbf{p}\cdot\mathbf{K}}=\frac{P}{K} \tag{6.2.3}$$

上述表达式的一个重要特征就是相同的价格向量适用于所有的数量。这意味着对利润率的恰当计算要求矩阵$\boldsymbol{\Omega}$和$\mathbf{K}$的所有要素都以现行价格计价。价格向量中的标量上升（纯粹的通货膨胀）对利润率的量度没有影响，因为它会同等地影响分子和分母。利用任何共同的价格指数平减分子和分母，利润率也不会受到影响。换言之，当资本存量用现行价格表示时，利润率实际上为实际利润率。

后一点需要一些详细阐述。方程（6.2.3）中的现行价格利润率是实际利润率，因为以现价美元计价的利润（P）除以的是以现行（即通货膨胀调整后的）价格计价的资本存量（K）。但也有两种不同的方式将这个现行价格量纲比率表示为实际量纲比率。

古典理论将利润视为资本价值的自我扩张。从这个角度而言，实际利润是由其对资本品的购买力来量度的：$PR=P/p_k$。因此，对某个资本品价格指数p_k而言，利润率可以表示为实际利润与实际资本的比率。这是古典理论中的实际利润率。

$$r = \frac{PR}{KR} = \frac{\left(\frac{P}{p_k}\right)}{\left(\frac{K}{p_k}\right)} \tag{6.2.4}$$

新古典理论是从相反的角度来看待资本的。它将投资视为“被放弃的消费”，因此资本是被放弃的消费的积累。[①] 从这个角度来看，实际资本是由其对消费品的购买力来量度的。如果 p_c 为消费品的价格指数，那么 $KR' = K / p_c$。同时，收入被视为用于潜在（现行或未来）消费的基金。[②]

因为利润被视为资本所有者的要素收入，所以实际利润必须由其对消费品的购买力来量度：$PR' = P / p_c$。这意味着新古典的实际利润率为

$$r = \frac{PR'}{KR'} = \frac{\left(\frac{P}{p_c}\right)}{\left(\frac{K}{p_c}\right)} \tag{6.2.5}$$

方程（6.2.3）~ 方程（6.2.5）表示的三种实际利润率在量纲上是相

① “通过被放弃的消费来量度投资……为量度不变价格的投资和资本存量提供了一个有效的方法，通常情况就是这样，人们的兴趣在于商业或整体经济中资本存量的总价值”（Dension 1993, 100）。为了实施这种方法，我们仅需要将相关变量除以消费者价格指数即可（Gordon 1990, 109）。

② 标准国民账户建立在这样的前提下 ，即“创造效用是所有经济活动的目的”（Kendrick 1972, 21）。那么，净产品就成为分析和量度的唯一焦点，因为它由消费品（效用的直接来源）和投资品构成，后者具有“在未来生产产品（或效用）的力量”（Hicks 1974, 308）。

同的，[①] 但它们的解释不同，并且两个版本中的利润率的单个部分表现得非常不同。

附录 6.2.3 利润率、利润份额和产出-资本比

利润率也可以用很多子比率来表示，其中理论再次发挥了关键的作用。我们先将利润率表达式中的分子和分母分别除以现价美元净产出（Y），将利润份额写为 $\sigma_P = (P/Y)$，将产出 – 资本比写为 $R = (Y/K)$。

$$r = \left(\frac{P}{y}\right)\left(\frac{y}{K}\right) = \sigma_P R \tag{6.2.6}$$

我们可以运用国民收入恒方程 Y = W + P 来表示利润份额，因而也可以用工资份额来表示利润率，其中 W = 工资总额 = w · L，W= 名义工资，y = Y/L = 单位工人现价美元的净产出，$\sigma_W = (W / Y) = (w / y) =$ 工资份额。

$$\sigma_P = \frac{P}{Y} = \left(1 - \frac{w}{y}\right) = (1 - \sigma_W) \tag{6.2.7}$$

$$r = \left(1 - \frac{w}{Y}\right) R = (1 - \sigma_W) R \tag{6.2.8}$$

假定我们将方程（6.2.6）右侧第一个表达式的所有项都用资本价格指数（p_k）进行平减，实际利润和实际资本的相应意义明显属于古典传统。但（Y/K）这一项的意义可能是什么？答案包含在方程（6.2.1）的生产价格体系中，因为当工资向量为 0（$\mathbf{w} = 0$）时，利润 $\mathbf{P = p\Omega = p(Y - w \cdot 1 \cdot X)}$ 变为 $P_{max} = \mathbf{pY}$。所以，在古典

① 斯拉法注意到统一利润率必须是一个纯粹的数字，即具有同样单位的数量的比率（Sraffa 1960, 22）。因此，我们不能将实际利润率建构为两个单位不一致的部分之间的比率，例如 $r' = \frac{p_r'}{K_r} = \frac{P/P_c}{K/P_k} = \frac{r}{P_c/P_k}$ 或者 $r'' = \frac{p_r}{K_r'} = \frac{P/P_k}{K/P_c} = r \cdot \left(\frac{P_c}{P_k}\right)$。在第一种情况下，假定的实际利润率为消费品的数量与资本品的数量的比率；在第二种情况下则相反。

体系里，净产出的价值（Y）也可以代表最大利润（P_{max}）。根据这种解读，$(P/Y)=(P/P_{max})$ = 实际利润与最大利润的比值，而 $(Y/K)=(P_{max}/K)=R$ = 利润率的最大值（Sraffa 1960, 17）。将所有项用资本价格进行平减，我们可以得到古典的实际比率，正如以前一样，这些比率与相应的现行价格比率相同。

$$r=\left(\frac{P}{Y}\right)\left(\frac{Y}{K}\right)=\left(\frac{P/p_k}{P_{max}/p_k}\right)\left(\frac{P_{max}/P_k}{K/P_k}\right)=\sigma_P R \qquad (6.2.9)$$

从新古典角度而言，相应的方法是将方程（6.2.6）中的所有项都用消费品价格指数（p_c）进行平减。将资本视为被放弃的消费的积累，收入（及其组成部分，如工资和利润）是潜在消费的基金，净产出 Y 便代表最大的现行消费（C_{max}）。这使我们可以得到实际利润率的新古典分解。

$$r=\left(\frac{P}{Y}\right)\left(\frac{Y}{K}\right)=\left(\frac{P/p_c}{C_{max}/p_c}\right)\left(\frac{C_{max}/p_c}{K/p_c}\right)=\sigma_P R \qquad (6.2.10)$$

之前的每一个转形之所以成立，是因为利润率表达式中的所有以现行价格计价的项都除以了相同的平减指数。出于同样的原因，我们不能将利润率仅表示为某个利润份额和传统的实际产出—实际资本比。我们已经注意到，名义利润份额（P/Y）根据相关传统可以将分子和分母都通过 p_k 或 p_c 进行平减。但如果我们将名义产出–资本比分解为价格和“产量”（不变美元）部分，因此 $(Y/K)=(p_c/p_k)\cdot(YR/KR)$，那么我们就不能排除相对价格项。[①] 这是表明利润率中的产出–资本比具有相同的单位而非不同物质数量的某个比率的另一种方法。

$$r=\left(\frac{P}{Y}\right)\left(\frac{Y}{K}\right)=\left(\frac{P}{Y}\right)\left(\frac{p_y}{p_k}\right)\left(\frac{YR}{KR}\right) \qquad (6.2.11)$$

工资份额（w/y）也存在相似的问题，它是货币工资（w）与单位

---

① 如果我们将利润份额乘以这个价格，我们将会得到资本单位的实际利润与消费单位的实际产出的比率，不论就哪一种传统而言，这都没有理论意义。

工作小时的名义净产出（y）的比率。我们可以将这些项都用消费品价格指数（p_c）进行平减。得到的实际工资（w/p_c）代表工资对消费品数量或品质的购买力，而相应的单位工作小时的实际产出（y/p_c）代表给定技术条件下单位工作小时的最大实际消费。这是从工人角度对工资份额进行分解。另一种方法是用产出价格指数（p_y）对两项进行平减，我们可以相应得到"产品工资"（w/p_y）和生产率（y/p_y）的量度 。这是雇主的视角。在任何对工资谈判过程的一般分析中，这两种观点都有重大意义，工资谈判都是就货币工资而言的，劳工一方关心潜在购买力，而企业一方关心潜在成本。然而，如果我们试图用实际工资（$wr = w/p_c$）和生产率（$yr = y/p_y$）来表示工资份额，我们将会再次在表达式中得到相对价格项（p_c/p_y），这一项的不时出现提醒我们正是现行价格的工资份额而非实际工资–生产率比，参与了对利润率的决定。

$$r=\left(\frac{P}{Y}\right)\left(\frac{Y}{K}\right)=\left(1-\left(\frac{wr}{yr}\right)\left(\frac{p_c}{p_y}\right)\right)R \tag{6.2.12}$$

附录 6.3 总资本存量和净资本存量

在 6.1 节中，我们已经注意到资本价值的概念与作为物质品的资本概念非常不同。这种区别对资本存量的恰当量度有重要影响。考虑一台价值 2 000 美元的电脑，它可以持续使用 4 年，假定 4 年期间每年的折旧分别计算为 700 美元、505 美元、432 美元和 365 美元，我将会在后文谈到折旧的计算方法，不过现在我们应该注意的是这些经过详细计算的数据被四舍五入了，因此将它们相加得到的值可能与列出的数字稍有出入。在 4 年期间，机器本身的年初资本分别为 2 000 美元、1 300 美元、796 美元和 365 美元，而积累的折旧将分别为 700 美元、1 205 美元、1 635 美元和 2 000 美元。在任何时间点，这两个系列中相应的流量之和总是 2 000 美元。从持续进行的商业的角度来看，最初投资于厂房和设备的资本价值（2 000 美元）随着固定资产折旧将会逐渐回归其货币形式，这也是马克思的观点。这些积累的折旧费可能以现金或金融资产的形式持有，甚至用于再投资。但是，不管在哪种情况下，它们都和机器的折旧价值一样，是总资本价值的一部分，因为只有补偿二者之和才能维持企业的生存。因此，在机器寿命的每一年中，投资其中的资本价值都为 2 000 美元。①

---

① 偶然地，如果一些折旧费以生息资产的形式持有，这不会改变由使用电脑带来的利润流，尽管它可能会提高贷款者的“其他收入”流，并降低借款者的“其他收入”流。因此，利润率不会改变，尽管部分利润呈现的形式可能是（正或负的）净支付利息。企业对此非常了解。

在国民账户中，这一概念被称为“总资本存量”。它与折旧费分配的方式无关，这恰恰是其优点。正如在经合组织对资本存量进行估算的手册中所注意到的，在这种情况下资本品是根据“‘类新’价格被估值的，即在其整个使用寿命中，根据同类型的新资产价格对其进行估值”。这些“类新”价格是这样获得的，即通过使用相关类型资产的价格指数对在更早时期获得的资产进行重新估价。这样得到的测量数据“本身有几种分析用途……［因为它］作为一国的产能总指标而被广泛使用……经常被与价值增加值相比以计算资本–产出比……［并且被用于］量度一个部门或经济体的利润率”（OECD 2001, 31）。

此外，机器的折旧价值，对应于“净资本存量”。一般而言，由于效率降低、维修更加频繁等原因，机器的单位价值增加值和单位利润随着其使用年限的增加而降低。[①] 假定在机器的使用期限内，总单位价值增加值为 1 200 美元、900 美元、700 美元和 500 美元，单位利润为 1 000 美元、700 美元、550 美元和 420 美元，[②] 将这些数据中的每一个减去折旧，就会得到相应的净产出和净利润，如附录表 6.3.1 所示。第一行表示初始投资，在机器的整个使用期限都记录在账面上，因此这是年初的总存量。第二行是折旧，我们将在后文谈到它的计算。第三行是年初的净资本存量，它在第一年与总资本存量相等，在接下来的年份中等于前一年的净资本存量减去前一年的折旧[③]（显示的数据经过

① 单位价值增加值＝单位价格–单位原料成本，单位利润＝单位价值增加值–单位劳动力成本。因此，如果给定原料投入而物质产出下降，那么单位原料成本的增加将会挤压价值增加值。如果给定类型的机器因成本节约型技术变化和 / 或面对新机器日益过时而单价下降时，也将会出现同样的结果。单位利润将会因为同样的原因被挤压。在单位劳动力成本因为效率下降和维修增加等原因也上升时，单位利润将比单位价值增加值下降得更快。

② 为了便于阐述，我们假定单一机器的价值增加值和利润的流量是可以确认的。但因为这种区分在实践中几乎是不可能的，所以将“机器”视为机器的复合体甚至整个厂房更加恰当。

③ 同样地，现行净存量等于现行总存量减去积累的折旧（OECD2001, 35）。

四舍五入，因此它们相加不完全等于显示的所有数字）。接下来的两行是总价值增加值（产出减去原料成本）和总利润，即现金流（总价值增加值减去劳动力成本）。余下的 4 行分别为总资本存量和净资本存量的产出–资本比与利润率。

这个表阐述了这样一种情况，即其中总存量量度值的产出–资本比和利润率随着机器使用年限的增加而下降。然而，相应的净存量量度值的产出–资本比不断上升，而利润率保持不变（15%），因为在这个例子中用以计算折旧的原则恰好可以使机器的净价值与利润量成正比下降。这正是新古典理论和斯拉法理论中处理固定资本的方式。因而，在单一资本品的整个使用期限内，净存量的产出–资本比和利润率相比其总存量的对应值通常将会偏高。

新古典理论计算净资本存量（净资本存量的变化与利润率变化紧密相关）的基本原理基于如下主张，即“假定均衡、完全竞争和完全预见”（Harper 1982, 38），任何资本品的价格都等于其未来收入流的现值。① 给定特定的利润流，机器的使用年限将由其利润降低为零的时间来决定。资本品相应的内部回报率被定义为不变的“贴现率”，它可以使利润流的现值与机器的生产价格相等。② 这样，在表 6.3.1 中，初始投资（2 000 美元）和总利润（现金）流定义了不变的内部回报率，

---

① 如果一种资产的销售价格看起来不能带来令人满意的回报率，这种资产不会有市场。如果一种资产的销售价格可以带来一个非常高的回报率，那么对这种资产的需求会增加，并且通过竞价使其价格提高直至其回报率降低至“正常”水平。在实践中，资本品的制造者将计算资产可能赚得的回报率，他们不会生产那些不能产生足够高的回报率以确保其市场的资产……[将资产价格的决定因素视为未来利润流的贴现值] 因此可以被视为市场经济中资产价格如何被决定的一个貌似合理的解释（OECD2001, 17）。

② 使用期限 L 内总利润（现金流）流 P_t 的现值由 $PV_t = \sum_{j=1}^{L} \frac{p_{t+j-1}}{(1+r)^j}$ 得到。给定初始投资 K1，内部回报率 (r) 被计算为假定的固定比率，使新机器满足 PV = K1。那么，在接下来的每一年，就用 r 和剩余的利润流来计算 PV。

使现金流的现值与初始投资相等。应该注意到完全没有理由假定回报率不变。相反，如果我们在资产的使用期限内选定一种特有的折旧方式（比如初始投资的一个不变的比例，正如商业会计中经常假定的那样），那么结合给定的总利润流可以决定净利润和通常变化的年回报率。有人可能争论说恰当的折旧模式能够揭示而非掩盖随着使用时间变长资产生存能力不断下降。不管在什么情况下，当前的例子中推定的不变内部回报率都恰好为 15%。在这个条件下，我们可以计算每年利润流的净现值，这是机器的净折旧值（即净资本存量）。按照这种方式计算的第一年的净存量为 2 000 美元，仅仅因为 15% 的内部回报率本身便是为了使第一年的现值与初始投资（初始总资本存量 2 000 美元）相等而推导出的。最后，折旧被定义为第一年年初的净资本存量（2 000 美元）与第一年年底的净资本存量之差，后者与第二年年初的净资本存量（1 300 美元）相等，以此类推。注意，这里折旧是内生的，源于连续的现值之间的差。在图表中，最大利润率和实际利润率（净产出-总资本比和净利润率）随着机器使用时间的变长而下降。然而，用净资本存量计算的话，同样的机器随着使用时间变长，其净产出-资本比似乎不断上升，并且直至其废弃的那一刻，利润率（内部回报率）都完全不变。

附录表 6.3.1　总资本存量、净资本存量和利润率

	第一年	第二年	第三年	第四年
总资本存量	2 000 美元	2 000 美元	2 000 美元	2 000 美元
折旧	700 美元	505 美元	431 美元	365 美元
净资本存量	2 000 美元	1 300 美元	796 美元	365 美元
总价值增加值	1 200 美元	900 美元	700 美元	500 美元

（续表）

	第一年	第二年	第三年	第四年
总利润（现金流）	1 000 美元	700 美元	550 美元	420 美元
净价值增加值	500 美元	395 美元	269 美元	135 美元
净利润	300 美元	195 美元	119 美元	55 美元
净产出 / 总存量	25%	20%	13%	7%
净利润 / 总存量	15%	10%	6%	3%
净产出 / 净存量	25%	30%	34%	37%
净利润 / 净存量	15%	15%	15%	15%

注：总资本存量和净资本存量是就年初而言的。

附录 6.4　马克思和斯拉法将固定资本视为联合产品

斯拉法通过方程（6.2.1）所示的生产价格体系推导出了新机器的价格，就像推导其他产品的价格一样。此外，斯拉法在继承托伦斯、李嘉图、马尔萨斯和马克思的思想的基础上，对固定资本提出了一种精致而一般的处理方法，将使用过的机器视为在任何给定年份内伴随着产出出现的联合产品（Sraffa 1960, 94; Varri 1987, 380）。在新古典传统中，同样将固定资本视为联合产品的处理方法被称为瓦尔拉斯-希克斯-马林沃德的生产递归方法。[①] 斯拉法清楚地表明他的程序是“计算固定资产的折旧和利息的通常方法”的一般化（Sraffa 1960, 64）。他说的“通常方法”正是指新古典经济学家使用的现值（净资本存量）方法。接下来，我将指出马克思的对应于总资本存量方法的资本价值概念，同样可以将固定资本视为联合产品。事实上，斯拉法引用马克思作为他的一个文献来源。但这两种处理方法不同，正是因为附录 6.3 中讨论过的原因。

为了阐明有关问题，我将使用斯拉法本身的例子和符号，尽管

① “瓦尔拉斯-希克斯-马林沃德的生产递归方法”将企业视为“使用劳动和资本存量去生产产出和更旧一年的资本”（Hulten 1990, 136）。

对形式进行了细微的修改。[①] 那么我们考虑行业 G，其投入包括价格为 p_{MK}、使用寿命为两年的新机器 MK。正如在斯拉法的著作中一样，第 g 个部门中总原料投入包括商品类型 A, . . . , N，第一年的成本为（ $A_g p_a + \cdots + N_g p_n$ ），第二年为（ $A_g^{(1)} p_a + \cdots + N_g^{(1)} p_n$ ），相应的劳动力成本为 $L_g w$ 、 $L_g^{(1)} w$ ，产出价值为 $G_{(g)P_g}$ 、 $G_{(g)}^{(1)} p_g$ 。在年初机器 MK 的价格为 p_{MK}。在第一年年底，它成了使用一年的机器 $MK^{(1)}$，价格为 $p_{MK}^{(1)}$ 。使用过的机器 $MK^{(1)}$ 在第二年作为投入进入生产，因为它仅能持续两年，它在第二年就被耗尽。折旧总是对机器价值减少程度的测量。因此，在它使用寿命的第一年，机器的折旧为 $MK \cdot p_{MK} - MK^{(1)} \cdot p_{MK}^{(1)}$ ，而在第二年，折旧就是 $MK^{(1)} \cdot p_{MK}^{(1)}$ ，因为这个机器在第二年就被废弃了。

因为要点是区分马克思和斯拉法将固定资本视为联合产品的差异，所以我们首先分析一般体系，其中折旧（ $\mathscr{D}_g, \mathscr{D}_g^{(1)}$ ）和固定资本（ $K_g, K_g^{(1)}$ ）的决定因素有待确定。

$$\left(A_g p_a + \ldots + N_g p_n\right) + L_g w + \mathscr{D}_g + r\left[K_g + (A_g p_a + \ldots + N_g p_n)\right] = G_g p_g$$
$$\left(A_g^{(1)} p_a + \ldots + N_g^{(1)} p_n\right) + L_g^{(1)} w + \mathscr{D}_g^{(1)} + r\left[K_g^{(1)} + \left(A_g^{(1)} p_a + \ldots + N_g^{(1)} p_n\right)\right]$$
$$= G_g^{(1)} p_g \qquad (6.4.1)$$

其中 $\mathscr{D}_g = MK \cdot p_{MK} - MK^{(1)} \cdot p_{MK}^{(1)}$ ， $\mathscr{D}_g^{(1)} = MK^{(1)} \cdot p_{MK}^{(1)}$ ，因此在机器的两年寿命中，总折旧为 $\mathscr{D} = \mathscr{D}_g + \mathscr{D}_g^{(1)} = MK \cdot p_K =$ 新机器的总价值。

现在可以直接描述两种方法的差异。在马克思和斯拉法的方法中，第一年的资本存量都为 $K_g = MK \cdot P_{MK} =$ 新机器的价值。但在第二年中，斯拉法遵循了通常方法，将资本存量列为净存量，因此

---

① 我稍微改变了斯拉法的符号，令“N”而非“K”代表最后投入，因为我想将K用作资本的符号。另外，与斯拉法特定的例子不同，现在没有必要假定单位原料成本或单位劳动力成本在每一年都是相同的（Sraffa 1960, 67）。出于这个原因，可以很方便地用上标“（1）”来命名使用了一年的机器与它们相关的成本和产出流量。

$K_g^{(1)} = MK^{(1)} \cdot p_{MK}^{(1)} =$ 仅为使用过的机器的价值。将折旧和资本存量的表达式代入方程（6.4.1），我们恰好得到斯拉法将固定资本视为联合产品的方法。

$$L_g \cdot w + (1+r)\left[MK \cdot p_{MK} + \left(A_g \cdot p_a + \ldots + N_g \cdot p_n\right)\right]$$
$$= G_g \cdot p_g + MK^{(1)} \cdot p_{MK}^{(1)}$$
$$L_g^{(1)} \cdot w + (1+r)\left[MK^{(1)} \cdot p_{MK}^{(1)} + \left(A_g^{(1)} \cdot p_a + \ldots + N_g^{(1)} \cdot p_n\right)\right] = G_g^{(1)} \cdot p_g \tag{6.4.2}$$

相反，在马克思的方法中，第二年的资本存量为总资本价值，即折旧后的机器与以金融形式持有的积累的总折旧之和：$K_g^{(1)} = MK \cdot p_{MK}$。将折旧和这种形式的资本价值的表达式代入方程（6.4.1）中，我们可以得到马克思将固定资本视为联合产品来处理资本价值的方法。注意，决定新机器价格的第一个方程与斯拉法的相同，但使用过的机器价格，从而折旧的内生模式，现在与斯拉法的不同。

$$L_g \cdot w + MK \cdot p_{MK} + r(MK \cdot p_{MK}) + (1+r)(A_g \cdot p_a + \ldots + N_g \cdot p_n)$$
$$= G_g \cdot p_g + MK^{(1)} \cdot p_{MK}^{(1)}$$
$$L_{\cdot}^{(1)} \cdot w + MK^{(1)} \cdot p_{MK}^{(1)} + r(MK \cdot p_{MK}) + (1+r)\left(A_g^{(1)} \cdot p_a + \ldots + N_g^{(1)} \cdot p_n\right)$$
$$= G_g^{(1)} \cdot p_g \tag{6.4.3}$$

折旧模式的差异令人震惊。在斯拉法的方法中，甚至在效率不变的情况下（即两年内的投入和产出相同），使用过的机器的价格也是利润率的非线性方程（Sraffa 1960, 68–72）。唯一的例外是当 $r = 0$ 时，在这种情况下使用过的机器的价格"在它 n 年寿命中的每一年中都将等间距地下降初始价值的 $1/n^{th}$"（Sraffa 1960, 68）。因为讨论中的间距代表其寿命中任何给定一年的折旧额，所以只有当没有利润的时候，折旧才会遵循直线模式。

为了分析马克思的方法中折旧的相应模式，我们将方程（6.4.3）

中的第一行减去第二行。假定效率不变，所有的投入项和产出项在两行中都是相同的，除了那些与机器的价值相关的项。因此，我们得到 $MK \cdot p_K - MK^{(1)} p_{MK}^{(1)} = MK^{(1)} \cdot p_{MK}^{(1)}$，从中可以得到

$$MK^{(1)} \cdot p_{MK}^{(1)} = \left(\frac{1}{2}\right) MK \cdot p_{MK} \tag{6.4.4}$$

这恰好是价值的线性下降，在效率不变的情况下，相应的折旧模式也是线性的。但与斯拉法的方法不同，这种线性模式在任何利润率条件下都成立，而不是仅在 $r = 0$ 时。

由第一个区别可以推断出第二个重要的区别。斯拉法表明在他的方法中，即使在效率不变的情况下，“耐久的机器‘还原’为一系列过去的劳动数量一般而言都是不成立的”（Sraffa 1960, 67）。这在马克思的方法中不是一个问题，因为如果我们将使用过的机器的价值的表达式代入方程（6.4.2）中的第一行，就可以没有难度地得到直接的表达式，其中新机器仅仅（一半）的价值出现，并且可以被“还原”为一连串利润加权的直接劳动时间和间接劳动时间，就像之前为流动资本提出的方法一样（Sraffa 1960, 34–35）。当效率遵循另外某种模式（比如“年龄—效率模式”）时，这个年龄–效率模式则将随着利润率的变化而变化。为了认识这一点，请注意如果我们再次将方程（6.4.2）中的第一行减去第二行，并且对方程中的项进行重新组合，我们可以得到 $MK^{(1)} \cdot p_{MK}^{(1)} = \left(\frac{1}{2}\right) \cdot MK \cdot p_{MK} + \left(\frac{1}{2}\right) \cdot \Gamma(r)$，其中 $\Gamma(r)$ 代表两年的总利润之差。如果效率随着时间的推移而下降，$\Gamma(r) < 0$，则意味着当我们将这个表达式代入方程（6.4.2）的第一行并且将这些项移动至左边时，我们仅仅有符号为正的项，使用过的机器的价格不会出现。与斯拉法的方法（Sraffa 1960, 67–68）不同，即使是在固定资本的情况下，“还原”为直接劳动数量和间接劳动数量都不会出现任何问题。

第三，因为新机器的价格可以还原为仅仅有第一个机器的价值出现的表达式，所以新机器的价格的推导可以与使用过的机器的价格无关。在斯拉法的理论中并非如此，因为他表明在他的方程中，新资本品和旧资本品的方程都将进入标准产品（Sraffa 1960, 72–73）。

第四，在斯拉法的净资本概念中，老化的资本品是这样定价的，即净资本价值的利润率对所有使用年限的机器而言都是相等的。而在马克思的总资本概念中，对不同使用年限的机器的定价仅决定了总资本价值分为折旧和使用过的机器的价值，因此不影响每一使用年限的机器的利润率。马克思的方法反映了利润量随着资本品接近其经济寿命的终点而下降，这个结束的点取决于效率随着机器老化的损失、原料和工资的价格以及来自新生产方法的削价竞争（见 7.1~7.2 节）。

附录 6.5 量度资本存量

商品的物质存量和现行价格有时可以直接观察到。对进入国民生产总值的大多数产品而言，情况恰好是如此，因为它们一般以现价出现在市场上。但就存货和资本品而言，物质存量代表在不同的时间以不同的价格获得的多项东西。即使我们知道当这些产品为新产品时的初始购买价格，我们依然需要知道存量中单个项的相对使用年限，以估计它们可能的现行市场价格——这反过来取决于关于隐含的已用资产的竞争性价格的理论以及所推定的相关市场的竞争程度。

从原则上来说，可以通过国家调查或行政记录收集关于机器相对使用年限的数据。例如，日本和韩国之前进行了“国民财富调查”，这项调查涵盖固定资产、存货和国外净金融资产。但日本的调查在 1983 年停止了，（可以说）只有韩国依然在进行。在其他国家，我们一般仅有基于企业的关于存量的总历史成本（即存量中正在运行的机器的历史成本之和）的信息。因为我们通常无法获得机器的日期和价格，所以我们不能将企业的账面价值数据转化为现行价值或实际价值。然而，正如附录 6.7.5.4 所示，我们可以利用账面价值去校正这些其他价值。

附录 6.5.1 永续盘存法的优点和缺陷

几乎所有国家都使用永续盘存法来估计资本存量。在关于资本（总存量）退废或（净存量）折旧的某些特定的假定模式基础上，永续盘存法是通过在不同时期可观察到的对这些资产项目的投资信息，建立起一个过时的对资本状态的描述。相对而言，永续盘存法的成本较低且比较容易实施，但这些优点伴随着重大的缺陷，因为其结果严重依赖一系列公认的没有经验基础的假设（OECD 2001, ch.8, 75–81）。

实际资本存量的估计首先利用质量调整后的投资价格指数$\left(p'_{I_i}\right)$将第 i 种资本品的年度名义总投资（IG_i）转化为不变价格等价物（IGR_i）。退废（$RETR_i$）以某些假定模式为基础进行估计，从实际总存量的某个初始估计值开始，加上每一时期的实际总投资，减去估计的退废值，就可以得到接下来一年年底的存量（KGR_i）（OECD 2001, 39）。同样地，任一给定时期实际总存量的变化都等于那一时期的实际总投资与实际总退废之差。

将实际存量乘以投资价格指数可以得到现价总存量（KG_i）（更多细节见附录 6.5.5.1）。

可以用两种不同的方法来估计个体净存量。传统方法是针对每种类型的资产假定某种折旧模式。任何给定时期的总折旧等于依然处于资本存量中的每项资产在这一期应付的折旧流量之和。然后净存量等于总存量减去总折旧。这正是法国和大多数其他经合组织成员使用的方法，美国直至 1997 年也使用这种方法（OECD 2001, 43, 97–99）。另一种方法是忽视之前对总存量的估计，而是利用这样的事实，即一旦我们确定任何给定资产的初始实际价值和折旧模式，就可以由此直接推导出机器在其使用年限中任何时刻的净资本价值（见附录表 6.3.1）。最近，美国经济分析局也选择假定每种资本品在无限期间中按照不变的几何率折旧，这是因为这种假设在理论上代数计算的方便超过了其众所周知的经验局限性。[①] 接受这种方法反过来使其不能计算总存量，因为总存量取决于某种假定的退废模式，而如果每种资产都永远存在，那么它永远都不会退废。这就是美国经济分析局现在仅仅计算净存量的原因。

在美国，主要通过“两个珍贵的研究即温弗里（1935）的退废分布和美国财政部关于资产寿命的公报 F（1942）”（Cockburn and Frank 1992, 6）估计出众多种类资产的使用寿命。其他国家也依赖“税务机构指定的资产寿命，以及企业账户、数据调查、行政记录、专家意见和其他国家的估计”（OECD 2001, 47）。鉴于信息缺乏，“直觉认为永续盘存法的结果一定不准确是合理的……［此外］永续盘存法的资本水平与‘真实’水平之间的差异是累计的，因此即使假定的资产寿命与‘真实’寿命之间存在很小的差异，也会导致短期内的资本存量水平出现大的差异”（Australian Bureau of Statistics 1998, 2）。基础数据的这个缺陷是“资本量度中最严重的问题之一”（Cockburn and Frank 1992, 6）。

一个更进一步的困难出现了，因为我们一般仅有使用寿命的点估计，这必须应用于样本数据前后的长间隔时间段的分析。[②] 标准的永续

---

① 经验研究似乎表明在观察到的很多资产的使用寿命中，其效率的降低大约呈几何速度（然而这并没有表明这些机器的寿命是如何随着时间的推移而变化的）。有人认为，在这种情况下，双曲线方程是恰当的，因为它不仅近似于观察到的模式，而且在使用寿命终结时截断（Harper 1982, 32, 42）。尽管用于无限寿命的几何方程被一些学者认为是“经验上不合理的”（Hulten 1990, 125），并且会产生导致很多问题的“无限尾巴”（Harper 1982, 10, 30），但因为其简便性，所以在阐述资本理论时被广泛使用。根据新古典理论的观点，用于无限寿命的几何函数的巨大便利性在于随着资产寿命变老，其价格的下降与效率成正比（即年龄-价格与年龄-效率模式是相同的）。因为资本品的“效率”是其利润率，这意味着随着机器寿命变老，它的净资本价值与其利润成比例下降，所以其净资本价值的利润率保持不变。我们可以回想起来这也是斯拉法采用的估值方法（见附录 6.4）。

② 实践中，一种给定的商品被假定有固定的平均使用寿命，然而在该类型的个人资产中可能根据某种死亡率函数分布，其中线性时滞函数和各种钟形函数如温弗瑞函数是最受欢迎的（OECD 2001, 58）。尽管如此，死亡率函数被认为是独立于经济因素和事件的。一些国家如英国、德国和芬兰通过随时间的推移逐渐缩短平均使用寿命来进一步修正这个问题。

盘存法将这些使用寿命视为在所有时间都是给定的，这潜在地假定机器的退废与实际成本的变化以及诸如战争、经济繁荣和衰退等大事件无关（Powers 1988, 27），但我们知道退废确实反映经济情况。资本品即使在物质上仍然具有生产力的时候也会被退废（废弃或停产），因为工资率或能源价格的上升提高了其成本，或因为来自更新资本的竞争拉低了其市场价格。不管是哪种情况，相对于价格的成本，即利润率才是关键（Powers 1988, 29; Cockburn and Frank 1992, 2–21; Fraumeni 1997, 8）。因此，实际上，“退废对市场情况的变化非常敏感”（Cockburn and Frank 1992, 4）。所有这些在国民账户对资本存量的估计中都被忽视了，甚至在诸如 1929 年大萧条的情况下也是如此。

附录 6.5.2　改进永续盘存法的假设

对现有方法的一个明显改进是使机器退废对经济波动有一定灵敏度。例如，可以调整数据以使其反映出以下事实：在大萧条期间，厂房和机器的废弃迅速上升，这反映了企业破产浪潮和对生产急剧下降的预期，然后在二战期间，当生产变得活跃时，机器废弃又迅速下降。然后我们可以评价对资本存量估计的水平和趋势是如何对假定的服务寿命变化做出反应的（见附录 6.7.5.2.2）。

问题是任何试图提供另一种资本存量估计的方法都将遇到明显难以处理的困难，即似乎没有任何方法可以直接处理链式加权法计算的总存量。正如之前注意到的，个体的实际存量通过永续盘存法获得，其中实际存量水平是那一项的净投资（总投资减去退废）与过去的实际存量水平之和。在 20 世纪 90 年代之前，总资本存量通过（定期调整的）固定权重获得，正如个体部分一样，这些总量遵循同样的永续盘存法准则。这意味着通过调整假定的平均服务寿命，我们可以直接得到新的资本存量总量。然而，在20世纪90年代之后，资本存量总量（计算方法变化后，一般会将数据修正到1925年）建立在个体实际存量的链式加权的基础上（对此我们要说的更多）。困难在于个体存量的链式加权总量不遵循永续盘存法准则。事实上，它们并不遵循任何公认的规则。因此，追溯使用寿命变化影响的唯一方法就是重新估计每一年每一种个体资本存量，然后利用这些庞大的个体存量数据得到链式加权总量。这是一个即使是一国的国民核算机构也会觉得繁重的任务，并且它一定会耗竭私人调查者的资源。在国际范围上，这的确让人望而却步。

但可以用另一种方式来看待这个问题：即使链式加权总量不遵循永续盘存法，我们也可能发现它们遵循什么规则。那样的话，我们就可以再次评估国民核算机构所应用的假设的特定变化会产生什么影响。秘密在于现行成本计算的资本存量指标可以直接加总的事实。结果表明，由此得到的现行成本总量遵循一种特定的规则，从中可以轻易推导出相应的实际总量规则。这些广义永续盘存法（GPIM）规则的发现打破了寻找另一种链式加权测量方法的僵局。在附录6.5.5中，我推导出了这些新规则，并证明了其高度准确性。在附录6.7.2中，在关于退废和折旧的更准确的假设下，我应用这些规则推导出了新的总资本存量指标和净资本存量指标。结果表明，大萧条和二战的影响对战后资本存量水平与趋势特别重要。

附录6.5.3 对资本存量指标进行质量调整的影响

在6.8节和附录6.2中，我们提出古典经济学的利润率，即现行利润与现行资本价值的比率，为实际比率，即是“经通货膨胀调整的”。总存量和净存量都是如此。关键在于资本品必须以现行价格来量度。

这个附录研究了广泛使用的“质量调整”对量度资本品价格和实际存量的影响。现行成本的资本存量不受影响，因为它们可以直接通过现行价格测量。但估算的质量变化的程度越高，相应的质量调整后的价格上升越小（或下降越迅速），相应的（质量调整后的）实际资本存量上升越高。

这种观点特别有趣，因为在新古典理论中，理论上对质量调整的恰当量度是使实际利润率即实际利润与实际资本的比率恰好保持不变。传统的实际利润率（pr/KR）可以写为产出中的实际利润份额（PR/YR）和实际产出与实际资本的比率（YR/KR）即所谓的资本生产率的乘积。因此，如果从新古典理论的角度而言质量调整被恰当地估计了，那么当利润份额固定时，“资本生产率”也是固定的。这意味着我们不能将实际产出与实际资本的比率视为对技术变革的量度指标。出于这个原因，本文将论证对技术变革的恰当量度指标是现行 GDP 与现行成本的资本存量的比率，即斯拉法所谓的最大利润率 R。

为了理解这种资本估值方法涉及的问题，我们先考虑一种特定类型的桌面电脑。在时期 1，有两台这种类型的电脑，每一台价格为 2 000 美元，但在时期 2，仅有 1 台电脑，价格为 1 000 美元。如果问题中的电脑是资本品，那么时期 1 中存量的市场价值为 4 000 美元，时期 2 中的为 1 000 美元。这些市场价值为资本存量的现行成本价值，[①] 这和相应的现行利润结合起来可以计算每一时期的古典利润率（Varri 1987）。

在附录 6.2.3 中，我们注意到用不变价格变量来表示这同样的利润率有助于分析利润率的决定因素。建构价格指数和数量指数所依据的

① 问题中的存量如果被视为总存量时代表的是资本价值。

理论在这里变得关键，因为价格指数的上升越迅速，数量指数的上升就越缓慢。在这一部分中，我们将集中分析个体价格和数量的变化，将总量指数留待下一部分讨论。

附录 6.5.3.1　对比观测价格指数和质量调整价格指数

仅存在两种基本方法来处理个体的价格或数量变化：传统的观测价格方法和最新的质量调整价格方法。它们具有完全不同的目的，将得到非常不同的价格指数，也因而有非常不同的实际模式。

考察我们之前的例子，时期 1 中两台电脑每台价格为 2 000 美元，时期 2 中同样类型的电脑每台价格为 1 000 美元。在观测价格方法中，如果时期 1 被视为基期，那么 2 000 美元就是这种类型电脑的基期价格。在任何一个时期内，这代表一台电脑的“实际价值”。因此，时期 1 中资本存量的实际价值为 4 000 美元 = 2 000 美元 ×2 台电脑，而在时期 2 中为 2 000 美元 =2 000 美元 ×1 台电脑，都是用“时期 1 的美元”来表示的实际测量值。

价格指数提供了可以获得相同结果的另一种方法。给定时期内电脑的价格指数被定义为其现行的价格除以基期价格。[①] 因此，时期 1 中这种类型的电脑的价格指数为 1.00 =（2 000 美元 /2 000 美元），而在时期 2 中为 0.50 =（1 000 美元 /2 000 美元）。时期 1 中存量的实际价值为其现行价值除以价格指数。之前我们注意到，时期 1 中存量的现行价值为 4 000 美元，时期 2 中的为 1 000 美元。将这些值除以相应的价格指数恰好可以得到和之前的推导结果相同的实际存量的量度值：时期 1 中实际存量价值为 4 000 美元 =（4 000 美元 /1.00），时期 2 中实际存量

---

① 传统而言，价格指数表示为基期 =100 的数字，因此价格比率 1.5 写为 150。为了简化文中的阐述，我们将沿用小数形式。

价值为 2 000 美元 =(1 000 美元 /0.50)。正如丹尼森注意到的，这种传统的方法论既是内在一致又是有用的（Denison 1993, 99–101）。

这两种计算机器实际价值的方法是等价的，这可以容易地用符号规范地表示出来。接下来，下标“i”指第 i 种资本品，p_{MK} = 一台“机器”的观测价格（以美元计价），MK = 机器的存量（数量），K= 现行的资本价值，KR = 总存量的实际资本价值，下标 t 指时期。

$$K_{i_t} = p_{MK_{i_t}} \cdot MK_{i_t} = \text{存量的现行资本价值（美元）} \tag{6.5.1}$$

$$p'_{MK_{i_t}} = \frac{p_{MK_{i_t}}}{p_{MK_{i_0}}} = \text{相对于基年 b 的价格指数} \tag{6.5.2}$$

$$KR_{i_t} = \frac{K_{i_t}}{p'_{MK_{i_t}}} = \text{存量的实际资本价值} \tag{6.5.3}$$

那么，联立方程（6.5.1）和方程（6.5.2）就可以明显发现存量的实际资本价值即为其数量乘以其基年价格。因此，基期价格方法和价格指数方法对实际存量的量度是相同的：

$$KR_{i_t} = p_{MK_{i_0}} \cdot MK_{i_t} \tag{6.5.4}$$

附录 6.5.3.2 对价格指数的质量调整

质量调整价格方法在国民账户中日益普遍，它具有完全不同的目的：试图重新定义价格以使其所指的不是实际商品，而是与这些商品相关的想象的“使用者效用”。在我们之前的例子中，较旧电脑的价格由时期 1 的 2 000 美元降为时期 2 的 1 000 美元。假定时期 2 中也有一种新类型的电脑，质量是较旧类型的 2 倍，[①] 购得价格为 2 000 美元。如

① 接下来的讨论将实际利润作为对资本品“质量”的恰当的量度尺度，为了与之进行比较，这里的计算能力被视为绝对的测量值（如针对某项标准任务的每秒计算次数）。

果我们将较旧电脑的质量定义为 1，较新电脑的为 2，那么从使用者效用的观点来看，我们有以下结果：在时期 1，一台较旧的电脑代表一单位的质量，价格为 2 000 美元，这表明每单位质量 2 000 美元；在时期 2，一台较旧的电脑代表一单位的质量，价格为 1 000 美元，而一台较新的电脑代表 2 单位的质量，价格为 2 000 美元——因此在每种情况下每单位质量的价格为 1 000 美元。[①] 在时期 1 中，每台机器的价格和每单位质量的价格为 2 000 美元，因为每台旧机器也代表一单位质量；而在时期 2 中，每台机器的平均价格为 1 500 美元（每台旧机器的价格为 1 000 美元，每台新机器的价格为 2 000 美元），而每单位质量的平均价格为 1 000 美元（Triplett 1990, 223–224; 2004, 19）。因此，两种量度平均价格的方法对价格如何在不同时期变化给出了不同的估算结果：每台机器的价格下降 25%，而每单位质量的价格下降 50%。

资本的现行成本不受质量调整的影响，因为我们可以直接通过市场价格计算出来：时期 1 为 4 000 美元，代表两台较旧的机器，每台机器的价格为 2 000 美元；时期 2 为 3 000 美元，代表一台较旧的机器和一台较新的机器，价格分别为 1 000 美元和 2 000 美元。因为实际存量为用现行成本计算的存量除以使用的特定类型的价格指数［方程（6.5.3）］，所以质量调整价格指数比观测价格指数下降得更快（或上升得更慢），[②] 相应的（质量调整）实际资本存量指数将上升得更快。[③] 这两种方法对证据进行了不同的解读，因为它们对实际资本的定义不

---

① 为了更好地举例说明，假定同等数量的“质量”售价相同。

② 质量调整对量度通货膨胀、决定工资和退休金以及其他福利的生活成本的增加有重要影响。包含在消费者价格指数内的质量调整取决于很多对新产品质量提高的主观判断，它们通常也无法解释健康、安全和环境的恶化所导致的生活质量下降（Madrick 1997）。

③ 如果一种新机器只在时期 2 才出现，那么时期 1 中就没有其基期价格用以计算其实际资本价值。我们或者可以等到新机器出现一段时期以后再将其引入价格指数，或者可以通过估计这种机器的应耗成本推定其基期的影子价格（Diewert 1987, 779; Moulton 2001, 1–2）。

同。观测价格方法将实际资本定义为以不变美元计价的机器存量，而质量调整方法将实际资本定义为这些机器以不变美元计价的包含质量的价值（Gordon 1990, 55, 59）。

这最后一点很重要，因为在新古典理论中，资本品的有意义的“质量”是其实际利润：“资本的正确的理论概念是将两种可以产生同样［实际总利润］的资本视为等价的，实际总利润定义为总收入减去由一系列固定的产出和投入价格量度的可变运营成本”（Gordon 1993, 103）。[①] 在之前附录 6.2 中提出的方程（6.2.1）~ 方程（6.2.3）所代表的古典生产价格体系之内，新古典方法因此相当于将实际资本定义为与总剩余的现行价格成正比（总剩余产品向量 $\mathbf{\Omega_{G_t} X = X - (a + w \cdot 1)X}$ 基于基期价格 $\mathbf{p}_0$ 进行估值）：$\mathrm{KR} = \beta \mathrm{PR}$，其中 β = 某个不变的比例，$\mathrm{PR} \equiv \mathbf{p_0 \Omega_{G_t} X}$。于是，如果新古典对实际资本的定义可以普遍应用，那么得到的“实际”总利润率在不同时间都等于常数 β。此外，某种程度上实际利润与实际产出的比率在经验上是稳定的，“实际”最大利润率（“实际”产出–资本比）看起来也是稳定的。

$$\mathbf{KR_t} = \beta \cdot \mathbf{p}_0 \cdot \mathbf{\Omega_{G_t}} \cdot \mathbf{X_t} = \beta \cdot \mathbf{p}_0 \cdot \left(\mathbf{I} - (\mathbf{a_t} + \mathbf{w_t} \cdot \mathbf{1_t})\right)\mathbf{X_t} \qquad (6.5.5)$$

这强调了之前所说的观点，即新古典与古典的量度方法对实际利润率和最大利润率的定义就原则而言是不同的。古典的利润率被定义为名义利润与资本现行价值的比率：$r_t = P_t / K_t$。为了对资本品的价格

① 戈登将实际总利润定义为“总收入减去由一系列固定的产出和投入价格测量的可变运营成本”（Gordon 1993, 103）。因为剩余产品为产出与投入（原料和劳动消费品）之差，正如在方程（6.13）（见附录 6.1.1）中的价格体系，所以实际利润的定义蕴含着剩余产品的价格指数。在个体机器的层面，假定整体生产构成的实际利润可以分割为其中的个体项，我们必须将质量指数应用于计算每种电脑的实际利润（Gordon 1993, 106）。戈登注意到将资本品的使用者效用（质量）仅与其现行利润联系起来是一种简化，因为在新古典理论中，一种资产的竞争性均衡价格等于其预期未来所有利润流的贴现值。但构建这样一种流量需要价格、投入和劳动系数、工资率，而这是不切实际的。因此，使用现行的实际利润仅仅是一种合理的近似（Gordon 1990, 72-73）。

进行必要的新古典调整，我们必须先推出实际利润的测量值，但这只能通过资本品以外的商品价格推导出来，因为资本品的价格恰恰是我们试图去建构的。因此，总名义利润必须通过某个价格指数（$\bar{p}_{\Omega}$）平减，这个指数不同于用以平减资本存量的现行价格（$\bar{p}_{K}$）。但正如附录 6.2.3 已经注意到的，这样得到的实际利润与实际资本的比率仅仅是利润率的一部分，还有另一部分是我们不能消除的相对价格。总利润率不受这种分割的影响。这意味着如果我们将实际资本定义为与实际利润成正比 $\left(\frac{K}{\bar{p}_K}\right) \approx \beta\left(\frac{P}{\bar{p}_\Omega}\right)$，其中 β= 某个不变的比例，那么利润率的所有动态都被转化为价格比率的变化。

$$r = \frac{P}{K} = \left[\frac{\left(\frac{P}{\bar{p}_\Omega}\right)}{\left(\frac{K}{\bar{p}_K}\right)}\right]\left(\frac{\bar{p}_K}{\bar{p}_\Omega}\right) \approx \beta\left(\frac{\bar{p}_K}{\bar{p}_\Omega}\right) \tag{6.5.6}$$

当实际产出被用于质量的指标时，同样的结论适用于实际产出–资本比。不管这个比率的意义是什么，它都不能代表最大利润率。相反，它仅仅有助于将最大利润率分割为两个部分，其中一个部分被建构为常数，因此所有的动态变化都取决于另一个部分（剩下的价格比率）。

斯拉法对已用资本品的处理产生了不同的问题（见附录 6.4）。在这种情况下，已用机器的现行资本价值（现行价格）是通过给定的统一利润率从其现行的利润率中估算出来的。这造成已用机器的现行利润率与新机器的利润率相等，但这不意味着这个共同的利润率因此是一个常数。于是，任何试图使已用机器的实际资本价值与其实际利润成正比平减程序都将遇到之前已提到的困难。

附录 6.5.4 评价技术进步对利润率的影响

很显然，如果实际资本的定义使其与实际产出大约成正比（见附录 6.5.3），由此得出的实际产出-资本比不能被视为技术变革的指数。它的不变仅仅是定义上的，而非（比如）真实的哈罗德中性技术变革的证据。

那么，我们应该怎样评价技术变革的影响呢？假定我们考虑一个生产价格体系，并且用工资份额和最大统一利润率来表示统一利润率，如方程（6.2.8）：$r=\left(1-\frac{w}{y}\right)R$。通过将方程（6.2.1）中的工资品向量（**w**）设定为 0，我们可以从统一利润率（r）的表达式中推出最大统一利润率（R）。斯拉法（1960, 29–31）证明，对任何给定的技术而言，R 是唯一的。他也表明这可以理解为标准的产出-资本比，也就是标准产出比例下的产出-资本比（在给定技术条件下也是唯一的），不管哪一个价格向量被应用于标准净产出和标准资本存量向量。因此，给定技术水平，任何基期的价格向量都可以得到相同的比率。因此我们可以将 R 的运动视为技术变革的指标。

因为 R 是最大统一利润率，所以在具有投入产出表和资本存量的年份里，我们可以直接将其量度出来。然而，表 9.19 证明了用市场价格量度的经验总产出-资本比是 R 的很好的近似——斯拉法本身在其未出版的笔记中提出了这一点（Bellofiore 2001, 369）。因此，在实践中将现行价值比率作为技术变革的指标是合理的（见第 16 章）。

就工资份额（w/y）而言，我们在附录 6.2.3 末尾注意到，它可以表示为两种有益的方式：一种表示为实际工资（w/p_c）与每工作小时的最大消费量（y/p_c）的比率，这与工人很相关；另一种表示为（w/p_y）与生产率（y/p_y）的比率，这是商业关注的核心。因此，现在我们有两个不同的指标，每工作小时的最大消费量的变化与生产率的变化，每一个指标都代表技术变革的一个特定方面。

附录 6.5.5 克服链式加权总量的问题

试图去修正现代资本存量的数据会立即遇到棘手的问题，即好像没有方法可以直接解决链式加权总存量的问题。个体实际存量是通过永续盘存法得到的，其中实际存量水平是一项机器的净投资（总投资减去退废）和过去实际存量水平的加总（见附录 6.5）。在 20 世纪 90 年代以前，总资本存量是通过（定期调整的）固定权数得到的，在那种情况下，总量与其个体组成部分一样都遵循永续盘存法准则。这意味着通过改变某个潜在的假设，比如假定的服务寿命，我们就可以直接得到新的总资本存量估计值。

然而，在 20 世纪 90 年代初，资本存量总量（向前重新估计到 1929 年）就已经建立在对个体实际存量进行链式加权的基础上。这里的困难是链式加权总量不遵循永续盘存法准则。事实上，它并不遵循任何公认的准则。即便如此，最终表明它们的确遵循我所谓的广义永续盘存准则。秘密在于这样的事实，即现行成本的资本存量测量值可以直接加总。

附录 6.5.5.1 个体资本存量的存量-流量积累规则

实际建构对资本存量的估计值包含几个步骤。第一，通过质量调整的投资价格指数（p'_{I_i}）将第 i 种资本品的名义总投资（IG_i）的年度观测数据转变为其不变价格等价物（IGR_i）。第二，对这种资本品的使用寿命进行一些假定，用以估计在任一给定时期内有多少在过去购买的这种资本品将会退废（$RETR_i$）。在最简单的情况下，如果第 i 种资本品可以持续 L_i 时期，那么在购买它 L_i 时期后，它一定会从总存量中退废（移除）。从某个初始的估计值开始，将每一期的实际总投资相加并减去估计的退废可得期末的实际总存量（KGR_i）（OECD 2001, 39）。同样地，在任一给定的时期内，实际总存量的变化可以计算为这一时期实际总投资与退废之差。接下来，将实际存量乘以投资价格指数可以得到现行价格总存量（KG_i）。

个体净存量可以通过两种不同的方式估计。传统的方法是假定给定类型的资产存在某种折旧模式。对每种资产而言，这意味着在其假定的寿命内实行某种折旧流量模式。任何给定时期的总折旧都等于资本存量中依然存在的所有使用期限的这种资产的到期折旧流量之和，那么净存量等于总存量减去总折旧。这是法国和大多数经合组织成员都使用的方法，美国在 1997 年之前也使用这种方法（OECD 2001, 43, 97–99）。另一种方法是忽视之前对总存量的估计，而是利用这样的事实，即一旦我们确定了任何给定资产的初始实际价值和折旧模式，我们便可以直接在其使用寿命的任何时刻推导出净资本价值（见附录表 6.3.1）。

与永续盘存法不同的地方在于，我们总是可以将给定类型 i 的机器在时间 t 的总物质存量（MK_{i_t}）写为存量的净变化（ΔMK_{i_t}）与其过去时期的价值之和。

$$MK_{i_t} = \Delta MK_{i_t} + MK_{i_{t-1}} \qquad (6.5.7)$$

传统方法是乘以这种机器在基期“0”的价格，以得到以实际形式表示的相应关系，其中在时期 t 末存量的实际价值等于这种机器在这一时期的实际净投资（$INR_{i_t} = p_{i_0} \cdot \Delta M_{i_t}$）加上其存量的初始实际价值。这里的净投资对应于机器存量的物质增量的价值（即总固定资产增加值减去退废）。这是总资本存量背后的概念，但本部分推导的基本存量–流量积累规则接下来将在附录 6.5.5.3 中被拓展应用于分析稍微不同的净投资概念（总投资减去折旧），净投资是净资本存量的基础。

$$\mathrm{INR}_{i_t} = p_{i_0} \cdot \Delta \mathrm{MK}_{i_t} = \text{第 } i \text{ 种机器的实际净投资} \tag{6.5.8}$$

$$\begin{aligned}\mathrm{KR}_{i_t} &= p_{i_0} \cdot \mathrm{MK}_{i_t} = p_{i_0} \cdot \Delta \mathrm{MK}_{i_t} + p_{i_0} \cdot \mathrm{MK}_{i_{t-1}} = \mathrm{INR}_{i_t} + \mathrm{KR}_{i_{t-1}} \\ &= \text{第 } i \text{ 种机器的实际资本价值}\end{aligned} \tag{6.5.9}$$

方程（6.5.9）是就第 i 种机器而言的永续盘存法“存量–流量积累规则”（Liu, Hamalainen, and Wong 2003, 34–36），这使我们可以在给定某个估计的初始值条件下描绘出第 i 种资本品的总实际存量的时间轨迹。然后第 i 种资本资产的现行存量是通过将每种个体实际存量乘以实际或潜在的现行价格（即作为现行资本品的价格）估计的，这与将第 i 种机器的数量乘以其现行价格是等价的。因为这是新购买机器（新投资）必须支付的价格，我们将其定义为 $p_{I_{i_t}}$，相应的价格指数定义为 $p'_{I_{i_t}} \equiv p_{I_{i_t}} / p_{I_{i_0}}$。现行成本存量可以直接加总，因为它们都是用现行货币单位来表示的。

$$\begin{aligned}\mathrm{K}_{i_t} &= p'_{I_{i_t}} \cdot \mathrm{KR}_{i_t} = \left(\frac{p_{I_{i_t}}}{p_{i_0}}\right) \cdot p_{i_0} \cdot \mathrm{MK}_{i_t} = p_{I_{i_t}} \cdot \mathrm{MK}_{i_t} \\ &= \text{第 } i \text{ 种机器的现行资本价值}\end{aligned} \tag{6.5.10}$$

$$\mathrm{K}_t = \sum_{i=1}^{N} \mathrm{K}_{i_t} \tag{6.5.11}$$

正如方程（6.5.10）所示，在现行成本存量的个体水平上，新机器的价格（投资）与总存量相同。我们将发现这个原则适用于固定权数总量，但不适用于链式加权总量。在后一种情况下，由用现行成本计算的总存量与实际总存量的比率定义的总资本的价格指数与总投资的价格指数显著不同。因此，对链式加权总量而言，我们需要通过以下关系分别标出总资本存量的价格指数。

$$\mathrm{KR}_t = \frac{\mathrm{K}_t}{p'_{\mathrm{K}_t}} \tag{6.5.12}$$

附录 6.5.5.2　固定权数总存量的存量–流量积累规则

当通过固定权数指数（权数为基年商品的相对价格）得到数量总量时，总实际资本存量为个体实际资本存量之和（Whelan 2000, 4）。因为个体实际资本存量实际上是通过方程（6.5.9）的永续盘存法准则估计的，所以固定权数总实际存量（用上角标“fw”表示）也遵循永续盘存法准则（Whelan 2000, 14; Liu, Hamalainen, and Wong 2003, 36, 53）。

$$KR_t^{fw}=\sum_{i=1}^{N}KR_{i_t}^{fw}=\sum_{i=1}^{N}INR_{1_t}^{fw}+\sum_{i=1}^{N}KR_{i_{t-1}}^{fw}=INR_t^{fw}+KR_{t-1}^{fw} \qquad (6.5.13)$$

用固定权数程序计算总存量的一个必然结果就是总资本存量（帕氏）价格指数必须等于总新投资的价格指数。这对个体资产而言是正确的，因为给定类型机器的现行货币价格为新购买机器所必须支付的价格（新投资）。对固定权数总量而言，这在总量水平上也恰好成立。为了证明这一观点，到将方程（6.5.10）和方程（6.5.13）联立起来可得：

$$KR_t=\frac{K_t}{p'_{K_t}}=\frac{\sum_{i=1}^{N}K_{i_t}}{p'_{K_t}}=\frac{\sum_{i=1}^{N}p'_{I_{i_t}}\cdot KR_{i_t}}{p'_{K_t}}=\left(\frac{\sum_{i=1}^{N}p'_{I_{i_t}}\left(\frac{KR_{i_t}}{\sum_{i=1}^{N}KR_{i_t}}\right)}{p'_{K_t}}\right)\sum_{i=1}^{N}KR_{i_t}$$

在上述表达式中，$\sum_{i=1}^{N}p'_{I_{i_t}}\cdot\left(\frac{KR_{i_t}}{\sum_{i=1}^{N}KR_{i_t}}\right)$这一项即为投资品的帕氏价格指数（$p'_{I_{i_t}}$），即由其实际资本存量在总实际存量中的份额加权的个体新机器的价格（Diewert 1987, 779）。此外，在固定权数指数的情况下，实际存量之和$\sum_{i=1}^{N}KR_{i_t}$为总实际存量KR_t^{fw}［方程（6.5.13）］。因此，上述表达式中最后一系列项可以简化为$KR_t=\left(\frac{p'_{I_t}}{p'_{K_t}}\right)\cdot KR_t$。那么，在固定权数总量的情况下，投资的价格指数和资本存量的价格指数是相同的。

$$p'^{fw}_{K_t} = p'^{fw}_{I_t} \tag{6.5.14}$$

固定权数存量与个体存量遵循相同的规则这一事实意味着在估计固定权数的情况下，我们可以直接利用总存量去估计潜在假设发生某种变化的影响。例如，在方程（6.5.13）中，实际净投资项 INR_t^{fw} 为观察到的实际总投资与某个估计的系列实际退废（在总存量的情况下）或实际折旧（在净存量的情况下）之差。那么，可以直接通过使用永续盘存法准则评价关于总退废或折旧的不同假设所产生的影响。问题在于在大多数国民账户中已不再使用固定权数估计值了。

附录 6.5.5.3 链式加权总存量的新永续盘存法准则

近几年，因为固定权数总量对总增长率的估计不可靠，许多国家如美国和加拿大已经用链式加权总量对其进行了替代。[①] 首先，链式加权数量指数可以创建每一项的实际总增长率（如 $KR_{i_t} / KR_{i_{t-1}}$），然后利用前一时期的价格作为权重将这些加总为某个合意的实际总增长率（如 KR_t / KR_{t-1}）。因此，随着时期的改变，权重会自动修正。其次，将某个特定的基期的“量”定义为 100，然后通过之前推导的总增长率计算（链式）从这一点开始向前或向后的其他量，将总增长率转化为一种指数水平。重新调整基期的量，使其等于同一时期总量的现行成本价值，由此可以得到实际水平。我们已经注意到现行成本各项可以直接加总。最后，实际变量的价格指数，即其潜在的价格平减指数，被定义为名义价值与实际价值的比率（如 $p_K = K / KR$）。这种程序清楚地表明对基期的选择仅影响实际总量的水平而不影响其增长率

① 单个商品的实际增长率独立于基期，但总增长率依赖赋予这些个体增长率的权重。在固定权重数量总量的情况下，权重是由基期的相对价格给定的。改变基期就改变了权重，因而也就改变了总增长率（Liu, Hamalainen, and Wong, 2003, annex I, 46–48）。

（Whelan 2000, 6–7）。

增长率不随着基期的变化而变化是链式指数的主要优点。不幸的是，这种程序也有很多缺陷。首先，链式加权总量实际水平的意义并不清楚。在固定权数总量的情况下，基期决定了一系列参照价格，因此（比如）t 期实际资本存量水平代表了就这些特定价格而言的总成本（即不变美元价值）。但在链式加权总量的情况下，参照价格是不断变化的，并且基期仅仅为变量提供了一个任意的刻度。因此，链式加权总量的实际水平没有特定的意义。其次，除了基期外，这些水平自身是不可加的，[①] 因此一般而言实际资本存量不等于个体实际资本之和或实际设备存量与实际建筑存量之和。实际 GDP 也不是实际消费、实际投资、实际政府支出与实际净出口之和。这种非可加性意味着从总体中减去任何一个给定的子部分并不会使我们得到对剩余部分的正确加总，相反地，这种正确估计要通过一种复杂的、迂回的方式得到。最后，非可加性也意味着部分与总体的比率加起来不为 1。那么，任何给定的比率，比如实际投资 / 实际 GDP 或实际设备资本 / 实际总资本，不能再被解释为“实际份额”（Liu, Hamalainen, and Wong 2003, 9）。事实上，包含链式加权总量的比率通常是不可信的：例如，“投资的链式加权总量可以无限地比资本存量的链式加权总量增长更快，总实际投资水平比总实际资本存量变得更大是完全有可能的”（Whelan 2000, 16）。

因为链式加权总量不遵循永续盘存法或其他著名的准则，所以我们好像只能通过在个体资本品层面操作，然后将这些修正后的估计值

① 名义总量如 GDP 与现行价格的资本存量，每年是可以加总的，因为它们就是通过将其各名义部分相加得到的。因为实际链式数量是通过使其等于基期的名义相对量调整刻度的，所以基期是唯一链式加权总量可以加总的一年。

进行链式加总才能得到对总存量的另一种估计。即使可以获得基础数据，这样一种计算对单个国家而言也是困难的，在国际层面基本上是不可能的。

然而，还有另一种方法可以解决这个问题。尽管链式加权总实际存量和个体实际存量不遵循相同的积累规则，但它们依然有可能遵循某种其他的积累规则，因此如果我们发现这个规则，我们就可以继续自由前进。

沿着这个方法进行分析的第一步就是注意到，因为现行价格总量如名义 GDP 或资本的现行价值是其相应的名义部分之和，所以它们总是可以加总的，其部分与总体的比率事实上可以被阐述为份额。当处理基于费雪理想指数[①]的链式加权总量时，这个性质是重要的，因为任何这种实际变量的增长率都约等于其部分增长率的加权平均，权重为相应的名义份额在现在和过去时期的平均值。这被称为对费雪指数的托恩奎斯特近似（Whelan 2000, 10），这使我们可以通过托恩奎斯特指数估计链式加权总量。

首先，我们将方程（6.5.7）中第 *i* 种机器的物质积累规则与方程（6.5.10）中对机器的现行成本价值的定义结合起来，推导出个体现行成本资本存量的积累规则。得到的个体存量的规则表明给定类型机器存量的现行价格是以下两项之和：（1）实际净投资，为实际总投资与退废机器的现行价值之差；（2）年初的初始实际存量。[②]

$$KC_{i_t} \equiv p_{I_{i_t}} \cdot MK_{i_t} = p_{I_{i_t}} \cdot \Delta MK_{i_t} + p_{I_{i_t}} \cdot MK_{i_{t-1}} \qquad (6.5.15)$$

将方程两边都除以基年价格（$p_{I_{i_0}}$），并且考虑方程（6.5.8）和

① 美国经济分析局现在将变量的总经济增长率计算为拉氏数量指数和帕氏数量指数乘积的平方根，这就是费雪“理想”指数（Whelan 2000, 6, eq. 1）。

② 另一种方法是将机器的现行存量看作上一年幸存的机器（上一年的存量减去退废）加上新购买的机器（总投资），所有这些项都用现行价格估值。

方程（6.5.9）中的定义，实际资本存量 $KR_{i_t} = p_{i_0} \cdot MK_{i_t}$，实际净投资 $INR_{i_t} = p_{i_0} \cdot \Delta MK_{i_t}$，第 *i* 种资本品价格指数为 $p'_{I_{i_t}} \equiv p_{I_{i_t}} / p_{I_{i_0}}$，并且比率 $\left(\frac{p'_{I_{i_t}}}{p'_{I_{i_{t-1}}}}\right) = 1 + gp'_{I_{i_t}}$，其中 $gp'_{I_{i_t}}$ = 价格指数的增长率，我们可得到：

$$KC_{i_t} \equiv p'_{I_{i_t}} \cdot KR_{i_t} = p'_{I_{i_t}} \cdot INR_{i_t} + p'_{I_{i_t}} \cdot KR_{i_{t-1}} = IN_{i_t} + \left(\frac{p'_{I_{i_t}}}{p'_{I_{i_{t-1}}}}\right) KC_{i_{t-1}}$$

$$KC_{i_t} = IN_{i_t} + KC_{i_{t-1}} + gp'_{I_{i_t}} \cdot KC_{i_{t-1}} \qquad (6.5.16)$$

方程（6.5.16）代表个体现行成本存量的一般积累规则。因为它们以现行价格为单位，所以前三项式可以直接加总，由此我们得到总量关系 $KC_t \equiv IN_t + KC_{t-1} + \left(\sum_{i=1}^{N} gp'_{I_{i_t}} \cdot \frac{K_{i_{t-1}}}{K_{t-1}}\right) K_{t-1}$。

上述表达式括号中的项是第 *i* 个价格指数变化率的加权平均值，权重为前一时期中第 *i* 个现行价值存量在总量中的份额。正如结果所示，当任何诸如实际资本存量的总量被建构为费雪理想指数时，相应的价格指数 p'_{K_t} 本身也是同样的类型（Whelan 2000, 6–7n6）。但据托恩奎斯特估计，个体价格变化率的加权总和可以很好地估计总价格指数的变化率，权重为相应的现行价值资本存量在当前时期和过去时期的平均值。这实质上与括号中的项相同，除了在我们的情况下名义份额时滞了一个时期而非两个时期的平均值。因此，括号中的项很好地估计了资本存量的总价格指数变化率 $gp'_{K_t} \equiv (p'_{K_t} / p'_{K_{t-1}}) - 1$，那么链式加权的现行成本资本存量遵循的一般规则为：

$$KC_t \approx IN_t + \left(\frac{p'_{K_t}}{p'_{K_{t-1}}}\right) KC_{t-1} \qquad (6.5.17)$$

在链式加权情况下，总投资的价格指数与总资本存量的价格指数不同，因为一般而言 $\left(\sum_{i=1}^{N} gp'_{I_{i_t}} \cdot \frac{IN_{i_{t-1}}}{IN_{t-1}}\right) \neq \left(\sum_{i=1}^{N} gp'_{I_{i_t}} \cdot \frac{K_{i_{t-1}}}{K_{t-1}}\right)$。运用实际总存量 $KR_t = \frac{K_t}{p'_{K_t}}$［方程（6.5.12）］和实际总投资 $INR_t = \frac{IN_t}{p'_{I_t}}$ 的定义，我们可以对方程

（6.5.17）的现行成本存量使用链式加权积累规则，从而得到针对实际存量的链式加权积累规则。

$$KR_t \approx \left(\frac{p'_{I_t}}{p'_{K_t}}\right) INR_t + KR_{t-1} \qquad (6.5.18)$$

方程（6.5.18）证实链式加权总实际存量不遵循永续盘存法，因为链式加权投资价格指数 p'_I 与链式加权资本存量指数 p'_{K_t} 不同。在固定权数指数中，我们回想起这两个指数事实上是相等的［方程（6.5.14）］，这正是固定权数总资本存量遵循永续盘存法准则的原因［方程（6.5.13）］。然而，方程（6.5.18）也清楚地表明即使链式加权实际存量不遵循永续盘存法，它们也的确遵循其简单的变形版。这足以使我们直接处理链式加权总量，以得到对现行成本和实际存量的另一种测量值，我们将在附录 6.7 的数据中对此进行分析。

在这时，我们有必要回想起名义净投资（IN）意味着两种不同的事物：在总存量的情况下，它代表名义总投资（IG）与名义退废价值（RET）之差；在净存量的情况下，它代表名义总投资与名义折旧（$\mathscr{D}$）之差。因此，我们可以将净投资写为一般形式：

$$IN_t = IG_t - Z_t \qquad (6.5.19)$$

其中，Z_t = 存量消耗的总现行价值，在总存量的情况下 $Z_t = RET_t$ = 退废，在净存量的情况下 $Z_t = \mathscr{D}_t$ = 折旧。

$$z_t = \frac{Z_t}{p'_{K_t} \cdot KR_{t-1}} = \text{损耗率（退废或折旧）} \qquad (6.5.20)$$

利用这个方程，我们可以将之前在方程（6.5.17）和方程（6.5.18）中提到的总历史成本存量、总现行成本存量和总不变成本存量遵循的广义永续盘存法积累准则表达为：

$$KNH = INH + KNH(-1)，\text{其中 } INH = IGC - DEPH, DEPH = \text{历史成本折旧} \qquad (6.5.21)$$

$$KC_t = IG_t + (1 - z_t)\frac{p'_{K_t}}{p'_{K_{t-1}}}KC_{t-1} \tag{6.5.22}$$

$$KR_t = \left(\frac{p'_{I_t}}{p'_{K_t}}\right)IGR_t + (1 - z_t)KR_{t-1} = \frac{IG_t}{p'_{K_t}} + (1 - z_t)KR_{t-1} \tag{6.5.23}$$

附录 6.7.2 应用了之前的讨论以提供对美国净资本存量和总资本存量的新的量度值。

附录 6.6　量度产能利用率

利润率的分析要求我们将结构趋势与来自周期和冲击的波动区分开来。这里的关键步骤在于区分经济产能与经济产出，后者通过产能利用率与前者联系起来。

先区分“工程产能”与“经济产能”很重要，前者是指某个间隔期间可能的最大可持续产出，后者是指给定厂房和设备的合意产出水平。例如，如果一台机器的工程产能为每周 120 小时，那么它每周运行 6 天、每天运行 20 小时在物质上是可行的。但可能结果表明第二轮和第三轮的换班成本更高，这使其最低的成本点为每周运行 5 天、每天单一 8 小时轮班（即每周 40 小时）。这个最低的成本点被定义为经济产能，也是企业的基准产出水平，在这个例子中代表工程产能利用率的 33.3%（见 4.5 节）。产出持续低于这个水平意味着需要放缓计划的产能增长，而持续高于这个水平意味着需要加速产能增长（Foss 1963, 25; Kurz 1986, 37–38, 43–44; Shapiro 1989, 184）。[①] 它总是经济上合意的产能利用率，这是关键所在。

经济产能也不同于“充分就业产出”。[②] 因为这两种测量值都被标记为“潜在产出”，所以将它们区别开来很重要。尽管标准的经济学理

① 在增长体系里，可以通过改变相对增长率进行调整。

② 短期的就业波动可能与产出的短期波动有关，因此就业率（就业与劳动供给之比）的短期波动可能与产能利用率（产出与产能之比）的短期波动有关。但除非产能与劳动能够供给的比率作为一种潜在的生产率恰好在不同时间内总是不变的，否则产能利用率在中长期内将偏离就业率。

论通常假定全产能和充分就业同时发生，但在实际实践中，没有理由认为经济产能条件下的生产将充分雇用现有的劳动力。事实上，在古典主义、凯恩斯主义和卡莱茨基主义的传统中，两者即使在理论水平上也是有区别的（Garegnani 1979）。

附录 6.6.1　产能利用率的传统量度方法

有人可能认为通过将后者视为实际产出的长期“趋势”，人们可以区分实际产出与产能，但因为总量数据可能包含非对称冲击、多周期甚至长“波”，所以确定任何这种趋势都变得困难。一种方法是将这种趋势视为某个先验的时间函数，但几乎没有理由相信增长趋势独立于实际增长率，也没有真正的理由去偏好某个时间函数而不是其他函数。另一种方法是平滑数据（正如用 HP 滤波法）以使趋势显示出来。在这里，人们必须对“刚度”的程度有种先验的偏好以给趋势赋值（比如 HP 滤波参数的大小）。此外，一些平滑数据的方法会产生虚假的长周期（Harvey and Jaeger 1993, 234）。不管在哪种情况下，选定的趋势都不一定代表正常产能利用率的路径，因此数据中余量的波动可能是产能利用率的变化与正常产能路径本身变化的结合物。最后，存在这样的问题，即由经济萧条、战争和多种其他重要失常事件导致的波动一般不是对称的。平滑技术倾向于在“上升与下降”之间平等地分离数据，这意味着它们通常会错误地表示与趋势的实际偏离。例如，在大萧条的情况下，既有急剧崩溃，也有持久的低谷，这种扭曲将会非常显著。20 世纪 70 年代的石油价格冲击也会带来类似的困难。

另一种替代方法是试图直接估计经济产能。如果我们可以接受广泛认可（新古典）的假设，即除了与短周期（3~5 年）相关的经济衰退外，资本主义经济通常在正常产能水平上运行，那么这将是一个相对简单的问题。事实上，这是著名的沃顿方法的前提，它将产能定义为每个商业周期或失常波动中达到的峰值产出。其隐含的假设就是产出的所有短期峰值都代表产能利用率的同一水平（100%）（Hertzberg, Jacobs, and Trevathan 1974; Schnader 1984），这样就自动排除了产能利用率出现中长期变化的可能性。

第二组产能量度方法试图通过依赖对运行率的经济调查，如美国经济分析局和美国人口普查局所做的那样，解决这个问题。这里，企业通常被要求指出其现行的运行率（即它们现行的产能利用率）。这种调查带来的难题在于它们没有详细说明产能的明确定义，因此回答者可以在产能的多种测量值之间自由选择，使用这些数据的分析者可以用与其理论假设相一致的方法来自由地阐释数据。其中一个典型的例子就是广泛使用的美联储委员会对制造业产能利用率的量度。首先，通过使用两种不同的调查方法——一是麦格劳-希尔进行的调查（最近没有持续下去），二是美国人口普查局的调查，对产能进行一个初步的估计。美联储首先以某种方式将它们结合起来，其中细节没有公之于众。然而，它经常总结道：即使是从它们自己的角度来看，由此得到的对产能利用率的估计也是不合理的，因此它进一步处理这种结合得到的产能测量值，并对资本存量和时间数据进行回归以对数据进行平滑（Shapiro 1989, 185–187）。它们也做出了各种其他调整，以“将产能估计从峰值的工程概念变为与其基础理论相一致的经济概念”。这些调整的既定目标之一是，由此得到的产能利用率的测量值不会“长期低于‘正常’产能利用率”（Shapiro 1989, 187–188）。换言之，正如沃顿方法一样，这里的核心前提是经济体系一般在全产能水平上或接近全产能的水平上运行。

第三种方法是国际货币基金组织和经合组织使用的方法，通过合适的生产函数估计潜在产出。正如通常指出的那样，生产函数代表了给定充分利用的资本和劳动投入条件下所能生产的最优产出（Fisher 1969）。因为在任何时候我们都不能假定实际资本和劳动被充分利用（这个问题有待考查），所以这种方法需要对投入进行某种调整。这样，劳动投入由自然失业率定义，资本投入由特定劳动投入下的全要素生产率的趋势水平定义，然后再由此估计潜在产出（De Masi 1997）。不必说，这不仅需要对受到很多批判的总生产函数这一概念（McCombie 2000–2001; Felipe and Fisher 2003; Shaikh 2005），而且需要对自然失业率的存在具有理论信仰（见第 12~14 章中的批判观点）。

第四种量度方法回避了内在于前两种方法中的因试图直接量度产能利用率而造成的困难。在现在已成经典的一项研究中，福斯（1963）表明通过测量用以驱动资本设备的电动机的利用率估计产能利用率是可能的。福斯对选定年份的初始估计随后很快被乔根森和格雷切斯（1967）发展为年度序列，然后由克里斯坦森和乔根森（1969）进行了改善和拓展，以覆盖 1929—1967 年，谢克（1992）运用这种方法将分析覆盖了 1909—1928 年。但将这个序列向前拓展存在一个主要的障碍：电动机的装机容量数据对数据序列的建构很关键，但这项数据在 1963 年普查之后就没有了。谢克（1987a）表明在其重叠的时期内，从麦格劳-希尔得到的直接调查数据对产能利用率的测量与运用电动机数据推导的测量值相似。这使他可以将两个序列拼接起来，创造一个 1947—1985 年的完整的产能利用率序列，这与标准的美联储测量值有显著不同（Shaikh 1987a），尤其是就长期模式而言，比如 20 世纪 60 年代越南战争的逐步推进，以及从 1982 年往后的后里根时代的利润繁荣。与美联储的测量值不同，谢克的测量值从长期来看既不是对称的，也不是平稳的，它表现出了更大的波动。相反，由它得出的产能-产出比相较由美联储测量值推导出来的具有更加平滑的趋势。谢克的文章提供了进一步的细节（Shaikh 1987a, 1992, 1999），更多讨论参见温斯顿（1974），加比什和洛伦茨（1989, 26–40），以及察利基和楚尔菲迪斯（1999）。

附录 6.6.2　量度产能利用率的一种新方法

利润率 $r \equiv P/K$ 可以写为利润份额（σ_P）和产出–资本比（R，观测到的最大利润率）的乘积。[①] 后者反过来可以表示为产能–产出比（$R_n = Y_n/K$，正常产能下的最大利润率）和产能利用率（$u_K = Y/Y_n$，实际产出与正常产能条件下的产出之比）的乘积。正常利润率是正常利润份额与产能–资本比的乘积，而实际利润率等于正常利润率乘以产能利用率（Shaikh 1999, 108）。[②] 正如之前提到的，当 r 和 R 的分子和分母都表示为相同的单位，即都是现行成本或都是通过相同的价格指数转变的不变成本时，它们都是经通货膨胀调整过的测量值（见附录 6.2）。这在我们分别使用实际产出和实际资本存量时非常重要，如方程（6.6.3）和方程（6.6.4）。

$$r = \left(\frac{P}{Y}\right)\left(\frac{Y}{K}\right) = \sigma_P \cdot R \tag{6.6.1}$$

$$R \equiv \left(\frac{Y}{K}\right) = \left(\frac{Y_n}{K}\right)\left(\frac{Y}{Y_n}\right) = R_n \cdot u_K \tag{6.6.2}$$

$$r_n \equiv \sigma p_n \cdot R_n \tag{6.6.3}$$

如果我们将其展开为方程（6.6.4）所示的构成部分，那么表示产

① 这种方法论最初由谢克提出。

② 产出–资本比是一个流量–存量比，可以直接表达为产能–资本比与产能利用率的乘积。严格而言，我们也应该将利润份额分为正常部分（产能利用率调整后的）和周期部分的乘积。然而，因为利润份额是流量–流量比，产能利用率的变化对两边都有影响，因此相对波动非常小。我们可以用利润率的趋势作为其正常水平的近似值（见 6.8 节）。

出–资本比的方程（6.6.2）向我们展示了一种估计产能利用率的简便方法。鉴于产出和资本存量是已知的，问题就变成了两个变量 R_n 和 u_k 中难以观测到的组成部分。我们可以通过一个技术进步方程解开这个模型，在技术进步方程中产能–资本比被视为时间的函数（代表自发的技术进步）和资本存量受制于随机冲击 ε_t 的函数（代表内含的技术变革）。方程（6.6.5）描述的方程形式包含哈罗德中性的技术进步（b = c = 0，因此 R_n 是平稳的）和资本有偏的技术进步（c<0，因此随着资本存量的增长 R_n 下降）（Hahn and Matthews 1970, 371–372; Eltis 1984, 280–285; Foly and Michl 1999, 117–119）。在增长项中，它使产能–资本比的变化率可能有自发项和取决于资本积累的内含项。[①] 将这些结合起来可以得到一个潜在的计量关系。

$$\ln Y = \ln K + \ln R_n + \ln u_K \tag{6.6.4}$$

$$\ln R_n = a + b \cdot t + c' \cdot \ln K + \varepsilon_t \tag{6.6.5}$$

从古典观点来看，产出围绕正常产能波动，因此在某个长期过程中 $u_K \approx 1$，$\ln u_K \approx 1$。这里所定义的经济产能指正常产能，而非工程产能。

$$\ln Y \approx a + b \cdot t + c \cdot \ln K + \varepsilon_t \text{，其中 } c = 1 + c' \tag{6.6.6}$$

直观想法是从长期而言，经济产能是与资本存量协整的产出，受制于由技术进步带来的资本–产能比的趋势。但现在通货膨胀问题变得重要。价格上升将提高 Y 和 K，给方程（6.6.6）两边都增加一个与它们之间任何结构关系都无关的共同的成分。之前提到恰当的经济指标 $R \equiv Y/K$ 一定是没有单位的，因此它的分子和分母都以现行价格量度，

① 对任何变量 x 而言，其变化的百分比率为 $d\ln x / dt = \dot{x}/x$。因此根据方程（6.6.5），$\dot{R}_n / R_n = b + c(\dot{K}/K)$。

或通过共同的价格指数进行平减。如果以那种方式计算，它便是一个实际测量值。同样的问题突然在方程（6.6.6）中出现了：为了摆脱通货膨胀的影响，我们可以仅仅在方程两边都减去共同的价格指数（p）的 log 值（即用共同的价格 p 平减 Y 和 K），因为如果不这样的话，我们会将假的相对价格项引入方程（见附录 6.2.3）。因此，与利润率一致的产能利用率估计方法可以总结如下。

$$\ln\left(\frac{y}{p}\right) \approx a + b \cdot t + c \cdot \ln\left(\frac{K}{p}\right) + \varepsilon_t \tag{6.6.7}$$

一旦用共同价格项重新表达了产出和资本存量之后，如附录 6.7.3 的数据所示，问题就可以通过时间序列方法轻易地解决。这种一般的方法很容易应用，仅仅需要可广泛获得的实际产出和实际资本存量的数据，并且二者都利用了相同的价格指数进行平减。这里提出的协整模型使我们可以估计产能和产能利用率、产出和产能的调整速度与技术进步的方向。例如，哈罗德中性的技术进步意味着不变的产能-资本比，而资本有偏的技术进步意味着下降的产能-资本比（Michl 2002, 278）。我们将看到美国战后时期的重要特征即为资本有偏的技术进步。当这种方法应用于美国制造业数据时，也近似地复制了之前提到的根据美国人口普查局和调查数据建构的产能利用率的独立指标（Shaikh 1987a, appendix B）。这种方法的另一个优点是它不需要像非加速通货膨胀失业率或者其他假设那样，假设一个总生产函数或某个自然失业率。

应该说，不需要对最大利润率与实际利润率进行一致处理，产能利用率问题也可以得到解决。从这个角度看，实际产出与实际资本存量之间存在着恰当的关系，每一个都用其价格指数定义。但接下来，我们直接遇到了附录 6.5.3 中讨论过的质量调整问题。仅有两种基本的方法来建构价格指数：（1）传统的观测价格方法；（2）最新的质量调整的价格方法。它们的目的不同，因而结果非常不同。现行成本的资本存量仅仅是一系列以现行市场价格估计的物质存量的资本品。在观测价格方法中，我们通过资本品相对于其某个基年价格的价格指数对其进行平减，因此传统方法量度的实际资本仅仅是用基年价格估值的物质存量。更新的质量调整的价格方法致力于对价格进行重新定义，以使它们指的不是实际商品而是与这些商品相关的纯粹的“使用者效益”，因此我们最终得到的是对物质存量的“质量”的量度。因此，观测价格方法将实际资本定义为机器存量的不变美元价值，而质量调整方法将实际资本定义为内含于这些机器中的“质量”的不变美元价值。问题在于，在新古典理论中，对资本品的“质量”的相关定义是其实际利润：“资本的正确理论概念是如果两种资本品产生同样的（实际总利润），就将其视为等价物。”（Gordon 1993, 103）

因此，如果完全应用新古典的质量调整方法，得到的资本存量将产生一个不变的实际利润率。此外，实际产出–资本比的任何变化都将反映利润份额的变化：恰当地应用质量调整方法得到的资本品的价格指数将抑制任何由技术进步带来的趋势，并且也将相应地扭曲对产能利用率的量度。实际上质量调整并不完美，因此可能会出现一些技术进步的方面。但将这些结果解读为技术进步和产能利用率的有效指标是错误的，因为它们是质量调整的人工产品。

本书提出的与利润率一致的产能利用率测量方法的其中一个优点就是它避免了这些问题。附录图 6.6.1 和图 6.4 相同，都展示了美国企业的产能利用率测量值，这与常见的美联储工业产能利用率测量值的趋势非常不同（见附录 6.7.3）。在新测量值中，我们注意到 20 世纪 60 年代约翰逊时代的越南战争繁荣以及 20 世纪 80—90 年代布什时代信贷支撑的需求繁荣带来的巨大影响。在第 12~16 章中，我们最终发现这种需求支撑的时期在理论上和经验上都产生了重要影响。

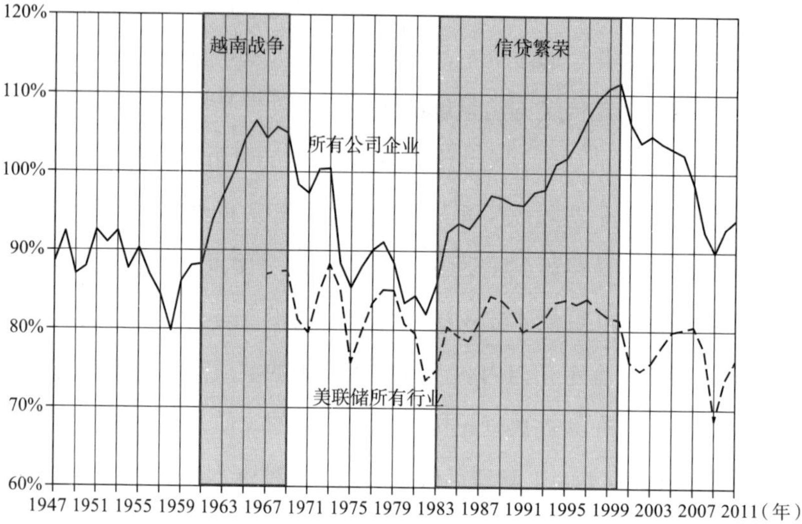

附录图 6.6.1　美国公司企业（1947—2011 年）和美联储所有行业的产能利用率

附录 6.7 经验方法和来源

国民账户[①]区分了在境内外运营的国内企业的总价值增加值和在国内运营的所有企业（包括国内所有企业和国外所有企业）的总价值增加值。前者被称为 GNP（国民生产总值），后者被称为 GDP（见附录表 6.7.1）。例如，美国 GNP 涵盖了所有在美国和其他国家运营的福特企业，而 GDP 包括在美国运营的福特企业和丰田企业。前者可能与股票市场上对福特的估值相关，而后者则与对国内就业和坐落在美国境内的汽车产业的资本存量的分析有关。为了根据 GNP 得到 GDP，我们必须减去在国外运营的福特企业的总价值增加值，加上在美国运营的丰田企业的总价值增加值。

附录表 6.7.1 2009 年美国的 GDP 和 GNP

	2009 年	来源	行
GNP	14 117.2	NIPA Table 1.7.5	4
减去：来自世界其他地区的收入	642.4	NIPA Table 1.7.5	2
加上：支付给世界其他地区的收入	498.9	NIPA Table 1.7.5	3
GDP	13 973.7	NIPA Table 1.7.5	1

① 这本书中所有美国经济分析局的数据都来自上次下载于 2011 年的表格，因此可能与最新的表格不同。原始的表格可以提供给有需要的读者。

附录 6.7.1 总生产剩余

我们主要考虑 GDP 及其构成部分，因为可得的就业和资本存量指标都指的是国内经济。下一步就是将 GDP 分解为其相关的组成部分。国民账户一般分别量度总产出（总价值增加值）和相应的总收入（工资加上税收和总营业盈余）。从原则上而言二者应该相等，但实际上并非如此。因为产品的量度值被认为是更加可靠的，所以通过在收入一边加上被称为统计误差的二者之间的差值，就能实现两边相等。在国民收入和生产账户的定义中，NOS = GDP -［SD+ 国内雇员所得 + 净间接企业税-经济折旧，即以现行成本估价的资本品的折旧，被称为固定资本的耗费（CFC）[①]］。注意到这一方法隐晦地将收入这边的测量错误分配给了雇员所得和 / 或净税收之和，而非净营业盈余（NOS）。附录表 6.7.2 阐释了这些计算。

附录表 6.7.2 国内总营业盈余与净营业盈余的推导

	2009 年	来源	行
GDP	13 973.7	NIPA Table 1.7.5	1
减去：统计误差	118.3	NIPA Table 1.7.5	15
总国民收入	13 855.4	NIPA Table 1.10	1
减去：国内雇员所得（支付）	7 807.2	NIPA Table 1.10	2
减去：生产和进口税减去补贴	963.5	NIPA Table 1.10	9–10
减去：固定资本消耗	1 866.3	NIPA Table 1.10	23
国内总净营业盈余	3 218.4	NIPA Table 1.10	11
净利息和杂项支付、国内产业	841.9	NIPA Table 1.10	13
企业现行转移支付（净）	133.4	NIPA Table 1.10	14

① 美国经济分析局（2006, table 1）。

（续表）

	2009 年	来源	行
包含存货估值和资本消耗调整在内的（个人独资企业）所有人收入	979.4	NIPA Table 1.10	15
包含资本消耗调整在内的个人租金收入	289.7	NIPA Table 1.10	16
包含存货估值和资本消耗在内的公司企业利润，限国内产业	989.5	NIPA Table 1.10	17
政府企业的现行剩余	−15.6	NIPA Table 1.10	22

尽管上述对净营业盈余的计算是标准的，但作为我关注的营利性商业企业的净营业盈余的量度值，它存在三个主要缺陷：它没有去除非营利部门，例如政府、服务家庭的非营利性组织和家庭；它没有解释国民收入和生产账户对待企业和非企业存在的一个重要的非对称性；它没有调整产生于国民收入和生产账户中包含虚构的（估算的）利息流量的影响。

附录 6.7.2　企业部门账户

GDP，因而总营业盈余与净营业盈余包括服务家庭的非营利组织（NPISH）、所谓的家庭部门（HH）和政府。服务家庭的非营利组织包含宗教、福利、社会服务、资助型基金会、政治组织、博物馆和图书馆，一些公民组织和兄弟组织，医疗关怀机构、教育组织和研究组织，娱乐组织、文化组织、公民组织和兄弟组织，工会组织、法律援助组织和专业组织。然而，它不包括诸如商会、贸易协会和（个人独资企业）所有人协会等非营利组织，因为这些组织被认为是服务商业的。

此外，"企业"本身的定义包括了免税合作社、信用合作社、互助金融组织和大学出版社（Mead, McCully, and Reinsdorf 2003, 13）。因此，去除服务家庭的非营利组织是虽不完整但重要的修正。“家庭”也包括将其部分房子出租出去的人，我们可以将这一行为视为非营利活动。一个完全虚构的（个人独资企业）所有人自住房屋部门（OOH）出现了，因为国民收入和生产账户将私人房屋所有者视为将自己的房子租给自己的“企业”。所有人自住房屋的原理在于“房屋服务”的GDP部分应该与房子是由屋主居住还是出租出去无关。因此，如果你居住在自己拥有的房子里，那么你将被视为将房子租给自己的企业。即使你住在自己的房子里，将房子租出去获得的租金收入被视为（个人独资企业）所有人自住房屋企业的收益。家庭部门的总营业盈余通过减去屋主维护、修理、雇员所得、财产税与来自实际和假想的个人所有房屋的租金收益的贷款利息推导出来。在总营业盈余和净营业盈余的子分类“个人的租金收入”和“企业支付的净利息”下，由此推导得到的净收入下降了（Ritter 2000, 18n17; Mayerhauser and Reinsdorf 2007, 1）。[①] 国民收入和生产账户定义的“企业”部门排除了服务家庭的非营利组织、家庭部门和政府，劳工统计局也正确地排除了政府企业，因为它们是非营利性的（Harper, Moulton, Rosenthal and Wasshausen 2008, 1and table A.1）。附录表6.7.3展现了修正后的企业净营业盈余量度值，是相应的总价值的79%。

① 所有人自住房屋的总产出定义为空间租金。将原料和修理减去得到所有人自住房屋的总价值增加值，减去补贴后的净税收（不存在与所有人自住房屋相关的雇员所得）得到GOS_{OOH}。后者接着被分为支付的净利息（支付的贷款利息减去所有人自住房屋企业获得的利息）、转移支付、折旧和“个人的租金收入”（NIPA Table 7.12, lines 133–140）。

附录表 6.7.3 企业部门的总营业盈余和净营业盈余
（总营业盈余–家庭部门–服务家庭的非营利组织–政府）

	2009 年
企业总价值增加值	10 189.6
减去：数据差异	118.3
减去：企业雇员的国内所得	5 471.0
减去：生产和进口税减去补贴	812.4
减去：固定资本的耗费	1 254.1
等于：**企业净营业盈余**	2 533.8
净利息与杂项支付	343.3
企业现行转移支付（净）	127.7
包含存货估值和资本消耗调整在内的（个人独资企业）所有人收入	979.4
包含资本消耗调整在内的个人租金收入	93.9
包含存货估值和资本消耗在内的企业利润（限国内产业）	989.5

附录 6.7.3 工资等价物、非公司企业和公司企业利润率

第二个问题是国民收入和生产账户对企业流量的量度体现了一个古怪的非对称性。考虑两家企业，一家为公司企业，另一家为非公司企业（个人独资企业或合伙企业），每家企业的价值增加值为 1 亿美元，其中每家企业支付 5 000 万美元给正式职员，记录 1 000 万美元为折旧，每家企业剩余 4 000 万美元。在公司企业的案例中，国民收入和生产账户将进一步将 1 000 万美元记录为工资、奖金和作为公司企业雇员所得的一部分由公司管理人员持有的某种股票期权，[①] 因此公司企业的净营业盈余为 3 000 万美元。但在非公司企业的案例中，国民收入和

① Burean of Economic Analysis, Chapter 10: Compensation of Employees, http://bea.gov/national/pdf/ch10%20compensation%20for%20posting.pdf.

生产账户将所有超过正规雇员所得的价值增加值（如 4 000 万美元）记录为（个人独资企业）所有人和合伙人的个人收入——被官方标记为国内个人收入下在“（个人独资企业）所有人”收入名称下的一部分（Seskin and Parker 1998, M–8），并没有考虑到这一事实，即这个总和的某一部分实际上是非公司企业的利润。[①] 事实上，根据这种核算，非公司企业部门的利润为零。对此进行修正需要我们将（个人独资企业）所有人的收入分为两部分：工资等价物和相应的利润。这样做的一种方法是指定（个人独资企业）所有人和合伙人（“自我雇用者”[②]）的收入为全职等效雇员的平均雇员所得（Shaikh and Tonak 1994, 112–113, 304–305; Gomme and Rupert 2004, 4–5），这基于一个前提假设，即（个人独资企业）所有人和合伙人的收入至少与私人全职雇员的收入一样多。这产生了工资等价物 WEQ1。然而，使用每个工人的平均私人工资率并不能反映 20 世纪 70 年代以来管理者的薪资与工资的比率迅速变化。另一种方法是将个人独资企业的收入按照公司企业部门的比例分为工资和利润，美国劳工统计局就使用这种方法（Jorgenson and Landfld 2004, 15）。公司企业雇员所得包括公司企业管理者的薪资，而公司企业利润则不包括。但非公司企业雇员所得不包括（个人独资企业）所有人和合伙人的所得，而（个人独资企业）所有人的收入无疑包括（个人独资企业）所有人和合伙人的所得。为了使部门间的量度

① 国民收入和生产账户将全部剩余估计为所有人的收入，而没有将其分解为他或她劳动的回报和返回用于商业投资的资本……发展这样一种分解的困难是双重的。首先，所有人并没有将其收入分解，而是将整个数量作为商业收入上报给税务和统计机构。其次，运用平均工资估计自我雇用者工作时间的收入，运用资本回报估计所有人使用的资本存量，基于哪个估算数据首先被量度，这两种间接估计或者导致负的资本或劳动回报率。这种原因并不清楚，但某种程度上可能与以下因素有关：所有人向税务和统计机构少报了收入，工作时间的测量问题，自我雇用者投资的资本的量度问题，自我雇用者的非财产收益。关于所有人收入的更好的数据必须等待自我雇用者在上报收入和时间上的改善（Jorgenson and Landefeld 2004, 15）。

② 自我雇用者指所有人和合伙人（NIPA table 6.7, n.1）。

相一致，我们需要将（个人独资企业）所有人和合伙人的薪资加到其雇员的工资账单上，并将这些薪资从（个人独资企业）所有人的收入中减去以得到非公司企业利润。

假定完整的工资 / 利润的份额在两个部门间是相同的，那么我们就可以用这种使之相等的方法估计出工资等价物（WEQ2）。

附录表 6.7.4 阐释了这两种工资等价物量度值的计算。附录图 6.7.1 给出了 1947—2009 年的数据。WEQ2 最初低于 WEQ1，但是上升得更快。这并不令人惊奇。前者将平均私人雇员所得指定为每个（个人独资企业）所有人和合伙人（自我雇用者）的收入，而后者考虑了 20 世纪 90 年代起薪资与工资的比率上升的影响（Mishel 2006）。

附录表 6.7.4 非公司企业工资等价物对利润的影响

变量	来源	变量	2009 年
个人独资企业和合伙企业收入	T 1.13, line 23	PropInc	979.4
个人独资企业和合伙企业雇员所得	ECbusnipa（Appendix Table 7.1A）– ECcorpnipa（T 1.14, line 4）	ECpriv	761.4
个人独资企业和合伙企业的所有人与合伙人（自我雇用者）的数量	T 6.7, line 1（Thousands–$）	SEP	9 829
私人部门雇员每位全职等效雇员所得	T 6.2, line 3/Table 6.3, line 3（$）	ecpriv	60 920.9
用自我雇用者 × 每位全职等效雇员的平均个人所得估算的（个人独资企业）所有人和合伙人收入的工资等价物	ecpriv*SEP	WEQ1	598.8
非公司企业利润估计 1	PropInc – WEQ1	pnoncorpl	380.6
公司企业工资–利润比	T1.14, line 4÷line 11		4.76

（续表）

变量	来源	变量	2009 年
个人独资企业和合伙企业雇员所得	Ecbusnipa（Appendix 7.1 Profbig）–Eccorpnipa（NIPA Table 1.14, 4）	ECprop	761.4
用公司企业工资–利润比率估算的（个人独资企业）所有人和合伙人的工资等价物收入	（σ · PropInc – ECprop）/（1+σ）	WEQ2	677.2
非公司企业利润估计 2	PropInc – WEQ2	Pnoncorp	302.2
部门利润率			
企业净固定资本，现行成本（年底）	KNCcorp + KNCnoncorp（see below）	KNCbus	16 343.4
公司企业净固定资本，现行成本（年底）	Fixed Asset Table 6.1, line 9	KNCcorp	12 701.7
个人独资企业和合伙企业净固定资本，现行成本（年底）	Fixed Asset Table 6.1, lines 6 + 7	KNCnoncorp	3 641.7
企业利润率	Pbus/KNCbus(–1)	rbus	7.7%
公司企业利润率	Pcorp/KNCcorp(–1)	rcorp	7.5%
非公司企业利润率（使用 WEQ2）	Pnoncorp/KNCprop(–1)	moncorp	8.1%
非公司企业利润率（使用 WEQ1）	Pnoncorp1/KNCprop(–1)	rnoncorpl	10.2%

附录表 6.7.4 还显示了对非公司企业利润和利润率的影响。附录图 6.7.2 展示了两种非公司企业的利润率，rnoncorp1 和 rnoncorp 分别对应 WEQ1 和 WEQ2，以及公司企业的利润率和整体企业部门的利润率。由 WEQ1 得到的利润率在 1947—1990 年小于公司企业利润率的一半，在此之后它迅速上升，在 20 世纪 90 年代是公司企业利润率的两倍多。此外，由 WEQ2 得到的结果更加可信。它所对应的非公司企业利润率的轨迹与公司企业的利润率相当接近，但是数值更小。导致这种差异

的部分原因在于这样一个事实，即估计的非公司企业部门依然包含很多非营利性企业，例如商会、贸易协会、(个人独资企业)所有人协会、免税合作社等，这些组织的“利润率”非常低或者甚至为负，拉低了平均非公司企业利润率。因为缺乏恰当的数据，所以很难将这些部门排除。在所有接下来的计算中，我都将使用WEQ2。因此，附录表6.7.4和附录图 6.7.2 所示的总体企业利润率被定义为公司企业利润与对应WEQ2 的非公司企业利润之和除以公司企业和非公司企业现行成本资本存量之和。相似地，WEQ2 是修正后的企业部门中非公司企业部分的基础。

附录 6.7.4　实际净利息和估算净利息

在估算完非公司企业工资等价物和利润之后，我们还要解决第三个问题，其由国民收入和生产账户对利息支付的处理方法引起。这不影响利润的量度，因为利润扣除了利息支付，但它的确影响对企业总价值增加值、价值增加值和净营业盈余的量度。对一般的国民收入与产品部门而言，净“利息支付一般被视为企业给予为其提供资金的投资人的一部分收入，而不是对服务的支付”(Fixler, Reinsdorf, and Villones 2010, 347)。问题在于金融中介如银行获得的利息比其支付的利息更多，因为这就是它们赚钱的方法。这意味着它们的净利息“支付”是负的——它如此之大以至用传统方法计算其价值增加值(雇员所得、税收、净利息支付与利润之和)倾向于获得一个负数。在这种情况下，净营业盈余等于利润加上净利息支付，也倾向于为负值。明显的解决方法就是意识到银行毕竟是这样一种金融中介，即从它经手的货币流量中进行提成的中介(Shaikh and Tonak 1994, 260–267)。事实上，像这样的事情直到最近才被许多欧洲国家着手处理(Fixler,

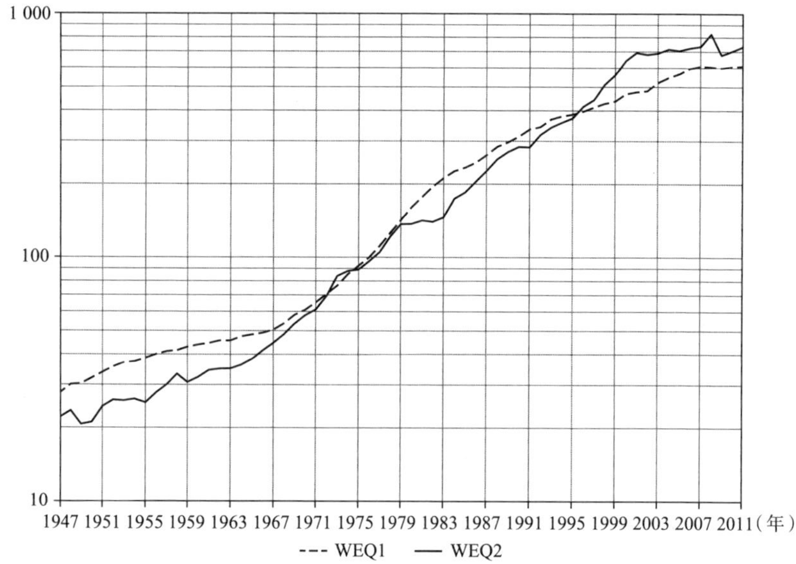

附录图 6.7.1 （个人独资企业）所有人收入的工资等价物部分

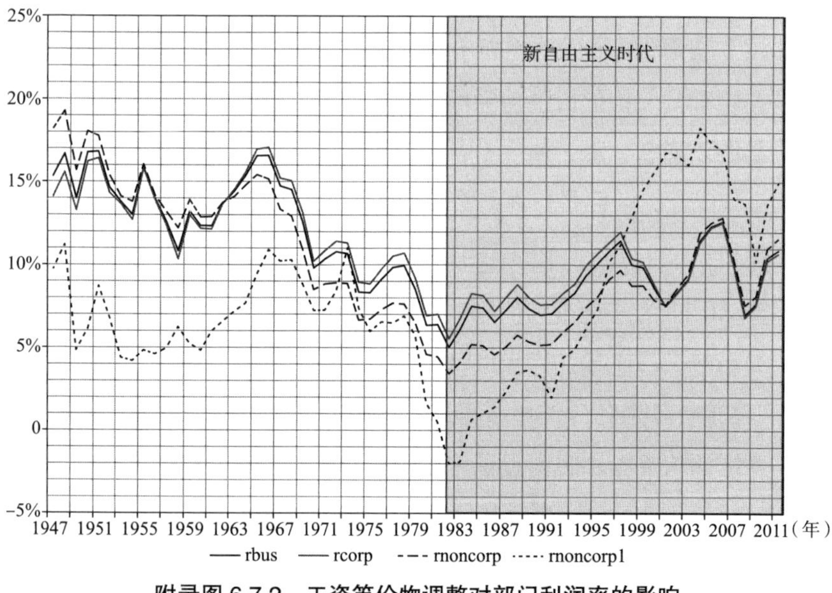

附录图 6.7.2 工资等价物调整对部门利润率的影响

Reinsdorf and Villones 2010, 347n7）。然而，国民收入和生产账户坚持将银行视为普通企业。并且因为一般的企业必须具有正的价值增加值和正的总剩余，所以，“对银行生产的固有的金融服务的估算包含在国民收入和生产账户内”，并且在净利息支付的条目下（Fixler, Reinsdorf and Villones 2010, 347）。因为银行属于公司企业，所以公司企业的净利息最终很大程度上“由估算构成”（Ritter 2000, 18）。例如，2009 年，在总国民收入和生产账户净营业盈余中，总净利息为 8 419 亿美元，其中 7 476 亿美元是估算的（NIPA table 7.12, lines 43, 44）。

在正常情况下，非金融企业、家庭等将特定数额的货币作为净利息支付给银行。这些货币构成了银行的净收益（贷款获得的利息减去存款获得的利息），并被分为银行的成本和利润。为了实现其理想的银行账户的转换，国民收入和生产账户对前述账户进行了两方面干预：它创造了某些估算的数量以用于非金融企业、家庭等的账户；它创造了一个不同的估算数量以用于银行账户。在非金融企业一方，这个估算的数量减少了净营业盈余，并且通过加上一个被称为估算的净利息支付的负项，总利息支付减少了同样的数量。因为根据定义，利润＝净营业盈余－总净利息支付，后两者减少了同样的数量，相互抵销，所以非金融企业的利润不发生变化。在银行一方，第二个数值从银行净营业盈余中被减去，同时被列为一个负项，称为银行总支付净利息，因此银行利润也不变化。然后我们可以看出两点：调整减少了国民收入和生产账户对非金融企业和银行的净营业盈余的量度值；我们可以从国民收入和生产账户核算中去除这两个估计的数量以取消这些影响，从而使非金融企业和银行的净营业盈余回到其恰当的（古典的）水平。实际上，我们需要通过增加非金融企业估算的净利息增加非金融企业的净营业盈余，通过增加银行的总支付净利息增加银行的净营业盈余。那些希望略过下面非常详细的说明的读者可以直接跳到最后的附录表 6.7.10 和附录表 6.7.11。

为了理解精确的方法和它们的基本原理，我们可以阐释 6.2.5 节中的例子，以此来阐明企业与国民收入和生产账户对净利息处理方法中的不同，净利息的运行有两个步骤：生产部门向银行（金融）部门支付利息；家庭部门向银行部门支付利息。

在第一种情况下，假定生产部门的净营业盈余为 400，其中它支付净利息 70 给银行（支付贷款利息 80 减去从银行存款获得的利息 10），余下 330 作为生产利润。就银行而言，它获得贷款的净利息为 70[①]，其中减去 40 作为总银行成本（中间投入成本 14、折旧 16、工资 10），余下的银行部门利润为 30。在附录表 6.7.5 所示的古典账户中，生产剩余 400 分为生产利润（330）和净利息支付（70），后者的一部分表现为额外的银行利润（30）。

国民收入和生产账户坚持以与生产部门相同的方式处理银行，在这种情况下银行获得的净货币利息（70）必须被记为以负的净货币利息支付（–70）的形式出现的净营业盈余的一部分。为了平衡银行部门账户以使银行利润不发生变化，国民收入和生产账户增加了多种估算的收入和支出。因为银行的任何估算支出（收入）都必须表现为国民收入和生产账户中其他地方的收入（支出），在现在的情况下，估算也出现在生产部门——再次运用这种方式以使生产利润不变。这里所涉及的步骤，委婉地说，有点儿复杂（Moulton and Seskin 2003; Fixler, Reinsdorf and Villones 2010）。[②]

① 对非金融企业而言，利息支付是由其运营剩余支付的。此外，对银行而言，对其吸收（存款）的利息支付是其运营成本的一部分。这种区别在 10.2 节中提出的利率理论中发挥了重要作用。

② 我很感谢真纳罗 · 泽扎帮助我解决利息估算的谜团。

附录表 6.7.5 古典账户，生产部门支付的净利息

<table>
<tr><th></th><th>生产部门</th><th>银行部门</th><th>总经济</th></tr>
<tr><td>总流通</td><td>1 400</td><td rowspan="2">70{80
10</td><td>1 480</td></tr>
<tr><td>中间金融投入</td><td></td><td>10</td></tr>
<tr><td>中间商品投入</td><td>500</td><td>14</td><td>514</td></tr>
<tr><td>总价值增加值</td><td>900</td><td>56</td><td>956</td></tr>
<tr><td>固定资本耗费</td><td>200</td><td>16</td><td>216</td></tr>
<tr><td>价值增加值</td><td>700</td><td>40</td><td>740</td></tr>
<tr><td>工资</td><td>300</td><td>10</td><td>310</td></tr>
<tr><td>净营业盈余</td><td>400</td><td>30</td><td>430</td></tr>
<tr><td>净支付利息</td><td>70</td><td></td><td>70</td></tr>
<tr><td>货币净支付利息</td><td>70 = 80–10</td><td></td><td></td></tr>
<tr><td>估算净支付利息</td><td>–</td><td></td><td></td></tr>
<tr><td>国民收入和生产账户利润</td><td>330</td><td>30</td><td>360</td></tr>
</table>

第一步是认为，因为银行对贷款收取的利率高于在货币市场上收取的利率（参考利率），借款者肯定从银行得到了他们愿意支付的其他隐性服务。注意到这个经验核算方法依赖这样的理论假设，即每种市场价格都是极其正确和有效的（这里不存在任何垄断权力或非对称信息！）。以此为基础，生产部门支付的货币利息（80）被分为本可以按照参照利率支付的更少的利息（32）和对银行提供的隐形“借贷服务”的估算支付值（48）。第二步是认为，因为银行支付存款的利率比参照利率低，生产部门获得的总存款利率（10）必须分为本可以按照参照利率收到的更多利息（15）和由银行提供的免费的隐性“存款者服务”，后者被记为生产部门的隐性支付，因此为负收入（–5）。第三步

是用相应的按照参照利率支付的利息（32）和收入的利息（15）代替生产部门实际支付的货币利息（80）和获得的利息（10）。注意到国民收入和生产账户对生产部门支付的利息的分解意味着生产部门支付的参照利息（32）= 实际支付的货币利息（80）– 对“借款者服务”的隐性支付（48），因此这种代替可以通过加上一个负的估算支付利息（–48）完成。相似地，生产部门由于存款本应获得的参照利息（15）= 获得的货币利息（10）+ 估算的获得利息，后者表现为免费的存款服务的形式［–(–5) = 5］，加上前一个总和可以作为估算的获得利息，它有助于完成必要的替代。净影响在于用一个新的估算的净支付利息之和（–53）代替生产部门支付的现存净货币利息（70），前者代表估算的支付利息（–48）减去估算的获得利息（5）。那么总净支付利息，包括货币的和估算的支付利息为 17：净货币利息（70）加上净估算利息（–53），正如附录表 6.7.6 的生产部门一列所总结的那样。

分别比较附录表 6.7.5 和附录表 6.7.6 中古典的与国民收入和生产账户的处理方法，实际的生产部门支付的净货币利息 70(=80–10）被支付的参照净货币和估算利息 17［= 70+(–53）］代替，这样就将生产部门所记录的净利息减少了 A = 53。这恰恰是银行可能提供的总服务，它没有被明确的支付而是以借款者服务（48）和存款者服务（5）的形式表现出来。因此，第四步是也将这些估算的对银行借款者和存款者服务的购买视为生产部门的中间投入（A = 53），也相应地作为银行的总销售收入，即它们的总产出（53），如附录表 6.7.6 中的加灰区域所示。就生产部门而言，投入成本增加了 A = 53，使总价值增加值、价值增加值和净营业盈余降低了同样的数量，但因为净货币和估算的利息已经降低了同样的数量，所以生产利润并不受影响。就银行而言，将银行的实际净货币收入（获得的贷款利息 80 减去支付的存款利息 10）

代替为估算的银行服务的销售（53），这减少了记录的银行总价值增加值、价值增加值和净营业盈余，减小的值为二者之差 B=17。但银行支付的净利息现在为 –B=–17，因为新记录的（货币的和估算的）生产部门支付的净利息表现为银行一列支付的净利息 –17（即净收入为 17）。这里的逻辑是生产部门列中每一个特定的利息支付必须被作为收入记录在银行列中，反之亦然，因此总量的符号是相反的。因为银行收入减少了 B，银行净利息减少了相同的数量，所以国民收入和生产账户量度的银行利润保持不变（见附录表 6.7.6）。

正如 6.2 节中提到的，我们还必须考虑一种情况，即家庭部门从其工资和股息收入（在这种抽象层次上收入本身来源于生产部门和银行部门）中支付利息。假定家庭部门支付贷款利息 20，获得存款利息 2。从古典经济学角度来看，因为这是来源于收入循环的净扣除，所以相应地流入银行资本循环中引起了总企业收入的净增加 18，这反过来又被分为银行成本 12 与新的银行运营剩余和新利润 6。因为这来源于家庭部门的流量，所以生产部门的生产剩余和利润没有改变。因此，总净营业盈余和利润增加了 6。首先，国民收入和生产账户将家庭支付的货币利息（20）分为支付的参照利息（7）和估算的对借款者服务的支付（13），并且将家庭获得的货币利息分为获得的参照利息（3）和对潜在存款者服务的支付，因此为负的估算利息收入（–1）。在现在的例子中，家庭账户中参照利息替代了实际支付的净利息，因此它不影响生产部门。银行部门的总产出现在为银行提供给家庭的借款者和存款者服务的总销售 14（=13+1），在减去成本 12 以后得到新的银行总生产剩余为 2。银行支付给家庭的总利息包括存款支付的净货币利息 –18，由支付存款的利息（2）减去贷款获得的利息构成。估算的银行支付的利息因此为 14，由表现为存款者服务估算的支付利息（1）减去估算的

附录表 6.7.6　国民收入和生产账户，生产部门支付的净利息

A ≡ – 估算的生产部门支付的净利息 = –（ –53 ）= 53			
B ≡ – 由银行部门支付给生产部门的总净利息 = –（ –17 ）= 17			
与之前的古典账户的差异表示在括号中			
	生产部门	银行部门	总经济
总流通	1 400	53 = 70 – B(–B)	1 453
中间金融投入	53（ +A ）		53
中间商品投入	500	14	514
总价值增加值	847（ –A ）	39（ –B ）	886
固定资本耗费	200	16	216
价值增加值	647（ –A ）	23（ –B ）	670
工资	300	10	310
净营业盈余	**347（ –A ）**	**13（ –B ）**	**360**
净支付利息	17（ –4A ）	–17（ –B ）	0
货币净支付利息	70	–70	
估算净支付利息	–53 = –48–5（ –A ）	53	
国民收入和生产账户利润	**330**	**30**	**360**

由贷款服务获得的利息（ –13 ）。总支付的净货币和估算利息因此现在为 –4（ = –18+14 ）。这一整套步骤将银行的实际净收入 18（获得的货币利息 20 减去支付的货币利息 2 ）变为 14，因为净减少 C=4，这反过来将总价值增加值、价值增加值和总生产剩余减少了 4。同时，净货币和估算的利息结果为 –C = –4，因此银行利润 = 总生产剩余–净利息没有变化。附录表 6.7.7 和附录表 6.7.8 记述了这第二种情况，首先是古典形式，其次是国民收入和生产账户形式。

附录表 6.7.7 古典账户，家庭部门支付的净利息

<table>
<tr><th></th><th>生产部门</th><th>银行部门</th><th>总经济</th></tr>
<tr><td>总流通</td><td>1 400</td><td rowspan="2">18{20
2</td><td>1 420</td></tr>
<tr><td>中间金融投入</td><td></td><td>2</td></tr>
<tr><td>中间商品投入</td><td>500</td><td>5</td><td>505</td></tr>
<tr><td>总价值增加值</td><td>900</td><td>13</td><td>913</td></tr>
<tr><td>固定资本耗费</td><td>200</td><td>3</td><td>203</td></tr>
<tr><td>价值增加值</td><td>700</td><td>10</td><td>710</td></tr>
<tr><td>工资</td><td>300</td><td>4</td><td>304</td></tr>
<tr><td>净营业盈余</td><td>400</td><td>6</td><td>406</td></tr>
<tr><td>净支付利息</td><td></td><td></td><td></td></tr>
<tr><td>货币净支付利息</td><td></td><td></td><td></td></tr>
<tr><td>估算净支付利息</td><td></td><td></td><td></td></tr>
<tr><td>国民收入和生产账户利润</td><td>400</td><td>6</td><td>406</td></tr>
</table>

非金融企业和家庭支付的利息结合起来的情况在附录表 6.7.9 中表现为古典账户，在附录表 6.7.10 中表现为国民收入和生产账户。

将附录表 6.7.9 中的古典账户与附录表 6.7.10 中相应的国民收入和生产账户形式结合起来，二者之间的差异处于后者的列中，变化表示在括号中。仅需要两项来解释这些差异：非金融企业支付的净估算利息（–A = –53）和银行净（货币的和估算的）支付利息（–B–C = –17 – 4 = –21）。首先考虑生产部门一列：中间投入增加了 A=53，这使总价值增加值、价值增加值和总生产剩余降低了相同的数量，但是负的这一相同的数量作为估算的支付净利息引入进来，因此利润没有变化。其次考虑银行一列，净银行收入在附录表 6.7.9 中为 88（获得的贷款利息 100– 支付的存款利息 12），在附录表 6.7.10 中为 67，

附录表 6.7.8　国民收入和生产账户，家庭部门支付的净利息

C ≡ – 由银行部门支付给家庭部门的净利息（货币和估算）= –（4）= 4			
	生产部门	银行部门	总经济
总流通	1 400	14（–C）	1 414
中间金融投入			
中间商品投入	500	5	504
总价值增加值	900	9（–C）	909
固定资本耗费	200	3	203
价值增加值	700	6（–C）	706
工资	300	4	310
净营业盈余	**400**	**2（–C）**	**402**
净支付利息		–4（–C）	
货币净支付利息		–18 = 2–20	
估算净支付利息		14 = 1–（–13）	
国民收入和生产账户利润	**400**	**6**	**406**

是 –B–C = –21。这使银行的总价值增加值、价值增加值、总生产剩余和净营业盈余改变了相同的数量。然而，银行支付的净利息在附录表 6.7.9 中为 0，现在为 –B–C = –21。记录的银行总生产剩余的减少量恰好与记录的银行净利息（货币的和估算的）的减少量相等，因此银行利润没有变化。请注意，在附录表 6.7.10 最后一列将修正值相加重新获得了古典的（和企业的）加总：附录表 6.7.9 中总净营业盈余（436）= 国民收入和生产账户总净营业盈余（362）+ 附录表 6.7.10 中的调整项（–A–B = 74）。①

① 重新获得的账户从本质而言是企业账户，因此总净运营剩余实际上是总营利性企业得到的。在这种抽象层次上，也是经典的净营业盈余。然而，当我们认为总销售 / 零售贸易、古典的和商业账

附录表 6.7.9 古典账户，生产部门和家庭部门的净利息

<table>
<tr><th></th><th>生产部门</th><th>银行部门</th><th>总经济</th></tr>
<tr><td>总流通</td><td>1 400</td><td rowspan="2">88{100
12</td><td>1 500</td></tr>
<tr><td>中间金融投入</td><td></td><td>12</td></tr>
<tr><td>中间商品投入</td><td>500</td><td>19</td><td>519</td></tr>
<tr><td>总价值增加值</td><td>900</td><td>69</td><td>969</td></tr>
<tr><td>固定资本耗费</td><td>200</td><td>19</td><td>219</td></tr>
<tr><td>价值增加值</td><td>700</td><td>50</td><td>750</td></tr>
<tr><td>工资</td><td>300</td><td>14</td><td>314</td></tr>
<tr><td>净营业盈余</td><td>400</td><td>36</td><td>436</td></tr>
<tr><td>净支付利息</td><td>70</td><td></td><td>70</td></tr>
<tr><td>货币净支付利息</td><td>70</td><td></td><td>70</td></tr>
<tr><td>估算净支付利息</td><td></td><td></td><td></td></tr>
<tr><td>国民收入和生产账户利润</td><td>330</td><td>36</td><td>366</td></tr>
</table>

相应的经验计算如附录表 6.7.11 所示。前两行展示了两个需要的项，第三行展示了调整项。条目（4）~（7）代表国民收入和生产账户对营利性企业的量度，接下来的 4 行展示了去除了估算利息影响之后的量。条目（8）是非金融公司企业部门支付的估算净利息［适合所有企业的公司企业等价物条目（2）］，条目（9）是总公司企业估算利息调整项，为条目（8）与条目（1）（这对所有企业和公司企业的调整而言都是共同的）的总和。在 2009 年，估算利息调整将企业和公司企业的净价值增加值的测量值分别增加了仅 1% 和 2%，但将企业和公司企业的净营业盈余分别增加了 7% 和 10%。但因为工资等价物转移给了（个人独资企业）所有人和合伙人，非公司企业生产剩余也下降了，这超

附录表 6.7.10 国民收入和生产账户，生产部门和家庭部门的净利息

<table>
<tr><td colspan="5">A ≡ – 估算的生产部门支付的净利息 = –(–53) = 53</td></tr>
<tr><td colspan="5">B+C ≡ – 银行支付的净利息 = –[(–17)] 支付给生产部门 + [–(–4)] 支付给家庭部门 = 21</td></tr>
<tr><td></td><td>生产部门</td><td>银行部门</td><td>总经济</td><td>加总量</td></tr>
<tr><td>(1) 总流通</td><td>1 400</td><td rowspan="2">88–B–C { 67
–</td><td>1 467</td><td>B+C</td></tr>
<tr><td>(2) 中间金融投入</td><td>53 (+A)</td><td>53</td><td></td></tr>
<tr><td>(3) 中间商品投入</td><td>500</td><td>19</td><td>519</td><td></td></tr>
<tr><td>(4) 总价值增加值=(1)-(2)-(3)</td><td>847 (–A)</td><td>48 (– B–C)</td><td>895</td><td>A+B+C</td></tr>
<tr><td>(5) 固定资本耗费</td><td>200</td><td>19</td><td>219</td><td></td></tr>
<tr><td>(6) 价值增加值 =(4)–(5)</td><td>647 (–A)</td><td>29 (–B– C)</td><td>676</td><td>A+B+C</td></tr>
<tr><td>(7) 工资</td><td>300</td><td>14</td><td>314</td><td></td></tr>
<tr><td>(8) 净营业盈余 =(6)–(7)</td><td>347 (–A)</td><td>15 (–B–C)</td><td>362</td><td>A+B+C</td></tr>
<tr><td>(9) 净支付利息</td><td>17 (–A)</td><td>–21 (–B–C)</td><td>–4</td><td>A+B+C</td></tr>
<tr><td>(10) 货币净支付利息</td><td>70</td><td>–88=–70–18</td><td></td><td></td></tr>
<tr><td>(11) 估算净支付利息</td><td>–53 (–A)</td><td>67=53+14</td><td></td><td></td></tr>
<tr><td>(12) 国民收入和生产账户利润</td><td>330</td><td>36</td><td>366</td><td>0</td></tr>
</table>

过了估算利息调整的影响，所以总企业部门的净营业盈余下降了超过30%。公司企业测量值没有这个问题，因为公司企业部门已经排除了非营利性企业，不需要进行工资等价物的调整。这里的唯一影响就是净货币利息重新成为总生产剩余 / 净营业盈余的一部分，这提高了这些测量值，使其回到了企业水平。

(接上页) 户相偏离时，因为前者将贸易成本视为总剩余的利用，其中一部分表现贸易部门的为净营业盈余和利润。但在这里我们关注的是总商业的净营业盈余和利润，这是与它们独一无二的来源不同的问题 (Shaikh and Tonak 1994, ch.3)。因为国民收入和生产账户没有为贸易部门加上任何估算值，我们可以将其视为总非金融部门的一部分。重要的点在于国民收入和生产账户对净营业盈余的测量因利息估算值而不同于企业测量值。

附录表 6.7.11 工资等价物和估算利息对企业部门账户的影响

类型	来源	变量	2009 年
（1）银行（金融企业）净支付利息	T 7.11, lines（4 + 44 +73）–（28 + 52 + 91）	BankNetIntPaid	–37.6
（2）非金融企业支付的净估算净利息	T 7.11, lines（74+75）– lines（53 + 54）	NFNetImpIntPaid	–136.1
（3）– 金融企业净支付利息 – 非金融企业支付的净估算利息	–（1）–（2）	BusImpIntAdj	173.7
企业量度值			
（4）国民收入和生产账户企业总价值增加值	Appendix table 6.7.3	GVAbusnipa	10, 189.6
（5）国民收入和生产账户企业价值增加值	Appendix table 6.7.3	VAbusnipa	8, 935.5
（6）国民收入和生产账户企业部门总生产剩余	Appendix table 6.7.3	GOSbusnipa	3, 787.9
（7）国民收入和生产账户企业部门净营业盈余	Appendix table 6.7.3	NOSbusnipa	2, 533.8
最终企业部门总价值增加值	（4）+ BusImpIntAdj	GVAbus	10, 363.3（100.9%）
最终企业部门价值增加值	（5）+ BusImpIntAdj	VAbus	9, 109.2（101.0%）
最终企业部门总生产剩余	（6）–WEQ2 + BusImpIntAdj	GOSbus	3, 284.4（73.7%）
最终企业部门净营业盈余	（7）–WEQ2 + BusImpIntAdj	NOSbus	2, 030.3（68.0%）
公司企业量度值			
（8）非金融公司企业支付的净估算利息	T 7.11, line 74 – line 53		–95.8

（续表）

类型	来源	变量	2009 年
(9)－金融公司企业净支付利息－非金融公司企业支付的净估算利息	−(1)−(8)	CorpImpIntAdj	133.4
最终公司企业总价值增加值	NIPA Corp GVA + CorpImp–IntAdj	GVAcorp	7, 793.3（101.7%）
最终公司企业价值增加值	NIPA Corp VA + CorpImp–IntAdj	VAcorp	6, 762.9（102.0%）
最终公司企业总生产剩余	NIPA Corp GOS + CorpImp–IntAdj	GOScorp	2, 447.2（105.8%）
最终公司企业净营业盈余	NIPA Corp NOS + CorpImp–IntAdj	NOScorp	1, 416.8（110.4%）

资料来源：见附录表 6.7.3。

关于利润率的量度有最后一个重要的问题。调整后的净营业盈余包括对工商业债务支付的实际货币净利息，这为古典意义上的一般利润率奠定了恰当的基础，一般利润率通过资本跨部门的流动实现动荡的均等化。调整后的净营业盈余“在理论上也与金融核算上的利税之前的收入相似”（Mead, Moulton，and Petrick 2004, 3–4）。当我们考虑到古典理论和凯恩斯主义理论的投资是由利润率与利率之差驱动的观点时，这种量度变得很重要，因为如果我们比较利润率和利率，我们就需要首先量度在支付实际净利息之前的利润率（即息税前利润）。公司企业的量度是特别恰当的，因为非公司企业和公司企业的利润率（见附录图 6.7.2）的相似性使后者成为整体利润率的一个很好的近似，并且公司企业利润率仅需要对估算利息进行简单的计算调整。

附录 6.7.5 资本存量

附录 6.7.5.1 总链式加权存量遵循广义永续盘存法的经验准确性

我们现在可以证明之前在附录 6.5.5 中提出的链式加权总资本存量的积累规则的准确性。在净存量的情况下，这是目前美国官方计算的唯一量，参数 z_t 代表平均折旧率，既表示名义形式也表示实际形式。因为个体折旧费总是可以写为某个个体折旧率与相应的名义资本存量的乘积，[①] 所以我们可以得到：

$$\eth_t = \frac{\mathscr{D}_t}{p'_{K_t} KR_{t-1}} = \sum_{i=1}^{n} \eth_{i_t} \left(\frac{p'_{i_t} KR_{i_{t-1}}}{p'_{K_t} KR_{t-1}} \right) = \text{平均折旧率} \qquad (6.7.1)$$

其中权重为个体在过去的实际存量的再通货膨胀价值的份额。

顺带说一下，很有趣的是，文献没有对总折旧率的恰当概念明确达成共识，因为迄今为止，“还没有找到方法”去解决链式加权总资本存量的积累规则问题（Liu, Hamalainen, and Wong 2003, 37n12）。因此，很多特别的规则被提出来，最受欢迎的是名义折旧与名义资本的比率，从本质上而言是个体折旧率的加权平均，其中名义资本份额为权重（Whelan 2000, 16; Liu, Hamalainen, and Wong 2003, 37–39）：

$$\eth_{WL_t} = \frac{\mathscr{D}_t}{K_{t-1}} = \sum_{i=1}^{n} \eth_{1i_t} \left(\frac{K_{i_{t-1}}}{K_{t-1}} \right) = \text{惠兰–刘近似折旧率} \qquad (6.7.2)$$

但现在我们已经推导出了链式加权总存量的积累规则，我们也拥有对折旧率的理论定义。惠兰–刘的量度值是对正确比率的近似，因为它的权重基于过去实际存量的过去现行价值（$p'_{i_{t-1}} KR_{i_{t-1}}$）而非过去实际存量的通货膨胀价值 $p'_{i_t} KR_{i_{t-1}}$。附录图 6.7.3 比较了惠兰–刘的量度值和

① 在实际中，对特定折旧方法的选择定义了个体实际折旧水平 $\mathscr{DR}_{i_t}$，对某个随时间推移而变化的系列折旧率 $\eth_{i_t}$，我们总是可以将其表达为 $\mathscr{DR}_{i_t} = \eth_{i_t} KR_{i_{t-1}}$，那么名义折旧为 $\mathscr{D}_{i_t} = p'_{K_{i_t}} \mathscr{DR}_{i_{t-1}} = \eth_{i_t} \left(p'_{K_{i_t}} KR_{i_{t-1}} \right)$。

理论上恰当的折旧率，二者都是针对公司企业部门而言的。

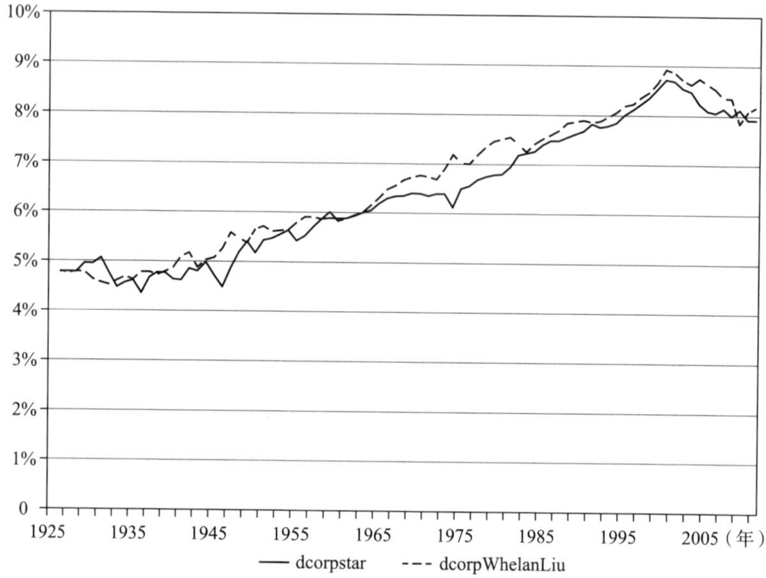

附录图 6.7.3 理论上的折旧率和共识的近似折旧率

我们检验了链式加权积累规则的准确性，首先通过方程（6.5.20）估计折旧率，并根据方程（6.5.22）和方程（6.5.23），运用这个数据分别得出针对现行存量与实际存量的链式加权存量。回想一下，美国经济分析局的实际总存量是通过个体存量的链式加权加总推出来的，之前没有任何著名的规则来表示相应的总量的特征。在我们的计算中，仅仅使用现行总投资和资本的总链式加权价格指数，就可以通过前一年的总量推导出每一年的总量。因为实际存量的积累规则仅仅是现行价值规则的代数变形，错误对二者而言是相同的。附录表 6.7.12 表明 1947—2005 年的平均错误仅为 1% 的一半。这证实我们现在具有需要的工具来得到另一种量度值，即使对链式加权资本存量而言也是如此。

附录表 6.7.12　链式加总资本存量积累规则的准确性，美国公司企业固定资本（1925—2009 年）

近似值与美国经济分析局现行成本存量的平均比率	99.60%
近似值与美国经济分析局不变成本存量的平均比率	99.60%

附录 6.7.5.2　另一种假设对资本存量量度值的影响

出于 6.2 节以及附录 6.3 中讨论过的原因，古典经济学对利润率的量度定义是就现行成本的总存量而言的。在这种情况下，记录在账簿上的个体机器的价值为其现行市场价格的等价物，直至其被退废，然而在现行成本净存量的计算中，相同的加总因积累的折旧而减少了。因此，总存量总是大于净存量，并且可能有不同的趋势。这些差异将反映在对利润率的相应量度上，这可能很重要，例如当我们比较利润率和利率时。

1997 年，美国经济分析局接受了代数上方便的假设，即所有的资产效率在无限的时间内按幂下降。这个假设具有众所周知的经验缺陷（Harper 1982, 10, 30; Hulten 1990, 125），它也使总存量的计算变得不可能，因为总存量量度取决于退废模式，而无限运营的机器永不退废。因此，现在美国经济分析局只能得到净存量的量度值。

迄今为止，链式加权方法使研究者不能得到另一种总资本存量量度值，因为没有已知的积累规则应用于链式加权总量。附录 6.5.5.3 推导的广义永续盘存法准则打破了这个限制。我们将会阐释针对美国经济分析局的假设做出的三种修正对战后资本存量估计路径的影响：在广义永续盘存法积累准则中使用不同的初始价值的影响，不同的退废和折旧模式的影响，面对 1929—1933 年的大萧条报废率变化的影响。正如我们将看到的，正是后者对战后资本存量的趋势和水平产生了最剧烈的影响。

附录 6.7.5.2.1 另一种初始值的影响

附录表 6.7.13 列出了现行成本公司企业净存量三个不同的 1925 年的值，这可以在美国经济分析局的多种出版物中得到（后两个也被表示为美国经济分析局 2011 年的初始价值的百分比）。附录图 6.7.5 阐述了广义永续盘存法积累准则的另一个初始值的影响，保持总折旧率与现在美国经济分析局对净存量的估计值相同，并坚持基础的美国经济分析局假设，即个体折旧率完全不受经济波动的影响。任何 1925 年的初始差异在 1947 年只留下了 1/3：美国经济分析局 1993 年起始点的初始差异 31% 到 1947 年降至 10%，渣打银行 1985 年的初始差异 21% 降至 7%。44 年之后，在 1969 年，两种差异都小于 2%。这表明对资本存量的长期路径而言，起始点并不重要。但因为所有的起始点从长期来看最终都落到相同的路径，所以更低的起始点必须增长得更快，以与共同的长期路径保持一致（见附录图 6.7.4）。换言之，在相当长的时间内，更低的起始点导致更快的资本存量增长率。当我们针对大萧条的影响进行调整时，这一特性被证明对战后资本存量的路径有重大影响（见 6.2.2.4 小节）。

附录表 6.7.13 1925 年不同的初始值，现行成本公司企业净存量

数据来源	位置	价值（10 亿美元）
美国经济分析局 2011	固定资产表 6.1，第一行	98.1
美国经济分析局 1993	表 A.13, 294（美国经济分析局 1993）	77.7（79%）
渣打银行 1985	表 6, 56（Gorman, Musgrav, Silvestein, and Comins 1985）	67.1（68%）

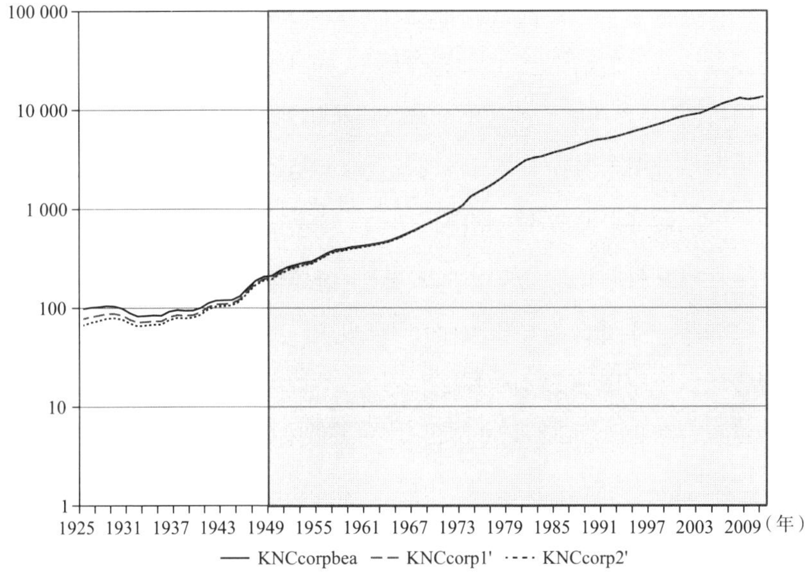

附录图 6.7.4 初始值对资本存量路径的影响

附录 6.7.5.2.2 另一种折旧率和退废率的影响

在 1997 年之前，美国经济分析局假定不同类型的个体资产具有不同的使用寿命。这优于当前美国经济分析局的假设，即资产永不报废。然而，这两种方法论都面对这样的缺陷，即假定损耗率不受经济情况的影响，在下一节我们将回到这个问题。之前美国经济分析局的数据表明总使用寿命和折旧率以某种方式随着时间的推移而变化，但因为假定个体的使用寿命是固定的，这个总量的可变性仅仅是因为资产混合物的变化。我们引用这些早期总退废率和折旧率数据，到 1997 年为止，将它们表达为当前形式，代入方程（6.5.22）和方程（6.5.23）以得到对链式加权总存量与净存量的新估计。为了检验损耗率变化的纯粹影响，所有的估计都从美国经济分析局在其 2011 年的数据序列中使用的初始价值开始。总存量估计的初始点与净存量相同，因为在这里我们感兴趣的是损耗率变化的纯粹影响。但是在最终估计中，总存量的初始点将会被调整以符合总存量大于净存量的事实。

附录图 6.7.5 比较了从美国经济分析局 1993 年的数据推导出的公司企业折旧率及退废率和当前美国经济分析局数据中隐含的总公司企业折旧率。我们发现早期的折旧率高于现在。从本质上而言，这是因为早期的美国经济分析局计算基于固定资产的有限使用寿命，而现在的美国经济分析局假定无限的使用寿命。特别需要注意的是早期美国经济分析局的退废率比这两种比率都低这一事实。事实上，它通常也低于这张图所示的特定的临界值。我们将在附录 6.7.4 中解决这个值的显著性问题。

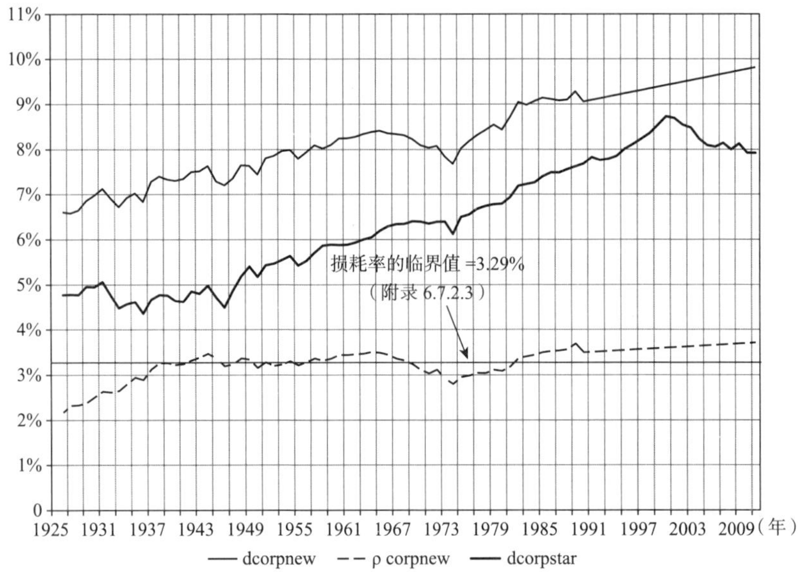

附录图 6.7.5 另一种退废率和折旧率

附录图 6.7.6 应用了新的基于有限服务寿命的折旧率以得到对公司企业部门现行成本净资本存量新的量度值，这些都始于美国经济分析局 2011 年公司企业存量的初始价值，这也显示在了图中。新的净存量估计值一般低于现在的美国经济分析局数据，但它们之间的相对差距在时间的流逝中随着两个数据的收敛而减小。此外，新的总资本存量大于当代的美国经济分析局净存量估计值，并且比战后时期增长更快。当我们观察两种新估计值与当前的美国经济分析局存量的比率时，这两种不同的模式十分清楚，正如附录图 6.7.7 所示：在战后时期，相对的新净存量量度值比较稳定，而相对的总存量量度值自始至终都不断上升。我们将在下一节分析产生这种差异的原因。

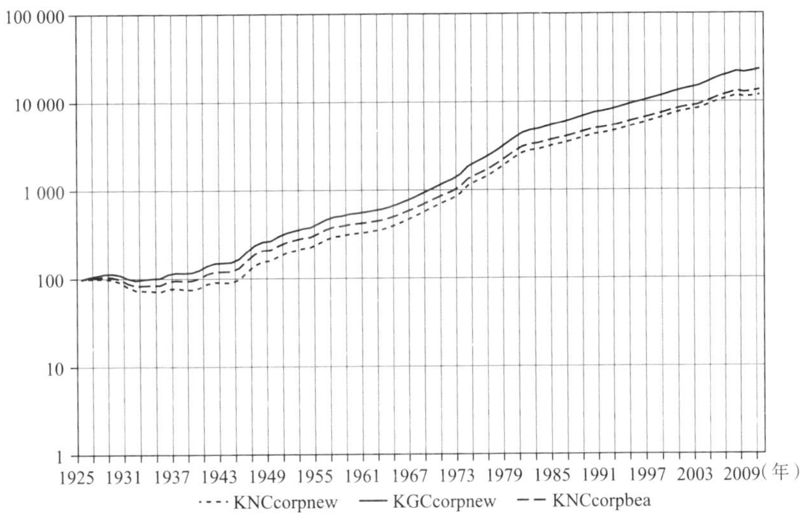

附录图 6.7.6　另一种损耗率对资本存量水平的影响

附录 6.7.5.3　永续盘存法代数方法的题外话

方程（6.5.22）和方程（6.5.23）中的现行成本资本存量和不变成本资本存量的广义永续盘存法规则是一阶差分方程。因为一个可以从另一个推导出来，所以可以仅考虑方程（6.5.22）的性质：$K_t = IG_t + z'_t \cdot K_{t-1}$，其中 $z'_t \equiv (1-z_t)\frac{p'_{K_t}}{p'_{K_{t-1}}}$。

在实际数据中，总投资以大约不变的速率增长，因此我们可以认为 $IG_t \approx IG_0(1+g_I)^t$，其中 IG_0 = 时间 t 为 0 时总投资的初始价值，g_I= 平均增长率。此外，在经验水平上 $(1+g_{p'_{Kt}}) \equiv \frac{p'_{K_{t-1}}}{p'_{K_{t-1}}} \approx$ 常数，并且在最初估计时，我们认为损耗率（z_t）是常数，这使 $z' \approx$ 常数。那么，现行成本存量的广义永续盘存法规则就对应系数为常数、具有指数强迫项的一阶差分方程：

$$K_t \approx IG_t + z' \cdot K_{t-1} \quad (6.7.3)$$

其中 $z' \equiv (1-z)(1+g_{p'_K})$。这样的方程具有一般解：[①]

$$K_t = A(z)x^t + C(z) \cdot IG_t \quad (6.7.4)$$

其中，$C(z) \equiv \left(\frac{(1+g_I)}{(1+g_I)-(1-z)\left(1+g_{p'_K}\right)}\right)$，$A(z) = K_0 - C(z) \cdot IG_0$，对任何给定的损耗率 z 而言，二者一般为正且保持不变。

一般解中的第二项 $C(z) \cdot IG_t$ 呈指数型增长，因为它与总投资 IG_t 成正比。但第一项 $A(z) \cdot (z')^t$ 则不同，因为它根据 $z' \equiv (1-z)\left(1+g_{p'_K}\right) \underset{<}{\geq} 1$ 而上升或下降。这就是损耗率发挥关键作用的地方，因为 $z \underset{>}{\leq} \frac{g_{p'_K}}{(1+g_{p'_K})}$ 决定了 $z' \underset{<}{\geq} 1$。在 1947—2009 年的美国，资本品价格的平均增长因素 $(1+g_{p'_K}) \approx 1.034$。从这一角度来看，对于任何 z>3.29%，都将使 z′< 1，[②] 这样一般解的第一项将持续下降，留下第二项主导长期路径。

---

① $c_1 \cdot y_t + c_0 \cdot y_{t-1} = B \cdot d^t$ 的一般解为 $y_t = A(-b)^t + \left(\frac{d}{c_1 d + c_0}\right) B d^t$，如果 $c_1 \cdot d + c_0 \neq 0$，其中 c_0、c_1 为常数系数，$b = c_0 / c_1$，A 是由初始条件决定的常数（Gandolfo 1985, 14–20）。在当前的情况下，$c_1 = 1, c_0 = -z' = -(1-z)(1+g_{p'_K}), b = -c_0 = z', B = IG_0, d = (1+g_I)$，因此 $B \cdot d^t = IG_0(1+g_I) = IG_t$，一般来说，$c_1 \cdot d + c_0 = (1+g_I) - (1-z)\left(1+g_{p'_K}\right) \neq 0$。这就得到了正文中的方程（6.7.4）。

② $z' \equiv (1-z)\left(1+g_{p'_K}\right)$，因此 $z \underset{<}{\geq} \frac{g_{p'_K}}{\left(1+g_{p'_K}\right)}$ 决定了 $z' \underset{<}{\geq} 1$。对于 $(1+g_{p'_K}) \approx 1.034$，临界值为 z* = 0.0329。

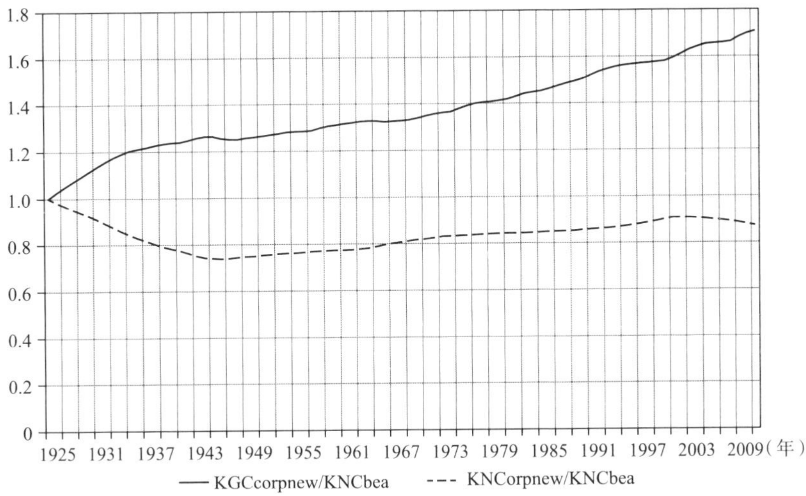

附录图 6.7.7　另一种损耗率对资本存量相对水平的影响

在这些条件下，所有初始值都会收敛到相同的长期路径。这是附录图 6.7.4 描述的情况，因为美国经济分析局在 2011 年用于此尝试的折旧率为 5%~8%。1993 年美国经济分析局净存量折旧率甚至更高，为 6,5%~9.5%，因此它将获得相同的结果。但总存量退废率是不同的问题，因为它在 2.2%~3.7% 之间变化，所以大多数时间内它低于或接近临界值 3.29%（见附录图 6.7.5）。我认为这就是 1925—2009 年的 85 年间新的总现行成本资本存量的相对量度值没有收敛至美国经济分析局净资本存量价值而新的净现行成本的相对量度值却最终收敛的原因（见附录图 6.7.6 和附录图 6.7.7）。二者相应的“长期”是不同的。当然，经验的损耗率和价格变化率是变化的，这使实际的路径更加复杂。尽管如此，模式差异的解释仍在于结构参数。将这一点记在心里之后，我们已经准备好进行最后一项试验，即分析大萧条对固定资本损耗率的影响。

附录 6.7.5.4 大萧条和二战对资本存量的影响

现行的美国经济分析局方法论假定无限的服务寿命，这就是早期美国经济分析局基于（点估计）实际使用寿命的方法论更可取的原因。但这两种方法论都有缺陷，即它们都假定损耗率不受经济状况的影响。在这一节，我们将检验大萧条、二战的大变动事件如何影响损耗率的变化。在这里我们利用了这样的事实，即通过永续盘存法推导的历史存量估计值与资本存量的企业账簿价值数据类似。

美国的历史收入数据（census1975, series V115, 924–926）包括所有企业净资本资产的账面价值数据，它们由美国国税局的数据推导而来。这里的净资产包括土地，但我们可以使用它们估计历史净资本存量的路径。附录图 6.7.8 比较了美国经济分析局 2011 年历史净存量与美国国税局账面价值存量的运动，每一个在 1925 年都指数化为 100。正如我们可以看到的，两个值在 1925—1945 年表现非常不同，但是之后以相似的方式运动。在 1947 年前，美国国税局的账面价值指数上升了仅 20%，而美国经济分析局的历史资本存量指数上升了 52%。考虑到美国经济分析局的量度值是基于这样的假设，即固定资本的废弃完全独立于经济状况，那么这一区别并不令人惊奇。

因为现行成本和不变成本的资本存量都基于与历史存量相同的折旧率，为了分析战间期的影响，我们可以通过将其乘以美国国税局 1925—1947 年的账面价值指数，然后回到方程（6.5.22）和方程（6.5.23）广义永续盘存法的计算来对三种量度值进行调整。

这将使美国经济分析局的历史成本量度值与美国国税局的账面价值量度值保持一致，并将相应地再校准其他两个量度值在战间期内的值。在后一种情况下，将调整后的历史成本资本存量乘以现行成本或不变成本资本存量与这一时期历史成本的比率，也将得到相同的结

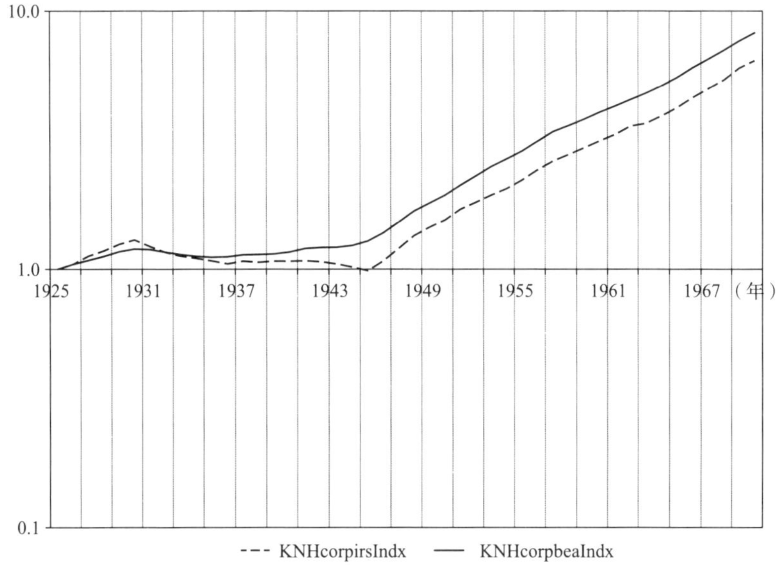

附录图 6.7.8 比较美国经济分析局净历史存量与美国国税局账面价值

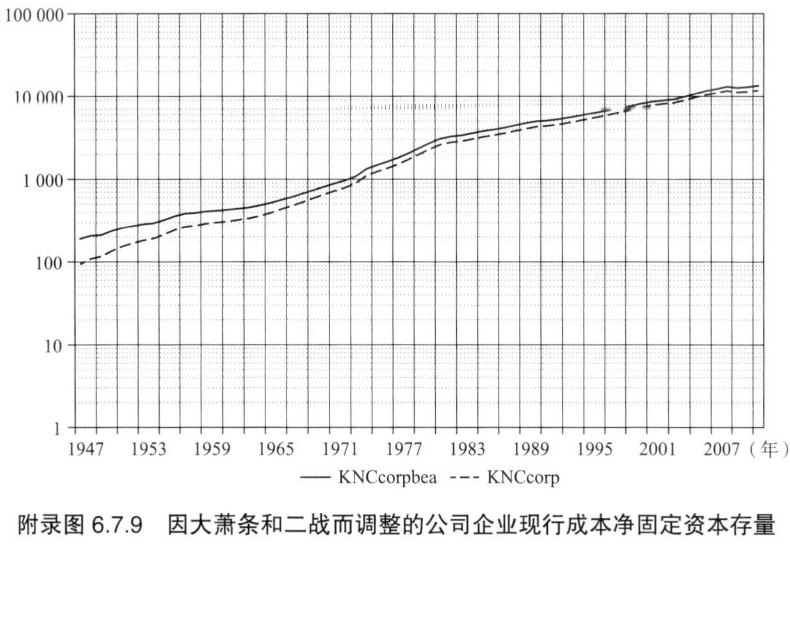

附录图 6.7.9 因大萧条和二战而调整的公司企业现行成本净固定资本存量

果。附录图 6.7.9 比较了美国经济分析局 2011 年公司企业净现行成本的官方量度值与调整后的官方量度值。在 1947 年后者在开始时低了 28%，因此增长速度更快，直至其最终与 1977 年前官方的量度值差不多进入了相同的路径。

附录 6.7.5.5 对美国公司企业总资本存量和净资本存量的最终量度

现在，我们可以创造总资本存量和净资本存量的新的量度值。损耗率（折旧率和退废率）引用来自美国经济分析局 1993 年的数据。每种存量的初始价值也是如此，因为它们通常是根据假定的损耗率估计的，然后按照之前提到的方式对估计的资本存量进行调整，以将大萧条和二战的影响考虑在内。附录图 6.7.10 比较了这些最终估计值与美国经济分析局 2011 年公司企业现行成本净存量。与官方的美国经济分析局净资本存量（KNCcorpbea）相比，新的净存量量度值因结合了更

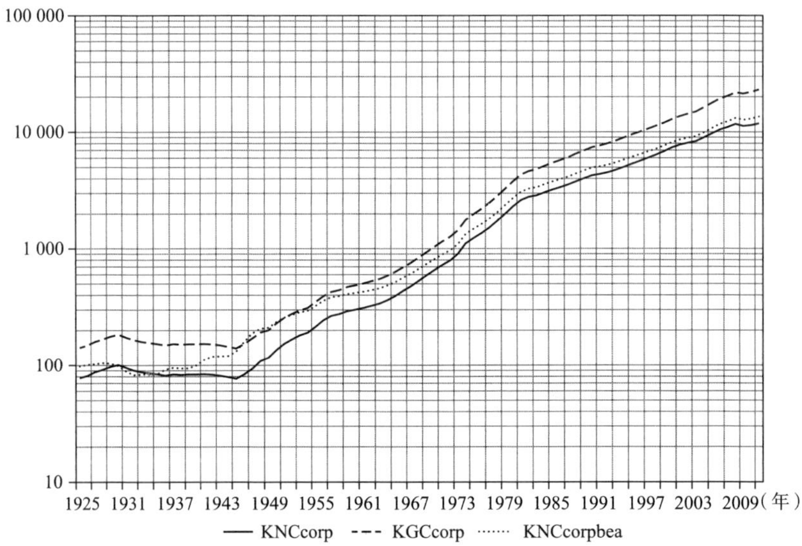

附录图 6.7.10 公司企业部门的最终现行成本总资本存量、净固定资本存量

低的初始值和战间期的影响而在 1947 年开始时更低，但是然后因为它增长更快而逐渐缩小差距。新的总存量量度值（KNCcorp）开始时比官方的美国经济分析局净存量更高，但这超过了战间期抵消效应，因此在 1947 年，前者是后者的 90%。然而，总存量比官方量度值增长更快，因此到 2009 年，前者比后者高 68%。

附录 6.7.5.6　量度公司企业库存

剩下的步骤是估计公司企业存货以将它们加至调整后的总现行成本资本存量。国民收入和生产账户有私人产业的产业数据（NIPA table 5.8.5），但它不是法定形式。美联储资金流量具有公司企业存货和资本存量的现行成本数据，但仅仅是非金融企业。[①] 然而，美国国税局公布了始于 1926 年的公司企业资产负债表，这些表包含存货数据，并且包括 1990—2011 年净历史资本存量的数据。美国国税局的数据基于样本，因此我们不能将其直接应用于国民收入和生产账户的公司企业部门。因此，该方法有两个步骤：第一，估计 1947—2011 年整个期间内存货与历史成本的固定资本的比率；第二，通过将之前的存货乘以调整后的历史成本固定资本存量与现行成本固定资本存量的比率，以将潜在的存货水平重新调整为修正后的资本存量的潜在存货水平。就第一步而言，1990—2011 年，美国国税局净账面价值存量与美国经济分析局净历史存量的比率最终实质上是时间的线性函数，因此可以被推测至 1949—1989 年，然后乘以美国经济分析局净历史存量以得到对相应的美国国税局账面价值存量的估计。这被用以构建 1947—2011 年整

① 基于现行成本的非金融存货不包括存货估值调整，序列名字 =FL105015205；固定资本 = 基于现行成本的设备（FL105020015.A）+ 基于现行成本的住宅建筑（FL105012665.A）+ 基于现行成本的非住宅建筑（FL105013665.A）。

个期间内美国国税局存货与美国国税局净账面价值的比率，这完成了第一步。将这个比率乘以美国经济分析局公司企业净历史存量，从根本上将美国国税局的存货水平调整为与国民收入和生产账户的数据一致，这完成了第二步。像最初的美国国税局数据一样，由此得到的存货存量是两种估值方法的混合物：在购买的时候以历史成本（先进先出）或现行成本（后进先出）。固定资本（厂房和设备）也是存货，仅仅是长期使用项的存货。从那个角度而言，历史成本固定资本对应于先进先出方法，而现行成本固定资本对应于后进先出方法。但因为相比固定资本的流转，存货的流转速度更快，所以当和固定资本相比时，先进先出存货是“相对比较近期”的成本估值，而后进先出值是以现行成本进行的估值。换言之，存货更接近现行成本而非历史成本资本存量，因此我们可以将估计的公司企业存货序列直接加至现行成本固定资本存量上。

附录 6.7.6　量度产能利用率

由佩萨兰、申和史密斯（2001）提出的自回归分布滞后（ADL）边界检验方法被用以检验产出和资本存量的长期关系。与恩格尔-格兰杰协整方法不同，边界检验方法不管基础的回归量是纯粹的 I(0) 还是纯粹的 I(1)，抑或是互为协整或这些关系的任何组合，都可以应用。考虑到单位根检验的势较低以及我们数据中每个国家的数据规模相对较小，这是一个很大的优点。

边界检验方法的出发点是误差修正模型，用来检验滞后变量间是否存在协整关系。这样一种联系可以被视为长期关系。如果我们拒绝了对原假设的 F 统计值，该原假设为包含在误差修正模型中的变量滞后水平之间的系数联合检验下为零，那么可以认为上述关系存在。因为两种统计的渐进分布都是不标准的，佩萨兰等（2001）为两种极端情况［假定所有的回归量要么为纯粹的 I(0)，要么为纯粹的 I(1)］提供了两组渐进临界值。所有其他可能情况的临界值位于二者之间。如果估计的 F 统计值落在这些临界值界限之外，那么不需要知道回归量的单位根性质就可以做出总结性推论。此外，如果估计的统计值落在临界值界限之内，推论就是不确定的，必须知道变量的单位根性质。

待检验的误差修正模型用产出自身和资本存量过去值的对数形式（lnK）来解释产出的对数（LnY），可以写为：

$$\Delta \ln Y_t = \alpha + \beta \cdot t + \sum_{h=1}^{1} \delta_h \cdot DM_h + \phi_1 \cdot \ln Y_{t-1} + \phi_2 \cdot \ln K_{t-1} + \sum_{i=1}^{m-1} \gamma_i \cdot \Delta \ln Y_{t-i} + \sum_{j=0}^{n-1} \varphi_j \cdot \Delta \ln K_{t-j} + \epsilon_t$$

其中，α 是一个不受限制的常数，t 为不受限制的时间趋势，如果其统计值在 5% 的水平上显著的话就被包含在内。[①] 模型可以包含哑变量 DM。因此，在决定包含哪个哑变量时，要检验残差项的平方值以确认任何显著的大的暴增，这通常意味着“异常值”(Patterson 2000, 195)。运用赤池信息准则选择滞后结构 m 和 n，因为它倾向于比贝叶斯信息准则选择出更多数量的滞后项，而且消除序列相关性需要“足够”数量的滞后项。[②]

为了检验 lnY 和 lnK 之间长期关系的存在，通过普通最小二乘法估计误差修正模型，并且运用佩萨兰文中的表 CI(iv) 和 CI(iii)，针对有趋势和没有趋势的模型检验原假设 $H_0: \phi_1 = \phi_2 = 0$，[③] 拒绝原假设可

① 在具有时间趋势和两个变量差分的（任意）四个滞后的误差修正模型中，这是要检验的第一步［对应于 ADL(5, 5) 模型的误差校正模型］。

② 因为在特定的应用中其他人都这样做，所以在这里我们要检验从 t 到 t−i，从 t 到 t−j 的所有滞后项的组合，$i \leqslant 5$，$j \leqslant 5$。

③ 因为其在当前背景下的低效，我们不用对资本存量对数的滞后项进行 t 检验。

以使我们做出长期关系存在的结论。因为边界检验需要误差修正模型中不存在序列相关性，所以之前已经用布劳殊–戈弗雷 LM 检验来检验数据的自相关性。[①] 当边界 F 检验的统计值落在两个临界值之间，意味着结论不确定时，我们遵循恩格尔–格兰杰的两步骤方法，检验两个时间序列协整关系的阶数，并且运用迪基–富勒检验来检验它们之间是否存在协整关系。

只要有可能确认长期协整关系，我们运用相应的 ADL(m, n) 模型

$$\ln Y_t = \alpha + \beta \cdot t + \sum_{h=1}^{1} \delta_h \cdot DM_h + \sum_{i=1}^{m} \gamma_i \cdot \ln Y_{t-i} + \sum_{j=0}^{n-1} \varphi_j \cdot \ln K_{t-j} + \epsilon_t$$

为了得到长期关系的系数

$$\ln Y^* = a + b \cdot t + c_h \cdot DM_h + d \cdot \ln K^* + \epsilon_t$$

其中，$a = \frac{\alpha}{1-\Sigma\gamma_i}$，$b = \frac{\beta}{1-\Sigma\gamma_i}$，$c_h = \frac{\delta_h}{1-\Sigma\gamma_i}$，$d = \frac{\Sigma\varphi_j}{1-\Sigma\gamma_i}$。对 ADL(*m*, *n*) 的普通最小二乘法估计保留了系数 α、β、δ_h、γ_i、φ，并用于计算 a、b、c_h、d。

最后一步是估计 lnY*，通过将估算的长期关系系数应用于资本存量时间序列（与哑变量和时间维度），我们可以将其描述为产能的对数值（lnU），那么就可以得到基于协整的产能利用率的估计值 $u = e^{\ln U}$，正如附录图 6.6.1 所示的。表 6.7.14 总结了回归产出。关于新量度值和美联储量度值的比较（自 1967 年开始）展示在图 6.4 中。

附录表 6.7.14 产能利用率回归产出

来源	方差	自由度	均方差	变量数量	=	61
				F(10, 50)	=	6 256.98
模型	16.586 944 8	10	1.658 694 48	Prob > F	=	0
余量	0.013 254 76	50	0.000 265 1	R–squared	=	0.999 2

① 当检测到序列相关性时，我们增加了滞后项的数量并且 / 或者改变哑变量的使用。

（续表）

				Adj R–squared	=	0.999
总计	16.600 199 5	60	0.276 669 99	Root MSE	=	0.016 28
系数估计						
l_ys	Coef.	Std. Err.	T	P>t	[95% Conf.	Interval]
l_ys						
L1.	1.298 062	0.096 754 8	13.42	0	1.103 724	1.492 399
L2.	–0.393 055 4	0.096 162 9	–4.09	0	–0.586 204 3	–0.199 906 5
l_ks						
–.	5.085 575	0.537 610 3	9.46	0	4.005 753	6.165 397
L1.	–14.284 83	1.215 12	–11.76	0	–16.725 47	–11.844 19
L2.	15.705 43	1.735 902	9.05	0	12.218 77	19.192 09
L3.	–8.296 103	1.478 974	–5.61	0	–11.266 71	–5.325 497
L4.	1.852 707	0.552 799 4	3.35	0.002	0.742 376 9	2.963 037
d74	–0.081 199 5	0.017 082 2	–4.75	0	–0.115 510 1	–0.046 888 9
d36	0.070 560 1	0.017 068 4	–4.13	0	–0.104 843 1	–0.036 277 2
d80	–0.045 409 8	0.017 395 5	–2.61	0.012	–0.080 349 6	–0.010 47
_cons	0.206 915 9	0.063 875 5	3.24	0.002	0.078 618 1	0.335 213 7
信息准则						
模型	变量	ll(null)	ll(model)	自由度	赤池信息准则	贝叶斯信息准则
	61	–46.860 75	170.690 1	11	–319.380 1	–296.160 5
长期系数						
a= α/(1–Σγ)	2.178 206 3					
b=β/(1–Σγ)	0					

（续表）

c1=δ1/（1–Σγ）	–0.854 788 7					
c2=δ2/（1–Σγ）	–0.742 787 6					
c3=δ3/（1–Σγ）	–0.478 029 4					
d= Σφ/（1–Σγ）	0.660 885 68					

附录 6.7.7 对利润、资本和利润率的最终量度

附录 6.7.1.2 指出非公司企业部门的利润率［经过（个人独资企业）所有人和合伙人的工资等价物的校正］与公司企业部门的利润率接近，因此将公司企业部门视为代表性部门是合理的。有 4 个新变量在这里是重要的：（1）调整估算的净利息后的公司企业的价值增加值；（2）调整估算的净利息后的公司企业净营业盈余，这使其与包含支付的净货币利息在内的公司企业利润或商业所称的息税前利润相同；（3）调整了战间期的影响之后的总公司企业现行成本资本存量；（4）产能利用率，即实际产出与正常产能条件下的产出的比率。产出与资本的比率定义了最大利润率（产出–资本比），利润与资本的比率定义了平均利润率。相对于官方的美国经济分析局公司企业净资本存量而言，相应的美国经济分析局量度值用官方的公司企业价值增加值（包括估算的净利息）和公司企业利润表示。每一对必须进一步针对产能利用率进行调整。

6.8 节回顾了新产出、价值增加值、利润、资本和这一附录中提出的产能利用率的量度的推导，展现和分析了由此得出的利润率模式，将它们与传统的量度值进行了对比。表 6.22 总结了 1947—1982 年“黄

金年代”和 1982—2011 年新自由主义时代之间的差异。最后，我们注意到一旦广义永续盘存法规则被理解，对资本存量和产能的新的量度值可以很容易被推导出来，甚至在产业水平上也是如此，并且即使不调整估算的利息或存货，结果表明这两个因素也足以得出对修正后的量度值的好的近似（见图 6.6）。甚至更引人注目的是，我们发现不必对估算的利息、存货或者甚至资本存量退废模式进行调整，增量利润率（新投资的回报率）就可以在很大程度上被近似估算（见图 6.7），增量利润率在古典部门间利润率均等化理论中至关重要。

附录 7.1 第 7 章的数据来源和计算方法

图 7.1~ 图 7.12 要么是说明性图示，要么其来源已经列在了图中。

附录 7.1.1 1960—1989 年初始世界和美国制造业利润率（Christodoulopoulos 1995）

图 7.13 世界制造业的平均利润率和增量利润率（1970—1989 年）

图 7.14 美国制造业的平均利润率和增量利润率（1960—1989 年）

1994 年国际行业数据库（ISDB）（OECD 1994）包含年度数据，但现在没有继续统计，可以从中推导出多个经合组织成员的总营业盈余，即GDP减去间接商业税（净补贴）、雇员报酬、总资本存量和总投资。这可以用来推导世界行业的平均利润率和增量利润率。[①] 为了使不同国家和不同行业之间具有可比性与一致性，我们将分析限于 1970—1990 年这个时期，并且重点是 8 个国家（美国、日本、加拿大、德国、法国、意大利、比利时、挪威）的 8 个制造行业（食品、纺织、造纸、化学、采矿、金属和金属制品、机械设备、其他制造业产品）的利润率。计算每个行业的总营业盈余、总资本存量和总投资的世界加总值，并用购买力平价汇率将其转化为美元单位。这个数据之后被用以计算（发达）世界水平上每个行业的平均利润率和增量利润率。

① 感谢乔治·克里斯托多普洛斯为我提供数据以及详述相关的步骤，见谢克附录 1（2008）。

附录 7.1.2　1987—2005 年美国行业的平均利润率和增量利润率（Shaikh　2008）

图 7.15　美国各行业的平均利润率（1987—2005 年）

图 7.16　美国各行业利润率与平均利润率的差异

图 7.17　美国各行业的增量利润率（1987—2005 年）

图 7.18　美国各行业增量利润率与平均利润率的差异

因为美国经济分析局现在仅计算净资本存量，所以这里总资本的利润率被定义为名义净利润（总利润减去折旧）与现行成本的净资本存量的比率。此外，因为总投资的数据可以广泛获得且不取决于估算资本存量所需的争议性假设，所以增量利润率被定义为名义总利润率的变化与滞后期名义总投资的比率。推导的进一步细节和相关变量的使用如下。

（1）基本的流量变量来源于美国经济分析局分行业统计的 GDP 表格：1947–97 GDPbyInd_VA_NAICS 和 1998–2005 GDPbyInd_VA_NAICS，参见网站 http://www.bea.gov/industry/gdpbyind_data.htm。从中可以计算现行总价值增加值（GVA）、雇员所得（EC）、总营业盈余（GOS），[①] 这些数据可以用以计算实际总价值增加量（GVAR）的价格指数，以及全职和兼职雇员（FTPE）、自我雇用者（SEP）、全职等效雇员（FEE）的就业数据。1987—2005 年的所有这些数据都可以获得，除了自我雇用者和全职工作人员的数据只有 1998—2005 年期间才有。

（2）对每个行业而言，通过将每个工人的平均全职工资（w ≡ EC/FEE）应用于个体经营者可以计算出工资等价物，总营业盈余减去工资等价物可以计算出总利润（PG）。之所以这样做是因为国民收入和生产账户在计算总营业盈余时隐含地将所有人和合伙人（即自我雇用者）

① 总生产剩余≡总价值增加值–雇工所得–针对生产和进口的税收。

的所有收入都视为属于利润收入。因为自我雇用者和全职工作人员的数据只有 1998—2005 年的，所以用 1987 年全职工作人员 / 全职和兼职雇员比率与自我雇用者 / 全职和兼职雇员比率以及 1987—1997 年全职和兼职雇员的数据来填充之前几年缺失的数据。

（3）每个行业现行成本的资本存量（K）、总投资（IG）和现行成本的折旧（DEP），以及净资本存量指数（KQI）来源于以下美国经济分析局的财富表：表 3.1ES（按行业分类的私有固定资产的现行成本净存量）、表 3.4ES（按行业分类的私有固定资产的现行成本折旧）、表 3.7ES（按行业分类的私有固定资产的历史成本）、表 3.8ES（按行业分类的私有固定资产的链式指数）。这些表格都在 2007 年 11 月 8 日下载，最后一次修订是在 2007 年 8 月 8 日。财富表里的行业与国民收入核算体系中的相匹配，国民收入核算体系需要财富表的加总部门 50–51 以及 69–70。使用基年（2000 年）的现行成本的存量来按比例放大数量指数可以获得实际资本存量（KR）。

（4）从总价值增加值（空间租金行 134 – 中间投入行 135）、总营业盈余［总价值增加值–税收净补贴（行 135 – 行 136）］和现行成本的折旧（行 140）的房地产业的价值中刨除房主自用住宅的估算价值，雇员所得没有估算，使用了国民收入核算体系表 7.12（国民收入和生产账户估算），来自美国经济分析局，下载于 2007 年 11 月 4 日下午 12: 55: 31，最后一次修订于 2007 年 8 月 1 日。尽管美国经济分析局国民收入核算账户现在将房主自用住宅的所有估算价值分配给房地产行业，但它依然将农场和房地产之间房主自用住宅的财产存量分开了，我们必须使用表 5.1（按照所有者类型、组织的法律形式、行业和保有权群体分类的住宅固定资产的现行成本净存量），行 15–16 相应地将其刨除。投资（IG）也要进行相似的调整，使用表 5.7（按照所有者类型、组织的法律形式、行业和保有权群体分类的住宅固定资产的历史成本投资），行 15–16。

（5）存货加入了制造业和批发 / 零售贸易行业的资本存量中，运用国民收入和生产账户表 1B（实际制造业和贸易存货），http://www.bea.gov/national/nipaweb/nipa_underlying/SelectTable.asp 和表 2AUI（制造业和贸易销售额隐含的平减物价指数），这两张表都下载于 2007 年 11 月 8 日，最后一次修订于 2004 年 2 月 3 日。1987—2005 年，每个行业实际存货与实际资本存量的平均比率被视为其正常比率，这和每年实际资本存量结合起来可以推导出每个行业每年的正常存货。之后，通过制造业和贸易部门的平减物价指数，这些数据可以被转化为现行成本的存货。

对建筑业而言，原料和物资存货的数据可以从 1992 年、1997 年、2002 年建筑业经济普查中的表 3 得到。建筑工作的价值可以从申报存货、申报没有存货和不申报的公司中获得。前两个系列建筑销售比率用以将最后一个系列分为有存货和没有存货的子系列，第一个系列的存货销售比可以用于最后一个系列第一个次类从而估算出其存货水平，将这个数据和申报的存货加起来得到一个整体水平。1992 年、1997 年和 2002 年（很稳定，约为 4%）的存货与总价值增加值的比率可以用来估算建筑行业每年的正常存货存量。为了估算正常的存货投资，同样的比率也可以用于行业设备和构筑物的固定投资。总资本和投资定义为固定部分与存货部分之和。

在保险业和相关活动行业中，总储备等于美国资金流量表 L.116（财产保险公司）（行 2–3）与表 L.117（人寿保险公司）（行 2–3）中活期存款和现金，货币市场基金和证券回购协议之和，这两个表都下载于 2008 年 1 月 8 日下午 10：30。因为储备和净现行成本的资本比率随着时间推移而下降，并在不同的年份之间波动，所以它的正常水平被定义为它的指数趋势。这个趋势价值之后被应用于每年的资本存量以得到正常的储备存量，应用于每年的投资流以获得储备的正常投资，得到的结果加上固定资本存量和投资可以获得总资本存量和投资。银行业和金融业包括商业银行、储蓄银行和信贷组织也遵循与保险业同样的程序，它们的储备定义为备用现金和现金，美联储的储备，银行的活期存款、定期存款和现金（并非其消费者的现金），以及联邦基金和证券回购协议，这些数据来源于美国资金表 L.109（行 2–4）、L.114（行 2–5）和 L.115（行 2–4）。

（6）北美产业分类标准有 61 个行业，加上总和项（所有行业加总）以及几个次总体项，例如总制造业、耐久制造业和不耐久的制造业。对每个行业的详细描述可以从网上获得（StatCanada 1997）。我们主要关注由利润驱动型企业构成以及在世界范围内都具有竞争力的行业。这使得原有 61 个行业中的 31 个行业被排除，伴随而来的是对总体利润率和增量利润率进行重新定义。第一系列的行业被排除了，因为它们主要是非营利性企业（如艺术、博物馆、教育服务和社会服务），或者可得的雇工数据显著低估了所有人和合伙人的工资等价物（如律师事务所或医疗企业）。[①] 这种考虑适用于行政和支持服务，门诊健康医疗服务，教育服务，基金和其他金融工具，医院、护理和居民看护机构，除政府以外的其他服务（包括宗教组织、公益组织、公民组织、专业组织和相似组织）、行为艺术、观赏性体育、博物馆、相关活动、法律服务、计算机系统设计和相关服务及其他的专业、科学和技术服务，出版企业，以及社会援助。这些行业一般有极低的甚至负的利润

① 感谢经济分析局的乔治 · 斯密和丹尼斯 · 麦克布莱德帮助我们确定可能的行业。

率（如教育服务），或者非常高的利润率（如行政及支援服务，以及多种专业、科学和技术服务的子行业）。最后，另外 18 个行业被排除了，因为它们的平均利润率或增量利润率低于 5%（一些甚至具有负的或接近零的平均数）。这些都被认为在世界范围内是缺乏竞争力的。排除的所有行业的列表见谢克（2008, appendix B）。

附录 7.1.3　1962—1991 年希腊制造业的平均利润率和增量利润率（Tsoulfidis and Tsaliki 2011）

图 7.19　希腊制造业利润率与平均利润率的差异（1962—1991 年）

图 7.20　希腊制造业的增量利润率与平均增量利润率的差异（1962—1991 年）

资料来源：Tsoulfidis and Tsaliki 2011: 19, fig.4, and 30, fig.5.

附录 7.1.4　1988—2003 年经合组织成员行业的增量利润率

图 7.21　经合组织成员行业增量利润率与平均增量利润率的差异（使用购买力平价汇率）

（1）数据来源：经合组织结构分析数据库（OECD 2003）提供了投资和利润率的数据，可以用来计算增量利润率。然而，因为它没有提供资本存量数据，所以难以计算平均利润率。

（2）用于分析增量利润率的变量来自 STAN 数据库，为总固定资本形成（GFCF）（即总投资），以及总营业盈余和混合收入（GOPS）（即总利润）。后者可以直接获得，也可以通过将总营业盈余和混合收入以及固定资本的消费（CFC）相加获得。因为缺乏数据，所以难以剔除个体经营者的工资等价物的报酬（见 6.8 节和附录 6.7.2）。

（3）之所以使用 STAN 数据库（OECD 2003），是因为它大致覆盖了 30 个经合组织成员。这个数据库之后的版本仅仅覆盖了 18 个国家，甚至排除了诸如加拿大和英国这样的国家。

（4）因为两个主要的系列并不总是能得到数据，所以我们将数据限制于那些能包含两个变量的点。于是数据开始于 1987 年，并且仅包括那些由至少 3 个国家构成的行业平均值。

（5）那些主要由非营利性企业支配的行业（如艺术、博物馆、教育服务和社会服务）被排除了，正如那些总营业盈余和混合收入中工资等价物占比很大的行业，如法律和医疗企业。被选中行业的列表见图 7.21.

（6）变量的单位是当地的货币单位（欧盟建立以后，欧盟成员国家使用欧元），因此通过使用佩恩表 6.2 购买力平价数据可以将其单位调整为以美元计价的购买力。

（7）每个行业中，将不同国家的购买力平价转换后的变量加总，增量利润率等于总营业盈余和混合收入的变化量除以前一年的总资本形成。

附录 9.1 古典价格理论的矩阵代数表达

下文所有向量和矩阵全部以粗体表示。$\mathbf{P}$、$\mathbf{I}$ 和 $\mathbf{v}=\mathbf{1}[\mathbf{I}-(\mathbf{A}+\mathscr{D})]^{-1}$ 分别表示 1×n 价格（行）向量，直接劳动时间（行）向量和垂直整合劳动时间（行）向量，向量中每一个元素记为 p_j、I_j、v_j。$\mathbf{X}$ 和 $\mathbf{Y}=\left[\mathbf{I}-\left(\mathbf{A}+\mathscr{D}\right)\right]^{-1}\mathbf{X}$ 分别表示总产出和净产出（列）向量，其中 $\mathbf{A}$ 表示投入–产出系数矩阵，$\mathbf{K}$ 表示资本系数矩阵，$\mathscr{D}$ 表示折旧系数矩阵，$\mathbf{KT}=\mathbf{K}\left[\mathbf{I}-\left(\mathbf{A}+\mathscr{D}\right)\right]^{-1}$ 表示整合资本系数矩阵，$\langle \boldsymbol{x}_j \rangle$ 是主对角线上元素 x_j 的对角矩阵（非对角线元素全为0），所有矩阵都是n行n列（n×n）。

附录 9.1.1 简单商品生产的竞争性价格

记 y_j 为生产者在生产活动 j 中的小时收入。给定 l_j 为单位产出所需劳动时间。产品的单位总收入为销售价格和其原料及折旧成本之差：

$$\mathbf{1}\langle y_j \rangle = \mathbf{p}-\mathbf{p}(\mathbf{A}+\mathscr{D}) \qquad (9.1.1)$$

于是，如果生产者间的竞争使其小时劳动收入均等化，那么竞争性价格将会与（垂直）整合劳动时间成正比，在这种情况下价格将与整合劳动时间成正比。

$$y_i = y \qquad (9.1.2)$$

$$\mathbf{p}=\mathbf{P}(\mathbf{A}+\mathscr{D})+y\cdot\mathbf{1} \qquad (9.1.3)$$

$$\mathbf{p}=y\cdot\mathbf{1}[\mathbf{I}-(\mathbf{A}+\mathscr{D})]^{-1}=y\cdot\mathbf{v} \qquad (9.1.4)$$

附录 9.1.2 资本主义商品生产的竞争性价格

记 w 和 r 分别为标量工资和利润率，于是固定资本的价格体系（为了与将工资排除出预付资本的斯拉法形式相比较）[①] 为

$$\mathbf{p}(\mathrm{r}) = \mathrm{w} \cdot \mathbf{1} + \mathbf{p}(\mathrm{r}) \cdot (\mathbf{A} + \mathscr{D}) + \mathrm{r} \cdot \mathbf{p}(\mathrm{r}) \cdot \mathbf{K} \tag{9.1.5}$$

$$\mathbf{p}(\mathrm{r}) = \mathrm{w} \cdot \mathbf{v} + \mathrm{r} \cdot \mathbf{p}(\mathrm{r}) \cdot \mathbf{KT} \tag{9.1.6}$$

其中 $\mathbf{KT} \equiv \mathbf{K}\left[\mathbf{I} - \left(\mathbf{A} + \mathbf{D}\right)\right]^{-1}$，在纯粹流动资本的特例中 **K=A**，$\mathscr{D} = 0$。上述方程体系包含 n 个方程、n+2 个未知数（n 个产品价格以及 w 和 r）。当工资为零时，这一方程体系简化为 $\mathbf{p}(\mathrm{R}) = \mathrm{R} \cdot \mathbf{p}(\mathrm{R}) \cdot \mathbf{KT}$，其中 **p**(R ）是矩阵 H 主特征值对应的全部为正的左特征向量，最大利润率 R 对应 **KT** 主特征值的倒数。[②]当工资（w）为正数时，工资率、利润率和相对价格之间的关系因这样的事实而复杂化，即选择的计价单位自身的变动会影响到所有价格比率的变动。斯拉法表明存在这样一种标准品（部门），其价格不必随着价格的变化而变化，于是以标准品计价的工资在任何给定单一产品技术的条件下都将是 r/R 的线性函数。因为对可行性单一产品体系而言标准品是唯一的，所以将上述线性关系 w=1–r/R 加至方程（9.1.5）或方程（9.1.6）的价格体系中就等同于选择标准商品作为计价单位（Sraffa 1960, 30–32）。因此，标准价格（也就是以标准商品来计价）体系可写为：

---

① 古典经济学家和马克思将工资视为投资资本的一个基本部分，所以工资不仅体现在成本中，而且体现在预付资本存量中。斯拉法选择将工资视为在生产周期期末得到支付。在这样一种框架下，马克思对生产价格的（第一个近似）用标准马克思主义的标注表示为 $\mathrm{p}_j' = \mathrm{C}_j + \mathrm{V}_j + \rho(\mathrm{C}_j)$，其中 $\mathrm{r} = \frac{S}{C} = \frac{S/V}{C/V}$ 是用劳动价值表示的总利润率，$\frac{\mathrm{S}}{\mathrm{V}} = \frac{S_j}{V_j}$ 表示从每个行业共同的实际工资和日工作时长 / 工作强度推导出来的共同剥削率。总劳动价值 $\mathrm{v}_j \equiv \mathrm{C}_j + \mathrm{V}_j + \mathrm{S}_j$，劳动价值增加值即为活劳动 $\mathrm{L}_j \equiv \mathrm{V}_j + \mathrm{S}_j = \mathrm{V}_j(1 + \mathrm{S}/\mathrm{V})$，从而 $\mathrm{p'}_j = \mathrm{v}_j + \left(\frac{\mathrm{S/V}}{\mathrm{C/V}}\right)\mathrm{C}_j - \left(\frac{\mathrm{S}_j/\mathrm{V}_j}{\mathrm{C/V}}\right)\left(\frac{\mathrm{C/V}}{\mathrm{C}_j/\mathrm{V}_j}\right)\mathrm{C}_j = \mathrm{v}_j + \mathrm{r}\left(1 - \frac{\mathrm{C}/\mathrm{L}}{\mathrm{C}_j/\mathrm{L}_j}\right)\mathrm{C}_j$。于是，这些价格都是一般利润率 r 的线性函数，其路径取决于给定行业的价值增加值–资本比（$\mathrm{L}_j/\mathrm{C}_j$）偏离行业平均水平（L/C）的程度。当把工资看作预付资本的一部分时，我们可以推导出类似的结论，基本经验模式与这里的分析相同（Shaikh, 1998a）。

$$\mathbf{p}(R)=(1-\frac{r}{R})\cdot\mathbf{v}+r\cdot\mathbf{p}(r)\cdot\mathbf{KT}$$
$$=\mathbf{v}+r\cdot\mathbf{v}\cdot\left(\mathbf{KT}-\frac{1}{R}I\right)+r\cdot\left[\mathbf{p}(r)-\mathbf{v}\right]\cdot\mathbf{KT} \qquad (9.1.7)$$

方程（9.1.7）所示的斯拉法标准化价格潜在地是以劳动时间为单位，因为 $\mathbf{p}(0)=\mathbf{v}$。于是，方程（9.1.7）右边的三部分可以被给予常见的解释：第一项是李嘉图项，也就是总必要劳动（劳动价值）向量 $\mathbf{v}=\mathbf{I}\left[\mathbf{I}-\left(\mathbf{A}+\mathscr{D}\right)\right]^{-1}$。前两项（在斯拉法的框架下）也可以看作马克思项，与马克思的转形步骤的垂直整合等价。这是劳动价值 $\mathbf{v}$ 和价格-价值偏差 $r\cdot\mathbf{v}\left(\mathbf{KT}-\frac{1}{R}\mathbf{I}\right)$ 之和，后一项的大小依赖利润率以及行业垂直整合有机构成相较于"平均"（即标准）构成的偏离程度。[①]最后一项维克塞尔-斯拉法项［$\mathbf{p}(r)-\mathbf{v}$］$\mathbf{KT}$ 表示标准价格-价值偏离对生产方式的反馈效应。这类反馈效应是斯拉法分析的核心。

附录 9.1.3　整合产出-资本比的性质

将第 j 个行业价格表示为下式有助于我们理解：

$$p(r)_j=w(r)v_j+p(r)_j\left(\frac{r}{VR(r)_j}\right) \qquad (9.1.8)$$

其中 $VR(r)_j\equiv\frac{p(r)_j}{\mathbf{p}(r)\mathbf{KT}^{(j)}}$ 是作为 r 的函数的第 j 个行业垂直整合产出-资本比。斯拉法告诉我们每一个产出-资本比 $VR(r)_j$ 在 r=0 时始于针对每个行业的特定水平，之后在 r = R 时收敛到共同的比率 R（Sraffa 1960, 17）。从方程（9.1.7）来看比较显然：当 r=0 时，$\mathbf{p}(r)=\mathbf{v}$，所以第 j 个

① 偏差向量的第 j 个元素是 $\mathbf{v}\cdot\mathbf{KT}^{(j)}-\mathbf{v}\frac{1}{R}=v_j\left(\frac{\mathbf{v}\cdot\mathbf{KT}(i)}{v_j}-\frac{1}{R}\right)=v_j(\frac{1}{VR_{0_j}}-\frac{1}{R})$，其中 VR_{0_j} 是行业 j 以劳动价值量度的垂直整合产出-资本比，R 是标准行业的产出-资本比，它被构造为在所有价格水平下包括与劳动价值相等的水平下都是相同的（Sraffa 1960, 16-17）。偏差向量第 j 个元素括号中的项因而表示单个行业中单位产出的垂直整合不变资本与标准行业的偏差。

行业以劳动价值表示的垂直整合产出–资本比是 $\frac{v_j}{\mathbf{v}\cdot\mathbf{KT}^{(j)}}$，其中 $\mathbf{KT}^{(j)}$ 是总资本系数矩阵 **KT** 的第 j 列，$\mathbf{v}\cdot\mathbf{KT}^{(j)}$ 表示单位产出所需总要素投入的劳动价值（就是单位产出的垂直整合不变资本）；此外，当 w=0, r=R 时，价格体系简化为 $\mathbf{p}(R)=R\cdot\mathbf{p}(R)\cdot\mathbf{KT}$，垂直整合产出–资本比的第 j 个元素是 $\frac{p_j(R)}{\mathbf{p}(R)\cdot\mathbf{KT}^{(j)}}=R$，这对于所有行业都是相同的，也是标准行业净产出–资本比的劳动价值（也就是活劳动–死劳动之比）。① 如果单个行业的产出–资本比从其 r=0 时的个体初始值平滑移动到 r=R 时的共同值 R，那么标准价格将平滑地偏离于价值。但是，如果正如斯拉法看起来表明的那样，行业产出–资本比在到达它们共同的极限 R 之前来回相交，那么相应的行业标准价格也会遵循同样的复杂路径。

附录 9.1.4　总工资–利润曲线

为了推导总工资–利润曲线，在方程（9.1.6）右边乘以净产出向量 Y 可得：

$$\mathbf{p}(r)\cdot\mathbf{Y}=w\cdot\mathbf{v}\cdot\mathbf{Y}+r\cdot\mathbf{p}(r)\cdot\mathbf{KT}\cdot\mathbf{Y} \tag{9.1.9}$$

第一项 $\mathbf{p}(r)\cdot\mathbf{Y}$ 仅仅是按生产价格量度的总价值增加值。根据定义 $\mathbf{v}=\mathbf{1}\cdot[\mathbf{I}-(\mathbf{A}+\mathscr{D})]^{-1}$, $\mathbf{Y}=[\mathbf{I}-(\mathbf{A}+\mathscr{D})]\cdot\mathbf{X}$，总劳动 $\mathbf{L}=\mathbf{I}\cdot\mathbf{X}$，第二项仅仅是总工资 w·L。第三项是总利润，即利润率和总资本存量的乘积：

$$r\cdot\mathbf{p}(r)\cdot\mathbf{KT}\cdot\mathbf{Y}=r\cdot\mathbf{p}(r)\cdot\mathbf{K}\cdot(\mathbf{I}-\mathbf{A}')^{-1}\cdot(\mathbf{I}-\mathbf{A}')\cdot\mathbf{X}=r\cdot\mathbf{p}(r)\cdot\mathbf{K}\cdot\mathbf{X}=r\cdot\mathbf{K}(r)$$

其中 K(r) 是按生产价格量度的总资本存量。我们将实际工资份额 $w(r)_a\equiv\frac{w\cdot L}{\mathbf{p}(r)\cdot\mathbf{Y}}$ 记为：

① 斯拉法的净产出的标准品是 p(R) 对应的右特征向量，因此它满足 $\mathbf{YR}_s=R\cdot\mathbf{KT}\cdot\mathbf{YR}_s$，因而 $\mathbf{v}\cdot\mathbf{YR}_s=R\cdot\mathbf{v}\cdot\mathbf{KT}\cdot\mathbf{YR}_s$。于是，$R=\frac{\mathbf{v}\cdot\mathbf{YR}_s}{\mathbf{v}\cdot\mathbf{KT}\cdot\mathbf{YR}_s}=\frac{\mathbf{v}\cdot\mathbf{YR}_s}{\mathbf{v}\cdot\mathbf{K}(\mathbf{I}-\mathbf{A})^{-1}\cdot\mathbf{YR}_s}=\frac{\mathbf{v}\cdot\mathbf{YR}_s}{\mathbf{v}\cdot\mathbf{K}\cdot\mathbf{YR}_s}$ 为标准行业的净产出–资本比（也就是活劳动–死劳动之比）。

$$w(r)_a = 1 - \frac{r}{R_a(r)} = \frac{R_a(r) - r}{R_a(r)} \tag{9.1.10}$$

其中 $R_a(r)$ 是单个整合产出–资本比的加权平均。

$$R_a(r) \equiv \frac{\mathbf{p}(r)\cdot\mathbf{Y}}{\mathbf{p}(r)\cdot\mathbf{KT}\cdot\mathbf{Y}} = \frac{\sum_{j=1}^{n} p_j(r)\cdot Y_j}{\sum_{j=1}^{n}\mathbf{p}(r)\cdot\mathbf{KT}^{(j)}\cdot Y_j}$$

$$= \sum_{j=1}^{n}\left(\frac{p_j.(r)}{\mathbf{p}(r)\cdot\mathbf{KT}^{(j)}}\right)\left(\frac{\mathbf{p}(r)\cdot\mathbf{KT}^{(j)}\cdot Y_j}{\sum_{j=1}^{n}\mathbf{p}(r)\cdot\mathbf{KT}^{(j)}\cdot Y_j}\right) = \sum_{j=1}^{n} VR(r)_j\,\omega_j \tag{9.1.11}$$

上式是整合产出–资本比加权平均比的凸组合，因为权重 $\omega_j \equiv \left(\frac{\mathbf{p}(r)\cdot\mathbf{KT}^{(j)}\cdot Y_j}{\sum_{j=1}^{n}\mathbf{p}(r)\cdot\mathbf{KT}^{(j)}\cdot Y_j}\right)$ 加总后为 1。

行业整合的产出–资本比实际上是线性的这一经验发现，意味着它们的加权平均 $R_a(r)$ 也几乎是完全线性的。这样方程（9.1.10）的分子和分母都是 r 的线性函数，所以实际工资–利润曲线是直角双曲线。总产出–资本比的初始（劳动）值越接近标准行业的值（R），总产出–资本比的波动就越小，总工资份额曲线就越近似线性。①

附录 9.1.5 标准价格的特征值和线性

方程（9.1.6）中矩阵 **KT** 是半正定矩阵，因为 $[\mathbf{I}-(\mathbf{A}+\mathscr{D})]^{-1}$ 严格正定，**K** 是半正定（**K** 中很多行可能为零，因为只有一部分商品能够作为资本存量）。如果一个半正定矩阵的所有特征值非零，我们可以将其简化为对角形式。记 $\mathbf{Q} = [\mathbf{PR}_1, \mathbf{PR}_2, ..., \mathbf{PR}_n]$，矩阵 **Q** 的每一行对应矩阵 **KT** 行特征向量 $\mathbf{PR}_k$。于是，记 $\mathbf{Q}^{-1} \equiv (\mathbf{XS}_1, \mathbf{XS}_2 \ldots \mathbf{XS}_n)$，矩阵

① 相反，如果我们将工资相对于一篮子消费品的价格进行定义，依然可以得到上述结果（Ochoa 1984, 231）。于是，给定单个商品的价格近似线性，那么那一篮子消费品的价格也必然是线性的，所以实际工资 $w(r)/\ p_c(r)$ 也将为两个线性项之比。

$\mathbf{Q}^{-1}$ 的每一列对应矩阵 **KT** 列特征向量 $\mathbf{XS}_k$， $\mathbf{QKTQ}^{-1} = \langle \lambda_k \rangle$。$\langle \lambda_k \rangle$ 表示对角线元素为 λ_k 的对角矩阵（Lancaster 1968, 287–288）。

$$\lambda_k \cdot \mathbf{PR}_k = \mathbf{PR}_k \cdot \mathbf{KT} \tag{9.1.12}$$

$$\lambda_k \cdot \mathbf{XS}_k = \mathbf{KT} \cdot \mathbf{XS}_k \tag{9.1.13}$$

$$\mathbf{KT} = \mathbf{Q}^{-1} \langle \lambda_k \rangle \mathbf{Q} \tag{9.1.14}$$

主特征值 λ_1 为正数，它所对应的行、列特征向量 $\mathbf{PR}_1$ 和 $\mathbf{XS}_1$ 也严格为正。从方程（9.1.6）可知，当 r=R（即 w=0）时，生产价格为 $\mathrm{R} \cdot \mathbf{p}(\mathrm{R}) \cdot \mathbf{H}$，所以 $\lambda_1 = 1/\mathrm{R}$ 是 **KT** 主特征值，$\mathbf{p}(\mathrm{R}) = \mathbf{PR}_1$ 对应 λ_1 主（左）特征向量。同理可得 $\mathbf{XS}_1 = \mathrm{R} \cdot \mathbf{KT} \cdot \mathbf{XS}_1$，方程右边所得列向量可被解释为标准体系下的总产出向量。

把上述结果代入方程（9.1.6）基本生产价格体系中，并且注意到 $\mathbf{I} = \mathbf{QQ}^{-1}$， $\mathrm{w} = 1 - \dfrac{\mathrm{r}}{\mathrm{R}} = 1 - \mathrm{r} \cdot \lambda_1$，主特征值满足 $\lambda_1 = 1/\mathrm{R}$，可得：

$$\begin{aligned}\mathbf{p}(\mathrm{r}) &= \mathrm{w} \cdot \mathbf{v} \cdot [\mathbf{I} - \mathrm{r}\mathbf{H}]^{-1} = \mathrm{w} \cdot \mathbf{v} \cdot \left[\mathbf{Q}^{-1}\mathbf{Q} - \mathrm{r} \cdot \mathbf{Q}^{-1} \langle \lambda_k \rangle \mathbf{Q}\right]^{-1} \\ &= \mathrm{w} \cdot \mathbf{v} \cdot \left[\mathbf{Q}^{-1}(\mathbf{I} - \mathrm{r}\langle \lambda_k \rangle)\mathbf{Q}\right]^{-1} = \mathrm{w} \cdot \mathbf{v}\mathbf{Q}^{-1}\left[\mathbf{I} - \mathrm{r}\langle \lambda_k \rangle\right]^{-1}\mathbf{Q}\end{aligned}$$

$$\mathbf{p}(\mathrm{r}) = \mathrm{w} \cdot \mathbf{v} \cdot \mathbf{Q}^{-1} \left\langle \frac{1}{1 - \mathrm{r}\lambda_k} \right\rangle \mathbf{Q} = \mathbf{v} \cdot \mathbf{Q}^{-1} \left\langle \frac{1 - \mathrm{r}\lambda_1}{1 - \mathrm{r}\lambda_k} \right\rangle \mathbf{Q} \tag{9.1.15}$$

$\mathbf{Q}^{-1}$ 各列是矩阵 $\mathbf{XS}_k$ 的列特征向量，由于每个特征向量的倍数还是原矩阵的特征向量，所以我们可以自由地把它们标准化：

对所有 k 而言，$\mathbf{v} \cdot \mathbf{XS}_k = 1$，从而 $\mathbf{v} \cdot \mathbf{Q}^{-1} = \mathbf{1}$，其中 1 为单位行向量（9.1.16）

既然矩阵 **Q** 的各行是特征向量 $\mathbf{PR}_k$，那么：

$$\mathbf{p}(\mathrm{r})=1\left\langle\frac{1-\mathrm{r}\cdot\boldsymbol{\lambda}_1}{1-\mathrm{r}\cdot\boldsymbol{\lambda}_k}\right\rangle\mathbf{Q}=(1,1,\ldots,1)\begin{bmatrix}\frac{1-\mathrm{r}\cdot\lambda_1}{1-\mathrm{r}\cdot\lambda_1} & 0\ldots & 0\\ 0 & \frac{1-\mathrm{r}\cdot\lambda_1}{1-\mathrm{r}\cdot\lambda_2}\ldots & 0\\ \ldots & \ldots & \frac{1-\mathrm{r}\cdot\lambda_1}{1-\mathrm{r}\cdot\lambda_n}\end{bmatrix}\begin{pmatrix}\mathbf{PR}_1\\ \mathbf{PR}_2\\ \ldots\\ \mathbf{PR}_n\end{pmatrix}$$

$$\mathbf{p}(\mathrm{r})=\mathbf{PR}_1+\left(\frac{1-\mathrm{r}\cdot\lambda_1}{1-\mathrm{r}\cdot\lambda_2}\right)\mathbf{PR}_2+\ldots+\left(\frac{1-\mathrm{r}\cdot\lambda_1}{1-\mathrm{r}\cdot\lambda_n}\right)\mathbf{PR}_n$$

$$=\mathbf{PR}_1+\sum_{k=2}^{n}\left(\frac{1-\mathrm{r}\cdot\lambda_1}{1-\mathrm{r}\cdot\lambda_k}\right)\mathbf{PR}_k \tag{9.1.17}$$

我们从方程（9.1.7）可知，当 r=0 时，**p(0)=v**，于是：

$$\mathbf{p}(0)=\mathbf{v}=\mathbf{PR}_1+\sum_{k=2}^{n}\mathbf{PR}_k \tag{9.1.18}$$

结合方程（9.1.17）和方程（9.1.18），记 $\lambda'_k\equiv\lambda_k/\lambda_1$ 并回想到 $\boldsymbol{\lambda}_1=1/\mathrm{R}$ 可得：

$$\mathbf{p}(\mathrm{r})=\mathbf{v}+\sum_{k=2}^{n}\left(\frac{1-\mathrm{r}\lambda_1}{1-\mathrm{r}\lambda_k}-1\right)\mathbf{PR}_k=\mathbf{v}+\sum_{k=2}^{n}\left(\frac{\mathrm{r}(\lambda_k-\lambda_1)}{1-\mathrm{r}\lambda_k}\right)\mathbf{PR}_k$$

$$=\mathbf{v}+\left(\frac{\mathrm{r}}{\mathrm{R}}\right)\sum_{k=2}^{n}\left(\frac{\lambda'_k-1}{1-\frac{\mathrm{r}}{\mathrm{R}}\lambda'_k}\right)\mathbf{PR}_k \tag{9.1.19}$$

在对方程（9.1.7）的拓展讨论中，我们看到，如果维克塞尔–斯拉法反馈向量 $\mathrm{r}[\mathrm{p}(\mathrm{r})-\mathrm{v}]\mathrm{KT}\approx 0$，那么正如马克思对劳动价值的初始转形一样，斯拉法的生产价格是线性的。运用方程（9.1.19），并且从方程（9.1.12）回想到 $\mathbf{PR_k}\cdot\mathbf{KT}=\lambda_k\cdot\mathbf{PR}_k$，我们可以把维克塞尔–斯拉法反馈效应表达为：

$$\mathrm{r}\cdot[\mathbf{p}(\mathrm{r})-\mathrm{v}]\cdot\mathbf{KT}=\mathrm{r}\cdot\left(\left(\frac{\mathrm{r}}{\mathrm{R}}\right)\sum_{k=2}^{n}\left(\frac{\lambda'_k-1}{1-\frac{\mathrm{r}}{\mathrm{R}}\lambda'_k}\right)\mathbf{PR}_k\right)\cdot\mathbf{KT}$$

$$=\left(\frac{\mathrm{r}}{\mathrm{R}}\right)^2\sum_{k=2}^{n}\left(\frac{(\lambda'_k-1)\cdot\lambda'_k}{1-\frac{\mathrm{r}}{\mathrm{R}}\cdot\lambda'_k}\right)\cdot\mathbf{PR}_k \tag{9.1.20}$$

因此，我们现在知道反馈效应将会很小，因而生产价格将近似线性，条件是：

（1）$(r/R)^2 \approx 0$（即利润率相对于最大利润率很低）。利润率 r 是总利润与总资本之比，最大利润率 R 是价值增加值（最大利润）与总资本之比，所以 r/R 是价值增加值中的利润份额。观测到的利润份额约为 0.30，因此 $(r/R)^2 \approx 0.09$。所以，我们可以预期基于观测到的利润率计算所得的生产价格将由线性（马克思）部分支配。

（2）$\lambda_k^{'} \to 0$［但又保持不等于零，正如方程（9.1.14）所要求的那样］，这意味着所有非主特征根很小。尽管如果各列向量有不同的平均值，那么资本–产出比会不同（Shefold 2010, 20），并且因为各行业劳动系数不同，所以资本–劳动比也会不同，但 $\lambda_k^{'} \to 0$ 对应于实际中垂直整合资本系数矩阵 KT 中每个行业列向量系数的相似结构。这个条件遵循了布罗迪（1997）和舍福尔德（2010）的随机矩阵假说，其中当矩阵规模 n 趋于正无穷时，矩阵各行各列中的元素分配会趋近于相同（即使各行或各列的均值不同），从而使该矩阵的非主特征根 $\lambda_k^{'}$ 都将趋于 0。

附录 9.2　第 9 章的资料来源和计算方法

附录 9.2.1　1998 年的数据来源和行业名单

以下数据来自美国经济分析局 https://www.bea.gov/iTable/itable.cfm：在再定义以使商品流量匹配各行业之后，得到 65 个行业总需求品投入产出矩阵 **B′**；直接行业工资向量 **W** 来自重新核算后的价值增加值中的雇员所得部分，行业总产出的市场价值 **X′** 来自相同的投入产出表。1997—2009 年的所有数据都可获得，但这里仅用 1998 年数据来阐述一般模式。

行业名单：1 农业；2 森林、渔业和相关活动；3 油气开采；4 采矿业（不包括油气）；5 采矿辅助活动；6 公用事业；7 建筑业；8 木材业；9 非金属矿产品；10 主要金属业；11 金属制品；12 机械行业；13 计算机和电子产品；14 电力设备、家电和元器件；15 汽车、车身、拖车和零件；16 其他交通运输设备；17 家具和相关产品；18 其他制造业；19 食品饮料和烟草业；20 纺织业；21 衣服皮革和同类产品；22 造纸业；23 印刷和相关支撑活动；24 石油和煤炭产品；25 化工业；26 塑料橡胶产品；27 批发贸易；28 零售贸易；29 航空运输；30 轨道运输；31 水运；32 卡车运输业；33 过境和地面客运；34 管道运输；35 其他运输和支撑活动；36 仓储业；37 出版业（包括软件）；38 影视录音业；39 广播和通信；40 信息和数据处理服务；41 联邦银行、信贷中介和相关活动；42 证券、商品合同和投资；43 保险机构和相关活动；44 基金、信托和其他金融工具；45 房地产业；46 租赁服务业（包括无形资产租赁）；47 法律服务；48 计算机系统设计和相关服务；49 其他职业化、科学和技术服务；50 公司和企业管理；51 行政和支持服务；52 废物管理和污染治理；53 教育服务；54 医疗急救服务；55 医院、护理和疗养院；56 社会救助；57 表演艺术、大型运动、博物馆和相关活动；58 娱乐、赌博和休养业；59 住宿；60 餐饮服务；61 其他服务（不包括政府）；62 联邦政府；63 联邦政府企业；64 各州和地方政府；65 各州和地方政府企业。

附录 9.2.2 1998 年对所有人自住房屋部门（OOH）的修正

投入–产出矩阵 **A′** 和总产出向量 **X′** 包含了一个虚构的房地产子行业条目，因为美国经济分析局把房屋的私人所有者当作将自己的房屋出租给自己的“企业”（Mayerhauser and Reinsdorf, 2007）。美国经济分析局增加的所有人自住房屋的估算租金值使列出的房地产部门的总产出增加了一倍，正如它增加的所有人自住房屋的保养和维修成本使列出的房地产行业中间投入提高了 50%。此外，雇员所得却没有在核算时增加，因为人们认为房屋所有者不会给自己支付工资。[①] 这些估算提高了房地产行业总市场价格和中间投入，却没有相应增加劳动需要量，因此大大加剧了该行业市场价格和相应劳动价值、生产价格的偏离。摒弃上述估算将会使我们回到一个更典型的实际房地产交易的图景。

① 房地产行业总产出数据直接来自矩阵 **X′**，所有人自住房屋（OOH）数据来自 NIPA Table7.12 第 133 行。1998 年，后者估算的数据为 6 811 亿美元，被加入实际房地产行业的总收入为 6 073.5 亿美元。与 NIPA Table 7.12 的第 134 行（房屋维修和保养支出）实际房地产行业的中间投入 3 422.3 亿美元相比，虚构的房地产子行业的总中间投入估算值为 1 144 亿美元。因为人们认为房屋所有者并没有给自己支付工资，所以总体房地产行业的雇员所得就没有任何增加。

这里需要做两个修正。第一，我们将房地产实际总产出减去估算的所有人自住房屋的总产出，等同于将初始投入-产出系数矩阵中房地产行业那一列除以未估算的总产出与最初列出的总产出之比（x）。第二，为了从这一列中剔除房屋保养维修成本，我们将房地产行业这列系数乘以非估算的中间投入之和与最初列出的中间投入之和的比值（a）。之所以用加总后的比例，是因为我们没有关于这些估算支出的详细分配的信息。上述两步相结合等价于在原有投入-产出矩阵房地产行业这一列乘上比值 a/x。

1947—1972 年投入-产出表和劳动系数数据来源于谢克（1998a），正如奥乔亚（1984）的文章所编辑的。这些表格都进行再均衡以去除房地产部门，其中大部分都来自所有人自住房屋部门（Ochoa 1984, 252）。

附录 9.2.3 计算

由美国经济分析局公布的总需求量矩阵 $\mathbf{B}' \equiv (\mathbf{I} - \mathbf{A}')^{-1}$，其中 $\mathbf{I}$ 是阶数为 65 的单位阵，从中我们可以推导直接投入-产出量矩阵 $\mathbf{A}' = \mathbf{I} - (\mathbf{B}')^{-1}$。记工资向量 $\mathbf{W}$ 的第 j 个元素 $W_j \equiv w_j \cdot L_j$，其中 w_j 是第 j 个部门的平均工资，L_j 是第 j 个部门的总雇工数量。这可以用以推导劳动系数向量 $\mathbf{l}'$ 中的第 j 个元素为 $l'_j \equiv \frac{(W_j / w)}{X'_j} = \left(\frac{w_j}{w}\right)\left(\frac{L_j}{X'_j}\right) = \mathbb{W}_j\left(\frac{L_j}{X'_j}\right)$，其中（$\frac{L_j}{X'_j}$）是单位总产出的雇工数量，$\mathbb{W}_j = \left(\frac{W_j}{w}\right)$ 是第 j 个部门相对整个经济体系工资率 W 的工资率。变量 $\mathbb{W}_j$ 可以视为相对劳动技能的近似值，从而 l'_j 可以视为第 j 个部门技能调整后的劳动系数。1998 年整个经济体系平均工资率 w 作为总雇员报酬（table 1.10, line 2）和总雇工数量，包括全职雇员和兼职雇员（表 6.4D），可以从国民收入和生产账户表中推

导出来。[①]

值得注意的是，虽然理论上的矩阵 **A**、**l**、**X** 都是物量，但经验矩阵 **A′**、**l′**、**X′** 包含市场价格。既然 **A′** 是 **A** 的近似转形，那么它和 **A** 具有相同的特征值。我们记 p_{m_j} 为第 j 个部门单位产出的市场价格，那么 $\mathbf{A} \equiv \left[a_{ij}\right] \equiv \left[\frac{X_{ij}}{X_j}\right]$， $\mathbf{l} \equiv \left[l_j\right] \equiv \left[\frac{L_j}{X_j}\right]$， $\mathbf{X} = \left[X_j\right]$， 而 $\mathbf{A}' \equiv \left[\frac{p_{m_i} \cdot a_{ij}}{p_{m_j}}\right] \equiv \left[\frac{p_{m_i} \cdot X_{ij}}{p_{m_j} \cdot X_j}\right]$，$\mathbf{l}' \equiv \left[l_j^i\right] \equiv \left[\frac{L_j}{p_{m_j} \cdot X_j}\right]$， $\mathbf{X}' = \left[p_{m_j} \cdot X_j\right]$。这两组矩阵可以通过市场价格对角阵 $\langle p_m \rangle$ 联系起来。于是，我们可以表明理论变量的经验等价物即为这些变量与单位市场价格的比率（Shaikh 1984b, Appendix B, 82–82）。

$$\mathbf{A}' = \langle p_m \rangle \mathbf{A} \langle p_m \rangle^{-1}, \mathbf{l}' = \mathbf{l} \langle p_m \rangle^{-1}, \mathbf{X}' = \mathbf{X} \langle p_m \rangle^{-1} \tag{9.2.1}$$

$$\mathbf{v}' = \mathbf{l}'(\mathbf{I} - \mathbf{A}')^{-1} = 1\langle p_m \rangle^{-1}\left[\mathbf{I} - \langle p_m \rangle \mathbf{A} \langle p_m \rangle^{-1}\right]^{-1} = \mathbf{v}\langle p_m \rangle^{-1} = \left[\frac{v_j}{p_{m_j}}\right] \tag{9.2.2}$$

$$\begin{aligned}\mathbf{KT}' &\equiv \mathbf{A}'(\mathbf{I} - \mathbf{A}')^{-1} = \langle p_m \rangle \mathbf{A} \langle p_m \rangle^{-1}\left[\mathbf{I} - \langle p_m \rangle \mathbf{A} \langle p_m \rangle^{-1}\right]^{-1} \\ &= \langle p_m \rangle \mathbf{A}(\mathbf{I} - \mathbf{A})^{-1}\langle p_m \rangle^{-1} \\ &= \langle p_m \rangle \mathbf{KT} \langle p_m \rangle^{-1} = \left[\frac{p_{m_i} KT_{ij}}{p_{m_j}}\right]\end{aligned} \tag{9.2.3}$$

$$\begin{aligned}\mathbf{p}(r)' &\equiv (1 - \frac{r}{R})\mathbf{v}'(\mathbf{I} - r\mathbf{KT}')^{-1} = \left(1 - \frac{r}{R}\right)\mathbf{v}\langle p_m \rangle^{-1}\left[\mathbf{I} - \langle p_m \rangle r\mathbf{KT} \langle p_m \rangle^{-1}\right]^{-1} \\ &= \left(1 - \frac{r}{R}\right)\mathbf{v}(\mathbf{I} - r\mathbf{KT})^{-1}\langle p_m \rangle^{-1} = \mathbf{p}(r)\langle p_m \rangle^{-1} = \left[\frac{p_j(r)}{p_{m_j}}\right]\end{aligned} \tag{9.2.4}$$

正如附录 9.1 中对方程（9.1.6）和方程（9.1.7）的讨论所注意到的，最大利润率 R 表示矩阵 **KT** 主特征值的倒数。VR_j、$R_a(r)$、$w_a(r)$ 正如方程（9.1.8）~ 方程（9.1.11）所示被计算出来。所有这些都是以价格为单位的比率，$\mathbf{p}(r)'$、$\mathbf{Y}'$ 中的市场价格要素相互抵消。

① 这一步骤和奥乔亚（1984, 225）不同，他使用最低部门工资作为平减指数。

最后，利润被定义为价值增加值（VA）与雇员所得（EC）、间接商业税（IBT）、折旧（D）之差。在纯粹的流动资本模型中，资本存量被假定等于原料成本的流量，折旧被假定为零［见附录 9.1 中对方程（9.1.6）的讨论］。

附录 9.2.4　资本存量矩阵和折旧矩阵的构建

在计算生产价格时对固定资本的考虑需要资本存量矩阵和折旧流量矩阵。因为资本存量数据代表年底的数据，（比如）1998 年价格方程所需的年初存量来自 1997 年。美国经济分析局在任何给定一年仅公布国内 65 个行业各自的净资本存量总值和折旧流量，这对这些变量中的每一个而言，都得到了任何给定一年中包含 65 个元素的向量。固定资产构成的可得数据仅以基准年份的资本流量（总投资）矩阵的形式出现，其中每一列表示进入行业总投资中的不同资产类型。

就资本存量而言，我们假定给定行业的资本存量中的每种资产类型以同样的速度增长（扩张和退废）。这意味着对任何给定行业而言，净存量中资产类型的比例和总投资中的比例相同，也就是说，给定行业的资本流量（总投资）和资本存量这两列具有相同的比例。所以，我们可以使用前者的数据推导出每种资产类型在行业资本存量中的比例，再将其乘上行业的总净资本存量以得到资本存量矩阵的各行业列向量。对折旧而言，我们假定不管使用它的行业是什么，资产类型的折旧率都相同。这就意味着折旧矩阵各行与资本存量矩阵各行成正比。上述资本存量的步骤最终与奥乔亚相同，但是折旧步骤不同，因为他假定折旧矩阵各列与总投资矩阵各列成正比（Ochoa 1984, 234–235, 242）。理论和经验方法在下文详细阐述。

附录 9.2.4.1 构建资本存量矩阵和折旧流量矩阵的理论步骤

对行业 j 而言，K_j 表示总资本存量的价值，IG_j 表示总投资的价值，$g_j=\frac{IG_j}{K_j}$ 表示行业 j 的总增长率（从而 $K_j=\frac{IG_j}{g_j}$）。总增长率是退废率与净扩张率之和，因此如果某一行业按 3% 的速率扩张，平均退废率（比如）为 2%，那么它的总增长率是 5%。行业资本存量的单个机器也许具有与行业平均水平不同的总增长率。如果我们假定这些差异很小，那我们可以通过将每个相应的总投资部分除以行业增长率估算行业 j 资本存量的每个部分。于是，对资本存量矩阵中第 j 列的资产类型 h、i 而言，$K_{hj}=\frac{IG_{hj}}{g_j}$ 和 $K_{ij}=\frac{IG_{ij}}{g_j}$，所以 $\frac{K_{hj}}{K_{ij}}=\frac{IG_{hj}}{IG_{ij}}$，也就是说，资本存量矩阵第 j 列和资本流量矩阵具有相同的比例。

就折旧问题而言，进行这样的假定看起来是合理的，即不管使用它的行业是什么，每种资本资产的折旧率都大致相同。记 K_{ij} 和 K_{ik} 表示行业 j 和行业 k 使用资产类型 i 的资本存量，其对应的折旧流量是 $\mathscr{DF}_{ij}$ 和 $\mathscr{DF}_{ik}$，共同折旧率是 $\eth_i$，那么 $\mathscr{DF}_{ij}=\eth_i\cdot K_{ij}$，$\mathscr{DF}_{ik}=\eth_i\cdot K_{ik}$，所以 $\frac{\mathscr{DF}_{ij}}{\mathscr{DF}_{ik}}=\frac{K_{ij}}{K_{ik}}$，也就是说，折旧矩阵各行元素和之前计算的资本存量矩阵具有相同的比例。最后，把上述矩阵各列都除以行业总产出便可以得到资本和折旧系数矩阵。

附录 9.2.4.2 构建资本存量矩阵和折旧流量矩阵的经验步骤

在每一个给定年份，私人行业总资本存量和总折旧的数据来自固定资产表 3.1ES（按行业分类的私有固定资产的现行成本净存量）和表 3.4ES（按行业分类的私有固定资产的现行成本折旧），这些被映射为美国经济分析局公布的投入-产出表中的 61 个行业。在后来的表中剩余的 4 个行业是联邦政府、各州和地方政府、联邦政府企业、各州和地方政府企业。这 4 个行业的折旧总额可以分别通过国民收入和生产账户表 7.5（按组织的法律形式和收入类型分类的固定资本消耗）的第 23、24、26 和 27 行得到。现行成本净资本存量的行业总额可分别从固定资产表 7.1B 的第 18、46、63 和 66 行得到联邦政府、各州和地方政府、一般政府和政府企业的数据。为了把这些数据分解为投入–产出表的 4 个政府类别，我们有必要对 4 种元素之间假定一种关系。我假定联邦政府企业净资本存量和联邦总净资本存量之比与相应的总投资比率相同，后者可从国民收入和生产账户表 5.8.5A–B 的第 58 行和第 2 行之比得到。[①]

私有行业资本流量（总投资）矩阵，包含 180 个商品行（加上一个加总项行）和 123 个行业列（政府部门不包括其中），在基准年份（以 1997 年为例）可以得到。第一步是把它合并成 61×61 的矩阵。[②]接下来通过增加 4 行政府部门（因为政府不是资本品的生产者，所以，4 行全为零）和 4 列政府的资本流量增补上述矩阵。联邦政府与各州和地方政府根据资产类型分类的投资可从网站 http://www.bea.gov/industry/xls/Annual_IOUse_Before_Redefinitions_1998–2010.xls 获得，其中联邦总投资是 FO6I 与 FO7I 两列之和，各州和地方总投资是 FO8I 与 FO9I 两列之和。[③]第二步是利用国民收入和生产账户表 5.8.5A–B 中恰当的投资比率将上述两列中的每一列再分解成一般政府和政府企业两项。

① 记 A_1、A_2、A_3、A_4 代表固定资产表 7.1B 中联邦政府、各州和地方政府、一般政府和政府企业净资本存量的现行成本。记 x_1、x_2、x_3、x_4 是分别代表联邦一般政府、各州和地方一般政府、联邦企业与各州和地方企业的净资本存量的意愿变量。于是 $A_1=x_1+x_2$，$A_2=x_3+x_4$，$A_3=x_1+x_3$，$A_4=x_2+x_4$。这个方程体系具有 4 个变量，但 4 个方程并不相互独立（方程组系数矩阵的行列式为零），所以需要一个额外假设 $x_2=\alpha x_1$ 才能解出 x_1、x_2、x_3、x_4。

② 表示进口的行由于没有可比性被剔除掉（只占行业总数的不到 0.075%）。

③ 这 4 列政府资本流量只有 1998 年的数据，61 个私人资本流量列只有 1997 年的数据。我们最终得到的资本流量矩阵因而是混合物，但由于我们使用的仅仅只是列项的比例关系，因此误差不可能显著。

最后一步是将总投资矩阵中每一元素都除以所有行业元素之和得到标准化的 65×65 行业资本流量矩阵，从而得到资本流量比例，它之后同总资本存量和折旧向量相结合便可以推导出相应的附录 9.1 中提出的 65 阶矩阵形式。

附录 9.2.5 1947—1998 年实际工资曲线的构建

正如 9.9 节所示，我们可以将每一年实际工资份额乘以生产率指数得到实际工资曲线，生产率指数的数据来源于佩恩表 PWT71，购买力平价下（rgdwok）的人均实际 GDP 数据，转化为指数 205=1, 1950–2010。对 1947 年而言，1950 年的比率要乘以来源于（BEA 1966, Series A163, 209）的美国国家经济研究局产出 / 劳动力指数的 1947—1950 年之比。

附录 10.1 第 10 章的资料来源与计算方法

图 10.1

银行和所有私有行业的增量利润率见附录 7.1。

图 10.2~ 图 10.4

3 月期定期存款利率的数据来源于网站 http://www.federalreserve.gov/，美国联邦储备局，历史数据 H.15：入选利率，而贴现、联邦基金、3 月期国库券、高评级市政债券和 AAA 级企业债券的利率数据都来源于《2012 年总统经济报告》，美国商务部，经济分析局，http://www.gpo.gov。

图 10.5

优惠利率的数据已在上文列出来，而企业利润率从附录 6.7、附录表 6.7.4 推导出来。

图 10.6 ~ 图 10.8

长期债权收益率是通过将两个长期序列数据拼接得到的：1857—1937 年铁路债券收益率是美国债券收益率的年度化月度数据，这些数据来自麦考利（1938, Appendix Table 10, A142–A161），在美国国家经济研究局历史数据库 http://www.nber.org/databases/macrohistory/rectdata/13/m13019.dat 中可以获得，1936—2002 年 AAA 级企业债券收益率数据来源于联邦储备 HS–39 的迷你历史统计，并被之前引用的《总统经济报告》增补 2003—2010 年的数据。合成长期债权收益率是通过拼接铁路债券收益率和公司企业收益率得到，使用1919—1939年后者和与前者的平均比率对前者进行了再调整。1857—1976年美国生产价格指数（批发价格指数）来源于（Jastram 1977, 145–146, table 7），在美国劳工统计局使用生产价格指数的增长率之后进行了更新。

图 10.9

公司企业收益率是之前描述过的长期债券收益率，10年期政府债券收益率和股息收益率来源于席勒（2014），见 http://www.econ.yale.edu/~shiller/data.htm，这基于他的1871年以来标普合成股票价格指数的年度长期数据。这个序列出现在他的网站上自1871年以来的长期股票、债券、利率和消费数据的名目下，是对他《市场波动》(1989年)一书第26章的更新。

图 10.10 和表 10.1

1926—2003年大型企业股票、长期企业债券和长期政府债券的回报率来源于伊博森（2004, 30–31, table 2–2）。我感谢戴维·斯塔布斯将这些数据更新至2010年。

图 10.11 和表 10.2

现行成本（实际）股票回报率使用了来源于席勒（2014）的股票价格（p_{eq}）和股息数据（dv），这些数据通过美国经济分析局总投资平减指数得以转变为实际项（pr_{eq}, dvr_{eq}），并根据方程 $rr_{eq_t} \equiv \left(\frac{dvr_t + \left(pr_{eq_t} - pr_{eq_{t-1}}\right)}{pr_{eq_{t-1}}} \right)$ 得以将股票回报率计算出来。现行公司企业增量利润率计算为实际净营业盈余（国民收入和生产账户中利润加上非金融部门支付的货币利息）与固定资本和存货的总投资之比，它的国民收入和生产账户指标计算为总国民收入和生产账户中利润的变化与美国经济分析局实际总投资之间的比率，正如6.8节中所述，在7.6.4推导出来的。席勒的不变贴现率 7.6% 来源于（Shiller 2014, 10）。

图 10.12

公司企业现行股票回报率在图 10.11 中进行了描述，平均公司企业利润率是经过利息调整后的现行成本净营业盈余与修正后的现行成本资本存量之比，后者在 6.8 节中进行了描述。

图 10.13

真实的实际股票价格是通过图 10.11 所示的美国经济分析局总投资平减指数对席勒的名义价格进行平减的。在席勒对效率市场假说进行批判的语境中，古典有保证的价格在 10.6 节中根据方程（10.31）的方程推导出来。第 10 章的数据表“DATAintropprice”席勒自身的“理性”股票价格来源于其网站 http://www.econ.yale.edu/~shiller/data.htm，在名为 P* 的长期股票、债券、利率和消费数据的名目下（实际股息的现行价值，不变利润率 r）。因为这些数据是就消费者价格指数而言的，所以为了与我自己的实际变量具有可比性，它们要转变为名义项，然后用图 10.11 描述过的美国经济分析局总投资平减指数对其进行平减。

附录 11.1 第 11 章的数据来源和计算方法

附录 11.1.1 数据范围

1960—2009年，所有指数2002=100，澳大利亚、比利时、加拿大、丹麦、芬兰、法国、德国、意大利、日本、韩国、荷兰、挪威、西班牙、瑞典、英国和美国。

附录 11.1.2 原始数据

消费者价格指数、单位劳动力成本、生产价格指数、名义汇率指数、进出口总额、名义利率、相对实际 GDP。

消费者价格指数（CPI）：美国劳工统计局（BLS），国际劳工比较部，2011 年 8 月 18 日，消费者价格指数由本币表达的单位劳动力成本与实际单位劳动力成本的比率得到，单位劳动力成本和实际单位劳动力成本分别来自表 7 和表 13。澳大利亚 1960—1989 年、西班牙 1960—1978 年、韩国 1970—1984 年的缺失数据来自美国劳工统计局补充表 1，消费者价格指数，16 个国家，1950—2009 年，1982—1984 = 100，重新定义基年 2002 = 100；韩国 1960—1969 年的数据设定为等于 1970 年的值。

单位劳动力成本（ULC）：制造业单位劳动力成本来自美国劳工统计局，制造业国际比较，表 9（制造业单位劳动力成本，以本币为基础，19 个国家或地区，1950—2009 年）。韩国 1960—1969 年的缺失数据设定为等于 1970 年的值。对于西班牙，1960—1963 年被设定为等于 1964 年的值，1964—1978 年的数据来自罗曼（1997）。澳大利亚 1960—1989 年的数据也缺失，所以这些年的数据用总工人工资与 GDP 的比率来代替（见 http://www.abs.gov.au/AUSSTATS/abs@.nsf/DetailsPage）。这追踪了 1989 年之后的实际单位劳动力成本。

生产价格指数（PPI）：来自世界银行，世界发展指标 2010。澳大利亚 1960—1989 年的缺失数据通过将相应的消费者价格指数乘以 1990—2009 年生产价格指数 / 消费者价格指数的平均比率来估计，韩国 1960—1969 年的数据设定为等于 1970 年的值。

名义汇率指数（e）：外币 / 美元，来自美国劳工统计局制造业国际比较，表 11[汇率（外币相对于美元的价值）, 19 个国家或地区，1950—2009 年（2002 = 100）]。

进出口总额（EX+IM）：来自国际货币基金组织，国际金融统计数字（IFS），用美元表示的进口和出口。比利时 1960—1992 年的缺失数据来自 AMECO 数据库，见 http://ec.europa.eu/economy_finance/ameco/，进口（UMGS）和出口（UXGS）用现价表示，单位是 MrdECU/EUR，用美元兑欧元形式的汇率（XNE）换算成了美元。

名义利率（IntRate）：3 月期国债，1960—1967 年的数据汇编自国际货币基金组织，国际金融统计年鉴，统计局发布和央行公告，1968—2009 年的数据来自经合组织。

附录 11.1.3 日本和美国的计算

一个给定国家在给定年份的贸易权重（w）的计算方法是用该国的进出口总额除以样本中所有国家的进出口总额。这被用于计算每一年美国和日本在方程（11.6）中的变量：ppi · e/ppi*，其中 ppi= 该国的生产价格指数，ppi*= 其贸易伙伴的生产价格指数，e= 该国与其贸易伙伴的汇率；（vulcr/vulcr*）·（τ/τ*），其中 vulcr 和 vulcr* 是该国及其贸易伙伴的垂直整合实际单位劳动力成本的代理（由于缺少垂直整合成本的数据，我们用直接实际单位劳动力成本 RULC ≡ ULC/CPI 和 RULC*）。鉴于价格数据所包含的指数的规模是由基年随意定义的（2002=100），我们重新调节了实际单位劳动力成本变量，以使其与实际汇率有相同的期间平均值。这简化了视觉对比，但是当然在计量经济学检验上没有影响。τ ≡ CPI/PPI 和 τ* 是对不可贸易商品与可贸易商品的差异的调整。在所有情况下，贸易伙伴的变量如 ppi* 等的计算方法是，对所有 $j \neq i$ 的国家，计算出单个 ppi_j 以 w_j 为贸易权重的几何平均值：事实上，每个国家都与样本中其他所有国家的几何平均数相比较。为了计算每个国家名义利率和实际利率的差异（用 ppi 改变的百分比表示），同样的过程也应用于利率：名义利率差异 = 国内名义利率 - 国外名义利率，实际利率差异（RIDIF）= 国内实际利率 - 国外实际利率。

附录 11.1.4　计量经济学过程

为了检验实际汇率和相对单位劳动力成本的长期关系的存在，我们用 Microfit 5.0（Pesaran and Pesaran, 2009）开展了自回归分布滞后边界检验方法（Pesaran, Shin, and Smith 2001）。[①] 这个方法的主要优点是它不要求事先单位根检验。自回归分布滞后方法分两步。第一步，采用 F 检验来考察一个误差修正模型（ECM）中变量间长期关系的可能性。考虑下列包括两个变量 Y 和 X 的双变量系统。如果 y = lnY, x = lnX，那么这个误差修正模型是：

① 我要感谢贾未 · 穆杜德对这篇附录中计量经济学的极大帮助。

$$Dy_t = a_0 + b \cdot Dx_t + \sum_{i=1}^{n} c_i \cdot Dy_{t-i} + \sum_{i=1}^{n} d_i \cdot Dx_{t-i} + \beta_1 \cdot y_{t-1} + \beta_2 \cdot x_{t-1} + v_t$$

这个误差修正模型应该没有序列相关性。这个框架检验的原假设 $H_0: \beta_1 = \beta_2 = 0$，也就是变量间“不存在长期关系”，替代性假设 $H_A: \beta_1 \neq \beta$ 或者 $\beta_2 \neq 0$。[①] β_1 和 β_2 联合显著性检验的显著 *F* 统计量允许我们拒绝原假设，并得出存在长期关系的结论。佩萨兰等人已经计算出了 *F* 统计量的近似临界值。

有两组临界值，其中一组假设所有的变量都是 I(1)，而另一组假设所有的变量都是 I(0)。如果计算出的 F 统计量落在这个界限之外，我们就能得到关于长期关系是否存在的明确结论。如果 F 统计量比上限要大，那么在某个显著性水平下，我们可以拒绝“y 和 x 不存在长期关系”的原假设。此外，正如佩萨兰、申、史密斯（2001）和哈希姆·佩萨兰与巴赫拉姆·佩萨兰（2009）所论证的一样，一个显著的 F 统计量也表明存在“长期强制的”关系，识别出哪个变量解释了另一个变量的波动。因此，在下面的检验中，我们先用实际汇率再用相对单位劳动力成本作为因变量来进行 F 检验。

一旦检验结果表明长期关系存在，下一步就是从背后的自回归分布滞后关系中估计长期系数，并从与之联系的误差修正机制中估计误差修正系数。用赤池信息量准则（AIC）选择适合这个自回归分布滞后的滞后期长度。正如哈希姆·佩萨兰和巴赫拉姆·佩萨兰（2009, 463-465）所表明的，一个自回归分布滞后方程已经嵌入了一个将因变量与所有预先决定变量相关的误差修正模型。从这个误差修正模型中，人们可以读取出适合假设的协整关系的系数（即实际汇率和相对单位劳动力成本）。我们会回忆起，F 检验是在仅仅这两个变量间不存在长期关系的条件下进行的。

附录 11.1.4.1 变量

LRXR1JP、LRULCJP, LRXR1US、LRULCUS 和 RIDIFJP、RIDIFUS 分别表示日本和美国实际汇率的自然对数、相对单位劳动力成本的自然对数与实际利率差距的自然对数。INPT 是回归的截距项，一个变量旁边的“△”表示它的一阶差分。

附录 11.1.4.2 日本

我们估计了一个以日本实际汇率的自然对数的一阶差分（ΔLRXR1JP）为因变量的条件误差修正模型（见附录表 11.1）并使用 d79、d93、d99 和 d06070809 分别作为 1979 年、1993 年、1999 年和 2006—2009 年的哑变量。为了简便起见，我们在条件误差修正模型中使用的是后期长度为 1。条件误差修正模型没有序列相关性：拉格朗日乘数统计量 CHSQ(1)= 0.017532[.895]，F 统计量 F(1, 37)= 0.013807[.907]。

检验的第一步得到的 F 统计量为 8.164 4，在 99% 的水平上（对 k=1）超过了（7.057 – 7.815）的临界值边界[①]。在条件误差修正模型中，如果使用 DLRULCJP 为因变量，那么 F 统计量为 5.5，落在了边界为（4.934–5.764）的 95% 水平的不确定范围中。这提供了一个强有力的结论，即两个变量间不仅存在长期关系，而且相对单位劳动力成本是驱动实际汇率的长期强制变量（Pesaran and Pesaran 2009, 310）。为了节省空间，我们略去这一步的 Microfit 5.0 表格。附录表 11.1.1~ 附录表 11.1.4 展示了最终的误差修正模型和经过赤池信息准则选择的相联系的长期系数。

---

① F 统计量的所有临界值来自《时间序列计量经济学：使用 Microfit 5.0》的表 B.1, 544（Pesaran and Pesaran 2009）。请注意，尽管 佩萨兰、申和史密斯（2001）同时利用了 F 统计量和 t 统计量来考察长期性质，但是哈希姆 · 佩萨兰和巴赫拉姆 · 佩萨兰（2009）只使用了 F 统计量。在与贾末 · 穆杜德的私人通信中，巴赫拉姆 · 佩萨兰指出在 2009 年的手册中只使用了 F 统计量，因为它比 t 检验更加稳健。

附录表 11.1.1 日本：误差修正的等效自回归分布滞后（2, 2）模型

因变量是 Δ LRXR1JP 1962—2008 年的估计使用了 47 个观测值			
回归量	系数	标准误	T 值 [p 值]
ΔLRXR1JP1–1	0.333 45	0.149 31	2.233 3[.032]
ΔLRULCJP	0.822 39	0.311 90	2.636 7[.012]
ΔLRULCJP1–1	–0.517 65	0.290 77	–1.780 3[.083]
ΔRIDIFJP	–0.003 807 9	0.003 780 6	–1.007 2[.320]
Δd79	–0.206 63	0.078 179	–2.643 0[.012]
Δd93	0.213 98	0.067 272	3.180 7[.003]
Δd99	0.138 58	0.069 068	2.006 4[.052]
Δd06070809	–0.127 49	0.046 261	–2.755 9[.009]
u_{-1}	–0.453 78	0.116 74	–3.887 2[.000]
u = LRXR1JP–1.353 3 * LRULCJP+1.558 1 * INPT+.008 391 5 * RIDIFJP+0.455 34 * d79–0.471 54 * d93 – 0.305 38 * d99 + 0.280 96 * d06070809			
R 平方	0.578 72	调整 R 平方	0.461 70
回归标准误	0.065 667	F 统计量 F(9, 37)	5.495 0[.000]
因变量均值	0.001 499 2	因变量标准差	0.089 503
残差平方和	0.155 24	对数似然函数值	67.563 8
赤池信息准则	56.563 8	施瓦茨–贝叶斯准则	46.388 0
DW 统计量	2.201 3		

附录表 11.1.2 日本长期关系存在性的验证

F 统计量	95% 下界	95% 上界
8.164 4	5.492 3	6.320 2
W 统计量	95% 下界	95% 上界
16.328 7	10.984 5	12.640 4

附录表 11.1.3 日本：诊断结果

检验统计量	LM 检验	F 检验
序列相关性	$chi^2(1)$ = 1.516 0[.218]	F(1, 35) = 1.166 6[.287]*
函数形式	$chi^2(1)$ = 0.798 12[.372]	F(1, 35) = 0.604 61[.442]*
正态性	$chi^2(2)$ = 0.618 57[.734]	N/A
异方差性	$chi^2(1)$ = 1.245 5[.264]	F(1, 45) = 1.224 9[.274]*

注：这些检验基于的原假设是无残差序列相关性、无函数形式误设、正态误差和同方差性。当[.]中给出的p值超过0.05时，我们不能拒绝原假设(Pesaran, Shin, and Smith 2001)。有关这些检验的细节见哈希姆·佩萨兰和巴赫拉姆·佩萨兰(2009)。

附录表 11.1.4 美国：误差修正的等效自回归分布滞后（2, 0）模型

因变量是 DLRXR1US 1962—2009 年的估计使用了 48 个观测值			
回归量	系数	标准误	T 值 [p 值]
ΔLRXR1US1	0.236 66	0.115 98	2.040 5[.048]
ΔLRULCUS	0.309 44	0.094 108	3.288 1[.002]
ΔRIDIFUS	0.015 073	0.003 586 6	4.202 7[.000]
dΔ86	–0.169 12	0.052 330	–3.231 8[.002]
ecm(–1)	–0.336 41	0.085 373	–3.940 5[.000]
ecm = LRXR1US – 0.919 82 * LRULCUS – 0.364 45 * INPT – 0.044 807 * RIDIFUS +0.502 72 * d86			
R 平方	0.632 37	调整 R 平方	0.588 60
回归标准误	0.049 334	F 统计量 F(5, 42)	14.448 8[.000]
因变量均值	–0.019 270	因变量标准差	0.076 915
残差平方和	0.102 22	对数似然函数值	79.534 6
赤池信息准则	73.534 6	施瓦茨–贝叶斯准则	67.921 0
DW 统计量	1.933 6		

附录表 11.1.5 美国长期关系存在性的验证

F 统计量	95% 下界	95% 上界
7.124 0	5.276 2	6.134 2
W 统计量	95% 下界	95% 上界
14.248 1	10.552 4	12.268 5

附录表 11.1.6 美国：诊断结果

检验统计量	LM 检验	F 检验
序列相关性	$chi^2(1)$ = 0.073 634[.786]	F(1, 41) = 0.062 993[.803]
函数形式	$chi^2(1)$ = 2.389 1[.122]	F(1, 41) = 2.147 6[.150]
正态性	$chi^2(2)$ = 0.579 08[.749]	N/A
异方差性	$chi^2(1)$ = 1.891 9[.169]	F(1, 46) = 1.887 5[.176]

注：这些检验基于的原假设是无残差序列相关性、无函数形式误设、正态误差和同方差性。当[.]中给出的p值超过0.05时，我们不能拒绝原假设(Pesaran, Shin, and Smith 2001)。有关这些检验的细节见哈希姆·佩萨兰和巴赫拉姆·佩萨兰(2009)。

附录 11.1.4.3 美国

在条件误差修正模型中，以美国实际汇率的自然对数的一阶差分（△ LRXR1US）为因变量，并使用 d86 作为 1986 年的哑变量，第一步得到的 *F* 统计量为 6.724 5。95% 水平的临界值是（4.934 – 5.764），因此结果清楚地表明存在长期关系。事实上，在条件误差修正模型中，如果使用△ LRULCUS 为因变量，那么 *F* 统计量为 0.219 03，低于 90% 水平的边界（4.042 – 4.788）。因此，LRULCUS 明确是调控 LRXR1US 长期运动的强制变量。条件误差修正模型没有序列相关性：拉格朗日乘数统计量 CHSQ(1) = 0.133 49[.715]，*F* 统计量 F(1, 41) = 0.114 34[.737]。

附录 12.1 第 12 章的资料来源和计算方法

图 12.1~ 图 12.4 是示意图。建构图 12.5~ 图 12.8 美国通货膨胀和失业所用的数据见附录 15.1（第 15 章的资料来源和计算方法）第一部分。

图 12.5 1955—1970 年美国的菲利普斯曲线

图 12.6 1955—1970 年及 1971—1986 年美国的通货膨胀和失业率

图 12.7 1971—1981 年美国的菲利普斯曲线

图 12.8 1955—2010 年美国的菲利普斯曲线

美国通货膨胀和失业所用的数据见附录 15.1 第一部分。

附录 13.1 乘数过程的稳定性

附录 13.1.1 储蓄率固定时凯恩斯主义乘数调整过程的稳定性

调整过程由方程 $\Delta Y_t = \zeta \cdot ED_{t-1} = \zeta \cdot (I - s \cdot Y_{t-1})$ 给出，其中 $0 < \zeta \leqslant 1$，$0 < s < 1$，且投资水平给定。这个过程始于投资水平跳跃到 I' 的时候，方程（13.2）给出了这个过程的表达式：

$$Y_t = Y_{t-1} + \zeta \cdot (I' - s \cdot Y_{t-1}) = (1 - \zeta \cdot s) \cdot Y_{t-1} + \zeta \cdot I'$$

这是一个非齐次一阶差分方程，具有 $c_1 \cdot Y_t + c_0 \cdot Y_{t-1} = a$ 的形式，其中 $c_1 = 1$，$c_0 = -(1 - \zeta \cdot s)$，$a = \zeta \cdot I'$ 且 $c_1 + c_0 = \zeta \cdot s \neq 0$。此式的通解为：

$$Y_t = \left(Y_0 - \frac{I'}{s}\right) \cdot (1 - \zeta \cdot s)^t + \frac{I'}{s} \quad (13.1.1)$$

其中 Y_0 为产出的初始值，是由投资进行跃升时的瞬时状态确定的。

由于 $0 < (1 - \zeta \cdot s) < 1$，方程右边的第一项单调地趋于 0，这便意味着产出会收敛于凯恩斯主义的均衡值 $Y^* = \frac{I'}{s}$。图 13.2 对产出路径的模拟基于如下参数：当 $t = 0$ 时，$I = 20$，$s = 0.2$，$Y = I / s = 100$，$\zeta = 0.8$；当 $t = 10$ 时，$I = I' = 30$。在整个过程中，噪声是加在投资之中的，对于任意时间 t，$I_t = I \cdot (1 + b \cdot \varepsilon_t)$，其中 ε_t = 白噪声，$b = 0.2$ 为衰减参数。

附录 13.1.2 储蓄率内生情况下的一般化乘数过程之稳定性及其分析

传统乘数过程的故事从 $I=S$ 这个短期均衡开始，并称任何投资水平的增加都完全由银行信用提供资金。正如附录 13.1.1 所示，我们可以在储蓄率给定的假定下追踪乘数效应的过程。马克思在《资本论》第二卷关于再生产的分析中则考虑的是相反的情形，即投资增加时，储蓄率完全为适应资金需求的增长而提高。在这种情况下，乘数恰好为 0：在初始产出水平上，$\Delta s\cdot Y=\Delta I$，从而 $\Delta Y=0$。

附录 13.1.2.1 基本模型

接下来的简单模型包含两个结果。在每一轮中，产出对上一轮的额外需求 $ED_{t-1}=I_{t-1}-S_{t-1}=I_{t-1}-s_{t-1}\cdot Y_{t-1}$ 做出响应，而储蓄率对相对资金缺口（相对于收入，因为储蓄率也是相对收入而言的）做出响应：$FG_t/Y_{t-1}=\left(I_t-S_{t-1}\right)/Y_{t-1}=\left(I_t-s_{t-1}\cdot Y_{t-1}\right)/Y_{t-1}$。从而，b=0（储蓄率为常数）意味着完全乘数，而 b=1（储蓄率具有完全适应性）则意味着 0 乘数。当 $0<b<1$ 时，最终产出是与初始状态和响应参数相关的。设 Y= 净产出，I= 净投资，s= 储蓄率，从而总储蓄为 $S=s\cdot Y$。

$$ED_t\equiv I_t-S_t=I_t-s_t\cdot Y_t \tag{13.1.2}$$

$$Y_t=Y_{t-1}+a\cdot\left(I_{t-1}-s_{t-1}\cdot Y_{t-1}\right) \tag{13.1.3}$$

$$s_t=s_{t-1}+b\cdot\left(I_t-s_{t-1}\cdot Y_{t-1}\right)/Y_{t-1} \tag{13.1.4}$$

附录图 13.1.A 展示了投资增长的 4 种可能的效果。标准的凯恩斯主义教科书中假设产出对额外需求做出的响应是完全的（a=1），且储蓄率是固定的（b=0），在这种情况下我们得到的是完全乘数。与此完全相反的另一极是古典情形，其中储蓄率完全适应填补资金缺口的需要，此时乘数为零。处于中间的一种情形是产出完全响应额外需求

（a=1），而储蓄率部分响应相对资金缺口（0<b<1, b=0.5）。一般情形则是产出和储蓄率都只做出部分响应（0<a<1, a=0.3; 0<b<1, b=0.5）。应该很明显，对产出和储蓄率的响应问题的考虑是出于对现实的考量。

附录 13.1.2.2 结构分析

（1）在 t_0 时刻，初始值为 $s_0 \cdot Y_0 = I_0$。在 t_1 时刻，投资增至 $I' = I_0 + I_A$，此后便一直保持在这个值。由方程（13.1.3），在 t_1 时刻有：

$$I_1 = I' = I_0 + I_A \tag{13.1.5}$$

$$Y_1 = Y_0 + a \cdot \left(I_0 - s_0 \cdot Y_0\right) = Y_0 \tag{13.1.6}$$

由方程（13.1.4）和初始状态 $s_0 \cdot Y_0 = I_0$，可得

$$s_1 = s_0 + b \cdot \left(I_1 - s_0 \cdot Y_0\right) / Y_0 = s_0 + b \cdot I_A / Y_0 \tag{13.1.7}$$

（2）对于任意 $t \geqslant 2$，投资水平 $I_t = I_{t-1} = I' = I_0 + I_A$，此时方程（13.1.3）和方程（13.1.4）就变为：

$$Y_t = Y_{t-1} + a \cdot \left(I' - s_{t-1} \cdot Y_{t-1}\right) \tag{13.1.8}$$

$$s_t = s_{t-1} + b \cdot \left(I' - s_{t-1} \cdot Y_{t-1}\right) / Y_{t-1} \tag{13.1.9}$$

由方程（13.1.8）和方程（13.1.9）直接给出的短期均衡条件都是 $I' - s^* \cdot Y^* = 0$，所以我们不能以通常的方式来确定两者分别的均衡值（Y^*，s^*）。基于相同的原因，稳定性也不能通过相图确定，甚至不能用通过在均衡值周围进行线性化的方式确定（见下文的稳定性分析）。

$$s^* \cdot Y^* = I' = I_0 + I_A \tag{13.1.10}$$

（3）推导出特定均衡值（Y^*, s^*）的第一步是以原始变量的变化值作为新变量改写方程（13.1.8）和方程（13.1.9），并采用近似值 $\Delta Y_t / Y_{t-1} \approx \Delta \ln Y_t$。由此我们得到如下方程：

$$\Delta \ln Y_t \approx a \cdot \left(I' - s_{t-1} \cdot Y_{t-1}\right) / Y_{t-1} \tag{13.1.11}$$

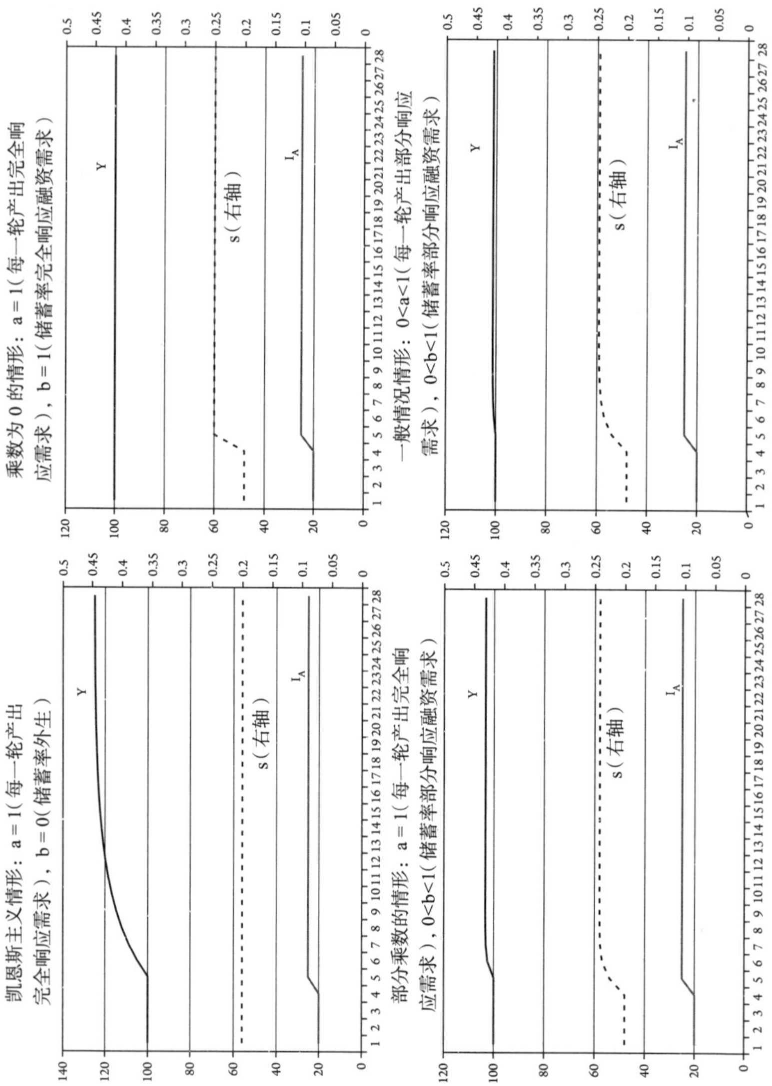

附录图 13.1.A　一般化乘数的 4 种不同的结果

$$\Delta s_t = b \cdot \left(I' - s_{t-1} \cdot Y_{t-1}\right) / Y_{t-1} \tag{13.1.12}$$

$$\Delta \ln Y_t \approx \left(\frac{a}{b}\right) \cdot \Delta s_t\text{，对 } 0<b<1 \tag{13.1.13}$$

$$\ln Y_t \approx \left(\frac{a}{b}\right) \cdot s_t + \mathbb{C} \tag{13.1.14}$$

其中，常数 $\mathbb{C}$ 可以在 t_1 时刻通过方程（13.1.5）~ 方程（13.1.7）找到，并以此改写方程（13.1.14）。根据 $\ln Y_t - \ln Y_0 = \ln\left(\frac{Y_t}{Y_0}\right)$，$Y_1 = Y_0$［方程（13.1.6）］，$s_0 \cdot Y_0 = I_0$（初始均衡），$s_1 = s_0 + b \cdot I_A / Y_0$［方程（13.1.7）］，我们可以求出 $\mathbb{C}$，并代入方程（13.1.14）以得到方程（13.1.16）：

$$\mathbb{C} = \ln Y_1 - \left(\frac{a}{b}\right) \cdot s_1 = \ln Y_0 - \left(\frac{a}{b}\right) \cdot s_0 \cdot \left(1 + b \cdot I_A / I_0\right) \tag{13.1.15}$$

$$\ln\left(\frac{Y_t}{Y_0}\right) \approx \left(\frac{a}{b}\right) \cdot \left(s_t - s_1\right) = \left(\frac{a}{b}\right) \cdot s_t - \left(\frac{a}{b}\right) \cdot s_0 \cdot \left(1 + b \cdot I_A / I_0\right) \tag{13.1.16}$$

方程（13.1.16）显示，Y_t 和 s_t 的联合路径只取决于 t_0 时刻的初始状态及 t_1 时刻投资的该变量（I_A）。但我们也同样由方程（13.1.10）得知稳定状态的值（如果存在的话）也满足均衡条件 $s^* \cdot Y^* = I' = I_0 + I_A$。将 $s^* = I' / Y^*$ 代入方程（13.1.16）可得关于均衡产出的方程（13.1.17）。又由 $Y^* - I' / s^* = \left(I_0 + I_A\right) / s^*$ 以及 $Y_0 = I_0 / s_0$，我们可以改写方程（13.1.17）以得到关于均衡储蓄率的方程（13.1.18）：

$$\ln\left(Y^* / Y_0\right) \approx \frac{\alpha_1}{Y^* / Y_0} - \alpha_2\text{，其中 } \alpha_1 = \left(\frac{a}{b}\right) \cdot \left(\frac{I_0 + I_A}{Y_0}\right)\text{，且}$$

$$\alpha_2 = \left(\frac{a}{b}\right) \cdot s_0 \cdot \left(1 + b \cdot I_A / I_0\right) \tag{13.1.17}$$

$$\ln\left(s^* / s_0\right) \approx -\beta_1 \cdot \left(s^* / s_0\right) + \beta_2\text{，其中 } \beta_1 = \left(\frac{a}{b}\right) \cdot s_0\text{，}$$

$$\text{且 } \beta_2 = \ln\left(1 + I_A / I_0\right) + \alpha_2 \tag{13.1.18}$$

方程（13.1.17）中的（Y^* / Y_0）一项代表由投资变化引发的产出乘数效应，而方程（13.1.18）中的（s^* / s_0）一项则代表对应的储蓄率的效应。在两个方程中，均衡解都可以通过方程左右两边关于相应变量的曲线的交点［即隐函数 $\ln\left(s^*/s_0\right)+\beta_1\cdot\left(s^*/s_0\right)-\beta_2=0$ 的解］得到，而参数的变化产生的效果可以通过它们对线性函数的效果推导出来。模拟显示，由近似值 $\Delta Y_t/Y_{t-1}\approx\Delta\ln Y_t$ 得到的解是相当精确的。

方程（13.1.18）处理起来相对简单一些，因为它的右边是关于均衡相对储蓄率（s^*/s_0）的线性函数。因为 $\ln\left(s^*/s_0\right)=-\infty$，对于 $\left(s^*/s_0\right)>0$，曲线 $\ln\left(s^*/s_0\right)$ 从高负值开始，当 $\left(s^*/s_0\right)=1$ 时变为零，而后以单调递减的速度上升。此外，函数 $-\beta_1\cdot\left(s^*/s_0\right)+\beta_2$ 是一条斜率为 $-\beta_1$、截距为 β_2 的直线。当投资增加 $\left(I_A>0\right)$ 时，此函数在 $\left(s^*/s_0\right)=1$ 时为正值 $\beta_2-\beta_1=\ln\left(1+\frac{I_A}{I_0}\right)+a\cdot\frac{I_A}{I_0}$，这使得它在曲线 $\ln\left(s^*/s_0\right)$ 之上——后者在同一点处为零。方程（13.1.19）列出了这个线性函数的 3 个要素：

$$
\begin{aligned}
&\text{斜率}=-\left(\frac{a}{b}\right)\cdot s_0\\
&s^*/s_0=1\text{ 时，函数的值为 }\ln\left(1+\frac{I_A}{I_0}\right)+a\cdot\frac{I_A}{I_0}>0\\
&\text{截距}=\left(\frac{a}{b}\right)\cdot s_0+\ln\left(1+\frac{I_A}{I_0}\right)+a\cdot\left(\frac{I_A}{I_0}\right)>0
\end{aligned}
\qquad (13.1.19)
$$

附录图 13.1.B 展示了通过这种方式得到的 $\left(s^*/s_0\right)$ 的解。由于初始值满足 $s_0\cdot Y_0=I_0$，均衡值满足 $s^*\cdot Y^*=I'=I_0+I_A$，我们可以推导出相应的均衡乘数：

$$
\left(Y^*/Y_0\right)=\left(1+\frac{I_A}{I_0}\right)/\left(s^*/s_0\right)\quad\text{（一般化乘数）}\qquad (13.1.20)
$$

有趣的是，在关于乘数的标准叙述中，储蓄率是固定在 s_0 的，而由投资变化导致的产出变化由 $\Delta Y=Y^*-Y_0=\frac{\Delta I}{s_0}=\frac{I_A}{s_0}=\frac{I_A}{I_0/Y_0}$ 给出，从而 $\left(Y^*/Y_0\right)=\left(1+\frac{I_A}{I_0}\right)$。这恰好和由方程（13.1.20）给出的当 b=0 时储蓄率保持在初始水平的一般化乘数相同。而正如之前注意到的，在相反的一极 b=1，储蓄率做出完全调整，从而根本不会有乘数效应。方程

（13.1.20）展示的一般情形说明，储蓄率的响应程度越高，乘数效应越弱。

附录图 13.1.B 也允许我们追踪参数和初始值的变化对（s^*/s_0）从而对一般化乘数造成的影响。所有这些影响都通过斜率、截距和 / 或线性函数在（s^*/s_0）=1 处的值的变化表现出来。更高的初始储蓄率（s_0）会提高函数的斜率和截距，但不会改变它在（s^*/s_0）=1 处的值。从而，直线会围绕这一点顺时针转动，从而导致更小的相对均衡储蓄率（即从图中的 A 点移到 B 点）。最终的结果是，相对均衡产出（即乘数）比之前更高，但不会达到标准的凯恩斯主义的值。这便是一般化的节俭悖论：更高的储蓄率会带来更高的均衡产出，尽管一部分乘数效应被储蓄率本身的增长缓冲掉了。[◎]如果产出对额外需求更加敏感（参数 a 增加），那么截距和斜率都会增加，而函数在（s^*/s_0）=1 处的值也会增加，只是增加的幅度小于截距，因此最终的结果和初始储蓄率提高是一样的。最后，如果储蓄率对资金缺口更加敏感（参数 b 增加）[①]，那么效果将和初始储蓄率降低是一样的。

最后，对（s^*/s_0）均衡值的估计可以通过利用 $\ln(1+\epsilon)\approx\epsilon$（当 ϵ 较小时）进行。如果投资的正增量 (I_A) 相对较小，则 $\ln(1+I_A/I_0)\approx I_A/I_0$；而如果相应的均衡储蓄率与初始储蓄率接近，则 $\ln(s^*/s_0)\approx(s^*/s_0)-1$。通过一些变换，方程（13.1.18）可推出：

$$\left(s^*/s_0\right)\approx 1+\left(I_A/I_0\right)\cdot\left(\frac{1+a\cdot s_0}{1+\left(a\cdot s_0/b\right)}\right) \tag{13.1.21}$$

① 从而截距下降而在 $(s^*/s_0)=1$ 处的值不变。——译者注

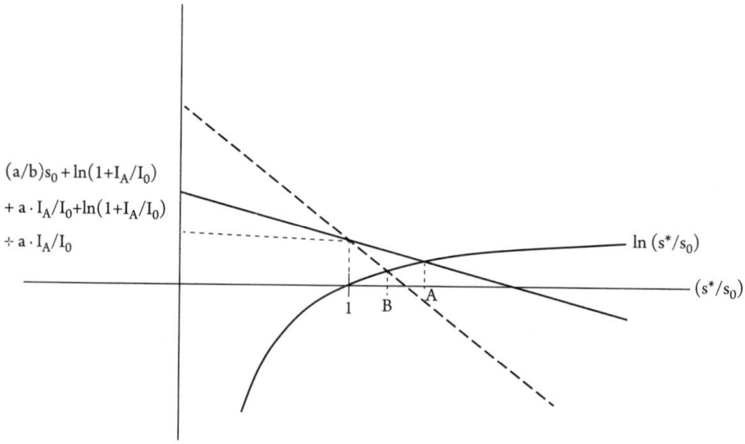

附录图 13.1.B 一般化乘数下的内生储蓄率

现在，我们就可以直接看出参数和初始值的变化所产生的效果了：当其他条件不变时，投资增量（I_A）的增加、产出对额外需求敏感程度（a）的提高和/或初始储蓄率的值（s_0）的提高会使（s^*/s_0）的值提高，而储蓄率对资金缺口敏感程度的提高则会产生相反的效果。根据方程（13.1.20），我们可以看到，任何提高（s^*/s_0）的因素都会降低乘数$(Y^*/Y_0)=\left(1+\frac{I_A}{I_0}\right)/\left(\frac{s^*}{s_0}\right)$——只有一个因素除外：投资的相对增量（$I_A/I_0$）的增加使上式分子增加的比例高于分母。

13.1.2.3 一般化乘数的稳定性

分析方程（13.1.8）与方程（13.1.9）构成的系统的稳定性的第一步是以各变量对均衡值的偏离作为新变量来重新表达这两个方程。令$Y_t' \equiv Y_t - Y^*$，$s_t' \equiv s_t - s^*$，从而这两个新定义的变量的均衡值为零。利用方程（13.1.10）中的均衡条件$s^* \cdot Y^* = I'$，可得：

$Y_t' = Y_{t-1}' + f\left(s_{t-1}', Y_{t-1}'\right)$，其中

$$f\left(s'_{t-1}, Y'_{t-1}\right) \equiv -a\cdot\left(s'_{t-1}\cdot Y'_{t-1} + s'_{t-1}\cdot Y^{*} + s^{*}\cdot Y'_{t-1}\right) \quad (13.1.22)$$

$$s'_t = s'_{t-1} + g\left(s'_{t-1}, Y'_{t-1}\right)，其中\ g\left(s'_{t-1}, Y'_{t-1}\right) \equiv b\cdot\left(\frac{s^{*}\cdot Y^{*}}{Y'_{t-1}+Y^{*}} - \left(s'_{t-1}+s^{*}\right)\right) \quad (13.1.23)$$

这可以写成方括号中分别具有自主性的齐次线性成分与非线性成分之和，并可以写成矩阵的形式。

$$Y'_t = \left[Y'_{t-1}\cdot\left(1-a\cdot s^{*}\right) - a\cdot Y^{*}\cdot s'_{t-1}\right] - a\cdot s'_{t-1}\cdot Y'_{t-1} \quad (13.1.24)$$

$$s'_t = s'_{t-1}\cdot(1-b) + b\cdot\left(\frac{s^{*}\cdot Y^{*}}{Y'_{t-1}+Y^{*}} - s^{*}\right)$$

$$= \left[s'_{t-1}\cdot(1-b)\right] - b\cdot\left(\frac{s^{*}\cdot Y'_{t-1}}{Y'_{t-1}+Y^{*}}\right) \quad (13.1.25)$$

$$\begin{pmatrix} Y'_t \\ s'_t \end{pmatrix} = \begin{bmatrix} \left(1-a\cdot s^{*}\right) & -a\cdot Y^{*} \\ 0 & (1-b) \end{bmatrix}\cdot\begin{pmatrix} Y'_{t-1} \\ s'_{t-1} \end{pmatrix} + \begin{pmatrix} -a\cdot s'_{t-1}\cdot Y'_{t-1} \\ -b\left(\frac{s^{*}\cdot Y'_{t-1}}{Y'_{t-1}+Y^{*}}\right) \end{pmatrix} \quad (13.1.26)$$

这个系统有 $\mathbf{x}_t = \mathbf{A}\cdot\mathbf{x}_{t-1} + \boldsymbol{f}\left(\mathbf{x}_{t-1}\right)$ 的形式，其中 $\mathbf{x}_t$ 是方程（13.1.26）左边的向量，**A** 是方程右边的矩阵，而 $\boldsymbol{f}\left(\mathbf{x}_{t-1}\right)$ 为方程右边的最后一个向量，即非线性项。由于最后一项在均衡值附近趋向于零（ $s'_{t-1} = s_{t-1} - s^{*} = 0,\ Y'_{t-1} = Y_{t-1} - Y^{*} = 0$ ），我们可以通过 A 的性质分析整个系统在均衡附近的稳定性（Gandolfo 1997, 363）。特别相关的是 A 的迹（Tr）和行列式（Det）以及由方程（13.1.28）列出的三个条件，这三个条件为系统具有渐进稳定性的充要条件，因为它们意味着 A 的特征方程的根绝对值小于 1（Gandolfo 1997, 53–58）。

$$Tr = 2 - x,\ Det = 1 - x + a\cdot b\cdot s^{*}，其中\ x \equiv a\cdot s^{*} + b \quad (13.1.27)$$

$$1 - Tr + Det > 0,\ 1 - Det > 0,\ 1 + Tr + Det > 0 \quad (13.1.28)$$

记住，$0 < a,\ b,\ s^{*} < 1$，对于第一个条件，我们有 $1-2+x+1-x+a\cdot b\cdot s^{*} = a\cdot b\cdot s^{*} > 0$。对于第二个条件，我们有 $1-1+x-a\cdot b\cdot s^{*} = a\cdot s^{*} +$

$b-a\cdot b\cdot s^{*}=a\cdot s^{*}\cdot\left(1-b\right)+b>0$。对于第三个条件，$1+2-x+1-x+a\cdot b\cdot s^{*}=4-2\cdot\left(a\cdot s^{*}+b\right)+a\cdot b\cdot s^{*}>0$，由于$\left(a\cdot s^{*}+b\right)<2$。因此，整个系统在均衡状态附近是局部稳定的，其特征值为$\lambda(\mathbf{A})=(1-a\cdot s^{*})$，$(1-b)<1$，且它的稳定流形为对应的特征向量$\begin{pmatrix}1\\0\end{pmatrix}$、$\begin{pmatrix}\frac{Y\cdot a}{b-a\cdot s^{*}}\\1\end{pmatrix}$分别展开的直线。

附录 14.1　古典模型和古德温模型的动态

附录 14.1.1　一般古典系统

令工资份额 $\sigma_w \equiv wr/yr$，其中 wr 为真实工资，yr 为生产力。令 u_L 为实际失业率，u_{L_0} 为正常失业率，g_{yr} 为生产力增长，g_{LF} 为劳动力增长率，$g_N \equiv g_{yr}+g_{LF}$ 为哈罗德的“自然”增长率，g_{YR} 为实际产出增长率。如方程（13.37）所示，古典产出增长可表示为 $g_{YR}=f_K\left(r_n-i_n\right)+\varepsilon$，这里第一项代表正常净利润率（即积累的驱动因素）的影响，第二项代表了预期和实际、需求和供给、产出和产能间的不同所产生的影响。正常利率 i_n 本身是正常利润率 r_n 的函数，但是为了考虑利率干预的可能性，还是将二者分开表示为好。利润率是工资份额 σ_w（利润份额的对偶）的函数，因为 $r=P/K=\left(P/Y\right)\cdot\left(Y/K\right)=\left(1-\sigma_W\right)\cdot R$，所以在正常产能（$Y=Y_n$）下，正常利润率为 $r_n=\left(1-\sigma_W\right)\cdot R_n$，净利润为 r_n-i_n。这种方程的构建让我们能够区分两种力量，一种是作用于正常利润率的力量，另一种是影响利率并且影响预期和实际、需求和供给、产出和产能间的自反关系的力量。

一般古典系统的结构在方程（14.7）、方程（14.9）、方程（14.10）和方程（14.12）中有所展示，其中自然增长率 $g_N \equiv g_{LF}+g_{yr}$ 代替了劳动力增长率 g_{LF}。为了使这些相关方程区别于当前附录的其他方程，我们用（14.7）′ 等来表示。

$$\dot{\sigma}_{W_t}=f(u_{L_t}-u_L^*)\sigma_{W_t},\ f'<0 \quad (14.7)'$$

$$\dot{u}_L=(g_N-g_{YR})(1-u_L) \quad (14.9)'$$

$$g_{YR}=f_{YR}[(1-\sigma_W)\cdot R_n-i_n]+\varepsilon \quad (14.10)'$$

$$\dot{g}_{yr}=f_{yr}(\underset{+}{\dot{\sigma}_W},\underset{-}{\dot{u}_L}) \quad (14.11)'$$

$$\dot{g}_N=f_N\left(\underset{+}{\dot{\sigma}_W},\underset{-}{\dot{u}_L}\right) \quad (14.12)'$$

附录14.1.2 简单古典模型

上述关系的最简单情况是假设f、f_{YR}、f_{yr}、f_N都是线性函数。由于方程（14.7）′和方程（14.10）′之间的相互作用，整体模型是非线性的。而且尽管这个模型十分简化，它仍包含了古德温的古典捕食-被捕食模型（Goodwin 1967）。为了便于与后者进行对比，我将失业率u_L、u_L^*转变为就业率$\upsilon=(1-u_L)$，$\upsilon^*=(1-u_L^*)>0$。假设产能-产出比变化十分缓慢以至我们可以暂时将其视为给定的，那么对于一些正的常数a、b、c_1、c_2、d_1、d_2，我们可以得到如下的附录方程：

$$\dot{\sigma}_W=a\cdot(\upsilon-\upsilon^*)\cdot\sigma_W \quad (14.1.1)$$

$$\dot{\upsilon}=(g_{YR}-g_N)\cdot\upsilon \quad (14.1.2)$$

$$g_{YR}=b\cdot[(1-\sigma_W)\cdot R_n-i_n]+\varepsilon \quad (14.1.3)$$

$$\dot{g}_{yr}=c_1\cdot\dot{\sigma}_W+c_2\cdot\dot{\upsilon} \quad (14.1.4)$$

$$\dot{g}_N=d_1\cdot\dot{\sigma}_W+d_2\cdot\dot{\upsilon} \quad (14.1.5)$$

生产力和自然增长的附录方程（14.1.1）和方程（14.1.5）可以整合起来得到下述方程：[①]

$$g_{yr}=g_{yr_0}-c_1\cdot\sigma_{W_0}-c_2\cdot\upsilon_0+c_1\cdot\sigma_W+c_2\cdot\upsilon \quad (14.1.6)$$

① 将方程（14.1.4）中的$\dot{g}_{yr}=c_1\cdot\dot{\sigma}_W+c_2\cdot\dot{\upsilon}$整合得到$g_{yr}=c_0+c_1\cdot\sigma_W+c_2\cdot\upsilon$，因此在t=0时，整合的常数项$c_0=g_{yr}-c_1\cdot\sigma_{W_0}-c_2\cdot\upsilon_0$。同样的方法也适用于方程（14.1.5）的整合。

$$g_N = g_{N_0} - d_1 \cdot \sigma_{W_0} - d_2 \cdot \upsilon_0 + d_1 \cdot \sigma_W + d_2 \cdot \upsilon \qquad (14.1.7)$$

附录 14.1.3　古德温模型作为简单古典模型的特殊情形

古德温模型作为简单古典模型的特殊情形紧随其后。古德温 $g_{KR}=r_n$ 的假设在方程（14.1.3）中得以实现。具体方法是令 $\varepsilon=0$，从而使需求与供给相等，产出与产能相等；令 $R_n \equiv YR_n/KR$ 为常数，从而使产能增长率等于积累率；令 i=1，b=0，从而使积累率等于正常利润率。此外，我们必须规定 $c_1=c_2=d_1=d_2=0$，这样当单位劳动力成本出现任何程度变动或劳动力市场有任何程度收紧时，生产力增长和劳动力增长都不会对此做出反应（因此 $g_{KN}=g_{N_0}$ 为常数）。有了这些假设，就业率方程（14.1.2）就变成了 $\dot{\upsilon}=(\alpha_1-\beta_1\cdot\sigma_W)\cdot\upsilon$，其中 $\beta_1 \equiv R_n$，且由古德温的假设，$\alpha_1 \equiv R_n - g_{N_0} > 0$。类似地，方程（14.1.1）中的工资份额关系可以被表达为 $\dot{\sigma}_W=-(\alpha_2-\beta_2\cdot\upsilon)\cdot\sigma_W$，其中 $\alpha_2 \equiv a\cdot\upsilon_0$，$\beta_2=a$。这些正是古德温模型中的洛特卡–沃尔泰拉方程（Gandolfo 1997, 458—461）。

附录 14.1.4　简单古典模型的动态和稳定性

为了分析一般模型，我们从定义 $\upsilon' \equiv \upsilon - \upsilon^*$ 和 $R_n' \equiv R_n - i_n$ 开始。将方程（14.17）和方程（14.1.3）代入方程（14.1.2）得到：

$$\upsilon' = \left\{b\cdot\left[(1-\sigma_W)\cdot R_n - i_n\right] + \varepsilon - g_{N_0} + d_1\cdot\sigma_{W_0} + d_2\cdot\upsilon_0 - d_1\cdot\sigma_W - d_2\cdot\upsilon\right\}\cdot(\upsilon' + v^*)$$
$$= \left[A - (b\cdot R_n + d_1)\cdot\sigma_W - d_2\cdot\upsilon'\right]\cdot(\upsilon' + \upsilon^*)$$

其中 $A \equiv (b\cdot R_n' + \varepsilon) - g_{N_0} + d_1\cdot\sigma_{W_0} + d_2\cdot(\upsilon^* - \upsilon_0)$。

现在我们定义 $\sigma_W' \equiv \sigma_W - \sigma_W^*$，其中 σ_W^* 满足 $A - (b\cdot R_n' + d_1)\cdot\sigma_W^* = 0$，那么分别从方程（14.1.1）和上述 υ' 的表达式，我们能得到下列非线性

系统：

$$\dot{\sigma}'_W = a \cdot \upsilon' \cdot \left(\sigma'_W + \sigma^*_W\right) \quad (14.1.8)$$

$$\dot{\upsilon}' = \left[-\left(b \cdot R'_n + d_1\right) \cdot \sigma'_W - d_2 \cdot \upsilon'\right] \cdot \left(\upsilon' + \upsilon^*\right) \quad (14.1.9)$$

这个系统在 $\upsilon' = \sigma'_W = 0$ 处有一个独特的均衡点，因此 $\upsilon = \upsilon^*$，$\sigma_W = \sigma^*_W \equiv A/\left(b \cdot R_n + d_1\right)$，其中 $A \equiv \left(b \cdot R'_n + \varepsilon\right) - g_{N_0} + d_1 \cdot \sigma_{W_0} + d_2 \cdot \left(\upsilon^* - \upsilon_0\right)$ 取决于工资份额、就业率和自然增长率的初始数值。从方程（14.1.3）我们可以解得 g_{YR}，而且因为 $\upsilon = \upsilon^*$ 意味着 $\upsilon = 0$，我们能得到：

$$g^*_N = g^*_{YR} = b \cdot \left[\left(1 - \sigma^*_W\right) \cdot R_n - i_n\right] + \varepsilon = b \cdot (r_n - i_n) + \varepsilon \quad (14.1.10)$$

其中任何的可持续利率必须满足 $i_n < r_n \equiv \left(1 - \sigma^*_W\right) \cdot R_n$ 的条件（见 10.2 节）。

该系统的雅各布矩阵为：

$$J = \begin{bmatrix} a \cdot \upsilon' & a \cdot \left(\sigma'_W + \sigma^*_W\right) \\ -\left(b \cdot R'_n + d_1\right) \cdot \left(\upsilon' + \upsilon^*\right) - d_2 \cdot \upsilon' \cdot \left(\upsilon' + \upsilon^*\right) & -\left(b \cdot R'_n + d_1\right) \cdot \sigma'_W \end{bmatrix}$$

在均衡点我们有 $J_0 = \begin{bmatrix} 0 & a \cdot \sigma^*_W \\ -\left(b \cdot R'_n + d_1\right) \cdot \upsilon^* & -d_2 \cdot \upsilon^* \end{bmatrix}$，从而可知矩阵的迹 $TR = -d_2 \cdot \upsilon^* < 0$，行列式 $Det = a \cdot \sigma^*_W \cdot \left(b \cdot R'_n + d_1\right) \cdot \upsilon^* > 0$。如果均衡工资份额 σ^*_W 和就业率 υ^* 均为正值，且 $b \cdot R'_n \equiv b \cdot \left(R_n - i_n\right) > 0$，则均衡点是局部稳定的（Hirsch and Smale 1974, 96）。因为当工资份额为正时，$R_n > r_n$，而对任何的可持续利率而言，又有 $r_n > i_n$，所以后一个条件是隐含其中的。

附录 14.2　数据来源、计算方法和回归

这里给出了数据来源与计算方法，具体的实际数据可见 http://www.anwarshaikhecon.org/。

工资份额、价格、工资和生产力的数据来自美国经济分析局核算的 GDP 与国民收入和生产账户的历史表格，见 http://www.bea.gov/national/index.htm#gdp：工资份额 =EC/GDP，其中 EC 为雇员所得，数据见表 1.10 第二行；GDP 数据见表 1.10 第一行。

P= 价格水平 =GDP 平减指数，数据见表 1.1.9 第一行；w= 名义工资 =EC*100/FEE，其中 FEE 为全职等效就业水平，数据见于表 6.5A–D; wr=w/p= 实际工资；yr= 生产力 =(GDP*100/P)/(FEE/1 000)。

失业率 u_L 的数据来自美国劳工统计局 (http://data.bls.gov/cgi-bin/surveymost?ln, series LNS14000000Q)，失业持续时间也来自美国劳工统计局（ http://www.bls.gov/cps/duration.htm, series LNS13008275 ），二者的历史数据均见于 http://www.bls.gov/cps/cpsatabs.htm。令 1948—1951=100，失业强度等于失业率 x，我们构造出失业持续时间指数。

因变量：GWSHHP100

方法：最小二乘法

日期：05/25/13　时间：18:42

样本（调整后）：1949 1982

包含的观测量：调整后为 34

4 次迭代后达到收敛

GWSHHP100=C(1)+[(ULINTENSITYHP100)^C(3)]

	系数	标准误	t 统计量	p 值
C(1)	–1.026 431	0.001 418	–723.964 5	0.000 0
C(3)	–0.010 677	0.000 500	–21.357 59	0.000 0
R 平方	0.930 871	因变量均值		0.003 252
调整 R 平方	0.928 711	因变量标准差		0.003 145
回归标准误	0.000 840	赤池信息准则		–11.270 11
残差平方和	2.26E – 05	施瓦茨准则		–11.180 32
对数似然函数值	193.591 8	汉南–奎因准则		–11.239 49
F 统计量	430.902 1	DW 统计量		0.120 899
p 值（F 统计量）	0.000 000			

因变量：GWSHHP100

方法：最小二乘法

日期：03/03/13　时间：15:00

样本（调整后）：1994 2011

包含的观测量：调整后为 18

4 次迭代后达到收敛

GWSHHP100=C(1)+ULINTENSITYHP100^C(3)

	系数	标准误	t 统计量	p 值
C(1)	–1.010 996	0.000 401	–2 518.266	0.000 0
C(3)	–0.003 709	0.000 175	–21.150 25	0.000 0
R 平方	0.964 965	因变量均值		–0.002 710

（续表）

调整 R 平方	0.962 775	因变量标准差	0.001 758
回归标准误	0.000 339	赤池信息准则	–13.036 10
残差平方和	1.84E – 06	施瓦茨准则	–12.937 17
对数似然函数值	119.324 9	汉南–奎因准则	–13.022 46
F 统计量	440.686 3	DW 统计量	0.470 611
p 值（F 统计量）	0.000 000		

因变量：GMWAGEHPXCESSA

方法：最小二乘法

日期：03/12/13 时间：22:56

样本（调整后）：1949 1982

包含的观测量：调整后为 34

变量	系数	标准误	t 统计量	p 值
C	0.004 173	0.001 236	3.375 543	0.002 0
INFLRATEHP100	0.963 465	0.011 863	81.212 66	0.000 0
GPRODVTYHP100	0.836 600	0.046 259	18.085 21	0.000 0
R 平方	0.999 682	因变量均值		0.055 066
调整 R 平方	0.999 661	因变量标准差		0.015 812
回归标准误	0.000 291	赤池信息准则		–13.361 48
残差平方和	2.63E – 06	施瓦茨准则		–13.226 81
对数似然函数值	230.145 2	汉南–奎因准则		–13.315 56
F 统计量	48 658.91	DW 统计量		0.237 619
p 值（F 统计量）	0.000 000			

因变量：GMWAGEHPXCESSB

方法：最小二乘法

日期：03/12/13 时间：22:58

样本（调整后）：1994 2011

包含的观测量：调整后为 18

变量	系数	标准误	t 统计量	p 值
C	0.008 677	0.001 771	4.900 422	0.000 2
INFLRATEHP100	0.832 633	0.074 193	11.222 55	0.000 0
GPRODVTYHP100	0.714 580	0.042 579	16.782 62	0.000 0
R 平方	0.961 225	因变量均值		0.038 011
调整 R 平方	0.956 055	因变量标准差		0.002 067
回归标准误	0.000 433	赤池信息准则		–12.499 46
残差平方和	2.82E – 06	施瓦茨准则		–12.351 06
对数似然函数值	115.495 1	汉南–奎因准则		–12.479 00
F 统计量	185.925 5	DW 统计量		0.242 132
p 值（F 统计量）	0.000 000			

w、wr、σ_W 的变化率，失业率和失业强度都采用默认参数为 100 的 HP 滤波法进行了过滤。图 14.4 展示的拟合曲线拟合了采用菲利普斯原始函数形式 $y = a + bx^c$ 的 1949—1982 年和 1994—2011 年两段时期。其中，因变量 $y = \dot{\sigma}_W / \sigma_w$ = GWSHHP100，自变量 x= 失业强度 = ULINTENSITYHP100，a、b、c 是拟合参数。最后的方程经过调整，消除了不显著的参数。

最后，将实际工资份额的 HP 滤波值和上述两条拟合曲线的差值对通货膨胀率与生产力变化率做回归，能够分别得到 1949—1982 年和 1994—2011 年的结果，这也是表 14.3 的来源。

附录 15.1 第 15 章的资料来源和计算方法

以下描述了第 15 章所有数据的来源和方法。真实数据可在网站 http://www.anwarshaikhecon.org/ 上获取。

附录 15.1.1 美国数据来源和方法

在图 12.5~ 图 12.8 中，菲利普斯曲线的数据包括通货膨胀率和产能利用率，均已在该章附录中得到说明，第 15 章使用的即为上述数据。

图 15.1 1774—2011 年美国消费者价格水平

http://www.measuringworth.com/datasets/uscpi/result.php。

图 15.2A 1987—2011 年美国主要行业的实际产出增长率

图 15.2B 1987—2011 年美国主要行业的实际产出增长率

美国经济分析局。分行业 GDP 见 http://www.bea.gov/industry/index.htm#annual。

图 15.3 名义 GDP 和相对新增购买力的增长（1950—2010 年）

图 15.4 名义 GDP 和相对新增购买力的增长

图 15.5 实际产出增长和新增资本的实际净回报率

图 15.6 实际产出变化和实际总利润变化

图 15.7 古典和传统的菲利普斯曲线（1948—2010 年）

图 15.8 古典和传统的菲利普斯曲线（1948—1981 年）

图 15.9 古典和传统的菲利普斯曲线（1982—2010 年）

图 15.10 标准化通货膨胀率和标准化增长–利用率

图 15.11 净新增利润率的 HP(100)趋势

附录 15.1.1.1 原始数据

GDP= 国内生产总值，美国经济分析局，国民收入和生产账户表 1.15(http://www.bea.gov/)

pgdp= 国内生产总值平减指数，2005=100，季度调整，美国经济分析局，国民收入和生产账户表 1.1.4,(http://www.bea.gov/)

π= 国内生产总值平减指数变动百分比

$\mathscr{CR}$= 总国内信贷 = 货币当局对中央或一般政府索款 +(其他存款公司对中央或一般政府索款–中央或一般政府在其他存款公司的存款) + 其他存款公司对联邦和当地政府或官方实体索款 + 其他存款公司对私人部门索款=国际货币基金组织国际金融统计 1948—2011, 31 行 +(78 行 –88 行)+79 行 +81 行

CA= 美国经济分析局一般账户余额，国民收入和生产账户中国外交易表 4.1，第 29 行

△ PP= 新增购买力 =$\Delta\mathscr{CR}$+CA

pp= 相对新增购买力 = △ PP/GDP

σ= 增长利用率 = 投资 / 利润，[①] 其中投资 = 非居民私人固定投资，表 5.3.5(按类型私人固定投资)，第 2 行；利润 = 净营业盈余，表 1.16(私人企业收入来源及使用)，第 2 行(取自 Handfas 2012)

PGRcorp= 息税前利润 = 法人企业总营业利润 = 法人企业净利润 + 净货币利息支出 + 现行法人企业成本折旧

---

① σ 源自汉德法斯(2012)。严格来说，它应该是总投资对总利润的比值，而不是净营业盈余，但这似乎并没有太大差别。

i=3 月期短期国库券利率

IGRcorp= 固定资产和存货实际总投资

netiropr= 法人企业实际增量利润率 –i

u_L = 失业率

u_L^{Int} = 失业强度

附录 15.1.1.2 衍生变量

GDPR= 实际 GDP=GDP/pgdp; gGDP= 名义 GDP 增长率；g$\mathscr{CR}$= 总国内信贷增长率；gGDPR= 实际 GDP 增长率；netiroprcorpHP= 法人企业实际净增量利润率 HP 趋势；△ PGRcorp、△ GDPR= 一阶差分。

图 15.3~ 图 15.4 和表 15.1：gGDP, pp；图 15.5：gGDPR, netiropr；图 15.6：△ PGRcorp，△ GDPR；图 15.7~ 图 15.9：π, 1–σ，u_L；图 15.10：标准化的 σ、π；图 15.11：netiroprHP；图 15.12：世界通货膨胀率与私人和公共部门总信贷的增长（1970—1988 年）

附录 15.1.2 国际数据

表 15.2 汉德法斯基于通货膨胀古典模型的计量结果

基于通货膨胀古典模型的计量结果使用了加拿大、法国、德国、日本、韩国、英国、美国、巴西、墨西哥和南非的 π、σ、pp，数据由阿尔贝托 · 汉德法斯提供，来自汉德法斯（2012）。

图 15.12 世界通货膨胀率与私人和公共部门总信贷的增长（1970—1988 年）

29 个国家的 π、g_{DC} 数据来自哈伯格（1988, table 12.11），其中 DC=总国内索款，国际货币基金组织国际金融统计货币调查，第32行，它表示了公共和私人总信贷，它的增长率gDC和哈伯格的变量λ一样。

图 15.13　世界通货膨胀率与私人和公共部门总信贷的增长（1988—2011 年）

π、g_{DC} 在哈伯格数据的基础上更新至 1988—2011 年，并扩展到了 38 个国家[①]，数据取自拉马穆尔蒂（2014, ch.3），其中DC来源同上，π= 消费价格通货膨胀，来自国际货币基金组织国际金融统计货币调查，第 64 行。

附录 15.1.3　阿根廷数据

数据来自世界银行 http://databank.worldbank.org：GDP（当地货币单位），指示代码 = NY. GDP. MKTP. CN; XR′ = 官方汇率（每单位美元兑当地货币数，期间平均），代码 = PA. NUS. FCRF：π= 通货膨胀，GDP 平减（每年 %），代码 = NY. GDP. DEFL. KD. ZG。数据来自国际货币基金组织国际金融统计货币调查，DC= 总国内索款，本国货币，第 32 行。

图 15.14　阿根廷总信贷增长和名义 GDP 增长

gDC、gGDP

图 15.15　总信贷增长和通货膨胀

Pi、gXR′（因为 XR′ 是当地货币 / 美元，它的增长率表示当地货币的贬值率）

图 15.16　通货膨胀和货币贬值

gDC、π

① 这 38 个国家分别为：阿尔及利亚、安哥拉、亚美尼亚、澳大利亚、阿塞拜疆、白俄罗斯、巴西、加拿大、哥伦比亚、多米尼加共和国、厄瓜多尔、加纳、海地、伊拉克、牙买加、哈萨克斯坦、韩国、马来西亚、莫桑比克、缅甸、尼日利亚、挪威、巴拿马、巴拉圭、罗马尼亚、俄罗斯、塞尔维亚、苏丹、苏里南、坦桑尼亚、泰国、土耳其、乌克兰、美国、乌拉圭、委内瑞拉、赞比亚、津巴布韦。

附录 16.1　第 16 章的资料来源和计算方法

所有来自美国经济分析局国民收入和生产账户的图表均有前缀“T”。

图 16.1　1786—2010 年美国和英国的黄金长波（1930=100），对三次方时间趋势的偏离

图 16.2　事实利润率与正常利润率以及利润份额

图 16.3　1947—2012 年美国企业部门每小时实际工资和生产率（1992 = 100）

每小时生产率和实际所得的数据，来自美国劳工统计局网站 www.bls.org，在“主要部门生产率和成本指数”（Major Sector Productivity and Costs Indexes）标题下。2010 年的数据为第 1 季度。生产率（y）与雇员实际收入（ec）的比率在 1960—1981 年战后“黄金年代”遵循稳定的趋势。这通过对 ln(ec) 做 ln(y) 和时间序列的回归而得到（后者不显著）。然后，用这个轨迹来预测，若此前的趋势继续保持，雇员实际收入 ec 在 1982—2009 年遵循的（反事实）轨迹（ecc）。用 1960—1981 年而不是 1947—1981 年整个期间的数据，可生成一个更适度的反事实工资变化轨迹。我选择更小的数据，是为了避免夸大从里根-撒切尔时代开始的因实际工资下降给利润率带来的好处。

图 16.4　1947—2011 年美国公司企业事实利润率以及估算的反事实利润率

之前算出的变量被用来确定反事实单位小时的雇员所得与其实际单位小时所得的比例（ec′ = acc/ec ）。从 1982 年开始，将实际非金融公司企业雇员总所得（EC）乘以 ec′以估算若工资仍保持 1982 年之前的轨迹时，雇员将获得总所得（ECCc）。二者之差 ECc–EC 代表从实际工资下降中得到的利润。把它加到实际利润上，得到估算的反事实利润，再用前一年年底的资本存量 K(–1) 去除，就得到一个估算的反事实利润率。

图 16.5　1947—2011 年公司企业平均利润率与当前（实际）经过平滑处理的增量利润率

图 16.6　1947—2011 年美国利率（3 月期国债）

利率是 3 月期国债利率，来自美国经济分析局出版的《总统经济报告》表 73 第 1 列，见网站 http://www.gpoaccess.gov/eop/tables10.html。pGDP 代表 GDP 平减指数（NIPA T1.1.4, 1）。

图 16.7　1960—2011 年美国与经合组织成员短期利率

之前已经描述过美国利率。ioecd 表示美国贸易伙伴的利率。各国利率来自国际货币基金的国际金融统计，用来自联邦储备委员会美元外汇指数（见网站 http://www.federalreserve.gov/releases/h10/Weights/）的美国贸易伙伴权重求得一个加权平均利率。我非常感谢阿姆曾 · 拉杰卜做的计算。

图 16.8　1947—2011 年美国公司企业净平均利润率与实际增量利润率

图 16.9　1975—2011 年美国家庭负债与可支配收入之比

HHDebt 代表家庭负债（来自美联储资金流，表 D3 第 2 列），HHDispPersInc 表示家庭可支配个人收入（表 2.1，第 27 列），HHDebtIncRatio 表示家庭负债与可支配收入的比率（HHDebt/HHDisp

PersInc）。

图 16.10　1980—2012 年家庭偿债比率

家庭偿债比率，季度调整，百分比（见美联储网站 http://www.federalreserve.gov/, data identifier FOR/FOR/DTFD%YPD.Q）。

附录 17.1 第 17 章的资料来源和计算方法

图 17.1 从过去的长波看 2007 年全球危机

对于图 17.2 和图 17.3 的收入分布，每一个收入阶层内部的收益额数据来自美国国税局表 1.4（所有收益：收入来源，调整项和税收项，根据调整后的总收入大小排序，税收年度 2011）[见 https://www.irs.gov/uac/SOI–Tax–Stats–Individual–Income–Tax–Returns–Publication–1304–（Complete–Report）]。美国国税局的数据基于抽样样本得到，单位为千美元。美国国税局数据全距转换成了以每个全距中点为中心的面元，相应的收益额用频率表示。将频率累积相加进而得到自下而上的累积概率。自上而下的累积概率由 1 减自下而上的累积概率计算得到。

图 17.2 低于 200 000 美元的个人收入分布自上而下的累积概率

对于低于 200 000 美元的个人收入，自上而下的累积概率取（自然）对数标尺，面元大小仍保持算术标尺。在这样的对数 – 线性标尺下，指数分布将在图中呈现为一条直线。

图 17.3 高于 200 000 美元的个人收入分布自上而下的累积概率

对于高于 200 000 美元的个人收入，自上而下的累积概率和面元大小都取（自然）对数标尺。在这样的对数–对数标尺下，帕累托分布将在图中呈现为一条直线。

缩略词索引

本书中常规字体表示名义变量，“R”或“r”被附加在后面表示实际变量，粗体表示向量。由此，名义产出记为 Y，实际产出记为 YR，产出向量记为 **Y**。均衡值用 * 表示、即 Y^*，LR 表示长期值。包含 Δ 的常用符号表示变化，Σ 表示求和。

斜体用在以下场合：新古典的效用（*u*），卡莱茨基的垄断权力参数（*m*、*n*、*mbar*），以及马克思对（*S*、*V*、*C*）的分类。

变量上方加点（·）表示时间变化率 $\left(\dot{x} \equiv \frac{dy}{dt}\right)$，变量上方加（∧）表示变化的百分比 $\left(\hat{x} \equiv \frac{\dot{x}}{x}\right)$，变量上方加横（–）表示“平均”（$\bar{x}$）。*f* 和 *F* 通常代函数［*f*(x）或 *F*(x）］。

符号 α、β、γ、ψ 有两种用法：一是表示通用参数（如附录 6.5、附录 6.7 中），二是一些另有规定的特定参数。除特别规定以外，符号 ε、η 均表示随机项（如附录 6.6 以及第 12 章中）。ω 用于表示一般权重。

除特别规定以外，x、y、t 分别表示 x 轴、y 轴和时间轴（见第 14 章）或通用变量（见附录 13.1）。

含义	最终符号
unit input cost 单位投入品成本	**a**
technical change shift parameter 技术变革转换参数	$\mathbb{A}$

（续表）

含义	最终符号
total intermediate input flow or matrix 总中间投入品流 / 矩阵	A, $\mathbf{A}$
intermediate inputs coefficient or matrix 中间投入品系数 / 矩阵	a, $\mathbf{a}$
constant materials coefficient 不变原料系数	$\bar{a}$
average cost 平均成本	ac
average fixed cost 平均固定成本	afc
material input per hour 每小时原料投入	a_h
intermediate input cost of finished goods 产成品的中间投入品成本	A_p
average variable cost（unit prime costs, materials, and labor）平均可变成本（单位直接成本、原料、劳动力）	avc
intermediate input costs, work–in–progress 中间投入品成本，在产品	A_{WIP}
$\mathbb{b}=(\mathbf{a}+\mathbf{d}\cdot\boldsymbol{\kappa}+\boldsymbol{\omega}\cdot\mathbf{l})$ = matrix of total input coefficients including depreciation 包含折旧的总投入品系数矩阵	$\mathbb{b}$
total input coefficient（abstracting from depreciation）总投入品系数（抽象掉折旧）	b
the matrix of material and wage good inputs 原料和工资品的投入品矩阵	$\mathbf{B}$
consumption 消费	C
marxian indirect labor time, dead labor 马克思的间接劳动时间，死劳动	C
consumption vector 消费向量	$\mathbf{C}$
propensity to consume 消费倾向	c
matrix of consumption goods required directly and indirectly per hour of labor–time 每小时劳动时间直接和间接所需的消费品矩阵	$\mathbb{c}$
cash 现金	$\mathscr{C}$
current account balance 经常账户余额	CA
autonomous consumption 自主消费	C_a
sum of capitalist consumption 资本家消费总和	C_C
capital consumption adjustment 资本消耗调整	CCAdj
consumption demand 消费需求	C_D
consumption of fixed capital 固定资本消耗	CFC

（续表）

含义	最终符号
maximum current consumption 现行消费的最大值	C_{max}
corn 谷物	cn
coupon payment, periodic payment 息票支付，定期支付	cp
consumer price index 消费者价格指数	CPI
concentration ratio 集中度系数	CR
total domestic credit 国内信贷总额	CR
bank credit 银行信贷	CR_B
total domestic credit 国内信贷总值	CR_{dom}
coefficient of variation 变化系数	CV
current consumption of workers 劳动者当期消费	C_w
total depreciation 总折旧	D
unit fixed costs (depreciation per unit output) 单位固定成本（单位产出折旧）	d
matrix of depreciation (retirement) coefficients per unit output 单位产出折旧系数矩阵	$\boldsymbol{d}$
depreciation rate = depreciation/capital 折旧率 = 折旧 / 资本	$\eth$
matrix of depreciation coefficients 折旧系数矩阵	$\boldsymbol{\eth}$
demand, domestic demand 需求，国内需求	D
relative demand = D/Y 相对需求 =D/Y	d
direct prices (prices proportional to integrated unit labor costs) 直接价格（价格与整合的单位劳动力成本成正比）	$\mathbb{d}$
penny 便士	d.
autonomous (exogenous) government and export demand($G_t + X_t$) 自主（外生）的政府及出口需求	D_{At}
business debt 工商业债务	DB
domestic claims 国内索款	DC
expected demand 预期需求	De
deposit/loan ratio: $\mathscr{DP}/\mathscr{LN}$ 存款–贷款比	$d\ell$

（续表）

含义	最终符号
dummy variables 哑变量	DM
deposits per unit output 单位产出存款	d_{p}
deposits 存款	DP
individual real depreciation 个体实际折旧	DR
dividend per share 每股股息	dv
total dividends 股息总额	DV
dividend per share expected 预期每股股息	dve
Whelan–Liu approximate depreciation rate 惠兰–刘近似折旧率	∂_{WL}
exchange rate 汇率	e
elasticity 弹性	e
rate of change of the nominal exchange rate 名义汇率变动率	ê
earnings before interest and taxes 税息前收入	EBIT
employee compensation，per full–time equivalent employee（FEE）全职等效雇员的雇员所得	ec
total employee compensation 总雇员所得	EC
excess demand 超额需求	ED
relative excess demand = E/Y =（D–Y）/Y 相对超额需求	ed
relative excess demand for labor =（V–U）/L_s 对劳动力的相对超额需求	e_{DL}
money value of equities 股票货币价值	EQ
equity earnings–price ratio 股权收益–股票价格比	eps
real exchange rate 实际汇率	er
exports 出口	EX
coefficient of “friction in the labor market” 劳动力市场摩擦系数	f
the rate of change of a function 函数变化率	f'
financial assets 金融资产	FA
face value of a bond 债券面值	FB

（续表）

含义	最终符号
full-time equivalent employees（number of employees）全职等效雇员（雇员人数）	FEE
finance gap 金融缺口	FG
final Sales 最终销售	FS
growth rate 增长率	g
government spending 政府支出	G
gini coefficient 基尼系数	G
gross domestic product 国内生产总值	GDP
gross final product 总最终产品	GFP
rate of accumulation = rate of growth of capital ≡ I/K 积累率 = 资本增长率 =I/K	g_K
warranted rate of accumulation 有保证的积累率	g_K^W
"natural" rate of growth（Harrod）哈罗德"自然"增长率	g_N
gross national product 国民生产总值	GNP
gross operating surplus 总营业盈余	GOS
growth rate of the investment price index 投资价格指数增长率	g_{P_I}
gross surplus product 总剩余产品	GSP
gross surplus value 总剩余价值	GSV
gross value added 总价值增加值	GVA
rate of growth of output 产出增长率	g_Y
rate of growth of capacity 产能增长率	g_{Y_n}
hours per worker（length of working day adjusted for intensity）人均工作小时数（强度调整后的日工作时长）	h
high-powered money 高能货币	$\mathbb{H}$
necessary length of the working day（such that the surplus product is zero）必要的日工作时长（使得剩余产品为零）	h_0
households 家庭	HH
hour 小时	hr

（续表）

含义	最终符号
cumulative machine hours 累积机器运行时间	H_{MK}
surplus labor time = h – h_0 剩余劳动时间 =h – h_0	h_s
interest rate 利率	i
identity matrix 单位矩阵	**I**
investment 投资	I
intensities of labor 劳动强度	i
interest rate on a regular or long bond 定期 / 长期债券利率	i_b, i_{b_L}
investment, circulating 投资，流动	I_c
investment demand 投资需求	I_D
investment, fixed 投资，固定	I_f
gross investment 总投资	IG
constant–price equivalent of gross investment 总投资的不变价格等价量	IGR
imports 进口	IM
average import propensity= IM/Y 平均进口倾向 =IM/Y	im
net investment 净投资	IN
real net investment 实际净投资	INR
interest equivalent of capital tied up = iK 被占用资本的利息等价物 = iK	INT
inventory stock 存货	INV
real interest rate 实际利率	ir
iron 铁	ir
inventory valuation adjustment 存货估值调整	IVA
arbitrary vector 任意向量	**j**
capital–labor ratio 资本–劳动比	k
capital stock 资本存量	K
capital coefficients matrix 资本系数矩阵	**K**
new capital 新资本	K′
money value of capital 资本的货币价值	K(r)

（续表）

含义	最终符号
given level of capital stock 给定资本存量水平	$\overline{K}$
bank fixed capital 银行固定资本	K_f
current–price gross stock 现价总存量	KG
real gross capital stock 实际总资本存量	KGR
net fixed capital, current–cost 净固定资本、现行成本	KNC
total capital stock（fixed capital + inventories）= KGC + INV 总资本存量（固定资本 + 存货）=KGC+INV	KTC
real capital–labor ratio 实际资本–劳动比	kr
real capital stock 实际资本存量	KR
real capital in terms of cpi = K_r/p_c 按消费者价格指数计算的实际资本 =K_r/p_c	KR′
matrix of integrated capital coefficients = $\mathbf{K}\cdot(\mathbf{I}-\mathbf{A})^{-1}$ 整合资本系数矩阵 = $\mathbf{K}\cdot(\mathbf{I}-\mathbf{A})^{-1}$	**KT**
total labor time, total employment（hours）总劳动时间，总雇佣劳动（小时）	L
labor coefficients vector 劳动系数向量	**l**
labor coefficient = L/X = direct（total）labor time per unit output 劳动系数 = L/X = 单位产出的直接（总）劳动时间	l
loans per unit output 每单位产出贷款	ℓ
vector of loans per unit output 每单位产出贷款向量	$\boldsymbol{\ell}$
employment coefficient（N/X）就业系数	l′
aggregate liabilities（debt）总负债	LB
labor demand 劳动需求	L_d
labor force 劳动力	LF
stock of loans 贷款存量	LN
employment corresponding to capacity output 与产能产出相对应的就业	L_n
labor supply 劳动供给	L_s
money stock, money supply, money demand 货币存量、货币供给、货币需求	M

（续表）

含义	最终符号
profit per unit output（P/X）= unit profit = profit margin on output 单位产出利润量（P/X）= 单位利润 = 产出的利润量	m
monopoly power parameter 1 in Kalecki's notation 卡莱茨基符号中的垄断权力参数 1	m
mark up on costs = m/uc = unit profit/unit costs 成本加成 =m/uc = 单位利润 / 单位成本	m
Kalecki's monopoly markup = m/(1–n) 卡莱茨基垄断加成 = m/(1–n)	$\mathbb{m}$
profit margin on price = unit profit/unit price = m/p 单位价格利润量 = 单位利润 / 单位价格 =m/p	m′
Lerner index =(p – mc)/p(measure of monopoly power) 勒纳指数 =(p – mc)/p(垄断权力的量度)	m″
competitive markup on costs 竞争性成本加成	m*
marginal cost 边际成本	mc
maximum expanded reproduction 最大扩大再生产	MER
gold equivalent of money stock = M/p_G 货币存量的黄金等价值 = M/p_G	M_G
machine coefficient 机器系数	mk
machine 机器	MK
machine–hours per worker–hour（HMK/H）单位工作小时的机器运行小时数	mkh
machines per worker hour（MK/H）单位工作小时的机器数	mkh′
machines per worker（MK/N）单位工人机器数	mkn
profits per worker 单位工人利润	ml
real profit per worker 单位工人实际利润	mlr
marginal product of labor 劳动的边际产品	mpl
marginal revenue 边际收益	mr
number of workers 工人数量	N
monopoly power parameter 2 in Kalecki's notation 卡莱茨基符号中的垄断权力参数 2	n
number of equities 股票数量	N_{eq}

（续表）

含义	最终符号
new shares outstanding 新发行股票	N'_{eq}
net interest 净利息	NINT
national income and product accounts 国民收入和生产账户	NIPA
net operating surplus and mixed income 净营业盈余与混合收益	NOPS
Net Operating Surplus 净营业盈余	NOS
population size 人口规模	NP
nonprofit institutions serving households 服务家庭的非营利性机构	NPISH
owner–occupied housing sector 所有人自住的房屋部门	OOH
total profit 总利润	P
bank profit 银行利润	P_B
price vector 价格向量	$\mathbf{p}$
unit price, price level, average price, price index, except where necessary to explicitly distinguish price index（p′）from price level（p）单位价格、价格水平、平均价格、价格指数，除了有必要明确将价格指数（p′）和价格水平（p）区分开的时候	p
profits of new capital 新资本利润	P′
price index or price of commodities relative to gold（depending on context）用黄金表示的商品价格指数或价格（根据上下文）	p′
relative inflation rate 相对通货膨胀率	$\hat{p}$
base–period prices 基期价格	p_0
price of materials 原料价格	p_a
price of bond 债券价格	p_b
average price 平均价格	$\bar{p}$
price of consumption goods, the price index of consumption goods 消费品价格、消费品价格指数	p_c
price of corn 谷物价格	p_{cn}
direct price 直接价格	pd
expected market price 预期市场价格	p^e

（续表）

含义	最终符号
price–earnings ratio 价格–收益比 / 市盈率	pe
profit of enterprise =P–iK 企业利润 =P–iK	PE
equity price 股票价格	p_{eq}
warranted equity price 有保证的股票价格	p^{W}_{eq}
Foreign price level 国外价格水平	p_f
Price of financial assets 金融资产价格	p_{fa}
gross profit 总利润	PG
monetary price of gold 黄金的货币价格	p_G
the GDP deflator GDP 平减指数	p_{GDP}
current profit on recent investment 近期投资的现行利润	P_I
price of investment goods（net new machines）投资品价格（净新增机器）	p_I
current profit on all earlier vintages 之前所有相对使用年限的现行利润	P'_I
perpetual inventory method 永续盘存法	PIM
price of iron 铁的价格	p_{ir}
current price index of capital stock 资本存量的现行价格指数	p_K
market price 市场价格	p_m
quality–adjusted investment price index 质量调整后的投资价格指数	p'_I
maximum amount of profit 最大利润	P_{max}
price of machines 机器价格	p_{MK}
normal profit 正常利润	P_n
purchasing power 购买力	PP
relative new purchasing power 相对新增购买力	pp
producer price index 生产价格指数	PPI
purchasing parity hypothesis 购买力平价假说	PPP
real profit 实际利润	PR
real profit（relative to cpi）实际利润（相对于消费者价格指数）	PR′
proprietorships and partnerships Income 所有人与合伙人收入	PropInc

（续表）

含义	最终符号
price of a bundle of tradable goods 一揽子可贸易商品的价格	p_T
present value of a profit stream 利润流现值	PV
output price index 产出价格指数	p_Y
price index for aggregate profit 总利润的价格指数	p_Ω
Tobin's average Q 托宾平均 Q 值	Q
ratio of normalized prices to integrated unit labor costs 标准化价格与整合单位劳动力成本之比	q
Tobin's marginal Q 托宾边际 Q 值	Q'
percentage deviation of normalized prices from integrated unit labor costs 标准化价格对整合单位劳动力成本的偏差百分比	q'
profit rate, rate of return 利润率、收益率	r
Maximum profit rate, output/capital ratio（Y/K）最大利润率下的产出 / 资本比（Y/K）	R
rate of return on new investment = incremental rate of profit 新投资收益率 = 增量利润率	r_I
Marxian rate of profit 马克思的利润率	r
equalized regulating rate of profit, competitive profit rate 均等化的调节利润率、竞争利润率	r^*
rate of return on a bond 债券收益率	r_b
average profit rate 平均利润率	$\bar{r}$
banking rate of profit 银行利润率	r_B
reserve/deposit ratio 准备金–存款比	r_d
profit rate of enterprise（r – i）企业利润率	re
expected profit rate 预期利润率	r^e
retained earnings = business savings 留存收益 = 工商业储蓄	RE
rate of return on an equity 资产（股票）收益率	r_{eq}
retirement investment, nominal value of retirements 退废投资，退废品名义价值	RET

（续表）

含义	最终符号
real GDP per capita 人均实际 GDP	RGDPpc
reserve to loan ratio =（reserves/deposits）·（deposits/loans）准备金–贷款比 =（准备金–存款比）×（存款–贷款比）	$r_d \cdot d_l$
normal capacity output–capital ratio 正常产能产出–资本比	R_n
normal capacity rate of profit 正常产能利润率	r_n
rate of return on equity 净资产收益率	ROE
real incremental rates of profit 实际增量利润率	rr_I
real net incremental rate of profit 实际净增量利润率	rr'_I
reserves, bank reserves 准备金、银行准备金	RS
real unit labor costs ≡ ULC/CPI 实际单位劳动力成本≡ ULC/CPI	RULC
surplus value 剩余价值	S
average aggregate propensity to save 平均总储蓄倾向	s
savings, total 储蓄，总量	S
sales 销售额	S
profit deflated by monetary equivalent of labor time 用劳动时间的货币等价物平减的利润	S'
shilling, UK currency 先令，英国货币	s.
additional employment of constant capital（Marxian）不变资本的追加使用	S_{ac}
additional employment of variable capital（Marxian）可变资本的追加使用	S_{av}
business savings rate 工商业储蓄率	s_B
business savings, total 工商业储蓄率，总量	S_B
savings of capitalists, total 资本家储蓄，总量	S_c
statistical discrepancy 统计差异	SD
number of proprietors and partners（self–employed persons）所有人和合伙人人数（自我雇用者）	SEP
household savings 居民储蓄	S_H

（续表）

含义	最终符号
household savings rate 居民储蓄率	s_H
Surplus product 剩余产品	SP
propensity to save out of profit = S/P 利润的储蓄倾向 = S/P	s_p
average propensity to save out of wages 工资的平均储蓄倾向	s_W
savings rate out of total income 总收入的储蓄率	s_Y
taxes net of subsidies, total private sector taxes 扣除补贴后的净税收，私人部门税收总额	T
tax propensity, tax rate = T/Y, indirect business tax rate 税收倾向，税率 = T/Y，间接企业税率	t
total cost 总成本	tc
total fixed cost 总固定成本	tfc
total price（total money value of gross output = sum of industry total prices）总价格（总产出的总货币价值 = 各行业总价格之和）	TP
total vertically integrated labor time 垂直整合总劳动时间	TV
total variable costs 总可变成本	tvc
utility 效用	U
capacity utilization rate = output/capacity 产能利用率 = 产出 / 产能	u
unit costs = operating costs per unit output 单位成本 = 单位产出运行成本	uc
nominal operating costs for deposits and loans per unit loan 单位贷款的存款和贷款的名义运行成本	uc′
unit costs in banking 银行单位成本	uc_{BK}
real costs per deposits 单位存款实际成本	ucr^D
real costs per loans 单位贷款实际成本	ucr^L
cost margin in sales = cost per unit sales 单位销售额成本	uc′
capacity utilization rate ≡ Y/Y_n 产能利用率≡ Y/Y_n	u_K
capacity utilization rate relative to engineering capacity = Y/Ymax 相干于工程产能的产能利用率 = Y/Ymax	u'_K
normal capacity utilization rate = $Y_n/Y_n = 1$ 正常产能利用率 = $Y_n/Y_n = 1$	u_{K_n}

（续表）

含义	最终符号
unemployed labor 失业劳动力	UL
cumulative effect of unemployment pressure 失业压力的累积效应	U_L
unemployment rate = U/L_s 失业率 = U/L_s	u_L
unit labor costs = w · l 单位劳动力成本 = w · l	ulc
unit labor cost with wages paid per worker 以工资形式付给每个工人的单位劳动力成本	ulc′
unemployment duration rate 失业持续率	u_L^{DUR}
unemployment rate corresponding to effective full employment 对应于有效充分就业的失业率	u_{LFE}
intensity of unemployment 失业强度	u_L^{INT}
velocity of money 货币流通速度	v
aggregate value of labor power（Marxian）劳动力总价值（马克思）	V
vertically integrated（total）labor time per unit output 单位产出的垂直整合（总）劳动时间	v
vector of vertically integrated labor times 垂直整合的劳动时间向量	**v**
wage bill converted to hours of labor through some ratio of money to hours = W/μ' 按货币与时间的某一比例被转化为劳动小时数的工资 = W/μ'	V'
vacancies 空缺	VC
vacancy rate = V/L_s 空缺率 = V/L_s	v_C
vertically integrated unit profit 垂直整合的单位利润	vm
integrated output–capital ratio 整合的产出–资本比	VR
vertically integrated unit labor costs 垂直整合的单位劳动力成本	vulc
real vertically integrated unit labor costs 实际垂直整合的单位劳动力成本	vulcr
vertically integrated capital–output ratio 垂直整合的资本–产出比	v_κ
vertically integrated profit/wage ratio = vertically integrated unit profit/ vertically integrated unit labor costs = vprof/vulc 垂直整合的利润–工资比 = 垂直整合单位利润 / 垂直整合单位劳动力成本 =vprof/vulc	$v\sigma_{PW}$
wage bill 工资（总额）	W

（续表）

含义	最终符号
wage per unit labor, nominal wage, wage rate 单位劳动力的工资，名义工资，工资率	w
Weight（trade weight, industry weight）权重（贸易权重，行业权重）	w
wage basket vector = wage goods per worker 一篮子工资向量 = 单位工人工资品	$\mathbf{w}$
sector wage rate relative to the economy–wide wage rate（wi/w）相对于经济总量工资率的部门工资率	$\mathbb{W}$
wage bill per shift 每班工资	$\overline{W}$
wages paid per hour of work 每劳动小时支付的工资	$\overline{w}$
deviation of nominal wage growth from fitted wage–share Phillips curve 名义工资增长对拟合的工资份额菲利普斯曲线的偏离[①]	ϖ
wage equivalent of proprietors & partner's income 所有人及合伙人的收入等价物	WEQ
hourly wage 小时工资	w_h
wage per worker 人均工资	w_N
labor cost of finished goods 产成品劳动力成本	W_P
vector of real wage goods 实际工资品向量	$\mathbf{wr}$
real wage 实际工资	wr
real wage as a function of profit rate 作为利润率的函数的实际工资	wr（r）
labor costs, work in progress 劳动力成本，在产品	W_{WIP}
Gross Output 总产出	X
vector gross output 总产出向量	$\mathbf{X}$
completed production（finished goods）产成品	X_P
volume of total real output 总实际产出量	XR
quantity of some commodity, total output per worker–hour 某种商品的数量、单位工作小时总产出	xr
output per worker, productivity per worker, gross output per hour 每个工人的产出、每个工人的生产率、每小时总产出	xr_h
profit–maximizing output 利润最大化时的产出	XR′

（续表）

含义	最终符号
output the full–employment level 充分就业水平产出	XR_{FE}
sales of finished goods（finished intermediate inputs + final sales）产成品销售额（产成中间投入品 + 最终销售额）	X_S
net output, value added, domestic net supply, private sector income 净产出、价值增加值、国内净供给量、私人部门收入	Y
nominal income per person, net output per worker, hourly income 人均名义收入、每个工人的净产出、单位小时收入	y
net output vector 净产出向量	$\mathbf{Y}$
domestically available supply 国内可获得供给	$\mathbb{Y}$
money value of output as a function of the profit rate 作为利润率的函数的产出品的货币价值	Y(r)
equilibrium output 均衡产出	Y^*
the mean labor income of an exponential distribution 指数分布的劳动者收入均值	$\bar{y}$
dividend yield 股息收益率	y_{dv}
equity yield 股权收益率	y_{eq}
full–employment output 充分就业产出	Y_{FE}
labor productivity = nominal value added/GDP price deflator =(y/p_Y)生产率 = 名义价值增加值 /GDP 的价格平减指数 =(y/p_Y)	yr
level of real output, real net national income 实际产出水平、实际净国民收入	YR
(real) output per hour 单位小时（实际）产出	yr_h
engineering capacity 工程产能（产能）	YR_{max}
normal capacity output 正常产能产出	YR_n
productivity at normal capacity 正常产能生产率	yr_n
Sraffa' s standard commodity of net outputs 斯拉法标准商品的净产出	YR_s
average depletion (depreciation or retirement) rate , depletion rate = Z/K (–1)平均损耗（折旧或退废）率、损耗率 =Z/K(–1)	z

① 偏离指的是货币工资的实际增长率超出由拟合曲线预测的增长率的部分，见表 14.3。——译者注

（续表）

含义	最终符号
aggregate current value of depletions of capital Stock（retirements or depreciation）总资本存量损耗总现值（退废或折旧）	Z
historical cost depletions 历史成本损耗	ZH
generic parameter 通用参数	α
generic parameter 通用参数	β
adjustment coefficient 调整系数	γ
classical distance measure 古典的距离量度	δ_c
Euclidean distance 欧几里得距离	δ_e
inventory change, total 存货变动，总量	ΔINV
inventory change, materials 存货变动，原料	ΔINV_A
inventory change, finished goods 存货变动，产成品	ΔINV_P
unplanned inventory change 非计划存货变动	ΔINV_u
inventory change, work in progress 存货变动，在产品	ΔINV_{WIP}
shocks representing effects of the turbulent equalization of demand/supply as well as of output/capacity 表现为对需求 / 供给以及产出 / 产能带来动荡均等化影响的冲击	ε
random error 随机误差	ϵ
sum of errors 误差和	η
liquidity premia（Panico）流动性溢价（帕尼科）	ϑ
capital per unit physical output , capital intensity 单位实物产出的资本、资本密集度	κ
capital margin = capital per unit sales 单位销售额资本增量 = 单位销售额资本	κ'
unit capital in banking , nominal capital per unit loan 银行单位资本、单位贷款名义资本	κ'_B
capital–output ratio at normal capacity utilization 正常产能利用率下的资本–产出比	κ_n
real fixed capital per loan at normal capacity 正常产能下单位贷款的实际固定资本	κr^f_B

（续表）

含义	最终符号
adjustment coefficient 调整系数	ψ
eigenvalue, characteristic root of a matrix 特征值，矩阵的特征根 ·	λ
units of money per labor hour, monetary equivalent of total labor time, ratio of sum of prices to sum of labor values 每劳动小时的货币单位、总劳动时间的货币等价物、价格总和与劳动价值总和之比	μ, μ'
total market prices/total labor value $\left(\frac{TPM}{TV}\right)$总市场价格 / 总劳动价值	$\bar{\mu}$
relative efficiency factor 相对效率因子	ξ
rate of inflation 通货膨胀率	π
retirement rate 退废率	ρ
vector of physical rates of surplus for each sector 各部门实物剩余率向量	ϱ
share of investment in profit , and growth utilization rate = I/P 利润中的投资份额、增长利用率 = I/P	σ'
liquidity premia (Panico) 流动性溢价（帕尼科）	ϑ_0, ϑ_K
profit share in net output 净产出中的利润份额	σ_P
normal profit share in net output 净产出中的正常利润份额	σ_{P_n}
proportion of property income to total personal income 财产收入占个人总收入的比例	σ_{PP}
corporate wage–profit ratio 公司企业工资–利润比	σ_{PW}
wage share in net output 净产出中的工资份额	σ_W
wage share as a function of profit rate 工资份额作为利润率的函数	$\sigma_W(r)$
throughput 产能	τ
index of tradable and nontradable prices 可贸易与非贸易价格指数	τ, τ^*
employment rate = 1 – u_L 就业率 = 1 – u_L	υ
cumulative probability distribution from above 累积概率分布	$\Phi(y)$
disturbance term =(1 + σ_i)/(1 + σ_j) 扰动项 =(1 + σ_i)/(1 + σ_j)	χ
total surplus product 总剩余产品	Ω
vector of surplus products 剩余产品向量	$\mathbf{\Omega}$
surplus product, gross 剩余产品，总量	Ω_G

参考文献

Agarwal, Bina, and Alessandro Vercelli. 2005. *Psychology, Rationality and Economic Behavior: Challenging Standard Assumptions*. Basingstoke, UK: Palgrave.

Agosin, Manuel R., and Diana Tussie. 1993. "Trade and Growth: New Dilemmas in Trade Policy—An Overview." In Manuel R. Agosin and Diana Tussie, eds., *Trade and Growth: New Dilemmas in Trade Policy*, ch. 1. New York: St. Martin's Press.

Ahiakpor, James C. 1995. "A Paradox of Thrift or Keynes's Misrepresentation of Savings in the Classical Theory of Growth?" *Southern Economics Journal* 62(1): 16–33.

Ahiakpor, James C. W. 1999. "Wicksell on the Classical Theories of Money, Credit, Interest and the Price Level: Progress or Retrogression." *American Journal of Economics & Sociology* 58(3): 435–457.

Aitchison, J., and J. A. C. Brown. 1957. *The Lognormal Distribution, with Special Reference to Its Uses in Economics*. Cambridge: Cambridge University Press.

Akerlof, George A. 2002. "Behavioral Macroeconomics and Macroeconomic Behavior." *American Economic Review* 92(3): 411–433.

Akerlof, George A., and Rachel E. Kranton. 2010. *Identity Economics: How Our Identities Shape Our Work, Wages, and Well-Being*. Princeton, NJ: Princeton University Press.

Akhtar, M. A. 1979. "An Analytical Outline of Sir James Steuart's Macroeconomic Model." *Oxford Economic Papers* 31(2): 283–302.

Alchian, Armen A. 1950. "Uncertainty, Evolution, and Economic Theory." *Journal of Political Economy* 58(3): 211–221.

Alchian, Armen A., and William R. Allen. 1969. *Exchange and Production Theory in Use*. Belmont, CA: Wadsworth.

Alexander, J. McKenzie. 2009. "Evolutionary Game Theory." In E. N. Zalta, ed., *Stanford Encyclopedia of Philosophy* (Fall 2009 Edition). http://plato.stanford.edu/entries/game-evolutionary/.

Allen, R. G. D., and A. L. Bowley. 1935. *Family Expenditures: A Study of Its Variation*. London: Staples Press.

Allen, William R. 1967. *International Trade Theory: Hume to Ohlin*. New York: Random House. Altman, Edward I., and Mary Jane McKinney, eds. 1986. *Handbook of Corpo-*

rate Finance. New York: John Wiley.

Amadeo, E. 1986. "The Role of Capacity Utilization in Long-Period Analysis." *Political Economy: Studies in the Surplus Approach* 2(2): 147–185.

AMECO, Annual Macro-Economic Database of the European Commission's Directorate General for Economic and Financial Affairs, http://europa.eu.int/comm/economy_finance/indicators/annual_macro_economic_database/ameco_contents.htm.

Amsden, Alice H. 1992. *Asia's Next Giant: South Korea and Late Industrialization*. New York: Oxford University Press.

Anderson, Elizabeth. 2000. "Beyond Homo Economicus: New Developments in Theories of Social Norms." *Philosophy and Public Affairs* 29(2): 170–200.

Andrews, Philip W. S. 1949. "A Reconsideration of the Theory of Individual Business." *Oxford Economic Papers*, n.s., 1(1): 54–89.

Andrews, Philip W. S. 1951. "Industrial Analysis in Economics—with Especial Reference to Marshallian Doctrine." In Fred Lee and Peter E. Earl, eds., *The Economics of Competitive Enterprise: Selected Essays of P. W. S. Andrews*, 123–158. London: Edward Elgar.

Andrews, P. W. S. 1964. *On Competition in Economic Theory*. London: Macmillan.

Angier, Natalie. 2002. "Why We're So Nice—We're Wired to Cooperate." http://www.nytimes.com/2002/07/23/science/why-we-re-so-nice-we-re-wired-to-cooperate.html.

Arena, Lise. 2006. "The Oxford Economists' Research Group: Towards an Empirical Approach to the Firm." Oxford University. http://www.nuffield.ox.ac.uk/General/Seminars/ Papers/460.pdf.

Ariely, Dan. 2008. *Predictably Irrational: The Hidden Forces That Shape Our Decisions*. New York: HarperCollins.

Armstrong, Philip, and Andrew Glyn. 1980. "The Law of the Falling Rate of Profit and Oligopoly: A Comment on Shaikh." *Cambridge Journal of Economics* 9(4): 69–70.

Arndt, S. W., and J. D. Richardson, eds. 1987. *Real Financial Linkages among Open Economies*. Cambridge, MA: MIT.

Arnon, Arie. 1984. "Marx's Theory of Money: The Formative Years." *History of Political Economy* 16(4): 555–575.

Arrow, Kenneth J., and Frank Hahn. 1971. *General Competitive Analysis*. San Francisco, CA: Holden-Day.

Arthur, W. Brian. 1994. *Increasing Returns and Path Dependence in the Economy*. Ann Arbor: University of Michigan Press.

Asimakopulos, A. 1983. "Kalecki and Keynes on Finance, Investment, and Saving." *Cambridge Journal of Economics* 7(3–4): 221–233.

Asimakopulos, A. 1991. *Keynes' General Theory and Accumulation*. Cambridge:

Cambridge University Press.

Atack, Jeremy, Fred Bateman, and Robert A. Margo. 2003. "Productivity in Manufacturing and the Length of the Working Day: Evidence from the 1880 Census of Manufactures." *Explorations in Economic History* 40(2): 170–194.

Auerbach, Paul, and Peter Skott. 1988. "Concentration, Competition and Distribution." *International Review of Applied Economics* 2(1): 42–61.

Australian Bureau of Statistics. 1998. "Direct Measurement of the Capital Stock." Paris: OECD, Statistics Directorate, National Accounts Division.

Ayres, Leonard P. 1939. *Turning Points in Business Cycles*. New York: Macmillan.

Bach, G. L. 1966. *Economics: An Introduction to Analysis and Policy*. New York: Prentice Hall.

Backhouse, Roger E. 2003. "Concentric Circles of Limits to the Rate of Accumulation: An Interpretation of Joan Robinson's Theory of Economic Dynamics." *Review of Political Economy* 15(4): 457–66.

Baghirathan, Ravi, Codrina Rada, and Lance Taylor. 2004. "Structuralist Economics: Worldly Philosophers, Models, and Methodology." *Social Research* 71(2): 305–326.

Bahçe, Serdal, and Benan Eres. 2012. "Competing Paradigms of Competition: Evidence from the Turkish Manufacturing Industry." *Review of Radical Political Economics*, published online, September 21, 2012, 1–25. http://rrp.sagepub.com/content/45/2/201.

Bain, Joe S. 1951. "Relation of Profit Rate to Industry Concentration: American Manufacturing, 1936–1940." *Quarterly Journal of Economics* 65(3): 293–324.

Bain, Joe S. 1956. *Barriers to New Competition*. Cambridge, MA: Harvard University Press.

Ball, Laurence, and N. Gregory Mankiw. 2002. "The NAIRU in Theory and Practice." *Journal of Economic Perspectives* 16(4): 115–136.

Baran, Paul A., and Paul M. Sweezy. 1966. *Monopoly Capital*. New York: Monthly Review Press.

Barbosa-Filho, Nelson H., and Lance Taylor. 2006. "Distributive and Demand Cycles in the US Economy—A Structuralist Goodwin Model." *Metroeconomica* 57(3): 389–411.

Barens, Ingo. 2000. "How to Construct IS and LM Curves in the Spirit of Hicks; or, Why We Do Not Need the Aggregate Demand Curve." In Warren Young and Ben Zion Zilberfarb, eds., *IS-LM and Modern Macroeconomics*, 57–131. Boston: Kluwer Academic Publishers.

Barger, Harold, and Sam H. Schurr. 1944. *The Mining Industries, 1899–1939: A Study of Output, Employment and Productivity*. New York: National Bureau of Economic Research.

Barro, R. J. 1984. *Macroeconomics*. New York: John Wiley.

BEA. 1966. "Long Term Economic Growth, 1860–1965." Washington, DC: US Department of Commerce, Bureau of Economic Analysis.

Bartlett, B. (2010). How deficit hawks could derail the recovery. *Forbes,* August 1.

BEA. 1970. *Readings in concepts and methods of national income statistics*. Washington, DC. US Department of Commerce, Bureau of Economic Analysis.

BEA. 1977. *Fixed Reproducible Tangible Wealth in the United States, 1925–70*. Washington, DC: US Government Printing Office, US Department of Commerce.

BEA. 1993. *Fixed Reproducible Tangible Wealth in the United States*, 1925–89. Washington, DC: US Department of Commerce, Bureau of Economic Analysis.

BEA. 2003. *Fixed Assets and Consumer Durable Goods in the United States, 1925–97*. Washington, DC: US Department of Commerce, Bureau of Economic Analysis.

BEA. 2006. "A Guide to the National Income and Product Accounts of the United States." Bureau of Economic Analysis. http://www.bea.gov/national/pdf/nipaguid.pdf.

BEA. 2008. "Concepts and Methods of the U.S. National Income and Product Accounts," Washington, DC: Bureau of Economic Analysis.

BEA. 2009. "Table 6.16A. Corporate Profits by Industry." Washington, DC: Bureau of Economic Analysis.

BEA. 2011. "Fixed Asset Tables 6.1–6.8" Washington, DC: Bureau of Economic Analysis. Beaulieu, J. Joseph, and Joe Mattey. 1998. "The Workweek of Capital and Capital Utilization in Manufacturing." *Journal of Productivity Analysis* 10: 199–223.

Becchio, Giandomenica. 2009. *Ethics and Economics in Karl Menger*. Bingley, UK: Emerald Group.

Becker, Gary S. 1962. "Irrational Behavior and Economic Theory." *Journal of Political Economy* 70: 1–13.

Becker, Gary S. 1981. *Treatise on the Family*. Cambridge, MA: Harvard University Press.

Becker, Gary S. 1987. "Family." In John Eatwell, Murray Milgate, and Peter Newman, eds., *The New Palgrave: A Dictionary of Economics*, 281–286. London: Macmillan.

Beckerman, Paul. 1995. "Central-Bank 'Distress' and Hyperinflation in Argentina, 1989–90." *Journal of Latin American Studies* 27(3): 663–682.

Beckerman, W. 1968. *An Introduction to National Income Analysis*. London: Weidenfeld and Nicolson.

Bell, Stephanie A. 2000. "Do Taxes and Bonds Finance Government Spending?" *Journal of Economic Issues* 34(3): 603–620.

Bell, Stephanie A. 2001. "The Role of the State and the Hierarchy of Money." *Cambridge Journal of Economics* 25(2): 149–163.

Bell, Stephanie A., and Edward J. Nell, eds. 2003. *The State, the Market and the Euro: Chartalism vs. Metallism in the Theory of Money*. Cheltenham, UK: Edward Elgar.

Bellofiore, Riccardo. 2001. "Monetary Analyses in Sraffa's Writings: A Comment on Panico." In Terenzio Cozzi and Roberto Marchionatti, eds., *Piero Sraffa's Political Economy: A Centenary Estimate*, 362–376. London: Routledge.

Berryman, Alan A. 1992. "The Origins and Evolution of Predator-Prey Theory." *Ecology* 73(5): 1530–1535.

Beynon, Huw. 1978. "Controlling the Line." In Tom Clarke and Laurie Clements, eds., *Trade Unions under Capitalism*, 236–259. New York: Humanities Press.

Bhaduri, Amit. 1969. "On the Significance of Recent Controversies on Capital Theory: A Marxian View." *Economic Journal* 79(315): 532–539.

Bhagwati, Jagdish. 2002. *Free Trade Today: Functions and the Explanation of Wages*. Princeton, NJ: Princeton University Press.

Bhattacharjea, Aditya. 1987. "Keynes and the Long-Period Theory of Employment: A Note." *Cambridge Journal of Economics* 11: 275–284.

Bidard, Christian, and Tom Schatteman. 2001. "The Spectrum of Random Matrices." *Economic Systems Research* 13(3): 289–298.

Bienenfeld, Mel. 1988. "Regularities in Price Changes as an Effect of Changes in Distribution." *Cambridge Journal of Economics* 12(2): 247–255.

Binmore, Ken. 2007. *Game Theory: A Very Short Introduction*. Oxford: Oxford University Press. Bishop, R. L. 1948. "Cost Continuities, Declining Costs, and Marginal Analysis." *American Economic Review* 38: 607–617.

Black, R. D. Collison. 1990. "Utility." In Murray Milgate, edited by John Eatwell and Peter Newman, *The New Palgrave: Marxian Economics*, 776–779. London: Macmillan.

Blanchard, Olivier. 2000. *Macroeconomics*. Upper Saddle River, NJ: Prentice Hall.

Blanchard, Olivier, and Lawrence F. Katz. 1997. "What We Know and Do Not Know about the Natural Rate of Unemployment." *Journal of Economic Perspectives* 11(1): 51–72.

Blanchflower, David G., and Andrew J. Oswald. 1994. *The Wage Curve*. Cambridge, MA, and London: MIT Press.

Blecker, Robert A. 1997. "Policy Implications of the International Savings–Investment Correlation." In Robert Pollin, ed., *The Macroeconomics of Savings, Finance, and Investment*, 173–229. Ann Arbor: University of Michigan Press.

Blecker, Robert A. 2011. "Open Economy Models of Distribution and Growth." In Eckhard Hein and Engelbert Stockhammer, eds., *A Modern Guide to Keynesian Macroeconomics and Economic Policies*, 215–239. Cheltenham, UK: Edward Elgar.

BLS. 2001. "How the Government Measures Unemployment." US Department of Labor, Bureau of Labor Statistics. http://www.bls.gov/.

BLS. 2008. "Weekly and Hourly Earnings Data from the Current Population Survey." US

Bureau of Labor Statistics. http://data.bls.gov/.

Bolotova, Yuliya V. 2009. “Cartel Overcharges: An Empirical Analysis.” *Journal of Economic Behavior & Organization* 70(1–2): 321–341.

Bonacich, Edna. 1998. “Latino Immigrant Workers in the Los Angeles Apparel Industry.” *New Political Science* 20(4): 459–73.

Bordo, Michael D. 1981. “The Classical Gold Standard: Some Lessons for Today.” *Federal Reserve Bank of St. Louis Economic Quarterly*, 63(5), 2–16.

Bordo, Michael. 1992. “The Bretton Woods International Monetary System: An Historical Appraisal.” National Bureau of Economic Research. Working Paper No. 4033.

Botwinick, Howard. 1993. *Persistent Inequalities: Wage Disparities under Capitalist Competition*. Princeton, NJ: Princeton University Press.

Bowler, Tim. 2013. “Indians Struggle with Higher Prices and Fewer Jobs.” May 30, BBC News. http://www.bbc.co.uk/news/business-22718010.

Bowles, Samuel. 2004. *Microeconomics: Behavior, Institutions, and Evolution*. New York: Russell Sage Foundation.

Boyle, Robert.: 1662, A Defence of the Doctrine Touching the Spring and Weight of the Air, Proposed by Mr. R. Boyle in his New Physico-Mechanical Experiments; Against the Objections of Franciscus Linus, wherewith the Objector's Funicular Hypothesis is also Examined. Oxford.

Braham, Lewis. 2001. “The Business Week 50.” *Business Week*, March 23.

Braverman, H. 1974. *Labor and Monopoly Capital*. New York: Monthly Review Press.

Brenner, Robert. 1998. “The Economics of Global Turbulence.” *New Left Review* 1(229): 1–264.

Bresnahan, Timothy F. 1989. “Empirical Studies of Industries with Market Power.” In Richard Schmalensee and Robert D. Willig, eds., *Handbook of Industrial Organization*, 1011–1057. Amsterdam: North-Holland.

Brigham, Eugene F., and Joel F. Houston. 1998. *Fundamentals of Financial Management*. Mason, OH: Thomson South-Western.

Brody, Andras. 1997. “The Second Eigenvalue of the Leontief Matrix.” *Economic Systems Research* 9(3): 253–258.

Bronson, Bob. 2007. “Why the Stock Market P/E is Declining to 10.” http://www.marketoracle.co.uk/Article2297.html.

Brozen, Yale. 1971. “Bain's Concentration and Rates of Return Revisited.” *Journal of Law and Economics* 14: 351–369.

Brumm, Harold J. 2005. “Inflation: A Re-examination of the Modern Quantity Theory's Linchpin Prediction.” *Southern Economics Journal* 71(3): 661–667.

Brunner, Elizabeth. 1952a. “Competition and the Theory of the Firm: Part I, The Theory of

Demand and Costs." *Economia Internazionale* 5: 509–522.

Brunner, Elizabeth. 1952b. "Competition and the Theory of the Firm: Part II, Price Determination and the Working of Competition." *Economia Internazionale* 5: 727–744.

Brush, Stephen G. 1985. "Kinetic Theory." In Robert M. Besancon, ed., *The Encyclopedia of Physics*, 634–638. New York: Van Nostrand Rheinhold Co.

Bryce, David J., and Jeffrey H. Dyer. 2007. "Strategies to Crack Well-Guarded Markets." *Harvard Business Review*, 85(5): 84–92. https://hbr.org/2007/05/strategies-to-crack-well-guarded-markets.

Calmfors, Lars, and Michael Hoel. 1989. "Work Sharing, Employment, and Shiftwork." *Oxford Economic Papers* 41(4): 758–773.

Camerer, Colin F. 1997. "Progress in Behavioral Game Theory." *Journal of Economic Perspectives* 11(4): 167–188.

Campbell, John. 1991. "A Variance Decomposition for Stock Returns." *Economic Journal* 101(March): 157–179.

Cannan, Edwin. 1925. "Review: *The State Theory of Money*, by Georg Friedrich Knapp." *Economica* 14: 212–216.

Canterbery, E. Ray. 2001. *A Brief History of Economics: Artful Approaches to the Dismal Science*. Singapore: World Scientific.

Capie, Forrest H. 1991. *Major Inflations in History*. Aldershot, UK: Edward Elgar.

Capie, Forrest, and Geoffrey Wood. 1997. "Great Depression of 1873–1896." In David Glasner and Thomas F. Cooley, eds., *Business Cycles and Depressions: An Encyclopedia*, 148–149. New York: Garland Publishing.

Card, David. 1995. "The Wage Curve: A Review." *Journal of Economic Literature* 33: 785–799.

Castle, Stephen. 2011. "In Debt Crisis, a Silver Lining for Germany." *New York Times*, November 24. http://www.nytimes.com/2011/11/25/business/global/german-bond-windfall-may-be-ending-with-euro-crisis.html.

Charles, Jacques Alexandre César (1787): unpublished work credited by Gay-Lussac (1802)

Chai, Sun-Ki. 2005. "Rational Choice: Positive, Normative, and Interpretive." *asa05_proceeding_22402*.

Chamberlin, Edward H. 1933. *The Theory of Monopolistic Competition*. Cambridge, MA: Harvard University Press.

Chandrasekhar, C. P. 2013. "Role and Limits of Credit Finance in China: Is China Changing?" *The Hindu*, February 1.

Chang, Ha-Joon. 2002a. *Kicking Away the Ladder: Development Strategy in Historical Perspective*. London: Anthem Press.

Chang, Ha-Joon. 2002b. "Kicking Away the Ladder." *Post-autistic Economics Review*,

15(3). http:// www.paecon.net/PAEReview/issue15/Chang15.htm.

Chatterjee, Partha. 2013. "Subaltern Studies and Capital." *Economic & Political Weekly (EPW)* 48(37): 69–75.

Chernomas, Robert and Fletcher Baragar. 2011. "From Growth Stagnation to Financial Crisis: Unproductive Labor as a Missing Link in Mainstream Theory," in Paul Zarembka and Radhika Desai, *Research in Political Economy*. Bingley, 48, U.K.: Emerald Group48, 65–80.

Chibber, Vivek. 2003. *Locked in Place: State-Building and Late Industrialization in India*. Princeton, NJ: Princeton University Press.

Chibber, Vivek. 2014. "Revisiting Subaltern Studies." *Economic & Political Weekly (EPW)* 49(9): 82–85.

Chilcote, Edward. 1997. "Interindustry Structure, Relative Prices, and Productivity: An Input-Output Study of the U.S. and O.E.C.D. Countries." PhD diss., New School for Social Research.

Chiodi, Guglielmo, and Leonardo Ditta, eds. 2008. *Sraffa or an Alternative Economics*. Houndsmill, Basingstoke, UK: Palgrave Macmillan.

Christensen, L. R., and D. W. Jorgenson. 1969. "The Measurement of US Real Capital Input, 1929–1967." *Review of Income and Wealth* 15(4): 293–320.

Christodoulopoulos, George. 1995. "International Competition and Industrial Rates of Return." PhD diss., New School for Social Research.

Ciocca, Pierluigi, and Giangiacomo Nardozzi. 1996. *The High Price of Money: An Interpretation of World Interest Rates*. Oxford: Clarendon Press.

Cirillo, Renato. 1980. "The 'Socialism' of Léon Walras and His Economic Thinking." *American Journal of Economics and Sociology* 39(3): 295–303.

Clark, John Bates. 1891. "Distribution as Determined by a Law of Rent." *Quarterly Journal of Economics* 5: 229–318.

Clifton, James A. 1977. "Competition and the Evolution of the Capitalist Mode of Production." *Cambridge Journal of Economics* 1(2): 137–151.

Clifton, James A. 1983. "Administered Prices in the Context of a Capitalist Development." *Contributions to Political Economy* 2(March): 23–38.

Clower, Robert W. 1965. "The Keynesian Counterrevolution: A Theoretical Appraisal." In Frank H. Hahn and F. P. R. Brechling, eds., *The Theory of Interest Rates*, 103–125. London: Macmillan.

Cockburn, Ian, and Murray Frank. 1992. "Market Conditions and Retirement of Physical Capital: Evidence from Oil Tankers." National Bureau of Economic Research Working Paper No. 4194.

Cockshott, Paul. 2009. "Hilbert Space Models Commodity Exchanges." In Peter Bruza,

Donald Sofge, William Lawless, Keith van Rijsbergen, and Matthias Klusch, *Quantum Interaction*, 299–307. Berlin and Heidelberg: Springer.

Cockshott, W. Paul, and Allin Cottrell. 1997. "Labour Time versus Alternative Value Bases: A Research Note." *Cambridge Journal of Economics* 21(4): 545–549.

Cockshott, W. Paul, and Allin Cottrell. 1998. "Does Marx Need to Transform?" In Ricardo Bellofiore, ed., *Marxian Economics: A Reappraisal: Essays on Volume III of Capital*, 70–85. London: Macmillan.

Cockshott, W. Paul, and Allin Cottrell. 2005. "Robust Correlations between Prices and Labour Values: A Comment." *Cambridge Journal of Economics* 29(2): 309–316.

Coetzee, J. M. [1983] 1985. *Life and Times of Michael K*. London: Penguin Books.

Cohen, Gerald Allen. 1978. *Karl Marx's Theory of History: A Defence*. Princeton, NJ: Princeton University Press.

Cohen, Jerome B., Edward D. Zinbarg, and Arthur Zeikel. 1987. *Investment Analysis and Portfolio Management*. Homewood, IL: Irwin.

Cohen, Michael A. 2012. *Argentina's Economic Growth and Recovery: The Economy in a Time of Default*. London: Routledge.

Cohen-Mitchell, Tim. 2000. "Community Currencies at a Crossroads: New Ways Forward." New Village Press. http://www.ratical.org/many_worlds/cc/cc@Xroads.html.

Colander, David. 1996. "The Macrofoundations of Micro." In David Colander, ed., *Beyond Microfoundations: Post Walrasian Macroeconomics*, 57–70. Cambridge: Cambridge University Press.

Conard, Joseph W. 1959. *An Introduction to the Theory of Interest*. Berkeley: University of California Press.

Conlisk, John. 1996. "Why Bounded Rationality?" *Journal of Economic Literature* 34(2): 669–700.

Cooray, Arusha. 2002. "The Fisher Effect: A Review of the Literature." Unpublished paper, Macquarie University.

Corrado, Carol, and Joe Mattey. 1997. "Capacity Utilization." *Journal of Economic Perspectives* 11(1): 151–167.

Damodaran, Aswath. 2001. *Corporate Finance: Theory and Practice*. New York: Wiley.

Darlin, Damon. 2006. "Dell's World Isn't What It Used to Be: The Old Price-War Tactic May Not Faze Rivals Now." *New York Times* (Sunday), Saturday, May 13. http://query.nytimes.com/gst/fullpage.html?res=9F05E5DB143EF930A25756C0A9609C8B63

David, Paul A. 2001. "Path Dependence, Its Critics and the Quest for 'Historical Economics.'" In P. Garrouste and S. Ioannides, eds., *Evolution and Path Dependence in Economic Ideas: Past and Present*, 15–40. Cheltenham, UK: Edward Elgar.

Davidson, Paul. 1991. "Is Probability Theory Relevant for Uncertainty? A Post Keynesian

Perspective." *Journal of Economic Perspectives* 5(1): 129–143.

Davidson, Paul. 2000. "There Are Major Differences between Kalecki's Theory of Employment and Keynes's General Theory of Employment Interest and Money." *Journal of Post Keynesian Economics* 23(1): 3–25.

Davidson, Paul. 2005. "The Post Keynesian School." In Brian Snowdon and Howard R. Vane, eds., *Modern Macroeconomics: Its Origins, Development and Current State*, 451–473. Cheltenham, UK: Edward Elgar.

Davies, Glyn. 1996. *A History of Money from Ancient Times to the Present Day*. Cardiff: University of Wales Press.

Davies, Glyn. 2002. *A History of Money from Ancient Times to the Present Day*. Cardiff: University of Wales Press.

Davies, Howard. 2012. "Economics in Denial." August 22, Project Syndicate. http://www.project-syndicate.org/commentary/economics-in-denial-by-howard-davies.

Davies, Roy, and Glyn Davies. 2002. "A Comparative Chronology of Money: Monetary History from Ancient Times to the Present Day." http://projects.exeter.ac.uk/RDavies/arian/ amser/chrono.html.

Davis, Timothy. 2005. *Ricardo's Macroeconomics: Money, Trade Cycles and Growth*. New York: Cambridge University Press.

de Cecco, Marcello. 1993. "Piero Sraffa's 'Monetary Inflation in Italy during and after the War': An Introduction." *Cambridge Journal of Economics* 17(1): 1–5.

Delli Gatti, Domenico, Edoardo Gaffeo, Mauro Gallegati, Gianfranco Giulioni, and Antonio Palestrini. 2008. *Emergent Macroeconomics: An Agent-Based Approach to Business Fluctuations*. New York: Springer.

De Masi, P. 1997. "IMF Estimates of Potential Output: Theory and Practice." IMF Working Paper WP/97/177.

Demsetz, Harold. 1973a. "Industry Structure, Market Rivalry, and Public Policy." *Journal of Law and Economics* 16: 1–9.

Demsetz, Harold. 1973b. *The Market Concentration Doctrine: An Examination of Evidence and Discussion of Policy*. Washington, DC: American Enterprise Institute and Hoover Institution.

Denison, Edward F. 1993. "Robert J. Gordon's *Concept of Capital*." *Review of Income and Wealth* 39(1): 89–102.

Deraniyagala, Sonali, and Ben Fine. 2000. "New Trade Theory versus Old Trade Policy: A Continuing Enigma." School of Oriental and African Studies (SOAS), University of London.

Dernburg, Thomas F. 1989. *Global Macroeconomics*. New York: Harper and Row.

Desai, Meghnad. 1975. "The Phillips Curve: A Revisionist Interpretation." *Economica*

42(165): 1–19.

Desai, Meghnad, Brian Henrya, Alexander Mosleya, and Malcolm Pemberton. 2006. "A Clarification of the Goodwin Model of the Growth Cycle." *Journal of Economic Dynamics & Control* 30(12): 2661–2670.

Dhawan, Rajeev. 2001. "Firm Size and Productivity Differential: Theory and Evidence from a Panel of US Firms." *Journal of Economic Behavior & Organization* 44: 269–293.

Díaz, Emilio, and Rubén Osuna. 2009. "From Correlation to Dispersion: Geometry of the PriceValue Deviation." *Empirical Economics* 36(2): 427–440.

Diewert, W. Erwin. 1987. "Index Numbers." In John Eatwell, Murray Milgate, and Peter Newman, eds., *The New Palgrave: A Dictionary of Economics*, 765–779. London: Macmillan.

Dimand, Robert W. 2000. "Macroeconomics without IS-LM: A Counterfactual." In Warren Young and Ben Zion Zilberfarb, eds., *IS-LM and Modern Macroeconomics*, 122–131. Boston: Kluwer Academic Publishers.

Dittmar, Amy K., and Robert F. Dittmar. 2004. "Stock Repurchase Waves: An Explanation of the Trends in Aggregate Corporate Payout Policy." Working Paper, University of Michigan, Ross School of Business.

Dobb, Maurice. 1973. *Theories of Value and Distribution since Adam Smith*. Cambridge: Cambridge University Press.

Dodds, J. C., and J. L. Ford. 1992. *Expectations, Uncertainty, and the Term Structure of Interest Rates*, Aldershot, UK: Gregg Revivals.

Dornbusch, Rudiger. 1976. "Expectations and Exchange Rate Dynamics." *Journal of Political Economy* 84(6): 1161–1176.

Dornbusch, Rudiger. 1988. "Real Exchange Rates and Macroeconomics: A Selective Survey." National Bureau of Economic Research Working Paper 2775. http://www.nber.org/ papers/w2775.

Dosi, Giovanni, Giorgio Fagiolo, Roberta Aversi, Mara Meacci, and Claudia Olivetti. 1999. "Cognitive Processes, Social Adaptation and Innovation in Consumption Patterns: From Stylized Facts to Demand Theory." In Sheila C. Dow and Peter E. Earl, eds., *Economic Organization and Economic Knowledge: Essays in Honour of Brian J. Loasby*, 353–408. Cheltenham, UK: Edward Elgar.

Dosi, Giovanni, Luc Soete, and Keith Pavitt, eds. 1990. *The Economics of Technical Change and International Trade*. New York: New York University Press.

Douglas, Paul. 1976. "The Cobb-Douglas Production Function Once Again: Its History, Its Testing, and Some Empirical Values." *Journal of Political Economy* 84: 903–915.

Downward, Paul, and Frederic Lee. 2001. "Post Keynesian Pricing Theory 'Reconfirmed'?

A Critical Review of 'Asking about Prices.'" *Journal of Post Keynesian Economics* 23(3): 465–483.

Dragulescu, Adrian A., and Victor M. Yakovenko. 2001. "Evidence for the Exponential Distribution of Income in the USA." *European Physical Journal B* 20: 585–589.

Dragulescu, Adrian A., and Victor M. Yakovenko. 2002. "Statistical Mechanics of Money, Income and Wealth: A Short Survey." *arXiv:cond-mat/0211175*, 1: 1–4.

Duménil, Gérard, and Dominique Lévy. 1990. "Convergence to Long-Period Positions: An Addendum." *Political Economy* 6(1–2): 265–278.

Duménil, Gérard, and Dominique Lévy. 1993. *The Economics of the Profit Rate*. Aldershot, UK: Edward Elgar.

Duménil, Gérard, and Dominique Lévy. 1994. "The Three Dynamics of the Third Volume of Marx's Capital." Unpublished paper, University of Bergamo.

Duménil, Gérard, and Dominique Lévy. 1995a. "A Post-Keynesian Long-Term Equilibrium with Equalized Profit Rates? A Rejoinder to Amitava Dutt's Synthesis." *Review of Radical Political Economics* 27(2): 135–141.

Duménil, Gérard, and Dominique Lévy. 1995b. "A Stochastic Model of Technical Change: An Application to the US Economy." *Metroeconomica* 46(3): 213–245.

Duménil, Gérard, and Dominique Lévy. 1999. "The Classical-Marxian Evolutionary Model of Technical Change." URPE Session at the ASSA meetings.

Duménil, Gérard, and Dominique Lévy. 2000. "The Conservation of Value: A Rejoinder to Alan Freeman." *Review of Radical Political Economics* 21(3): 7–12.

Duménil, Gérard, and Dominique Lévy. 2004. "The Real and Financial Components of Profitability (United States, 1952–2000)."*Review of Radical Political Economics* 36(1): 82–110.

Dutt, Amitava K. 1987. "Competition, Monopoly Power and the Uniform Rate of Profit." *Review of Radical Political Economics* 19(4): 55–72.

Dutt, Amitava Krishna. 1991–1992. "Expectations and Equilibrium: Implications for Keynes, the neo-Ricardian Keynesians, and the Post Keynesians." *Journal of Post Keynesian Economics* 14(2): 205–224.

Dutt, Amitava K. 1995. "Monopoly Power and Uniform Rates of Profit: A Reply to Glick-Campbell and Dumenii-Levy." *Review of Radical Political Economics* 27(2): 142–153.

Dutt, Amitava Krishna. 1997. "Equilibrium, Path Dependence and Hysteresis in Post-Keynesian Models." In Phillip Arestis, Gabriel Palma, and Malcolm Sawyer, eds., *Capital Controversy, Post-Keynesian Economics and the History of Economic Thought: Essays in Honour of Geoff Harcourt*, 238–253. London: Routledge.

Dybvig, Philip H., and Stephen A. Ross. 1992. "Arbitrage." In J. Eatwell, M. Milgate, and P. Newmand, eds., *The New Palgrave Dictionary of Money and Finance*, 1:43–50. New

York: Palgrave Macmillan.

Eatwell, John. 1981. "Competition." In I. Bradley and M. Howard, eds., *Classical and Marxian Political Economy: Essays in Memory of Ronald Meek*, 23–46. London: Macmillan.

Ebeling, Richard M. 1999. "Knut Wicksell, and the Classical Economists on Money, Credit, Interest and Price Level: A Comment on Ahiakpor." *American Journal of Economics & Sociology* 58(3): 471–479.

Edgeworth, F. Y. (1881). *Mathematical Psychics: An Essay on the Application of Mathematics to the Moral Sciences.* London: Kegan Paul.

Edwards, Harold R. 1962. *Competition and Monopoly in the British Soap Industry.* Oxford: Clarendon Press.

Eichner, Alfred S. 1973. "A Theory of the Determination of the Mark-up under Oligopoly." *Economic Journal* 83(332): 1184–1200.

Eichner, Alfred S., and J. A. Kregel. 1975. "An Essay on Post-Keynesian Theory: A New Paradigm in Economics." *Journal of Economic Literature* 13(4): 1293–1314.

Eisinger, Jesse. 2013. "Why Fund Managers May Be Right about the Fed." *New York Times*, May 15.

Eisner, Robert. 1988. "Extended Accounts for National Income and Product." *Journal of Economic Literature* 26(12): 1611–1684.

Eiteman, Wilford J., and Glenn E. Guthrie. 1952. "The Shape of the Average Cost Curve." *American Economic Review* 42(5): 832–838.

Eltis, W. 1984. *The Classical Theory of Economic Growth*. New York: St. Martin's Press.

Eltis, Walter. 1987. "Harrod-Domar Growth Model." In John Eatwell, Murray Milgate, and Peter Newman, eds., *New Palgrave: A Dictionary of Economics*, 602–604. London: Macmillan.

Elton, Edwin J., and Martin J. Gruber. 1991. *Modern Portfolio Theory and Investment Analysis*. New York: John Wiley.

Elton, Edwin J., Martin J. Gruber, Stephen J. Brown, and William N. Goetzmann. 2003. *Modern Portfolio Theory and Investment Analysis*. New York: John Wiley.

Emmanuel, Arghiri. 1972. *Unequal Exchange: A Study in the Imperialism of Trade*. New York: Monthly Review Press.

Enders, Walter. 2004. *Applied Econometric Time Series*. Hoboken, NJ: John Wiley.

Engel, Charles. 1999. "Long-Run PPP May Not Hold After All." Unpublished paper, University of Washington and NBER.

Engels, Frederick. 1967. "Preface." In Karl Marx, *Capital: Volume III*, 1–21. New York: International Publishers.

Epstein, Joshua M. 2007. "Remarks on the Foundations of Agent-Based Generative Social

Science." In Joshua M. Epstein, *Generative Social Science: Studies in Agent-Based Computational Modeling*, 50–71. Princeton, NJ: Princeton University Press.

Erlich, Alexander. 1967. "Notes on the Marxian Model of Capital Accumulation." *American Economic Review* 57(2): 599–615.

Evans-Pritchard, Ambrose. 2009. "China Warns Federal Reserve over 'Printing Money.'" *Daily Telegraph*, May 24.

Fabozzi, Frank J. 2000a. "Bond Pricing and Return Measures." In Frank J. Fabozzi, ed., *The Handbook of Fixed Income Securities*, 51–84. New York: McGraw-Hill.

Fabozzi, Frank J. 2000b. *Bond Markets, Analysis and Strategies*. Upper Saddle River, NJ: Prentice Hall.

Fair, Ray C. 2000. "Testing the Nairu Model for the United States." *Review of Economics and Statistics* 82(1): 64–71.

Farjoun, Emmanuel, and Moshe Machover. 1983. *Laws of Chaos: A Probabilistic Approach to Political Economy*. London: Verso.

Farmer, J. Doyne. 2013. "Hypotheses non fingo: Problems with the Scientific Method in Economics." *Journal of Economic Methodology* 20(4): 377–385.

Farnham, Alan. 1989. "What Milken Means." *Fortune Magazine*, April 24: 16–7.

Felipe, Jesus, and Gerard F. Adams. 2001. "'A Theory of Production': The Estimation of the Cobb-Douglas Function, a Retrospective View." *Eastern Economic Journal* 31(3): 427–445.

Felipe, Jesus, and Franklin M. Fisher. 2003. "Aggregation in Production Functions: What Applied Economists Should Know." *Metroeconomica* 54(May): 208–262.

Felipe, Jesus, and John S. L. McCombie. 2003. "Some Methodological Problems with the Neoclassical Analysis of the East Asian Miracle." *Cambridge Journal Economics* 27(5): 695–721.

Feller, William. 1957. An Introduction to Probability Theory and Its Applications. New York: Wiley.

Fetherston, Martin J., and Wynne A. H. Godley. 1978. "'New Cambridge' Macroeconomics and Global Monetarism: Some Issues in the Conduct of U.K. Economic Policy." In Karl Brunner and Allan H. Meltzer, eds., *Carnegie-Rochester Conference Series*, 33–65. Amsterdam: NorthHolland.

Fine, Ben, Costas Lapavitsas, and Alfredo Saad-Filho. 2004. "Transforming the Transformation Problem: Why the 'New Interpretation' Is a Wrong Turning." *Review of Radical Political Economics* 36(1): 3–19.

Fisher, Franklin. M. 1969. "The Existence of Aggregate Production Functions." *Econometrica* 37(4): 553–577.

Fisher, Franklin M. 1971. "Aggregation Production Functions and the Explanation of

Wages: A Simulation Experiment." *The Review of Economics and Statistics*, LIII(4), 305–325.

Fisher, Franklin M. 2005. "Aggregate Production Functions—A Pervasive, But Unpersuasive, Fairytale." *Eastern Economic Journal* 31(3): 489–491.

Fixler, Dennis J., Marshall B. Reinsdorf, and Shaunda Villones. 2010. "Measuring the Services of Commercial Banks in the NIPA." In Irving Fisher Committee on Central Bank Statistics, ed., IFC's Contribution to the 57th ISI Session, Durban, 346–349. Basel: Bank for International Settlements (BIS).

Flamant, Maurice, and Singer-Kerel. 1970. *Modern Economic Crises*. London: Barrie & Jenkins.

Flaschel, Peter. 2010. *Topics in Classical Micro-and Macroeconomics: Elements of a Critique of Neoricardian Theory*. Heidelberg: Springer.

Flaschel, Peter, and Peter Skott. 2006. "Steindlian Models of Growth and Stagnation." *Metroeconomica* 57(3): 303–338.

Foley, Duncan. 1983. "On Marx's Theory of Money." *Social Concept* 1(1): 5–19.

Foley, Duncan K. 1985. "Say's Law in Marx and Keynes." *Cahiers d'Economie Politique* 10/11: 183–194.

Foley, Duncan. 1986. *Understanding Capital*. Cambridge, MA: Harvard University Press.

Foley, Duncan K. 1988. "A Microeconomic Model of Banking and Credit." In Bruno Jossa and Carlos Panico, eds., *Teorie Monetarie e Banche Centrali*, 11–29. Naples: Linguori Editore.

Foley, Duncan K. 1999. "Simulating Long-Run Technical Change." Unpublished paper, New School University.

Foley, Duncan K. 2000. "Recent Developments in the Labor Theory of Value." *Review of Radical Political Economics* 32(1): 1–39.

Foley, Duncan K., and Thomas R. Michl. 1999. *Growth and Distribution*. Cambridge, MA: Harvard University Press.

Foner, Philip S. 1955. *History of the Labor Movement in the United States*. Vol. 2: *From the Founding of the American Federation of Labor to the Emergence of American Imperialism*. New York: International Publishers.

Fongemie, Claude A. 2005. "A Note on Fisher's Equation and Keynes's Liquidity Hypothesis." *Journal of Post Keynesian Economics* 27(4): 621–632.

Fontana, Guiseppe. 2003. "Post Keynesian Approaches to Endogenous Money: A Time Framework Explanation." *Review of Political Economy* 15(3): 291–314.

Ford, J. L., and T. Stark. 1967. *Long and Short-Term Interest Rates: An Econometric Study*. New York: Augustus M. Kelley.

Forni, Mario, and Marco Lippi. 1997. *Aggregation and the Microfoundations of Dynamic*

Macroeconomics. Oxford: Clarendon Press.

Foss, Murray F. 1963. "The Utilization of Capital Equipment: Postwar Compared with Prewar." *Survey of Current Business* 43: 8–16.

Foster, John Bellamy, Robert W. McChesney, and R. Jamil Jonna. 2011. "Monopoly and Competition in Twenty-First Century Capitalism." *Monthly Review* 62(11): 1–39.

Foster, Lucia, John Haltiwanger, and Chad Syverson. 2005. "Reallocation, Firm Turnover, and Efficiency: Selection on Productivity or Profitability?" National Bureau of Economic Research Working Paper 11555.

Francis, J. C. 1993. *Management of Investments*. New York: McGraw-Hill.

Franke, Reiner. 1988. "Integrating the Financing of Production and a Rate of Interest into Production Price Models." *Cambridge Journal Economics* 12: 267–271.

Fraumeni, Barbara M. 1997. "The Measurement of Depreciation in the U.S. National Income and Product Accounts." *Survey of Current Business*, July, 77(7): 7–21.

Frenkel, J. A., and M. S. Khan. 1993. "The International Monetary Fund's Adjustment Policies and Economic Development." In D. K. Das, ed., *International Finance: Contemporary Issues,* 86–100. London: Routledge.

Friedman, Benjamin. 1988. "Lessons on Monetary Policy from the 1980s." *Journal of Economic Perspectives* 2(3): 51–72.

Friedman, Benjamin J. 1991. "U.S. Fiscal Policy in the 1980's: Consequences of Large Budget Deficits at Full Employment." In J. M. Rock, ed., *Debt and the Twin Deficits Debate*. Mountain View, 149. CA: Mayfield.

Friedman, Benjamin. 2002. "Globalization: Stiglitz's Case." *New York Review of Books*, August 15. http://www.nybooks.com/articles/archives/2002/aug/15/globalization-stiglitzscase/.

Friedman, Milton. 1955. "Leon Walras and His Economic System." *American Economic Review* 45(5): 900–909.

Friedman, Milton. 1956. "The Quantity Theory of Money: A Restatement." In Milton Friedman, *Studies in the Quantity Theory of Money*, 3–21. Chicago: University of Chicago Press.

Friedman, Milton. 1959. "The Demand for Money: Some Theoretical and Empirical Results." *Journal of Political Economy* 67(4): 327–351.

Friedman, Milton. 1966. "Interest Rates and the Demand for Money." *Journal of Law and Economics* 9: 71–85.

Friedman, Milton. 1968. "The Role of Monetary Policy." *American Economic Review* 58(1): 1–17.

Friedman, Milton. 1977. "Nobel Lecture: Inflation and Unemployment." *Journal of Political Economy* 85(3): 451–472.

Friedman, Milton, and Rose Friedman. 1980. *Free to Choose*. Harmondsworth, UK: Penguin.

Friedman, Milton, and Rose Friedman. 2004. "The Case for Free Trade." In *Globalization and World Capitalism: A Debate*. Washington, D.C.: Cato Institute. May 25, http://www. cato.org/special/symposium/essays/norberg.html.

Friedman, Milton, and Anna Jacobson Schwartz. 1963. *A Monetary History of the United States, 1867–1960*. Princeton, NJ: Princeton University Press.

Frisch, Helmut. 1977. "Inflation Theory 1963–1975: A 'Second Generation' Survey." *Journal of Economic Literature* 15(4): 1289–1317.

Fröhlich, Nils. 2010a. "Dimensional Analysis of Price-Value Deviations." Unpublished paper, Chemnitz University of Technology.

Fröhlich, Nils. 2010b. "Labour Values, Prices of Production and the Missing Equalization of Profit Rates: Evidence from the German Economy." Unpublished paper, Chemnitz University of Technology.

Froot, K. A., and K. Rogoff. 1995. "Perspectives on PPP and Long Run Exchange Rates." In G. M. Grossman and K. Rogoff, eds., *Handbook of International Economics*, 1647–1688. Amsterdam: Elsevier.

Furnam, Adrian, and Alan Lewis. 1986. *The Economic Mind: The Social Psychology of Economic Behavior*. New York: St. Martin's Press.

Gabish, G., and H. W. Lorenz. 1989. *Business Cycle Theories: A Survey of Methods and Concepts*. Berlin: Springer-Verlag.

Galbraith, J. K. (1955). *The Great Crash, 1929*. London: Hamish Hamilton.

Galbraith, J. K. 1975. *Money: Whence It Came, Where It Went*. Boston: Houghton Mifflin Company.

Gandolfo, G. 1985. *Economic Dynamics: Methods and Models*. Amsterdam: North-Holland.

Gandolfo, Giancarlo. 1997. *Economic Dynamics: Study Edition*. Berlin: Springer.

Garegnani, Pierangelo. 1970. "Heterogeneous Capital, the Production Function and the Theory of Distribution." *Review of Economic Studies* 37(3): 407–436.

Garegnani, Pierangelo. 1992. "Some Notes for an Analysis of Accumulation." In Joseph Halevi, David Laibman, and Edward J. Nell, eds., *Beyond the Steady State: A Revival of Growth Theory*, 47–71. New York: St. Martin's Press.

Garegnani, Piero. 1976. "On a Change in the Notion of Equilibrium in Recent Work on Value and Distribution." In M. Brown, K. Sato, and P. Zarembka, eds., *Essays in Modern Capital Theory*, 25–47. Amsterdam: North Holland.

Garegnani, Piero. 1979. "Notes on Consumption, Investment, and Effective Demand: A Reply to Joan Robinson." *Cambridge Journal of Economics* 3(3): 181–187.

Garegnani, Pierro. 1988. "Capital and Effective Demand." In Alain Barriere, ed., *The Foundations of Keynesian Analysis: Proceedings of a Conference held at the University of Paris I, Pantheon, Sorbonne*, 197–230. New York: St. Martin's Press.

Gay-Lussac, Joseph Louis (1802) "Recherches sur la dilatation des gaz et des vapeurs" (Researches on the expansion of gases and vapors) *Annales de Chimie* 43: 137–175.

Geroski, Paul A. 1990. "Modeling Persistent Profitability." In Dennis C. Mueller, ed., *The Dynamics of Company Profits: An International Comparison*, 15–34. Cambridge: Cambridge University Press.

Gibson, A. H. 1923. "The Future Course of High Class Investment Values." *Banker's Magazine (London)* 1(15): 15–34.

Gilad, Benjamin. 2009. *Business War Games: How Large, Small, and New Companies Can Vastly Improve Their Strategies and Outmaneuver the Competition*. Franklin Lakes, NJ: Career Press.

Gilbert, C. L. 1976. "The Original Phillips Curve Estimates." *Economica*, n.s., 43(169): 51–57.

Gilibert, Giorgio. 1987. "Production: Classical Theories." In John Eatwell, Murray Milgate, and Peter Newman, eds., *The New Palgrave: A Dictionary of Economics*, 990–992. London: Macmillan.

Gisser, Micha, and Raymond D. Sauer. 2000. "The Aggregate Relation between Profits and Concentration Is Consistent with Cournot Behavior." *Review of Industrial Organization* 16: 229–246.

Glick, Mark, and D. A. Campbell. 1995. "Classical Competition and the Compatibility of Market Power and Uniform Rates of Profit." *Review of Radical Political Economics* 27(2): 124–135.

Glombowski, Jörg, and Michael Kruger. 1988. "A Short-Period Growth Cycle Model." *Recherches Économiques de Louvain/Louvain Economic Review* 54(4): 423–438.

Glover, Paul. 1997. "Creating Economic Democracy with Local Currency." http://www.ratical.org/many_worlds/cc/CED.html.

Gnos, Claude, and Louis-Philipppe Rochon. 2002. "Money Creation and the State: A Critical Assessment of Chartalism." *International Journal of Political Economy* 32(3): 41–57.

Godley, Wynne. 2000. "Seven Unsustainable Processes: Medium-Term Prospects and Policies for the United States and the World." Levy Institute Special Report. http://www. levyinstitute.org/pubs/sevenproc.pdf.

Godley, Wynne, and Francis Cripps. 1983. *Macroeconomics*. New York: Oxford University Press.

Godley, Wynne, and Marc Lavoie. 2007. *Monetary Economics: An Integrated Approach to Credit, Money, Income, Production and Wealth*. Houndsmills, Basingstoke, UK: Palgrave Macmillan.

Godley, Wynne, and Anwar Shaikh. 2002. "An Important Inconsistency at the Heart of the Standard Macroeconomic Model." *Journal of Post Keynesian Economics* 24(3): 423–441.

Goldberg, Pinelopi Koujianou, and Michael M. Knetter. 1997. "Goods Prices and Exchange Rates: What Have We Learned?" *Journal of Economic Literature* 35(3): 1243–1272.

Golland, Louise, and Karl Sigmund. 2000. "Exact Thought in a Demented Time: Karl Menger and his Viennese Mathematical Colloquium." *Mathematical Intelligencer* 22(1): 34–45.

Gomme, Paul, and Peter Rupert. 2004. "Measuring Labor's Share of Income." Policy Discussion Paper. Cleveland: Federal Reserve Bank of Cleveland.

Goodhart, Charles A. E. 2003. "The Two Concepts of Money: Implications for the Analysis of Optimal Currency Areas." In Stephanie A. Bell and Edward J. Nell, eds., *The State, the Market and the Euro: Chartalism vs. Metallism in the Theory of Money*, 1–25. Cheltenham, UK: Edward Elgar.

Goodwin, Richard M. 1967. "A Growth Cycle." In C. H. Feinstein, *Socialism, Capitalism and Economic Growth*, 54–58. London: Cambridge University Press.

Gordon, David. 1991. "More Heat Than Light: Economics as Social Physics, Physics as Nature's Economics." *Review of Austrian Economics* 5(1): 123–128.

Gordon, David M. 1997. "Must We Save Our Way Out of Stagnation? The Investment–Savings Relationship Revisited." In Robert Pollin, ed., *The Macroeconomics of Savings, Finance, and Investment*, 95–173. Ann Arbor: University of Michigan Press.

Gordon, Robert J. 1986. "Introduction: Continuity and Change in Theory, Behavior, and Methodology." In Robert J. Gordon, ed., *The American Business Cycle: Continuity and Change*, National Bureau of Economic Research Conference Report, 1–34. Chicago: University of Chicago Press.

Gordon, Robert. 1990. *The Measurement of Durable Goods Prices*. Chicago: University of Chicago Press.

Gordon, Robert J. 1993. "Reply: The Concept of Capital." *Review of Income and Wealth* 39(1): 103–110.

Grabner, Michael. 2002. "Representative Agents and the Microfoundations of Microeconomics." Seminar paper, Institute for Advanced Studies, Vienna, Austria.

Grandmont, Jean-Michael. 1992. "Transformations of the Commodity Space, Behavioural Heterogeneity, and the Aggregation Problem." *Journal of Economic Theory* 57: 1–35.

Gray, Tim. 2011a. "If You've Got the Nerve, Silver Is Easier to Buy." *New York Times*

(Sunday), January 9.

Gray, Tim. 2011b. "Three Funds Hit the Jackpot with a Variety of Bets." *New York Times* (Sunday), January 9.

Green, Timothy 1999. "Central Bank Gold Reserves: An Historical Perspective since 1845." http://www.gold.org/assets/file/pub_archive/pdf/Rs23.pdf.

Hackler, Martin. 2005. "Take It from Japan: Bubbles Hurt." *New York Times*, December 25. http://www.nytimes.com/2005/12/25/business/yourmoney/25japan.html?pagewanted= all&_r=0.

Hagemann, Harald. 1987. "Capital Goods." In John Eatwell, Murray Milgate, and Peter Newman, eds., *New Palgrave: A Dictionary of Economics*, 345–347. London: Macmillan.

Hahn, Frank. 2003. "Macro Foundations of Micro-Economics." *Economic Theory* 21: 227–232. Hahn, Frank H., and Robert C. O. Matthews. 1970. "Growth and Technical Progress: A Survey." In Amartya Sen, ed., *Growth* Economics, 367–398. Harmondsworth, UK: Penguin Books.

Hall, R. L., and Hitch, C. R. 1939. "Price Theory and Business Behavior." *Oxford Economic Papers* 2(May): 12–45.

Han, Zonghie, and Bertram Schefold. 2006. "An Empirical Investigation of Paradoxes: Reswitching and Reverse Capital Deepening in Capital Theory." *Cambridge Journal of Economics* 30(5): 737–765.

Handfas, Alberto. 2012. "Demand Pull and Supply Resistance in a Classical Inflation Model." PhD diss., New School for Social Research.

Hansen, A. 1953. *A Guide to Keynes*. New York: McGraw-Hill.

Hansen, Bent. 1970. "Excess Demand, Unemployment, Vacancies, and Wages." *Quarterly Journal of Economics* 84(1): 1–23.

Harberger, Arnold C. 1988. "World Inflation Revisited." In Elhanan Helpman, Assaf Razin, and Efraim Sadka, eds., *Economic Effects of the Government Budget*, 217–237. Cambridge, MA: MIT Press.

Harberger, Arnold C. 2004. "The Real Exchange Rate: Issues of Concepts and Measurement." Conference in Honor of Michael Mussa, University of California, Los Angeles.

Hargreaves Heap, Shaun P., and Yanis Varoufakis. 1995. *Game Theory: A Critical Introduction*. London: Routledge.

Harman, Chris. 2010. *Zombie Capitalism*. Chicago: Haymarket Books.

Harper, Michael J. 1982. "The Measurement of Productive Capital Stock, Capital Wealth, and Capital Services." US Bureau of Labor Statistics Working Paper 128.

Harper, Michael J., Brent R. Moulton, Steven Rosenthal, and David B. Wasshausen. 2008.

"Integrated GDP-Productivity Accounts." US Bureau of Labor Statistics. http://www.bea.gov/ papers/pdf/Integrated_GDPProductivityAccounts_withAppendix.pdf.

Harrod, R. F. 1934. "Doctrines of Imperfect Competition." *Quarterly Journal of Economics* 48(3): 442–470.

Harrod, Roy F. 1939. "An Essay in Dynamic Theory." *Economic Journal* 49(March): 14–33.

Harrod, Roy F. 1952. *Economic Essays*. New York: Harcourt, Brace.

Harrod, R. F. 1956. "Walras: A Re-Appraisal." *Economic Journal* 66(262): 307–316.

Harrod, Roy F. 1957. *International Economics*. Chicago: University of Chicago Press.

Harrod, Roy F. 1969. *Money*. London: Macmillan.

Harvey, A. C., and A. Jaeger. 1993. "Detrending, Stylized Facts and the Business Cycle." *Journal of Applied Econometrics* 8: 231–247.

Harvey, David. 2005. *A Brief History of Neoliberalism*. Oxford: Oxford University Press.

Harvey, J. T. 1996. "Orthodox Approaches to Exchange Rate Determination: A Survey." *Journal of Post Keynesian Economics* 18(4): 567–583.

Harvie, David, Mark A. Kelmanson, and David G. Knapp. 2006. "A Dynamical Model of Business-Cycle Asymmetries: Extending Goodwin." *Economic Issues* 12(1): 53–92.

Hayek, Friedrich A. 1948. *Individualism and Economic Order*. Chicago: University of Chicago Press.

Hayek, Friedrich A. 1969. *Studies in Philosophy, Politics and Economics*. New York: Clarion Book, Simon and Schuster.

Hecker, Rolf. 2010. "The History and Meaning of the MEGA Project from its Inception until 1990." *Marxism 21* 7(4): 281–291.

Hertzberg, M. R., A. I. Jacobs, and J. E. Trevathan. 1974. "The Utilization of Manufacturing Capacity, 1965–73." *Survey of Current Business,* 54(7): 47–57.

Hicks, J. R. 1934. "Léon Walras." *Econometrica* 2(4): 338–348.

Hicks, John R. 1965. *Capital and Growth*. New York: Oxford University Press.

Hicks, John R. 1974. "Capital Controversies: Ancient and Modern." *American Economic Review* 64(2): 307–316.

Hicks, John R. 1985. *Methods of Economic Dynamics*. Oxford: Clarendon Press. Hicks, John. 1989. *A Market Theory of Money*. Oxford: Clarendon Press.

Hieser, Ron. 1952. "The Degree of Monopoly Power." *Economic Record* 28(May): 1–12.

High, Jack, ed. 2001. *Competition*. Cheltenham, UK: Edward Elgar.

Hildebrand, Werner. 1994. *Market Demand*. Princeton, NJ: Princeton University Press.

Hildebrand, Werner, and Alois Kneip. 2004. "Aggregate Behavior and Microdata." Bonn Graduate School of Economics, Bonn Econ Discussion Paper 3/2004.

Hilferding, Rudolf. 1985. *Finance Capital: A Study of the Latest Phase of Capitalist De-*

velopment. London: Routledge & Kegan Paul.

Hilsenrath, Ion. 2009. "Fed in Bond-Buying Binge to Spur Growth." *Wall Street Journal*, March 19.

Hirsch, Morris W., and Stephen Smale. 1974. *Differential Equations, Dynamical Systems, and Linear Algebra*. New York: Academic Press.

Hodge, Andrew W. 2011. "Comparing NIPA Profits with S&P 500 Profits." *Survey of Current Business*, March, 22–27.

Homer, Sidney, and Richard Sylla. 1996. *A History of Interest Rates*. New Brunswick, NJ: Rutgers University Press.

Hornstein, Andreas. 2002. "Towards a Theory of Capacity Utilization: Shiftwork and the Workweek of Capital." *Federal Reserve Bank of Richmond Economic Quarterly* 88(2): 65–86.

Houthakker, Hendrik S. 1955–56. "The Pareto Distribution and the Cobb-Douglas Production Function in Activity Analysis." *Review of Economic Studies* 23: 27–31.

Houthakker, Hendrik S. 1987. "Engel's Law." In John Eatwell, Murray Milgate, and Peter Newman, eds., *The New Palgrave: A Dictionary of Economics*, 143–144. London: Macmillan.

Houthakker, Hendrik S. 1992. "Are There Laws of Consumption?" In Louis Philips and Lester D. Taylor, *Aggregation, Consumption and Trade*, 219–224. Dordrecht: Kluwer Academic.

Hulten, Charles R. 1990. "The Measurement of Capital." Ernst R. Berndt and Jack E. Triplett, eds., *Fifty Years of Economic Measurement: The Jubilee of the Conference of Research on Income and Wealth*, 119–158. Chicago: University of Chicago Press.

Hutchinson, T. W. 1966. *A Review of Economic Doctrines: 1870–1929*. Oxford: Oxford University Press.

Ibbotson. 2004. *Stocks, Bonds, Bills and Inflation Valuation Edition 2004 Yearbook*. Chicago: Ibbotson Associates.

ILO. 2001. "World Employment Report." Geneva: nternational Labour Organization. ILO. 2006. *Global Employment Trends Brief*. Geneva: International Labour Organization.

ILO. 2013. *Global Employment Trends 2013: Recovering from a Second Jobs Dip*. Geneva: International Labour Organization.

Imbs, Jean, Mumtaz Haroon, Morten O. Ravn, and Hélène Rey. 2005. "PPP Strikes Back: Aggregation and the Real Exchange Rate." *Quarterly Journal of Economics* 120(1): 1–43.

IMF. "IFS Online." International Financial Statistics, International Monetary Fund.

Inman, Robert R. 1995. "Shape Characteristics of Cost Curves Involving Multiple Shifts in Automotive Assembly Plants." *Engineering Economist* 41(1): 53–67.

Innes, A. Mitchell. 1913. "What is Money?" *Banking Law Journal*, May:377–408.

IRS. 2008. "Statistics of Income—2005, Corporate Income Tax Returns." Washington, DC: Internal Revenue Service of the United States.

Isard, P. 1995. *Exchange Rate Economics*. Cambridge: Cambridge University Press.

Ishikura, Masao. 2004. "Marx's Theory of Money and Monetary Production Economy." *Hitotsubashi Journal of Economics* 45(2): 81–91.

Itoh, Makoto, and Costas Lapavitsas. 1999. *Political Economy of Money and Finance*. London: Macmillan.

Jagielski, Maciej, and Ryszard Kutner. 2013. "Modelling of Income Distribution in the European Union with the Fokker-Planck Equation." *Physica A* 392: 2130–2138.

Janssen, Maarten C. W. 1993. *Microfoundations: A Critical Inquiry*. London: Routledge.

Jastram, Roy W., Roy W. 1977. *The Golden Constant: The English and American Experience, 1560–1976*. New York: Wiley.

Jevons, W. S. (1871). *The Theory of Political Economy* . London: Macmillan.

Johnson, Harry G. 1970. "The State of Theory in Relation to the Empirical Analysis." In Raymond Vernon, ed., *The Technology Factor in International Trade*, 9–21. New York: National Bureau of Economic Research, distributed by Columbia University Press.

Johnson, Norman L., Samuel Kotz, and N. Balakrishnan. 1994. *Continuous Univariate Distributions*. New York: John Wiley.

Jorgenson, Dale W., and Zvi Grilliches. 1967. "The Explanation of Productivity Change." *Review of Economic Studies* 34(3): 249–83.

Jorgenson, Dale W., and J. Steven Landefeld. 2004. "Blueprint for Expanded and Integrated U.S. Accounts: Review, Assessment, and Next Steps." Conference on Research in Income and Wealth New Architecture for the U.S. National Accounts, Washington, DC.

Jost, Christian, Gregory Devulder, John A. Vucetich, Rolf O. Peterson, and Roger Arditi. 2005. "The Wolves of Isle Royale Display Scale-Invariant Satiation and Ratio-Dependent Predation on Moose." *Journal of Animal Ecology* 74(5): 809–816.

Ju, Anne. 2005. "Ithaca HOURS: Local Currency 'Backed by Relationships.'" http://www.ithacahours.org/pressmedia.php#ithacajournal_10_19_2005.

Kaldor, Nicholas. 1950. "The Economic Aspects of Advertising." *Review of Economic Studies* 18(1): 1–27.

Kaldor, N. 1957. "A Model of Economic Growth." *Economic Journal* 67 (December): 591–624.

Kalecki, Michal. 1937. "A Theory of the Business Cycle." *Review of Economic Studies* 4(2): 77–97.

Kalecki, M. 1938. "The determinants of distribution of the national income." *Econometri-*

ca, 6(2), 97–112.

Kalecki, M. 1941. "A Theorem on Technical Progress." *Review of Economic Studies* 8(3): 178–184.

Kalecki, M. (1966). *Studies in the Theory of Business Cycles: 1933–1939.* (A. Kalecki, Trans.) Oxford: Basil Blackwell.

Kalecki, Michal. 1968. *Theory of Economic Dynamics*. New York: Monthly Review Press.

Kalecki, Michal. 1971. *Selected Essays on the Dynamics of the Capitalist Economy*. Cambridge: Cambridge University Press.

Kendrick, J. W. 1970. "The Historical Development of National Income Accounts." *History of Political Economy* 11 (Fall): 284–315.

Kendrick, J. W. 1972. *Economic Accounts and Their Uses*. New York: McGraw Hill.

Kenyon, Peter. 1978. "Pricing." In Alfred E. Eichner, *A Guide to Post-Keynesian Economics*, 34–45. White Plains, NY: M. E. Sharpe.

Keynes, John Maynard. 1964. *The General Theory of Employment, Interest, and Money*. New York: Harcourt, Brace.

Keynes, John Maynard. 1976. *A Treatise on Money,* Volumes I and II. New York: Harcourt, Brace.

Kihara, Leika, and Stanley White. 2013. "Bank of Japan Unleashes World's Biggest Burst of Stimulus in $1.4-trillion Shock Therapy." Reuters, April 4.

Kindleberger, Charles P. 1973. *The World in Depression, 1929–1939*. London: Allen Lane.

Kirman, Alan. 1989. "The Intrinsic Limits of Modern Economic Theory: The Emperor Has No Clothes." *Economic Journal*, Supplement: Conference Papers, 99(395): 126–139.

Kirman, Alan. 1992. "Whom or What Does the Representative Individual Represent?" *Journal of Economic Perspectives* 6(2): 117–136.

Kirman, Alan, and K. Koch. 1986. "Market Excess Demand Functions in Exchange Economies: Identical Preferences and Collinear Endowments." *Review of Economic Studies* 53(3): 457–463.

Kirtzner, Israel M. 1987. "Austrian School of Economics." In John Eatwell, Murray Milgate, and Peter Newman, eds., *The New Palgrave: A Dictionary of Economics*, 145–150. London: Macmillan.

Kirzner, Israel M. 2001. "Competition and Monopoly." In Jack High, ed., *Competition*, 356–369. Cheltenham, UK: Edward Elgar.

Kleiber, Christian, and Samuel Kotz. 2003. *Statistical Size Distributions in Economics and Actuarial Sciences*. Hoboken, NJ: John Wiley.

Knapp, Georg Friedrich, Mrs. H. M. Lucas, and James Bonar. 1924. *The State Theory of Money*. London: Published on behalf of the Royal Economic Society by Macmillan.

Kondratieff, Nikolai. 1984. *The Long Wave Cycle*. New York: Richardson & Snyder.

Krelle, W. 1977. "Basic Facts in Capital Theory: Some Lessons from the Controversy in Capital Theory." *Revue d'Economie Politique* 87(2): 282–329.

Krelle, W. 1979. "Reply to Pasinett." *Revue d'Economie Politique* 89(5): 642–643.

Kreps, David M. 1990. *Game Theory and Economic Modeling*. Oxford: Clarendon Press.

Kriesler, Peter. 1988. "Kalecki's Pricing Theory Revisited." *Journal of Post Keynesian Economics* 11(1): 108–130.

Kriesler, Peter. 2002. "Was Kalecki an 'Imperfectionist'? Davidson on Kalecki." *Journal of Post Keynesian Economics* 24(4): 623–630.

Krugman, Paul. 1987. "Is Free Trade Passé?" *Journal of Economic Perspectives* 1(2): 131–144.

Krugman, Paul. 1991. "Myths and Realities of U.S Competitiveness." *Science Magazine*, 255: 811–5.

Krugman, Paul R. 1995. *Currencies and Crises*. Cambridge, MA: MIT Press.

Krugman, Paul. 2007. "Trouble With Trade." *New York Times*, December 28. http://www.nytimes.com/2010/10/01/opinion/01krugman.html?_r=1&ref=paulkrugman.

Krugman, P. (2009). How did economists get it so wrong? *The New York Times*, September 6.

Krugman, Paul. 2010a. "China, Japan, America." *New York Times*, September 12. http://www.nytimes.com/2010/10/01/opinion/01krugman.html?_r=1&ref=paulkrugman.

Krugman, Paul. 2010b. "Taking on China." *New York Times*, March 10. http://www.nytimes.com/2010/10/01/opinion/01krugman.html?_r=1&ref=paulkrugman.

Krugman, Paul. 2010c. "About the Yen." *New York Times*, September 22. http://krugman.blogs. nytimes.com/2010/09/22/about-the-yen/.

Krugman, Paul. 2011. "Can Europe Be Saved?" *New York Times Magazine*, January 16. http:// www.nytimes.com/2011/01/16/magazine/.

Krugman, Paul, and Maurice Obstfeld. 1994. *International Economics*. New York: Harper Collins.

Kuczynski, Jurgen. 1972. *A Short History of Labour Conditions under Industrial Capitalism in Great Britain and the Empire*. New York: Barnes and Noble Books.

Kuenne, Robert E. 1954. "Walras, Leontief, and the Interdependence of Economic Activities." *Quarterly Journal of Economics* 68(3): 323–354.

Kurz, Heinz. 1986. "Normal Positions and Capital Utilization." *Political Economy: Studies in the Surplus Approach* 2(1): 37–54.

Kurz, Heinz D. 2006. "The Agents of Production Are the Commodities Themselves: On the Classical Theory of Production, Distribution and Value." *Structural Change and Economic Dynamics* 17: 1–26.

Kurz, Heinz D., and Neri Salvadori. 1995. *Theory of Production: A Long-Period Analysis*.

Cambridge: Cambridge University Press.

Kydland, F. E., and Prescott, E. C. 1990. "Business Cycles: Real Facts and a Monetary Myth." *Federal Reserve Bank of Minneapolis Quarterly Review*, 14(2): 3–18.

Lancaster, K. J. 1968. *Mathematical Economics*. London: Macmillan.

Laughlin, Robert B. 2005. *A Different Universe: Reinventing Physics from the Bottom Down*. New York: Basic Books.

Lange, Oscar (1938). "On the economic theory of socialism." In O. Lange, F. M. Taylor, & B. E. Lippincott (Eds.), *On the Economic Theory of Socialism* (55–143). Minneapolis: University of Minnesota Press.

Lavoie, Don. 1986. "Marx, the Quantity Theory, and the Theory of Value." *History of Political Economy* 18(1): 155–170.

Lavoie, Marc. 1995. "The Kaleckian Model of Growth and Distribution and Its Neo-Ricardian and Neo-Marxian Critiques." *Cambridge Journal of Economics* 19(16): 789–818.

Lavoie, Marc. 1996a. "Mark-up Pricing versus Normal Cost Pricing in Post-Keynesian Models." *Review of Political Economy* 8(1): 57—66.

Lavoie, Marc. 1996b. "Traverse, Hysteresis, and Normal Rates of Capacity Utilization in Kaleckian Models of Growth and Distribution." *Review of Radical Political Economics* 28(4): 113–147.

Lavoie, Marc. 2003. "Kaleckian Effective Demand and Sraffian Normal Prices: Towards a Reconciliation." *Review of Political Economy* 15(1): 53–74.

Lavoie, Marc. 2006. *Introduction to Post-Keynesian Economics*. Houndmills, Basingstoke, UK: Palgrave Macmillan.

Lavoie, Marc, Gabriel Rodriguez, and Mario Seccareccia. 2004. "Similitudes and Discrepancies in Post-Keynesian and Marxist Theories of Investment: A Theoretical and Empirical Investigation." *International Review of Applied Economics* 18(2): 127–149.

Lee, Chang-Yang, and Ishtiaq P. Mahmood. 2009. "Inter-industry Differences in Profitability: the Legacy of the Structure-Efficiency Debate Revisited." *Industrial and Corporate Change* 18(3): 351–380.

Lee, F. S. 1984. "The Marginalist Controversy and the Demise of Full Cost Pricing." *Journal of Economic Issues* 18: 1107–1132.

Lee, Fred. 1986. "Post Keynesian View of Average Direct Costs: A Critical Evaluation of the Theory and the Empirical Evidence." *Journal of Post Keynesian Economics* 8(3): 400–424.

Lee, Frederic S. 1999. *Post Keynesian Price Theory*. Cambridge: Cambridge University Press.

Leijonhufvud, Axel. 1967. "Keynes and the Keynesians: A Suggested Interpretation." *American Economic Review* 57(2): 401–410.

Leijonhufvud, Axel. 1968. *On Keynesian Economics and the Economics of Keynes*. New York: Oxford University Press.

Leijonhufvud, Axel. 1996. "Towards a Not-Too-Rational Macroeconomics." In David Colander, ed., *Beyond Microfoundations: Post Walrasian Macroeconomics*, 39–56. Cambridge: Cambridge University Press.

Leonhardt, David. 2010. "The Long View of China's Currency," *New York Times*, September 21.

Leontief, Wassily. 1953. "Domestic Production and Foreign Trade: The American Capital Position Re-Examined." *Proceedings of the American Philosophical Society* 97(4): 332–349.

Leontief, Wassily. 1987. "Input-Output Analysis." In John Eatwell, Murray Milgate, and Peter Newman, eds., *The New Palgrave: A Dictionary of Economics*, 860–864. London: Macmillan.

Lerner, Abba. P. (1944). *The economics of control*. New York: The Macmillan Co.

Liebhafsky, Herbert H., and Nancy M. Liebhafsky. 1968. *The Nature of Price Theory*. Homewood, IL: Dorsey Press.

Lio, Monchi. 1998. "The Inframarginal Analysis of Demand and Supply and the Relationship between a Minimum Level of Consumption and the Division of Labour." In Kenneth J. Arrow, Yew-Kwang Ng, and Xiaokai Yang, eds., *Increasing Returns and Economic Analysis*, 108–126. New York: Palgrave Macmillan.

Lipsey, Richard G. 1960. "The Relation between Unemployment and the Rate of Change of Money Wage Rates in the United Kingdom, 1862–1957: A Further Analysis." *Economica* 27(105): 1–31.

Little, Daniel. 1998. *Microfoundations, Method, and Causation: Essays in the Philosophy of the Social Sciences*. Edison, NJ: Transactions Publishers.

Liu, Yanjun, Nell Hamalainen, and Bing-Sun Wong. 2003. "Economic Analysis and Modelling Using Fisher Chain Data." Ottawa, Canada: Department of Finance.

Lothian, James R. 2009. "Milton Friedman's Monetary Economics and the Quantity-Theory Tradition." April, Fordham University. http://www.bnet.fordham.edu/crif/pages/lothian_friedman_4–09.pdf.

Lovell, Michael C. 1978. "The Profit Picture: Trends and Cycles." *Brookings Papers on Economic Activity* 1978(3): 769–789.

Lucas, Robert E., Jr. 1973. "Some International Evidence on Output-Inflation Tradeoffs." *American Economic Review* 63(3): 326–334.

Lucas, Robert E., Jr. 1980. "Methods and Problems in Business Cycle Theory." *Journal of*

Money, Credit and Banking 12: 696–713.

Lucas, Robert E., Jr. 1987. *Models of Business Cycles*. Cambridge, MA: MIT Press.

Lucas, Robert E. 1993. "Making a Miracle." *Econometrica* 61(2): 251–272.

Lucas, Robert E., Jr. 2003. "Macroeconomic Priorities." *American Economic Review* 93(1): 1–14.

Lucas, Robert E., Jr., and Leonard A. Rapping. 1969. "Real Wages, Employment, and Inflation." *Journal of Political Economy* 77(5): 721–754.

Luckett, D. G. 1959. "Professor Lutz and the Structure of Interest Rates." *Quarterly Journal of Economics* 73: 131–144.

Lutkepohl, Helmut. 1996. *Handbook of Matrices*. Chichester, UK: John Wiley.

Lutz, Friedrich A. 1968. *The Theory of Interest*. Chicago: Aldine.

MacDonald, Ronald, and Luca Ricci. 2001. "PPP and the Balassa Samuelson Effect: The Role of the Distribution Sector." Unpublished paper, CESifo Conference Centre.

Machlup, Fritz A. 1946. "Marginal Analysis and Empirical Research." *American Economic Review* 36: 519–554.

Machovec, Frank M. 1995. *Perfect Competition and the Transformation of Economics*. London: Routledge.

Maddison, Angus. 2003. *The World Economy: Historical Statistics*. Paris: OECD.

Madrick, Jeff 1997. "The Cost of Living: A New Myth." *New York Review of Books*, March 6. http://www.nybooks.com/articles/archives/1997/mar/06/the-cost-of-living-anew-myth/.

Mage, Shane. 1963. "The Law of the Falling Tendency of the Rate of Profit." Unpublished PhD Dissertation, Columbia University.

Magee, Stephen P. 1980. *International Trade*. Reading, MA: Addison-Wesley.

Makowski, Louis, and Joseph M. Ostroy. 2001. "Perfect Competition and the Creativity of the Market." *Journal of Economic Literature* 39(2): 479–535.

Malkin, Lawrence, Gisela Bolte, and Robert T. Grieves. 1984. "Modern Barter." *Time*. Monday June 11. http://www.time.com/time/magazine/article.

Mandel, Ernest. 1968. *Marxist Economic Theory*. New York: Monthly Review Press.

Mandel, E. 1971. *The Formation of the Economic Thought of Karl Marx*. New York: Monthly Review Press.

Mandel, Ernest. 1975. *Late Capitalism*. London: New Left Books.

Mankiw, N. Gregory. 2006. "The Macroeconomist as Scientist and Engineer." *Journal of Economic Perspectives* 20(4): 29–46.

Mann, H. Michael. 1966. "Seller Concentration, Barriers to Entry and Rates of Return in Thirty Industries, 1950–60." *Review of Economics and Statistics* 48(2): 296–307.

Marcuzzo, Maria Cristina. 1996. "Alternative Microfoundations for Macroeconomics: The

Controversy over the L-shaped Cost Curve Revisited." *Review of Political Economy* 8(1): 7–22.

Marcuzzo, Maria Cristina. 2001. "Sraffa and Cambridge Economics, 1928–1931." In T. Cozzi and R. Marchionatti, eds., *Piero Sraffa's Political Economy: A Centenary Estimate*, 81–99. London: Routledge.

Marcuzzo, Maria Cristina, and Annalisa Rosselli. 1990. *Ricardo and the Gold Standard.* New York: St. Martin's Press.

Mariolis, Theodore, and George Soklis. 2010. "On Constructing Numeraire-Free Measures of Price–Value Deviation: A Note on the Steedman–Tomkins Distance." *Cambridge Journal of Economics*, 35(3): 613–8.

Mariolis, Theodore, and Lefteris Tsoulfidis. 2012. "On Brody's Conjecture: Facts and Figures from the US Economy." Unpublished paper, University of Macedonia.

Martel, Robert J. 1996. "Heterogeneity, Aggregation and a Meaningful Macroeconomics." In David Colander, ed., *Beyond Microfoundations: Post Walrasian Macroeconomics*, 127–143. Cambridge: Cambridge University Press.

Marx, Karl. 1847. "Wage Labour and Capital." In Robert C. Tucker, *The Marx-Engels Reader*, 203–217. New York: W. W. Norton.

Marx, Karl. 1963. *Theories of Surplus Value*. Part I. Moscow: Progress Publishers.

Marx, Karl. 1967a. *Capital*. Vol. I. New York: International Publishers.

Marx, Karl. 1967b. *Capital*. Vol. II. New York: International Publishers.

Marx, Karl. 1967c. *Capital*. Vol. III. New York: International Publishers.

Marx, Karl. 1968. *Theories of Surplus Value*. Part II. Moscow: Progress Publishers.

Marx, Karl. 1970. *A Contribution to the Critique of Political Economy*. New York: International Publishers.

Marx, Karl. 1971. *Theories of Surplus Value*. Part III. Moscow: Progress Publishers.

Marx, Karl. 1973. *Grundrisse*. New York: Vintage.

Marx, Karl. 1977. *Capital*. Vol. I. New York: Vintage.

Marx, Karl, and Frederick Engels. 1970. "Wages, Prices and Profit." In *Selected Works in One Volume*, 186–229. New York: International Publishers.

Marx, Karl, and Frederick Engels, eds. 1975. *Marx-Engels Selected Correspondence, Progress Publishers*. New York: International Publishers.

Marx, Karl, and Frederick Engels. 2005. *The Communist Manifesto and Other Writings*. New York: Barnes and Noble Books.

Marzi, Graziella, and Paolo Varri. 1977. *Variazioni de produttivita nell' economia italiana: 1959– 1967*. Bologna: Mulino.

Mason, Josh W. 2010. "Something That Doesn't Stop Can Go On Forever." http://slackwire. blogspot.com/2010/11/something-that-doesnt-stop-can-go-on.html.

Matta, Cherif F., Lou Massa, Anna V. Gubskaya, and Eva Knoll. 2010. "Can One Take the Logarithm or the Sine of a Dimensioned Quantity or a Unit? Dimensional Analysis Involving Transcendental Functions." *Journal of Chemical Education* 88(1): 67–70.

Macaulay, Frederick R. 1938. The Movements of Interest Rates, Bond Yields, and Stock Prices in the United States since 1856. New York: National Bureau of Economic Research.

Mayerhauser, Nicole, and Marshall Reinsdorf. 2007. "Housing Services in the National Income Accounts." US Department of Commerce, Bureau of Economic Analysis. http://www.bea. gov/papers/pdf/RIPfactsheet.pdf.

Mazzucato, Mariana. 2000. *Firm Size, Innovation and Market Structure: The Evolution of Industry Concentration and Instability*. Cheltenham, UK: Edward Elgar.

McCartney, Mathew. 2004. "Liberalisation and Social Structure: The Case of Labour Intensive Export Growth in South Asia." *Post-Autistic Economics Review* 23.

McCombie, John. 2000–2001. "The Solow Residual, Technical Change, and Aggregate Production Functions." *Journal of Post Keynesian Economics* 23(2): 267–297.

McCombie, John and R. Dixon. 1991. "Estimating Technical Change in Aggregate Production Functions: A Critique." *International Review of Applied Economics*, 5(1): 24–46.

McCombie, J. S. L., and A. P. Thirwall. 1994. *Economic Growth and the Balance-of-Payments Constraint*. New York: St. Martin's Press.

McCulloch, J. Huston. 1982. *Money & Inflation: A Monetarist Approach*. New York: Academic Press.

McNally, David. 2011. *Global Slump: The Economics and Politics of Crisis and Resistance*. Oakland, CA: PM Press/Spectre.

McNulty, P. J. 1967. "A Note on the History of Perfect Competition." *Journal of Political Economy* 75(4): 395–399.

Mead, Charles Ian, Clinton P. McCully, and Marshall B. Reinsdorf. 2003. "Income and Outlay of Households and Nonprofit Institutions Serving Households." *Survey of Current Business*, 13–17.

Mead, Charles Ian, Brent R. Moulton, and Kenneth Petrick. 2004. "NIPA Corporate Profits and Reported Earnings: A Comparison and Measurement Issues." *Survey of Current Business*, January, 1–28.

Meek, R. 1967. "Adam Smith and the Classical Theory of Profit." In R. Meek, *Economics, Ideology, and Other Essays*, 18–33. London: Chapman and Hall.

Meek, R. L. 1975. *Studies in the Labor Theory of Value*. New York: Monthly Review Press.

Megna, Pamela, and Dennis C. Mueller. 1991. "Profit Rates and Intangible Capital." *Re-*

view of Economics and Statistics 73(4): 632–642.

Mehra, Rajnish. 2003. "The Equity Premium: Why Is It a Puzzle?" *Financial Analysts Journal* 59(1): 54–69.

Mehra, Rajnish, and Edward Prescott. 1985. "The Equity Premium: A Puzzle." *Journal of Monetary Economics* 10: 335–359.

Mehrling, Perry. 2000. "Modern Money: Fiat or Credit." *Journal of Post Keynesian Economics* 22(3): 397–406.

Mehrling, Perry. 2011. *The New Lombard Street: How the Fed Became the Dealer of Last Resort*. Princeton, NJ: Princeton University Press.

Michl, Thomas R. 2002. *Macroeconomic Theory: A Short Course*. Armonk, NY: M. E. Sharpe.

Milanovic, Branko. 2003. "The Two Faces of Globalization: Against Globalization as We Know It." *World Development* 31(4): 667–83.

Milberg, William. 1993. "The Rejection of Comparative Advantage in Keynes and Marx." Unpublished paper, Department of Economics, New School for Social Research.

Milberg, William. 1994. "Is Absolute Advantage Passe? Marx and Keynes and the Theory of International Trade." In Mark Glick, ed., *Competition, Technology, and Money: Classical and Post-Keynesian Perspectives*, 219–36. New York: Edward Elgar.

Milberg, William. 2002. "Say's Law in the Open Economy: Keynes' Rejection of the Theory of Comparative Advantage." In Sheila C. Dow and John Hillard, eds., *Keynes, Uncertainty and the Global Economy*, 239–53. New York: Edward Elgar.

Milgate, Murray. 1982. *Capital and Employment*. London: Academic Press.

Mill, John Stuart. 1968. *Essays on Some Unsettled Questions of Political Economy*. New York: Augustus M. Kelley.

Miller, John H., and Scott E. Page. 2007. *Complex Adaptive Systems: An Introduction to Computational Models of Social Life*. Princeton, NJ: Princeton University Press.

Miller, Merton H., and Franco Modigliani. 1961. "Dividend Policy, Growth, and the Valuation of Shares." *Journal of Business* 34(4): 411–433.

Miller, Richard A. 2000. "Ten Cheaper Spades: Production Theory and Cost Curves in the Short Run." *Journal of Economic Education* 31(2): 119–130.

Milne, Seumas. 2013. "Europe's flesheaters now threaten to devour us all." *The Guardian*, March 26.

Mirowski, Philip. 1989. *More Heat Than Light: Economics as Social Physics, Physics as Nature's Economics*. Cambridge: Cambridge University Press.

Mishel, Lawrence. 2006. "CEO-to-Worker Pay Imbalance Grows." Economic Policy Institute. Mishkin, Frederick S. 1992. *The Economics of Money, Banking, and Financial Markets*. New York: Harper Collins.

Mitchell, Wesley Clair. 1918. "Bentham's Felicific Calculus." *Political Science Quarterly* 33(2): 161–183.

Mitchell, Wesley Claire. 1941. *Business Cycles and Their Causes: A New Edition of Mitchell's Business Cycles*. Part III. Berkeley: University of California Press.

Modigliani, Franco. 1951. "Liquidity Preference and the Theory of Interest and Money." In Friedrich A. Lutz and Lloyd W. Mints, eds., *Readings in Monetary Theory*, 186–239. Homewood, IL: Richard D. Irwin.

Mohun, Simon. 2005. "On Measuring the Wealth of Nations: The U.S. Economy, 1964–2001." *Cambridge Journal of Economics* 29(5): 799–815.

Mohun, Simon, and Roberto Veneziani. 2007. "The Incoherence of the TSSI: A Reply to Kliman and Freeman." *Capital & Class* 31(2): 139–145.

Moore, Basil. 1988. *Horizontalists and Verticalists: The Macroeconomics of Credit Money*. Cambridge: Cambridge University Press.

Morgan, E. Victor. 1965. *A History of Money*. Baltimore, MD: Penguin Books.

Morishima, M. 1973. *Marx's Economics*. Cambridge: Cambridge University Press.

Moseley, Fred. 2005. "Money Has Not Price: Marx's Theory of Money and the Transformation Problem." In Fred Moseley, ed., *Marx's Theory of Money: Modern Appraisals*, 192–205. New York: Palgrave Macmillan.

Moudud, Jamee. 2010. *Strategic Competition, Dynamics, and the Role of the State: A New Perspective*. Cheltenham, UK: Edward Elgar.

Moulton, Brent R. 2001. "The Expanding Role of Hedonic Methods in the Official Statistics of the United States." Washington, DC: US Department of Commerce, Bureau of Economic Analysis.

Moulton, Brent R., and Eugene P. Seskin. 2003. "Preview of the 2003 Comprehensive Revision of the National Income and Product Accounts: Changes in Definitions and Classifications." *Survey of Current Business*, June, 17–34.

Mueller, Dennis C. 1986. *Profits in the Long Run*. Cambridge: Cambridge University Press.

Mueller, Dennis C., ed. 1990. *The Dynamics of Company Profits: An International Comparison*. Cambridge: Cambridge University Press.

Musser, George. 2004. "Was Einstein Right?" *Scientific American*, 291(3): 88–91.

Muth, John F. 1961. "Rational Expectations and the Theory of Price Movements." *Econometrica* 29(3): 315–335.

Nanto, Dick K. 2007. "Japan's Currency Intervention: Policy Issues." Congressional Research Service (CRS), Report for Congress.

Nayyar, Deepak. 2009. "Developing Countries in the World Economy: The Future in the Past?" United Nations University, World Institute for Development Economics

Research (UNUWIDER).

Negeshi, Takashi. 1987. "Monopolistic Competition and General Equilibrium." In John Eatwell, Murray Milgate, and Peter Newman, eds., *The New Palgrave: A Dictionary of Economics*, 535–537. London: Macmillan.

Nelson, Charles C., and Charles I. Plosser. 1982. "Trends and Random Walks in Macroeconomic Time Series." *Journal of Monetary Economics* 10: 132–162.

Nevile, J. W. 2000. "What Keynes Would Have Thought of the Development of IS-LM." In Warren Young and Ben Zion Zilberfarb, eds., *IS-LM and Modern Macroeconomics*, 133–149. Boston: Kluwer Academic.

Newlyn, W. T., and R. P. Bootle. 1978. *Theory of Money*. Oxford: Clarendon Press.

Nomani, Asra Q., Frederick Rose, and Bob Ortega. 1995. "Legal Beat: Labor Department Asks $5 Million for Alleged Worker Enslavement." *Wall Street Journal* (Eastern edition), August 16.

Norberg, Johan. 2003. "How Globalization Conquers Poverty." *Cato Journal*, September: 249–251.

Norris, Floyd. 2010. "Securitization Went Awry Once Before." New York Times, January 29.

O'Brien, Thomas J. 1991. *A Simple Binomial No-Arbitrage Model of the Term Structure, with Applications to the Valuation of Interest-Sensitive Options and Interest-Rate Swaps, Monograph 1991–4*. New York: New York University Salomon Center, Leonard N. Stern School of Business.

Ochoa, Eduardo M. 1984. "Labor Values and Prices of Production: An Inter-Industry Study of the U.S. Economy, 1947–1972." PhD diss., New School for Social Research.

Ochoa, Eduardo M. 1989. "Values, Prices, and Wage-Profit Curves in the U.S. Economy." *Cambridge Journal of Economics* 13(3): 413–429.

OECD. 1994. *The International Sectoral Database*. Paris: Organization for Economic Cooperation and Development.

OECD. 2001. *OECD Manual: Measurement of Capital Stock, Consumption of Fixed Capital and Capital Services*. Paris: Organization for Economic Cooperation and Development.

OECD. 2003. *The International Sectoral Database*. Paris: Organization for Economic Cooperation and Development.

Officer, L. H. 1976. "The Purchasing Power Parity Theory of Exchange Rates: A Review Article." IMF Staff Papers, March.

Ofonagoro, Walter I. 1979. "From Traditional to British Currency in Southern Nigeria: Analysis of a Currency Revolution, 1880–1948." *Journal of Economic History* 39(3): 623–654.

Ohlin, Bertil. 1937. “Some Notes on the Stockholm Theory of Savings and Investments II.” *Economic Journal* 47(186): 221–240.

Okishio, Nobuo. 1961. “Technical Changes and the Rate of Profit.” *Kobe University Economic Review* 7: 85–99.

Paarlberg, Don. 1993. *An Analysis and History of Inflation*. Westport, CT: Praeger.

Palley, Thomas I. 1996. “Accommodationism versus Structuralism: Time for an Accommodation.” *Journal of Post Keynesian Economics* 18(4): 585–594.

Palley, Thomas I. 2003. “Income Distribution.” In J. E. King, *The Elgar Companion to Post Keynesian Economics*, 181–186. Cheltenham, UK: Edward Elgar.

Palumbo, Antonella, and Attilio Trezzini. 2003. “Growth without Normal Capacity Utilization.” *European Journal of the History of Economic Thought* 10(1): 109–135.

Panico, Carlo. 1971. “Monetary Analysis in Sraffa’s Writings.” In Terenzio Cozzi and Roberto Marchionatti, eds., *Piero Sraffa’s Political Economy: A Centenary Estimate*, 285–310. London: Routledge.

Panico, Carlo. 1983. “Marx’s Analysis of the Relationship between the Rate of Interest and the Rate of Profits.” In John Eatwell and Murray Milgate, eds., *Keynes’ Economics and the Theory of Value and Distribution*, 167–186. New York: Duckworth.

Panico, Carlo. 1988. *Interest and Profit in the Theories of Value and Distribution*. New York: St. Martin’s Press.

Panico, Carlo, and Fabio Petri. 1987. “Long-Run and Short-Run.” In John Eatwell, Murray Milgate, and Peter Newman, eds., *The New Palgrave: A Dictionary of Economics*, 238–240. London: Macmillan.

Papadimitriou, Dimitri, Anwar Shaikh, Claudio H. Dos Santos, and Gennaro Zezza. 2002. “Is Personal Debt Sustainable?” Levy Institute of Bard College.

Pareto, Vilfredo. 1964. *Cours d’économie politique: Nouvelle édition*. Geneva: Librairie Droz.

Park, Cheol-Soo. 2001. “Criteria of Technical Choice and Evolution of Technical Change.” *Research in Political Economy* 19: 87–106.

Pasinetti, Luigi. 1962. “Rate of Profit and Income Distribution in Relation to the Rate of Economic Growth.” *Review of Economic Studies* 29: 267–279.

Pasinetti, Luigi L. 1965. “A New Theoretical Approach to the Problems of Economic Growth.” *Pontificiae Academiae Scientiarum Scripta Varia* 28: 572–696.

Pasinetti, Luigi L. 1969. “Switches of Technique and the Rate of Return in Capital Theory.” *Economic Journal* 79: 508–531.

Pasinetti, Luigi L. 1974. *Growth and Income Distribution: Essays in Economic Theory*. Cambridge: Cambridge University Press.

Pasinetti, L. 1977. *Lectures on the Theory of Production*. New York: Columbia University

Press.

Pasinetti, Luigi L. 1979. "The Unpalatability of the Reswitching of Techniques: A Comment on Burmeister, Krelle, Nuti and von Weiszacker." *Revue d'Economie Politique* 89(5): 637–642.

Patterson, Kerry. 2000. *An Introduction to Applied Econometrics: A Time Series Approach*. Houndmills, Basingstoke, Hampshire, UK: Palgrave Macmillan.

Patinkin, Don. 1972. *Studies in Monetary Economics*. New York: Harper and Row.

Patinkin, Don. 1989. *Money, Interest, and Prices: An Integration of Monetary and Value Theory*. Cambridge, MA: MIT Press.

Peltzman, Sam. 1977. "The Gains and Losses from Industrial Concentration." *Journal of Law and Economics* 20(2): 229–263.

Peltzman, Sam. 1991 "The Handbook of Industrial Organization: A Review Article." *Journal of Political Economy* 99(February): 201–217.

Pennicott, Katie 2002. "The Physics of Personal Income." http://physicsworld.com/ cws/article/news/5175.

Pesaran, M. Hashem, Yongcheol Shin, and Richard J. Smith. 2001. "Bounds Testing Approaches to the Analysis of Level Relationships." *Journal of Applied Econometrics*, Special Issue in Honour of J. D. Sargan on the Theme "Studies in Empirical Macroeconometrics," 16: 289–326.

Pesaran, Besham, and M. Hashem Pesaran. 2009. *Time Series Econometrics: Using Microfit 5.0*. Oxford: Oxford University Press.

Pesendorfer, Wolfgang 2006. "Behavioral Economics Comes of Age: A Review Essay on Advances in Behavioral Economics." *Journal of Economic Literature* 44(3): 712–721

Petri, Fabio. 2012. "On the Likelihood and Relevance of Reswitching and Reverse Capital Deepening." In Christian Gehrke, Neri Salvadori, Ian Steedman, and Richard Sturn, eds., *Classical Political Economy and Modern Theory: Essays in Honour of Heinz Kurz*, 380–418. Abingdon, UK: Routledge.

Petrovic, Pavel. 1987. "The Deviation of Production Prices from Labour Values: Some Methodology and Empirical Evidence." *Cambridge Journal of Economics* 11(3): 197–210.

Phelps, Edmund S. 1967. "Phillips Curves, Expectations of Inflation and Optimal Unemployment over Time." *Economica* 34(135): 254–281.

Phelps, Edmund S. 1968. "Money-Wage Dynamics and Labor-Market Equilibrium." *Journal of Political Economy* 76(4): 678–711.

Phelps, Edmund. 1969. "The New Microeconomics in Inflation and Employment Theory." *American Economic Review* 59(2): 147–160.

Phelps, Edmund. 1995. "The Origins and Further Development of the Natural Rate of

Unemployment." In Rod Cross, ed., *The Natural Rate of Unemployment: Reflections on 25 Years of the Hypothesis*, 15–31. Cambridge: Cambridge University Press.

Phelps, Edmund S. 2007. "Macroeconomics for a Modern Economy." *American Economic Review* 97(3): 543–561.

Phillips, A. W. 1958. "The Relation between Unemployment and the Rate of Change of Money Wage Rates in the United Kingdom, 1861–1957." *Economica* 25(100): 283–299.

Piketty, Thomas. 2014. *Capital in the Twenty-First Century*. Cambridge, MA: Harvard University Press.

Pivetti, Massimo. 1991. *An Essay on Money and Distribution*. Houndsmills, Basingstoke, UK: Macmillan.

Pollak, Robert A. 2002. "Gary Becker's Contribution to Family and Household Economics." *National Bureau of Economic Research. Working Paper 9232*, 1–47.

Pollin, Robert. 1997. "Introduction." In Robert Pollin, ed., *The Macroeconomics of Savings, Finance, and Investment*, 1–33. Ann Arbor: University of Michigan Press.

Popper, N. (2013). Wall st. redux: Arcane names hiding big risk. *New York Times,* April 18.

Potts, Renfrew B. 1982. "Nonlinear Difference Equations." *Nonlinear Analysis: Theory, Methods and Applications* 6(7): 659–665.

Powell, Benjamin, and David Skarbek. 2006. "Sweatshops and Third World Living Standards: Are the Jobs Worth the Sweat?" *Journal of Labor Research* 27(2): 263–274.

Powers, Susan G. 1988. "The Role of Capital Discards in Multifactor Productivity." *Monthly Labor Review*, 27–35.

Prasad, Eswar, Kenneth Rogoff, Shang-Jin Wei, and M. Ayhan Kose. 2002. "Effects of Financial Globalization on Developing Countries: Some Empirical Evidence. IMF Occasional Paper 220."

Pratten, Clifford Frederick. 1971. *Economies of Scale in Manufacturing Industry*. Cambridge: Cambridge University Press.

Prebisch, Raul. 1950. *The Economic Development of Latin America and Its Principal Problems* New York: UN Economic Commission for Latin America.

PR Newswire. 2006. "Bratz Dolls Made in Chinese Sweatshop, Says the National Labor Committee; Workers Paid 17 Cents for $15.89 Toy; Wal-Mart, Toys R Us Turn a Blind Eye to Women Forced to Work 7 Days a Week." December 21.

Pugno, Maurizio. 1998. "Harrod's Economic Dynamics as a Persistent and Regime-Changing Adjustment Process." In Giorgio Rampa, Luciano Stella, and A. P. Thirlwall, eds., *Economic Dynamics, Trade and Growth: Essays on Harrodian Themes*, 153–177. London: Macmillan.

Puty, Cláudio Castelo Branco. 2007. "Prices, Distribution and the Business Cycle." X Encontro Nacional de Economia Política.

Quiggin, Alison Hingston. 1949. *A Survey of Primitive Money: The Beginnings of Currency*. London: Methuen.

Ragupathy, Venkatachalam, and K. Vela Velupillai. 2011. "Frank Plumpton Ramsey." Unpublished paper, University of Trento.

Ramamurthy, Bhargavi. 2014. "Consumer Expenditures, Household Production and Inflation: Gender and Macroeconomic Considerations." PhD Dissertation, New School for Social Research.

Realfonzo, Riccardo. 2003. "Circuit Theory." In J. E. King, ed., *The Elgar Companion to Post Keynesian Economics*, 60–65. Cheltenham, UK: Edward Elgar.

Reeves, Jonathan J., Conrad A. Blyth, Christopher M. Triggs, and John P. Small. 2000. "The Hodrick-Prescott Filter, a Generalization, and a New Procedure for Extracting an Empirical Cycle from a Series." *Studies in Nonlinear Dynamics and Econometrics* 4(1): 1–16.

Reilly, Frank K., and David J. Wright. 2000. "Bond Market Indexes." In Frank J. Fabozzi, ed., *The Handbook of Fixed Income Securities*, 155–174. New York: McGraw-Hill.

Ricardo, David. 1951–1973. *Works and Correspondence of David Ricardo*. Cambridge: Cambridge University Press.

Ricardo, D. 1951a. *Notes on Malthus Works and Correspondence*. Cambridge: Cambridge University Press.

Ricardo, David. 1951b. *On the Principles of Political Economy and Taxation*. Cambridge: Cambridge University Press.

Rist, Charles. 1966. *History of Monetary and Credit Theory from John Law to the Present Day*. New York: Augustus M. Kelley.

Ritter, Joseph A. 2000. "Feeding the National Accounts." *Federal Reserve Bank of St. Louis Review*, March/April, 11–20.

Ritter, Lawrence S., and William L. Silber. 1986. *Principles of Money, Banking and Financial Markets*. New York: Basic Books.

Ritter, Lawrence S., William L. Silber, and Gregory F. Udell. 2000. *Principles of Money, Banking and Financial Markets*. Reading, MA: Addison-Wesley.

Roberts, John. 1987. "Perfectly and Imperfectly Competitive Markets." In John Eatwell, Murray Milgate, and Peter Newman, eds., *New Palgrave: A Dictionary of Economics*, 837–841. London: Macmillan.

Robertson, Dennis W. 1931. "Wage-Grumbles. *Economic Fragments*, 42–57." In William Fellner and Berner F. Haley, eds., *Readings in the Theory of Income Distribution*, 221–236. Philadelphia: The Blakiston.

Robinson, Joan. 1933. *The Economic of Imperfect Competition*. London: Macmillan.

Robinson, Joan. 1953–54. "The Production Function and the Theory of Capital." *Review of Economic Studies* 21(2): 81–106.

Robinson, Joan. 1961. "Prelude to a Critique of Economic Theory." *Oxford Economic Papers* 13(1): 53–58.

Robinson, Joan. 1962. *Essays in the Theory of Economic Growth*. London: Macmillan.

Robinson, Joan. 1965. "A Reconsideration of the Theory of Value." In Joan Robinson, *Collected Economic Papers*, 173–181. Oxford: Basil Blackwell.

Robinson, Joan. 1970. "Capital Theory Up to Date." *Canadian Journal of Economics/Revue canadienne d'economique* 3(2): 309–317.

Robinson, Joan. 1975. "The Unimportance of Reswitching." *Quarterly Journal of Economics* 89(1): 39–51.

Robinson, Joan. 1977. "Michal Kalecki on the Economics of Capitalism." *Oxford Bulletin of Economics and Statistics* 39(1): 7–17.

Robinson, Joan. 1982. "Shedding Darkness." *Cambridge Journal of Economics* 6(3): 295–296.

Rochon, Louis-Philippe, and Matias Vernengo. 2003. "State Money and the Real World; or, Chartalism and Its Discontents." *Journal of Post Keynesian Economics* 26(1): 57–67.

Rodrik, Dani. 2001. *The Global Governance of Trade: As if Trade Really Mattered*. New York: United Nations Development Programme (UNDP).

Rogers, Colin. 1989. *Money, Interest, and Capital: A Study in the Foundations of Monetary Theory*. Cambridge: Cambridge University Press.

Rogoff, Kenneth. 1996. "The Purchasing Power Parity Puzzle." *Journal of Economic Literature* 34: 647–668.

Romer, Cristina. 1987. "Gross National Product, 1909–1928: Existing Estimates, New Estimates, and New Interpretations of World War I and its Aftermath." Unpublished paper, National Bureau of Economic Research Working Paper Series 2187.

Roncaglia, Allesandro. 1977. *Sraffa and the Theory of Price*. New York: Wiley.

Roncaglia, Alessandro. 1991. "The Sraffian Schools." *Review of Political Economy* 3(2): 187–219. Rosdolsky, R. 1977. *The Making of Marx's "Capital."* London: Pluto Press.

Rosenberg, Hans. 1943. "Political and Social Consequences of the Great Depression of 1873–1896 in Central Europe." *Economic History Review* 13(1/2): 58–73.

Rothschild, R. 2000. "Review: *Post Keynesian Price Theory* by Frederic S. Lee." *Economic Journal* 110(461): F214–F216.

Roubini, Nouriel. 2014. "The World Economy Is Flying with Only One Engine." *The Guardian*, November 2. http://www.theguardian.com/business/2014/nov/02/world-economy-flying-one-engine-us-growth.

Rousseas, Stephen. 1985. "A Markup Theory of Bank Loan Rates." *Journal of Post Keynesian Economics* 8(1): 135–144.

Ruggles, Nancy, and Richard Ruggles. 1992. "Household and Enterprise Saving and Capital Formation in the United States: A Market Transaction View." *Review of Income and Wealth* 38(2): 119–162.

Rugitsky, Fernando. 2013. "Degree of Monopoly and Class Struggle: Political Aspects of Kalecki's Pricing and Distribution Theory." *Review of Keynesian Economics* 1(4): 447–64.

Saayman, Andrea. 2011. "Macroeconomics after Four Decades of Rational Expectations." Unpublished paper, North-West University, Potchefstroom Campus, South Africa.

Saez, Emmanuel. 2013. "Striking It Richer: The Evolution of Top Incomes in the United States (Updated with 2012 Preliminary Estimates)." http://eml.berkeley.edu/~saez/saezUStopincomes-2012.pdf.

Salehnejad, Reza. 2009. *Rationality, Bounded Rationality and Microfoundations: Foundations of Theoretical Economics*. Palgrave Macmillan.

Salter, Wilfred E. G. 1969. *Productivity and Technical Change*. Cambridge: Cambridge University Press.

Salvadori, Neri, and Ian Steedman. 1988. "No Reswitching? No Switching!" *Cambridge Journal of Economics* 12(4): 481–486.

Samuelson, Paul A. 1957. "Wages and Interest: Marxian Economic Models." *American Economic Review* 47(6): 884–911.

Samuelson, Paul A. 1962. "Parable and Realism in Capital Theory: The Surrogate Production Function." *Review of Economic Studies* 39(3): 193–206.

Samuelson, Paul A. 1963. "Problems of Methodology: Discussion." *American Economic Review* 53: 227–236.

Samuelson, Paul A. 1964. "Theory and Realism: A Reply." *American Economic Review* 54(5): 736–739.

Samuelson, Paul A. 1969. "Classical and Neoclassical Theory." In Robert W. Clower, ed., *Monetary Theory*, 1–15. London: Penguin.

Samuelson, Paul A. 1998. "Summing Up on Business Cycles: Opening Address." In Jeffrey C. Fuhrer and Scott Schuh, eds., *Beyond Shocks: What Causes Business Cycles*, 33–35. Boston: Federal Reserve Bank of Boston.

Sanger, D. E. 1992. "Japan's Premier Joins Critics of Americans' Work Habits." New York Times, February 4. http://www.nytimes.com/1992/02/04/world/japan-premier-joinscritics-of-americans-work-habits.html.

Sardoni, Claudio. 1987. *Marx and Keynes on Economic Recession: The Theory of Unem-*

ployment and Effective Demand. New York: New York University Press.

Sargent, Thomas J., and François R. Velde. 1999. "The Big Problem of Small Change." *Journal of Money, Credit & Banking* 31(2): 137–161.

Sawyer, Malcolm C. 1985. *The Economics of Michal Kalecki*. Armonk, NY: M. E. Sharpe.

Schefold, Bertram. 1976. "Relative Prices as a Function of the Rate of Profit: A Mathematical Note." *Zeitschrift fur Nationolokonomie* 36: 21–48.

Schefold, Bertram. 1987. "Knapp, Georg Friedrich." In John Eatwell, Murray Milgate, and Peter Newman, eds., *The New Palgrave: A Dictionary of Economics*, 54–55. London: Macmillan.

Schefold, Bertram. 2010. "Approximate Surrogate Production Functions." Unpublished paper, Institut für Volkswirtschaftslehre, Johann Wolfgang Goethe-Universität.

Scherer, F. M. 1980. *Industrial Market Structure and Economic Performance*. Chicago: Rand McNally.

Schmalensee, Richard. 1989. "Inter-Industry Studies of Structure and Performance." In Richard Schmalensee and Robert D. Willig, eds., *Handbook of Industrial Organization*, 952–1009. Amsterdam: Elsevier Science.

Schnader, Marjorie H. 1984. "Capacity Utilization." In Frank J. Fabozzi and Harry I. Greenfield, eds., *Handbook of Economic and Financial Measures*, 74–104. Illinois: Dow-Jones Irwin.

Schumpeter, Joseph A. 1950. *Capitalism, Socialism and Democracy*, 3rd ed. NY: Harper & Row.

Schumpeter, Joseph A. 1969. "The Dynamics of Competition and Monopoly (Excerpt from Schumpeter, Capitalism, Socialism and Democracy, 1947)." In Alex Hunter, *Monopoly and Competition: Selected Readings*, 40–70. Harmondsworth, UK: Penguin.

Schwartz, Jacob T. 1961. *Lectures on the Mathematical Method in Analytical Economics*. New York: Gordon and Breach.

Schwartz, Nelson D., and Eric Dash. 2010. "Fears Intensify That Euro Crisis Could Snowball." http://www.nytimes.com/2010/05/17/business/global/17fear.html?ref=global& pagewanted=print.

Semmler, Willi. 1984. *Competition, Monopoly and Differential Profit Rates*. New York: Columbia University Press.

Sen, A. K. 1977. "Rational Fools: A Critique of the Behavioral Foundations of Economic Theory." *Philosophy and Public Affairs* 6(4): 317–344.

Serrano, Franklin. 1995. "Long Period Effective Demand and the Sraffian Supermultiplier." *Contributions to Political Economy* 14: 67–90.

Seskin, Eugene P., and Robert P. Parker. 1998. "A Guide to the NIPAs." *Survey of Current Business*, 78: 26–68.

Shah, Anup, and Meghnad Desai. 1981. "Growth Cycles with Induced Technical Change." *Economic Journal* 91(364): 1006–1010.

Shaikh, Anwar. 1973. "Theories of Value and Theories of Distribution." PhD diss., Columbia University.

Shaikh, Anwar. 1974. "Laws of Production and Laws of Algebra: The Humbug Production Function." *Review of Economics and Statistics* 61(1): 115–120.

Shaikh, Anwar. 1977. "Marx's Theory of Value and the Transformation Problem." In J. Schwartz, ed., *The Subtle Anatomy of Capitalism*, 106–139. Santa Monica, CA: Goodyear Publishing.

Shaikh, Anwar. 1978. "Political Economy and Capitalism: Notes on Dobb's Theory of Crisis." *Cambridge Journal of Economics* 2: 233–251.

Shaikh, Anwar. 1979. "Notes on the Marxian Notion of Competition." Unpublished paper, New School for Social Research.

Shaikh, Anwar. 1980a. "Foreign Trade and the Law of Value: Part II." *Science and Society* 44(1): 27–57.

Shaikh, Anwar. 1980b. "Laws of Algebra and Laws of Production: Humbug II." In Edward J. Nell, ed., *Growth, Profits and Property: Essays in the Revival of Political Economy*, 80–95. Cambridge: Cambridge University Press.

Shaikh, Anwar. 1980c. "The Laws of International Exchange." In Edward J. Nell, ed., *Growth, Profits and Property: Essays in the Revival of Political Economy*, 204–235. Cambridge: Cambridge University Press.

Shaikh, Anwar. 1980d "Marxian Competition versus Perfect Competition." *Cambridge Journal of Economics* 4(1): 75–83.

Shaikh, Anwar. 1981. "The Poverty of Algebra." In Ian Steedman and Paul Sweezy, eds., *The Value Controversy*, 266–301. London: New Left Books.

Shaikh, Anwar. 1982. "Neo-Ricardian Economics: A Wealth of Algebra, a Poverty of Theory." *Review of Radical Political Economics* 14(2): 67–83.

Shaikh, Anwar. 1984a. "Dynamics of the Falling Rate of Profit." Unpublished paper, New School for Social Research.

Shaikh, Anwar. 1984b. "The Transformation from Marx to Sraffa: Prelude to a Critique of the Neo-Ricardians." In Ernest Mandel, ed., *Marx, Ricardo, Sraffa*. London: Verso.

Shaikh, Anwar. 1987a. "The Falling Rate of Profit and the Economic Crisis in the US." In Robert Cherry, Michele I. Naples, and Fred Moseley, eds., *The Imperiled Economy: Macroeconomics from a Left Perspective*, 115–126. New York: Union for Radical Political Economy.

Shaikh, Anwar. 1987b. "Humbug Production Function." In John Eatwell, Murray Milgate, and Peter Newman, eds., *The New Palgrave: A Dictionary of Economics*, 690–692.

London: Macmillan.

Shaikh, Anwar. 1987c. "Organic Composition of Capital." In John Eatwell, Murray Milgate, and Peter Newman, eds., *New Palgrave: Marxian Economics*, 755–757. London: Macmillan.

Shaikh, Anwar. 1987d. "Surplus Value." In John Eatwell, Murray Milgate, and Peter Newman, eds., *New Palgrave: Marxian Economics*, 574–576. London: Macmillan.

Shaikh, Anwar. 1989. "Accumulation, Finance, and Effective Demand in Marx, Keynes, and Kalecki." In Willi Semmler, *Financial Dynamics and Business Cycles: New Perspectives*, 65–80. Armonk, NY: M. E. Sharpe.

Shaikh, Anwar. 1991. "Wandering around the Warranted Path: Dynamic Nonlinear Solutions to the Harrodian Knife-Edge." In Edward Nell and Willi Semmler, eds., *Kaldor and Mainstream Economics: Confrontation or Convergence (Festschrift for Nicholas Kaldor*, 320–34. London: Macmillan.

Shaikh, Anwar. 1992. "The Falling Rate of Profit and Long Waves in Accumulation: Theory and Evidence." In Alfred Kleinknecht, Ernest Mandel, and Immanuel Wallerstein, eds., *New Findings in Long Wave Research*, 174–202. London: Macmillan.

Shaikh, A. 1995. "Free Trade, Unemployment and Economic Policy." In John Eatwell, ed., *Global Unemployment*, 59–78. Armonk, NY: M. E. Sharpe.

Shaikh, Anwar. 1998a. "The Empirical Strength of the Labor Theory of Value." In Riccardo Bellofiore, ed., *Marxian Economics: A Centenary Appraisal*, 225–251. London: Macmillan.

Shaikh, Anwar. 1998b. "The Stock Market and the Corporate Sector: A Profit-Based Approach." In Malcolm Sawyer, Philip Arestis, and Gabriel Palma, eds., *Festschrift for Geoffrey Harcourt*, 389–404. London: Routledge & Kegan Paul.

Shaikh, Anwar. 1999. "Explaining the Global Economic Crisis: A Critique of Brenner." *Historical Materialism*, 5: 103–144.

Shaikh, Anwar. 2000/2001. "Explaining the U.S. Trade Deficit." Policy Note, Levy Economics Institute of Bard College.

Shaikh, Anwar. 2003a. "Labor Market Dynamics within Rival Macroeconomic Frameworks." In George Argyrous, Gary Mongiovi, and Mathew Forstater, *Growth, Distribution and Effective Demand: Alternatives to Economic Orthodoxy*, 127–143. Armonk, NY: M. E. Sharpe.

Shaikh, Anwar. 2003b. "Who Pays for the 'Welfare' in the Welfare State? A Multi-Country Study." *Social Research* 70(2): 531–550.

Shaikh, Anwar. 2005. "Nonlinear Dynamics and Pseudo-Production Functions." *Eastern Economics Journal* 31(3): 447–66.

Shaikh, Anwar. 2007. "Globalization and the Myth of Free Trade." In Anwar Shaikh, *Glo-*

balization and the Myth of Free Trade, 50–68. London: Routledge.

Shaikh, Anwar. 2008. "Competition and Industrial Rates of Return." In Philip Arestis and John Eatwell, eds., *Issues in Economic Development and Globalisation, Festschrift in Honor of Ajit Singh*, 167–194. Houndmills, Basingstoke, UK: Palgrave Macmillan.

Shaikh, Anwar. 2009. "Economic Policy in a Growth Context: A Classical Synthesis of Keynes and Harrod." *Metroeconomica* 60(3): 455–494.

Shaikh, Anwar. 2010. "Reflexivity, Path-Dependence and Disequilibrium Dynamics." *Journal of Post Keynesian Economics* 33(1): 3–16.

Shaikh, Anwar. 2012a. "The Empirical Linearity of Sraffa's Critical Output–Capital Ratios." In Christian Gehrke, Neri Salvadori, Ian Steedman, and Richard Sturn, eds., *Classical Political Economy and Modern Theory: Essays in Honour of Heinz Kurz*, 89–102. Abingdon, UK: Routledge.

Shaikh, Anwar. 2012b. "Three Balances and Twin-Deficits: Godley versus Ruggles and Ruggles." In Dimitri Papadimitriou and Gennaro Zezza, eds., *Contributions to Stock-Flow Modeling: Essays in Honor of Wynne Godley*, 125–136. Houndmills, Basingstoke, UK: Palgrave Macmillan.

Shaikh, Anwar, and Rania Antonopoulos. 2012. "Explaining Long-Term Exchange Rate Behavior in the United States and Japan." In Jamee Moudud, Cyrus Bina, and Patrick L. Mason, eds., *Alternative Theories of Competition: Challenges to the Orthodoxy*, 201–28. Abingdon, UK: Routledge.

Shaikh, Anwar, and Jamee Moudud. 2005. "Measuring Capacity Utilization in OECD Countries: A Cointegration Method." Working Paper No. 415. Jerome Levy Economics Institute of Bard College.

Shaikh, Anwar, Nikolaos Papanikolaou, and Noe Weiner. 2014. "Race, Gender and the Econophysics of Income Distribution in the USA." *Physica A* 415: 54–60.

Shaikh, Anwar, and Amr Ragab. 2007. "An International Comparison of the Incomes of the Vast Majority." Working Paper 2007–2003. Schwartz Center for Economic Policy Analysis, Department of Economics.

Shaikh, Anwar, and E. Ahmet Tonak. 1994. *Measuring the Wealth of Nations: The Political Economy of National Accounts*. Cambridge: Cambridge University Press.

Shane, Scott. 2008. "Startup Failure Rates—The REAL Numbers." http://smallbiztrends.com/2008/04/startup-failure-rates.html.

Shapiro, Edward. 1966. *Macroeconomic Analysis*. New York: Harcourt, Brace.

Shapiro, Mathew D. 1989. "Assessing the Capacity and Utilization." *Brookings Papers on Economic Activity* 1: 181–241.

Shapiro, Nina. 2000. "Review: [untitled]." *Journal of Economic Issues* 34(4): 990–992.

Shapiro, Nina, and Malcolm Sawyer. 2003. "Post Keynesian Price Theory." *Journal of*

Post Keynesian Economics 25(3): 355–365.

Shiller, Robert J. 1981. "Do Stock Prices Move Too Much to be Justified by Subsequent Changes in Dividends?" *American Economic Review* 71(3): 421–435.

Shiller, Robert J. 1989. "Comovements in Stock Prices and Comovements in Dividends." *Journal of Finance* 44(3): 719–729.

Shiller, Robert J. 2001. *Irrational Exuberance*. Princeton, NJ: Princeton University Press.

Shiller, Robert J. 2014. "Speculative Asset Prices (Nobel Prize Lecture)." Discussion Paper No. 1936, Cowles Foundation.

Shoul, Bernice. 1957. "Karl Marx and Say's Law." *Quarterly Journal of Economics* 71(4): 611– 629.

Silva, Christian A., and Victor M. Yakovenko. 2004. "Temporal Evolution of the 'Thermal' and 'Superthermal' Income Classes in the USA during 1983–2001." *Europhysics Letters* 3(31): 1--7.

Simon, Herbert A. 1950. "The Distribution of Gains between Investing and Borrowing Countries." *American Economic Review*, Papers and Proceedings, 40: 473–485.

Simon, Herbert A. 1956. "Rational Choice and the Structure of the Environment." *Psychological Review* 63(2): 129–138.

Simon, Herbert A. 1979. "Rational Decision Making in Business Organization." *American Economic Review* 69(4): 493–513.

Singer, H. W. (1950). U.S. Foreign Investment in Underdeveloped Areas: The Distribution of Gains Between Investing and Borrowing Countries. American Economic Review, Papers and Proceedings, 40, 473–485.

Skidelsky, Robert. 1992. *The Economist as Savior: 1920–1937*. New York: Penguin Books.

Skott, Peter. 1989. *Conflict and Effective Demand in Economic Growth*. Cambridge: Cambridge University Press.

Smith, Adam. 1937. *The Wealth of Nations*. New York: Modern Library.

Smith, Adam. 1973. *The Wealth of Nations*. Harmondsworth, UK: Penguin Books.

Smith, David. 2007. "When catastrophe strikes blame a black swan." *The Sunday Times*, May 6.

Smolin, Lee. 2004. "Atoms of Space and Time." *Scientific American*, 290: 66–75.

Snowdon, Brian, and Howard R. Vane. 2005. *Modern Macroeconomics: Its Origins, Development and Current State*. Cheltenham, UK: Edward Elgar.

Somerville, Henry. 1933. "Marx's Theory of Money." *Economic Journal* 43(170): 334–337.

Soros, George. 2009. *The Crash of 2008 and What It Means*. New York: Public Affairs.

Sowell, Thomas. 1987. "Say's Law." In John Eatwell, Murray Milgate, and Peter Newman, eds., *The New Palgrave: A Dictionary of Economics*, 249–251. London: Macmillan.

Sportelli, Mario C. 1995. "A Kolmogoroff Generalized Predator-Prey Model of Goodwins' Growth Cycle." *Zeitschrift für Nationalökonomie* 61(1): 35–64.

Sraffa, Piero. 1926. "The Laws of Returns under Competitive Conditions." *Economic Journal* 36(144): 535–550.

Sraffa, Piero. 1960. *Production of Commodities by Means of Commodities*. Cambridge: Cambridge University Press.

Sraffa, Piero. 1962. "Introduction." In Piero Sraffa, *Works and Correspondence of David Ricardo*, xiii–lxii. Cambridge: Cambridge University Press.

StatCanada. 1997. *North American Industry Classification (NAICS) 1997*. Ottowa: http://stds. statcan.ca/english/naics/1997/naics97.

Steedman, Ian. 1977. *Marx After Sraffa*. London: New Left Books.

Steedman, Ian. 1997. "Limits to Relative Price Movements." In Philip Arestis, Gabriel Palma, and Malcolm Sawyer, eds., *Markets, Unemployment and Economic Policy*, 284–289. London: Routledge.

Steedman, Ian, and Judith Tomkins. 1998. "On Measuring the Deviation of Prices from Values." *Cambridge Journal of Economics* 22(3): 379–385.

Stein, J. L. 1995. "The Natrex Model, Appendix: International Finance Theory and Empirical Reality." In J. L. Stein and Associates, eds., *Fundamental Determinants of Exchange Rates*, 225–49. Oxford: Clarendon Press.

Steindl, Josef. 1976. *Maturity and Stagnation in American Capitalism*. New York: Monthly Review Press.

Steindl, Josef. 1993. "Steedman versus Kalecki." *Review of Political Economy* 5(1): 119–123.

Stigler, George J. 1957. "Perfect Competition, Historically Contemplated." *Journal of Political Economy* 65(1): 1–17.

Stigler, George J. 1963. *Capital and Rates of Return in Manufacturing Industries*. Princeton, NJ: Princeton University Press.

Stigler, George J., and Gary S. Becker. 1990. "De Gustibus Non Est Disputandum." In Karen S. Cook and Margaret Levi, eds., *The Limits of Rationality*, 191–216. Chicago: University of Chicago Press.

Stiglitz, Joseph. 2002. "Globalism's Discontents." *American Prospect*, January 4. http://prospect.org/article/globalisms-discontents.

Stockman, David A. 2013. *The Great Deformation: The Corruption of Capitalism in America*. New York: Public Affairs.

Stone, Douglas, and William T. Ziemba. 1993. "Land and Stock Prices in Japan." *Journal of Economic Perspectives* 7(3): 149–165.

Strotz, Robert H. 1953. "Cardinal Utility." *American Economic Review* 43(2): 384–397.

Studenski, P. 1958. *The Income of Nations*. New York: New York University Press.

Su, Vincent. 1996. *Economic Fluctuations and Forecasting*. New York: HarperCollins.

Summers, Lawrence H., and Victoria P. Summers. 1989. "When Financial Markets Work Too Well: A Cautious Case for a Securities Transactions Tax." *Journal of Financial Services Research* 3: 261–286.

Surowiecki, J. (2013). Stockmania. *New Yorker,* April 22.

Sweezy, Paul M. 1942. *The Theory of Capitalist Development*. New York: Monthly Review Press.

Sweezy, Paul. 1981. *Four Lectures on Marxism*. New York: Monthly Review Press.

Sylos-Labini, Paolo. 1962. *Oligopoly and Technical Progress*. Cambridge, MA: Harvard University Press.

Taleb, Nassim Nicholas. 2007. "The Pseudo-Science Hurting Markets." *Financial Times*. http://www.ft.com/cms/s/0/4eb6ae86–8166–11dc-a351–0000779fd2ac.html#axzz3Sp4aCGjF.

Taylor, Lance. 2004. *Reconstructing Macroeconomics: Structuralist Macroeconomics and Critiques of the Mainstream*. Cambridge, MA: Harvard University Press.

Taylor, Lance. 2008. "A Foxy Hedgehog: Wynne Godley and Macroeconomic Modelling." *Cambridge Journal Economics* 32(4): 639–663.

Tease, W. 1993. "The Stock Market and Investment." *OECD Economic Studies* 20(Spring): 41–63.

Tease, W. 2009. "The State of Economics: The Other-Worldly Philosophers." *The Economist,* July 16. http://www.economist.com/node/14030288.

Thompson, James R., L. Scott Baggett, William C. Wojciechowski, and Edward E. Williams. 2006. "Nobels for Nonsense." *Journal of Post Keynesian Economics* 29(1): 3–18.

Thurow, L. C. 1980. *The Zero Sum Society*. New York: Basic Books.

Thurow, L. C. 1992. *Head to Head: The Coming Economic Battle among Japan, Europe, and America*. New York: William Morrow.

Tomich, Dale W. 2003. *Through the Prism of Slavery: Labor, Capital, and World Economy*. Boulder, CO: Rowman & Littlefield.

Tooke, Thomas, and William Newmarch. 1928. *A History of Prices and the State of Circulation from 1793 to 1837*. New York: Adelphi Company.

Trezzini, Attilio. 1998. "Capacity Utilization in the Long Run: Some Further Considerations." *Contributions to Political Economy* 17: 53–67.

Trigg, Andrew B. 2004. "Deriving the Engel Curve: Pierre Bourdieu and the Social Critique of Maslow's Hierarchy of Needs." *Review of Social Economy* 62: 393–406.

Triplett, Jack E. 1990. "Hedonic Methods in Statistical Agency Environments: An Intellectual Biopsy." In Ernst R. Berndt and Jack E. Triplett, *Fifty Years of Economic Measurement: The Jubilee of the Conference of Research on Income and Wealth*, 207–233. Chicago: University of Chicago Press.

Triplett, Jack E. 2004. "Handbook on Hedonic Indexes and Quality Adjustments in Price Indexes: Special Application to Information Technology Products." Technology and Industry OECD Directorate for Science, Organization Economic Co-operation and Development.

Trockel, W. 1984. *Market Demand: An Analysis of Large Economies with Non-Convex Preferences*. Berlin: Springer-Verlag.

Tsaliki, Persefoni, and Lefteris Tsoulfidis. 1999. "Capacity Utilization in Greek Manufacturing." *Modern Greek Studies Yearbook* 9: 127–142.

Tsoulfidis, Lefteris. 2008. "Price-Value Deviations: Further Evidence from Input-Output Data of Japan." *International Review of Applied Economics* 22(6): 707–724.

Tsoulfidis, Lefteris. 2009. "The Rise and Fall of Monopolistic Competition Revolution." *International Review of Economics* 56(1): 29–45.

Tsoulfidis, Lefteris. 2010. *Competing Schools of Economic Thought*. Heidelberg: Springer.

Tsoulfidis, Lefteris, and Thanasis Maniatis. 2002. "Values, Prices of Production and Market Prices: Some More Evidence from the Greek Economy." *Cambridge Journal of Economics* 26(3): 359–369.

Tsoulfidis, Lefteris, and Thanasis Maniatis. 2007. "Labour Values, Prices of Production and the Effects of Income Distribution: Evidence from the Greek Economy." *Economic System Research* 19(4): 425–437.

Tsoulfidis, Lefteris, and Persefoni Tsaliki. 2005. "Marxian Theory of Competition and the Concept of Regulating Capital: Evidence from Greek Manufacturing." *Review of Radical Political Economics* 37(1): 5–22.

Tsoulfidis, Lefteris, and Persefoni Tsaliki. 2011. "Classical Competition and Regulating Capital: Theory and Empirical Evidence." Unpublished paper, University of Macedonia, Department of Economics.

Tsuru, Shigeto. 1942. "Appendix A: On Reproduction Schemes." In Paul M. Sweezy, ed., *The Theory of Capitalist Development*, 365–374. New York: Monthly Review Press.

Uchitelle, Louis. 1989. "Sharp Rise of Private Guards Jobs." *New York Times*, October 14. http://www.nytimes.com/1989/10/14/business/sharp-rise-of-private-guard-jobs.html.

UNDP. 2003. *Human Development Report 2003*. New York: United Nations Development Programme.

US Bureau of the Census. 1975. "Historical Statistics of the United States: Colonial Times to 1970." Washington, DC: US Department of Commerce, US Government Printing

Office.

Valocchi, Steve. 1992. "The Origins of the Swedish Welfare State: A Class Analysis of the State and Welfare Politics." *Social Problems* 39(2): 189–200.

van den Bergh, Jeroen C. J. M., and John M. Gowdy. 2003. "The Microfoundations of Macroeconomics: An Evolutionary Perspective." *Cambridge Journal of Economics* 27: 65–84.

van der Ploeg, F. 1987. "Growth Cycles, Induced Technical Change, and Perpetual Conflict over the Distribution of Income." *Journal of Macroeconomics* 9(1): 1–2.

van Duijn, J. J. 1983. *The Long Wave in Economic Life*. London: Allen and Unwin.

Varian, Hal R. 1993. *Intermediate Microeconomics: A Modern Approach*. New York: W. W. Norton.

Varri, Paolo. 1987. "Fixed Capital." In John Eatwell, Murray Milgate, and Peter Newman, eds., *The New Palgrave: A Dictionary of Economics*, 379–380. London: Macmillan.

Velupillai, Kumaraswamy. 1983. "A Neo-Cambridge Model of Income Distribution and Unemployment." *Journal of Post Keynesian Economics* 5(3): 454–473.

Velupillai, K. Vela 2014. "Friedman's Characterization of the Natural Rate of Unemployment." Discussion Paper Series, 11—2014/I, Algorithmic Social Sciences Research, Unit ASSRU, Department of Economics, Algorithmic Social Sciences Research.

Von Mises, Ludwig. 1971. *The Theory of Money and Credit*. New York: Foundation for Economic Education.

Walker, Donald A. 1987. "Walras, Leon." In John Eatwell, Murray Milgate, and Peter Newman, eds., *New Palgrave: A Dictionary of Economics*, 852–863. London: Macmillan.

Walras, L. (1874). Eléments d'économie politique pure; ou théorie de la richesse sociale. Paris: Imprimerie L. Corbaz.

Walras, L. (1877). Théorie mathématique de la richesse sociale: quatre mémoires. Paris: Guillaumin.

Walters, A. A. 1971. "Consistent Expectations, Distributed Lags and the Quantity Theory." *Economic Journal* 81(322): 273–281.

Walton, John B. 1987. *Business Profitability Data—1987 Edition*. Dallas, TX: Weybridge.

Wapshott, Nicholas. 2011. *Keynes Hayek: The Clash That Defined Modern Economics*. New York: W. W. Norton.

Webster, Elizabeth. 2003. "Profits." In J. E. King, ed., *The Elgar Companion to Post Keynesian Economics*, 294–299. Cheltenham, UK: Edward Elgar.

Weintraub, Sidney. 1957. "The Micro-Foundations of Aggregate Demand and Supply." *Economic Journal* 67(September): 455–470.

Weisbrot, Mark. 2002. "The Mirage of Progress." *American Prospect*, 13(1). http://prospect. org/article/mirage-progress.

Weller, Christian E., and Adam Hersh. 2002. "Free Markets and Poverty." *American Prospect*, 13(1). http://prospect.org/article/free-markets-and-poverty.

Weston, J.F., S. Lustgarden and N. Grottke. 1974. "The Administered Price Thesis Denied." *American Economic Review*, 64(1), 232–234.

Weston, John Fred, and Eugene F. Brigham. 1982. *Essentials of Managerial Finance*. Chicago: Dryden Press.

Whelan, Karl. 2000. "A Guide to the Use of Chain Aggregated NIPA Data." Washington, DC: Federal Reserve Board.

Wibe, Soren. 1984. "Engineering Production Functions: A Survey." *Economica* 51(204): 401–411.

Wibe, Soren. 2004. "Engineering and Economic Laws of Production." *International Journal of Production Economics* 92(3): 203–206.

Winfrey, Robley. 1935. "Statistical Analysis of Industrial Property Retirement." *Iowa Engineering Experiment Station*, Bulletin 125(December 11). Ames, Iowa.

Winston, Gordon C. 1974. "The Theory of Capital Utilization and Idleness." *Journal of Economic Literature* 12(4): 1301–1320.

Winters, L. Alan, Neil McCulloch, and Andrew McKay. 2004. "Trade Liberalization and Poverty: The Evidence so Far." *Journal of Economic Literature* 42(1): 72–115.

Wolfstetter, Elmar. 1982. "Fiscal Policy and the Classical Growth Cycle." *Zeitschrift fut National Okonomie* 42(4): 376–393.

World Bank. 2008. "World Development Report 2008: Agriculture for Development." New York: Oxford University Press.

Wray, L. Randall. 1990. *Money and Credit in Capitalist Economies: The Endogenous Money Approach*. Hampshire, UK: Edward Elgar.

Wray, L. Randall. 1998. *Understanding Modern Money*. Northhampton, MA: Edward Elgar.

Wray, L. Randall. 2003a. "Functional Finance and US Government Surpluses in the New Millenium." In Edward J. Nell and Mathew Forstater, *Reinventing Functional Finance: Transformational Growth and Full Employment*, 141–159. Cheltenham, UK: Edward Elgar.

Wray, L. Randall. 2003b. "The Neo-Chartalist Approach to Money." In Stephanie A. Bell and Edward J. Nell, *The State, the Market and the Euro: Chartalism vs. Metallism in the Theory of Money*, 89–110. Cheltenham, UK: Edward Elgar.

Yakovenko, Victor M. 2007. "Statistical Mechanics Approach to Econophysics." *arXiv:0709.3662*, November 2.

Yakovenko, Victor M., and J. Barkley Rosser, Jr. 2009. "Colloquium: Statistical Mechanics of Money, Wealth, and Income." *Reviews of Modern Physics* 81: 1703–1725.

Yeager, Leland B. 1966. *International Monetary Relations: Theory, History and Policy*. New York: Harper & Row.

Zachariah, Dave. 2006. "Labour Value and Equalisation of Profit Rates: A Multi-Country Study." *Indian Development Review* 4(June): 1–20.

Zafirovski, Milan. 2003. "Human Rational Behavior and Economic Rationality." *Electronic Journal of Sociology*. http://www.sociology.org/content/vol7.2/02_zafirovski.html.

Zarnowitz, Victor. 1985. "Recent Work on the Business Cycles in Historical Perspective: A Review of Theories and Evidence." *Journal of Economic Literature* 23(June): 523–579.

Zoninsein, Jonas. 1990. *Monopoly Capital Theory: Hilferding and Twentieth-Century Capitalism*. New York: Greenwood Press.

《资本主义》翻译缘起与谢克其人其书

赵 准

翻译缘起

面对眼前这本花费了两年多时间、组织20多人的团队翻译完成的谢克的1 000多页的经济学巨著《资本主义——竞争、冲突和危机》中译本，我很乐意分享翻译此书的缘起。

我之所以决定翻译这本书，首先源于我有机会去纽约社会研究新学院经济系访学一年，认识了谢克，但更重要的原因在于谢克的这本书为我多年学习、研究经济学的渴望（渴望理解实际经济运行过程及其内在机理与规律）找到了努力的方向。

先说第一个方面。我第一次见到谢克是在2011年9月，在他的“政治经济学分析传统”课堂上。他对经济学各流派思想分析之深刻、理解之到位，以及评价之客观和中允，带给我温暖、亲切的感觉。接下来，谢克谦卑、善良、急人所急、想人所想的品质，使我领略到了“智慧、博学之人必定慈爱”的古话。当时我初来乍到，没有完全掌握学校的教学网络系统的使用方法，不知道课程材料的下载方法。当我向谢克询问时，他立刻允诺为我刻录光盘提供全部阅读材料和课件，并很快将刻好的光盘交给我。

从那以后，我学习了谢克那一年中开设的全部三门课程，除了上文提到的“政治经济学分析传统”外，还有“高级政治经济学”和“通货膨胀理论专题”。通过与谢克的交流，我知道了他有一本书已经写了很久，可能于一年后完工，“高级政治经济学”讲的正是这本书的内容。随着时光流逝，在“高级政治经济学”课程内容过半的时候，我确认这本书意义非凡、价值巨大，于是找到谢克，建议将此书译为中文，并得到谢克的欣然应允。

谈到这本书的意义和价值，就不得不谈传统经济理论[①]在帮助人们理解实际经济运行内在机理与规律方面的不足称道。例如，它始终不能把历史上周期性出现经济危机这样重大的客观事实纳入经济理论的分析框架之中，并给予合理的解释。2008 年国际金融危机爆发后，英国女王向伦敦经济学院经济学家询问，“既然这些事件如此重大，为什么早没有人注意到”（Pierce, 2008）。经济学家的反馈首先是巨大的困惑和不解（Besley and Hennessy, 2009），然后是对现有经济理论的尖锐批评（Hodgson, 2009）。另外的例子来自索罗斯的自述，他在伦敦经济学院本科求学期间，起初攻读的是经济学，但不久之后便因“发现经济理论极不令人满意”而改学哲学（Soros, 1994, 11）。

2009 年 6 月，诺贝尔经济学奖获得者克鲁格曼在伦敦经济学院发表“罗宾斯演讲：萧条经济学的回归”，其间论道，“绝大部分宏观经济学在过去 30 多年的研究成果，说得好听点儿是毫无用处，说得难听点儿甚至是有害的”（Krugman, 2009a）。随后又在 9 月 2 日的《纽约时报》上撰写长文《经济学家为什么错得如此离谱》，宣称“在我看来，经济学界之所以误入歧途，是因为经济学家总体而言错把披着精妙数

① 这里的“传统经济学”沿用了这本书的用法，指以新古典经济学为代表的、被萨缪尔森冠以主流经济学的所谓正统经济理论。其他的经济学流派还包括以斯密、李嘉图、马克思等为代表的古典经济学和作为非主流经济学之一的后凯恩斯主义等（Shaikh, 2016, 4）。

学外衣的美丽当成了真理”（Krugman, 2009b）。

长久以来，批判传统经济学的著作数不胜数[①]，然而，批判容易重建难。这本书的可贵之处就在于，它找到了新的研究起点和视角，构建了一套完全不同于传统经济学的分析框架，使后来人可以用新的视角和方法去认识真实经济，探索经济规律。以下就是这本书独有的理论价值。

本书独有的理论价值

把均衡视为一种动荡的引力过程

均衡是经济学的核心概念。它表达了人们对经济有规可循、经济运行有其内在秩序的信仰，表达了人们渴望探求的资源配置的最佳方案之所在，也即经济秩序与规律之所在。

然而，不同的经济学理解均衡的方法和视角大不相同，研究问题使用的抽象法也大不相同。

传统经济学将均衡视为一个实现（达到）的状态，是假定变量无论如何必会达到和停留的某个平衡位置，注意力被集中到均衡状态和稳定路径上，时间和动荡消失了（Shaikh, 2016, 112）。这样的均衡形式“美丽”（Krugman, 2009b），“便利”[②]研究，但不是经济规律实际存

① 既有可以随手列出的书单和文章，如《揭穿经济学的真相：赤裸的皇帝》（Keen, 2011）、《微观经济学批判》（余斌，2004）、《经济学的真相：宏观经济学批判》（余斌，2010）、《均衡幻象、经济复杂和经济分析的演化基础》（陈平，2011）、《中国道路的争议和新古典经济学的迷思》（陈平，2012）等，也有詹姆斯·克罗蒂在 15 年前就说过的话：“我批判新古典经济学已有 30 多年，现在都批腻了”（赵准，2005, 22）。

② 谈及经济学家为什么“偏爱通过为某种目的设计的特定模型”研究问题时，《经济学家》杂志写道，“包含了复杂情况的模型会变得非常难以处理”，因此常常是“便利”而非“令人信服”决定经济学家的选择（*The Economist*, 2009）。

在的方式。与此对应，传统经济学用的抽象法是“抽象理想状态”，即把均衡视为理想状态，而将失衡、无序和不完全竞争视作令人遗憾的例外（Shaikh, 2016, 4, 541）。

这本书承袭古典经济学的传统，将经济均衡“视为一种动荡的引力过程”（Shaikh, 2016, 105）。就像万有引力看不见、摸不着，但作为一种内在的必然支配着地球、月亮、太阳、银河系以及各种天体有序的运动一样，经济规律虽然也看不见、摸不着，但同样以一种作为内在必然的趋势和结果的方式支配着经济现象的动荡运动，以“引力中心”的方式，使现实的经济运动结果始终出现在它们不断变动的引力中心的周围。

这本书使用“抽象典型特征”的方法，用以辨认和识别经济过程中典型的代表性模式与模式之下起基础作用的驱动力，用数量不多的“引力中心”解释经济现象的运动变化（Shaikh, 2016, 541）。“动荡调节”和“模式循环”就是贯穿全书每一章、用以刻画大量看上去纷繁复杂的经济现象的运动特征和规律的两个关键词。

就“动荡调节”而言，它解释了一种“在无序中并通过持续的无序产生的有序”。而“模式循环”则证明了在一次又一次重复出现的经济现象之下始终起作用的经济规律的存在。无论是微观层面的商品价格、利润率、工资率、利率、资产价格和汇率，还是宏观层面的投资、增长、就业、商业周期和通货膨胀，无不遵循这两种模式。

以真实存在的现实经济作为研究对象，探究支配经济生活内在机理的客观规律

这本书开篇即宣称“考察的对象是现实经济”（Shaikh, 2016, 4）。听闻此言，经济学界之外的人可能会大吃一惊。因为人们可能不能理

解，如果经济学不考察现实经济，将会考察什么？

就其基础逻辑而言，传统经济学考察的是一个构造出来的理想化世界，用理想化的具有特定属性的经济变量发生无摩擦的相互作用，从而迅速实现经济均衡，展示出一种和谐、理想、宁静、无争的状态，它取代了现实经济生活的复杂、动荡、博弈和利益得失。

例如，就微观经济学而言，是通过理想化的假设求解瓦尔拉斯一般均衡，再用长期均衡替换一般均衡。就宏观经济学而言，是通过定义账户指标或根据经验数据的可获得性，把供求大体均衡直接设定为宏观分析的约束条件（Shaikh, 2016, 107, 549）。

这使得我们可以理解，为什么向传统经济学开战、发起“凯恩斯革命”的《就业、利息和货币通论》序言中这样写道：“我现在所攻击的理论，我自己也深信了好些年，我想我不至于忽视其优点。”“如果正统经济学有错误的话，其病不会在其上层建筑，而在其前提之不够明白，不够普遍——上层建筑在逻辑上总是很少可非议的。”（Keynes, 1936, preface）[①] 凯恩斯在这里所说的“不够明白”“不够普遍”的前提，正是这里所分析的违背现实的假设。

更重要的是，这本书证明了，为了推导出被实践和理论证实的经济学结论，并不必然需要那些理想化的假设。比如，为了得出关于生产理论的主要经验模式——斜向下的需求曲线，必需品、奢侈品的恩格尔曲线，总消费函数，总生产函数等，并不需要经济人假设。用现实存在的具有各种行为特征的个人作为微观基础，都能推导出来这些结论（Shaikh, 2016, 77）。

例如，这本书模拟了 5 种不同的个体行为人（Shaikh, 2016, 96-

① 中文转引自徐毓枬译:《就业、利息和货币通论》，商务印书馆，1997 年版，原序，第 1 页。——译者注

98）——新古典理论常用的同质行为人和异质行为人，生活中很常见但通常不被纳入理论框架之内的善变型行为人和模仿-创新型行为人，以及本书构建的不需要任何苛刻的假设，而仅受三个既为人熟知且易于理解的基本约束条件[①]制约的基本理论行为人。结果是，前4种不同的行为人在所有的问题上——必需品和奢侈品的需求曲线、需求弹性、收入弹性和交叉弹性等，都得出了与基本理论行为人几乎完全一致的稳健结果（Shaikh, 2016, 99–100）。

用如战争般残酷的真实竞争解释价格形成和技术变革及选择

与这本书提出的真实竞争相对应的传统经济学中的概念是完全竞争。完全竞争源自一般均衡，找不到任何一个积极主动的定价者，所有的交易者都是使全部市场同时出清的均衡价格的接受者。[②]在此情况下，技术选择的原则是均衡价格下实现利润最大化的技术获胜，它在假设均衡价格永存的情况下倾向于维持现有的技术。

而真实竞争理论则认为，市场经济的所谓资源配置功能是通过企业之间、工人之间、消费者之间以及它们彼此之间残酷无情的竞争实现的。“真实竞争是资本主义的核心调节机制，它与所谓的完全竞争之间的差异，就像战争和芭蕾之间的差异一样巨大。”（Shaikh, 2016, 14）

在真实竞争中，企业不是现有价格的接受者，而是积极的价格削减者，并通过价格削减行为得到可持续最高利润。因此，真实竞争理

---

① 这三个约束条件是：最低生存必需品、预算约束、在必需品之外的剩余收入有稳定的可选择倾向。为了区别于传统理论就所有收入定义的可支配收入，这本书把扣除必需品消费之外剩下的可自由支配的收入称为可选择收入，对应的消费倾向称为可选择倾向。

② 与完全竞争不符的其他市场行为，比如既是现实的又是必要的由规模效益或其他正外部性导致的垄断、寡头或其他非完全竞争形式，通常被归入有损社会福利、不该发生、应被消除的事项之中。

论中的技术变革及选择的原则是：价格削减迫使企业增加投资、改进技术、降低单位成本、削减价格、消灭对手、占据市场、再控制价格以获取更高利润，从而取胜。这是一场永无止境的战争，随时意味着你死我活，没有任何企业能在现行价格下追求一劳永逸的利润最大化。

用事实和数据检验每个理论的正确性

传统经济学因为其逻辑起点的理想主义，处处遇到与现实不符的窘境。这本书则在开篇即明确提出，本书发展起来的任何理论都“需要不断地面对经验证据的检验”（Shaikh, 2016, 4）。因此，书中的每一个理论，谢克和他的学生们都费心费力地建立模型、搜集数据、细心推算，进行了相应的经验检验，具体包括：用资本主义经济在240年中重复出现的周期性波动，成功预测2008年国际金融危机的到来（Shaikh, 2016, 64）；用战后利润率、生产率和劳动者收入的对比与利率的变动，解释美国非金融企业利润率80年代以来止跌回稳的原因（Shaikh, 2016, 732）；用增量利润率围绕零的上下波动证明利润率均等化趋势（Shaikh, 2016, 304）；用美国投入–产出表数据证明劳动是决定商品价格的基本因素（Shaikh, 2016, 70）；用银行业、股票市场增量利润率数据证明银行是受利润驱动的逐利企业，资金在金融领域和实体经济间的流动导致股票金融市场与实体经济增量利润率均等化（Shaikh, 2016, 462, 470）；劳动力成本决定一国汇率（Shaikh, 2016, 530）[①]；工资份额越大，名义GDP增长越高（Shaikh, 2016, 664）；实际增长率趋近于最大增长率时，通货膨胀率明显上升（Shaikh, 2016, 711）。

① 正是基于这样的理论研究和经验验证，谢克不认为一国政府有长期操纵汇率的能力。所谓的中国政府操纵汇率论，在谢克看来只是因为中国有着较低的劳动力成本。

将理论构建、思想对比与现代经济学研究技术融为一体，既增强了理论的说服力和厚重感，又满足不同读者的品位和取向

这本书在创建一个有别于华盛顿共识和传统经济学的“现代经济学替代性框架”[①]的同时，将每一理论都“与新古典主义、凯恩斯/后凯恩斯主义”的对应观点进行对比（Shaikh, 2016, 7），也与其他的相关观点进行对比，同时，为了用事实材料对理论进行经验检验，这本书发展、制作了大量的模型、图表，用到了现代的非线性动态工具、计量经济学工具、最新的统计热力学工具（Shaikh, 2016, 7, 541）与有别于传统的理想化和最优化的对立统一、动态演化、概率分布、反馈与自强化等思想方法。这使这本书具备了这样独有的品质：无论你是新知识的探求者，还是经济思想史的爱好者，抑或是现代数学、模型、计量、统计、编程和计算的擅长者，无论你是初学者，还是高深的研究人员，都能在书中找到令你兴奋和满足的素材，得到有益的启迪，从而触类旁通、深化研究。若能经过多年研习将以上方面融会贯通，将一种新的整体的经济学思维和方法运用于中国经济的实践，定当对当代经济理论的发展做出新的贡献。

翻译、致谢与译者分工

正是基于本书独有的理论价值，我组织团队翻译此书，成为谢克“创建现代经济学替代性框架”这一共同事业的支持者。

从 2016 年 1 月拿到新书开始翻译到现在，我一直在本科生课程“中级政治经济学”和研究生课程“政治经济学专题”中使用本书作为教材，已达 3 个学期、5 批次学生。

在每次课程的开场白中，我都会用“经济学研究的里程碑”来推

① 见谢克赠书扉页题字。

介这本书，称它将为经济学理论的研究和实践提供新航线、开辟新领域、打开新视野并给予新的解决方案。其价值和影响不会只是一年、两年或 10 年、20 年，而是会随着时间的流逝，在未来更长的时间中产生更为深远和巨大的影响。

事实上，谢克已经是国际上得到主流经济学界承认的少数非主流经济学家之一，其工作得到多方赞誉。他于 2013 年获得 NordSud 国际文学－社会科学奖；2014 年被收入《杰出经济学家 II》(Szenberg and Ramrattan, 2014, 338–351)[①]。这本书由剑桥大学出版社出版，旨在介绍 21 世纪改变了经济学发展方向的最重要经济学家的生活、思想和经济哲学。《杰出经济学家 I 》(1991 年) 和《杰出经济学家 II》共收录 51 位经济学家，其中 16 位是诺贝尔经济学奖获得者。这本书出版后已收到包括西班牙语、葡萄牙语、德语等多语种的翻译申请，其中土耳其语版已经出版。

美好的东西总是不能轻易快速地得到。谢克著书应验了这句话，这本书的翻译也应验了这句话。2012 年 9 月，我回到中国，原以为很快就可以面世的新书，直到 2016 年 1 月才如愿出版。幸运的是，在谢克的帮助下，我应该是国内第一个拿到新书的人，也顺利地在第一时间签订了本书的翻译合同。

当时，新书付印工作刚刚就绪，纽约社会研究新学院经济系在美国社会科学联合学会 2016 年旧金山年会上为谢克举办了新书发布会，牛津大学出版社为此加急付印了首批样书。在首批样书被一抢而空的情况下，谢克为我单独留下一本，并托我的同事、当时也在参会的清华大学社会科学学院经济学研究所刘涛雄教授将书捎回中国给到我的

① 我们这次也翻译了这篇文章《在无序中并通过无序产生的有序：“看不见的手”是动荡的调节者》，并随这本书一起出版。

手中。谢克随后又及时通知我是中信出版集团购买了中文版权，使我能够马上通过各种渠道联系中信出版集团商议翻译事宜。很幸运，感谢我的好朋友中国人民大学谢富胜教授、我的同事王生升副教授，以及中信出版集团的季红、蒋永军、李红梅、刘丹妮、姜莉君和房博博，一起促成了现在的《资本主义》中译本。

翻译这本书这样巨大庞杂的工作，不是一个人可以完成的，在这里我要感谢翻译团队的每一个人，感谢他们尽心尽力做的每份工作，感谢他们在各章、各节、附录以及任何需要的地方，一遍又一遍地修改不尽人意之处。团队成员与具体分工如下表所示。

章、节、内容	初译	一校	二校	三校	四校	终校
封二、封三、封底	赵准	—	—	—	—	李连波
中文版序言	姜力榕	—	—	—	—	赵准
序言与致谢	赵准	—	—	—	—	赵准
第 1 章 1.1 节	杨帅鸿、王钰欢	—	—	—	—	赵准
第 1 章 1.2 节各章（括号内数字）内容简介	刘士萌（2、4）、李连波（3、12）、王钰欢（5）、戴霖杉（6、16）、孙小雨（7、8、9、10）、姜力榕（11、14、17）、杨帅鸿（13）、彭婉（15）					赵准
第 2 章	刘士萌	—	—	—	—	赵准
第 3 章	李连波	—	—	—	—	李连波
第 4 章	吴越	陈瑞林	刘士萌	杨帅鸿	戴霖杉	赵准
第 5 章	王钰欢、彭婉	孙小雨	—	—	—	赵准
第 6 章	崔震	戴霖杉	—	—	—	赵准
第 7 章	孙小雨	—	—	—	—	赵准

（续表）

章、节、内容	初译	一校	二校	三校	四校	终校
第 8 章	谢嘉璐	陈瑞林	—	—	—	孙小雨、赵准
第 9 章	吴佳妮	陈瑞林	孙小雨	田磊	王帅	孙小雨、赵准
第 10 章	邢正	陈瑞林	孙小雨	—	—	孙小雨、赵准
第 11 章	杨宇光	陈瑞林	—	—	—	姜力榕、赵准
第 12 章	李连波	—	—	—	—	李连波
第 13 章	杨帅鸿	—	—	—	—	赵准
第 14 章	张海燕、缪嘉煜	陈瑞林	—	—	—	姜力榕、赵准
第 15 章	林霓珊、钱琪燕	陈瑞林	彭婉	孙小雨	—	赵准
第 16 章	赵准、戴霖杉					赵准
第 17 章	林霓珊	—		—	—	姜力榕、赵准
第 2 章附录	刘士萌	—	—	—	—	赵准
第 4 章附录	刘士萌	赵准	杨帅鸿	—	—	赵准
第 5 章附录	王钰欢	—	—	—	—	赵准
第 6 章附录	孙小雨	王帅	戴霖杉	—	—	孙小雨
第 7 章附录	孙小雨	—	—	—	—	孙小雨
第 9 章附录	王帅	—	—	—	—	孙小雨
第 10 章附录	孙小雨	—	—	—	—	孙小雨
第 11 章附录	姜力榕	王帅	—	—	—	姜力榕
第 12 章附录	李连波	—	—	—	—	赵准
第 13 章附录	杨帅鸿	—	—	—	—	杨帅鸿

（续表）

章、节、内容	初译	一校	二校	三校	四校	终校
第 14 章附录	姜力榕	王帅	—	—	—	姜力榕
第 15 章附录	彭婉	—	—	—	—	彭婉
第 16 章附录	戴霖杉	—	—	—	—	戴霖杉
第 17 章附录	姜力榕	—	—	—	—	姜力榕
缩略词索引	顾珊	—	—	—	—	赵准
人名索引	刘士萌	—	—	—	—	赵准
主题词索引	杨帅鸿	刘士萌	—	—	—	赵准

我还要感谢在翻译过程中我们不时求助过的人，他们是：刘涛雄、汤珂、谢富胜、王生升、李帮喜、孙凤、王勇、朱安东、江啸、弗朗西斯科·马丁内斯、柏棣、卢荻、马慎萧、赵鲁、赵霞等。

这本书的翻译受到清华大学文科建设处“双高”计划的经费支持，在此一并致谢！

未来的工作

首先，这本书需要修订再版。与谢克沟通后，我们已达成共识：无论是英文原书还是中文版，都有需要继续改进的地方。且不说存在方程符号不统一、计算疏漏问题，即使是内容也有需改进之处。翻译无止境，校对修订更是必需。我深深地意识到，在未来的新版书中，还要做很多很多工作，才能让这部巨著得到更好的理解和应用。

其次，不少章节内容还需做进一步的研究。以我的判断，至少第 5 章“交换、货币和价格”就有有待重写的地方。最核心的要数黄金企业的产能调节问题。基于我对货币问题多年的研究，可以断定，由于作为货币的黄金所具有的特殊属性，其生产不是依靠平均利润率调节的，而是受制于自然的供给能力，这恰恰是黄金曾经被选择作为货币的原因——因为其供给稀少。

即将收笔，请允许我在表达对这本书出版（包括英文版和中文版）之欣慰的同时，感谢谢克，感谢这个时代，使我们能在古典（政治）经济学诞生 240 年之后，有缘读到这本既给人以启迪又提供了丰富的知识，并能够介绍清楚每个重要问题的来龙去脉的好书。期待每位读者都能从各自不同的收获中感受到一个更丰富多彩、更生机有趣的人生。

2020 年 12 月 15 日补记：以上文字写于 2018 年 9 月 8 日，这本书付印在即，应出版社邀请，余永定、龚刚、李稻葵、孟捷和谢富胜为此书撰写了专家推荐。我在这里想说的是：每位专家都有自己的视角和立场，因而对谢克这本著作的评价也各不相同，这意味着，每位读者需要用自己的眼睛去看，用自己的头脑做出判断，以便决定孰对孰错，孰是孰非。这也正是我对你们的期许。

参考文献

Besley, T. and P. Hennessy, 2009, Letter to the Queen, http://media.ft.com/cms/3e3b6ca8-7a08-11de-b86f-00144feabdc0.pdf.

Hodgson, G. M., 2009, Letter to the Queen, http://www.feed-charity.org/user/image/queen2009b.pdf.

Keen, S.，2011, *Debunking Economics: The Naked Emperor*, Zed Books.

Keynes, J. M.，1936, *The General Theory of Employment, Interest and Money*, Macmillan Cambridge University Press.

Krugman, P., 2009a, *Finance and Economics: Dismal science; Paul Krugman's London lectures*. The Economist Vol. 391, 79.

Krugman, P., 2009b, How Did Economists Get It So Wrong? http://www.nytimes.com/2009/09/06/magazine/06Economic-t.html.

Pierce, A., 2008, The Queen Asks Why No One Saw the Credit Crunch Coming, http://www.telegraph.co.uk/news/newstopics/theroyalfamily/3386353/The-Queen-asks-why-no-one-saw-the-credit-crunch-coming.html.

Shaikh, A., 2016, *Capitalism: Competition, Conflict, Crises*, Oxford University Press .

Soros, G., 1994, *The Alchemy of Finance: Reading the Mind of the Market*, John Wiley & Sons.

Szenberg, M. and L. B. Ramrattan, eds., 2014, *Eminent Economists II: Their Life and Work Philosophies*, Cambridge University Press.

陈平，2011，均衡幻象、经济复杂和经济分析的演化基础 . 演化与创新经济学评论 1, 42–77.

陈平，2012，中国道路的争议和新古典经济学的迷思 . 政治经济学评论 3, 39–75.

余斌，2004，《微观经济学批判》, 中国经济出版社 .

余斌，2010，《经济学的真相：宏观经济学批判》, 人民邮电出版社 .

赵准，2005，美国马克思主义经济学的研究与教育现状 . 海派经济学 2005, 19–27.

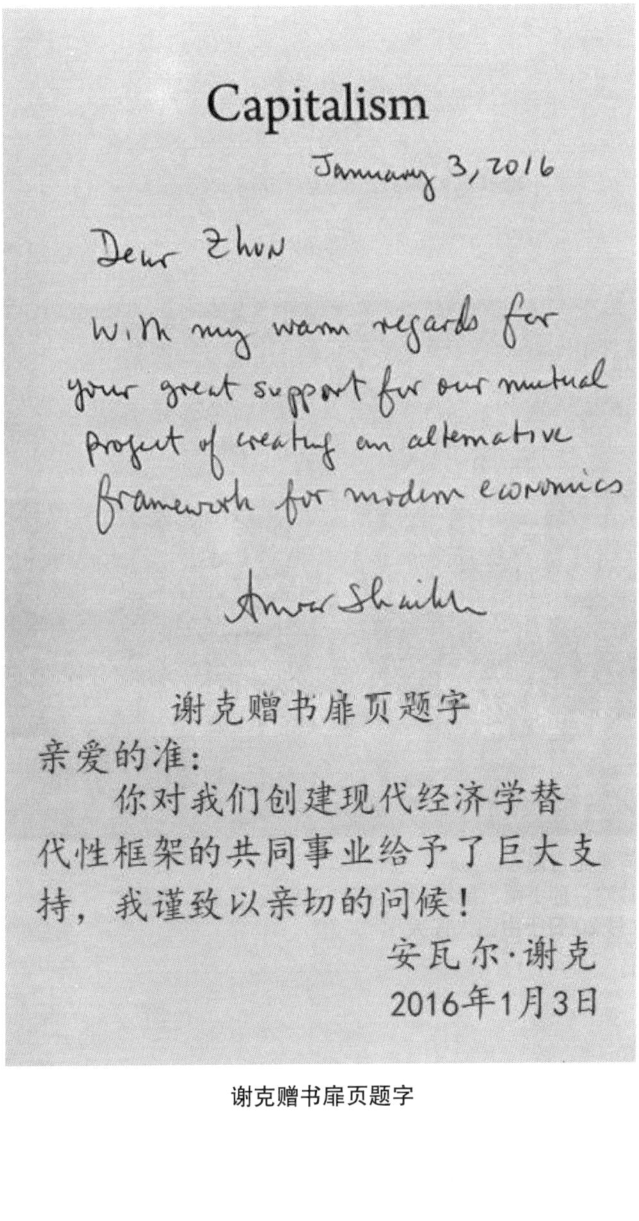

Capitalism

January 3, 2016

Dear Zhun

With my warm regards for your great support for our mutual project of creating an alternative framework for modern economics

Anwar Shaikh

谢克赠书扉页题字

亲爱的准：

你对我们创建现代经济学替代性框架的共同事业给予了巨大支持，我谨致以亲切的问候！

安瓦尔·谢克

2016年1月3日

谢克赠书扉页题字

部分译者与谢克合影

左起：杨帅鸿、孙小雨、戴霖杉、谢克、赵准、王帅、田磊

2019 年 6 月 20 日于中国人民大学

部分译者与谢克合影
第一排左起：田磊、赵准、谢克、戴霖杉、孙小雨
第二排左起：杨帅鸿、李连波、王帅
2019 年 6 月 21 日于清华大学

在无序中并通过无序产生的有序："看不见的手"是动荡的调节者①

安瓦尔·谢克

出身和早期经历的影响

1945 年，我出生于巴基斯坦的卡拉奇，那时距离印巴分治还有两年。我的孩童时期在卡拉奇度过，但在我父亲于 1948 年加入巴基斯坦外交部后，我还在安卡拉、华盛顿特区、纽约、拉各斯、吉隆坡和科威特生活过。1965 年，我从普林斯顿大学获得了工程科学学士学位，在科威特工作过两年（担任工程师、社会科学课和物理课教师），然后返回美国，在哥伦比亚大学学习。1973 年，我从哥伦比亚大学获得经济学博士学位。1972 年，我加入纽约社会研究新学院研究生部经济系，这也是我目前供职的地方。

我的母亲是来自印度南部的基督徒，我的父亲则是来自印度北部的穆斯林。他们两人都受过良好的教育，博览群书，信仰社会和性别平等。我的父亲是一位口齿伶俐的演讲者，颇具幽默感；我的母亲是一位通晓语言的天才老师。他们确保我和我的兄弟姐妹都受到良好的

① 该文发表于迈克尔·森贝格和拉利·拉姆拉坦编著的《杰出经济学家 II：他们的生活和工作哲学》(*Eminent Economists II: Their Life and Work Philosophies*)，剑桥大学出版社，2014 年版，第 338—351 页。

教育，并教育我们自立的重要性。我早年住在一栋主要由我父系家族的成员居住的公寓楼里，上至爷爷奶奶，下至刚学步的幼儿。我最喜欢的姑婆是英国人。我们家时常因我的父母受到委派而搬迁，于是我就随他们从一个国家搬到另一个国家，从一所学校转到另一所学校。我在 6 岁的时候曾在安卡拉的一所法国学校短暂就读，但因一句法语也不会说而显得有些智障。直到我转学到一所由一个英国女人经营的只有一间教室的学校才解决了这个问题。我在卡拉奇天主教中学就读时，最好的朋友是一名琐罗亚斯德教教徒；在华盛顿特区高中就读时，最好的朋友是一名华裔美国人；在史岱文森和普林斯顿就读时，最好的朋友是犹太人。实际上，当时我并没有注意到这些。这似乎很正常。

1965 年我从普林斯顿大学毕业后，去了科威特与父母住在一起。我先在一家银行做职员，然后在科威特的盛夏季节做一名工程师。后一个决定被证明是不明智的，因为有一天早上醒来，我患了“沙盲症”[①]。我在黑暗房间里恢复视力期间，受到了科威特 - 美国中学的探问，问我是否愿意给初中生和高中生教授数学、物理和社会研究。我说愿意。就这样，在 19 岁的时候，我找到了自己的天职（由此追随了我母亲的脚步）。这所学校的校长埃伯特先生是一位非比寻常之人，他让我彻底改造了我教授的每一门课程。对物理和数学来说，这不算困难。但对社会研究而言，之前由约翰 · 柏奇会认可的教材被证明有局限。我被迫临时拼凑，所仰仗的是关于社会话题的文章和小册子，有时候得在当地书店落满灰尘的书橱中找到。尽管如此，我的课程非常受欢迎。20 世纪 60 年代末，当我在纽约读研究生时，曾在哈林区住过一段时间，在哈林预备学校教数学和社会科学。这是一所新建成的

① 因为在沙漠炫目耀眼的环境中工作，接受日光中大量反射的紫外线，引起类似电光性眼炎的症状。——译者注

学校，由当地的教育工作者和天主教会富有奉献精神的修女联合建立，为的是教育那些少数民族学生和被公立学校系统拒收的辍学者。数学系的领导是一位名叫盖伍德·麦圭尔的天才非洲裔美国老师，在那里，我们能接收的学生水平相差很大，有的几乎零基础，还有的已经会微积分。

在我的游学经历中，很幸运地遇到几位杰出的老师。6岁的时候，我在安卡拉就读于前面提到的只有一间教室的学校，在那里我有机会学习我力所能及的任何水平的知识。我开始喜欢学习，而且我进步很快。结果，当我8岁回到巴基斯坦时，我比同班同学年纪小得多。在卡拉奇的圣帕特里克学校，我不得不学会抵抗校园霸凌。我发现大多数霸凌者都是虚张声势。尽管如此，在后来的几年里，我发现学习柔道和空手道作为我所学技能的补充还是有用的。

1958年，当我的父母被派往美国时，华盛顿特区的学校辅导员英明地认为我年纪太小，不能上高中，而是把我排入八年级。在那里，我遇到了格林先生，他彻底改变了我对代数的态度。他是一位很棒的老师，能快速提供积极反馈（通常采用在房间里扔糖果的方式）。我深爱代数，也深爱糖果。当我的父母再一次搬家时，我们搬到了纽约，我被安置在史岱文森高中。这所学校因其高级科学和数学课程而闻名全美国。然而，我是在高级手工课上遇到我最好的老师之一。在霍华德·纳特先生的非凡指导下，我们每个人都从零开始建造我们自己的6英尺反射望远镜，切割和加工所有部件（甚至螺钉），并将镜子研磨成适当的形状和拥有玻璃般的光滑度。他在工程方面的实践课程以物理和天文学讲座为补充。我记得他指导后来的一批学生建造了一个粒子加速器。我从他那里学到，实践必须以理论为指导，理论必须经受实践的磨炼。

加里·贝克尔是一位才华横溢的老师，他在哥伦比亚大学研究生院开设的高级微观经济学课程教会了我正统微观经济学。我从未忘记他讲过的自己的文章《非理性行为和经济理论》（Becker 1962），在那篇文章中，他证明了微观经济行为的主要经验模式可以在不提所谓的理性选择的情况下推导得出。我还记得在那堂课过后，为了概述出该论点的扩展形式，我兴奋地跑到洛氏图书馆的情形。35 年后，我在自己即将出版的书中设法写完了这些材料，[①] 并将其与涌现特质的讨论联系起来。涌现特质的基础是物理学家（诺贝尔奖获得者）罗伯特·劳克林所称的宏观经验模式对微观行为属性的“高度不敏感性”（Laughlin 2005）。在哥伦比亚大学商学院开设的一门课程中，我接触到罗伯特·海尔布罗纳对西方经济思想史优雅而令人兴奋的解读。更幸运的是，我后来于 1972 年在纽约社会研究新学院成为罗伯特的同事，我现在正是在这所大学教授同一主题课程。1971 年，当卢伊季·帕西内蒂在哥伦比亚大学担任客座教授的时候，我很荣幸地参加了他开设的关于斯拉法经济学的极富启发的讲座。海尔布罗纳引领我了解了斯密、李嘉图、马克思和凯恩斯，而帕西内蒂引领我了解了斯拉法。从那时起，这些都对我的工作产生了重大影响。

社会价值和社会科学

我的政治觉醒始于 20 世纪 60 年代初的普林斯顿。我听了马丁·路德·金在总论坛的发言和马尔克姆·X 在伊斯兰研究部的一个小型研讨会上的发言。我也听过密西西比州州长罗斯·R. 巴尼特告诉我们，许多文明已经被种族间通婚摧毁（我记得他引用古埃及作为例子）。巴尼特州长曾受南方学生联盟的邀请，那些学生感觉自己没有在话语中被

① 这本即将出版的书正是本书。——译者注

充分代表。我至今仍能回想到那幅场景，学生们戴着南方联盟的徽章，举着旗帜，挤满了大厅的前两排。

在20世纪60年代末的哥伦比亚大学，我遭遇到美国左翼的各种派别。在哈林，我遇到了黑豹党人和黑人穆斯林（当时马尔克姆·X已被暗杀）。当然，我同时也在研究微观经济学、数理经济学、国际贸易和货币理论。我参加了1968年的占领哥伦比亚运动[①]，在进入费耶韦瑟大厅的时候，手里仍然抓着帕廷金有关货币的经典文本的复印本。在后来一片混乱的撤离中，我被迫扔了它，但很快从一个乐于助人的同学手中又买到了另一本。这一主题长久以来始终是我的兴趣点。在哥伦比亚大学期间，我曾写信给罗宾逊夫人，并自以为是地问她是否愿意来经济学系演讲。在收到肯定答复之后，我兴奋地冲到系主任那里告诉他。令我震惊的是，起初，系里竟然拒绝邀请她，但迫于学生们的压力，最后他们还是同意了。罗宾逊夫人对总生产函数和边际生产力分配理论提出尖锐批评。大厅里满是学生。但是，由于那时恰好也安排了一场教师必须参加的系务会，所以经济系只有两位教师出席了她的演讲。他们在讨论中把时间都花在了努力捍卫标准理论上。

罗宾逊夫人的访问对我产生了很大的影响。往小了说，它使我被驱逐出激进政治经济学联盟（URPE）的地方分会。那个分会是由我在"资产阶级异端"基础上帮助建立的。我被驱逐是因为我去机场迎接罗宾逊夫人，而没有参加一次事先安排好的会议，但我受到的责难只是强化了我已经显示出来的倾向性。更重要的是，当罗宾逊夫人在哥伦比亚大学时，她让我"仔细研究"对总生产函数的表面的经验支持。我智慧且有天赋的导师罗恩·芬德利给了我时间和空间进行这项工作，

① 哥伦比亚大学学生的一次校园起义。——译者注

将它作为我的第一篇研讨论文。该文于 1974 年发表在《经济学和统计学评论》(*Review of Economics and Statistics*)上，成为我发表的第一篇期刊文章。我认为，拟合生产函数表面上的有力是一个统计学上的假象。这个假象是由以下的事实造成的，即通过产出价值必定等于工资与利润之和这一会计恒方程，劳动力、资本、工资率与利润率是被捆绑在一起的。我用一套虚构的数据点集说明我的观点，把它的排列写出来就是“骗子”(Humbug)(Shaikh 1974)。文章刊发后遭到猛烈攻击，而我做出回应的请求被拒绝。尽管如此，我的观点一直通过非主流文献继续扩散，甚至在 1987 年最初的《新帕尔格雷夫大辞典》(*New Palgrave*)中被赋予了一个单独条目的位置。根据一个学术引文索引的统计，“虚构生产函数”(Humbug Production Function)一词迄今已被引用 2 196 次。

我对经济学的兴趣可以追溯到我在科威特的时候，那时我想知道为什么在这样一个非常富裕的国家里有这么多穷人。我穿梭在哈林的赤贫和哥伦比亚的特权阶级之间。我在纽约提出了同样的问题。有人告诉我，答案在经济学中。但当我上课和学习课本时，我对所呈现的内容越来越不满。我的人生经历使我确信，有关什么是正常或什么是令人满意的假设在不同的文化中存在很大差异。正是在这一视角下，我靠近正统经济学的假设，并发现它们不够令人满意。在我看来，标准模型没有描述人或企业实际上如何行为，而以假设无关紧要作为逃避的论点让我震惊。标准模型代表了某种理想的观点也没能说服我。就经济行为人而言，为什么他们只关心自己可以获得的东西而对他们之间直接的相互作用无动于衷就是理想的呢？为什么在课程的最后将社会间的相互作用降级到“外部性”地位，悄声地加以讨论？这种做法令我震惊，即使在西方传统中，这也堪称一种狭隘的文化偏见。贝克尔教会我，许多不同类型的行为都可以产生相同的市场模式。因此，我想不到任何合理的、理智的理由来坚持"理性"选择或"完全"竞争的特定假设。

另外，我发现自己对不完全竞争的观点同样不满意。实际商业行为与完全竞争模型之间的巨大差异，本可以得出后者是真实竞争的不充分代表的结论，但它导致了对竞争本身的拒绝。通过这种方式，完全竞争最终被保留为社会理想，作为所有实际过程的基准，并作为不完全竞争模型的理论出发点。反过来，这些不完全竞争模型常常是临时特设的，彼此互不一致。我对不完全竞争的拒绝使我不仅与后凯恩斯主义传统不一致，而且与大部分现代马克思主义经济学不一致。但我没有与马克思不一致。

我应该说，我从来不反对使用数学、计量经济学或我们行业中的其他工具。这些工具如果被恰当使用，是很有效的，而且我自己就依赖线性代数、非线性微分方程、基于行为人的模拟以及最新的经济物理学随机工具。我也不反对抽象，但在我看来，抽象和理想化是不同的，抽象旨在获得某些实际过程的实质要素，而理想化是在寻求将其上升到天堂的高度。我最关心的一直是经济学的整体"视野"及其在真实世界中的应用。这些考虑使我转向斯密、李嘉图、马克思、安德鲁斯、哈罗德和斯拉法的理论，以及来自国民账户、投入-产出表和国家、性别、种族收入分配的大量数据。经过艰苦的努力，我终于跋涉到了在书中写出我的研究结果，该书正由牛津大学出版社审查。

我很幸运在纽约社会研究新学院的经济学系能有空间研究一种关于竞争和宏观动力学的替代性方法，我有幸受到阿道夫·洛和罗伯特·海尔布罗纳的指导，并从博学多才的同事和研究生那里获得批判性反馈。同样幸运的是，在我的智力发展的几个关键点，我得到了来自迪米特里·帕帕迪米特、巴德学院利维经济研究所以及最近的新经济思想研究所（INET）的罗布·约翰逊的慷慨支持。正是在利维经济研究所，我还遇到了韦恩·戈德利，他变成我的宏观经济学的导师、合著者和终生的朋友。我非常怀念他。

我的观点和工作

发达资本主义世界的经济史呈现出一种几乎持续不断的进步：不可动摇的增长、不断提高的生活水平、持续发展的生产率以及日益改善的健康状况和社会福利。从远处看，正是这一制度的秩序及其内在一致性构成其显著特征。但若走近了看，走得越近，所看到的就越像是随意而偶然的。在这一制度中，个体在错综复杂的道路上徘徊，由模糊不清的动机驱使着，朝向那些想象出来的模糊的目的地。信息、误传与谣言同样占据支配地位，无知与知道同样具有目的性，私人领域和公共领域交织在一起，就如同富有与贫穷、发达与落后、控制与合作交织在一起一样。资本主义处处都表现出其特有的不平衡。这种不平衡贯穿着整个地区、地域与国家，也贯穿着整个时间——以繁荣、衰退与崩溃交替进行的形式表现出来。从近处看，正是这一制度的无序构成其最突出的特征。新古典主义紧紧抓住有序这一个方面，并将其重铸成市场至高无上的最优的结果。非主流经济学（最著名的凯恩斯和后凯恩斯主义经济学）总的说来采取相反的策略。它强调这套制度产生的无效率、不平等和不平衡。大多数现代经济学都处在这两种互相竞争的观点之间的某一位置上。

我自己对“看不见的手”的运作方式的理解根植于古典理论，因而与这两种理论都不同。资本主义经济制度产生了超越历史和区域特殊性的强大有序的模式，但塑形这些模式的力量不是钢铁般的轨道，也不仅仅是机缘巧合。相反，它们是一些移动的界限，其变化率规定了在任何时点上什么是容易的，什么是困难的。它们以这种方式形成了关键经济变量的时间路径。事实上，这些塑形力量本身就是某些确定的内在必然性的结果，例如逐利行为。它是（占有剩余劳动的）所有的历史表达中一种特定的社会形式，它刻画出资本主义社会形态的特殊性。行为人与规律共存于一个交互作用的多维结构中，但这个结构本身是深度层级化的，其中的一些力量（如利润动机）远比其他一些力量强大得多。

从这个角度来看，作为结果的系统性秩序是在持续的无序中并通过持续的无序产生的，后者是其固有的机制。试图在理论上将有序和无序分开，或者甚至仅仅强调一方比另一方重要，都没有看到其内在统一性，因而也看不到赋予这个系统以深刻模式的那些力量。然而，有序不是最优化的同义词，无序也不是失序的同义词。在无序中并通过无序产生的有序是一个整体，它是一种无视预期及偏好的无意识的客观力量。无论一个人是否喜欢这个结果，这恰恰是这套系统活力的根源。

当然，辨识给定条件下有序与无序借以运作的特殊机制是必要的。在我看来，古典方法的伟大之处在于能用一系列数量很少的关键性原理解释大量纷繁复杂的现象。这些原理就像引力中心一样，使现实结果始终出现在它们不断变动的引力中心的周围。这就是这个体系的"动荡调节"模式，其典型表现形式为"模式循环"。这两个观念的理论及经验性应用将始终贯穿在我的《资本主义——竞争、冲突和危机》一书中。

动荡调节与模式循环适用于这套系统的各种引力趋势中。其中的第一套由形成商品价格、利润率、工资率、利率、资产价格和汇率的趋势构成。均等化趋势由对货币利益无休止的搜寻驱动，所带来的结果是缩小了那个激励它们追逐利益的差异，同时又引发了新的差异。例如，均等化趋势使个体工资率和利润率在对应的平均值上下波动，而这些平均值本身又受到均等化过程和其他因素的影响。这些都是经济学中非常常见的观念，但这里的关键是，围绕着一个不断移动的平衡点的引力过程与将均衡视为静态大不相同。就像古典主义者对自然价格或马克思对平衡再生产所做的那样，既然要研究平衡点的性质，就不要先假设这些点是以这样的方式存在的。相反，在通常情况下，实质性变量是远离这一点的，并且仅在它们从一侧穿过另一侧时才击中它。除此以外，这还意味着，不能假设行为人好像是处于均衡状态下做出他们的决策的。

动荡调节原则根植于斯密、李嘉图尤其是马克思的方法中。对马克思而言，经济“规律”是调节经济运动过程的原则，它们贯穿于各种起相反作用的趋势中。真实竞争理论也有类似的根源，不仅在经济学经典中，而且在牛津经济学家研究小组的两位杰出成员（安德鲁斯和罗伊·哈罗德）的作品中。真实竞争理论的要素也见于商业文献中，其中最著名的是迈克尔·波特的作品。真实竞争理论的一个典型特征是，竞争性企业致力于降价和削减成本的行为，不同企业的技术和劳动条件各不相同，只有那些特定的企业——这些企业有着在一般情况下可以得到的最优生产条件（最优方法），才能得到与其他行业类似企业均等化的利润率。由此产生的模式与商业研究和不完全竞争文献中的模式非常相似。然而，它们代表了价格和利润率均等化竞争的结果，而不是“不完全竞争”。多年来我花了大量的时间发展和检验真实竞争理论。

第二套引力趋势来自这个制度的动荡的宏观动力学，它产生了这个制度典型的扩张过程：增长与下降的波动起伏、持续性失业以及周期性发作的通货膨胀。再一次，正是利润动机成为调控投资、经济增长、就业、商业周期甚至通货膨胀的支配性因素。对增长的强调，既根植于古典主义传统，也根植于哈罗德和罗宾逊夫人的作品中。后两位都强调增长是正常状态，但在增长的决定因素上产生了分歧。在技术水平给定的情况下，哈罗德认为增长是由外生给定的储蓄率驱动的，① 而罗宾逊夫人（与凯恩斯一样）则认为是投资的利润率驱动着增长。② 在卡尔多–帕西内蒂对哈罗德理论的扩展中，利润率适应于增长；而在罗宾逊夫人的观点中，恰恰相反，是增长适应于利润率。在这里，我采用了古典主义–凯恩斯主义–罗宾逊夫人的发展路径。但因为古典主义的出发点是生产的核心地位，最后得出的结果是非常不同的。供给既没有新古典经济学中的超级力量，也不像在凯恩斯主义和卡莱茨基主义经济学中那样只是幽灵般的存在。在这里，供给与需求是对等的，共同登场、交相辉映。但一如既往地，利润始终是背后的操纵者。

到目前为止，我主要介绍了我的生活经历，因为它们影响了我对经济学的看法。在下文中，我想说明我的一般方法的一些应用。

在方法论层面，我专注于这样一个事实，即围绕其平衡点（基本面）的实际结果的引力运动通常是由预期调节的。在我早期的工作中，受到卡尔多和古德温早期工作的启发，我专注于把非线性动力学作为将这种过程公式化的手段。

---

① 根据收入的阶级差别（工资和利润，正如卡尔多和帕西内蒂所做的那样）区分储蓄率，允许通过改变收入分配修正总储蓄率。即便如此，正是所假设的阶级储蓄率的固定性导致了收入分配（利润 / 工资比）必须做出调整以使实际增长率符合自然增长率的结果。

② 凯恩斯还指出，正是利润率而不是需求驱动生产本身。企业家关心的不是产品的数量，而是归他所有的那份金钱的数额。如果通过增加产出，企业家预期能增加货币利润，他就会这样做，即使这个利润代表着一个比以前更小的产品数量（Sardoni 1987, 75）。

最近，我意识到，索罗斯源于他在金融界丰富经验的自反性理论，为这三个变量的相互作用提供了一个更为通用的框架。索罗斯提出了三个一般性论点：预期影响实际结果，实际结果能影响基本面，而预期又受实际结果与基本面之间差异的影响。最终结果是一个实际变量围绕其引力值附近不断振荡的过程。预期可以导致非均衡周期的延长，而在这个过程中，繁荣最终让位于萧条（Soros 2009, 50–75, 105–106）。由于预期会影响基本面，引力中心是路径依赖的。因此，未来不是过去的随机反映，整个系统是非遍历性的（Davidson 1991）。被延长的非均衡过程的存在使效率市场假说无效，而基本面对实际结果的依赖性也使理性预期的观念失效。最后，重要的是要认识到，尽管预期可以影响实际结果，但它们不能简单地创造出一个现实，以证明预期是正确的。相反，引力中心会持续发挥调节实际结果的作用，而这正是繁荣最终会让位于萧条的原因（Soros 2009, 40–44, 50–58, 75, 216–222）。这些模式与经验证据是一致的，与动荡均等化的古典观点也是一致的，但它们使诸如理性预期和效率市场假说等概念无效。通过追溯索罗斯理论的要素，我发现，它可以以简单和一般的方式加以公式化，并产生可检验的命题（Shaikh 2010）。

利润率均等化是所有竞争理论的核心概念。就古典竞争观而言，利润率均等化是一个动态和动荡的过程，这一过程包含着围绕一个移动的引力中心进行无休止的波动。随着旧的生产条件逐渐消失，新的生产条件不断进入竞争战场。这种永久性的争斗导致利润率通常因方法和企业而异。长期以来，我一直认为，与竞争实质性相关的是最优生产条件下的利润率，因为这种利润率才是新投资的有效标尺。这使我发展出一种新方法，以增量利润率的形式表示近期投资利润率的近似值，其定义为总利润变化与前期总投资的比率（Shaikh 1998）。在最近的一篇论文中，我检验了以下的平均利润率和增量利润率，具体包括：1970—1990 年 8 个主要经合组织成员数据汇总而得的 8 个制造业的部门平均利润率和增量利润率，1979—1990 年美国制造业的部门平均利润率和增量利润率，1987—2005 年美国 30 个行业的平均利润率和增量利润率。我发现，平均利润率集中在一个共同均值附近，但许多仍持续高于或低于该基准。相比之下，增量利润率一直在它们的共同均值附近来回移动，正如主张实际利润率动荡均等化的古典理论所预期的那样（Shaikh 2008）。应该说，增量利润率的路径上下波动，起伏不定，与标准理论描绘的平稳的边际（收益）率大不相同。

我把同样的方法运用到金融市场上。所有的竞争理论都预期部门间的收益率趋于均等化，例如在公司部门和股票市场之间。正统经济学通过各种版本的贴现现金流模型，把确切均等化的预期建成股票价格理论。然而，这个模型在经验水平上表现得如此糟糕，以至像罗伯特·席勒这样的经济学家得出了金融市场不仅在泡沫时期而且就其总体而言主要受非理性预期、一时的流行和幻想驱动的结论。席勒表明，资产市场的平均收益率和公司部门的平均利润率在其水平、波动性和趋势方面存在显著差异。这是他著名观点的经验基础，即资产市场表现出"非理性繁荣"（Shiller 1989, 2001）。我从理论上论证了竞争是用来使新投资的利润率而非平均利润率趋于均等化。这一点非常重要，因为产业资本存量的效率和相对使用年限各不相同，而在不考虑发行日期的情况下，一个给定公司的所有资产都是相同的。用席勒（慷慨地提供给我）的数据，我自己做了计算，表明股票市场和公司部门的增量利润率非常相似：二者都是高度动荡的，但它们的均值和方差几乎相同，甚至除了在特定和有限的泡沫时期如 20 世纪 90 年代外，在大部分时间里，它们都是同步变动的。从古典角度看，将它的移动的引力中心观念与增量利润率和索罗斯的自反性观念结合起来，就能提供一个比席勒的“非理性繁荣”好得多的对股票价格的解释（Shaikh 1998, 2010）。

我工作的另一个组成部分是对增长的解释。沿着哈罗德的有保证的路径，长期增长是由储蓄率（节俭）驱动的。但在索罗斯那极具影响力的增长模型中，节俭对长期增长率没有影响，长期增长主要是由外生的技术变革驱动的。因此，弗兰克尔和罗默的内生增长理论以非常特殊的方式使技术变革内生于积累，正是为了恢复节俭作为资本增长驱动力的地位。我观察到，在这三种方法中，在微观和宏观的经济推理之间存在惊人的差异。所有的理论都认同个人投资（资本扩张）是由其预期利润率驱动的，但所有的理论又得出了从长期来看，总资本的扩张是由某种完全不同的东西驱动的。我认为，这种分歧在理论上是不必要的，在经验上也没有道理。使微观经济理解和宏观经济结果协调一致的关键在于要认识到，工商业储蓄（留存收益）与工商业投资是至关重要地联系在一起的：它们二者都是任何给定企业的内部因素，因此不能被视为彼此独立的。在一个路径依赖的非遍历性世界中，不可能通过常用的、能看到一切的最优化计算将这两者联系起来。我表明，如果工商业储蓄率（在任何程度上）对总储蓄和总投资之间的差异做出反应，那么在数学上就足够（将二者联系起来）了。这使得整体储蓄率具有内生性。然后，凯恩斯和后凯恩斯主义经济学中利润驱动的增长，与哈罗德理论中长期产能利用率的大致正常水平就能相协调（Shaikh 2009）。进一步分析乘数效应的含义，尤其是那些因国家赤字支出而产生的乘数效应的含义，将在《资本主义——竞争、冲突和危机》一书中加以说明。

我还发展了一种研究通货膨胀的方法，它源于增长与利润率之间的古典联系。马克思、列昂惕夫和冯·诺伊曼已经确定，即使没有投入品（包括劳动力）的限制，利润率也为经济的可持续增长率设定了上限。从这个角度来看，我认为增长率与利润率之比提供了一个经济增长潜力利用程度的指标。与传统的失业或产能利用率的量度相反，我对增长潜力利用率的量度很好地解释了经合组织成员实际的通货膨胀情况，包括20世纪70—80年代臭名昭著的滞胀（Shaikh 1999）。这项工作正在被扩展，以涵盖诸如阿根廷和巴西等国家的通货膨胀和恶性通货膨胀事件。

最后，也许是最有争议的，是我一直认为比较成本理论在理论和经验方面都存在根本性错误。国际贸易理论实际上是一般竞争理论的一个子集。在资本主义世界，自由国际贸易由企业来进行。国内出口商向外国进口商出售，后者又向其居民出售，而国内进口商则从外国出口商处购买并向我们出售。在这条链中的每一环，都是利润驱动着企业的决策。比较成本理论依赖这样的主张，即贸易盈余将抬高该国货币的实际价格，从而减少盈余，直到某个时刻贸易差额和收支差额都自动降至零。贸易赤字将产生相反的初始效应，得出相同的结论。在李嘉图的原始推导中，名义汇率是固定的，因此不平衡产生了资金流入和流出，提高或降低了国内价格水平，从而往相反的方向改变实际汇率——直到贸易差额为零，贸易条件指数落入比较成本的限制中。在浮动汇率的情况下，资金流动使名义汇率移动到同样的最终点。在任何一种情况下，都是实际汇率在自动调整。马克思和哈罗德都提出了令人信服的反驳：资金流入增加了流动性并降低了利率，而资金流出产生了相反的效果。这些都没有实质性地改变贸易差额。相反，它们引发了短期资本流动，通过弥补持续的贸易赤字使总收支达到平衡（Harrod 1957, 90-96, 112-116, 130-138）。我自己的扩展从理论上和经验上都表明，国际贸易条件指数最终是由相对实际成本调节的相对价格。因此，国际竞争的运作方式与国内竞争大致相同，奖励成本优势和惩罚成本劣势（Shaikh 2007; Shaikh and Antonopoulos 2012）。

我的工作通常侧重于理解和解释发达世界的基本模式，但这不是因为我对经济政策或经济发展缺乏兴趣。一方面，我与韦恩·戈德利和迪米特里·帕帕迪米特在巴德学院利维经济研究所的宏观经济模型上花费了好几年时间，帮助制作了一份关于美国经济模式和经济前景的半年度宏观经济报告。另一方面，我一直认为，对发达国家的分析是充分了解经济政策和经济发展的重要基础。

最后，我一直相信经济学必须是一门道德科学。当今，在全球大萧条时期，国际劳工组织报告称收入不平等的情况实际上已经恶化，世界上有超过 9 亿的劳动人口生活在每天 2 美元的贫困线以下，有 15.2 亿劳动者的就业状态很脆弱，年轻人失业的可能性几乎是成年人的 3 倍。道德和伦理的差异影响我们认同的目标，而理论的差异影响我们提供的处方。经济学的一个重要的任务是明确区分这些差异并面对它们带来的影响。并不存在价值中立或社会中立的经济学。

参考文献

Becker, Gary S. (1962). “Irrational Behavior and Economic Theory”, *Journal of Political Economy* 70: 1-13.

Davidson. Paul (1991). “Is Probability Theory Relevant for Uncertainty? A Post Keynesian Perspective”, *Journal of Economic Perspectives* 5, no. 1: 129-143.

Harrod, Roy F. (1957). *International Economics*. Chicago: University of Chicago Press.

Laughlin, Robert B. (2005). *A Different Universe: Reinventing Physics from the Bottom Down*. New York: Basic Books.

Sardoni, Claudio (1987). *Marx and Keynes on Economic Recession: The Theory of Unemployment and Effective Demand.* New York: New York University Press.

Shaikh, Anwar (1974). “Laws of Production and Laws of Algebra: The Humbug

Production Function," *Review of Economics and Statistics* 61, no, 1: 115-120.

(1998). "The Stock Market and the Corporate Sector: A Profit-Based Approach," in M. Sawyer, P. Arestis, and G. Palma (eds.), *Festschrift for Geoffrey Harcourt*, 389-404. London: Routledge & Kegan Paul.

(1999). "Explaining Inflation and Unemployment: An Alternative to Neoliberal Economic Theory," in A. Vachlou (ed.), *Contemporary Economic Theory*, 89-105. London: MacMillan.

(2007). "Globalization and the Myth of Free Trade," in A. Shaikh (ed.), *Globalization and the Myth of Free Trade*, 50-68. London: Routledge.

(2008). "Competition and Industrial Rates of Return," in P. Arestis and J. Eatwell (eds.), *Issues in Economic Development and Globalisation*, Festschrift in Honor of Ajit Singh, 167-194. Houndmills: Palgrave MacMillan.

(2009). "Economic Policy in a Growth Context: A Classical Synthesis of Keynes and Harrod," *Metroeconomica* 60, no, 3: 455-494.

(2010). "Reflexivity, Path-Dependence and Disequilibrium Dynamics," *Journal of Post Keynesian Economics* 33, no. 1: 3-16.

Shaikh, Anwar and Rania Antonopoulos (2012). "Explaining Long-Term Exchange Rate Behavior in the United States and Japan," in J. Moudud, C. Bina, and P. L. Mason (eds.), *Alternative Theories of Competition: Challenges to the Orthodoxy*. Abingdon: Routledge.

Shiller, Robert J. (1989). "Comovements in Stock Prices and Comovements in Dividends," *Journal of Finance* 44, no. 3: 719-729.

(2001). *Irrational Exuberance*. Princeton, NJ: Princeton University Press.

Soros, George (2009). *The Crash of 2008 and What It Means*. New York: Public Affairs.